Terapia Familiar

N621t Nichols, Michael P.
       Terapia familiar : conceitos e métodos / Michael P. Nichols, Richard C. Schwartz ; tradução Maria Adriana Veríssimo Veronese. – 7. ed. – Porto Alegre : Artmed, 2007.
       480 p. : il. ; 25 cm.

       ISBN 978-85-363-0910-1

       1. Psicologia. 2. Terapia de Família. I. Schwartz, Richard C. II. Título.

       CDU 364.044.24

Catalogação na publicação: Juliana Lagôas Coelho – CRB 10/1798

Terapia Familiar
CONCEITOS E MÉTODOS

Michael P. Nichols
Virginia Consortium Program in Clinical Psychology College of William and Mary

Richard C. Schwartz
Director, The Center for Self Leadership, Oak Park, IL

7ª Edição

Tradução:
Maria Adriana Veríssimo Veronese

Consultoria, supervisão e revisão técnica desta edição:
Helena Centeno Hintz
Psicóloga Clínica, Psicoterapeuta de Casal e Família
Membro Fundador, Docente e Supervisora do DOMUS –
Centro de Terapia de Casal e Família

2007

Obra originalmente publicada sob o título *Family Therapy: Concepts & Methods*, 7th Edition
ISBN 0205478093

Authorized translation from the English language edition, entitled FAMILY THERAPY: CONCEPTS & METHODS, 7th Edition by NICHOLS, MICHAEL P; SCHWARTZ, RICHARD C, published Pearson Education,Inc., publishing as Allyn & Bacon, © 2006. All rights reserved. No part of this book may be reproduced or transmitted in any form or by any means, electronic or mechanical, including photocopying, recording or by any information storage retrieval system, without permission from Pearson Education,Inc.
Portuguese language edition published by Artmed Editora SA, © 2007
Tradução autorizada a partir do original em língua inglesa da obra intitulada FAMILY THERAPY: CONCEPTS & METHODS, 7ª Edição, autoria de NICHOLS, MICHAEL P; SCHWARTZ, RICHARD C, publicado por Pearson Education, Inc., sob o selo Allyn & Bacon, © 2006. Todos os direitos reservados. Este livro não poderá ser reproduzido nem em parte nem na íntegra, nem ter partes ou sua íntegra armazenado em qualquer meio, seja mecânico ou eletrônico, inclusive fotorreprografação, sem permissão da Pearson Education,Inc.
A edição em língua portuguesa desta obra é publicada por Artmed Editora SA, © 2007

Capa
Mário Röhnelt

Preparação do original
Kátia Michelle Lopes Aires

Leitura final
Aline Pereira de Barros

Supervisão editorial
Mônica Ballejo Canto

Projeto gráfico e editoração eletrônica
Armazém Digital Editoração Eletrônica – Roberto Vieira

Reservados todos os direitos de publicação, em língua portuguesa, à
ARTMED® EDITORA S.A.
Av. Jerônimo de Ornelas, 670 - Santana
90040-340 Porto Alegre RS
Fone (51) 3027-7000 Fax (51) 3027-7070

É proibida a duplicação ou reprodução deste volume, no todo ou em parte, sob quaisquer formas ou por quaisquer meios (eletrônico, mecânico, gravação, fotocópia, distribuição na Web e outros), sem permissão expressa da Editora.

SÃO PAULO
Av. Angélica, 1091 - Higienópolis
01227-100 São Paulo SP
Fone (11) 3665-1100 Fax (11) 3667-1333

SAC 0800 703-3444

IMPRESSO NO BRASIL
PRINTED IN BRAZIL

Prefácio
Salvador Minuchin

Neste livro, Mike Nichols e Dick Schwartz contam a história da terapia familiar – e o fazem muito bem. É difícil imaginar um guia de leitura mais agradável e mais informativo nessa área.

Nascida na década de 1950, a terapia familiar parece ter surgido, já inteiramente formada, das mentes de um grupo seminal de pensadores e terapeutas. Cerca de quatro décadas mais tarde, tanto a teoria quanto a prática mostram as incertezas e dúvidas que definem a maturidade. Todavia, no início – como dizem os contadores de histórias – era uma vez Gregory Bateson na Costa Oeste dos EUA, um intelectual alto, magro e bem barbeado, que via as famílias como sistemas, portadores de idéias. Na Costa Leste, havia Nathan Ackerman, baixinho, barbudo, corpulento, a quintessência do curandeiro carismático, que via as famílias como um grupo de indivíduos lutando para equilibrar sentimentos, irracionalidades e desejos. Bateson, o homem das idéias, e Ackerman, o homem da paixão, complementavam-se perfeitamente. Eram o Dom Quixote e o Sancho Pança da revolução do sistema familiar.

Mesmo com toda a diversidade das décadas de 1960 e 1970, que testemunharam a nova prática clínica chamada terapia familiar assumir uma variedade de nomes – sistêmica, estratégica, estrutural, boweniana, experiencial –, também havia uma notável solidariedade nas crenças compartilhadas que definiam o campo. Os pioneiros estavam unidos em sua rejeição à psicanálise e abraçavam o pensamento sistêmico, por maiores que fossem suas diferenças nas técnicas terapêuticas.

A partir de meados da década de 1970, conforme a terapia familiar prosperava e se expandia, ela passou a abranger diferentes populações de clientes, com intervenções específicas para vários grupos especiais – clientes viciados em drogas, pacientes psiquiátricos hospitalizados, a população dependente da ajuda da previdência social, famílias violentas, etc. Cada uma dessas situações trazia desafios diferentes. Os terapeutas responderam a essa terapia familiar ampliada com uma série de novas abordagens, algumas das quais inclusive desafiavam a lealdade fundamental ao pensamento sistêmico.

O desafio à teoria dos sistemas (a ciência oficial da época) assumiu duas formas. Uma era puramente teórica: um desafio à suposição de que o pensamento sistêmico constituía-se em uma estrutura universal, aplicável à organização e ao funcionamento de todos os coletivos humanos. Um ataque importante veio das feministas, que questionaram a ausência de conceitos de gênero e poder no pensamento sistêmico e apontaram as conseqüências perversas de uma teoria que não leva o gênero em consideração quando se trata da violência familiar. O outro envolvia a conexão entre teoria e prática: um desafio à imposição da teoria sistêmica como a base da prática terapêutica. As próprias técnicas que antes definiam o campo foram questionadas. Inevitavelmente, o campo começou a recuperar especificidade e a se reabrir para o exame de seus antigos tabus: o indivíduo, a vida intrapsíquica, as emoções, a biologia, o passado e o lugar particular da família na cultura e na sociedade.

Como sempre acontece em uma ciência oficial, o campo tentou preservar conceitos estabelecidos, enquanto uma atenção pragmática a casos específicos exigia respostas novas e específicas. Como resultado, hoje temos uma terapia familiar oficial que defende sua descendência direta de Bateson e um grande número de excelentes profissionais realizando um trabalho sensível e efetivo, com freqüência bem diferente daquilo que a teoria sistêmica prescreve. O resultado, muitas vezes, tem criado conflitos e controvérsias. Nessas controvérsias centra-se o poder do terapeuta.

Sob a perspectiva atual, com seus tantos desafios à autoridade e à responsabilidade do terapeuta, os primeiros terapeutas familiares eram todos "condutores" – defensores enérgicos da mudança, com posições definidas sobre como essa mudança deveria ocorrer. A terapia era sempre um empreendimento conjunto, mas a responsabilidade por conduzir o caminho era do terapeuta.

Algumas escolas de terapia familiar agora tentam proteger a família da intrusão do terapeuta. Elas temem que as intervenções enérgicas do terapeuta possam dominar e tirar o poder das famílias. Começando com a preocupação da Escola de Milão com a neutralidade, esta postura reapareceu recentemente nos construtivistas, que propõem que a terapia seja apenas um diálogo entre dois co-construtores de uma história que não está enraizada em qualquer realidade testável. (Sendo o estilo acadêmico como é, a história da terapia familiar às vezes é contada de tal maneira que as contribuições de Ackerman, Bowen, Boszormenyi-Nagy, Fleck, Haley, Lidz, Minuchin, Satir, Whitaker e Wynne, entre outros, desaparecem em favor de uma linha estreita e direta que parte de Bateson, passa pelo grupo de Milão e vai até os construtivistas da narrativa.) A ênfase contemporânea dos construtivistas na linguagem e no significado, bem como seu cuidado em reduzir o poder do terapeuta, foi apresentada como algo radicalmente novo. No entanto, de certa maneira, esse cuidado para que o terapeuta não se imponha ao paciente é uma reversão do conceito freudiano do terapeuta como uma tela em branco na qual o paciente projetava fantasias transferenciais.

Espreitando por entre as linhas de muitos artigos e livros recentes sobre terapia familiar, está um testa-de-ferro, um terapeuta sedento de poder, que mede seus pacientes deitando-os no divã procrustiano dos próprios preconceitos e então os estica ou diminui para que se ajustem ao tamanho. É para salvar as famílias da intrusão mal-orientada deste tipo de perícia que muitas das novas modalidades de terapia foram construídas. Equiparar perícia à dominação é uma falsa matemática. Além disso, o controle não desaparece da terapia familiar apenas com a mudança de linguagem, de "intervir" para "co-criar". Acontece é que a influência do terapeuta permanece oculta. Tornada invisível, ela não é examinada.

O construtivismo narrativo é uma maneira interessante de se examinar a experiência humana por enfatizar, como o faz, um aspecto importante do ser que pensa, sente e age que todos nós somos. Todavia, importar tal ponto de vista filosófico, sem nenhuma modificação, para um empreendimento intervencionista como é a terapia familiar (que tem a ver, no final das contas, com a redução do sofrimento), cria um ogro dos contos de fadas: um terapeuta que não percebe o efeito de suas intervenções, que opera de uma base de poder invisível para ele. A única maneira de evitar empunhar esse martelo esmagador, muitos acreditam agora, é intervir apenas como um co-construtor de histórias – como se as pessoas não apenas fossem influenciadas pelas histórias que contam sobre si mesmas, mas também não fossem nada além dessas histórias.

Entretanto, existe outra maneira de pensar sobre famílias e seus problemas, adotada por um grupo que acredita que a terapia é um campo de transações humanas e que é impossível para o terapeuta não influenciar esse campo. Os terapeutas desse grupo tendem a ser próximos, inventivos, compometidos, interventivos e otimistas, acreditando que seu envolvimento com as famílias ajudará seus membros a resolverem seus problemas. Posicionado neste grupo, penso que somente um claro reconhecimento das idiossincrasias do terapeuta e das parcialidades de cada abordagem terapêutica possibilita um respeito genuíno pelo caráter único e individual de cada família. Vejo o processo terapêutico como um encontro entre culturas interpessoais distintas. Um respeito real pelos clientes e por sua integridade permite que o terapeuta vá além de uma cautela temerosa, encoraja-o a ser direto e autêntico – respeitoso e compassivo –, mas, às vezes, também honesto e desafiador. Tal terapeuta aceita que os membros da família tenham suas próprias experiências e integridade, e também que projetem seus desejos e suas fantasias na área terapêutica, que então se torna um campo de forças no qual todos os participantes puxam uns aos outros em diferentes direções.

A vantagem dessa posição é que o terapeuta, como depositário de múltiplas "transferências", experiencia influências variadas em seu comportamento. Conforme o terapeuta, como um *self* separado, uma pessoa distinta, experiencia essas influências, ele responde criando contextos em que os membros da família se descobrirão em novas posições, posições que estimularão a exploração do novo e de escolhas alternativas.

Este conceito do terapeuta como um conhecedor ativo – de si mesmo *e* dos diferentes membros da família – é muito diferente do conceito do terapeuta neutro dos construtivistas. Está claro que esses dois protótipos são uma grande simplificação. A maioria dos profissionais situa-se em algum lugar entre esses dois pólos de neutralidade e determinação.

A escolha entre ação e intervencionismo, por um lado, e significado e conversação, por outro, é apenas uma entre as questões com as quais o campo luta atualmente; existem muitas outras. Será que há modelos úteis da natureza humana e de famílias funcionais ou cada situação deve ser tratada como algo novo? As normas do comportamento humano e do funcionamento familiar são universais ou produtos culturalmente construídos de sujeições políticas e ideológicas? Como nos tornamos especialistas? Como sabemos o que sabemos? Se nos tornamos especialistas, estaremos criando o campo que então descobrimos? Podemos influenciar as pessoas? Podemos não as influenciar? Como saber se não somos apenas agentes do controle social? Como saber se estamos realmente realizando algo? Que direito temos de limitar a diversidade, impondo aos outros maneiras de ser? Perguntas são melhores do que afirmações?

Todas essas questões e a rica história e prática contemporânea da terapia familiar são examinadas, de modo magnífico, em *Terapia familiar: conceitos e métodos*. Este é um guia completo e ponderado, imparcial e equilibrado, sobre as idéias e técnicas que tornam a terapia familiar um empreendimento tão emocionante. Nichols e Schwartz conseguem ser detalhistas e abrangentes sem se tornarem tediosos. Talvez o segredo esteja no estilo envolvente de redação ou talvez seja a sua capacidade de não se perder em abstrações e de manter um foco muito claro na prática clínica. De qualquer maneira, este livro extraordinário há muito tempo já estabeleceu o padrão de excelência como melhor introdução e guia para a prática da terapia familiar.

Muita coisa mudou no campo e esta nova edição atualiza inteiramente o leitor, descrevendo as últimas abordagens e continuando a oferecer comentários perspicazes e equilibrados. Sem dúvida o manual definitivo sobre terapia familiar, este livro traz grande riqueza de informações, apresentadas com revigorante clareza e uma total ausência de jargões. Tudo isso o torna um livro estimulante, de leitura muito agradável. Prepare-se para uma jornada fascinante. Bom proveito!

Apresentação
Michael P. Nichols

Algo que tende a se perder nas discussões acadêmicas sobre terapia familiar é o sentimento de realização decorrente de sentarmos com uma família infeliz e sermos capazes de ajudá-la. Os terapeutas iniciantes, compreensivelmente, ficam ansiosos em relação à maneira de proceder e com medo de não saber como ajudar ("Como conseguir que *todos eles* venham?"). Os veteranos costumam falar de maneira abstrata. Têm opiniões e discutem grandes questões – pós-modernismo, gerenciamento de saúde, cibernética de segunda ordem. Embora seja tentador usar este espaço para dizer Coisas Importantes, prefiro ser um pouco mais pessoal. Tratar famílias perturbadas trouxe-me a satisfação mais profunda que se possa imaginar, e espero que o mesmo esteja acontecendo, ou aconteça futuramente, a você.

Nesta sétima edição de *Terapia familiar: conceitos e métodos* tentamos descrever o amplo escopo da terapia familiar – sua rica história, as escolas clássicas, os últimos desenvolvimentos –, mas com crescente ênfase em questões práticas. Há muitas mudanças nesta edição: mais estudos de caso; sugestões práticas para o tratamento de famílias de mães sozinhas, famílias afro-americanas e famílias de *gays* e lésbicas; novas seções sobre terapia domiciliar; questões éticas ao tratar famílias; trabalho com casais violentos; terapia familiar da comunidade; espiritualidade; descrições mais atualizadas dos modelos mais recentes; tratamento ampliado da abordagem cognitivo-comportamental; descrição mais rica da literatura sobre as pesquisas; um capítulo melhorado sobre o que fazer e o que não fazer quando buscamos integrar modelos; e uma ênfase mais consistente na técnica clínica do princípio ao fim.

Quando lemos a respeito de terapia, às vezes fica difícil enxergar através do jargão e da embalagem política as idéias e as práticas essenciais. Então, ao preparar esta edição, viajamos muito para observar, em outros lugares, sessões reais dos melhores profissionais. O resultado é um foco mais pragmático, mais clínico. Esperamos que você goste disso.

Tantas pessoas contribuíram para o meu desenvolvimento como terapeuta familiar e para que este livro fosse escrito que é impossível agradecer a todas, mas eu gostaria de destacar algumas. Às pessoas que me ensinaram terapia familiar – Lyman Wynne, Murray Bowen e Salvador Minuchin –, muito obrigado!

Algumas das pessoas que nos ajudaram muito na preparação desta sétima edição foram Frank Dattilio, David Greenan, Andrew Jacobs, Melody Nichols, Bill Pinsof, Alan Gurman, Vicki Dickerson, Jeff Zimmerman, Cloé Madanes, Jay Haley e Salvador Minuchin. Parafraseando John, Paul, George e Ringo, conseguimos com *muita* ajuda dos amigos – e agradecemos a todos. Somos especialmente gratos à Pat Quinlin por facilitar um trabalho difícil.

Eu gostaria de expressar a minha gratidão aos revisores deste texto, cujos comentários enriqueceram imensamente o nosso trabalho: Stephen J. Brannen (Southwest Missouri State University), Clarence Hibbs (Pepperdine University) e Maria Napoli (Arizona State University).

Por fim, gostaria de agradecer aos meus professores de pós-graduação em vida familiar: minha mulher, Melody, e meus filhos, Sandy e

Paul. No breve espaço de 38 anos, Melody me viu passar de um tímido jovem, totalmente ignorante de como ser marido e pai, para um tímido homem de meia-idade, ainda confuso e ainda tentando. Meus filhos jamais deixam de me surpreender. Se em meus sonhos mais loucos eu tivesse imaginado filhos para amar e dos quais me orgulhar, não teria chegado nem perto das pessoas maravilhosas que são Sandy e Paul.

Sumário

Prefácio v
Salvador Minuchin

Apresentação ix
Michael P. Nichols

Principais eventos na história da terapia familiar 15

PARTE 1
O contexto da terapia familiar

1. Os fundamentos da terapia familiar 21
   O mito do herói 23
   Santuário psicoterapêutico 24
   Terapia familiar *versus* terapia individual 25
   Psicologia e contexto social 26
   O poder da terapia familiar 27
   Pensando em linhas, pensando em círculos 27

2. A evolução da terapia familiar 29
   A guerra silenciosa 29
   Dinâmica de pequenos grupos 30
   O movimento da orientação infantil 34
   A influência do trabalho social 35
   A pesquisa sobre dinâmica familiar e a etiologia da esquizofrenia 36
   Aconselhamento de casal 42
   Da pesquisa ao tratamento: os pioneiros da terapia familiar 44
   Os anos dourados da terapia familiar 56

3. Modelos iniciais e técnicas básicas: processo de grupo e análise das comunicações 65
   Esboço de figuras orientadoras 65
   Formulações teóricas 66
   Desenvolvimento familiar normal 68
   Desenvolvimento de transtornos de comportamento 68
   Objetivos da terapia 69
   Condições para a mudança de comportamento 69
   Técnicas 70
   Lições dos primeiros modelos 73
   Ansiedade do sistema 76

Os estágios de terapia familiar 77
　　Avaliação familiar 84
　　A dimensão ética 88
　　Terapia familiar com apresentação de problemas específicos 91
　　Trabalhando com gerenciamento de saúde 95

4. Os conceitos fundamentais da terapia familiar 100
　　Cibernética 101
　　Teoria dos sistemas 103
　　Construcionismo social 106
　　Teoria do apego 110
　　Conclusões 112
　　Os conceitos de trabalho da terapia familiar 112

PARTE 2
As escolas clássicas de terapia familiar

5. A terapia familiar sistêmica de Bowen 129
　　Esboço de figuras orientadoras 129
　　Formulações teóricas 130
　　Desenvolvimento familiar normal 135
　　Desenvolvimento de transtornos de comportamento 136
　　Objetivos da terapia 138
　　Condições para a mudança de comportamento 139
　　Terapia 140
　　Avaliando a teoria e os resultados da terapia 150

6. Terapia familiar estratégica 157
　　Esboço de figuras orientadoras 157
　　Formulações teóricas 159
　　Desenvolvimento familiar normal 161
　　Desenvolvimento de transtornos de comportamento 162
　　Objetivos da terapia 164
　　Condições para a mudança de comportamento 165
　　Terapia 166
　　Avaliando a teoria e os resultados da terapia 175

7. Terapia familiar estrutural 181
　　Esboço de figuras orientadoras 181
　　Formulações teóricas 183
　　Desenvolvimento familiar normal 185
　　Desenvolvimento de transtornos de comportamento 186
　　Objetivos da terapia 190
　　Condições para a mudança de comportamento 190
　　Terapia 192
　　Avaliando a teoria e os resultados da terapia 201

8. Terapia familiar experiencial 205
　　Esboço de figuras orientadoras 205
　　Formulações teóricas 206
　　Desenvolvimento familiar normal 208

Desenvolvimento de transtornos de comportamento 209
Objetivos da terapia 209
Condições para a mudança de comportamento 210
Terapia 212
Avaliando a teoria e os resultados da terapia 220

9. Terapia familiar psicanalítica 225
Esboço de figuras orientadoras 225
Formulações teóricas 227
Desenvolvimento familiar normal 230
Desenvolvimento de transtornos de comportamento 232
Objetivos da terapia 235
Condições para a mudança de comportamento 236
Terapia 237
Avaliando a teoria e os resultados da terapia 243

10. Terapia familiar cognitivo-comportamental 248
Esboço de figuras orientadoras 248
Formulações teóricas 250
Desenvolvimento familiar normal 250
Desenvolvimento de transtornos de comportamento 251
Objetivos da terapia 253
Condições para a mudança de comportamento 254
Terapia 257
Avaliando a teoria e os resultados da terapia 270

PARTE 3
Desenvolvimentos recentes em terapia familiar

11. Terapia familiar no século XXI 283
Erosão das fronteiras 283
Pós-modernismo 284
A crítica feminista 284
Construcionismo social e a revolução da narrativa 286
A resposta da terapia familiar ao gerenciamento de saúde: terapia focada na solução 288
Violência familiar 288
Multiculturalismo 289
Raça 289
Pobreza e classe social 290
Direitos de *gays* e lésbicas 291
Espiritualidade 292
Adaptando o tratamento às populações e aos problemas 292
Atendimento domiciliar 302
Terapia familiar médica e psicoeducação 304
Programas de enriquecimento dos relacionamentos 308
Gerenciamento de saúde 309

12. Terapia focada na solução 319
Esboço de figuras orientadoras 320
Formulações teóricas 321
Desenvolvimento familiar normal 322

    Desenvolvimento de transtornos de comportamento 322
    Objetivos da terapia 322
    Condições para a mudança de comportamento 323
    Terapia 324
    Avaliando a teoria e os resultados da terapia 330
13. Terapia narrativa 335
    Esboço de figuras orientadoras 336
    Formulações teóricas 337
    Desenvolvimento de transtornos de comportamento 339
    Objetivos da terapia 341
    Condições para a mudança de comportamento 341
    Terapia 342
    Avaliando a teoria e os resultados da terapia 347
14. Modelos integrativos 351
    Ecletismo 352
    Empréstimo seletivo 352
    Modelos integrativos especialmente planejados 354

PARTE 4
A avaliação da terapia familiar

15. Análise comparativa 371
    Formulações teóricas 371
    Desenvolvimento familiar normal 378
    Desenvolvimento de transtornos de comportamento 379
    Objetivos da terapia 383
    Condições para a mudança de comportamento 384
    Terapia 387
16. Pesquisa sobre a terapia familiar: fundamentos empíricos e implicações práticas 394
    Cynthia L. Rowe, Ligia C. Gómez e Howard A. Liddle
    Resultados da terapia familiar 395
    Conclusões e direções futuras 418

Apêndice A: Leituras recomendadas 433
Apêndice B: Glossário 435
Apêndice C: Áreas de atuação e formação 443
Índice onomástico 449
Índice 461

Principais eventos na história da terapia familiar

	Contexto social e político	Desenvolvimento da terapia familiar
1945	F.D.R. morre, Truman se torna presidente A Segunda Guerra Mundial acaba na Europa (8 de maio) e no Pacífico (14 de agosto)	Bertalanffy apresenta a teoria geral dos sistemas
1946	Juan Perón é eleito presidente da Argentina	Bowen na Clínica Menninger Whitaker em Emory Conferência de Macy
1947	Índia é dividida em Índia e Paquistão	
1948	Truman é reeleito presidente dos EUA É estabelecido o Estado de Israel	Whitaker inicia conferências sobre a esquizofrenia
1949	É estabelecida a República Popular da China	Bowlby publica: *The study and reduction of group tensions in the family*
1950	A Coréia do Norte invade a Coréia do Sul	Bateson começa seu trabalho em Palo Alto, V.A.
1951	Julius e Ethel Rosenberg são condenados à morte por espionagem Sen. Estes Kefauver faz o Senado investigar o crime organizado	Ruesch e Bateson publicam: *Communication: the social matrix of society* Tratamento domiciliar de Bowen para mães e filhos Lidz em Yale
1952	Eisenhower é eleito presidente dos EUA	Bateson é subvencionado por Rockfeller para estudar a comunicação em Palo Alto Wynne no NIMH
1953	Morre Joseph Stalin	Whitaker e Malone: *The roots of psychotherapy*
1954	A Suprema Corte decreta que a segregação escolar é inconstitucional	Projeto de pesquisa de Bateson sobre a comunicação esquizofrênica Bowen no NIMH
1955	Rosa Parks se recusa a ir para o fundo do ônibus: Martin Luther King Jr. conduz o boicote em Montgomery, Alabama	Whitaker em consultório particular, Atlanta, Ga.
1956	Nasser é eleito presidente do Egito Tropas soviéticas esmagam rebelião anticomunista na Hungria	Bateson, Jackson, Haley e Weakland publicam: *Toward a theory of schizophrenia*

(Continua)

(Continuação)

	Contexto social e político	Desenvolvimento da terapia familiar
1957	Russos lançam a *Sputnik I* Eisenhower envia tropas a Little Rock, Ark. para proteger a integração escolar	Jackson publica: *The question of family homeostasis* Ackerman abre a Family Mental Health Clinic of Jewish Family Services, em Nova York Boszormenyi-Nagy abre o Departamento de Terapia Familiar no EPPI, na Filadélfia
1958	É estabelecido o Mercado Comum Europeu Charles De Gaulle se torna o primeiro-ministro da França	Ackerman publica: *The psychodynamics of family life*
1959	Fidel Castro se torna primeiro-ministro de Cuba	Don Jackson funda o MRI (Mental Research Institute)
1960	Kennedy é eleito presidente dos EUA	Nathan Ackerman funda o Family Institute (renomeado como Instituto Ackerman em 1971) Minuchin e colegas começam a fazer terapia familiar em Wiltwyck
1961	É erguido o Muro de Berlim	Bell publica: *Family group therapy* Ackerman e Jackson fundam Family Process
1962	Crise dos Mísseis Cubanos	Termina o projeto de Bateson em Palo Alto Haley ingressa no MRI
1963	Kennedy é assassinado	Haley publica: *Strategies of psychotherapy*
1964	Johnson é eleito presidente dos EUA Martin Luther King Jr. recebe o Prêmio Nobel da Paz	Satir publica: *Conjoint family therapy* Morre Norbert Wiener (nascido em 1894)
1965	Aprovado o Medicare Malcolm X é assassinado	Minuchin torna-se diretor da Philadelphia Child Guidance Clinic Whitaker na Universidade de Wisconsin
1966	A Guarda Vermelha faz uma demonstração na China Indira Gandhi torna-se primeira-ministra da Índia	É criado o Brief Therapy Center no MRI, sob a direção de Richard Fisch Ackerman publica: *Treating the troubled family*
1967	Guerra dos Seis Dias entre Israel e os estados árabes Tumultos urbanos em Cleveland, Newark e Detroit	Watzlawick, Beavin e Jackson publicam: *Pragmatics of human communication* Dicks publica: *Marital tensions*
1968	Nixon é eleito presidente dos EUA Robert Kennedy e Martin Luther King Jr. são assassinados	Morre Don Jackson (nascido em 1920)
1969	Por toda a parte, há demonstrações contra a Guerra do Vietnã	Bandura publica: *Principles of behavior modification* Wolpe publica: *The practice of behavior therapy*
1970	Protestos estudantis contra a Guerra do Vietnã resultam na morte de quatro estudantes em Kent State	Masters e Johnson publicam: *Human sexual inadequacy* Laing e Esterson publicam: *Sanity, madness and the family*
1971	A 26ª emenda concede o direito de voto aos 18 anos	Morre Nathan Ackerman (nascido em 1908)
1972	Nixon é reeleito presidente dos EUA	Bateson publica: *Steps to an ecology of mind* Wynne na Universidade de Rochester
1973	A Suprema Corte decide que os estados não podem proibir o aborto Há crise de energia provocada por escassez de petróleo	Phil Guerin cria o Center for Family Learning Boszormenyi-Nagy e Spark publicam: *Invisible loyalties*

(Continua)

(Continuação)

	Contexto social e político	Desenvolvimento da terapia familiar
1974	Nixon renuncia	Minuchin publica: *Families and family therapy* Watzlawick, Weakland e Fisch publicam: *Change*
1975	Termina a Guerra do Vietnã	Mahler, Pine e Bergman publicam: *The psychological birth of the human infant* Stuart publica: *Behavioral remedies for marital ills*
1976	Carter é eleito presidente dos EUA	Haley publica: *Problem-solving therapy* Haley vai para Washington, D.C.
1977	O presidente Carter perdoa a maioria daqueles que tentaram fugir ao recrutamento e serviço militar na Guerra do Vietnã	Betty Carter funda o Family Institute of Westchester
1978	Tratado de Camp David entre Egito e Israel	Hare-Mustin publica: *A feminist approach to family therapy* Selvini Palazzoli e colaboradores publicam: *Paradox and counterparadox*
1979	Margaret Thatcher, da Inglaterra, é a primeira mulher a se tornar primeira-ministra Militantes iranianos invadem a embaixada dos Estados Unidos em Teerã e fazem reféns	Criação do Brief Therapy Center em Milwaukee Bateson publica: *Mind and nature*
1980	Reagan é eleito presidente dos EUA EUA boicotam a Olimpíada de verão em Moscou	Haley publica: *Leaving home* Morre Milton Erickson (nascido em 1901) Morre Gregory Bateson (nascido em 1904)
1981	Sandra Day O'Connor torna-se a primeira juíza mulher da Suprema Corte	Hoffman publica: *The foundations of family therapy* Madanes publica: *Strategic family therapy* Minuchin e Fishman publicam: *Family therapy techniques*
1982	Fracassa a ratificação da Emenda dos Direitos Iguais Guerra das Malvinas	Gilligan publica: *In a different voice* Fisch, Weakland e Segal publicam: *Tactics of change* Richard Simon funda *The family therapy networker*
1983	EUA invadem Granada Terroristas bombardeiam o quartel general da Marinha em Beirute	Doherty e Baird publicam: *Family therapy and family medicine* Keeney publica: *Aesthetics of change*
1984	Reagan é reeleito presidente dos EUA URSS boicota a Olimpíada de verão em Los Angeles	Watzlawick publica: *The invented reality* Madanes publica: *Behind the one-way mirror*
1985	Gorbachev torna-se líder da URSS	De Shazer publica: *Keys to solution in brief therapy* Gergen publica: *The social constructionist movement in modern psychology*
1986	Explode a nave espacial *Challenger*	Anderson et al. publicam: *Schizophrenia and the family* Selvini Palazzoli publica: *Towards a general model of psychotic family games*
1987	O Congresso investiga o caso Irã-Contras	Tom Andersen publica: *The reflecting team* Guerin e colaboradores publicam: *the evaluation and treatment of marital conflict* Scharff e Scharff publicam: *Object relations family therapy*

(Continua)

(Continuação)

	Contexto social e político	Desenvolvimento da terapia familiar
1988	George H.W. Bush é eleito presidente dos EUA	Kerr e Bowen publicam: *Family evaluation* Morre Virginia Satir (nascida em 1916)
1989	Cai o Muro de Berlim	Boyd-Franklin publica: *Black families in therapy*
1990	O Iraque invade o Kuwait	Morre Murray Bowen (nascido em 1913) White e Epston publicam: *Narrative means to therapeutic ends*
1991	Guerra do Golfo Pérsico contra o Iraque	Morre Harold Goolishian (nascido em 1924)
1992	Clinton é eleito presidente dos EUA	Monica McGoldrick funda o Family Institute of New Jersey
1993	Eliminação étnica na Bósnia Policiais de Los Angeles são condenados pelo ataque a Rodney King	Morre Israel Zwerling (nascido em 1917) Minuchin e Nichols publicam: *Family healing*
1994	Republicanos conseguem a maioria no Congresso Nelson Mandela é eleito presidente da África do Sul	David e Jill Scharf deixam Washington School of Psychiatry e dão início ao International Institute of Object Relations Therapy
1995	O prédio federal de Oklahoma é bombardeado	Morre Carl Whitaker (nascido em 1912) Morre John Weakland (nascido em 1919) Salvador Minuchin se aposenta Family Studies Inc. é renomeado como The Minuchin Center
1996	Clinton é reeleito presidente dos EUA	Morre Edwin Friedman (nascido em 1932) Eron e Lund publicam: *Narrative solutions in brief therapy* Freedman e Combs publicam: *Narrative therapy*
1997	A Princesa Diana morre em um acidente de carro Hong Kong volta a pertencer à China	Morre Michael Goldstein (nascido em 1930)
1998	*Impeachment* do presidente Clinton pela Câmara de Deputados	Minuchin, Colapinto e Minuchin publicam: *Working with families of the poor*
1999	O presidente Clinton é absolvido no julgamento de *impeachment*	Morre Neil Jacobson (nascido em 1949) Morre John Elderkin Bell (nascido em 1913) Morre Mara Selvini Palazzoli (nascido em 1916)
2000	George W. Bush é eleito presidente dos EUA	Acontece a Millennium Conference, Toronto, Canadá
2001	Ataque terrorista de 11 de setembro	Morre James Framo (nascido em 1922)
2002	Escândalo de abuso sexual na Igreja Católica Corrupção corporativa em Enron	Lipchik publica: *Beyond techniques in solution-focused therapy*
2003	Os EUA invadem o Iraque	Greenan e Tunnell publicam: *Couple therapy with gay men*
2004	George W. Bush é reeleito presidente dos EUA	Morre Gianfranco Cecchin (nascido em 1932)

PARTE 1
O contexto da terapia familiar

1
Os fundamentos da terapia familiar

Saindo de casa

Não havia muitas informações na folha de entrada: apenas um nome, Holly Roberts, o fato de que ela era uma estudante universitária prestes a concluir o curso e a queixa apresentada: "dificuldade para tomar decisões".

A primeira coisa que Holly disse quando se sentou foi: "Eu não tenho certeza se precisava estar aqui. Você provavelmente tem muitas pessoas que precisam mais de ajuda do que eu". Depois, ela começou a chorar.

Era primavera. As tulipas estavam em flor, as árvores copadas de folhas verdes, e moitas de lilases roxos perfumavam o ar. A vida e todas as suas possibilidades se abriam diante dela, mas Holly estava importuna e inexplicavelmente deprimida.

A decisão que Holly estava com dificuldade de tomar era o que fazer após a formatura. Quanto mais ela tentava imaginar, menos capaz se sentia de se concentrar. Começara a dormir tarde, a perder aulas. Finalmente, sua colega de quarto a convencera a procurar o serviço de saúde. "Eu não teria vindo", disse Holly. "Eu consigo cuidar dos meus próprios problemas."

No momento, eu fazia uma terapia catártica. A maioria das pessoas tem histórias para contar e lágrimas a derramar. Algumas das histórias, eu desconfiava, eram dramatizadas para provocar simpatia e atenção. Parece que nós só nos damos permissão para chorar quando temos alguma desculpa aceitável. De todas as emoções humanas das quais nos envergonhamos, sentir pena de nós mesmos está no topo da lista.

Eu não sabia o que estava por trás da depressão de Holly, mas tinha certeza de que poderia ajudar. Eu me sentia à vontade com pessoas deprimidas. Desde meu último ano de ensino médio, quando meu amigo Alex morrera, eu mesmo vinha me sentindo um pouco deprimido.

Depois da morte de Alex, o restante do verão foi um borrão escuro. Eu chorava muito. Ficava furioso sempre que alguém sugeria que a vida continua. O pastor da Igreja de Alex disse que sua morte na verdade não era uma tragédia, porque agora "Alex estava com Deus no céu". Tinha vontade de gritar; em vez disso, eu me anestesiei. No outono, fui para a universidade, e, mesmo que parecesse um pouco desleal para com Alex, a vida realmente continuou. Eu ainda chorava de vez em quando, mas as lágrimas vieram acompanhadas por uma descoberta dolorosa. A minha tristeza não era apenas por causa de Alex. Sim, eu o amava. Sim, eu sentia falta dele. Mas a sua morte também me dava a justificativa para chorar pelos sofrimentos do dia-a-dia na minha própria vida. Talvez a tristeza seja sempre assim. O tempo todo aquilo me parecia uma traição. Estava usando a morte de Alex para sentir pena de mim mesmo.

O que, eu me perguntei, deixava Holly tão triste? De fato, ela não tinha uma história dramática. Seus sentimentos não tinham foco. Depois daqueles primeiros momentos em meu consultório, raramente chorou. Quando chorava, era mais uma lágrima involuntária do que um soluçar libertador. Ela falava sobre o futuro e sobre não saber o que queria fazer com sua vida. Falava sobre não ter namorado – de fato, ela raramente saía com alguém. Ela nunca falava muito sobre sua família. Para dizer a verdade, eu não estava muito interessado. Na época, eu achava que o lar era o lugar que você tinha de deixar para conseguir crescer.

Holly era vulnerável e precisava de alguém em quem se apoiar, mas algo a continha, como se ela não se sentisse segura, não confiasse muito em mim. Era frustrante. Eu queria ajudá-la.

Um mês se passou e a depressão de Holly piorou. Comecei a atendê-la três vezes por semana, mas não estávamos chegando a lugar nenhum. Em uma tarde de sexta-feira, Holly estava se sentindo tão desesperançada que achei que ela não deveria voltar sozinha para o dormitório da faculdade. Então lhe pedi para deitar no divã do consultório e, com sua permissão, liguei para os pais.

A Sra. Roberts atendeu o telefone. Eu lhe disse que achava que ela e o marido deveriam vir a Rochester e encontrar-se comigo e com Holly para discutir a possibilidade de Holly conseguir uma licença de saúde e ir para casa. Inseguro na época quanto à minha autoridade, eu me preparei para uma controvérsia. A Sra. Roberts me surpreendeu concordando em vir imediatamente.

A primeira coisa que me chamou a atenção em relação aos pais de Holly foi a disparidade de suas idades. Lena Roberts parecia uma versão um pouco mais velha de Holly – ela não podia ter muito mais de 35 anos. O marido parecia ter 60. Fiquei sabendo que ele era o padrasto de Holly, não o pai. Eles tinham casado quando Holly estava com 16 anos.

Pensando no que aconteceu na época, não me lembro de muita coisa ser dita naquele primeiro encontro. Ambos os pais estavam muito preocupados com Holly. "Faremos o que você achar melhor", disse a Sra. Roberts. O Sr. Morgan (o padrasto) disse que poderiam conseguir um bom psiquiatra "para ajudar Holly nessa crise", mas Holly disse que não queria ir para casa, e afirmou isto com muito mais energia do que eu escutara dela nos últimos tempos. Era um sábado. Sugeri que não havia necessidade de uma decisão apressada, então combinamos nos encontrar novamente na segunda-feira.

Quando Holly e seus pais sentaram em meu consultório na segunda-feira, estava óbvio que algo havia acontecido. Os olhos da Sra. Roberts estavam vermelhos de chorar. Holly lançou-lhe um olhar carrancudo e ameaçador e virou o rosto, os lábios cerrados e comprimidos. O Sr. Morgan voltou-se para mim: "Brigamos durante todo o fim de semana. Holly me insultava, e, quando eu tentava responder, Lena ficava do lado dela. É assim que tem sido desde o primeiro dia deste casamento".

A história relatada foi uma daquelas histórias tristes de ciúme e ressentimento que transformam o amor comum em sentimentos amargos, feridos, que, com excessiva freqüência, separam famílias. Lena Roberts tinha 34 anos quando conheceu Tom Morgan. Ele era um homem robusto de 56 anos. A segunda diferença óbvia entre eles era o dinheiro. Ele era um corretor bem-sucedido que se aposentara para cuidar de uma fazenda de cavalos. Ela trabalhava como garçonete para sustentar a si mesma e à filha. Era o segundo casamento de ambos.

Lena esperava que Tom fosse a figura paterna ausente na vida de Holly. Infelizmente, Lena não conseguiu aceitar todas as regras que Tom se sentia convidado a estabelecer. Assim, ele se tornou o padrasto malvado. Tom cometeu o erro de tentar assumir o controle, e, quando começaram as brigas previsíveis, Lena tomou o partido da filha. Havia lágrimas e disputas aos berros à meia-noite. Duas vezes, Holly fugiu para a casa de uma amiga por alguns dias. Esse triângulo quase arruinou a relação de Lena e Tom, mas as coisas se acalmaram quando Holly partiu para a universidade.

Holly esperava sair de casa e não olhar para trás. Faria novos amigos. Estudaria muito e escolheria uma carreira. *Jamais* dependeria de um homem para sustentá-la. Infelizmente, Holly saiu de casa com assuntos não-resolvidos. Ela odiava Tom por ele implicar com ela e pela maneira como tratava sua mãe. Tom sempre exigia saber aonde a mãe ia, com quem sairia e quando estaria de volta. Se a mãe se atrasasse, mesmo que apenas alguns minutos, havia uma cena. Por que a mãe agüentava aquilo?

Culpar Tom era simples e satisfatório. Além disso, outra série de sentimentos, mais difíceis de enfrentar, estava corroendo Holly. Ela odiava a mãe por ter casado com Tom e por deixar que ele fosse tão mesquinho com ela. O que sua mãe vira nele, para começar? Será que ela se vendera por uma bela casa e um carro do último modelo? Holly não tinha as respostas para essas perguntas, não ousava sequer ter plena consciência delas. Lamentavelmente, a repressão não funciona assim: trancamos alguma coisa em um armário e esquecemos dela. É necessária muita energia para manter à distância emoções indesejadas.

Holly encontrava desculpas para não ir muito em casa durante a faculdade. Não parecia mais a sua casa. Ela mergulhou nos estudos. Todavia, a raiva e a amargura a roíam por dentro até que, em seu último ano da universidade, deparando-se com um futuro incerto, sabendo apenas que não poderia voltar para casa, entregou-se à desesperança. Não é de surpreender que estivesse deprimida.

Achei toda a história muito triste. Sem conhecer a dinâmica familiar e nunca tendo vivido em uma família com um segundo casamento, eu me perguntei por que eles não podiam simplesmente tentar se dar bem. Eles sentiam tão pouca simpatia uns pelos outros. Por que Holly não conseguia aceitar o direito da mãe de encontrar o amor uma segunda vez? Por que Tom não conseguia respeitar a prioridade do relacionamento da esposa com a filha? Por que Lena não conseguia escutar a raiva adolescente da filha sem ficar tão defensiva?

A sessão com Holly e seus pais foi a minha primeira lição de terapia familiar. Os membros da família em terapia não falam sobre experiências reais, e sim sobre memórias reconstruídas que se assemelham às experiências originais apenas de certa maneira. As lembranças de Holly eram muito pouco parecidas com as lembranças de sua mãe e bem diferentes das lembranças do padrasto. Nas lacunas entre as suas verdades, havia pouco espaço para a razão e nenhum desejo de buscá-la.

Embora a sessão não tivesse sido muito produtiva, certamente colocou a infelicidade de Holly em perspectiva. Eu já não pensava nela como uma jovem trágica, sozinha no mundo. Ela era isso, evidentemente, mas também uma filha dividida entre fugir de um lar do qual não se sentia mais parte e o medo de deixar a mãe sozinha com um homem em quem ela não confiava. Acho que foi aí que me tornei um terapeuta de família.

Dizer que eu não sabia muito sobre famílias e menos ainda sobre técnicas para ajudá-las a pensar coletivamente seria uma exposição muito atenuada dos fatos. A terapia familiar não é apenas um novo conjunto de técnicas; é uma abordagem inteiramente nova ao entendimento do comportamento humano – que é em essência moldado por seu contexto social.

O MITO DO HERÓI

A nossa cultura celebra a singularidade do indivíduo e a busca de um *self* autônomo. A história de Holly poderia ser contada como um drama do tornar-se adulto: um jovem luta para libertar-se da infância e da estreiteza de espírito, para assumir a idade adulta, a promessa e o futuro. Se falhar, é tentado a olhar para dentro do jovem adulto, o herói fracassado.

Embora o ilimitado individualismo do "herói" possa ser incentivado mais para os homens do que para as mulheres, como um ideal cultural ele lança sua sombra sobre todos nós. Mesmo que Holly se importe com relacionamentos tanto quanto com autonomia, ela talvez seja julgada pela imagem dominante da realização.

Fomos criados com o mito do herói: o Vingador Solitário, o Robin Hood, a Mulher Maravilha. Quando crescemos, buscamos heróis na vida real: Eleanor Roosevelt, Martin Luther King Jr., Nelson Mandela. Esses homens e essas mulheres representam alguma coisa. Se ao menos pudéssemos ser um pouco como essas pessoas maiores-que-a-vida, que parecem se erguer acima de suas circunstâncias...

Só mais tarde percebemos que as "circunstâncias" acima das quais queremos nos erguer são parte da condição humana – nossa inescapável conexão com nossas famílias. A imagem romântica do herói baseia-se na ilusão de que podemos atingir a autêntica individualidade se nos tornarmos indivíduos autônomos. Fazemos muitas coisas sozinhos, inclusive alguns de nossos atos mais heróicos, mas somos definidos e sustentados por uma rede de relacionamentos humanos. A nossa necessidade de idolatrar heróis é, em parte, uma necessidade de nos erguermos acima da pequenez e da dúvida em relação a nós mesmos, mas talvez igualmente um produto de imaginarmos uma vida livre desses incômodos relacionamentos que, por alguma razão, nunca são como gostaríamos.

Quando pensamos sobre famílias, geralmente é em termos negativos – como forças de dependência que nos aprisionam ou como elementos destrutivos na vida de nossos pacientes. O que chama a nossa atenção nas famílias são as diferenças e a discórdia. A harmonia da vida familiar – lealdade, tolerância, ajuda e apoio mútuos – muitas vezes deixa de ser percebida, sendo parte daquele pano de fundo da vida que tomamos como algo natural. Se quisermos ser heróis, então precisamos ter vilões.

Hoje em dia, fala-se muito sobre "famílias disfuncionais". Lamentavelmente, isso se centra muito nos golpes infligidos pelos pais. Sofremos por causa do que *eles* fizeram: o alcoolismo da mãe, as expectativas irracionais do pai – essas são as causas da nossa infelicidade. Talvez isso seja um avanço em relação a chafurdarmos na culpa e na vergonha, mas está muito longe de um entendimento do que realmente acontece nas famílias.

Uma razão para pôr a culpa dos sofrimentos familiares nas falhas pessoais dos pais é a dificuldade de uma pessoa comum enxergar, através das personalidades individuais, os padrões estruturais que as tornam uma família – um sistema de vidas interligadas governado por regras estritas, mas não-verbalizadas.

As pessoas sentem-se controladas e desamparadas não porque são vítimas das loucuras e das trapaças parentais, mas porque não compreendem as forças que agem em maridos e mulheres, pais e filhos juntos. Assoladas pela ansiedade e depressão ou meramente perturbadas e inseguras, algumas pessoas recorrem à psicoterapia em busca de ajuda e de consolo. No processo, afastam-se dos irritantes que as impeliram à terapia. Entre esses se destacam os relacionamentos infelizes – com amigos, amantes *e* a família. Nossos transtornos são sofrimentos privados. Quando recuamos para a segurança de um relacionamento sintético, a última coisa que queremos é levar junto a nossa família. Será que deve nos surpreender, então, que, quando Freud aventurou-se a explorar as forças sombrias da mente, ele tenha deixado a família trancada do lado de fora do consultório?

SANTUÁRIO PSICOTERAPÊUTICO

A psicoterapia, outrora, era um empreendimento privado. O consultório era um lugar de cura, sim, mas era igualmente um santuário, um refúgio de um mundo perturbado e perturbador.

Debatendo-se com o amor e com o trabalho, incapazes de encontrar consolo e alívio em algum lugar, os adultos buscavam terapia para encontrar satisfação e significado. Os pais, preocupados com o mau comportamento, com a timidez ou com falta de realização dos filhos, os enviavam para que recebessem orientação e direção. De muitas maneiras, a psicoterapia deslocava o papel da família na solução dos problemas da vida cotidiana.

É tentador olhar para trás, para os dias que antecederam a terapia familiar, e ver aqueles que insistiam em segregar os pacientes de suas famílias como expoentes ingênuos de uma visão fossilizada dos transtornos mentais, de acordo com a qual as doenças psiquiátricas estavam firmemente inseridas na cabeça das pessoas. Considerando que os terapeutas só começaram a tratar a família inteira por volta de 1950, é tentador perguntar: "Por que eles levaram tanto tempo para fazer isso?" De fato, havia boas razões para a terapia ser conduzida de forma privada.

As duas abordagens de psicoterapia mais influentes no século XX, a psicanálise de Freud e a terapia centrada no cliente de Rogers, baseavam-se na suposição de que os problemas psicológicos surgiam de interações não-sadias com os outros e que a melhor maneira de minorá-los era um relacionamento privado entre terapeuta e paciente.

As descobertas de Freud culpavam a família, primeiro como um espaço criador de sedução infantil e depois como o agente de repressão cultural. Se as pessoas cresciam um pouco neuróticas – com medo de seus instintos naturais –, quem deveriam culpar a não ser os pais? Dado que os conflitos neuróticos seriam gerados na família, parecia muito natural supor que a melhor maneira de desfazer a influência da família era isolar os parentes do tratamento, impedir que sua influência contaminadora chegasse à sala de operações psicanalíticas.

Freud descobriu que, quanto menos revelava sobre si mesmo, mais seus pacientes reagiam a ele como se fosse uma figura significativa de sua família. A princípio, essas reações de *transferência* pareciam um obstáculo, mas Freud logo percebeu que elas forneciam um vislumbre inestimável do passado. A partir de

Freud excluiu a família da psicanálise a fim de ajudar os pacientes a se sentirem seguros para explorar o alcance total de seus pensamentos e sentimentos.

então, analisar a transferência se tornou a pedra fundamental do tratamento psicanalítico. Isso significava que, como o analista estava interessado nas memórias e fantasias do paciente, a presença da família só obscureceria a verdade subjetiva do passado. Freud não estava interessado na família viva, mas sim na família das lembranças.

Ao conduzir o tratamento privadamente, Freud salvaguardava a confiança dos pacientes na santidade do relacionamento terapêutico e, assim, maximizava a probabilidade de repetirem, em relação ao analista, os entendimentos e desentendimentos da infância.

Carl Rogers também acreditava que os problemas psicológicos originavam-se de interações iniciais destrutivas. Cada um de nós, dizia Rogers, nasce com uma tendência inata para a *auto-realização*. Se deixados por nossa própria conta, tendemos a seguir os nossos melhores interesses. Uma vez que somos curiosos e inteligentes, exploramos e aprendemos; como temos um corpo forte, brincamos e nos exercitamos; como estar com os outros nos traz alegria, somos sociáveis, amorosos e afetuosos.

Infelizmente, disse Rogers, o nosso instinto para a realização é subvertido por nossa ânsia de aprovação. Aprendemos a fazer o que achamos que os outros querem, mesmo que isso não seja o melhor para nós.

Gradualmente, esse conflito entre auto-realização e necessidade de aprovação leva à negação e à distorção daquilo que nos impele interiormente – e até dos sentimentos que sinalizam isso. Engolimos a nossa raiva, abafamos a nossa exuberância e enterramos a nossa vida sob uma montanha de expectativas.

A terapia desenvolvida por Rogers tinha por objetivo ajudar os pacientes a descobrirem seus reais sentimentos. Sua imagem do terapeuta era a de uma parteira – passiva, mas apoiadora. O terapeuta rogeriano não fazia nada pelo paciente, mas oferecia apoio para ajudá-lo a descobrir o que precisava ser feito, principalmente ao dar a ele uma *consideração positiva incondicional*. O terapeuta ouvia com simpatia, era compreensivo, cordial e respeitoso. Na presença desse ouvinte acolhedor, o paciente gradualmente entrava em contato com seus sentimentos e desejos interiores.

Como o psicanalista, o terapeuta centrado no cliente mantinha uma privacidade absoluta no relacionamento terapêutico, para evitar qualquer possibilidade de que os sentimentos do paciente fossem subvertidos pela necessidade de aprovação. Só uma pessoa desconhecida e objetiva seria capaz de oferecer a aceitação incondicional para ajudar o paciente a redescobrir seu *self* real. É por isso que os membros da família não tinham lugar no trabalho da terapia centrada no cliente.

TERAPIA FAMILIAR *VERSUS* TERAPIA INDIVIDUAL

Como podemos ver, havia e há razões válidas para realizar a psicoterapia em um relacionamento privado e confidencial. No entanto, embora haja sólidas alegações em favor da psicoterapia individual, podemos fazer uma defesa igualmente sólida da terapia familiar.

Tanto a psicoterapia individual quanto a terapia familiar oferecem uma abordagem de tratamento e uma maneira de compreender o comportamento humano. Como abordagens de tratamento, ambas possuem virtudes. A terapia individual pode fornecer o foco concentrado para ajudar a pessoa a enfrentar seus medos e aprender a se tornar, mais integralmente, o que ela é. Os terapeutas individuais sempre reconheceram a importância da vida familiar na formação da personalidade, mas supunham que essas influências eram internalizadas e que a dinâmica intrapsíquica torna-se a força dominante que controlava o comportamento. Portanto, o tratamento podia e devia ser dirigido à pessoa e à sua constituição pessoal. Os terapeutas familiares, por outro lado, acreditavam que as forças dominantes na nossa vida estão localizadas externamente, na família. A terapia baseada nessa estrutura tem por objetivo mudar a organização da família. Quando a organização desta é transformada, a vida de cada um de seus membros também é correspondentemente alterada.

Este último ponto – mudar a família muda a vida de cada um de seus membros – é importante o suficiente para ser examinado com maior cuidado. A terapia familiar não busca apenas mudar o paciente no contexto individual. A terapia familiar provoca mudanças em toda a família; portanto, a melhora pode ser duradoura, porque cada membro da família é modificado e continua provocando mudanças sincrônicas nos outros.

Quase todas as dificuldades humanas podem ser tratadas com terapia individual ou com terapia familiar, mas certos problemas são especialmente suscetíveis a uma abordagem familiar: problemas com os filhos (que precisam, independentemente do que acontece na terapia, voltar para a casa dos pais), queixas a respeito do casamento ou de outros relacionamentos íntimos, hostilidades familiares e sintomas que se desenvolvem no indivíduo no momento de uma importante transição familiar. Se os problemas que surgem em função de transições familiares fazem o terapeuta pensar primeiro sobre o papel da família, a terapia individual pode ser especialmente útil quando as pessoas identificam algo em si mesmas que estão tentando em vão mudar, enquanto seu ambiente social parece estável. Assim, se uma mulher se deprime durante o primeiro ano da faculdade, o terapeuta poderia se perguntar se sua tristeza está relacionada a sair de casa e deixar os pais sozinhos um com o outro, mas se a mesma mulher se deprime aos trinta e poucos anos, durante um longo período de estabilidade em sua vida, poderíamos nos perguntar se existe algo em sua forma de viver que não a realiza e é responsável por sua infelicidade. Examinar sua vida de forma privada – longe de relacionamentos perturbados – não significa que ela deveria acreditar que é possível se realizar isoladamente das outras pessoas da sua vida.

A idéia da pessoa como uma entidade separada, com a família agindo sobre ela, é consistente com a maneira pela qual experienciamos a nós mesmos. Reconhecemos a influência das pessoas íntimas – especialmente como obrigações e limitações –, mas é difícil enxergar que estamos inseridos em uma rede de relacionamentos, que somos parte de algo maior do que nós mesmos.

PSICOLOGIA E CONTEXTO SOCIAL

A terapia familiar floresceu não só devido à sua efetividade clínica, mas também porque redescobrimos a interligação que caracteriza a nossa comunidade humana. Em geral, a questão da terapia individual *versus* familiar é colocada como uma questão técnica: qual abordagem funciona melhor em um determinado problema? A escolha também reflete um entendimento filosófico da natureza humana. Embora a psicoterapia possa ter sucesso ao focalizar ou a psicologia do indivíduo ou a organização da família, ambas as perspectivas – psicologia e contexto social – são indispensáveis para um entendimento completo das pessoas e de seus problemas.

Os terapeutas familiares nos dizem que a família é mais do que uma coleção de indivíduos separados: é um sistema, um todo orgânico cujas partes funcionam de uma maneira que transcende suas características separadas. Todavia, mesmo como membros de sistemas familiares, não deixamos de ser indivíduos, com corações, mentes e desejos próprios. Embora seja possível compreender uma pessoa sem levar em conta seu contexto social, especialmente a família, é enganador limitar o foco à superfície das interações – ao comportamento social separado da experiência interna.

Trabalhar com o sistema completo significa considerar não apenas todos os membros da família, mas também as dimensões pessoais da sua experiência. Considere um pai que sorri sem querer durante uma discussão sobre o comportamento delinqüente de seu filho. Talvez o sorriso revele o secreto prazer do pai com a rebelião do filho, algo que ele teme fazer. Ou tome o caso do marido que se queixa de que a mulher não o deixa fazer nada com os amigos. A mulher, na verdade, pode restringi-lo, mas o fato de ele ceder sem lutar sugere que talvez tenha conflitos em relação a se divertir. Será que negociar com a mulher vai resolver sua ansiedade interna em relação a fazer coisas sozinho? Provavelmente não. Se ele resolver suas próprias restrições internas, será que a mulher começará subitamente a incentivá-lo a sair e se divertir? Não é provável. Esses impasses, como a maioria dos problemas humanos, existem na psicologia dos indivíduos e são encenados em suas interações. O ponto é o seguinte: para oferecer uma ajuda psicológica efetiva e duradoura, o terapeuta precisa compreender e motivar o indivíduo *e* influenciar suas interações.

O PODER DA TERAPIA FAMILIAR

A terapia familiar nasceu na década de 1950, cresceu nos anos de 1960 e ficou adulta na década de 1970. A onda inicial de entusiasmo por tratar a família como uma unidade foi seguida por uma crescente diversificação de escolas, todas competindo pelo monopólio da verdade e pelo mercado de serviços.

Algum dia, talvez vejamos os anos de 1975 a 1985 como o período dourado na terapia familiar. Esses anos testemunharam o pleno desabrochar das mais imaginativas e vitais abordagens de tratamento. Foi uma época de entusiasmo e confiança. Os terapeutas familiares podem ter tido suas diferenças em relação à técnica, mas compartilhavam um senso de otimismo e propósito comum. Desde então, algumas turbulências sacudiram o campo, atingindo esse zelo e essa confiança excessiva. Os modelos pioneiros foram desafiados (tanto em termos clínicos quanto socioculturais), e suas fronteiras ficaram menos nítidas: atualmente, menos terapeutas de família identificam-se exclusivamente com uma escola específica. Até a distinção entre terapeutas individuais e de família é menos definida, na medida em que mais e mais terapeutas realizam ambas as formas de tratamento.

As tendências dominantes da década passada foram o construcionismo social (a idéia de que a nossa experiência é uma função da nossa maneira de pensar sobre ela), a terapia narrativa, as abordagens integrativas e uma crescente preocupação com questões sociais e políticas. Os capítulos seguintes examinam estes e outros desenvolvimentos. Aqui, simplesmente sugerimos que, ao ler sobre eles, você considere a possibilidade de apresentarem, como todos os novos desenvolvimentos, pontos positivos e negativos.

PENSANDO EM LINHAS, PENSANDO EM CÍRCULOS

A doença mental tem sido explicada, tradicionalmente, em termos lineares, quer médicos, quer psicanalíticos. Ambos os paradigmas tratam o sofrimento emocional como um sintoma de disfunção interna com causas históricas. O modelo médico supõe que agrupar sintomas em síndromes levará a soluções biológicas para problemas psicológicos. Nas explicações psicanalíticas, é dito que os sintomas surgem de conflitos que têm origem no passado do paciente. Em ambos os modelos, o tratamento focaliza o indivíduo.

As explicações lineares assumem a forma de *A causa B*. Este tipo de pensamento funciona bem em algumas situações. Se você está dirigindo sozinho e seu carro pára subitamente, vá em frente e procure uma explicação simples. Talvez você tenha ficado sem gasolina. Se for o caso, a solução é simples. Os problemas humanos, normalmente, são um pouco mais complicados.

Quando as coisas dão errado nos relacionamentos, a maioria das pessoas dá o crédito, generosamente, ao outro. Uma vez que olhamos para o mundo do interior da nossa própria pele, vemos mais claramente a contribuição das outras pessoas para os nossos problemas mútuos. É muito natural pôr a culpa nos outros. A ilusão da influência unilateral tenta também os terapeutas, em especial quando ouvem apenas um lado da história. No entanto, quando compreendem que a reciprocidade é o princípio que governa o relacionamento, os terapeutas podem ajudar as pessoas a ir além do pensar apenas em termos de vilões e vítimas. Suponha, por exemplo, que um pai se queixa do comportamento de seu filho adolescente.

Pai: É o meu filho. Ele é grosseiro e desafiador.
Terapeuta: Quem o ensinou a ser assim?

Em vez de aceitar a perspectiva do pai de que ele é a vítima da vilania do filho, a pergunta provocativa do terapeuta o convida a procurar padrões de influência mútua. Não se trata de transferir a culpa de uma pessoa para outra, e sim de se afastar totalmente da culpa. Enquanto enxergar o problema como algo que o filho faz, o pai terá pouca escolha além de esperar que o rapaz mude. (Esperar que as outras pessoas mudem é como planejar o futuro em torno de ganhar na loteria.) Aprender a pensar em círculos e não em linhas capacita o pai a examinar a metade da equação sobre a qual ele tem controle.

O poder da terapia familiar deriva-se de juntar pais e filhos para transformar suas interações. Em vez de isolar os indivíduos das origens emocionais de seus conflitos, os problemas são tratados na sua fonte. O que mantém as pessoas empacadas é a sua grande dificuldade de enxergar a própria participação nos problemas que as atormentam. Com os olhos fixos firmemente no que os outros recalcitrantes estão fazendo, é difícil para a maioria das pessoas enxergar os padrões que as unem. A tarefa do terapeuta familiar é acordá-las para isso. Quando um marido queixa-se de que a mulher é ranzinza, e o terapeuta pergunta como ele contribui para isso, está desafiando o marido a enxergar o ele-e-ela hifenizado de suas interações.

Quando Bob e Shirley vieram em busca de ajuda para seus problemas conjugais, a queixa dela era que ele jamais compartilhava seus sentimentos; a dele, de que ela sempre o criticava. Essa é uma troca clássica de queixas que mantém os casais empacados, na medida em que não conseguem enxergar o padrão recíproco no qual cada parceiro provoca no outro exatamente o comportamento que não suporta. Então o terapeuta disse a Bob: "Se você fosse um sapo, como você seria se a Shirley o transformasse em um príncipe?" Quando Bob retrucou que ele não conversava com ela por ela ser tão crítica, pareceu para o casal que eles estavam recomeçando a mesma velha discussão, mas o terapeuta viu isso como o início da mudança – Bob começando a falar. Uma maneira de criar abertura para a mudança em famílias rígidas é apoiar a pessoa acusada e ajudar a trazê-la de volta para a rixa.

Quando Shirley criticou Bob por se queixar, ele tentou recuar, mas o terapeuta disse: "Não, continue. Você ainda é um sapo". Bob tentou transferir a responsabilidade de volta para Shirley. "Ela não precisa me beijar primeiro?" "Não", disse o terapeuta. "Na vida real, isso vem depois. Você precisa merecer."

Na abertura de *Anna Karenina*, Tolstói escreveu: "Todas as famílias felizes se parecem; cada família infeliz é infeliz à sua maneira". Cada família infeliz pode ser infeliz à sua maneira, mas todas elas tropeçam nos mesmos obstáculos conhecidos da vida familiar. Esses obstáculos não são nenhum segredo – aprender a viver junto, lidar com parentes difíceis, correr atrás das crianças, enfrentar a adolescência, e assim por diante. Todavia, o que nem todo o mundo percebe é que, uma vez compreendidas, um número relativamente pequeno de dinâmicas sistêmicas ilumina esses obstáculos e permite que as famílias enfrentem bem os dilemas previsíveis da vida. Como todos os curadores, os terapeutas familiares às vezes lidam com casos bizarros e desconcertantes, mas grande parte de seu trabalho tem a ver com seres humanos comuns, aprendendo as lições difíceis da vida. Suas histórias, e as histórias dos homens e das mulheres da terapia familiar que decidiram ajudá-los, são a inspiração para este livro.

LEITURAS RECOMENDADAS

Nichols, M. P. 1987. *The self in the system*. New York: Brunner/Mazel.

Nichols, M. P. 1999. *Inside family therapy*. Boston: Allyn & Bacon.

REFERÊNCIAS

Minuchin, S. 1974. *Families and family theraphy*. Cambridge, MA: Harvard University Press.

Selvini Palazzoli, M., Boscolo, L., Cecchin, G., e Prata, G. 1978. *Paradox and counterparadox*. New York: Jason Aronson.

Watzlawick, P., Beavin, J., e Jackson, D. 1967. *Pragmatics of human communication*. New York: Norton.

2

A evolução da terapia familiar

Uma mudança revolucionária em perspectiva

Neste capítulo, examinamos os antecedentes e os anos iniciais da terapia familiar. Aqui existem duas histórias fascinantes: uma de personalidades, outra de idéias. Você lerá sobre os pioneiros – iconoclastas e originais que, de alguma forma, quebraram o molde pelo qual se enxergava a vida e seus problemas como uma função de indivíduos e sua psicologia. Não se engane: a passagem de uma perspectiva individual para uma sistêmica foi uma mudança revolucionária, que forneceu àqueles que a compreenderam uma poderosa ferramenta para entender e resolver problemas humanos.

A segunda história na evolução da terapia familiar é uma história de idéias. A inquieta curiosidade dos primeiros terapeutas familiares levou-os a uma variedade de maneiras novas e perspicazes de conceitualizar as alegrias e tristezas da vida familiar.

Ao ler essa história, prepare-se para surpresas. Esteja pronto para reexaminar suposições fáceis – inclusive a suposição de que a terapia familiar começou como um esforço benevolente em apoio à instituição da família. A verdade é que, no início, os terapeutas encararam o sistema familiar como um adversário.

A GUERRA SILENCIOSA

Embora tenhamos passado a ver os hospícios como lugares de crueldade e detenção, eles foram originalmente construídos para salvar os insanos da perseguição de seus parentes, para evitar que fossem trancados e torturados no sótão da casa. Correspondentemente, exceto para propósitos de pagar a conta, os hospitais psiquiátricos por muito tempo mantiveram as famílias afastadas. Entretanto, na década de 1950, dois desenvolvimentos surpreendentes forçaram os terapeutas a reconhecer o poder de influência da família no curso do tratamento.

Os terapeutas começaram a notar que, com muita freqüência, quando um paciente melhorava, alguém na família piorava, quase como se a família *precisasse* de um membro sintomático. Como no jogo de esconde-esconde, parecia não importar muito quem procurava, desde que alguém desempenhasse esse papel. Em um caso, Don Jackson (1945) tratava de uma mulher com depressão. Quando ela começou a melhorar, o marido queixou-se de que a condição dele estava piorando. Quando ela continuou melhorando, o marido perdeu o emprego. Por fim, quando a mulher ficou plenamente bem, o marido se suicidou. Aparentemente, a estabilidade desse homem dependia de ter uma mulher doente.

Em outro caso de Jackson, um marido insistiu com a mulher para que buscasse tratamento para "frigidez". Quando, após vários meses de terapia, ela passou a ser sexualmente responsiva, ele se tornou impotente.

Estudo de caso

Outra estranha história de mudança na perturbação era os pacientes com freqüência melhorarem no hospital apenas para piorarem quando voltavam para casa. Em um caso bizarro de Édipo revisitado, Salvador Minuchin tratou um jovem homem hospitalizado múltiplas vezes por tentar arrancar os próprios olhos. O homem se portava normalmente no hospital Bellevue, mas retornava à automutilação sempre que voltava para casa. Ele só podia ser são, parecia, em um mundo insano.

Acontece que o jovem era muito ligado à mãe, um vínculo que se estreitou ainda mais durante os sete anos de uma misteriosa ausência do pai. O pai era um jogador compulsivo que desapareceu logo depois de ser declarado legalmente incapaz. Havia rumores de que a máfia o raptara. Quando, tão misteriosamente como desaparecera, o pai voltou, o filho deu início às suas tentativas bizarras de automutilação. Talvez ele quisesse se cegar para não enxergar sua obsessão pela mãe e seu ódio pelo pai.

Essa família não era nem da antiguidade nem grega, e Minuchin foi mais pragmático que o poeta. Então, ele desafiou o pai a proteger o filho – o pai precisava lidar diretamente com a mulher. Depois, desafiou sua atitude de desprezo em relação a ela, que aumentava a necessidade da mãe de buscar proximidade e proteção no filho. A terapia era um desafio para a estrutura familiar, e, em Bellevue, a equipe psiquiátrica trabalhava para facilitar o retorno do jovem à família, em segurança.

Minuchin confrontou o pai, dizendo: "Como pai de um filho que corre perigo, o que você está fazendo não é suficiente". "O que eu devo fazer?", perguntou o homem. "Eu não sei", replicou Minuchin. "Pergunte ao seu filho." Então, pela primeira vez em anos, pai e filho começaram a falar um com o outro. Quando estavam chegando a um ponto em que não tinham mais muito que falar, o Dr. Minuchin comentou com ambos os pais: "De uma estranha maneira, ele está dizendo a vocês que prefere ser tratado como uma criança pequena. Quando estava no hospital, ele tinha 23 anos. Agora que voltou para casa, ele tem 6."

O que esse caso dramatiza é como os pais às vezes usam os filhos – como um pára-choque para protegê-los de uma intimidade com a qual não conseguem lidar – e como alguns filhos aceitam esse papel. Para o pretenso Édipo, Minuchin disse: "Você está arrancando seus olhos pela sua mãe, para que ela tenha alguma coisa com a qual se preocupar. Você é um bom rapaz. Bons filhos se sacrificam pelos pais".

O que este e outros casos semelhantes demonstram é que as famílias são constituídas por uma estranha cola – esticam, mas nunca se soltam. Poucos culparam a família de pura malevolência, mas havia uma injustiça latente nessas observações. A história oficial da terapia familiar é uma história de respeito pela instituição da família, mas talvez nenhum de nós jamais supere totalmente a idéia de que as famílias são o inimigo da liberdade.

O impacto da melhora de um paciente sobre a família nem sempre é negativo. Fisher e Mendell (1958) relatavam uma difusão de mudanças positivas do paciente para outros membros da família. Entretanto, o ponto importante não é se a influência que os pacientes e suas famílias têm uns sobre os outros é benigna ou maligna. O ponto essencial é que a mudança em uma pessoa muda o sistema.

DINÂMICA DE PEQUENOS GRUPOS

Aqueles que começaram a tentar compreender e tratar as famílias descobriram prontamente um paralelo com pequenos grupos. As dinâmicas grupais são relevantes para a terapia familiar porque a vida em grupo é uma mistura complexa de personalidades individuais e propriedades grupais supra-ordenadas.

Durante a década de 1920, os cientistas sociais começaram a estudar grupos naturais na sociedade, na esperança de aprender a resolver problemas políticos pelo entendimento da interação social em grupos organizados. Em 1920, o psicólogo social pioneiro William McDougall publicou *The group mind*, em que descrevia como a continuidade de um grupo depende de o mesmo ser uma idéia importante na mente de seus membros, da necessidade de fronteiras e estruturas que permitam a diferenciação de funções e da importância dos costumes e hábitos, para que os relacionamentos possam ser fixos e definidos. Uma abordagem mais científica à dinâmica de grupo foi introduzida nos anos de 1940 por Kurt Lewin, cuja *teoria de campo* (Lewin, 1951) orientou uma geração de pesquisadores, psicólogos do trabalho, terapeutas de grupo e agentes de mudança social.

Valendo-se da escola gestáltica de psicologia perceptual, Lewin desenvolveu a noção de que o grupo é mais do que a soma de suas partes. Essa propriedade transcendente dos grupos tem uma relevância óbvia para os terapeutas familiares, que precisam trabalhar

As primeiras pessoas a realizar terapia familiar buscaram um modelo na terapia de grupo.

não apenas com indivíduos, mas também com sistemas familiares – e com a sua famosa resistência à mudança.

Analisando o que ele chamou de *equilíbrio social quase-estacionário*, Lewin salientou que a mudança no comportamento grupal requer "descongelamento". Só depois que algo sacode as crenças de um grupo é que seus membros estarão preparados para aceitar a mudança. Na terapia individual, esse processo é iniciado pelas experiências perturbadoras que levam a pessoa a buscar ajuda. Quando o indivíduo decide conversar com um terapeuta, já começou a descongelar antigos hábitos. Quando a família busca tratamento, a história é outra.

Muitos membros da família não estão suficientemente desestabilizados pelo sofrimento do membro sintomático para pensar em mudar seu jeito de ser. Além disso, os membros da família trazem junto sua referência grupal principal, com todas as suas tradições, costumes e hábitos. Conseqüentemente, é necessário um esforço maior para descongelar ou sacudir a família antes que uma mudança real possa ocorrer. A necessidade de descongelamento prenunciou a preocupação dos primeiros terapeutas familiares de romper a *homeostase* da família, uma noção que dominou a terapia familiar por décadas.

Wilfred Bion foi outro importante estudioso da dinâmica de grupo que enfatizou o grupo como um todo, com dinâmica e estrutura próprias. Segundo Bion (1948), a maioria dos grupos se desvia de suas tarefas primárias, engajando-se em padrões de *luta-fuga*, *dependência* ou *formação de pares*. As "suposições básicas" de Bion são facilmente extrapoláveis para a terapia familiar. Algumas famílias têm tanto medo do conflito que contornam as questões polêmicas como um gato que gira em torno de uma cobra. Outras usam a terapia apenas para dar vazão à sua irritação, preferindo brigar interminavelmente a considerar concessões mútuas e, ainda menos, mudança. A dependência se mascara de terapia quando um terapeuta ativo em demasia subverte a autonomia da família em nome da solução de problemas. A formação de pares é vista nas famílias quando um dos pais entra em conluio com os filhos para ridicularizar e diminuir o outro.

A distinção **processo/conteúdo** na dinâmica de grupo teve um grande impacto sobre o tratamento familiar. O terapeuta experiente aprende a prestar atenção tanto a *como* a família fala quanto ao conteúdo de suas discussões. Por exemplo, uma mãe pode dizer à filha que ela não deve brincar com bonecas Barbie para não aspirar a uma beleza de cabeça-de-vento. O *conteúdo* da mensagem da mãe é: respeite-se como pessoa, não como um ornamento. Todavia, se a mãe expressa seu ponto de vista desprezando os sentimentos da filha, então o *processo* de sua mensagem seria: os seus sentimentos não contam.

Infelizmente, o conteúdo de algumas discussões é tão compelidor que o terapeuta é desviado do processo. Suponha, por exemplo, que o terapeuta convida um adolescente a conversar com a mãe sobre seu desejo de querer largar a escola. Digamos que o rapaz murmure alguma coisa sobre a escola ser besteira, e a mãe responda com um sermão sobre a importância da educação. O terapeuta que correr a apoiar a posição da mãe pode estar cometendo um erro. Em termos de conteúdo, a mãe pode estar certa, um diploma de segundo grau é importante, mas talvez seja mais relevante, no momento, ajudar o rapaz a aprender a falar por si mesmo – e ajudar a mãe a aprender a ouvir.

A teoria do papel, explorada nas literaturas da psicanálise e da dinâmica de grupo, teve aplicações particularmente importantes para o estudo das famílias. As expectativas que acompanham os papéis trazem regularidade a situações sociais complexas.

Com freqüência, descrevemos os membros da família em termos de um único papel (marido ou mulher), mas precisamos lembrar que a esposa também pode ser uma mãe, uma amiga, uma filha e uma profissional. Mesmo os papéis que não estão sendo vividos são potenciais e, portanto, importantes. Quando os membros de uma família infeliz ficam atolados em papéis limitados e rígidos desenvolvem artrite interpessoal, uma doença que leva a família à rigidez e atrofia de uma vida não-usada.

Embora um estreitamento de papéis encolha as possibilidades da vida em grupo (e em família), os membros do grupo dos quais se exige excessivos papéis estão sujeitos a uma sobrecarga (Sherif, 1948). Entre os possíveis papéis em uma família, por exemplo, estão os de progenitor, dona-de-casa, provedor financeiro, cozinheiro e motorista. Esses papéis podem ser divididos – um dos parceiros é o provedor financeiro, e o outro cozinha e limpa a casa – ou compartilhados – ambos trabalham fora e dividem as outras tarefas de casa. No entanto, a mulher pode ter um conflito de papéis se forçada a escolher entre trabalhar até tarde para participar de uma reunião de equipe e voltar para casa a fim de fazer o jantar e levar as crianças à aula de futebol – porque, mesmo que ela tenha um parceiro, ele não desempenha esses papéis.

Os papéis tendem a ser estereotipados na maioria dos grupos, de modo que há padrões característicos de comportamento de membros da família. Virginia Satir (1972), em seu livro *Peoplemaking,* descreveu papéis familiares como "o apaziguador" ou "o chato". Talvez você se dê conta de que desempenhou um papel bastante previsível em sua família. Você era "o filho prestativo", "o quietinho", "o engraçado", "o conselheiro", "o rebelde" ou "o filho bem-sucedido". O problema é que esses papéis são difíceis de abandonar. Fazer com obediência o que nos mandam fazer e esperar pacientemente o reconhecimento pode funcionar para "o filho prestativo", mas talvez não dê certo em uma carreira profissional na qual às vezes é necessária uma ação mais assertiva.

Algo que torna a teoria do papel tão útil para se compreender as famílias é que os papéis tendem a ser recíprocos e complementares. Digamos, por exemplo, que uma mulher está um pouco mais ansiosa para ver ou falar com o namorado do que ele. Talvez, se pudesse escolher, ele telefonasse duas vezes por semana, mas, se ela telefonar três vezes por semana, ele não chegará a pegar o telefone. Se o relacionamento deles progredir e esse padrão se mantiver, ela talvez seja a perseguidora, e ele o que cria distância. Ou tome o caso de um pai e uma mãe que querem, ambos, que os filhos comportem-se bem à mesa do jantar. O pai tem um pavio um pouco mais curto – manda que fiquem quietos dez segundos depois que eles começam a ficar barulhentos, ao passo que a mulher espera meio minuto. Se ele sempre falar primeiro, ela nunca terá chance. Conseqüentemente, esses pais podem ficar polarizados em papéis complementares de rigidez e tolerância. O que torna tal reciprocidade resistente à mudança é que os papéis reforçam-se mutuamente – e cada pessoa espera que a outra mude.

Os terapeutas psicanalíticos de grupo viam este como uma recriação da família, sendo o terapeuta uma figura parental, e os membros do grupo, os irmãos. Assim, ironicamente, a terapia analítica de grupo, que se tornou um dos protótipos do tratamento familiar, começou tratando o grupo como uma família substituta. Os grupos analíticos eram planejados para serem frustrantemente não-estruturados, para provocar conflitos inconscientes latentes e reviver problemas do grupo familiar original. Os motivos básicos dos membros do grupo eram considerados combinações conflitantes de amor e ódio, dor e prazer, da rigidez do superego *versus* as demandas dos impulsos primitivos. Observe que a ênfase estava no indivíduo, e não no grupo como um todo.

Na abordagem da dinâmica de grupo, desenvolvida por Foulkes, Bion, Ezriel e Anthony na Grã-Bretanha, o foco mudou dos indivíduos para o próprio grupo, visto como uma entidade transcendente com leis inerentes. Esses terapeutas estudaram as interações de grupo não apenas por aquilo que elas revelavam a respeito de cada personalidade, mas também para descobrir temas ou dinâmicas comuns a todos os membros do grupo. Esse *processo de grupo* era considerado uma característica fundamental da interação social e um importante veículo de mudança.

Outro afastamento da terapia psicanalítica de grupo foi o modelo experiencial. A terapia experiencial de grupo, estimulada pelos psiquiatras existenciais Ludwig Binswanger, Medard Boss e Rollo May na Europa e Carl Rogers, Carl Whitaker e Thomas Malone nos Estados Unidos, enfatizou o profundo envolvimento pessoal com os pacientes, em oposição à dissecação das pessoas como objetos. A fenomenologia tomou o lugar da análise, e a experiência imediata, especialmente a experiência emocional, era vista como a estrada real para o crescimento pessoal.

O psicodrama de Moreno, em que os pacientes encenam seus conflitos em vez de discuti-los, foi uma das primeiras abordagens de tratamento em grupo (Moreno, 1945). Os psicodramas são encenações dramatizadas a partir da vida dos participantes, empregando técnicas para estimular a expressão emocional e esclarecer conflitos. Como o foco está na ação interpessoal, o psicodrama é um poderoso veículo para explorar relacionamentos e resolver problemas familiares. Embora o psicodrama tenha permanecido tangencial à principal corrente da terapia de grupo, as técnicas de desempenho de papel de Moreno foram amplamente adotadas por líderes de grupos e terapeutas familiares.

A terapia da Gestalt de Fritz Perls tem por objetivo ampliar a consciência para aumentar a espontaneidade, a criatividade e a responsabilidade pessoal. Embora com freqüência utilizada em grupos, a terapia da Gestalt desencoraja os membros do grupo a interagir, e o terapeuta trabalha com uma pessoa por vez. Apesar de ser bem mais utilizada no tratamento individual do que com grupos ou famílias, líderes de grupos e alguns terapeutas familiares tomaram emprestadas as técnicas gestálticas para estimular a interação emocional (por exemplo, Kempler, 1974; Schwartz, 1995).

Dados os procedimentos extensivos e diversos desenvolvidos pelos terapeutas de grupo para explorar os relacionamentos interpessoais, era natural que alguns terapeutas de família aplicassem modelos de tratamento grupal ao trabalho com famílias. Observar as reações de um paciente a outros membros de um grupo – alguns dos quais podem ser parecidos com seus irmãos ou pais – não é muito diferente de observar as interações na família verdadeira. O que são as famílias, no final das contas, senão grupos coletivos com vários subgrupos?

De um ponto de vista técnico, as terapias de grupo e de família são semelhantes: ambas envolvem várias pessoas. Ambas são complexas e amorfas, mais parecidas com a realidade do cotidiano social do que a terapia individual. Em grupos e famílias, cada paciente precisa reagir a algumas pessoas, não apenas ao terapeuta, e o uso terapêutico dessa interação é o mecanismo definitivo de mudança em ambos os ambientes. Assim, muitos terapeutas de grupo e de família procuram permanecer relativamente inativos e descentralizados, para que os pacientes da sala relacionem-se uns com os outros.

No tratamento individual, o terapeuta é um confidente seguro, mas artificial. Os pacientes esperam que os terapeutas sejam compreensivos, uma audiência amistosa de uma única pessoa. Não é assim nos grupos e nas famílias. Em ambos, as situações são mais naturais, mais ameaçadoras, talvez, mas também mais parecidas com a experiência cotidiana. O transferir para a vida fora do consultório, portanto, é algo mais direto.

Todavia, em um exame mais cuidadoso, podemos ver que as diferenças entre famílias e grupos são tão significativas que o modelo da terapia de grupo tem uma aplicabilidade apenas limitada ao tratamento familiar. Os membros da família têm uma longa história e – mais importante – um futuro juntos. Revelar-se para desconhecidos é mais seguro do que se expor aos membros da nossa família. De fato, sérios danos podem ser provocados por terapeutas suficientemente ingênuos para exortar os membros da família a serem sempre "completamente honestos e abertos" uns com os outros. Depois de pôr para fora, não há como tomar de volta revelações precipitadas que talvez fossem melhor permanecer privadas – o caso amoroso que terminou há muito tempo ou a admissão de que uma mulher *realmente* se importa mais com sua carreira do que com os filhos. Continuidade, comprometimento e distorções compartilhadas, tudo isso significa que o tratamento para a família tem de ser diferente da terapia para grupos.

Em um dos poucos estudos de grupos pequenos empregando famílias, Strodtbeck (1954) testou uma variedade de proposições derivadas de grupos de pessoas que não se conheciam e encontrou diferenças importantes, as quais ele atribuiu ao relacionamento duradouro entre os membros da família. Strodtbeck (1958), a seguir, substanciou a opinião de que as interações familiares, diferentemente das interações em grupos *ad hoc*, só podem ser compreendidas em termos da história do grupo familiar.

Os grupos de terapia são planejados para fornecer uma atmosfera de afetividade e apoio. Esse sentimento de segurança entre desconhecidos simpáticos não pode ser parte da terapia familiar, pois, em vez de separar o tratamento do ambiente estressante, o ambiente estressante é trazido ao tratamento. Ademais, na terapia de grupo, os pacientes podem ter igual poder e *status*, ao passo que a igualdade democrática não é apropriada nas famílias. Alguém precisa estar no comando. Além disso, o paciente oficial na família provavelmente irá se sentir isolado e estigmatizado, afinal de contas, ele ou ela é "o problema". O sentimento de proteção por ser parte de um grupo terapêutico de pessoas desconhecidas, que não terão de ser enfrentadas à mesa do jantar, não existe na terapia familiar, em que *nem sempre* é seguro falar abertamente.

Embora a terapia de grupo tenha sido usada de início como um modelo para a terapia familiar por alguns profissionais, somente a distinção processo/conteúdo e a teoria do papel tiveram um impacto duradouro sobre a corrente principal da terapia familiar. Uma aplicação de métodos de grupos que persistiu na terapia familiar são os grupos de casais, e examinaremos essa forma de tratamento em capítulos posteriores.

O MOVIMENTO DA ORIENTAÇÃO INFANTIL

Foi Freud quem introduziu a idéia de que os transtornos psicológicos eram conseqüência de problemas infantis não-resolvidos. Alfred Adler foi o primeiro dos seguidores de Freud a investigar a implicação de que tratar a criança em desenvolvimento pode ser a maneira mais efetiva de prevenir neuroses adultas. Para esse fim, Adler organizou clínicas de orientação infantil em Viena, onde crianças, famílias e professores eram aconselhados. Adler oferecia encorajamento e apoio em uma atmosfera de otimismo e confiança. Sua técnica ajudava a aliviar sentimentos de inferioridade nas crianças, para que elas pudessem desenvolver um estilo de vida sadio, atingir a competência e o sucesso por meio da participação social útil.

Em 1909, o psiquiatra William Healy fundou em Chicago o Juvenile Psychopathic Institute (atualmente conhecido como Institute for Juvenile Research), um precursor entre as clínicas de orientação infantil. Em 1917, Healy mudou-se para Boston e lá estabeleceu o Judge Baker Guidance Center, dedicado à avaliação e ao tratamento de crianças delinqüentes.

Quando o movimento de orientação infantil se expandiu, na década de 1920, subvencionado por uma doação do Commonwealth Fund (Ginsburg, 1955), Rudolph Dreikurs, um dos alunos de Adler, foi um de seus proponentes mais efetivos. Em 1924, a American Orthopsychiatric Association foi organizada para trabalhar em prol da prevenção de transtornos emocionais na criança. Embora as clínicas de orientação infantil fossem poucas até depois da Segunda Guerra Mundial, atualmente elas existem em todas as cidades dos Estados Unidos, oferecendo um ambiente para o tratamento de problemas psicológicos da infância e das complexas forças sociais e familiares que contribuem para esses problemas.

Gradualmente, os profissionais que trabalham em orientação infantil concluíram que o verdadeiro problema não era o problema óbvio, os sintomas da criança, e sim as tensões familiares que eram a fonte desses sintomas. A tendência inicial foi culpar os pais, em especial a mãe.

A principal causa de problemas psicológicos na infância, segundo David Levy (1943), era a *superproteção materna*. As mães que tinham sido privadas de amor quando crianças passavam a superproteger os filhos. Algumas eram dominadoras; outras, excessivamente indulgentes. Os filhos de mães dominadoras eram submissos em casa, mas tinham dificuldade para fazer amigos; os filhos de mães indulgentes eram desobedientes em casa, mas se comportavam bem na escola.

Durante esse período, Frieda Fromm-Reichmann (1948) cunhou uma das expressões mais condenatórias da história da psiquiatria, a **mãe esquizofrenizante**. Supunha-se que essas mulheres dominadoras, agressivas, rejeitadoras e inseguras, especialmente quando eram casadas com homens passivos, forneceriam a maternagem patológica que produz a esquizofrenia. A descrição de Adelaide Johnson da transmissão das *lacunas de superego* foi outro exemplo de como os pais foram culpados de causar os problemas dos filhos (Johnson e Szurek, 1954). Segundo Johnson, o comportamento anti-social em delinqüentes e psicopatas devia-se a defeitos no superego transmitidos a eles pelos pais.

A tendência de culpar os pais, em especial a mãe, por problemas na família foi um erro de direção evolutivo que continua a rondar o campo. No entanto, ao prestar atenção ao que acontecia entre pais e filhos, Levy, Fromm-Reichmann e Johnson ajudaram a pavimentar o caminho para a terapia familiar.

Embora a importância da família fosse reconhecida, mães e filhos ainda eram tratados separadamente, e a discussão entre os terapeutas era desencorajada pelo medo de que isso pudesse comprometer os relacionamentos terapêuticos individuais. O arranjo habitual era de que um psiquiatra tratasse a criança, enquanto uma assistente social tratava a mãe. Aconselhar a mãe era algo secundário ao objetivo principal de tratar a criança. Nesse modelo, a família era vista como uma extensão da criança, e não o contrário.

Conseqüentemente, a ênfase no movimento de orientação infantil mudou. Os pais deixaram de ser vistos como agentes nocivos, e surgiu a idéia de que a patologia era inerente aos relacionamentos entre pacientes, pais e outros significativos. Essa mudança teve conseqüências profundas. A psicopatologia já não estava mais localizada dentro do indivíduo; os pais já não eram vilões, e os pacientes já não eram vítimas. Agora, a sua interação era vista como o problema.

O trabalho de John Bowlby na Clínica Tavistock exemplificou a transição de uma abordagem individual para uma familiar. Bowlby (1949) estava tratando uma criança e progredindo muito devagar. Sentindo-se frustrado, ele decidiu atender a criança e os pais, juntos, em uma sessão. Durante a primeira metade dessa sessão de duas horas, a criança e os pais se revezaram fazendo queixas, cada um culpando o outro. Na segunda metade da sessão, Bowlby interpretou para cada um deles o que achava que fosse a sua contribuição para o problema. No fim, trabalhando juntos, os três membros da família passaram a sentir certa simpatia pelo ponto de vista dos outros.

Embora ficasse intrigado com as possibilidades dessas entrevistas conjuntas, Bowlby continuou empregando o formato um-a-um. Os encontros familiares poderiam ser usados como catalisadores, acreditava Bowlby, mas somente como um adjunto do *verdadeiro* tratamento, a terapia psicanalítica individual.

O que Bowlby começou a fazer como experimento Nathan Ackerman levou à consecução – a terapia familiar como a principal forma de tratamento nas clínicas de orientação infantil. Já em 1938, Ackerman sugeriu o valor de se ver a família como uma unidade quando lidamos com alguma perturbação em um de seus membros (Ackerman, 1938). Subseqüentemente, ele recomendou que se estudasse a família como um meio de se compreender a criança – e não o oposto (Ackerman e Sobel, 1950). Assim que viu a necessidade de compreender a família para diagnosticar problemas, Ackerman logo deu o próximo passo – o tratamento familiar. Antes de chegarmos a isso, entretanto, vamos examinar os desenvolvimentos paralelos no trabalho social e na pesquisa sobre a esquizofrenia que levaram ao nascimento da terapia familiar.

A INFLUÊNCIA DO TRABALHO SOCIAL

Nenhuma história da terapia familiar estaria completa se não mencionássemos a imensa contribuição dos assistentes sociais e sua tradição de atendimento público. Desde o início da profissão, os assistentes sociais têm-se preocupado com a família, tanto como a unidade social crítica quanto como o foco de intervenção (Ackerman, Beatman e Sherman, 1961). Na verdade, o paradigma central do trabalho social – tratar a pessoa-no-ambiente – antecipou a abordagem ecológica da terapia familiar muito antes de ser introduzida a teoria sistêmica.

O campo do trabalho social surgiu de movimentos de beneficência na Grã-Bretanha e nos Estados Unidos durante o século XIX. Na época, como agora, os assistentes sociais dedicavam-se a melhorar as condições das pessoas pobres e desfavorecidas da sociedade. Além de cuidar das necessidades básicas de comida, roupas e abrigo, os assistentes sociais tentavam aliviar o sofrimento emocional das famílias dos clientes e corrigir as forças sociais responsáveis pelos extremos de pobreza e privilégio.

O *visitante amigo* era o assistente social que visitava as famílias em casa para avaliar suas necessidades e oferecer ajuda. Ao levar os assistentes para fora de seus consultórios e para dentro da casa dos clientes, essas visitas ajudavam a romper a artificialidade do modelo médico-paciente. (Atualmente, os terapeutas familiares estão reaprendendo o valor de sair do consultório e atender os clientes onde eles vivem.)

O *estudo de caso familiar* era o foco mais importante da formação em trabalho social. De fato, o primeiro curso ministrado pela escola original de trabalho social nos Estados Unidos foi "O Tratamento de Famílias Carentes em Suas Próprias Casas" (Siporin, 1980). Os visitantes amigos aprendiam a importância de entrevistar ambos os pais ao mesmo tempo para obter um quadro completo e exato dos problemas da família – muito antes de os profissionais da saúde mental tradicional começarem a experimentar sessões familiares conjuntas.

Esses assistentes sociais da virada do século estavam bem cientes de algo que a psiquiatria levou mais 50 anos para descobrir – que as famílias precisam ser consideradas como unidades. Mary Richmond (1917), em seu clássico texto *Social Diagnosis*, prescreveu tratamento para "toda a família" e alertou contra isolar membros da família de seu contexto natural. O conceito de Richmond de *coesão familiar* tinha um tom surpreendentemente moderno, antecipando, como o fez, o trabalho posterior sobre a teoria do papel, a dinâmica de grupo e, é claro, a teoria estrutural familiar. Segundo Richmond, o grau de ligação emocional entre os membros da família era crítico para a sua capacidade de sobreviver e prosperar.

Richmond antecipou aspectos com os quais a terapia familiar preocupou-se nos anos de 1980 ao ver as famílias como sistemas dentro de sistemas. Conforme Bardhill e Saunders (1988, p. 319) salientaram:

> Ela reconheceu que as famílias não são todos isolados (sistemas fechados), mas existem em um contexto social específico que, interativamente, influencia e é influenciado por seu funcionamento (isto é, são abertos). Ela descreveu essa situação, graficamente, utilizando uma série de círculos concêntricos para representar vários níveis sistêmicos, do individual ao cultural. Sua abordagem à prática era a de considerar o efeito potencial de todas as intervenções sobre cada nível sistêmico e compreender e usar a interação recíproca da hierarquia sistêmica para propósitos terapêuticos. Ela adotou verdadeiramente uma visão sistêmica do sofrimento humano.

Quando o movimento de terapia familiar foi lançado, os assistentes sociais estavam entre os profissionais que mais contribuíram. Entre os líderes que vieram para a terapia familiar pela formação em trabalho social estão Virginia Satir, Ray Bardhill, Peggy Papp, Lynn Hoffman, Froma Walsh, Insoo Berg, Jay Lappin, Richard Stuart, Harry Aponte, Michael White, Doug Breunlin, Olga Silverstein, Lois Braverman, Steve de Shazer, Peggy Penn, Betty Carter, Braulio Montalvo e Monica McGoldrick. (A propósito, é difícil até começar esta lista, pois, a menos que ela se estendesse por algumas páginas, teria de omitir uma série de nomes importantes.)

A PESQUISA SOBRE DINÂMICA FAMILIAR E A ETIOLOGIA DA ESQUIZOFRENIA

As famílias com membros esquizofrênicos se mostraram uma área especialmente fértil para a pesquisa, porque seus estranhos padrões de interação são dramáticos. Entretanto, o fato de a terapia familiar ter emergido da pesquisa sobre a esquizofrenia levou a uma esperança muito otimista de que a terapia familiar seria a maneira de curar essa forma desorientadora de loucura. Além disso, uma vez que as famílias anormais são tão resistentes à mudança, os primeiros terapeutas de família tendiam a exagerar as propriedades homeostáticas da vida familiar.

Os terapeutas familiares não descobriram o papel da família na esquizofrenia, mas, ao observarem as famílias interagindo, testemunharam o que seus predecessores tinham apenas especulado. As influências familiares sobre a esquizofrenia já tinham sido reconhecidas desde o famoso relato de Freud (1911) sobre o Dr. Schreber. Nesta primeira formulação psicanalítica da psicose, Freud discutiu fatores psicológicos na paranóia e na esquizofrenia e também sugeriu como o relacionamento bizarro do paciente com o pai desempenhou um papel em seus fantásticos delírios.

Harry Stack Sullivan focalizou as relações interpessoais em seu brilhante trabalho com esquizofrênicos. Desde 1927, enfatizou a importância da "família do hospital" – médicos, enfermeiros e atendentes – como substitutos benevolentes da família real do paciente. Todavia, Sullivan não levou adiante suas idéias de envolver diretamente as famílias no tratamento. Frieda Fromm-Reichmann também acreditava que a família desempenhava um papel na dinâmica da esquizofrenia e considerava a família hospitalar crucial na resolução dos episódios esquizofrênicos. Embora esses importantes psiquiatras interpessoais reconhecessem a importância da vida familiar na esquizofrenia, eles continuaram tratando a família como o ambiente patogênico do qual os pacientes precisavam ser removidos.

Nas décadas de 1940 e 1950, a pesquisa sobre o vínculo entre a vida familiar e a esquizofrenia levou ao trabalho pioneiro dos primeiros terapeutas familiares.

Gregory Bateson – Palo Alto

Um dos grupos que mais merecem ser considerados originadores da terapia familiar foi o projeto de esquizofrenia de Gregory Bateson em Palo Alto, Califórnia. Um cientista nos moldes clássicos, Bateson pesquisou sobre comportamento animal, teoria da aprendizagem, evolução e ecologia, assim como psiquiatria no hospital. Trabalhou com Margaret Mead em Bali e na Nova Guiné; depois, interessou-se pela cibernética, escreveu *Naven* e buscou sintetizar idéias cibernéticas com dados antropológicos[1]. Ele entrou no campo psiquiátrico quando, juntamente com Jurgen Ruesch, na Langley Porter Clinic, escreveu *Communication: the social matrix of psychiatry*. Em 1962, Bateson passou a estudar a comunicação entre os animais e, de 1963 até à sua morte, em 1980, trabalhou no Instituto Oceanográfico do Havaí.

O projeto de Palo Alto começou no outono de 1952, quando Bateson recebeu subsídios da Fundação Rockefeller para estudar a natureza da comunicação em termos de níveis. Todas as comunicações, escreveu Bateson (1951), têm dois diferentes níveis ou funções – *relato* e *comando*. Toda mensagem tem um conteúdo declarado, por exemplo: "Lave as mãos, está na hora do jantar"; mas, além disso, a mensagem diz como isso deve ser entendido. Neste caso, a segunda mensagem é que o orador está no comando. Esta segunda mensagem – *metacomunicação* – é velada e, com freqüência, passa despercebida. Se uma mulher censura o marido por ligar a máquina de lavar louça quando a mesma está apenas pela metade, e ele diz OK, mas faz exatamente a mesma coisa dois dias mais tarde, ela pode se aborrecer por ele não tê-la escutado. Ela queria realmente dizer o que disse, a mensagem era para valer, mas talvez ele não tenha gostado de ela dizer a ele o que fazer, como se fosse sua mãe.

Jay Haley e John Weakland juntaram-se a Bateson em 1953. Haley estava interessado principalmente na análise social e psicológica da fantasia; Weakland era um engenheiro químico que se interessara pela antropologia cultural. Mais tarde, naquele mesmo ano, um psiquiatra, William Fry, juntou-se a eles; seu maior interesse era o estudo do humor. Esse grupo de talentos ecléticos e interesses amplos estudou o brincar das lontras, o treinamento de cães-guia, os significados e usos do humor, a importância social e psicológica dos filmes populares, e as verbalizações de pacientes esquizofrênicos. Bateson deu total liberdade aos membros do projeto, e, embora eles investigassem variados tipos de comportamentos humanos e animais, todos os seus estudos lidavam com possíveis conflitos entre mensagens e mensagens qualificadoras.

Em 1954, Bateson recebeu uma subvenção de dois anos da Fundação Macy para estudar a comunicação esquizofrênica. Logo depois, Don Jackson, um brilhante psiquiatra que trabalhava como consultor clínico e supervisor de psicoterapia, reuniu-se ao grupo.

Os interesses do grupo voltaram-se para o desenvolvimento de uma teoria da comunicação que explicasse a origem e a natureza do comportamento esquizofrênico, especialmente no contexto da família. Contudo, é preciso mencionar que, nos primeiros tempos do projeto, nenhum deles pensou em observar esquizofrênicos e suas famílias.

Bateson e seus colegas hipotetizaram que a estabilidade familiar é obtida pelo *feedback* que regula o comportamento da família e de seus membros. Sempre que o sistema familiar é ameaçado – isto é, perturbado – ele tenta manter sua estabilidade ou **homeostase**. Assim, comportamentos aparentemente surpreendentes podem ser compreendidos se os percebermos como um mecanismo homeostático. Por exemplo, se sempre que os pais discutem e um dos filhos apresenta um comportamento sintomático, os sintomas podem ser uma maneira de interromper a briga ao unir o casal em uma mesma preocupação. Assim, o comportamento sintomático tem a função cibernética de preservar o equilíbrio familiar.

Em 1956, Bateson e colegas publicaram seu famoso relatório *Toward a theory of schizophrenia*, em que introduziram o conceito de **duplo vínculo**. Eles supunham que o comportamento psicótico poderia fazer sentido no contexto da comunicação familiar patológica. Os pacientes não estavam loucos de uma maneira autônoma; eram uma extensão compreensível de um ambiente familiar louco. Imagine uma pessoa em um relacionamento importante, em que não é possível escapar e é necessária uma resposta. Se essa pessoa receber duas mensagens relacionadas, mas contraditórias, em diferentes níveis, e tiver dificuldade para detectar ou comentar a inconsistência (Bateson, Jackson, Haley e Weakland, 1956), essa pessoa está em um duplo vínculo.

Uma vez que este difícil conceito é muitas vezes mal-empregado, como sinônimo de paradoxo ou simplesmente de mensagens contraditórias, vale a pena revisar todas as características do duplo vínculo listadas pelos autores:

1. Duas ou mais pessoas em um relacionamento importante.
2. Experiência repetida.
3. Injunção negativa primária, tal como "Não faça X ou eu o castigarei".
4. Uma segunda injunção em um nível mais abstrato que entra em conflito com a primeira, também reforçada por punição ou ameaça percebida.
5. Uma terceira injunção negativa que proíbe escapar ou exige uma resposta. Sem essa restrição, a "vítima" não se sentirá obrigada.
6. Finalmente, o conjunto completo de ingredientes deixa de ser necessário depois de a vítima estar condicionada a perceber o mundo em termos de duplos vínculos; qualquer parte da seqüência torna-se suficiente para desencadear pânico ou raiva.

A maioria dos exemplos de duplo vínculo na literatura é inadequada, porque não inclui todas as características críticas. Robin Skynner, por exemplo, citou (1976): "Os meninos precisam se defender sozinhos e não ser maricas", mas "Não seja grosseiro... não seja rude com sua mãe". Confuso? Sim. Conflitante? Talvez. Essas duas mensagens não constituem um duplo vínculo: elas são simplesmente uma contradição. Diante dessas duas declarações, a criança está livre para obedecer a alguma delas, alternar-se entre ambas ou, inclusive, reclamar da contradição. Este e muitos exemplos semelhantes negligenciam a especificação de que as duas mensagens são transmitidas em níveis diferentes.

Um exemplo melhor é o do artigo original de Bateson, Jackson, Haley e Weakland (1956). Um jovem, recuperando-se no hospital de um episódio esquizofrênico, foi visitado pela mãe. Quando ele colocou o braço em torno dela, ela ficou rígida, mas, quando ele se afastou, ela perguntou: "Você não me ama mais?" Ele corou, e ela disse: "Querido, você não deve ficar tão facilmente envergonhado e com medo de seus sentimentos". Após esse intercâmbio, o paciente ficou perturbado; depois que a visita acabou, ele atacou um atendente e teve de ser colocado em isolamento.

Observe que todas as seis características do duplo vínculo estavam presentes nesse intercâmbio e também que o jovem, obviamente, foi capturado. Não existe sujeição se o sujeito não ficar vinculado. O conceito é interacional.

Outro exemplo de um duplo vínculo seria um professor que exorta os alunos a participarem da aula, mas fica impaciente se um deles o interrompe com uma pergunta ou comentário. Então acontece uma coisa desconcertante. Por uma estranha razão que os cientistas precisam decifrar, os alunos tendem a não falar nas aulas em que seus comentários são menosprezados. Quando o professor finalmente começa a fazer perguntas e ninguém responde, ele fica zangado. ("Os alunos são tão passivos!".) Se um aluno tiver a temeridade de comentar a falta de receptividade do professor, ele provavelmente ficará ainda mais zangado. Assim, os alunos serão castigados por perceber, acuradamente, que o professor na verdade quer que apenas as suas idéias sejam ouvidas e admiradas. (Este exemplo, é claro, é puramente hipotético.)

Todos ficamos presos em duplos vínculos ocasionais, mas o esquizofrênico tem de lidar com eles continuamente – e o efeito é enlouquecedor. Incapaz de comentar seu dilema, o esquizofrênico responde de forma defensiva, talvez sendo concreto e literal, talvez falando por respostas disfarçadas e metáforas. Conseqüentemente, o esquizofrênico pode vir a supor que, por trás de qualquer declaração, existe um significado oculto.

A descoberta de que os sintomas esquizofrênicos fazem sentido no contexto de algumas famílias pode ter sido um avanço científico, mas teve implicações morais e políticas. Esses investigadores não só viram a si mesmos como cavaleiros vingadores que libertariam os "pacientes identificados" ao matar dragões familiares, como se sentiram também cruzados em uma guerra santa contra o estabelecimento psiquiátrico. Em menor número e cercados por críticos hostis, os paladinos da terapia familiar desafiaram a suposição ortodoxa de que a esquizofrenia era uma doença biológica. Curadores psicológicos de todos os cantos do mundo aplaudiram. Infelizmente, eles estavam errados.

A observação de que o comportamento esquizofrênico parece se *encaixar* em algumas famílias não significa que as famílias *causam* a esquizofrenia. Na lógica, este tipo de inferência é chamado de "pular para conclusões". Lamentavelmente, as famílias de membros esquizofrênicos sofreram muitos anos sob a suposição de que eram culpadas da tragédia da psicose de seus filhos.

Após a publicação do artigo sobre o duplo vínculo, membros do projeto começaram a entrevistar os pais junto com seus filhos esquizofrênicos. Esses encontros eram exploratórios, em vez de terapêuticos, mas foram um grande avanço: observar realmente as interações familiares em vez de meramente especular sobre elas. Essas sessões familiares conjuntas ajudaram a lançar o movimento da terapia familiar. Na próxima seção, veremos o que elas revelaram.

Todas as descobertas do grupo de Bateson estavam unidas em um ponto, a centralidade da comunicação para a organização das famílias. O que torna uma família patológica, concluíram eles, é a comunicação patológica. No entanto, eles discordavam sobre a motivação subjacente das mensagens obscuras que observavam. Haley acreditava que a força motivadora da dupla vinculação era uma luta encoberta pelo controle interpessoal; Bateson e Weakland pensavam que era o impulso de esconder sentimentos inaceitáveis, mas todos concordavam que até o comportamento não-sadio pode ser adaptativo no contexto familiar. As duas grandes descobertas dessa talentosa equipe foram: (1) os múltiplos níveis de comunicação e (2) que padrões destrutivos de relacionamento são mantidos auto-regulando-se as interações do grupo familiar.

Theodore Lidz – Yale

As investigações de Theodore Lidz sobre a dinâmica familiar na esquizofrenia focalizaram duas tradicionais preocupações psicanalíticas: papéis familiares rígidos e modelos parentais de identificação falhos.

Lidz desafiou a crença corrente na época de que a rejeição materna era a característica mais importante que distinguia as famílias de esquizofrênicos. Com freqüência, a influência mais destrutiva era a do pai. Em um artigo que foi verdadeiro marco divisório, intitulado *Intra-*

Familial Environment of the Schizophrenic Patient, I: The Father (Lidz, Cornelison, Fleck e Terry, 1957a), Lidz e seus colegas descreveram cinco padrões de paternagem patológica em famílias de esquizofrênicos.

O primeiro grupo era dominador e autoritário, constantemente em conflito com as esposas. O segundo grupo era hostil em relação aos filhos, em vez de em relação às mulheres. Esses homens rivalizavam com os filhos pela atenção e afeição da mãe, comportando-se mais como irmãos ciumentos do que como pais. O terceiro grupo de pais apresentava uma grandiosidade francamente paranóide. Eram retraídos e distantes. O quarto grupo era de fracassados na vida e nulidades em casa. Os filhos dessas famílias cresciam como se não tivessem pai. O quinto grupo era de homens passivos e submissos, que agiam mais como filhos do que como pais. Esses pais submissos não conseguiam contrabalançar a influência dominadora das esposas. Lidz concluiu que talvez fosse melhor crescer sem pai do que com um pai distante ou fraco demais para servir como um modelo sadio de identificação.

Depois de descrever algumas das características patológicas do pai em famílias de esquizofrênicos, Lidz voltou sua atenção para as falhas no relacionamento conjugal. O tema subjacente aos seus achados era a ausência da *reciprocidade de papéis*. Em um relacionamento bem-sucedido, não é suficiente cumprir o próprio papel – para ser uma pessoa efetiva, também é necessário equilibrar o seu papel com o de seu parceiro – para ser um par efetivo. Nas famílias esquizofrênicas estudadas por Lidz, os cônjuges eram inadequados para cumprir o próprio papel e não apoiavam o de seu par.

Lidz encontrou relacionamentos conjugais perturbados em todos os casos que estudou (Lidz, Cornelison, Fleck e Terry, 1957b). Ao focalizar o fracasso em cumprir papéis recíprocos, cooperativos, Lidz identificou dois tipos gerais de discórdia. No primeiro, **cisma conjugal**, há um fracasso crônico em acomodar-se ao outro ou chegar à reciprocidade de papéis. Esses maridos e essas esposas menosprezavam cronicamente o valor do outro e competiam abertamente pela afeição dos filhos. O segundo padrão, **desvio conjugal**, envolve uma séria psicopatologia em um parceiro que domina o outro. Assim, um dos pais se torna muito dependente, enquanto o outro parece ser uma figura parental forte, mas é, na verdade, um valentão patológico. O cônjuge mais fraco, nos casos de Lidz normalmente o pai, acompanha as distorções patológicas do cônjuge dominante. Em todas essas famílias, os infelizes filhos são dilacerados por lealdades conflitantes e esmagados pela pressão de equilibrar o casamento precário dos pais.

Lyman Wynne – National Institute of Mental Health

Como outros antes dele, Lyman Wynne examinou os efeitos da comunicação e dos papéis familiares. O que distinguiu seu trabalho foi o foco em como o pensamento patológico é transmitido nas famílias.

Depois de concluir sua formação médica em Harvard, em 1948, Wynne obteve o título de Ph.D. no Departamento de Relações Sociais. Lá, ele teve contato com o trabalho de figuras importantes na sociologia, psicologia e sistemas sociais, incluindo Talcott Parsons, que o levou a ver a personalidade como um subsistema dentro de um sistema familiar mais amplo.

Em 1952, Wynne ingressou no Laboratório de Estudos Socioambientais de John Clauson, no National Institute of Mental Health (NIMH), onde começou a trabalhar com as famílias de pacientes com transtornos mentais (Broderick e Schrader, 1991) Em 1954, quando Murray Bowen veio para o NIMH, Wynne encontrou um colega que compartilhava sua crença de que a família deve ser a unidade de tratamento (mesmo que os dois não concordassem sobre a natureza do tratamento).

Os estudos de Wynne sobre famílias de esquizofrênicos começaram em 1954, quando

Os estudos de Lyman Wynne relacionaram o desvio de comunicação nas famílias ao transtorno de pensamento nos pacientes esquizofrênicos.

ele passou a atender os pais de seus pacientes hospitalizados em sessões de terapia duas vezes por semana. O que mais impressionou Wynne em relação às famílias perturbadas foram as qualidades estranhamente irreais tanto das emoções positivas quanto das negativas, o que ele rotulou como *pseudomutualidade* e *pseudo-hostilidade,* e a natureza das fronteiras em torno delas – *cercas de borracha* – aparentemente permeáveis, mas na verdade impérvias à influência externa (em especial do terapeuta).

A **pseudomutualidade** (Wynne, Ryckoff, Day e Hirsch, 1958) é uma fachada de união que mascara conflitos e bloqueia a intimidade. As famílias pseudomútuas têm um pavor anormal da condição de separação. Elas querem tão desesperadamente estar junto que não há espaço para identidades separadas ou interesses divergentes. Essas famílias não toleram nem relacionamentos mais profundos e mais honestos nem a independência.

A **pseudo-hostilidade** é um disfarce diferente para um conluio semelhante, com o objetivo de obscurecer *alinhamentos* e *cisões* (Wynne, 1961). A pseudo-hostilidade é uma operação de auto-salvamento. Embora barulhenta e intensa, ela sinaliza apenas uma cisão superficial. A pseudo-hostilidade é mais como a implicância e as brigas dos seriados cômicos sobre famílias do que uma animosidade real. Como a pseudomutualidade, ela obscurece a intimidade e a afeição, assim como a hostilidade mais profunda; a pseudo-hostilidade distorce a comunicação e prejudica a percepção realista e o pensamento racional sobre os relacionamentos.

A **cerca de borracha** é uma barreira invisível que estica para permitir o envolvimento extrafamiliar obrigatório, tal como freqüentar a escola, mas recua se esse envolvimento for distante demais. A rígida estrutura de papéis da família persiste, protegida pelo isolamento familiar. O aspecto mais prejudicial da cerca de borracha é que exatamente aqueles que mais precisam de contato com o exterior para corrigir distorções familiares da realidade são os que menos têm permissão para fazer isso. Em vez de ser um subsistema da sociedade (Parsons e Bales, 1955), a família do esquizofrênico se torna uma pequena sociedade, doente, para si mesma.

Wynne vinculou o novo conceito de *desvio de comunicação* à noção mais antiga de *transtorno de pensamento*. Ele via a comunicação como o veículo para transmitir transtornos de pensamento, que é a característica definidora da esquizofrenia. O desvio de comunicação é um conceito mais interacional do que o transtorno de pensamento e mais prontamente observável do que os duplos vínculos. Em 1978, Wynne já tinha estudado mais de 600 famílias e reunido evidências incontestáveis de que estilos perturbados de comunicação são uma característica que distingue as famílias de jovens adultos esquizofrênicos. Transtornos semelhantes também aparecem em famílias de pessoas *borderline*, neuróticas e normais, mas são progressivamente menos graves (Singer, Wynne e Toohey, 1978). Essa observação – que o desvio de comunicação não se limita unicamente às famílias esquizofrênicas, mas existe em um contínuo (quanto maior o desvio mais grave a patologia) – é consistente com outros estudos que descrevem um "espectro de transtornos esquizofrênicos".

Teóricos do papel

Os fundadores da terapia familiar fizeram avançar sua disciplina iniciante concentrando-se na comunicação verbal. Isso pode ter sido um movimento adaptativo na época, mas focar exclusivamente este único aspecto da vida familiar negligenciou tanto a intersubjetividade individual quanto as influências sociais mais amplas.

Os teóricos do papel, como John Spiegel, descreveram como os indivíduos se diferenciavam em papéis sociais dentro do sistema familiar. Esse fato importante estava obscurecido por versões muito simplificadas da teoria sistêmica, segundo a qual os indivíduos eram tratados como engrenagens de uma máquina. Em 1954, Spiegel salientou que o sistema, na terapia, inclui o terapeuta tanto como a família (uma idéia reintroduzida, mais tarde, como "cibernética de segunda ordem"). Ele também fez uma valiosa distinção entre "interações" e "transações". Bolas de bilhar *interagem* – elas colidem e alteram o curso uma da outra, mas permanecem essencialmente inalteradas. As pessoas *transacionam* – elas se unem de maneiras que não só alteram o curso uma da outra, como também efetuam mudanças internas.

Ironicamente, para um campo em que a causalidade circular se tornaria um conceito favorito, a infeliz má direção evolutiva de descrever as influências negativas nas famílias como lineares – culpar os pais por rejeitar ou superproteger ou enviar duplas mensagens aos filhos – não só foi injusta, como também prejudicou por muito tempo a reputação da terapia familiar. As famílias de pessoas mentalmente doentes tinham motivos para ficar em guarda contra a acusação de que eram responsáveis pelos sofrimentos dos filhos.

Em 1951, o Group for the Advancement of Psychiatry (GAP) decidiu que as famílias tinham sido negligenciadas na psiquiatria e, portanto, indicou um comitê chefiado por John Spiegel para investigar o campo e relatar seus achados. O relatório do comitê do GAP (Kluckhohn e Spiegel, 1954) enfatizou os papéis como os principais componentes estruturais das famílias. Eles concluíram que as famílias sadias continham relativamente poucos papéis e papéis estáveis, e que esse padrão era essencial para dar às crianças um senso de *status* e identidade.

Os papéis familiares não existem independentemente uns dos outros; cada papel é circunscrito por outros papéis, recíprocos. Não podemos ter um cônjuge dominador, por exemplo, sem um parceiro submisso. O comportamento de papel de duas ou mais pessoas envolvidas em uma transação recíproca define e regula o seu intercâmbio. Um exemplo comum é que, em muitas famílias, um dos pais é mais rígido que o outro. Suas diferenças podem ser muito sutis, a princípio, mas quanto mais rígido for um dos pais, mais tolerante o outro provavelmente se tornará. O comitê do GAP explicou os papéis como uma função tanto das influências sociais externas quanto de necessidades e impulsos internos. Assim, a teoria do papel serviu como um vínculo entre estruturas *intra*pessoais e *inter*pessoais.

Spiegel foi para a Harvard Medical School em 1953 e lá pesquisou a teoria do papel e a patologia familiar. Ele observou que as crianças sintomáticas tendiam a ser envolvidas nos conflitos dos pais, enquanto as crianças não-sintomáticas, mesmo que os pais tivessem conflitos, não se envolviam diretamente neles. Spiegel (1957) descreveu suas observações em termos psicanalíticos: a criança se identifica com os desejos inconscientes dos pais e atua em seus conflitos emocionais. A atuação da criança serve como uma defesa para os pais que, dessa forma, conseguem evitar enfrentar os próprios conflitos – e um ao outro.

A análise de R. D. Laing da dinâmica familiar foi geralmente mais polêmica do que acadêmica, mas suas observações ajudaram a popularizar o papel da família na psicopatologia. Laing (1965) tomou emprestado de Marx o conceito de **mistificação** (exploração de classe) e o aplicou à "política das famílias". Mistificação refere-se ao processo de distorcer a experiência da criança negando-a ou re-rotulando-a. Um exemplo disso é a mãe que diz a uma criança que está se sentindo triste: "Você deve estar cansada" (*Vá para a cama e me deixe sozinha*). Da mesma forma, a idéia de que "bons" filhos são sempre quietos cria crianças obedientes, mas sem vivacidade.

A principal função da mistificação é manter o *status quo*. A mistificação contradiz percepções e sentimentos e, mais sinistramente, a realidade. Quando os pais mistificam continuamente a experiência de uma criança, a sua existência torna-se não-autêntica. Como seus sentimentos não são aceitos, essas crianças projetam um *falso self*, mantendo escondido seu *self real*. Em casos mais brandos, isso produz uma falta de autenticidade, mas se a cisão *self* real/*self* falso for levada a extremos, o resultado é a loucura (Laing, 1960).

ACONSELHAMENTO DE CASAL

A história do aconselhamento de casal é uma contribuição bem menos conhecida para a terapia familiar, pois grande parte ocorreu fora da corrente principal da psiquiatria. Por muitos anos, não houve necessidade aparente de profissionais específicos para isso, de conselheiros de casais. As pessoas com problemas conjugais tendiam – e ainda tendem – a discuti-los com seus médicos, padres ou pastores, advogados ou professores, em vez de buscar profissionais da saúde mental. Os primeiros centros profissionais de aconselhamento de casal foram estabelecidos por volta de 1930. Paul Popenoe abriu o American Institute of Family Relations em Los Angeles, e Abraham e Hannah Stone abriram uma clínica semelhante em Nova York. Um terceiro centro foi o Marriage Council of Philadelphia, iniciado em 1932 por Emily Hartshone Mudd (Broderick e Schrader, 1981). Membros dessa nova profissão começaram a se encontrar anualmente em 1942 e formaram a American Association of Marriage Counselors em 1945.

Enquanto isso ocorria, uma tendência paralela entre alguns psicanalistas levou à terapia conjugal conjunta. Embora a maioria dos psicanalistas seguisse a proibição de Freud em relação ao contato com a família do paciente, alguns quebraram as regras e experimentaram uma **terapia concomitante** e **conjunta** para parceiros casados.

O primeiro relatório sobre a psicanálise de casais foi elaborado por Clarence Oberndorf na convenção de 1931 da American Psychiatric Association (Oberndorf, 1938). Oberndorf apresentou a teoria de que os casais têm neuroses interligadas, e é melhor tratá-los juntamente. Essa visão iria se tornar o ponto de concordância fundamental entre as pessoas da comunidade psicanalítica interessadas em tratar casais. "Devido à natureza contínua e íntima do casamento, toda neurose de uma pessoa casada está fortemente ancorada no relacionamento conjugal. É uma medida terapêutica útil, e às vezes indispensável, concentrar as discussões analíticas nos padrões complementares e, se necessário, fazer com que ambos os parceiros se tratem" (Mittleman, 1944, p. 491).

Em 1948, Bela Mittleman, do New York Psychoanalitic Institute, publicou o primeiro relato sobre terapia conjugal concomitante nos Estados Unidos. Mittleman sugeriu que maridos e esposas podiam ser tratados pelo mesmo analista, e que, atendendo a ambos, era possível reexaminar suas percepções irracionais em relação ao outro (Mittleman, 1848). Este era um ponto de vista verdadeiramente revolucionário para uma analista: a realidade dos relacionamentos objetais pode ser, no mínimo, tão importante quanto suas representações intrapsíquicas.

Enquanto isso, na Grã-Bretanha, onde as **relações objetais** eram a preocupação central dos psicanalistas, Henry Dicks e seus colegas da Tavistock Clinic estabeleceram uma unidade psiquiátrica familiar. Lá, casais encaminhados por tribunais de divórcio eram ajudados a conciliar suas diferenças (Dicks, 1964). A seguir, os Ballint uniram seu Family Discussion Bureau à Tavistock Clinic, acrescentando o prestígio da clínica à sua agência de atendimento conjugal e, indiretamente, a todo o campo do aconselhamento de casal.

Em 1956, Mittleman apresentou uma descrição mais detalhada de suas idéias sobre transtornos conjugais e seu tratamento. Ele descreveu alguns padrões conjugais complementares, incluindo o agressivo/submisso e o desligado/exigente. Essas estranhas combinações, segundo Mittleman, são criadas porque os namorados distorcem a personalidade do outro através dos olhos de suas ilusões: ela vê a independência dele como força; ele vê a sua dependência como adoração. Mittleman também salientou que as reações do casal um ao outro podem ser moldadas por seus relacionamentos com os pais. Sem *insight*, a motivação inconsciente pode dominar o comportamento conjugal, levando a ações e reações neuróticas recíprocas. Quanto ao tratamento, Mittleman acreditava que em 20% dos casos um terapeuta conseguiria lidar com todos os membros da família, mas nos outros o mais indicado seria terapeutas separados para cada membro.

Na época, Don Jackson e Jay Haley também estavam escrevendo sobre terapia de casal, segundo a estrutura da análise das comunicações. Conforme suas idéias ganhavam proeminência entre os terapeutas de casal, o campo da terapia conjugal foi absorvido pelo movimento mais amplo da terapia familiar.

Muitos autores não distinguem terapia conjugal de terapia familiar. A terapia para casais, de acordo com essa maneira de pensar, é simplesmente terapia familiar aplicada a um subsistema específico da família. Tendemos a concordar com essa forma de pensar, e, portanto, você encontrará nossa descrição de várias abordagens a casais e seus problemas inseridas nas discussões dos vários modelos considerados neste livro. Entretanto, há motivos para se considerar a terapia de casal um empreendimento distinto (Gurman e Jacobson, 2002).

Historicamente, muitas das influentes abordagens à terapia de casal surgiram antes de seus correlatos de terapia familiar. Entre elas estão a terapia cognitivo-comportamental de casal, a terapia das relações objetais de casal, a terapia de casal focada nas emoções e muitas das abordagens integrativas consideradas no Capítulo 14. Além da questão de qual surgiu primeiro, a terapia de casal difere da terapia familiar na prática por permitir um foco mais profundo na psicologia e experiência dos indivíduos. Sessões com toda a família tendem a ser um negócio barulhento. Embora seja possível, nesse contexto, conversar com os membros da família sobre seus sentimentos, desejos e medos, não é possível passar muito tempo explorando a psicologia de um único indivíduo – muito menos de dois. Fazer terapia com o casal, por outro lado, permite um foco muito maior nos intercâmbios da díade e na experiência subjacente dos relacionamentos íntimos.

DA PESQUISA AO TRATAMENTO: OS PIONEIROS DA TERAPIA FAMILIAR

Vimos como a terapia familiar foi antecipada por desenvolvimentos na psiquiatria hospitalar, dinâmica de grupo, psiquiatria interpessoal, movimento da orientação infantil, pesquisa sobre a esquizofrenia e aconselhamento de casal, mas quem, na verdade, começou a terapia familiar? Embora existam reivindicações rivais para essa honra, a distinção provavelmente deve ser compartilhada por John Elderkin Bell, Don Jackson, Nathan Ackerman e Murray Bowen. Além desses fundadores da terapia familiar, Jay Haley, Virginia Satir, Carl Whitaker, Lyman Wynne, Ivan Boszormenyi-Nagy, Christian Midelfort e Salvador Minuchin também foram pioneiros significativos.

John Bell

John Elderkin Bell, um psicólogo da Clark University, em Worcester, Massachusetts, que começou a tratar famílias em 1951, ocupa uma posição sem paralelo na história da terapia familiar. Ele talvez tenha sido o primeiro terapeuta familiar, mas é mencionado apenas tangencialmente em dois dos relatos históricos mais importantes do movimento (Guerin, 1976; Kaslow, 1980), porque, embora tenha começado a atender famílias ainda na década de 1950, só publicou suas idéias uma década mais tarde. Ademais, diferentemente dos outros pais da terapia familiar, Bell não estabeleceu um centro clínico importante, nem desenvolveu um programa de formação ou treinou alunos conhecidos.

A abordagem de Bell (1961, 1962) fundamentou-se diretamente na terapia de grupo. A "terapia de grupo familiar" baseava-se em especial no estímulo a uma discussão aberta para ajudar a família a resolver seus problemas. Como terapeuta de grupo, Bell intervinha para estimular participantes silenciosos a falar e interpretava as razões de sua atitude defensiva.

Bell acreditava que a terapia de grupo familiar atravessa fases previsíveis, assim como acontece nos grupos de pessoas desconhecidas. Em seu trabalho inicial (Bell, 1961), ele estruturou cuidadosamente o tratamento em uma série de estágios, cada um dos quais se concentrava em um segmento específico da família. Mais tarde, ele passou a ser menos diretivo e permitia que a família evoluísse ao longo de uma seqüência que se desdobrava naturalmente. Para uma descrição mais completa da terapia de grupo familiar, veja o Capítulo 3.

Palo Alto

O grupo de Bateson tropeçou na terapia familiar mais ou menos por acidente. Depois que começaram a atender famílias de esquizofrênicos em 1954 esperando decifrar seus padrões de comunicação, os membros do projeto se descobriram arrastados a papéis de ajuda pelo sofrimento daquelas pessoas infelizes (Jackson e Weakland, 1961). Embora Bateson fosse o líder científico incontestável do grupo, Don Jackson e Jay Haley influenciaram muito o desenvolvimento da terapia familiar.

Jackson rejeitou os conceitos psicanalíticos que aprendera em sua formação e focou, em vez disso, a dinâmica do intercâmbio entre as pessoas. A análise da comunicação era seu principal instrumento. Em 1954, Jackson já desenvolvera uma terapia interacional familiar rudimentar, que relatou em *The question of family homeostasis*, um artigo apresentado na American Psychiatric Association, em St. Louis. Tomando emprestados elementos da biologia e da teoria sistêmica, Jackson descreveu as famílias como unidades homeostáticas que mantêm relativa constância de funcionamento interno.

O conceito de Jackson de **homeostase familiar** – as famílias como unidades que resistem à mudança – tornar-se-ia a metáfora definidora dos primeiros anos da terapia familiar. Com o que sabemos hoje, podemos dizer que a ênfase na homeostase familiar superestimou as propriedades conservadoras das famílias e subestimou sua flexibilidade. Na época, entretanto, o reconhecimento de que as famílias resistem à mudança foi imensamente produtivo para se compreender o que mantém as pessoas empacadas.

Em *Schizophrenic symptoms and family interaction* (Jackson e Weakland, 1959), Jackson ilustrou como os sintomas dos pacientes preservam a estabilidade da família. Em um caso, uma jovem mulher diagnosticada com esquizofrenia catatônica tinha como sintoma mais proeminente uma profunda indecisão. No entanto, quando ela agia de forma decidida, os pais se desmontavam. A mãe ficava desamparada e dependente; o pai, literalmente, ficava impotente. Em uma sessão familiar, os pais não perceberam quando a paciente tomou uma decisão simples. Só depois de ouvir uma gravação da sessão *três* vezes foi que os pais escutaram a declaração da filha. A indecisão da paciente não era loucura nem insensatez; ao contrário, era algo que protegia os pais de enfrentar suas dificuldades. Esse caso é um dos primeiros exemplos publicados de como até os sintomas psicóticos podem ser significativos no contexto familiar. Esse artigo também contém a sagaz observação de que os sintomas dos filhos são, com freqüência, uma versão exagerada dos problemas dos pais.

Ao se afastar da inferência mentalista e se aproximar da observação comportamental das seqüências da comunicação, Jackson descobriu que precisava de uma nova linguagem de interação. Sua suposição básica era que todas as pessoas em relacionamentos contínuos desenvolvem padrões fixos de interação, o que ele chamou de "redundância comportamental" (Jackson, 1965).

O termo *redundância* não só captura uma característica importante do comportamento familiar, como também reflete a posição fenomenológica de Jackson. Termos psiquiátricos tradicionais como *projeção, defesa* e *regressão*

Don Jackson descreveu padrões problemáticos de comunicação de uma maneira que é útil até hoje.

insinuam muito mais a respeito de estados internos de motivação do que a linguagem descritiva simples dos primeiros terapeutas familiares. Mesmo quando usa conceitos que implicam prescrição, Jackson continua comprometido com a descrição. Assim, sua *hipótese das regras* era simplesmente um meio de resumir a observação de que, em qualquer unidade comprometida (díade, tríade ou um grupo maior), havia padrões redundantes de comportamento. As regras (como qualquer aluno de filosofia aprende quando estuda o determinismo) descrevem regularidade, em vez de regulação. Uma segunda parte da hipótese das regras era que os membros da família usam apenas parte do leque total de comportamentos disponíveis para eles. Esse fato, de aparente inocência, é exatamente o que torna a terapia familiar tão útil.

As famílias que procuram terapia podem ser vistas como aprisionadas em um leque muito estreito de opções ou regras desnecessariamente rígidas. Uma vez que as regras, na maioria das famílias, não são explicitadas verbalmente e ninguém as ratifica, elas são difíceis de mudar. Todavia, o terapeuta, como alguém de fora, pode ajudar as famílias a ver – e a reexaminar – as regras pelas quais elas vivem.

As estratégias terapêuticas de Jackson baseavam-se na premissa de que os problemas psiquiátricos resultam de como as pessoas se comportam umas com as outras em um determinado contexto. Primeiro, ele tentava distinguir as interações (*padrões redundantes de comportamento*) que eram funcionais daqueles que eram disfuncionais (*que mantinham o problema*). Para isso, ele observava quando os problemas ocorriam e em que contexto, quem estava presente e como as pessoas respondiam ao problema. Dada a suposição de que os sintomas são mecanismos homeostáticos, Jackson geralmente perguntava como a família ficaria pior se o problema melhorasse. O indivíduo pode querer melhorar, mas a família talvez precise que alguém desempenhe o papel de doente. Mesmo a mudança positiva pode ser uma ameaça para a ordem defensiva das coisas.

A bebida do pai, por exemplo, pode impedi-lo de fazer exigências à esposa ou impor disciplina aos filhos. Infelizmente, segundo Jackson, alguns terapeutas familiares pularam da observação de que os sintomas podem ter um propósito para a suposição de que algumas famílias *precisam* de um membro doente, o que, por sua vez, levou à visão de pais vitimizando filhos que serviam de *bode expiatório*. Apesar da linguagem elegante, isso fazia parte da antiga tradição de culpar os pais pelas falhas dos filhos. Se um menino de 6 anos se comporta mal, talvez devamos examinar os pais. Todavia, a bebida de um marido não é necessariamente falha da família, e certamente não era justo sugerir que as famílias eram responsáveis pelo comportamento psicótico de seus membros esquizofrênicos.

Olhando para trás, podemos ver como a metáfora cibernética da família enquanto máquina levou à visão do terapeuta mais como um mecânico do que um curador. Em seu zelo para salvar os "bodes expiatórios da família" das garras de suas famílias "patológicas", os primeiros terapeutas familiares podem ter provocado parte da resistência da qual se queixavam. Os terapeutas que viam a si mesmos como salvadores de vítimas inocentes de suas famílias e que adotavam uma postura adversária são parecidos com aquela pessoa que bate no casco da tartaruga e então percebe que a criatura não quer sair do mesmo.

Outro construto importante no pensamento de Jackson é a dicotomia entre relacionamentos *complementares* e *simétricos*. (Como tantas das idéias seminais da terapia familiar, essa foi primeiramente articulada por Bateson.) Nos **relacionamentos complementares**, as pessoas são diferentes de uma maneira que se ajusta bem: se uma delas é lógica, a outra é emotiva; se uma é frágil, a outra é forte. Os **relacionamentos simétricos** baseiam-se na igualdade e semelhança. O casamento entre duas pessoas que têm suas carreiras e dividem as tarefas domésticas é simétrico.

A maior parte dos conceitos de Jackson (*complementar/simétrico, duplo vínculo*) descreve relacionamentos entre duas pessoas. Embora a sua intenção fosse desenvolver uma linguagem descritiva das interações familiares, o maior sucesso de Jackson eram as descrições dos relacionamentos entre marido e mulher. Este estreito foco na díade conjugal sempre foi um dos limites do grupo de Palo Alto. Seu interesse na comunicação levou-os a um viés centrado no adulto, e eles tendiam a negligenciar os filhos e as várias tríades que constituem as famílias.

❖❖❖

A grande descoberta do grupo de Bateson foi que a comunicação simples é algo inexistente: toda mensagem é qualificada por outra mensagem em um nível superior. Em *Strategies of psychotherapy*, Jay Haley (1963) examinou como mensagens encobertas são usadas na luta pelo controle que caracteriza tantos relacionamentos. Os sintomas, argumentou ele, representam uma incongruência entre níveis de comunicação. A pessoa sintomática faz algo, como tocar o trinco da porta seis vezes antes de abri-lo e ao mesmo tempo nega que está *realmente* fazendo isso. Ela não consegue evitar: essa é a sua condição. Enquanto isso, os sintomas da pessoa – sobre os quais ela não tem nenhum controle – têm conseqüências. Dificilmente poderíamos esperar que uma pessoa que "tem uma compulsão" de tais proporções possa abrir a porta para sair de casa de manhã, não é? Uma vez que o comportamento sintomático não era "razoável", Haley não confiava no argumentar e raciocinar com os pacientes para ajudá-los. Em vez disso, a terapia tornou-se um jogo estratégico de gato e rato.

Haley (1963) definiu sua terapia como uma forma diretiva de tratamento e reconheceu seu débito com Milton Erickson, com quem estudou hipnose de 1954 a 1960. No que chamou de "terapia breve", Haley concentrava a atenção no contexto e na possível função dos sintomas do paciente. Seus primeiros movimentos costumavam ter como objetivo obter o controle do relacionamento terapêutico. Haley citou o procedimento de Erickson de avisar os pacientes de que, na primeira entrevista, haverá coisas que eles estarão inclinados a falar e outras coisas que vão querer manter para si mesmos e que estas, é claro, deverão ser mantidas com eles. Aqui, evidentemente, o terapeuta está dirigindo os pacientes a fazerem exatamente o que eles fariam de qualquer modo e assim, sutilmente, ficando no controle. A técnica decisiva na terapia breve sempre foi o uso de *diretivas*. Conforme Haley salientou, não é suficiente explicar os problemas para os pacientes: o que conta é conseguir que *façam* alguma coisa a respeito de seus problemas.

Um dos pacientes de Haley era um fotógrafo *freelance* que, compulsivamente, cometia erros bobos que estragavam todas as fotos. Por fim, o paciente estava tão preocupado em evitar erros que ficava nervoso demais para tirar fotos. Haley o instruiu a sair e tirar três fotos, fazendo um erro deliberado em cada uma. O paradoxo aqui é que você não pode cometer um erro acidental se estiver fazendo isso deliberadamente.

Em outro caso famoso, Haley disse a um homem com insônia que, se ele acordasse no meio da noite, deveria sair da cama e encerar o chão da cozinha. Cura instantânea! O princípio cibernético ilustrado aqui é: as pessoas farão qualquer coisa para fugir do trabalho doméstico.

A maior parte das idéias do grupo de Palo Alto – duplo vínculo, complementaridade – focava as díades, mas Haley também se interessava por tríades ou, como as chamava, **coalizões**. Coalizões são diferentes de alianças – arranjos cooperativos entre duas partes, não formados à custa de uma terceira. Nas famílias sintomáticas, observou Haley, a maioria das coalizões era "geracional cruzada", um dos pais unindo-se a um filho contra o outro pai. Por exemplo, a mãe pode defender um filho de uma maneira que desmerece o pai. Em outros casos, um filho pode se insinuar entre pais que brigam sendo "útil" ou ficando "doente".

Em *Toward a theory of pathological systems*, Haley descreveu o que chamou de "triângulos perversos", que podem levar à violência, psicopatologia ou rompimento de um sistema. Um triângulo perverso é uma coalizão oculta que solapa hierarquias geracionais. Exemplos incluem a criança que corre para a avó em busca de consolo sempre que a mãe tenta castigá-la ou o progenitor que se queixa do cônjuge para os filhos. Triângulos perversos também ocorrem em organizações quando, por exemplo, um supervisor se une a um subordinado contra outro ou quando um professor se queixa do chefe do departamento para os alunos. Ao olhar além da cibernética e das díades para as tríades e as hierarquias, Haley tornou-se uma ponte importante entre as abordagens estratégica e estrutural de terapia familiar.

Outro membro do grupo de Palo Alto que desempenhou um papel condutor na primeira década da terapia familiar foi Virginia Satir, uma entre os grandes originais carismáticos. Mais conhecida por seu talento clínico que por suas contribuições teóricas, seu impacto foi mais vívido sobre aqueles que tiveram a sorte de vê-la em ação. Como seus colegas, Satir estava interessada na comunicação, mas acrescentou uma dimensão de sentimento que ajudou a equilibrar o que, de outra forma, era uma abordagem relativamente fria e cerebral.

Satir via os membros das famílias perturbadas como aprisionados em papéis familiares limitados, como *vítima, conciliador, desafiador* ou *salvador*, que coagiam os relacionamentos e enfraqueciam a auto-estima. Sua preocupação em identificar esses papéis limitadores da vida e liberar os membros da família de suas garras era consistente com seu principal foco, que sempre foi o indivíduo. Assim, Satir foi uma força humanizadora nos primeiros dias da terapia familiar, quando muitos estavam tão enamorados da metáfora sistêmica que negligenciavam a vida emocional das famílias.

Satir concentrou-se em esclarecer a comunicação, expressar sentimentos e estimular um clima de mútua aceitação e afeição. Sua grande força foi se conectar com as famílias não em termos de raiva e ressentimento, mas em termos de esperanças e medos, anseios e desapontamentos. Um terapeuta capaz de revelar a solidão e os anseios por trás de uma explosão de raiva é um terapeuta capaz de aproximar as pessoas.

Satir foi igualmente famosa por sua capacidade de transformar aspectos negativos em positivos. O que torna esta uma habilidade tão importante para um terapeuta familiar é que a maioria das famílias tem pelo menos um membro cujas falhas e fracassos o colocaram no papel de excluído. A menos que esses membros menos favorecidos possam ser trazidos para o círculo familiar, nem a cura nem a cooperação são muito prováveis.

Em um caso, citado por Lynn Hoffman (1981), Satir entrevistou a família de um adolescente, filho do pastor da cidade, que engravidara duas colegas de aula. Em um dos lados da sala sentavam os pais e irmãos do menino. Ele sentou no canto oposto, com a cabeça baixa. Satir apresentou-se e disse ao menino: "Bem, o seu pai me disse muitas coisas sobre a situação por telefone, e eu só gostaria de dizer, antes de começarmos, que uma única coisa podemos afirmar com certeza: sabemos que você tem uma boa semente". O garoto levantou a cabeça, pasmo, enquanto Satir voltava-se para a mãe e perguntava, alegremente: "Você poderia começar nos dizendo qual é a sua percepção?"

A publicação do livro de Satir, *Conjoint family therapy*, em 1964, ajudou muito a popularizar o movimento da terapia familiar. Esse livro, juntamente com o *Pragmatics of human communication* (Watzlawick, Beavin e Jackson, 1967), ajudou a tornar o pensamento sistêmico do grupo de Palo Alto o modelo orientador da década de 1960.

Murray Bowen

Como muitos dos fundadores da terapia familiar, Murray Bowen era um psiquiatra que se especializou em esquizofrenia. Entretanto, diferentemente de outros, ele enfatizava a teoria em seu trabalho – e, até os dias de hoje, a teoria de Bowen é o sistema de idéias mais fértil que a terapia familiar já produziu.

Bowen começou seu trabalho clínico na Menninger Clinic, em 1946, e lá estudou as mães e seus filhos esquizofrênicos. Seu maior interesse na época era a simbiose mãe-criança, que levou ao seu conceito de **diferenciação do *self*** (autonomia em relação aos outros e separação do pensamento em relação ao sentimento). Da Menninger, Bowen foi para o National Institute of Mental Health (NIMH), onde desenvolveu um projeto para hospitalizar famílias inteiras com membros esquizofrênicos. Esse projeto expandiu o conceito de simbiose mãe-criança, incluindo nele o papel do pai, e levou ao conceito de *triângulos* (desviar o conflito entre duas pessoas ao envolver uma terceira). Em 1959, Bowen deixou o NIMH pela Georgetown Medical School, onde foi professor de psiquiatria e diretor de seu próprio programa de formação até a sua morte, em 1990.

Nos primeiros anos do projeto do NIMH (1954), Bowen indicava terapeutas diferentes para cada membro da família. Ele descobriu, todavia, que esses esforços tendiam a fracionar as famílias. Em vez de tentar resolver juntos seus problemas mútuos, seus membros tendiam a pensar: "Eu tratarei meus problemas com o *meu* terapeuta" (Bowen, 1976). (Claro que isso nunca acontece quando pessoas legais como você e eu vamos aos *nossos* terapeutas individuais.) Após um ano, concluindo que a família era a unidade de transtorno, Bowen começou a tratá-la em conjunto. Assim, em 1955, Bowen tornou-se o primeiro a inventar a terapia familiar.

Desde 1955, Bowen realizava sessões de terapia em grandes grupos com toda a equipe do projeto e com todas as famílias. Nessa forma precoce de terapia em rede, Bowen supunha que o estar junto e ter uma comunicação aberta são terapêuticos – para os problemas dentro das famílias e entre as famílias e a equipe.

A princípio, Bowen empregou quatro terapeutas para manejar esses encontros multifamiliares, mas ficou insatisfeito quando percebeu que os terapeutas tendiam a puxar em diferentes direções. Então, colocou um terapeuta no comando e deu aos outros um papel de apoio. Entretanto, assim como múltiplos terapeutas tendiam a orientar em diferentes direções, o mesmo faziam as múltiplas famílias. Tão logo um tópico inflamado era levantado em uma família, um membro de outra família ficava ansioso e mudava de assunto. Finalmente, Bowen decidiu que as famílias tinham de se revezar – cada família era o foco de uma sessão, e as outras ficavam como ouvintes silenciosos.

A princípio, a abordagem de Bowen a cada família era a mesma que ele utilizava nos grandes encontros. Ele fazia o que a maioria dos novos terapeutas familiares faz: reunia os membros da família e apenas tentava fazer com que falassem. Bowen imaginava que a família melhoraria apenas por se reunir e discutir preocupações mútuas, mas logo rejeitou essa idéia. Conversas não-estruturadas em família são tão produtivas para a terapia como uma luta de boxe sem juiz entre vários combatentes de tamanhos diversos.

Quando Bowen reunia os membros da família para discutirem seus problemas, ficava impressionado com sua **reatividade emocional**. Os sentimentos dominavam o pensamento e afogavam a individualidade no caos do grupo. Bowen sentia a tendência da família a puxá-lo para o centro dessa **massa de ego familiar indiferenciada** e tinha de fazer um grande esforço para continuar objetivo (Bowen, 1961). A capacidade de permanecer neutro e atento ao processo em vez de ao conteúdo das discussões familiares é o que distingue o terapeuta de um participante no drama da família.

Para controlar o nível de emoção, Bowen incentivava os membros da família a falarem para ele, não uns com os outros. Ele descobriu que era mais fácil para as pessoas escutarem sem reagir quando seus parceiros falavam para o terapeuta, e não diretamente para eles.

Bowen também descobriu que os terapeutas não eram imunes à força centrípeta dos conflitos familiares. Esta percepção levou-o ao seu maior *insight*: sempre que duas pessoas estão lutando com um conflito que não conseguem resolver, há uma tendência automática a trazer para dentro uma terceira pessoa. De fato, como Bowen passou a acreditar, o **triângulo** é a menor unidade estável do relacionamento.

O marido que não suporta os atrasos habituais da mulher, mas também não consegue lhe dizer isso, pode começar a se queixar dela para um dos filhos. Suas queixas podem aliviar um pouco sua tensão, mas o próprio processo de se queixar para uma terceira pessoa torna menos provável que enfrente o problema original em sua fonte. Todos nos queixamos de alguém de vez em quando, porém Bowen percebeu que esse processo de "triangulação" é destrutivo quando se torna uma característica regular de um sistema. Outra coisa que Bowen descobriu sobre triângulos é que eles se espalham. No caso seguinte, temos uma família que se enredara em um verdadeiro labirinto de triângulos.

Em uma manhã de domingo, a Sra. McNeil, que estava ansiosa para chegar pontualmente à igreja com a família, gritou com seu filho de 9 anos para que ele se apressasse. Quando ele disse a ela que "parasse de encher o saco", ela lhe deu um tapa. Nesse momento, a filha de 14 anos, Megan, agarrou-a, e as duas entraram em luta corporal. Então, Megan correu para a casa da vizinha, sua amiga. Quando os pais da amiga perceberam que Megan estava com um corte no lábio e ela contou o que acontecera, eles chamaram a polícia. Quando a família entrou em terapia, os seguintes triângulos estavam formados: a Sra. McNeil, que fora tirada de casa pelo juiz do tribunal de família, estava aliada ao advogado contra o juiz; ela também tinha um terapeuta individual que se associou a ela na idéia de que estava sendo injustamente perseguida pelo pessoal da proteção à criança. O menino de 9 anos ainda estava furioso com a mãe, e o pai o apoiava, culpando-a por ter perdido o controle. O Sr. McNeil, um alcoolista em recuperação, formou uma aliança com seu padrinho nos AA, que achava que o Sr. McNeil estava a caminho de um colapso, a menos que a esposa começasse a apoiá-lo mais. Enquanto isso, Megan formara um triângulo com os vizinhos, que achavam que os pais dela não deveriam ter tido filhos. Em resumo, todo o mundo tinha um advogado – todos, isto é, com exceção da unidade familiar.

Em 1966, uma crise emocional na família de Bowen fez com que ele iniciasse uma jornada pessoal de descoberta que acabou sendo tão significativa para a teoria de Bowen como a auto-análise de Freud foi para a psicanálise.

Já adulto, Bowen, o primogênito de uma família de cinco filhos de uma família rural estreitamente unida, mantinha distância dos pais e do restante da família. Como muitos de nós, ele confundiu evitação com emancipação. Contudo, como acabou percebendo, as questões emocionais não-resolvidas continuam conosco, tornando-nos vulneráveis a repetir conflitos que nunca chegamos a resolver com nossas famílias.

A façanha mais importante de Bowen foi destriangular-se dos pais, que tinham o hábito de se queixar um do outro para ele. A maioria de nós fica lisonjeada ao receber tais confidências, mas Bowen acabou se dando conta dessa triangulação e do que isso significava. Quando sua mãe se queixou do pai, ele disse ao pai o seguinte: "Sua mulher me contou uma história sobre você; fico me perguntando por que ela contou para mim e não para você". Naturalmente, o pai contou isso para a mãe e, como era de se esperar, ela ficou chateada.

Embora seus esforços tenham gerado o tipo de tumulto emocional que acontece quando as regras são quebradas, a manobra de Bowen foi efetiva no sentido de evitar que os pais tentassem fazer com que ele tomasse partido – e fez com que ficasse difícil para eles evitar discutir as coisas entre si. Repetir o que alguém lhe diz sobre outra pessoa é uma maneira de parar a triangulação na hora.

Por seu manejo na própria família, Bowen descobriu que a melhor maneira de atingir a *diferenciação do self* é desenvolver um relacionamento individual, pessoa-a-pessoa, com cada um dos pais e com tantos membros da família ampliada quanto possível. Se for difícil visitar, cartas e telefonemas podem ajudar a restabelecer relacionamentos, em especial se forem pessoais e íntimos. A diferenciação do *self* em relação à família se completa quando esses relacionamentos forem mantidos sem se tornarem emocionalmente reativos ou sem triangulação.

Nathan Ackerman

Nathan Ackerman foi um psiquiatra infantil cujo trabalho pioneiro com famílias permaneceu fiel às suas raízes psicanalíticas. Embora seu foco no conflito intrapsíquico possa parecer menos inovador do que a atenção do grupo de Palo Alto à comunicação como *feedback*, ele compreendia bem a organização geral das famílias. As famílias, disse Ackerman, podem ter uma aparência de unidade, mas, sob essa aparência, estão emocionalmente cindidas em facções competidoras. Podemos reconhecer isso como semelhante ao modelo psicanalítico dos indivíduos, que, apesar da aparente unidade de personalidade, são na verdade mentes em conflito, impulsionados por desejos e defesas antagônicos.

Ackerman reuniu-se à equipe da Menninger Clinic e, em 1937, tornou-se psiquiatra-chefe da Child Guidance Clinic. A princípio, ele seguiu o modelo da orientação infantil em que um psiquiatra trata a criança e um assistente social atendia a mãe. Contudo, em meados dos anos de 1940, ele quis ver o que aconteceria se um mesmo terapeuta atendesse ambos. Diferentemente de Bowlby, Ackerman fez mais do que usar essas sessões conjuntas como um expediente temporário; em vez disso, ele começou a ver a família como a unidade básica de diagnóstico e tratamento.

Em 1955, Ackerman organizou a primeira sessão sobre diagnóstico familiar em um encontro da American Orthopsychiatric Association. Lá, Jackson, Bowen, Wynne e Ackerman informaram-se sobre o trabalho uns dos outros e uniram-se em um sentimento de propósito comum. Dois anos mais tarde, Ackerman abriu a Family Mental Health Clinic of Jewish Family Services em Nova York e começou a lecionar na Columbia University. Em 1960, ele fundou o Family Institute, que passou a se chamar Ackerman Institute após a sua morte, em 1971.

Além de suas inovações clínicas, Ackerman também publicou vários artigos e livros importantes. Em 1938, ele escreveu *The unity of the family*, e alguns consideram o seu artigo *Family dianosis: an approach to the preschool child* (Ackerman e Sobel, 1950), como o início do movimento da terapia familiar (Kaslow, 1980). Em 1962, Ackerman, com Don Jackson, co-fundou o primeiro jornal do campo, *Family process*.

Enquanto outros terapeutas familiares davam pouca importância à psicologia dos indivíduos, Ackerman sempre se preocupava com o que ocorre dentro das pessoas, não só entre elas. Ele jamais perdia de vista sentimentos, esperanças e desejos. De fato, o modelo de Ackerman da família era semelhante ao modelo psicanalítico de um indivíduo ampliado: em vez de questões conscientes e inconscientes, Ackerman falava sobre como as famílias enfrentam algumas questões enquanto evitam outras, especialmente as que envolvem sexo e agressão. Ele via o seu trabalho enquanto terapeuta como o de alguém que provoca e traz à baila as questões, revelando os segredos familiares.

Em *Treating the troubled family*, Ackerman (1966a) ilustrou sua irreverência pela polidez e pelo fingimento com uma vinheta clínica. Uma família de quatro pessoas veio para tratamento quando a briga entre a filha de 11 anos e o filho de 16 começou a fugir ao controle. Recentemente, a menina tinha ameaçado o irmão com uma faca de açougueiro. O pai suspirou, ao sentar-se. Ackerman perguntou a ele por que estava suspirando e recusou a desculpa do pai de estar cansado, sugerindo que talvez ele tivesse outra razão para suspirar. Então a mãe anunciou que escrevera um diário no qual colocara as más ações de cada um durante a semana. Sua estridência complementava perfeitamente a atitude evasiva e branda do marido. A resposta desorientadora de Ackerman foi: "Você veio armada com um caderno. Pode começar!"

Quando a mãe começou a ler o documento de denúncias, Ackerman, sentindo que tudo continuaria igual apesar daquilo, comentou o comportamento não-verbal do pai: "Você está escarafunchando os dedos". Isso provocou uma discussão sobre quem faz o que, discussão que a mãe gradualmente dominou e transformou em uma indiciação dos muitos hábitos nervosos do pai. Nesse momento, o filho interrompeu com uma acusação. Apontando para a mãe, ele disse: "Ela arrota!" A mãe reconheceu esse pequeno constrangimento e, então, tentou mudar de assunto, mas Ackerman não pretendia deixar que ela se safasse.

Acontece que a eructação da mãe acontecia principalmente na cama. O pai disse que ficava chateado por ela arrotar na cara dele, mas foi interrompido pelos filhos, que começaram a fazer troça. Ackerman disse: "Não é interessante esta interrupção ter acontecido justamente quando vocês dois estão prestes a falar sobre sua vida amorosa?" O pai então descreveu como se sentia quando ia beijar a mulher e ela arrotava na cara dele. "É preciso uma mascara de gás", disse ele. A filha tentou interromper, mas Ackerman pediu que ela afastasse sua cadeira para os pais poderem conversar.

Alguns minutos depois, os filhos saíram da sessão, e Ackerman reabriu a porta do quarto do casal. A princípio, o casal repetiu seu padrão familiar: ela se queixava e ele se retraía. Eles eram um par perfeitamente ajustado – ela por cima, ele por baixo –, mas Ackerman desequilibrou-os, implicando de modo bem-humorado com a esposa e provocando o marido para que se defendesse.

Embora sempre haja espaço nas descrições pós-fato para acusar um terapeuta de tomar partido, é preciso dizer que, neste caso, a esposa não pareceu se sentir criticada ou desqualificada por Ackerman. Nem o marido pareceu pensar que Ackerman tentava elevá-lo acima da esposa. Em vez disso, ao final da sessão, esse casal inflexível e zangado estava começando a rir e a apreciar-se mutuamente. Eles viram como tinham se afastado e permitido que os filhos os perturbassem. Assim, embora o trabalho de Ackerman tenha sido descrito como essencialmente psicanalítico, aqui vemos o início de um esforço para reorganizar a estrutura das famílias.

Ackerman recomendava que todas as pessoas que moravam sob o mesmo teto estivessem presentes nas entrevistas familiares. Segundo ele, "é muito importante, desde o início, estabelecer um contato emocional significativo com todos os membros da família, criar um clima em que realmente os tocamos e eles sentem que também nos tocam" (Ackerman, 1961, p. 242). Uma fez feito o contato, Ackerman incentivava a expressão aberta e honesta dos sentimentos. Ele era um *agente provocador*, incitando revelações e confrontações com sua sagacidade e vontade de meter o nariz nas questões pessoais da família.

Para promover um intercâmbio emocional honesto, Ackerman "fazia cócegas nas defesas" dos membros da família – sua expressão para provocar as pessoas, levando-as a se abrirem e dizerem o que realmente pensavam. Para encorajar a família a afrouxar sua rigidez emocional, o próprio Ackerman era totalmente desembaraçado. Ele se aliava primeiro a uma parte da família e depois à outra. Não achava necessário – nem possível – ser sempre neutro; pelo contrário, acreditava que um equilíbrio imparcial seria atingido, no final das contas, por essa atitude de mover-se de um lado para outro, dando apoio agora a um membro da família e, mais tarde, a outro. Às vezes, ele era descaradamente sem cerimônia. Se achava que alguém estava mentindo, ele dizia isso. Para os críticos que sugeriam que esta postura diretiva poderia gerar muita ansiedade, Ackerman respondia que as pessoas se sentem mais reasseguradas pela honestidade do que por uma polidez respeitosa.

Ackerman via os conflitos entre e dentro dos membros da família como relacionados em um sistema de *feedback* circular: isto é, o conflito intrapsíquico promove conflito interpessoal e vice-versa (Ackerman, 1961). Para reverter perturbações sintomáticas, o terapeuta precisa trazer os conflitos para fora, para o campo da interação familiar, no qual novas soluções poderão ser encontradas.

Embora seja impossível resumir concisamente a abordagem livre e improvisada de Ackerman, havia temas consistentes. Um deles era a necessidade de um comprometimento e envolvimento profundo por parte do terapeuta. O próprio Ackerman envolvia-se emocionalmente com as famílias de modo profundo, ao contrário de Murray Bowen, por exemplo, que alertava os terapeutas para permanecerem um pouco distantes, a fim de não serem triangulados. A profundidade também caracterizava as questões focalizadas por Ackerman – análogos familiares dos tipos de conflito, sentimentos e fantasias que estão enterrados no inconsciente do indivíduo. Sua orientação psicanalítica fazia com que fosse sensível a temas no inconsciente interpessoal da família, e seu estilo provocativo permitia que ajudasse as famílias a trazer esses temas à luz do dia.

As contribuições de Ackerman à terapia familiar foram extensivas e importantes: ele foi um dos primeiros a visualizar o tratamento da família inteira e teve criatividade e energia para executar isso. Ainda na década de 1940, ele salientou que tratar individualmente os membros da família sem considerar a configuração familiar muitas vezes era inútil.

O segundo maior impacto de Ackerman foi como um artista incomparável da técnica terapêutica. Ele foi um dos grandes gênios do movimento. Aqueles que estudaram com ele atestam sua magia clínica. Ackerman era um catalisador dinâmico – ativo, aberto e direto, jamais rígido ou tímido. Nem ele se satisfazia em ficar dentro do consultório, pois recomendava e fazia freqüentes visitas domiciliares (Ackerman, 1966b).

Finalmente, as contribuições de Ackerman como professor talvez sejam o seu legado mais importante. Na Costa Leste, seu nome foi sinônimo de terapia familiar na década de 1960. Entre os que tiveram a sorte de estudar com ele estava Salvador Minuchin, que reconhece abertamente seu débito para com o gênio de Ackerman.

Ackerman incitava os terapeutas a se envolverem emocionalmente com as famílias e a usarem a confrontação para transformar conflitos dormentes em discussões abertas. Como o terapeuta pode provocar revelações sinceras? Ackerman fazia isso desafiando a evitação e a desonestidade emocional ("fazendo cócegas nas defesas"). Talvez a sua contribuição mais duradoura seja a sua ênfase consistente nas pessoas, individualmente, e nas famílias, como um todo: ele jamais perdia de vista o *self* no sistema.

Carl Whitaker

Mesmo entre os fundadores mais determinados da terapia familiar, Carl Whitaker destaca-se como um dos mais irreverentes. Sua visão das pessoas psicologicamente perturbadas era a de que elas estão alienadas dos sentimentos e congeladas em rotinas desvitalizadas (Whitaker e Malone, 1953). Whitaker fez subir a temperatura emocional. O seu *Psychotherapy of the Absurd* (Whitaker, 1975) foi uma mistura de apoio caloroso e um aguilhão emocional inesperado, com o objetivo de libertar as pessoas e ajudá-las a entrar em contato com a sua experiência de maneira mais profunda, mais pessoal.

Dada sua abordagem inovadora à terapia individual, não surpreende que Whitaker tenha se tornado um dos primeiros a romper com a tradição psiquiátrica para experimentar o tratamento familiar. Em 1943, ele e John Warkentin, trabalhando em Oak Ridge, Tennessee, começaram a incluir cônjuges e filhos no tratamento de seus pacientes. Whitaker também foi pioneiro no uso da co-terapia, acreditando que um parceiro apoiador ajudava a liberar o terapeuta para reagir espontaneamente, sem medo de uma contratransferência não-percebida.

Em 1946, Whitaker tornou-se chefe do Departamento de Psiquiatria da Emory University, onde continuou experimentando o tratamento familiar, com um interesse especial por esquizofrênicos e suas famílias. Durante esse período, Whitaker organizou uma série de conferências que acabaram por levar ao primeiro encontro do movimento de terapia familiar. Desde 1946, Whitaker e seus colegas fizeram conferências bienais, durante as quais observavam e discutiam os trabalhos uns dos outros com famílias. O grupo percebeu que essas sessões eram muito úteis, e a observação mútua, com o uso de espelhos de observação, passou a ser, desde então, uma das marcas registradas da terapia familiar.

Whitaker saiu da Emory em 1955 e começou uma prática privada com Warkentin, Thomas Malone e Richard Felder. Ele e seus colegas desenvolveram, na Atlanta Psychiatric Clinic, uma forma "experiencial" de psicoterapia, utilizando técnicas provocativas, combinadas com a força de suas personalidades, no tratamento de famílias, indivíduos, grupos e casais (Whitaker, 1958).

Em 1965, Whitaker deixou Atlanta para se tornar professor de psiquiatria na Universidade de Wisconsin, onde trabalhou até a sua aposentadoria, em 1982. Mais tarde, dedicou-se a tratar famílias e a viajar pelo mundo todo, realizando oficinas. Durante a década de 1970, Whitaker pareceu suavizar-se e acrescentou um maior entendimento da dinâmica familiar às suas intervenções impulsivas. No processo, o antigo rebelde da terapia familiar tornou-se um de seus membros seniores mais respeitados. A morte de Whitaker, em abril de 1995, deixou o campo com uma parte de seu coração perdido.

No início do movimento de terapia familiar, Whitaker era bem menos conhecido que muitos dos outros terapeutas familiares da primeira geração. Talvez isso se devesse à sua posição ateórica. Enquanto Jackson, Haley e Bowen desenvolveram conceitos teóricos fascinantes e fáceis de compreender, Whitaker desprezou a teoria em favor da espontaneidade criativa. Seu trabalho, portanto, tem sido menos acessível aos estudantes do que o de seus colegas. No entanto, ele sempre teve o respeito de seus pares. Aqueles que realmente compreendiam o que se passava nas famílias percebiam que sempre havia método na loucura destas.

Whitaker criava tensão provocando e confrontando as famílias porque acreditava que o estresse é necessário para a mudança. Ele nunca parecia ter uma estratégia óbvia, nem usava técnicas previsíveis, preferindo, como dizia, deixar que o seu inconsciente dirigisse a terapia (Whitaker, 1976). Embora seu trabalho parecesse totalmente espontâneo, às vezes até excêntrico, havia nele um tema consistente. Todas as suas intervenções promoviam flexibilidade. Ele não empurrava as famílias para a mudança em uma determinada direção; o que ele fazia era desafiá-las e persuadi-las a se abrirem – a se tornarem mais plenamente elas mesmas e mais verdadeiramente unidas.

Ivan Boszormenyi-Nagy

Ivan Boszormenyi-Nagy, que veio da psicanálise para a terapia familiar, foi um dos pensadores seminais do movimento desde os seus primeiros dias. Em 1957, fundou o Eastern Pennsylvania Psychiatric Institute (EPPI) na Filadélfia, onde conseguiu reunir um grande grupo de colegas e alunos. Entre eles estava James Framo, um dos poucos psicólogos nesse período inicial do movimento de terapia familiar; David Rubenstein, psiquiatra que mais tarde lançou um programa de formação independente de terapia familiar; e Geraldine Spark, assistente social que trabalhou com Boszormenyi-Nagy como co-terapeuta e co-autora de *Invisible loyalties* (Boszormenyi-Nagy e Spark, 1973).

A esse grupo reuniu-se Ross Speck, que desenvolveu, junto com Carolyn Attneave, a "terapia de rede", a qual ampliou o contexto do tratamento muito além da família nuclear. Nesta abordagem, o máximo possível de pessoas conectadas com o paciente é convidado a participar das sessões de terapia. Às vezes, cerca de 50 pessoas, incluindo a família toda, amigos, vizinhos e professores, são reunidas por sessões de aproximadamente três horas, conduzidas por um mínimo de três terapeutas, para discutir maneiras de ajudar e apoiar a mudança do paciente (Speck e Attneave, 1973).

Boszormenyi-Nagy descreve-se como um terapeuta que começou como analista, valorizando o segredo e o sigilo, e tornou-se um terapeuta familiar, lutando contra as forças da patologia em um campo aberto de batalha. Uma de suas contribuições mais importantes foi acrescentar responsabilidade ética aos objetivos e às técnicas terapêuticas. Segundo Boszormenyi-Nagy, nem o princípio do prazer-dor nem a conveniência transacional são um guia suficiente para o comportamento humano. Em vez disso, ele acredita que os membros da família têm de basear seus relacionamentos na confiança e na lealdade e que devem equilibrar a contabilidade dos direitos e deveres.

Salvador Minuchin

Quando Minuchin entrou em cena, era o drama de suas brilhantes demonstrações clínicas que as pessoas achavam tão cativante. Esse homem irresistível, com seu elegante sotaque latino, seduzia, provocava, atormentava ou atordoava as famílias, fazendo-as mudar – conforme a situação requeria. Contudo, mesmo o talento lendário de Minuchin não teve um impacto tão galvanizador quanto a elegante simplicidade de seu modelo estrutural.

Minuchin começou sua carreira como terapeuta familiar na década de 1960, quando descobriu dois padrões comuns nas famílias perturbadas: algumas são *emaranhadas* – caóticas e fortemente interligadas; outras são *desligadas* – isoladas e aparentemente não-relacionadas. Ambos os tipos carecem de linhas claras de autoridade. Pais emaranhados estão tão enredados com os filhos que não conseguem exercer liderança e controle; pais desligados estão distantes demais para fornecer apoio e orientação efetivos.

Os problemas familiares são tão tenazes e resistentes à mudança por estarem inseridos em estruturas poderosas, mas invisíveis. Tome-se, por exemplo, uma mãe tentando, inutilmente, disciplinar uma criança teimosa. A mãe pode censurar, punir, recompensar com estrelas douradas ou experimentar a tolerância, mas, enquanto estiver emaranhada (excessivamente envolvida) com a criança, suas tentativas não terão força, pois ela não tem autoridade. Além disso, como o comportamento de um membro da família sempre está relacionado ao dos outros, a mãe terá dificuldade para recuar à medida que o marido continuar desligado.

Quando um sistema social como a família se estrutura, as tentativas de mudar as regras constituem o que os terapeutas familiares chamam de *mudança de primeira ordem* – mudança dentro de um sistema que continua invariante. Uma mudança de primeira ordem seria a mãe do exemplo anterior começar a praticar uma disciplina mais rigorosa. A mãe emaranhada está presa a uma ilusão de alternativas. Ela pode ser rigorosa ou tolerante; o resultado é o mesmo, pois continua aprisionada na armadilha de um triângulo. É necessária uma *mudança de segunda ordem* – uma mudança no próprio sistema.

Minuchin começou a testar suas idéias enquanto lutava com os problemas de delinqüentes juvenis na Wiltwyck School for Boys, em Nova York. A terapia familiar com famílias de áreas urbanas pobres era um novo desenvolvimento, e a publicação de suas idéias (Minuchin, Montalvo, Guerney, Rosman e Schumer, 1967) fez com que fosse convidado a dirigir a Philadelphia Child Guidance Clinic em 1965. Minuchin levou com ele Braulio Montalvo e Bernice Rosman, e Jay Haley reuniu-se a eles em 1967. Juntos, eles transformaram uma clínica tradicional de orientação infantil em um dos grandes centros do movimento de terapia familiar.

A primeira conquista notável de Minuchin na Philadelphia Child Guidance Clinic foi um programa sem paralelo para formar membros da comunidade negra local como terapeutas familiares paraprofissionais. Em 1969, Minuchin recebeu uma subvenção para lançar um programa intensivo de dois anos em que ele, Haley, Montalvo e Rosman desenvolveram uma abordagem extremamente bem-sucedida de formação, assim como um dos mais importantes sistemas de terapia familiar. Segundo Haley, uma das vantagens de treinar pessoas sem nenhuma experiência prévia como terapeuta é que elas têm menos a desaprender e, portanto, são menos resistentes a pensar em termos sistêmicos.

As técnicas da *terapia familiar estrutural* encaixam-se em duas estratégias gerais. Primeiro, o terapeuta precisa se acomodar à família, a fim de "reunir-se" a ela. Começar a desafiar o modo familiar preferido de relacionar-se é uma maneira quase garantida de provocar resistência. Se, em vez disso, o terapeuta começar tentando compreender e aceitar a família, é mais provável que esta aceite o tratamento. (Ninguém fica ansioso para aceitar conselhos de uma pessoa que sente que não o compreende de fato.) Depois desse *reunir-se* inicial, o terapeuta familiar estrutural começa a usar técnicas de *reestruturação*. Técnicas de reestruturação são manobras ativas destinadas a romper estruturas disfuncionais, ao fortalecer as fronteiras difusas e afrouxar as rígidas (Minuchin e Fishman, 1981).

Em 1981, Minuchin mudou-se para Nova York e estabeleceu o que atualmente se conhece como o Minuchin Center for the Family, onde se dedicou a ensinar terapeutas familiares do mundo todo e demonstrou seu compromisso com a justiça social, trabalhando com o sistema de atendimento à infância. Também produziu um fluxo constante de livros muito influentes no campo. Seu livro de 1974, *Families and family therapy*, é, merecidamente, o livro mais popular da história da terapia familiar, e o de 1993, *Family healing*, contém algumas das descrições mais tocantes da terapia familiar jamais escritas. Em 1996, o Dr. Minuchin aposentou-se e agora vive na Flórida com sua mulher, Patricia.

Outros centros iniciais de terapia familiar

Em Nova York, Israel Zwerling (que se analisara com Nathan Ackerman) e Marilyn Mendelsohn (que se analisava com Don Jackson) organizaram a Family Studies Section no Albert Einstein College of Medicine e Bronx State Hospital. Andrew Ferber foi nomeado diretor em 1964, e, mais tarde, Phillip Guerin, um protegido de Murray Bowen, reuniu-se à seção. Nathan Ackerman trabalhou como consultor, e o grupo reuniu uma variedade impressionante de terapeutas familiares de diversas orientações: Chris Beels, Betty Carter, Monica Orfanidis (agora McGoldrick), Peggy Papp e Thomas Fogarty.

Phillip Guerin tornou-se diretor de treinamento da Family Studies Section em 1970 e, em 1972, estabeleceu um programa de formação extramural em Westchester. Logo depois, em 1973, ele fundou o Center for Family Learning, onde desenvolveu um dos melhores programas de formação em terapia familiar do país.

Em Galveston, Texas, Robert MacGregor e seus colegas desenvolveram a *terapia de múltiplo impacto* (MacGregor, 1967). Esta terapia foi inventada por pura necessidade. A clínica de MacGregor atendia uma grande população amplamente espalhada no sudeste do Texas, e muitos de seus clientes precisavam viajar centenas de quilômetros. Pelo fato de a distância ser muito grande, a maioria dessas pessoas não tinha condições de retornar para sessões semanais. Conseqüentemente, para ter o máximo impacto em um tempo curto, MacGregor reuniu uma grande equipe de profissionais que trabalhavam de modo intenso com as famílias por dois dias inteiros. Embora poucos terapeutas familiares tenham usado essas sessões tipo maratona, a abordagem da equipe continua sendo uma das marcas registradas do campo.

Em Boston, as duas contribuições iniciais à terapia familiar mais significativas foram na ala existencial-experiencial do movimento. Norman Paul desenvolveu uma abordagem de "luto operacional", destinada a descobrir e expressar tristezas não-resolvidas. Segundo Paul, essa abordagem catártica é útil em quase todas as famílias, não apenas naquelas que sofreram uma perda recente óbvia.

Também em Boston, Fred e Bunny Duhl criaram o Boston Family Institute, onde desenvolveram uma "terapia familiar integrativa". Juntamente com David Kantor e Sandy Watanabe, os Duhl combinaram idéias de várias teorias familiares e acrescentaram algumas técnicas expressivas, incluindo a *escultura familiar*.

Em Chicago, o Family Institute of Chicago e o Institute for Juvenile Research foram centros importantes no cenário inicial da terapia familiar. No Family Institute, Charles e Jan Kramer desenvolveram um programa de formação clínica, que mais tarde filiou-se à Northwestern University Medical School. O Institute for Juvenile Research também montou um programa de formação sob a liderança de Irv Borstein, com Carl Whitaker como consultor.

O trabalho de Nathan Epstein e seus colegas, iniciado no departamento de psiquiatria da McMaster University em Hamilton, Ontario, envolvia uma abordagem centrada no problema (Epstein, Bishop e Baldarin, 1981). O "Modelo McMaster" segue uma seqüência de passos – elucidar o problema, reunir dados, considerar alternativas de solução e avaliar o processo de aprendizagem – para ajudar as famílias a compreenderem sua interação e utilizarem suas habilidades de manejo recém-adquiridas. Epstein, mais tarde, foi para a Brown University em Providence, Rhode Island.

❖❖❖

Desenvolvimentos iniciais importantes na terapia familiar fora dos Estados Unidos incluem a terapia familiar psicodinâmica de Robin Skynner (1976) no Institute of Family

Therapy em Londres; o sistema de diagnóstico familiar do psiquiatra britânico John Howell (1971), como um passo necessário para planejar a intervenção terapêutica; os esforços integrativos de Helm Stierlin, da Alemanha Ocidental (1972), reunindo as idéias psicodinâmicas e sistêmicas para chegar ao entendimento e tratamento de adolescentes perturbados; em Roma, o trabalho de Maurizio Andolfi com famílias no início da década de 1970 e a criação, em 1974, da Sociedade Italiana de Terapia Familiar; e o trabalho de Mara Selvini Palazzoli e seus colegas, que fundaram o Instituto de Estudos da Família em Milão, em 1967.

Concluímos esta seção mencionando as contribuições de Christian Midelfort. O trabalho pioneiro em terapia familiar de Midelfort custou a ganhar reconhecimento, mais ainda que o de John Bell. Ele começou a tratar famílias de pacientes hospitalizados no início da década de 1950, apresentou o que talvez tenha sido o primeiro artigo sobre terapia familiar em um encontro de profissionais em 1952, na American Psychiatric Association Convention, e publicou um dos primeiros livros completos sobre terapia familiar, em 1957. No entanto, como psiquiatra de uma equipe em LaCrosse, Wisconsin, permaneceu isolado do restante do movimento de terapia familiar. O método de tratamento familiar de Midelfort baseava-se no modelo de terapia de grupo e combinava *insights* psicanalíticos com técnicas de apoio e encorajamento. A princípio, sua preocupação era aconselhar os membros da família da melhor maneira possível para ajudar o paciente identificado, mas, gradualmente, ele desenvolveu um ponto de vista sistêmico e passou a ver a família como o paciente. Sua técnica era encorajar os membros da família a darem uns aos outros o amor e apoio inicialmente fornecido pelo terapeuta.

❖❖❖

Agora que você viu como a terapia familiar surgiu em diferentes lugares em um mesmo momento, esperamos que não tenha perdido de vista uma coisa: é tremendamente emocionante ver como o comportamento das pessoas faz sentido no contexto de suas famílias. Encontrar uma família pela primeira vez é como acender a luz em uma sala escura.

OS ANOS DOURADOS DA TERAPIA FAMILIAR

Na sua primeira década, os terapeutas familiares demonstravam o entusiasmo e a bravata de garotos novos no bairro. "Vejam isso!" era o que Haley, Jackson e Bowen pareciam dizer quando descobriram a extensão do envolvimento de toda a família nos sintomas do paciente individual. Esses curadores tinham um estilo totalmente novo, eram pioneiros, abrindo bravamente novos territórios e reivindicando seus direitos diante dos elementos hostis do estabelecimento psiquiátrico.

Enquanto lutavam pela legitimidade, os terapeutas familiares enfatizavam suas crenças comuns e minimizavam suas diferenças. Os problemas, concordavam, vinham em família. Se o lema dos anos de 1960 fora "Vejam isso!" – enfatizando o pulo de entendimento possibilitado pelo atendimento de toda a família –, o grito de reunião dos anos de 1970 foi "Vejam o que consigo fazer!", enquanto os novos garotos flexionavam os músculos e cavavam seu próprio espaço.

O período de 1970 a 1985 testemunhou o florescimento das famosas escolas de terapia familiar: os pioneiros estabeleceram centros de formação e estudaram as implicações de seus modelos. A abordagem dominante à terapia familiar nos anos de 1960 foi o modelo das comunicações desenvolvido em Palo Alto. O livro da década foi *Pragmatics of human communication*, o texto que introduziu a versão sistêmica da terapia familiar (e levou alguns a acreditar que sua leitura os tornaria terapeutas familiares). O modelo dos anos de 1980 foi a terapia estratégica, e os livros da década descreveram suas três abordagens mais vitais: *Change*, de Watzlawick, Weakland e Fisch[2]; *Problem-solving therapy*, de Jay Haley, e *Paradox and counterparadox*, de Mara Selvini Palazzoli e colaboradores de Milão. Os anos de 1970 pertenceram a Salvador Minuchin. Seu *Families and family therapy* e o modelo simples, porém compelidor, de estrutura familiar descrito por ele dominaram a década.

A teoria estrutural parecia oferecer exatamente o que o terapeuta familiar em formação procurava: uma maneira simples mas significativa de descrever a organização familiar e uma série de passos terapêuticos fáceis de seguir. Tão compelidoras eram as idéias descritas em *Families and family therapy*, que parecia que tudo o que você precisava fazer para transformar as famílias era reunir-se a elas, mapear sua estrutura e então fazer o que Salvador Minuchin fazia para desequilibrá-las. Aí é que estava a dificuldade.

Olhando para trás, podemos nos perguntar se o impressionante poder da abordagem de Minuchin era produto do método ou do homem. (A resposta é: provavelmente, um pouco de cada um.) Todavia, nos anos de 1970, a crença amplamente compartilhada de que a terapia familiar estrutural podia ser aprendida com facilidade atraiu pessoas do mundo todo para estudar no local que, por uma década, foi a Meca da terapia familiar: a Philadelphia Child Guidance Clinic.

A terapia estratégica que floresceu nos anos 1980 centrou-se em três grupos singulares e criativos: o grupo de terapia breve do Mental Research Institute (MRI), incluindo John Weakland, Paul Watzlawick e Richard Fisch; Jay Haley e Cloe Madanes, co-diretores do Family Therapy Institute de Washington, D.C., e Mara Selvini Palazzoli e seus colegas em Milão. No entanto, a influência dominante na década da terapia estratégica foi exercida por Milton Erickson, ainda que de seu túmulo.

O gênio de Erickson foi muito admirado e muito imitado. Os terapeutas familiares passaram a idolatrar Erickson como nós, em crianças, idolatrávamos o Capitão Marvel. Podíamos ser pequenos, e o mundo, grande, mas sonhávamos em ser heróis – suficientemente fortes para vencer pela força ou suficientemente inteligentes para sobrepujar em astúcia todos os que temíamos. Voltávamos das matinês de sábado empolgados, pegávamos nossas espadas de brinquedo, vestíamos nossas capas mágicas – e, *presto! Nós* éramos super-heróis. Éramos apenas crianças e, portanto, não nos preocupávamos em traduzir os poderes míticos de nossos heróis em nossos próprios termos. Infelizmente, muitos daqueles que ficaram fascinados pelas lendárias histórias terapêuticas de Erickson fizeram o mesmo. Em vez de compreender os princípios sobre os quais elas se baseavam, muitos terapeutas simplesmente tentaram imitar suas "técnicas incomuns". Para ser um terapeuta competente, de qualquer tipo, você precisa manter uma distância psicológica dos artistas supremos – os Minuchins, os Milton Ericksons, os Michael Whites. Senão, você acabará imitando a mágica do estilo deles, em vez de compreender a substância de suas idéias.

A ênfase de Erickson nas capacidades naturais do inconsciente é ilustrada por seu *princípio da utilização* – usar a linguagem dos clientes e suas maneiras preferidas de verem a si mesmos para minimizar a resistência. Em vez de analisar e interpretar dinâmicas disfuncionais, a idéia era pôr os clientes em atividade e movimento. Erickson acreditava que o movimento que realmente contava ocorria fora da sala de atendimento, de modo que empregava muitas tarefas a serem executadas entre as sessões. Essas tarefas, ou "diretivas", se tornaram a marca registrada da abordagem estratégica de Jay Haley.

Parte do que tornava as diretivas estratégicas de Haley tão atraentes era constituírem uma maneira maravilhosa de obter poder e controle sobre as pessoas – para o bem delas –, sem a frustração habitual de tentar convencê-las a fazerem a coisa certa. (A maioria das pessoas já sabe o que é bom para elas. A parte difícil é conseguir que *façam* isso.) Assim, por exemplo, no caso de uma bulímica, a diretiva estratégica poderia ser a família preparar uma mistura de galinha frita, batatas fritas, bolos e sorvete. Então, com a família olhando, a bulímica esmagaria toda a comida com as mãos, simbolizando o que acontece em seu estômago. Depois que a comida estivesse reduzida a uma gororoba encharcada, ela a colocaria toda no vaso sanitário. Quando o vaso entupisse, ela pediria ao membro da família que mais a deixava ressentida que o desentupisse. Essa tarefa simbolizaria não apenas o que a bulímica faz consigo mesma, como também o que ela faz a família passar (Madanes, 1981).

Tão compelidoras eram essas intervenções inteligentes que foram muito imitadas, infelizmente muitas vezes com pouco entendimento dos princípios em que se baseavam. As pessoas ficavam tão fascinadas pelas diretivas criativas que muitas vezes perdiam de vista o enquadre desenvolvimental de Haley e sua ênfase na estrutura hierárquica.

O que o campo estratégico acrescentou à abordagem criativa de Erickson de solução de problemas foi uma estrutura simples para se compreender como as famílias ficam aprisionadas em seus problemas. Segundo o modelo do MRI, os problemas surgem pelo manejo inadequado de dificuldades comuns de vida. A dificuldade original torna-se um problema quando o manejo inadequado faz com que as pessoas fiquem presas a soluções mais-da-mesma-coisa. É uma distorção perversa do antigo ditado: "Se você não conseguir da primeira vez, tente de novo e de novo".

As intervenções que atraíram maior atenção foram as prescrições de sintomas ou *injunções paradoxais*. Por que não? Elas eram divertidas (e sua condescendência oculta não ficava de imediato óbvia). O ponto não era realmente encenar o sintoma, mas inverter a solução tentada. Se um homem com excesso de peso tentasse fazer uma dieta, sem sucesso, a idéia por trás de lhe dizer que parasse de negar a si mesmo as comidas desejadas seria apenas fazer algo diferente: é fazer uma mudança de 180 graus na solução tentada. O fato de a intervenção ser ou não um paradoxo era irrelevante. A idéia era mudar a solução tentada. Mantendo o princípio fundamental em mente, em vez de ser capturado pela suposta novidade do que era, afinal de contas, apenas psicologia reversa, o indivíduo poderia chegar a uma alternativa mais efetiva. Em vez de tentar parar de comer, talvez o homem pudesse ser incentivado a começar a se exercitar. (Sempre é mais difícil *parar* de fazer alguma coisa do que *começar* a fazer outra.)

O grupo de Milão valeu-se das idéias originais no MRI, em especial do uso do duplo vínculo terapêutico ou do que eles denominavam "contraparadoxo". Aqui está um exemplo de *Paradox and counterparadox* (Selvini Palazzoli, Boscolo, Cecchin e Prata, 1978). Os autores descrevem o uso de uma abordagem contraparadoxal com um menino de 6 anos e sua família. No final da sessão, o pequeno Bruno foi elogiado por agir como louco para proteger o pai. Ao ocupar o tempo da mãe com brigas e ataques de fúria, o menino, generosamente, permitia que o pai tivesse mais tempo para trabalhar e relaxar. Bruno foi encorajado a continuar fazendo o que já fazia, para que esse confortável arranjo não fosse rompido.

O apelo da abordagem estratégica era o pragmatismo. Queixas que traziam as pessoas à terapia eram tratadas como *o* problema, não como sintomas de um transtorno subjacente. Fazendo bom uso da metáfora cibernética, os terapeutas estratégicos concentravam a atenção em como os sistemas familiares eram regulados por um *feedback* negativo. Eles conseguiam resultados notáveis apenas pela ruptura das interações que cercavam e mantinham os sintomas. O que eventualmente fez os terapeutas perderem o interesse por essas abordagens foi seu caráter de artimanha. O reenquadramento, muitas vezes, deixava transparecer a manipulação. O resultado era como observar um mágico desajeitado – dava para vê-lo preparando o baralho para a trapaça.

Enquanto isso, conforme abordagens estratégicas surgiam e granjeavam popularidade, quatro outros modelos de terapia familiar floresciam silenciosamente. Embora nunca tenham subido ao palco principal, os modelos experiencial, psicanalítico, comportamental e boweniano cresceram e prosperaram. Apesar de essas escolas nunca terem conseguido o distintivo das "coqueluches" mais recentes da terapia familiar, todas produziram importantes avanços clínicos, que serão examinados com detalhes em capítulos subseqüentes.

Olhando para trás, é difícil transmitir o entusiasmo e otimismo que energizou a terapia familiar em seus anos dourados. Centros de formação brotavam por todo o país, oficinas ficavam lotadas e os líderes do movimento eram celebrados como estrelas de *rock*. Interventores ativos e convincentes, sua autoconfiança era contagiosa. Minuchin, Whitaker, Haley, Madanes, Selvini Palazzoli – eles pareciam se erguer acima das limitações das formas comuns da terapia pela fala. Terapeutas jovens precisavam de inspiração e a encontravam. Aprendiam com os mestres e os idolatravam.

Em meados dos anos de 1980 começou uma reação. Apesar de suposições otimistas, essas abordagens ativistas nem sempre funcionavam. Assim, o campo vingou-se daqueles que haviam idealizado diminuindo o seu tamanho. Talvez a manipulação de Haley os tenha desapontado, ou Minuchin tenha parecido às vezes mais mandão do que brilhante. Os terapeutas familiares tinham se maravilhado com a sua criatividade e tentaram copiá-la, mas criatividade não pode ser copiada.

No final da década de 1980, os líderes das maiores escolas estavam envelhecendo, e sua influência, diminuindo. O que outrora parecera heróico agora soava agressivo e despótico. Uma série de desafios – críticas feministas e pós-modernas, a reemergência de modelos analíticos e biológicos, a pílula mágica Prozac, o sucesso de programas de recuperação como os Alcoólicos Anônimos, os feios fatos de espancamento da esposa e abuso da criança que desafiavam a noção de que os problemas domésticos sempre são o produto do relacionamento –, tudo isso balançou a nossa confiança nos modelos que sabíamos ser verdadeiros, sabíamos que funcionariam. Examinaremos detalhadamente esses desafios nos capítulos subseqüentes.

RESUMO

A terapia familiar tem uma história curta, mas um passado longo. Por muitos anos, os terapeutas resistiram à idéia de atender os membros da família do paciente, para salvaguardar a privacidade do relacionamento paciente-terapeuta. Os freudianos excluíam a família real para descobrir a família inconsciente, introjetada; os rogerianos mantinham a família à distância para fornecer consideração positiva incondicional, e os psiquiatras dos hospitais desestimulavam as visitas familiares porque elas poderiam perturbar o meio-ambiente benigno do hospital.

Vários desenvolvimentos convergentes na década de 1950 levaram a uma nova visão da família como um sistema vivo, um todo orgânico. Os psiquiatras, no hospital, perceberam que, quando um paciente melhorava, era comum alguém da família piorar. Assim, ficou claro que a mudança de uma pessoa muda todo o sistema. Conseqüentemente, também ficou claro que mudar a família poderia ser a maneira mais efetiva de mudar o indivíduo.

Embora os profissionais em atividade clínica nos hospitais e nas clínicas de orientação infantil preparassem o caminho para a terapia familiar, as descobertas mais importantes aconteceram nos anos de 1950 graças ao trabalho de profissionais que eram, em primeiro lugar, cientistas e, depois, curadores. Em Palo Alto, Gregory Bateson, Jay Haley, Don Jackson e John Weakland, estudando a comunicação, descobriram que a esquizofrenia fazia sentido no contexto da comunicação familiar patológica. Os esquizofrênicos não estavam loucos de uma forma sem sentido: seu comportamento aparentemente insensato fazia sentido no contexto de suas famílias. Em Yale, Theodore Lidz descobriu um padrão notável de instabilidade e conflito nas famílias de esquizofrênicos. A *cisma conjugal* (conflito aberto) e o *desvio conjugal* (equilíbrio patológico) tinham efeitos profundos sobre o desenvolvimento dos filhos. A observação de Murray Bowen de como as mães e seus filhos esquizofrênicos passam por ciclos de proximidade e distância foi precursora da dinâmica *perseguidor-distanciador*. Ao hospitalizar famílias inteiras para observação e tratamento, Bowen localizou implicitamente o problema da esquizofrenia em uma *massa de ego familiar indiferenciada* e chegou a estendê-lo além da família nuclear, a três gerações. Lyman Wynne ligou a esquizofrenia à família, demonstrando como o desvio de comunicação contribui para o transtorno de pensamento.

Essas observações lançaram o movimento da terapia familiar, mas o entusiasmo gerado embaçou a distinção entre o que os pesquisadores observaram e o que concluíram. O que observaram foi que o comportamento dos esquizofrênicos *se ajustava* à família; o que concluíram, que a família devia ser a *causa* da esquizofrenia. Uma segunda conclusão foi ainda mais influente. A dinâmica familiar – duplos vínculos, pseudomutualidade, massa de ego familiar indiferenciada – começou a ser vista como produto de um "sistema", e não como característica de pessoas que compartilham certas qualidades porque vivem juntas. Assim nasceu uma nova criatura, *o sistema familiar*.

Quando a família tornou-se o paciente, foi preciso uma nova maneira de pensar sobre os problemas humanos. A metáfora do sistema foi central neste empreendimento. Embora não exista um indivíduo que possamos considerar o fundador da terapia familiar, ninguém teve maior influência sobre nossa maneira de pensar sobre as famílias do que Gregory Bateson e Milton Erickson.

O legado de Erickson foi a abordagem pragmática, de solução de problemas. Ele nos ajudou a compreender o que mantém as famílias empacadas, como fazê-las desempacar – com idéias criativas, às vezes contra-intuitivas – e depois cair fora, deixando as famílias seguirem adiante com suas questões. Contudo, o talento mesmerizador de Erickson também promoveu a tradição da solução rápida, encontrada *para* a família, e não *com* ela.

Bateson foi o santo padroeiro da ala intelectual da terapia familiar. Suas idéias eram tão profundas que ainda estão sendo exploradas pelos pensadores mais sofisticados do campo. Bateson também estabeleceu um exemplo de teorização abstrata e importação de idéias de outras disciplinas – "mais científicas". Nos primeiros dias da terapia familiar, talvez precisássemos de modelos de campos, como a cibernética, para nos ajudar a dar a partida. Todavia, quando tantos terapeutas familiares continuam se apoiando nos fundamentos intelectuais da física e da biologia, questionamos: por que essa inveja da física? Talvez, depois de tanto tempo, ainda estejamos inseguros sobre a legitimidade da psicologia e a nossa capacidade de observar o comportamento humano em termos humanos.

Outra razão que leva os terapeutas familiares a gravitarem para teorias da mecânica e das ciências naturais é que rejeitam a parte mais importante da literatura sobre a psicologia humana: a psicanálise. O estabelecimento psicanalítico não ficou nada satisfeito com esse novo desafio à sua maneira de pensar, e os terapeutas familiares tiveram de brigar para conseguir um lugar para as suas crenças. Talvez tenha sido essa resistência que empurrou os terapeutas familiares a uma posição reativa. A animosidade entre os terapeutas familiares e os terapeutas psicodinâmicos diminuiu na década de 1970, depois que a terapia familiar conquistou um lugar no estabelecimento da saúde mental. Um dos motivos pelos quais a terapia familiar ganhou aceitação foi ter cavado seu domínio em áreas tradicionalmente negligenciadas pelo estabelecimento psiquiátrico: atendimento a crianças e a pessoas pobres. Legado lamentável desse antagonismo inicial, entretanto, foi um período prolongado de ignorância e negligência. Na década de 1990, o pêndulo começou a mudar. Os terapeutas familiares começaram a descobrir que, enquanto tentamos compreender as forças ocultas na família, também convém prestar atenção às forças ocultas nos indivíduos que constituem a família.

Paralelos óbvios entre grupos pequenos e famílias levaram alguns terapeutas a tratar a família como se fosse simplesmente outra forma de grupo. Alguns, inclusive, viam os grupos de terapia como modelos de funcionamento familiar, o terapeuta como um pai, os membros do grupo como irmãos e a coletividade grupal como a mãe (Schindler, 1951). Enquanto os terapeutas de grupo experimentavam colocar casais em grupos, alguns terapeutas familiares passaram a realizar terapia em grupo com famílias individuais. John Bell foi preeminente entre eles: sua terapia de grupo familiar foi um dos modelos iniciais mais imitados (ver Capítulo 3).

Conforme os terapeutas adquiriam experiência com famílias, descobriram que o modelo da terapia de grupo não era totalmente apropriado. Os grupos de terapia são constituídos por indivíduos que não se conhecem, estranhos sem passado ou futuro fora do grupo. As famílias, por outro lado, são constituídas por pessoas íntimas que compartilham os mesmos mitos, defesas e pontos de vista. Além disso, os membros da família não são pares que se relacionam democraticamente como iguais: as diferenças geracionais criam estruturas hierárquicas que não devem ser ignoradas. Por essas razões, os terapeutas familiares acabaram abandonando o modelo da terapia de grupo, substituindo-o por uma variedade de modelos sistêmicos.

O movimento da orientação infantil contribuiu para a terapia familiar com a abordagem de equipe. A princípio, membros de equipes multidisciplinares foram designados para diferentes membros da família, mas, gradualmente, conforme passaram a compreender os padrões interligados de comportamento de seus clientes separados, começaram a integrar e, mais tarde, a combinar seus esforços. No início, a terapia familiar foi vista como um meio melhor de ajudar o paciente; posteriormente, ela foi concebida como uma maneira de atender às necessidades de toda a família.

Quem foi o primeiro a praticar terapia familiar? Esta é uma pergunta difícil. Como em qualquer campo, houve visionários que anteciparam o desenvolvimento da terapia familiar. Freud, por exemplo, tratou o "Pequeno Hans" trabalhando com o pai, em 1909. Entretanto, tais experimentos não foram suficientes para desafiar a hegemonia da terapia individual até o clima da época tornar-se receptivo. No início da década de 1950, a terapia familiar foi iniciada, independentemente, em quatro lugares diferentes: por John Bell na Clark University, por Murray Bowen na Menninger Clinic e mais tarde no NIMH, por Nathan Ackerman em Nova York e por Don Jackson e Jay Haley em Palo Alto.

Esses pioneiros tinham *backgrounds* e orientações clínicas distintas. Não surpreendentemente, as abordagens que desenvolveram também foram bem diferentes. Esta diversidade ainda caracteriza o campo. Se a terapia familiar tivesse sido iniciada por uma única pessoa, como foi a psicanálise, não é provável que tivesse havido tanta competição criativa tão cedo. Além destes que acabamos de mencionar, outros que contribuíram significativamente para a criação da terapia familiar incluem Lyman Wynne, Theodore Lidz, Virginia Satir, Carl Whitaker, Ivan Boszormenyi-Nagy, Christian Midelfort, Robert MacGregor e Salvador Minuchin.

O que chamamos de anos dourados da terapia familiar – o florescimento das escolas nas décadas de 1970 e 1980 – foi o pico da nossa autoconfiança. Armados com o último texto de Haley ou Minuchin, os terapeutas prometiam lealdade a uma escola ou a outra e partiam com um senso de missão. O que os atraía a abordagens ativistas era a certeza e o carisma. O que acabou mostrando que as coisas não eram bem assim foi seu *hubris**. Para alguns, a terapia familiar estrutural – pelo menos como eles a viam ser demonstrada em oficinas – começou a parecer intimidação. Outros viam a sagacidade da abordagem estratégica como manipulativa. As táticas eram brilhantes, mas frias. As famílias eram descritas como teimosas, não se podia argumentar com elas. Não se diz a uma máquina cibernética aquilo em que realmente se acredita. Os terapeutas cansaram dessa maneira de pensar.

Nos primeiros anos, os terapeutas familiares eram animados por um tremendo sentimento de entusiasmo e convicção. Hoje, no rastro das críticas pós-modernas, gerenciamento de saúde e ressurgimento da psiquiatria biológica, estamos menos seguros de nós mesmos. Nos capítulos subseqüentes, veremos como os terapeutas familiares de hoje conseguiram sintetizar novas idéias criativas com o melhor dos modelos antigos. Conforme explorarmos cada modelo famoso de modo minucioso, também veremos como algumas boas idéias foram insensatamente negligenciadas.

Toda essa complexidade do campo da família não deve, todavia, obscurecer sua premissa básica. A família é o contexto dos problemas humanos. Como todos os grupos humanos, a família tem propriedades emergentes – o todo é maior que a soma de suas partes. Além disso, por mais numerosas e variadas que sejam as explicações dessas propriedades emergentes, todas elas situam-se em duas categorias: estrutura e processo. A estrutura das famílias inclui triângulos, subsistemas e fronteiras. Entre os processos que descrevem a interação familiar – reatividade emocional, comunicação disfuncional e assim por diante –, o conceito central é *circularidade*. Em vez de se preocupar com quem começou o que, os terapeutas familiares compreendem e tratam os problemas humanos como uma série de movimentos e contramovimentos, em ciclos que se repetem.

NOTAS

1. Norbert Wiener (1948) cunhou o termo *cibernética* para o emergente corpo de conhecimentos sobre como o *feedback* controla os sistemas que processam a informação. Aplicada às famílias, a metáfora cibernética chamou a atenção para como as famílias ficam presas em circuitos repetitivos de comportamentos improdutivos.
2. Embora publicado em 1974, esse livro e sua seqüência, *The tactics of change*, foram mais lidos e ensinados nos anos de 1980.

LEITURAS RECOMENDADAS

Ackerman, N. W. 1958. *The psychodynamics of family life*. New York: Basic Books.

Bowen, M. 1960. A family concept of schizophrenia. In *The etiology of schizophrenia*. D. D. Jackson, ed. New York: Basic Books.

Greenberg, G. S. 1977. The family interactional perspective: A study and examination of the work of Don D. Jackson. *Family Process*. 16, p. 385-412.

---

*N. de T. *Hubris* é um grande e insensato orgulho, que geralmente traz desgraça à pessoa que o demonstra.

Haley, J., e Hoffman. L., eds. 1968. *Techniques of family therapy.* New York: Basic Books.

Jackson, D. D. 1957. The question of family homeostasis. *The Psychiatric Quarterly Supplement. 31,* p. 79-90.

Jackson, D. D. 1965. Family rules: Marital quid pro quo. *Archives of General Psychiatry. 12,* p. 589-594.

Lidz, T., Cornelison, A., Fleck, S., e Terry, D. 1957. Intrafamilial environment of schizophrenic patients. II: Marital schism and marital skew. *American Journal of Psychiatry. 114,* p. 241-248.

Vogel, E. F., e Bell, N. W: 1960. The emotionally disturbed child as the family scapegoat. In *The family,* N. W. Bell e E. F. Vogel, eds. Glencoe, IL: Free Press.

Weakland, J. H. 1960. The "double-bind" hypothesis of schizophrenia and three-party interaction. In *The etiology of schizophrenia,* D. D. Jackson, ed. New York: Basic Books.

Wynne, L. C., Ryckoff, I., Day, J., e Hirsch, S. I. 1958. Pseudo-mutuality in the family relationships of schizophrenics. *Psychiatry. 21,* p. 205-220.

REFERÊNCIAS

Ackerman, N. W. 1938. The unity of the family. *Archives of Pediatrics. 55,* p. 51-62.

Ackerman, N. W. 1961. A dynamic frame for the clinical approach to family conflict. In *Exploring the base for family therapy,* N. W. Ackerman, F. L. Beatman, e S. N. Sherman, eds. New York: Family Services Association.

Ackerman, N. W. 1966a. *Treating the troubled family.* New York: Basic Books.

Ackerman, N. W. 1966b. Family psychotherapy-theory and practice. *American Journal of Psychotherapy. 20,* p. 405-414.

Ackerman, N. W., Beatman, F., e Sherman, S. N., eds. 1961. *Exploring the base for family therapy.* New York: Family Service Assn. of America.

Ackerman, N. W., e Sobel, R. 1950. Family diagnosis: An approach to the preschool child. *American Journal of Orthopsychiatry. 20,* p. 744-753.

Bardhill, D. R., e Saunders, B. E. 1988. In *Handbook of family therapy training and supervision,* H. A. Liddle, D. C. Breunlin, e R. C. Schwartz, eds. New York: Guilford Press.

Bateson, G. 1951. Information and codification: A philosophical approach. In *Communication: The social matrix of psychiatry,* J. Ruesch e G. Bateson. eds. New York: Norton.

Bateson, G., Jackson, D., Haley, J., e Weakland, J. 1956. Toward a theory of schizophrenia. *Behavioral Sciences. 1,* p. 251-264.

Bell, J. E. 1961. *Family group therapy.* Public Health Monograph No. 64. Washington, DC: U.S. Government Printing Office.

Bell, J. E. 1962. Recent advances in family group-therapy. *Journal of Child Psychology and Psychiatry. 3,* p. 1-15.

Bion, W. R.1948. Experience in groups. *Human Relations. 1,* p. 314-329.

Boszormenyi-Nagy, I., e Spark, G. L. 1973. *Invisible loyalties: Reciprocity in intergenerational family therapy.* New York: Harper & Row.

Bowen, M. 1961. Family psychotherapy. *American Journal of Orthopsychiatry. 31,* p. 40-60.

Bowen, M. 1976. Principles and techniques of multiple family therapy. In *Family therapy: Theory and practice,* P. I. Guerin, ed. New York: Gardner Press.

Bowlby, I. P. 1949. The study and reduction of group tensions in the family. *Human Relations. 2,* p. 123-138.

Broderick, C. B., e Schrader, S. S.1981. The history of professional marriage and family therapy. In *Handbook of family therapy,* A. S. Gurman e D. P. Kniskern, eds. New York: Brunner/Mazel.

Broderick, C. B., e Schrader, S. S. 1991. The history of professional marriage and family therapy. In *Handbook of family therapy,* Vol. II, A. S. Gurman e D. P. Kniskern, eds. New York: Brunner/Mazel.

Brown, G. W. 1959. Experiences of discharged chronic schizophrenia patients in various types of living groups. *Milbank Memorial Fund Quarterly. 37,* p. 105-131.

Dicks, H. V. 1964. Concepts of marital diagnosis and therapy as developed at the Tavistock Family Psychiatric Clinic, London, England. In *Marriage counseling in medical practice,* E. M. Nash, L. Jessner, e D. W. Abse, eds. Chapel Hill: University of North Carolina Press.

Elizur, J., e Minuchin, S. 1989. *Institutionalizing madness: Families, therapy, and society.* New York: Basic Books.

Epstein, N. B., Bishop, D. S., e Baldarin, L. M. 1981. McMaster Model of Family Functioning. In *Normal family problems,* F. Walsh, ed. New York: Guilford Press.

Fisher, S., e Mendell, D. 1958. The spread of psychotherapeutic effects from the patient to his family group. *Psychiatry. 21,* p. 133-140.

Freud, S. 1911. Psycho-analytical notes on an autobiographical case of paranoia. *Standard Edition. 12,* p. 3-84. London: Hogarth Press.

Fromm-Reichmann, F. 1948. Notes on the development of treatment of schizophrenics by psychoanalytic psychotherapy. *Psychiatry. 11,* p. 263-274.

Ginsburg, S. W. 1955. The mental health movement and its theoretical assumptions. In *Community programs for mental health*, R. Kotinsky e H. Witmer, eds, Cambridge: Harvard University Press.

Guerin, P. J. 1976. Family therapy: The first twenty-five years. In *Family therapy: Theory and practice*, P. J. Guerin, ed. New York: Gardner Press.

Gurman, A. S., e Jacobson, N. S. 2002. *Clinical handbook of couple therapy*, 3. ed. New York: Guilford Press.

Haley, J. 1961. Control in brief psychotherapy. *Archives of General Psychiatry. 4*, p. 139-153.

Haley, J. 1963. *Strategies of psychotherapy*. New York: Grune & Stratton.

Hoffman, L.1981. *Foundations of family therapy*. New York: Basic Books.

Howells, J. G. 1971. *Theory and practice of family psychiatry*. New York: Brunner/Mazel.

Jackson, D. D. 1954. Suicide. *Scientific American. 191*, p. 88-96.

Jackson, D. D. 1965. Family rules: Marital quid pro quo. *Archives of General Psychiatry. 12*, p. 589-594.

Jackson, D. D., e Weakland. J. H. 1959. Schizophrenic symptoms and family interaction. *Archives of General Psychiatry. 1*, p. 618-621.

Jackson. D. D., e Weakland, J. H. 1961. Conjoint family therapy, some considerations on theory, technique and results. *Psychiatry. 24*, p. 30-45.

Johnson, A. M., e Szurek. S. A. 1954. Etiology of anti-social behavior in delinquents and psychopaths. *Journal of the American Medical Association. 154*, p. 814-817.

Kaslow, F. W. 1980. History of family therapy in the United States: A kaleidoscopic overview. *Marriage and Family Review. 3*, p. 77-111.

Kempler. W. 1974. *Principles of Gestalt family therapy*. Salt Lake City: Desert Press.

Kluckhohn, F. R.. e Spiegel. J. P. 1954. *Integration and conflict in family behavior:* Group for the Advancement of Psychiatry, Report No. 27. Topeka, Kansas.

Laing, R. D. 1960. *The divided self.* London: Tavistock.

Laing, R. D. 1965. Mystification. confusion and conflict. In *Intensive family therapy*, I. Boszormenyi-Nagy e J. L. Framo, eds. New York: Harper & Row.

Levy, D. 1943. *Maternal Overprotection*. New York: Columbia University Press.

Lewin. K. 1951. *Field theory in social science*. New York: Harper.

Lidz, T., Cornelison, A., Fleck, S., e Terry, D. 1957a. Intrafamilial environment of the schizophrenic patient. I: The father. *Psychiatry. 20*, p. 329-342.

Lidz, T., Cornelison, A., Fleck, S., e Terry, D. 1957b. Intrafamilial environment of the schizophrenic patient. ll: Marital schism and marital skew. *American Journal of Psychiatry. 114*, p. 241-248.

Lidz, T., Parker, B., e Cornelison, A. R. 1956. The role of the father in the family environment of the schizophrenic patient. *American Journal of Psychiatry. 113*, p. 126-132.

MacGregor, R. 1967. Progress in multiple impact theory. In *Expanding theory and practice in family therapy*, N. W. Ackerman, F. L. Bateman, e S. N. Sherman, eds. New York: Family Services Association.

Madanes, C. 1981. *Strategic family therapy*. San Francisco: Jossey-Bass.

Minuchin, S. 1974. *Families and family therapy*. Cambridge, MA: Harvard University Press.

Minuchin, S., e Fishman, H. C. 1981. *Family therapy techniques*. Cambridge, MA: Harvard University Press.

Minuchin, S., Montalvo, B., Guerney, B. G., Rosman, B. L., e Schumer, F. 1967. *Families of the slums*. New York: Basic Books.

Minuchin, S., e Nichols, M. P. 1993. *Family healing*. New York: Free Press.

Mittleman, B. 1944. Complementary neurotic reactions in intimate relationships. *Psychoanalytic Quarterly. 13*, p. 474-491.

Mittleman, B. 1948. The concurrent analysis of married couples. *Psychoanalytic Quarterly. 17*, p. 182-197.

Mittleman, B. 1956. Analysis of reciprocal neurotic patterns in family relationships. In *Neurotic interaction in marriage*, V. W. Eisenstein, ed. New York: Basic Books.

Moreno, J. L. 1945. *Psychodrama*. New York: Beacon House.

Oberndorf, C. P. 1938. Psychoanalysis of married people. *Psychoanalytic Review. 25*, p. 453-475.

Parsons, T., e Bales, R. F. 1955. *Family, socialization and interaction process*. Glencoe, IL: Free Press.

Richmond, M. E. 1917. *Social diagnosis*. New York: Russell Sage.

Satir, V. 1964. *Conjoint family therapy*. Palo Alto, CA: Science and Behavior Books.

Satir, V. 1972. *Peoplemaking*. Palo Alto, CA: Science and Behavior Books.

Schindler, W. 1951. Counter-transference in family-pattern group psychotherapy. *International Journal of Group Psychotherapy. 1*, p. 100-105.

Schwartz, R. 1995. *Internal family systems therapy*. New York: Guilford Press.

Selvini Palazzoli, M., Boscolo, L., Cecchin, G., e Prata, G. 1978. *Paradox and counterparadox*. New York: Jason Aronson.

Sherif, M. 1948. *An outline of social psychology.* New York: Harper & Brothers.

Singer, M. T., Wynne, L. C., e Toohey, M. L. 1978. Communication disorders and the families of schizophrenics. In *The nature of schizophrenia,* L. C. Wynne, R. L. Cromwell, e S. Matthysse, eds. New York: Wiley.

Siporin, M. 1980. Marriage and family therapy in social work. *Social Casework. 61,* p. 11-21.

Skynner, A. C. R. 1976. *Systems of family e marital psychotherapy.* New York: Brunner/Mazel.

Speck; R., e Attneave, C. 1973. *Family networks: Rehabilitation and healing.* New York: Pantheon.

Spiegel, J. P. 1957. The resolution of role conflict within the family. *Psychiatry. 20,* p. 1-16.

Stierlin, H. 1972. *Separating parents and adolescents.* New York: Quadrangle/New York Times Books.

Strodtbeck, F. L. 1954. The family as a three-person group. *American Sociological Review. 19,* p. 23-29.

Strodtbeck, F. L. 1958. Family interaction, values, and achievement. In *Talent and society,* D. C. McClelland, A. L. Baldwin, A. Bronfenbrenner, e F. L. Strodtbeck, eds. Princeton, NJ: Van Nostrand.

Watzlawick, P. A., Beavin, J. H., e Jackson, D. D. 1967. *Pragmatics of human communication.* New York: Norton.

Whitaker, C. A. 1958. Psychotherapy with couples. *American Journal of Psychotherapy. 12,* p. 18-23.

Whitaker, C. A. 1975. Psychotherapy of the absurd: With a special emphasis onthe psychotherapy of aggression. *Family Process. 14,* p. 1-16.

Whitaker, C. A. 1976. A family is a four-dimensional relationship. In *Family therapy: Theory and practice,* P. J. Guerin, ed. New York: Gardner Press.

Whitaker, C. A., e Malone, T. P. 1953. *The roots of psychotherapy.* New York: Balkiston.

Wiener, N. 1948. *Cybernetics, or control and communication in the animal and the machine.* New York: Wiley.

Wynne. L. C. 1961. The study of intrafamilial alignments and splits in exploratory family therapy. In *Exploring the base for family therapy,* N. W. Ackerman, F. L. Beatman, e S. N. Sherman, eds. New York: Family Services Association.

Wynne, L. C., Ryckoff, I., Day, J., e Hirsch, S. I. 1958. Pseudomutuality in the family relationships of schizophrenics. *Psychiatry. 21,* p. 205- 220.

3

Modelos iniciais e técnicas básicas

Processo de grupo e análise das comunicações

Um tipo de grupo muito especial

A maioria das pessoas que praticou terapia familiar nos primeiros anos empregava alguma combinação de uma abordagem de terapia de grupo com o modelo das comunicações resultante do projeto de Bateson sobre a esquizofrenia. Neste capítulo, examinaremos esses dois modelos e veremos como tiveram de ser modificados para se adaptar aos desafios específicos do tratamento de famílias perturbadas. Concluiremos o capítulo com uma seção sobre as técnicas básicas da terapia familiar.

❖❖❖

Aqueles de nós que praticaram terapia familiar na década de 1960 com freqüência eram vistos realizando um estranho ritual. Quando uma família chegava para a sua primeira sessão, ansiosa e insegura, o terapeuta, todo sorridente, ajoelhava-se diante de uma das crianças. "Oi! Como você se chama?" Depois: "Você sabe por que está aqui?", ainda ignorando os pais. As respostas mais comuns a esta pergunta eram: "A mamãe disse que nós íamos ao médico", em uma voz assustada; ou confusa: "O papai falou que nós íamos dar uma volta". Então, o terapeuta, tentando não soar irônico, voltava-se para os pais e dizia: "Talvez vocês possam explicar ao Johnny por que vocês *estão* aqui".

A razão dessa pequena charada era a seguinte: antes de compreender como as famílias estavam estruturadas, muitos terapeutas tratavam a família como um grupo, em que os membros mais jovens eram vistos como os mais vulneráveis e, portanto, necessitados de uma ajuda "especializada" para se expressar – como se os pais não estivessem no comando, como se a opinião de todos fosse igual.

Outra cena comum era o terapeuta fazer comentários solenes sobre padrões de comunicação: "Percebo que, quando faço uma pergunta à Suzie, ela olha para a mãe para ver se pode responder". Muito esperto. Não só esperávamos que a família ficasse impressionada com esses brilhantes comentários, como também imaginávamos que, de alguma maneira, eles começariam imediatamente a se comunicar de acordo com um modelo ideal da *nossa* cabeça – "declarações na primeira pessoa do singular" e tudo o mais.

Será que somos um pouco condescendentes aqui? Absolutamente. Os primeiros terapeutas familiares recorreram a modelos da terapia de grupo e análise das comunicações porque não havia nenhum outro modelo disponível.

ESBOÇO DE FIGURAS ORIENTADORAS

Os primeiros terapeutas familiares não só recorreram à literatura sobre terapia de grupo em busca de orientação para tratar famílias, como também muitos dos pioneiros tinham formação em terapia de grupo. O mais influente deles, incontestavelmente, foi John Elderkin Bell.

Bell (1975) creditou seu início como terapeuta familiar a um feliz mal-entendido. Quando estava em Londres, em 1951, Bell soube que o Dr. John Bowlby, da Tavistock Clinic, estava experimentando a terapia de grupo para famílias. Isso inspirou Bell a tentar essa abordagem como um meio de lidar com problemas comportamentais em crianças. Conforme Bell comentou posteriormente, se uma autoridade tão eminente como John Bowlby usava terapia familiar, isso devia ser uma boa idéia. Acontece que Bowlby só tinha entrevistado uma família como adjunto no tratamento de uma criança perturbada, mas Bell só ficou sabendo disso muitos anos depois.

❖❖❖

A terapia das comunicações foi uma das primeiras e certamente a mais influente abordagem de terapia familiar. Os principais personagens que desenvolveram o modelo das comunicações foram os membros do projeto de Bateson sobre a esquizofrenia e do Mental Research Institute (MRI), em Palo Alto, especialmente Don Jackson e Jay Haley.

Virginia Satir também foi um membro proeminente do grupo do Mental Research Institute, mas, como sua ênfase mudou para a experiência emocional, falaremos sobre ela no Capítulo 8.

FORMULAÇÕES TEÓRICAS

Embora seja mais conhecido por estudar a psicologia dos indivíduos, Freud também se interessava pelas relações interpessoais, e muitos considerariam seu *Group psychology and the analylis of the ego* (Freud, 1921) o primeiro texto importante sobre a psicologia de grupo. Segundo Freud, o maior requerimento para transformar uma coleção de pessoas em um grupo é o surgimento de um líder. Além de tarefas claras como organização e direção, o líder serve como uma figura parental de quem os membros tornam-se mais ou menos dependentes. Os membros *se identificam* com o líder enquanto um pai substituto (ou mãe) e com os outros membros do grupo como irmãos. A *transferência* ocorre no grupo quando os membros repetem atitudes inconscientes formadas durante o processo de crescimento. O conceito de Freud de *resistência* na terapia individual também se aplica a grupos, pois os seus membros, tentando afastar a ansiedade, podem se opor ao processo de tratamento ficando silenciosos ou hostis, faltando a sessões e evitando assuntos dolorosos. Os grupos familiares resistem ao tratamento criando bodes expiatórios, falando superficialidades, sendo excessivamente dependentes do terapeuta, recusando-se a seguir sugestões terapêuticas e permitindo que membros difíceis da família fiquem em casa.

Como Freud, Wilfred Bion (1961) tentou desenvolver uma psicologia de grupo do inconsciente e descreveu os grupos como se funcionassem em níveis *manifesto* e *latente*. A tarefa oficial do grupo está no nível manifesto, mas as pessoas também se reúnem em grupos para satisfazer necessidades primais profundas, mas inconscientes. No nível latente, os grupos buscam um líder que lhes permita gratificar suas necessidades de *dependência, formação de pares* e *luta-fuga*.

Segundo a *teoria de campo* de Kurt Lewin (1951), o conflito é uma característica inevitável da vida em grupo, pois os membros competem uns com os outros por um *espaço de vida* adequado. Assim como os animais precisam ter um território, as pessoas parecem precisar de um "espaço" (ou torrão) próprio, e por isso existe uma tensão inerente entre as necessidades do indivíduo e as do grupo. O nível de conflito gerado por essa tensão depende da quantidade de restrições impostas pelo grupo, comparada à quantidade de apoio que ele dá em troca. (As pessoas que dão muito à família esperam muito em troca.)

O que distinguiu o modelo de Lewin das tensões grupais de teorias anteriores foi ele ser *a-histórico*. Em vez de ser preocupar com quem fez o que a quem no passado, Lewin concentrava-se no que acontecia no *aqui e agora*. Este foco no *processo* (como as pessoas falam), em vez de no *conteúdo* (sobre o que elas falam), é uma das chaves para entender como o grupo (ou a família) funciona.

❖❖❖

Os terapeutas das comunicações adotaram o **conceito da caixa-preta** das telecomunicações e aplicaram-no aos indivíduos dentro da família. Este modelo desconsidera as complexidades internas dos indivíduos e concentra-se em seu *input* e *output* – isto é, a comunicação. Não é que esses terapeutas tenham negado os fenômenos da mente – pensamento e sentimento –, eles simplesmente acharam conveniente ignorá-los. Ao limitar seu foco ao que acontece entre os membros da família, ao invés de dentro deles, os teóricos das comunicações qualificam-se como "puristas dos sistemas" (Beels e Ferber, 1969).

Os teóricos das comunicações também desconsideraram o passado, deixando isso para a psicanálise, enquanto buscavam padrões com os quais compreender o comportamento no presente. Não achavam importante determinar causa e efeito, preferindo utilizar um modelo de causalidade circular, em que cadeias de comportamento são vistas como efeito-efeito-efeito.

Os teóricos das comunicações encontraram na *teoria geral dos sistemas* (von Bertalanffly, 1950) algumas idéias úteis para explicar como as famílias funcionam. Todavia, embora descrevessem as famílias como *sistemas abertos* em suas afirmações teóricas (Watzlawick, Beavin e Jackson, 1967), tendiam a tratá-las como *sistemas fechados* em seu trabalho clínico. Assim, concentravam seus esforços terapêuticos na família nuclear, com pouca ou nenhuma consideração dos *inputs* da comunidade ou da família ampliada.

Os relacionamentos entre os comunicadores também podem ser descritos como complementares ou simétricos. Os relacionamentos *complementares* baseiam-se nas diferenças que se encaixam. Um padrão complementar comum é aquele em que uma pessoa é assertiva, e a outra, submissa, e cada uma reforça a posição alheia. É importante compreender que estes são termos descritivos, não avaliativos. Além disso, é um erro supor que a posição de uma pessoa *causa* a da outra, ou que uma é mais fraca que a outra. Conforme Sartre (1964) salientou, é o masoquista, tanto quanto o sádico, que cria o relacionamento sadomasoquista.

Os relacionamentos *simétricos* baseiam-se na igualdade: o comportamento de um espelha o do outro. Relacionamentos simétricos entre marido e mulher, em que ambos têm uma carreira e dividem as tarefas domésticas e de cuidado dos filhos, são geralmente considerados ideais pelos padrões de hoje. Entretanto, em uma análise das comunicações, não há razão para supor que tal relacionamento seria mais estável ou funcional para o sistema do que um relacionamento tradicional, complementar.

Outro aspecto da comunicação é que ela pode ser *pontuada* de várias maneiras (Bateson e Jackson, 1964). Um observador de fora pode escutar um diálogo como fluxo ininterrupto de comunicação, mas cada participante pode acreditar que o que ele disse foi causado pelo que o outro disse. Os terapeutas de casal estão familiarizados com o beco sem saída criado pela esposa que afirma só reclamar porque o marido se afasta, enquanto ele diz que só se afasta porque ela reclama. Outro exemplo é a mulher que diz que teria vontade de fazer sexo com mais freqüência se o marido fosse mais afetuoso, ao que ele retruca que seria mais afetuoso se ela quisesse fazer sexo com maior freqüência.

Enquanto os casais pontuarem suas interações dessa maneira, a mudança é pouco provável. Cada um insiste que o outro causa o problema, e cada um espera pelo outro para mudar. Seu impasse baseia-se na noção errônea de que tais seqüências têm um início distinto, que o comportamento de um é causado pelo do outro, de um modo linear.

A teoria das comunicações não aceita a causalidade linear, nem procura motivos subjacentes: em vez disso, este modelo supõe uma causalidade circular e analisa as interações que ocorrem no tempo presente. Considerações de causalidade subjacente são tratadas como barulho conceitual, sem nenhum valor terapêutico. O comportamento que os teóricos da comunicação observam é um padrão de comunicação articulado em cadeias aditivas de estímulo e resposta. Este modelo de causalidade seqüencial permite que os terapeutas tratem cadeias comportamentais como *circuitos de feedback*. Quando a resposta ao comportamento problemático de um membro da família exacerba o problema, essa cadeia é vista como um *circuito de feedback positivo*. A vantagem dessa formulação é que ela se centra nas interações que perpetuam problemas, em vez de inferir causas subjacentes, que não são observáveis e muitas vezes não podem ser mudadas.

DESENVOLVIMENTO FAMILIAR NORMAL

Agora que temos uma rica literatura sobre o desenvolvimento da criança e o ciclo de vida familiar, talvez pareça desnecessário recorrer à literatura sobre a dinâmica de grupo para nos ajudar a compreender o desenvolvimento familiar normal. No entanto, nos primeiros dias da terapia familiar, os terapeutas tomaram emprestados conceitos de desenvolvimento de grupo e aplicaram-nos à família. Entre os mais notórios desses conceitos temos a idéia de Talcott Parsons (1950) de que os grupos precisam de um **líder instrumental** e de um **líder expressivo** para cuidar das necessidades *socioemocionais* do grupo. Adivinhe quem foi eleito para qual papel – e considere como isso ajudou a legitimizar uma divisão de trabalho artificial e injusta.

❖❖❖

Enquanto "puristas dos sistemas", os terapeutas das comunicações tratavam o comportamento como a-histórico. Quer descrevendo, quer tratando interações familiares, sua atenção estava no aqui e agora, com muito pouco interesse pelo desenvolvimento. As famílias normais eram descritas enquanto sistemas funcionais, que, como todos os sistemas vivos, dependem de dois processos importantes (Maruyama, 1968). Primeiro, eles precisam manter sua integridade diante das perturbações ambientais. Isso se consegue pelo *feedback negativo*, com freqüência ilustrado pelo exemplo do termostato de uma unidade de aquecimento de uma casa. Quando o calor cai abaixo de um ponto determinado, o termostato ativa a fornalha até a sala voltar à temperatura desejada.

Nenhum sistema vivo pode sobreviver sem uma estrutura regular, mas uma estrutura rígida demais deixa o sistema mal-equipado para se adaptar às circunstâncias que se modificam. É por isso que as famílias também possuem mecanismos de *feedback positivo*. O *feedback* negativo minimiza a mudança para manter a estabilidade; o *feedback* positivo altera o sistema para que se acomode a novos *inputs*. Por exemplo, conforme as crianças crescem, mudam a natureza do seu *input* no sistema familiar. O exemplo mais óbvio é a adolescência, momento em que os filhos exigem maior independência. Um sistema familiar limitado a um *feedback* negativo só pode resistir a essas mudanças. As famílias normais, por outro lado, também têm mecanismos de *feedback* positivo e podem responder a novas informações modificando a sua estrutura.

As famílias normais desequilibram-se periodicamente (Hoffman, 1971), durante pontos de transição do ciclo de vida familiar. Nenhuma família passa por essas mudanças sem se perturbar; todas experienciam estresse, resistem à mudança e desenvolvem ciclos viciosos. Todavia, as famílias flexíveis não ficam aprisionadas nesses ciclos; elas conseguem fazer um *feedback* positivo para se modificar. As famílias sintomáticas continuam empacadas, usando o membro sintomático para evitar a mudança.

Conceitos da teoria geral dos sistemas, tal como *feedback* positivo, têm as virtudes de ampla aplicabilidade e elegância teórica, mas freqüentemente parecem um pouco abstratos. Quando reconhecemos que o canal para o *feedback* positivo é a comunicação, torna-se possível explicar as coisas de forma mais simples. As famílias sadias são capazes de mudar porque se comunicam claramente e são flexíveis. Quando os filhos dizem que querem crescer, os pais sadios escutam.

DESENVOLVIMENTO DE TRANSTORNOS DE COMPORTAMENTO

Sob a perspectiva da teoria de grupo, os sintomas eram considerados produtos de processos de grupo perturbados e perturbadores. Contudo, não se pensava que o grupo *causava* a perturbação em seus membros; ou seja, o comportamento dos membros era parte da perturbação do grupo. Portanto, os pesquisadores e terapeutas de grupo rejeitaram a causalidade linear em favor de uma forma de causalidade circular que chamaram de "dinâmica de grupo". Os terapeutas de grupo familiar estavam menos preocupados com as origens da psicopatologia do que com as condições que a perpetuam: papéis estereotipados, rompimento na comunicação e canais bloqueados para dar e receber apoio.

A rigidez de papéis força as interações do grupo a ocorrer em um leque estreito, estereotipado. Quando as opções são reduzidas para os indivíduos, a flexibilidade do grupo é limitada. Grupos aprisionados em papéis inflexíveis e estruturas invariantes tendem a funcionar mal quando precisam enfrentar circunstâncias que se modificaram. Além disso, se a flexibilidade é ameaçadora, esses grupos não arriscam se comunicar a respeito de necessidades insatisfeitas; o resultado geralmente é a frustração e, às vezes, a perturbação sintomática de um dos seus membros. Se as necessidades que geraram uma perturbação aguda continuarem insatisfeitas, os sintomas podem ser perpetuados, como um papel, e o grupo se organiza em torno de um membro "doente".

❖❖❖

Segundo os terapeutas da comunicação, a função dos sintomas é manter o equilíbrio homeostático do sistema familiar. (Como veremos, a noção de que os sintomas são funcionais – implicando que as famílias *precisam* de seus problemas – estava para se tornar controversa.) As famílias patológicas eram vistas como aprisionadas em padrões homeostáticos de comunicação disfuncionais, mas tenazes (Jackson e Weakland, 1961). Essas famílias respondiam à necessidade de mudança como um *feedback* negativo. Isto é, trata-se a mudança não como uma oportunidade de crescimento, mas como uma ameaça e um sinal para recuar.

Em seus textos, os teóricos das comunicações afirmavam que a patologia é inerente ao sistema como um todo (Hoffman, 1971; Jackson, 1967; Watzlawick, Beavin e Jackson, 1967). O *paciente identificado* era considerado um papel com contrapapéis complementares, os quais contribuíam para a manutenção do sistema. O paciente identificado poderia ser a vítima, mas, nesta estrutura, "vítima" e "vitimizador" eram vistos como papéis mutuamente determinados – nenhum é bom ou mau, e nenhum causa o outro. Entretanto, embora essa causalidade circular fosse enfatizada em sua teorização, os terapeutas das comunicações muitas vezes incorriam no erro de demonizar os pais.

OBJETIVOS DA TERAPIA

O objetivo de tratar grupos familiares era o mesmo de tratar grupos de estranhos: a individuação dos membros do grupo e a melhora dos relacionamentos. O crescimento individual é promovido quando necessidades insatisfeitas são verbalizadas e quando papéis excessivamente limitantes são explorados e expandidos. Observe a diferença de ênfase entre esta visão – considerar as famílias como grupos de indivíduos, cada um dos quais deve ser ajudado a se desenvolver – e a visão sistêmica da família como uma unidade. Tratar a família como se fosse igual a qualquer outro grupo deixa de apreciar a necessidade de hierarquia e estrutura.

A melhoria das comunicações era vista como a principal maneira de atingir o objetivo de melhorar o funcionamento do grupo. Os objetivos desta abordagem refletem a visão bastante simples da família e seus problemas que prevaleciam entre os terapeutas antes de aprenderem a pensar sistemicamente. Enquanto Bateson e seus colegas trabalhavam com sua complexa análise sistêmica, o terapeuta comum ainda pensava que a maneira de ajudar famílias perturbadas era simplesmente fazê-las sentar e conversar.

❖❖❖

O objetivo da terapia da comunicação familiar era "agir deliberadamente para alterar padrões de interação que funcionavam mal" (Watzlawick, Beavin e Jackson, 1967, p. 145). Uma vez que "padrões de interação" é sinônimo de comunicação, isso significava mudar padrões de comunicação. Nos primeiros dias da terapia da comunicação familiar, especialmente no trabalho de Virginia Satir, isso se traduzia no objetivo genérico de melhorar a comunicação na família. Mais tarde, o objetivo se restringiu a alterar os padrões específicos de comunicação que mantinham problemas. Em 1974, Weakland escreveu que o objetivo da terapia era resolver sintomas, não reorganizar famílias: "Vemos a resolução dos problemas como se exigissem, primariamente, uma substituição de padrões de comportamento para interromper os círculos de *feedback* positivo, viciosos" (Weakland, Fisch, Watzlawick e Bodin, 1974, p. 149).

CONDIÇÕES PARA A MUDANÇA DE COMPORTAMENTO

Os terapeutas de grupo familiar pensavam que a maneira de provocar mudanças era ajudar os membros da família a se abrirem e conversarem uns com os outros. O terapeuta os encoraja a falar abertamente, apóia aqueles que parecem reticentes e depois critica o processo de sua interação. O apoio do terapeuta ajuda os membros da família a se abrir quando antes se fechavam, e isto, por sua vez, geralmente os mostra sob uma nova luz, que permite que os outros membros se relacionem com eles de uma nova maneira. Por exemplo, crianças que não estão acostumadas a serem escutadas pelos adultos tendem a se fazer "escutar" por meio do comportamento disruptivo, mas, se um terapeuta demonstra que está disposto a escutar, as crianças podem aprender a expressar seus sentimentos por palavras, e não por ações.

Os terapeutas de orientação grupal promoviam a comunicação concentrando-se no *processo*, em vez de no *conteúdo* (Bion, 1961; Bell, 1975; Yalom, 1985). Este é um ponto importante. No momento em que um terapeuta é apanhado pelos detalhes dos problemas de uma família ou pensa em resolvê-los, perde a oportunidade de descobrir o processo do que os membros da família fazem que os impede de encontrar suas próprias soluções.

❖❖❖

Segundo os teóricos da comunicação, todas as ações têm propriedades comunicativas: os sintomas podem ser considerados mensagens ocultas, que explicam os relacionamentos (Jackson, 1961). Até uma dor de cabeça que se desenvolve por uma tensão prolongada nos músculos occipitais é uma mensagem, uma vez que constitui um relato sobre como a pessoa se sente e também um comando a ser respondido. Se um sintoma for visto como uma mensagem oculta, deduz-se que tornar manifesta esta mensagem elimina a necessidade do sintoma. Portanto, uma das maneiras importantes de mudar o comportamento é trazer à luz mensagens escondidas.

Conforme salientamos, ingrediente essencial do duplo vínculo é a impossibilidade de escapar. Todavia, nenhuma mudança pode ser gerada de dentro: ela só pode gerar-se fora do paciente. O terapeuta é alguém de fora que supre o que o relacionamento não consegue suprir: uma mudança nas regras.

O terapeuta pode apontar seqüências problemáticas ou simplesmente manipulá-las para produzir mudança terapêutica. A primeira estratégia depende do poder de *insight* e da disposição para mudar; a segunda, não. É uma tentativa de vencer a família em seu próprio jogo. Incluídas na segunda estratégia estão muitas das táticas mais engenhosas da terapia das comunicações, e muito mais se escreveu sobre elas do que sobre simples interpretação. No entanto, os primeiros terapeutas familiares recorriam mais a apontar problemas de comunicação do que a qualquer outra técnica.

A primeira estratégia, simplesmente apontar problemas de comunicação, está representada no trabalho de Virginia Satir e foi muito praticada por aqueles que começaram a fazer terapia familiar. A segunda abordagem, menos direta, era característica de Haley e Jackson e acabou se tornando a estratégia predominante.

O trabalho inicial de Haley e Jackson com famílias foi influenciado pela hipnoterapia que haviam aprendido com Milton Erickson. O hipnoterapeuta trabalha dando instruções cujo propósito é muitas vezes obscuro, mas o terapeuta precisa obter o controle do relacionamento antes que os pacientes sigam as instruções. Haley (1961) recomendava pedir aos pacientes não-cooperativos que fizessem uma determinada coisa, para provocar uma resposta rebelde com o objetivo de levá-los a reconhecer que se relacionavam com o terapeuta. Ele menciona, como exemplo, orientar um paciente esquizofrênico para que ouça vozes. Se o paciente ouvir vozes, está atendendo ao pedido do terapeuta; se não ouvir, já não pode afirmar que está louco.

TÉCNICAS

As técnicas da terapia de grupo familiar eram semelhantes às da terapia de grupo. O modelo da família era um grupo democrático. O terapeuta os via como pessoas com algo a dizer, que geralmente precisavam de ajuda para fazer isso. Não havia grande preocupação com a estrutura ou com o reforço da posição hierárquica do paciente. No máximo, havia a tendência a dar um apoio extra aos filhos e encorajá-los a assumir um papel de maior igualdade nas interações familiares.

A abordagem de John Bell (1961) era orquestrada em uma série de estágios. Primeiro havia a fase *centrada na criança*, na qual as crianças eram ajudadas a expressar seus desejos e preocupações. Bell ficava tão ansioso para ajudar as crianças a participarem que realizava encontros preliminares com os pais a fim de incentivá-los não só a ouvir, mas também a atender a algum pedido destas como uma forma de obter sua cooperação.

Depois que as crianças falavam e eram recompensadas com alguns privilégios, chegava a vez dos pais. No *estágio centrado nos pais*, estes geralmente começavam com queixas do comportamento dos filhos. Durante esta fase, Bell tinha o cuidado de suavizar as críticas parentais mais duras e se concentrar na solução de problemas. No estágio final, o *centrado na família*, o terapeuta igualava o apoio para toda a família enquanto ela continuava melhorando sua comunicação e buscando soluções para os problemas. A seguinte vinheta ilustra o estilo diretivo que Bell adotava nas entrevistas (1975, p. 136).

> Depois de permanecer em silêncio por algumas sessões, um pai começou um discurso longo e veemente contra o filho, a filha e a mulher. Notei como todos eles, cada um à sua maneira, em poucos minutos tinham se retirado da conversa. Então eu disse: "Agora acho que precisamos escutar o que Jim tem a dizer sobre isso, e Nancy também tem o direito de falar, e talvez também devamos escutar como a sua esposa se sente". Isso restaurou a participação familiar sem deixar o pai de fora.

Três aplicações especializadas de métodos de grupo ao tratamento de famílias eram a *terapia de múltiplos grupos familiares*, a *terapia de múltiplo impacto* e a *terapia de rede*.

Peter Laqueur começou a **terapia de múltiplos grupos familiares** em 1950, no Creedmore State Hospital, em Nova York, e refinou essa abordagem no Vermont State Hospital (Laqueur, 1966, 1976). A terapia de múltiplos grupos familiares envolvia tratar de quatro a seis famílias juntas em sessões semanais de 90 minutos. Laqueur e seus co-terapeutas conduziam os grupos de múltiplas famílias como grupos de terapia tradicional, acrescentando técnicas de grupos de encontro e psicodrama. Exercícios estruturados eram usados para aumentar o nível de interação e a intensidade dos sentimentos: as famílias eram usadas como "co-terapeutas" para ajudar a confrontar os membros das outras famílias, de uma posição mais pessoal do que a que os terapeutas poderiam assumir. Embora a terapia de múltiplas famílias perdesse sua força mais criativa com a morte inesperada de Peter Laqueur, ela ainda é usada ocasionalmente, em especial no ambiente hospitalar, tanto com pacientes internados (McFarlane, 1982) quanto ambulatoriais (Gritzer e Okum, 1983).

Robert MacGregor e seus colegas da University of Texas Medical Branch, em Galveston, desenvolveram a **terapia de múltiplo impacto** como uma maneira de provocar o máximo impacto em famílias que vinham de todo o Texas para passar alguns dias com uma equipe de profissionais (MacGregor, Richie, Serrano, Schuster, McDonald e Goolishian, 1964; MacGregor, 1967, 1972). Membros da equipe atendiam várias combinações de membros da família e depois reuniam-se em um grande grupo para fazer recomendações. Embora a terapia de múltiplo impacto já não seja mais praticada, seus encontros intensos, mas espaçados, prefiguraram desenvolvimentos posteriores na terapia experiencial (Capítulo 8) e no modelo de Milão (Capítulo 6).

A **terapia de rede** foi uma abordagem desenvolvida por Ross Speck e Carolyn Attneave para ajudar famílias em crise reunindo toda a sua rede social – família, amigos, vizinhos – em encontros de até 50 pessoas. Essas pessoas eram atendidas por equipes de terapeutas, que trabalhavam para romper padrões destrutivos de relacionamento e mobilizar apoio para novas opções (Speck e Attneave, 1973; Ruevini, 1975).

As equipes terapêuticas atendiam as redes em sessões de duas a quatro horas. Os grupos encontravam-se geralmente de três a seis vezes. Técnicas de grupos de encontro eram usadas para aliviar a defensividade e favorecer um clima de envolvimento afetivo. Depois de 5 a 10 minutos apertando mãos, pulando para cima e para baixo, gritando, amontoando-se e indo de um lado para outro, o grupo experiencia um alívio de tensão e um senso de coesão.

A *fase da polarização* começa quando o líder ativa pontos de vista conflitantes na rede. Eles podem ser dramatizados organizando-se as pessoas em círculos concêntricos e convidando-as a confrontar suas diferenças. Sob a orientação dos líderes, a confrontação é trabalhada no sentido do acordo e da síntese. Durante a *fase da mobilização,* são apresentadas tarefas, e subgrupos são solicitados a criar planos para resolver problemas concretos. Se o paciente identificado precisa de um emprego, pode ser formado um comitê para ajudar; se jovens pais estão presos em casa e brigam para ver quem vai tomar conta do bebê, um grupo pode ser solicitado a organizar recursos de babá a fim de permitir que o casal saia junto para se divertir.

Depois que o entusiasmo inicial diminui, os grupos de rede geralmente ficam exaustos e desesperados ao perceber como certos problemas estão arraigados. Uri Ruevini (1975) descreveu um caso em que se instalou um período de depressão e a família-problema sentiu-se isolada e abandonada pela rede. Ruevini acabou com esse impasse prescrevendo um exercício catártico de grupo, "a cerimônia da morte". Os membros da família foram solicitados a fechar os olhos e se imaginar mortos. O restante da rede deveria compartilhar seus sentimentos em relação à família: suas forças, suas fraquezas e o que cada um deles significava para seus amigos. Esse procedimento dramático provocou uma torrente de sentimento que tirou a rede da depressão.

Speck e Attneave (1973) dividiram a rede em subgrupos solucionadores de problemas que tinham de usar a ação, em vez do afeto, para sair da situação de desespero. Em um caso, eles determinaram que um grupo de amigos iria cuidar de um adolescente que abusava de drogas e outro grupo iria organizar sua saída da casa dos pais. Quando as energias da rede são desencadeadas e dirigidas para uma solução ativa dos problemas, acontecem avanços e descobertas. As sessões de rede com freqüência provocam o que Speck e Attneave chamaram de "o efeito rede" – um sentimento de conexão eufórica e a satisfação de resolver problemas considerados esmagadores. Depois que uma rede é ativada, sempre existe alguém a quem recorrer quando surge a necessidade.

❖❖❖

A maioria das técnicas da terapia familiar das comunicações consistia em ensinar regras de comunicação clara, analisar e interpretar padrões de comunicação e manipular interações por meio de diversas manobras estratégicas. A progressão dessas operações, de diretas a estratégicas, refletia a crescente percepção de como os sistemas familiares resistem à mudança.

Em seu trabalho inicial (Jackson e Weakland, 1961), os terapeutas das comunicações começavam revelando sua crença de que toda a família estava envolvida no problema apresentado. Depois, explicavam que todas as famílias desenvolvem padrões habituais de comunicação, inclusive alguns que são problemáticos. Essa tentativa de converter as famílias, fazendo com que deixassem de ver o paciente identificado como o problema e passassem a aceitar uma mútua responsabilidade, subestimou a resistência das famílias à mudança. Mais tarde, tornou-se mais comum esses terapeutas começarem o tratamento aceitando a definição que a família dava dos próprios problemas (Haley, 1976).

Depois de fazer seus comentários de abertura, os terapeutas pediam aos membros da família, normalmente a um de cada vez, que discutissem seus problemas. O terapeuta escutava, mas se concentrava no processo da comunicação, em vez de no conteúdo. Quando alguém da família falava de maneira confusa ou desorientadora, o terapeuta salientava isso e insistia em certas regras de comunicação clara. Satir (1964) era a professora mais direta. Quando alguém dizia alguma coisa não muito clara, ela questionava e esclarecia a mensagem, oferecendo sugestões para um discurso claro.

Quando começou a tratar famílias de esquizofrênicos, Don Jackson achava que precisava proteger os pacientes de suas famílias (Jackson e Weakland, 1961), mas logo percebeu que pais e filhos estavam vinculados de maneira mutuamente destrutiva. Mesmo agora, as pessoas que não conhecem terapia familiar, em especial se ainda não tiveram filhos, tendem a se identificar com as crianças e a ver os pais como os bandidos. Isso não só está errado, conforme Jackson percebeu posteriormente, como aliena os pais e os empurra para fora do tratamento. Terapeutas jovens muitas vezes começam "sabendo" que os pais devem ser culpados pelos problemas dos filhos. Só mais tarde, quando se tornam pais, é que adquirem uma perspectiva mais equilibrada – isto é, que os problemas da família são todos culpa dos filhos!

Jackson enfatizava a necessidade de estrutura e controle nos encontros familiares. Ele começava as sessões dizendo: "Estamos aqui para trabalhar juntos e tentar entender melhor uns aos outros, para que vocês todos possam ter uma vida familiar melhor" (Jackson e Weakland, 1961, p. 37). Este comentário não só estrutura o encontro como também transmite a idéia de que todos os membros da família serão o foco da discussão. Além disso, também revela as intenções do terapeuta e pode, portanto, desencadear uma luta com aqueles pais que se ressentem da implicação de que são parte do problema. Assim, vemos que Jackson era um terapeuta ativo, que estabelecia as regras no início e explicava abertamente o que fazia, antecipando e desarmando a resistência.

Atualmente, a maioria dos terapeutas familiares acha mais efetivo não fazer discursos ou anunciar suas intenções. Muitos sugerem que não é necessário descrever seu trabalho como "terapia familiar", e sim ir direto ao assunto, falando sobre o problema apresentado e fazendo com que todos participem da discussão.

Segundo Jay Haley, a simples presença de uma terceira pessoa, o terapeuta, ajuda os casais a resolver seus problemas. Ao tratar ambos os parceiros de modo imparcial e ao não tomar partido, o terapeuta desarma as manobras habituais de culpar o outro: em outras palavras, o terapeuta age como um juiz. Além de funcionar como árbitro, o terapeuta das comunicações renomeava as atividades dos membros da família. Uma estratégia era redefinir o que os membros da família diziam, enfatizando os aspectos positivos de seu relacionamento. "Por exemplo", disse Haley (1963, p. 139), "se um marido protesta contra as constantes reclamações da mulher, o terapeuta pode comentar que ela parece tentar se aproximar do marido e ficar mais perto dele. Se a esposa protesta que o marido costuma ficar distante, o marido pode ser redefinido como alguém que quer evitar discórdias e gostaria de ter um relacionamento amistoso". Essa técnica, mais tarde chamada *reenquadramento*, tornou-se uma característica central da terapia estratégica.

Uma das estratégias de Haley era tornar explícitas as regras que governam os relacionamentos familiares. Regras disfuncionais tornadas explícitas são mais difíceis de seguir. Por exemplo, alguns parceiros censuram o outro por não se expressar, mas eles se queixam e criticam tanto que o outro dificilmente tem chance de se expressar. Se o terapeuta salienta isso, fica mais difícil seguir a regra implícita de que o outro não deve falar. Haley acreditava que discordâncias sobre quais regras devem ser seguidas são relativamente fáceis de resolver com uma boa conversa e concessões mútuas. Os conflitos a respeito de quem estabelece as regras são mais complicados. Já que a questão do controle também é explosiva demais para ser tratada abertamente, Haley recomendava diretivas sutis.

As diretivas de Haley eram de dois tipos: sugestões para se comportar de modo diferente e sugestões para continuar se comportando da mesma maneira. A sugestão de Haley de que os membros da família continuem se comportando da mesma maneira era um paradoxo terapêutico. Quando um adolescente rebelde é instruído a "continuar se rebelando", ele fica preso em uma posição paradoxal. Continuar a se rebelar significa seguir as instruções de uma figura de autoridade (e admitir que o que você faz é rebeldia). Somente desistindo desse comportamento é que o adolescente poderá manter a ilusão de liberdade. Às vezes, é efetivo fazer com que um dos parceiros sugira que o outro mantenha seu comportamento sintomático. Isso pode produzir uma mudança significativa, pois altera quem define a natureza do relacionamento.

LIÇÕES DOS PRIMEIROS MODELOS

A contribuição mais importante dos estudos sobre grupos foi a idéia de que todos os grupos, inclusive as famílias, têm propriedades emergentes. Quando as pessoas se reúnem em um grupo, emergem processos relacionais que refletem os indivíduos envolvidos *e* seus padrões coletivos de interação. Entre as **dinâmicas de grupo** que os terapeutas manejam estão a triangulação, a criação de um bode expiatório, os alinhamentos, as coalizões e as cisões.

Os teóricos de grupo também nos ensinaram a importância dos *papéis*, oficiais e não-oficiais, e como os papéis organizam o comportamento nos grupos. Os terapeutas familiares valem-se da teoria do papel quando apóiam pais em seus papéis de líderes ou salientam como as regras ocultas podem piorar o funcionamento do grupo – por exemplo, o pai que constantemente desempenha o papel de piadista distrai a família de discutir e resolver problemas. Os terapeutas familiares também ajudam os membros da família a perceber como papéis rígidos os aprisionam em desempenhos limitados e inflexíveis, como quando os adolescentes estão tão ocupados em *não* ser seus pais que não conseguem descobrir como ser eles mesmos.

A distinção **processo/conteúdo** também foi muito importante para os terapeutas familiares. Quando as famílias buscam terapia, esperam ajuda a fim de resolver seus problemas. Talvez elas queiram saber como ajudar um adolescente tímido a fazer amigos ou como conseguir que um adolescente desafiador seja mais respeitoso. O que o terapeuta familiar tenta descobrir é por que a família não foi capaz de resolver seus problemas. O que, no seu jeito de tentar, não funciona? Portanto, quando uma família discute seus problemas, o terapeuta escuta tanto o processo da discussão – quem fala com quem e de que maneira – quanto o conteúdo do que dizem.

Essa mudança, de prestar atenção ao que as pessoas dizem para como dizem – sincera ou defensivamente, de maneira cooperativa ou competitiva –, é uma das estratégias críticas em todas as formas de terapia. Em outras palavras, a maioria dos terapeutas familiares focaliza o aqui e agora e traz os problemas para o consultório nos termos pelos quais os membros da família se relacionam uns com os outros.

A técnica primária de terapia de grupo – promover uma conversa livre e aberta – ajudava os terapeutas familiares a estimular o diálogo nas famílias. Embora ajudar as famílias a conversar sobre seus problemas possa fazer com que resolvam uma crise menos séria, apenas conversar raramente é suficiente para resolver problemas mais difíceis. Além disso, o modelo de grupo democrático em que esta técnica se baseia ignora as propriedades estruturais únicas de cada família. Diferentemente dos grupos terapêuticos, as famílias *não* são constituídas por iguais. Todos os membros da família têm igual direito aos seus sentimentos, mas alguém tem de estar no comando. Os terapeutas que dão a todos os membros o mesmo direito de decidir não respeitam a necessidade da família de liderança e hierarquia.

Os terapeutas de grupo familiar eram diretivos no sentido de encorajar as pessoas a falar quando elas pareciam ter algo a dizer; no mais, eles eram relativamente passivos. Nos grupos de terapia, com diferentes defesas e estilos de personalidade, os terapeutas podem agir como catalisadores para estimular os membros a confrontar e desafiar os outros. As famílias, no entanto, muitas vezes compartilham defesas e atitudes improdutivas, e os terapeutas não podem contar com outros membros do grupo para desafiar as normas familiares. É por isso que os terapeutas familiares contemporâneos, que tratam famílias mais ativamente, confrontam padrões familiares de interação (em vez da reticência individual) e procuram maneiras de vencer defesas mais poderosas nas famílias do que em grupos de estranhos.

As três aplicações especializadas de métodos de grupo consideradas neste capítulo – terapia de múltiplos grupos familiares, terapia de múltiplo impacto e terapia de rede – foram experimentos da década de 1960. Tratar mais de uma família por vez permite aos membros de uma família ver como as outras lidam com problemas semelhantes. Entretanto, quando outras famílias estão presentes para servir como distração, fica difícil focar problemas arraigados ou ansiogênicos por muito tempo. O que funciona na terapia de grupo pode não funcionar com famílias.

Tanto a terapia de múltiplo impacto quanto a terapia de rede lançavam mão de muitos recursos para trabalhar com famílias em crise. Embora os terapeutas familiares com freqüência trabalhem em equipe nas clínicas, hoje em dia habitualmente temos um terapeuta para cada família. Talvez em alguns momentos faça sentido lançar mão do esforço total que a terapia de múltiplo impacto representava. A vantagem adicional da terapia de rede era mobilizar os recursos naturais da comunidade da família. Talvez esse modelo ainda seja útil: emprega recursos da comunidade que continuam disponíveis depois que o tratamento termina e é um bom antídoto contra o isolamento de muitas famílias.

❖❖❖

A terapia das comunicações foi uma das primeiras e mais influentes formas de tratamento familiar. Seu desenvolvimento teórico foi estreitamente vinculado à teoria geral dos sistemas, e a terapia que surgiu constituiu uma abordagem sistêmica por excelência. A comunicação era o *input* e o *output* detectáveis que os terapeutas usavam para analisar a caixa preta dos sistemas interpessoais. A comunicação era descrita como *feedback*, como uma tática de lutas interpessoais pelo poder e como sintoma. De fato, todo comportamento era considerado comunicação. O problema é que, quando todas as ações são tratadas como comunicação, a análise das comunicações pode acabar significando tudo e, conseqüentemente, nada. As relações humanas não são todas uma questão de comunicação: a comunicação pode ser a matriz em que as interações estão inseridas, mas as interações humanas também têm outros atributos – amor, ódio, medo, cognição, conflito.

O grupo de Bateson talvez seja mais lembrado pelo conceito de duplo vínculo, mas sua contribuição mais duradoura foi a aplicação da análise das comunicações a uma ampla variedade de comportamentos, inclusive a dinâmica familiar. De fato, a idéia da metacomunicação é um conceito mais útil do que o duplo vínculo e foi incorporada não apenas por terapeutas familiares, mas também pelo público em geral. Mesmo que não conheçam o termo *metacomunicação*, a maioria das pessoas compreende que todas as mensagens têm funções de relato e de comando.

Uma das idéias mais significativas da terapia das comunicações é que as famílias são sistemas governados por regras, mantidos por mecanismos de *feedback negativo*. O *feedback* negativo é responsável pela estabilidade das famílias normais e pela inflexibilidade das disfuncionais. Já que essas famílias não têm mecanismos adequados de *feedback* positivo, não conseguem ajustar-se às mudanças nas circunstâncias.

Os teóricos das comunicações tomaram emprestado o modelo de *sistema aberto* da teoria geral dos sistemas, mas suas intervenções clínicas baseavam-se no paradigma cibernético de *sistema fechado*. A terapia era vista como uma luta pelo poder na qual o terapeuta assumia o controle para vencer as forças da manutenção dos sintomas.

Quando a comunicação ocorre em um sistema fechado – as fantasias de um indivíduo ou as conversas privadas da família –, há pouca oportunidade de ajustar o sistema. Só quando alguém de fora do sistema fornece um *input* é que pode acontecer uma correção. Essa é a premissa sobre a qual se baseia a terapia das comunicações familiares. Já que as regras do funcionamento familiar são em grande parte desconhecidas pela família, a melhor maneira de examiná-las e corrigi-las é consultar um especialista.

Embora houvesse diferenças importantes entre as estratégias terapêuticas de Haley, Jackson, Satir e Watzlawick, todos eles se empenhavam em alterar padrões disfuncionais de comunicação. Tentavam atingir esse objetivo por meios diretos e indiretos. A abordagem direta, preferida por Satir, buscava a mudança ao ensinar como era uma comunicação clara. Essa abordagem pode ser descrita como estabelecer regras básicas ou princípios metacomunicacionais, e incluía táticas como dizer às pessoas que falassem por si mesmas e apontar canais não-verbais de comunicação.

O problema, como Haley percebeu, é que "uma das dificuldades envolvidas no dizer aos pacientes que façam algo é o fato de que os pacientes psiquiátricos são conhecidos por sua relutância em fazer aquilo que lhes dizem para fazer". Por essa razão, os terapeutas das comunicações começaram a empregar estratégias mais indiretas, destinadas a provocar mudanças em vez de estimular a conscientização. Dizer aos membros da família que falem por si mesmos, por exemplo, pode desafiar uma regra familiar e, portanto, provocar resistência. Com esse entendimento, a terapia das comunicações tornou-se um tratamento da resistência.

A resistência era tratada com variadas diretivas paradoxais, conhecidas livremente como "duplos vínculos terapêuticos". A técnica de Milton Erickson de prescrever resistência era usada como uma alavanca para obter controle: por exemplo, como quando o terapeuta diz aos membros da família que não revelem tudo na primeira sessão. A mesma manobra era usada para prescrever sintomas, algo que tornava explícitas as regras não-reconhecidas e colocava o terapeuta no controle.

Finalmente, a terapia das comunicações tornou-se focada no sintoma, breve e diretiva. O foco nos sintomas condiz com o conceito sistêmico geral de **eqüifinalidade**, o que significa que não importa onde começa a mudança no sistema, o resultado final será o mesmo.

Hoje, as teorias da terapia das comunicações foram absorvidas pela principal corrente da terapia familiar, e as intervenções focadas no sintoma tornaram-se a base dos modelos estratégico e focado na solução. Infelizmente, quando os terapeutas de grupo e das comunicações ficaram atrapalhados com a inflexibilidade das famílias, eles exageraram o poder irracional do sistema familiar.

ANSIEDADE DO SISTEMA

Os terapeutas começaram a tratar as famílias vendo-as como adversárias. As descobertas de Freud indiciavam as famílias como sedutoras de crianças inocentes e, mais tarde, como agentes de repressão cultural, a fonte de toda culpa e ansiedade. Os psiquiatras dos hospitais viam os pacientes como vítimas de suas famílias e, exceto para propósitos de pagar a conta, mantinham as famílias à distância. Os profissionais de orientação à criança acercavam-se da vida doméstica com um preconceito inato. Sua visão de que as relações perturbadas na família continham a chave para a psicopatologia era obscurecida por sua lealdade aos pacientes, as crianças, com quem se identificavam. Determinados a salvar a criança, eles viam as mães como inimigas a serem vencidas e os pais como figuras periféricas a serem ignoradas.

Os terapeutas das comunicações salvaram os esquizofrênicos da invalidação psiquiátrica ao demonstrar que sua conversa louca fazia sentido como uma solução desesperada para situações familiares desesperadas. Não era o paciente, e sim o **sistema familiar**, que estava enlouquecido. A terapia familiar queria humanizar a doença mental, mas criou uma entidade desumana – o sistema – para fazer isso.

Em seus esforços para tornar os membros da família agentes não-reprimidos por seu próprio direito, os terapeutas entraram fortemente na poderosa oposição familiar à autonomia pessoal. O indivíduo pode querer melhorar, mas a família talvez precise de alguém para desempenhar o papel de doente. Algumas famílias parecem precisar de um "bode expiatório" para manter seu equilíbrio.

As observações do grupo de Bateson pretendiam ser científicas, mas sua linguagem para descrever as famílias era combativa e com freqüência sugeria não apenas resistência, mas também uma teimosa oposição à mudança. A idéia de que as famílias eram oposicionistas colocou os terapeutas familiares em uma posição adversária. Já que as famílias eram vistas como sistemas insensatos, simultaneamente rígidas (agarrando-se com unhas e dentes ao seu jeito de funcionar) e escorregadias (difíceis de se comprometer), entrevistá-las se tornou uma luta.

Mesmo quando os terapeutas familiares superaram a idéia de que os pacientes eram vítimas inocentes de famílias malvadas, ainda se sentiam em oposição às famílias, que resistiam teimosamente aos esforços para modificá-las.

A mudança, de trabalhar com indivíduos para trabalhar com famílias, foi descontínua e exigiu novas maneiras de pensar. A cibernética e a teoria geral dos sistemas forneceu metáforas úteis para ajudar os terapeutas a organizar as interações padronizadas da vida familiar. Descrever a família como um sistema os ajudou a ver que um grupo de personalidades interatuantes pode funcionar como uma única entidade. Dizia-se que as famílias eram como sistemas no sentido de que o comportamento de cada membro dependia do comportamento de todos os outros.

O grande avanço do pensamento sistêmico foi o reconhecimento de que a vida das pessoas estava ligada de tal maneira que o comportamento da família tornava-se produto da influência mútua. O perigo de esquecer que as metáforas sistêmicas são apenas metáforas é o perigo de superestimar sua influência – e de desumanizar os membros da família. Um mito do sistema é que ele é determinativo, em vez de influente. Assim, por exemplo, uma mãe superenvolvida que recua dá lugar para que o marido se envolva mais, mas essa mudança no sistema não *faz* com que ele se envolva. Pela mesma razão, embora possa ser difícil que um pai desvencilhado passe mais tempo com os filhos emaranhados com a mãe, isso não é impossível.

Imaginava-se que a metáfora sistêmica tivesse a vantagem de tirar a culpa de indivíduos vistos como aprisionados na dinâmica de sua família. Evitar culpa e acusações é ótimo, mas negar a possibilidade de autodeterminação talvez não seja tão bom. O perigo aqui é o mecanicismo.

Muito do que fazemos pode ser automático e canalizado por padrões de interação. Embora as pessoas nem sempre reflitam e ajam racionalmente, às vezes elas fazem isso. Não somos apenas elos em uma cadeia circular de eventos; somos pessoas com nomes, que nos sentimos como centros de iniciativa. Certamente estamos ligados aos outros. Muito do que fazemos é com outras pessoas em mente, parte do que fazemos é com outras pessoas e, de vez em quando, para os outros. Contudo, o "nós", que é o autor do fazer, é um indivíduo com coração, mente e desejos próprios.

O pensamento sistêmico ao extremo descarta a individualidade como uma ilusão. O problema é quando os papéis são reificados como determinantes prescritos do comportamento *e* como independentes da ação pessoal. Os pensadores sistêmicos, infelizmente, sugeriam que o papel desempenha a pessoa, e não o contrário.

Os primeiros terapeutas familiares tratavam a família como um *sistema cibernético* que se governa pelo *feedback*. Talvez eles tenham superenfatizado o *feedback* negativo, que faz com que as famílias resistam à mudança, em parte porque estudavam famílias de esquizofrênicos, que tendem a ser especialmente rígidas. No entanto, conforme passamos a perceber, embora o pensamento sistêmico nos alerte para as nossas interconexões, a metáfora de um sistema inanimado não é um modelo adequado para os sistemas humanos. Quando pensamos sistemicamente, percebemos que os indivíduos são sistemas dentro de sistemas e que, embora respondam a forças externas a eles, também são iniciadores, com imaginação, memória, razão e desejos.

OS ESTÁGIOS DE TERAPIA FAMILIAR

O telefonema inicial

O objetivo do contato inicial é conseguir uma visão geral do problema apresentado e fazer com que toda a família venha para uma consulta. Escute a descrição que a pessoa ao telefone faz do problema e depois identifique todos os membros da família, assim como outros que poderiam ser envolvidos (inclusive a fonte encaminhadora e outras agências). Então, marque a primeira entrevista, especificando quem deve vir (normalmente todas as pessoas da casa), a hora e o local.

Embora haja coisas que você pode aprender a dizer para transformar solicitações de terapia individual em casos familiares, a consideração mais importante é a atitude. Primeiro, compreenda e respeite que a mãe preocupada quer que você trate seu filho individualmente, ou que o marido infeliz que quer conversar sozinho com você tem um ponto de vista perfeitamente legítimo, mesmo que não coincida com o seu. Mas se você espera se en-

O contato inicial por telefone deve ser relativamente breve para evitar o desenvolvimento de uma aliança com apenas um membro da família.

contrar com toda a família, uma declaração prática de que é assim que você trabalha, pelo menos na sessão inicial, fará com que a maioria das famílias concorde com uma consulta.

Quando a pessoa ao telefone apresenta o problema como limitado a um único indivíduo, uma boa maneira de ampliar o foco é perguntar como o problema afeta outros membros da família. Se a pessoa rejeitar a idéia de trazer a família ou disser que um determinado membro não vai querer ir, diga que você precisa ouvir todos, pelo menos de início, para obter o máximo possível de informações. A maioria das pessoas aceita a necessidade de apresentar seu ponto de vista, elas resistem é à implicação de que têm culpa.

Quando uma criança é o paciente identificado, os pais podem estar dispostos a ir, mas relutantes em levar irmãos que não vêem como parte do problema. Como o marido desligado que é "ocupado demais" para ir, irmãos e irmãs não-sintomáticos podem ser importantes para ajudar a ampliar o foco das falhas do paciente identificado às questões de relacionamento na família.

Ampliar o foco, entretanto, não significa ampliar a culpa. Os membros da família muitas vezes reconhecem seu papel nos problemas familiares se sentem que o terapeuta não quer criticar ninguém. Não é necessário sugerir que todos estão envolvidos no problema. O importante é fazer com que todos trabalhem juntos em busca de uma solução[1].

Finalmente, já que a *maioria* das famílias reluta em se sentar junto e enfrentar seus problemas, um telefonema antes da primeira sessão, como lembrete, diminui bastante o índice de não-comparecimento.

A primeira entrevista

O objetivo da primeira entrevista é criar uma aliança com a família e desenvolver uma hipótese sobre o que mantém o problema apresentado. É uma boa idéia pensar em uma tentativa de hipótese (em termos técnicos, um "palpite") depois do telefonema inicial e, então, testá-la na primeira entrevista. (Para evitar impor à família teorias de sua escolha ou recriar a família à imagem dos próprios vieses, importa permanecer aberto à refutação, não apenas à confirmação, da sua hipótese inicial.)

Os principais objetivos de uma consulta são estabelecer *rapport* e obter informações. Apresente-se à pessoa que fez o contato e depois a outros adultos da família. Peça aos pais que apresentem os filhos. Aperte a mão de cada um e cumprimente todos. Mostre a sala à família (por exemplo, espelhos de observação, *videotape*, brinquedos para as crianças) e esclareça o formato da sessão (duração e objetivos). Repita brevemente o que a pessoa lhe disse ao telefone (de modo a não deixar os outros sem saber o que foi dito) e, a seguir, peça mais detalhes. Depois de ouvir e reconhecer o ponto de vista daquela pessoa ("Então o que você está querendo dizer é..."), pergunte a cada membro da família, sucessivamente, qual é o seu ponto de vista.

Embora a maior parte da sessão deva ser ocupada com uma discussão do problema apresentado, este foco centrado no problema pode ter um efeito desanimador. Portanto, passar algum tempo explorando os interesses e as realizações dos membros da família jamais é perda de tempo e, às vezes, modifica extraordinariamente a energia emocional das sessões.

Ao reunir informações, alguns terapeutas acham útil tomar nota da história da família, e muitos usam **genogramas** para fazer diagramas da rede familiar ampliada (ver Capítulo 5 para uma descrição). Outros acreditam que a parte essencial da história vai surgir no curso natural dos acontecimentos e preferem se concentrar nas preocupações presentes da família e nas circunstâncias que as acompanham.

Os terapeutas familiares desenvolvem hipóteses sobre como os membros da família podem estar envolvidos no problema apresentado perguntando o que fizeram para tentar resolvê-lo e observando como eles interagem. As idéias são tão importantes como as ações, de modo que convém perceber explicações inúteis do problema, assim como interações improdutivas.

Dois tipos de informação (conteúdo) particularmente importantes são as *soluções que não funcionam* e as *transições no ciclo familiar*. Se aquilo que a família tem feito para resolver suas dificuldades não tem funcionado, talvez essas tentativas sejam parte do problema. Um exemplo típico seria o dos pais bastante comprometidos que tentam ajudar uma criança tímida a fazer amigos adulando-a ou criticando-a. Às vezes, os membros da família dizem que já "tentaram de tudo" para resolver seus problemas. Nesses casos, o problema pode ser inconsistência. Diante de uma oposição, eles logo desistem.

Apesar da tendência natural de focar os problemas e o que os causa, o mais importante para o sucesso da terapia são as forças da família, não suas fraquezas. Portanto, o terapeuta deve procurar resiliência (Walsh, 1998). O que essas pessoas fizeram bem? De que maneira lidaram no passado com dificuldades e tiveram sucesso? Como seria para elas um futuro com esperança? Até as famílias mais desesperançadas tiveram momentos em que se saíram bem, mesmo que esses episódios positivos estejam obscurecidos pela frustração que sentem diante das dificuldades atuais.

Embora nem sempre aparente (especialmente para elas), a maioria das famílias busca tratamento por não ter conseguido se ajustar a mudanças nas circunstâncias. Se um marido ou mulher passa a ter problemas alguns meses depois do nascimento de um bebê, talvez seja por não ter conseguido mudar, efetivamente, de uma unidade de dois para uma unidade de três. Uma jovem mãe pode estar deprimida por não ter apoio suficiente. Um jovem pai pode estar com ciúme da atenção que sua mulher agora dá ao bebê.

Embora a tensão de ter um novo bebê pareça óbvia, ficamos surpreendidos com a freqüência com que jovens mães deprimidas são tratadas como se houvesse algo de errado com elas – "necessidades de dependência não-resolvidas", talvez, ou uma deficiência de Prozac. O mesmo acontece quando as famílias passam a ter problemas com o ingresso de um filho na escola, a chegada da adolescência ou qualquer outra mudança desenvolvimental: as demandas transicionais sobre a família são óbvias, *se* pensarmos sobre elas.

Terapeutas jovens talvez não tenham experiência nenhuma com algumas das transições que seus clientes enfrentam. Se for este o caso, é mais importante ainda que o terapeuta observe com curiosidade e respeito o sofrimento da família, em vez de pular para conclusões desinformadas. Por exemplo, um de nós, quando solteiro, não conseguia compreender por que tantos clientes com filhos pequenos raramente saíam para fazer um programa de casal. Ele supunha que os casais evitavam ficar juntos. Acontecimentos posteriores mostraram a ele que a coisa era muito diferente. Quando teve filhos, ele começou a se perguntar como esses casais conseguiam sair tanto!

Os terapeutas familiares exploram o processo da interação familiar fazendo perguntas sobre como os membros da família se relacionam entre si e convidando-os a conversar sobre os problemas na sessão. A primeira estratégia, fazer perguntas "de processo" ou "circulares", é adotada por terapeutas bowenianos e sistêmicos; a segunda, por terapeutas estruturais. Em ambos os casos, a pergunta é: o que mantém a família empacada? Que forças impedem que eles se adaptem às pressões do desenvolvimento e da mudança?

Depois que o terapeuta conheceu a família, soube do problema que a trouxe ao tratamento, fez um esforço para compreender o contexto familiar e formulou uma conjetura sobre o que precisa ser feito para resolver o problema, ele deve fazer uma recomendação

O desafio da primeira entrevista é desenvolver uma aliança sem aceitar cegamente a descrição que a família faz de uma pessoa como o problema.

para a família. Isso pode incluir consultar outro profissional (um especialista em incapacidade de aprendizagem, um médico, um advogado) ou mesmo sugerir que a família não precisa de tratamento – ou não parece estar pronta para ele. Na maioria das vezes, todavia, a recomendação será a terapia familiar. Embora muitos terapeutas tentem fazer suas recomendações no final da primeira entrevista, isso pode ser precipitado. Se forem necessárias duas sessões para criar um vínculo com a família, compreender sua situação e descobrir se você é capaz de trabalhar com ela, então faça duas sessões.

Se você achar que pode ajudar a família a resolver seu problema, proponha um contrato de tratamento. Reconheça por que eles vieram, diga que essa foi uma boa idéia e que você acha que pode ajudá-los. Depois negocie um horário para as sessões, sua freqüência e duração, quem participará, se haverá observadores ou uso de filmagem, o preço e como o plano de saúde funciona. Lembre que a resistência não desaparece magicamente depois da primeira (ou décima quarta) sessão: então enfatize a importância de não faltar e a necessidade de todos estarem presentes. Finalmente, não esqueça de enfatizar os objetivos da família e os pontos positivos que você observou ao conhecê-los.

Lista de verificação da primeira sessão

1. Fazer contato com cada membro da família e reconhecer seu ponto de vista em relação ao problema e seus sentimentos em relação à terapia.
2. Estabelecer liderança, controlando a estrutura e o ritmo da entrevista.
3. Desenvolver uma aliança de trabalho com a família, equilibrando simpatia e profissionalismo.
4. Elogiar as pessoas por ações positivas e forças familiares.
5. Ser empático com cada membro da família e demonstrar respeito pela maneira da família de fazer as coisas.
6. Focar problemas específicos e as soluções tentadas.
7. Desenvolver hipóteses sobre interações prejudiciais em torno do problema apresentado. Investigar por que elas persistem.
8. Não ignorar o possível envolvimento de membros da família, amigos ou auxiliares que não estão presentes.
9. Negociar um contrato de tratamento que reconheça os objetivos da família e especifique como o terapeuta vai estruturar o tratamento.
10. Estimular perguntas.

A fase inicial do tratamento

A fase inicial do tratamento é dedicada a transformar a hipótese do terapeuta em uma formulação sobre o que mantém o problema e a começar a trabalhar para resolvê-lo. Agora a estratégia muda de criar uma aliança para desafiar ações e suposições. A maioria dos terapeutas consegue perceber o que precisa mudar; o que destaca os bons terapeutas é a sua disposição de lutar por essas mudanças.

"Lutar por essas mudanças" pode sugerir um estilo confrontacional. Todavia, para ajudar as pessoas a se arriscarem a mudar não é necessária nenhuma maneira específica de trabalhar; é necessário um empenho inabalável para que as coisas melhorem. Este empenho está evidente no questionamento persistente de Michael White em relação a histórias saturadas de problemas, na calma insistência de Phil Guerin de que os membros da família parem de culpar uns aos outros e comecem a olhar para si mesmos e na insistência determinada de Virginia Goldner de que os homens violentos assumam a responsabilidade por seu comportamento.

Independentemente do modelo adotado, os terapeutas efetivos são persistentes na sua busca de mudança. Isso não significa apenas perseverança. Significa estar disposto a intervir, às vezes energicamente. Alguns terapeutas preferem evitar o confronto e acham mais efetivo empregar um encorajamento gentil, mas persistente. Entretanto, quer trabalhem diretamente (e às vezes usem a confrontação), quer indiretamente (e a evitem), bons terapeutas vão até o fim. As estratégias e técnicas podem variar, mas o que destaca um bom terapeuta é o seu empenho pessoal em fazer o que for preciso para ajudar a família a resolver bem seus problemas.

A terapia familiar efetiva trata conflitos interpessoais, e o primeiro passo é trazê-los para dentro do consultório e localizá-los entre os membros da família. Geralmente isso não é difícil. Casais em conflito ou pais que brigam com filhos habitualmente falarão sem rodeios sobre suas discordâncias. Se a família só veio porque alguém determinou (o tribunal, a escola, o Departamento de Serviços de Proteção), comece tratando o problema da família com essas agências externas. O que a família precisa mudar para resolver seu conflito com essas autoridades? O que a família precisa mudar para que seus membros deixem as encrencas?

Quando uma pessoa é apresentada como o problema, o terapeuta desafia a linearidade perguntando como os outros estão envolvidos (ou são afetados). Qual foi seu papel na criação (ou no manejo) do problema? Como eles reagiram ao problema?

Por exemplo: "O problema é o Malik. Ele é desobediente". "Como ele consegue escapar impune disso?" ou "Como vocês reagem quando ele é desobediente?" Terapeutas menos confrontadores poderiam perguntar: "Quando vocês perceberam isso?", "O que ele faz que parece desobediência?", "Como essa desobediência afeta vocês?", ou "Sou eu. Eu estou deprimida", "Quem, na família, está contribuindo para a sua depressão?", "Ninguém", "Então quem está ajudando você a superar isso?".

Desafios podem ser diretos ou sutis, dependendo do estilo do terapeuta e da avaliação da família. O ponto, incidentalmente, não é passar a culpa de uma pessoa (um filho desobediente, digamos) para outra (uma mãe que não disciplina efetivamente), e sim ampliar o problema, mostrando que ele é interacional. Talvez a mãe seja indulgente demais com Malik porque acha o pai duro demais e, além disso, ela pode estar excessivamente ligada ao menino devido à distância emocional que existe no casamento.

A melhor maneira de desafiar interações prejudiciais é salientar padrões que parecem manter as pessoas aprisionadas no problema. Uma boa fórmula é dizer: "Quanto mais você faz X, mais ele faz Y – e quanto mais você faz Y, mais ela faz X". (Tente substituir X e Y por *reclama* e *se afasta*, ou por *controla* e *se rebela*.) Incidentalmente, quando você mostra o que as pessoas fazem que não funciona, é um erro tático dizer a elas o que elas *deveriam* fazer. Quando você deixa de mostrar alguma coisa e passa a aconselhar, a atenção do cliente passa do próprio comportamento para você e seus conselhos.

Terapeuta: Quando você ignora as queixas da sua mulher, ela fica magoada e com raiva. Você pode ter dificuldade em aceitar a raiva, mas ela não se sente apoiada.
Cliente: O que eu devo fazer?
Terapeuta: Eu não sei. Pergunte à sua mulher.

Recusar-se a fazer sugestões, em especial quando solicitado, cria uma tensão que estimula os membros da família a descobrirem seus próprios recursos. Uma alternativa a esse desafio às ações prejudiciais, focada na solução, é perguntar a respeito de tentativas que deram certo e então encorajar mais dessas tentativas.

Mesmo que os terapeutas familiares às vezes desafiem suposições ou ações, eles continuam a escutar os sentimentos e pontos de vista das pessoas. Escutar é uma atividade silenciosa, rara às vezes, mesmo entre terapeutas. Os membros da família com freqüência não escutam uns aos outros por muito tempo sem ficar defensivos ou reativos. Infelizmente, os terapeutas nem sempre escutam, também – em especial quando estão ansiosos para se manifestar, discordando ou dando conselhos. Lembre que as pessoas provavelmente não vão reconsiderar suas suposições antes de serem escutadas e compreendidas.

Tarefas de tema de casa podem ser usadas para testar flexibilidade (o simples fato de elas serem executadas já indica a disposição para mudar), tornar os membros da família mais conscientes de seu papel nos problemas (dizer às pessoas apenas para observarem alguma coisa, sem necessariamente tentar mudá-la, é muito instrutivo) e sugerir novas maneiras de se relacionar. Tarefas de tema de casa típicas incluem: sugerir que pais muito dedicados contratem uma babá e saiam juntos, fazer com que parceiros que discutem muito se revezem falando de seus sentimentos enquanto o outro escuta sem dizer nada (mas percebendo a tendência a reagir) e fazer com que membros dependentes pratiquem ficar algum tempo sozinhos (ou com alguém de fora da família) e fazer coisas sozinhos. Tarefas de tema de casa que provavelmente criarão conflito, como negociar regras domésticas com adolescentes, devem ser evitadas. Discussões difíceis devem ser guardadas para quando o terapeuta puder agir como juiz.

Lista de verificação da fase inicial

1. Identificar conflitos importantes e trazê-los para dentro do consultório.
2. Desenvolver uma hipótese e transformá-la em uma formulação sobre o que a família faz para perpetuar (ou não conseguir resolver) o problema apresentado. As formulações devem considerar processo e estrutura, regras, triângulos e fronteiras familiares.
3. Manter o foco nos principais problemas e nas condições interpessoais que os perpetuam.
4. Dar tarefas de tema de casa que envolvam os problemas e a estrutura e a dinâmica subjacentes que os perpetuam.
5. Desafiar os membros da família a ver o próprio papel nos problemas que os afligem.
6. Lutar pela mudança, durante a sessão e entre as sessões, em casa.
7. Recorrer à supervisão para testar a validade das formulações e a efetividade das intervenções.

A fase intermediária do tratamento

Quando a terapia não for breve e focada no problema, uma boa porção da fase intermediária será dedicada a ajudar os membros da família a se expressar e a chegar a um entendimento mútuo. Se o terapeuta desempenhar um papel ativo demais nesse processo – filtrando todas as conversas através de si mesmo –, os membros da família não aprenderão a lidar uns com os outros e continuarão manejando a situação apenas enquanto estiverem em terapia. Por essa razão, na fase intermediária, o terapeuta assume um papel menos ativo e incentiva os membros da família a interagirem mais. Conforme fazem isso, o terapeuta recua e observa o processo. Quando o diálogo empaca, o terapeuta mostra o que deu errado ou simplesmente os incentiva a continuar – mas com menos interrupções e críticas.

Quando os membros da família tratam diretamente de seus conflitos, tendem a ficar ansiosos e reativos. A ansiedade é inimiga da escuta. Alguns terapeutas (bowenianos, por exemplo) tentam controlar a ansiedade fazendo com que os membros da família falem apenas com eles. Outros preferem deixar que a família lide com a própria ansiedade, ajudando seus membros a falar menos defensivamente uns com os outros (dizendo como se sentem e escutando e reconhecendo o que os outros dizem). Entretanto, mesmo os terapeutas que trabalham principalmente com diálogo familiar precisam interromper quando a ansiedade aumenta e a conversa se torna destrutiva.

Assim, na fase intermediária do tratamento, o terapeuta assume um papel menos diretivo e incentiva os membros da família a confiar nos próprios recursos. O nível de ansiedade é regulado, fazendo-se com que eles falem um pouco uns com os outros e um pouco com o terapeuta. Em qualquer caso, o terapeuta estimula os membros da família a irem além de críticas e acusações e a falarem diretamente sobre o que sentem e querem – a aprenderem a ver a própria participação em interações improdutivas.

Lista de verificação da fase intermediária

1. Recorrer à intensidade para desafiar os membros da família (à engenhosidade para contornar a resistência e à empatia para desfazer a defensividade).
2. Evitar ser diretivo demais, para que a família aprenda a confiar na própria maneira de se relacionar, melhorando-a.
3. Estimular a responsabilidade individual e o entendimento mútuo.
4. Assegurar-se de que os esforços para melhorar os relacionamentos estão tendo um efeito positivo sobre a queixa apresentada.
5. Se você atender subgrupos, não perca de vista o quadro familiar completo e não

negligencie indivíduos ou relacionamentos – *em especial* aqueles difíceis que é tão tentador evitar.
6. A terapia empacou em um platô? As sessões são todas iguais e previsíveis? O terapeuta assume um papel ativo demais na escolha do que vai ser falado? O terapeuta e a família desenvolveram um relacionamento social que se tornou mais importante do que tratar os conflitos? O terapeuta assumiu um papel regular na família (um ouvinte empático para o casal ou uma figura parental firme para os filhos), substituindo alguma função que falta na família? Se o terapeuta perceber que está sendo levado a satisfazer ativamente necessidades dos membros da família, ele precisa se perguntar quem, na família, deveria estar cumprindo esse papel e, então, encorajar essa pessoa a fazer isso.

Término

O término acontece na terapia breve assim que o problema apresentado for resolvido. Para os terapeutas psicodinâmicos, a terapia é um processo de aprendizagem demorado e pode continuar por anos. Para a maioria dos terapeutas, o término acontece em algum ponto entre estes dois extremos e tem a ver tanto com o sentimento da família de ter alcançado o que buscava quanto com o sentimento do terapeuta de que o tratamento atingiu um ponto em que o retorno é pequeno. Uma pista de que talvez seja o momento de terminar é quando a família fica apenas no bate-papo, conversando sobre coisas menos importantes (supondo-se, é claro, que eles não evitam conflitos).

Na terapia individual, em que o relacionamento com o terapeuta é freqüentemente o principal veículo de mudança, o término se concentra em uma revisão do relacionamento e na despedida. Na terapia familiar, o foco está mais no que a família tem feito. Portanto, esse é um bom momento para revisar e consolidar o que eles aprenderam. Embora alguns terapeutas estratégicos satisfaçam-se em manipular a mudança sem se preocupar em verificar se a família a compreende, a maior parte da terapia familiar possui uma espécie de função didática, e o término é o momento de assegurar que a família aprendeu alguma coisa sobre como seguir em frente.

Convém pedir aos clientes que antecipem desafios que estão por vir e poderão ser difíceis de enfrentar e discutir como eles poderiam lidar com essas dificuldades. A pergunta "Como vocês saberão que as coisas estão dando para trás e o que vocês farão?" é muito útil. As famílias podem ser lembradas de que sua presente harmonia não continuará indefinidamente e que as pessoas tendem a reagir de forma exagerada ao primeiro sinal de recaída, o que pode desencadear um círculo vicioso. Parafraseando Zorba, o Grego: a vida *é* problema. Estar vivo é enfrentar dificuldades. O verdadeiro teste é como lidamos com elas.

Por fim, mesmo que no negócio da terapia a ausência de notícias geralmente signifique boas notícias, convém checar a família algumas semanas depois do término para ver como ela tem se saído. Isso pode ser feito por carta, telefone ou uma breve sessão de seguimento. A família vai gostar do interesse do terapeuta, e o terapeuta sentirá que houve um fechamento. O relacionamento terapêutico, necessariamente, é um pouco artificial ou, no mínimo, limitado, mas não há razão para torná-lo menos que humano – ou para esquecer a família assim que terminamos seu tratamento.

Lista de verificação do término

1. O problema apresentado melhorou?
2. A família está satisfeita, sente que conseguiu o que buscava, ou está interessada em continuar a aprender sobre si mesma e a melhorar seus relacionamentos?
3. A família entende que aquilo que fazia não funcionava e sabe como evitar a recorrência de problemas semelhantes no futuro?
4. Recorrências sem importância dos mesmos problemas refletem falta de resolução de alguma dinâmica subjacente ou apenas que a família precisa aprender a funcionar sem o terapeuta?
5. Os membros da família desenvolveram e melhoraram seus relacionamentos fora do contexto familiar imediato e também dentro desse contexto?

AVALIAÇÃO FAMILIAR

Os terapeutas familiares variam muito a extensão de suas avaliações formais. Os terapeutas bowenianos fazem genogramas completos e elaborados de três gerações antes de começar o tratamento; os psicanalistas tomam histórias pessoais minuciosas, e os terapeutas comportamentais empregam uma variedade de questionários e listas de verificação. No outro extremo, os terapeutas estruturais, focados na solução, e os terapeutas narrativos quase não fazem uma avaliação formal. No entanto, independentemente da postura oficial de seu modelo na avaliação, a maioria dos terapeutas gasta muito pouco tempo com avaliações cuidadosas antes de se lançar ao tratamento.

Em vez de tentar uma comparação exaustiva dos procedimentos de avaliação, descreveremos algumas das dimensões do funcionamento familiar que os terapeutas devem considerar antes de embarcar em um curso de tratamento. Este resumo pretende ser ilustrativo em vez de exaustivo; portanto, você provavelmente pensará em pelo menos uma ou duas questões importantes que deixamos de mencionar.

O problema apresentado

Pode parecer óbvio que a primeira consideração deve ser a queixa apresentada. No entanto, é importante enfatizar que a investigação do problema apresentado deve ser detalhada e empática. No minuto em que alguns terapeutas escutam que o problema da família é, digamos, mau comportamento ou má comunicação, estão prontos a se lançar à ação. Sua formação os preparou para lidar com crianças mal-educadas ou problemas de comunicação, e eles ficam ansiosos para fazer alguma coisa. Sabem o que precisa ser feito. Todavia, antes de começar, precisam perceber que *não* estão lidando com "crianças mal-educadas" ou "problemas de comunicação": estão lidando com um exemplo único dessas dificuldades.

Começamos a explorar o problema apresentado ao escutar o relato da família. Todos os membros da família devem ter uma chance de expressar sua perspectiva – e tanto sua descrição quanto seus sentimentos devem ser reconhecidos. Essa investigação de final aberto deve ser seguida por perguntas detalhadas para descobrir mais sobre a exata natureza do problema. Se uma criança se comporta mal, o que, exatamente, ela faz? Com que freqüência? Em quais circunstâncias? Ela se comporta mal na escola, em casa ou em ambos os lugares?

O próximo ponto a explorar são as tentativas da família de lidar com o problema. O que tentaram? O que ajudou? O que não ajudou? Alguém mais, além das pessoas presentes, tentou ajudar (ou atrapalhou) na resolução dessas dificuldades?

Compreendendo a rota do encaminhamento

Já no telefonema inicial e durante a primeira entrevista, é importante compreender quem encaminhou seus clientes e por quê. Quais são as expectativas dessas fontes encaminhadoras? Que expectativas eles comunicaram à família?

Em muitos casos, o processo de encaminhamento é rotineiro e sem maior importância. Entretanto, importa saber se a participação da família é voluntária ou coagida, se todos ou apenas alguns deles reconhecem a necessidade de tratamento e se outras agências continuarão envolvidas no caso.

Quando a família é encaminhada por outro terapeuta, ele geralmente tem determinados objetivos em mente. O conselheiro de um estudante universitário encaminhou-o, com a família, para tratamento. Acontece que o jovem tinha desvendado uma lembrança reprimida de abuso sexual e supunha que o responsável devia ser o pai. Esperava-se que o terapeuta da família agisse como mediador entre o jovem, que não conseguia imaginar quem mais poderia ter sido responsável por aquele incidente vagamente lembrado, e seus pais, que negavam totalmente a ocorrência de tal fato. O conselheiro esperava confrontação, confissão, perdão? Algum tipo de acordo negociado? É melhor descobrir tudo isso.

Também é importante descobrir se os clientes fizeram tratamento em outro local. Se for o caso, o que aconteceu? Que expectativas ou temores essa terapia prévia gerou? É ainda mais importante descobrir se alguém da família está atualmente em tratamento. Poucas coisas dificultam mais o progresso do que dois terapeutas trabalhando em direções diferentes.

Identificando o contexto sistêmico

Independentemente de com quem o terapeuta elege trabalhar, é imperativo ter um claro entendimento do contexto interpessoal do problema. Quem faz parte da família? Há figuras importantes na existência do problema que não estão presentes? Um namorado que mora com a família? Um avô que mora na casa ao lado? Há outras agências sociais envolvidas? Qual é a natureza de sua participação? A família as vê como uma ajuda?

Lembre que a terapia familiar é uma abordagem a pessoas em um contexto. O contexto mais relevante pode ser a família imediata, mas as famílias não existem em um vácuo. Talvez seja importante conversar com os professores e conselheiros de uma criança que se comporta mal na escola para saber o que está acontecendo. Há momentos, inclusive, em que a família nuclear não é o contexto mais importante. Às vezes, por exemplo, a depressão de um estudante universitário tem mais a ver com o que acontece na aula ou no dormitório do que com o que acontece na casa da família.

Estágio do ciclo de vida

O contexto da família tem dimensões temporais, assim como interpessoais. A maioria das famílias busca tratamento não porque existe algo de inerentemente errado com ela, mas porque as pessoas estão atrapalhadas em transições do ciclo de vida (Capítulo 4). Às vezes, isso está claro. Os pais podem se queixar, por exemplo, de que não sabem o que acontece com a Janey. Ela era uma menina tão boazinha; mas agora, aos 14 anos, anda mal-humorada e briguenta. (Uma das razões pelas quais a paternidade continua sendo um esporte amador é que exatamente quando achamos que pegamos o jeito, as crianças ficam um pouco mais velhas e começam a atirar a bola em uma trajetória inteiramente nova.) A adolescência é aquele estágio do ciclo de vida em que os pais jovens precisam crescer e afrouxar o controle sobre os filhos.

Às vezes, não fica óbvio que a família está tendo dificuldade para se ajustar a um novo estágio do ciclo de vida. Casais que se casam depois de viver juntos por anos podem não antecipar que o matrimônio talvez desperte expectativas inconscientes em relação ao que significa ser parte de uma família. Mais de um casal se surpreendeu ao descobrir uma súbita queda na sua vida amorosa depois de amarrar formalmente o nó. Em outros momentos, ocorrem mudanças significativas de ciclo de vida na geração dos avós, e você nem sempre saberá dessas influências – a menos que pergunte.

Estrutura familiar

O contexto sistêmico mais simples de um problema é a dinâmica interacional entre duas pessoas. Ela reclama e ele se afasta; um dos pais é indulgente para compensar a rigidez do outro, e vice-versa. No entanto, às vezes, uma perspectiva diádica não leva em consideração o quadro todo.

Os problemas familiares tornam-se arraigados porque estão inseridos em estruturas poderosas, mas despercebidas. Independentemente da abordagem, convém compreender um pouco a **estrutura** da família. Quais são os **subsistemas** e qual é a natureza das **fronteiras** entre eles? Qual é a natureza da fronteira em volta do casal ou da família? Que triângulos estão presentes?

Quem desempenha quais papéis na família? Esses indivíduos e subsistemas estão protegidos por fronteiras que lhes permitem operar sem interferências indevidas – mas têm acesso a apoio? Aqui, também, existe uma dimensão temporal. Se a esposa volta a trabalhar depois de ficar anos em casa cuidando das crianças, o subsistema parental é desafiado a mudar de uma forma complementar para uma simétrica. Independentemente de os membros da família queixarem-se de modo direto destas tensões, elas provavelmente são relevantes para a situação, seja qual for, em que seu sofrimento está centrado.

Comunicação

Embora alguns casais realmente cheguem à terapia dizendo que têm "problemas de comunicação" (normalmente querem dizer que um deles não escuta o que o outro diz), trabalhar a comunicação já se tornou um clichê na terapia familiar. Uma vez que a comunicação é o veículo do relacionamento, todos os terapeutas lidam com a mesma. Todavia, esclarecer a comunicação raramente basta para resolver problemas familiares.

Entretanto, apesar de o conflito não desaparecer de forma mágica quando os membros da família começam a escutar uns aos outros, não é provável que os conflitos sejam resolvidos *antes* que as pessoas comecem a escutar as outras (Nichols, 1995). Se após uma ou duas sessões – e o "encorajamento" do terapeuta – os membros da família ainda parecerem incapazes de escutar uns aos outros, a terapia pela fala será uma batalha árdua.

Outro ponto a destacar sobre a escuta tem a ver com o ditado "Faça o que eu digo, mas não faça o que eu faço". Os terapeutas que incentivam os membros da família a escutar uns aos outros nem sempre praticam o que pregam. Um membro da família começa a protestar ou explicar alguma coisa, e o terapeuta interrompe essa pessoa e manda que ela escute o ponto de vista de outra. A pessoa que foi interrompida pode escutar de má vontade. A maioria das pessoas não está realmente interessada em escutar o que alguém mais tem a dizer, a menos que também se sintam ouvidas e compreendidas.

Os membros da família que aprendem a escutar e a entender os outros geralmente descobrem que não precisam mudá-los (Jacobson e Christensen, 1996). Muitos problemas podem ser resolvidos, mas o problema de viver com outras pessoas que nem sempre vêem as coisas como nós não é um deles.

Abuso de drogas e álcool

Apesar de nem sempre ser necessário perguntar aos clientes sobre consumo de drogas e álcool, é essencial inquirir cuidadosamente quando você desconfiar que é este o problema. Faça perguntas diretas e específicas. Se uma pessoa da família que busca terapia de casal ou familiar parece abusar de drogas ou de álcool, pense duas vezes antes de supor que a terapia pela fala será a resposta para os problemas familiares.

Violência doméstica e abuso sexual

Se houver qualquer sinal de violência doméstica ou de abuso sexual, o terapeuta deve investigar isso. O processo de questionamento pode começar com a família presente, mas, quando desconfiamos de abuso ou negligência, talvez seja melhor conversar com os membros da família individualmente, para permitir que falem com mais abertura. Embora haja espaço para discordância sobre a conveniência de uma abordagem conjunta em casos de violência doméstica de pouca gravidade, tal como dar um tapa ou empurrão, é imperativo considerar se o inevitável estresse de atender junto um casal não vai expor a mulher a um perigo maior de agressão pelo parceiro abusivo.

Como você sabe, a maioria dos estados exige que os profissionais comuniquem qualquer suspeita de abuso da criança. O terapeuta que pensar em não comunicar um possível abuso da criança também deve pensar nas conseqüências de sua omissão se tornar conhecida caso alguém mais comunique o abuso. Quais são essas conseqüências? Perder seu registro profissional.

Envolvimentos extraconjugais

A descoberta de um caso amoroso é uma crise que atingirá muitos casais em algum momento de seu relacionamento. A infidelidade é comum, mas ainda é uma crise. Ela pode destruir o casamento. Envolvimentos extraconjugais que não incluem intimidade sexual, embora menos óbvios, podem sabotar o tratamento quando um dos parceiros recorre regularmente a uma terceira pessoa para lidar com questões que devem ser tratadas pelo casal. (Um sinal de que um relacionamento externo é parte de um triângulo é o fato de isso não ser dito abertamente.) Terceiras pessoas com pretensões a ajudar podem incluir membros da família, amigos e terapeutas.

Um casal buscou terapia queixando-se de que a intimidade desaparecera de seu relacionamento. Isso não era exatamente um conflito, mas parecia que eles nunca ficavam juntos. Depois de algumas semanas de lento progresso, a esposa revelou que estava fazendo terapia individual já há um tempo. Quando o terapeuta de casal perguntou por que, ela respondeu que precisava de alguém com quem conversar.

Gênero

Desigualdades de gênero não-reconhecidas contribuem para problemas familiares de várias maneiras. A insatisfação de uma esposa pode ter raízes mais profundas do que os atuais problemas da família. A relutância de um marido em se envolver mais com a família pode ser tanto o produto de expectativas culturais quanto algo ausente em sua personalidade.

Todo terapeuta precisa descobrir como encontrar o equilíbrio entre os extremos de ignorar ingenuamente a desigualdade de gênero e impor seu ponto de vista pessoal aos clientes. Entretanto, não é razoável supor que ambos os parceiros entram no casamento com igual poder, ou que a complementaridade entre os cônjuges é a única dinâmica que opera em seu relacionamento.

O conflito em relação às expectativas de gênero, quer seja enfrentado diretamente, quer não, é epidêmico, dadas as imensas mudanças nas expectativas culturais nos últimos anos. Será que ainda é considerado dever da mulher seguir a carreira do marido, mudar de cidade sempre que for necessário para o avanço dele, independentemente de como isso possa afetar seus interesses (e os dos filhos)? Será que ainda se espera que a mulher seja a principal (o que geralmente é um eufemismo para única) cuidadora dos bebês e dos filhos pequenos?

Independentemente dos valores do terapeuta, ele deve investigar se os papéis de gênero estabelecidos em um casal parecem funcionar bem para eles. Ou será que diferenças, conflitos ou confusões não-resolvidas provocam estresse? Talvez a pergunta mais útil a ser feita sobre a desigualdade de gênero seja: "Como cada um dos parceiros experiencia a justiça do dar-e-receber de seu relacionamento?"

Fatores culturais[2]

Ao avaliar famílias para tratamento, o terapeuta deve respeitar a subcultura singular da qual a família faz parte (McGoldrick, Giordano e Pearce, 1996), assim como o efeito de suposições não-questionadas da cultura mais ampla que podem ter um impacto sobre seus problemas (Doherty, 1991).

Ao trabalhar com famílias de minorias, talvez seja mais importante desenvolver *competência cultural* do que ter sintonia cultural. Isto é, as famílias podem vir a confiar em um terapeuta que se deu ao trabalho de aprender sobre seu contexto cultural tanto quanto confiam em alguém da mesma raça ou nacionalidade. Uma maneira de desenvolver competência cultural é fazer conexões fora do horário de trabalho – por exemplo, se você for branco, freqüente a igreja dos negros na comunidade onde seus clientes vivem, vá à danceteria latina para divertir ou passe um tempo no centro comunitário asiático. Tais experiências certamente não o transformarão em um especialista, mas podem ajudar as famílias dos clientes a sentir que você se importa o suficiente para respeitar seus costumes. Também é importante assumir uma posição mais humilde em relação à diversidade cultural e étnica – isto é, pedir aos seus clientes que o ensinem sobre sua experiência e sobre suas tradições.

O desafio para o terapeuta é duplo: aprender a respeitar a diversidade e ser sensível às questões enfrentadas pelos membros de outras culturas e grupos étnicos. Atualmente, existe um grande número de livros que descrevem as características e os valores de vários grupos étnicos, muitos dos quais estão listados na seção sobre multiculturalismo no Capítulo 11 deste livro. Além desses livros acadêmicos, romances como *Amor nos tempos do cólera, Beloved, O cheiro da papaia verde, The mambo kings play songs of love*, e assim por diante – geralmente trazem à vida outras culturas com maior nitidez.

Ao trabalhar com clientes de outras culturas, provavelmente é mais importante demonstrar respeito pelas diferenças e curiosidade por outras maneiras de fazer as coisas do que tentar se tornar um especialista em etnicidade. Entretanto, embora seja importante respeitar as diferenças de outras pessoas, nem sempre podemos aceitar sem nenhuma crítica declarações como "Nós fazemos essas coisas (contraproducentes) por causa da nossa cultura". Infelizmente, é difícil para um terapeuta de outra cultura avaliar a validade de tais afirmações. Talvez o melhor seja demonstrar curiosidade e permanecer aberto, mas questionando.

Mesmo quando trabalhamos com clientes da nossa própria cultura, é importante considerar o impacto das suposições culturais. Como as expectativas e aspirações culturais afetam a família com a qual você está trabalhando? Recentemente, um paciente se queixou de que sua esposa esperava que a vida familiar fosse como *The Brady Bunch*. A réplica da esposa foi: "Mas também não precisa ser sempre como *The Jerry Springer Show*."

Entre as suposições culturais às quais você deve estar atento estão as seguintes: casar significa ser feliz para sempre, a satisfação sexual é algo que vem naturalmente, a adolescência é necessariamente um período de turbulência e os adolescentes só querem liberdade e não precisam mais do amor e do entendimento dos pais.

A DIMENSÃO ÉTICA

A maioria dos terapeutas está ciente das responsabilidades éticas de sua profissão: a terapia deve ser para o benefício do cliente, não para trabalhar questões não-resolvidas do terapeuta. Os clientes têm direito ao sigilo, de modo que os limites à privacidade impostos pela exigência de comunicar situações a agentes da condicional, pais ou companhias de gerenciamento de saúde devem ser deixados muito claros desde o início. Os terapeutas não podem explorar a confiança e dependência dos clientes (e alunos) e, portanto, devem fazer o possível para evitar relacionamentos duais. Os profissionais têm a obrigação de fornecer o melhor tratamento possível: se não estiverem qualificados por formação ou experiência para atender às necessidades de um determinado cliente, devem encaminhar o caso a outra pessoa.

Embora a maioria dos terapeutas esteja ciente de suas responsabilidades, muitos pensam menos do que deveriam sobre as dimensões éticas do comportamento de seus clientes. Essa é uma área em que não existem regras firmes e seguras, mas uma avaliação completa e conscienciosa de cada família deve incluir alguma consideração a respeito dos direitos e obrigações dos membros da família. Que obrigações de lealdade os membros da família revelam? Lealdades invisíveis (Boszormenyi-Nagy e Spark, 1973) determinam seu comportamento? Se for o caso, essas lealdades são justas e imparciais? Qual é a natureza do comprometimento dos parceiros um com o outro? Esses compromissos estão claros? São equilibrados? Que obrigações os membros da família sentem em relação à fidelidade e honestidade? Essas obrigações são cumpridas?

Para compreender as responsabilidades éticas da prática clínica, você deve estudar as orientações da sua profissão. O Código de Ética da American Psychological Association (APA)[*], por exemplo, inclui princípios como:

- Os psicólogos devem oferecer serviços apenas dentro das áreas de sua competência, com base em formação, treinamento, supervisão ou experiência profissional.
- Quando há evidências de que um entendimento de idade, gênero, raça, etnicidade, cultura, nacionalidade, religião, orientação sexual, incapacidades, língua ou *status* socioeconômico é essencial para a efetiva prestação dos serviços, os psicólogos devem ter ou buscar treinamento e supervisão nessas áreas – ou fazer encaminhamentos apropriados.
- Quando os psicólogos estiverem cientes de problemas pessoais que podem interferir em sua atividade profissional, devem tomar medidas apropriadas, tais como buscar ajuda profissional, e determinar se precisam limitar, suspender ou encerrar as atividades relacionadas ao caso.

O Código de Ética da National Association of Social Workers (NASW)[**] define que:

- Os assistentes sociais não devem manter relacionamentos duais com clientes ou antigos clientes.

---

[*] N. de R. Ver também o Código de Ética Profissional do Psicólogo brasileiro em: www.crpsp.org.br.
[**] N. de R. Ver Código de Ética Profissional dos Assistente Sociais no Brasil em: www.cfess.org.br

- Os assistentes sociais não devem solicitar informações particulares de clientes, a menos que sejam essenciais para a prestação dos serviços.
- Os assistentes sociais não devem revelar informações confidenciais para terceiras pessoas pagantes, a menos que os clientes autorizem essa revelação.
- Os assistentes sociais devem encerrar o atendimento aos clientes quando seus serviços já não forem necessários.

Embora alguns desses princípios possam parecer óbvios, eles fornecem orientações estritas sobre como o profissional deve agir. No entanto, quando trabalhamos com casais e famílias, surgem complicações que criam uma série de dilemas éticos sem paralelo. Quando, por exemplo, o terapeuta familiar deve compartilhar com os pais informações obtidas em uma sessão privada com um filho? Se o adolescente se reuniu a uma gangue, o terapeuta deve contar isso à mãe? Se uma menina de 12 anos começou a beber, o terapeuta deve contar aos pais?

Recentemente, os códigos de conduta profissional acrescentaram regras referentes a questões envolvidas no tratamento de casais e famílias. Por exemplo, a APA especifica que:

- Quando os psicólogos atenderem várias pessoas que têm um relacionamento (como cônjuges ou pais e filhos), eles devem esclarecer, no início, quais indivíduos são clientes e que relacionamento o psicólogo terá com cada pessoa.
- Se ficar claro que os psicólogos podem ser solicitados a assumir papéis potencialmente conflitantes (o de terapeuta familiar e depois o de testemunha de uma das partes em um processo de divórcio), eles devem tentar esclarecer, modificar ou deixar de cumprir determinados papéis de modo adequado.

A NASW afirma que:

- Quando os assistentes sociais fornecerem serviços para casais ou membros da família, devem esclarecer com todas as partes a natureza de suas obrigações profissionais com os vários indivíduos que estão sendo atendidos.
- Quando os assistentes sociais fornecerem aconselhamento a famílias, devem acordar com as partes envolvidas o direito ao sigilo de cada indivíduo.

A American Association for Marriage and Family Therapy (AAMFT, 1991) publicou seu próprio código de ética, que inclui muitos dos mesmos princípios da APA e da NASW. A AAMFT, no entanto, trata diretamente de complicações relativas ao sigilo quando o terapeuta atende mais de uma pessoa da família:

- Sem uma autorização escrita, o terapeuta familiar não deve revelar informações recebidas de algum membro da família – incluindo, presumivelmente, outros membros da família.

No entanto, como sabemos, é mais fácil expor princípios éticos na sala de aula do que os aplicar em situações críticas da prática clínica, em especial nas situações que provocam emoções muito intensas.

Estudo de caso

Está claro que os terapeutas devem proteger o direito de seus clientes ao sigilo, mas e se uma mulher revela que está tendo um caso extraconjugal e não sabe se quer terminá-lo? Quando ela prossegue, dizendo que seu casamento está deteriorado há anos, o terapeuta recomenda uma terapia de casal para ver se o casamento pode ser melhorado. A mulher concorda. Então, quando o terapeuta sugere que ela ou termine o caso ou conte ao marido sobre ele, a mulher se recusa terminantemente. O que o terapeuta deve fazer?

Pode um terapeuta realizar um tratamento de casal efetivo se um dos parceiros mantém um relacionamento extraconjugal? Quanta pressão deve exercer sobre um cliente para que ele faça algo que não quer fazer? Quanta pressão deve o terapeuta exercer para convencer um membro da família a revelar um segredo que pode ter conseqüências perigosas? Quando ele tem o direito de interromper o tratamento de um cliente que quer continuar, porque o cliente se recusa a aceitar as suas recomendações?

Uma maneira de resolver dilemas éticos ambíguos é exercer seu melhor julgamento. No caso da mulher que queria melhorar seu casamento, mas não estava disposta a terminar o caso nem a contar ao marido, o terapeuta poderia se recusar a oferecer terapia em circunstâncias que provavelmente impediriam que ela fosse efetiva. Nesse caso, o terapeuta seria obrigado a encaminhar a cliente para outro terapeuta.

O subprincípio 1.6 do *Code of Ethical Principles* da AAMFT afirma:

- Os terapeutas de casal e de família devem ajudar as pessoas a obter outros serviços terapêuticos se não forem capazes ou não estiverem dispostos, por razões apropriadas, a atender a pessoa que solicitou ajuda profissional.

Os subprincípio 1.7 afirma:

- Os terapeutas de casal e de família não devem abandonar ou negligenciar clientes em tratamento sem fazer arranjos razoáveis para a continuação desse tratamento.

Dadas as mesmas circunstâncias, outro terapeuta poderia decidir que tratar o casal, mesmo com a mulher se recusando a terminar o caso, possibilitaria que ela terminasse o caso ou contasse ao marido sobre ele mais tarde. Neste cenário, o terapeuta será obrigado, pelo princípio da confidencialidade, a não revelar – direta ou indiretamente – o que a mulher discutiu em particular.

Embora as regras da conduta profissional sejam claras, as pressões sobre o profissional geralmente são fortes, e sutis. Ao lidar com clientes que têm um caso ou pensam em divórcio – ou casamento, por falar no assunto –, os terapeutas podem ser influenciados por suas atitudes inconscientes, assim como pelas projeções dos clientes. O que você pensaria, por exemplo, de um terapeuta cujos clientes casados deprimidos tendem todos a se divorciar depois da terapia individual? O que poderíamos deduzir sobre o nível de satisfação no casamento do próprio terapeuta?

O risco de confiar no nosso julgamento em situações éticas ambíguas é impor nossos valores ao que deveria ser uma decisão profissional. Os princípios da boa prática ética são mais amplos, e podem ser mais estritos, do que a nossa moralidade particular e nossas boas intenções. Quando em dúvida, recomendamos que o terapeuta se faça duas perguntas: primeiro, o que aconteceria se o cliente ou outras pessoas importantes descobrissem o que fizemos? Assim, por exemplo, dizer "estrategicamente" a cada um de dois irmãos, em conversas separadas, que apenas ele é maduro o suficiente para pôr fim à briga entre os dois viola o princípio "e se", pois é perfeitamente possível que um ou ambos decidam vangloriar-se para o outro a respeito do que o terapeuta falou. (Confie em nós!)

A segunda pergunta a ser feita com relação ao que é correto é: você pode conversar com alguém que respeita sobre o que está fazendo (ou pensando em fazer)? Se estiver com medo de dizer a um supervisor ou colega que está tratando dois casais em que a mulher de um tem um caso com o marido da outra, ou se estiver pensando em emprestar dinheiro a um cliente, talvez você seja culpado da arrogância de supor que está acima das regras que governam a nossa profissão. Sentir-se obrigado a manter algo em segredo sugere que isso pode ser errado. Senão, por que não conversar com alguém sobre isso? A estrada para o inferno está pavimentada com suposições de que esta situação é especial, este cliente é especial, ou você é especial.

As seguintes bandeiras vermelhas sinalizam práticas potencialmente não-éticas:

- Qualidade de ser especial – algo nesta situação é especial e as regras comuns não se aplicam.
- Atração – intensa atração de qualquer tipo, não apenas romântica, mas também estar impressionado com o *status* do cliente.
- Alterações no enquadre terapêutico – sessões mais longas ou mais freqüentes, excessiva auto-revelação, ser incapaz de dizer não ao cliente e assim por diante, sinalizam uma potencial violação das fronteiras profissionais.
- Violação de normas clínicas – não encaminhar alguém em um casamento perturbado para terapia de casal, aceitar conselhos pessoais de um supervisor e assim por diante.
- Isolamento profissional – não estar disposto a discutir suas decisões com colegas de profissão.

❖❖❖

Ao ler nossos tópicos sobre avaliação da família, você pode ter percebido que não existe uma seção sobre dinâmica individual. Isso é deliberado. A distinção entre níveis individuais e sistêmicos da experiência é útil, mas artificial. Quer trate indivíduos, quer grupos familiares, um terapeuta competente não esquece que existem dimensões interacionais e pessoais em toda experiência humana (Nichols, 1987).

Um terapeuta individual que não considera o impacto do relacionamento terapêutico (assim como dos relacionamentos fora do consultório) sobre o material do paciente está perdendo uma contribuição muito importante. Um terapeuta jamais é uma tela em branco. Pela mesma razão, um terapeuta familiar que não considera a psicologia do comportamento dos membros de uma família está jogando com apenas metade do baralho. As famílias nunca foram caixas-pretas. Às vezes, quando as interações familiares ficam paralisadas, é importante considerar a contribuição da psicopatologia e psicodinâmica individual ou do simples fracasso em resolver dificuldades.

TERAPIA FAMILIAR COM APRESENTAÇÃO DE PROBLEMAS ESPECÍFICOS

Antigamente, era costume os terapeutas familiares suporem que sua abordagem podia ser aplicada a praticamente todos os problemas. Hoje, esta noção de que um tamanho serve para todos já não é válida, e é cada vez mais comum o emprego de técnicas específicas para determinadas populações e problemas.

A seguir, apresentamos uma amostra de abordagens de tratamento especial para dois problemas clínicos bastante freqüentes: violência conjugal e abuso sexual da criança. Apesar de esperarmos que essas sugestões o ajudem a lidar com essas difíceis situações, lembre que um terapeuta responsável reconhece os limites de sua perícia e encaminha para profissionais mais experientes os casos que não está preparado para tratar.

Violência conjugal

A questão de como tratar a violência conjugal polariza o campo como nenhuma outra. O paradigma prevalente é separar o casal e encaminhar o agressor a um programa de controle da raiva, enquanto a parceira é tratada em um grupo de mulheres vítimas de violência (Edleson e Tolman, 1992; Gondolf, 1995). A terapia de casal tradicional é vista como perigosa, porque juntar um homem violento e sua parceira abusada e convidá-los a tratar de questões contenciosas põe a mulher em risco e dá ao agressor um palanque para autojustificativas (Avis, 1992; Bograd, 1984, 1992; Hansen, 1993). Tratar os parceiros em terapia de casal implica que eles compartilhem a responsabilidade pela violência e confere um senso de legitimidade a um relacionamento que pode ser maligno.

O argumento em favor de atender conjuntamente o casal violento é que a violência resulta de mútua provocação – um avanço gradual, embora inaceitável, do comportamento

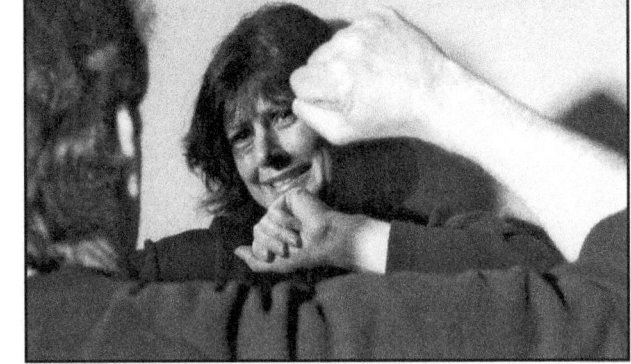

Nos casos de violência doméstica, a terapia de casal pode ser desaconselhável, a menos que a violência do homem seja rara, não fisicamente injuriosa, não psicologicamente intimidadora e não produza medo na parceira.

emocionalmente destrutivo que caracteriza muitos relacionamentos (Goldner, 1992; Minuchin e Nichols, 1993). Quando o casal é tratado junto, os homens violentos podem aprender a reconhecer os gatilhos emocionais que os acionam e assumir a responsabilidade por controlar suas ações. Suas parceiras podem aprender a reconhecer os mesmos sinais de perigo – e a assumir a responsabilidade por garantir sua própria segurança.

Já que poucos terapeutas sistêmicos defendem o tratamento conjunto do casal quando a violência vai além de um empurrão, parte do debate entre os defensores de um modelo sistêmico *versus* um modelo agressor-e-vítima tem mais a ver com preferências pessoais. Todavia, muitas pensadoras feministas continuam a se opor à terapia de casal sempre que estiver presente alguma forma de violência doméstica, seja ela qual for (Avis, 1992; Bograd, 1984; Hansen, 1993).

Na ausência de evidências empíricas que demonstrem que o tratamento em grupos de homens ou de mulheres é mais seguro ou mais efetivo que a terapia de casal (Brown e O'Leary, 1995; Feldman e Ridley, 1995), os terapeutas continuam divididos em dois campos no que se refere ao tratamento da violência doméstica. Entretanto, em vez de escolher entre tentar resolver as questões do relacionamento que levam à violência ou se concentrar em garantir segurança e proteção para as vítimas desta, é possível combinar elementos de ambas as abordagens – todavia, não por uma terapia de casal tradicional.[3]

Quando trabalhamos com casais violentos não pode haver concessões na questão da segurança. Em vez de escolher entre a neutralidade terapêutica – e focalizar os problemas do relacionamento – ou defender a vítima – e focalizar a segurança – é possível buscar ambos os objetivos. As questões de relacionamento devem ser vistas como mútuas, mas a responsabilidade pelo crime de violência é do perpetrador.

Na consulta inicial com casais em que existe suspeita de violência, convém conversar com os parceiros em conjunto e, depois, em separado. Atender o casal permite vê-lo em ação, e conversar em particular com a mulher permite que perguntemos se ela deixou de fora informações sobre o nível de violência ou outras formas de intimidação às quais foi submetida. Esses encontros separados ajudam a desenvolver uma aliança terapêutica com ambos os parceiros.

Os homens violentos e as mulheres espancadas desencadeiam fortes reações em quem tenta ajudá-los. Quando esses casais procuram terapia, geralmente estão polarizados entre o amor e o ódio, acusações e vergonha, a vontade de escapar e a obsessão um pelo outro. Assim, não surpreende que os profissionais tendam a reagir de forma extrema: aliando-se a um contra o outro, recusando-se a tomar partido, exagerando ou minimizando o perigo, tratando os parceiros como crianças ou como monstros. Para formar uma aliança terapêutica com ambos os parceiros, é importante transmitir respeito por eles como pessoas, mesmo que você não consiga perdoar todas as suas ações.

Para avaliar o nível e a freqüência da violência, é necessário fazer perguntas diretas: "Com que freqüência os conflitos entre vocês acabam no mesmo tipo de violência?", "Qual é a pior coisa que já aconteceu?". É importante descobrir se algum incidente resultou em ferimentos, se foram usadas armas e se a mulher está com medo no momento.

Se a mulher também foi violenta, o terapeuta pode deixar claro que qualquer forma de violência é inaceitável. Convém salientar que, a menos que a mulher use uma arma, sua agressão não é tão perigosa, pois ela é fisicamente menos forte. Este ponto pode ser enfatizado perguntando-se ao homem se ele se sente fisicamente com medo da parceira durante as brigas (que é a experiência dela com ele).

Quanto mais a violência é usada para intimidar e quanto mais existe um padrão de violência, mais perigoso é o homem. Isso é especialmente verdadeiro na violência fora de casa. O homem que briga com outros homens é muito mais explosivo do que o homem que só é violento com alguém que não pode realmente revidar. Também é importante perguntar sobre bebida e uso de drogas, pois elas diminuem a inibição, e a terapia precisa enfatizar a importância da moderação.

Além de avaliar o nível de violência, o terapeuta também precisa avaliar a capacidade dos parceiros de trabalhar construtivamente em terapia. O homem está disposto a aceitar a responsabilidade por seu comportamento? Ele é agressivo ou defensivo em relação à parceira? E em relação ao terapeuta? A mulher está disposta a assumir a responsabilidade por sua própria proteção, fazendo de sua segurança física uma prioridade? O casal é capaz de conversar e deixar o outro falar, ou eles estão tão reativos emocionalmente que o terapeuta precisa interromper constantemente e controlá-los?

Se o terapeuta decidir se arriscar a tratar o casal em uma terapia conjunta, é importante estabelecer tolerância zero para a violência. Uma maneira de fazer isso é tornar a terapia contingente à inexistência de episódios adicionais de agressão física. Virginia Goldner e Gillian Walker definem as duas primeiras sessões como uma consulta para determinar se é possível criar uma "zona terapêutica de segurança", em que as questões poderão ser confrontadas sem colocar a mulher em risco. Elas usam essas sessões iniciais para focar o risco de violência e a questão da segurança, reservando-se o direito de terminar a consulta e propor outras alternativas de tratamento se sentirem que o caso é perigoso demais para uma terapia de casal (Goldner, 1998).

Com a maioria dos casais, convém encorajar o diálogo enquanto uma maneira de explorar como os parceiros se comunicam. Todavia, os casais violentos tendem a ser emocionalmente reativos e, quando for este o caso, é melhor fazer com que se revezem falando com o terapeuta. Nos primeiros estágios do trabalho com esses casais, o terapeuta deve fazer o possível para desacelerá-los e fazê-los pensar.

Um dos melhores antídotos contra a emotividade é pedir detalhes concretos específicos. Um bom lugar para começar é o incidente mais recente de violência. Peça detalhes a cada um deles, uma descrição momento a momento do que aconteceu exatamente. Esteja atento a evasões lingüísticas. Um homem violento pode descrever suas ações como o resultado da "provocação" da parceira ou de "pressões acumuladas". Assim, não é ele quem bate na esposa, a culpa é das pressões. Uma forma mais sutil de evasão é o parceiro violento descrever o problema como impulsividade. Quando as discussões aumentam, ele começa a "perder o controle". Nesta formulação, as ações impulsivas do homem não são uma escolha sua, mas uma consequência inevitável de emoções represadas.

Quando ambos começarem a assumir a própria responsabilidade por suas ações – ele, por escolher controlar seus impulsos violentos, e ela, por tomar medidas para garantir sua segurança – passa a ser possível explorar as questões de relacionamento que levam à graduação da reatividade emocional (Holtzworth-Munroe, Meehan, Rehman e Marshall, 2002). No entanto, isso *não* significa que a partir de certo ponto os casais violentos podem ser tratados exatamente como qualquer outro casal. A possibilidade de explorar os processos interacionais dos quais ambos os parceiros participam jamais deve ser entendida como se ambos fossem mutuamente *responsáveis* por atos de violência.

Quando o casal está pronto para explorar questões de relacionamento, é possível encorajar o diálogo, de modo que o terapeuta e o casal possam compreender o que acontece quando ambos tentam conversar um com o outro. Isso traz o relacionamento para dentro do consultório. Uma coisa é dizer a um homem que ele deve se afastar antes de ficar zangado demais. Outra é observar diretamente o início da tensão emocional e perguntar se ele percebe que começou a ficar irritado e a interromper a parceira. ("Este é o momento em que você deve dar um tempo, se afastar.") Neste mesmo momento, podemos perguntar à parceira se ela começou a sentir os primeiros sinais de tensão e medo.

Dar um tempo, sair um pouco, é uma estratégia empregada quase universalmente nos programas de violência conjugal. Reconhecer que os sinais de raiva aumentam (coração acelerado, crescente agitação, levantar e ficar em pé, andar pela sala) e retirar-se da situação antes que a violência ocorra é incentivado como uma maneira de deter ações destrutivas que os parceiros mais tarde lamentarão. Dizer "Estou com raiva (ou apavorada) e vou sair um pouco" ajuda a distinguir este procedimento de segurança do ato de simplesmente se recusar a falar. Deve ser enfatizado que cada pessoa é responsável por decidir se afastar. Dizer ao outro para sair um pouco não é permitido, assim como não é permitido impedir que o outro se afaste.

Embora a eliminação das interações crescentemente agressivas seja prioridade, os casais também devem aprender métodos mais construtivos de tratar suas diferenças. Aqui temos um paradoxo. Os homens violentos precisam aprender a controlar seu comportamento, mas é contraprodutivo reprimir seus ressentimentos e queixas. De fato, é precisamente este tipo de supressão que leva à tensão emocional que resulta em uma explosão violenta. Além disso, um homem que recorre à violência com sua parceira geralmente é um homem fraco – fraco no sentido de não saber como articular seus sentimentos de uma maneira que a parceira possa escutar. Assim, para ajudar os casais a aprender a negociar suas diferenças, é essencial garantir que ambos aprendam a se expressar e a escutar o outro.

Abuso sexual de crianças

Quando tratamos famílias em que uma criança foi sexualmente abusada, os principais objetivos são: primeiro, assegurar que o abuso não aconteça novamente e, segundo, reduzir os efeitos duradouros do trauma (Trepper e Barrett, 1989). Como na violência conjugal, o tratamento do abuso sexual tende a cair em uma de duas categorias: uma abordagem de proteção à criança, que pode abalar a integridade da família, ou uma abordagem familiar sistêmica, que pode falhar em proteger as vítimas. Recomendamos apoiar a família e, ao mesmo tempo, proteger a criança. Quando estes dois objetivos parecerem incompatíveis – por exemplo, quando o pai estuprou a filha – a proteção à criança tem precedência.

A avaliação do abuso sexual geralmente é complicada por histórias divergentes sobre o que aconteceu (Herman, 1992). Um pai pode dizer que tocou acidentalmente nos lábios vaginais da filha, ao passo que a filha afirma que isso aconteceu mais de uma vez e ela sente isso como algo abusivo. Um avô pode afirmar que é perfeitamente normal ele acariciar o neto, enquanto o promotor o acusa de agressão indecente. Um profissional dos serviços de proteção à criança pode acreditar que uma mãe está tacitamente apoiando o abuso da filha por parte do marido, enquanto o terapeuta da família pode ver uma mãe que faz o possível para salvar seu casamento. Tais discrepâncias precisam ser resolvidas por agências de controle social e legal.

A maior prioridade é restringir o acesso não-supervisionado do agressor à criança. A seguir, deve ser feita uma cuidadosa avaliação para descobrir outros possíveis incidentes de abuso ou padrões de expressão sexual inadequada (Furniss, 1991). O agressor deve assumir a responsabilidade por seu comportamento e receber tratamento apropriado por suas ações (o que pode incluir punição legal). Essas medidas geralmente já terão sido tomadas por um órgão de proteção à criança antes de a família ser encaminhada à terapia.

Um dos objetivos da terapia deve ser o de estabelecer um sistema de apoio para romper o isolamento que facilita o abuso sexual e iniba a revelação. Por essa razão, muitos programas favorecem uma abordagem multimodal que inclui sessões individuais, grupais e familiares (Bentovim, Elton, Hildebrand, Tranter e Vizard, 1988; Trepper e Barrett, 1989). Sessões familiares devem ter por objetivo aumentar o apoio à criança vitimizada, o que pode envolver reforçar a unidade parental.

Quando uma criança é vítima de abuso sexual, agentes de controle social talvez tenham de intervir para protegê-la e assumir o que poderia ser considerado uma responsabilidade parental. Com o correr do tempo, são os pais e a família que terão de assumir a responsabilidade pela criança. Portanto, apoiar os pais, em vez de assumir seu papel, geralmente leva mais em conta os interesses da criança.

Nos casos em que o pai ou padrasto é mandado para a prisão por crimes sexuais contra os filhos, parte da tarefa do terapeuta é ajudar a família a criar e a se adaptar a uma fronteira que exclui a pessoa culpada. O mesmo vale se os filhos são tirados de casa para morar com parentes ou pais adotivos. Contudo, se for planejada uma reunião, a terapia envolve a gradual reabertura dessa fronteira por meio de visitas e telefonemas, o que dá à família e ao terapeuta a oportunidade de trabalhar juntos para melhorar o funcionamento familiar.

Um dos segredos para ajudar a resolver o trauma do abuso é dar à criança um fórum seguro para explorar e expressar seus sentimentos complexos e, com freqüência, ambivalentes em relação ao que aconteceu. Além de se sentir violada e zangada, ela pode se sentir culpada por ter criado problemas para um adulto. Muitas vezes, a criança culpa, secretamente, o progenitor não-ofensor, geralmente a mãe, por não ter impedido o abuso. Finalmente, a criança pode temer que a dependência da mãe em relação ao abusador possa resultar no retorno dele, deixando-a novamente vulnerável ao abuso.

Uma combinação de sessões individuais e conjuntas ajuda a tornar seguro falar sobre sentimentos e compartilhá-los. Conversar primeiro com o progenitor (ou progenitores) não-ofensor permite que a mãe (ou os pais) descreva o que aconteceu e expresse sentimentos sobre o abuso sem precisar controlar o que diz porque a criança está presente.[4] Entre os sentimentos complexos da mãe certamente estarão a fúria e um senso de traição, mas uma parte dela talvez ainda ame o abusador e sinta falta dele se ele for sentenciado. Ela também pode sentir culpa por não ter protegido a criança. É importante que ela sinta segurança de falar sobre todos esses sentimentos.

Ao encontrar pela primeira vez a mãe e a filha abusada, é reassegurador dizer que, embora seja provável que queiram falar sobre o abuso em algum momento, elas é que decidirão por onde começar. Também convém dar a elas a escolha de quanto falar sobre o abuso e de fazer isso primeiro em uma sessão individual ou conjunta. Se a criança optar por discutir seus sentimentos privadamente, ela deve ser reassegurada de que tem o direito de decidir, a seguir, compartilhar ou não com a mãe o que falou.

Quando atendemos privadamente uma criança que sofreu abuso, convém explicar que, quanto mais ela falar sobre o que aconteceu, menos perturbadores provavelmente serão seus sentimentos. Entretanto, é essencial deixá-la decidir quando e quanto falar. Lembre que as crianças que sofrem abuso precisam recuperar um sentimento de controle sobre sua vida (Sheinberg, True e Fraenkel, 1994). Quando os membros da família começarem a falar sobre seus sentimentos, mantenha em mente que os sentimentos não acontecem em categorias ou-ou. Uma maneira de ajudar a tornar seguro falar sobre emoções complexas ou mesmo contraditórias é usar a metáfora de partes do *self* (Schwartz, 1995). Assim, podemos perguntar a uma criança abusada: "Uma parte de você pensa que sua mãe deveria ter percebido o que estava acontecendo?" Da mesma forma, podemos perguntar à mãe: "Uma parte sua sente falta dele?"

Um problema que pode surgir quando conversamos privadamente com a criança é o surgimento de segredos. No final destas sessões, convém perguntar à criança o que ela quer compartilhar com sua família e como quer fazer isso. Algumas crianças pedirão ao terapeuta que tome a iniciativa de falar algumas coisas que elas querem que as mães compreendam, mas sentem dificuldade em falar. Por fim, embora seja importante ajudar a criança a verbalizar qualquer sentimento de culpa que possa ter sobre o que aconteceu, depois de explorar tais sentimentos a criança vítima de abuso precisa ouvir, repetidas vezes, que o que aconteceu não foi culpa dela.

TRABALHANDO COM GERENCIAMENTO DE SAÚDE

Raramente uma profissão sofreu uma revolução tão grande como a que os provedores de saúde mental experienciam com o advento do **gerenciamento de saúde.** Profissionais acostumados a tomar decisões com base em seu próprio julgamento clínico são agora informados pela indústria do gerenciamento de saúde quais pacientes podem atender, quais tratamentos são preferidos, quanto podem cobrar e quantas sessões podem oferecer. Profissionais ensinados a manter sigilo ao tratar pacientes agora se descobrem negociando arranjos de tratamento com estranhos anônimos ao telefone.

A própria indústria do gerenciamento de saúde demorou a se organizar. Algumas das histórias de horror que todos ouvimos sobre tratamentos não-autorizados ou abruptamente terminados aconteceram nos primeiros tempos do gerenciamento de saúde, quando a indústria tendia a gerenciar por decreto, em vez de pela mediação. Dado o mandato de deter o fluxo hemorrágico dos custos do atendimento de saúde, quando solicitada a aprovar alguma forma de tratamento que não se encaixasse nas mais econômicas, o primeiro impulso da indústria era simplesmente dizer não.

Agora, com 20 anos de existência, a indústria do gerenciamento de saúde está chegando a um acordo com dois fatos importantes: primeiro, embora seu mandato ainda seja o de cortar custos, sua maior responsabilidade é garantir que os pacientes recebam um tratamento efetivo; segundo, embora pareça haver um relacionamento antagonista inerente com os profissionais, os administradores da indústria estão descobrindo algo que os terapeutas também devem aceitar – que ambos os lados lucram quando trabalham em parceria.[5]

O segredo para se sair bem em um ambiente de gerenciamento de saúde é superar o sentimento de que o gerente no outro lado da linha é seu inimigo. Na verdade, para aqueles que aprendem a colaborar efetivamente com o gerenciamento de saúde, seus funcionários podem ser a melhor fonte de encaminhamentos.

Para os estudantes, aprender a trabalhar com gerenciamento de saúde é algo que deve iniciar no momento em que começam a planejar sua formação. A maioria das companhias de gerenciamento de saúde aceita profissionais licenciados com cursos de graduação em enfermagem, serviço social, psicologia e psiquiatria. Algumas, mas certamente não a maioria, aceitam outros níveis de graduação – embora geralmente não em suas listas preferidas de provedores. Assim, exatamente como é prudente levar em conta os requerimentos de licenciamento estadual ao planejar um curso de pós-graduação, também é aconselhável considerar os requerimentos das companhias de gerenciamento de saúde mais importantes. Além disso, já que a maior parte das companhias requer pelo menos três anos de experiência após a graduação, é uma boa idéia planejar o início de sua carreira em uma agência supervisionada.

Em áreas com alta concentração de provedores de saúde mental talvez seja necessário fazer *marketing* de suas habilidades a fim de ser selecionado como provedor desse atendimento. Mesmo onde as listas de médicos dos serviços de saúde já estão lotadas, os gerentes estão sempre procurando profissionais competentes que possam facilitar seu trabalho. A disposição para aceitar encaminhamentos em situações de crise e para trabalhar com casos difíceis (por exemplo, pacientes *borderline*, pacientes com problemas crônicos e múltiplos), acessibilidade e perícia especializada ajudam a tornar os terapeutas atraentes para as companhias de gerenciamento de saúde.

Se você tiver a oportunidade de trabalhar como provedor, lembre-se de trabalhar *com* gerentes de saúde, não contra eles. A papelada pode ser frustrante, mas não esqueça que os gerentes de saúde também têm sentimentos – e têm memória. Eles estão apenas tentando fazer o trabalho para o qual foram contratados. O maior erro que os profissionais podem cometer é assumir uma postura de oposição quando conversam com gerentes de saúde.

Gerentes de saúde gostam de relatórios sucintos e informativos. Quando questionados, muitos terapeutas justificam suas solicitações dizendo: "Esta é a minha opinião clínica". Ter de justificar suas conclusões deixa alguns profissionais irritados. Fazemos o melhor possível pelos nossos pacientes. Trabalhamos eficientemente. Contudo, não estamos acostumados com alguém espiando por cima do nosso ombro. Acostume-se a isso. Se você exercer um bom julgamento clínico, deve ser capaz de explicar as razões de suas recomendações.

Se não conseguir chegar a um acordo com um gerente de saúde, não perca a calma. Se não conseguir ser amistoso, não seja hostil. Siga o penoso procedimento. Preencha a papelada necessária e encaminhe-a nos prazos. Redija planos de tratamento concisos, bem-definidos. Retorne telefonemas prontamente. Combine com um colega para substituí-lo se você tiver de se ausentar da cidade ou não puder aceitar um encaminhamento.

Além de manter uma atitude positiva, ser bem-sucedido no clima atual do gerenciamento de saúde significa desenvolver uma postura orientada para resultados. Se você tiver uma formação em terapia focada em soluções, pelo amor de Deus diga isso, mas não tente passar por algo que você não é. Definir-se como "eclético" provavelmente vai soar mais confuso do que flexível. O ponto importante é construir uma reputação como alguém que trabalha com limites de tempo estabelecidos – e obtém resultados.

NOTAS

1. Nem todos os terapeutas reúnem-se rotineiramente com toda a família. Alguns acham que terão mais espaço para manobrar encontrando primeiro algumas pessoas ou subgrupos e depois, gradualmente, envolvendo outras. Al-

guns tentam trabalhar com o "sistema determinado pelo problema", apenas aquelas pessoas diretamente envolvidas. Outros tentam determinar quem são os "clientes" – isto é, aqueles que parecem estar mais preocupados. Se o terapeuta desconfia de violência ou abuso, sessões individuais sigilosas permitem que os membros da família revelem o que não falariam na frente de toda a família. O ponto a lembrar é que a terapia familiar é mais uma maneira de olhar para as coisas do que uma técnica baseada em atender sempre toda a família.

2. Questões culturais, assim como raça, etnicidade e classe social, serão examinadas ao longo deste livro. Aqui, apenas queremos fazer algumas considerações preliminares para ajudar os terapeutas iniciantes a realizar suas primeiras sessões familiares.
3. A seguinte orientação baseia-se no trabalho de Virginia Goldner e Gillian Walker, co-diretoras do Gender and Violence Project do Ackerman Institute.
4. Por razões de simplicidade, a seguinte discussão tratará da situação comum de um padrasto como o abusador e uma mãe e sua filha como clientes.
5. A crescente competição entre as companhias de gerenciamento de saúde aumentou a pressão no sentido de desenvolver confiança e lealdade entre os provedores e reduzir os custos internos, diminuindo o tempo administrativo gasto em questões triviais com os provedores.

LEITURAS RECOMENDADAS

Anderson, C., e Stewart, S. 1983. *Mastering resistance: A practical guide to family therapy.* New York: Guilford Press.

Bell, J. E. 1961. *Family group therapy.* Public Health Monograph No.64, Washington, DC: U.S. Government Printing Office.

Bell, J. E. 1975. *Family therapy.* New York: Jason Aronson.

Haley, J. 1963. *Strategies of psychotherapy.* New York: Grune & Stratton.

Hoffman, L. 1971. Deviation-amplifying processes in natural groups. In *Changing families,* J. Haley, ed. New York: Grune & Stratton.

Jackson, D. D. 1961. Interactional psychotherapy. In *Contemporary psychotherapies,* M. T. Stein, ed. New York: Free Press of Glencoe.

Jackson, D. D. 1967. *Therapy, communication and change.* Palo Alto, CA: Science and Behavior Books.

Lederer, W., e Jackson, D. D., 1968. *Mirages of marriage.* New York: Norton.

MacGregor, R., Richie, A. M., Serrano, A. C., Schuster, F. P., McDonald, E. C., e Goolishian, H. A. 1964. *Multiple impact therapy with families.* New York: McGraw-Hill.

Minuchin, S., e Fishman, H. C., 1981. *Family therapy techniques.* Cambridge. MA: Harvard University Press.

Patterson, J. E., Williams, L., Grauf-Grounds, C., e Chamow, L., 1998. *Essential skills in family therapy.* New York: Guilford Press.

Satir, V., 1964. *Conjoint family therapy.* Palo Alto. CA: Science and Behavior Books.

Sheinberg, M., True, F., e Fraenkel, P., 1994. Treating the sexually abused child: A recursive, multimodel program. *Family Process. 33*, p.263-276.

Sluzki, C. E., 1978. Marital therapy from a systems theory perspective. In *Marriage and marital therapy,* T. J. Paolino e B. S. McCrady, eds. New York: Brunner/Mazel.

Speck, R. V., e Attneave, C. A., 1971. Social network intervention. In *Changing families,* J. Haley, ed. New York: Grune & Straton.

Taibbi, R., 1996. *Doing family therapy: Craft and creativity in clinical practice.* New York: Guilford Press.

Trepper, T. S., e Barrett, M. I. 1989. *Systemic treatment of incest: A therapeutic handbook.* New York: Brunner/Mazel.

Walsh, F. 1998. *Strengthening family resilience.* New York: Guilford Press.

Watzlawick, P., Beavin, I. H., e Jackson, D. D. 1967. *Pragmatics of human communication.* New York: Norton.

REFERÊNCIAS

AAMFT Code of Ethics. (1991). Washington, DC: American Association for Marriage and Family Therapy.

Avis, J. M. 1992. Where are all the family therapists? Abuse and violence within families and family therapy's response. *Journal of Marital and Family Therapy. 18*, p. 223-233.

Bateson, G., e Jackson, D. D. 1964. Some varieties of pathogenic organization. *Disorders of communication. 42*, p. 270-283.

Beels, C. C., e Ferber, A. 1969. Family therapy: A view. *Family Process. 8*, p. 280-318.

Bell, J. E. 1975. *Family group therapy.* New York: Jason Aronson.

Bentovim, A., Elton, A., Hildebrand, J., Tranter, M., e Vizard, E. eds. 1988. *Child sexual abuse within the family.* London: Wright.

Bion, W. R. 1961. *Experiences in groups.* New York: Tavistock Publications.

Bograd, M. 1984. Family systems approaches to wife battering: A feminist critique. *American Journal of Orthopsychiatry. 54*, p. 558-568.

Bograd, M. 1992. Values in conflict: Challenges to family therapists' thinking. *Journal of Marital and Family Therapy. 18*, p. 243-257.

Boszormenyi-Nagy, I., e Spark, G. 1973. *Invisible loyalties: Reciprocity in intergenerational family therapy.* New York: Harper & Row.

Brown, P. D., e O'Leary, K. D. Julho, 1995. Marital treatment for wife abuse: A review and evaluation. Artigo publicado na 4ª International Family Violence Research Conference, Durham, NC.

Doherty, W. 1991. Family therapy goes postmodern. *Family Therapy Networker. 15*(5), p. 36-42.

Edelson, E., e Tolman, R. 1992. *Intervention for men who batter.* Newbury Park, CA: Sage Publications.

Feldman, C. M., e Ridley, C. A. 1995. The etiology and treatment of domestic violence between adult partners. *Clinical Psychology: Science and Practice. 2*, p. 317-348.

Freud, S. 1921. *Group psychology and the analysis of the ego.* Edição Standard. Vol. 18. London: Hogarth Press, 1955.

Furniss, T. 1991. *The multiprofessional handbook of child sexual abuse: Integrated management, therapy, and legal intervention.* London: Routledge.

Goldner, V. 1992. Making room for both/and. *The Family Therapy Networker: 16*(2), p. 55-61.

Goldner, V. 1998. The treatment of violence and victimization in intimate relationships. *Family Process. 37*, p. 263-286.

Gondolf, E. W. 1995. Gains and process in state batterer programs and standards. *Family Violence and Sexual Assault Bulletin. 11*, p. 27-28.

Gritzer, P. H., e Okum, H. S. 1983. Multiple family group therapy: A model for all families. In *Handbook of family and marital therapy,* B. B. Wolman e G. Stricker, eds. New York: Plenum Press.

Haley, J. 1961. Control in psychotherapy with schizophrenics. *Archives of General Psychiatry. 5*, p. 340-353.

Haley, J. 1963. *Strategies of psychotherapy.* New York: Grune & Stratton.

Haley, J. 1976. *Problem-solving therapy.* San Francisco: Jossey-Bass.

Hansen, M. 1993. Feminism and family therapy: A review of feminist critiques of approaches to family violence (p. 69-82). In *Battering and family therapy: A feminist perspective.* M. Hansen e M. Harway. eds. Newbury Park, CA: Sage Publications.

Herman. J. L. 1992; *Trauma and recovery.* New York: Basic Books.

Hoffman, L. 1971. Deviation-amplifying processes in natural groups. In *Changing families,* J. Haley. ed. New York: Grune & Stratton.

Holtzworth-Munroe, A., Meehan, J. C., Rehman, U., e Marshall, A. D. 2002. Intimate partner violence: An introduction for couple therapists. In *Clinical handbook of couple therapy,* 3.ed., A. Gurman e N. Jacobson. eds. New York: Guilford Press.

Jackson, D. D. 1961. Interactional psychotherapy. In *Contemporary psychotherapies.* M. T. Stein. ed. New York: Free Press of Glencoe.

Jackson. D. D. 1965. Family rules: The marital quid pro quo. *Archives of General Psychiatry. 12*, p. 589-594.

Jackson, D. D. 1967. Aspects of conjoint family therapy. In *Family therapy and disturbed families,* G. H. Zuk e I. Boszormenyi-Nagy. eds. Palo Alto: Science and Behavior Books.

Jackson, D. D., e Weakland, J. H. 1961. Conjoint family therapy: Some considerations on theory, technique, and results. *Psychiatry. 24*, p. 30-45.

Jacobson, N. S., e Christensen. A. 1996. *Integrative couple therapy.* New York: Guilford Press.

Laqueur, H. P. 1966. General systems theory and multiple family therapy. In *Handbook of psychiatric therapies.* J. Masserman, ed. New York: Grune & Stratton.

Laqueur. H. P. 1972a. Mechanisms of change in multiple family therapy. In *Progress in group and family therapy.* C. J. Sager e H. S. Kaplan. eds. New York: Brunner/Mazel.

Laqueur, H. P. 1972b. Multiple family therapy. In *The book of family therapy.* A. Ferber, M. Mendelsohn. e A. Napier. eds. Boston: Houghton Mifflin.

Laqueur. H. P. 1976. Multiple family therapy. In *Family therapy: Theory and practice,* P. J. Guerin. ed. New York: Gardner Press.

Lewin, K. 1951. *Field theory in social science.* New York: Harper.

MacGregor. R. 1967. Progress in multiple impact theory; In *Expanding theory and practice in family therapy.* N. W. Ackerman, F. L. Beatman. e S. N. Sherman, eds. New York: Family Service Association.

MacGregor, R. 1972. Multiple impact psychotherapy with families. In *Family therapy: An introduction to theory and technique,* G. D. Erickson e T. P. Hogan, eds. Monterey, CA: Brooks/Cole.

MacGregor, R., Richie, A. M., Serrano, A. C., Schuster, F. P., McDonald, E. C., e Goolishian, H. A. 1964. *Multiple impact therapy with families.* New York: McGraw-Hill.

Marayuma, M. 1968. The second cybernetics: Deviation-amplifying mutual causal processes. In *Modern systems research for the behavioral scientist,* W. Buckley, ed. Chicago: Aldine.

McFarlane, W. R. 1982. Multiple-family therapy in the psychiatric hospital. In *The psychiatric hospital and the family,* H. T. Harbin, ed. New York: Spectrum.

McGoldrick, M., Giordano, J., e Pearce, J. 1996. *Ethnicity and family therapy,* 2.ed. New York: Guilford Press.

Meyer, J. P., e Pepper, S. 1977. Need compatibility and marital adjustment among young married couples. *Journal of Personality and Social Psychology. 35,* p. 331-342.

Minuchin, S., e Nichols, M. P. 1993. *Family healing: Tales of hope and renewal from family therapy.* New York: Free Press.

Morris, C. W. 1938. Foundations on the theory of signs. In *International encyclopedia of united science,* O. Neurath, R. Carnap, e C. O. Morris, eds. Chicago: University of Chicago Press.

Nichols, M. P. 1987. *The self in the system.* New York: Brunner/Mazel.

Nichols, M. P. 1995. *The lost art of listening.* New York: Guilford Press.

Parsons, T. 1950. Psychoanalysis and the social structure. *Psychoanalytic Quarterly. 19,* p. 371-380.

Ruesch, J., e Bateson, G. 1951. *Communication: The social matrix of psychiatry.* New York: Norton.

Ruevini, U. 1975. Network intervention with a family in crisis. *Family Process. 14,* p. 193-203.

Ruevini, U. 1979. *Networking families in crisis.* New York: Human Sciences Press.

Sartre, J. P. 1964. *Being and nothingness.* New York: Citadel Press.

Satir, V. 1964. *Conjoint family therapy.* Palo Alto, CA: Science and Behavior Books.

Schutz, W. C. 1958. *FIRO: A three-dimensional theory of interpersonal behavior.* New York: Holt, Rinehart and Winston.

Schwartz, R. C. 1995. *Internal family systems therapy.* New York: Guilford Press.

Shaw, M. E. 1981. *Group dynamics: The psychology of small group behavior.* New York: McGraw-Hill.

Sheinberg, M., True, F., e Fraenkel, P. 1994. Treating the sexually abused child: A recursive, multimodal program. *Family Process. 33,* p. 263-276.

Speck, R. V., e Attneave, C. A. 1973. *Family networks.* New York: Pantheon.

Trepper, T. S., e Barrett, M. I. 1989. *Systemic treatment of incest: A therapeutic handbook.* New York: Brunner/Mazel.

Walsh, F. 1998. *Strengthening family resilience.* New York: Guilford Press.

Weakland, J., Fisch, R., Watzlawick, P., e Bodin, A. M. 1974. Brief therapy focused problem resolution. *Family Process. 13,* p. 141-168.

Winch, R. F. 1955. The theory of complementary needs in mate selection: A test of one kind of complementariness. *American Sociological Review. 20,* p. 52-56.

Yalom, I. D. 1985. *The theory and practice of group psychotherapy.* 3.ed. New York: Basic Books.

4

Os conceitos fundamentais da terapia familiar

Uma maneira totalmente nova de pensar sobre o comportamento humano

A terapia familiar muitas vezes é mal-compreendida como apenas mais uma variação de psicoterapia, na qual a família inteira é levada a tratamento. É isso, claro, mas o mais importante é que envolve uma maneira nova de pensar sobre o comportamento humano – isto é, como fundamentalmente organizado pelo contexto interpessoal.

Antes do advento da terapia familiar, o indivíduo era visto como o lócus dos problemas psicológicos e o alvo óbvio do tratamento. Se uma mãe telefonasse dizendo que o filho de 15 anos estava deprimido, o terapeuta atenderia o menino para descobrir o que havia de errado com ele. Um rogeriano poderia procurar uma baixa auto-estima; um freudiano, raiva reprimida; um comportamentalista, ausência de atividades reforçadoras; mas todos eles acreditariam que as principais forças que moldam o comportamento do menino estavam localizadas dentro dele e que a terapia, portanto, requeria apenas a presença do paciente e de um terapeuta.

A terapia familiar mudou tudo isso. Hoje, se uma mãe buscasse ajuda para um adolescente deprimido, a maioria dos terapeutas atenderia o menino e os pais, juntos. Se um adolescente de 15 anos estiver deprimido, não é insensato supor que pode estar acontecendo algo na família. Talvez os pais do menino não estejam se relacionando bem e ele esteja com medo de que se divorciem. Ou talvez ele esteja com dificuldade em atender às expectativas criadas por uma irmã mais velha muito bem-sucedida.

Suponha que você é o terapeuta. Você atende o menino e a família e descobre que ele não está preocupado com os pais nem sente ciúme da irmã. De fato, "está tudo bem" em casa. O menino simplesmente está deprimido. E agora?

Esse sentimento *e agora* é uma experiência comum quando começamos a atender famílias. Mesmo quando *existe* alguma coisa obviamente errada – o menino está preocupado com os pais, ou todos gritam, e ninguém parece escutar –, geralmente é difícil saber por onde começar. Você pode começar tentando resolver os problemas da família para eles, mas então você não os estaria ajudando a lidar com o *motivo* de estarem com problemas.

Para tratar aquilo que torna difícil para a família enfrentar seus problemas, você precisa saber onde procurar. Para isso, você necessita de uma maneira de compreender o que move as famílias. Você precisa de uma teoria.

Quando começaram a observar famílias discutindo seus problemas, os terapeutas perceberam, imediatamente, que nem todos estavam envolvidos. No clamor de brigas barulhentas, todavia, é difícil enxergar além das personalidades – a adolescente mal-humorada, a mãe controladora, o pai distante – e perceber os padrões que os conectam. Em vez de se concentrar em indivíduos e suas personalidades, os terapeutas familiares consideram como os problemas podem, pelo menos em parte, ser produto dos relacionamentos que os cercam. Como compreender esses relacionamentos é o assunto deste capítulo.

CIBERNÉTICA

O primeiro e talvez mais influente modelo de como as famílias funcionam foi a **cibernética**, o estudo dos mecanismos de *feedback* em sistemas que se auto-regulam. O que a família compartilha com outros sistemas cibernéticos é uma tendência a manter a estabilidade usando como *feedback* informações sobre seu desempenho.

No âmago da cibernética está o **circuito de *feedback***, o processo pelo qual um sistema obtém a informação necessária para manter um curso estável. Esse *feedback* inclui informações sobre o desempenho do sistema em relação ao seu ambiente externo e sobre as relações entre as partes do sistema. Circuitos de *feedback* podem ser negativos ou positivos. Essa distinção refere-se ao efeito que eles têm sobre os desvios em relação a um estado homeostático, não significando que são benéficos ou prejudiciais.

O *feedback* **negativo** indica que o sistema desvia-se do alvo e quais as correções necessárias para trazê-lo de volta ao curso. Ele sinaliza que o sistema precisa restaurar seu *status quo*. Assim, o *feedback* negativo não é de forma alguma algo negativo. Sua informação vital para corrigir erros dá ordem e autocontrole a máquinas automáticas, ao corpo e ao cérebro e às pessoas em seu cotidiano. O *feedback* **positivo** é a informação que confirma e reforça a direção que o sistema toma.

Um exemplo conhecido de *feedback* negativo ocorre no sistema de aquecimento de uma casa. Quando a temperatura cai abaixo de certo ponto, o termostato aciona a fornalha para aquecer novamente a casa até os limites preestabelecidos. É este circuito de *feedback* autocorretivo que constitui a cibernética dos sistemas e é a resposta do sistema à mudança como um sinal para restaurar seu estado prévio que ilustra o *feedback* negativo.

A Figura 4.1 mostra a circularidade básica envolvida em um circuito de *feedback*. Cada elemento tem um efeito sobre o seguinte, até que o último elemento "retroalimente" o efeito cumulativo para a primeira parte do ciclo. Assim, A afeta B, que por sua vez afeta C, que retroalimenta para afetar A, e assim por diante.

No exemplo do sistema de aquecimento da casa, A poderia ser a temperatura da sala; B, o termostato, e C, a fornalha. A Figura 4.2

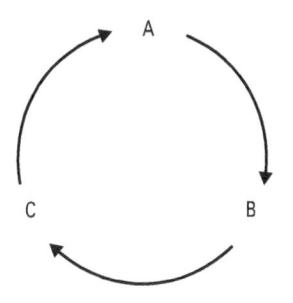

FIGURA 4.1 Causalidade circular de um circuito de *feedback*.

mostra um circuito de *feedback* semelhante para um casal. Nesse caso, as tarefas de limpeza e arrumação da casa que Jan realiza (*output*) afetam quanto do trabalho doméstico é feito, o que subseqüentemente afeta quantas tarefas de limpeza e arrumação Billie precisa fazer, o que então retroalimenta (*input*) quantas tarefas de limpeza Jan acha que ainda precisam ser realizadas, e assim por diante.

O sistema cibernético acabou se tornando uma metáfora particularmente útil para descrever como as famílias mantêm sua estabilidade (Jackson, 1959). Às vezes isso é bom, por exemplo, quando uma família continua funcionando como uma unidade coesa apesar de estar ameaçada por um conflito ou estresse. Outras vezes, no entanto, não é bom resistir à mudança, como quando uma família não consegue se reajustar para acomodar o crescimento ou a mudança de um de seus membros.

Como no *feedback* negativo, o *feedback* positivo pode ter conseqüências desejáveis ou indesejáveis. Se não forem verificados, os efeitos reforçadores do *feedback* positivo tendem a compor os erros de um sistema, levando a

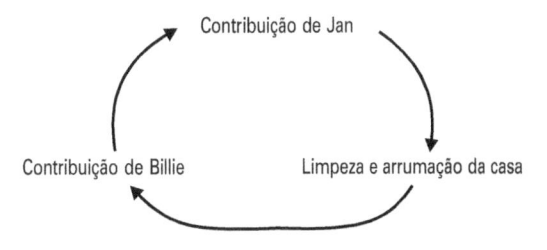

FIGURA 4.2 Circuito de *feedback* nas tarefas de limpeza e arrumação da casa de um casal.

processos de descontrole. O infeliz motorista em uma estrada gelada que envia *feedback* positivo para o motor de seu carro, pisando no acelerador, pode derrapar fora de controle, porque o freio será inútil para fornecer o *feedback* negativo que vai parar o carro. Igualmente, a preocupação perniciosa, a evitação fóbica e outras formas de comportamento neurótico podem começar com uma preocupação relativamente trivial e ir aumentando, em um processo destrutivo fora de controle.

Considere, por exemplo, como um ataque de pânico pode começar como uma situação relativamente inócua de respiração ofegante, mas uma resposta de pânico à dificuldade de respirar pode se transformar em uma experiência aterrorizante de perda de controle. Tomando um exemplo um pouco mais complexo, considere a estrutura de funcionamento do governo federal. Já que o presidente geralmente se cerca de conselheiros que compartilham seu ponto de vista e estão ansiosos para manter este contato, esses conselheiros tendem a apoiar qualquer posição que o presidente assume. Este *feedback* positivo pode resultar na adoção e implementação de uma política inadequada – como na época de Lyndon Johnson, com a escalação da Guerra do Vietnã. Felizmente, no entanto, a fiscalização e o equilíbrio exercidos pelos poderes Legislativo e Judiciário normalmente fornecem o *feedback* negativo que impede a administração de ir longe demais em direções imprudentes. Para sobreviver e se adaptar ao mundo que os cerca, todos os sistemas de comunicação – inclusive as famílias – precisam de um equilíbrio saudável de *feedback* negativo e positivo. Como veremos, todavia, os primeiros terapeutas familiares tendiam a enfatizar demasiado o *feedback* negativo e a resistência à mudança.

Aplicada às famílias, a cibernética concentrou-se em diversos fenômenos:

1. **regras familiares**, que governam a variação de comportamento que um sistema familiar é capaz de tolerar (a variação homeostática da família);
2. mecanismos de *feedback negativo* que as famílias empregam para impor essas regras (culpa, punição, sintomas);
3. *seqüências de interação familiar* em torno de um problema que caracterizam a reação de um sistema a ele (os circuitos de *feedback* em torno de um desvio);
4. o que acontece quando o *feedback* negativo costumeiro do sistema é inefetivo, desencadeando *circuitos de feedback positivo*.

Exemplos de circuitos de *feedback* positivo são aqueles "ciclos viciosos" incômodos, nos quais as ações postas em prática só pioram as coisas. A bem-conhecida "profecia autocumpridora" é um desses circuitos de *feedback* positivo: as apreensões da pessoa levam a ações que

---

A cibernética foi fruto da imaginação do matemático do MIT (Massachussets Institute of Technology) Norbert Wiener (1948), que desenvolveu o que se tornaria o primeiro modelo de dinâmica familiar em um ambiente muito improvável. Durante a Segunda Guerra Mundial, Wiener foi solicitado a estudar o problema de como as armas de defesa antiaérea poderiam derrubar os aviões alemães, que voavam tão rápido que era impossível ajustar as baterias de artilharia com rapidez suficiente para atingir os alvos. Sua solução foi incorporar um sistema de *feedback* interno, em vez de confiar em observadores para reajustar as armas depois de cada erro de alvo.

Gregory Bateson entrou em contato com a cibernética em uma série notável de encontros multidisciplinares, as conferências Macy, que iniciaram em 1942 (Heins, 1991). Bateson e Wiener travaram uma camaradagem imediata nesses encontros, e seus diálogos tiveram um profundo impacto sobre Bateson, levando-o a aplicar a teoria dos sistemas à terapia familiar.

Visto que a cibernética surgiu do estudo das máquinas, em que os circuitos de *feedback* positivo levavam a "descontroles" destrutivos, fazendo com que a máquina estragasse, a ênfase foi no *feedback* negativo e na manutenção da homeostase. O ambiente do sistema mudaria – a temperatura subiria ou baixaria – e esta mudança desencadearia mecanismos de *feedback* negativo para reconduzir o sistema à homeostase – o calor aumentaria ou diminuiria. Os circuitos de *feedback* negativo controlam tudo, do sistema endócrino ao ecossistema. As espécies animais são equilibradas pela morte por inanição e por predadores, quando ocorre uma superpopulação, e por aumento nos índices de nascimento, quando seu número se reduz demais. Os níveis de açúcar no sangue são equilibrados pelo aumento da produção de insulina quando sobem demais e pelo aumento do apetite quando baixam demais.

precipitam a situação temida, o que, por sua vez, justifica os medos do indivíduo, e assim por diante. Outro exemplo de *feedback* positivo é o "efeito modismo" – a tendência de uma causa de ganhar apoio simplesmente devido ao crescente número de adeptos. Podemos pensar em algumas modas passageiras e um bom número de grupos de música *pop* que devem muito de sua popularidade ao modismo.

Como exemplo de uma profecia autocumpridora, imagine uma jovem terapeuta que espera que os homens não se envolvam na vida familiar. Ela acredita que o pai *deveria* desempenhar um papel ativo na vida dos filhos, mas sua experiência a ensinou a não esperar muito dos homens. Suponha que ela está tentando agendar uma consulta familiar e a mãe diz que o marido não poderá estar presente. Como a nossa terapeuta hipotética provavelmente responderá? Ela poderia aceitar ao pé da letra a declaração da mãe e, assim, entrar em um conluio para garantir exatamente o que esperava. Ao contrário, ela poderia objetar agressivamente à afirmação da mãe, deslocando assim para o relacionamento com a mãe a sua atitude em relação aos homens – ou empurrando a mãe para uma posição antagonista em relação ao marido.

Passando a um exemplo familiar, em uma família com baixo limiar para a expressão da raiva, Marcus, o filho adolescente, explode com os pais diante de sua insistência para que ele esteja em casa antes da meia-noite. A mãe fica chocada com sua explosão de raiva e começa a chorar. O pai responde deixando Marcus de castigo por um mês. Ao invés de reduzir o desvio de Marcus – fazendo sua raiva voltar para os limites homeostáticos –, este *feedback* negativo produz o efeito oposto: Marcus explode e desafia a autoridade deles. Os pais respondem com mais choro e castigos, o que aumenta ainda mais a raiva de Marcus, e assim por diante. Desta maneira, o *feedback* negativo pretendido (choro e castigo) se torna um *feedback* positivo. Ele amplifica, ao invés de diminuir, o desvio de Marcus. A família fica presa em um "descontrole" de *feedback* positivo, também conhecido como ciclo vicioso, que aumenta até Marcus fugir de casa.

Mais tarde, ciberneticistas como Walter Buckley e Ross Ashby reconheceram que os circuitos de *feedback* positivo nem sempre são ruins: se eles não escapam ao controle, podem ajudar o sistema a se ajustar às circunstâncias modificadas. A família de Marcus precisaria recalibrar suas regras relativas à raiva, para acomodar a assertividade aumentada de um adolescente. A crise que esse circuito de *feedback* positivo produziu poderia levar ao reexame das regras familiares, se a família conseguisse sair do circuito o tempo necessário para obter certa perspectiva. Ao fazer isso, eles estariam fazendo uso da **metacomunicação**, comunicando-se a respeito de sua maneira de se comunicar, um processo que pode levar a uma mudança nas regras do sistema (Bateson, 1956).

Como já deve estar claro, os ciberneticistas familiares focaram os circuitos de *feedback* dentro das famílias, também conhecidos como padrões de comunicação, enquanto a fonte fundamental de disfunção familiar. Por isso, os teóricos da família mais influenciados pela cibernética passaram a ser conhecidos como a *escola das comunicações* (ver Capítulos 3 e 6). Comunicações falhas ou pouco claras resultam em um *feedback* inadequado ou incompleto, de modo que o sistema não consegue se autocorrigir (mudar suas regras) e, conseqüentemente, reage à mudança de modo exagerado ou insuficiente.

TEORIA DOS SISTEMAS

O maior desafio enfrentado por aqueles que tratam famílias é enxergar além das personalidades e perceber os padrões de influência que determinam o comportamento dos membros da família. Estamos tão acostumados a ver o que acontece nas famílias como produto de qualidades individuais, como egoísmo, generosidade, rebeldia, passividade, tolerância, submissão e assim por diante, que aprender a ver padrões de relacionamento requer uma mudança radical de perspectiva.

A experiência ensina que o que se manifesta como o comportamento de uma pessoa pode ser produto de relacionamentos. O mesmo indivíduo pode ser submisso em um relacionamento e dominante em outro. Como tantas qualidades que atribuímos aos indivíduos, a submissão é apenas metade de uma equação de duas partes. De fato, os terapeutas familiares empregam vários conceitos para descrever como duas pessoas em um relacionamento contribuem para o que acontece entre elas, incluindo *ciclos de perseguidor-distanciador, superfuncionamento-subfuncionamento, controle-rebeldia,* e assim por diante. A vantagem desses conceitos é que qualquer uma das partes do relacionamento pode mudar sua participação no padrão. Contudo, embora seja relativamente fácil descobrir temas no relacionamento entre duas pessoas, é mais difícil enxergar padrões de interação em grupos maiores como famílias inteiras. É por isso que os terapeutas familiares passaram a considerar tão útil a teoria dos sistemas.

A **teoria dos sistemas** teve origem na matemática, física e engenharia da década de 1940, quando os teóricos começaram a construir modelos da estrutura e funcionamento de unidades mecânicas e biológicas organizadas. O que esses teóricos descobriram foi que coisas tão diversas como máquinas simples, aviões a jato, amebas e o cérebro humano compartilham os atributos de um sistema – isto é, uma montagem organizada de partes que formam um todo complexo. Bateson e seus colegas consideraram a teoria dos sistemas o veículo perfeito para esclarecer as maneiras pelas quais as famílias funcionavam como unidades organizadas.

Segundo a teoria dos sistemas, as propriedades essenciais de um organismo, ou sistema, vivo são propriedades do todo, que nenhuma das partes tem. Elas surgem das interações e relações entre as partes. Essas propriedades são destruídas quando o sistema é reduzido a elementos isolados. O todo é sempre maior que a soma de suas partes. Assim, sob uma perspectiva sistêmica, não faria muito sentido tentar entender o comportamento de uma criança entrevistando-a sem o restante da família.

Embora algumas pessoas usem termos como *teoria dos sistemas* ou *sistêmica* para significar pouco mais do que considerar as famílias como unidades, o sistema na verdade possui algumas propriedades mais específicas e interessantes. Para começar, a mudança de olhar apenas para o indivíduo e passar a considerar a família como um sistema significa mudar o foco dos indivíduos para os padrões de seus relacionamentos. De uma perspectiva sistêmica, a família é mais que uma coleção de indivíduos – ela é uma rede de relacionamentos.

Vamos tomar um exemplo simples. Se uma mãe repreende o filho, o marido lhe diz para não ser tão dura e o menino continua se comportando mal, uma análise sistêmica se concentraria nesta seqüência, pois é esta *interação observável* que revela como o sistema funciona. Para focar os *inputs* e *outputs*, uma análise sistêmica evita perguntar *por que* os indivíduos fazem o que fazem. A expressão mais radical dessa perspectiva sistêmica foi a metáfora da "caixa-preta":

> A impossibilidade de ver a mente "em ação" levou, nos últimos anos, à adoção do conceito de caixa-preta das telecomunicações [...] aplicado ao fato de que o *hardware* eletrônico é atualmente tão complexo que às vezes é mais vantajoso desconsiderar a estrutura interna de um aparelho e se concentrar no estudo de suas relações específicas de *input-output* [...] Esse conceito, se aplicado aos problemas psicológicos e psiquiátricos, apresenta a vantagem heurística de não se precisar invocar nenhuma hipótese intrapsíquica não-verificável e de podermos nos limitar às relações de *input-output* observáveis, isto é, à comunicação (Watzlawick, Beavin e Jackson, 1967, p. 43-44).

Ver as pessoas como caixas-pretas pode parecer a expressão máxima do pensamento mecanicista, mas esta metáfora tem a vantagem de simplificar o campo de estudo ao eliminar especulações sobre a mente e as emoções e se concentrar no *input* e *output* das pessoas (comunicação, comportamento).

Entre as características dos sistemas percebidas pelos primeiros terapeutas familiares, poucas foram mais influentes – ou posteriormente mais controversas – do que a **homeostase**, a auto-regulação que mantém os sistemas em um estado de equilíbrio dinâmico. A noção de Don Jackson de **homeostase familiar** enfatizou que a tendência das famílias disfuncionais de resistirem à mudança explicava por que, apesar de esforços heróicos para melhorar, tantos pacientes continuavam na mesma (Jackson, 1959). Hoje, vemos essa ênfase na homeostase como uma injustiça com as famílias, um exagero de suas propriedades conservadoras e uma subestimação de sua flexibilidade e recursos.

Portanto, embora muitos dos conceitos cibernéticos utilizados para descrever as máquinas possam ser estendidos, por analogia, a sistemas humanos como as famílias, acontece que os sistemas vivos não podem ser adequadamente descritos pelos mesmos princípios dos sistemas mecânicos.

Teoria geral dos sistemas

Durante os anos de 1940, um biólogo austríaco, Ludwig von Bertalanffy, tentou combinar conceitos do pensamento sistêmico e da biologia em uma teoria universal dos sistemas vivos – da mente humana à ecoesfera global. Partindo de investigações do sistema endócrino, ele começou a extrapolar para sistemas sociais mais complexos e desenvolveu um modelo que passou a ser conhecido como a **teoria geral dos sistemas**.

Mark Davidson (1983, p. 26), em sua fascinante biografia *Uncommon sense*, resumiu a definição de sistema de Bertalanffy como:

> qualquer entidade mantida pela mútua interação de suas partes, do átomo ao cosmo, e incluindo exemplos mundanos como os sistemas telefônico, postal e de trânsito rápido. Um sistema bertalanffiano pode ser físico, como um aparelho de televisão, biológico, como um *cocker spaniel*, psicológico, como uma personalidade, sociológico, como um sindicato, ou simbólico, como um conjunto de leis [...] Um sistema pode ser composto por sistemas menores e também pode ser parte de um sistema mais amplo, exatamente como um estado ou província é composto por jurisdições menores e também é parte de uma nação.

O último ponto é importante. Todo sistema é um subsistema de um sistema maior, mas, quando adotaram a perspectiva sistêmica, os terapeutas familiares tendiam a esquecer essa rede de influência que se alastra. Eles tratavam a família como um sistema, enquanto ignoravam em grande parte os sistemas mais amplos da comunidade, cultura e política em que as famílias estão inseridas.

Bertalanffy foi o pioneiro da idéia de que um sistema é mais que a soma de suas partes, no mesmo sentido de que um relógio é mais que uma coleção de engrenagens e molas. Não há nada de místico nisso; acontece apenas que, quando as coisas estão organizadas em um sistema, surge algo novo, como quando a água surge da interação do hidrogênio com o oxigênio. Aplicadas à terapia familiar, essas idéias – de que um sistema familiar deve ser visto como mais do que apenas uma coleção de indivíduos e que os terapeutas devem focar as interações em vez da personalidade – tornaram-se princípios centrais no campo.

Bertalanffy utilizou a metáfora de um organismo para os grupos sociais, mas um organismo que era um **sistema aberto**, interagindo continuamente com seu ambiente. Os sistemas abertos, como opostos aos sistemas fechados (por exemplo, as máquinas), mantêm-se pelo intercâmbio contínuo de recursos com seu ambiente – por exemplo, inalando oxigênio e exalando dióxido de carbono. Outra propriedade dos sistemas vivos que os mecanicistas esqueceram foi que não só reagem aos estímulos como iniciam ativamente esforços para se desenvolver. Assim, nas famílias sadias, os pais encaram as novas idéias que os filhos trazem para casa como uma fonte de enriquecimento, e essas famílias geralmente buscam maneiras de beneficiar e apreciar uns aos outros.

Durante toda a sua vida, Bertalanffy foi um cruzado contra a visão mecanicista dos sistemas vivos, em especial daqueles sistemas vivos chamados pessoas. Ele acreditava que, diferentemente das máquinas, os organismos vivos demonstram **eqüifinalidade**, a capacidade de atingir um objetivo final de maneiras diversas. (Nos sistemas mecânicos, o estado final e os meios para esse estado são fixos.) Ele e outros biólogos empregaram esse termo para identificar a capacidade do organismo dirigida para o seu interior de proteger ou restaurar sua integridade, como acontece no corpo humano, que mobiliza anticorpos e é capaz de refazer a pele e os ossos (von Bertalanffy, 1950).

Assim, os organismos vivos são ativos e criativos. Eles trabalham para manter sua organização, mas não são motivados unicamente para preservar o *status quo*. Os terapeutas familiares desenvolveram o conceito de homeostase, mas, segundo Bertalanffy, uma ênfase exagerada nesse aspecto conservador do organismo reduziu-o ao nível de uma máquina: "Se [esse] princípio da manutenção da homeostase for tomado como uma regra de comportamento, o assim chamado indivíduo bem-ajustado será [definido] como um robô bem-lubrificado" (citado em Davidson, 1983, p. 104).

Embora a homeostase continue sendo um conceito importante na terapia familiar, sua limitada capacidade de explicar a criatividade humana foi repetidamente reconhecida por terapeutas familiares de uma maneira que ecoa as preocupações de Bertalanffy (Hoffman, 1981; Speer, 1970; Dell, 1982). Os cibernetistas tiveram de propor conceitos que soavam impressionantes, como **morfogênese** (Speer, 1970), para explicar o que Bertalanffy acreditava ser simplesmente uma propriedade natural dos organismos – procurar a mudança, além de resistir a ela.

Bertalanffy também reconhecia que a observação tinha efeito sobre o observado. Esse entendimento reforçou sua convicção de que devemos ser humildes em relação às nossas suposições. Um terapeuta bertalanffiano cuidaria para não impor sua perspectiva aos clientes e tentaria compreender suas perspectivas em relação aos próprios problemas. Diferentemente de alguns pós-modernistas, que assumem a posição de que, já que não podemos conhecer a verdade absoluta, não podemos ter valores sólidos porque nada é melhor do que qualquer outra coisa, Bertalanffy acreditava que devemos nos preocupar mais, em vez de menos, com nossos valores e suposições, pois algumas perspectivas são ecologicamente destrutivas. Assim, os terapeutas precisam escrutinar suas suposições e as suposições implícitas em suas teorias em termos de seu impacto sobre as famílias e a sociedade.

Resumindo, Bertalanffy levantou muitas das questões que moldaram e ainda moldam a terapia familiar:

- Um sistema como mais do que a soma de suas partes.
- Ênfase na interação dentro de e entre sistemas *versus* reducionismo.
- Sistemas humanos como organismos ecológicos *versus* mecanicismo.
- Conceito de eqüifinalidade.
- Reatividade homeostática *versus* atividade espontânea.
- Importância de crenças e valores ecologicamente certos *versus* ausência de valor.

Muitas dessas questões reaparecerão em discussões subseqüentes e por todo o livro.

CONSTRUCIONISMO SOCIAL

A terapia familiar nasceu em uma época em que o paradigma psicanalítico prevalente enfatizava os conflitos inconscientes como a fonte da infelicidade humana. Para ser efetiva, a terapia precisava sondar profundamente para descobrir esses conflitos – e esse era um processo longo e lento. Ao rejeitar esse modelo mentalista, os terapeutas familiares recorreram a metáforas sistêmicas que focavam o comportamento, a interação e o *feedback*. A teoria dos sistemas nos ensinou a ver como a vida das pessoas é moldada por seus intercâmbios com aquelas que as cercam, mas, ao focar padrões de interação, a teoria dos sistemas deixou uma coisa de fora, na verdade, duas: como as crenças dos membros da família afetam suas ações e como as forças culturais determinam essas crenças.

Construtivismo

O construtivismo capturou a imaginação dos terapeutas familiares na década de 1980, quando estudos da função cerebral mostraram que jamais conheceremos o mundo como ele existe "lá fora": tudo o que conheceremos é a nossa experiência subjetiva desse mundo. A pesquisa sobre redes neurais (von Foerster, 1981) e os experimentos sobre a visão da rã (Maturana e Varela, 1980) indicaram que o cérebro não processa as imagens literalmente, como uma câmera, mas registra a experiência em padrões organizados pelo sistema nervoso do observador.[1] Nada é percebido diretamente. Tudo é filtrado pela mente do observador.

Quando essa nova perspectiva em relação ao conhecimento foi transmitida ao campo da família por Paul Watzlawick (1984), Paul Dell (1985) e Lynn Hoffman (1988), o efeito foi um grito de alerta – alertando-nos da importância da cognição na vida familiar e destruindo a convicção dos terapeutas de que eles podiam ser peritos objetivos.

O **construtivismo** é a expressão moderna de uma tradição filosófica que remonta, no mínimo, ao século XVIII. Immanuel Kant (1724-1804), um dos pilares da tradição intelectual ocidental, considerava o conhecimento como produto da maneira pela qual nossas imaginações são organizadas. O mundo exterior não se imprime simplesmente na tábula rasa (tela em branco) da nossa mente, como o empiricista britânico John Locke (1632-1704) acreditava. De fato, como Kant argumentou, a nossa mente é tudo, menos vazia. Ela é um filtro ativo através do qual processamos, categorizamos e interpretamos o mundo.

O construtivismo encontrou seu caminho para a psicoterapia na *teoria do constructo pessoal* de George Kelly (1955). Segundo Kelly, compreendemos o mundo criando nossos próprios construtos do ambiente. Interpretamos e organizamos os acontecimentos e fazemos predições que orientam nossas ações com base nesses construtos. Você poderia comparar essa maneira de interpretar a experiência com ver o mundo através de óculos. Já que talvez precisemos alterar ou descartar construtos, a terapia se torna uma questão de revisar antigos construtos e desenvolver novos – experimentar lentes diferentes para ver quais nos permitirão navegar pelo mundo de maneira mais satisfatória.

O primeiro exemplo de construtivismo na terapia familiar foi a técnica estratégica de **reenquadramento** – reclassificar comportamentos para modificar a reação da família a eles. Os clientes reagirão de forma muito diferente a uma criança que é vista como "hiperativa" e a uma criança que é percebida como "mal-comportada". Igualmente, os pais desencorajados de um menino rebelde de 10 anos se sentirão melhor se ficarem convencidos de que, em vez de serem "disciplinadores ineficientes", eles têm um "filho oposicionista". O primeiro diagnóstico sugere que os pais devem ser mais duros, mas também que provavelmente não terão sucesso. O segundo sugere que lidar com uma criança difícil pode exigir estratégia. O ponto não é uma descrição ser melhor que a outra, e sim que, se o rótulo ou classificação que a família aplica aos seus problemas leva a estratégias ineficazes de manejo, talvez um novo rótulo ou classificação altere seu ponto de vista o suficiente para eliciar respostas mais efetivas.

Quando o construtivismo tomou conta da terapia familiar em meados da década de 1980, desencadeou uma mudança fundamental de ênfase. As metáforas sistêmicas focavam a ação; o construtivismo mudou o foco para a exploração das suposições que as pessoas têm sobre seus problemas. O significado, em si, tornou-se o principal alvo. O objetivo da terapia, antes a interrupção de padrões problemáticos de comportamento, passou a ser ajudar os clientes a descobrir novas perspectivas em sua vida por meio do processo libertador do diálogo.

Na vanguarda deste movimento estavam Harry Goolishian e Harlene Anderson, cuja "abordagem sistêmica colaborativa baseada na linguagem" era definida menos pelo que o terapeuta faz do que por aquilo que ele não faz. Neste modelo, o terapeuta *não* assume o papel de perito, *não* supõe que sabe como a família deve mudar e *não* a empurra em uma determinada direção. O papel do terapeuta não é mudar as pessoas, e sim abrir portas para que elas explorem novos significados em sua vida.

> O terapeuta não controla a entrevista ao influenciar a conversa em uma determinada direção, no sentido de conteúdo ou resultado, nem é responsável pela direção da mudança. O terapeuta só é responsável por criar um espaço em que possa ocorrer a conversa dialógica (Anderson e Goolishian, 1988, p. 385).

O construtivismo nos ensina a olhar além do comportamento, para a nossa maneira de perceber, interpretar e construir a nossa experiência. Em um mundo onde toda verdade é relativa, a perspectiva do terapeuta começou a ser vista como se não tivesse maior direito à objetividade do que a perspectiva dos clientes. Assim, o construtivismo diminuiu o *status* do terapeuta como uma autoridade objetiva com conhecimento privilegiado de causa e cura.

Reconhecer que a nossa maneira de perceber e entender a realidade é uma construção não significa, evidentemente, que não existe nada de real lá fora a ser percebido e compreendido. Paus e pedras *podem* quebrar ossos. Além disso, mesmo os mais ardorosos construtivistas (por exemplo, Efran, Lukens e Lukens, 1990) nos lembram de que algumas construções são mais úteis que outras.

Alguns contestaram a implicação contrária do construtivismo – que um terapeuta sem o *status* de perito é um terapeuta sem influência. Em sua cuidadosa análise da terapia pós-moderna, *Back to reality*, Barbara Held (1995, p. 244) salienta que "certamente existe uma contradição a ser enfrentada por esses autores quando eles tentam negar ou minimizar a perícia que eles, aparentemente, também querem ter – que os terapeutas realmente precisam legitimar sua atividade como uma profissão/disciplina".

Um de nós teve sentimentos tão fortes a respeito do que percebeu como a abdicação da liderança que decidiu lembrar os terapeutas:

> Serão os terapeutas e os clientes parceiros em um empreendimento conjunto? Serão eles iguais? Não. Os clientes são, parafraseando George Orwell, "mais iguais" no que se refere ao ponto de vista de quem, essencialmente, conta. Os terapeutas são, ou deveriam ser, mais iguais no que se refere à formação, perícia e objetividade – *e* a conduzir o que acontece durante a hora de terapia. Está certo criticar o poder – se poder significa dominação e controle; não é tão certo abdicar da liderança (Nichols, 1993, p. 165).

E mais:

> Se organizar e atuar como anfitrião de conversas fosse tudo o que um terapeuta faz, ele deveria ser chamado de mediador, ou o oposto de um apresentador de um programa de entrevistas na televisão (cujo objetivo é organizar conversas que seriam desagradáveis e abusivas). O terapeuta como anfitrião negligencia o papel de professor – um aspecto muito difamado, mas essencial, de qualquer terapia transformadora. Os terapeutas ensinam, não dizendo às pessoas como levar sua vida, mas ajudando-as a aprender alguma coisa sobre si mesmas (Nichols, 1993, p. 164).

"Dizer às pessoas como levar sua vida" é exatamente o que preocupava Anderson e Goolishian (1988). O construtivismo era uma revolta contra um modelo autoritário de terapia, contra a imagem do terapeuta como um intimidador. Anderson e Goolishian preferiam o que chamavam de uma atitude de "não-saber", em que deixavam espaço para as idéias do cliente. Em vez de abordar as famílias com noções pré-concebidas de estrutura e funcionamento, eles manifestavam apenas curiosidade. Provavelmente convém lembrar que mesmo as nossas mais queridas metáforas para a vida familiar – "sistema", "emaranhamento", "joguinhos sujos", "triângulos" e assim por diante – são simplesmente isto: metáforas. Elas não existem em alguma realidade objetiva; são construções, algumas mais úteis que outras.

A construção preferida por Anderson e Goolishian era que a linguagem cria, mais do que reflete, a realidade. Certamente não existe nada de novo na descrição da terapia ("a cura pela fala") como diálogo. O novo era a elevação da narrativa pessoal ao pináculo do interesse na terapia familiar – um campo nascido da descoberta de como o pessoal é moldado pelo contexto interpessoal.

Ao enfatizar a perspectiva idiossincrática do indivíduo, os construtivistas foram acusados por alguns (por exemplo, Minuchin, 1991) de ignorar o contexto social. Quando esse cunho solipsístico foi apontado, os construtivistas mais importantes esclareceram sua posição: quando disseram que a realidade é construída, queriam dizer *socialmente* construída.

A construção social da realidade

O construcionismo social expande o construtivismo assim como a terapia familiar expandiu a psicologia individual. O construtivismo afirma que percebemos o mundo e nos relacionamos com ele baseados em nossas interpretações. O **construcionismo social** salienta que essas interpretações são moldadas pelo contexto social em que vivemos.

Se um adolescente de 14 anos desobedece constantemente os pais, um construtivista poderia dizer que o menino acredita que eles não merecem seu respeito. Em outras palavras, as ações do menino não são apenas um produto dos esforços disciplinares dos pais, mas também da sua construção da autoridade dos pais. Um construcionista social acrescentaria que as atitudes de um adolescente em relação à autoridade parental são moldadas não apenas por aquilo que acontece na família, mas também por mensagens transmitidas pela cultura em geral.

Na escola e no trabalho, no almoço, em conversas telefônicas, no cinema e na televisão, absorvemos atitudes e opiniões que carregamos para dentro da nossa família. A televisão, para tomar uma influência muito poderosa sobre o adolescente comum de 14 anos, tornou as crianças de hoje mais sofisticadas e mais cínicas. Conforme o estudioso das comunicações Joshua Meyrowitz (1985) argumenta em *No sense of place*, as crianças de hoje estão expostas aos "bastidores" do mundo adulto, a dúvidas e conflitos sob outros aspectos escondidos, a loucuras e fracassos de modelos adultos que eles vêem na televisão. Esta desmistificação diminui a confiança do adolescente em estruturas tradicionais de autoridade. É difícil manter um ideal de sabedoria adulta quando a sua imagem de uma figura paterna é o Homer Simpson.

Tanto o construtivismo quanto o construcionismo social focam a interpretação da experiência como uma mediadora do comportamento, mas, enquanto os construtivistas enfatizavam a mente subjetiva do indivíduo, os construcionistas sociais dão maior ênfase à interpretação social e à influência intersubjetiva da linguagem e da cultura. Segundo o construtivismo, as pessoas têm problemas não apenas por causa das condições objetivas de sua vida, mas também por causa da sua interpretação destas condições. O que o construcionismo social acrescenta é um reconhecimento de como esses significados emergem no processo de conversar com outras pessoas.

A terapia, então, se torna um processo de desconstrução – de libertar os clientes da tirania de crenças arraigadas. Como isso acontece na prática é ilustrado nas duas versões novas mais influentes de terapia familiar: o modelo focado na solução e a terapia narrativa.

Inerente à maioria das formas de terapia é a idéia de que, antes de podermos resolver um problema, precisamos entender o que está errado. Esta noção parece auto-evidente, mas ela é uma construção – apenas uma maneira de olhar para as coisas. A **terapia focada na solução** vira essa suposição de cabeça para baixo, empregando uma construção totalmente diferente – a saber, que a melhor maneira de resolver problemas é descobrir o que as pessoas fazem quando *não* têm o problema.

Suponha, por exemplo, que a queixa de uma mulher é que o marido jamais conversa com ela. Em vez de tentar entender o que está errado, um terapeuta focado na solução poderia perguntar à mulher se ela lembra de alguma **exceção** a essa queixa. Talvez ela e o marido mantenham conversas razoavelmente boas quando saem para caminhar ou para jantar. Nesse caso, o terapeuta poderia simplesmente sugerir que façam isso mais vezes. No Capítulo 12, veremos como a terapia focada na solução baseia-se nos *insights* básicos do construtivismo.

Como seus colegas focados na solução, os praticantes da **terapia narrativa** criam uma mudança na experiência dos clientes, ajudando-os a reexaminar como olham para as coisas. Ao passo que a terapia focada na solução transfere a atenção dos fracassos atuais para os sucessos passados a fim de mobilizar soluções comportamentais, o objetivo da terapia narrativa é mais amplo e tem mais a ver com atitudes. A técnica decisiva desta abordagem – **externalização** – envolve uma reconstrução verdadeiramente radical da definição de problemas, não como propriedades das pessoas que os sofrem, mas como opressores alienígenas. Assim, por exemplo, embora os pais de um menino que deixa sempre para depois o tema de casa possam defini-lo como preguiçoso ou procrastinador, um terapeuta narrativo falaria, em vez disso, sobre os momentos em que a "Procrastinação" o vence – e os momentos em que "ela" não leva a melhor.

Observe como a primeira construção – o menino é um procrastinador – é relativamente determinista, enquanto a última – a procrastinação às vezes leva a melhor – liberta o menino de uma identidade negativa e transforma a terapia em uma luta pela libertação. Falaremos mais sobre a terapia narrativa e o processo de externalização no Capítulo 13.

Tanto os terapeutas focados na solução quanto os narrativos assumem um papel ativo ao ajudar os clientes a questionar construções autoderrotistas. Ambos baseiam-se na premissa de que desenvolvemos nossas idéias sobre o mundo ao conversar com as pessoas (Gergen, 1985). Além disso, se algumas dessas idéias nos atolam em nossos problemas, perspectivas novas e mais produtivas podem evoluir, de forma útil, dentro de um berço de reconstrução narrativa. Se os problemas são histórias que as pessoas aprenderam a contar a si mesmas, desconstruir essas histórias pode ser uma maneira efetiva de ajudar as pessoas a aprenderem a manejar seus problemas.

Críticos, nós mesmos incluídos (Nichols e Schwartz, 2001), salientaram que, ao enfatizar a dimensão cognitiva dos indivíduos e sua experiência, os construcionistas sociais viraram as costas a alguns dos *insights* definidores da terapia familiar – a saber, que as famílias operam como unidades complexas e que os sintomas psicológicos geralmente resultam de conflitos dentro da família. A nossa experiência e a nossa identidade são, parcialmente, construções lingüísticas, mas só parcialmente. Se os construcionistas sociais tendem a ignorar os *insights* da teoria sistêmica e a dar pouca importância ao conflito familiar, não há nada inerente no construcionismo social que torne isso necessário. Os tipos de interação polarizada descritos por Bateson, Jackson e Haley há 40 anos – em termos como *complementar* e *simétrica* – podem ser compreendidos como reflexos tanto de interações comportamentais quanto de construções sociais, em vez de ou uma ou outra.

A psiquiatra italiana Valeria Ugazio (1999) descreve como os membros da família diferenciam-se não apenas por suas ações, mas também pela maneira de falar sobre si mesmos em polaridades semânticas. Assim, por exemplo, em uma família cuja conversa sobre eles mesmos e sobre os outros pode ser caracterizada pela polaridade dependência/independência, as conversas tenderão a ser organizadas em torno do medo e da coragem, da necessidade de proteção e do desejo de exploração. Em resultado dessas conversas, os membros dessa família irão se definir como tímidos e cautelosos ou como ousados e aventureiros.

TEORIA DO APEGO

Conforme o campo amadureceu, os terapeutas familiares demonstraram um renovado interesse pela vida interior dos indivíduos que constituem a família. Atualmente, além das teorias que nos ajudam a compreender as amplas influências sistêmicas sobre o comportamento dos membros da família, a *teoria do apego* surgiu como um instrumento importante para descrever as raízes mais profundas da dinâmica dos relacionamentos próximos.

A teoria do apego tem sido especialmente produtiva na terapia de casal (por exemplo, Johnson, 2002), em que ajuda a explicar como mesmo os adultos sadios precisam depender um do outro. Nos primeiros anos da terapia familiar, o tratamento de casal era uma terapia sem uma teoria. A maioria dos terapeutas tratava os casais com os mesmos modelos destinados às famílias (por exemplo, Bowen, 1978; Haley, 1976; Minuchin, 1974). As exceções foram os comportamentalistas, que sugeriam que a intimidade era um produto do reforço, e os psicólogos cognitivos, que sugeriam que, se mudássemos a maneira de o casal pensar e se comunicar, suas emoções acompanhariam essa mudança. Ninguém falava muito sobre amor, desejo ou confiança. Dependência poderia estar certo para crianças, mas nos adultos, fomos informados, era um sinal de "emaranhamento".

Na terapia de casal com foco emocional, Susan Johnson emprega a teoria do apego para desconstruir a dinâmica familiar em que um parceiro critica e se queixa enquanto o outro fica defensivo e se afasta. O que a teoria do apego sugere é que a crítica e a queixa são um protesto contra a disrupção do laço de apego – em outras palavras, o parceiro queixoso pode estar mais inseguro do que zangado. Quando o parceiro inseguro consegue admitir sua vulnerabilidade, é mais provável que o outro se aproxime para oferecer conforto e reasseguramento.

A noção de que os casais lidam um com o outro de uma maneira que reflete sua história de apego pode ser localizada nos estudos pioneiros de John Bowlby e Mary Ainsworth. Quando Bowlby graduou-se em Cambridge na década de 1940, supunha-se que os bebês apegavam-se às mães em conseqüência de serem alimentados. Todavia, Konrad Lorenz (1935) mostrou que os filhotes de ganso se apegavam a pais que não os alimentavam, e Harry Harlow (1958) observou que, sob estresse, os filhotes de macaco prefeririam não as "mães" de arame, que forneciam alimento, e sim as "mães" de pano acolchoadas, que forneciam um consolo de contato. Acontece que os bebês humanos, também, apegam-se a pessoas que não os alimentam (Ainsworth, 1967).

Nos anos de 1940 e 1950, alguns estudos descobriram que crianças pequenas separadas das mães atravessavam uma série de reações que podem ser descritas como "protesto", "desespero" e, finalmente, "desligamento" (por exemplo, Burlingham e Freud, 1944; Robertson, 1953). Ao tentar compreender essas reações, Bowlby (1958) concluiu que o vínculo entre os bebês e os pais baseava-se em um impulso biológico para a proximidade, que evoluiu pelo processo de seleção natural. Quando há perigo ou ameaça, os bebês que permanecem perto dos pais correm menor risco de serem mortos por predadores.

Apego significa buscar proximidade diante do estresse. (Podemos abraçar nosso cobertor, mas ele não nos abraça de volta.) O apego pode ser observado no gesto de se aconchegar ao corpo macio e quente da mãe e ser aconchegado por ela, olhar em seus olhos e ser olhado com carinho, e agarrar-se a ela e ser abraçado com firmeza. Essas experiências são profundamente confortadoras.

Segundo Mary Ainsworth (1967), os bebês usam sua figura de apego (geralmente a mãe) como uma *base segura* para exploração. Quando um bebê se sente ameaçado, ele recorrerá à cuidadora em busca de proteção e conforto. Variações nesse padrão estão evidentes em duas estratégias de apego inseguro. Na estratégia *esquiva*, o bebê tende a inibir o comportamento de apego; na estratégia *resistente*, ele se agarra à mãe e evita a exploração.

A segurança no relacionamento com uma figura de apego indica que o bebê é capaz de confiar na cuidadora como uma fonte de conforto e proteção. Quando surge uma ameaça, os bebês em relacionamentos seguros são capazes de dirigir o "comportamento de apego" (aproximar-se, chorar, buscar) à cuidadora e se consolar com o reasseguramento desta. Os bebês com apegos seguros confiam na disponibilidade da sua cuidadora e, conseqüentemente, confiam em suas interações com o mundo.

Essa confiança não está evidente nos bebês com relacionamentos de apego ansiosos. Pedidos de atenção podem ter sido recebidos com indiferença ou rejeição (Ainsworth, Blehar, Walters e Wall, 1978; Bowlby, 1973). Em resultado, tais bebês permanecem ansiosos em relação à disponibilidade da cuidadora. Além disso, Bowlby argumentou que, como as figuras de apego são internalizadas, essas experiências iniciais moldam as expectativas em relacionamentos posteriores de amizade, paternidade e amor romântico.

Uma das coisas que distingue a teoria do apego é ela ter sido extensivamente estudada. Está claro que esse é um traço estável e influente por toda a infância. O tipo de apego demonstrado aos 12 meses prediz:

1. o tipo de apego aos 18 meses (Waters, 1978; Main e Weston, 1981);
2. a frustrabilidade, a persistência, a cooperatividade e o entusiasmo em tarefas aos 18 meses (Main, 1977; Matas, Arend e Stroufe, 1978);
3. a competência social em pré-escolares (Lieberman, 1977; Easterbrook e Lamb, 1979; Waters, Wippman e Stroufe, 1979)
4. a auto-estima, a empatia e a conduta em sala de aula (Stroufe, 1979).

De fato, a qualidade do relacionamento aos 12 meses é um excelente preditor da qualidade do relacionar-se em várias situações até os 5 anos, com vantagens para o bebê que apresenta apego seguro comparado ao que apresenta apego resistente ou esquivo.

O que não está tão claramente confirmado pela pesquisa é a proposição de que os estilos de apego na infância se correlacionam aos estilos de apego em relacionamentos adultos íntimos. No entanto, a idéia de que o amor romântico pode ser conceitualizado como um processo de apego (Hazan e Shaver, 1987) permanece uma proposição compelidora, mesmo que não comprovada até o momento. A pesquisa estabeleceu que os indivíduos ansiosos nos relacionamentos relatam mais conflitos em suas relações, o que sugere que parte destes conflitos é provocado por inseguranças básicas em relação a amor, perda e abandono. Pessoas ansiosas quanto aos seus relacionamentos geralmente lidam com o conflito de maneira coercitiva e desconfiada, que tende a produzir o exato resultado que elas mais temem (Feeney, 1995).

Lyman Wynne (1984) estava entre os primeiros terapeutas familiares a citar a teoria do apego quando descreveu o apego como a prioridade maior no desenvolvimento dos relacionamentos. A teoria do apego é aplicada ao tratamento clínico, ligando expressões sintomáticas de medo e raiva a perturbações nos relacionamentos de apego. Os pais podem ser ajudados a compreender alguns dos comportamentos disruptivos dos filhos como decorrentes da ansiedade da criança em relação à disponibilidade e responsividade dos pais. Os casais podem ser ajudados a entender os medos e as vulnerabilidades de apego por trás de interações raivosas e defensivas (Gottman, 1994; Johnson, 1996).

Os terapeutas podem utilizar a teoria do apego para esclarecer relacionamentos atuais, mostrando como o mau comportamento de uma criança pode refletir um apego inseguro, ou como a evitação de um marido pode ser devida a um apego ambivalente, ou como a animosidade de uma mulher pode ser uma expressão de um apego ansioso. Quando os terapeutas familiares sentem-se levados a desempenhar um papel no roteiro familiar, eles não só devem evitar assumir um papel que falta na família como também podem utilizar a teoria do apego para salientar a necessidade de membros da família de serem cuidados e protegidos. Em vez de ser recrutado para tranqüilizar uma criança ansiosa ou consolar um cônjuge infeliz, o terapeuta pode devolver a responsabilidade aos pais ou ao parceiro e incentivá-los a serem menos defensivos e mais carinhosos e apoiadores.

CONCLUSÕES

Depois de ler esta cronologia de como evoluíram as teorias dominantes na terapia familiar, o leitor pode se sentir esmagado pelas muitas mudanças de paradigma que o campo sofreu nas poucas décadas de sua existência. Convém salientar um padrão nesta aparente descontinuidade. O foco da terapia expandiu-se continuamente para níveis de contexto cada vez mais amplos. Esse processo começou quando os terapeutas olharam além dos indivíduos, para as suas famílias. Subitamente, comportamentos inexplicáveis passaram a fazer sentido. Os primeiros terapeutas familiares concentraram-se em avaliar e alterar as seqüências de interação comportamental que cercavam os problemas. A seguir, reconheceu-se que essas seqüências eram manifestações de uma estrutura familiar subjacente, e a estrutura tornou-se o alvo da mudança. Depois, a estrutura foi vista como produto de um processo multigeracional de longo prazo, governado por sistemas de crenças, e os terapeutas dirigiram suas intervenções a essas crenças subjacentes. Mais recentemente, os terapeutas perceberam que esses sistemas de crenças não surgiam em um vácuo, por isso o atual interesse pelas influências culturais.

Os terapeutas familiares, naturalistas no cenário humano, descobriram como o comportamento individual é moldado por transações que nem sempre vemos. Os conceitos sistêmicos – *feedback*, circularidade, e assim por diante – foram instrumentos úteis que ajudaram a tornar predizíveis interações complexas. Acompanhando nossa ênfase em como as idéias são aplicadas atualmente na prática clínica, agora examinaremos os conceitos de trabalho fundamentais da terapia familiar.

OS CONCEITOS DE TRABALHO DA TERAPIA FAMILIAR

Contexto interpessoal

A premissa fundamental da terapia familiar é que as pessoas são produtos de seu **contexto**. Já que poucas pessoas são mais próximas a nós que nossos pais e parceiros, esta noção pode ser traduzida na afirmação de que o nosso comportamento é poderosamente influenciado pelas interações com outros membros da família. Assim, a importância do contexto poderia ser reduzida à importância da família. Ela pode ser reduzida a isso, mas não deve.

Embora a família imediata geralmente seja o contexto mais relevante para se compreender o comportamento, nem sempre é assim. Um universitário deprimido, por exemplo, poderia estar mais infeliz com o que acontece em seu dormitório do que com o que acontece em casa. Além disso, apesar de os terapeutas familiares focarem primeiro o contexto comportamental, o ambiente interpessoal também inclui dimensões cognitivas como expectativas e suposições, assim como influências de fora da família, na escola, no trabalho, de amigos e da cultura circundante.

A importância clínica do contexto é que tentativas de tratar os indivíduos com conversas de 50 minutos, uma vez por semana, pode ter menor influência do que suas interações com outras pessoas durante as 167 horas restantes da semana. Positivamente: em geral, a maneira mais efetiva de ajudar alguém a resolver seus problemas é conversar com ele *e* com outras pessoas importantes em sua vida.

Complementaridade

O **Relacionamento de complementaridade** se refere à reciprocidade, que é a característica definidora de um relacionamento. Em qualquer relacionamento, o comportamento da pessoa está ligado ao da outra. Você se lembra do símbolo para *yin* e *yang*, as forças masculina e feminina do universo? Observe como elas são complementares e ocupam um espaço.

Os relacionamentos são assim. Se uma pessoa muda, o relacionamento muda. Se John começa a fazer mais compras no supermercado para abastecer a casa, Mary provavelmente fará menos compras.

Os terapeutas familiares devem pensar na complementaridade sempre que ouvirem uma pessoa se queixar de outra. Tome, por exemplo, um marido que diz que sua mulher é uma resmungona. "Ela está sempre atrás de mim por alguma coisa, está sempre se queixando". Da perspectiva da complementaridade, um terapeuta familiar suporia que as queixas da mulher são apenas metade de um padrão de influência mútua. Sempre que uma pessoa é percebida como resmungona, isso provavelmente significa que suas preocupações não são escutadas legitimamente. Não ser escutada faz com que ela fique zangada e não se sinta apoiada. Não admira que pareça uma resmungona.

Se, em vez de esperar que ela se queixe, John começar a perguntar a ela como se sente, Mary sentirá que ele se importa com ela, ou, pelo menos, é provável que sinta isso. A complementaridade não significa que as pessoas em um relacionamento se controlam mutuamente, significa que elas se influenciam mutuamente.

Um terapeuta pode ajudar os membros da família a ir além do culpar o outro – e da impotência que acompanha isso –, salientando a complementaridade de suas ações. "Quanto mais você se queixar, mais ele vai ignorá-la. E quanto mais você ignorá-la, mais ela vai se queixar."

Causalidade circular

Antes do advento da terapia familiar, as explicações da psicopatologia baseavam-se em modelos lineares: médico, psicodinâmico ou comportamental. A etiologia era concebida em termos de acontecimentos anteriores – doença, conflito emocional ou história de aprendizagem – que causavam sintomas no paciente. Utilizando o conceito de *circularidade*, Bateson ajudou a mudar nossa maneira de pensar sobre a psicopatologia, de algo causado por acontecimentos do passado para algo que é parte de circuitos de *feedback* contínuos, circulares.

A noção de **causalidade linear** baseia-se no modelo newtoniano, no qual o universo é como uma mesa de bilhar em que as bolas agem unidirecionalmente umas nas outras. Bateson acreditava que, embora a causalidade linear seja útil para descrever o mundo dos objetos, é um modelo inadequado para o mundo dos seres vivos, porque não consegue explicar a comunicação e os relacionamentos.

Para ilustrar essa diferença, Bateson (1979) usou o exemplo de um homem chutando uma pedra. O efeito de chutar uma pedra pode ser predito com precisão medindo-se a força e o ângulo do chute e o peso da pedra. Se o homem chuta um cachorro, por outro lado, o efeito seria menos previsível. O cachorro poderia reagir ao chute de várias maneiras – encolhendo-se, fugindo, mordendo ou tentando brincar –, dependendo do temperamento do cachorro e de como ele interpretou o chute. Em resposta à reação do cachorro, o homem poderia modificar seu comportamento, e assim por diante, de modo que o número de possíveis resultados é ilimitado.

As ações do cachorro (morder, por exemplo) fazem o circuito de volta e afetam os próximos movimentos do homem (praguejar, por exemplo), o que por sua vez afeta o cachorro, e assim por diante. A ação original instiga uma seqüência circular em que cada ação subseqüente afeta recursivamente o outro. Causa e efeito lineares são perdidos em um círculo de influência mútua.

Esta idéia de **causalidade circular** é imensamente útil para os terapeutas, porque tantas famílias chegam procurando "a causa" de seus problemas e querendo determinar quem é responsável. Em vez de se reunir à família em uma busca lógica, mas improdutiva, de quem começou o que, a causalidade circular sugere que os problemas são sustentados por uma série contínua de ações e reações. Quem começou? Isso raramente é importante.

Triângulos

A maioria dos clientes expressa suas preocupações em termos lineares. Talvez seja uma criança de quatro anos "ingovernável", ou uma ex-esposa que "se recusa a cooperar" nos arranjos de visitas aos filhos. Mesmo que essas queixas sugiram que o problema está em um único indivíduo, a maioria dos terapeutas pensaria em procurar questões de relacionamento. Acontece que as crianças de quatro anos "ingovernáveis" com freqüência têm pais que são disciplinadores inefetivos, e ex-esposas "pouco razoáveis" provavelmente têm sua própria versão da história. Então o terapeuta, certamente um terapeuta familiar, provavelmente iria querer atender a criança de quatro anos junto com os pais e conversar simultaneamente com o pai zangado e com a ex-esposa.

Suponhamos que o terapeuta que atende a criança de 4 anos e os pais percebe que o problema, realmente, é falta de disciplina. A mãe se queixa de que a menina jamais faz o que lhe mandam, o pai concorda com a cabeça, e a criança corre pela sala ignorando os pedidos da mãe para que sente quietinha. Talvez os pais pudessem receber alguns conselhos sobre como estabelecer limites. Talvez, mas a experiência ensina que uma criança que se comporta mal com freqüência é apoiada por um dos pais. Quando uma criança pequena é desobediente, isso geralmente significa que os pais têm conflitos em relação às regras ou à forma de impô-las.

Talvez o pai seja um disciplinador rígido. Se for o caso, a esposa talvez sinta que precisa proteger a filha da dureza do pai e então se torne mais uma amiga e aliada da filha do que uma mãe no comando. Alguns pais estão tão zangados um com o outro que suas discordâncias são evidentes, mas muitas são menos evidentes. Seus conflitos são dolorosos, de modo que eles os mantêm para si mesmos. Talvez eles pensem que o terapeuta não tem nada a ver com seu relacionamento pessoal, ou talvez o pai tenha decidido que, se a esposa não gosta do seu jeito de fazer as coisas, "Então ela que se encarregue!" O ponto é: problemas de relacionamento em geral são triangulares (Bowen, 1978), mesmo que isso nem sempre esteja aparente.

Um exemplo menos óbvio de complicações triangulares costuma ocorrer no caso de pais divorciados que brigam pelos direitos de visitação. A maioria dos divórcios gera mágoa e raiva suficientes para criar uma certa animosidade inevitável entre os ex-cônjuges. Acrescente a isso uma dose saudável de culpa parental (sentida e projetada), e você terá uma fórmula para brigas sobre quem fica com as crianças nas férias, de quem é a vez de comprar tênis novos e quem se atrasou para buscar ou entregar as crianças no último fim de semana. Conversar com os ex-cônjuges belicosos provavelmente não adiantará muito para fazer com que aceitem que o problema é entre os dois. No entanto, mesmo duas pessoas muito zangadas uma com a outra acabarão encontrando uma maneira de resolver as coisas – a menos que uma terceira pessoa entre em cena.

O que você supõe que acontecerá se um pai divorciado se queixar para a nova namorada da "insensatez" da sua ex? O que normalmente acontece quando uma pessoa se queixa de outra. A namorada concordará com ele e, provavelmente, o incentivará a ser duro com a ex-esposa. Enquanto isso, a mãe igualmente pode ter uma amiga que a estimule a ser mais agressiva. Assim, em vez de duas pessoas que precisam resolver juntas uma situação, uma ou ambas são incentivadas a aumentar o conflito.

A **triangulação** tende a estabilizar os relacionamentos – mas também a manter o conflito. Todos os problemas de relacionamento envolvem terceiras pessoas? Todos não, mas a maioria envolve.

Processo/conteúdo

Focar o **processo** de comunicação, ou *como* as pessoas falam, em vez do seu **conteúdo**, ou sobre *o quê* elas falam, talvez seja a mudança mais produtiva que um terapeuta familiar pode fazer. Imagine, por exemplo, que um terapeuta incentiva uma caloura universitária "de lua" a conversar com os pais. Imagine também que a jovem raramente se expressa em palavras, e sim por um protesto passivo-agressivo, e que os pais, ao contrário, são muito faladores, sempre prontos a verbalizar suas opiniões. Suponha que a jovem finalmente comece a expressar seu sentimento de que a faculdade é uma perda de tempo e que os pais contrapõem um argumento sobre a importância de continuar cursando a faculdade. Um terapeuta que fica ansioso com a possibilidade de a jovem de fato largar a faculdade e intervém para apoiar o *conteúdo* da posição dos pais perderá a oportunidade de apoiar o *processo* pelo qual a jovem aprende a expor seus sentimentos por palavras em vez de por ações autodestrutivas.

As famílias que buscam tratamento geralmente focam o conteúdo. O marido quer o divórcio, o filho se recusa a ir à escola, a mulher está deprimida, e assim por diante. O terapeuta familiar conversa com a família sobre o conteúdo de seus problemas, mas pensa sobre o processo pelo qual eles tentam resolver as questões. Enquanto a família discute o que fazer a respeito da recusa do filho de ir à escola, o terapeuta observa se os pais parecem estar no comando e se apóiam um ao outro. O terapeuta que diz aos pais como resolver o problema (fazendo o menino ir à escola) está trabalhando com o conteúdo, não com o processo. A criança pode começar a ir à escola, mas os pais não terão melhorado seu processo de tomada de decisão.

Às vezes, é claro, o conteúdo é importante. Se a mulher bebe para afogar suas preocupações ou o marido molesta a filha, algo precisa ser feito com relação a isso. Todavia, à medida que o terapeuta foca exclusivamente o conteúdo, ele provavelmente não ajudará a família a se tornar um sistema com melhor funcionamento.

Estrutura familiar

As interações familiares são previsíveis – alguns diriam inflexíveis – por estarem inseridas em estruturas poderosas, mas despercebidas. Os padrões dinâmicos, como perseguidor/distanciador, descrevem o **processo** da interação; a **estrutura** define a organização dentro da qual essas interações ocorrem. Inicialmente, as interações moldam a estrutura, mas, uma vez estabelecida, a estrutura molda as interações.

As famílias, como outros grupos, têm muitas opções de relacionamento. No entanto, interações que em algum momento foram livres para variar, muito rapidamente se tornam regulares e previsíveis. Quando esses padrões são estabelecidos, os membros da família usam apenas uma pequena fração do leque completo de comportamentos disponíveis para eles (Minuchin e Nichols, 1993). As famílias são estruturadas em **subsistemas** – determinados por geração, gênero e função – demarcados por **fronteiras** interpessoais, barreiras invisíveis que regulam a quantidade de contato com os outros (Minuchin, 1974). Como nas membranas de células vivas, as fronteiras protegem a condição de estar separada e a autonomia da família e de seus subsistemas. Ao passar um tempo sozinhos um com o outro e ao excluir amigos e família de algumas de suas atividades, o casal estabelece uma fronteira que protege seu relacionamento de intrusões. Mais tarde, se eles casarem e tiverem filhos, essa fronteira será preservada pela criação de momentos que passarão juntos, sem os filhos. Se, por outro lado, o casal incluir os filhos em todas as suas atividades, a fronteira que separa as gerações fica tênue, e o relacionamento do casal é sacrificado pela paternidade. Se os pais se envolverem em todas as suas atividades, os filhos não desenvolverão autonomia ou iniciativa.

A teoria psicanalítica também enfatiza a necessidade de fronteiras interpessoais. Começando com "o nascimento psicológico do bebê humano" (Mahler, Pine e Bergman, 1975), os psicanalistas descrevem a progressiva separação e individuação que culmina na resolução dos apegos edípicos e, finalmente, na saída de casa. Esta é uma ênfase unilateral em fronteiras mal-definidas.

Os psicanalistas não prestam a atenção necessária aos problemas do isolamento emocional decorrente de fronteiras rígidas. Essa crença na separação como modelo e medida da maturidade pode ser um exemplo de psicologia masculina muito generalizada e não-questionada. O perigo de as pessoas se perderem em relacionamentos não é mais real do que o perigo de elas se isolarem da intimidade.

O que os terapeutas familiares descobriram é que surgem problemas quando as fronteiras são rígidas ou difusas demais. Fronteiras rígidas são demasiado restritivas e permitem pouco contato com sistemas externos, o que resulta em **desvencilhamento**. O desvencilhamento torna os indivíduos e subsistemas independentes, mas isolados; ele estimula a autonomia, mas limita a afeição e o carinho. Subsistemas **emaranhados** têm fronteiras difusas; eles transmitem um sentimento maior de apoio, mas à custa da independência e da autonomia. Pais emaranhados são amorosos e atentos; todavia, seus filhos tendem a ser dependentes e podem ter dificuldade para se relacionar com pessoas de fora da família. Pais emaranhados respondem rápido demais aos filhos; pais desvencilhados podem não responder quando necessário.

Outro ponto importante sobre as fronteiras é que elas são recíprocas. O emaranhamento de uma mãe com os filhos está diretamente relacionado à distância emocional entre ela e o marido. Quanto menos receber do marido, mais ela precisará receber dos filhos – e quanto mais envolvida com os filhos, menos tempo e energia terá para o marido.

Não podemos deixar de observar que esses arranjos estão ligados ao gênero. Isso não os torna mais certos ou mais errados, mas deve nos tornar cautelosos com relação a culpar uma mãe por expectativas e arranjos culturais que perpetuam seu papel como a principal cuidadora dos filhos (Luepnitz, 1988). O terapeuta que reconhece a natureza normativa da síndrome mãe-emaranhada/pai-desvencilhado, mas coloca na mãe a carga de dar maior liberdade aos filhos, deveria se perguntar por que não lhe ocorre desafiar o pai a se envolver na situação.

O significado (função) dos sintomas

Quando os terapeutas familiares descobriram que os sintomas do paciente identificado geralmente tinham uma influência estabilizadora na família, chamaram esta influência homeostática de **função do sintoma** (Jackson, 1957). Em um artigo seminal, *The emotionally disturbed child as a family scapegoat*, Ezra Vogel e Norman Bell (1960) observaram que crianças emocionalmente perturbadas costumam estar envolvidas nas tensões entre os pais. Ao desviar seus conflitos para um dos filhos, os pais conseguem manter um relacionamento razoavelmente estável, embora o custo para a criança possa ser grande.

Segundo Vogel e Bell, alguma contingência característica da criança pode ser escolhida como objeto de uma atenção ansiosa, em um processo que estereotipa a criança como o membro desviante da família. Enquanto os pais focam sua preocupação na criança, seus conflitos podem ser ignorados.

A idéia de que os sintomas de um membro da família podem ter uma função homeostática alertou os terapeutas e os fez olhar além das queixas apresentadas, para os conflitos latentes que poderiam estar por trás. Se uma criança tem um problema de comportamento, por exemplo, geralmente os pais estão em conflito sobre como lidar com ela. Entretanto, isso não é o mesmo que dizer que o mau comportamento da criança *beneficia* a família. O conflito dos pais pode ser um resultado, e não a causa, dos problemas da criança. A propósito, repare que o termo *bode expiatório* é unilateral e avaliativo.

Uma conseqüência da suposição de que os sintomas estão a serviço dos propósitos da família é o estabelecimento de um relacionamento antagonista entre famílias e terapeutas. Esse antagonismo é com freqüência reforçado pela tendência de simpatizar com as crianças e ver os pais como opressores. (Não era assim que muitos de nós se sentiam enquanto crescíamos?) Não é fácil ser mãe e pai. Ter um filho difícil não facilita nem um pouco as coisas. Se os pais têm de lidar com um terapeuta que supõe que eles se beneficiam, de alguma forma, dos problemas da criança, quem poderia culpá-los por apresentarem resistência?

A idéia de que os sintomas têm uma função na família foi desacreditada, e a maioria das escolas terapêuticas atualmente defende um relacionamento colaborativo com os clientes. Entretanto, embora seja um erro supor que os sintomas, necessariamente, têm uma função homeostática para a família, vale a pena considerar a *possibilidade* de, em alguns casos, a depressão da mãe ou a recusa da criança em ir à escola terem uma função protetora para a família.

Ciclo de vida familiar

Quando pensamos no ciclo de vida, tendemos a pensar em indivíduos que se movem no decorrer do tempo, dominando os desafios de cada período e, então, avançando para o próximo. O ciclo da vida humana pode ser ordenado, mas não é um processo regular, contínuo. Progredimos em estágios, com platôs e obstáculos desenvolvimentais que exigem mudanças. Períodos de crescimento e mudança são seguidos por períodos de relativa estabilidade, durante os quais as mudanças são consolidadas.

A idéia de um **ciclo de vida familiar** adiciona dois pontos à nossa compreensão do desenvolvimento individual: primeiro, as famílias precisam reorganizar-se para acomodar o crescimento e a mudança de seus membros; segundo, desenvolvimentos em qualquer geração da família podem ter um impacto em um ou em todos os seus membros. Quando um filho ingressa na pré-escola ou atinge a puberdade, não só a criança precisa aprender a lidar com uma série de circunstâncias inteiramente novas, como também toda a família precisa se reajustar. Além disso, as transições desenvolvimentais que afetam os filhos não são apenas deles, são também dos pais. Em alguns casos, até dos avós. A tensão no relacionamento de um adolescente de 14 anos com os pais pode ser devida tanto à crise de meia-idade do pai ou à preocupação da mãe com a aposentadoria do próprio pai, quanto algo que o adolescente mesmo vivencia.

Mudanças em uma geração complicam os ajustes em outra. Um pai de meia-idade pode estar decepcionado com sua carreira e decidir se envolver mais com a família exatamente no momento em que os filhos estão crescendo e se afastando. Seu desejo de se aproximar pode frustrar a necessidade dos filhos de ficarem sozinhos. Citando outro exemplo cada vez mais comum, exatamente quando um homem e uma mulher começam a se envolver mais como casal depois que os filhos saem de casa, eles se descobrem novamente vivendo com filhos (filhos que largaram a faculdade, não conseguem se sustentar ou se recuperam de um divórcio precoce). O casal, então, se depara com uma versão desajeitada de uma segunda paternidade.

Uma propriedade que as famílias compartilham com outros sistemas complexos é que elas não mudam por um processo suave e gradual de evolução, e sim por pulos descontínuos. O amor romântico e as revoluções políticas são exemplos desses pulos. Ter um bebê é como se apaixonar e viver uma revolução simultaneamente.

Na década de 1940, os sociólogos Evelyn Duvall e Reuben Hill aplicaram uma estrutura desenvolvimental às famílias, dividindo a vida familiar em estágios distintos, com tarefas a serem cumpridas em cada estágio (Duvall, 1957; Hill e Rodgers, 1964). As terapeutas de família Betty Carter e Monica McGoldrick (1980, 1999) enriqueceram essa estrutura acrescentando um ponto de vista *multigeracional*, reconhecendo padrões culturalmente diversos e considerando estágios de divórcio e novo casamento (Tabela 4.1).

É importante reconhecer que não existe nenhuma versão padrão do ciclo de vida familiar. Não só as famílias existem em uma varie-

O trabalho de Monica McGoldrick lembra os terapeutas de que as famílias freqüentemente têm dificuldade de lidar com mudanças no ciclo de vida familiar.

Tabela 4.1
Os estágios do ciclo de vida familiar

Estágio do ciclo de vida	Processo emocional de transição: princípios fundamentais	Mudanças de segunda ordem no *status* familiar necessárias para o avanço desenvolvimental
Sair de casa: adulto jovem solteiro	Aceitar a responsabilidade emocional e financeira por si mesmo	a) Diferenciação do *self* em relação à família de origem b) Desenvolvimento de relacionamentos íntimos com seus pares c) Estabelecimento do *self* com relação ao trabalho e à independência financeira
União de famílias pelo casamento: o novo casal	Comprometer-se com o novo sistema	a) Formação do sistema conjugal b) Realinhamento dos relacionamentos com as famílias ampliadas e amigos para incluir o cônjuge
Famílias com filhos pequenos	Aceitar novos membros no sistema	a) Ajustar o sistema conjugal para dar espaço aos filhos b) Unir-se na criação dos filhos, nas tarefas financeiras e nas domésticas c) Realinhamento dos relacionamentos com a família ampliada para incluir papéis de pais e avós
Famílias com adolescentes	Aumentar a flexibilidade das fronteiras familiares para permitir a independência dos filhos e a fragilidade dos avós	a) Mudar relacionamentos pais-filhos para permitir que o adolescente entre e saia do sistema b) Mudar o foco para as questões conjugais e profissionais da meia-idade c) Começar uma mudança no sentido de cuidar da geração mais velha
Lançando os filhos e seguindo em frente	Aceitar um grande número de saídas e entradas no sistema familiar	a) Renegociar o sistema conjugal como uma díade b) Desenvolvimento de relacionamentos adulto-adulto c) Realinhamento dos relacionamentos para incluir noras, genros e netos d) Lidar com a incapacidade e morte dos pais (avós)
Famílias na vida mais tardia	Aceitar a mudança nos papéis geracionais	a) Manter o próprio funcionamento e interesses (ou os do casal) diante do declínio psicológico: explorar novas opções de papel familiar e social b) Apoiar um papel mais central da geração intermediária c) Dar espaço no sistema para a sabedoria e experiência dos mais velhos, apoiar a geração mais velha sem fazer demais por ela d) Lidar com a perda do cônjuge, irmãos e outros iguais e se preparar para a morte

dade de formas – famílias monoparentais, casais do mesmo sexo, famílias de segundo casamento – como vários grupos religiosos, culturais e étnicos podem ter normas completamente diferentes para diversos estágios. O real valor do conceito de ciclo de vida não é tanto aprender o que é normal ou esperado em determinados estágios, e sim reconhecer que as famílias muitas vezes desenvolvem problemas nas transições do ciclo de vida.

Os problemas surgem quando a família encontra um desafio – ambiental ou desenvolvimental – e não é capaz de se adaptar às novas circunstâncias. Assim, os problemas normalmente são vistos não como sinal de uma "família disfuncional", mas apenas como sinal de que a família não conseguiu se reajustar a um dos momentos críticos da vida. Sempre que alguém desenvolve sintomas psicológicos, pense na possibilidade de a família estar simplesmente empacada na transição de um estágio desenvolvimental para o próximo.

Resistência

Já que as famílias geralmente temem o que pode acontecer se seus conflitos forem expostos, elas talvez relutem em examinar seus problemas mais delicados. Os primeiros terapeutas familiares interpretavam mal a resistência – medo seria uma palavra melhor – como inflexibilidade ou oposição à mudança (homeostase). Mais recentemente, os terapeutas reconheceram que todos os sistemas humanos relutam em fazer mudanças que percebem como arriscadas. As famílias *devem* resistir à mudança – mesmo a mudanças que parecem benéficas para quem olha de fora – até ficar claro que as conseqüências dessas mudanças são seguras e que o terapeuta é digno de confiança. Assim, é possível ver a resistência como prudência, em vez de como teimosia. Os terapeutas que reconhecem a função protetora da resistência percebem que é melhor fazer primeiro com que a família se sinta segura o suficiente para baixar a guarda do que tentar derrubar as suas defesas de forma sorrateira ou pela força. Eles tentam criar um ambiente terapêutico acolhedor, não-acusatório, que gere a esperança de solucionar até as questões mais ameaçadoras.

Ao se imaginar fazendo terapia familiar, você talvez se pergunte de que maneira, como um terapeuta habilidoso e respeitoso, poderia evitar que membros zangados de uma família gritassem uns com os outros ou mantivessem um silêncio gélido enquanto os ponteiros do relógio avançam. Criar uma atmosfera segura envolve mais do que apenas estabelecer credibilidade e esperança. O terapeuta também precisa mostrar que é capaz de impedir que os membros da família se machuquem uns aos outros, para que saibam que podem deixar cair sua armadura de proteção sem medo de ataques. Nos primeiros anos da terapia familiar, imaginava-se ser necessário empurrar os membros da família para crises emocionais, a fim de descongelar seus padrões homeostáticos. Com o passar do tempo, todavia, os terapeutas perceberam que, embora o conflito seja real e não deva ser temido – como diz o ditado, "Não se pode fazer uma omelete sem quebrar ovos" –, a mudança ainda é possível quando os membros da família interagem com respeito e compaixão. É nesses momentos que eles se sentem suficientemente seguros para serem reais uns com os outros.

Uma das características distintivas da terapia familiar é a sua visão otimista das pessoas. Alguns modelos de terapia familiar supõem que por trás da fortaleza protetora da raiva ou ansiedade está um *self* central sadio, capaz de ser razoável, respeitoso, empático, tolerante e disposto a mudar. Quando os membros da família interagem neste estado, geralmente descobrem que são capazes de resolver seus problemas sozinhos. São as suas emoções protetoras que produzem impasse.

Independentemente da técnica do terapeuta, o segredo para criar interações produtivas, mesmo em sessões acrimoniosas, é a crença de que esse potencial construtivo existe em

Estudo de caso

Emily era uma mãe solteira cujas tentativas de disciplinar o filho eram solapadas pela proteção da avó materna. Emily evitava enfrentar a mãe por acreditar que isso de nada adiantaria. Ela achava que, se desafiada, a mãe a apoiaria ainda menos e ela se sentiria ainda mais deprimida. Esses medos não eram irreais. No passado, era exatamente isso que acontecia quando Emily criticava a mãe por alguma coisa. As defesas das pessoas nos parecem pouco razoáveis apenas porque não enxergamos suas lembranças.

Para que Emily se convencesse a tentar conversar com a mãe sobre seus sentimentos, o terapeuta precisava aumentar sua confiança de que trabalhar com ele melhoraria as coisas com a mãe. Para conseguir essa credibilidade, o terapeuta precisava respeitar o ritmo de Emily e reconhecer seus medos, em vez de confrontar ou manipular sua resistência. Os terapeutas encontrarão bem menos resistência se abordarem a família como parceiros, tentando ajudá-la a identificar o que a impede de se relacionar como gostaria, em vez de como peritos que dão conselhos e apontam suas falhas.

todo o mundo. Com essa crença, os terapeutas são capazes de assumir um papel colaborativo, pois acreditam que os clientes possuem os recursos necessários. Sem essa confiança, o terapeuta é empurrado para o papel do perito que supre os ingredientes ausentes – conselhos, *insight*, cuidados parentais, instrução ou medicação. Isso não quer dizer que o terapeuta familiar que tem essa visão respeitosa das pessoas nunca oferece esses ingredientes – ele só não supõe que sempre sabe o que é melhor.

Narrativas familiares

Os primeiros terapeutas familiares olhavam além dos indivíduos, para os relacionamentos familiares, a fim de compreender como os problemas se desenvolveram e foram perpetuados. Acontece que as ações estão inseridas em interações – e, evidentemente, as interações mais óbvias são comportamentais. Duplos vínculos, seqüências que mantêm o problema, controle aversivo, triângulos, emaranhamento e desvencilhamento – esses conceitos todos focavam o comportamento. Além de serem atores na vida uns dos outros, os membros da família também são contadores de histórias.

Ao reconstruir os acontecimentos de sua vida em narrativas coerentes, os membros da família conseguem compreender suas experiências (White e Epston, 1990). Assim, não são apenas ações e interações que moldam a vida de uma família, mas também as histórias que seus membros constroem e contam. Os pais de uma criança de dois anos de idade que dizem a si mesmo que a filha é "do contra" reagirão de forma muito diferente se comparados aos pais que dizem que sua pequenina é "corajosa".

As narrativas familiares organizam e explicam a experiência. Elas enfatizam certos acontecimentos que reforçam a linha da trama e deixam de fora outros eventos que não combinam. É mais provável que os pais que vêem a filha de dois anos como "do contra" lembrem mais dos momentos em que ela disse não do que daqueles em que disse sim. As interações familiares e sua narrativa dos acontecimentos relacionam-se de maneira circular: os eventos comportamentais são percebidos e organizados de forma narrativa; essa narrativa, por sua vez, cria expectativas que influenciam futuros comportamentos, e assim por diante.

O interesse pela narrativa familiar passou a ser identificado com uma escola específica, a terapia narrativa de Michael White, que enfatiza o fato de que as famílias com problemas chegam à terapia com narrativas pessimistas que tendem a impedir que ajam de forma efetiva. Mas uma parte importante do trabalho de qualquer terapeuta é ser sensível à importância das narrativas pessoais. A terapia é conduzida como um diálogo. Por mais que o terapeuta esteja interessado no processo da interação ou na estrutura dos relacionamentos familiares, também precisa aprender a respeitar a influência de como eles experienciam o que acontece – incluindo o *input* do terapeuta.

Gênero

Quando os terapeutas familiares começaram a aplicar a metáfora dos sistemas – uma organização de partes mais a maneira de as partes funcionarem juntas –, prestaram mais atenção à maneira pela qual as famílias funcionavam do que às suas partes. As famílias eram compreendidas em termos de abstrações como "fronteiras", "triângulos" e "subsistemas parentais", e os membros da família eram, às vezes, tratados como engrenagens de uma máquina. As "partes" de um sistema familiar nunca deixam de ser seres humanos individuais, mas a preocupação com a organização da família tendia a obscurecer a qualidade de pessoa separada dos indivíduos que a constituíam, incluindo sua psicodinâmica, psicopatologia, responsabilidade pessoal – e gênero.

O senso comum nos diz que o gênero é um fato da vida. (Embora ninguém deva subestimar a capacidade dos cientistas sociais de transcender ao senso comum.) Enquanto a sociedade esperar que os principais cuidados parentais sejam prestados pela mãe, as meninas moldarão sua identidade em relação a alguém com quem elas esperam se parecer, ao passo que os meninos reagirão à sua diferença como um motivo para se separar das mães. O resultado é o que Nancy Chodorow (1978) chamou, apropriadamente, de "a reprodução da maternagem". Tradicionalmente, a mulher foi criada para ter fronteiras psicológicas mais permeáveis, para desenvolver sua identidade em termos de conexão, para cultivar sua capacidade de empatia e para correr um risco maior de perder a si mesma nos relacionamentos. O homem, por outro lado, tende a desenvolver fronteiras psicológicas mais rígidas, a não reconhecer suas necessidades de dependência e a temer ser engolfado, e geralmente tem uma dificuldade relativamente maior de empatizar com os outros. Todos nós conhecemos homens que são amorosos e mulheres que não são, mas essas são as exceções que confirmam a regra.

A consciência do gênero e da desigualdade de gênero há muito tempo penetrou não apenas na terapia familiar, mas em toda a nossa cultura. Traduzir essa consciência em uma prática clínica concreta, todavia, é complicado e controverso.

Há espaço para discordância entre os que lutam para manter uma neutralidade clínica e os que acreditam que não erguer questões de gênero no tratamento – dinheiro, poder, cuidado dos filhos, justiça, e assim por diante – cria o risco de reforçar papéis e arranjos sociais tradicionais (Walters, Carter, Papp e Silverstein, 1988). Entretanto, não é possível ser um terapeuta justo e efetivo sem ser sensível a como as questões de gênero permeiam a vida da família. O terapeuta que ignora o gênero pode, inadvertidamente, demonstrar menor interesse e sensibilidade pela carreira de uma mulher, supor que os problemas dos filhos e os cuidados dos filhos de modo geral são responsabilidade principalmente da mãe, ter um duplo padrão para casos extraconjugais e esperar – ou pelo menos tolerar – a não-participação do pai no tratamento da família.

Se o patriarcado começa em casa, um terapeuta sensível ao gênero precisa reconhecer a importância duradoura das primeiras experiências e fantasias inconscientes. Como as crianças reagem aos pais tem importância não apenas para como elas vão se sair, mas também para os homens e mulheres que se tornarão. Quando uma menina ridiculariza sua mãe "detestável", ela pode, involuntariamente, estar desprezando sua própria condição feminina. Além da identificação com o progenitor do mesmo sexo, o relacionamento da criança com o outro progenitor é parte do que programa a futura experiência com o sexo oposto.

Um terapeuta sensível ao gênero também precisa evitar potenciais desigualdades em algumas das suposições básicas da terapia familiar. A noção de *causalidade circular*, por exemplo, que aponta os padrões repetitivos de comportamentos mutuamente reforçadores, quando aplicada a problemas como espancamento da mulher, incesto ou alcoolismo, tende a ignorar questões de responsabilidade e faz com que seja difícil considerar influências externas à interação, tais como crenças culturais sobre comportamentos de gênero apropriados. O conceito de *neutralidade* sugere que todas as partes do sistema contribuem igualmente para seus problemas e, portanto, torna invisíveis as diferenças de poder e de influência entre os membros da família. O mesmo vale para a *complementaridade*, a qual sugere que, em relacionamentos tradicionais entre homens e mulheres, os papéis são iguais, apesar de diferentes. Conciliar essas contradições nem sempre é fácil, mas ignorá-las não é a resposta.

Cultura

Entre as influências que moldam o comportamento da família, poucas são mais poderosas que o contexto cultural. Uma família de Porto Rico, por exemplo, pode ter expectativas muito diferentes de lealdade e obrigação em relação aos filhos adultos se comparada, digamos, a uma família de classe média de Minnesota. Uma razão para os terapeutas serem sensíveis à diversidade cultural é evitar impor valores e suposições da maioria a grupos minoritários. Atualmente existem livros e artigos excelentes para familiarizar os terapeutas com famílias de origens variadas, inclusive afro-americanas (Boyd-Franklin, 1989), latinas (Falicov, 1998), haitianas (Bibb e Casimir, 1996), ásio-americanas (Lee, 1996) e de zonas urbanas pobres (Minuchin, Colapinto e Minuchin, 1998), para mencionar apenas algumas. Esses textos servem de guia para os terapeutas que estão prestes a se aventurar em territórios relativamente desconhecidos, embora a melhor maneira de compreender pessoas de outras culturas seja passar um tempo com elas.

Alguns alunos ficam em dúvida sobre a diferença entre cultura e etnicidade. **Cultura** refere-se a padrões comuns de comportamento e experiência, derivados dos ambientes em que as pessoas vivem. **Etnicidade** refere-se à genealogia comum pela qual os indivíduos desenvolvem valores e costumes compartilhados – especialmente nos grupos que não são protestantes anglo-saxões. *Cultura* é o termo mais genérico, e nós o escolhemos aqui para enfatizar que o contexto cultural é sempre uma questão, mesmo para as famílias que têm *backgrounds* semelhantes ao do terapeuta.

Embora as influências culturais possam ser mais óbvias nas famílias de distinta origem estrangeira, é um erro supor que os membros da mesma cultura necessariamente compartilham valores e suposições. Um jovem terapeuta judeu, por exemplo, poderia ficar surpreso com a atitude desaprovadora de um casal judeu de meia-idade diante da decisão de seus filhos de adotar um bebê negro. Só porque um terapeuta é afro-americano, italiano ou irlandês, isso não significa que ele compartilha as mesmas experiências ou atitudes das famílias de origem semelhante. Cada família é única.

Apreciar o contexto cultural das famílias é complicado pelo fato de a maioria das famílias ser influenciada por múltiplos contextos, o que dificulta a generalização. Por exemplo, conforme salientado por Nancy Boyd-Franklin (1989), as famílias afro-americanas de classe média apresentam três culturas. Existem elementos culturais com raízes africanas, elementos que são parte da cultura americana dominante e, por fim, as adaptações que as pessoas negras precisam fazer diante do racismo da cultura dominante. Além disso, o contexto cultural pode variar entre os membros da família. Em famílias imigrantes, por exemplo, não é raro haver conflitos entre pais que mantêm um forte senso de identidade étnica e filhos que estão mais ansiosos para adotar os costumes do país hospedeiro. Pais de primeira geração podem acusar os filhos de abandonar os antigos costumes e desonrar a família, enquanto os filhos podem acusar os pais de estarem presos ao passado. Mais tarde, os filhos dos filhos podem resgatar suas raízes e tradições culturais.

O primeiro erro que um terapeuta pode cometer ao trabalhar com clientes de diferentes origens é patologizar diferenças culturais. Embora uma ausência de fronteiras entre uma família e seus vizinhos e parentes possa parecer problemática para um terapeuta branco de classe média, redes familiares mais inclusivas não são atípicas entre as famílias afro-americanas. O segundo erro é pensar que a tarefa do terapeuta é se tornar um especialista nas várias culturas com as quais ele trabalha. Embora possa ser útil para o terapeuta familiarizar-se com a língua, com os costumes e com os valores dos grupos mais importantes em sua área de captação, uma atitude de respeito e curiosidade em relação à cultura das pessoas é mais útil do que impor estereótipos étnicos ou supor que você já entende essas pessoas. É importante reconhecer o que você não sabe.

O terceiro erro que os terapeutas cometem ao trabalhar com famílias de outras cultu-

Entre as famílias latinas, a lealdade familiar geralmente é uma virtude suprema.

ras é aceitar como funcional tudo o que se supõe ser uma norma cultural. O bom terapeuta precisa respeitar os costumes das pessoas sem desistir do direito de questionar padrões que parecem ser contraprodutivos. Embora fronteiras fluidas possam ser típicas entre as famílias urbanas pobres, isso não significa que é inevitável que essas famílias dependam de vários serviços sociais ou que a equipe presuma que as necessidades familiares autorizam os profissionais a entrar, sem convite ou sem aviso, no espaço da família, em termos físicos ou psicológicos (Minuchin, Lee e Simon, 1996).

NOTA

1. O olho da rã, por exemplo, não registra muito mais do que movimentos laterais, o que pode ser tudo o que realmente precisamos saber se nosso principal interesse na vida é pegar moscas com a língua.

LEITURAS RECOMENDADAS

Bateson, G. 1971. *Steps to an ecology of mind*. New York: Ballantine.

Bateson, G. 1979. *Mind and nature*. New York: Dutton.

Bertalanffy, L. von. 1950. An outline of General System Theory. *British Journal of the Philosophy of Science. 1*, p. 134-165.

Bertalanffy, L. von. 1967. *Robots, men and minds*. New York: Braziller.

Bowlby, J. 1988. *A secure base: Clinical application of attachment theory*. London: Routledge.

Carter, E., e McGoldrick, M., eds. 1999. *The expanded family life cycle: A framework for family theraphy*, 3.ed. Boston: Allyn e Bacon.

Davidson, M. 1983. *Uncommon sense: The life and thought of Ludwig von Bertalanffy*. Los Angeles: Tarcher.

Dell, P. F. 1982. Beyond homeostasis: Toward a concept of coherence. *Family Process. 21*, p. 21-42.

Haley, J. 1985. Conversations with Erickson. *Family Therapy Networker: 9*(2), p. 30-43.

Hoffman, L. 1981. *Foundations of family therapy*. New York: Basic Books.

Wiener, N. 1948. *Cybernetics or control and communication in the animal and the machine*. Cambridge, MA: Technology Press.

REFERÊNCIAS

Ainsworth, M. D. S. 1967. *Infancy in Uganda: Infant care and the growth of attachment*. Baltimore: Johns Hopkins University Press.

Ainsworth, M. D. S., Blehar, M. C., Waiters, E., e Wall, S.1978. *Patterns of attachment: A psychological study of the strange situation*. Hillsdale, NJ: Erlbaum.

Anderson, H., e Goolishian, H. A. 1988. Human systems as linguistic systems: Evolving ideas about the implications of theory and practice. *Family Process. 27*, p. 371-393.

Bateson, G. 1956. *Naven*. Stanford, CA: Stanford University Press.

Bateson, G. 1972. *Steps to an ecology of mind*. New York: Ballantine.

Bateson, G. 1979. *Mind and nature*. New York: Dutton.

Bernard, C. 1859. *Leçons sur les proprietes physiologiques et les alterations pathologiques des liquides de l'organsime*. Paris: Balliere.

Bertalanffy, L. von. 1950. An outline of general systems theory. *British Journal of Philosophy of Science. 1*, p. 139-164.

Bertalanffy, L. von. 1968. *General systems theory*. New York: Braziller.

Bibb, A., e Casimir; G. J. 1996. Hatian families. In *Ethnicity and family therapy*, M. McGoldrick, J. Giordano, e J. K. Pearce, eds. New York: Guilford Press.

Bowen, M. 1978. *Family therapy in clinical practice*. New York: Jason Aronson.

Bowlby, J. 1958. The nature of the child's tie to his mother. *International Journal of Psycho-Analysis. 41*, p. 350-373.

Bowlby, J. 1973. *Attachment and loss: Vol. 2. Separation*. New York: Basic Books.

Boyd-Franklin, N. 1989. *Black families in therapy: A multisystems approach*. New York: Guilford Press.

Burlingham, D., e Freud, A. 1944. *Infants without families*. London: Allen & Unwin.

Cannon, W. B. 1939. *The wisdom of the body*. New York: Norton.

Carter, E., e McGoldrick, M., eds. 1980. *The family life cycle: A framework for family therapy*. New York: Gardner Press.

Carter, E., e McGoldrick, M., eds 1999. *The expanded family life cycle*. 3.ed. Boston: Allyn e Bacon.

Chodorow, N. 1978. *The reproduction of mothering*. Berkeley, CA: University of California Press.

Davidson, M. 1983. *Uncommon sense*. Los Angeles: Tarcher.

Dell, P. F. 1982. Beyond homeostasis: Toward a concept of coherence. *Family Process. 21*(1), p. 21-42.

Dell, P. F. 1985. Understanding Bateson e Maturana: Toward a biological foundation for the social sciences. *Journal of Marital and Family Therapy. 11*, p. 1-20.

Duvall, E. 1957. *Family development*. Philadelphia: Lippincott.

Easterbrook, M. A., e Lamb, M. E. 1979. The relationship between quality of infant-mother attachment and infant competence in initial encounters with peers. *Child Development. 50*, p. 380-387.

Efran, J. S., Lukens, M. D., e Lukens, R. J. 1990. *Language, structure and change: Frameworks of meaning in psychotherapy*. New York: Norton.

Falicov, C. J. 1998. *Latino families in therapy*. New York: Guilford Press.

Feeney, J. A. 1995. Adult attachment and emotional control. *Personal Relationships. 2*, p. 143-159.

Foerster, H. von. 1981. *Observing systems*. Seaside, CA: Intersystems.

Gergen, K. J. 1985. The social constructionist movement in modern psychology. *American Psychologist. 40*, p. 266-275.

Gottman, J. 1994. *What predicts divorce*. Hillsdale, NJ: Erlbaum.

Haley, J. 1976. *Problem-solving therapy*. San Francisco: Jossey-Bass.

Harlow, H. 1958. The nature of love. *American Psychologist. 13*, p. 673-685.

Hazan, C., e Shaver, P. R. 1987. Romantic love conceptualized as an attachment process. *Journal of Personality and Social Psychology. 52*, p. 511-524.

Heims, S. 1991. *The cybernetics group*. Cambridge, MA: MIT Press.

Held, B. S. 1995. *Back to reality: A critique of postmodern theory in psychotherapy*. New York: Norton.

Hill, R., e Rodgers, R. 1964. The developmental approach. In *Handbook of marriage and the family*, H. T. Christiansen, ed. Chicago: Rand McNally.

Hoffman, L. 1981. *Foundations of family therapy*. New York: Basic Books.

Hoffman, L. 1988. A constructivist position for family therapy. *The Irish Journal of Psychology. 9*, p. 110-129.

Hoffman, L. 1990. Constructing realities: An art of lenses. *Family Process. 29*, p. 1-12.

Jackson, D. D. 1957. The question of family homeostasis. *Psychiatric Quarterly Supplement. 31*, p. 79-90.

Jackson, D. D. 1959. Family interaction, family homeostasis, and some implications for conjoint family therapy. In *Individual and family dynamics*, J. Masserman, ed. New York: Grune & Stratton.

Johnson, S. 1996. *Creating connection: The practice of emotionally focused marital therapy*. New York: Brunner/Mazel.

Johnson, S. 2002. *Emotionally focused couple therapy with trauma survivors: Strengthening attachment bonds*. New York: Guilford Press.

Kelly, G. A. 1955. *The psychology of personal constructs*. New York: Norton.

Lee, E. 1996. Asian American families: An overview. In *Ethnicity and family therapy*, M. McGoldrick, J. Giordano, e J. K. Pearce, eds. New York: Guilford Press.

Lieberman, A. F. 1977. Preschoolers' competence with a peer: Relations with attachment and peer experience. *Child Development. 48*, p. 1277-1287.

Lorenz, K. E. 1935. Der Kumpan in der Umwelt des Vogels. In *Instinctive behavior*, C. H. Schiller, ed. New York: International Universities Press.

Luepnitz, D. A. 1988. *The family interpreted: Feminist theory in clinical practice*. New York: Basic Books.

Mahler, M., Pine, F., e Bergman, A. 1975. *The psychological birth of the human infant*. New York: Basic Books.

Main, M. 1977. Sicherheit und wissen. In *Entwicklung der Lernfahigkeit in der sozialen umwelt*, K. E. Grossman, ed. Munique: Kinder Verlag.

Main, M., e Weston, D. 1981. The quality of the toddler's relationships to mother and father: Related to conflict behavior and readiness to establish new relationships. *Child Development. 52*, p. 932-940.

Matas, L. Arend, R. e Sroufe, L. A. 1978. Continuity of adaptation in the second year: The relationship between quality of attachment and later competence. *Child Development. 49*, p. 547-556.

Maturana, H. R., e Varela, F. J. eds. 1980. *Autopoiesis and cognition: The realization of the living*. Boston: Reidel.

Meyrowitz, J. 1985. *No sense of place*. New York: Oxford University Press.

Minuchin, S. 1974. *Families and family therapy*. Cambridge, MA: Harvard University Press.

Minuchin, S. 1991. The seductions of constructivism. *Family Therapy Networker. 15*(5), p. 47-50.

Minuchin, P., Colapinto, I., e Minuchin, S. 1998. *Working with families of the poor*. New York: Guilford Press.

Minuchin, S., Lee, W. Y., e Simon, G. M. 1996. *Mastering family therapy: Journeys of growth and transformation.* New York: Wiley.

Minuchin, S., e Nichols, M. P. 1993. *Family healing: Tales of hope and renewal from family therapy.* New York: Free Press.

Neimeyer, R. A. 1993. An appraisal of constructivist psychotherapies. *Journal of Consulting and Clinical Psychology. 61*, p. 221-234.

Nichols, M. P. 1993. The therapist as authority figure. *Family Process. 32*, p. 163-165.

Nichols, M. P., e Schwartz, R. C. 2001. *Family therapy: Concepts and methods,* 5.ed. Boston: Allyn and Bacon.

Robertson, J. 1953. *A two-year-old goes to hospital.* [Film]. London: Tavistock Child Development Research Unit.

Simon, G. M. 1993. Revisiting the notion of hierarchy. *Family Process. 32*, p. 147-155.

Speer, D. C. 1970. Family systems: Morphostasis and morphogenesis, or "Is homeostasis enough?" *Family Process. 9*(3), p. 259-278.

Sroufe, L. A. 1979. The coherence of individual development: Early care, attachment and subsequent developmental issues. *American Psychologist. 34*, p. 834-841.

Ugazio, V. 1999. *Storie permesse, storie proibite: Polarità semantiche familiari e psicopatologie.* Turin: Bollati Boringhieri.

Vogel, E. F., e Bell, N. W. 1960. The emotionally disturbed child as a family scapegoat. In *The family,* N. W. Bell e E. F. Vogel, eds. Glencoe, IL: Free Press.

Waeters, M., Carter, B., Papp, P., e Silverstein, O. 1988. *The invisible web: Gender patterns in family relationships.* New York: Guilford Press.

Waters, E. 1978. The reliability and stability of individual differences in infant-mother attachment. *Child Development. 49*, p. 483-494.

Waters, E., Wippman, J., e Sroufe, L. A. 1979. Attachment, positive affect and competence in the peer group: Two studies of construct validation. *Child Development. 51*, p. 208-216.

Watzlawick, P., ed. 1984. *The invented reality.* New York: Norton.

Watzlawick, P., Beavin, J. H., e Jackson, D. D. 1967. *Pragmatics of human communication.* New York: Norton.

White, M., e Epston, D. 1990. *Narrative means to therapeutic ends.* New York: Norton.

Wiener, N. 1948. *Cybernetics or control and communication in the animal and the machine.* Cambridge, MA: MIT Press.

Wynne. L. 1984. The epigenesis or relational systems: A model for understanding family development. *Family Process. 23*, p. 297-318.

PARTE 2
As escolas clássicas de terapia familiar

5

A terapia familiar sistêmica de Bowen

Uma abordagem intergeracional à terapia familiar

Os pioneiros da terapia familiar reconheceram que as pessoas são produtos de seu contexto social, mas limitaram o foco à família nuclear. Sim, as nossas ações são influenciadas pelo que acontece na nossa família, mas quais são as forças, passadas e presentes, que moldam essas influências? O que faz com que um marido se distancie da vida familiar? O que faz uma mulher negligenciar o próprio desenvolvimento para cuidar da vida dos filhos? Murray Bowen buscou respostas para essas perguntas na rede mais ampla dos relacionamentos familiares.

Segundo Bowen, os relacionamentos humanos são impulsionados por duas forças de vida que se equilibram: *individualidade* e *proximidade*. Todos nós precisamos de companhia e de certo grau de independência. O que torna a vida interessante – e frustrante – é a tendência a sermos polarizados por nossas necessidades. Quando um parceiro pressiona por uma maior conexão, o outro pode se sentir acuado e se afastar. Com o passar do tempo, a perseguição de um e o afastamento do outro leva o par a ciclos de proximidade e distância.

O sucesso em conciliar essas duas polaridades da natureza humana depende do quanto a pessoa aprendeu a lidar com suas emoções ou, para usar o termo de Bowen, da sua *diferenciação de self*. Falaremos mais sobre isso no decorrer do capítulo.

Embora ninguém duvide da influência formativa da família, muitos imaginam que, ao sair de casa, eles se tornam adultos desenvolvidos e independentes, finalmente livres da influência dos pais. Algumas pessoas valorizam a individualidade e consideram um sinal de crescimento separar-se dos pais. Outras gostariam de ser mais próximas da família, mas acham as visitas tão dolorosas que mantêm distância para se proteger de desapontamentos e mágoas. Uma vez fora do alcance do conflito imediato, elas esquecem e negam a discórdia. Todavia, conforme Bowen descobriu, a família continua conosco onde quer que estejamos. Como veremos, a não-resolvida reatividade emocional aos nossos pais é o assunto em aberto mais importante da nossa vida.

ESBOÇO DE FIGURAS ORIENTADORAS

O interesse profissional de Murray Bowen pela família começou quando ele trabalhava como psiquiatra na Menninger Clinic, na década de 1940. Ao dirigir sua atenção para o enigma da esquizofrenia, Bowen ficou impressionado com a delicada sensibilidade emocional entre os pacientes e suas mães. Outros haviam chamado essa reatividade de *simbiose*, como se fosse algum tipo de mutação parasítica. Bowen a via simplesmente como o exagero de um processo natural, uma versão mais intensa da tendência a reagir emocionalmente ao outro que existe em todos os relacionamentos.

Em 1954, Bowen transferiu-se para o National Institute of Mental Health (NIMH), onde iniciou um projeto de hospitalizar famílias inteiras com membros esquizofrênicos. O que ele descobriu foi que o intenso laço emocional entre as mães e seus filhos emocionalmente perturbados envolvia, de modo inevitável, toda a família. No âmago do problema havia um "apego ansioso", uma forma de proximidade patológica criada pela ansiedade. Nessas famílias perturbadas, as pessoas eram prisioneiras emocionais da maneira pela qual os outros se comportavam. A marca registrada desses relacionamentos *fundidos* era a falta de autonomia pessoal.

Outra descoberta das pesquisas de Bowen sobre a "simbiose mãe-criança" foi a observação de um padrão repetitivo: ciclos alternados de proximidade e distância, com uma delicada sensibilidade a mudanças na tensão emocional ou na mãe, ou na criança, ou no relacionamento entre elas. Acreditava-se que a alternação entre ansiedade de separação e ansiedade de incorporação era a dinâmica subjacente.

Quando o projeto do NIMH terminou, em 1959, e Bowen transferiu-se para a Georgetown University, começou a trabalhar com famílias cujos problemas eram menos graves. O que ele descobriu, para sua surpresa, foi a existência de muitos dos mecanismos que observara nas famílias de psicóticos. Isso o convenceu de que não há descontinuidade entre famílias normais e famílias perturbadas, o que acontece é que todas as famílias variam ao longo de um contínuo que vai da fusão emocional à diferenciação.

Durante seus 31 anos em Georgetown, Bowen desenvolveu uma teoria abrangente de terapia familiar, inspirou toda uma geração de alunos e tornou-se um líder internacionalmente reconhecido do movimento de terapia familiar. Ele morreu após uma longa enfermidade, em outubro de 1990.

Entre os alunos mais proeminentes de Bowen estão Philip Guerin e Thomas Fogarty, que se reuniram em 1973 para criar o Center for Family Learning em New Rochelle, Nova York. Sob a liderança de Guerin, o Center for Family Learning tornou-se um dos maiores centros de formação em terapia familiar. Guerin é um terapeuta e professor tranquilo, virtuoso, e dois de seus livros, *The evaluation and treatment of marital conflict* e *Working with relationship triangles*, estão entre os mais úteis de toda a literatura sobre terapia familiar.

Betty Carter e Monica McGoldrick são mais conhecidas por sua exposição do ciclo de vida familiar (Carter e McGoldrick, 1999) e por defenderem o feminismo na terapia familiar. Michael Kerr, M.D., foi por muito tempo aluno

O modelo sistêmico de família ampliada de Murray Bowen é a teoria mais abrangente na terapia familiar.

As aplicações de Philip Guerin da teoria de Bowen produziram alguns dos livros mais úteis na terapia familiar.

e colega de Bowen e, desde 1977, é diretor de formação no Georgetown Family Center. Kerr talvez seja o defensor mais fiel de todos os alunos de Bowen, como sua brilhante explicação da teoria boweniana no livro *Family evaluation* (Kerr e Bowen, 1988) demonstra magnificamente.

FORMULAÇÕES TEÓRICAS

A maioria dos pioneiros da terapia familiar era pragmatista, mais preocupada com a ação que com o *insight*, mais interessada na técnica que na teoria. Bowen foi uma exceção. Sempre foi mais comprometido com a teoria sistêmica como uma maneira de pensar do que como um conjunto de intervenções.

Segundo Bowen, temos menos autonomia na nossa vida emocional do que imaginamos. A maioria de nós é mais dependente e reativo em relação aos outros do que gostamos de pensar. A teoria de Bowen descreve de que forma a família, como uma rede multigeracional de relacionamentos, molda a interação entre individualidade e proximidade, a partir de seis conceitos interligados (Bowen, 1966): diferenciação do *self*, triângulos, processo emocional da família nuclear, processo de projeção familiar, processo de transmissão multigeracional e posição de nascimento entre os irmãos. Na década de 1970, Bowen (1976) acrescentou dois outros conceitos: *rompimento emocional* e *processo emocional societário*.

Diferenciação do *self*

A base da teoria de Bowen é um conceito simultaneamente intrapsíquico e interpessoal. Mais ou menos análogo ao termo *força de ego*, a **diferenciação do *self*** é a capacidade de pensar e refletir, de não responder automaticamente a pressões emocionais, internas ou externas (Kerr e Bowen, 1988). É a capacidade de ser flexível e agir sabiamente, mesmo diante da ansiedade.

Pessoas indiferenciadas são facilmente levadas à emotividade. Sua vida é movida pela reatividade àqueles que as cercam. A pessoa diferenciada é capaz de equilibrar pensamento e sentimento, capaz de fortes emoções e espontaneidade, mas também possui a autocontenção que acompanha a capacidade de resistir à pressão dos impulsos emocionais.

Em contraste, a pessoa indiferenciada tende a reagir impetuosamente – com submissão ou desafio – aos outros. Ela tem dificuldade de manter sua autonomia, especialmente com relação a questões que despertam ansiedade. Se perguntarmos o que ela pensa, ela diz o que sente; se perguntarmos no que acredita, ela ecoa o que ouviu. Ou ela concorda com tudo o que você diz ou discorda de tudo. Em contraste, a pessoa diferenciada é capaz de assumir uma posição em qualquer assunto, pois pode refletir sobre as coisas, decidir no que acredita e, então, agir em função dessas crenças.

Guerin define a diferenciação como o processo de se libertar parcialmente do caos emocional da própria família. Libertar-se envolve analisar o próprio papel como um participante ativo no sistema de relacionamentos, em vez de culpar todo o mundo, exceto a si mesmo, pelos problemas (Guerin, Fay, Burden e Kautto, 1987). Guerin emprega o conceito de *nível de funcionamento adaptativo* para descrever a capacidade de se manter objetivo e se comportar racionalmente diante das pressões da emotividade.

Triângulos emocionais

Tire um minuto para pensar sobre o relacionamento atual mais perturbador da sua vida. Esse relacionamento quase certamente envolve uma ou mais terceiras pessoas. Praticamente todos os relacionamentos são influenciados por terceiras pessoas – parentes, amigos, até lembranças.

A maior influência sobre a atividade dos triângulos é a *ansiedade* (Guerin, Fogarty, Fay e Kautto, 1996). Conforme a ansiedade aumenta, as pessoas sentem uma necessidade maior de proximidade emocional – ou, em reação à pressão dos outros, uma maior necessidade de distância. Quanto mais as pessoas forem impulsionadas pela ansiedade, menos tolerantes elas serão umas com as outras e mais serão polarizadas pelas diferenças.

Quando duas pessoas têm problemas que não conseguem resolver, chegam a um ponto em que fica difícil conversar sobre certas coisas. Por que passar por aquela provação se ela só leva à mágoa e raiva? Finalmente, um ou ambos recorrerão a alguém em busca de simpatia, ou o conflito atrairá uma terceira pessoa que tentará resolver as coisas. Se o envolvimento da terceira pessoa for apenas temporário ou pressionar os dois para que resolvam suas diferenças, o triângulo não se torna fixo, mas, se a terceira pessoa continua envolvida, como freqüentemente acontece, o triângulo se torna uma parte regular do relacionamento.

O envolvimento de uma terceira pessoa diminui a ansiedade na dupla ao espalhá-la por três relacionamentos. Assim, por exemplo, uma mulher chateada com a distância do marido pode aumentar seu envolvimento com um dos filhos. O que torna isso um triângulo é a dispersão da energia que, de outra forma, poderia ser dirigida ao casamento. Se ela passar mais tempo com a filha, a pressão sobre o marido diminui, e ele pode se sentir menos obrigado a fazer coisas que não tem vontade de fazer. Entretanto, isso também diminui a probabilidade de marido e mulher aprenderem a desenvolver interesses compartilhados – e diminui a independência da filha.

Guerin distinguiu "triângulos", como uma estrutura de relacionamento, da "triangulação", um processo reativo (Guerin e Guerin, 2002). No processo de triangulação, uma terceira pessoa, que se torna sensível à ansiedade de um casal, entra em cena para oferecer reasseguramento ou acalmar as coisas. "Por exemplo, uma filha mais velha pode tentar reduzir um conflito conjugal intenso conversando individualmente com cada um dos pais ou com o progenitor sobre o qual ela tem maior influência. Enquanto isso, seu irmão mais jovem pode absorver a tensão dos pais ou lidar com ela agindo de maneira anti-social. O comportamento de atuação também tem a função de unir os pais em uma tentativa de resolver o problema comum da atuação do filho" (Guerin et al., 1987, p. 62).

Um grupo de três não é, necessariamente, um triângulo. Em um trio viável, cada dupla pode interagir um a um, e cada um pode assumir "posições-Eu", sem tentar modificar os outros dois. Em um triângulo, por outro lado, a interação de cada dupla está ligada ao comportamento da terceira pessoa; cada pessoa é movida por formas reativas de comportamento, nenhuma delas consegue assumir uma posição pessoal sem sentir necessidade de modificar as outras duas, e cada pessoa se envolve no relacionamento entre as outras duas. Imagine uma faixa de borracha em torno de três pessoas que não podem deixá-la cair. Ela limita os movimentos de tal forma que, se duas pessoas se aproximarem, a terceira precisa se afastar.

Alguns triângulos parecem tão inocentes que nós mal os notamos. A maioria dos pais não consegue deixar de se queixar do parceiro para os filhos. "Sua mãe está *sempre* atrasada!" "Seu pai *nunca* deixa ninguém mais dirigir!" Esses intercâmbios parecem bastante inócuos. O que faz com que os triângulos sejam problemáticos é que eles tendem a se tornar habituais e a corromper o relacionamento original.

A triangulação deixa sair o vapor, mas congela o conflito. Não estamos dizendo que se queixar ou buscar consolo é errado, e sim que os triângulos se tornam uma diversão que solapa os relacionamentos.

A maioria dos problemas familiares é triangular, e é por isso que trabalhar apenas com uma dupla pode ter resultados limitados. Ensinar a uma mãe técnicas melhores para disciplinar seu filho não resolverá o problema se ela estiver muito envolvida com o menino como resultado da distância do marido.

Processo emocional da família nuclear

Este conceito trata das forças emocionais na família que operam ao longo dos anos em padrões recorrentes. Bowen, originalmente, empregou o termo *massa de ego familiar indiferenciada* para descrever um excesso de reatividade emocional, ou **fusão**, na família. Se você conhece alguém que raramente parece ouvir o que você diz porque está mais ocupado em criticar ou dar conselhos, então sabe como é frustrante lidar com pessoas emocionalmente reativas.

A falta de diferenciação na família de origem pode levar a um *rompimento emocional* dos pais, o que por sua vez leva à fusão no casamento – por que as pessoas com recursos emocionais limitados costumam projetar todas as suas necessidades uma na outra. Como esta nova fusão é instável, ela tende a produzir uma ou mais das seguintes situações:

1. distância emocional reativa entre os parceiros;
2. disfunção física ou emocional em um dos parceiros;
3. conflito conjugal;
4. projeção do problema em um ou mais filhos.

A intensidade desses problemas está relacionada ao grau de diferenciação, extensão do desligamento emocional em relação à família de origem e nível de estresse no sistema.

Processo de projeção familiar

Este é o processo pelo qual os pais transmitem sua falta de diferenciação aos filhos. A fusão emocional em um casal cria tensão que leva a conflitos, distância emocional, ou muito ou pouco funcionamento recíproco. Um caso comum é o marido que está desligado dos pais e irmãos e se relaciona de maneira demasiado distante com a esposa. Isso a predispõe a se concentrar nos filhos. Mantida à distância pelo marido, ela fica apegada aos filhos de forma ansiosa, normalmente com maior intensidade a um filho específico. Este pode ser o filho mais velho, o mais jovem ou talvez a criança mais parecida com um dos pais. Esse apego é diferente de uma preocupação carinhosa: é uma preocupação ansiosa, emaranhada. Como isso alivia a ansiedade do marido, ele aceita o grande envolvimento da mulher com os filhos, o que, por sua vez, reforça o emaranhamento deles e a distância do marido.

O objeto desse processo de projeção – o filho através do qual a mãe vive mais intensamente – atinge a menor diferenciação do *self* e se torna o mais vulnerável a problemas. Isso não significa que padrões de funcionamento emocional *causam* disfunção física ou emocional: significa que esses processos emocionais na família são uma influência importante sobre a capacidade do indivíduo de se adaptar a outros fatores que precipitam disfunção.

Quanto mais a mãe focaliza sua ansiedade em um filho, mais o funcionamento desse filho é tolhido. Esse subdesenvolvimento incentiva a mãe a pairar sobre a criança, o que a distrai de sua ansiedade, mas incapacita emocionalmente a criança.

Processo de transmissão multigeracional

Este conceito descreve a transmissão de ansiedade de geração para geração. Em cada geração, o filho mais envolvido na fusão familiar avança para um nível mais baixo de diferenciação do *self* (e uma ansiedade crônica), enquanto o filho menos envolvido avança para um nível mais elevado de diferenciação (e menor ansiedade).

Quando uma pessoa (segunda geração) menos diferenciada que os pais se casar, ela, como os pais, escolherá um parceiro com um nível semelhante de diferenciação. Essas duas pessoas, então, estabelecem a atmosfera emocional da nova família e incorporam os filhos nessa atmosfera. Se o cônjuge tiver um nível de diferenciação mais baixo que o dos pais, o nível de ansiedade na nova família provavelmente será mais elevado. Já que a ansiedade é maior, os mecanismos para contê-la (conflito conjugal, disfunção do cônjuge ou disfunção do filho) serão mais ativos nesta geração do que na anterior. A maneira específica de conter a ansiedade determina o grau de separação emocional de cada filho na terceira geração. Quanto mais ansiedade estiver concentrada em um dos filhos, menos essa criança será capaz de regular sua própria emotividade e se tornar uma pessoa madura e feliz. Quanto menos ansiedade estiver concentrada nos filhos, mais eles poderão crescer com maior diferenciação do que os pais. Assim, a teoria de Bowen vai além de dizer que o passado influencia o presente: ela especifica o caminho ao longo do qual os processos emocionais são transmitidos através das gerações.

Os pais que impõem suas preocupações aos filhos deixam a eles pouca escolha além de se conformar ou se rebelar. Em vez de aprender a pensar por si mesmos, esses filhos funcionam em reação aos outros. Quando saírem de casa, terão a expectativa de serem os autores de sua própria vida. Não serão iguais aos pais! Infelizmente, embora possamos lutar contra nossa herança, ela em geral nos alcança.

Posição de nascimento dos irmãos

Bowen concordava com a noção de que os filhos desenvolvem características de personalidade com base em sua posição na família (Toman, 1969). Tantas variáveis estão envolvidas que é complexo querer predizer, mas o conhecimento das características gerais, mais o conhecimento específico de uma determinada família, ajuda a revelar que papel um filho vai desempenhar no processo emocional dessa família.

A teoria de Bowen oferece uma perspectiva interessante para se reconsiderar a noção familiar da rivalidade entre irmãos. Digamos que uma mãe está ansiosa para garantir que os filhos jamais sintam ciúme e assume a responsabilidade de assegurar que se sintam igualmente amados (ainda que a verdade possa ser diferente). Sua ansiedade se traduz no cuidado para tratá-los exatamente da mesma forma – uma tentativa de perfeita igualdade que trai a apreensão que existe por trás. Cada um dos filhos torna-se muito sensível à quantidade de atenção que recebe em relação aos irmãos. Isso pode resultar em brigas e ressentimentos – exatamente o que a mãe queria evitar. Além disso, já que a mãe está ansiosa para controlar como os filhos se sentem, ela pode se meter nas brigas para acalmar as coisas, privando-os assim da oportunidade de resolverem sozinhos – e dando-lhes razões adicionais para se sentirem desigualmente tratados. ("Por que *eu* tenho de ir para o meu quarto? Foi *ele* que começou!")

Portanto, o conflito entre irmãos, com freqüência explicado como decorrente de uma rivalidade inevitável (como se a rivalidade fosse o único relacionamento natural entre irmãos), pode ser apenas um lado de um triângulo. (Evidentemente, a intensidade da preocupação da mãe com os filhos está relacionada a outros triângulos – inclusive seus relacionamentos com marido, amigos, carreira.)

A importância da ordem de nascimento foi documentada no ótimo livro *Born to rebel*, de Frank Sulloway (1996). Incluindo dados biográficos de 500 anos de história, as conclusões de Sulloway foram confirmadas por uma análise multivariada de mais de um milhão de pontos destes dados. A personalidade, argumenta ele, é o repertório de estratégias que os irmãos usam para competir entre si a fim de assegurar um lugar na família.

Os primogênitos tendem a se identificar com poder e autoridade: utilizam seu tamanho e força para defender seu *status* e tentar minimizar o custo de ter irmãos que os dominam. (Alfred Adler sugeriu que os primogênitos se tornam "conservadores famintos pelo poder" conforme lutam para restaurar a primazia perdida dentro da família.) Winston Churchill, George Washington, Ayn Rand e Rusch Limbaugh são exemplos ilustrativos.

Como "pobre-diabos" na família, os que nascem depois são mais inclinados a se identificar com os oprimidos e a questionar o *status quo*. São mais abertos a experiências porque essa abertura os ajuda, como retardatários na família, a achar um nicho vago. Dessas fileiras vieram os ousados exploradores, iconoclastas e heréticos da história: Joana D'Arc, Marx, Lênin, Jefferson, Rousseau, Virginia Woolf, Mary Wollstonecraft e Bill Gates são representativos de filhos nascidos depois do primogênito.

O que os desenvolvimentalistas outrora consideravam um contexto familiar compartilhado agora se revela nem um pouco compartilhado. Toda família é uma multiplicidade de microambientes, uma coleção de nichos, que consistem em pontos de observação distintos de onde os irmãos experienciam os mesmos acontecimentos de maneiras bem diferentes.

Rompimento emocional

O **rompimento emocional** descreve como as pessoas manejam a indiferenciação (e a ansiedade associada) entre as gerações. Quanto maior a fusão emocional entre pais e filhos, maior é a probabilidade de rompimento. Algumas pessoas buscam distância mudando-se para longe; outras fazem isso emocionalmente, evitando conversas pessoais ou isolando-se da presença de terceiros.

Michael Nichols (1986, p. 190) descreve como algumas pessoas confundem o rompimento emocional com maturidade:

> Tomamos como um sinal de crescimento separar-nos dos pais e medimos nossa maturidade pela independência de laços familiares. No entanto, muitos de nós ainda responde à família como se ela fosse radioativa e capaz de infligir grande dor. Só uma coisa priva o Super-homem de sua força extraordinária: a criptonita, um fragmento de seu planeta natal. Um número surpreendente de homens e mulheres adultos fica igualmente impotente com uma breve visita que recebem ou fazem aos pais.

Processo emocional societário

Bowen antecipou a preocupação contemporânea com a influência social sobre como as famílias funcionam. Kerr e Bowen (1988) citam o exemplo do elevado índice de crimes encontrado em comunidades com grande pressão social. Bowen reconhecia que o sexismo e o preconceito de classe e étnico eram exemplos de processos emocionais sociais tóxicos, mas acreditava que os indivíduos e as famílias com níveis mais elevados de diferenciação eram mais capazes de resistir a essas influências sociais destrutivas.

❖❖❖

Às preocupações teóricas dos terapeutas bowenianos, Monica McGoldrick e Betty Carter acrescentaram o gênero e a etnicidade. Essas bowenianas feministas acreditam que não é possível ignorar desigualdades de gênero sem ignorar algumas das principais forças que mantêm homens e mulheres aprisionados por papéis inflexíveis. Além disso, elas poderiam apontar que a sentença anterior é inadequada, por implicar que homens e mulheres são igualmente vítimas de vieses de gênero. As mulheres vivem em condições sociais coercitivas *e* com homens que as perpetuam – homens que

Betty Carter é uma terapeuta boweniana muito respeitada e uma convincente defensora da igualdade de gênero.

talvez não se sintam poderosos em relação a suas esposas e mães, mas que vivem em condições sociais que facilitam seu avanço no mundo e tomam isso como garantido.

McGoldrick também foi uma figura líder ao chamar a atenção para diferenças étnicas entre as famílias. Seu livro *Ethnicity and family therapy* (McGoldrick, Pearce e Giordano, 1982) foi um marco no desenvolvimento da sensibilidade a esta questão na terapia familiar. Sem compreender como os valores culturais diferem de um grupo étnico para outro, o terapeuta corre o perigo de impor sua maneira de ver as coisas a famílias cuja perspectiva não é "disfuncional", e sim legitimamente diferente.

DESENVOLVIMENTO FAMILIAR NORMAL

Considera-se que existe um ótimo desenvolvimento familiar quando os membros da família são diferenciados, a ansiedade é baixa e os parceiros mantêm um bom contato emocional com as próprias famílias. A maioria das pessoas sai de casa em meio a relacionamentos que estão passando de uma base adolescente para uma base adulta. Assim, a transformação costuma estar incompleta e a maioria de nós, mesmo adultos, continua a reagir com sensibilidade adolescente aos pais – ou a qualquer outra pessoa que aperte os mesmos botões.

Normalmente, mas não de modo adequado, as pessoas diminuem o contato com um ou mais dos pais e irmãos para evitar a ansiedade de lidar com eles. Uma vez fora de casa e sozinhas, tendem a supor que deixaram para trás as antigas dificuldades. Entretanto, todos nós carregamos assuntos não-encerrados, na forma de sensibilidades não-resolvidas que são deflagradas em relacionamentos intensos onde quer que estejamos. Tendo aprendido a ignorar seu papel nos conflitos familiares, a maioria das pessoas não consegue evitar recorrências em novos relacionamentos.

Outra herança do passado é que o apego emocional entre parceiros íntimos fica parecido com o que cada um tinha na sua família de origem. As pessoas de famílias indiferenciadas continuarão sendo indiferenciadas quando formarem uma nova família. Aquelas que lidam com a ansiedade pela distância e pelo retraimento tenderão a fazer o mesmo em seu casamento. Como conseqüência, Bowen estava convencido de que a diferenciação de personalidades autônomas, conseguida principalmente na família de origem, era tanto uma descrição de desenvolvimento normal quanto uma prescrição de melhora terapêutica.

Carter e McGoldrick (1999) descrevem o **ciclo de vida familiar** como um processo de expansão, contração e realinhamento do sistema de relacionamentos para suportar a entrada, a saída e o desenvolvimento dos membros da família. No *estágio de sair de casa*, a principal tarefa para o jovem adulto é se separar da família sem romper ou escapar para um substituto emocional. Este é o momento de desenvolver um *self* autônomo, antes de se juntar a alguém para formar uma nova união. No *estágio de reunião de famílias pelo casamento*, a principal tarefa é comprometer-se com o novo casal. Contudo, isso não é simplesmente uma reunião de duas pessoas: é uma transformação de dois sistemas inteiros. Embora os problemas neste estágio possam acontecer principalmente entre os dois parceiros, podem refletir o fracasso de se separar das famílias de origem ou dos desligamentos que colocam pressão excessiva sobre o casal. A formação de uma parceria de intimidade requer que os parceiros mudem seu apego emocional primário dos pais e amigos para o relacionamento com o companheiro. Fazer planos da festa de casamento, escolher um lugar para morar, comprar um carro, o nascimento de um bebê e a escolha de uma escola são momentos em que essa luta pode se tornar mais explícita.

As *famílias com filhos pequenos* precisam dar espaço para as novas adições, cooperar na criação dos filhos, evitar que o casamento seja soterrado pela paternidade e realinhar relacionamentos com a família ampliada. Jovens mães e pais precisam atender às necessidades dos filhos de cuidado e controle – e trabalhar juntos como uma equipe. Este é um momento muito estressante, em especial para as novas mães, e é o estágio com o maior índice de divórcios.

A recompensa para os pais que sobrevivem aos estágios precedentes é ver os filhos se transformarem em adolescentes. A *adolescência* é uma época em que os filhos já não querem ser como a mamãe e o papai: querem ser eles mesmos. Eles lutam para se tornar indivíduos autônomos e para abrir as fronteiras familiares – e lutam tanto quanto precisam. Os pais que têm uma vida satisfatória recebem bem (ou pelo menos toleram) o ar fresco que sopra pela casa nessa época. Aqueles que insistem em controlar seus adolescentes como se ainda fossem crianças podem provocar um doloroso aumento da rebelião que é normal neste período.

No *estágio de lançar os filhos e seguir em frente*, os pais precisam deixá-los partir e assumir a própria vida. Esta pode ser uma época libertadora ou um momento de *crise de meia-idade* (Nichols, 1986). Os pais precisam não só lidar com mudanças na vida dos filhos e na própria vida, como também com mudanças em seus relacionamentos com os pais, que estão envelhecendo e podem precisar de maior apoio – ou que no mínimo não querem mais agir como pais.

As *famílias na vida mais tardia* precisam adaptar-se à aposentadoria, que significa não só uma súbita perda de profissão, como também um repentino aumento de proximidade para o casal. Com ambos os parceiros em casa todo o dia, a casa pode parecer bem menor. Mais tarde, as famílias precisam lidar com a piora da saúde, com doenças e depois com a morte, a grande igualadora.

Uma variação no ciclo de vida que já não pode ser considerada anormal é o *divórcio*. Com um índice de divórcio de 50% e um índice de reincidência de 61% (Kreider e Fields, 2002), o divórcio atinge atualmente a maioria das famílias estadunidenses. As principais tarefas para o casal que se divorcia são acabar o casamento, mas manter a cooperação como pais. Algumas famílias pós-divórcio tornam-se monoparentais – em sua maioria constituídas pela mãe e pelos filhos e em sua vasta maioria lutando com dificuldades financeiras. A alternativa é casar de novo e formar uma nova família, na qual com freqüência a solidão é trocada pelo conflito.

DESENVOLVIMENTO DE TRANSTORNOS DE COMPORTAMENTO

Os sintomas resultam do estresse que supera a capacidade da pessoa de manejá-lo. A capacidade de lidar com o estresse é uma função da diferenciação: quanto mais diferenciada a pessoa, mais resiliente ela será e mais flexíveis e sustentadores serão seus relacionamentos. Quando menos diferenciada for, menos estresse será necessário para produzir sintomas.

Se "diferenciação" fosse reduzida à "maturidade", a fórmula boweniana não acrescentaria muito ao conhecido modelo de diátese-estresse, segundo o qual a doença surge quando a vulnerabilidade de um indivíduo é sobrecarregada. A diferença é que a diferenciação não é apenas uma qualidade de indivíduos, mas também de relacionamentos. O nível básico de diferenciação de uma pessoa é amplamente determinado pelo grau de autonomia atingido em sua família, mas o *nível funcional de diferenciação* é influenciado pela qualidade dos relacionamentos atuais. Assim, uma pessoa relativamente imatura que consegue desenvolver relacionamentos sadios correrá menos riscos do que uma pessoa igualmente imatura que está sozinha ou em relacionamentos não-sadios. Os sintomas surgem quando o nível de ansiedade excede a capacidade *do sistema* de manejá-la.

O indivíduo mais vulnerável (em termos de isolamento e falta de diferenciação) é o que provavelmente absorverá a ansiedade do sistema e desenvolverá sintomas. Por exemplo, uma criança de 10 anos com transtorno de conduta provavelmente será a criança mais triangulada na família e, portanto, a mais aprisionada pelo conflito entre os pais ou mais afetada pelas tensões de um dos pais.

Segundo Bowen, o fator subjacente na gênese dos problemas psicológicos é a *fusão emocional*, transmitida de uma geração para a próxima. Quanto maior a fusão, mais a pessoa é programada por forças emocionais primitivas e mais vulnerável fica à emotividade dos outros. Embora nem sempre seja aparente, as pessoas tendem a escolher companheiros com níveis equivalentes de indiferenciação.

A fusão emocional baseia-se no apego ansioso, que pode se manifestar como dependência ou como isolamento. Tanto a pessoa demasiado dependente quanto a emocionalmente isolada respondem ao estresse com reatividade emocional. A seguinte vinheta clínica ilustra como a fusão emocional na **família de origem** é transmitida.

Estudo de caso

Janet e Warren Langdon buscaram ajuda para seu filho de 15 anos, Martin, depois que a Sra. Langdon encontrou maconha em um saco plástico no fundo da sua gaveta de roupa de baixo. O Sr. e a Sra. Langdon não objetaram quando a terapeuta disse que gostaria de conversar com os três, a fim de obter o máximo possível de informações. Acontece que a descoberta da maconha foi simplesmente o último incidente em uma longa série de batalhas entre a Sra. Langdon e o filho. Muitos adolescentes de 15 anos experimentam maconha; nem todos deixam as evidências em um local em que a mãe possa encontrar.

Depois de encontrar a família e conversar com o menino e os pais separadamente, a terapeuta concluiu que Martin não parecia ter um problema sério com drogas. Mais preocupantes, no entanto, eram a intensidade de seus embates verbais com a mãe e seu mau ajustamento social na escola. O que ela disse à família foi que estava preocupada não apenas com a maconha, mas também com esses outros sinais de ajustamento infeliz e que gostaria de prolongar a avaliação em dois outros encontros com Martin e os pais separadamente. O Sr. e a Sra. Langdon concordaram, sem entusiasmo. Martin não protestou, conforme poderia se esperar.

Depois da morte do pai, o Sr. Langdon e sua irmã mais velha foram criados pela mãe. Eles eram tudo o que lhe restara, e ela dedicou toda a sua energia a controlar a vida deles. Era exigente e crítica e ressentia-se de tudo o que quisessem fazer fora da família. No final da adolescência, Warren já não conseguia tolerar a mãe dominadora. A irmã jamais conseguiu se libertar; continuava solteira e morava com a mãe. Warren, no entanto, estava determinado a se tornar independente. Por fim, aos vinte e poucos anos, saiu de casa e deu às costas à mãe.

Janet Langdon vinha de uma família muito unida. Ela e as quatro irmãs eram muito apegadas e continuavam muito amigas. Depois de concluir o ensino médio, Janet anunciara que queria ir para a faculdade. Isso contrariava as regras familiares, segundo as quais as filhas ficavam em casa e se preparavam para ser esposas e mães. Assim, uma grande batalha foi travada entre Janet e os pais; eles lutavam para segurá-la, e ela, para se libertar. Finalmente, ela partiu para a faculdade, mas jamais se reaproximou dos pais.

Janet e Warren sentiram-se imediatamente atraídos um pelo outro. Ambos eram solitários e desligados das famílias. Após um namoro breve e apaixonado, casaram. A lua de mel não durou muito. Nunca tendo se diferenciado realmente da mãe ditatorial, Warren era extremamente sensível a críticas e a controle. Ficava furioso com as tentativas mais insignificantes de Janet de modificar os hábitos dele. Janet, por outro lado, tentou restabelecer em seu casamento a proximidade que tivera em sua família. Para serem próximos, ela e Warren precisavam ter interesses e atividades compartilhadas, mas, quando ela se aproximava, sugerindo que fizessem alguma coisa juntos, Warren ficava irritado e ressentido, achando que ela estava se intrometendo em sua individualidade. Após vários meses de conflito, os dois se acomodaram em um período de relativo equilíbrio. Warren colocou a maior parte de sua energia no trabalho, deixando que Janet se ajustasse à distância entre eles. Um ano depois, Martin nasceu.

Ambos ficaram encantados por ter um bebê, mas o que foi para Warren uma adição agradável à família foi para Janet uma maneira de preencher uma necessidade desesperada de proximidade. O bebê significava tudo para ela. Enquanto ele era bebê, ela foi a mãe perfeita, amando-o ternamente e cuidando de todas as suas necessidades. Quando Warren tentava se envolver com o bebê, Janet ficava por perto, cuidando para que ele "não fizesse nada de errado". Isso enfurecia Warren e, depois de algumas explosões amargas, ele deixou Martin aos cuidados da esposa.

Quando começou a caminhar e a falar, Martin era bastante travesso e se metia em encrencas, como todas as crianças. Ele agarrava coisas, recusava-se a ficar no cercadinho de brinquedos e fazia cena quando não conseguia o que queria. Seu choro era intolerável para Janet, e ela se descobriu incapaz de estabelecer limites para seu precioso filho.

Martin cresceu com uma mãe apaixonada, achando-se o centro do universo. Sempre que não conseguia o que queria, tinha um acesso de fúria. Por pior que as coisas estivessem, a família apresentava uma espécie de equilíbrio. Warren estava desligado da mulher e do filho, mas tinha seu trabalho. Janet estava alienada do marido, mas tinha seu bebê.

As dificuldades de Martin começaram quando ele ingressou na escola. Acostumado a ter tudo o que queria, não conseguia se relacionar bem com as outras crianças. Seus acessos de fúria não ajudavam a torná-lo benquisto pelos colegas ou pelas professoras. As outras crianças o evitavam, e ele cresceu com poucos amigos. Com os professores, ele atuava a batalha do pai contra qualquer tentativa de controle. Quando alguém se queixava do comportamento de Martin, Janet ficava do lado dele. "Essas pessoas não sabem como lidar com uma criança criativa!"

Martin cresceu com um terrível padrão de ajustamento à escola e aos amigos, mas manteve um relacionamento extremamente próximo com a mãe. A crise chegou com a adolescência. Como o pai antes dele, Martin tentou desenvolver interesses independentes fora de casa. Entretanto, foi muito menos capaz de se separar do que o pai fora, e a mãe era incapaz de deixá-lo ir. O resultado foi o início de conflitos crônicos entre Martin e a mãe. Mesmo quando discutiam e brigavam, eles continuavam centrados um no outro. Martin passava mais tempo brigando com a mãe do que fazendo qualquer outra coisa na vida.

A história de Martin ilustra a teoria de Bowen sobre o transtorno de comportamento. Conforme Betty Carter explica (comunicação pessoal), os sintomas surgem quando os problemas "verticais" de ansiedade e dificuldades familiares se cruzam com os estresses "horizontais" que acompanham os pontos de transição no ciclo de vida. Assim, o momento de maior vulnerabilidade de Martin chegou quando a fusão não-resolvida que herdara da mãe se cruzou com o estresse de seu impulso adolescente de independência.

Mesmo as crianças emocionalmente fundidas atingem um ponto em que tentam se libertar, mas a libertação, nesses casos, costuma ser buscada pelo desligamento emocional em vez de pela resolução madura de laços familiares. Na infância, nós nos relacionamos com os pais como crianças. Dependemos deles para todos os cuidados, aceitamos sem críticas a maioria de suas atitudes e crenças e nos comportamos de uma maneira que geralmente consegue nos levar onde queremos. Isso habitualmente significa alguma combinação de ser obediente, esperar pacientemente pelas recompensas e ser chato e exigente. A maior parte deste comportamento infantil não funciona no mundo adulto. Entretanto, a maioria de nós sai de casa antes de mudar para um padrão adulto-para-adulto com os nossos pais. Nós – e eles – apenas começamos a mudar quando chega a hora de partir.

Uma criança obediente pode se tornar um pouco mais exigente na adolescência. Previsivelmente, os pais reagem com desapontamento e raiva. Em vez de agüentar a tempestade, a maioria das pessoas se magoa e se retrai. Este é o rompimento emocional. Em vez de agüentar o tempo suficiente para transformar o relacionamento em uma relação adulta, as pessoas decidem que a única maneira de lidar com os pais é ir embora. Infelizmente, isso é só uma ilusão de independência.

A filha que não supera o estágio de filhinha boazinha dos pais provavelmente adotará uma posição semelhante fora de casa. Quando isso não funcionar, ela pode reagir com fúria. Aqueles que rompem com os pais para minimizar a tensão carregam consigo seu jeito infantil de agir.

Segundo Bowen, as pessoas tendem a escolher companheiros com níveis equivalentes de indiferenciação. Quando surgem conflitos, cada parceiro perceberá a imaturidade emocional – do outro. Cada um estará preparado para a mudança – do outro. Ele descobrirá que o fato de ela tratá-lo como um pai implica não apenas uma dependência grudenta, mas também tiradas e acessos de fúria. Ela descobrirá que ele se afasta da proximidade que ela considerava tão atraente durante o namoro, tão logo ela comece a fazer exigências. Ele fugiu dos pais porque precisa de proximidade, mas não é capaz de lidar com isso. Diante do conflito, ele mais uma vez se afasta. Lamentavelmente, o que fez com que se ligassem um ao outro contém o interruptor que os desliga.

O que se segue é conflito conjugal, disfunção em um dos cônjuges, preocupação exagerada com um dos filhos ou várias combinações desses três aspectos. Quando a família busca ajuda, pode apresentar qualquer um desses problemas. No entanto, seja qual for o problema apresentado, a dinâmica é semelhante: a indiferenciação nas famílias de origem é transmitida para os problemas conjugais, que são projetados em um cônjuge ou filho sintomático. Assim, os problemas do passado são visitados no futuro.

OBJETIVOS DA TERAPIA

Os bowenianos não tentam mudar as pessoas, nem estão muito interessados em resolver problemas. Eles vêem a terapia como uma oportunidade de as pessoas aprenderem mais sobre si mesmas e seus relacionamentos, para que possam assumir a responsabilidade pelos próprios problemas. Isso não significa, todavia, que o terapeuta simplesmente se acomoda na cadeira e deixa que a família resolva sozinha suas questões. Pelo contrário, a terapia boweniana é um processo de investigação ativa, em que o terapeuta, orientado pela mais abrangente das teorias na terapia familiar, ajuda os membros da família a irem além da culpa e da acusação, a fim de enfrentarem e explorarem o papel de cada um nos problemas familiares.

Traçar o padrão dos problemas familiares significa prestar atenção ao **processo** e à **estrutura**. O processo refere-se aos padrões de reatividade emocional; a estrutura, à rede interligada de triângulos.

Para modificar um sistema, a mudança precisa ocorrer no triângulo mais importante da família – aquele que envolve o casal. Para conseguir isso, o terapeuta cria um novo triângulo, um triângulo terapêutico. Se o terapeuta permanece em contato com os parceiros e, ao mesmo tempo, mantém-se emocionalmente neutro, eles podem começar o processo de **destriangulação** e diferenciação que modificará de modo profundo e permanente todo o sistema familiar.

A metodologia clínica ligada a essa formulação requer: (1) aumentar a capacidade dos pais de manejar a própria ansiedade e, assim, conseguir lidar melhor com o comportamento dos filhos; (2) fortalecer o nível de funcionamento emocional do casal, aumentando sua capacidade de agir com menos ansiedade em suas famílias de origem.

Na modificação desses objetivos feita por Guerin e Fogarty é dada maior ênfase ao estabelecimento de uma relação com a criança sintomática e ao tratamento do processo emocional reativo nos triângulos da família nuclear. O trabalho sobre a família ampliada é deixado de lado, a menos que esteja diretamente ligado à formação do sintoma. Em outras palavras, onde Bowen geralmente ia direto à família de origem, os bowenianos de segunda geração prestam mais atenção à **família nuclear** e, provavelmente, esperarão para trabalhar sobre a família de origem como uma maneira de reforçar ganhos e melhorar o funcionamento individual e familiar. Transtornos de comportamento em adultos – tais como repetidas perdas de emprego, raiva incontrolável, e compulsões envolvendo substâncias, sexo ou aquisições – são vistos no contexto de triângulos de cônjuge disfuncional ou adulto-criança, e as intervenções clínicas são planejadas de acordo com isso.

O objetivo da terapia de casal é melhorar o foco no *self*, diminuir a reatividade emocional e modificar padrões disfuncionais. Se isso puder ser realizado, os cônjuges irão se tornar melhores parceiros, amantes e amigos. Como parte deste processo, aprenderão a perceber no que acreditam, não apenas o que são contra, a apreciar suas idiossincrasias e as do parceiro, e serão mais capazes de aceitar as próprias forças e limitações, assim como as do outro.

Monica McGoldrick, falando de uma perspectiva feminista, argumenta que não é suficiente aproximar os casais com neutralidade. Na medida em que os relacionamentos de casal baseiam-se em desequilíbrios inerentes, o terapeuta consciencioso precisa reconhecer a desigualdade e corrigi-la ativamente.

> A maioria dos homens tem problemas com a intimidade. É parte de como eles foram socializados. Precisamos admitir isso e ajudar os homens a mudar. Precisamos ajudá-los a ver o impacto prejudicial do sistema de valores dominante que torna difícil para eles se relacionarem bem com suas famílias. Ao mesmo tempo, precisamos ajudar as mulheres a se tornarem eficientes nas áreas em que deixam a desejar: manejo do dinheiro, da raiva e participação efetiva no mundo do trabalho pago e do sucesso. (McGoldrick, 1990)

Betty Carter defende a sensibilidade às questões de gênero da seguinte maneira: "Fazer uma terapia conjugal que ignora o sexismo é como reorganizar as cadeiras no convés do Titanic".

CONDIÇÕES PARA A MUDANÇA DE COMPORTAMENTO

Desenvolver a capacidade de distinguir entre pensamento e sentimento e aprender a usar esta capacidade para resolver problemas de relacionamento é o princípio mais importante da terapia boweniana. Diminuir a ansiedade e aumentar o foco no *self* – a capacidade de ver o próprio papel nos processos interpessoais – é o principal mecanismo de mudança.

O entendimento, não a ação, é o veículo de cura. Portanto, dois dos elementos mais importantes na terapia boweniana talvez não fiquem aparentes para aquele que pensar principalmente nas técnicas. A atmosfera das sessões e a postura do terapeuta têm o objetivo de minimizar a emotividade. O terapeuta faz perguntas para estimular a auto-reflexão e as dirige aos indivíduos um de cada vez, em vez de encorajar diálogos familiares – que apresentam uma tendência infeliz de se inflamarem demais. Como os clientes não são os únicos a responder emocionalmente aos dramas familiares, os terapeutas bowenianos se esforçam para controlar a própria reatividade e evitar a triangulação. Isso, óbvio, é mais fácil dizer do que fazer.

Ser triangulado significa ficar do lado de alguém. Sempre que forem imputados motivos ao comportamento de uma pessoa ("o marido é dominador"), deixa-se de perceber os processos que transcendem aos indivíduos. Em vez de tomar partido (claramente ou não), o terapeuta deve resistir à triangulação, exortando as pessoas a trabalharem suas diferenças. Já que culpar o outro é o que dificulta a solução dos problemas, os indivíduos são incentivados a examinar o próprio papel no processo.

Bowen diferia da maioria dos terapeutas sistêmicos ao acreditar que uma mudança significativa não requer a presença de toda a família.[1] Ao invés, ele acreditava que a mudança é iniciada pelos indivíduos ou casais capazes de afetar o restante da família. A terapia pode ser descrita como se acontecesse de dentro para fora. A diferenciação do *self*, que começa como um processo pessoal e individual, é o veículo para transformar relacionamentos – e todo o sistema familiar.

A terapia pode não exigir a presença de toda a família, mas *requer* o conhecimento de toda a família. "Um terapeuta familiar pode tratar os pais e seu filho esquizofrênico, mas não dar muita importância ao fato de que os pais estão emocionalmente rompidos com suas famílias de origem. O rompimento dos pais com o passado diminui sua capacidade de deixar de se concentrar nos problemas do filho; novamente, a terapia será ineficaz" (Kerr e Bowen, 1988, p. vii).

Parte do processo de diferenciar um *self* é desenvolver um relacionamento pessoal com todos da **família ampliada**. O poder destas conexões pode parecer misterioso – em particular para as pessoas que não pensam no seu bem-estar como dependente de laços familiares. Uma breve reflexão revela que aumentar o número de relacionamentos importantes permitirá que o indivíduo expanda sua energia emocional. Em vez de concentrar seu investimento em um ou dois relacionamentos familiares, ele será difundido em vários. Freud tinha uma noção semelhante em um nível intrapsíquico. Em *The project for a scientific psychology*, Freud descreveu seu modelo neurológico da mente. A mente imatura tem poucas saídas ("catexias") para canalizar a energia psíquica e, assim, pouca flexibilidade ou capacidade de adiar a resposta. A mente madura, por outro lado, tem muitos canais de resposta, o que permite maior flexibilidade. A noção de Bowen de aumentar a rede familiar emocional é como o modelo de Freud, mais amplo.

A terapia com casais baseia-se na premissa de que a tensão na díade irá se dissipar se permanecerem em contato com uma terceira pessoa (em um triângulo estável) – *se* essa pessoa for neutra e objetiva, em vez de emocionalmente envolvida. Assim, um triângulo terapêutico pode reverter o processo insidioso da triangulação que mantém os problemas. Além disso, a mudança em um triângulo mudará todo o sistema familiar.

A terapia familiar com indivíduos baseia-se na premissa de que, se uma pessoa da família conseguir um nível mais elevado de diferenciação, isso permitirá que outros membros da família façam o mesmo. Os bowenianos ensinam às pessoas sobre triângulos e depois as preparam para retornar à família, em que área atuarão para destriangular-se, desenvolver maior objetividade e reduzir permanentemente sua reatividade emocional. Isso, por sua vez, tem um impacto terapêutico sobre todos os sistemas de que esses indivíduos fazem parte.

TERAPIA

As técnicas mais importantes da terapia boweniana incluem genogramas, perguntas do processo, experiências de relacionamentos, destriangulação, ensino, tomada de "posições-Eu" e histórias de deslocamento. Já que é tão importante na terapia boweniana enxergar o próprio papel nos problemas familiares e como esses problemas estão inseridos na história da família ampliada, a avaliação é mais crucial nesta abordagem do que em quase todas as outras.

Avaliação

Uma avaliação sistêmica de família ampliada começa com uma descrição e história do problema apresentado. Datas exatas são anotadas e, mais tarde, examinadas quanto à sua relação com os acontecimentos no ciclo de vida da família ampliada. A seguir vem a história da família nuclear, incluindo informações sobre quando os pais se conheceram, seu namoro, casamento e educação dos filhos. É dada uma atenção especial ao local onde a família morou e quando se mudou, particularmente em relação à localização da família ampliada. A próxima parte da avaliação é dedicada à história do nascimento de ambos os cônjuges, posição de nascimento entre os irmãos, fatos significativos de sua infância e do funcionamento passado e atual de seus pais. Todas essas informações são registradas em um "genograma", abrangendo as três últimas gerações.

Os **genogramas** são diagramas esquemáticos que listam os membros da família e seus relacionamentos. São incluídas idades, datas de casamento, morte e localizações geográficas. Os homens são representados por quadrados, e as mulheres, por círculos, com a idade dentro das figuras. Linhas horizontais indicam casamentos, com a data do casamento escrita sobre a linha; linhas verticais conectam pais e filhos (Figura 5.1).[2]

O que torna o genograma mais do que um retrato estático da história de uma família é a inclusão de conflitos, desligamentos e triângulos relacionais. O fato de tio Fred ter sido alcoolista ou de tia Sophie ter emigrado da Rússia tem relativa insignificância sem algum entendimento dos padrões de reatividade emocional transmitidos através das gerações.

Certos triângulos tendem a ocorrer mais em estágios desenvolvimentais diferentes. No início do casamento, são comuns os triângulos com os parentes por afinidade – provocando questões de primazia de apego e influência. Quando os filhos nascem e quando entram na adolescência, os triângulos progenitor-criança são tão comuns que se tornam a norma.

Datas de acontecimentos importantes, como mortes, casamentos e divórcios merecem um estudo cuidadoso. Esses acontecimentos transmitem ondas de choque emocional por toda a família, o que pode abrir linhas de comunicação, ou essas questões podem ser enterradas, e os membros da família se desligam progressivamente. Outra informação significativa no genograma é a localização de vários segmentos da família. Datas, relacionamentos e localidades fornecem a estrutura para explorar fronteiras, fusão, desligamentos e conflitos emocionais críticos, a quantidade de abertura e o número de relacionamentos atuais e potenciais na família. A Figura 5.2 mostra símbolos que podem ser usados para descrever a dinâmica de relacionamento entre os membros da família.

Se três linhas paralelas são usadas para indicar relacionamentos excessivamente próximos (ou fusionados), uma linha em ziguezague para indicar conflito emocional, uma linha pontilhada para indicar distância emocional e uma linha quebrada para indicar separação (ou rompimento), padrões triangulares através de três gerações em geral se tornam vividamente claros – conforme mostra o diagrama abreviado da família de Sigmund Freud (Figura 5.3).

O registro da história expande o foco da pessoa sintomática para a rede de relacionamentos à qual ela pertence. No caso dos Langdon (veja página 137), isso significava falar com Martin sobre seus relacionamentos na escola e com amigos e também com os pais. Em relação aos pais, significava colocar seus

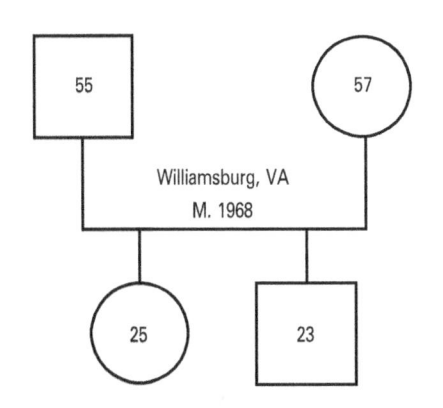

FIGURA 5.1 Símbolos básicos utilizados em genogramas.

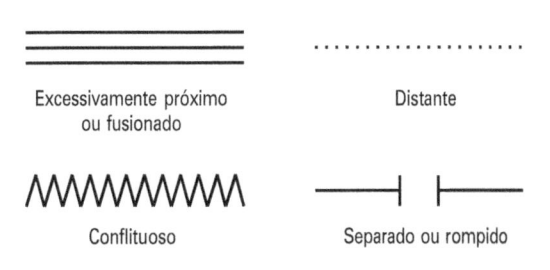

FIGURA 5.2 Símbolos de genograma para a dinâmica de relacionamento.

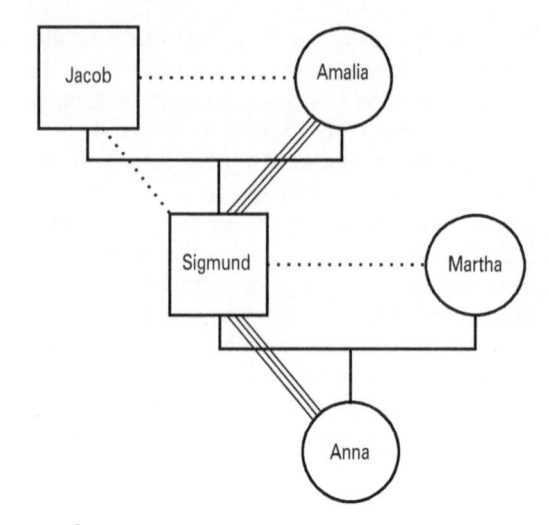

FIGURA 5.3 Genograma da família de Sigmund Freud.

atuais problemas com Martin no contexto da história de seus relacionamentos.

A história da família nuclear começa com o momento no qual os pais se conheceram e começaram a namorar: "O que os atraiu um para o outro?" "Como foi o período inicial de seu relacionamento?" "Houve algum problema sério durante esse período?" "Quando nasceram os filhos e como os pais se adaptaram às novas adições?"

Se o terapeuta não conseguir colher uma história cuidadosa, associações que podem ajudar as pessoas a obter uma perspectiva de seus problemas podem ser ignoradas. Mudanças de casa e acontecimentos importantes, tal como a cirurgia de câncer do marido dois anos atrás, podem nem ser mencionadas, a menos que o terapeuta pergunte. Uma mulher que estava se tratando com um terapeuta individual não considerava isso importante o suficiente para ser mencionado. "O que o fato de eu me tratar com um terapeuta tem a ver com os problemas da minha filha?"

De particular interesse são os estresses que a família tem passado e como se adaptaram. Essa informação ajuda a avaliar a intensidade da ansiedade crônica e se ela está mais ligada a uma sobrecarga de acontecimentos vitais difíceis ou a um baixo grau de adaptatividade familiar. Como mostra a Figura 5.4, os fatos isolados em um genograma de família nuclear só fornecem um esqueleto, que revestiremos com a carne das informações sobre a família Langdon. A decisão de ampliar a avaliação além da família nuclear depende da extensão da crise e do grau de ansiedade da família imediata. No caso dos Langdon, ambos os pais pareciam ansiosos em discutir seu *background* familiar.

Ao reunir informações sobre famílias ampliadas, o terapeuta precisa determinar quais membros do clã estão mais envolvidos com a família avaliada, pois é a natureza dos laços atuais com a família ampliada o que tem maior impacto sobre os pais e seu papel na família nuclear. De igual importância, todavia, é descobrir quem *não* está envolvido, porque as pessoas com quem o contato foi rompido podem

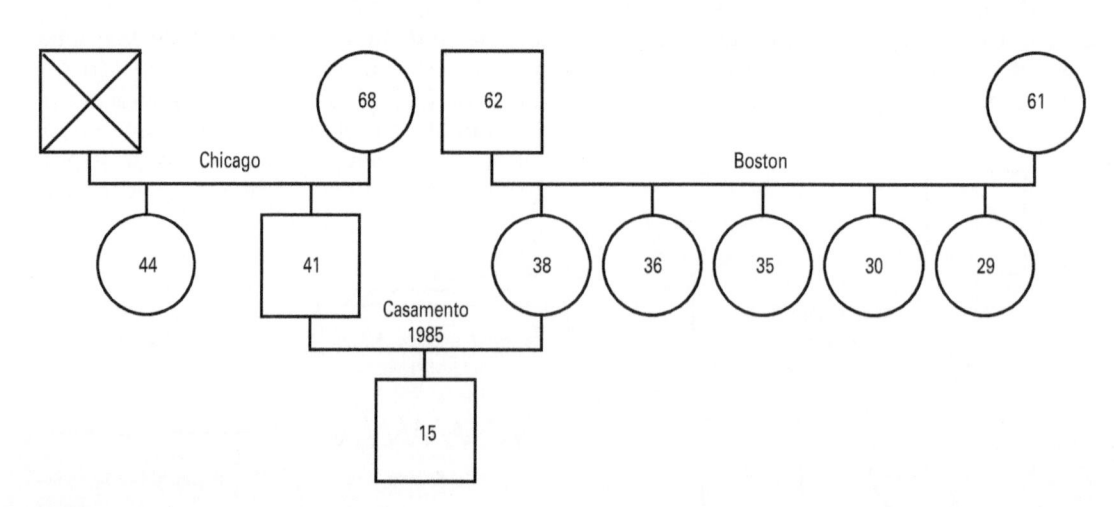

FIGURA 5.4 Genograma da família Langdon.

ser uma fonte de ansiedade ainda maior do que aquelas com as quais ainda existe contato.

Técnicas terapêuticas

Os terapeutas bowenianos acreditam que compreender como o sistema familiar funciona é mais importante do que essa ou aquela técnica. O próprio Bowen falava sobre "técnica" com desprezo e ficava aflito ao ver os terapeutas dependerem de intervenções formulistas.

Se houvesse uma pílula mágica na terapia boweniana – uma técnica essencial –, ela seria a "pergunta do processo". Perguntas do processo são indagações destinadas a explorar o que acontece dentro das pessoas e entre elas: "Quando seu namorado a insulta, como você lida com isso?" "Quando sua filha sai com um namorado, o que acontece dentro de você?" Perguntas do processo destinam-se a reduzir o ritmo das pessoas, diminuir a ansiedade reativa e fazer com que pensem – não só sobre como os outros os incomodam, mas também sobre como participam dos problemas interpessoais.

Os seguidores de Bowen também fazem perguntas, mas ocasionalmente desafiam, confrontam e explicam. Betty Carter, por exemplo, faz perguntas destinadas a ajudar o casal a compreender sua situação, mas depois tenta intensificar o processo e acelerá-lo, explicando o que funciona ou não funciona e sugerindo tarefas calculadas para tirar as pessoas dos triângulos. Por exemplo, ela pode incentivar a mulher a visitar a sogra, ou o marido a começar a telefonar para sua mãe. Outro procedimento favorito de Carter é encorajar as pessoas a escreverem cartas, tratando de questões não-resolvidas na família. Uma maneira de evitar que essas cartas degenerem para uma censura ou acusação é fazer com que os clientes as tragam à sessão e ajudá-los a excluir a raiva e reatividade emocional.

Guerin, talvez mais que qualquer outro boweniano, desenvolveu modelos clínicos com técnicas específicas para situações específicas. Sua categorização do conflito conjugal em quatro estágios de gravidade, com sugestões detalhadas para tratar cada estágio (Guerin et al., 1987) é a demonstração mais elaborada de sua técnica bem exercitada.

Estudo de caso

Ao entrevistar um casal em que o marido era um alcoolista em recuperação com uma história de abuso, o terapeuta perguntou: "Em que ponto você está de seus pensamentos sobre o dano que causou à sua esposa e filhos com seu alcoolismo?"

Quando o homem reconheceu sua responsabilidade pelo comportamento abusivo e pareceu genuinamente arrependido, o terapeuta perguntou sobre seu progresso rumo à recuperação, fazendo perguntas de processo para focar o planejamento racional e a responsabilidade pessoal. Por exemplo:

"O que torna esse passo tão difícil?"
"O orgulho."
"Como isso se manifesta?"
"Eu sou grosseiro."

Observe como essa linha de questionamento explora não apenas o progresso pessoal do homem, mas também como seus problemas afetam os outros na família. Os relacionamentos acontecem em uma rede sistêmica de conexões, mas os indivíduos são responsáveis pelo próprio comportamento.

Então, o terapeuta passou para uma discussão aberta do papel da esposa nas dificuldades do casal. "Assim, você está melhorando em assumir a responsabilidade pela bebida e os comportamentos relacionados a isso? Você acha que a sua esposa percebe o que está fazendo e o progresso que está conseguindo?" E alguns minutos depois: "A sua mulher alguma vez conseguiu conversar com você sobre a contribuição dela para a deterioração do relacionamento?"

Quando o terapeuta perguntou à esposa o que ela pensava, ela reiterou todas as coisas incômodas que o marido fazia – pressionando-a para perdoá-lo e voltar a viver junto. Embora quisesse que ela considerasse o próprio papel no processo, o terapeuta tentou empatizar com a chateação dela. "Então ele está chateando você, insistindo para que mude de idéia?" Depois de alguns minutos, o terapeuta tentou fazer com que ela pensasse mais e sentisse menos. "Você pode me dar um resumo do que está pensando – como chegou a essa conclusão?" Quando a mulher novamente se zangou e culpou o marido, o terapeuta apenas ouviu. Depois de um momento, ele perguntou: "O que você faz diante desse abuso?"

"Eu fico irritada."
"Você percebe o que, em você, provoca isso nele?"
"Não."
"Ele nunca conseguiu lhe dizer?"

Observe como o terapeuta tenta explorar o processo do relacionamento do casal, pedindo a ambos que pensem sobre o que está acontecendo entre eles, aumenta sua consciência das próprias contribuições e investiga o que ambos planejam fazer para assumir a responsabilidade por melhorar as coisas.

A segunda técnica importante na terapia boweniana é a "experiência de relacionamento". As perguntas de processo visam a ajudar os membros da família a perceber que não é apenas o que os outros fazem, mas também como eles reagem ao que os outros fazem o que perpetua seus problemas. As experiências de relacionamento visam a ajudar os clientes a experienciar como é agir da maneira oposta à sua resposta usual automática, impulsionada pelas emoções. Algumas dessas experiências podem ajudar os clientes a resolver seus problemas, mas seu principal objetivo é ajudá-los a descobrir sua capacidade de agir contra os comportamentos impulsionados pelas emoções.

Estudo de caso

Os Kennedy vieram à terapia porque o filho de 16 anos, David, ia mal na escola. David estava quase reprovado em uma seleta escola particular, em parte por ser um mau aluno e em parte porque suas noitadas com os amigos incluíam bebida pesada e uso de maconha. Seu pai ficava em cima dele para que estudasse e cortara o carro depois que ele chegara em casa da escola bastante embriagado. Infelizmente, essas tentativas não tinham sido muito efetivas, pois David não respeitava o pai, que era alcoolista e com freqüência caía bêbado pela casa. A madrasta de David, que vivia com eles há dois anos, tinha pouca capacidade de controlá-lo e conhecia o suficiente para nem tentar.

Eu disse aos pais que não os atenderia em terapia familiar porque David não respeitava o pai, que ficava bêbado todas as noites e, acrescentei, não dava nenhum sinal de estar pronto para fazer algo a respeito da sua vontade de beber. Entretanto, concordei em atender David para ajudá-lo a acabar o ano escolar com notas suficientes para passar.

David conseguiu passar para o terceiro ano do ensino médio, e eu continuei a atendê-lo no ano seguinte, não inteiramente à vontade em meu papel de figura paterna substituta. Embora mantivesse minha decisão de não fazer terapia com uma família que incluía um membro, Sr. Kennedy, que abusava de modo ativo de álcool, atendi a família durante três ou quatro crises. As primeiras três crises aconteceram quando o consumo de álcool do Sr. Kennedy (e o aparecimento do abuso de cocaína) escapou ao controle, e seu pai, avô de David, e a esposa insistiram para que ele voltasse ao tratamento.

O triângulo mais proeminente neste caso foi a esposa do Sr. Kennedy e o pai dele terem se unido para pressioná-lo a parar de beber. Ele tentara programas de reabilitação várias vezes, mas mesmo nas poucas vezes em que conseguira acabar um dos programas, logo voltara a beber. Ele só buscava ajuda diante de ultimatos da esposa e do seu pai. A esposa ameaçava deixá-lo, e o pai ameaçava cortá-lo da herança da família. Este caso não iria a lugar nenhum enquanto esse triângulo não se modificasse.

Incentivei a esposa e o pai do Sr. Kennedy a tentarem ser menos reativos e se afastarem um do outro em termos da questão da bebida do Sr. Kennedy. Este precisava assumir uma posição por si mesmo, em vez de atender aos desejos da esposa e do seu pai. De fato, eu me perguntei em voz alta se assumir uma posição honesta diante da família não significaria dizer-lhes que ele não pretendia parar de beber. O que ele decidiu dizer a eles foi que, embora estivesse disposto a trabalhar para controlar a ingestão de bebida e uso de cocaína, não pretendia parar.

Incentivei o pai do Sr. Kennedy a recuar e deixar que os outros dois batalhassem sozinhos. Relutantemente, ele concordou. Então, consegui que a Sra. Kennedy fizesse uma declaração muito clara sobre como ela se sentia em relação à bebida, mas também comprometendo-se a parar com suas tentativas inúteis de fazê-lo deixar de beber. Eu a incentivei a manter sua conexão com o sogro, mas sem falar sobre o marido em nenhum momento. Dois meses mais tarde, o Sr. Kennedy decidiu parar de beber e de usar cocaína.

Desta vez, ele conseguiu concluir um programa de reabilitação de 28 dias e entrou nos AA e NA. Seis semanas depois, novamente teve uma recaída. Nos oito meses seguintes, seu abuso de álcool e cocaína piorou muito. Por fim, após uma briga feia com um traficante jamaicano, o Sr. Kennedy tomou uma séria decisão de ficar sóbrio. Desta vez, em vez de procurar o respeitado centro de reabilitação da comunidade recomendado pelo seu pai, ele se informou sozinho e decidiu procurar um famoso centro de tratamento de uso de drogas na Califórnia. No momento em que escrevo este texto, faz quatro anos que o Sr. Kennedy está sóbrio.

Bowen defendia vários métodos, todos destinados aos mesmos objetivos. Independentemente de o tratamento envolver famílias nucleares, casais, indivíduos ou grupos familiares múltiplos, o esforço sempre é no sentido de modificar todo o sistema familiar.

Terapia boweniana com casais

A essência da terapia de casal é permanecer conectado com ambos os parceiros sem deixar que o triangulem. Na prática, Bowen se conectava com uma pessoa de cada vez, com freqüência começando com o parceiro mais funcional ou mais motivado. Ele fazia perguntas não-confrontacionais, verificava fatos e escutava sentimentos, mas formulava cada pergunta de modo a estimular a cognição, não para incentivar maior expressão de sentimentos. Seu objetivo era eliciar e escutar as percepções e opiniões de cada parceiro, sem se aliar emocionalmente a nenhum dos dois. É tomar partido o que impede as pessoas de aprenderem a lidar uma com a outra. Quando as coisas estão calmas, podemos lidar com os sentimentos mais objetivamente, e os parceiros conseguem conversar de forma racional. Quando o sentimento se sobrepõe ao pensamento, é melhor fazer perguntas que levem o casal a pensar mais e sentir menos, e a conversar com o terapeuta, e não um com o outro.

Casais que vêm brigando há anos sobre as mesmas antigas questões em geral ficam surpresos ao descobrir que a primeira vez em que realmente escutaram um ao outro foi quando ouviram o parceiro falar para um terapeuta. É mais fácil ouvir quando você não está ocupado preparando sua resposta. Se tudo o mais falha para acalmar as coisas, Fogarty (1976b) recomenda atender os cônjuges em sessões separadas.

Contrariamente à crença popular, os casais não resolvem seus problemas apenas conversando a respeito. Entregues a si mesmos, eles tendem a discutir improdutivamente, projetar a responsabilidade no outro e se queixar em vez de negociar. A mudança requer falar *e* escutar. Devido à tendência universal de enxergar apenas a contribuição dos outros para os problemas, são necessárias técnicas especiais para ajudar os membros da família a enxergar o processo, não apenas o conteúdo, de suas interações; a enxergar a sua parte no processo, em vez de apenas culpar os outros, e, finalmente, a mudar (Nichols, 1995).

Guerin (1971) recomenda a "história de deslocamento" como um instrumento para ajudar os membros da família a obterem distância suficiente para ver o próprio papel no sistema familiar. A história de deslocamento é sobre outras famílias com problemas semelhantes. Por exemplo, um casal tão ocupado em atacar um ao outro que não conseguia escutar poderia ouvir a seguinte história: "Deve ser frustrante não conseguir chegar até o outro. No ano passado, eu atendi um casal que simplesmente não conseguia parar de brigar o tempo suficiente para escutar o outro. Só depois que eu os dividi e eles se acalmaram em algumas sessões individuais foi que pareceram demonstrar alguma capacidade de escutar o que o outro dizia".

O deslocamento também pode ser usado para estruturar perguntas do processo que não provoquem respostas defensivas. Em vez de perguntar a alguém que está magoado e irritado quando ele acha que superará esses sentimentos para começar a trabalhar para mudar as coisas – o que poderia levá-lo a pensar que seus sentimentos estão sendo negados –, o terapeuta poderia perguntar: "Você acha que é possível superar toda essa raiva e mágoa?" Ou, se perguntar a alguém por que não conseguiu realizar determinada coisa talvez o deixe na defensiva, o terapeuta poderia perguntar: "Na sua opinião, por que é tão difícil para as pessoas dar este passo?"

A terapia boweniana para casais tem por objetivo reduzir a ansiedade e aumentar o foco no self.

Guerin também utiliza filmes como materiais de deslocamento. Se a distância estética apropriada for mantida, as pessoas podem se envolver emocionalmente com o filme a ponto de ele ter um impacto, mas ao mesmo tempo permanecer distantes o suficiente para manter a objetividade. O demasiado envolvimento, em uma sessão de terapia ou em um filme muito provocativo, resulta em uma experiência emocional desprovida de reflexão. Um distanciamento excessivo, tal como pode ocorrer em uma preleção ou em um filme moralizante, leva à falta de envolvimento e impacto. Guerin seleciona filmes como *Kramer* vs. *Kramer, A guerra dos Roses, Meu pai, um estranho, Cenas de um casamento* e *Correndo pela vitória* para usar como materiais de deslocamento e ensinar dinâmica familiar para alunos e famílias em terapia.

De posse do conhecimento dos triângulos, o terapeuta tenta permanecer neutro e objetivo. Isso requer um ótimo nível de distância emocional, que Bowen (1975) diz ser o ponto de onde o terapeuta consegue enxergar tanto os aspectos trágicos quanto os cômicos das interações de um casal. Embora os problemas das outras pessoas não sejam algo engraçado, um senso de ironia pode ser preferível à seriedade untuosa tão popular em algumas esferas.[3]

Permanecer destriangulado requer um tom de voz calmo e falar mais sobre fatos do que sobre sentimentos. Essa calma objetividade por parte dos terapeutas sistêmicos bowenianos é expressa e realçada pelo uso de perguntas de processo – perguntas destinadas a atravessar a reatividade emocional e fazer contato com a racionalidade dos membros da família.

Mesmo que o terapeuta tente evitar ser triangulado, o casal pode formar um triângulo com a posição que *quer* que o terapeuta assuma. Um terapeuta experiente pode tentar desvendar isso com perguntas de processo tais como: "Como foi a volta para casa depois da última sessão? Você dois concordaram sobre do lado de quem eu estava?"

Conforme os parceiros falam, o terapeuta se concentra no *processo* de sua interação, não nos detalhes sob discussão. Concentrar-se no conteúdo de uma discussão é um sinal de que o terapeuta está emocionalmente enredado nos problemas do casal. Talvez seja difícil não ser arrastado por tópicos inflamados como dinheiro, sexo ou disciplina, mas a tarefa do terapeuta não é apenas resolver disputas, e sim ajudar o casal a fazer isso. O objetivo é fazer com que os clientes expressem idéias, pensamentos e opiniões para o terapeuta na presença do parceiro. Se alguém romper em lágrimas, o terapeuta continua calmo e pergunta sobre os pensamentos que provocaram as lágrimas. Se um casal começa a brigar, o terapeuta se torna mais ativo, questionando calmamente um e depois o outro, focando seus respectivos pensamentos. Pedir descrições detalhadas dos acontecimentos é uma das melhores maneiras de acalmar emoções inflamadas e criar um espaço para a razão.

Embora Bowen considerasse essencial a neutralidade estrita, os seus seguidores com convicções feministas acreditam ser importante tratar das questões de desigualdade, mesmo que os casais não as mencionem. Betty Carter levanta a questão do gênero, fazendo perguntas sobre quem faz o que na família e quanto tempo cada um dos pais passa com as crianças. Ela pergunta quanto dinheiro cada um ganha. Quando surge a discrepância habitual, ela pergunta: "Que papel vocês acham que isso desempenha no processo de tomada de decisão?"

Metáforas de complementaridade são úteis para esclarecer o processo subjacente ao conteúdo das interações familiares. Fogarty (1976b), por exemplo, descreveu a dinâmica "perseguidor-distanciador" entre os casais. Quanto mais um pressiona para comunicação e proximidade, mais o outro se distancia – assiste à TV, trabalha até tarde ou sai com os filhos. Com freqüência, os parceiros perseguem e se distanciam em áreas diferentes. O marido em geral se distancia emocionalmente, mas persegue sexualmente. O truque, segundo Fogarty, é: "Jamais persiga um distanciador". Ao invés, ajude o perseguidor a explorar seu vazio interior. "O que existe na sua vida além dessa pessoa?" (No distanciador emocional, predomina a ansiedade de incorporação; no perseguidor, a ansiedade de separação é mais comum.) Também é importante que o terapeuta não persiga distanciadores. Se ninguém estiver perseguindo, é mais provável que o distanciador se aproxime da família.

Para enfatizar a necessidade de objetividade, Bowen falava do terapeuta como um "treinador" ou "consultor". Ele não sugeria frieza ou indiferença, e sim enfatizava a neutralidade necessária para evitar a triangulação. Em termos tradicionais, isso é conhecido como "manejar a transferência e a contratransferência". Exatamente como os analistas são analisados a fim de poderem reconhecer a própria contratransferência, Bowen considerava que diferenciar o *self* na própria família de origem era a melhor maneira de evitar ser emocionalmente triangulado por casais. Guerin sugere que a melhor maneira de desenvolver um entendimento genuíno de conceitos familiares é testá-los na própria família (Guerin e Fogarty, 1972).

Para ajudar os parceiros a definirem posições como *selves* diferenciados, é bom o terapeuta estabelecer uma "posição-Eu" (Guerin, 1971). Quanto mais o terapeuta assumir uma posição autônoma em relação à família, mais fácil será para seus membros se definirem para os outros. Gradualmente, eles aprenderão a afirmar com calma suas crenças e convicções e a agir de acordo com elas sem atacar os outros ou se chatear com suas respostas.

Depois de ser obtida uma harmonia suficiente com o progresso rumo à autodiferenciação, Bowen explicava aos casais como os sistemas emocionais operam e os encorajava a explorar as redes de relacionamento em suas famílias (Bowen, 1971). Ele os preparava para isso fazendo primeiro referências ocasionais às respectivas famílias. Depois de o casal reconhecer a relevância das experiências familiares anteriores para os problemas atuais, a transição para o foco nas famílias de origem será mais suave.

Por exemplo, uma mulher aprisionada no papel de perseguidora emocional pode ser solicitada a descrever seu relacionamento com o pai e depois compará-lo aos seus atuais relacionamentos com os homens. Se parecer aconselhável reduzir a sua preocupação com o marido e os filhos, o terapeuta pode encorajá-la a se conectar com o membro emocionalmente mais distante de sua família de origem, em geral o pai. A idéia não é mudar seu apego de um conjunto de relacionamentos para outro, mas ajudá-la a entender que a intensidade de sua necessidade se deve, em parte, a assuntos não-resolvidos. Compreender e começar a tratar anseios insatisfeitos na sua fonte pode ajudar a pessoa a obter relacionamentos mais equilibrados no presente – e começar a se concentrar mais em si mesma e em suas necessidades.

Kerr (1971) sugere que, quando os problemas de relacionamento na família nuclear estão sendo discutidos, o terapeuta deve ocasionalmente perguntar sobre padrões semelhantes na família de origem. Se os membros da família puderem perceber que repetem padrões anteriores, é mais provável que reconheçam a própria reatividade emocional. Recentemente, Nichols atendeu um casal que não conseguia decidir o que fazer com a filha adolescente, uma menina com doença mental. Embora a filha fosse muito perturbada e praticamente incontrolável, a mãe tinha grande dificuldade em considerar uma hospitalização. Quando questionada sobre o que a mãe dela faria, ela respondeu sem hesitação que sua mãe sempre sofredora sentiria culpa demais até por pensar em hospitalização – "por mais que ela e o restante da família sofressem". Pouco mais precisou ser dito.

O ensino mais didático ocorre na transição da terapia breve para a terapia de longo prazo. Conhecer a teoria sistêmica familiar ajuda as pessoas a traçar os padrões que as dominam, para que possam se libertar. Essas informações são úteis quando as tensões diminuem, mas é arriscado tentar comunicá-las durante períodos de conflito e ansiedade. Nesses momentos, para confirmar suas posições opostas, os casais em pé de guerra podem distorcer qualquer declaração sobre como as famílias funcionam. Tão preparados estão para mostrar que o outro está "errado" a fim de provar que está "certo", que "escutam" muito do que o terapeuta diz como algo contra ou a favor de si mesmos. Contudo, quando se acalmam, abandonam a idéia de que um deve estar errado para que o outro esteja certo e podem beneficiar-se de sessões didáticas. Conforme aprendem sobre a teoria sistêmica, ambos os parceiros recebem a tarefa de fazer visitas para continuar o processo de diferenciação em suas famílias ampliadas. Durante esta fase do tratamento – treinamento –, Bowen acreditava que sessões espaçadas não só são possíveis, como também desejáveis (1976). Sessões mais espaçadas obrigam as pessoas a lançar mão dos próprios recursos.

Terapia boweniana com uma única pessoa

O sucesso de Bowen em se diferenciar da própria família o convenceu de que uma única pessoa altamente motivada pode ser o fulcro para mudar todo um sistema familiar (Anônimo, 1972). Depois, ele tornou a terapia familiar com apenas uma pessoa uma parte importante da sua prática. Ele usava este método com um dos cônjuges quando o outro se recusava a participar, ou com adultos solteiros que moravam longe dos pais ou cujos pais não queriam se tratar. Além desses casos em que fazia da necessidade uma virtude, Bowen usou bastante essa abordagem com profissionais de saúde mental. O trabalho sobre a família ampliada com cada parceiro também é o foco do tratamento de casal depois que a ansiedade e os sintomas diminuem.

O objetivo de trabalhar com indivíduos é o mesmo de trabalhar com unidades maiores: a diferenciação. Com indivíduos, o foco está em resolver padrões neuróticos na família ampliada. Isso significa desenvolver relacionamentos pessoa a pessoa, ver os membros da família como pessoas, e não como imagens emocionalmente carregadas, aprender a observar a si mesmo nos triângulos e, por fim, destriangular-se (Bowen, 1974).

A extensão do apego emocional aos pais não-resolvido define o nível de indiferenciação. Níveis mais intensos de indiferenciação acompanham esforços mais extremos de obter distância emocional, por mecanismos de defesa ou distância física. Certa pessoa pode lidar com uma ansiedade moderada que envolva os pais evitando discussões pessoais, mas, quando a ansiedade aumenta, ela pode achar necessário sair da sala ou até deixar a cidade. Entretanto, a pessoa que foge está tão apegada emocionalmente quanto a que fica em casa e emprega mecanismos psicológicos de distanciamento para controlar o apego. As pessoas que evitam o contato precisam de proximidade, mas não são capazes de lidar com ela. Quando a tensão aumentar em outros relacionamentos íntimos, elas novamente se afastarão.

Dois sinais certos de desligamento emocional são negar a importância da família e uma fachada exagerada de independência. As pessoas desligadas se vangloriam de sua emancipação e raro contato com os pais. O oposto do desligamento emocional é um sistema aberto de relacionamentos, em que os membros da família têm um contato emocional genuíno, mas não limitador. A terapia boweniana visa a aumentar a extensão e intimidade das conexões com a família ampliada. De fato, Bowen achava que os resultados do trabalho com a família ampliada eram superiores ao trabalho direto com a família nuclear (Bowen, 1974).

Dois pré-requisitos para diferenciar-se da família ampliada são algum conhecimento de como o sistema familiar funciona e uma forte motivação para mudar. É difícil sustentar o esforço de trabalhar em relacionamentos familiares na ausência de sofrimento, e muitas pessoas só trabalham em arrancos, de uma crise para a próxima (Carter e Orfanidis, 1976). Quando as coisas estão calmas, elas relaxam; quando novamente surgem problemas, renovam seus esforços para fazer mudanças.

A pessoa que embarca em uma busca de conhecimento sobre si mesma ou sua família normalmente sabe onde procurar. A maioria das famílias tem um ou dois membros que sabem quem é quem e o que é o quê – talvez uma tia solteira, um patriarca ou uma prima muito centrada na família. Telefonemas, cartas ou, ainda melhor, visitas a esses arquivistas da família podem trazer muitas informações, algumas das quais surpreendentes.

Reunir informações sobre a família é um veículo excelente para o segundo passo rumo à diferenciação, estabelecer relacionamentos pessoa a pessoa com o máximo possível de membros da família. Isso significa entrar em contato e falar pessoalmente com eles, não sobre outras pessoas ou assuntos impessoais. Se isso parece fácil, tente fazer. Poucos de nós conseguem passar mais que alguns minutos falando pessoalmente com certos membros da família sem ficar ansiosos. Quando isso acontece, somos tentados a nos afastar, física ou emocionalmente, ou formar um triângulo com outra pessoa. Aumentar de modo gradual o tempo de conversas pessoais verdadeiras vai melhorar o relacionamento e ajudar a diferenciar o *self*.

Desenvolver relacionamentos pessoa a pessoa com os membros da família ampliada traz imensos benefícios, mas precisam ser experienciados a fim de que se tornem apreciados. No processo de abrir e aprofundar relacionamentos pessoais, você aprenderá sobre as forças emocionais na família. Alguns triângulos familiares ficarão claros de imediato; outros só surgirão após um exame cuidadoso. Normalmente, nós só percebemos os triângulos mais óbvios porque estamos demasiado envolvidos emocionalmente para sermos bons observadores. Poucas pessoas conseguem ser objetivas em relação aos pais. Elas ou estão confortavelmente fundidas ou desconfortavelmente reativas. Fazer visitas freqüentes e breves ajuda a controlar a reatividade emocional para que você possa se tornar um melhor observador.

Muitas das nossas respostas emocionais habituais à família impedem a nossa capacidade de compreender e aceitar os outros; pior, elas fazem com que seja impossível compreender e governar a nós mesmos. É natural se irritar e culpar as pessoas quando as coisas dão errado. A pessoa diferenciada, contudo, é capaz de recuar, controlar a reatividade emocional e refletir sobre como melhorar a situação. Bowen (1974) chamou isso de "ir além da culpa e da raiva" e disse que, uma vez aprendida na família, esta capacidade é útil para manejar as confusões emocionais que encontramos por toda a vida.

Basicamente, diferenciar-se requer que você identifique triângulos interpessoais dos quais participa e destriangule-se deles. O objetivo é relacionar-se com as pessoas sem fofocar ou tomar partido e sem contra-atacar ou se defender. Bowen sugeriu que o melhor momento para fazer isso é durante uma crise familiar, mas podemos começar em qualquer momento.

Triângulos podem ser identificados perguntando-se quem ou o que as pessoas buscam quando se distanciam de alguém de quem eram próximas. Sinal de um triângulo é a sua estrutura repetitiva. O processo que acontece em um triângulo é previsível porque é reativo e automático. A expressão sintomática de um triângulo em geral assume a forma de um conflito de relacionamento (ou rompimento) ou disfunção em um dos indivíduos, como ansiedade, depressão ou doença física. Por exemplo, uma terceira pessoa assume o papel de apaziguadora ou apoiadora para aquela percebida como vítima.

Um triângulo comum começa com um dos pais e um filho. Imagine que sempre que você visita seus pais, sua mãe o puxa para o lado e começa a se queixar do seu pai. Talvez você se sinta bem por ter sido escolhido como confidente. Talvez você tenha fantasias sobre salvar seus pais – ou pelo menos sua mãe. De fato, esse triângulo é destrutivo para todos os relacionamentos: você e seu pai, seu pai e sua mãe, e sim, você e sua mãe. Nos triângulos, um par é próximo, e duas pessoas estarão distantes (Figura 5.5). Simpatizar com a mãe aliena o pai. Também torna pouco provável que ela faça alguma coisa para resolver suas dificuldades com ele.

Por fim, embora esse triângulo possa lhe dar a ilusão de ser próximo de sua mãe, essa é uma intimidade artificial. Defender seu pai também não é uma solução. Isso só o afastará de sua mãe e o aproximará do pai, aumentando o abismo entre eles. Enquanto a triangulação continuar, não se desenvolverão relacionamentos pessoais e abertos.

Quando você reconhecer um triângulo pelo que ele é, poderá traçar um plano de ação para deixar de participar dele. A idéia básica é fazer algo, qualquer coisa, para deixar que as duas outras pessoas resolvam seu relacionamento. A abordagem mais simples e mais direta é sugerir que elas façam isso. No exemplo que acabamos de dar, você poderia sugerir que sua mãe discutisse suas preocupações com seu pai *e* se recusar a ouvir mais queixas. Menos direto, mas mais poderoso, é dizer ao seu pai que a mulher dele tem se queixado dele e que você não sabe por que ela não conversa com ele sobre isso. Ela ficará chateada, mas não para sempre. Uma trama mais tortuosa é concordar exageradamente com as queixas de sua mãe. Quando ela disser que ele é bagunceiro, você

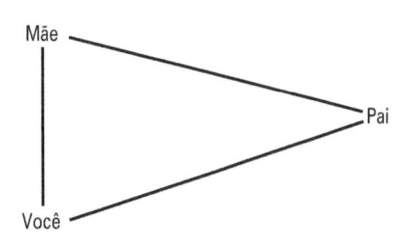

FIGURA 5.5 Triângulo geracional cruzado.

dirá que ele é muito relaxado; quando ela disser que ele não é muito atencioso, você dirá que ele é totalmente desinteressado. Logo ela começará a defendê-lo. Talvez ela decida conversar com ele sobre essas coisas, talvez não. De qualquer maneira, você terá se retirado do triângulo.

Depois de ficar ciente de sua existência, você descobrirá triângulos por toda a parte. Exemplos comuns incluem reclamar do chefe com os colegas; dizer a alguém que sua parceira não o compreende; depreciar seu parceiro diante dos filhos; assistir à televisão para evitar conversar com sua família. Libertar-se dos triângulos pode não ser fácil, mas as recompensas são grandes. Bowen acreditava que a diferenciação de um *self* autônomo requer abrir relacionamentos na família ampliada e então deixar de participar de triângulos. A recompensa vem não apenas no enriquecimento dessas relações, mas também no aumento de sua capacidade de se relacionar com qualquer pessoa – amigos, colegas de trabalho, pacientes e seu cônjuge e filhos. Além disso, se você conseguir permanecer em contato emocional, mas mudar o papel que desempenha na família – e manter a mudança apesar das pressões para que volte atrás –, a sua família terá de se ajustar para acomodar a sua mudança.

Algum grau de rejeição é esperado quando a pessoa toma uma direção que não é aprovada pelo parceiro, pais, colegas ou outros. A rejeição, que é desencadeada pela ameaça ao equilíbrio do relacionamento, destina-se a restaurar o equilíbrio (Kerr e Bowen, 1988).

Algumas orientações úteis para resistir às tentativas da família de fazer você voltar atrás, a padrões passados improdutivos, mas conhecidos, foram enumeradas por Carter e Orfanidis (1976), Guerin e Fogarty (1972) e Herz (1991). Você também pode ler sobre como trabalhar tensões familiares resolvendo suas sensibilidades emocionais em dois livros maravilhosos de Harriet Lerner: *The dance of anger* (Lerner, 1985) e *The dance of intimacy* (Lerner, 1989).

A reentrada em sua família de origem é necessária para abrir o sistema fechado. Às vezes, apenas visitar é suficiente. Outras vezes, questões enterradas precisam ser desenterradas, ativando triângulos dormentes ao provocar emoções no sistema. Se você não conseguir se aproximar diretamente do seu pai sem que ele se afaste, aproxime-se de outras pessoas das quais ele é próximo, ativando assim um triângulo. Se seu pai ficar tenso por estar sozinho com você, passe algum tempo sozinho com sua mãe. Isso provavelmente fará com que ele queira também um tempo igual.

No reingresso, é aconselhável começar abrindo relacionamentos fechados antes de tentar mudar relacionamentos conflituosos. Não comece tentando resolver a guerra entre você e sua mãe. Comece procurando uma irmã ou prima com quem você não tem tido contato. Trate de assuntos pessoais, mas evite conflitos complicados. Se seus contatos com algumas partes da família são rotineiros e previsíveis, torne-os mais criativos. Aqueles que continuam trabalhando em seus relacionamentos familiares além da resolução da crise, ou além do primeiro momento de entusiasmo por um novo interesse acadêmico, podem conseguir profundas mudanças em si mesmos, em seu sistema familiar e em seu trabalho clínico.

AVALIANDO A TEORIA E OS RESULTADOS DA TERAPIA

O que torna a teoria de Bowen tão útil é sua explicação das forças emocionais que regulam a forma como nos relacionamos com outras pessoas. O maior impedimento para nos compreendermos uns aos outros é a nossa tendência de nos tornarmos emocionalmente reativos e respondermos de forma defensiva em vez de escutarmos o outro. Como tudo nos relacionamentos, essa emotividade é uma rua de duas mãos: alguns se expressam com tal pressão emocional que os ouvintes inevitavelmente reagem a essa pressão em vez de ouvir o que a pessoa tenta dizer. A teoria boweniana localiza a origem dessa reatividade na ausência de diferenciação do *self* e explica como reduzir a emotividade e avançar para um autocontrole maduro – cultivar relacionamentos na família e aprender a escutar sem ficar defensivo ou trair as próprias crenças.

Na teoria boweniana, a ansiedade é a explicação que serve para todos os propósitos (para explicar por que as pessoas são dependentes ou esquivas e por que elas se tornam emocionalmente reativas), o que nos lembra da teoria freudiana do conflito (que explica todos os sintomas como o resultado da ansiedade em relação ao sexo e à agressão). O segundo conceito com múltiplas finalidades no sistema boweniano é a diferenciação. Já que diferenciação é mais ou menos sinônimo de maturidade, os alunos poderiam perguntar: em que medida a proposição de que pessoas mais diferenciadas funcionam melhor é um argumento circular? Em respeito à tradição boweniana de fazer perguntas em vez de impor opiniões, deixaremos isso como uma questão em aberto para a sua consideração.

A maior deficiência da abordagem boweniana é que, ao se concentrar nos indivíduos e em seus relacionamentos com a família ampliada, ela negligencia o poder de se trabalhar diretamente com a família nuclear. Em muitos casos, a maneira mais direta de resolver problemas familiares é juntar todo o mundo que mora na mesma casa e encorajá-los a se enfrentarem e falarem sobre seus conflitos. Essas discussões podem se tornar acaloradas e contenciosas, mas um terapeuta habilidoso pode ajudar os membros da família a perceberem o que estão fazendo e orientá-los até o entendimento. Há momentos em que os casais ou as famílias estão tão hostis e defensivos que seus diálogos precisam ser interrompidos e eles precisam ser ajudados a ir além da defensividade, até os sentimentos feridos subjacentes. Nesses momentos, é útil, talvez imperativo, impedir que os membros da família briguem entre si. Todavia, uma abordagem como a de Bowen, que encoraja o terapeuta a falar individualmente com os membros da família, um por vez, subutiliza o poder de se trabalhar diretamente com a família nuclear em ação.

O *status* da teoria e terapia sistêmica da família ampliada não depende da pesquisa empírica, mas da elegância da teoria de Murray Bowen, de relatos clínicos de tratamentos bem-sucedidos e da experiência pessoal daqueles que trabalharam para se diferenciar em suas famílias de origem. A pesquisa original de Bowen com famílias de esquizofrênicos foi mais observação clínica do que experimentação controlada. De fato, Bowen era decididamente indiferente à pesquisa empírica (Bowen, 1976), preferindo, em vez disso, refinar e integrar teoria e prática. O reduzido trabalho empírico feito no campo é relatado no Georgetown Family Symposia anual. Lá são apresentadas avaliações de vários programas e ocasionais relatos de pesquisa. Um deles, um estudo de Winer, foi suficientemente interessante para ser publicado em *Family process* (Winer, 1971). Winer relatou observações de quatro famílias em terapia familiar múltipla conduzida por Murray Bowen. Ao longo do tratamento, o experimentador investigou a proporção entre referências ao *self* e referências ao outro, e o número de referências ao *self* diferenciado. Afirmações consideradas como referência ao *self* diferenciado incluíam falar por si mesmo sem acusações, lidar com a mudança ou a mudança desejada em si mesmo em vez de nos outros, distinguir pensamentos de sentimentos e demonstrar percepção e capacidade de buscar objetivos. Houve dois achados significativos, ambos apoiando a posição de Bowen. Primeiro, nas sessões iniciais, houve menos afirmações em relação a si mesmo; o maior número de pacientes referia-se a "nós", indicando que os cônjuges não diferenciavam posições separadas. Segundo, houve uma evolução rumo a mais afirmações-Eu, diferenciadas, no decorrer do tratamento. Inicialmente, isso acontecia menos da metade do tempo, mas, após algumas sessões, as afirmações diferenciadas predominavam.

Embora isso confirme a efetividade da terapia de Bowen para aumentar a diferenciação, o estudo de Winer não testou a premissa de que a diferenciação do *self* é sinônimo de um resultado terapêutico positivo. Isso é uma questão de fé para Bowen e aponta para uma certa circularidade em sua teoria: os sintomas indicam fusão emocional, e a fusão é demonstrada pela presença dos sintomas (Bowen, 1966).

A prova da efetividade da terapia de sistema familiar ampliado depende em grande parte de experiências pessoais e relatos clínicos. No mínimo, os terapeutas bowenianos, aparentemente, acompanham os números padrão: isto é, um terço dos pacientes piora ou não melhora; um terço dos pacientes melhora um pouco, e um terço melhora significativamente.

Phil Guerin e Tom Fogarty fizeram contribuições notáveis, não só ao promulgar a teoria boweniana, mas também ao refinar as técnicas de terapia. Ambos são excelentes terapeutas. Betty Carter e Monica McGoldrick contribuíram mais ao estudarem como as famílias funcionam: o ciclo de vida familiar normal, a diversidade étnica e o papel penetrante da desigualdade de gênero. Por serem estudiosas da família além de terapeutas, algumas de suas intervenções têm uma qualidade decididamente educacional. Ao trabalhar com famílias constituídas por segundo casamento, por exemplo, Betty Carter assume a postura de especialista e ensina a madrasta ou o padrasto a não tentar assumir uma posição igual à da mãe ou do pai biológicos. Assim como a abordagem de Bowen é influenciada por sua experiência pessoal, parece que tanto Carter quanto McGoldrick infundem em seu trabalho como terapeutas familiares a sua experiência como mulheres que têm uma profissão e a suas convicções sobre o preço da desigualdade.

Todos esses terapeutas são ótimos clínicos. Eles e seus alunos têm a vantagem de trabalhar com teorias específicas o suficiente para fornecer estratégias claras de tratamento. Particularmente agora que a terapia familiar está tão na moda, a maioria das pessoas que atendem famílias emprega uma miscelânea eclética de conceitos e técnicas não-relacionados; elas provavelmente não têm uma teoria coerente ou uma estratégia consistente. O resultado lamentável é a maioria dos terapeutas familiares ser arrastada para os processos emocionais das famílias e absorvida por questões de conteúdo. O tratamento resultante tende a ser apoiador e diretivo.

Terapeutas familiares de segunda geração, como Guerin e Fogarty, estão suficientemente embasados em um sistema teórico (o de Bowen) para serem capazes de divergir dele e fazer acréscimos sem perder o foco. Entretanto, terapeutas familiares de terceira geração (alunos dos alunos) muitas vezes não têm uma fundamentação teórica clara, e seu trabalho sofre com isso. De modo interessante, os alunos dos terapeutas familiares pioneiros não foram especialmente inovadores. Nenhum deles superou seus professores. Essas observações sublinham a difícil situação dos terapeutas em formação expostos a uma variedade de abordagens, com freqüência apresentadas com mais críticas do que com um entendimento simpático. Como conseqüência, são deixados sem uma abordagem coerente particular. Provavelmente, a melhor maneira de se tornar um bom terapeuta é começar como discípulo de uma escola específica. Seja aprendiz de um perito – o melhor que puder encontrar – e mergulhe em um sistema. Depois de dominar essa abordagem e praticá-la por uns anos, você poderá começar a modificá-la sem perder o foco.

RESUMO

A lente conceitual de Bowen era mais ampla do que a da maioria dos terapeutas familiares, mas sua unidade real de tratamento mais limitada. Sua preocupação era sempre com o sistema familiar multigeracional, mesmo que ele habitualmente atendesse indivíduos ou casais. Desde que introduziu a **hipótese trigeracional da esquizofrenia**, estava ciente de como triângulos interligados conectam uma geração com a seguinte – como fios tramados em um tecido familiar total. Embora os terapeutas bowenianos sejam únicos ao mandar pacientes para casa a fim de consertarem seus relacionamentos com os pais, a idéia de conexões intergeracionais tem sido muito influente no campo.

Segundo Bowen, o maior problema nas famílias é a fusão emocional, e o principal objetivo, a diferenciação. A fusão emocional surge de uma necessidade instintiva do outro, mas é um exagero prejudicial dessa necessidade. Algumas pessoas manifestam a fusão diretamente, como uma necessidade de proximidade; outras a mascaram com uma fachada de pseudo-independência. A pessoa com um *self* diferenciado não precisa se isolar, mas pode permanecer em contato com os outros e manter sua integridade. Da mesma forma, a família sadia é aquela que mantém um contato emocional viável de uma geração para outra.

Na teoria boweniana, o triângulo é a unidade universal de análise – em princípio e na prática. Como Freud, Bowen enfatizava a importância crucial das relações familiares iniciais. O relacionamento entre o *self* e os pais é descrito como um triângulo e considerado o mais importante na vida. O entendimento de Bowen dos triângulos é uma de suas contribuições mais importantes e uma das idéias seminais na terapia familiar.

Para Bowen, a terapia era uma extensão lógica da teoria. Antes de podermos fazer incursões significativas em problemas familiares, precisamos compreender como o sistema familiar funciona. A cura é voltar para trás, visitar nossos pais, avós, tias e tios, e aprender a nos relacionarmos com eles.

A teoria de Bowen defende o equilíbrio entre a proximidade e a independência, mas a prática tem um caráter distintamente intelectual. Bowen via a ansiedade como uma ameaça ao equilíbrio psíquico, e, conseqüentemente, sua abordagem de tratamento muitas vezes parece desapaixonada. Ele afastava-se do calor das confrontações familiares para contemplar a história dos relacionamentos da família. Como quando saímos do campo de jogo para as arquibancadas, os padrões se tornam mais visíveis, mas pode ser mais difícil ter um impacto imediato.

O modelo de Bowen tira o foco dos sintomas em favor da dinâmica sistêmica. O tratamento desestimula o terapeuta a tentar consertar os relacionamentos e, ao invés, encoraja os clientes a começar um esforço vitalício de autodescoberta. No entanto, isso não é mera questão de introspecção, e sim de realmente fazer contato com a família. Os clientes são equipados para essa jornada com ferramentas para entender seus próprios padrões de apego e evitação emocional.

Sete técnicas são mais proeminentes na prática da terapia sistêmica familiar boweniana:

1. *Genograma*. Desde seus primeiros dias no NIMH, Bowen adotou o que chamava de "diagrama familiar" para coletar e organizar dados importantes referentes ao sistema familiar multigeracional. Em 1972, Guerin renomeou o diagrama como "genograma". A principal função do genograma é organizar os dados durante a fase de avaliação e identificar processos de relacionamento e triângulos-chave durante o curso da terapia. O guia mais completo para trabalhar com genogramas é o livro de Monica McGoldrick e Randy Gerson, *Genograms in family assessment* (McGoldrick e Gerson, 1985).
2. *O triângulo terapêutico*. Esta técnica baseia-se na suposição teórica de que os processos conflituosos de relacionamento dentro da família ativam triângulos-chave relacionados aos sintomas, em uma tentativa de restabelecer a estabilidade, e de que a família automaticamente tentará incluir o terapeuta no processo de triangulação. Se conseguir, a terapia estagnará. Por outro lado, se o terapeuta permanecer livre de emaranhamentos emocionais reativos – em outras palavras, permanecer destriangulado –, o sistema familiar e seus membros irão se acalmar a ponto de começarem a buscar soluções para seus dilemas.

No tratamento de casais, cada cônjuge responde a uma série de perguntas de processo destinadas a atenuar a emoção e estimular a observação objetiva. Algum esforço é feito para desacelerar o cônjuge mais funcional e tornar seguro para o cônjuge disfuncional mais distante se abrir e se envolver. Esta mesma técnica pode ser usada com famílias centradas na criança. O terapeuta coloca-se no ponto de um triângulo potencial com a criança sintomática e cada progenitor, assim como entre os pais. (Observe como isso se assemelha às tentativas dos terapeutas familiares estruturais de fazer a mãe emaranhada recuar e o pai desligado se envolver. Ver Capítulo 7.)
3. *Experiências de relacionamento*. As experiências de relacionamento são realizadas em torno de alterações estruturais em triângulos-chave. O objetivo é ajudar os membros da família a perceberem os processos sistêmicos – e aprenderem a reconhecer seu papel neles. Entre as melhores dessas experiências estão as desenvolvidas por Fogarty para uso com perseguidores e distanciadores emocionais. Os perseguidores são encorajados a refrear a perseguição, parar de fazer exigências e diminuir a pressão por conexão emocional – ver o que acontece, neles mesmos e no relacionamento. Este exercício não visa a ser uma cura mágica (como algumas pessoas esperam), mas a ajudar a esclarecer os processos emocionais envolvidos. Os distanciadores são encorajados a se aproximar da outra pessoa e comunicar pensamentos e sentimentos pessoais – em outras palavras, encontrar uma alternativa a evitar ou ceder às exigências do outro.
4. *Treinamento*. O treinamento é a alternativa boweniana ao papel mais envolvido

emocionalmente, comum na maioria das outras formas de terapia. Ao agir como um treinador, o terapeuta boweniano tenta evitar assumir as coisas pelo paciente ou se enrolar em triângulos familiares. O treinamento não significa dizer às pessoas o que fazer. Significa fazer perguntas de processo destinadas a ajudar os clientes a entender os processos emocionais familiares e seu papel neles. O objetivo é maior entendimento, maior foco no *self* e apegos mais funcionais a membros-chave da família.

5. *A posição-eu*. Assumir uma posição pessoal – dizer o que você sente, em vez do que os outros estão "fazendo" – é uma das maneiras mais diretas de romper ciclos de reatividade emocional. É a diferença entre dizer "Você é preguiçosa" e "Eu gostaria que você ajudasse mais", ou entre "Você está sempre estragando as crianças" e "Eu acho que devemos ser mais rígidos com elas". É uma grande diferença.

Os terapeutas bowenianos não só encorajam os clientes a assumirem posições-Eu, como também fazem isso. Um exemplo seria quando, após uma sessão familiar, a mãe puxa o terapeuta para o lado e confidencia que o marido está com câncer terminal, mas ela não quer que os filhos saibam. O que fazer? Assuma uma posição-Eu e diga à mãe: "Eu acho que seus filhos têm o direito de saber disso". O que ela vai fazer, é claro, cabe a ela decidir.

Outra suposição na terapia boweniana é a confrontação aumentar a ansiedade e reduzir a capacidade de pensar com clareza e enxergar opções. Portanto, deslocar o foco, tornando-o menos pessoal e menos ameaçador, é uma maneira excelente de aumentar a objetividade. Isso constitui a base de duas outras técnicas relacionadas, a terapia familiar múltipla e as histórias de deslocamento.

6. *Terapia familiar múltipla*. Nesta versão da terapia familiar múltipla, Bowen trabalhava com casais, revezando seu foco ora em um, ora noutro, e minimizando a interação. A idéia é que o casal pode aprender mais sobre processos emocionais ao observar os outros – outros nos quais ele não está tão investido a ponto de ter sua percepção obscurecida por sentimentos. James Framo utiliza uma abordagem semelhante.

7. *Histórias de deslocamento*. Esta é uma técnica de Guerin, de mostrar filmes e contar histórias, para ensinar aos membros da família sobre o funcionamento dos sistemas de uma maneira que minimiza sua defensividade.

Por fim, embora os alunos de terapia familiar possam avaliar diferentes abordagens para ver quanto sentido elas fazem e quão promissoras parecem ser, o próprio Bowen considerava como sua contribuição mais importante mostrar o caminho para transformar o comportamento humano em uma ciência. Muito mais importante que métodos e técnicas de terapia familiar, Murray Bowen fez imensas contribuições ao nosso entendimento de como funcionamos como indivíduos, como nos relacionamos com nossas famílias e como esses dois aspectos estão relacionados.

NOTAS

1. Embora a disposição de atender indivíduos tenha se tornado comum entre os terapeutas focados na solução e os narrativos, eles nem sempre assumem uma perspectiva sistêmica.
2. Para sugestões mais detalhadas, veja McGoldrick e Gerson (1985).
3. É mais fácil para o terapeuta permanecer calmo e objetivo quando se concentra em fazer seu trabalho na sessão sem se sentir responsável pelo que os clientes fazem lá fora.

LEITURAS RECOMENDADAS

Anônimo. 1972. Differentiation of self in one's family. In *Family interaction*, J. Framo, ed. New York: Springer.

Bowen, M. 1978. *Family therapy in clinical practice*. New York: Jason Aronson.

Carter, E., e Orfanidis, M. M. 1976. Family therapy with one person and the family therapist's own family. In *Family therapy: Theory and practice*, P. J. Guerin, ed. New York: Gardner Press.

Fogarty, T. F. 1976. Systems concepts and dimensions of self. In *Family therapy: Theory and practice*, P. J. Guerin, ed. New York: Gardner Press.

Fogarty, T. F. 1976. Marital crisis. In *Family therapy: Theory and practice*, P. J. Guerin. ed. New York: Gardner Press.

Guerin, P. J., Fay, L., Burden, S., e Kautto, I. 1987. *The evaluation and treatment of marital conflict: A four-stage approach.* New York: Basic Books.

Guerin, P. J., Fogarty, T. F., Fay, L. F., e Kautto, I. G. 1996. *Working with relationship triangles: The one-two-three of psychotherapy.* New York: Guilford Press.

Guerin, P. IJ, e Pendagast, E. G. 1976. Evaluation of family system and geogram. In *Family therapy: Theory and practice.* P. J. Guerin, ed. New York: Gardner Press.

Kerr, M. E., e Bowen. M. 1988. *Family evaluation.* New York: Norton.

REFERÊNCIAS

Anônimo. 1972. Differentiation of self in one's family. In *Family interaction*, J. Framo, ed. New York: Springer.

Boer, F. 1990. *Sibling relationships in middle childhood.* Leiden, the Netherlands: DSWO Press.

Bowen, M. 1966. The use of family theory in clinical practice. *Comprehensive Psychiatry.* 7, p. 345- 374.

Bowen, M. 1971. Family therapy and family group therapy. In *Comprehensive group psychotherapy*, H. Kaplan e B. Sadock, eds. Baltimore: Williams & Wilkins.

Bowen, M. 1974. Toward the differentiation of self in one's family of origin. In *Georgetown Family Symposium*, Vol. 1, F. Andres e J. Lorio, eds. Washington, DC: Department of Psychiatry, Georgetown University Medical Center.

Bowen, M. 1975. Family therapy after twenty years. In *American handbook of psychiatry*, vol. 5, S. Arieti, ed. New York: Basic Books.

Bowen, M. 1976. Theory in the practice of psychotherapy. In *Family therapy: Theory and practice*, P. J. Guerin, ed. New York: Gardner Press.

Carter, B., e McGoldrick, M. 1980. *The family life cycle.* New York: Gardner Press.

Carter, B., e McGoldrick, M. 1988. *The changing family life cycle: A framework for family therapy.* 3.ed. Boston: Allyn & Bacon.

Carter, E., e Orfanidis, M. M. 1976. Family therapy with one person and the family therapist's own family. In *Family therapy: Theory and practice*, P. J. Guerin, ed. New York: Gardner Press.

Fogarty, T. F. 1976a. Systems concepts and dimensions of self. In *Family therapy: Theory and practice*, P. J. Guerin. ed. New York: Gardner Press.

Fogarty, T. F. 1976b. Marital crisis. In *Family therapy: Theory and practice*. P. J. Guerin, ed. New York: Gardner Press.

Ford, D. H., e Urban, H. B. 1963. *Systems of psychotherapy.* New York: Wiley.

Guerin, K., e Guerin, P. 2002, Bowenian family therapy. In *Theories and strategies of family therapy*, J. Carlson and D. Kjos, eds. Boston: Allyn & Bacon.

Guerin, P. J. 1971. A family affair. *Georgetown Family Symposium*, Vol. 1, Washington, DC.

Guerin, P. J. 1972. We became family therapists. In *The book of family therapy*, A. Ferber, M. Mendelsohn. e A. Napier, eds. New York: Science House.

Guerin, P. J. ed. 1976. *Family therapy: Theory and practice.* New York: Gardner Press.

Guerin, P. G., Fay, L., Burden, S., e Kautto, J. 1987. *The evaluation and treatment of marital conflict: A four-stage approach,* New York: Basic Books.

Guerin, P. J., e Fogarty, T. F. 1972. Study your own family. In *The book of family therapy*, A. Ferber, M. Mendelsohn, e A. Napier. eds. New York: Science House.

Guerin, P. J., Fogarty, T. F., Fay, L. F., e Kautto, J. G, 1996. *Working with relationship triangles: The one-two-three of psychotherapy.* New York: Guilford Press.

Herz, F., ed. 1991. *Reweaving the family tapestry.* New York: Norton.

Hill, R. 1970. *Family development in three generations.* Cambridge. MA: Schenkman.

Kerr, M. 1971. The importance of the extended family. *Georgetown Family Symposium*, Vol. 1, Washington, DC.

Kerr, M., e Bowen, M. 1988. *Family evaluation.* New York: Norton.

Kreider, R. M., e Fields, J. M, 2002. *Number, timing, and duration of marriages and divorces.* Washington, DC: U.S. Census Bureau.

Lerner, H. G. 1985. *The dance of anger: A woman's guide to changing patterns of intimate relationships.* New York: Harper & Row.

Lerner, H. G. 1989. *The dance of intimacy: A woman's guide to courageous acts of change in key relationships.* New York: Harper & Row.

McGoldrick, M. 1990. Gender presentation. Artigo em elaboração.

McGoldrick, M., e Gerson, R. 1985. *Genograms in family assessment.* New York: Norton.

McGoldrick, M., Pearce, J., e Giordano, J. 1982. *Ethnicity in family therapy.* New York: Guilford Press.

McGoldrick, M., Preto, N., Hines, P., e Lee, E. 1990. Ethnicity in family therapy. In *The handbook of family therapy.* 2.ed. A. S. Gurman e D. P. Kniskern, eds. New York: Brunner/Mazel.

Nichols, M. P. 1986. *Turning forty in the eighties.* New York: Norton.

Nichols, M. P. 1995. *The lost art of listening.* New York: Guilford Press.

Nichols, M. P., e Zax, M. 1977. *Catharsis in psychotherapy.* New York: Gardner Press.

Nisbett, R. E., e Wilson, T. D. 1977. The halo effect: Evidence for unconscious alteration of judgments. *Journal of Personality and Social Psychology. 35*, p. 250-256.

Rodgers, R. 1960. Proposed modification of Duvall's family life cycle stages. Artigo apresentado na reunião da American Sociological Association Meeting, New York.

Solomon, M. 1973. A developmental conceptual premise for family therapy. *Family Process. 12*, p. 179-188.

Sulloway, F. 1996. *Born to rebel.* New York: Pantheon.

Toman, W. 1969. *Family constellation.* New York: Springer.

Winer, L. R. 1971. The qualified pronoun count as a measure of change in family psychotherapy. *Family Process. 10*, p. 243-247.

6
Terapia familiar estratégica

Terapia de solução de problemas

Com sua compelidora aplicação da cibernética e da teoria dos sistemas, as abordagens estratégicas cativaram a terapia familiar de meados dos anos de 1970 a meados de 1980. Parte do apelo era seu foco pragmático de solução de problemas, mas também havia um fascínio por estratégias que podiam ser planejadas para superar a resistência e levar as famílias a mudar, com ou sem a sua cooperação. Foi seu aspecto manipulador o que acabou fazendo com que os terapeutas se voltassem contra a terapia estratégica.

As abordagens dominantes da década de 1990 elevaram a cognição acima do comportamento e estimularam os terapeutas a serem colaboradores, e não manipuladores. Em vez de tentar resolver problemas e provocar mudanças, os terapeutas começaram a reforçar soluções e inspirar mudanças. Assim, as outrora celebradas vozes da terapia estratégica – Jay Haley, John Weakland, Mara Selvini Palazzoli – foram virtualmente esquecidas. É uma pena, porque suas abordagens estratégicas introduziram dois dos mais poderosos *insights* de toda a terapia familiar: que os membros da família com freqüência perpetuam os problemas por suas ações e que as diretivas adaptadas às necessidades de uma família específica podem, às vezes, produzir mudanças súbitas e decisivas.

ESBOÇO DE FIGURAS ORIENTADORAS

A terapia estratégica surgiu da **teoria das comunicações** desenvolvida no projeto de Bateson sobre a esquizofrenia, que evoluiu em três modelos distintos: *modelo de terapia breve do MRI, terapia estratégica de Haley e Madanes* e *modelo sistêmico de Milão*. O local de nascimento dos três foi o Mental Research Institute (MRI), onde a terapia estratégica foi inspirada por Gregory Bateson e Milton Erickson, o antropólogo e o alienista.[1]

Em 1952, financiado pela Rockfeller Foundation para estudar o paradoxo na comunicação, Bateson convidou Jay Haley, John Weakland, Don Jackson e William Fry para se reunirem a ele em Palo Alto. Seu projeto seminal, que pode ser considerado o local de nascimento intelectual da terapia familiar, levou à conclusão de que o intercâmbio de mensagens com múltiplas camadas entre as pessoas definia seus relacionamentos.

Sob a influência de Bateson, a orientação era antropológica. Seu objetivo consistia em observar famílias, e eles tropeçaram na terapia familiar mais ou menos por acidente. Dada a relutância de Bateson em manipular as pessoas, é irônico que tenha sido ele a apresentar membros do projeto a Milton Erickson. Em uma época em que se considerava a terapia uma proposição trabalhosa de longo prazo, as experiências de Erickson como hipnoterapeuta o convenceram de que as pessoas podiam mudar subitamente, e ele tornou a terapia tão breve quanto possível.

Muitas das chamadas *técnicas paradoxais* surgiram quando Erickson aplicou princípios hipnoterapêuticos para usar a resistência vantajosamente (Haley, 1981). Por exemplo, para induzir um transe o hipnotizador aprende a não salientar que a pessoa luta para não ser hipnotizada, e sim a dizer-lhe que mantenha

Milton Erickson é o gênio orientador por trás da abordagem estratégica de terapia.

os olhos abertos "até que se tornem insuportavelmente pesados".

Don Jackson fundou o MRI em 1959 e reuniu uma equipe entusiasmada e criativa, incluindo Jules Riskin, Virginia Satir, Jay Haley, John Weakland, Paul Watzlawick, Arthur Bodin e Janet Beavin. Após alguns anos, vários dos membros da equipe estavam fascinados pela abordagem pragmática de solução de problemas de Milton Erickson. Isso levou Jackson a estabelecer o Brief Therapy Project, sob a direção de Richard Fisch. O grupo original incluía Arthur Bodin, Jay Haley, Paul Watzlawick e John Weakland. O que surgiu foi uma abordagem ativa, focada no sintoma apresentado e limitada a 10 sessões. Esta abordagem, conhecida como o modelo do MRI, foi descrita por Watzlawick, Weakland e Fisch (1974) em *Change: principles of problem formation and problem resolution* e em um volume de seguimento, *The Tactics of change: doing therapy briefly* (Fisch, Weakland e Segal, 1982), que continua sendo o relato mais completo dos dados do modelo do MRI.

Quando Jackson morreu, tragicamente, em 1968, aos 48 anos de idade, deixou um legado de artigos seminais, o importante jornal do campo, *Family process* (que co-fundou com Nathan Ackerman em 1962), e uma grande tristeza pelo fim de um talento tão criativo. O grupo do MRI e todo o campo sofreram outra perda dolorosa em 1995, quando John Weakland morreu da doença de Lou Gehrig.

Jay Haley foi sempre uma espécie de estrangeiro, alguém de fora. Ele entrou no campo sem credenciais clínicas e criou uma reputação como profissional desafiador e crítico. Seu impacto inicial veio de seus escritos, em que misturava sarcasmo com uma análise incisiva. Em *The art of psychoanalysis* (Haley, 1963, p. 193-194), Haley redefiniu a psicanálise como um jogo de superioridade:

> Ao colocar o paciente em um divã, o analista transmite ao paciente o sentimento de estar com os pés no ar e o conhecimento de que o analista está com ambos os pés no chão. O paciente não só fica desconcertado por ter de deitar enquanto fala, como também se vê literalmente abaixo do analista, de modo que esta posição humilde é geograficamente enfatizada. Além disso, o analista se senta atrás do divã, de onde pode observar o paciente, mas o paciente não consegue enxergá-lo. Isso transmite ao paciente aquele sentimento de desorientação que a pessoa tem quando se defronta de olhos vendados com um oponente. Incapaz de enxergar a resposta que suas manobras provocam, ele não sabe quando está por cima e quando está por baixo. Alguns pacientes tentam resolver este problema dizendo algo como: "Eu dormi com a minha irmã ontem à noite", e depois se virando para enxergar como o analista está reagindo. Essas manobras "sensacionalistas" geralmente fracassam em seu objetivo. O analista pode estremecer, mas tem tempo de se recuperar antes que o paciente consiga se virar para vê-lo. A maioria dos analistas já tem uma maneira de lidar com o paciente que se vira para olhar. Quando o paciente se vira, eles estão olhando para o espaço, tamborilando com um lápis, arrumando o cinto ou fitando um peixe tropical. É essencial que aquele raro paciente que tem oportunidade de observar o analista veja apenas uma aparência impassível.

Depois que o projeto de Bateson debandou, em 1962, Haley foi para o MRI até 1967, onde se reuniu a Salvador Minuchin na Philadelphia Child Guidance Clinic. Foi lá que Haley se interessou pela formação e supervisão, áreas em que fez suas maiores contribuições (Haley, 1996). Em 1976, Haley mudou-se para Washington, DC, onde fundou o Family Therapy Institute com Cloe Madanes. Madanes, conhecida como uma das mais criativas terapeutas do campo, tinha trabalhado previamente no MRI e na Philadelphia Child Guidance Clinic. Em 1995, Haley mudou-se para a Califórnia.

Haley e Madanes são figuras tão eminentes que seus nomes muitas vezes obscurecem os que seguiram seus passos. James Keim, no

Colorado, que desenvolveu uma maneira inovadora de trabalhar com crianças opositoras, está habilmente levando adiante a tradição de Haley e Madanes. Outros profissionais proeminentes neste modelo incluem Jerome Price, em Michigan, que se especializou em adolescentes difíceis, e Pat Dorgan, que combina a terapia estratégica com um modelo de saúde mental comunitária em Gloucester, Virginia.

O modelo do MRI teve um grande impacto sobre os Associados de Milão, Mara Selvini Palazzoli, Luigi Boscolo, Gianfranco Cecchin e Guiliana Prata. Selvini Palazzoli era uma conhecida psicanalista italiana, especializada em transtornos de alimentação, que, frustrada com o modelo psicanalítico (Selvini Palazzoli, 1981), começou a desenvolver uma abordagem própria às famílias. Em 1967, ela liderou um grupo de oito psiquiatras interessados nas idéias de Bateson, Haley e Watzlawick, e criou o Centro de Estudos da Família, em Milão, onde desenvolveram o modelo sistêmico de Milão.

Quando os Associados de Milão reuniram-se em 1971, convidaram Paul Watzlawick como consultor. Embora o grupo seguisse o modelo básico do MRI, sempre insistiam em atender toda a família. A pergunta fundamental que faziam era: "Que tipo de jogo a família está jogando que mantém seus sintomas?" Quando compreendiam o jogo da família, desarmavam a resistência oferecendo uma conotação positiva do jogo e, depois, prescreviam uma espécie de ritual para desarmá-lo. O que se seguia era um conjunto de procedimentos inteligentes, embora um tanto formulistas, para reverter o padrão que mantinha os problemas da família.

Em 1980, os Associados de Milão sofreram outra cisão. Boscolo e Cecchin passaram a trabalhar em formação, e Selvini Palazzoli e Prata interessaram-se mais pela pesquisa. Cada grupo formou centros separados com novas equipes, e suas abordagens também divergiam: as mulheres mantiveram seu interesse pelos jogos destrutivos que aprisionavam as famílias gravemente perturbadas, e os homens se tornaram cada vez menos estratégicos e mais interessados em modificar o sistema de crenças da família por meio de um processo de fazer perguntas. Este movimento de se afastar dos padrões de interação em direção ao sistema de crenças pavimentou o caminho para as abordagens focadas na solução e narrativas que dominaram nos anos de 1990.

A evolução de Lynn Hoffman como terapeuta acompanha a do ramo estratégico-sistêmico da terapia familiar. Na década de 1960, ela colaborou com Haley e, em 1977, ingressou no Ackerman Institute, onde experimentou abordagens estratégicas e, mais tarde, tornou-se uma proponente do modelo de Milão (Hoffman, 1981). Depois, ela deixou Ackerman e foi para Amherst, Massachusetts. Trocou o modelo de Milão por uma abordagem "colaborativa" baseada em princípios narrativos (ver Capítulo 13).

O Ackerman Institute foi uma incubadora para os modelos estratégicos e de Milão. Contribuidores proeminentes do grupo de Ackerman incluem Peggy Papp (1980, 1983), uma força criativa na escola estratégica; Joel Bergman (1985), que desenvolveu muitas estratégias originais para lidar com famílias difíceis; Peggy Penn (1982, 1985), que aperfeiçoou a inovação de Milão do questionamento circular, e Olga Silverstein, conhecida por seu talento clínico.

Karl Tomm (1984a, 1984b, 1987a, 1987b), psiquiatra canadense de Calgary, Alberta, foi um intérprete proeminente do modelo de Milão, mas recentemente, sob a influência do trabalho de Michael White (ver Capítulo 13), Tomm tem desenvolvido as próprias idéias sobre o impacto do terapeuta na família. Joseph Eron e Thomas Lund (1993, 1996), em Kingston, Nova York, têm tentado atualizar a terapia estratégica, integrando-a a abordagens narrativas, com base em princípios construcionistas. Finalmente, Richard Rabkin (1977), psiquiatra social preparado e eclético, trabalhando na cidade de Nova York, foi influenciado por todos os criadores da terapia estratégica e, por sua vez, também os influenciou.

FORMULAÇÕES TEÓRICAS

Em *Pragmatics of human communication*, Watzlawick, Beavin e Jackson (1967) tentaram desenvolver um cálculo da comunicação humana, que apresentaram em uma série de axiomas sobre as implicações interpessoais da conversação. O primeiro desses axiomas é que *as pessoas estão sempre se comunicando*. Uma vez que todo comportamento é comunicativo, e uma vez que ninguém pode *não* se comportar, disso decorre que ninguém pode *não* comunicar. Considere o exemplo seguinte.

A Sra. Rodriguez começou dizendo: "Eu simplesmente já não sei o que fazer com Ramon. Ele não vai bem na escola e não ajuda em casa. Tudo o que ele quer é sair com aqueles horríveis amigos dele. Mas o pior é que ele se recusa a se comunicar conosco". Nesse momento, o terapeuta se virou para Ramon e disse: "Bem, o que você tem a dizer sobre isso?" Ramon não disse nada. Em vez disso, ele continuou sentado desleixadamente em um canto, com um ar mal-humorado.

Ramon não está *"não se comunicando"*. Ele comunica que está com raiva e que se recusa a falar sobre isso. A comunicação também acontece quando não é intencional, consciente ou bem-sucedida – isto é, na ausência de um entendimento mútuo.

O segundo axioma é que todas as mensagens têm função de *relato* e de *comando* (Ruesch e Bateson, 1951). O relato (ou conteúdo) de uma mensagem transmite informações, enquanto o comando é uma afirmação sobre a definição do relacionamento. Por exemplo, a mensagem "Mamãe, a Sandy me bateu!" transmite informações, mas também implica um comando – *faça alguma coisa a respeito disso*. Observe-se, contudo, que o comando implícito é ambíguo. A razão disso é que a palavra impressa omite as pistas faciais e contextuais. Essa afirmação gritada por uma criança em lágrimas teria implicações muito diferentes se fosse emitida por uma criança rindo.

Nas famílias, as mensagens de comando são padronizadas como *regras* (Jackson, 1965), as quais podem ser deduzidas de redundâncias observadas na interação. Jackson usava o termo **regras familiares** para descrever regularidade, não regulação. Ninguém estabelece as regras. De fato, as famílias geralmente não estão cônscias delas.

As regras, ou regularidades, da interação familiar operam para preservar a **homeostase familiar** (Jackson, 1965, 1967). Mecanismos homeostáticos trazem a família de volta para o equilíbrio diante de qualquer disrupção e, assim, servem para resistir à mudança. A noção de Jackson de homeostase familiar descreve o aspecto conservador dos sistemas familiares e se assemelha ao conceito cibernético de ***feedback* negativo**. Segundo a análise das comunicações, as famílias funcionam como sistemas dirigidos para objetivos, governados por regras.

Os teóricos da comunicação não procuravam motivos subjacentes; em vez disso, supunham uma causalidade circular e analisavam padrões de comunicação ligados em cadeias aditivas de estímulo e resposta como *circuitos de feedback*. Quando a resposta ao comportamento do membro problemático da família exacerba o problema, essa cadeia é vista como um *circuito de feedback positivo*. A vantagem desta formulação é focar as interações que perpetuam os problemas, que podem ser mudadas, em vez de inferir causas subjacentes, que muitas vezes não são suscetíveis a mudanças.

❖❖❖

Os *terapeutas estratégicos* tomaram o conceito de circuito de *feedback* positivo e o tornaram a peça central de seus modelos. Para o grupo do MRI, isso se traduzia em um princípio simples, mas convincente, de formação de problemas: as famílias encontram muitas dificuldades no curso de sua vida, mas uma dificuldade só vai se tornar um "problema" conforme os membros da família reagirem a ela (Watzlawick, Weakland e Fisch, 1974). Isto é, as famílias muitas vezes fazem tentativas sensatas, mas mal-orientadas, de resolver suas dificuldades e, ao descobrirem que o problema persiste, aplicam mais das mesmas soluções tentadas. Isso apenas provoca um aumento do problema, o que provoca mais do mesmo, e assim por diante – em um ciclo vicioso.

Por exemplo, se Jamal se sentir ameaçado pela chegada de uma irmãzinha, ele pode ficar temperamental. Se isso acontecer, o pai pode achar que ele os desafia e tentar fazer com que aja de acordo com a sua idade, castigando-o. Todavia, a rigidez do pai só confirma a crença de Jamal de que seus pais amam mais a irmã do que ele, e então ele se comporta como se fosse um bebê ainda menor. O pai, por sua vez, se torna mais crítico e punitivo, e Jamal, cada vez mais mal-humorado e alienado. Este é um circuito de *feedback* positivo que está piorando: o sistema familiar reage a um desvio no comportamento de um de seus membros com um *feedback* destinado a refrear esse desvio (*feedback negativo*), mas isso tem o efeito de aumentá-lo (*feedback positivo*).

O que precisa ser feito é o pai modificar a sua solução. Se ele conseguisse consolar Jamal, em vez de criticá-lo, e ajudá-lo a ver que ele não está perdendo seu lugar, então Jamal poderia se acalmar. O sistema, contudo, é governado por regras silenciosas que só permitem uma interpretação do comportamento de Jamal – como desrespeitoso. Para o pai alterar sua solução, esta regra teria de mudar.

Na maioria das famílias, existem regras silenciosas que governam todo tipo de comportamento. Quando uma regra promove soluções rígidas como a descrita, não é simplesmente o comportamento, mas a regra, que precisa mudar. Quando um só comportamento específico em um sistema se modifica, esta é uma **mudança de primeira ordem**, em oposição à **mudança de segunda ordem**, que ocorre quando as regras do sistema mudam (Watzlawick et al., 1974). Como mudamos as regras? Uma maneira é pela técnica do **reenquadramento** – isto é, mudar a interpretação do pai do comportamento de Jamal, de desrespeito para medo de perder seu lugar, de mau para triste.

Assim, a abordagem do MRI aos problemas é elegantemente simples: primeiro, identificar os circuitos de *feedback* positivo que mantêm problemas; segundo, determinar as regras (ou enquadres) que sustentam essas interações; terceiro, encontrar uma maneira de mudar as regras.

Jay Haley acrescentou uma ênfase funcionalista à interpretação cibernética, com seu interesse pelo ganho interpessoal dos comportamentos. Mais tarde, adicionou conceitos estruturais colhidos nos anos em que trabalhou com Minuchin na Filadélfia. Por exemplo, Haley poderia perceber que, sempre que Jamal e o pai brigavam, a mãe de Jamal o protegia criticando o pai por ser tão áspero. Haley também poderia perceber que Jamal ficava mais agitado quando a mãe criticava o pai, tentando desviar a atenção dos pais de seus conflitos para ele.

Haley acredita que as regras em torno da **estrutura hierárquica** da família são cruciais e vê hierarquias parentais inadequadas por trás da maioria dos problemas. Na verdade, Haley (1976, p. 117) sugere que "a perturbação de um indivíduo está em proporção direta com o número de hierarquias defeituosas nas quais ele se insere".

Para agir contra os ganhos obtidos com o problema, Haley tomou emprestada a técnica de Erickson de prescrever **provações**, de modo que o preço de manter um sintoma supere o de desistir dele. Para ilustrar, considere a famosa manobra de Erickson de prescrever a um insone que programe seu despertador para despertá-lo todas as noites, a fim de que se levante e encere o chão da cozinha. Haley tentava explicar que toda terapia baseava-se em provações, sugerindo que as pessoas mudarão para evitar as muitas provações inerentes a ser um cliente (Haley, 1984).

Cloe Madanes (1981, 1984) também enfatizava o aspecto funcional dos problemas, particularmente as operações de salvamento envolvidas quando os filhos usam os sintomas para absorver os pais. Por exemplo, quando uma filha vê que a mãe parece deprimida, ela pode provocar uma briga que incita a mãe a assumir o comando. Grande parte da abordagem de Madanes envolve encontrar maneiras para os filhos sintomáticos ajudarem os pais abertamente, para que não precisem recorrer a sintomas como oferendas de sacrifício.

Como Haley, Mara Selvini Palazzoli e colaboradores (1978b) focaram o aspecto de jogo de poder das interações familiares e, igualmente, a função protetora dos sintomas para toda a família. Eles entrevistaram famílias e colheram suas histórias, às vezes por algumas gerações, buscando evidências para confirmar suas hipóteses sobre como os sintomas dos filhos passaram a ser necessários. Essas hipóteses em geral envolviam redes elaboradas de alianças e coalizões familiares. Via de regra concluíam que o paciente desenvolvia sintomas para proteger um ou mais dos familiares, de modo a manter a delicada rede de alianças da família extensa.

DESENVOLVIMENTO FAMILIAR NORMAL

Segundo a **teoria geral dos sistemas**, as famílias normais, como todos os sistemas vivos, dependem de dois processos vitais (Maruyama, 1968). Primeiro, mantém a integridade diante de desafios ambientais por meio do *feedback negativo*. Nenhum sistema vivo pode sobreviver sem uma estrutura coerente.

Por outro lado, uma estrutura rígida demais deixa o sistema mal-equipado para se adaptar a mudanças nas circunstâncias. É por isso que as famílias normais também têm mecanismos de *feedback positivo*. O *feedback* negativo resiste a disrupções para manter um estado estável; o *feedback* positivo amplifica as inovações para acomodar as circunstâncias alteradas. Reconhecer que o canal de *feedback* positivo é comunicação possibilita colocar as coisas em termos mais simples: as famílias sadias são capazes de mudar porque se comunicam com clareza e são adaptáveis.

O grupo do MRI opunha-se resolutamente a padrões de normalidade: "Como terapeutas, não consideramos como problema nenhuma maneira específica de funcionar, relacionar-se ou viver, se o cliente não expressar descontentamento com isso" (Fisch, 1978). Assim, ao limitar sua tarefa à eliminação dos problemas apresentados a eles, o grupo do MRI evitava assumir uma posição em relação a como as famílias *devem* se comportar.

O grupo de Milão lutava para manter uma atitude de "neutralidade" (Selvini Palazzoli, Boscolo, Cecchin e Prata, 1980). Eles não aplicavam objetivos preconcebidos ou modelos normativos às famílias que atendiam. Em vez disso, ao fazer perguntas que ajudavam a família a examinar a si mesma e que expunham jogos de poder ocultos, eles confiavam que a família se reorganizaria sozinha.

Em contraste com o relativismo dessas duas abordagens, as avaliações de Haley *estavam* baseadas em suposições sobre um funcionamento familiar adequado. Sua terapia destinava-se a ajudar a família a se reorganizar em estruturas mais funcionais, com claras fronteiras e hierarquia geracional (Haley, 1976).

DESENVOLVIMENTO DE TRANSTORNOS DE COMPORTAMENTO

Segundo a teoria das comunicações, a função essencial dos sintomas é manter o equilíbrio homeostático do sistema familiar.[2] As famílias sintomáticas eram vistas como aprisionadas em padrões de comunicação disfuncionais, homeostáticos (Jackson e Weakland, 1961). Essas famílias se agarram ao seu jeito rígido e reagem a sinais de mudança como *feedback* negativo. Isto é, a mudança não é tratada como uma oportunidade de crescimento, e sim como uma ameaça, conforme ilustra o seguinte exemplo.

Estudo de caso

Laban era um menino quieto, filho único de judeus ortodoxos da Europa Oriental. Seus pais deixaram a pequena comunidade rural para morar nos Estados Unidos, onde ambos encontraram trabalho em fábricas de uma grande cidade. Apesar de agora estarem livres de perseguições religiosas, o casal se sentia estrangeiro e fora de sintonia com os novos vizinhos. Viviam isolados e tinham prazer em cuidar de Laban.

Laban era uma criança frágil, com alguns maneirismos, mas para os pais era perfeito. Então, ele ingressou na escola. Começou a fazer amizade com outras crianças e, ansioso para ser aceito, adotou alguns hábitos estadunidenses. Laban mascava chiclete, assistia a desenhos animados na televisão e andava de bicicleta pela vizinhança. Os pais não gostavam que ele mascasse chiclete e assistisse à televisão, mas o que os perturbava realmente era sua ânsia de brincar com as crianças gentias. Eles tinham vindo para a América a fim de escapar à perseguição, não para adotar o pluralismo, muito menos a assimilação. Para eles, Laban estava rejeitando seus valores – "Deve haver algo de errado com ele". Quando ligaram para a clínica de orientação infantil, estavam convencidos de que o filho passava por uma perturbação e pediram ajuda para "tornar Laban normal novamente".

Os sintomas eram vistos como mensagens: "Não é que eu não queira (ou queira) fazer isso, é algo fora do meu controle – a culpa é dos meus nervos, minha doença, minha ansiedade, meus olhos ruins, o álcool, minha criação, os comunistas, ou minha mulher" (Watzlawick, Beavin e Jackson, 1967, p. 80). Conforme o grupo de Palo Alto se sofisticou, tentou ir além de culpar os pais por vitimizar os filhos. Os sintomas já não eram vistos como *causados* por problemas de comunicação na família, mas como inseridos em um contexto patológico, dentro do qual poderiam ser a única opção disponível. Entre as formas identificadas de comunicação patológica estavam: negar que se comunica, desqualificar a mensagem da outra pessoa, confundir níveis de comunicação, pontuação discrepante de seqüências de comunicação, escalada simétrica da competição, complementaridade rígida e mensagens paradoxais.

Paradoxo é uma contradição que resulta da dedução correta de premissas lógicas. Nas comunicações familiares, os paradoxos costumam assumir a forma de *injunções paradoxais*. Exemplo comum é exigir um comportamento que, por sua própria natureza, só pode ser espontâneo – "Você deveria ser mais autoconfiante", "Diga que você me ama", "Seja espontânea!" A pessoa exposta a essas injunções paradoxais fica em uma posição insustentável. Obedecer – agir espontaneamente ou com autoconfiança – significa ser deliberadamente constrangida a agradar. A única maneira de escapar ao dilema é retirar-se do contexto e comentar sobre ele, mas essa metacomunicação pouco ocorre nas famílias. (É difícil falar sobre comunicação.)

As comunicações paradoxais são inofensivas em pequenas doses, mas, quando assumem a forma de **duplos vínculos**, as conseqüências são malignas. Em um duplo vínculo, as duas mensagens contraditórias estão em níveis diferentes de abstração, e existe uma injunção implícita contra comentar a discrepância. Exemplo conhecido é a pessoa que crítica os outros por não expressarem seus sentimentos, mas depois as ataca quando o fazem.

A contínua exposição à comunicação paradoxal é como o dilema de um sonhador preso a um pesadelo. Nada do que o sonhador tenta fazer no sonho funciona. A única solução é se retirar do contexto acordando. Infelizmente, para as pessoas que vivem em um pesadelo, nem sempre é fácil acordar.

❖❖❖

Nos modelos estratégicos, existem três explicações básicas de como os problemas se desenvolvem. A primeira é cibernética: as dificuldades são transformadas em problemas crônicos por soluções mal-orientadas, criando *escaladas de feedback positivo*. A segunda é estrutural: os problemas são resultado de *hierarquias incongruentes*. A terceira é funcional: os problemas surgem quando as pessoas tentam se proteger ou se controlar de forma velada, de modo que seus *sintomas têm uma função no sistema*. O grupo do MRI limitava-se à primeira explicação, enquanto Haley e o grupo de Milão adotavam todas as três.

Para esclarecer essas diferenças, considere o seguinte exemplo: Juwan, de 16 anos, começou recentemente a se recusar a sair de casa. Um terapeuta do MRI poderia perguntar aos pais como eles tinham tentado fazer com que ele se aventurasse a sair. O foco estaria na solução tentada pelos pais, na suposição de que isso provavelmente mantivesse a recusa de Juwan e em sua explicação ou "enquadre" do comportamento do adolescente, acreditando que seu enquadramento do problema poderia ter criado a sua falsa solução.

Um terapeuta no estilo de Haley poderia se interessar pelas soluções tentadas pelos pais, mas também perguntaria sobre seu casamento, de que maneira Juwan se envolvia nas brigas entre eles ou entre outros membros da família e sobre a possível natureza protetora do problema de Juwan. Este terapeuta estaria agindo sob a suposição de que o comportamento do adolescente poderia ser parte de um triângulo disfuncional. O terapeuta também poderia supor que esse padrão triangular era incentivado por conflitos não-resolvidos entre os pais. Madanes também estaria interessada nesse triângulo, mas, além disso, estaria curiosa sobre como o comportamento de Juwan poderia proteger os pais de terem de enfrentar alguma questão ameaçadora.

Um terapeuta sistêmico de Milão não focaria tanto as soluções tentadas, mas em vez disso perguntaria sobre relacionamentos passados e presentes na família. Ao fazer isso, ele tentaria descobrir uma rede de alianças de poder, com freqüência transmitida através de gerações, que constituem o "jogo" da família. Um jogo desses deixaria Juwan na posição de ter de usar seus sintomas para proteger outros familiares. A família poderia revelar, por exemplo, que, se Juwan crescesse e saísse de casa, sua mãe seria arrastada novamente para uma luta de poder entre seus pais, o que ela evitara sendo uma criança sintomática. Igualmente, ao não ter sucesso na vida, Juwan poderia proteger o pai da vergonha de ter um filho que o superasse em realizações, exatamente o que ele fizera com seu pai.

O *insight* essencial do modelo estratégico é que os problemas em geral são mantidos por padrões autoderrotistas de comportamento. Ao acrescentar uma perspectiva estrutural a essa posição amplamente comportamental, Haley salientou que tais padrões autoderrotistas podem estar inseridos em organizações familiares disfuncionais. As famílias não só têm organizações hierárquicas efetivas – com os pais firmemente no comando – como também modificam sua estrutura para acomodar mudanças na vida dos membros da família.

Haley salientou que costumam surgir sintomas quando uma família empaca em uma transição do ciclo de vida (Haley, 1973). O problema, então, não é o paciente identificado, e sim a família ter falhado, de alguma forma, em reorganizar-se para avançar ao próximo estágio do ciclo de vida. Haley (1980) destacava o *estágio de sair de casa* como o mais problemático para as famílias.

OBJETIVOS DA TERAPIA

O grupo do MRI é orgulhosamente minimalista. Se o problema apresentado foi resolvido, a terapia está concluída. Mesmo quando outros problemas estão aparentes, se a família não pede ajuda para resolvê-los, eles não são tomados como alvo. Os terapeutas do MRI justificam essa posição minimalista afirmando que, já que eles vêem as pessoas com problemas como empacadas, em vez de doentes, sua tarefa é simplesmente ajudá-los a se pôr em movimento novamente.

Os terapeutas do MRI ajudam as famílias a estabelecerem objetivos claros e definidos, de modo que todos saibam quando o tratamento teve sucesso. Eles acreditam que grande parte da terapia acontece simplesmente no processo de impelir os clientes a estabelecerem objetivos comportamentais claros, pois ao fazer isso são forçados a esclarecer vagas insatisfações. Igualmente, ao fazer com que os clientes definam objetivos atingíveis, os terapeutas do MRI os ajudam a abandonar aspirações utópicas, que certamente levarão a desapontamentos.

O modelo do MRI é comportamental, tanto em seus objetivos quanto em seu foco nos padrões observáveis de interação, e evita especular a respeito de intenções intrapsíquicas. Ao tentar atingir o objetivo maior de solução do problema, a meta imediata é mudar as respostas comportamentais das pessoas aos seus problemas. Mais especificamente, conforme já descrevemos, os terapeutas do MRI tentam interromper (geralmente reverter) mais dos mesmos ciclos viciosos de *feedback*. Para obter essa mudança comportamental, podem tentar reenquadrar o problema e, neste sentido, introduzir um elemento cognitivo, mas qualquer mudança cognitiva ainda está a serviço do objetivo principal de mudar o comportamento.

A abordagem de Haley também é comportamental e, ainda mais do que a do grupo do MRI, minimiza a importância do *insight*. Ele desprezava as terapias que ajudavam os clientes a compreenderem por que faziam as coisas, mas pouco os ajudavam a fazer algo diferente. O objetivo máximo de Haley em geral é uma reorganização estrutural da família, em especial de sua hierarquia e fronteiras geracionais. Diversos da terapia familiar estrutural, todavia, esses objetivos estruturais estão sempre diretamente ligados ao problema apresentado. Por exemplo, para melhorar o relacionamento entre os pais polarizados de um adolescente rebelde, um terapeuta estrutural poderia fazer os pais conversarem sobre seus problemas conjugais, enquanto Haley os faria falar apenas sobre a dificuldade de trabalharem juntos para lidar com o filho rebelde.

A abordagem sistemática de Haley reflete a ética estratégica de que a responsabilidade pela mudança cabe ao terapeuta. Os teóricos estratégicos acreditam que os terapeutas não devem pôr a culpa do fracasso do tratamento na falta de motivação dos clientes; em vez disso precisam encontrar maneiras de motivá-los. Com esta convicção vem a responsabilidade de desenvolver técnicas especializadas para todos os tipos de problemas.

O trabalho inicial do grupo de Milão (Selvini Palazzoli, Boscolo, Cecchin e Prata, 1978b) foi bastante influenciado pelos modelos do MRI e de Haley. Os associados de Milão expandiram a rede de pessoas envolvidas na manutenção do problema, mas ainda estavam interessados principalmente em encontrar maneiras de interromper os jogos familiares. As técnicas que desenvolveram diferiam de outras escolas estratégicas no sentido de serem menos comportamentais e planejadas para expor jogos e reenquadrar motivos de comportamentos estranhos. Assim, embora menos focada no problema e mais interessada em mudar as crenças familiares do que a de outros terapeutas estratégicos, a abordagem original de Milão não era menos manipulativa: a responsabilidade pela mudança cabia ao terapeuta, cuja tarefa era vencer a resistência.

Quando os associados de Milão se dividiram em dois grupos no início da década de 1980, esta ênfase estratégica continuou com Selvini Palazzoli e os grupos que ela formou posteriormente. Ela, todavia, manteve-se discreta nos anos de 1980, enquanto desenvolvia uma nova abordagem estratégica (Selvini Palazzoli, 1986). O objetivo dessa terapia era romper e expor os "jogos sujos" que os membros das famílias gravemente perturbadas jogavam uns com os outros. Mais tarde, Palazzoli abandonou totalmente os modelos breves, estratégicos, e agora faz uma terapia de longo prazo com mais foco no *insight* do paciente individual (Selvini Palazzoli, 1993).

Após a divisão do grupo de Milão, Luigi Boscolo e Gianfranco Cecchin deixaram de manipular estrategicamente as famílias e passaram a colaborar com elas a fim de se criarem hipóteses sistêmicas sobre seus problemas. A terapia tornou-se mais uma expedição de pesquisa, na qual o terapeuta entrava sem objetivos ou estratégicas específicas, confiando que o processo de auto-exame permitiria que as famílias escolhessem mudar em vez de manter seus padrões improdutivos. O terapeuta ficava liberado da responsabilidade por um resultado certo e adotava uma atitude de "curiosidade" (Cecchin, 1987) em relação às famílias, em vez da atitude de intervenção dos terapeutas estratégicos.

Ao mover-se nessa direção, Boscolo e Cecchin assumiram uma posição relativa aos objetivos e atitudes do terapeuta diretamente oposta à de seus predecessores estratégicos. Essa filosofia colaborativa se tornou a ponte que muitos terapeutas estratégicos e de Milão cruzaram em direção às abordagens narrativas dos anos de 1990.

CONDIÇÕES PARA A MUDANÇA DE COMPORTAMENTO

Nos primeiros dias da terapia familiar, o objetivo era apenas o de melhorar a comunicação. Mais tarde, o objetivo passou a ser o de alterar os padrões específicos de comunicação que mantinham os problemas. O terapeuta podia apontar seqüências problemáticas ou simplesmente manipulá-las para efetuar mudanças terapêuticas. A primeira estratégia baseia-se no *insight* e depende de uma disposição para mudar. A segunda, não; é uma tentativa de vencer a família em seu próprio jogo, com ou sem a sua cooperação.

O trabalho de Jackson e Haley foi influenciado pela hipnoterapia que aprenderam com Milton Erickson. O hipnotizador trabalha dando instruções cujo propósito costuma ser obscuro. Haley (1961) recomendava pedir aos pacientes pouco cooperativos que fizessem uma determinada coisa, a fim de provocar uma resposta rebelde, que os forçava a reconhecer que estavam se relacionando com o terapeuta. Ele menciona, como exemplo, orientar um paciente esquizofrênico a ouvir vozes. Se o paciente ouvir vozes, está atendendo ao pedido do terapeuta. Se não ouvir vozes, já não pode afirmar que está maluco.

A orientação de Haley (1961) a ouvir vozes ilustra a técnica de *prescrever o sintoma*. Ao instruir um paciente a encenar um comportamento sintomático, o terapeuta exige que algo "involuntário" seja feito voluntariamente. Esta **injunção paradoxal** força um de dois resultados: ou o paciente executa o sintoma e, assim, admite que ele não é involuntário ou desiste do sintoma.

❖❖❖

Para a escola do MRI, a maneira de resolver problemas é mudar o comportamento associado a eles. Acredita-se que, ao verem o resultado de alterar respostas comportamentais rígidas, os clientes irão se tornar mais flexíveis em suas estratégias de solução de problema. Quando isso acontece, conseguem uma mudança de segunda ordem – uma mudança nas regras que governam sua resposta aos problemas.

Por exemplo, Maria briga com o pai sobre o horário de chegar em casa, e o pai a põe de castigo. Ela então foge e vai para a casa de uma amiga. A intervenção de primeira ordem, nesse momento, poderia ser ajudar o pai de Maria a encontrar uma punição mais efetiva para domar esta criança fora de controle. Uma intervenção estratégica de segunda ordem poderia ser orientar o pai a agir de modo preocupado e triste perto da filha, implicando que desistiu de controlá-la. Isso faz com que Maria deixe de se sentir aprisionada pelo pai e passe a se preocupar com ele, e ela se torna mais razoável. O pai aprende que, quando as soluções tentadas não funcionam, é preciso experimentar algo diferente. Essa é uma mudança de segunda ordem no sentido de configurar uma mudança nas regras que governam a maneira pela qual pai e filha interagem.

Haley (1976) acreditava que dizer às pessoas o que elas fazem de errado só mobiliza a resistência. Ele acreditava que mudanças no comportamento alteram percepções, e não o contrário. O grupo de Milão modificou totalmente esse comportamentalismo. Estava mais interessado em fazer com que as famílias *enxergassem* as coisas de modo diferente (por meio de uma técnica de reenquadramento chamada "conotação positiva", a ser discutida posteriormente) do que em fazer com que *se comportassem* de modo diferente. Essa mudança, do comportamento ao significado, preparou o cenário para os movimentos construtivistas e narrativos (veja os Capítulos 4 e 13).

TERAPIA

Avaliação

A avaliação formal, tipicamente, não fazia parte da terapia das comunicações, embora Watzlawick (1966) de fato tenha introduzido uma *entrevista familiar estruturada*. Neste procedimento, as famílias tinham de realizar cinco tarefas, inclusive:

1. Definir seu principal problema
2. Planejar uma saída familiar
3. Os pais conversarem sobre como se conheceram
4. Discutir o significado de um provérbio
5. Identificar falhas e responsabilizar a pessoa certa

Enquanto a família trabalhava nessas tarefas, o terapeuta observava os padrões familiares de comunicação. Embora útil para a pesquisa, a entrevista familiar estruturada nunca foi aceita como ferramenta clínica.

Lembre que o modelo do MRI baseia-se em duas suposições interligadas:

1. Os problemas que as pessoas trazem aos psicoterapeutas só persistem se forem mantidos por comportamentos atuais por parte do cliente e de outros com quem ele interage.
2. Correspondentemente, se esses comportamentos que mantêm os problemas mudarem de forma apropriada ou forem eliminados, os problemas estarão resolvidos (Weakland, Fisch, Watzlawick e Bodin, 1974, p. 144).

Portanto, uma avaliação de MRI consiste em definir o problema e descobrir o que as pessoas fizeram para resolvê-lo.

O primeiro passo é obter um quadro comportamental muito específico da queixa, quem vê isso como um problema, e por que é um problema agora. Quando o terapeuta pergunta "Qual é o problema que os traz aqui hoje?", muitos clientes respondem ambiguamente: "Nós não nos comunicamos", "Nosso filho de 14 anos está deprimido", ou "Clarence parece ser hiperativo". O terapeuta do MRI então pergunta o que, exatamente, essas queixas significam. "Nós não nos comunicamos" pode significar "Meu filho discorda de tudo o que eu digo" ou "Meu marido se esconde atrás do jornal e jamais fala comigo". "Deprimido" pode significar triste e retraído ou mal-humorado e desagradável; "hiperativo" pode significar desobediente ou incapaz de se concentrar. Um procedimento útil é perguntar: "Se filmássemos isso, como seria esse filme?"

Depois que o problema foi definido, o terapeuta tenta determinar quem tentou resolvê-lo e como. Às vezes, a solução tentada parece, obviamente, ter piorado as coisas. Por exemplo, a mulher que importuna o marido para que passe mais tempo com ela provavelmente só conseguirá afastá-lo. Igualmente, os pais que punem seu filho por brigar com a irmã podem convencê-lo de que eles a preferem. O marido que faz tudo o que a mulher pede, a fim de manter a paz, pode ficar tão ressentido que começará a odiá-la.

A avaliação de Haley começa com uma cuidadosa definição do problema, segundo o ponto de vista de cada membro da família. Diferentemente do grupo do MRI, Haley também observa como os familiares interagem na sessão, para explorar a possibilidade de que arranjos estruturais na família podem estar contribuindo para seus problemas – especialmente triângulos patológicos ou "coalizões geracionais cruzadas". Como diz Haley, "Os filhos-problema tendem a determinar o que acontece nas famílias, o que contribui para dificuldades hierárquicas" (Haley, 1996, p. 96).

Além de problemas estruturais, Haley e Madanes também consideram o ganho interpessoal do comportamento problemático. Segundo Haley, a aparente impotência de um paciente em geral se revela uma fonte de poder em relação aos outros, cujas vidas são dominadas pelas exigências e pelos medos da pessoa sintomática. Um esquizofrênico que se recusa a tomar sua medicação pode, por exemplo, estar evitando ter de trabalhar. Embora não seja necessário decidir o que é ou não uma doença real, Haley tende a supor que todo comportamento sintomático é voluntário. Às vezes, esta é uma distinção crucial – como, por exemplo, em casos de vício em drogas ou de "perda de controle".

No modelo de Milão, a avaliação começa com uma hipótese preliminar, que então é confirmada ou rejeitada na sessão inicial. Essas hipóteses geralmente baseiam-se na suposição de que os problemas do paciente identificado têm uma função homeostática ou protetora para a família. Portanto, a avaliação do problema apresentado e da resposta da família a ele baseia-se em perguntas destinadas a explorar a família como um conjunto de relacionamentos interconectados. Por exemplo, a resposta a uma pergunta como "Quem está mais preocupado com esse problema, você ou sua esposa?" vai sugerir uma hipótese sobre a proximidade ou distância dos membros da família. O objetivo básico da avaliação é obter uma perspectiva sistêmica do problema.

Técnicas terapêuticas

A maioria das técnicas terapêuticas na terapia das comunicações consistia em ensinar regras de comunicação e manipular interações por meio de manobras estratégicas variadas. A progressão dessas abordagens, de diretas para estratégicas, refletiu a crescente consciência de como as famílias resistem à mudança.

Após o comentário de abertura, o terapeuta perguntava aos membros da família, usualmente a um de cada vez, sobre seus problemas. Ele escutava, mas concentrado no processo, e não no conteúdo da comunicação. Quando alguém falava de maneira confusa ou desorientadora, o terapeuta salientava isso e insistia em regras de comunicação clara. Satir (1964) era a professora mais direta e franca. Quando alguém dizia algo pouco claro, ela questionava e esclarecia a mensagem e, ao fazê-lo, dava à família orientações básicas sobre como falar claramente.

Uma regra é as pessoas sempre falarem na primeira pessoa do singular quando dizem o que pensam. Por exemplo:

Marido: Nós sempre gostamos dos namorados da Celia.
Terapeuta: Eu gostaria que você falasse por você mesmo; depois, sua mulher pode dizer o que pensa.
Marido: Sim, mas nós sempre concordamos sobre essas coisas.
Terapeuta: Talvez, mas você é o perito no que se refere ao que você sente. Fale por si mesmo e deixe a sua mulher falar por ela mesma.

Uma regra semelhante é que opiniões e julgamentos de valor devem ser reconhecidos como tal, não como fatos. Admitir perspectivas pessoais, como tal, é um passo necessário para discuti-las de maneira que permita diferenças legítimas de opinião.

Mulher: As pessoas não deveriam querer fazer coisas sem os filhos.
Terapeuta: Então você gosta de levar as crianças junto quando você e seu marido saem?
Mulher: Bem, sim, não é assim que todo o mundo faz?
Terapeuta: Eu não. Eu gosto de sair, só nós dois, de vez em quando.

Outra regra é que as pessoas devem falar diretamente para, e não sobre as outras. Isso evita ignorar ou desqualificar membros da família e impede o estabelecimento de coalizões destrutivas. Por exemplo:

Adolescente: (Para o terapeuta) Minha mãe sempre tem de estar com a razão. Não é assim, pai?

Terapeuta: Você diria isso a ela?
Adolescente: Eu já disse, mas ela não escuta.
Terapeuta: Diga novamente.
Adolescente: (Para o terapeuta) Oh, tudo bem! (Para a mãe) Às vezes, eu sinto... (Volta-se novamente para o terapeuta) Oh, de que adianta?!
Terapeuta: Eu vejo que é difícil e acho que você decidiu que não adianta tentar conversar com sua mãe se ela não vai escutar. Mas, aqui, eu espero que nós possamos aprender a falar mais diretamente uns com os outros, de modo que ninguém vai desistir de falar o que quer.

Conforme este intercâmbio ilustra, é difícil ensinar as pessoas a se comunicar com clareza apenas dizendo a elas como fazer isso. Parecia uma boa idéia, mas não funcionou muito bem. Ao reconhecer que as famílias muitas vezes não reagem bem a conselhos diretos, Haley começou a focar mais os padrões familiares por trás dos problemas de comunicação e a usar meios de influência mais indiretos.

Em *Strategies of psychotherapy*, Haley (1963) descreveu o relacionamento conjugal em termos de *níveis* conflituosos de comunicação. Ocorrem conflitos não só sobre quais regras um casal vai seguir, mas também sobre quem estabelece as regras.[3] Uma das estratégias de Haley era tornar explícitas as regras implícitas que governam os relacionamentos familiares. Regras disfuncionais tornadas explícitas podem ser mais difíceis de seguir. Por exemplo, algumas pessoas censuram o parceiro por não se expressar, mas elas falam tanto e criticam tão insistentemente que o parceiro mal tem chance de falar. Se o terapeuta mostrar isso, fica mais difícil seguir a regra implícita de que uma pessoa só deve dizer o que a outra quer ouvir.

Algumas das diretivas de Haley eram para mudanças que pareciam tão pequenas que as ramificações completas não ficavam aparentes de imediato. Com um casal, por exemplo, em que o marido parecia impor sua vontade a maior parte do tempo, a mulher foi solicitada a dizer "não" para alguma questão sem grande importância, uma vez por semana. Isso pode parecer trivial, mas resultou em duas coisas: a mulher praticou falar claramente o que queria, e o marido percebeu que era dominador.

O uso de diretivas de Haley para manipular mudanças na forma de organização da família foi o passo crucial na evolução da terapia das comunicações dentro da terapia estratégica. Embora os terapeutas estratégicos compartilhassem uma crença na necessidade de métodos indiretos para induzir mudanças nas famílias, desenvolveram técnicas distintas para obter isso, que examinaremos agora em separado.

A Abordagem do MRI

O modelo do MRI segue um procedimento terapêutico de seis passos:

1. Introdução à organização do tratamento
2. Investigação e definição do problema
3. Apreciação dos comportamentos que mantém o problema
4. Estabelecimento de objetivos de tratamento
5. Seleção e execução de intervenções comportamentais
6. Término

Depois que as preliminares forem concluídas, o terapeuta pede uma clara definição do problema mais importante. Se o problema for colocado em termos vagos, como "Parece que nós simplesmente não conseguimos nos entender", ou em termos de causas presuntivas, como "O trabalho do papai deixa ele deprimido", o terapeuta ajuda a traduzir isso em um objetivo claro e concreto, fazendo perguntas como: "Qual será o primeiro sinal de que as coisas estão melhorando?"

Depois de o problema e os objetivos serem definidos, os terapeutas do MRI perguntam sobre as soluções experimentadas, as quais podem estar mantendo o problema. Em geral, as soluções que tendem a perpetuar problemas se encaixam em uma destas três categorias:

1. A solução é negar que existe um problema; a ação é necessária, mas nada é fei-

to. Por exemplo, os pais não fazem nada apesar de crescentes evidências de que seu filho adolescente está envolvido com drogas.
2. A solução é uma tentativa de resolver algo que não é realmente um problema; as pessoas agem quando não deveriam. Por exemplo, os pais castigam uma criança por se masturbar.
3. A solução é uma tentativa de resolver um problema dentro de uma estrutura que torna impossível uma solução; as pessoas agem, mas no nível errado. Por exemplo, o marido compra presentes caros para a mulher que está infeliz, quando o que ela quer é afeição.

Essas três classes de soluções que mantêm os problemas sugerem estratégias terapêuticas. Na primeira, os clientes precisam agir; na segunda, parar de agir; na terceira, agir de maneira diferente. Assim que o terapeuta pensar em uma estratégia para mudar a seqüência que mantém o problema, os clientes precisam ser convencidos a seguir essa estratégia. Para vender suas diretivas, os terapeutas do MRI *reenquadram* os problemas a fim de aumentar a probabilidade de concordância. Assim, o terapeuta pode dizer a um adolescente zangado que, quando seu pai o castiga, essa é a única maneira que ele conhece de mostrar o seu amor.

Para interromper seqüências que mantêm problemas, os terapeutas estratégicos podem tentar fazer com que os membros da família ajam de maneira contrária ao senso comum. Tais técnicas contra-intuitivas foram chamadas de *intervenções paradoxais* (Haley, 1973; Watzlawick, Weakland e Fisch, 1974).

Por exemplo, Watzlawick e colaboradores (1974) descreveram um jovem casal que ficava incomodado com a tendência dos pais de tratá-los como crianças e fazer tudo por eles. Apesar do salário adequado do marido, os pais continuavam mandando dinheiro e presentes generosos para eles, não deixavam que pagassem sequer uma parte da conta do restaurante, e assim por diante. A equipe estratégica ajudou o casal a resolver as suas dificuldades com os pais presenteadores tornando-o *menos*, ao invés de mais competente. Em vez de tentar mostrar aos pais que eles não precisavam de ajuda, o casal foi orientado a agir de forma desamparada e dependente, de tal forma que os pais ficaram chateados e, por fim, recuaram.

As técnicas mais comumente consideradas paradoxais são prescrições de sintomas, em que a família é orientada a continuar ou exagerar o comportamento do qual se queixam. Em alguns contextos, essa prescrição é feita na esperança de que a família tentará obedecer e, portanto, será forçada a reverter as soluções tentadas. Se Jorge, que está triste, é orientado a ficar deprimido várias vezes por dia, e a família, a incentivá-lo a ficar triste, ela deixará de tentar animá-lo, e ele não se sentirá culpado por não estar feliz.

Outras vezes, o terapeuta pode prescrever o sintoma esperando, secretamente, que os clientes se rebelem contra a diretiva. O terapeuta poderia incentivar Jorge a continuar deprimido porque, ao fazer isso, ele estaria ajudando seu irmão (com quem Jorge compete) a se sentir superior.

Às vezes, o terapeuta pode prescrever o sintoma na esperança de expor a rede de relacionamentos que mantém o problema. O terapeuta diz que Jorge deve continuar deprimido porque, dessa maneira, ele continuará recebendo atenção da mãe, o que evitará que ela busque a afeição do marido, uma vez que ele ainda está demasiado envolvido com a própria mãe, e assim por diante.

Para prevenir lutas de poder, os terapeutas do MRI evitam assumir uma atitude autoritária. Sua *postura humilde* implica igualdade e convida os clientes a reduzir a ansiedade e a resistência. Embora alguns estrategistas adotem falsamente uma posição humilde, esta postura modesta condizia com o caráter despretensioso de John Weakland. Tranqüilamente acomodado e envolto pela fumaça de seu cachimbo, Weakland incentivava as famílias a não tentarem mudar rápido demais, aconselhando-as a irem devagar e alertando sobre a possibilidade de recaída depois de uma melhora. Esta técnica **de contenção** reforçava a posição humilde do terapeuta.

A abordagem de Haley e Madanes

A abordagem de Jay Haley é mais difícil de descrever porque é adaptada aos requerimentos específicos de cada caso. Se "estratégica" sugere sistemática, como na abordagem do MRI, ela também sugere engenhosidade, o que é especialmente verdade na terapia de Haley. Como em outras abordagens estratégicas, a técnica definitiva é o uso de **diretivas**, mas as diretivas de Haley não são apenas manobras para superar a família em astúcia ou reverter o que fazem. Mais propriamente, são sugestões muito ponderadas que têm como alvo os requerimentos específicos do caso.

Haley (1976) acredita que, para acabar bem, a terapia tem de começar bem. Portanto, ele dedica muita atenção aos movimentos de abertura do tratamento. Independentemente de quem é apresentado como o paciente oficial, Haley começa entrevistando toda a família. Sua abordagem a essa entrevista inicial segue quatro estágios: um *estágio social*, um *estágio do problema*, um *estágio de interação* e, por fim, um *estágio de estabelecimento de objetivos*.

As famílias, com freqüência, estão defensivas quando chegam à terapia. Seus membros não sabem o que esperar e podem temer que o terapeuta os culpe pelo problema. Por isso, Haley utiliza os primeiros minutos da entrevista inicial para ajudar todo o mundo a relaxar. Ele faz questão de cumprimentar cada membro da família e assegurar que estão confortáveis. Como um bom anfitrião, ele quer que seus convidados se sintam bem-vindos.

Depois do estágio social, Haley vai ao que interessa no estágio do problema, perguntando a cada familiar qual é o seu ponto de vista. Uma vez que as mães costumam ser mais centrais que os pais, Haley recomenda falar primeiro com o pai para aumentar seu envolvimento. Essa sugestão ilustra bem a manobra estratégica de Haley, que começa no primeiro contato e caracteriza todos os encontros subseqüentes.

Haley escuta atentamente a descrição que cada um faz do problema e de seu envolvimento nele, assegurando que ninguém interrompa até todos terem falado. Durante esta fase, Haley procura pistas para triângulos e hierarquias, mas evita fazer comentários sobre isso para não pôr a família na defensiva.

Depois que todos tiveram chance de falar, Haley os incentiva a discutir seus pontos de vista. Nesta fase, o *estágio interacional*, o terapeuta pode observar, em vez de apenas escutar a respeito, os intercâmbios que cercam o problema. Conforme eles falam, Haley procura coalizões entre membros da família contra outros. Quão funcional é a hierarquia? Os pais trabalham bem juntos ou não? Durante este estágio, o terapeuta é como um antropólogo, tentando descobrir padrões nas ações da família.

Às vezes, Haley termina a primeira sessão dando uma tarefa à família. Nas sessões seguintes, as diretivas desempenham um papel central. Diretivas eficazes costumam não assumir a forma de conselhos simples, o que raramente ajuda, pois os problemas em geral persistem por uma razão.

As duas tarefas seguintes foram tiradas do livro *Problem-solving therapy,* de Haley. Um casal que abandonara o hábito de serem carinhosos um com o outro foi aconselhado a se comportar carinhosamente "para ensinar aos filhos como demonstrar afeição". Em outro caso, uma mãe que era incapaz de controlar seu filho de 12 anos, decidira mandá-lo para uma escola militar. Haley sugeriu que, como o menino não fazia idéia de quão dura era a vida em uma escola militar, seria bom a mãe ajudá-lo a se preparar. Ambos concordaram. A diretiva era que ela ensinaria o menino a se manter em posição de sentido, ser bem-educado e acordar cedo de manhã para arrumar sua cama. Os dois seguiram essas instruções como se estivessem jogando um jogo, a mãe como sargento e o menino como soldado. Após duas semanas, o filho estava se comportando tão bem que a mãe já não achava necessário interná-lo em uma escola militar.

James Keim e Jay Lappin (2002) descrevem uma abordagem estratégica ao caso de

Jay Haley adapta as diretivas de acordo com as necessidades de cada família e seus problemas específicos.

uma esposa queixosa e um marido distante. Primeiro, eles reenquadraram o problema como um "rompimento do processo de negociação". Uma negociação, foi dito ao casal, é uma conversa em que uma das partes faz um pedido, e a outra diz um preço. Esse reenquadramento permite à mulher fazer pedidos sem se ver como alguém queixosa – e ao marido, ver a si mesmo como tendo algo a ganhar nas negociações, em vez de como um homem intimidado que deve ceder à mulher.

Keim e Lappin recomendam introduzir os casais ao processo de negociação como a experimentação de um "exercício divertido", destinado a pô-los de volta nos trilhos do consenso. Então, o casal recebe uma folha com instruções elaboradas para negociarem de forma construtiva e é estimulado a negociar questões fáceis na sessão e depois em casa e, mais tarde, a passar para questões mais difíceis, novamente primeiro na sessão e depois em casa. Por fim, o casal é avisado de que, mesmo depois de negociar algumas trocas, pode decidir não aceitar os termos da permuta. Às vezes, é preferível suportar certos problemas do que pagar o preço de tentar mudá-los.

Madanes (1981) desenvolveu uma grande variedade de **técnicas de faz-de-conta**, partindo da observação de que as pessoas com freqüência farão coisas que normalmente não fariam se isso for enquadrado como brincadeira. A estratégia é pedir a uma criança sintomática que finja ter o sintoma e incentivar os pais a fingirem que ajudam. A criança pode desistir do sintoma real, pois fazer de conta que o tem cumpre a mesma função na família. Os dois seguintes casos, resumidos por Madanes (1981), ilustram a técnica de faz-de-conta.

As "técnicas de faz-de-conta" de Cloe Madanes são uma maneira inteligente de ajudar a romper ciclos de controle e rebelião.

Estudo de caso

No primeiro caso, uma mãe buscou terapia porque o filho de 10 anos tinha terrores noturnos. Madanes desconfiava de que o menino estava preocupado com a mãe, uma pessoa pobre, que falava mal o inglês e tinha perdido dois maridos. Como o menino tinha terrores noturnos, a terapeuta pediu que todos os membros da família contassem seus sonhos. Somente a mãe e o filho tinham tido pesadelos. No pesadelo da mãe, alguém invadia a casa. No do menino, ele era atacado por uma bruxa. Quando Madanes perguntou o que a mãe fazia quando o menino tinha pesadelos, ela disse que o levava para a sua cama e lhe dizia para rezar a Deus. Ela explicou que acreditava que os pesadelos dele eram obra do diabo.

Madanes acreditava que os terrores noturnos do menino eram tanto uma expressão metafórica dos medos da mãe quanto uma tentativa de ajudá-la. Enquanto o menino estivesse com medo, a mãe teria de ser corajosa. Infelizmente, ao tentar protegê-lo, ela o assustava ainda mais falando sobre Deus e o demônio. Assim, tanto a mãe quanto a criança estavam se ajudando de forma improdutiva.

Os membros da família foram orientados a fingir que estavam em casa e que a mãe estava com medo de que alguém arrombasse a casa. O filho foi solicitado a proteger a mãe. Desta maneira, a mãe tinha de fingir que precisava da ajuda da criança, em vez de realmente precisar dela. A princípio, a família teve dificuldade para montar a cena, porque a mãe atacava o ladrão de faz-de-conta antes que o filho pudesse ajudar. Assim, ela comunicava que era capaz de tomar conta de si mesma, e não precisava da proteção do filho. Depois que a cena foi realizada corretamente, com o filho atacando o ladrão, todos eles discutiram os desempenhos. A mãe explicou que fora difícil para ela desempenhar seu papel porque era uma pessoa competente e capaz de se defender. Madanes mandou a família para casa com a tarefa de repetir essa dramatização todas as noites por uma semana. Se o filho começasse a gritar durante o sono, a mãe devia acordá-lo e realizar novamente a cena. Foi dito a eles que era importante fazer isso, por mais tarde que fosse e por mais cansados que estivessem. Os terrores noturnos do filho logo desapareceram.

Estudo de caso

No segundo caso, uma mãe buscou tratamento psiquiátrico para seu filho de 5 anos por seus acessos de raiva incontroláveis. Depois de conversar com a família por alguns minutos, Madanes pediu ao menino que mostrasse a ela como eram esses ataques de fúria fingindo ter um. "Tá bom", disse ele, "eu sou o Incrível Hulk!" Ele encheu o peito de ar, flexionou os músculos, fez uma cara de monstro e começou a berrar e a chutar os móveis. Madanes pediu à mãe que fizesse o que normalmente fazia nessas circunstâncias. A mãe respondeu pedindo ao filho, de um jeito hesitante e ineficaz, que se acalmasse. Ela fingiu mandá-lo para outra sala, como tentava fazer em casa. A seguir, Madanes perguntou à mãe se o menino estava fazendo bem a cena de faz-de-conta. Ela disse que sim.

Madanes pediu ao menino que repetisse a cena. Desta vez, ele era o monstro Frankenstein, e sua fúria assumiu a forma de uma postura rígida e uma careta. Então, Madanes conversou com o menino sobre o Incrível Hulk e o monstro Frankenstein e cumprimentou a mãe por criar um filho tão imaginativo.

Após essa conversa, mãe e filho foram orientados a fingir que ele tinha um acesso de raiva enquanto ela o levava para o seu quarto. O menino devia agir como o Incrível Hulk e fazer muito barulho. Depois, eles deviam fingir fechar a porta, se abraçar e se beijar. A seguir, Madanes instruiu a mãe a fazer de conta que *ela* tinha um acesso de fúria, e o menino, a abraçá-la e beijá-la. Madanes instruiu mãe e filho a realizarem ambas as cenas todas as manhãs antes da escola e todas as tardes, quando ele voltasse para casa. Depois de cada desempenho, a mãe daria ao menino leite e biscoitos, se ele fizesse um bom trabalho. Assim, a mãe foi transferida de uma posição de impotência para uma de autoridade, em que ela decidia se recompensaria o comportamento de faz-de-conta do filho. Na semana seguinte, a mãe ligou para dizer que eles não precisavam mais ir à terapia porque o menino estava se comportando muito bem, e seus acessos de raiva tinham cessado.

Haley (1984) retornou às suas raízes ericksonianas em um livro chamado *Ordeal therapy*, uma coleção de estudos de caso em que eram prescritas **provações** para tornar os sintomas um problema maior do que eram na verdade. "Se tornamos mais difícil para uma pessoa ter um sintoma do que desistir dele, a pessoa desistirá do sintoma" (Haley, 1984, p. 5). Por exemplo, uma provação padrão é o cliente levantar no meio da noite e se exercitar vigorosamente sempre que tiver sintomas durante aquele dia. Outro exemplo poderia ser o cliente ter de presentear alguém com quem tem um relacionamento ruim – como a sogra ou um ex-cônjuge – cada vez que os sintomas ocorrerem.

Haley também usava provações para reestruturar famílias. Por exemplo, um garoto de 16 anos costumava inserir uma série de objetos em seu ânus e depois deixá-los cair, sobrando para a madrasta a tarefa de limpar a bagunça. Haley (1984) combinou que, sempre que ocorresse um episódio desses, o pai tinha de levar o filho para o pátio e fazer o garoto cavar um buraco de 90 centímetros de profundidade e 90 de largura, em que enterraria todas as coisas que tinha inseriso em seu ânus. Depois de algumas semanas disso, Haley relatou que o sintoma cessara, o pai estava mais envolvido com o filho, e a madrasta, mais próxima do marido.

A forma atual da terapia de Haley e Madanes, chamada de *humanismo estratégico*, ainda envolve dar diretivas, mas agora as diretivas visam mais a aumentar a capacidade dos membros da família de tranqüilizar e amar do que obter controle sobre os outros. Isso representa uma grande mudança e está em sincronia com o afastamento da terapia familiar dos elementos de poder da hierarquia e com a busca de como aumentar a harmonia.

Um excelente exemplo de uma combinação de compaixão e tecnologia no humanismo estratégico é o trabalho de James Keim com crianças opositoras (Keim, 1998). Keim começa por tranqüilizar os pais ansiosos, dizendo que eles não são culpados da atitude de oposição dos filhos. A seguir, ele explica que existem dois lados na autoridade parental – disciplina e carinho. Para reforçar a autoridade dos pais e, ao mesmo tempo, evitar lutas de poder, Keim os encoraja a tentarem ser carinhosos e apoiadores durante um tempo. A mãe que tranqüiliza a criança com a linguagem esquecida do entendimento está tão no comando quanto aquela que tenta dizer à criança o que fazer. Depois que aprenderam a acalmar a criança – em especial rompendo o padrão pelo qual as crianças opositoras controlam o humor da família, questionando tudo o que pais dizem –, Keim ensina os pais a colocar regras e a fazer com que sejam cumpridas. Esta estratégia coloca os pais novamente no comando de filhos indisciplinados, sem o melodrama de grande intensidade que costuma existir no trabalho com essa população.

O modelo de Milão

O modelo original de Milão seguia um roteiro muito estabelecido. As famílias eram tratadas por co-terapeutas de ambos os sexos e observadas por outros membros da equipe de terapia. O formato padrão tinha cinco partes: a *pré-sessão*, a *sessão*, a *intersessão*, a *intervenção* e a *discussão pós-sessão*. Conforme Boscolo, Cecchin, Hoffman e Penn (1987, p. 4) descrevem:

> Durante a pré-sessão, a equipe formulava uma hipótese inicial sobre o problema apresentado pela família [...] Durante a sessão em si, os membros da equipe validavam, alteravam em parte ou modificavam totalmente a hipótese. Depois de cerca de 40 minutos, toda a equipe se reunia, sozinha, para discutir a hipótese e chegar a uma intervenção. Os co-terapeutas, então, voltavam à família para pôr em prática a intervenção, ou dando uma conotação positiva ao problema ou por meio de um ritual a ser feito pela família, comentando a situação-problema e destinado a introduzir mudanças [...] Finalmente, a equipe se reunia para uma discussão de pós-sessão, a fim de analisar as reações da família e planejar a próxima sessão.

Conforme indicado nessa descrição, a intervenção primária era ou um ritual ou uma conotação positiva.

A **conotação positiva** foi a inovação mais distintiva do modelo de Milão. Derivada da técnica do MRI de reenquadrar os sintomas como se tivessem uma função protetora – por exemplo, Carlo precisa continuar deprimido para distrair os pais de suas questões conjugais –, a conotação positiva evitava a implicação de que os membros da família se beneficiavam dos sintomas do paciente. Essa implicação, que contribuía para a resistência, segundo o grupo de Milão, podia ser superada se o comportamento do paciente fosse entendido não como se protegesse pessoas específicas, mas como se preservasse a harmonia global da família. Na verdade, o comportamento de todos os membros da família era freqüentemente explicado como útil ao sistema.

A equipe de tratamento hipotetizaria sobre como o sintoma do paciente se encaixava no sistema familiar, e, após um breve intervalo na metade da sessão, os terapeutas apresentariam essa hipótese à família, juntamente com a injunção de que eles não deveriam tentar mudar. Carlo deveria continuar a se sacrificar permanecendo deprimido, como uma maneira de tranqüilizar a família de que ele não se tornaria um homem abusivo como o avô. A mãe deveria manter seu envolvimento excessivo com Carlo, como uma maneira de fazê-lo sentir-se valorizado por se sacrificar. O pai deveria continuar criticando o relacionamento da mãe com Carlo, de modo que a mãe não se sentisse tentada a abandonar Carlo e a se tornar uma esposa para o marido.

Os **rituais** eram usados para engajar as famílias em uma série de ações que se opunham a ou exageravam regras e mitos familiares rígidos. Por exemplo, uma família que estava emaranhada com sua grande família ampliada foi orientada a manter uma conversa a portas fechadas depois do jantar, dia sim dia não, em que cada pessoa deveria falar por 15 minutos sobre a família. Enquanto isso, eles redobrariam sua lealdade e gentileza em relação aos outros membros do clã. Ao exagerar a lealdade da família à família ampliada e, ao mesmo tempo, romper essa regra de lealdade reunindo-se longe do clã e conversando sobre ele, a família poderia examinar e quebrar a regra que perpetuava seu sistema disfuncional.

Os rituais também eram usados para dramatizar conotações positivas. Por exemplo, cada membro da família poderia ter de expressar sua gratidão ao paciente, todas as noites, por ter o problema (Boscolo et al., 1987). O grupo de Milão também desenvolveu uma série de rituais baseados em um formato de "dias ímpares e pares" (Selvini Palazzoli et al., 1978a). Por exemplo, uma família na qual os pais estavam em um impasse sobre o controle parental poderia receber a seguinte orientação: nos dias pares da semana, o pai estaria no comando do comportamento do paciente, e a mãe agiria como se não estivesse lá. Nos dias ímpares, a mãe estaria no comando, e o pai ficaria fora do caminho. Aqui, novamente, as seqüências rígidas da família foram interrompidas, e seus membros precisavam reagir uns aos outros de forma diferente.

Conotações positivas e rituais eram intervenções poderosas e provocativas. Para que as famílias continuassem engajadas utilizando esses métodos, o relacionamento terapeuta-família era crucial. Infelizmente, a equipe de Milão retratava a terapia como uma luta de poder entre terapeutas e famílias. Seu conselho mais importante para o terapeuta era permanecer neutro, no sentido de evitar a aparência de tomar partido. Essa **neutralidade**, muitas vezes, se manifestava como distância, de modo que os terapeutas faziam seus pronunciamentos dramáticos parecerem distantes; não raras vezes as famílias ficavam zangadas e não voltavam.

Na década de 1980, a equipe original de Milão se dividiu quanto à natureza da terapia. Selvini Palazzoli manteve o modelo estratégico e o viés antagonista, embora parasse de usar intervenções paradoxais. Em vez disso, ela e Guiliana Prata experimentaram um ritual específico chamado **prescrição invariante**, que utilizavam com todas as famílias que tratavam.

Selvini Palazzoli (1986) acreditava que os pacientes psicóticos e anoréxicos estão presos em um "jogo sujo", uma luta de poder, originalmente entre os pais, para a qual são atraídos. Então, acabam usando os próprios sintomas em uma tentativa de derrotar um dos pais para o bem do outro. Na prescrição invariante, os pais são orientados a dizer aos filhos que têm um segredo. Eles devem sair juntos por variados períodos de tempo e fazer isso de modo misterioso, sem avisar os outros membros da família. A terapia continuava desta maneira até os sintomas do paciente desaparecerem.

Na década de 1990, Selvini Palazzoli reinventou novamente a sua terapia, desta vez abandonando a terapia estratégica de curto prazo (prescrição invariante incluída) pela terapia de longo prazo com pacientes e suas famílias (Selvini, 1993). Assim, ela fez um círculo completo, que começava com a abordagem psicodinâmica, depois focalizava os padrões familiares e, finalmente, retornava a uma terapia de longo prazo que enfatizava o *insight* e focalizava novamente o indivíduo. Essa nova terapia gira em torno de entender a negação dos segredos e sofrimentos da família através das gerações. Desta maneira, ela se liga conceitualmente, se não tecnicamente, a modelos anteriores.

Boscolo e Cecchin também se afastaram das intervenções estratégicas, mas buscaram um estilo colaborativo de terapia. Esse estilo surgiu de sua crescente impressão de que o valor do modelo de Milão não estava tanto nas diretivas (conotações positivas e rituais), que tinham sido a peça central do modelo, e sim no processo de entrevista em si. Sua terapia passou a centrar-se no **questionamento circular**, uma tradução clínica da noção da descrição dupla de Bateson. Perguntas circulares são planejadas para descentrar os clientes e fazê-los ver a si mesmos em um contexto relacional e ver esse contexto da perspectiva dos outros familiares. Por exemplo, o terapeuta poderia perguntar: "Como o seu pai caracterizaria o relacionamento da sua mãe com a sua irmã, se ele se sentisse livre para falar com você sobre isso?" Tais perguntas são estruturadas para que cada um tenha de dar uma descrição relacional em resposta.

Ao perguntar sobre padrões de relacionamento desta forma, a natureza circular dos problemas se torna aparente. Perguntas circulares foram aperfeiçoadas e catalogadas por Peggy Penn (1982, 1985) e Karl Tomm (1987a, 1987b). Boscolo (Boscolo e Bertrando, 1992) continua intrigado com o potencial dessas perguntas. Como exemplo, voltemos à família de Carlo e imaginemos a seguinte conversa (adaptado de Hoffman, 1983):

Q: Quem está mais perturbado com a depressão de Carlo?
A: A mãe.
Q: Como a mãe tenta ajudar Carlo?
A: Ela conversa com ele durante horas e tenta fazer as coisas por ele.
Q: Quem concorda com a maneira da mãe de ajudar Carlo?
A: O psiquiatra que prescreve a medicação dele.
Q: Quem discorda?
A: O pai. Ele acha que Carlo não deveria poder fazer tudo o que quer.
Q: Quem concorda com o pai?
A: Todos nós achamos que Carlo é mimado demais. E a vovó também. O vovô provavelmente concordaria com a mãe, mas ele já morreu.
Q: O Carlo começou a ficar deprimido antes ou depois da morte do avô?
A: Não muito depois, eu acho.
Q: Se o avô não tivesse morrido, como a família estaria diferente agora?
A: Bem, a mãe e a vovó provavelmente não brigariam tanto, porque a vovó não estaria morando conosco. E a mãe não estaria tão triste o tempo todo.
Q: Se a mãe e a vovó não brigassem tanto e a mãe não estivesse tão triste, como você acha que o Carlo estaria?

A: Bem, acho que ele estaria mais feliz, também. Mas, então, ele provavelmente estaria brigando com o pai de novo.

Com as perguntas circulares, o enquadre para os problemas de Carlo muda gradualmente de um enquadre psiquiátrico para um sintomático das mudanças na estrutura familiar.

Boscolo e Cecchin perceberam que o espírito com que essas perguntas eram feitas determinava sua utilidade. Se o terapeuta mantém uma postura mental estratégica – usa o processo de questionamento para conseguir um resultado específico –, as respostas dos membros da família serão constrangidas por sua percepção de que o terapeuta está atrás de alguma coisa. Se, por outro lado, o terapeuta fizer perguntas circulares por genuína curiosidade (Cecchin, 1987), como se estivesse se reunindo à família em uma expedição de pesquisa para entender seu problema, pode ser criada uma atmosfera em que a família chegará a um novo entendimento de suas dificuldades.

Outras contribuições

Os terapeutas estratégicos foram pioneiros na *abordagem de equipe* à terapia. Originalmente, o grupo do MRI utilizava equipes atrás de espelhos de observação para haver o máximo possível de idéias para as estratégias, conforme fazia o grupo de Milão. Peggy Papp (1980) e seus colegas do Ackerman Institute levaram a equipe diretamente ao processo de terapia, transformando os observadores em um "coro grego", que reagia aos acontecimentos da sessão. Por exemplo, a equipe poderia, por propósitos estratégicos, discordar do terapeuta. Ao testemunharem os debates simulados entre a equipe e o seu terapeuta sobre o que a família deveria fazer, os membros da família poderiam sentir que ambos os lados de sua ambivalência estavam sendo representados. Ter uma equipe que interagisse abertamente com o terapeuta ou mesmo com a família durante as sessões preparava o caminho para abordagens posteriores, em que a equipe poderia entrar na sala de sessão e discutir a família observada (Andersen, 1987).

Jim Alexander era um comportamentalista que, frustrado com os limites de sua orientação comportamental, incorporou idéias estratégicas. O resultado foi a *terapia familiar funcional* (Alexander e Parsons, 1982), que, conforme o nome sugere, se preocupa com a função que o comportamento familiar pretende ter (ver também Capítulo 10). Os terapeutas familiares funcionais supõem que a maior parte dos comportamentos da família é uma tentativa de aumentar ou diminuir a intimidade e, por um "re-rotulamento" (outra palavra para reenquadramento), ajudam os membros da família a ver as ações dos outros sob essa luz benigna. Eles também ajudam os membros da família a criarem programas de manejo das contingências para obterem a intimidade que desejam. A terapia familiar funcional representa uma mistura interessante das terapias estratégica e comportamental e, diferentemente de outros modelos estratégicos, mantém a ética comportamentalista de basear as intervenções em sólidas pesquisas.

AVALIANDO A TEORIA E OS RESULTADOS DA TERAPIA

A terapia familiar das comunicações não foi a mera aplicação da psicoterapia individual às famílias: foi uma conceitualização nova e radical, que alterou a própria natureza da imaginação. O novo era o foco no *processo*, a forma e o impacto da comunicação, mais que no *conteúdo*. A comunicação era descrita como *feedback*, como uma tática em lutas interpessoais pelo poder e como sintoma. De fato, todo comportamento é comunicativo.

Quando acontece uma comunicação em um sistema fechado – as fantasias de um indivíduo ou as conversas privadas de uma família –, há poucas oportunidades de ajustar o sistema. Só quando alguém de fora do sistema fornece um *input* é que pode ser feita uma correção. Uma vez que as regras de funcionamento familiar são em grande parte desconhecidas pela família, a melhor maneira de examiná-las é consultar um perito em comunicações. Hoje, as teorias da terapia das comunicações foram absorvidas pela principal corrente de terapia familiar, e suas intervenções centradas no sintoma tornaram-se a base dos modelos estratégicos e focados na solução.

As terapias estratégicas alcançaram o pico de sua popularidade na década de 1980. Elas eram inteligentes, prescritivas e sistemáticas – qualidades apreciadas pelos terapeutas, que com freqüência se sentiam esmagados pela emotividade das famílias em tratamento. Então houve um recuo, e as pessoas começaram a criticar os aspectos manipulativos da terapia estratégica. Infelizmente, quando os terapeutas das comunicações e os estratégicos foram confundidos pela inflexibilidade ansiosa de algumas famílias, podem ter exagerado o poder irracional do sistema familiar.

Na década de 1990, as abordagens estratégicas e sistêmicas descritas neste capítulo foram substituídas no palco central da terapia familiar por abordagens mais colaborativas. Mesmo com o campo se distanciando de uma confiança excessiva na técnica e na manipulação, não podemos perder de vista os aspectos valiosos da terapia estratégica: ter um objetivo terapêutico claro, antecipar como as famílias reagirão às intervenções, compreender e não perder de vista seqüências de interação e utilizar diretivas criativamente.

Grande parte da escassa pesquisa sobre a efetividade da terapia estratégica não é rigorosa. Mais do que em qualquer outro modelo deste livro, as informações sobre terapia estratégica são trocadas em um formato de relato de caso. Quase todos os artigos e livros sobre terapia estratégica incluem pelo menos uma descrição de uma técnica ou resultado terapêutico de sucesso. Assim, a terapia estratégica parece ter muito apoio de relatos de vida real sobre sua eficácia (é claro, as pessoas não costumam escrever sobre os casos que não deram certo).

Alguns grupos estratégicos registraram seus resultados um pouco mais sistematicamente. No livro *Change*, que lançou o modelo do MRI, Watzlawick e colaboradores (1974) realizaram entrevistas telefônicas de seguimento três meses depois do tratamento em 97 casos consecutivos e descobriram que 40% relatavam um alívio completo, 32% relatavam um alívio considerável e 28% não apresentavam nenhuma mudança. Haley (1980) relatou o resultado de seu modelo "de sair de casa" com jovens adultos esquizofrênicos e descobriu que, entre dois e quatro anos após o término, três dos quatorze tinham sido hospitalizados novamente, e um cometera suicídio.

Alguns estudos iniciais sobre o resultado das terapias familiares baseadas na terapia estratégica ajudaram a aumentar a sua popularidade. Em seu clássico estudo, Langsley, Machotka e Flomenhaft (1971) descobriram que a terapia de crise familiar, que apresentava semelhanças com os modelos do MRI e de Haley, reduzia drasticamente a necessidade de hospitalização. Alexander e Parsons descobriram que a sua terapia familiar funcional foi mais efetiva para tratar um grupo de delinqüentes do que uma abordagem familiar centrada no cliente, uma abordagem eclético-dinâmica ou um grupo-controle sem tratamento (Parsons e Alexander, 1973). Stanton e Todd (1982) demonstraram a efetividade da combinação das terapias familiares estrutural e estratégica para tratar viciados em heroína. Os resultados foram impressionantes, porque a terapia familiar resultou no dobro de dias de abstinência de heroína, comparada a um programa de manutenção com metadona.

Na década de 1980, os associados de Milão relataram casos com resultados surpreendentes no tratamento de anorexia nervosa, esquizofrenia e delinqüência (Selvini Palazzoli, Boscolo, Cecchin e Prata, 1978b, 1980). Mais tarde, entretanto, membros da equipe original expressaram reservas em relação ao modelo e sugeriram que ele não era tão efetivo quanto imaginaram inicialmente (Selvini Palazzoli, 1986; Selvini Palazzoli e Viaro, 1988; Boscolo, 1983). Alguns que haviam estudado o modelo de Milão de forma mais sistemática concordaram com essas impressões menos entusiasmadas (Machal, Feldman e Sigal, 1989). Ao discutir seus resultados desapontadores com o modelo de Milão, os autores citaram reações negativas de clientes ao terapeuta ou à equipe. As famílias, freqüentemente, sentiam que o terapeuta era distante, e a equipe, impessoal. Aparentemente, a atitude de estratégia antagonista recomendada em *Paradox and counterparadox* ficava exposta nas tentativas do terapeuta de conotar de forma positiva os membros da família. Parece que as pessoas têm dificuldade em mudar se não se sentem genuinamente cuidadas e importantes para o terapeuta. Embora o modelo original de Milão pareça ter se tornado tão fora de moda quanto os dinossauros, atualmente existem dois campos estratégicos florescentes: o grupo do MRI na Costa Oeste e a Washington School iniciada por Haley e Madanes da Costa Leste.

O que as pessoas começaram a contestar foram os truques e macetes das técnicas formulistas. Tais truques não eram inerentes aos modelos estratégicos. Por exemplo, a ênfase do MRI em reverter soluções experimentadas que não funcionavam é uma boa idéia. As pessoas *realmente* ficam empacadas em rotinas enquanto repetirem estratégias autoderrotistas. Se, em algumas vezes, o bloqueio de soluções repetidos resultava em um uso automático do reverso da psicologia, isso não era culpa da metáfora cibernética, e sim de como era aplicada.

Os terapeutas estratégicos atualmente integram idéias e acompanham o espírito pós-moderno do século XXI. Haley publicou um livro em que a evolução do seu pensamento fica clara (Haley, 1996), e foi lançado um novo livro sobre a influência do MRI no campo (Weakland e Ray, 1995). Além disso, alguns autores integraram os conceitos estratégicos do MRI a abordagens narrativas (Eron e Lund, 1993, 1996). É bom ver que o pensamento estratégico está evoluindo, pois, mesmo nesta era do terapeuta não-especialista, ainda há espaço para estratégias solucionadoras de problemas e direções terapêuticas sérias.

RESUMO

A terapia familiar das comunicações foi uma das primeiras e mais influentes formas de tratamento familiar. Seu desenvolvimento teórico baseou-se na teoria geral dos sistemas, e a terapia que surgiu foi uma abordagem sistêmica por excelência. A comunicação era o *input* e o *output* detectáveis que os terapeutas utilizavam para analisar a caixa-preta dos sistemas interpessoais.

Outra idéia significativa da terapia das comunicações era que as famílias são sistemas governados por regras, mantidos por mecanismos de *feedback* homeostáticos. O *feedback* negativo explica a estabilidade das famílias normais e a inflexibilidade das disfuncionais. Uma vez que tais famílias não possuem mecanismos adequados de *feedback* positivo, não conseguem se adaptar a mudanças nas circunstâncias.

Embora existissem diferenças importantes entre as estratégias terapêuticas de Haley, Jackson, Satir e Watzlawick, todas buscavam alterar padrões destrutivos de comunicação e perseguiam esse objetivo por meios diretos e indiretos. A abordagem direta, preferida por Satir, buscava a mudança ao tornar explícitas as regras familiares e ao ensinar uma comunicação clara. Essa abordagem pode ser descrita como estabelecer regras básicas ou princípios metacomunicacionais, e incluía táticas como dizer às pessoas que falassem por si mesmas e apontar canais de comunicação não-verbais e com múltiplos níveis.

O problema, conforme Haley observou, é que "Uma das dificuldades envolvidas em dizer aos pacientes que façam uma determinada coisa é o fato de que os pacientes psiquiátricos são conhecidos por sua hesitação em fazer o que lhes mandam". Por essa razão, os terapeutas das comunicações começaram a confiar mais em estratégias indiretas, destinadas a provocar mudanças em vez de aumentar a percepção. Dizer aos membros da família que falem por si mesmos, por exemplo, pode desafiar uma regra familiar e, portanto, provocar resistência. Com este entendimento, a terapia das comunicações tornou-se um tratamento da resistência.

A resistência e os sintomas eram tratados com variadas diretivas paradoxais, bastante conhecidas como "duplos vínculos terapêuticos". A técnica de Milton Erickson de prescrever a resistência era usada como uma alavanca para obter controle, como quando o terapeuta diz aos membros da família que não revelem tudo na primeira sessão. O mesmo truque era usado para prescrever sintomas, uma ação que tornava explícitas as regras encobertas, sugerindo que tal comportamento era voluntário, e colocava o terapeuta no controle.

A terapia estratégica, derivada da hipnoterapia ericksoniana e da cibernética batesoniana, desenvolveu um corpo de procedimentos convincentes para tratar problemas psicológicos. As abordagens estratégicas variam nos aspectos específicos de teoria e da técnica, mas compartilham um foco pragmático centrado no problema, visando à mudança das seqüências comportamentais, em que o terapeuta assume a responsabilidade pelos resultados da terapia. O *insight* e o entendimento são deixados de lado, em favor de diretivas destinadas a mudar a interação entre os membros da família.

O modelo do MRI tenta permanecer estritamente interacional – observando e intervindo nas seqüências de interação que cercam um problema, em vez de especular sobre as intenções das pessoas que interagem. Haley e Madanes, por outro lado, estão interessados em motivos – Haley principalmente no desejo de controlar os outros e Madanes no desejo de amar e ser amado. Diferentemente do grupo do MRI, Haley e Madanes acreditam que o tratamento bem-sucedido geralmente requer mudança estrutural, com ênfase na melhora da hierarquia familiar.

Como Haley, os Associados de Milão na origem viam o poder como motivo dos membros da família. Tentavam compreender os elaborados jogos multigeracionais que cercavam os sintomas. Planejavam intervenções poderosas – conotação positiva e rituais – para expor esses jogos e mudar o significado do problema. Mais tarde, o grupo original se dividiu, e Selvini Palazzoli atravessou várias transformações até sua abordagem atual de longo prazo baseada em segredos familiares. Cecchin e Boscolo afastaram-se das intervenções formulistas, passaram a se interessar pelo processo de questionamento como uma maneira de ajudar as famílias a chegar a novos entendimentos e, ao fazer isso, prepararam o caminho para o atual interesse da terapia familiar pela conversa e pela narrativa.

NOTAS

1. Ver Capítulo 3 para uma revisão do modelo das comunicações.
2. A noção dos sintomas como funcionais – implicando que as famílias *precisam* de seus problemas – iria se tornar controversa.
3. Reconhecer o princípio cibernético em um sistema de aquecimento da casa pode ser mais fácil do que concordar sobre quem determina a temperatura.

LEITURAS RECOMENDADAS

Cecchin, G. 1987. Hypothesizing, circularity and neutrality revisited: An invitation to curiosity. *Family Process*. 26, p. 405-413.

Fisch, R., Weakland, J. H., e Segal, L. 1982. *Thematics of change: Doing therapy briefly*. San Francisco: Jossey-Bass.

Haley, J. 1976. *Problem-solving therapy*. San Francisco: Jossey-Bass.

Haley, J. 1980. *Leaving home*. New York: McGraw-Hill.

Jackson, D. D. 1961. Interactional psychotherapy. In *Contemporary psychotherapies,* M. T. Stein, ed. New York: Free Press of Glencoe.

Jackson, D. D. 1967. *Therapy, communication and change*. Palo Alto, CA: Science and Behavior Books.

Keim, J. 1998. Strategic therapy. In *Case studies in couple and family therapy,* F. Dattilio, ed. New York: Guilford Press.

Lederer, W., e Jackson, D. D. 1968. *Mirages of marriage*. New York: Norton.

Madanes, C. 1981. *Strategic family therapy*. San Francisco: Jossey-Bass.

Madanes. C. 1984. *Behind the one-way mirror:* San Francisco: Jossey-Bass.

Price. J. 1996. *Power and compassion: Working with difficult adolescents and abused parents*. New York: Guilford Press.

Rabkin. R. 1972. *Strategic psychotherapy*. New York: Basic Books.

Selvini Palazzoli, M., Boscolo, L., Cecchin, G., e Prata. G. 1978. *Paradox and counterparadox*. New York: Jason Aronson.

Tomm, K. 1987. Interventive interviewing: Part 1. Strategizing as a fourth guideline for the therapists. *Family Process*. 26, p. 3-14.

Watzlawick, P., Beavin, J. H., e Jackson, D. D. 1967. *Pragmatics of human communication*. New York: Norton.

Watzlawick. P., Weakland, J., e Fisch, R. 1974. *Change: Principles of problem formation and problem resolution*. New York: Norton.

REFERÊNCIAS

Alexander, J., e Parsons. B. 1973. Short-term behavioral intervention with delinquent families: Impact on family process and recidivism. *Journal of Abnormal Psychology*. 81, p. 219-225.

Alexander, J., e Parsons, B. 1982. *Functional family therapy.* Monterey. CA: Brooks Cole.

Andersen, T. 1987. The reflecting team: Dialogue and meta-dialogue in clinical work. *Family Process.* 26, p. 415-417.

Bergman, J. 1985. *Fishing for barracuda: Pragmatics of brief systems therapy.* New York: Norton.

Boscolo, L. 1983. Final discussion. In *Psychosocial intervention in schizophrenia: An international view,* H. Stierlin, L. Wynne, e M. Wirsching, eds. Berlin: Springer-Verlag.

Boscolo, L., e Bertrando, P. 1992. The reflexive loop of past, present, and future in systemic therapy and consultation. *Family Process.* 31, p. 119-133.

Boscolo, L., Cecchin, G., Hoffman, L., e Penn, P. 1987. *Milan systemic family therapy.* New York: Basic Books.

Cecchin, G. 1987. Hypothesizing, circularity and neutrality revisited: An invitation to curiosity. *Family Process.* 26, p. 405-413.

Eron, J., e Lund, T. 1993. An approach to how problems evolve and dissolve: Integrating narrative and strategic concepts. *Family Process.* 32, p. 291-309.

Eron, J., e Lund, T. 1996. *Narrative solutions in brief therapy.* New York: Guilford Press.

Fisch, R. 1978. Review of problem-solving therapy, by Jay Haley. *Family Process.* 17, p. 107-110.

Fisch, R., Weakland, J., e Segal, L. 1982. *The tactics of change.* San Francisco: Jossey-Bass.

Haley, J. 1961. Control in psychotherapy with schizophrenics. *Archives of General Psychiatry.* 5, p. 340-353.

Haley, J. 1963. *Strategies of psychotherapy.* New York: Grune & Stratton.

Haley, J. 1973. *Uncommon therapy.* New York: Norton.

Haley. J. 1976. *Problem-solving therapy.* San Francisco: Jossey-Bass.

Haley, J. 1980. *Leaving home: The therapy of disturbed young people.* New York: McGraw-Hill.

Haley, J. 1981. *Reflections on therapy.* Chevy Chase, MD: Family Therapy Institute of Washington, DC.

Haley, J. 1984. *Ordeal therapy.* San Francisco: Jossey-Bass.

Haley, J. 1996. *Learning and teaching therapy.* New York: Guilford Press.

Hoffman, L. 1981. *Foundations of family therapy.* New York: Basic Books.

Hoffman, L. 1983. A co-evolutionary framework for systemic family therapy. In *Diagnosis and assessment in family therapy,* J. Hansen e B. Keeney, eds. Rockville, MD: Aspen Systems.

Jackson, D. D. 1961. Interactional psychotherapy. In *Contemporary psychotherapies.* M. T. Stein, ed. New York: Free Press of Glencoe.

Jackson, D. D. 1965. Family rules: The marital quid pro quo. *Archives of General Psychiatry.* 12, p. 589-594.

Jackson, D. D. 1967. Aspects of conjoint family therapy. In *Family therapy and disturbed families,* G. H. Zuk e I. Boszormenyi-Nagy, eds. Palo Alto, CA: Science and Behavior Books.

Jackson, D. D., e Weakland, J. H. 1961. Conjoint family therapy: Some consideration on theory, technique, and results. *Psychiatry.* 24, p. 30-45.

Keim, J. 1998. Strategic family therapy. In *Case studies in couple and family therapy.* F. Dattilio. ed. New York: Guilford Press.

Langsley, D., Machotka, P, e Flomenhaft, K. 1971. Avoiding mental hospital admission: A follow-up study. *American Journal of Psychiatry.* 127, p. 1391-1394.

Machal, M., Feldman, R., e Sigal, J. 1989. The unraveling of a treatment program: A follow-up study of the Milan approach to family therapy, *Family Process.* 28, p. 457-470.

Madanes, C. 1981. *Strategic family therapy.* San Francisco: Jossey-Bass.

Madanes, C. 1984. *Behind the one-way mirror:* San Francisco: Jossey-Bass.

Madanes, C. 1991. Strategic family therapy. In *Handbook of family therapy,* Vol. II. A. S. Gurman e D. P. Kniskern, eds. New York: Brunner/Mazel.

Marayuma. M. 1968. The second cybernetics: Deviation-amplifying mutual causal processes. In *Modern systems research for the behavioral scientist.* W. Buckley, ed. Chicago: Aldine.

Papp, P. 1980. The Greek chorus and other techniques of paradoxical therapy. *Family Process.* 19, p. 45-57.

Papp, P. 1983. *The process of change.* New York: Guilford Press.

Parsons, B., e Alexander, J. 1973. Short-term family intervention: A therapy outcome study. *Journal of Consulting and Clinical Psychology.* 41, p. 195-201.

Penn, P. 1982. Circular questioning. *Family Process.* 21, p. 267-280.

Penn, P. 1985. Feed-forward: Further questioning, future maps. *Family Process.* 24, p. 299-310.

Rabkin, R. 1977. *Inner and outer space.* New York: Basic Books.

Ruesch, J., e Bateson, G. 1951. *Communication: The social matrix of psychiatry.* New York: Norton.

Satir, V. 1964. *Conjointfamily therapy.* Palo Alto, CA: Science and Behavior Books.

Selvini, M. 1993. Major mental disorders, distorted reality and family secrets. Manuscrito não publicado.

Selvini Palazzoli. M. 1981. *Self-starvation: From the intrapsychic to the transpersonal approach to anorexia nervosa.* New York: Jason Aronson.

Selvini Palazzoli, M. 1986, Towards a general model of psychotic games. *Journal of Marital and Family Therapy.* 12: 339-349.

Selvini Palazzoli, M., Boscolo, L., Cecchin, G., e Prata, G. 1978a. A ritualized prescription in family therapy: Odd days and even days. *Journal of Marriage and Family Counseling. 4*, p. 3-9.

Selvini Palazzoli, M., Boscolo, L., Cecchin, G., e Prata, G, 1978b. *Paradox and counter paradox.* New York: Jason Aronson.

Selvini Palazzoli, M., Boscolo, L., Cecchin, G., e Prata, G. 1980. Hypothesizing-circularity-neutrality: Three guidelines for the conductor of the session. *Family Process. 19*, p. 3-12.

Selvini Palazzoli, M., e Prata, G. 1983. A new method for therapy and research in the treatment of schizophrenic families. In *Psychosocial intervention in schizophrenia: An international view,* H. Stierlin, L. Wynne, e M. Wirsching, eds. Berlin: Springer-Verlag.

Selvini Palazzoli, M., e Viaro, M. 1988. The anorectic process in the family: A six-stage model as a guide for individual therapy. *Family Process. 27*, p. 129-148.

Stanton, D., Todd, T., e Associados. 1982. *The family therapy of drug abuse and addiction.* New York: Guilford Press.

Tomm, K. 1984a. One perspective on the Milan systemic approach: Part I. Overview of development, theory and practice. *Journal of Marital and Family Therapy. 10*, p. 113-125.

Tomm, K. 1984b. One perspective on the Milan systemic approach: Part II. Description of session format, interviewing style and interventions. *Journal of Marital and Family Therapy.* , *10*, p. 253-271.

Tomm, K. 1987a. Interventive interviewing: Part I. Strategizing as a fourth guideline for the therapist. *Family Process. 26*, p. 3-13.

Tomm, K. 1987b. Interventive interviewing: Part II. Reflexive questioning as a means to enable self-healing. *Family Process. 26*, p. 167-184.

Watzlawick, P. A. 1966. A structured family interview. *Family Process. 5*, p. 256-271.

Watzlawick, P., Beavin, J., e Jackson, D. 1967. *Pragmatics of human communication.* New York: Norton.

Watzlawick, P., Weakland, J., e Fisch, R. 1974. *Change: Principles of problem formation and problem resolution.* New York: Norton.

Weakland, J., Fisch, R., Watzlawick, P., e Bodin, A. 1974. Brief therapy: Focused problem resolution. *Family Process. 13*, p.141-168.

Weakland, J., e Ray, W., eds. 1995. *Propagations: Thirty years of influence from the Mental Research Institute.* Binghamton. NY: Haworth Press.

7

Terapia familiar estrutural

A organização subjacente da vida familiar

Uma das razões pelas quais a terapia familiar pode ser difícil é as famílias com freqüência parecerem conjuntos de indivíduos que se influenciam mutuamente de maneiras poderosas, mas imprevisíveis. A terapia familiar estrutural oferece uma estrutura que traz ordem e significado a essas transações. Os padrões consistentes de comportamento familiar são o que nos permite considerar que eles têm uma estrutura, embora, é claro, somente em um sentido funcional. As fronteiras e coalizões que constituem uma estrutura familiar são abstrações; no entanto, utilizar o conceito de estrutura familiar permite aos terapeutas intervir de maneira sistemática e organizada.

As famílias que buscam ajuda em geral estão preocupadas com um problema específico. Pode ser uma criança que se comporta mal ou um casal que não consegue se relacionar bem. Os terapeutas familiares costumam olhar além dos elementos específicos desses problemas, para as tentativas da família de resolvê-los. Isso leva à dinâmica da interação. A criança que se comporta mal pode ter pais que a repreendem, mas jamais a recompensam. O casal pode estar aprisionado em uma dinâmica perseguidor-distanciador ou ser incapaz de conversar sem brigar.

O que a terapia familiar estrutural acrescenta à equação é o reconhecimento da organização total que sustenta e mantém essas interações. Os "pais que repreendem" podem acabar se revelando dois parceiros que se prejudicam porque um está emaranhado com a criança, enquanto o outro é um excluído zangado. Se for assim, tentativas de incentivar uma disciplina eficaz provavelmente fracassarão, a menos que o problema estrutural seja tratado, e os pais desenvolvam uma parceria genuína. Igualmente, um casal que não consegue se relacionar bem pode não ser capaz de melhorar seu relacionamento a menos que consiga criar uma fronteira entre eles e filhos ou parentes intrusivos.

A descoberta de que as famílias estão organizadas em **subsistemas** com **fronteiras** que regulam o contato que os membros da família mantêm se revelou um dos *insights* definidores da terapia familiar. Talvez de igual importância, todavia, tenha sido a introdução da técnica de **encenação**, em que os familiares são encorajados a lidar diretamente uns com os outros na sessão, o que permite que o terapeuta observe e modifique suas interações.

Quando Salvador Minuchin entrou em cena, seu impacto galvanizador foi como um mestre da técnica. Sua contribuição mais duradoura, entretanto, foi uma teoria da estrutura familiar e uma série de orientações para organizar as técnicas terapêuticas. Essa abordagem estrutural foi tão bem-sucedida que cativou o campo nos anos de 1970, e Minuchin transformou a Philadelphia Child Guidance Clinic em um complexo mundialmente famoso, no qual milhares de terapeutas familiares têm feito formação em terapia familiar estrutural.

ESBOÇO DE FIGURAS ORIENTADORAS

Minuchin nasceu e foi criado na Argentina. Trabalhou como médico no exército israe-

O modelo estrutural de Salvador Minuchin é a abordagem mais influente à terapia familiar em todo o mundo.

lense e depois foi para os Estados Unidos, onde se especializou em psiquiatria infantil com Nathan Ackerman, em Nova York. Após concluir seus estudos, Minuchin voltou a Israel, em 1952, para trabalhar com crianças refugiadas. Retornou aos Estados Unidos em 1954, para começar sua formação analítica no William Alanson White Institute, onde estudou a psiquiatria interpessoal de Harry Stack Sullivan. Ao deixar o White Institute, Minuchin trabalhou na Wiltwyck School com adolescentes delinqüentes, onde sugeriu aos colegas que começassem a atender famílias.

Na Wiltwyck, Minuchin e seus colegas – Dick Auerswald, Charlie King, Braulio Montalvo e Clara Rabinowitz – aprenderam a fazer terapia familiar, inventando-a conforme iam em frente. Para isso, usavam um espelho de observação e se revezavam observando o trabalho uns dos outros. Em 1962, Minuchin fez uma peregrinação à Meca da terapia familiar, Palo Alto. Lá, conheceu Jay Haley, e ambos iniciaram uma amizade que frutificaria em uma colaboração extraordinariamente fértil.

O sucesso do trabalho de Minuchin com famílias na Wiltwyck levou à publicação de um livro influente e desbravador, *Families of the Slums,* escrito com Montalvo, Guerney, Rosman e Schumer. A reputação de Minuchin como terapeuta familiar cresceu e, em 1965, ele se tornou diretor da Philadelphia Child Guidance Clinic. A clínica, na época, possuía uma equipe que não chegava a 12 pessoas. Partindo deste início modesto, Minuchin criou uma das clínicas de orientação infantil mais importantes e prestigiadas do mundo.

Entre os colegas de Minuchin na Philadelphia estavam Braulio Montalvo, Jay Haley, Bernice Rosman, Harry Aponte, Carter Umbarger, Marianne Walters, Charles Fishman, Cloe Madanes e Stephen Greenstein, todos os quais participaram do desenvolvimento da terapia familiar estrutural. Nos anos de 1970, a terapia familiar estrutural já tinha se tornado o sistema de terapia familiar mais influente e amplamente praticado.

Em 1976, Minuchin deixou de ser diretor da Philadelphia Child Guidance Clinic, mas continuou como chefe do programa de formação até 1981. Depois de deixar a Philadelphia, Minuchin montou seu próprio centro em Nova York, onde continuou praticando e ensinando terapia familiar até 1996, quando se aposentou e se mudou para Boston. Nesse mesmo ano, concluiu seu nono livro, *Mastering family therapy: journeys of growth and transformation,* em co-autoria com nove de seus supervisionandos, apresentando as idéias mais importantes e significativas sobre terapia familiar e formação profissional na área. Embora tenha se aposentado (novamente) e se mudado para Boca Raton, na Flórida, em 2005, o Dr. Minuchin ainda viaja e ensina pelo mundo todo.

Como bons jogadores em uma equipe que tem uma superestrela, alguns dos colegas de Minuchin não são tão conhecidos como poderiam ser. Entre eles está Braulio Montalvo, um dos gênios subestimados da terapia familiar. Nascido e criado em Porto Rico, Montalvo, como Minuchin, sempre tratou famílias de minorias. Como Minuchin, também é um terapeuta brilhante, embora prefira uma abordagem mais gentil, mais apoiadora.

Após a aposentadoria de Minuchin, o centro de Nova York foi renomeado como Minuchin Center for the Family em sua homenagem, e a tocha foi passada adiante para uma nova geração. A equipe de professores eminentes no Minuchin Center atualmente inclui Ema Genijovich, David Greenan, George Simon e Wai-Yung Lee. Sua tarefa é manter o centro de vanguarda da terapia familiar estrutural na linha de frente do campo sem a liderança carismática de seu progenitor.

Entre outros alunos proeminentes de Minuchin estão Jorge Colapinto, agora no Ackerman Institute em Nova York; Michael Nichols, que leciona no College of William and Mary; Jay Lappin, que trabalha com assistência à criança para o governo de Delaware, e

Charles Fishman, em prática privada na Filadélfia.

FORMULAÇÕES TEÓRICAS

Os profissionais iniciantes tendem a se atolar no conteúdo dos problemas familiares porque não têm uma teoria que os ajude a enxergar os padrões de dinâmica familiar. A terapia familiar estrutural fornece um esquema para se analisar os processos de interação familiar. Como tal, oferece uma base para estratégias terapêuticas consistentes, que deixam óbvia a necessidade de se ter uma técnica específica – geralmente a de outra pessoa – para cada ocasião. Três construtos são os componentes essenciais da teoria familiar estrutural: estrutura, subsistemas e fronteiras.

Estrutura familiar refere-se ao padrão organizado em que os membros da família interagem. Já que as transações familiares se repetem, criam expectativas que estabelecem padrões duradouros. Depois que os padrões são estabelecidos, os membros da família usam apenas uma fração do leque completo de comportamentos disponíveis para eles. Da primeira vez em que um bebê chora ou um adolescente perde o ônibus escolar, não está claro quem fará o quê. A carga será compartilhada? Haverá uma desavença? Uma pessoa ficará encarregada de todo o trabalho? Mas logo são estabelecidos padrões, determinados papéis, e as coisas se tornam uniformes e previsíveis. "Quem fará...?" se torna "Provavelmente ela..." e, então, "Ela sempre...".

A estrutura familiar é reforçada pelas expectativas que estabelecem regras na família. Por exemplo, uma regra como "os membros da família devem sempre se proteger mutuamente" vai se manifestar de várias maneiras, dependendo do contexto e de quem estiver envolvido. Se um menino briga com um vizinho, a mãe irá à casa dos vizinhos para se queixar. Se uma adolescente tem de acordar cedo para ir à escola, a mãe a acordará. Se um marido estiver com uma ressaca grande demais para ir trabalhar de manhã, a esposa telefonará para dizer que ele está gripado. Se os pais brigarem, os filhos interromperão a briga. Os pais estão tão preocupados com as questões dos filhos que isso os impede de passarem um tempo sozinhos, apenas os dois. Essas seqüências são *isomórficas*: são estruturadas. Modificar uma seqüência dessas pode não afetar a estrutura básica, mas alterar a estrutura subjacente terá um efeito sobre todas as transações familiares.

A estrutura familiar é moldada em parte por questões universais e em parte por limitações idiossincráticas. Por exemplo, todas as famílias têm uma estrutura hierárquica, com adultos e crianças possuindo mais ou menos autoridade. Os membros da família também tendem a ter funções recíprocas e complementares. Com freqüência, essas funções se tornam tão entranhadas que sua origem é esquecida, e elas são vistas como necessárias, em vez de opcionais. Se uma jovem mãe, sobrecarregada pelas demandas do seu bebê, fica chateada e se queixa para o marido, ele pode responder de várias maneiras. Talvez ele se aproxime e ajude a cuidar do bebê. Isso cria uma equipe parental unida. Por outro lado, se ele decidir que a esposa está "deprimida", ela pode acabar em terapia para conseguir o apoio emocional do qual precisa. Isso cria uma estrutura em que a mãe permanece distante do marido e aprende a buscar apoio fora da família. Seja qual for o padrão escolhido, ele tende a se autoperpetuar. Embora existam alternativas, as famílias provavelmente não as considerarão até que uma mudança nas circunstâncias produza estresse no sistema.

As famílias não chegam entregando-nos seus padrões estruturais como se estivessem entregando uma maçã para a professora. O que elas trazem é caos e confusão. Temos de descobrir o subtexto – e temos de cuidar para que ele seja acurado – não imposto, mas descoberto. Dois pontos são necessários: ter um sistema teórico que explique a estrutura e ver a família em ação. Saber que uma família é monoparental ou que um casal tem dificuldade com o filho do meio não nos diz qual é a sua estrutura. A estrutura só se torna observável quando observamos as interações concretas entre os membros da família.

Considere o seguinte caso. Uma mãe telefona para se queixar do mau comportamento de seu filho de 17 anos. Ela é convidada a trazer o marido, esse filho e os outros três para a primeira sessão. Quando chegam, a mãe começa a descrever uma série de aspectos triviais que provam que o filho é desobediente. Ele interrompe para dizer que ela fica sempre no seu pé, que jamais lhe dá uma folga. Essa altercação espontânea revela um envolvimento intenso entre mãe e filho – uma preocupação mútua, não menos intensa por ser conflituosa. Contudo, essa seqüência não nos conta toda a história, porque não inclui o pai nem os outros filhos. Eles precisam ser envolvidos para observarmos seu papel na estrutura familiar. Se o pai tomar o partido da esposa, mas parecer despreocupado, pode ser que a preocupação da mãe com o filho esteja relacionada à falta de envolvimento do marido. Se os filhos mais jovens tenderem a concordar com a mãe e descreverem o irmão como mau, fica claro que todos os filhos são próximos da mãe – próximos e obedientes até certo ponto, depois próximos e desobedientes.

As famílias diferenciam-se em *subsistemas* baseados em geração, gênero e interesses comuns. Agrupamentos óbvios como os pais ou os filhos adolescentes são, às vezes, menos significativos que coalizões encobertas. Uma mãe e seu filho caçula podem formar um subsistema tão fechado que os outros são excluídos. Outra família pode se dividir em dois campos, com a mãe e o filho de um lado, e o pai e a filha de outro. Embora certos padrões sejam comuns, as possibilidades de subagrupamentos são infinitas.

Cada membro da família desempenha muitos papéis em vários subgrupos. Mary pode ser esposa, mãe, filha e sobrinha. Em cada um desses papéis, pode ser exigido dela um comportamento diferente. Se ela for flexível, será capaz de variar seu comportamento e adaptá-lo a diferentes subgrupos. Censurar pode estar bem para uma mãe, mas pode causar problemas a uma esposa ou filha.

Os indivíduos, subsistemas e a família inteira são demarcados por *fronteiras* interpessoais, barreiras invisíveis que regulam o contato com os outros. Uma regra que proíbe telefonemas durante o jantar estabelece uma fronteira que protege a família de intrusões externas. Quando as crianças pequenas têm permissão para interromper livremente a conversa dos pais, a fronteira que separa as gerações é desgastada. Subsistemas que não são adequadamente protegidos por fronteiras limitam o desenvolvimento de habilidades interpessoais exeqüíveis nos mesmos. Se os pais sempre interferem para resolver as disputas dos filhos, estes não aprenderão a lutar suas próprias batalhas.

As fronteiras interpessoais variam de rígidas a difusas (ver Figura 7.1). Fronteiras rígidas são excessivamente restritivas e permitem pouco contato com subsistemas externos, resultando em *desligamento*. Indivíduos ou subsistemas desligados são independentes, mas isolados. Do lado positivo, isso estimula a autonomia. Por outro lado, o desligamento limita a afeição e a ajuda. Famílias desligadas precisam chegar a um estresse extremo antes de mobilizarem ajuda mútua.

Os subsistemas *emaranhados* fornecem um sentimento amplo de apoio mútuo, mas à custa da independência e da autonomia. Pais emaranhados são amorosos e atenciosos; passam muito tempo com os filhos e fazem muito por eles. Entretanto, os filhos emaranhados com os pais tornam-se dependentes. Sentem-se menos à vontade sozinhos e podem ter dificuldade em se relacionar com pessoas de fora da família.

Minuchin descreveu algumas das características dos subsistemas familiares em seu trabalho mais acessível, *Families and family therapy* (Minuchin, 1974). A família começa quando duas pessoas se unem para formar um casal. Duas pessoas que se amam concordam em compartilhar a vida, o futuro e as expectativas, mas um período de ajustamento, geralmente difícil, é necessário antes que elas possam completar a transição do namoro para uma parceria funcional. Elas precisam aprender a *acomodar* as necessidades mútuas e os estilos preferidos de interação. Em um casal sadio, ambos dão e recebem. Ele aprende a acomo-

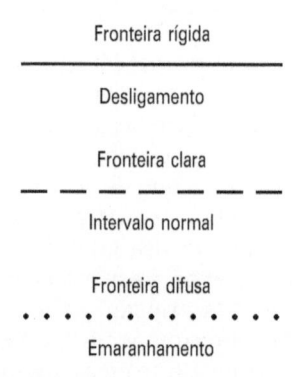

Fronteira rígida
──────────────
Desligamento

Fronteira clara
— — — — — —
Intervalo normal

Fronteira difusa
• • • • • • • •
Emaranhamento

FIGURA 7.1 Fronteiras.

dar a necessidade dela de ser beijada na despedida e na chegada. Ela aprende a deixá-lo em paz com seu jornal no café da manhã. Esses pequenos arranjos, multiplicados milhares de vezes, podem ser feitos facilmente ou só depois de muitas brigas. Seja como for, esse processo de acomodação cimenta o casal em uma unidade.

O casal também precisa desenvolver padrões complementares de apoio mútuo. Alguns padrões são transitórios e podem ser revertidos mais tarde – por exemplo, um vai trabalhar enquanto o outro termina a faculdade. Outros padrões são mais duradouros. Papéis complementares exagerados podem dificultar o crescimento individual; papéis complementares moderados permitem ao casal dividir funções, apoiar-se e enriquecer-se mutuamente. Quando um fica gripado, o outro assume as tarefas. A permissividade de um deles com os filhos pode ser equilibrada pela firmeza do outro. A disposição impetuosa de um pode ajudar a dissolver a reserva do outro. Padrões complementares existem na maioria dos casais. Tornam-se problemáticos quando são tão exagerados que criam um subsistema disfuncional.

O subsistema dos cônjuges também precisa criar uma fronteira que o separe de pais, filhos e outras pessoas de fora. Quando os filhos nascem, é muito comum marido e mulher desistirem do espaço que lhes é necessário para se apoiarem. Uma fronteira rígida demais em torno do casal pode privar os filhos dos cuidados de que eles precisam; mas, na nossa cultura centrada nas crianças, a fronteira entre pais e filhos freqüentemente é ambígua, no melhor dos casos.

Uma fronteira clara permite aos filhos interagir com pais, mas os exclui do subsistema do casal. Pais e filhos comem juntos, brincam juntos e compartilham grande parte da vida uns dos outros, mas há algumas funções do casal que não precisam ser compartilhadas. Marido e mulher são reforçados como casal amoroso e melhorados como pais se tiverem tempo para ficarem sozinhos – para conversar, sair para jantar ocasionalmente, brigar e fazer amor. Infelizmente, as demandas barulhentas dos filhos pequenos muitas vezes fazem os pais perderem de vista a sua necessidade de manter uma fronteira em torno de seu relacionamento.

Além de manter a privacidade do casal, uma fronteira clara estabelece uma **estrutura hierárquica** em que os pais ocupam uma posição de liderança. Com freqüência excessiva, essa hierarquia é rompida por uma disposição centrada na criança, que influencia os profissionais que atendem crianças, assim como os pais. Pais emaranhados com seus filhos tendem a discutir com eles sobre quem está no comando e compartilham equivocadamente – ou negligenciam – a responsabilidade por tomar decisões parentais.

Em *Institutionalizing madness* (Elizur e Minuchin, 1989), Minuchin defende convincentemente uma visão sistêmica dos problemas familiares que vai além da família e inclui toda a comunidade. Conforme Minuchin salienta, a menos que os terapeutas aprendam a olhar além da fatia limitada da ecologia em que trabalham, para as estruturas sociais mais amplas nas quais seu trabalho está inserido, sua obra talvez se reduza a pouco mais do que fiar em uma roca.

DESENVOLVIMENTO FAMILIAR NORMAL

O que distingue uma família normal não é a ausência de problemas, mas uma estrutura funcional para lidar com eles. Todo casal precisa aprender a se ajustar um ao outro; a criar os filhos, se decidir ter filhos; a lidar com os pais; a lidar com seus empregos, e a se adaptar à comunidade. A natureza dessas lutas se modifica de acordo com os estágios desenvolvimentais e as crises situacionais.

Quando duas pessoas se unem para formar um casal, os requerimentos estruturais da nova união são a *acomodação* e a *criação de fronteiras*. A maior prioridade é a mútua **acomodação**, para lidar com os inúmeros detalhes da vida cotidiana. Cada parceiro tende a organizar o relacionamento segundo uma linha familiar e pressiona o outro para aceitar isso. Eles precisam concordar em relação a questões importantes, tais como onde morar e se e quando terão filhos. Menos óbvio, mas igualmente importante, precisam coordenar rituais diários, tais como os programas aos quais assistir na televisão, o que comer no jantar, a que horas ir para a cama e o que fazer lá.

Nesta acomodação mútua, o casal também precisa negociar a natureza das fronteiras entre eles e das fronteiras que os separam dos outros. Uma fronteira difusa entre o casal é aquela em que ambos costumam se telefonar durante o trabalho, em que nenhum tem amigos próprios ou atividades independentes e em que passam a se ver como um par, e não como duas personalidades diferentes. Por outro lado, a fronteira é rígida se eles passam pouco tempo juntos, têm quartos separados, tiram férias separadamente, têm contas separadas no banco, e ambos investem mais na carreira ou em relacionamentos externos do que no casamento.

Cada parceiro tende a se sentir mais à vontade com o nível de proximidade que existia em sua família. Já que essas expectativas diferem, segue-se uma luta que pode ser o aspecto mais difícil da nova união. Ele quer jogar golfe com os rapazes; ela se sente abandonada. Ela que conversar; ele quer assistir à ESPN. O foco dele é a sua carreira; o foco dela é o relacionamento. Cada um acha que o outro não está sendo razoável.

Os casais também precisam definir uma fronteira que os separe de suas famílias de origem. De repente, as famílias em que cresceram passam a segundo plano no novo casamento. Este, também, é um ajustamento difícil, tanto para os recém-casados quanto para seus pais. As famílias variam na facilidade com que aceitam e apóiam essas novas uniões.

O nascimento de um filho transforma instantaneamente a estrutura da nova família, criando um *subsistema parental* e um *subsistema filial*. É típico os cônjuges terem padrões diferentes de comprometimento com o bebê. O comprometimento da mulher com uma unidade de três provavelmente começa com a gravidez, pois o bebê dentro de seu útero é uma realidade inevitável. O marido, por outro lado, talvez só comece a se sentir pai quando o filho nascer. Muitos homens não aceitam o papel de pai até os filhos terem idade suficiente para reagir a eles. Assim, mesmo em famílias normais, os filhos trazem consigo grande potencial de estresse e conflito. A vida da mãe em geral é transformada mais radicalmente que a do pai. Ela se sacrifica muito e, tipicamente, precisa de mais apoio por parte do marido. O marido, enquanto isso, continua trabalhando, e o novo bebê não altera tanto a sua vida.

Embora possa tentar ajudar a esposa, é provável que veja algumas de suas exigências como desmedidas.

Os filhos requerem diferentes estilos de cuidados parentais nas diferentes idades. Os bebês precisam basicamente de cuidados e carinho. As crianças precisam de orientação e controle, e os adolescentes, de independência e responsabilidade. O que representa bons cuidados parentais para uma criança de 2 anos pode ser inadequado para uma de 5 ou para um adolescente de 14 anos.

Minuchin (1974) alerta os terapeutas familiares para que não confundam as dores do crescimento com patologia. A família normal sente ansiedade e tem problemas conforme seus membros se adaptam ao crescimento e à mudança. Muitas famílias buscam ajuda em estágios transicionais, e os terapeutas devem ter em mente que elas podem, simplesmente, estar no processo de modificar sua estrutura para acomodar novas circunstâncias.

Todas as famílias enfrentam situações que estressam o sistema. Embora não exista nenhuma linha divisória clara entre famílias sadias e não-sadias, podemos dizer que as famílias sadias modificam sua estrutura para acomodar circunstâncias modificadas; as famílias disfuncionais aumentam a rigidez das estruturas e deixam de ser efetivas.

DESENVOLVIMENTO DE TRANSTORNOS DE COMPORTAMENTO

Os sistemas familiares precisam ser suficientemente estáveis para garantir continuidade, mas suficientemente flexíveis para se acomodar a mudanças nas circunstâncias. Os problemas surgem quando estruturas familiares inflexíveis não conseguem se ajustar de forma adequada a desafios maturacionais ou situacionais. Mudanças adaptativas na estrutura são necessárias quando a família ou um de seus membros enfrenta um estresse externo e quando são atingidos pontos de crescimento transicionais.

A disfunção familiar resulta de uma combinação de estresse e fracasso em se realinhar para lidar com a situação (Colapinto, 1991). Os estressores podem ser ambientais (um dos pais fica desempregado, a família se muda) ou desenvolvimentais (um dos filhos atinge a adolescência, os pais se aposentam). O fracasso da família em lidar com a adversidade pode se dever a falhas em sua estrutura ou simplesmente à sua incapacidade de se ajustar a circunstâncias modificadas.

Nas famílias desligadas, as fronteiras são rígidas, e a família não consegue mobilizar apoio quando necessário. Pais desligados podem não perceber que um filho está deprimido ou com dificuldades na escola até o problema avançar muito. Nas famílias emaranhadas, por outro lado, as fronteiras são difusas, e os membros da família reagem exageradamente e se envolvem com os outros de maneira intrusiva. Pais emaranhados criam dificuldades ao impedir o desenvolvimento de formas mais maduras de comportamento em seus filhos e ao interferir em sua capacidade de resolver os próprios problemas.

Em seu livro sobre estudos de caso, *Family healing*, Minuchin e Nichols (1993) descrevem um exemplo comum de emaranhamento quando um pai se intromete para resolver pequenos desentendimentos entre os dois filhos – "como se os irmãos fossem Caim e Abel, e o ciúme fraterno pudesse levar ao assassinato" (Minuchin e Nichols, p. 149). O problema, evidentemente, é que, se os pais sempre interrompem as brigas dos filhos, estes não aprenderão a lutar as próprias batalhas.

Embora falemos sobre famílias emaranhadas e desligadas, é mais exato falar sobre subsistemas específicos como emaranhados ou desligados. De fato, emaranhamento e desligamento costumam ser recíprocos, de modo que, por exemplo, seja provável um pai excessivamente envolvido com seu trabalho se envolva menos com a família. Um padrão freqüentemente encontrado é a síndrome mãe emaranhada/pai desligado – "o arranjo característico da família de classe média perturbada" (Minuchin e Nichols, 1993, p. 121).

Feministas têm criticado a noção de uma síndrome mãe emaranhada/pai desligado porque rejeitam a divisão estereotípica do trabalho (papel instrumental para o pai, papel expressivo para a mãe) e porque não querem culpar as mães por um arranjo que é culturalmente sancionado. Ambas as preocupações são válidas. Todavia, preconceito e acusações são devidos à aplicação insensível dessas idéias, não inerentes às idéias em si. Relacionamentos tendenciosos, seja qual for a razão para eles, podem ser problemáticos, embora nenhum membro da família deva ser culpabilizado ou responsabilizado por corrigir, unilateralmente, o desequilíbrio.

As *hierarquias* podem ser frágeis e ineficazes ou rígidas e arbitrárias. No primeiro caso, membros mais jovens da família podem ficar desprotegidos pela ausência de orientação; no segundo, seu desenvolvimento como indivíduos autônomos pode ser prejudicado, ou lutas de poder podem ser o resultado. Exatamente como uma hierarquia funcional é necessária para a estabilidade de uma família sadia, a flexibilidade é necessária para que seus membros se adaptem a mudanças.

A expressão mais comum do medo da mudança é a *evitação do conflito*, quando os familiares evitam tratar de suas discordâncias para se protegerem da dor de se enfrentarem com verdades duras. As famílias desligadas evitam o conflito minimizando o contato; as famílias emaranhadas evitam o conflito negando diferenças, ou por meio de constantes altercações, o que lhes permite ventilar os sentimentos sem pressionar por mudanças ou resolver as questões.

Os terapeutas familiares estruturais utilizam alguns símbolos simples para diagramar problemas estruturais, e esses diagramas normalmente deixam claro quais mudanças são necessárias. A Figura 7.2 mostra alguns dos símbolos usados para diagramar estruturas familiares.

Um problema com freqüência observado pelos terapeutas familiares é aquele em que os pais, incapazes de resolver conflitos entre si,

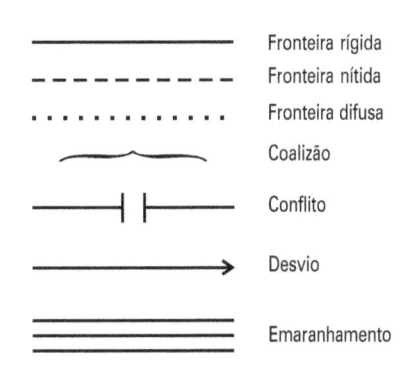

———————	Fronteira rígida
– – – – – – –	Fronteira nítida
·············	Fronteira difusa
⌢	Coalizão
—⊣⊢—	Conflito
————→	Desvio
═══════	Emaranhamento

FIGURA 7.2 Símbolos de estrutura familiar.

desviam o foco de preocupação para a criança. Em vez de se preocuparem um com o outro, preocupam-se com a criança (ver Figura 7.3). Embora isso reduza a tensão no pai (P) e na mãe (M), vitimiza a criança (C) e, portanto, é disfuncional.

Um padrão alternativo, mas igualmente comum, é os pais continuarem a brigar por meio da criança. O pai diz que a mãe é permissiva demais; ela, que ele é rígido demais. Ele pode se afastar, fazendo com que ela critique sua falta de preocupação, o que, por sua vez, faz com que ele se afaste ainda mais. A mãe emaranhada reage às necessidades da criança com preocupação excessiva. O pai desligado tende a não reagir mesmo quando uma resposta é necessária. Ambos podem se criticar mutuamente, mas perpetuam o comportamento do outro com o seu próprio. O resultado é uma **coalizão geracional cruzada** entre a mãe e a criança, que exclui o pai (Figura 7.4).

Algumas famílias funcionam bem quando os filhos são pequenos, mas não conseguem se ajustar à necessidade de disciplina dos filhos que estão crescendo. Os filhos pequenos nas famílias emaranhadas (Figura 7.5) recebem cuidados maravilhosos: os pais lhes dão muita atenção. Embora esses pais estejam cansados demais de cuidar dos filhos para terem muito tempo para si mesmos, o sistema pode ter um sucesso moderado. Entretanto, se esses pais dedicados não ensinarem os filhos a obedecer a regras e respeitar a autoridade, os filhos podem não estar preparados para negociar seu ingresso na escola. Acostumados a impor sua vontade, é possível que se tornem rebeldes e agitados. Algumas conseqüências possíveis dessa situação levam a família a tratamento. As crianças podem relutar ir à escola, e seus medos, ser reforçados por pais "compreensivos" que permitem que continuem em casa (Figura 7.6). Esse caso pode ser rotulado como fobia escolar e piorar se os pais permitirem que os filhos continuem em casa por mais de alguns dias.

Alternativamente, as crianças de tais famílias podem ir à escola, mas como não aprenderam a se acomodar aos outros, podem ser rejeitadas pelos colegas. Essas crianças muitas vezes ficam deprimidas e se retraem. Em outros casos, as crianças emaranhadas com os pais passam a ser um problema disciplinar na escola, e as autoridades escolares podem iniciar um aconselhamento.

Uma mudança importante na composição familiar que requer ajustamento estrutural ocorre quando cônjuges divorciados ou viúvos casam-se novamente. Essas "famílias misturadas" ou reajustam suas fronteiras ou logo passam a ter conflitos transicionais. Quando uma mulher se divorcia, ela e as crianças precisam primeiro aprender a se reajustar a uma estrutura que estabelece uma clara fronteira, separando os cônjuges divorciados, mas ainda permite contato entre o pai e os filhos; então, se ela casa novamente, a família precisa aprender a funcionar com um novo marido e padrasto (Figura 7.7). Às vezes, é difícil para a mãe e os filhos permitirem que o padrasto participe

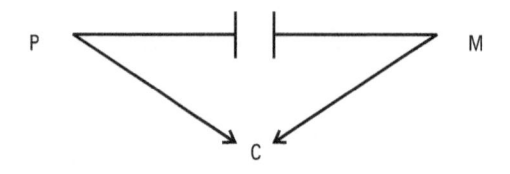

FIGURA 7.3 Designação de um bode expiatório para desviar o conflito.

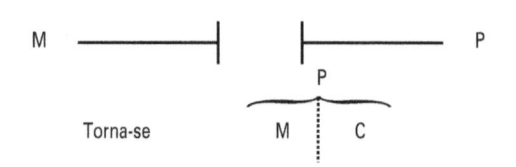

FIGURA 7.4 Coalizão mãe-criança.

FIGURA 7.5 Pais emaranhados com os filhos.

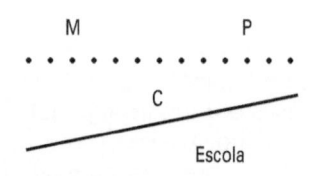

FIGURA 7.6 Fobia escolar.

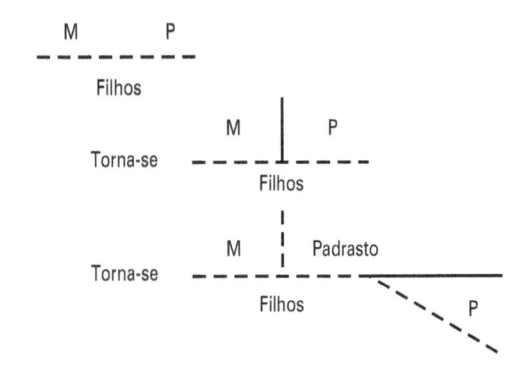

FIGURA 7.7 Divórcio e recasamento.

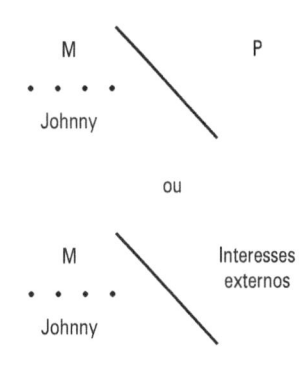

FIGURA 7.9 O emaranhamento de Johnny com a mãe e seu desligamento de interesses externos.

como parceiro no novo subsistema parental. A mãe e os filhos estabeleceram regras transacionais e aprenderam a se acomodar uns aos outros. O novo pai pode ser tratado como um estranho, de quem se espera que aprenda a maneira "certa" (costumeira) de fazer as coisas, e não como um novo parceiro que dará, assim como receberá, idéias sobre criação de filhos (Figura 7.8). Quanto mais a mãe e os filhos insistirem em manter seus padrões familiares sem incluir o padrasto, mais frustrado e zangado ele ficará. O resultado pode levar ao abuso da criança ou a brigas crônicas entre os pais. Quanto mais cedo essas famílias entrarem em tratamento, mais fácil será ajudá-las a se ajustarem à transição.

Aspecto importante dos problemas estruturais da família é que os sintomas de um de seus membros não apenas refletem os relacionamentos dessa pessoa com os outros, mas são também uma função de ainda outros relacionamentos na família. Se Johnny, de 16 anos, está deprimido, ajuda saber que está emaranhado com a mãe. Descobrir que ela exige dele uma obediência absoluta e se recusa a deixá-lo ter idéias próprias ou relacionamentos com pessoas de fora ajuda a explicar a sua depressão (Figura 7.9). Todavia, esta é uma visão apenas parcial do sistema familiar.

Por que a mãe está emaranhada com o filho? Talvez ela esteja desligada do marido. Talvez seja uma viúva que não encontrou novos amigos, um trabalho ou outros interesses. A melhor maneira de ajudar Johnny a resolver sua depressão talvez seja ajudar sua mãe a satisfazer as próprias necessidades de proximidade com o marido ou amigos.

Já que os problemas são uma função da estrutura familiar inteira, é importante incluir todo o grupo na avaliação. Contudo, às vezes, nem mesmo atender a família inteira é suficiente. A família nem sempre é o contexto completo ou mais relevante. A depressão de uma mãe poderia dever-se mais a relacionamentos no trabalho do que em casa. Os problemas escolares de um filho poderiam dever-se mais ao contexto estrutural escolar do que ao familiar. Nesses casos, o terapeuta familiar estrutural trabalha com o contexto mais relevante para amenizar os problemas apresentados.

Por fim, alguns problemas podem ser tratados como do indivíduo. Conforme Minuchin (1974, p. 9) escreveu, "A patologia pode estar dentro do paciente, em seu contexto social ou no *feedback* entre eles". Alhures, Minuchin (Minuchin, Rosman e Baker, 1978, p. 91) se referiu ao perigo de "negar o indivíduo e entronizar o sistema". Enquanto entrevista a família para ver como os pais lidam com os filhos, o terapeuta cuidadoso pode perceber que uma das crianças tem um problema neurológico ou uma incapacidade de aprendizagem. Esses problemas precisam ser identificados, e os encaminhamentos necessários, feitos. Habitualmente, quando uma criança tem dificuldades na escola, existe

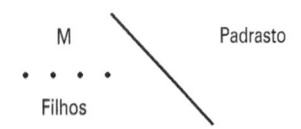

FIGURA 7.8 Fracasso em aceitar um padrasto.

um problema no contexto familiar ou escolar. Habitualmente, mas nem sempre.

OBJETIVOS DA TERAPIA

Os terapeutas familiares estruturais acreditam que os problemas são mantidos por uma organização familiar disfuncional. Portanto, a terapia visa a alterar a estrutura familiar, para que a família possa resolver seus problemas.

A idéia de que os problemas familiares estão inseridos em estruturas disfuncionais levou alguns a criticarem a terapia familiar estrutural como patologizante. Os críticos vêem os mapas estruturais de organizações disfuncionais como se retratassem um núcleo patológico nas famílias. Isso não é verdade. Os problemas estruturais em geral são vistos como fracasso em se adaptar a mudanças nas circunstâncias. Longe de ver as famílias como inerentemente falhas, o terapeuta estrutural vê o seu trabalho como ativador de estruturas adaptativas latentes que já fazem parte do repertório da família (Simon, 1995).

O terapeuta familiar estrutural reúne-se ao sistema familiar para ajudar seus membros a mudarem sua estrutura. Ao alterar fronteiras e realinhar sistemas, o terapeuta muda o comportamento e a experiência de cada membro da família. O terapeuta não resolve problemas: esta tarefa é da família. O terapeuta ajuda a modificar o funcionamento familiar de modo que os membros da família possam resolver seus problemas. Dessa maneira, a terapia familiar estrutural é como a psicoterapia dinâmica – a resolução do sintoma é buscada não como um fim em si mesma, mas como um resultado de uma mudança estrutural. O analista modifica a estrutura da mente do paciente; o terapeuta familiar estrutural modifica a estrutura da família do paciente.

Os objetivos para cada família são ditados pelos problemas que seus membros apresentam e pela natureza de sua disfunção estrutural. Embora cada família seja única, existem problemas comuns e objetivos estruturais típicos. De extrema importância entre os objetivos gerais para as famílias é a criação de uma estrutura hierárquica efetiva. Espera-se que os pais estejam no comando, que não se relacionem com os filhos como iguais. Outro objetivo comum é ajudar os pais a funcionarem juntos como um subsistema coeso. Quando só existe um progenitor, ou quando há vários filhos, um ou mais dos filhos mais velhos pode ser incentivado a ser um assistente parental, mas as necessidades dessa criança também não podem ser negligenciadas.

Com famílias emaranhadas, o objetivo é diferenciar indivíduos e subsistemas, reforçando as fronteiras entre eles. Com famílias desligadas, o objetivo é aumentar a interação, tornando as fronteiras mais permeáveis.

CONDIÇÕES PARA A MUDANÇA DE COMPORTAMENTO

A terapia estrutural muda o comportamento ao abrir padrões alternativos de interação, capazes de modificar a estrutura familiar. Não é uma questão de criar novas estruturas, e sim de ativar estruturas dormentes. Quando novos padrões transacionais se tornam regularmente repetidos e previsivelmente efetivos, estabilizam a estrutura nova e mais funcional.

O terapeuta produz mudança reunindo-se à família, sondando em busca de áreas de flexibilidade e, então, ativando alternativas estruturais dormentes. Este reunir-se leva o terapeuta para dentro da família; o *acomodar-se* ao seu estilo o torna influente, e manobras de *reestruturação* transformam a estrutura familiar. Se o terapeuta continuar um estranho, alguém de fora, ou usar intervenções demasiado distônicas, a família o rejeitará. Se o terapeuta participar demais da família ou usar intervenções demasiado sintônicas, a família assimilará as intervenções a padrões transacionais prévios. Em qualquer um dos casos, não haverá mudança estrutural.

Reunir-se e acomodar-se são considerados pré-requisitos para reestruturar. Para se reunir a uma família, o terapeuta precisa transmitir que aceita seus membros e respeita sua maneira de fazer as coisas. Minuchin (1974) comparava o terapeuta familiar a um antropólogo, que precisa primeiro se reunir a uma cultura para poder estudá-la.

Para se reunir à cultura de uma família, o terapeuta faz aberturas de acomodação – o que habitualmente fazemos sem pensar, embora nem sempre com sucesso. Se os pais buscam ajuda para os problemas de um filho, o terapeuta não começa pedindo a opinião da criança. Isso transmite falta de respeito pelos pais. Só depois de ter conseguido se reunir à família é proveitoso tentar reestruturá-la – as geralmente dramáticas confrontações que desafiam a família a mudar.

A primeira tarefa é compreender a visão que a família tem dos seus problemas. O terapeuta faz isso ao tentar compreender sua formulação no conteúdo que usam para explicá-la e nas seqüências com as quais a demonstram. Então, o terapeuta familiar *reenquadra* a formulação da família em uma formulação baseada no entendimento da estrutura familiar.

De fato, todas as psicoterapias utilizam o reenquadramento. Os pacientes, sejam indivíduos, sejam famílias, chegam com idéias próprias sobre a causa de seus problemas – idéias que não costumam ajudá-los a resolver seus problemas –, e o terapeuta lhes oferece uma idéia nova e potencialmente mais construtiva desses mesmos problemas. O que torna única a terapia familiar estrutural é que ela usa **encenações** nas sessões de terapia para fazer o reenquadramento acontecer. Esta é a condição indispensável para a terapia familiar estrutural: observar e modificar a estrutura das transações familiares no contexto imediato da sessão. O terapeuta estrutural trabalha com o que vê acontecer na sessão, não com o que os membros da família relatam.

Há dois tipos de dados ao vivo, dentro da sessão, em que a terapia familiar estrutural se concentra – *encenações* e *seqüências comportamentais espontâneas*. Uma encenação é quando o terapeuta estimula a família a demonstrar como esta lida com um tipo particular de problema. Em geral, a encenação começa quando o terapeuta sugere que subgrupos específicos discutam um determinado problema. Conforme se faz isso, o terapeuta observa o processo familiar. Trabalhar com encenações requer três operações. Primeiro, o terapeuta define ou reconhece uma seqüência. Por exemplo, observa que, quando a mãe fala com a filha, elas conversam como iguais, e o irmão mais jovem é deixado de fora. Segundo, o terapeuta dirige uma encenação. Por exemplo, ele pode dizer à mãe: "Converse sobre isso com seus filhos". Terceiro, e mais importante, o terapeuta precisa orientar a família a modificar a encenação. Se a mãe conversa com os filhos sem assumir responsabilidade por decisões importantes, o terapeuta deve orientá-la a assumir essa responsabilidade conforme a família continua a encenação. Todos os movimentos do terapeuta devem criar novas opções para a família, opções de interações mais produtivas.

Quando uma encenação se paralisa, o terapeuta pode intervir de duas formas: comentando o que deu errado, ou simplesmente estimulando-os a prosseguir. Por exemplo, se um pai responde à sugestão de conversar com a filha de 12 anos sobre como ela se sente repreendendo-a, o terapeuta poderia dizer ao pai: "Parabéns". Pai: "O que você quer dizer?" Terapeuta: "Parabéns; você vence, ela perde". Ou o terapeuta poderia, simplesmente, cutucar a transação, dizendo ao pai: "Muito bom, continue conversando, mas ajude-a a expressar mais

Os terapeutas estruturais utilizam encenações *para observar e modificar padrões familiares problemáticos.*

seus sentimentos. Ela ainda é uma menina, precisa da sua ajuda".

Além de trabalhar com encenações, o terapeuta estrutural está atento a seqüências comportamentais espontâneas que ilustram a estrutura familiar. Criar uma encenação é como dirigir uma peça de teatro; trabalhar com seqüências espontâneas é como focalizar um refletor em uma ação que ocorre sem direção. Ao observar e modificar tais seqüências cedo na terapia, o terapeuta evita se atolar na maneira habitual e improdutiva da família de fazer as coisas. Lidar com comportamentos problemáticos assim que ocorrem permite ao terapeuta organizar a sessão, para sublinhar o processo e modificá-lo.

Um terapeuta experiente desenvolve palpites sobre a estrutura familiar antes mesmo da primeira entrevista. Por exemplo, se a família procura a clínica por causa de uma criança "hiperativa", é possível ter algum palpite sobre a estrutura familiar e as seqüências que acontecerão quando a sessão começar, pois o comportamento "hiperativo" muitas vezes é uma função do emaranhamento da criança com a mãe. O relacionamento da mãe com a criança pode ser produto da falta de diferenciação hierárquica dentro da família; isto é, pais e filhos se relacionam entre si como iguais. Além disso, o emaranhamento da mãe com a criança "hiperativa" provavelmente será tanto um resultado quanto uma causa da distância emocional com o marido. Sabendo que este é um padrão comum, o terapeuta pode antecipar que a criança "hiperativa" começará a se comportar mal logo no início da primeira sessão, e que a mãe será incapaz de lidar com esse mau comportamento. Armado com este palpite informado, o terapeuta pode lançar luz sobre essa seqüência assim que ela ocorrer. Se a criança "hiperativa" começar a correr pela sala e a mãe protestar, mas não fizer nada de efetivo, o terapeuta poderia dizer: "Eu vejo que seu filho se sente à vontade para ignorar você". Este desafio pode levar a mãe a se comportar de maneira mais competente.

TERAPIA

Avaliação

Uma avaliação estrutural baseia-se na suposição de que as dificuldades da família via de regra refletem problemas na maneira pela qual ela está organizada. Supõe-se que, se a organização mudar, o problema também vai mudar. Talvez seja importante acrescentar que as dificuldades costumam refletir problemas na maneira pela qual a família *inteira* está organizada. Portanto, supõe-se que, se ocorrer uma mudança entre a mãe e a filha, as coisas também mudarão entre marido e mulher.

Os terapeutas estruturais fazem avaliações primeiro reunindo-se à família para criar uma aliança e, depois, pondo a família em movimento pelo uso de encenações, diálogos na sessão que permitem ao terapeuta observar como os membros da família realmente interagem.

Suponha, por exemplo, que uma jovem se queixa de uma indecisão obsessiva. Ao responder às perguntas do terapeuta durante um encontro inicial com a família, a jovem fica indecisa e olha de relance para o pai. Ele fala e esclarece o que ela não consegue. Agora a indecisão da filha pode ser ligada à prestimosidade do pai, o que sugere um padrão de emaranhamento. Quando o terapeuta pede aos pais que conversem sobre suas opiniões sobre os problemas da filha, eles têm dificuldade em falar sem discutir reativamente, e a discussão não segue adiante. Isso sugere desligamento entre os pais, o que pode se relacionar (como causa e efeito) ao emaranhamento entre o pai e a filha.

Observe como a avaliação estrutural se estende além do problema apresentado e passa a incluir a família inteira e – sejamos francos – a suposição de que as famílias com problemas geralmente apresentam algum tipo de problema estrutural subjacente. Entretanto, é importante notar que os terapeutas estruturais não fazem suposições sobre como as famílias *deveriam ser* organizadas. Famílias monoparentais podem ser perfeitamente funcionais, tanto quanto as famílias com mamães e papais, ou, na verdade, qualquer outra variação familiar. É o fato de a família buscar terapia para um problema que foi incapaz de resolver o que dá ao terapeuta a licença de supor que algo, na maneira específica pela qual essa família está organizada, talvez não esteja dando certo para ela.

A melhor maneira de fazer uma avaliação é focalizar o problema apresentado e, então, explorar a resposta da família a ele. Considere o caso de uma menina de 13 anos cujos pais se queixam de que ela mente. A primeira pergunta poderia ser: "Para quem ela mente?" Digamos que a resposta é "para ambos os pais". A pergunta seguinte seria: "Quão bons são os pais em perceber quando a filha está mentindo?" Depois, menos inocentemente: "Qual dos dois percebe melhor quando a filha está mentindo?" Talvez seja a mãe. De fato, digamos que a mãe está obcecada por detectar as mentiras da filha – a maioria das quais tem a ver com buscar independência, de uma maneira que eleva a ansiedade da mãe. Assim, uma mãe preocupada e uma filha desobediente estão aprisionadas a uma luta a respeito de crescer que exclui o pai.

Levando adiante essa avaliação, o terapeuta estrutural exploraria o relacionamento entre os pais. A suposição, entretanto, não seria de que os problemas da filha são resultado dos problemas conjugais, mas simplesmente que o relacionamento mãe-filha poderia estar ligado ao relacionamento entre os pais. Talvez os pais tenham se dado bem até a primogênita entrar na adolescência, quando a mãe passou a se preocupar muito mais que o pai. Seja qual for o caso, a avaliação também envolveria conversar com os pais sobre como foi crescer na família de cada um, a fim de explorar como seus passados ajudaram a torná-los do jeito que são.

O Dr. Minuchin e colaboradores escreveram, recentemente, um livro em que o processo de avaliação é organizado em quatro etapas (Minuchin, Nichols e Lee, no prelo). A primeira etapa é fazer perguntas sobre o problema apresentado até os membros da família começarem a perceber que o problema vai além da pessoa que apresenta o sintoma e inclui a família toda. A segunda etapa é ajudar os membros da família a perceber como suas interações podem, inadvertidamente, estar perpetuando o problema. A terceira etapa é uma breve exploração do passado, focalizando como os adultos da família chegaram às perspectivas que agora influenciam suas interações problemáticas. A quarta etapa é explorar opções que os membros da família possam pôr em prática para interagir de maneiras mais produtivas, que criem uma mudança na estrutura familiar e ajudem a resolver a queixa apresentada.

Técnicas terapêuticas

Em *Families and family therapy*, Minuchin (1974) ensinou os terapeutas familiares a enxergarem aquilo para o qual estavam olhando. Através das lentes da teoria familiar estrutural, interações familiares previamente confusas entravam em foco de súbito. Onde outros viam apenas caos e crueldade, Minuchin via estrutura: famílias organizadas em subsistemas com fronteiras. Esse livro de imenso sucesso (mais de 200 mil cópias impressas) não só nos ensinou a enxergar *emaranhamento* e *desligamento*, como também nos deu a esperança de que mudar isso era apenas uma questão de *reunir-se a*, *encenar* e *desequilibrar*. Minuchin fez com que mudar famílias parecesse simples. Não é.

Quem observasse Minuchin trabalhando 10 ou 20 anos depois da publicação de *Families and family therapy* veria um terapeuta criativo ainda evoluindo, não alguém congelado no tempo no ano de 1974. Ainda haveria confrontações claras ("Quem é o xerife nesta família?"), mas haveria menos encenações, menos diálogos encenados e dirigidos. Ainda ouviríamos uma miscelânea tomada emprestada de Carl Whitaker ("Quando foi que você se divorciou da sua mulher e se casou com seu trabalho?"), Maurizio Andolfi ("Por que você não mija no tapete, também?") e outros. Minuchin combina muitos pontos em seu trabalho. Para aqueles familiarizados com seu trabalho anterior, tudo isso levanta a pergunta: Minuchin ainda é um terapeuta familiar estrutural? A pergunta, evidentemente, é absurda; nós a levantamos para enfatizar um ponto: a terapia familiar estrutural não é um conjunto de técnicas – é uma maneira de olhar para as famílias.

No restante desta seção, apresentaremos o esboço clássico da técnica familiar estrutural, com o seguinte alerta: depois que o terapeuta dominar os aspectos básicos da teoria estrutural, precisa aprender a traduzir a abordagem de uma maneira que se adapte ao seu estilo pessoal.

Em *Families and family therapy*, Minuchin (1974) listou três fases que se sobrepõem no processo da terapia familiar estrutural. O terapeuta (1) se reúne à família em uma posição de liderança, (2) mapeia sua estrutura subjacente e (3) intervém para transformar essa estrutura. Este programa é simples, no sentido de que segue um plano claro, mas muito complicado devido à infinita variedade de padrões familiares.

Para serem efetivos, os movimentos do terapeuta não podem ser pré-planejados ou ensaiados. Bons terapeutas são mais do que técnicos. A estratégia da terapia, por outro lado, precisa ser organizada. Em geral, a terapia familiar estrutural segue estes sete passos:

1. União e acomodação
2. Encenação
3. Mapeamento estrutural
4. Focalização e modificação de interações
5. Criação de fronteiras
6. Desequilibração
7. Desafio de suposições improdutivas

União e acomodação

Já que a maioria das famílias tem padrões homeostáticos firmemente estabelecidos, a terapia familiar às vezes requer confrontação. Contudo, desafios ao estilo habitual da família serão descartados a menos que sejam feitos de uma posição respeitosa. As famílias, como você e eu, resistem às tentativas de mudança por parte de alguém que elas sentem que não as entende nem aceita.

Os pacientes individuais em geral entram em tratamento já predispostos a aceitar a autoridade do terapeuta. Ao buscar terapia, o indivíduo tacitamente reconhece uma necessidade de ajuda e uma disposição a confiar no terapeuta. Isso não acontece com as famílias.

O terapeuta familiar é um estranho importuno. Afinal de contas, por que ela insistiu em conversar com toda a família? Os membros da família esperam ouvir que estão fazendo algo errado e estão preparados para se defender. A família, portanto, é um grupo de não-pacientes que se sentem ansiosos e expostos; eles estão determinados a resistir.

Primeiro o terapeuta precisa desarmar defesas e aliviar a ansiedade. Isso é feito pela criação de uma aliança de entendimento com cada membro da família. O terapeuta saúda cada pessoa pelo nome e faz algum tipo de contato amigável.

Essas saudações iniciais transmitem respeito, não só pelos indivíduos da família, mas também por sua estrutura hierárquica e organizacional. O terapeuta demonstra respeito pelos pais ao tomar sua autoridade como algo garantido. Eles, não seus filhos, são solicitados primeiramente a descrever seus problemas. Se uma família elege uma pessoa para falar pelas outras, o terapeuta percebe, mas não contesta isso de início.

As crianças também têm preocupações e capacidades especiais. Elas devem ser saudadas gentilmente e questionadas com perguntas simples, concretas. "Oi, eu sou fulana de tal; qual é o seu nome? Oh, Shelly, é um nome muito bonito. Em que escola você estuda, Shelly?" Com crianças mais velhas, tente evitar as habituais perguntas fingidas dos adultos ("E o que *você* quer ser quando crescer?"). Tente algo mais inovador (como "O que você mais detesta na escola?"). As que quiserem ficar em silêncio devem ter "permissão" para isso. Elas ficarão caladas, de qualquer maneira, mas o terapeuta que aceita sua reticência terá dado um passo importante no sentido de mantê-las envolvidas. "E o que você pensa sobre esse problema?" (Silêncio total.) "Entendo, você não está com vontade de dizer nada agora? Tudo bem, talvez você queira dizer alguma coisa mais tarde."

O fracasso em se reunir e se acomodar à família produz resistência, e a culpa geralmente recai sobre a família. Pode ser confortador culpar os clientes quando as coisas não vão bem, mas isso não ajuda em nada. Podemos chamar os membros da família de "negativos", "rebeldes", "resistentes" ou "desafiadores", e vê-los como "desmotivados", mas ainda é mais útil fazer um esforço extra para conectar-se com eles.

É particularmente importante reunir-se aos membros fortes da família e também aos que estão zangados. Devemos fazer um esforço especial para aceitar o ponto de vista do pai que acha que terapia é bobagem ou do adolescente que se sente um criminoso acusado. Também é importante reconectar-se com essas pessoas a intervalos freqüentes, particularmente quando as coisas começam a esquentar.

Um bom começo é saudar a família e depois perguntar a opinião de cada pessoa sobre o problema. Ouça cuidadosamente e reconheça a posição de cada um, devolvendo o que você ouviu. "Entendo, Sra. Jones, a senhora acha que a Sally deve estar deprimida por alguma coisa que aconteceu na escola." "Então, Sr. Jones, você vê algumas coisa que a sua esposa também vê, mas não está convencido de que este é um problema sério. É isso?"

Encenação

A estrutura familiar se manifesta na maneira pela qual os membros da família interagem. Ela nem sempre pode ser inferida a partir de suas descrições. Portanto, fazer perguntas como: "Quem está no comando?" ou "Vocês dois concordam?" tende a ser improdutivo. As famílias geralmente se descrevem mais como acham que deveriam ser do que como são.

Fazer com que os membros da família conversem entre si contraria suas expectativas. Eles esperam apresentar seu caso para um especialista e então receber uma orientação sobre o que fazer. Se solicitados a discutir alguma coisa na sessão, eles dirão: "Nós já falamos sobre isso muitas vezes" ou "Não vai adiantar nada, ele (ou ela) não escuta" ou "Mas o especialista não deveria ser *você*?"

Se o terapeuta começar dando a cada pessoa a chance de falar, habitualmente alguém dirá algo sobre outro que pode ser um trampolim para uma encenação. Quando, por exemplo, um dos pais diz que o outro é rígido demais, o terapeuta pode dar início a uma encenação dizendo: "Ela diz que você é rígido demais; você pode responder a ela?" Escolher um ponto específico para resposta é mais efetivo que pedidos vagos, como: "Por que vocês dois não falam sobre isso?"

Depois que a encenação começar, o terapeuta pode descobrir muitas coisas sobre a estrutura da família. Por quanto tempo duas pessoas podem conversar sem serem interrompidas – isto é, quão clara é a fronteira? Alguém ataca, o outro defende? Quem é central, quem é periférico? Os pais envolvem os filhos em suas discussões – isto é, eles estão emaranhados?

As famílias demonstram emaranhamento quando se interrompem com freqüência, falam por outros membros, fazem coisas para os filhos que estes podem fazer sozinhos ou brigam constantemente. Nas famílias desligadas podemos ver um marido sentado impassivelmente enquanto a mulher chora, uma total ausência de conflito, uma surpreendente ignorância de informações importantes sobre os filhos ou falta de consideração pelos interesses dos outros.

Se, assim que a primeira sessão começar, as crianças passarem a correr pela sala enquanto os pais protestam ineficazmente, o terapeuta não precisa ouvir descrições do que acontece em casa para perceber a incompetência executiva. Se mãe e filha se enfureçam e vociferam entre si enquanto o pai continua sentado silenciosamente no canto, não é necessário perguntar quão envolvido ele é em casa. De fato, perguntar pode transmitir um quadro menos exato do que aquele revelado espontaneamente.

Mapeamento estrutural

As famílias habitualmente concebem os problemas como localizados no paciente identificado e determinados por acontecimentos do passado. Esperam que o terapeuta mude o paciente identificado – com o mínimo possível de alteração na família. Os terapeutas familiares consideram os sintomas do paciente identificado como uma expressão dos padrões disfuncionais que afetam toda a família. Uma avaliação estrutural amplia o problema além dos indivíduos para o sistema familiar e transfere o foco de acontecimentos isolados do passado para as transações que estão acontecendo no presente.

Até os terapeutas familiares muitas vezes categorizam as famílias com construtos que se aplicam mais a indivíduos que a sistemas. "O problema nesta família é que a mãe sufoca os filhos" ou "Esses filhos são desafiadores" ou "Ele não se envolve". Os terapeutas familiares estruturais tentam avaliar a inter-relação entre todos os membros da família. Com os conceitos de fronteiras e subsistemas, a estrutura de todo o sistema é descrita de maneira que aponta para mudanças desejáveis.

Avaliações preliminares baseiam-se em interações ocorridas na primeira sessão. Nas sessões posteriores, essas formulações são aperfeiçoadas e revisadas. Embora haja certo perigo de forçar as famílias a se encaixarem em categorias quando as aplicamos precocemente, o maior perigo é esperar demais. Costumamos enxergar as pessoas mais claramente durante o contato inicial. Mais tarde, quando passamos a conhecê-las melhor, nós nos acostumamos às suas idiossincrasias e logo deixamos de percebê-las.

As famílias rapidamente *induzem* o terapeuta à sua cultura. Uma família que, de início, parece ser caótica e emaranhada, logo passa a ser apenas a conhecida família Jones. Por essa razão, é essencial desenvolver hipóteses estruturais relativamente cedo no processo.

De fato, convém refletir e palpitar sobre a estrutura da família antes mesmo da primeira sessão. Isso dá início a um processo de pensamento ativo e monta o cenário para observar a família. Por exemplo, suponha que você vai atender uma família formada por uma mãe, uma filha de 16 anos e um padrasto. A mãe telefonou para se queixar do mau comportamento da filha. Qual você imagina que poderia ser a estrutura e como pode testar a sua hipótese? Um bom palpite seria que a mãe e a filha estão emaranhadas, excluindo o padrasto. Isso pode ser testado ao se verificar se mãe e filha conversam principalmente uma sobre a outra na sessão – quer positiva, quer negativamente. O desligamento do padrasto poderá ser confirmado se ele e a esposa não conseguirem conversar sem a intrusão da filha.

Avaliações estruturais levam em conta tanto o problema que a família apresenta quanto a dinâmica estrutural revelada. Incluem todos os membros da família. Neste caso, saber que mãe e filha estão emaranhadas não é suficiente: você também precisa saber o papel que o padrasto desempenha. Se ele é razoavelmente próximo da esposa, mas distante da filha, encontrar atividades mutuamente prazerosas para padrasto e enteada ajudará a torná-la mais independente da mãe. Por outro lado, se a proximidade da mãe em relação à filha parecer uma função de sua distância do marido, então o par conjugal poderia ser o foco mais produtivo.

Sem uma formulação e um plano estruturais, o terapeuta fica defensivo e passivo. Em vez de saber aonde ir e mover-se deliberadamente, ele se recosta e tenta lidar com a família, ou apagar incêndios e ajudá-los a enfrentar uma sucessão de incidentes. Um conhecimento consistente da estrutura da família e o foco em uma ou duas mudanças estruturais ajuda o terapeuta a enxergar por trás das várias questões de conteúdo que os membros da família trazem à baila.

Focalização e modificação de interações

Quando as famílias começam a interagir, surgem transações problemáticas. Reconhecer suas implicações estruturais exige um foco no processo, não no conteúdo. Nada sobre estrutura é revelado ao se ouvir quem é a favor de castigos ou quem fala bem de quem. A estrutura familiar é revelada por quem diz o que a quem e de que maneira.

Talvez uma esposa se queixe: "Nós temos um problema de comunicação. Meu marido não fala comigo, ele nunca expressa seus sentimentos". O terapeuta então inicia uma encenação para ver o que realmente acontece. "A sua mulher diz que vocês têm um problema de comunicação; você pode responder a isso? Fale com ela." Se, quando eles conversarem, a mulher se tornar dominadora e crítica e o marido passar a falar cada vez menos, o terapeuta verá o que está errado: o problema não é que ele não fala, o que é uma explicação linear. O problema também não é que ela importuna, também uma explicação linear. O problema é que, quanto mais ela importuna, mais ele se afasta, e quanto mais ele se afasta, mais ela importuna.

O truque é modificar esse padrão. Isso pode requerer uma intervenção enérgica, ou o que os terapeutas estruturais chamam de **intensidade.**

Minuchin fala com as famílias com um impacto dramático e convincente. Ele regula a intensidade de suas mensagens para exceder o limiar que os membros da família têm para não escutarem desafios à sua maneira de perceber a realidade. Quando Minuchin fala, as famílias escutam.

Minuchin é enérgico, mas a intensidade não é meramente uma função da personalidade; ela reflete claridade de propósito. O conhecimento da estrutura familiar e o comprometimento em ajudar as famílias a mudar possibilitam poderosas intervenções.

Os terapeutas estruturais atingem intensidade pela regulação seletiva de afeto, repetição e duração. Tom, volume, ritmo e escolha de palavras são usados para aumentar a intensidade afetiva das declarações. Ajuda se você souber o que quer dizer. Aqui vai um exemplo de uma declaração sem energia: "As pessoas sempre se preocupam consigo mesmas, como que vendo a si próprias no centro das atenções e só procurando aquilo que lhes interessa. Não seria mais legal, para variar, se todo o mundo começasse a pensar sobre o que pode fazer pelos outros?" Compare isso com: "Não pergunte o que o seu país pode fazer por você – pergunte o que você pode fazer por seu país". As palavras de John Kennedy tiveram impacto porque foram bem escolhidas e claramente enunciadas. Os terapeutas familiares não precisam discursar, mas, ocasionalmente, precisam falar com energia para se fazer entender.

A intensidade afetiva não é apenas uma questão de enunciado claro. Você tem de saber como e quando ser provocativo. Por exemplo, Mike Nichols trabalhou com uma família em que o paciente identificado era uma mulher de 29 anos com anorexia. Embora a família mantivesse uma fachada de união, era rigidamente estruturada; a mãe e a filha anoréxica eram emaranhadas, enquanto o pai era excluído. Nessa família, o pai era o único a expressar raiva abertamente, e esta constituía parte do motivo de sua exclusão. A filha tinha medo da raiva dele, o que ela reconhecia francamente. O que estava menos claro, contudo, era que a mãe a ensinara veladamente a evitar o pai, porque ela, a mãe, não conseguia lidar com a raiva dele. Conseqüentemente, a filha crescera temendo o pai e os homens em geral.

A certo ponto, o pai falou sobre como se sentia isolado da filha; ele disse que achava que era por ela ter medo da raiva dele. A filha concordou, "É culpa dele, sim". O terapeuta perguntou à mãe o que ela achava, e a mãe respondeu: "Não é culpa *dele*". O terapeuta falou: "Você está certa". Ela continuou, negando seus reais sentimentos para evitar conflito: "Não é culpa de ninguém". O terapeuta respondeu de uma maneira que chamou a atenção dela: "Isso não é verdade". Surpresa, ela perguntou o que ele queria dizer. "A culpa é *sua*", respondeu ele.

Este nível de intensidade era necessário para interromper um padrão rígido de evitação de conflito que mantinha uma aliança destrutiva entre mãe e filha. O conteúdo – quem realmente está com medo da raiva – é menos importante que o objetivo estrutural: libertar a filha de sua posição de envolvimento excessivo com a mãe.

Os terapeutas, com muita freqüência, diluem suas intervenções ao qualificar exageradamente, pedir desculpas ou divagar. Isso não é um problema tão sério na terapia individual, em que via de regra é melhor eliciar interpretações do paciente. As famílias são mais como a mula proverbial do fazendeiro – às vezes é preciso bater na cabeça delas para obter a sua atenção.

Intensidade também pode ser obtida com o aumento da duração de uma seqüência além do ponto em que a homeostase se reinstala. Um exemplo comum é o manejo de explosões de raiva. Explosões de raiva são mantidas por pais que cedem. A maioria dos pais *tenta* não ceder; eles só não tentam o tempo suficiente. Recentemente, uma menina de 4 anos começou a berrar como louca quando a irmã saiu da sala. Ela queria ir com a irmã. Seus berros eram quase insuportáveis, e os pais estavam prontos para recuar. Entretanto, o terapeuta os exortou a não se darem por vencidos e sugeriu que a segurassem até ela se acalmar, "para lhe mostrar quem mandava". Ela berrou por 30 minutos! Todo o mundo na sala estava em frangalhos. Contudo, a garotinha, finalmente, percebeu que desta vez não conseguiria impor sua vontade, de modo que se acalmou. Depois, os pais foram capazes de empregar a mesma intensidade de duração para fazê-la abandonar esse hábito altamente destrutivo.

Às vezes, intensidade requer repetição de um tema em uma variedade de contextos. Pais infantilizadores precisam ouvir que não devem pendurar o casaco da filha, não devem falar por ela, não devem levá-la ao banheiro e não devem fazer muitas outras coisas que ela é capaz de fazer por si mesma.

O que estamos chamando de "intensidade" pode parecer a alguns excessivamente agressivo. Embora não se possa negar que Minuchin e seus seguidores tendem a ser intervencionistas, o objetivo da intensidade não é intimidar as pessoas, e sim empurrá-las além do ponto em que desistem de alcançar-se mutuamente. Uma estratégia alternativa para as interações que estão em um impasse é o uso da **empatia**, para ajudar os membros da família a irem além da superfície de suas altercações defensivas.

Se, por exemplo, os pais de uma criança desobediente estão aprisionados em um ciclo de brigas improdutivas, em que a mãe ataca o pai por não se envolver, e ele responde com desculpas, o terapeuta pode usar intensidade para incentivá-los a planejar como lidar com o comportamento do filho. Em outra alternativa, o terapeuta pode interromper sua discussão e, por meio da empatia, conversar com um de cada vez sobre como se sentem. A mulher que só demonstra raiva pode estar encobrindo a mágoa e os anseios que sente. O marido que não se envolve nem briga quando se sente atacado pode estar irritado demais com a raiva da mulher para perceber que ela precisa dele. Quando essas emoções mais genuínas forem articuladas, podem servir de base para os clientes se reconectarem de maneira menos defensiva.

Dar forma à competência é outro método para modificar interações e é uma marca registrada da terapia familiar estrutural. A intensidade geralmente é usada para bloquear o fluxo de interações. Criar competência é como dar uma cutucada a fim de mudar a direção do fluxo. Ao salientar e dar forma aos aspectos positivos, o terapeuta estrutural ajuda os membros da família a adotarem alternativas funcionais que já fazem parte de seu repertório.

Um erro comum cometido por terapeutas inexperientes é tentar desenvolver um desempenho competente apenas com o apontamento dos erros. Isso focaliza o conteúdo sem levar em conta o processo. Dizer aos pais que eles fazem algo errado ou sugerir que façam algo diferente tem o efeito de criticar sua competência. Apesar das boas intenções, ainda é humilhante. Embora esse tipo de intervenção não possa ser de todo evitado, uma abordagem mais efetiva é apontar o que eles estão fazendo certo.

Mesmo quando as pessoas cometem muitos erros, normalmente é possível escolher algo que fazem bem. Um senso de momento certo ajuda. Por exemplo, em uma grande família caótica, os pais eram muito ineficazes no controle dos filhos. Em certo momento, o terapeuta se voltou para a mãe e disse: "Está muito barulhento aqui; você poderia acalmar as crianças?" Sabendo que era difícil para ela controlar os filhos, o terapeuta estava pronto a comentar imediatamente qualquer passo na direção de um manejo efetivo. A mãe teve de gritar "Quietos!" algumas vezes antes que as crianças parassem momentaneamente o que estavam fazendo. Rapidamente – antes que as crianças retomassem o mau comportamento –, o terapeuta cumprimentou a mãe por "amar os filhos o suficiente para ser firme com eles". Assim, a mensagem transmitida foi: "Você é uma pessoa competente, você sabe como ser firme".

Se o terapeuta tivesse esperado que o caos recomeçasse antes de dizer à mãe que deveria ser firme, a mensagem seria: "Você é incompetente".

Sempre que possível, os terapeutas estruturais evitam fazer o que os membros da família são capazes de fazer sozinhos. Aqui, também, a mensagem é: "Vocês são competentes, conseguem fazer isso". Alguns terapeutas justificam o assumir funções da família chamando isto de "modelagem". Independentemente de como for chamado, tem o impacto de dizer aos membros da família que são inadequados. Recentemente, uma jovem mãe confessou que não soubera como dizer aos filhos que iam falar com um terapeuta de família e, então, dissera simplesmente que iam dar uma volta. Querendo ajudar, o terapeuta então explicou às crianças que "A mamãe me disse que há alguns problemas na família, de modo que nós todos estamos aqui para conversar sobre as coisas a fim de ver se podemos melhorá-las". Esta adorável explicação diz às crianças por que elas vieram, mas confirma a mãe como incompetente para fazê-lo. Se, em vez disso, o terapeuta tivesse sugerido à mãe: "Você gostaria de dizer a eles agora?" Então a mãe, não o terapeuta, teria de se comportar como uma mãe capaz.

Criação de fronteiras

A dinâmica familiar disfuncional é produto de fronteiras demasiado rígidas ou difusas. Os terapeutas estruturais intervêm para realinhar as fronteiras, aumentando ou a proximidade ou a distância entre os subsistemas familiares.

Nas famílias emaranhadas, as intervenções do terapeuta têm o objetivo de fortalecer as fronteiras entre subsistemas e aumentar a independência dos indivíduos. Os membros da família são exortados a falar por si mesmos; interrupções são bloqueadas, e díades são ajudadas a concluir suas conversas sem intrusão de outros. O terapeuta que quer apoiar o subsistema dos irmãos e protegê-lo da intrusão parental desnecessária poderia dizer: "Susie e Sean, conversem sobre isso, e todos os outros vão escutar atentamente". Se os filhos interrompem os pais com freqüência, o terapeuta poderia desafiar os pais a reforçarem a fronteira hierárquica dizendo: "Por que vocês não dizem a eles para caírem fora, de modo que vocês dois, adultos, possam resolver isso?"

Embora a terapia familiar estrutural comece com o grupo familiar total, sessões subseqüentes podem ser realizadas com indivíduos ou subgrupos a fim de reforçar as fronteiras que os cercam. Um adolescente excessivamente protegido pela mãe é apoiado como pessoa independente ao participar de sessões individuais. Pais tão emaranhados com os filhos que nunca conseguem conversar em particular podem começar a aprender a fazê-lo em sessões terapêuticas só para eles.

Quando uma mulher de 40 anos telefonou para a clínica querendo ajuda por estar deprimida, foi solicitada a comparecer com o restante da família. Logo ficou aparente que essa mulher estava sobrecarregada por seus quatro filhos e recebia pouco apoio do marido. A estratégia do terapeuta foi reforçar a fronteira entre a mãe e os filhos e ajudar os pais a se aproximarem. Fez-se isso em estágios. Primeiro, o terapeuta se reuniu com a filha mais velha, de 16 anos, e apoiou sua competência como uma potencial ajudante da mãe. Depois disso, a menina conseguiu assumir uma série de responsabilidades pelos irmãos menores, tanto nas sessões como em casa.

Liberados das preocupações com os filhos, os pais agora se deparavam com a oportunidade de conversar mais. Contudo, tinham pouco a dizer. Isso não resultava de um conflito oculto, mas refletia o casamento de duas pessoas relativamente não-verbais. Após várias sessões em que tentou fazer com que o par conversasse, o terapeuta percebeu que, apesar de algumas pessoas gostarem de conversar, outras não gostam. Então, para fortalecer o vínculo entre o casal, o terapeuta pediu que planejassem uma viagem especial juntos. Eles escolheram fazer um passeio de barco em um lago próximo. Quando voltaram para a sessão seguinte, estavam radiantes. Tinham se divertido muito. Depois, decidiram passar algum tempo sozinhos toda a semana.

Famílias desligadas tendem a evitar conflitos e, assim, minimizam a interação. O terapeuta estrutural intervém para desafiar a evitação do conflito e bloquear os desvios, a fim de ajudar os membros desligados a aumentarem o contato entre si. Sem agir como juiz ou árbitro, o terapeuta encoraja os membros da família a se enfrentarem honestamente e a lidarem com suas dificuldades. Quando terapeutas inexperientes vêem desligamento, tendem a pensar em maneiras de aumentar interações positivas. De fato, o desligamento costuma ser uma maneira de evitar brigas. Portanto, cônjuges isolados um do outro costumam precisar brigar antes de poderem se tornar mais amorosos.

A maioria das pessoas subestima o grau de influência de seu comportamento sobre as pessoas que as cercam. Isso vale especialmente nas famílias desligadas. Os problemas, via de regra, são vistos como o resultado do que outra pessoa está fazendo, e as soluções requerem que os outros mudem. Há queixas típicas. "Nós temos um problema de comunicação; ele nunca me diz o que sente." "Ele só se importa com aquele maldito trabalho dele."

"A nossa vida sexual é péssima – a minha mulher é frígida." "Ninguém consegue conversar com ela. Ela fica o tempo todo se queixando das crianças." Cada uma dessas afirmações sugere que o poder de mudança está unicamente na outra pessoa. Esta é a visão quase universalmente percebida da causalidade linear.

Embora a maioria das pessoas veja as coisas dessa maneira, os terapeutas familiares percebem a circularidade inerente da interação sistêmica. Ele não diz à esposa o que sente porque ela reclama e critica, *e* ela reclama e critica porque ele não diz a ela o que sente.

Os terapeutas estruturais levam as discussões familiares da perspectiva linear para a perspectiva circular ao enfatizar a complementaridade. À mãe que se queixa de que o filho é desobediente se ensina a refletir sobre o que estará fazendo para desencadear ou manter o mau comportamento dele. A pessoa que pede mudanças precisa aprender a mudar seu jeito de tentar obter isso. A mulher que importuna o marido para que passe mais tempo com ela precisa aprender a tornar mais atraente o maior envolvimento. O marido que se queixa de que a mulher jamais o escuta precisa escutá-*la* mais, antes de que ela se disponha à reciprocidade.

Minuchin enfatiza a complementaridade ao pedir aos membros da família que ajudem uns aos outros a mudar. Quando forem relatadas mudanças positivas, ele provavelmente cumprimentará os familiares, sublinhando a inter-relação na família.

Desequilíbrio

Ao criar fronteiras, o terapeuta quer realinhar relacionamentos *entre* subsistemas. Ao criar desequilíbrio, quer mudar o relacionamento *dentro* de um subsistema. O que geralmente mantém as famílias em um impasse é que familiares em conflito se fiscalizam e se equilibram e, em resultado, permanecem congelados na inação. Ao criar desequilíbrio, o terapeuta se reúne a um indivíduo ou subsistema e o apóia, à custa de outros.

Tomar partido – vamos dizer o que isto realmente é – parece uma violação do sagrado cânone terapêutico de neutralidade. Entretanto, o terapeuta toma partido para desequilibrar e realinhar o sistema, não porque é juiz de quem está certo ou errado. No final das contas, o equilíbrio e a justiça prevalecem porque o terapeuta toma partido de vários membros da família, um de cada vez.

Estudo de caso

Quando a família MacLean buscou ajuda por causa de uma criança "incontrolável", um terror que fora expulso de duas escolas, o Dr. Minuchin descobriu uma cisão encoberta entre os pais, mantida em equilíbrio por não ser mencionada. O mau comportamento do menino de 10 anos era muito visível: o pai teve de arrastá-lo, com ele chutando e berrando, para dentro do consultório. Enquanto isso, seu irmão de 7 anos permanecia sentado tranqüilamente, sorrindo de forma encantadora – o bom menino.

A fim de ampliar o foco do "filho impossível" para questões de controle e cooperação parental, Minuchin perguntou sobre o filho de 7 anos, Kevin, o qual se comportava mal de forma velada. Ele urinava no chão do banheiro. Segundo o pai, Kevin urinava no chão do banheiro por "desatenção". A mãe riu quando Minuchin comentou: "Ninguém pode ter uma mira assim tão ruim".

Minuchin falou com o menino sobre como os lobos marcam seu território e sugeriu que expandisse seu território urinando nos quatro cantos da sala de estar da família.

Minuchin: Vocês têm um cachorro?
Kevin: Não.
Minuchin: Oh, então você é o cachorro da família.

No processo de discutir sobre o menino que urinava – e a reação dos pais –, Minuchin dramatizou como os pais se polarizavam.

Minuchin: Por que ele faria uma coisa dessas?
Pai: Eu não sei se ele fez de propósito.
Minuchin: Talvez ele estivesse em transe?
Pai: Não, acho que ele foi descuidado.
Minuchin: A mira dele é realmente terrível.

O pai descreveu o comportamento do filho como acidental; a mãe o considerava desafiador. Uma das razões pelas quais os pais passam a ser controlados pelos filhos pequenos é que evitam confrontar suas diferenças. Diferenças são normais, mas tornam-se prejudiciais quando um dos pais solapa o manejo do outro em relação aos filhos. (É uma vingança covarde por mágoas não-resolvidas.)

A pressão gentil, mas insistente, de Minuchin sobre o casal para que conversassem sobre como reagiam, sem mudar o foco para como os filhos se comportavam, fez com que eles desenterrassem ressentimentos muito antigos, mas raramente mencionados.

Mãe: Bob desculpa o comportamento das crianças porque não quer se envolver e me ajudar a encontrar uma solução para o problema.
Pai: Sim, mas quando eu tentei ajudar, você sempre me criticou. Então, depois de um tempo, eu desisti.

Como uma fotografia imersa em uma bacia de revelação, o conflito dos cônjuges tornara-se visível. Minuchin protegeu os pais da vergonha (e os filhos de ficarem sobrecarregados) pedindo às crianças que saíssem da sala. Sem a preocupação de agirem como pais, os cônjuges puderam se enfrentar, homem e mulher – e conversar sobre suas mágoas e ressentimentos. O que apareceu foi uma triste história de desligamento solitário.

Minuchin: Vocês dois têm áreas em que concordam?

Ele disse que sim; ela, que não. Ele era um minimizador; ela, uma crítica.

Minuchin: Quando foi que você se divorciou de Bob e se casou com as crianças?

Ela se manteve em silêncio; ele olhou para o teto. Ela disse, baixinho: "Provavelmente dez anos atrás".

O que se seguiu foi uma história dolorosa, mas conhecida, de como um casamento pode afundar na paternidade e em seus conflitos. O conflito jamais era resolvido porque nunca aflorava à superfície. Assim, a brecha nunca se fechava.

Com a ajuda de Minuchin, o casal se revezou falando sobre seu sofrimento – e aprendeu a escutar. Ao criar desequilíbrio, Minuchin criou uma imensa pressão para ajudar esse casal a resolver suas diferenças, se abrir um para o outro, lutar por aquilo que queriam e, finalmente, começar a se aproximar – como marido e mulher, e como pais.

Criar desequilíbrio é parte de uma luta pela mudança que às vezes assume a aparência de um combate. Quando o terapeuta diz a um pai que ele não está fazendo o suficiente ou a uma mãe que ela está excluindo o marido, pode parecer que o combate é entre o terapeuta e a família, que ele os está atacando. Contudo, o combate real é entre eles e o medo – o medo de mudar.

Desafiar suposições improdutivas

Embora a terapia familiar estrutural não seja uma abordagem primariamente cognitiva, seus praticantes às vezes desafiam a maneira pela qual os membros da família vêem as coisas. Mudar a maneira de eles se relacionarem oferece visões alternativas de sua situação. O inverso é verdadeiro: mudar a maneira pela qual eles vêem sua situação lhes permite mudar sua maneira de se relacionar.

Quando os pais de Cassie, de 6 anos, se queixam de seu comportamento, dizem que ela é "hipersensível", uma "criança nervosa". Esses rótulos têm um poder tremendo. O comportamento de uma criança é "mau comportamento" ou é um sintoma de "nervosismo"? É "desobediência" ou um "pedido de ajuda"? A criança é louca ou má. Quem é responsável? O que significa um nome? Muita coisa.

Às vezes, o terapeuta familiar estrutural age como professor, dando informações e conselhos, em geral sobre questões estruturais. Isso provavelmente será uma manobra reestruturadora a se realizar de maneira que minimize a resistência. O terapeuta faz isso primeiro com um "afago" e depois um "pontapé". Se ele está lidando com uma família em que a mãe fala pelos filhos, ele poderia dizer a ela "Você é muito prestativa" (afago), mas aos filhos "A mamãe tira a voz de vocês. Vocês são capazes de falar por si mesmos" (pontapé). Assim, a mãe é definida como prestativa, mas intrusiva (um afago e um pontapé).

Os terapeutas estruturais também utilizam ficções pragmáticas para dar aos membros da família um novo enquadre para experienciar. O objetivo não é educar ou enganar, mas oferecer um pronunciamento que ajude a família a mudar. Por exemplo, dizer aos filhos que eles se comportam como se fossem menores do que são é uma maneira muito eficaz de fazer com que mudem. "Quantos anos você tem?" "Sete." "Oh, eu pensei que você fosse mais jovem; a maioria das crianças de 7 anos não precisa mais que a mamãe entre com elas na escola."

Paradoxos são construções cognitivas que frustram ou confundem os membros da família, levando-os a buscar alternativas. Minuchin usa pouco o paradoxo, mas às vezes ele ajuda a expressar ceticismo sobre as pessoas mudarem. Embora isso possa ter o efeito paradoxal de desafiá-las a mudar para provar que você estava errado, não é tanto um estratagema esperto quanto é uma declaração benigna da verdade. A maioria das pessoas *não* muda – elas esperam que os outros façam isso.

AVALIANDO A TEORIA E OS RESULTADOS DA TERAPIA

Em *Families of the slums,* Minuchin e colaboradores (1967) descreveram as características estruturais de famílias de baixo nível socioeconômico e demonstraram a efetividade da terapia familiar com essa população. Antes do tratamento, as mães das famílias dos pacientes eram ou muito ou pouco controladoras; em ambos os casos, os filhos eram mais agitados que os das famílias com controle. Após o tratamento, as mães usavam menos controle coercitivo, mas eram mais claras e mais firmes. Dentre as famílias 7 de 11 foram avaliadas como se houvessem obtido melhora depois de seis meses a um ano de terapia familiar. Embora não tenha sido usado nenhum grupo-controle, os autores compararam seus resultados favoravelmente ao índice habitual de 50% de sucesso terapêutico na Wiltwyck. (Nenhuma das famílias avaliadas como desligadas melhorou.)

Decididamente, a defesa empírica mais sólida da terapia familiar estrutural vem de uma série de estudos com crianças psicossomáticas e adultos drogaditos. Estudos que demonstram a efetividade da terapia com crianças gravemente psicossomáticas são convincentes por causa das medidas fisiológicas empregadas, e dramáticos devido ao risco de morte inerente aos problemas. Minuchin, Rosman e Baker (1978) relatam um estudo que demonstra com clareza como o conflito familiar pode precipitar quadros de cetoacidose em crianças com diabete que descompensa por fatores psicossomáticos. Em entrevistas iniciais, os pais discutiram problemas familiares na ausência dos filhos. Os cônjuges normais apresentaram os níveis mais elevados de confrontação, enquanto os cônjuges psicossomáticos exibiram uma grande variedade de manobras para evitar conflitos. A seguir, um terapeuta pressionava os pais a aumentarem o nível de seu conflito, enquanto os filhos observavam por trás de um espelho unidirecional. Conforme os pais discutiam, somente as crianças psicossomáticas pareciam de fato perturbadas. Além disso, o sofrimento evidente dessas crianças era acompanhado por um dramático aumento dos níveis sangüíneos de ácidos graxos livres, uma medida relacionada à cetoacidose. No terceiro estágio dessas entrevistas, os pacientes se reuniam aos pais. Os pais normais e os pais com transtornos de comportamento continuavam como antes, mas os pais psicossomáticos desviavam seu conflito, ou trazendo os filhos para a sua discussão ou mudando de assunto e passando a falar dos filhos. Quando isso acontecia, os níveis de ácidos graxos livres dos pais caíam, enquanto os níveis das crianças continuavam subindo. Este estudo confirma, solidamente, as observações clínicas de que as crianças psicossomáticas são usadas (e se deixam usar) para regular o estresse entre os pais.

Minuchin, Rosman e Baker (1978) resumiram os resultados terapêuticos de 53 casos de anorexia nervosa com uso da terapia familiar estrutural. Após um curso de tratamento que incluiu hospitalização seguida por terapia familiar em regime ambulatorial, 43 crianças anoréxicas tinham "melhorado muito", duas tinham "melhorado", três não mostravam "nenhuma mudança", duas estavam "pior" e três tinham abandonado o tratamento. Embora considerações éticas impeçam um tratamento controle com essas crianças gravemente doentes, o índice de melhora de 90% é impressionante, especialmente se comparado ao índice de mortalidade de 30% neste transtorno. Além disso, os resultados positivos no término foram mantidos em intervalos de seguimento de vários anos. A terapia familiar estrutural também mostrou ser efetiva no tratamento de asmáticos psicossomáticos e em casos de diabete complicada por fatores psicossomáticos (Minuchin, Baker, Rosman, Liebman, Milman e Todd, 1975).

Embora nenhum corpo de evidências empíricas tenha estabelecido que alguma abordagem terapêutica é consistentemente melhor que as outras, a terapia familiar estrutural provou ser efetiva em diversos estudos, incluindo vários que envolveram casos considerados muito difíceis. Duke Stanton mostrou que a terapia familiar estrutural pode ser efetiva para drogaditos e suas famílias. Em estudo bem controlado, Stanton e Todd (1979) compararam a terapia familiar com uma condição familiar de placebo e com terapia individual. A redução dos sintomas foi significativa com a terapia familiar estrutural; o nível de mudanças positivas foi mais que o dobro do obtido nas outras condições, e esses efeitos positivos persistiram em seguimentos aos 6 e aos 12 meses.

Mais recentemente, a terapia familiar estrutural foi aplicada com sucesso para estabelecer papéis parentais mais adaptativos em adictos à heroína (Grief e Dreschler, 1993) e como um meio de reduzir a probabilidade de jovens afro-americanos e latinos iniciarem uso de drogas (Santisteban, Coatsworth, Perez-Vidal, Mitrani, Jean-Gilles e Szapocznik, 1997). Outros estudos indicam que a terapia familiar estrutural tem a mesma efetividade que o treinamento em comunicação e treinamento em manejo comportamental para reduzir comunicação negativa, conflitos e expressão da raiva entre adolescentes diagnosticados com transtorno de déficit de atenção e hiperatividade (TDAH) e seus pais (Barkley, Guevremont, Anastopoulos e Fletcher, 1992). A terapia familiar estrutural também tem sido efetiva para tratar transtornos adolescentes, como transtornos de conduta (Szapocznik et al., 1989; Chamberlain e Rosicky, 1995) e anorexia nervosa (Campbell e Patterson, 1995).

RESUMO

Minuchin talvez seja mais conhecido pela habilidade de sua técnica clínica, mas sua teoria familiar estrutural tornou-se um dos modelos conceituais mais utilizados no campo. A teoria estrutural é tão popular por ser simples, inclusiva e prática. Os conceitos básicos – fronteiras, subsistemas, alinhamentos e complementaridade – são facilmente compreendidos e aplicados. Levam em conta o contexto individual, familiar e social, e fornecem uma estrutura organizadora muito clara para se compreender e tratar as famílias.

O princípio mais importante desta abordagem é que toda família tem uma estrutura, e essa estrutura só se revela quando a família está em ação. Segundo esta visão, os terapeutas que deixam de considerar a estrutura familiar completa e só intervêm em um subsistema provavelmente não conseguirão efetuar mudanças duradouras. Se o demasiado envolvimento de uma mãe com seu filho faz parte de uma estrutura que inclui distância do marido, nenhuma quantidade de terapia apenas para a mãe e o filho conseguirá provocar mudanças básicas na família.

Os subsistemas são unidades da família baseados em função. Se a liderança de uma família é assumida pelo pai e por uma filha, então eles, e não o marido e a mulher, é que são o subsistema executivo. Os subsistemas são circunscritos e regulados por fronteiras interpessoais. Nas famílias sadias, as fronteiras são suficientemente claras para proteger a independência e a autonomia, e suficientemente permeáveis para permitir mútuo apoio e afeição. As famílias emaranhadas são caracterizadas por fronteiras difusas; as famílias desligadas, por fronteiras rígidas.

A terapia familiar estrutural visa a resolver os problemas apresentados reorganizando a estrutura familiar. A avaliação, portanto, requer a presença de toda a família, para que o terapeuta possa observar a estrutura subjacente às interações familiares. No processo, o terapeuta pode distinguir estruturas disfuncionais e funcionais. As famílias com dores de crescimento não devem ser tratadas como patológicas.

Os terapeutas familiares estruturais precisam evitar ser *alistados* como membros das famílias com as quais trabalham. Eles começam acomodando-se ao jeito habitual de funcionamento da família, a fim de evitar a resistência. Depois de conquistar a confiança da família, o terapeuta promove uma interação familiar, assumindo um papel descentralizado. Desta posição, ele pode observar e fazer uma avaliação estrutural, que inclui o problema e a organização que o mantém. Essas avaliações são enquadradas em termos de fronteiras e subsistemas, facilmente conceitualizados como mapas bidimensionais, utilizados para encontrar caminhos de mudança.

Depois de ter sucesso ao se reunir à família e avaliá-la, o terapeuta passa a ativar estruturas dormentes, utilizando técnicas que alteram alinhamentos e mudam o poder dentro de e entre subsistemas. Essas técnicas de reestruturação são concretas, intensas e, às vezes, dramáticas. Entretanto, seu sucesso depende tanto da reunião e avaliação quanto do poder das técnicas em si.

Embora a terapia familiar estrutural seja tão profundamente identificada com Salvador Minuchin que houve um momento em que ambos eram sinônimos, seria uma boa idéia diferenciar o homem do modelo. Quando pensamos na terapia familiar estrutural, tendemos a lembrar a abordagem conforme descrita em *Families and family therapy*, publicado em 1974. Esse livro continua a ser uma ótima introdução à teoria estrutural, mas enfatiza apenas as técnicas que Minuchin preferia na época. O próprio Minuchin evoluiu consideravelmente nos últimos 30 anos, de um jovem terapeuta às vezes brusco, sempre pronto a desafiar as famílias, para um terapeuta mais experiente, ainda desafiador, mas muito mais gentil em sua abordagem. Se alguns dos exemplos deste capítulo lhe pareceram agressivos demais, talvez você tenha razão. Algumas dessas vinhetas foram retiradas da década de 1970, quando os terapeutas familiares tendiam a preferir um estilo confrontacional. Embora o estilo confrontacional tenha caracterizado alguns praticantes da terapia familiar estrutural, este nunca foi um aspecto essencial da abordagem.

Minuchin também evoluiu conceitualmente, de um foco quase exclusivo nas interações interpessoais para uma consideração das perspectivas cognitivas que orientam essas interações e as raízes passadas dessas perspectivas (Minuchin, Nichols e Lee, no prelo). Contudo, a abordagem estrutural que ele criou também existe independentemente de seu trabalho e está corporificada na literatura definitiva sobre este modelo (por exemplo, Minuchin, 1974; Minuchin e Fishman, 1981; Colapinto, 1991; Minuchin e Nichols, 1993), assim como no trabalho de seus alunos e colegas. O modelo estrutural orienta o terapeuta a olhar além do conteúdo dos problemas, e até além da dinâmica da interação, para a organização familiar subjacente, que sustenta e limita essas interações. Muita coisa mudou desde 1974, mas o modelo estrutural ainda permanece firme e continua sendo a maneira mais amplamente utilizada de compreender o que acontece na família nuclear.

LEITURAS RECOMENDADAS

Colapinto J. 1991. Structural family therapy. In *Handbook of family therapy*. Vol. II. A. S. Gurman e D. P. Kniskern, eds. New York: Brunner/ Mazel.

Minuchin, S. 1974. *Families and family therapy*. Cambridge, MA: Harvard University Press.

Minuchin, S., e Fishman, H. C. 1981. *Family therapy techniques*. Cambridge, MA: Harvard University Press.

Minuchin, S., Lee, W-Y., e Simon, G. M. 1996. *Mastering family therapy: Journeys of growth and transformation*. New York: Wilev.

Minuchin, S., e Nichols, M. P. 1993. *Family healing: Tales of hope and renewal from family therapy*. New York: Free Press.

Minuchin, S., Nichols, M. P. , e Lee, W-Y. No prelo. *A four-step model for assessing couples and families: From symptom to psyche*. Boston: Allyn & Bacon.

Nichols, M. P. 1999. *Inside family therapy*. Boston: Ailyn & Bacon.

Nichols, M. P., e Minuchin, S. 1999. Short-term structural family therapy with couples. In *Short-term couple therapy*, J. M. Donovad, ed. New York: Guilford Press.

REFERÊNCIAS

Barkley, R., Guevremont, D., Anastopoulos, A., e Fletcher, K. 1992. A comparison of three family therapy programs for treating family conflicts in adolescents with attention-deficit hyperactivity disorder. *Journal of Consulting and Clinical Psychology*. 60, p. 450-463.

Campbell, T., e Patterson, J. 1995. The effectiveness of family interventions in the treatment of physical illness. *Journal of Marital and Family Therapy*. 21, p. 545-584.

Chamberlain, P., e Rosicky, J. 1995. The effectiveness of family therapy in the treatment of adolescents with conduct disorders and delinquency. *Journal of Marital and Family Therapy*. 21, p. 441-459.

Colapinto, J. 1991. Structural family therapy. In *Handbook of family therapy*. Vol. II. A. S. Gurman e D. P. Kniskern. eds. New York: Brunner/Mazel.

Elizur, J., e Minuchin, S. 1989. *Institutionalizing madness: Families, therapy, and society*. New York: Basic Books.

Grief, G., e Dreschler, L. 1993. Common issues for parents in a methadone maintenance group. *Journal of Substance Abuse Treatment. 10*, p. 335-339.

Minuchin, S. 1974. *Families and family therapy*. Cambridge, MA: Harvard University Press.

Minuchin, S., Baker, L., Rosman, B., Liebman, R., Milman, L., e Todd, T. C. 1975. A conceptual model of psychosomatic illness in children. *Archives of General Psychiatry. 32*, p. 1031-1038.

Minuchin, S., e Fishman, H. C.1981. *Family therapy techniques*. Cambridge, MA: Harvard University Press.

Minuchin, S., Lee, W-Y., e Simon, G. M. 1996. *Mastering family therapy: Journeys of growth and transformation*. New York: Wiley.

Minuchin, S., Montalvo, B., Guerney, B., Rosman, B., e Schumer, F. 1967. *Families of the slums*. New York: Basic Books.

Minuchin, S., e Nichols, M. P. 1993. *Family healing: Tales of hope and renewal from family therapy*. New York: Free Press.

Minuchin, S. , Nichols, M. P. , e Lee, W- Y. No prelo. *A four-step model for assessing couples and families: From symptom to psyche*. Boston: Allyn & Bacon.

Minuchin, S., Rosman, B., e Baker, L. 1978. *Psychosomatic families: Anorexia nervosa in context*. Cambridge, MA: Harvard University Press.

Santisteban, D., Coatsworth, J., Perez-Vidal, A., Mitrani, V., Jean-Gilles, M., e Szapocznik, J. 1997. Brief structural/strategic family therapy with African American and Hispanic high-risk youth. *Journal of Community Psychology. 25*, p. 453-471.

Simon, G. M. 1995. A revisionist rendering of structural family therapy. *Journal of Marital and Family Therapy. 21*, p. 17-26.

Stanton, M. D., e Todd, T. C. 1979. Structural family therapy with drug addicts. In *The family therapy of drug and alcohol abuse,* E. Kaufman e P. Kaufmann, eds. New York: Gardner Press.

Szapocznik, J., Rio, A., Murray, E., Cohen, R., Scopetta, M., Rivas-Vazquez, A., Hervis, O., Posada, V., e Kurtines, W. 1989. Structural family versus psychodynamic child therapy for problematic Hispanic boys. *Journal of Consulting and Clinical Psychology. 57*, p. 571-578.

8

Terapia familiar experiencial

A terapia familiar como um encontro emocional

Da ala humanística da psicologia surgiu um ramo experiencial de terapia familiar que, como as terapias expressivas que o inspiraram, enfatizava a **experiência do aqui e agora**, imediata. A terapia experiencial foi mais popular quando a terapia familiar era jovem, quando os terapeutas falavam sobre sistemas, mas tomavam emprestadas suas técnicas das terapias individual e de grupo. Da terapia da Gestalt e dos grupos de encontro vieram técnicas evocativas como o *desempenho de papel* e a *confrontação emocional*, enquanto outros métodos expressivos, como a *escultura* e o *desenho da família*, traziam a influência das artes e do psicodrama.

Ao focar mais a experiência emocional do que a dinâmica da interação, os terapeutas experienciais pareciam estar em descompasso com o restante da terapia familiar. Na verdade, ao enfatizar os indivíduos e seus sentimentos, o tratamento experiencial talvez nunca tenha sido tão adequado à terapia familiar quanto as abordagens que lidavam com sistemas e ação. Com a morte dos líderes que inspiraram esta tradição, Virginia Satir e Carl Whitaker, os métodos popularizados por eles começaram a parecer um tanto obsoletos, mais um produto da década de 1960 do que do mundo de hoje.

Recentemente, contudo, as abordagens experienciais entraram em voga novamente e, como veremos, dois dos modelos mais novos, a terapia de casal com foco emocional de Greenberg e Johnson (1985) e o modelo sistêmico familiar interno (1995), combinaram o impacto emocional de um foco experiencial no indivíduo com um entendimento mais sofisticado do sistema familiar.

Conforme o primeiro grande terapeuta catártico – Sigmund Freud – descobriu, entrar em contato com sentimentos dolorosos não é, por si só, um modelo suficiente de psicoterapia. Por outro lado, ignorar ou racionalizar emoções infelizes pode negar aos clientes a oportunidade de chegar ao âmago de seus problemas. Assim, a ênfase experiencial na expressão emocional continua um contrapeso útil à ênfase reducionista no comportamento e na cognição, tão comum nas abordagens atuais à solução de problemas.

ESBOÇO DE FIGURAS ORIENTADORAS

Dois gigantes se destacam no desenvolvimento da terapia familiar experiencial: Carl Whitaker e Virginia Satir. Whitaker foi o maior expoente de uma abordagem intuitiva, livre e improvisada, que tinha como objetivo desfazer falsas aparências e liberar os membros da família para serem eles mesmos. Ele estava entre os primeiros a fazer psicoterapia com famílias e, embora tenha sido em certo momento considerado uma espécie de rebelde indisciplinado, acabou se tornando um dos terapeutas mais admirados no campo. Iconoclasta, às vezes até excêntrico, Whitaker granjeou o respeito do campo da terapia familiar. Talvez ele fosse o seu *enfant terrible*, mas era um deles.

Whitaker cresceu em uma fazenda de gado leiteiro no estado de Nova York. O isolamento rural produziu uma certa timidez, mas

Carl Whitaker utilizou uma abordagem intuitiva e livre para despertar os membros da família para seus anseios internos.

também o condicionou a ser menos limitado pelas convenções sociais. Após concluir o curso de medicina e a residência em obstetrícia e ginecologia, Whitaker foi para a psiquiatria e ficou fascinado pela mente psicótica. Infelizmente – ou felizmente –, na década de 1940 Whitaker não podia recorrer a drogas neurolépticas para mitigar as imagens alucinatórias de seus pacientes; em vez disso, ele escutava e aprendia a compreender pensamentos loucos, mas humanos, pensamentos que a maioria de nós habitualmente mantém enterrados.

Depois de trabalhar no University of Louisville College of Medicine e no Oakridge Hospital, Whitaker aceitou a chefia do Departamento de Psiquiatria da Emory University, onde permaneceu de 1946 a 1955, quando, diante da crescente pressão para tornar o departamento mais psicanalítico, Whitaker e todo o seu corpo docente, incluindo Thomas Malone, John Warkentin e Richard Felder, demitiram-se para criar a Atlanta Psychiatric Clinic. A psicoterapia experiencial nasceu dessa união, e o grupo produziu alguns artigos provocativos e desafiadores (Whitaker e Malone, 1953). Em 1965, Whitaker transferiu-se para a University of Wisconsin Medical School. Após sua aposentadoria no final da década de 1980, viajou muito para compartilhar sua sabedoria e experiência em congressos e oficinas. Sua morte, em 1995, foi uma grande perda. Entre seus colegas mais conhecidos estão Augustus Napier, agora em prática privada em Atlanta, e David Keith, na State University of New York, em Siracusa.

A outra figura proeminente entre os terapeutas familiares experienciais foi Virginia Satir. Um dos primeiros membros do Mental Research Institute (MRI), Satir enfatizava a comunicação (veja Capítulos 3 e 6) e a experiência emocional.

Satir começou a atender famílias em prática privada em Chicago, em 1951. Em 1955, ela foi convidada a montar um programa de formação para residentes no Illinois State Psychiatric Institute (onde um de seus alunos foi Ivan Boszormenyi-Nagy). Em 1959, Don Johnson convidou-a a se reunir a ele no MRI, onde Satir tornou-se a primeira diretora de treinamento e permaneceu até 1966, quando partiu para ser diretora do Esalen Institute em Big Sur, Califórnia.

Satir era a terapeuta nutridora arquetípica em um campo enamorado por conceitos abstratos e manobras estratégicas. Sua cordialidade e honestidade tornavam-na imensamente atraente quando viajava pelo país fazendo demonstrações e oficinas. Sua capacidade de encantar o público a tornou a humanista mais celebrada da terapia familiar. Satir morreu de câncer pancreático em 1988.

Entre as abordagens experienciais mais recentes está a terapia de casal de Leslie Greenberg e Susan Johnson, com foco na emoção, que utiliza elementos do trabalho de Perls, Satir e do grupo do MRI (Greenberg e Johnson, 1985, 1986, 1988). Outra abordagem especializada à vida emocional interior das famílias é a terapia sistêmica familiar interna de Richard Schwartz (1995), em que as vozes internas conflituosas dos clientes são personificadas como "partes" e depois reintegradas, com o uso de técnicas psicodramáticas variadas. Schwartz vive em Chicago, onde tem uma clínica e um programa de formação.

FORMULAÇÕES TEÓRICAS

A terapia familiar experiencial baseia-se na premissa de que a causa fundamental dos problemas familiares é a supressão emocional. Embora as crianças precisem aprender que nem sempre podem fazer o que querem, muitos pais têm a tendência infeliz de confundir as funções *instrumental* e *expressiva* da emoção. Tentam regular as ações dos filhos controlando seus sentimentos. Como resultado, as crianças aprendem a amenizar sua experiência emocional para evitar provocação. Embora esse processo seja mais ou menos universal, as famílias disfuncionais tendem a tolerar menos do que a maioria as emoções que sinalizam individualidade. Como resultado, os filhos dessas famílias geralmente crescem apartados de si mesmos e sentindo apenas os resíduos do afeto reprimido: aborrecimento, apatia e ansiedade.

Enquanto os terapeutas sistêmicos vêem as raízes do comportamento sintomático na dança das interações familiares, os experiencialistas vêem essas interações como o resultado de uma dança superficial dos membros da família com as projeções das defesas dos outros. Dessa perspectiva, tentativas de provocar mudanças positivas nas famílias terão maior probabilidade de sucesso se os membros da família entrarem em contato, em primeiro lugar, com seus reais sentimentos – suas esperanças e seus desejos, assim como seus medos e suas ansiedades. Portanto, a terapia familiar experiencial trabalha de dentro para fora – ajudando os indivíduos a descobrirem suas emoções verdadeiras e depois forjando laços familiares mais genuínos a partir dessa autenticidade aumentada.

❖❖❖

Carl Whitaker resumiu a posição experiencial em relação à teoria em um artigo intitulado *The hindrance of theory in clinical work* (Whitaker, 1976a). A teoria pode ser útil para os iniciantes, disse Whitaker, mas seu conselho era que abandonássemos os cálculos assim que possível, em favor de sermos apenas nós mesmos.

Ser antiteórico, evidentemente, é em si uma posição teórica. Dizer que uma terapia não deve ser limitada por teorias é dizer que ela deve ser criativa e espontânea. Apesar do desprezo de Whitaker pela teoria, a terapia familiar experiencial é em grande parte um produto da tradição existencial-humanista.

Muito da teorização dos psicólogos existenciais (por exemplo, Binswanger, 1967; Boss, 1963) foi em reação às deficiências percebidas na psicanálise e no comportamentalismo. Em lugar do *determinismo*, os existencialistas enfatizavam a liberdade e a imediação da experiência. Onde os psicanalistas postulavam um modelo estruturalizado da mente, os existencialistas tratavam as pessoas como um todo e ofereciam um modelo positivo de humanidade, em lugar do que viam como um modelo psicanalítico pessimista. Em vez de buscar a resolução de suas neuroses, os existencialistas acreditavam que as pessoas deveriam buscar a realização.

Apesar da relutância em teorizar, há certas premissas básicas que definem a posição experiencial. Whitaker enfatizava que a auto-realização depende da coesão familiar, e Satir destacava a importância da boa comunicação entre os membros da família, mas o compromisso fundamental era com a *auto-expressão individual*. Embora houvesse alguma discussão sobre sistema familiar (por exemplo, Satir, 1972), o modelo experiencial das famílias era mais como um grupo democrático do que como uma organização estruturada. É dada muita ênfase à *flexibilidade* e à *liberdade*. O tratamento visa a ajudar os membros da família a encontrar papéis que os realizem, com menor preocupação com a família como um todo. Isso não significa que as necessidades da família sejam descartadas, e sim que se supõe que seguem de perto a melhora individual.[1]

Depois de ler o parágrafo anterior, David Keith (em uma carta pessoal) ajudou a colocar em perspectiva a posição experiencial em relação às reivindicações do indivíduo *versus* as reivindicações da família:

> Existe uma tensão dialética entre o indivíduo e a família – entre dependência e independência. Enfatizar demais ou a individualidade ou a conexão familiar é distorcer a condição humana.

As teorias das famílias como sistemas se traduzem em técnicas que promovem comunicação e interação. A ênfase na alteração das interações implica uma aceitação de qualquer nível de experiência individual que já esteja presente. É nisto que a teoria experiencial difere da maioria das abordagens sistêmicas. Aqui a ênfase está em expandir a experiência. A suposição é que abrir os indivíduos para a sua experiência é o pré-requisito para abrir novas possibilidades ao grupo familiar.

A premissa subjacente da terapia familiar experiencial é que a maneira de promover o crescimento individual e a coesão familiar consiste em liberar afetos e impulsos. Os esforços para reduzir a defensividade e descerrar níveis mais profundos de experiência baseiam-se na suposição da bondade básica da natureza humana.

A exceção à pouca ênfase experiencial na teoria é a terapia de casal de Greenberg e Johnson, focada na emoção, que utiliza elementos da teoria do apego (Bowlby, 1969). Segundo Greenberg e Johnson, a emoção organiza as respostas de apego e tem uma função comunicativa nos relacionamentos. Quando as pessoas expressam sua vulnerabilidade diretamente, é provável que eliciem uma resposta compassiva nos parceiros. Contudo, quando uma pessoa com apego inseguro teme a vulnerabilidade e demonstra raiva em vez de vulnerabilidade, a resposta provavelmente será afastamento. Assim, a pessoa que mais precisa de apego pode, por temer expor essa necessidade, empurrar para longe as pessoas amadas de quem quer se aproximar. O antídoto para este dilema é o que a terapia experiencial significa: ajudar as pessoas a afrouxar medos defensivos para que emoções mais profundas e genuínas possam emergir.

A redescoberta da teoria do apego contribui com o esforço maior para reivindicar a dependência como uma tendência humana natural. Nos termos de Bowlby (1969), o apego fornece à pessoa uma base segura – a capacidade de regular emoções e a confiança para explorar o mundo. Quando o apego é ameaçado, a primeira resposta provavelmente será a raiva e o protesto, seguidos por alguma forma de aderência, que eventualmente dá lugar ao desespero. Por fim, se as figuras de apego não respondem, ocorrem o desligamento e a separação (Bowlby, 1969).

Embora o apego tenha suas bases nos primeiros anos da infância, Bowlby (1988) acreditava que toda interação significativa com os outros continua moldando crenças sobre a disponibilidade e a sustentação das pessoas. Embora a segurança do apego possa ser em grande parte global, as pessoas também desenvolvem crenças específicas de determinados relacionamentos, baseadas nas experiências com um determinado parceiro (Collins e Read, 1994). O processo, evidentemente, é circular. Quanto mais segura e confiante for a pessoa, mais provável que seja aberta a – e nos – relacionamentos; assim, maior é a probabilidade de que ela desenvolva relacionamentos que confirmem seu senso de valor na relação. O inverso, infelizmente, também é verdade: as pessoas que têm medo de expressar suas necessidades de apego podem permanecer aprisionadas a padrões negativos que impedem a responsividade necessária à construção de relacionamentos seguros.

Ainda precisa se demonstrar que os padrões de apego da infância continuam a desempenhar um papel central nos relacionamentos adultos íntimos (veja Capítulo 4). Todavia, como na maioria das hipóteses clínicas, o valor da teoria do apego na prática da terapia está mais em sua utilidade do que em sua confirmação empírica.

DESENVOLVIMENTO FAMILIAR NORMAL

Os terapeutas experienciais aderem à fé humanista na sabedoria natural das emoções honestas. Deixadas livres, as pessoas tendem a florescer, segundo este ponto de vista. Os problemas surgem porque esta tendência inata para a *auto-realização* (Rogers, 1951) entra em choque com pressões sociais. A sociedade impõe a repressão para domar os instintos das pessoas e adequá-los à vida em grupo. Infelizmente, o autocontrole é obtido à custa da "repressão excedente" (Marcuse, 1955). As famílias acrescentam seus próprios controles para obter paz e tranqüilidade, perpetuando **mitos familiares** obsoletos (Gehrke e Kirschenbaum, 1967) e utilizando a **mistificação** (Laing, 1967) para alienar as crianças das suas experiências.

Na situação ideal, o controle parental não é excessivo, e os filhos crescem em uma atmosfera que apóia seus sentimentos e impulsos criativos. Os pais escutam os filhos, aceitam seus sentimentos e validam sua experiência. O afeto é valorizado e nutrido; as crianças são incentivadas a experienciar a vida integralmente e a expressar toda a variedade das emoções humanas.

Os terapeutas experienciais descrevem a família como o lugar para compartilhar experiências (Satir, 1972). As famílias funcionais são suficientemente seguras para apoiar e encorajar uma grande variedade de experiências; as famílias disfuncionais são temerosas e cruéis.

Nenhuma habilidade de solução de problemas e nenhuma estrutura familiar específica são consideradas tão importantes quanto nutrir um experienciar aberto, natural e espontâneo. Em resumo, a família sadia oferece aos seus membros a liberdade de serem eles mesmos.

DESENVOLVIMENTO DE TRANSTORNOS DE COMPORTAMENTO

De uma perspectiva experiencial, a negação dos impulsos e a supressão dos sentimentos são as raízes dos problemas familiares. As famílias disfuncionais estão aprisionadas na autoproteção e na evitação (Kaplan e Kaplan, 1978). Nos termos de Harry Stack Sullivan (1953), elas buscam *segurança* em vez de *satisfação*. Suas queixas são variadas, mas o problema básico é que elas escondem emoções e desejos.

Segundo Whitaker (Whitaker e Keith, 1981), casamento é algo que não existe – o que existe são dois bodes expiatórios enviados por suas famílias para se perpetuarem. Juntos, precisam encontrar uma solução para o conflito inerente a essa situação. Os casais que permanecem juntos acabam atingindo algum tipo de acomodação. Com base em concessões mútuas ou resignação, a harmonização entre os parceiros diminui os atritos prévios. As famílias disfuncionais, com um medo terrível de conflitos, aderem rigidamente aos rituais que desenvolveram juntos. Tendo experienciado a ansiedade da incerteza, agora se agarram às suas rotinas.

Em sua descrição das famílias perturbadas, Satir (1972) enfatizou a atmosfera de morte emocional. Essas famílias são frias; parecem continuar unidas por hábito ou dever. Os adultos não se divertem com os filhos, e as crianças aprendem a não se valorizar ou a se importar com os pais. Em conseqüência da falta de calor na família, essas pessoas se evitam mutuamente e se preocupam com o trabalho e com outras distrações.

É importante notar que a "disfunção" descrita por Satir não é do tipo encontrado em manuais diagnósticos. Como outros no campo experiencial, Satir estava tão interessada nas pessoas "normais" que vivem em silencioso desespero quanto nos pacientes oficialmente reconhecidos nos quais as famílias habitualmente se concentram. Conforme ela coloca,

> Para mim, é uma experiência triste estar com essas famílias. Vejo a desesperança, a impotência, a solidão. Vejo a bravura de pessoas tentando encobrir isso – uma bravura que ainda urra, censura ou se lamenta para os outros. Os outros já não se importam. Essas pessoas seguem, ano após ano, suportando a miséria elas próprias ou, em seu desespero, infligindo-a aos outros. (Satir, 1972, p. 12)

Satir enfatizou o papel da comunicação destrutiva na asfixia dos sentimentos e disse que havia quatro maneiras desonestas de comunicação entre as pessoas: *culpar, aplacar,* ser *impertinente* e ser *muito razoável*. O que está por trás desses padrões de comunicação inautêntica? *Baixa auto-estima*. Se as pessoas se sentem mal consigo mesmas, é difícil falar a verdade sobre seus sentimentos – e ameaçador deixar que os outros lhes digam honestamente o que sentem.

OBJETIVOS DA TERAPIA

Na terapia familiar experiencial, o alívio dos sintomas é secundário ao aumento da integridade pessoal e à expansão das experiências (Malone, Whitaker, Warkentin e Felder, 1961). Os problemas apresentados pelas famílias são considerados tíquetes de admissão (Whitaker e Keith, 1981); o problema real é a esterilidade emocional.

A maioria dos terapeutas experienciais focaliza os indivíduos e sua experiência mais do que a organização familiar. No caso de Kempler (1981, p. 27), o compromisso com o indivíduo é reconhecido: "Considero que a minha responsabilidade primeira é para com as pessoas – com cada indivíduo dentro da família – e, secundariamente, para com a organização chamada família". Esta ênfase no indivíduo acima da família *não* existe nos terapeutas familiares experienciais com inclinação mais sistêmica, como Carl Whitaker, David Keith e Gus Napier.

Em comum com outros na tradição existencial-humanista, os terapeutas experienciais acreditam que o caminho para a saúde emocional é descobrir níveis mais profundos de experiência. Virginia Satir (1972, p. 120) colocou da seguinte maneira:

> Tentamos operar três mudanças no sistema familiar. Primeiro, cada membro da família deveria ser capaz de relatar congruente, completa e honestamente o que vê e escuta, sente e pensa, sobre si mesmo e os outros, na presença de outros. Segundo, cada pessoa deveria ser tratada e considerada no relacionamento em termos de sua singularidade, de modo que as decisões sejam tomadas em termos de exploração e negociação, e não em termos de poder. Terceiro, a diferença entre as pessoas deveria ser abertamente reconhecida e utilizada para o crescimento.

Quando os métodos experienciais são aplicados ao sistema familiar (e não a indivíduos que por acaso estão reunidos em grupos familiares), o objetivo de crescimento individual se funde ao objetivo de fortalecer a unidade familiar. O trabalho de Carl Whitaker corporificou maravilhosamente esse duplo objetivo. Segundo ele, o crescimento pessoal requer integração familiar, e vice-versa. O pertencimento e a individuação se acompanham.

Os experiencialistas enfatizam o sentimento da natureza humana: criatividade, espontaneidade e capacidade de brincar – e, na terapia, o valor da experiência em si.

Acredita-se que novas experiências rompem expectativas rígidas e destravam a consciência dos membros da família – e tudo isso promove individuação (Kaplan e Kaplan, 1978). Bunny e Fred Duhl (1981) falam de seus objetivos como maior senso de competência, bem-estar e auto-estima. Ao enfatizar a auto-estima, os Duhl ecoam Virginia Satir (1964), que acreditava que a baixa auto-estima e a comunicação destrutiva responsável por ela eram os principais problemas nas famílias infelizes. Whitaker (1976a) acreditava que as famílias procuram tratamento por não conseguirem proximidade e por serem incapazes, portanto, de se individuar. Ao ajudar os membros da família a recuperarem seu potencial de experienciar, ele acreditava que também os estava ajudando a recuperarem a capacidade de se importarem uns com os outros.

CONDIÇÕES PARA A MUDANÇA DE COMPORTAMENTO

Entre as concepções errôneas dos mais inexperientes em terapia familiar está a de que as famílias são frágeis e os terapeutas devem ter cuidado para que não quebrem. Um mínimo de experiência nos ensina o oposto: o tratamento efetivo requer intervenções efetivas – e, para o terapeuta familiar experiencial, este poder vem do experienciar emocional.

O terapeuta experiencial utiliza técnicas evocativas e a força de sua personalidade para criar encontros terapêuticos. A vitalidade do terapeuta como pessoa é uma força maior na terapia; a vitalidade do *encontro* é outra. Acredita-se que essa experiência poderosamente pessoal ajuda a estabelecer relacionamentos interessados, de pessoa a pessoa, entre todos os membros da família. Gus Napier (Napier e Whitaker, 1978) apresenta, em *The family crucible*, uma excelente descrição do que causa a mudança na opinião dos terapeutas experienciais. As descobertas e os avanços acontecem quando os membros da família se arriscam a ser "mais separados, divergentes, até mais zangados" e também "quando se arriscam a ser mais próximos e mais íntimos". Para ajudar os clientes a assumirem esses riscos, os terapeutas experienciais são provocativos e também apoiadores. Isso permite aos membros da família abandonarem defesas protetoras e abrirem-se uns para os outros.

Acredita-se que o *encontro existencial* é a força essencial no processo psicoterapêutico (Kempler, 1973; Whitaker, 1976a). Esses encontros precisam ser recíprocos; em vez de se esconder por trás de um papel profissional, o terapeuta precisa ser uma pessoa genuína, que catalisa a mudança, utilizando seu impacto pessoal nas famílias. Conforme Kempler (1968, p. 97) afirmou:

> Nesta abordagem, o terapeuta torna-se um membro da família durante as entrevistas, participando tão inteiramente quanto for capaz, confiantemente disponível para apreciação e críticas, e também capaz de dispensá-las. Ele ri, chora e se enfurece. Ele sente e compartilha sua vergonha, confusão e impotência.

Para Satir, interesse e aceitação eram o segredo para ajudar alguém a se abrir à experiência e aos outros:

> Alguns terapeutas acham que as pessoas entram em terapia não querendo ser mudadas: acho que isso não é verdade. Elas não acreditam que *podem* mudar. Entrar em um lugar novo, desconhecido, é algo apavorante. Quando começo a trabalhar com pessoas, não estou interessada em mudá-las. Estou interessada em descobrir seus ritmos, ser capaz de me reunir a elas e ajudá-las a entrar nesses lugares apavorantes. A resistência é, essencialmente, o medo de ir onde você jamais foi. (*apud* Simon, 1989, p. 38-39)

Uma vez que as paixões são um negócio complicado, as famílias infelizes contentam-se em submergi-las; os terapeutas experienciais, não. Terapeutas como Whitaker acreditam que importa ser efetivo, não seguro. Portanto, ele, deliberadamente, visava a desestabilizar as famílias com as quais trabalhava.

A maioria das abordagens tem o objetivo de ajudar os membros da família a falarem uns com os outros sobre o que está em sua mente, mas isso só significa que vão compartilhar o que têm consciência de estarem sentindo. Terão menos segredos entre si, mas continuarão a ter segredos para si mesmos, na forma de necessidades e sentimentos inconscientes. Os terapeutas experienciais, por outro lado, acreditam que aumentar os níveis de experiência de cada membro da família levará a interações familiares mais honestas e íntimas. O seguinte exemplo demonstra este processo de mudança "de dentro para fora".

Estudo de caso

Após uma sessão inicial de coleta de informações, a família L. discutia o mau comportamento de Tommy, de 10 anos. Por vários minutos, a Sra. L. e a irmã mais jovem de Tommy revezaram-se catalogando todas as "coisas terríveis" que ele fazia em casa. Conforme a discussão continuava, a terapeuta percebeu como o Sr. L. parecia desligado. Embora ele, submissamente, concordasse com as queixas da mulher acenando com a cabeça, parecia mais deprimido do que preocupado. Quando indagado sobre o que o preocupava, falou muito pouco, e a terapeuta ficou com a impressão de que, na verdade, muito pouco o *preocupava* – pelo menos conscientemente. A terapeuta não sabia a razão de sua falta de envolvimento, mas sabia que isso a incomodava, e decidiu se manifestar.

Terapeuta: (Para o Sr. L.) Você está escutando isso? O que está acontecendo com você?
Sr. L.: O quê? (Ele ficou chocado, as pessoas que ele conhecia simplesmente não falavam com ele desse jeito.)
Terapeuta: Eu disse: o que está acontecendo com você? Sua mulher está aqui preocupada e chateada com o Tommy, e você simplesmente fica sentado aí como um dois de paus. Você faz parte desta família tanto quanto aquela lâmpada do canto.
Sr. L.: Você não tem o direito de falar assim comigo (ficando cada vez mais zangado). Eu dou duro por esta família. Quem você acha que põe a comida na mesa? Eu levanto cedo seis dias por semana e dirijo um caminhão de entregas por toda a cidade. O dia inteiro eu tenho de ouvir os clientes se queixando disso e daquilo. Então volto para casa e o que recebo? Mais queixas. *"Tommy fez isso, Tommy fez aquilo."* Estou cheio disso.
Terapeuta: Diga isso novamente, mais alto.
Sr. L.: Estou cheio disso! Estou cheio disso!!

Este intercâmbio transformou dramaticamente a atmosfera da sessão. De súbito, a razão do desinteresse do Sr. L. ficou muito clara. Ele estava furioso com a mulher por se queixar constantemente de Tommy. Ela, por sua vez, deslocava muito do seu sentimento pelo marido para Tommy, em resultado da indisponibilidade emocional do Sr. L. Nas sessões subseqüentes, conforme o Sr. e a Sra. L. passavam mais tempo falando sobre o seu relacionamento, cada vez se ouvia menos sobre o mau comportamento de Tommy.

Seguindo seu impulso emocional, a terapeuta deste exemplo aumentou a intensidade afetiva na sessão ao confrontar um membro da família. A ansiedade gerada quando ela fez isso foi suficiente para expor um problema oculto. Depois que o problema foi desvendado, não foi necessária muita persuasão para que os membros da família começassem a enfrentá-lo.

Embora o leitor possa ficar pouco à vontade com a idéia de um terapeuta confrontar tão agressivamente um membro da família, isso não é incomum na terapia experiencial. O que torna esse movimento menos arriscado do que pode parecer é a presença de outros membros da família. É mais seguro provocar quando a família toda está lá do que no tratamento individual. Como Carl Whitaker (1975) salientou, as famílias aceitarão muito de um terapeuta quando estiverem convencidas de que ele se importa genuinamente com elas.

Embora os terapeutas experienciais enfatizem a expansão da experiência individual como o veículo de mudança terapêutica, agora começam a defender a inclusão de tantos membros da família quanto possível no tratamento. Como experiencialistas, acreditam na experiência pessoal imediata; como terapeutas familiares, crêem na interconexão da família.

Carl Whitaker (1976b) gostava de ter uma multidão na sala quando fazia terapia. Ele insistia em pelo menos dois encontros com a rede familiar extensa, inclusive pais, filhos, avós e cônjuges divorciados. Convidar esses membros da família ampliada é uma maneira efetiva de ajudá-los a apoiar o tratamento, em vez de se opor a ele ou solapá-lo.

A fim de superar a relutância em participar, Whitaker convidava membros da família ampliada como consultores, "para ajudar o terapeuta", não como pacientes. Nessas entrevistas, os avós eram solicitados a ajudar, a dar a sua percepção da família (passada e presente) e, às vezes, a falar sobre os problemas em seu próprio casamento (Napier e Whitaker, 1978). Os pais podem começar a ver que os avós são diferentes das imagens que introjetaram 20 anos atrás. Os avós, por sua vez, podem começar a perceber que seus filhos agora são adultos.

TERAPIA

Os terapeutas familiares experienciais compartilham a crença humanista de que as pessoas possuem muitos recursos e, se entregues aos meios que estão ao seu alcance, serão ativas, criativas, amorosas e produtivas (Rogers, 1951). A tarefa da terapia, portanto, é a de desbloquear defesas e libertar a vitalidade inata das pessoas.

Avaliação

Já que os experiencialistas estão menos interessados em resolver problemas do que em melhorar o funcionamento familiar, eles prestam uma atenção limitada aos aspectos específicos do problema apresentado. Além disso, como focam os indivíduos e suas experiências, têm pouco interesse em avaliar a estrutura da dinâmica familiar.

A seguinte citação ilustra o desprezo experiencialista pela avaliação. "Os diagnósticos são a lápide da frustração do terapeuta, e acusações como defensiva, resistente e ganho secundário são as flores colocadas no túmulo dessa insatisfação enterrada" (Kempler, 1973, p. 11). O ponto parece ser que a distância objetiva necessária para a avaliação formal estimula uma atitude de julgamento e isola o terapeuta do contato emocional com a família.

Para a maioria dos experiencialistas, a avaliação ocorre automaticamente conforme o terapeuta passa a conhecer a família. No processo de desenvolver um relacionamento, o terapeuta aprende com que tipos de pessoas está lidando. Whitaker começava pedindo a cada membro da família que a descrevesse e contasse como funcionava. Desta maneira, ele obtinha um quadro composto dos membros individuais da família e de suas percepções do grupo familiar. Este tipo de investigação é o máximo da formalidade de um terapeuta experiencial avaliando uma família. A vasta maioria do que serve como avaliação nesta abordagem é uma tentativa de decodificar as defesas que surgem no curso de se tentar ajudar os familiares a se abrirem uns aos outros.

Técnicas terapêuticas

Segundo Walter Kempler (1968), na terapia experiencial não existem técnicas, apenas pessoas. Este epigrama resume bem a fé no poder curativo da personalidade do terapeuta. O que importa não é tanto o que o terapeuta faz, e sim a pessoa que ele é.

Para promover a abertura em seus pacientes, o terapeuta precisa, ele próprio, ser aberto. Entretanto, este ponto é, no mínimo, em parte retórico. Independentemente de quem *é*, o terapeuta também precisa *fazer* algo. Mesmo que não seja planejado, o que ele faz pode ser descrito. Ademais, o terapeuta experiencial tende a fazer muito: ele é extremamente ativo, e alguns (incluindo Kempler) utilizam várias técnicas evocativas.

Alguns empregam meios estruturados, como a *escultura familiar* e a *coreografia* para estimular a intensidade afetiva na terapia; outros, como Virginia Satir e Carl Whitaker, confiam na espontaneidade de apenas serem quem são.

Virginia Satir possuía uma capacidade notável de se comunicar. Como muitos grandes terapeutas, ela era uma personalidade dinâmica que envolvia os clientes ativamente desde o primeiro encontro, mas ela não confiava apenas no seu calor pessoal: trabalhava ativamente para esclarecer a comunicação, fazia as pessoas desistirem de se queixar e começarem a buscar soluções, apoiava a auto-estima de cada membro da família, salientava intenções positivas (muito antes de a "conotação positiva" tornar-se um meio estratégico) e demonstrava, pelo exemplo, como ser afetuosa (Satir e Baldwin, 1983). Era uma curadora amorosa, mas enérgica.

Uma das marcas registradas de Satir era o uso do toque. Sua linguagem era a linguagem da ternura. Com freqüência começava por fazer um contato físico com as crianças, conforme evidenciado em seu caso *Das Pedras e Flores*. Bob, um alcoolista em recuperação, era pai de dois meninos, Aaron (4 anos) e Robbie (2 anos), que haviam sofrido abusos repetidos por parte da mãe – tinham sido empurrados escada abaixo, queimados com cigarro e amarrados embaixo da pia. Na época da entrevista, a mãe estava sob tratamento psiquiátrico e não via os filhos. A nova esposa de Bob, Betty, fora abusada pelo primeiro marido, também um alcoolista. Ela estava grávida e temia que os meninos abusassem do bebê. Os meninos já haviam expressado a violência a que haviam sido expostos – batendo em outras crianças e tentando sufocá-las. Bob e Betty, por sua frustração e medo, reagiam asperamente aos meninos, o que só aumentava a agressividade deles.

Durante toda a sessão, Satir mostrou aos pais como tocar nos filhos ternamente e como segurá-los com firmeza para interromper algum mau comportamento. Quando Bob começou a falar com Aaron à distância, Satir insistiu na proximidade e no toque. Ela sentou Aaron diante do pai e pediu a Bob que segurasse as mãozinhas do menino e falasse diretamente com ele.

Os seguintes fragmentos da sessão foram tirados de Andreas (1991).

Estudo de caso

Aquelas mãozinhas sabem muitas coisas; elas precisam ser reeducadas. OK. Veja, esses dois pequeninos têm muita energia, como vocês dois também. Vou conversar com o terapeuta de vocês a respeito da necessidade de abrir um espaço para que vocês tenham alguma folga (das crianças), mas usem todas as oportunidades que puderem para ter este tipo de contato físico. O que eu também recomendaria a vocês dois é que sejam muito claros em relação ao que esperam e que você (Bob) aprenda com Betty a prestar atenção (às crianças) mais rapidamente.

Eu gostaria que vocês fossem capazes de transmitir suas mensagens sem um "não faça isto", sem um "não" – e que a força em seus braços quando vocês os segurarem – não sei se conseguirei ilustrar isso, mas me empreste seu braço por um instante (estendendo a mão para o antebraço de Bob). Deixe-me mostrar a diferença. Pegue o meu braço como se você fosse me agarrar. (Bob agarra o braço dela.) Muito bem. Veja, quando você faz isso, todos os meus músculos começam a ficar tensos, e eu sinto vontade de puxá-lo de volta. (Bob concorda com um gesto de cabeça.) Agora, pegue o meu braço como se você quisesse me proteger. (Bob segura o braço dela.) Muito bem. Eu agora sinto a sua força,

*V*irginia Satir estava mais interessada em ajudar os membros da família a se conectarem do que nas forças psicológicas e sistêmicas que os mantinham separados.

mas não sinto vontade de puxá-lo com força, assim. (Bob diz "sim".)

O que eu gostaria que vocês fizessem é tocar *um bastante*, tocar muito nessas duas crianças. Quando as coisas começarem (a fugir ao controle), vocês vão até lá – não digam nada – apenas vão até eles e os peguem no colo (demonstrando o abraço protetor nos antebraços de Bob), mas vocês precisam saber, bem lá dentro de vocês, que não os estão puxando (Aaron coloca brevemente as mãos em cima das mãos de Virginia e dos braços de Bob) assim (demonstrando), mas estão segurando com força (passando ambas as mãos sobre o braço de Bob), como se percebessem a diferença. Eu demonstrarei para você (Bob), também. Primeiro, vou agarrar você assim (demonstrando). (Bob diz "sim".) Você se dá conta de que tem vontade de puxar o braço. Muito bem. Agora, desta vez, o que vou fazer é lhe dar uma força (demonstra segurando seu braço com ambas as mãos; Robbie faz um leve afago na mão de Virginia), mas eu não vou pedir a vocês que revidem. O mais importante é vocês começarem com isso.

(Virginia se volta para Betty e oferece seu antebraço.) OK. Agora eu gostaria de fazer o mesmo com você. Então, segure meu braço com bastante firmeza... (Betty agarra o braço de Virginia, e Aaron também.) Isso, assim, como se você realmente quisesse me dar apoio, mas também um limite. (Aaron estende o braço para tocar na mão de Betty, e Virginia pega a mão livre de Aaron com a sua mão livre.) É um leve aperto, um leve aperto.

Então, da próxima vez que vocês sentirem que alguma coisa está vindo, o que vocês vão fazer é ir lá e fazer contato (Virginia demonstra segurando o antebraço de Aaron) e depois largar suavemente. (Virginia segura as mãos de Aaron e começa a tirá-lo do colo de Betty.) Agora, Aaron, eu gostaria que você ficasse ali um minutinho para que eu possa mostrar uma coisa à sua mãe. (Aaron diz "OK".) Vamos imaginar que, em um momento em que eu não estou pensando, eu pego você assim (agarrando os braços de Betty subitamente com ambas as mãos). Você percebe o que tem vontade de fazer? (Betty concorda com a cabeça.) Muito bem. Agora eu vou fazer isso de outro jeito. Eu estou transmitindo a você a mesma mensagem (Virginia segura o braço de Betty firmemente com ambas as mãos, olhando diretamente em seus olhos, e começa a se levantar), mas estou fazendo deste jeito. Estou olhando para você e estou transmitindo uma mensagem clara. OK. Agora, neste momento, o seu corpo não vai responder a mim negativamente. Ele vai se sentir parado, mas não negativo. Então eu vou pegar você assim. (Virginia coloca um braço em torno das costas de Betty e o outro embaixo do seu antebraço.) Exatamente assim (Virginia coloca ambos os braços em torno de Betty e a traz para mais perto dela) e agora eu vou abraçar você. Vou segurar você assim por um minutinho.

Após esta sessão, Satir comentou sua técnica:

Havia tantas coisas acontecendo, e o medo era tão grande em relação a essas crianças que, se você criasse uma imagem delas, seria de monstros. Então, uma das coisas que eu queria fazer também era ver se eles tinham a capacidade de responder com um toque, usando a mim mesma para isso, fazendo com que colocassem suas mãos em meu rosto – isso era uma espécie de espelho para a família em si, as pessoas da família –, e então autorizá-los e encorajá-los a fazer isso com os pais. Ver, tocar, isso vem do tipo de ambiente que havia lá no momento, diz coisas que nenhuma palavra é capaz de dizer.

Para incentivar a empatia e aproximar os membros da família, Satir com freqüência utilizava o seguinte exercício (adaptado de Satir e Baldwin, 1983):

1. Pense em uma situação difícil com seu filho. Talvez ele ande fazendo algo com o que não sabe lidar ou que o deixa subindo pelas paredes.
2. Passe seu filme dessa situação do seu ponto de vista. Imagine que você vive esta situação com seu filho novamente. Observe como você se sente, o que vê, o que escuta.
3. Reexperiencie esta situação, mas desta vez como seu filho. Visualize toda a situação lenta e detalhadamente, como imagina que seria através dos olhos de seu filho. Permita-se sentir o que seu filho deve estar sentindo. Você percebe algum sentimento que não sabia que seu filho poderia ter? Você percebe algo de que ele poderia precisar ou querer e você não sabia?
4. Reexperiencie a mesma situação, desta vez como observador. Olhe e escute o que está acontecendo e permita-se observar tanto seu filho quanto você mesmo. Você percebe alguma coisa na maneira de vocês reagirem um ao outro? O que vê mais claramente em si mesmo e em seu filho?

Já que preferia um encontro pessoal a uma abordagem calculada, não surpreende que o estilo de Whitaker fosse o mesmo com indivíduos, casais ou grupos (Whitaker, 1958). Ele, assiduamente, evitava orientar decisões de vida real, preferindo, em vez disso, abrir os membros da família para seus sentimentos e se reunir a eles em sua incerteza. Isso pode soar banal, mas é um ponto importante. Na medida em que o terapeuta (ou qualquer outra pessoa, por sinal) está ansioso para mudar as pessoas, é difícil, muito difícil, fazer com que se sintam compreendidas – e ainda mais difícil empatizar realmente com elas.

Uma comparação entre o trabalho inicial (Whitaker, Warkentin e Malone, 1959; Whitaker, 1967) e o trabalho posterior de Whitaker (Napier e Whitaker, 1978) mostra como ele mudou no decorrer dos anos. Whitaker começou agindo deliberadamente de forma exótica. Ele poderia adormecer durante uma sessão e depois contar seus sonhos; lutava corpo a corpo com seus pacientes; falava sobre suas fantasias sexuais. Nos últimos anos, ele já não era tão provocativo. Parece que é isso o que acontece aos terapeutas quando amadurecem: têm menor necessidade de se impor e mais disposição para escutar.

Como o tratamento de Whitaker era tão intenso e pessoal, ele acreditava ser essencial trabalhar junto com outro terapeuta. Ter um co-terapeuta para compartilhar a carga impede que ambos sejam absorvidos pelo campo emocional da família. A terapia familiar tende a ativar os próprios sentimentos do terapeuta em relação a certos tipos de familiares. Uma postura imparcial, analítica, minimiza esses sentimentos; o envolvimento emocional os maximiza.

O problema com a contratransferência é que ela tende a ser inconsciente. É mais provável o terapeuta perceber esses sentimentos depois que a sessão acaba. Mais fácil ainda é observar a contratransferência nos outros. Considere o exemplo do Dr. Fox, um homem casado especializado em terapia individual que, ocasionalmente, atende casais com problemas. Em 75% desses casos, o Dr. Fox incentiva o casal a se divorciar, e seus pacientes seguem seus conselhos em um índice muito elevado. Se o Dr. Fox fosse mais feliz em seu casamento, talvez ele se sentisse menos impelido a guiar seus pacientes para onde ele teme estar indo.

Para minimizar a contratransferência, Whitaker recomendava compartilhar abertamente os sentimentos com a família. Se os sentimentos forem expressos abertamente, é menos provável que sejam atuados. Todavia, a maioria dos terapeutas às vezes não está ciente dos próprios sentimentos. É aí que o co-terapeuta pode ser útil. Um co-terapeuta, com freqüência, é capaz de reconhecer sentimentos reativos em um colega. Um forte investimento na relação de co-terapia (ou na equipe de tratamento) ajuda a evitar que o terapeuta seja *induzido* (atraído para dentro da família). O terapeuta que atende famílias sem um co-terapeuta deve buscar supervisão, a fim de ter a objetividade necessária para permanecer em equilíbrio.

As primeiras sessões de Whitaker (Napier e Whitaker, 1978) eram bastante estruturadas e incluíam colher a história da família. Para ele, os contatos iniciais com a família eram salvos de abertura na "batalha por estrutura" (Whitaker e Keith, 1981). Ele queria que a família soubesse que os terapeutas é que estavam no comando.[2] Isso já começava no primeiro telefonema. Whitaker (1976b) insistia no comparecimento do máximo possível de membros da família; acreditava que três gerações eram necessárias para garantir que os avós apoiassem, em vez de solapar, a terapia, e que a presença deles ajudaria a corrigir distorções. Se membros significativos da família não quisessem participar, Whitaker geralmente se recusava a atender a família. Por que começar com as cartas marcadas contra você?

Juntamente com Virginia Satir, Whitaker estava entre os primeiros expoentes do uso de si mesmo como um catalisador de mudanças, mas, enquanto Satir era uma presença calorosa e apoiadora, Whitaker às vezes era brusco, até confrontacional. Na verdade, as intervenções provocativas de alguém como Whitaker só se tornavam aceitáveis para as famílias depois que o terapeuta provava ser uma pessoa compreensiva e interessada. Diante de pessoas desafiadoras, primeiro é preciso conquistar sua confiança.

Quer sejam provocativos, quer apoiadores, os terapeutas experienciais habitualmente são muito ativos. Em vez de deixar que os membros da família resolvam suas questões uns com os outros, o terapeuta fala "Diga a ele (ou a ela) o que você sente!" ou pergunta "O que você está sentindo neste momento?" Assim como a melhor maneira de atrair a atenção da professora na escola é se comportar mal, a melhor maneira de atrair a atenção de um terapeuta experiencial é demonstrar sinais de emoção sem realmente expressá-la.

Estudo de caso

Terapeuta: Eu vejo que você olha para o seu pai sempre que faz uma pergunta à sua mãe, o que significa isso?
Kendra: Oh, nada...
Terapeuta: Isso deve significar *alguma coisa*. Vamos lá, o que você estava sentindo?
Kendra: Nada!
Terapeuta: Você deve ter sentido alguma coisa. O que foi?
Kendra: Bem, às vezes, quando a mamãe me deixa fazer uma coisa, o papai fica furioso. Mas, em vez de gritar com ela, ele grita *comigo* (chorando baixinho).
Terapeuta: Diga a ele.
Kendra: (Zangada, para a terapeuta) Deixe-me em paz!
Terapeuta: Não, isso é importante. Diga ao seu pai como você se sente.
Kendra: (Soluçando forte) Você está sempre me repreendendo! Você nunca me deixa fazer nada!

Os terapeutas experienciais empregam várias técnicas expressivas em seu trabalho, incluindo escultura familiar (Duhl, Kantor e Duhl, 1973), entrevistas com uma família de marionetes (Irwin e Malloy, 1975), arte terapia familiar (Geddes e Medway, 1977), desenhos familiares conjuntos (Bing, 1970) e técnicas de terapia gestáltica (Kempler, 1973). Entre os equipamentos do consultório do terapeuta experiencial estão brinquedos, casas de bonecas, argila, ursinhos de pelúcia, lápis de desenho e papel, e bastões de cera.

Na **escultura familiar**, o terapeuta pede a um membro da família que arrume os outros em um quadro vivo. Este é um meio gráfico de retratar a percepção que cada pessoa tem da família e de seu lugar nela. Era um expediente favorito de Virginia Satir, que costumava usar cordas e vendas nos olhos para dramatizar os papéis limitantes nos quais os familiares aprisionam-se mutuamente (Satir e Baldwin, 1983).

O seguinte exemplo de escultura ocorreu quando o terapeuta pediu ao Sr. N. que arrumasse os membros da família em uma cena típica do momento em que ele chega em casa do trabalho.

Estudo de caso

Sr. N.: Quando eu chego em casa do trabalho, é? Tudo bem (para a mulher), querida, você estaria junto ao fogão, não é?
Terapeuta: Não, não fale. Só mova as pessoas e as coloque onde você quer que elas fiquem.
Sr. N.: OK.

Ele guiou a esposa até um lugar onde estaria o fogão e colocou os filhos no chão da cozinha, desenhando e brincando.

Terapeuta: Ótimo, agora, ainda sem nenhum diálogo, coloque-os em ação.

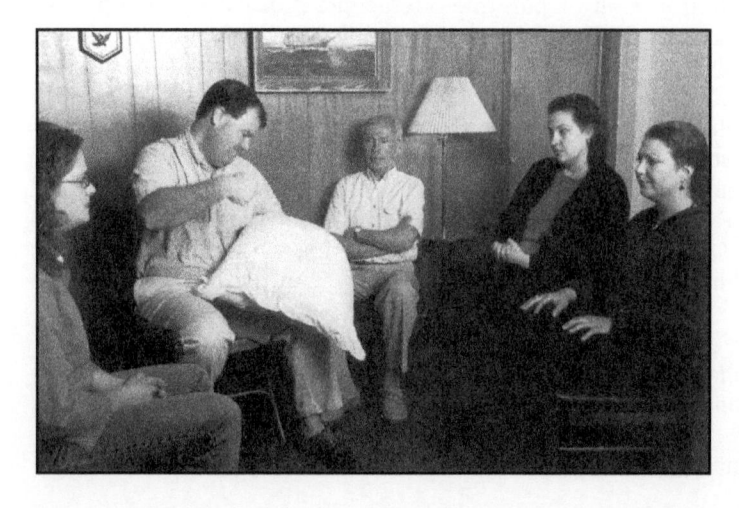

Os terapeutas experienciais usam técnicas expressivas para ajudar as famílias a chegar aos seus sentimentos subjacentes.

O Sr. N. instruiu a mulher a fingir cozinhar, mas a se virar com freqüência para ver o que as crianças estavam aprontando. Ele disse às crianças que fingissem brincar por um momento, mas depois começassem a brigar e a se queixar para a mãe.

Terapeuta: E o que acontece quando você chega em casa?
Sr. N.: Nada. Eu tento conversar com a minha mulher, mas as crianças a importunam tanto que ela fica furiosa e pede para que todos a deixem em paz.
Terapeuta: OK, encenem isso.

A Sra. N. fingiu tentar cozinhar e servir de árbitro nas brigas das crianças. As crianças, que achavam divertidíssimo aquele jogo, fingiram brigar e tentaram superar-se mutuamente para conseguir a atenção da mãe. Quando o Sr. N. "chegou em casa", ele se aproximou da mulher, mas os filhos se meteram entre os dois, até a Sra. N. finalmente mandar todo o mundo embora.

Mais tarde, a Sra. N. disse que não percebera que o marido se sentia ignorado. Ela só pensava nele como chegando do trabalho, dizendo "oi" e depois se retirando para o seu gabinete com o jornal e uma garrafa de cerveja.

Estudo de caso

Um pai fez um desenho da família que o mostrava separado, do lado, enquanto sua mulher e seus filhos estavam de mãos dadas. Embora ele estivesse desenhando um fato bem conhecido por ele e pela esposa, eles nunca haviam falado abertamente sobre isso. Quando ele mostrou o desenho para o terapeuta, não houve como evitar a discussão. Em outro caso, quando o terapeuta pediu a cada membro da família que fizesse o desenho, a filha adolescente não sabia o que fazer. Ela nunca pensara muito sobre a família ou o seu papel nela. Quando começou a desenhar, a imagem simplesmente pareceu emergir. Ela ficou surpresa ao descobrir que havia se desenhado mais perto do pai e das irmãs do que da mãe. Isso provocou uma discussão animada entre ela e a mãe sobre o seu relacionamento. Embora as duas parecessem passar bastante tempo juntas, a filha não se sentia próxima porque achava que a mãe a tratava como criança, jamais conversando com ela sobre as próprias preocupações e demonstrando um interesse apenas superficial pela vida da filha. Por sua parte, a mãe ficou surpresa, e bastante satisfeita, ao ver que a filha se sentia pronta para estabelecer um relacionamento mais mútuo e carinhoso.

A escultura familiar também é usada para esclarecer cenas do passado. Uma instrução típica é: "Imagine que você está parado diante da casa de sua infância. Entre nela e descreva o que costumava acontecer". A idéia é fazer um quadro vivo que retrate a percepção da pessoa da vida familiar. É um estratagema para focar a consciência e aumentar a sensibilidade.

Outro exercício expressivo é a *arte terapia familiar*. Kwiatkowska (1976) instrui a família a produzir uma série de desenhos, inclusive um "rabisco familiar conjunto", em que cada pessoa faz um rabisco rápido e depois a família toda incorpora o rabisco em um desenho unificado. Elizabeth Bing (1970) descreve o **desenho familiar** conjunto como um meio de preparar a família e desembaraçá-la para se expressar. Nesse procedimento, é dito à família: "Façam um desenho de como vocês se vêem como família". Os retratos resultantes podem revelar percepções ainda não discutidas ou estimular a pessoa que fez o desenho a se dar conta de algo em que jamais pensara antes.

Nas *entrevistas com famílias de marionetes*, Irwin e Malloy (1975) pedem a um dos familiares que crie uma história usando marionetes. Esta técnica, originalmente usada na ludoterapia, visa a salientar conflitos e alianças. De fato, sua utilidade provavelmente se limita ao trabalho com crianças. A maioria dos adultos reluta em expressar algo pessoal por um meio tão infantil. Até uma criança de 8 anos sabe o que está acontecendo quando o terapeuta diz "Conte-me uma história".

O **desempenho de papel** é outro expediente muito apreciado. Seu uso baseia-se na premissa de que a experiência, para ser real, precisa ser trazida à vida no presente. A lembrança de acontecimentos passados e a consideração de eventos futuros esperados ou temidos podem ser tornadas mais imediatas dramatizando-se a situação na imediação da sessão. Kempler (1968) encorajava os pais a fantasiarem e dramatizarem cenas da infância. Uma mãe poderia ser solicitada a dramatizar o que acontecia quando ela era garotinha, ou um pai poderia se imaginar como um menino aprisionado no mesmo dilema do filho.

Quando alguém ausente é mencionado, o terapeuta pode introduzir a *técnica da cadeira vazia*, da Gestalt (Kempler, 1973). Se uma criança fala sobre seu avô, podemos pedir a ela que fale com uma cadeira que personifica o avô. Whitaker (1975) empregava uma técnica semelhante de desempenho de papel, que ele chamava de "psicoterapia do absurdo". Isso consiste em exagerar a qualidade insensata da resposta de um paciente até o ponto do absurdo. Em geral é como tirar a máscara de alguém, conforme o seguinte exemplo ilustra:

Paciente: Eu não suporto o meu marido!
Terapeuta: Por que você não se livra dele ou arranja um namorado?

Às vezes, isso assume a forma de uma troça sarcástica, como imitar exageradamente em resposta a uma criança importuna. A esperança é que o paciente adquira uma distância objetiva ao participar do distanciamento do terapeuta; o perigo é que ele se sinta magoado por ter sido objeto de zombaria.

Essas técnicas se mostraram úteis na terapia individual (Nichols e Zax, 1977) para intensificar a experiência emocional ao focalizar lembranças e atuar reações reprimidas. É ainda questionável se esses expedientes são necessários na terapia familiar. No tratamento individual, os pacientes estão isolados das figuras significativas de sua vida, e a dramatização pode ser útil para aproximar o estar com essas pessoas. No entanto, como a terapia familiar é realizada com as pessoas significativas presentes, parece duvidoso que o desempenho de papel ou outros meios de fantasia sejam necessários. Se o que queremos é ação emocional, isso é o que não falta: basta abrir o diálogo entre os membros da família.

❖ ❖ ❖

Duas abordagens emotivas recentes à terapia familiar, que representam um entendimento mais sofisticado da dinâmica familiar, são a terapia de casal com foco na emoção e o modelo sistêmico familiar interno.

Terapia de casal focada na emoção

A terapia de casal focada na emoção funciona em dois níveis sucessivos – descobrir a mágoa e o anseio que estão por trás de expressões defensivas de raiva e retraimento e depois ajudar o casal a compreender como esses sentimentos agem em seu relacionamento. Para começar, o terapeuta reconhece os sentimentos imediatos de cada cliente – mágoa e raiva, digamos – para que se sintam compreendidos (Johnson, 1998).

Estudo de caso

"Você está ficando cada vez mais zangada. Incomoda você ouvir o Will retratar-se como inocente, não é?"

Ao interromper uma briga do casal e refletir sobre o que cada um está sentindo, a terapeuta desarma a hostilidade e os ajuda a se concentrarem em sua experiência, e não nos crimes um do outro. Então, para explorar as percepções que estão por trás das reações emocionais do parceiro, a terapeuta pede uma descrição do que acontece em casa.

"Oh, então uma parte de você acredita nele, mas outra parte desconfia?"
"Uma parte de você está observando e esperando que ele a magoe?"
"Você pode me falar sobre a parte que acredita que ele está sendo honesto?"

A seguir, a terapeuta aponta como as emoções do casal os levam a ciclos de polarização cada vez mais intensa.

O ciclo foi assim formulado: Will se protege ficando distante e evitando a raiva de Nancy; ela, ficando vigilante e tentando evitar ser traída novamente. Quanto mais insegura e desconfiada ela fica, mais Will se sente impotente e se distancia. Quanto mais ele se distancia, mais ela se sente traída e mais raivosa fica. Ambos foram enquadrados como vítimas do ciclo, que eu continuamente formulei como um problema comum com o qual os parceiros precisam se ajudar. (Johnson, 1998, p. 457-458)

A crescente consciência do casal de como sua reatividade emocional frustra seus anseios monta o cenário para descobrir e expressar as emoções profundas que estão por trás de suas brigas. A expressão catártica resultante pos-

O foco de Susan Johnson nos anseios emocionais pode ser visto como um antídoto para a atual preocupação do campo com a cognição.

sibilita que o casal aprofunde o entendimento do seu padrão destrutivo mútuo, e este processo circular continua a ser explorado no processo da elaboração.

A teoria do apego ajuda o terapeuta de casal emocionalmente focado a identificar as questões que são remexidas quando o casal fala sobre suas mágoas e sobre seus anseios.

"Talvez você se sinta como se ninguém a amasse realmente."
"Você se sente impotente e sozinho, não é?"

O impacto dessa evocação emocional é intensificado pelo fato de que o parceiro está presente para ser tratado desta maneira nova e mais "cheia de sentimentos".

"Então, você pode dizer isso a ela?"

O objetivo fundamental deste trabalho é fazer com que os parceiros se arrisquem a ficar vulneráveis um para o outro, ao reconhecer e expressar suas necessidades de apego.

"Só você pode enfrentar seu medo e decidir se arriscar a confiar no Will. Ele não pode fazer isso, pode? A única pessoa que pode abandonar as suas defesas e se arriscar a confiar nele é você, não é?"
"Qual é a pior coisa que poderia acontecer?"

Novamente, trabalhar junto com o casal significa que, quando um dos parceiros se arrisca a expressar suas necessidades e seus medos, o outro pode ser encorajado a responder.

"O que acontece com você, Will, quando escuta isso?"

A resposta a essa pergunta, evidentemente, será muito diferente depois que os parceiros baixarem a guarda e começarem a conversar sobre o que temem e o que realmente querem um do outro.

O terapeuta de casal emocionalmente focado enquadra as experiências dos membros da família em termos de privação, isolamento e perda de conexão segura. Esta perspectiva, da teoria do apego, ajuda os familiares a focalizarem seus anseios, e não os defeitos e falhas. O processo da intervenção terapêutica foi descrito em nove etapas de tratamento (Johnson, Hunsley, Greenberg e Schindler, 1999):

1. Avaliar – criar uma aliança e explicar as questões centrais do conflito do casal utilizando a teoria do apego
2. Identificar o ciclo de interação problemático que mantém a insegurança do apego e o sofrimento no relacionamento
3. Descobrir as emoções não-reconhecidas que estão por trás das posições interacionais
4. Reenquadrar o problema em termos de um ciclo problemático com emoções e necessidades de apego subjacentes
5. Encorajar a aceitação e a expressão de necessidades e aspectos do *self* não-assumidos
6. Encorajar a aceitação da nova abertura do parceiro
7. Incentivar a expressão de necessidades e desejos específicos e criar um engajamento íntimo, emocional
8. Facilitar novas soluções para questões não-resolvidas do relacionamento
9. Consolidar novas posições e a expressão mais honesta das necessidades de apego

Em todos estes passos, o terapeuta se alterna entre ajudar os parceiros a descobrir e expressar sua experiência emocional e ajudá-los a reorganizar o padrão de suas interações. Por exemplo:

> O terapeuta poderia, então, ajudar primeiro o cônjuge distanciado, reservado, a formular o sentimento de impotência paralisada que alimenta seu distanciamento. O terapeuta validará este sentimento de impotência ao colocá-lo no contexto do ciclo destrutivo que domina o relacionamento. O terapeuta vai salientar essa experiência na sessão e depois ajudar a parceira a escutá-la e a aceitá-la, mesmo que isso seja muito diferente da maneira pela qual ela habitualmente experiencia o marido. Por fim, o terapeuta passa a estruturar uma interação em torno dessa impotência, como: "Agora você pode se virar para ela e dizer 'Eu me sinto tão impotente e derrotado. Eu só tenho vontade de fugir e me esconder'". Este tipo de afirmação, em e por si mesma, representa um afastamento do distanciamento passivo e é o começo de um engajamento emocional ativo. (Johnson, Hunsley, Greenberg e Schindler, p. 70)

Terapia familiar sistêmica interna

No modelo familiar sistêmico interno (Schwartz, 1995), vozes internas conflitantes são personificadas como subpersonalidades ou "partes". O que torna este um esquema tão forte é que, embora com freqüência haja desavenças entre os familiares do cliente, seus conflitos muitas vezes baseiam-se em polarizações de parte do que eles sentem. A verdade é que as pessoas em conflito umas com as outras geralmente também estão em conflito consigo mesmas.

O desafio da adolescente e a desconfiança dos pais são apenas um aspecto dos complexos sentimentos que eles nutrem um pelos outros. Escolhendo um exemplo diferente, o casal aprisionado em um padrão perseguidor-distanciador pode atuar apenas nos papéis que morrem de medo de abandono e engolfamento. Ao dramatizar os elementos de seus conflitos internos, a terapia sistêmica familiar interna ajuda os membros da família a identificarem seus sentimentos e se reconectarem de maneira menos polarizada.

Para ajudar os clientes a distinguir entre suas vozes interiores conflitantes, Schwartz começa introduzindo a linguagem das partes.

Estudo de caso

"Então, existe uma parte sua que fica chateada e zangada quando seu filho se deprime e se desvaloriza. Você acha que, se essa parte não fosse tão sensível, seria mais fácil para você ajudá-lo?"

"Parece que uma parte sua concorda com o seu marido em relação a ser mais rígida com as crianças, mas há outra parte que diz que ele é duro demais. Que segunda parte é essa? O que ela lhe diz? Do que ela tem medo?"

Ao escutar atentamente o que os clientes estão sentindo e, então, construir suas reações como oriundas de uma parte deles, o terapeuta inicia uma mudança nas polarizações familiares. É mais fácil para as pessoas reconhecer que "uma parte delas" sente – raiva, impotência, ou qualquer outra coisa – que reconhecer que "elas" (no sentido integral) têm determinado sentimento. O pai que possui dificuldade de admitir que está com raiva do filho por não ir bem na escola talvez ache mais fácil reconhecer que uma parte dele fica zangada com os fracassos do filho – e, além disso, que a parte zangada atrapalha sua parte compreensiva.

Depois de introduzir a idéia de que várias partes dos familiares reagem aos outros, em vez de verem a si mesmos como se tivessem desavenças intrínsecas, eles podem começar a ver quais partes de um acionam partes de outro. A implicação óbvia é que, se as emoções agravantes estão contidas apenas em partes deles, também existem outros sentimentos e outras possibilidades de interação.

Assim: "Então, essa parte zangada do seu pai parece acionar uma parte triste e impotente em você, não é?"

Como muitas dessas polarizações se tornam triângulos, pode ser que a parte zangada do pai também acione uma parte protetora em sua mulher.

"Então, quando você vê a parte zangada do seu marido reagir ao seu filho, isso desencadeia uma parte protetora em você? Uma parte sua sente que você precisa brigar com seu marido para proteger seu filho?"

Dessa forma, em vez de ter um filho que é um fracasso, um pai que não compreende e pais que não concordam, a família descobre que cada um deles tem dificuldade em alguns aspectos. O pai é transformado, passa de um tirano a um pai que enfrenta uma parte de frustração e zanga. Sua mulher deixa de estar basicamente em oposição a ele e, em vez disso, é vista como se tivesse uma parte protetora que é acionada pela parte zangada dele. Em vez de ser um fracasso, o filho se torna um menino com uma parte que se sente impotente diante da parte zangada do pai e do conflito dos pais.

Como todos os modelos experienciais, a terapia familiar sistêmica interna se fundamenta na crença de que, por trás das partes emocionalmente reativas das pessoas, existe um *self* sadio no âmago da personalidade. Quando o terapeuta percebe várias partes que estão assumindo o controle, ele, primeiro, pede à pessoa que as visualize e, depois, ajuda a acalmá-las. Se, por exemplo, uma parte zangada foi vista como um cachorro que rosna, essa pessoa poderia descobrir ser capaz de acalmar sua raiva aproximando-se do cachorro e afagando-o até ele se acalmar e se acomodar. Para usar outro exemplo (citado por Schwartz, 1998), se uma parte assustada fosse imaginada como uma boneca de pano, a pessoa poderia aliviar seu medo ao se visualizar pegando a boneca no colo e confortando-a. Assim, ao personificar as reações emocionais polarizadoras como partes e, depois, ao ajudar as pessoas a visualizar e tranqüilizar essas partes reativas, a terapia sistêmica familiar interna liberta as pessoas da dominação do medo e da raiva, o que, por sua vez, permite que trabalhem juntas mais efetivamente a fim de resolver problemas pessoais e familiares.

AVALIANDO A TEORIA E OS RESULTADOS DA TERAPIA

A terapia experiencial ajuda os membros da família a irem além da superfície de suas interações e explorarem os sentimentos que as impelem. Do melhor modo, esta abordagem ajuda as pessoas a abandonarem suas defesas e conviverem com maior imediação e autenticidade. Dada a ênfase da terapia familiar no comportamento e na cognição, o esforço para ajudar os clientes a descobrirem o lado sentimental de sua experiência é, com certeza, uma adição bem-vinda.

Independentemente da abordagem de terapia familiar escolhida, focalizar os indivíduos e sua experiência é uma boa maneira de romper discussões defensivas. Quando os membros da família brigam, habitualmente avançam com suas defesas. Em vez de dizerem "*Eu estou magoado*", dizem "*Você me magoou*"; em vez de admitir que estão com medo, criticam o comportamento alheio. Uma maneira efetiva de romper esta escalação contenciosa improdutiva é explorar o afeto dos participantes, um de cada vez. Ao conversarem sobre o que cada um está sentindo – e as raízes de tais sentimentos –, os familiares podem ser ajudados a ir além da defensividade que os mantém separados e a reconectar-se em um nível mais genuíno.

Todavia, exatamente como as abordagens que se concentram de todo nas famílias e em suas interações deixam algo de fora, o mesmo acontece nas abordagens que se concentram de forma excessivamente limitada nos indivíduos e em sua experiência emocional. No pico da sua popularidade, nos anos de 1970, os terapeutas experienciais tratavam a terapia familiar como se fosse um grupo de encontro para parentes. Tinham uma imensa fé no valor da experiência emocional individual e uma limitada apreciação do papel que a estrutura familiar desempenha na regulação dessa experiência. Não surpreendentemente, portanto, conforme a terapia familiar passou a focar mais a organização, a interação e a narrativa nas décadas de 1980 e 1990, o modelo experiencial perdeu o prestígio.

Como já sugerimos, uma terapia planejada principalmente para eliciar sentimentos pode ser mais adequada a grupos de encontro do que à terapia familiar. Entretanto, os modelos comportamentais e cognitivos prevalentes de terapia familiar bem poderiam dar maior atenção aos sentimentos das pessoas. Se "maior atenção aos sentimentos das pessoas" soa um tanto vago, permita-nos tornar isso mais concreto. Ajudar os membros da família a entrarem em contato com seus sentimentos faz com que duas coisas aconteçam: ajuda-os, como indivíduos, a descobrirem o que realmente pensam e sentem – o que querem e do que têm medo – e os ajuda, como família, a irem além da defensividade e começarem a se relacionar entre si de maneira mais honesta e imediata.

Duas abordagens particularmente criativas para ajudar as pessoas a entrarem em contato com a sua experiência interna são a terapia de casal com foco emocional e a terapia familiar sistêmica interna. O que separa a terapia de Johnson e Greenberg é a sua combinação de expressividade emocional e atenção à dinâmica das interações entre o casal. A terapia de casal focada na emoção começa, como todas as abordagens emotivas, eliciando e reconhecendo os sentimentos com os quais os clientes chegam – mesmo, ou especialmente, se esses sentimentos forem defensivos. Não chegaremos ao que está por trás dos sentimentos das pessoas se ignorarmos esses sentimentos.

Descobrir emoções mais profundas, mais vulneráveis, e reconhecer os padrões reativos criados por seus sentimentos cria para o casal uma experiência cognitiva significativa. Conforme Lieberman, Yalom e Miles (1973) demonstraram com grupos de encontros, uma experiência terapêutica emocionalmente intensa só tem valor duradouro quando acompanhada por um entendimento intelectual da importância dessas emoções. O único alerta que poderíamos oferecer é que as explicações são mais proveitosas após um processo emocionalmente significativo de descobrimento – isso distingue a psicoterapia de uma conversa com a sua tia Rose.

A abordagem familiar sistêmica interna de Schwartz ajuda os membros da família a conviverem com maior entendimento ao ajudá-los a identificar a própria experiência conflituosa. Personificar emoções ingovernáveis como "partes" é uma maneira poderosa de ajudar as pessoas a obterem uma distância esclarecedora de seus conflitos. Distinta da terapia emocionalmente focada, a terapia familiar sistêmica interna não se baseia em suma em explicações didáticas. Nesta abordagem, a experiência emocional é esclarecida, mas aprendendo-se a diferenciar os próprios sentimentos, em vez de usar explicações oferecidas pelo terapeuta.

Além de relatos informais de resultados bem-sucedidos (Napier e Whitaker, 1978; Duhl e Duhl, 1981) e descrições de técnicas que são efetivas para catalisar a expressão emocional dentro da sessão (Kempler, 1981), a terapia de casal emocionalmente focada também tem recebido confirmação empírica (por exemplo, Johnson e Greenberg, 1985, 1988; Johnson, Maddeaux e Blouin, 1998; Johnson, Hunsley, Greenberg e Schindler, 1999).

Recentemente, pesquisadores que estudam a efetividade das técnicas experienciais seguiram a sugestão de Mahrer (1982) de focar o processo, em vez do resultado, da terapia. Como ele acreditava que os estudos de resultado têm pouco impacto sobre os profissionais (que já "sabem" que o que fazem funciona), Mahrer recomendou que se estudasse o "resultado dentro da terapia" – isto é, quais tipos de intervenção produzem os resultados desejados (expressão emocional, comunicação mais aberta) dentro das sessões. Seguindo Mahrer (1982) e outros (Pierce, Nichols e DuBrin, 1983) que examinaram esses resultados na terapia no tratamento individual, Leslie Greenberg e Susan Johnson descobriram que ajudar um parceiro zangado e agressivo a revelar seus sentimentos mais ternos caracteriza a melhor sessão dos casos bem-sucedidos (Johnson e Greenberg, 1988) e que a auto-revelação íntima leva a sessões mais produtivas (Greenberg, Ford, Alden e Johnson, 1993).

Outrora, o sentimento e a expressão ocupavam o palco central nas terapias psicológicas; hoje, este lugar é ocupado pelo comportamento e pela cognição. Os psicoterapeutas descobriram que as pessoas pensam e agem, mas isso não significa que devemos ignorar a experiência emocional imediata, que é a principal preocupação da terapia familiar experiencial.

RESUMO

A terapia experiencial trabalha do interior para o exterior – fortalecendo as famílias ao encorajar a auto-expressão individual, revertendo a direção habitual do efeito na terapia familiar. A terapia familiar experiencial também se distingue por um comprometimento com o bem-estar emocional, em oposição à solução dos problemas. A integridade pessoal e a auto-realização são vistas como capacidades humanas inatas que surgirão espontaneamente depois que a defensividade for superada. Para desafiar o familiar e intensificar a experiência, o terapeuta utiliza sua personalidade vívida, além de uma série de técnicas expressivas.

Embora o modelo experiencial tenha perdido popularidade na década de 1980, ele está de certa forma ressurgindo, em especial no trabalho inovador da terapia de casal com foco emocional e na abordagem familiar sistêmica interna. Outrora, a idéia de que as famílias eram sistemas era tanto nova quanto controversa; atualmente, ela é a nova ortodoxia. Agora que o pêndulo andou tanto na direção do pensamento sistêmico, os indivíduos e suas alegrias e dores particulares raramente são mencionados. Com certeza, uma das maiores contribuições da terapia familiar experiencial é nos lembrar de que não devemos perder de vista o *self* no sistema.

NOTAS

1. Embora, em certo momento, a família tenha sido retratada como o inimigo da liberdade e da autenticidade (Laing e Esterson, 1970).
2. Poderíamos acrescentar que existe uma grande diferença entre tentar controlar a estrutura das sessões e tentar controlar a vida das pessoas.

LEITURAS RECOMENDADAS

Duhl, B. S., e Duhl, F. J. 1981. Integrative family therapy. In *Handbook of family therapy*, A. S. Gurman e D. P. Kniskern, eds. New York: Brunner/Mazel.

Duhl, F.J., Kantor, D., e Duhl, B. S. 1973. Learning, space and action in family therapy: A primer of sculpture. In *Techniques in family therapy*, D. A. Bloch, ed. New York: Grune & Stratton.

Greenberg, L. S., e Johnson, S. M. 1988. *Emotionally focused therapy for couples*. New York: Guilford Press.

Keith, D. V., e Whitaker, C. A. 1977. The divorce labyrinth. In *Family therapy: Full-length case studies*, P. Papp, ed. New York: Gardner Press.

Laing, R. D., e Esterson, A. 1970. *Sanity, madness and the family*. Baltimore: Penguin Books.

Napier, A. Y., e Whitaker, C. A. 1978. *The family crucible*. New York: Harper & Row.

Neill, J. R., e Kniskern, D. P., eds.1982. *From psyche to system: The evolving therapy of Carl Whitaker.* New York: Guilford Press.

Satir, V. M. 1988. *The new people making.* Palo Alto, CA: Science and Behavior Books.

Satir, V. M., e Baldwin, M. 1983. *Satir step by step: A guide to creating change in families.* Palo Alto, CA: Science and Behavior Books.

Schwartz, R. C. 1995. *Internal family systems therapy,* New York: Guilford Press.

Schwartz, R. C. 1998. Internal family systems therapy. In *Case studies in couple and family therapy,* F. M. Dattilio ed. New York: Guilford Press.

Whitaker, C. A., e Bumberry, W. M. 1988. *Dancing with the family: A symbolic experiential approach.* New York: Brunner/Mazel.

Whitaker, C. A., e Keith, D. V. 1981. Symbolic-experiential family therapy. In *Handbook of family therapy,* A. S. Gurman e D. P. Kniskern, eds. New York: Brunner/Mazel.

REFERÊNCIAS

Andreas, S. 1991. *Virginia Satir: The patterns of her magic.* Palo Alto, CA: Science and Behavior Books.

Bing, E. 1970. The conjoint family drawing. *Family Process. 9*, p. 173-194.

Binswanger, L. 1967. Being-in-the-world. In *Selected papers of Ludwig Binswanger,* J. Needleman, ed. New York: Harper Torchbooks.

Boss, M. 1963. *Psychoanalysis and daseinanalysts.* New York: Basic Books.

Bowlby, J. 1969. *Attachment and loss: Vol. 1. Attachment.* New York: Basic Books.

Bowlby, J. 1988. *A secure base.* New York: Basic Books.

Collins, N. L., e Read, S. J. 1994. Cognitive representations of attachment: The structure and function of working models. In *Attachment processes in adulthood,* K. Bartholomew e D. Perlman, eds. London: Jessica Kingsley.

Duhl, B. S., e Duhl, F. J. 1981. Integrative family therapy. In *Handbook of family therapy,* A. S. Gurman e D. P. Kniskern, eds. New York: Brunner/Mazel.

Duhl, F. J., Kantor D., e Duhl, B. S. 1973. Learning, space and action in family therapy: A primer of sculpture. In *Techniques of family psychotherapy,* D. A. Bloch, ed. New York: Grune & Stratton.

Geddes, M., e Medway, J. 1977. The symbolic drawing of family life space. *Family Process. 16,* p. 219-228.

Gehrke, S., e Kirschenbaum, M. 1967. Survival patterns in conjoint family therapy. *Family Process. 6,* p. 67-80.

Greenberg, L. S., Ford, C. L., Alden, L., e Johnson, S. M. 1993. In-session change in emotionally focused therapy. *Journal of Consulting and Clinical Psychology. 61,* p. 78-84.

Greenberg, L. S., e Johnson, S. M. 1985. Emotionally focused couple therapy: An affective systemic approach. In *Handbook of family and marital therapy,* N. S. Jacobson e A. S. Gurman, eds. New York: Guilford Press.

Greenberg, L. S., e Johnson, S. M. 1986. Affect in marital therapy. *Journal of Marital and Family Therapy. 12,* p. 1-10.

Greenberg, L. S., e Johnson, S. M. 1988. *Emotionally focused therapy for couples.* New York: Guilford Press.

Irwin, E., e Malloy, E. 1975. Family puppet interview. *Family Process. 14,* p. 179-191.

Johnson, S. M. 1998. Emotionally focused couple therapy. In *Case studies in couple and family therapy,* F. M. Dattilio, ed. New York: Guilford Press.

Johnson, S. M., e Greenberg, L. S. 1985. Emotionally focused couples therapy: An outcome study. *Journal of Marital and Family Therapy. 11,* p. 313-317.

Johnson, S. M., e Greenberg, L. S. 1988. Relating process to outcome in marital therapy. *Journal of Marital and Family Therapy. 14,* p. 175-183.

Johnson, S. M., Hunsley, J., Greenberg, L., e Schindler, D. 1999. Emotionally focused couples therapy: Status and challenges. *Clinical Psychology: Science and Practice. 6,* p. 67-79.

Johnson, S. M., Maddeaux, C., e Blouin, J. 1998. Emotionally focused therapy for bulimia: Changing attachment patterns. *Psychotherapy. 35,* p. 238-247.

Kaplan, M. L., e Kaplan, N. R. 1978. Individual and family growth: A Gestalt approach. *Family Process. 17,* p. 195-205.

Kempler, W. 1968. Experiential psychotherapy with families. *Family Process. 7,* p. 88-89.

Kempler, W. 1973. *Principles of Gestalt family therapy.* Oslo: Nordahls.

Kempler, W. 1981. *Experiential psychotherapy with families.* New York: Brunner/Mazel.

Kwiatkowska, H. Y. 1967. Family art therapy. *Family Process. 6,* p. 37-55.

Laing, R. D. 1967. *The politics of experience.* New York: Ballantine.

Laing, R. D., e Esterson, A. 1970. *Sanity, madness and the family.* Baltimore, MD: Penguin Books.

Lieberman, M.A., Yalom, I.D., e Miles, M.B. 1973. *Encounter groups: First facts.* New York: Basic Books.

Mahrer, A. R. 1982. *Experiential psychotherapy: Basic practices.* New York: Brunner/Mazel.

Malone, T., Whitaker, C. A., Warkentin, J., e Felder, R. 1961. Rational and nonrational psychotherapy. *American Journal of Psychotherapy. 15*, p. 21- 220.

Marcuse, H. 1955. *Eros and civilization.* New York: Beacon Press.

Napier, A. Y. 1977. Follow-uptodivorce labyrinth, In *Family therapy: Full-length case studies,* P. Papp, ed. New York: Gardner Press.

Napier, A. Y., e Whitaker, C. A. 1978.*The family crucible.* New York: Harper & Row.

Nichols, M. P., e Zax, M. 1977. *Catharsis in psychotherapy.* New York: Gardner Press.

Pierce, R., Nichols, M. P., e DuBrin, J. 1983. *Emotional expression in psychotherapy.* New York: Gardner Press.

Rogers, C. R. 1951. *Client-centered therapy.* Boston: Houghton Mifflin.

Satir, V. M. 1964. *Conjoint family therapy.* Palo Alto, CA: Science and Behavior Books.

Satir, V. M. 1972. *Peoplemaking.* Palo Alto, CA: Science and Behavior Books.

Satir, V. M., e Baldwin, M. 198 3. *Satir step by step: A guide to creating change in families.* Palo Alto, CA: Science and Behavior Books.

Schwartz, R. C. 1995. *Internal family systems therapy.* New York: Guilford Press.

Schwartz, R. C. 1998. Internal family systems therapy. In *Case studies in couple and family therapy,* F. M. Dattilio, ed. New York: Guilford Press.

Simon, R. 1989. Reaching out to life: An interview with Virginia Satir. *The Family Therapy Networkel: 13*(1), p. 36-43.

Sullivan, H. S. 1953. *The interpersonal theory of psychiatry.* New York: Norton.

Whitaker, C. A. 1958. Psychotherapy with couples. *American Journal of Psychotherapy. 12*, p. 18-23.

Whitaker, C. A. 1967. The growing edge. In *Techniques of family therapy,* J. Haley e L. Hoffman, eds. New York: Basic Books.

Whitaker, C. A. 1975. Psychotherapy of the absurd: With a special emphasis on the psychotherapy of aggression. *Family Process. 14*, p. 1-16.

Whitaker, C. A. 1976a. The hindrance of theory in clinical work. In *Family therapy: Theory and practice,* P. J. Guerin, ed. New York: Gardner Press.

Whitaker, C. A. 1976b. A family is a four-dimensional relationship. In *Family therapy: Theory and practice,* P. J. Guerin, ed. New York: Gardner Press.

Whitaker, C. A., e Keith, D. V. 1981. Symbolic-experiential family therapy. In *Handbook of family therapy,* A. S. Gurman and D. P. Kniskern, eds. New York: Brunner/Mazel.

Whitaker, C. A., e Malone, T. P. 1953. *The roots of psychotherapy.* New York: Blakiston.

Whitaker, C. A., Warkentin, J., e Malone, T. P. 1959. The involvement of the professional therapist. In *Case studies in counseling and psychotherapy,* A. Burton, ed. Englewood Cliffs, NJ: Prentice Hall.

9
Terapia familiar psicanalítica

Redescobrindo a psicodinâmica

Muitos dos pioneiros da terapia familiar, inclusive Nathan Ackerman, Murray Bowen, Ivan Boszormenyi-Nagy, Carl Whitaker, Don Jackson e Salvador Minuchin, tinham formação psicanalítica. No entanto, com o zeloso entusiasmo dos convertidos, eles se afastaram do antigo – a psicodinâmica – e buscaram o novo – a dinâmica dos sistemas. Alguns, como Jackson e Minuchin, realmente deixaram para trás suas raízes psicanalíticas. Outros, como Bowen e Nagy, mantiveram uma influência analítica distinta em seu trabalho.

Nas décadas de 1960 e 1970, a terapia familiar acompanhou Jackson e Minuchin não apenas ao ignorar o pensamento psicanalítico, mas também ao denegri-lo. Jackson (1967) chegou a declarar a morte do indivíduo, e Minuchin (1989) proclamou que "Compreendemos que o indivíduo descontextualizado era um monstro mítico, uma ilusão criada por antolhos psicodinâmicos".

Então, na década de 1980, ocorreu uma mudança surpreendente: os terapeutas familiares demonstraram renovado interesse pela psicologia do indivíduo. Este renascimento refletia mudanças na psicanálise – do individualismo da teoria freudiana para as teorias mais orientadas ao relacionamento, como a teoria das relações objetais e a psicologia do *self* – assim como mudanças na própria terapia familiar, em particular a insatisfação com os elementos mecanicistas do modelo cibernético. Entre os livros que defendiam o restabelecimento de relações amigáveis com a psicanálise estavam: *Object relations: a dinamic bridge between individual and family treatment* (Slipp, 1984), *Object relations family therapy* (Scharff e Scharff, 1987) e *The self in the system* (Nichols, 1987).

A razão para essas vozes psicodinâmicas encontrarem uma audiência receptiva foi que, apesar de terem descoberto grandes verdades sobre as interações sistêmicas, muitos terapeutas familiares acreditavam que seria um erro dar as costas à psicologia profunda. Quem não foge da autoconsciência sabe que a vida interior está cheia de conflito e confusão, e que a maior parte nunca é expressa. Embora os terapeutas sistêmicos tenham focado a expressão exterior desta vida interna – comunicação e interação familiar –, os terapeutas psicanalíticos sondavam por trás dos diálogos familiares a fim de explorar os medos e anseios privados de cada membro da família.

ESBOÇO DE FIGURAS ORIENTADORAS

Freud estava interessado na família, mas a via como um negócio antigo – o lugar onde as pessoas aprendiam medos neuróticos, em vez de como o contexto contemporâneo os mantinha. Diante de um fóbico Pequeno Hans, Freud (1909) estava mais interessado em analisar o complexo de Édipo do menino do que em tentar compreender o que estava acontecendo em sua família.

Psiquiatras infantis que começaram a analisar mães e filhos fizeram avanços importantes no entendimento da dinâmica familiar (Burlingham, 1951). Um exemplo dos frutos desses estudos é a explicação de Adelaide

Johnson (Johnson e Szurek, 1952) das *lacunas de superego*, lacunas na moralidade pessoal transmitidas por pais que fazem coisas como dizer aos filhos que mintam sobre sua idade para economizar alguns dólares no cinema.

Depois, a análise concomitante de casais revelou a família como um grupo de sistemas interligados, intrapsíquicos (Oberndorf, 1938; Mittlemann, 1948). Esta noção de psiques interligadas continua a ser uma característica importante da visão psicanalítica das famílias (Sander, 1989). A maioria dos terapeutas familiares vê a família como uma unidade, mas os terapeutas psicanalíticos estão menos preocupados com o funcionamento do todo do que com os mundos internos dos membros da família e os passados que lhes deram forma.

Dos anos de 1930 a 1950, os pesquisadores psicanalíticos passaram a se interessar mais pela família contemporânea. Erik Erikson explorou as dimensões sociológicas da psicologia do ego. As observações de Erich Fromm sobre a luta pela individualidade prenunciaram o trabalho de Bowen sobre a diferenciação do *self*. A teoria interpessoal de Harry Stack Sullivan enfatizou o papel da mãe na transmissão da ansiedade para os filhos.

Na década de 1950, a psicanálise americana foi dominada pela psicologia do ego (que focaliza as estruturas intrapsíquicas), enquanto a teoria das relações objetais (que se empresta à análise interpessoal) florescia a um oceano de distância, na Grã-Bretanha. Na década de 1940, Henry Dicks (1963) criou a Family Psychiatric Unit na Tavistock Clinic, na Inglaterra, onde equipes de assistentes sociais tentavam harmonizar casais encaminhados pelos tribunais de divórcio. Nos anos de 1960, Dicks (1967) aplicava a teoria das relações objetais ao entendimento e tratamento dos conflitos conjugais. Seu clássico texto, *Marital tensions* (Dicks, 1967), ainda é um dos livros mais profundos e úteis jamais escritos sobre a vida interior dos casais.

Enquanto isso, os psicanalistas que ajudaram a criar a terapia familiar afastavam-se da psicodinâmica, e a influência analítica em seu trabalho era deliberadamente silenciada. A exceção era Nathan Ackerman, que, de todos os pioneiros, foi o que se manteve mais fiel à psicanálise. Alunos, entre eles Salvador Minuchin, afluíam para Nova York a fim de observar esse terapeuta magistral em ação.

Edith Jacobson (1954) e Harry Stack Sullivan (1953) ajudaram a levar a psiquiatria americana a um ponto de vista interpessoal. Menos conhecido, mas mais importante para o desenvolvimento da terapia familiar, foi o trabalho executado no National Institute of Mental Health (NIMH). Quando o NIMH abriu, em 1953, Irving Ryckoff veio de Chestnut Lodge, onde trabalhava com esquizofrênicos, para desenvolver um projeto de pesquisa sobre famílias de esquizofrênicos, sob a liderança de Robert Cohen. Este grupo introduziu conceitos como *pseudomutualidade* (Wynne, Ryckoff, Day e Hirsch, 1958), *intercâmbios de dissociações* (Wynne, 1965) e *delineações* (Shapiro, 1968). No entanto, a sua contribuição mais importante talvez tenha sido a aplicação da *identificação projetiva* (de Melanie Klein) aos relacionamentos familiares.

Na década de 1960, Ryckoff e Wynne inauguraram um curso de dinâmica familiar na Washington School of Psychiatry, que levou a um programa de formação em terapia familiar. A eles se reuniram Shapiro, Zinner e Robert Winer. Em 1975, recrutaram Jill Savege (agora Scharff) e David Scharff. Em meados da década de 1980, a Washington School of Psychiatry, sob a direção de David Scharff, tornou-se

Jill e David Scharff são expoentes importantes da terapia familiar das relações objetais.

um centro importante de terapia familiar psicanalítica. Os Scharff saíram em 1994 para criar seu próprio instituto.

Entre outros que incorporaram a teoria psicanalítica à terapia familiar estão Helm Stierlin (1977), Robin Skynner (1976), William Meissner (1978), Arnon Bentovim e Warren Kinston (1991), Fred Sander (1979, 1989), Samuel Slipp (1984, 1988), Michael Nichols (1987), Nathan Epstein, Henry Grunebaum e Clifford Sager.

FORMULAÇÕES TEÓRICAS

A essência do tratamento psicanalítico é descobrir e interpretar impulsos inconscientes e defesas contra eles. Não é uma questão de analisar indivíduos em vez de interações familiares: é saber onde olhar para descobrir os desejos e medos básicos que impedem esses indivíduos de interagir de maneira madura. Considere o caso de Carl e Peggy.[1]

Como atores, talvez nos levemos a sério demais; como observadores, não levamos outras pessoas suficientemente a sério. Como terapeutas familiares, vemos as ações de nossos clientes como produto de suas interações. Sim, as pessoas são conectadas, mas essa conexão não deve obscurecer o fato de que a natureza de suas interações é parcialmente ditada por uma organização psíquica de profundidade e complexidade insuspeitadas.

Estudo de caso

Por que Carl não podia (não queria) parar de bater na sua mulher? O fato de ela provocá-lo, na verdade, não explica nada. Nem todo marido que é provocado bate na esposa. Olhando para trás, a terapeuta lembrou como Carl costumava dizer, com exagerada preocupação: "Eu *preciso* controlar o meu temperamento!" Recordou quão dramaticamente ele descrevia suas explosões intimidadoras e o medo da esposa, e que, quando Peggy falava sobre a brutalidade de Carl, havia uma insinuação de sorriso em seu rosto. Essas indicações de uma qualidade proposital, motivada, no abuso de Carl poderiam ser descritas no jargão da psicodinâmica, que, sendo estrangeiro, faria com que algumas pessoas o descartassem como relíquia de um pensamento superado. A linguagem psicodinâmica poderia sugerir que o inconsciente de Carl era responsável por ele abusar da esposa; ele ficava impotente diante de seus conflitos internos.

A teoria psicodinâmica pode ser útil para compreendermos o *self* no sistema, mas não é necessário sermos extremamente técnicos. Se fôssemos escrever uma narrativa dramática sobre Carl, poderíamos dizer que ele estava desvirtuando, até para ele próprio, seus sentimentos e suas intenções. Ele enganava a esposa, a si mesmo e a terapeuta. Carl, que se vê preocupado com seu "temperamento" (sua versão de uma agência não-humana), na verdade está satisfeito com seu poder de intimidar a esposa, e com a "virilidade" que isso sugere. Esta explicação não substitui a interacional, apenas a complica. Os ataques de Carl eram desencadeados pelas interações do casal, mas eram impulsionados por suas inseguranças não-reconhecidas. Conhecer os motivos por trás de seu comportamento nos permite ajudar Carl a compreender que ele bate na mulher como compensação por se sentir frágil, e ajudá-lo a encontrar alguma outra maneira de se sentir mais poderoso. Enquanto os terapeutas permanecerem no nível comportamental simples de interação, em certo número de seus casos, eles não farão grandes avanços.

Estudo de caso

Sempre que Peggy falava com Carl sobre o relacionamento deles, ela ficava chateada e começava a criticar. Carl, sentindo-se atacado, submetia-se, assustado. Quanto mais Peggy se queixava, mais silencioso Carl ficava. Só depois de suportar as tiradas dela por vários minutos é que Carl se enraivecia e começava a gritar com ela. Em resultado, Peggy conseguia o oposto do que estava querendo. Em vez de compreender as preocupações dela, Carl sentia-se ameaçado e se retraía. Quando isso não funcionava, ele perdia o controle. Em casa, ele às vezes dava um tapa nela.

A terapeuta primeiro concentrou-se em interromper esse ciclo e depois em ajudar os dois a enxergarem o padrão, para que pudessem prevenir sua recorrência. Infelizmente, embora Carl e Peggy aprendessem a se relacionar de modo mais efetivo no consultório da terapeuta, em casa eles esqueciam. Semana após semana era a mesma história. Conseguiram escutar um ao outro nas sessões, mas pelo menos uma vez por mês perdiam o controle em casa. Por fim, quando ficaram desanimados a ponto de abandonar a terapia, a terapeuta decidiu que eles simplesmente não estavam motivados o suficiente para fazer as mudanças necessárias.

Reconhecer que as pessoas são mais complicadas do que bolas de bilhar significa que nós, às vezes, temos de mergulhar mais fundo em suas experiências. A teoria psicanalítica se torna tão complexa quando entramos nos aspectos específicos que é fácil se perder. Aqui está o básico.

A psicologia freudiana da pulsão

No âmago da natureza humana, segundo Freud, estão as pulsões – sexuais e agressivas. O conflito mental surge quando as crianças aprendem, e aprendem erroneamente, que agir em função desses impulsos pode levar à punição. O conflito resultante é sinalizado por afetos desagradáveis: a ansiedade é desprazer associado à idéia (em geral inconsciente) de que seremos punidos por agir em função de um determinado impulso – por exemplo, a raiva que somos tentados a expressar pode fazer com que nosso parceiro deixe de nos amar. A depressão é desprazer mais a idéia (em geral inconsciente) de que a calamidade temida *já aconteceu* – por exemplo, a raiva que sentimos de nossa mãe há muito tempo fez com que ela deixasse de nos amar; de fato, ninguém nos ama.

O equilíbrio do conflito pode ser alterado por uma de duas maneiras: podemos fortalecer as defesas contra os próprios impulsos ou relaxá-las para permitir certa gratificação.

A psicologia do *self*

A essência da **psicologia do *self*** (Kohut, 1971, 1977) é que todo ser humano anseia ser apreciado. Se, quando somos jovens, nossos pais demonstram sua apreciação, internalizamos essa aceitação na forma de uma personalidade forte, autoconfiante. Contudo, na extensão em que nossos pais são apáticos, não-responsivos ou retraídos, nosso anseio por apreciação é mantido de uma maneira arcaica. Quando adultos, nós alternadamente suprimimos o desejo de atenção e então permitimos que ele irrompa sempre que estamos na presença de uma audiência receptiva.

A criança que teve a sorte suficiente de crescer com pais apreciativos será segura, capaz de se manter sozinha no centro da iniciativa, e capaz de amar. A criança infeliz, privada da afirmação amorosa, seguirá pela vida ansiando pela atenção que lhe foi negada.

A teoria das relações objetais

A psicanálise é o estudo do indivíduo e de seus motivos mais profundos (pulsões e a necessidade de apego); a terapia familiar é o estudo dos relacionamentos sociais. A ponte entre elas é a **teoria das relações objetais.** Embora os detalhes da teoria das relações objetais possam ser complicados, sua essência é simples: nós nos relacionamos com os outros com base em expectativas criadas pelas experiências iniciais. O resíduo desses relacionamentos iniciais deixa como legado **objetos internos** – imagens mentais do *self* e dos outros, construídas por experiências e expectativas.

O foco original de Freud eram os apetites corporais, especialmente o sexo. Embora esses apetites possam envolver outras pessoas, eles são primariamente biológicos; os relacionamentos são secundários. O sexo não pode ser divorciado das relações objetais, mas as relações sexuais podem ser mais físicas do que pessoais. Isso é menos verdade no que se refere à agressão (pela qual Freud se interessou posteriormente), porque a agressão não é um apetite orgânico. Conforme Guntrip (1971) colocou, a agressão é uma reação pessoal a "más" relações objetais. Portanto, conforme o interesse de Freud mudou do sexo para a agressão, o lado interpessoal de seu pensamento ficou em primeiro plano.

Melanie Klein combinou os conceitos psicobiológicos de Freud com seus brilhantes *insights* sobre a vida mental das crianças para desenvolver um pensamento objeto-relacional. A teoria de Klein (Segal, 1964) originou-se de suas observações do relacionamento do bebê com seu primeiro objeto significativo, a saber, a mãe. Segundo Klein, o bebê não forma impressões sobre a mãe baseado unicamente na experiência real, mas, em vez disso, peneira a experiência por meio de uma rica vida de fantasia.

Klein foi criticada por não seguir suas próprias observações até a sua conclusão lógica – isto é, que as relações objetais são mais relevantes do que os instintos para o desenvolvimento da personalidade. Ronald Fairbairn foi mais longe na direção das relações objetais e afastou-se da psicologia da pulsão. Sua versão radical da teoria das relações objetais redefiniu o ego como buscando um objeto e diminuiu a importância do papel dos instintos – fazer amor é mais importante do que o sexo.

Já que as relações objetais se desenvolvem a partir das primeiras e mais primitivas formas de interação interpessoal, não surpreende que os maiores avanços neste campo tenham sido feitos por pessoas como Klein e Fairbairn, que trataram crianças pequenas e adultos perturbados. Nos anos de 1930 e 1940, baseado em seu trabalho com pacientes esquizóides, Fairbairn (1952) elaborou o conceito de *cisão*. Freud, originalmente, descreveu a cisão como um mecanismo de defesa do ego; ele a definiu como a coexistência vitalícia de duas posições contraditórias que não se influenciam mutuamente.

A visão de Fairbairn da cisão é que o ego se divide em duas estruturas que contêm (a) parte do ego, (b) parte do objeto e (c) o afeto associado ao relacionamento. O objeto externo é experienciado em uma de três maneiras: (1) um objeto ideal, que leva à satisfação; (2) um objeto rejeitador, que leva à raiva, ou (3) um objeto excitante, que leva ao anseio. Em resultado de objetos cindidos internalizados, a estrutura de ego é: (1) um *ego central*, consciente, adaptável, satisfeito com seu objeto ideal; (2) um *ego rejeitador*, inconsciente, inflexível, frustrado por seu objeto rejeitador; ou (3) um *ego excitante*, inconsciente, inflexível, sempre ansiando por um objeto tentador, mas insatisfatório. Na medida em que a cisão não é resolvida, as relações objetais retêm uma espécie de qualidade "totalmente boa" ou "totalmente má".

Em suas observações de bebês e crianças pequenas, Rene Spitz e John Bowlby enfatizaram a profunda necessidade da criança de **apego** a um objeto único e constante. Se essa necessidade for negada, o resultado é a *depressão anaclítica* (Spitz e Wolf, 1946), um afastar-se do mundo e retrair-se na apatia. Segundo Bowlby (1969), o apego não é simplesmente um fenômeno secundário, resultante de ser alimentado, mas uma necessidade básica em todas as criaturas. Aqueles que não têm essa experiência ficam vulneráveis mesmo à menor falta de apoio, e podem se tornar cronicamente dependentes ou isolados. Isso, em termos psicanalíticos, explica a gênese dos relacionamentos *emaranhados* ou *desligados*.

Margaret Mahler observou crianças pequenas e descreveu um processo de **separação-individuação**. Após um período inicial de fusão total, a criança inicia um processo gradual de separação da mãe, progressivamente renunciando à fusão simbiótica com ela. O resultado de uma separação e individuação bem-sucedidas é um *self* bastante diferenciado (Mahler, Pine e Bergman, 1975). O fracasso em conseguir a individuação solapa o desenvolvimento de uma identidade diferenciada, resultando em apegos emocionais excessivamente intensos. Dependendo da gravidade do fracasso em se separar, podem surgir crises quando a criança atinge a idade escolar, entra na adolescência ou se prepara para sair de casa, já adulta.

A mudança das pulsões para as relações objetais também pode ser vista na psiquiatria interpessoal de Harry Stack Sullivan (1953), que enfatizou a importância das primeiras

Os psicanalistas vêem as primeiras experiências infantis como a explicação de problemas posteriores nos relacionamentos.

interações mãe-criança. Quando a mãe é carinhosa e nutridora, a criança se sente bem; quando a mãe rejeita ou frustra a necessidade de ternura da criança, ela se sente mal; e quando a criança é exposta à extrema dor ou frustração, ela dissocia para escapar à ansiedade que, de outra forma, seria intolerável. Essas experiências criam os autodinamismos: *eu bom, eu mau* e *não eu*, os quais, então, tornam-se parte da resposta da pessoa às futuras situações interpessoais.

O mundo interno das relações objetais nunca corresponde exatamente ao mundo verdadeiro das pessoas reais. É uma aproximação, fortemente influenciada pelas primeiras imagens objetais, introjeções e identificações. Este mundo interno gradualmente amadurece e se desenvolve, tornando-se progressivamente sintetizado e mais próximo da realidade. A capacidade interna do indivíduo de lidar com conflito e fracasso está relacionada à profundidade e maturidade do mundo interno de relações objetais. A confiança em si mesmo e na bondade dos outros baseia-se na confirmação do amor de objetos bons internalizados.

DESENVOLVIMENTO FAMILIAR NORMAL

A criança não amadurece em sublime indiferença ao mundo interpessoal. Desde o início, nós precisamos de um ambiente facilitador para podermos progredir. Este ambiente não precisa ser ideal: basta um *ambiente com expectativas médias* com uma *maternagem suficientemente boa* (Winnicott, 1965a). A capacidade dos pais de oferecerem segurança para o ego em desenvolvimento do bebê depende de eles próprios se sentirem seguros. Para começar, a mãe precisa ser suficientemente segura para canalizar sua energia em cuidados com seu bebê. Seu interesse por si mesma e por seu casamento diminui, e ela se concentra no bebê.

O apego inicial entre a mãe e a criança se mostrou um aspecto crucial do desenvolvimento sadio (Bowlby, 1969). A proximidade física estreita e o apego a um único objeto maternal são precondições necessárias para relacionamentos objetais sadios na infância e na idade adulta. O bebê precisa de um estado de total fusão e **identificação** com a mãe, como base para o futuro desenvolvimento de um *self* pessoal solidamente constituído.

Conforme o bebê passa a precisar menos disso, a mãe gradualmente recupera o interesse por si mesma, o que faz com que ela permita que o bebê se torne independente (Winnicott, 1965b). Se o relacionamento inicial com a mãe for seguro e amoroso, o bebê, gradualmente, será capaz de desistir dela, ainda mantendo seu apoio amoroso na forma de um bom objeto interno. No processo, a maioria das crianças pequenas adota um *objeto transicional* (Winnicott, 1965b) para aliviar a perda – um brinquedo ou um cobertor macio, ao qual a criança se agarra quando começa a perceber que a mãe é um objeto separado e pode partir. O brinquedo que a mamãe dá tranqüiliza o bebê ansioso: é um lembrete que representa a mãe e mantém viva a imagem mental dela até o seu retorno. Quando a mamãe diz "Boa noite", a criança se agarra ao ursinho até a manhã, quando a mamãe reaparece.

Depois de passar pelas fases normais autista e simbiótica, a criança entra em um longo *período de separação-individuação*, de aproximadamente seis meses (Mahler, Pine e Bergman, 1975). As primeiras tentativas de separação são experimentais e breves, conforme simbolizado divertidamente no jogo de esconde-esconde. A criança logo começa a se arrastar e depois a engatinhar, primeiro se afastando da mãe e, então, voltando a se aproximar dela. O que permite que a criança pratique a separação é a consciência de que a mãe está constantemente lá para transmitir segurança, como um porto seguro.

Recentemente, Otto Kernberg e Heinz Kohut levaram teorias do *self* para o palco central dos círculos psicanalíticos. Segundo Kernberg (1966), as primeiras **introjeções** ocorrem no processo de separar-se da mãe. Se a separação for bem-sucedida e negociada com segurança, a criança se estabelece como um ser independente. A mãe precisa ter a capacidade de tolerar a separação a fim de aceitar a crescente independência da criança. Se a criança for excessivamente dependente e se agarrar a ela por medo do afastamento, se a mãe ficar ansiosa pela perda do relacionamento simbiótico, ou se ela for excessivamente rejeitadora, o processo é subvertido. A criança com uma reserva de boas relações objetais amadurece com a capacidade de tolerar tanto a proximidade quanto a separação.

Para a criança muito jovem, os pais não são exatamente indivíduos separados; eles são, nos termos de Kohut (1971, 1977), *self*-**objetos**, experienciados como parte do *self*. Como *self*-objeto, a mãe transmite seu amor pelo toque, pelo tom de voz e pelas palavras gentis, como se fossem os próprios sentimentos da criança. Quando ela sussurra: "A mamãe te ama", o bebê aprende que ele é (a) uma pessoa e (b) digno de amor.

Na psicologia do *self*, duas qualidades de parenteamento são consideradas essenciais para o desenvolvimento de um *self* seguro e coeso. A primeira é o **espelhamento** – entendimento mais aceitação. Os pais atentos transmitem uma profunda apreciação de como os filhos se sentem. Seu implícito "eu sei como você se sente" valida a experiência interna da criança. Os pais também fornecem modelos de **idealização**. A criança pequena capaz de acreditar que "minha mãe (ou pai) é sensacional e eu sou parte dela (ou dele)" tem uma base segura de auto-estima. Na melhor das circunstâncias, a criança, já basicamente segura em si mesma, recebe uma força adicional por se identificar com o poder e a força dos pais.

Segundo Kohut, as crianças começam a vida com fantasias de um *self* grandioso e pais ideais. Conforme a criança se desenvolve, essas ilusões são abrandadas e integradas a uma personalidade madura. A grandiosidade dá lugar à auto-estima; a idealização dos pais se torna a base dos nossos valores. Todavia, se ocorrer trauma, a versão mais primitiva do *self* persiste. O *self* grandioso não é subjugado, e o resultado é o que Kohut chamou de transtorno de personalidade narcisista.

A personalidade narcisista – que Christopher Lasch (1979) descreveu certa vez como característica da nossa época – é solitária, anseia por atenção, e se enraivece facilmente. O indivíduo narcisista almeja ser um herói. No entanto, é difícil viver de acordo com essas aspirações grandiosas. O resultado, freqüentemente, é a raiva, voltada contra o *self* e, às vezes, contra o mundo externo. Freud entendia isso como uma erupção, com base biológica, do instinto de autopreservação. Kohut via a raiva como a resposta a uma ferida narcísica, um golpe ao senso idealizado de quem e o que nós somos. Ao analisar a raiva – que tipos de desfeitas resultam em explosões – Kohut acreditava que poderíamos enxergar onde estão as nossas ilusões narcísicas e, talvez, até fazer algo a respeito delas.

A contribuição recente mais significativa ao estudo psicanalítico do desenvolvimento familiar normal é o trabalho de Daniel Stern (1985). Stern traçou cuidadosamente o desenvolvimento do *self* por meio de observações detalhadas de bebês e crianças pequenas. O mais revolucionário dos achados de Stern é que o desenvolvimento infantil *não* é um processo gradual de separação e individuação. Mais propriamente, os bebês se diferenciam quase desde o nascimento, e depois progridem por meio de modos cada vez mais complexos de relacionar-se. Da *sintonia* (interpretar e compartilhar o estado afetivo da criança) à *empatia*, o apego e a dependência são necessidades que nos acompanham a vida toda.

De uma perspectiva psicanalítica, o destino da família é amplamente determinado pelo desenvolvimento inicial das personalidades individuais que a constituem. Se os pais forem adultos maduros e sadios, a família será feliz e harmoniosa.

Algumas das idéias psicanalíticas mais interessantes e produtivas estão contidas em descrições da psicodinâmica do casamento. Na década de 1950, o laço conjugal era descrito como resultado de uma fantasia inconsciente (Stein, 1956). Casamos com uma mistura borrada de parceiros reais e desejados. Mas mais recentemente, e de forma mais interessante, os psicanalistas têm descrito a sobreposição e interligação de fantasias e projeções (Blum, 1987; Sander, 1989). Alguns autores descreveram isso como "identificação projetiva mútua" (Zinner, 1976; Dicks, 1967), outros como "complementaridade neurótica" (Ackerman, 1966), "colusão conjugal" (Dicks, 1967), "adaptação mútua" (Giovacchini, 1958) e "contratos conscientes e inconscientes" (Sager, 1981).

Entre os terapeutas familiares psicodinâmicos, poucos fizeram contribuições mais importantes do que a **terapia contextual** de Ivan Boszormenyi-Nagy, que enfatiza a dimensão ética do desenvolvimento familiar. Boszormenyi-Nagy considera a ética relacional uma força fundamental para manter unidas as famílias e comunidades. Em um campo que com freqüência busca refúgio na ilusão de neutralidade, Nagy nos lembra da importância da decência e da justiça.

Para os parceiros conjugais, o critério de saúde de Boszormenyi-Nagy é um equilíbrio entre direitos e responsabilidades. Dependendo de sua integridade e da complementaridade de suas necessidades, os parceiros podem desenvolver um dar e receber fidedigno (Boszormenyi-Nagy, Grunebaum e Ulrich, 1991). Quando as necessidades se chocam, são necessárias negociação e concessões mútuas.

DESENVOLVIMENTO DE TRANSTORNOS DE COMPORTAMENTO

Segundo a teoria psicanalítica clássica, os sintomas são tentativas de lidar com conflitos inconscientes relativos ao sexo e à agressão. À medida que a ênfase psicanalítica passou dos instintos para as relações objetais, a dependência infantil e o desenvolvimento incompleto do ego substituíram o complexo edípico e os instintos reprimidos como os problemas centrais no desenvolvimento. A fuga das relações objetais, ditada pelo medo, que começa na infância inicial, é agora considerada a raiz mais profunda dos problemas psicológicos.

Uma razão importante para os problemas de relacionamento é que as crianças distorcem suas percepções ao atribuir as qualidades de uma pessoa à outra. Freud (1905) descobriu esse fenômeno e o chamou de **transferência** quando sua paciente Dora deslocou para ele sentimentos que nutria pelo pai e terminou de forma abrupta o tratamento, exatamente quando ele estava no limiar do sucesso. Outros observaram fenômenos semelhantes e os chamaram de "criação de um bode expiatório" (Vogel e Bell, 1960); "intercâmbio de dissociações" (Wynne, 1965); "fusão" (Boszormenyi-Nagy, 1967); "atribuições irracionais de papel" (Framo, 1970); "delineações" (Shapiro, 1968); "simbiose" (Mahler, 1952) e "processo de projeção familiar" (Bowen, 1965). Independentemente do nome, todos são variantes do conceito de Melanie Klein (1946), *identificação projetiva*.

A **identificação projetiva** é o processo pelo qual o sujeito percebe um objeto como se ele contivesse elementos indesejados da personalidade do sujeito e evoca respostas do objeto que se conformam a essas percepções. Diferentemente da projeção, a identificação projetiva é um processo interacional. Não só os pais projetam aspectos ansiogênicos de si mesmos nos filhos, como os filhos entram em um conluio comportando-se de uma maneira que confirma os medos dos pais. Ao fazer isso, eles podem ser estigmatizados ou transformados em bodes expiatórios, mas, também, gratificam impulsos agressivos, como, por exemplo, no comportamento delinqüente (Jacobson, 1954), realizam suas próprias fantasias onipotentes, recebem um reforço sutil da família, e evitam o medo terrível de rejeição por não se conformar (Zinner e Shapiro, 1976). Enquanto isso, os pais conseguem evitar a ansiedade associada a certos impulsos, experienciam gratificação vicária, e ainda punem os filhos por expressar esses impulsos. Desta maneira, o conflito intrapsíquico torna-se externalizado, com os pais agindo como superego, punindo a criança por agir de acordo com os ditames do id parental. Essa é uma das razões pelas quais os pais reagem exageradamente: eles temem os próprios impulsos.

Estudo de caso

A família J. buscou ajuda para controlar o comportamento delinqüente do filho de 15 anos, Paul. Preso várias vezes por vandalismo, Paul não parecia nem envergonhado nem capaz de compreender a sua compulsão em investir contra a autoridade. Conforme a terapia progredia, ficou claro que o pai de Paul abrigava um ressentimento profundo, mas não expresso, contra as condições sociais que o faziam trabalhar longas horas por um baixo salário em uma fábrica, enquanto "os gatos gordos não fazem coisa alguma, mas andam por aí em Cadillacs". Quando a terapeuta percebeu o ódio violento, mas suprimido, que o Sr. J. sentia em relação à autoridade, ela também começou a perceber que ele sorria levemente sempre que a Sra. J. descrevia as últimas façanhas de Paul.

O fracasso dos pais em aceitar que seus filhos são seres separados pode assumir formas extremas, levando à mais grave psicopatologia. Lidz (Lidz, Cornelison e Fleck, 1965) descreve uma mãe de gêmeos idênticos que, quando tinha prisão de ventre, dava aos dois filhos um enema.

Crianças mal diferenciadas enfrentam uma crise na adolescência, quando as pressões desenvolvimentais para a independência entram em conflito com apegos infantis. O resultado pode ser um recuo para a dependência ou um ataque de violenta rebelião. No entanto, o adolescente que se rebela em reação a necessidades de dependência não-resolvidas está mal-equipado para relacionamentos maduros. Por trás da fachada de autoconfiança orgulhosa, esses indivíduos escondem profundos anseios de dependência. Quando casam, podem buscar aprovação constante, rejeitar automaticamente qualquer influência, ou ambos.

Estudo de caso

As queixas do Sr. e da Sra. B. eram imagens espelhadas. Ele reclamava que ela era "mandona e exigente"; ela dizia que ele "queria tudo sempre à sua maneira". O Sr. B. era o caçula de uma família muito unida de cinco pessoas. Ele descrevia a mãe como terna e amorosa, mas disse que ela tentava sufocá-lo e desencorajava seus esforços para ser independente. Submetidas às mesmas pressões, suas duas irmãs mais velhas renderam-se e continuaram solteiras, morando com os pais. O Sr. B., todavia, se rebelara contra a dominação da mãe e saíra de casa aos 17 anos para ingressar na Marinha. Conforme ele relatava suas experiências no Corpo de Fuzileiros Navais, ficou claro que se sentia muito orgulhoso de sua independência.

Quando a história do sucesso do Sr. B. em se livrar da mãe dominadora foi relatada, tanto o Sr. quanto a Sra. B. entenderam melhor a tendência dele de reagir exageradamente a qualquer coisa que percebesse como controle. Uma análise mais profunda revelou que, embora o Sr. B. rejeitasse completamente o que chamava de "mania de mandar", ele ansiava por aprovação. Aprendera a temer suas profundas necessidades de dependência e se protegia com uma fachada de "não preciso de nada de ninguém"; no entanto, as necessidades ainda estavam lá, e, de fato, tinham sido um poderoso determinante na sua escolha de esposa.

No que se refere à escolha conjugal, os psicanalistas garantem, o amor é cego. Freud (1921) escreveu que a supervalorização do objeto amado quando nos apaixonamos nos leva a fazer maus julgamentos com base na *idealização*. A "torrente" que arrasta os apaixonados reflete uma inundação de libido narcisista, de modo que o objeto do nosso amor é elevado como um substituto dos nossos ideais não-atingidos. A nossa própria identidade resplandece diante do esplendor refletido de uma companhia idealizada.

Complicando ainda mais a escolha conjugal existe o fato de que escondemos algumas das nossas necessidades e dos nossos sentimentos a fim de conseguirmos aprovação. As crianças tendem a suprimir sentimentos que temem possam levar à rejeição. Winnicott (1965a) batizou esse fenômeno de *falso self* – as crianças comportam-se como se fossem perfeitos anjinhos, fingindo ser o que não são. Em sua forma mais extrema, um falso *self* leva ao comportamento esquizóide (Guntrip, 1969); mesmo em manifestações menos graves, ele afeta a escolha de um companheiro. Durante o namoro, a maioria das pessoas se apresenta sob a melhor luz possível. Poderosas necessidades de dependência, **narcisismo** e impulsos ingovernáveis podem ser submergidos antes do casamento; mas, depois do casamento, os cônjuges voltam a ser eles mesmos, com todas as suas mazelas.

O casamento, superficialmente, parece ser um contrato entre duas pessoas responsáveis; contudo, em um nível mais profundo, o casamento é uma transação entre objetos internalizados escondidos. Os contratos, nos relacionamentos conjugais, geralmente são descritos em termos das teorias comportamental ou da comunicação; mas o tratamento que Sager (1981) dá aos contratos conjugais também considera fatores inconscientes. Cada contrato tem três níveis de consciência:

1. Verbalizado, embora nem sempre escutado
2. Consciente, mas não-verbalizado, geralmente por medo de raiva ou desaprovação
3. Inconsciente

Cada parceiro age como se o outro devesse estar ciente dos termos do contrato e fica zangado se o cônjuge não age de acordo com esses termos. Todos nós queremos que os nossos parceiros se conformem a um modelo internalizado e somos qualquer coisa, menos compreensivos, quando essas expectativas irrealistas não se cumprem (Dicks, 1963).

Convém enfatizar direitos e responsabilidades individuais nos relacionamentos (Boszormenyi-Nagy, 1972), mas também é verdade que, em um nível inconsciente, o casal pode representar uma única personalidade, com cada cônjuge desempenhando o papel de metade do *self* e metade das identificações projetivas do outro. É por isso que as pessoas tendem a casar com parceiros que têm necessidades complementares às suas (Meissner, 1978).

Uma dinâmica similar opera entre pais e filhos. Mesmo antes de nascer, a criança existe como parte das fantasias dos pais (Scharff e Scharff, 1987). O filho antecipado pode representar, entre outras coisas, um objeto de amor mais devotado que o cônjuge, alguém para ter sucesso onde os pais fracassaram ou uma oferta de paz para restabelecer relações amorosas com avós. Zinner e Shapiro (1976) cunharam o termo *delineações* para as ações parentais que comunicam fantasias parentais aos filhos. Delineações patogênicas baseiam-se mais em necessidades defensivas dos pais do que em percepções realistas dos filhos; além disso, os pais estão muito motivados a manter delineações defensivas independentemente do que os filhos façam. Não é raro ver pais que insistem em enxergar os filhos como maus, desamparados e doentes – ou brilhantes, normais e corajosos – seja qual for a verdade.

Qualquer e todos os filhos de uma família podem sofrer essas distorções, mas normalmente apenas um é identificado como "o paciente" ou "o doente". Ele é escolhido devido a um traço que o torna um alvo adequado para as emoções projetadas pelos pais. No entanto, esses filhos não devem ser considerados vítimas inocentes. De fato, eles entram em um conluio com essa identificação projetada a fim de cimentar apegos, aliviar culpas inconscientes ou preservar o casamento frágil dos pais. Freqüentemente, o sintoma apresentado simboliza a emoção parental negada. Uma criança que se comporta mal pode estar refletindo a raiva reprimida do pai pela esposa; uma criança dependente pode estar expressando o medo da mãe de levar uma vida independente, e uma criança que briga e intimida as outras na escola pode estar compensando, contrafobicamente, a insegurança projetada pelo pai.

A dinâmica intrapsíquica da personalidade é obscurecida pelas defesas psicológicas, que mascaram a verdadeira natureza dos sentimentos do indivíduo, tanto para ele quanto para os outros. Os **mitos familiares** (Ferreira, 1963) têm a mesma função nas famílias, simplificando e distorcendo a realidade. Stierlin (1977) desenvolveu a visão dos mitos familiares de Ferreira e relacionou suas implicações para a avaliação e a terapia familiar. Os mitos protegem os membros da família de enfrentar certas verdades dolorosas e também servem para impedir que as pessoas de fora saibam de fatos embaraçosos. Um mito típico é o da harmonia familiar, conhecido pelos terapeutas de família, em especial por aqueles que trabalharam com famílias que evitam conflitos. Em seu extremo, esse mito assume a forma da "pseudomutualidade" (Wynne, Ryckoff, Day e Hirsch, 1958) encontrada nas famílias de esquizofrênicos. Muitas vezes, o mito da harmonia familiar é mantido pelo uso de identificação projetiva; um dos membros da família é designado para ser o mau, e todos os outros insistem que são bem-ajustados. Esta semente má pode ser o paciente identificado ou até um parente morto.

As famílias, como os indivíduos, experienciam **fixação** e **regressão**. A maioria das famílias funciona adequadamente até passar por alguma situação mais difícil, momento em que fica aprisionada em padrões disfuncionais (Barnhill e Longo, 1978). Quando enfrenta um estresse muito grande, a família tende a descompensar e voltar a níveis anteriores de desenvolvimento. A quantidade de estresse que uma família é capaz de tolerar depende de seu nível de desenvolvimento e do tipo de fixação que seus membros apresentam.

❖❖❖

Os psiquiatras, e especialmente os psicanalistas, têm sido criticados (Szasz, 1961) por absolverem as pessoas da responsabilidade por suas ações. Dizer que alguém "atuou" impulsos sexuais "reprimidos" tendo um caso extraconjugal é sugerir que ele não é responsável por aquilo. Entretanto, Ivan Boszormenyi-Nagy enfatiza a idéia da responsabilidade ética nas famílias. Bons relacionamentos familiares incluem se comportar eticamente com outros membros da família e considerar o bem-estar e os interesses de cada familiar.

Boszormenyi-Nagy acredita que os membros da família devem *lealdade* uns aos outros e que adquirem *mérito* ao se apoiarem mutuamente. No grau em que os pais são justos e responsáveis, eles geram lealdade em seus filhos; no entanto, os pais criam conflitos de lealdade quando pedem aos filhos que sejam leais a um dos pais à custa do outro (Boszormenyi-Nagy e Ulrich, 1981).

Podem surgir reações patológicas em resultado de **lealdades invisíveis** – compromissos inconscientes que os filhos assumem para ajudar a família em detrimento de seu próprio bem-estar. Por exemplo, uma criança pode adoecer para unir os pais em uma mesma preocupação. Lealdades invisíveis são problemáticas porque não estão sujeitas ao nosso conhecimento e escrutínio racional.

OBJETIVOS DA TERAPIA

O objetivo da terapia familiar psicanalítica é libertar os membros da família de limitações **inconscientes**, para que possam interagir como indivíduos sadios. Essa tarefa, francamente, é bastante ambiciosa. Os casais em crise são tratados com entendimento e apoio para ajudá-los a atravessar sua dificuldade imediata. Depois que a crise for resolvida, o terapeuta familiar psicanalítico tem a esperança de engajar o casal em uma terapia de longo prazo. Alguns casais aceitam, mas muitos não. Quando uma família está motivada apenas para alívio dos sintomas, o terapeuta deve apoiar sua decisão de terminar o tratamento.

Quando os terapeutas familiares psicanalíticos optam por uma resolução da crise com redução dos sintomas como objetivo (por exemplo, Umana, Gross e McConville, 1980), eles trabalham como qualquer outro terapeuta familiar. Concentram-se mais em apoiar defesas e esclarecer a comunicação do que em analisar defesas e descobrir impulsos reprimidos. Em geral, todavia, mudanças comportamentais que em outros modelos de terapia seriam vistas como o objeto do tratamento (por exemplo, fazer com que uma criança com fobia escolar volte a freqüentar a escola) são vistas pelos terapeutas familiares psicodinâmicos como produtos secundários da resolução de conflitos subjacentes.

É fácil dizer que o objetivo da terapia psicanalítica é a mudança de personalidade, bem mais difícil é especificar precisamente o que queremos dizer com isso. O objetivo mais comum é descrito como *separação-individuação* (Katz, 1981) ou *diferenciação* (Skynner, 1981); ambos os termos enfatizam a autonomia. (Talvez uma razão adicional para enfatizar a separação-individuação seja que as famílias emaranhadas tendem a buscar tratamento mais freqüentemente do que as isoladas ou desligadas.) Os terapeutas individuais geralmente pensam em separação em termos de afastamento físico. Adolescentes e jovens adultos podem ser tratados isoladamente de suas famílias a fim de se tornarem mais independentes. Os terapeutas familiares, por outro lado, acreditam que a melhor maneira de obter autonomia emocional é elaborar os laços emocionais dentro da família. Em vez de isolar os indivíduos de suas famílias, os terapeutas psicanalíticos as reúnem para ajudar seus membros a aprender a se separarem, de maneira que permita que os indivíduos sejam independentes e, ao mesmo tempo, relacionados. O seguinte exemplo ilustra como os objetivos da terapia familiar psicanalítica foram implementados com uma família específica.

Estudo de caso

Três meses depois de ir embora para a faculdade, Barry J. teve seu primeiro surto psicótico. Uma breve hospitalização deixou claro que Barry não conseguia suportar a separação da família sem descompensar; portanto, a equipe hospitalar recomendou que ele morasse separado dos pais para poder se tornar mais independente. Então, Barry foi encaminhado para um lar que recebia e apoiava grupos de jovens adultos e era atendido duas vezes por semana em psicoterapia individual. Infelizmente, ele sofreu um segundo surto e foi novamente hospitalizado.

Na época em que se aproximava a alta dessa segunda hospitalização, o psiquiatra da ala decidiu reunir a família a fim de discutir planos para o ajustamento pós-hospitalar de Barry. Durante esse encontro, ficou dolorosamente claro que forças poderosas dentro da família impediam qualquer chance de separação genuína. Os pais de Barry eram pessoas agradáveis e eficientes que, separadamente, se comportavam de forma muito simpática e prestativa. Todavia, demonstravam um desprezo gélido um pelo outro. Durante os poucos momentos da entrevista em que falaram um com o outro, e não com Barry, sua hostilidade era palpável. Apenas a preocupação com Barry impedia que seu relacionamento se tornasse um campo de batalha – um campo de batalha em que Barry temia que um ou ambos fossem destruídos.

Na reunião da equipe após essa entrevista, foram propostos dois planos de ação. Um grupo recomendou que Barry fosse afastado dos pais o máximo possível e tratado em terapia individual. Outros membros da equipe discordaram, argumentando que apenas um tratamento conjunto poderia resolver os laços entre Barry e os pais. Após uma longa discussão, o grupo chegou a um consenso, de tentar esta última abordagem.

A maior parte dos primeiros encontros familiares foi dominada pela ansiosa preocupação dos pais em relação a Barry: preocupação que envolvia o conjunto de apartamentos onde ele morava, seu emprego, seus amigos, como ele passava seu tempo livre, suas roupas, os cuidados com sua aparência – em resumo, cada detalhe de sua vida. Gradualmente, com o apoio do terapeuta, Barry conseguiu limitar a parte de sua vida que ficaria aberta ao escrutínio dos pais. Ao conseguir fazer isso, e à medida que passaram a se preocupar menos com ele, os pais conseguiram se concentrar no próprio relacionamento. Quando Barry começou a lidar melhor com suas questões sozinho, os pais tornaram-se abertamente combativos um com o outro.

Após uma sessão em que o relacionamento dos pais foi o principal foco, o terapeuta recomendou que o casal viesse para algumas sessões separadas. Incapazes de desviar sua atenção para Barry, os J. brigavam furiosamente, não deixando nenhuma dúvida de que o relacionamento deles era demasiado destrutivo. Em vez de melhorar no tratamento, seu relacionamento piorou.

Depois de dois meses de uma guerra mortífera – durante os quais Barry continuou melhorando –, o Sr. e a Sra. J. buscaram uma separação legal. Depois de separados, ambos pareceram ficar mais felizes, mais envolvidos com os amigos e as respectivas carreiras, e menos preocupados com Barry. Conforme afrouxavam o controle repressor sobre o filho, ambos os pais começaram a desenvolver um relacionamento mais carinhoso e mais genuíno com ele. Mesmo depois de divorciados, os pais continuaram participando de sessões familiares com Barry.

Na terapia contextual de Boszormenyi-Nagy, o objetivo é um equilíbrio imparcial entre os encargos e os benefícios da vida adulta. O bem-estar do indivíduo é visto como incluir o dar e o receber. Os membros da família são ajudados a superar a culpa irracional e improdutiva e a reivindicar seus **direitos**. Entretanto, enfrentar a culpa realista – com base em danos reais infligidos a outros, mesmo involuntariamente – é visto como essencial para expandir a responsabilidade na família. Cada pessoa trabalha em busca da auto-realização afirmando seus direitos e cumprindo suas obrigações.

CONDIÇÕES PARA A MUDANÇA DE COMPORTAMENTO

Como qualquer estudante sabe, a terapia psicanalítica funciona por meio do *insight*, mas a idéia de que o *insight* cura é um mito. O *insight* pode ser necessário, porém não é suficiente para um tratamento analítico bem-sucedido. Na terapia familiar psicanalítica, os membros da família aumentam seu *insight* aprendendo que sua vida psicológica é maior do que a experiência consciente e passando a aceitar partes reprimidas de sua personalidade. No entanto, sejam quais forem os *insights* atingidos, eles precisam ser *elaborados* (Greenson, 1967) – isto é, traduzidos em maneiras novas e mais produtivas de interação.

Alguns (Kohut, 1977) chegaram inclusive a sugerir que o tratamento psicanalítico funciona não tanto pelo *insight*, mas por reduzir as defesas, de modo que os pacientes podem se tornar mais genuinamente eles mesmos. Deste ponto de vista, pode ser mais importante para os membros da família pararem de resistir às suas necessidades inconscientes do que analisá-las. A maioria dos terapeutas trabalha buscando ambas as coisas – isto é, estimulam o *insight* e encorajam as pessoas a aceitar quem são (Ackerman, 1958).

Os terapeutas analíticos estimulam o *insight* procurando, por trás dos comportamentos, os motivos escondidos. Naturalmente, as famílias se defendem e relutam em revelar seus sentimentos mais internos. Afinal de contas, é pedir demais que alguém exponha antigas feridas e seus anseios mais profundos. Os psicanalistas lidam com esse problema criando um clima de confiança e avançando lentamente. Depois que for estabelecida uma atmosfera de segurança, o terapeuta analítico pode começar a identificar mecanismos projetivos e devolvê-los ao relacionamento conjugal. Quando já não precisarem recorrer à identificação projetiva, os parceiros podem reconhecer e aceitar partes previamente cindidas de seu ego.

A identificação projetiva pode parecer um desses processos místicos que fazem com que algumas pessoas rejeitem a psicanálise como um ritual sem sentido. Não é necessário pensar na identificação projetiva como uma força misteriosa pela qual a experiência da pessoa é transmitida à outra sem que nenhuma das partes tenha consciência disso. Os sentimentos são comunicados e provocados por sinais sutis, mas reconhecíveis. Exatamente como é possível dirigir por uma auto-estrada de grande velocidade enquanto conversamos ou ouvimos um livro gravado em áudio, também é possível captar as deixas do parceiro sem pensar sobre elas.

Intervir em uma seqüência de identificação projetiva envolve primeiro interromper a briga do casal, a fim de ajudar um ou ambos os parceiros a pensar sobre o que estão sentindo e evitando. Para intervir efetivamente, o terapeuta precisa ter um entendimento básico dos conflitos principais de cada parceiro. Com o que eles estão lutando? O que eles provavelmente rejeitarão? Caso contrário, as intervenções do terapeuta serão apenas tiros no escuro.

O terapeuta ajuda o casal a começar a reconhecer como suas atuais dificuldades surgiram da perpetuação inconsciente de conflitos das suas próprias famílias. Este é um trabalho doloroso e não pode prosseguir sem a segurança oferecida por um terapeuta apoiador. Nichols (1987) enfatiza a necessidade de *empatia* para criar um "ambiente continente" para toda a família.

TERAPIA

Avaliação

Os analistas não adiam o tratamento até conseguirem realizar um estudo exaustivo de seus casos; pelo contrário, eles, às vezes, só chegam a uma formulação final nos últimos estágios do tratamento. Entretanto, embora os terapeutas analíticos possam continuar melhorando seu entendimento ao longo do curso do tratamento, nenhuma terapia será efetiva sem alguma formulação dinâmica. Os terapeutas iniciantes – que carecem de teoria, assim como de experiência – às vezes prosseguem no tratamento baseados na suposição de que o entendimento surgirá se eles simplesmente se recostarem na cadeira e escutarem. Isso raramente funciona na terapia familiar. Segue-se um esboço abreviado de uma avaliação psicanalítica inicial de uma família.

Estudo de caso

Após duas sessões com a família de Sally G., que estava sofrendo de fobia escolar, o terapeuta fez uma formulação preliminar da dinâmica familiar. Além das descrições habituais dos membros da família, do problema apresentado e da história familiar, a formulação incluía avaliações das relações objetais dos pais e da interação colusiva, inconsciente, de seu relacionamento conjugal.

O Sr. G. fora atraído inicialmente pela esposa como um objeto libidinal que realizaria suas fantasias sexuais, incluindo suas inclinações voyeuristas. Equilibrando isso, estava sua tendência a idealizar a esposa. Portanto, ele se sentia profundamente conflitado e intensamente ambivalente nas relações sexuais com ela.

Em outro nível, o Sr. G. tinha expectativas inconscientes de que a esposa seria o mesmo tipo de pessoa sofrida e abnegada que sua mãe era. Ele ansiava por conforto maternal. Entretanto, esses anseios de dependência ameaçavam seu senso de masculinidade, de modo que ele se comportava externamente como se fosse auto-suficiente e não precisasse de ninguém. Que ele tinha um objeto interno dependente dentro de si ficava claro por sua terna solicitude em relação à esposa e aos filhos quando estavam doentes. Todavia, eles precisavam estar em uma posição de fragilidade e vulnerabilidade para ele conseguir superar suas defesas o suficiente a fim de gratificar vicariamente as suas necessidades infantis de dependência.

A Sra. G. esperava que o casamento lhe fornecesse um pai ideal. Dada essa expectativa inconsciente, a mesma sexualidade que atraía os homens para ela era uma ameaça ao seu desejo de ser tratada como uma menininha. Como o marido, ela tinha grandes conflitos que envolviam as relações sexuais. Criada como filha única, ela esperava vir em primeiro lugar. Tinha ciúme até do carinho do marido em relação à Sally e tentava manter uma distância entre pai e filha por meio de um intenso apego à menina.

No nível de suas imagens de objeto do *self*, ela era uma garotinha voraz e exigente. Sua introjeção da mãe lhe forneceu um modelo de como tratar uma figura paterna. Infelizmente, o que funcionou para a mãe não funcionou para ela.

Assim, no nível de suas relações objetais, ambos os cônjuges se sentiam crianças desprovidas, cada um querendo ser cuidado sem ter de pedir. Quando esses desejos mágicos não foram satisfeitos, ambos sentiram um profundo ressentimento. Finalmente, passaram a reagir às menores provocações com a raiva subjacente – e irromperam brigas horrorosas.

Quando Sally testemunhou as violentas altercações dos pais, ficou apavorada, com medo de que as próprias fantasias assassinas se concretizassem. Embora os pais odiassem suas más figuras parentais internalizadas, pareciam atuá-las um com o outro. Emaranhando Sally ainda mais no conflito deles, estava o fato de que as fronteiras de ego entre ela e a mãe não eram muito fortes – quase como se mãe e filha compartilhassem uma personalidade conjunta.

Dinamicamente, a permanência de Sally em casa, não indo à escola, podia ser vista como uma tentativa desesperada de proteger sua mãe (ela mesma) dos ataques do pai e de defender ambos os pais das próprias fantasias assassinas projetadas.

Um excelente modelo para desenvolver um foco psicodinâmico é o trabalho de Arnon Bentovim e Warren Kinston, na Grã-Bretanha (Bentovim e Kinston, 1991), que sugerem uma estratégia de cinco passos para se formular uma hipótese focal:

1. Como a família interage em torno do sintoma, e como as interações familiares afetam o sintoma?
2. Qual é a função do sintoma atual?
3. Que desastre é temido pela família que a impede de enfrentar seus conflitos mais diretamente?
4. De que maneira a situação atual está ligada a traumas passados?
5. Como o terapeuta resumiria o conflito focal em uma afirmação curta, memorável?

Entre as metáforas utilizadas para descrever o tratamento psicanalítico, destacam-se proeminentemente "profundidade" e "descobrir". Todas as terapias têm por objetivo descobrir algo. Até os comportamentalistas fazem investigações para descobrir contingências de reforço não-percebidas antes de adotar uma postura diretiva. O que distingue a terapia analítica é que o processo de descoberta é demorado e dirigido não apenas aos pensamentos e sentimentos conscientes, mas também a fantasias e sonhos.

David Scharff (1992) relatou o seguinte exemplo do uso dos sonhos no tratamento de casais.

Estudo de caso

Lila e Clive desempenhavam os muito conhecidos papéis familiares complementares – quanto mais ela busca proximidade, mais ele se retrai. Diferentemente de um terapeuta sistêmico, entretanto, Scharff estava interessado não apenas na sincronia de seu comportamento, mas também na experiência interna subjacente. Como Clive tinha pouca consciência de sua vida interna e poucas lembranças de seus primeiros anos, o terapeuta ficou frustrado em suas tentativas de compreender o que o fazia se retrair. O seguinte sonho se revelou bastante instrutivo.

Clive sonhou com um bebê que apresentava um ferimento nas nádegas. Uma mulher, que ele achava ser a irmã, deveria tomar conta do bebê, mas já que ela não estava fazendo quase nada, Clive se meteu e tomou-o dela. Quando indagado sobre seus pensamentos – "Alguma coisa vem à sua cabeça em relação ao sonho?" – as associações de Clive foram com a perspectiva de ter filhos e seu temor de ter de assumir toda a responsabilidade. Depois de reconhecer essa preocupação, o Dr. Scharff salientou que o sonho também sugeria o medo de que alguma coisa estivesse terrivelmente errada, tão mal que Clive não conseguiria consertá-la. Isso desencadeou uma lembrança de uma situação em que Lila estava perturbada e chorando. Clive abraçou-a e tentou consolá-la, mas, quando seu choro não diminuiu, ele ficou transtornado e saiu da sala. O sonho também podia simbolizar o medo de Clive de tomar conta da mulher. Quando ela fica triste, ele pode superestimar a profundidade de sua dor e, como sente que é o único que pode tomar conta dela, a responsabilidade parece esmagadora.

Então Lila falou que, quando fica triste e Clive tenta consolá-la, acaba tendo de tranqüilizá-lo de que está bem, de que o que ele está fazendo é suficiente. Mesmo quando é ela quem precisa de consolo, Lila precisa tomar conta dele. (Conforme a resposta de Lila demonstra, os sonhos, na terapia de casal, não só sugerem como o sonhador experiencia o *self* e o objeto, mas também dão outras informações sobre a dinâmica do parceiro, pela maneira de relatá-lo e pelas associações na sessão.)

Quando indagada sobre se ela tinha outros pensamentos sobre o sonho de Clive, Lila hesitou e depois disse que ficara se perguntando se Clive a via como o bebê. Isso levou à interpretação de que, além de Clive pensar em Lila, de alguma maneira, como um bebê, ele também se via como um, profundamente ferido por mágoas da infância. Este *insight* – de que o medo vitalício de Clive de ser engolfado por mulheres se superpunha ao seu próprio sentimento de necessidade infantil e perdas da infância – se revelou importantíssimo. Lila começou a ver o retraimento de Clive menos como rejeição a ela do que como um sinal de sua própria vulnerabilidade. Portanto, ela se sentiu menos ameaçada de abandono, o que agora via mais como uma grande preocupação pessoal do que como uma possibilidade real. Clive, enquanto isso, começou a compreender sua ansiedade diante das necessidades emocionais da esposa não tanto como algo que ela provocava, mas como algo nele, sua própria vulnerabilidade. Como resultado desse entendimento, ele passou a não ter tanta urgência em se retrair nos momentos de intimidade e emoção.

Técnicas terapêuticas

Apesar de toda a complexidade da teoria psicanalítica, esta é relativamente simples – não fácil, mas simples. Há quatro técnicas básicas: escuta, empatia, interpretação e neutralidade analítica. Duas delas – a escuta e a neutralidade analítica – podem não parecer muito diferentes do que outros terapeutas familiares fazem, mas são.

Escutar é uma atividade ativa, mas silenciosa, rara na nossa cultura. Na maior parte do tempo, estamos tão ocupados esperando para falar certas coisas que só escutamos superficialmente. Isso é particular verdade na terapia familiar, em que os terapeutas sentem uma tremenda pressão para fazer algo a fim de ajudar famílias perturbadas e perturbadoras. É aí que aparece a importância da *neutralidade analítica*. Para estabelecer uma atmosfera analítica, é essencial concentrar-se em compreender, sem se preocupar em resolver problemas. A mudança pode acontecer como um produto do entendimento, mas o terapeuta analítico suspende sua ansiedade por resultados. É impossível estimar demais a importância dessa postura mental para o estabelecimento de um clima de exploração analítica.

O terapeuta analítico resiste à tentação de ser levado a tranqüilizar, aconselhar ou confrontar a família, em favor de uma imersão constante, mas silenciosa, na experiência dela. Quando os terapeutas analíticos intervêm, eles expressam *empatia* a fim de ajudar os membros da família a se abrirem e fazem *interpretações* para esclarecer aspectos ocultos da experiência.

A maior parte da terapia familiar psicanalítica é feita com casais, quando o conflito entre os parceiros é tomado como o ponto de partida para explorar sua dinâmica interpessoal. Imagine, por exemplo, um casal que contou ter brigado durante o café da manhã. Um terapeuta sistêmico pode pedir-lhes que falem um com o outro sobre o que aconteceu, esperando observar o que fazem para resolver a questão. O foco estaria na comunicação e na interação. Um terapeuta psicanalítico estaria mais interessado em ajudar os parceiros a compreender suas reações emocionais. Por que eles ficaram tão zangados? O que eles querem um do outro? O que eles esperavam? De onde vinham esses sentimentos? Em vez de tentar resolver a briga, o terapeuta analítico exploraria os medos e anseios que estão por trás dela.

O sinal de conflito intrapsíquico é o afeto. Em vez de focar quem fez o que a quem, os terapeutas analíticos concentram-se nos sentimentos intensos e utilizam-nos como um ponto de partida para investigarem detalhadamente suas origens. "O que você estava sentindo?" "Você já se sentiu assim antes?" "E antes dessa vez?" "O que você lembra?" Em vez de ficar no plano horizontal do comportamento atual do casal, o terapeuta busca aberturas na dimensão vertical de sua experiência interna.

Resumindo, os terapeutas psicanalíticos de casal organizam suas investigações em quatro canais:

1. a experiência interna;
2. a história dessa experiência;
3. como o parceiro desencadeia essa experiência e, finalmente;
4. como o contexto da sessão e o *input* do terapeuta poderiam contribuir para o que está acontecendo entre os parceiros.

Aqui está um breve exemplo.

Estudo de caso

Tendo conseguido grandes progressos em seu entendimento nas suas primeiras sessões de casal, Andrew e Gwen estavam ainda mais chateados com sua incapacidade de discutir e ainda mais de resolver uma acirrada discórdia sobre a compra de um carro novo. Não era o carro, mas como pagar por ele, o que desencadeava fúria em cada um. Andrew queria tirar o dinheiro da poupança para dar uma entrada alta e ficar com uma mensalidade baixa. Isso deixava Gwen furiosa. Como ele podia sequer pensar em mexer nas economias deles? Será que ele não compreendia que a poupança comum dos dois pagava duas vezes mais juros do que eles teriam de pagar por um empréstimo para comprar o carro?

Infelizmente, ambos estavam tão decididos a tentar mudar a idéia do outro que não conseguiam fazer um esforço real para entender o que estava por trás. O terapeuta interrompeu a briga para perguntar a ambos o que eles estavam sentindo e o que os preocupava. Seu interesse maior não era resolver a briga – embora perguntas sobre os sentimentos subjacentes a uma altercação geralmente sejam uma abertura efetiva para o entendimento e o acordo; o que ele sentia era que a intensidade da reação dos cônjuges indicava que essa questão envolvia problemas vitais para eles.

A investigação sobre a experiência interna dos parceiros revelou que Andrew estava preocupado com a carga das despesas mensais. "Você não percebe", implorou ele, "que se nós não dermos uma entrada substancial, teremos de nos preocupar a cada mês com como fazer os pagamentos?" Gwen estava disposta a discordar disso, mas o terapeuta a interrompeu. Ele estava mais interessado nas raízes da preocupação de Andrew do que na tentativa de cada um de convencer o outro de alguma coisa.

Acontece que Andrew tinha um medo muito antigo de não ter dinheiro suficiente. Ter dinheiro suficiente não significava para ele uma grande casa ou um carro de último tipo, mas o suficiente para gastar em coisas que poderiam ser consideradas indulgências – boas roupas, sair para jantar, flores, presentes. Andrew relacionava seu desejo de se recompensar com modestos luxos materiais a lembranças de crescer em um lar espartano. Seus pais eram crianças na época da Depressão e, por isso, achavam que coisas como sair para jantar e comprar roupas, a não ser quando absolutamente necessário, eram frivolidades e desperdício. Em um nível mais profundo, as lembranças de Andrew de austeridade encobriam o sentimento de nunca ter recebido da mãe reservada a atenção e afeição tão desejadas.[2] Ele aprendera a se confortar com uma camisa nova ou um bom jantar nos momentos em que se sentia triste. Um dos principais encantos de Gwen era a sua natureza generosa e expressiva. Ela era extremamente afetuosa e quase sempre ficava feliz em atender ao desejo de Andrew de comprar alguma coisa para si mesmo.

Gwen relacionou sua ansiedade em relação a ter uma poupança com lembranças inesperadas do pai como um provedor não-confiável. Diferentemente dos pais de Andrew, os dela gastavam livremente. Eles saíam para jantar três ou quatro vezes por semana, faziam viagens dispendiosas nas férias, e todos na família usavam roupas lindas. Embora ele gastasse livremente, Gwen se lembrava do pai como alguém que não possuía a disciplina e a visão para investir sabiamente ou ampliar seu negócio além de um sucesso modesto. Ainda que isso nunca tivesse sido parte de suas lembranças conscientes, parecia que, apesar de o pai tê-la cumulado de atenções e afeto, ele jamais a levara a sério como pessoa. Ele a tratava, para usar uma expressão conhecida, como a "queridinha do papai", tão adorável – e insubstancial – como uma gatinha. Por tudo isso é que ela se sentia tão atraída pelo que via como a natureza séria e autodisciplinada de Andrew – e por sua grande consideração por ela.

De que maneira esses dois desencadeavam reações tão violentas um no outro? Não só a necessidade ansiosa de Gwen de ter dinheiro no banco entrava em conflito com a necessidade de Andrew de ter dinheiro para gastar como também cada um se sentia traído pelo outro. Parte da barganha inconsciente de Gwen com Andrew era que ela podia contar com ele como um pilar seguro e firme para construir o futuro. Parte das expectativas inconscientes dele em relação a ela era que ela seria indulgente com ele e o gratificaria. Não surpreende que ambos fossem mutuamente tão reativos em relação a essa questão.

E o papel do terapeuta nisso tudo? Refletindo, ele percebeu que ficara ansioso demais para acalmar as coisas com esse casal. Por seu desejo de vê-los felizes, controlara o nível de conflito na sessão, intervindo como um pacificador. Em resultado, o progresso do casal custara um preço. Anseios e ressentimentos profundos tinham sido colocados de lado, em vez de explorados e resolvidos. Talvez, pensou o terapeuta, ele assimilara o medo do casal de enfrentar a própria raiva.

Que uso um terapeuta deve fazer dessas reações contratransferenciais? Deve revelar seus sentimentos? Dizer que a **contratransferência** pode conter informações úteis não significa que ela seja oracular. Talvez a coisa mais útil a fazer seja examinar a contratransferência em busca de hipóteses que precisem de evidências confirmadoras na experiência do paciente. Nesse caso, o terapeuta reconheceu seu sentimento de que estava tentando demais amenizar as coisas e perguntou à Gwen e a Andrew se eles também não estavam com um pouco de medo de revelar sua raiva.

Como muitas descrições do trabalho clínico, esta pode parecer um pouco batida. Como chegamos da discussão sobre comprar um carro ao desejo ardente de um *self*-objeto de espelhamento e de alguém para idealizar? Parte da explicação está no relato inevitavelmente condensado. Também é importante reconhecer que uma das coisas que permite aos psicanalistas enxergar sob a superfície é saber onde procurar.

As sessões começam com o terapeuta convidando os membros da família a discutirem preocupações, pensamentos e sentimentos atuais. Em encontros subseqüentes, o terapeuta pode começar não falando nada ou dizendo, talvez: "Por onde vocês gostariam de começar hoje?" Ele então se encosta à cadeira e deixa a família falar. As perguntas limitam-se a pedidos de amplificação e esclarecimento. "Você poderia me falar mais sobre isso?" "Vocês dois já discutiram como se sentem em relação a isso?"

Quando as associações iniciais e as interações espontâneas se esgotam, o terapeuta investiga gentilmente, extraindo a história, os pensamentos e sentimentos das pessoas, e suas idéias sobre as perspectivas dos familiares. "O que o seu pai pensa sobre os seus problemas? Como ele os explicaria?" Esta técnica sublinha o interesse do terapeuta analítico pelas suposições e projeções. Presta-se um interesse especial às lembranças da infância e às associações com os pais. A seguinte vinheta mostra como se faz uma transição do presente para o passado.

Estudo de caso

Entre os maiores desapontamentos mútuos, tanto o Sr. quanto a Sra. S. queixavam-se de que o outro "não cuida de mim quando estou doente, nem escuta as minhas queixas no final do dia". Eles não só compartilhavam a percepção da falta de "maternagem" no outro, como também afirmavam firmemente que *eles* eram apoiadores e compreensivos. A queixa da Sra. S. era típica: "Ontem foi um pesadelo absoluto. O bebê estava doente e choroso, e eu estava com um resfriado horrível. Tudo foi duas vezes mais difícil, e eu tinha o dobro de coisas para fazer. O dia inteiro eu fiquei esperando a hora em que o John chegaria em casa. Mas, quando ele finalmente chegou, parecia não se importar com como eu estava me sentindo. Ele só me escutou por um minuto antes de começar a me contar uma história idiota sobre o escritório". O Sr. S. respondeu com um relato semelhante, mas com os papéis invertidos.

A essa altura, o terapeuta interviu para pedir a ambos os cônjuges que descrevessem seus relacionamentos com suas mães. O que surgiu foram duas histórias muito diferentes, mas reveladoras.

A mãe do Sr. S. era uma mulher taciturna, para a qual autoconfiança, sacrifício pessoal e luta incessante eram virtudes supremas. Embora ela amasse os filhos, não era muito indulgente nem afetuosa com eles, para que não ficassem "estragados por mimos". No entanto, o Sr. S. ansiava pela atenção da mãe e a buscava constantemente. Naturalmente, ele, muitas vezes, era rejeitado. Uma lembrança bem dolorosa era a de uma situação em que chegara em casa em lágrimas depois de ter sido surrado por um colega valentão no pátio da escola. Em vez de consolá-lo como ele esperava, a mãe zombou dele por "agir como um bebê". No decorrer dos anos, ele aprendera a se proteger dessas rejeições criando uma fachada de independência e força.

Com a segunda mulher significativa de sua vida, a esposa, o Sr. S. mantivera sua defensividade rígida. Ele jamais falava sobre seus problemas, mas como continuava ansiando por um entendimento compassivo, ressentia-se com a esposa por ela não tirá-lo de sua concha. Sua incapacidade de se arriscar à rejeição, pedindo apoio, servia como uma profecia que se auto-realizava, confirmando suas expectativas: "Ela não se importa comigo".

A história da Sra. S. era bem diferente da do marido. Seus pais eram indulgentes e demonstrativos. Mimavam sua única filha, comunicando seu amor por meio de uma preocupação constante e ansiosa por seu bem-estar. Quando ela era bem pequena, o menor machucado ou ferimento era uma ocasião de abundantes expressões de preocupação. Ela chegou ao casamento acostumada a falar sobre si mesma e seus problemas. A princípio, o Sr. S. ficou encantado. "Aqui está alguém que realmente se importa com sentimentos", pensou ele. Contudo, quando descobriu que ela não perguntava sobre as preocupações dele, ficou ressentido e progressivamente menos simpático. Isso a convenceu de que "ele não se importa comigo".

Depois que os conflitos familiares forem descobertos, são feitas interpretações sobre como os membros da família continuam reencenando imagens passadas e, muitas vezes, distorcidas, da infância. Os dados para essas interpretações vêm de reações transferenciais com o terapeuta ou outros membros da família e de memórias reais da infância. Os terapeutas psicanalíticos lidam menos com recordações do passado do que com reencenações de sua influência no presente.

Don Catherall (1992) descreveu um processo muito útil para interpretar a identificação projetiva na terapia de casal. É importante compreender que a identificação projetiva não é um misterioso processo em que quantidades da experiência de uma pessoa são passadas para a outra sem que ninguém perceba nada. Na verdade, os sentimentos são comunicados e provocados por sinais sutis, mas reconhecíveis – embora eles normalmente não sejam focalizados. Você mesmo pode ter experienciado identificação projetiva se já esteve perto de alguém que se comportou sedutoramente, mas depois ficou chocado quando você tentou se aproximar.

O primeiro passo quando trabalhamos com identificações projetivas na terapia de casal é interromper disputas repetitivas, que provavelmente estão mascarando qualquer expressão dos verdadeiros sentimentos dos parceiros. Os casais aprisionados em padrões recorrentes de conflito e mal-entendidos estão em um conluio para evitar sentimentos de vulnerabilidade. Depois que as brigas do casal forem bloqueadas, o terapeuta pode explorar o que as pessoas estão sentindo. Catherall recomenda focalizar primeiro o que o *receptor* das projeções está sentindo. Depois que os sentimentos dessa pessoa forem esclarecidos, ela pode ser ajudada a comunicá-los ao parceiro. Para evitar provocar defensividade, o receptor que está descrevendo os sentimentos anteriormente negados é orientado a descrever apenas os próprios sentimentos, não o que o parceiro projetor fez para provocá-los. Enquanto isso, o *parceiro projetor* é orientado a apenas escutar e não comentar. Quando o receptor terminar, o projetor é orientado a devolver o que compreendeu do que o parceiro disse. Isso encoraja o parceiro projetor a assumir o ponto de vista do receptor e, portanto, torna difícil bloquear a identificação com esses sentimentos.

O parceiro projetor é encorajado a empatizar com o receptor. Espera-se que, a essa altura, o casal possa parar de trocar acusações e começar a tentar entender como cada um se sente. Idealmente, este compartilhar de sentimentos ajudará a aproximar os parceiros – do entendimento e um do outro. Para ilustrar, Catherall cita o exemplo de "David" e "Sheila". Quanto mais ansioso David ficava para fazer sexo com Sheila, mais sensível se tornava a qualquer sinal de rejeição. Ele responderia ao desinteresse dela retraindo-se, e eles ficariam distantes até Sheila buscar aproximação. Sheila acabava sentindo os mesmos sentimentos de desamor que David experienciara quando sua mãe o excluíra. Enquanto isso, David se sentia impotente com Sheila, exatamente como ela se sentira com um tio que a molestara. Cada um, em outras palavras, experienciava identificações concordantes estimuladas por um processo mútuo de identificação projetiva.

O terapeuta investigou os sentimentos de Sheila perguntando como ela se sentia quando David ficava tão distante. Sua resposta inicial foi que isso a deixava zangada, mas o terapeuta perguntou com o que ela ficava zangada e qual era o sentimento antes de se zangar. Sheila, então, conseguiu identificar sentimentos de não se sentir amada, de não se sentir importante e, de modo geral, de solidão. Esses eram os sentimentos que tinham sido estimulados pela identificação projetiva de David, e eram sentimentos que Sheila normalmente negaria, ficando zangada e fria.

Então, o terapeuta pediu à Sheila que falasse com David sobre como era se sentir solitária e não-amada. O terapeuta teve o cuidado de manter Sheila focada em si mesma e no que ela sentia, não em David e no que ele poderia ter feito para causar tais sentimentos. Agora que não estava sendo acusado, David foi capaz de ser empático e se identificar com os sentimentos de solidão que Sheila descrevia. Quando o terapeuta lhe perguntou se ele sabia como era se sentir daquela maneira, David finalmente conseguiu falar de forma mais direta sobre os sentimentos dolorosos que vinha afastando ao projetá-los em Sheila.

Os terapeutas familiares psicanalíticos estão cientes de que sua influência não se limita à análise racional, mas também inclui uma espécie de reparenteamento. Eles podem agir de modo mais controlador ou permissivo, dependendo de sua avaliação das necessidades específicas da família. Um terapeuta que tinha perfeita ciência de sua influência pessoal sobre as famílias era Nathan Ackerman. Suas intervenções (Ackerman, 1966) tinham por objetivo penetrar as defesas da família a fim de expor conflitos ocultos em relação a sexo e agressão. Diferentemente do analista tradicionalmente reservado, Ackerman relacionava-se com as famílias de maneira muito pessoal. A este respeito, ele escreveu:

> É muito importante, desde o início, estabelecer um contato emocional significativo com todos os membros da família, criar um clima em que a gente sente que realmente toca neles e eles sentem que nos tocam de volta. (Ackerman, 1961, p. 242)

Ackerman encorajava a expressão honesta dos sentimentos sendo honesto ele próprio. Sua revelação espontânea dos próprios pensamentos e sentimentos tornava difícil para os membros da família não fazerem o mesmo. Ackerman utilizava plenamente seu carisma, mas fazia mais do que apenas "ser ele mesmo". Empregava deliberadamente técnicas confrontativas para expor os conflitos familiares ocultos por fachadas defensivas. Sua expressão memorável para descrever isso era "fazer cócegas nas defesas".

Os terapeutas familiares psicanalíticos enfatizam que muito do que está oculto nos diálogos familiares não é escondido conscientemente, mas está reprimido no inconsciente. O acesso a este material é protegido pela resistência, em geral manifesta na forma de transferência. A seguinte vinheta ilustra a interpretação da resistência.

Estudo de caso

O Sr. e a Sra. Z. tinham suportado dez anos de um relacionamento sem amor a fim de preservar a frágil segurança que o casamento lhes oferecia. Um caso amoroso da Sra. Z., totalmente inesperado e incomum, obrigou o casal a reconhecer os problemas em seu relacionamento, e então eles procuraram um terapeuta familiar.

Embora já não pudessem negar a existência de conflitos, ambos os cônjuges manifestavam grande resistência a enfrentar abertamente seus problemas. Sua resistência representava uma relutância em reconhecer certos sentimentos e uma colusão para evitar uma discussão franca de seus problemas relacionais.

Na primeira sessão, ambos os parceiros disseram que a vida de casados fora "mais ou menos ok", que a Sra. Z. tivera uma espécie de "crise de meia-idade" e que era ela quem precisava de terapia. Este pedido de terapia individual foi visto como uma resistência para evitar o doloroso exame do casamento, e o terapeuta disse isso a ambos. "Parece, Sr. Z., que você prefere culpar sua esposa a pensar em como vocês dois poderiam estar contribuindo para as suas dificuldades. E você, Sra. Z., parece preferir aceitar toda a culpa, para evitar confrontar seu marido com sua insatisfação e raiva."

Aceitar a interpretação do terapeuta e concordar em examinar seu relacionamento privou o casal de uma forma de resistência, como se uma escotilha de fuga tivesse sido fechada para dois combatentes relutantes. Na sessão seguinte, ambos os parceiros atacaram-se violentamente, mas só falaram sobre o caso dela e as reações dele a isso, e não sobre os problemas no relacionamento. Essas brigas não foram produtivas, pois, sempre que o Sr. Z. ficava ansioso, atacava a esposa, e sempre que ela se zangava, ficava culpada e deprimida.

Sentindo que a briga deles estava sendo improdutiva, o terapeuta disse: "Está claro que cada um de vocês fez o outro muito infeliz e que ambos estão muito amargos. Mas, a menos que vocês consigam falar sobre problemas específicos em seu casamento, há pouca chance de chegarem a algum lugar".

Com esse foco, a Sra. Z. timidamente ousou dizer que nunca apreciara o sexo com o marido e gostaria que ele dedicasse mais tempo às preliminares. Ele saltou: "Ok, então o sexo não era grande coisa, e isso é razão para jogar fora dez anos de casamento e começar a trepar por aí como uma puta?" Diante disso, a Sra. Z. escondeu o rosto nas mãos e soluçou incontrolavelmente. Depois que ela recuperou sua compostura, o terapeuta interveio, de novo confrontando o casal com sua resistência: "Parece, Sr. Z., que, quando fica perturbado, você ataca. O que faz com que fique tão ansioso por falar sobre sexo?" Depois disso, o casal conseguiu falar sobre sentimentos relativos ao sexo no seu casamento até quase o final da sessão. A esta altura, o Sr. Z. novamente atacou a mulher, chamando-a de prostituta e puta.

A Sra. Z. começou a sessão seguinte dizendo que ficara deprimida e chateada, chorando intermitentemente durante toda a semana. "Eu me sinto tão culpada", soluçou ela. "Você *deve* se sentir culpada!" retrucou o marido. Mais uma vez, o terapeuta interveio. "Você usa o caso da sua mulher como um porrete. Você ainda está com medo de discutir os problemas do seu casamento? E você, Sra. Z., cobre a sua raiva com depressão. Com o que você está zangada? O que estava faltando no casamento? O que você queria?"

Esse padrão continuou por várias sessões. Os cônjuges que tinham evitado discutir ou até pensar sobre seus problemas por dez anos empregaram uma variedade de resistências para se desviar deles na terapia. O terapeuta continuou apontando a resistência deles e exortando-os a falar sobre queixas específicas.

Os terapeutas familiares psicanalíticos tentam estimular o *insight* e o entendimento; também exortam as famílias a pensarem no que vão fazer a respeito dos problemas que discutem. Esse esforço – parte do processo de elaboração – é mais proeminente na terapia familiar que na individual. Boszormenyi-Nagy, por exemplo, acredita que os membros da família não só devem ser conscientizados de suas motivações, como devem também ser responsabilizados por seu comportamento. Na terapia contextual, Boszormenyi-Nagy (1987) salienta que o terapeuta precisa ajudar as pessoas a enfrentarem as expectativas asfixiantes envolvidas em lealdades invisíveis e depois ajudá-las a encontrar maneiras mais positivas de fazerem pagamentos de lealdade no livro-caixa da família. Isso, em resumo, significa criar um equilíbrio de justiça.

Ackerman também enfatizava uma ativa elaboração de *insights* encorajando a família a expressar construtivamente os impulsos agressivos e libidinosos descobertos na terapia. Para aliviar os sintomas, os impulsos precisam se tornar conscientes; mas, para que a vida mude, uma experiência emocional precisa ser associada à maior autoconsciência. Modificar pensamento e sentimento é a tarefa essencial da terapia psicanalítica, mas os terapeutas familiares também se preocupam em supervisionar e analisar mudanças de comportamento.

AVALIANDO A TEORIA E OS RESULTADOS DA TERAPIA

Um número excessivo de terapeutas familiares negligencia a psicologia em geral e a teoria psicanalítica em específico. Independentemente da abordagem utilizada pelo especialista, os escritos dos terapeutas de orientação psicanalítica são um rico recurso.

Tendo dito isso, também gostaríamos de fazer um alerta. As terapias familiares psicanalíticas doutrinárias são poderosas nas mãos de psicanalistas treinados. Entretanto, muitos terapeutas, desanimados com os habituais diálogos familiares contenciosos, gravitam para métodos psicanalíticos como uma maneira de romper as altercações defensivas. Interromper as brigas familiares para explorar os sentimentos individuais é uma maneira excelente de evitar brigas. Porém, se os terapeutas se tornam excessivamente centrais (ao dirigir toda a conversa por meio de si mesmos), ou se eles enfatizam demais os indivíduos e negligenciam as interações familiares, então o poder da terapia familiar – tratar diretamente dos problemas de relacionamento – pode ser perdido. Interromper brigas defensivas para chegar às esperanças e aos medos que estão por trás é algo muito bom. A menos que esses interrogatórios sejam seguidos por intercâmbios estruturados entre os próprios membros da família, essas explorações talvez produzam apenas a ilusão de mudança, na medida em que o terapeuta está presente para agir como detetive e árbitro.

Os terapeutas psicanalíticos, de modo geral, têm resistido a tentativas de avaliar seu trabalho com padrões empíricos. Como a redução de sintomas não é o objetivo, isso não serve como medida de sucesso. Já que a presença ou ausência de conflito inconsciente não aparece a observadores externos, o sucesso de uma análise depende do julgamento subjetivo. Os terapeutas psicanalíticos consideram as observações do terapeuta como um meio válido de avaliar teoria e tratamento. A seguinte citação dos Blanck (1972, p. 675) ilustra esse ponto. Falando sobre as idéias de Margaret Mahler, eles escrevem:

> Os terapeutas que empregam as teorias dela de forma técnica não questionam nem a metodologia nem os achados, pois os confirmam clinicamente, uma forma de validação que satisfaz tanto quanto possível a insistência do experimentalista na replicação como critério do método científico.

Outro exemplo deste ponto de vista é encontrado nos escritos de Robert Langs. "O teste supremo da formulação de um terapeuta", diz Langs (1982, p. 186), "está no uso que o terapeuta faz das suas impressões como base para a intervenção". O que, então, determina a validade e efetividade dessas intervenções? Langs não hesita: as reações do paciente, conscientes e inconscientes, constituem o teste supremo. "A verdadeira validação envolve respostas do paciente, tanto na esfera cognitiva quanto na interpessoal."

O teste supremo, então, são as reações do paciente? Sim e não. Primeiro, as reações do paciente estão abertas a várias interpretações – em especial porque a validação é buscada não apenas em respostas manifestas, mas também em derivativos codificados inconscientemente. Além disso, este ponto de vista não leva em conta as mudanças na vida dos pacientes que ocorrem fora do consultório. Ocasionalmente, os terapeutas relatam resultados da terapia familiar psicanalítica, mas, sobretudo, em estudos de caso não-controlados. Um desses relatos é o levantamento de Dicks (1967) dos resultados da terapia psicanalítica de casal na Tavistock Clinic, em que ele avalia ter tratado com sucesso 72,8% de uma amostra aleatória de casos.

RESUMO

Os terapeutas de formação analítica estavam entre os primeiros a praticar terapia familiar, mas, quando começaram a tratar famílias, a maioria deles trocou suas idéias sobre psicologia profunda pela teoria dos sistemas. Desde meados da década de 1980, houve um ressurgimento de interesse pela psicodinâmica entre os terapeutas familiares, um interesse dominado pela teoria das relações objetais e psicologia do *self*. Neste capítulo, esboçamos os principais pontos dessas teorias e mostramos como elas são relevantes para uma terapia familiar psicanalítica, integrando a psicologia profunda e a teoria dos sistemas. Alguns terapeutas (por exemplo, Kirschner e Kirschner, 1986; Nichols, 1987; Slipp, 1984) combinaram elementos de ambas; outros desenvolveram abordagens mais francamente psicanalíticas (notavelmente Scharff e Scharff, 1987; Sander,

1989). Nenhum deles chegou a uma síntese genuína.

O objetivo essencial da terapia psicanalítica é ajudar as pessoas a compreenderem seus motivos básicos e resolverem conflitos em relação a expressar esses anseios. Os freudianos enfatizam os impulsos sexuais e agressivos; os psicólogos do self focalizam o anseio de apreciação; e os terapeutas das relações objetais concentram-se na necessidade de relacionamentos de apego seguro. Porém, todos estão unidos na crença de que casais e famílias podem ser ajudados a se relacionar melhor se cada membro da família compreender e começar a resolver seus conflitos pessoais.

Na prática, os terapeutas familiares psicanalíticos focalizam menos o grupo e suas interações e mais os indivíduos e seus sentimentos. A exploração desses sentimentos é ajudada pela teoria (ou teorias) psicanalítica que ajuda o terapeuta a compreender as questões subjacentes básicas com as quais todas as pessoas lutam.

NOTAS

1. Este caso foi retirado de *The Self and the System* (Nichols, 1987).
2. Nos termos de Kohut, a mãe de Andrew funcionou inadequadamente como um *self*-objeto *de espelhamento*.

LEITURAS RECOMENDADAS

Ackerman, N. W. 1966. *Treating the troubled family.* New York: Basic Books.

Boszormenyi-Nagy, I. 1972. Loyalty implications of the transference model in psychotherapy. *Archives of General Psychiatry.* 27, p. 374-380.

Boszormenyi-Nagy, I. 1987. *Foundations of contextual therapy.* New York: Brunner/Mazel.

Dicks, H. V. 1967. *Marital tensions.* New York: Basic Books.

Meissner, W. W. 1978. The conceptualization of marriage and family dynamics from a psychoanalytic perspective. In *Marriage and marital therapy,* T. I. Paolino and B. S. McCrady, eds. New York: Brunner/Mazel.

Nadelson, C. C. 1978. Marital therapy from a psychoanalytic perspective. In *Marriage and marital therapy,* T. J. Paolino e B. S. McCrady, eds. New York: Brunner/Mazel.

Nichols, M. P. 1987. *The self in the system.* New York: Brunner/Mazel.

Sander, F. M. 1989. Marital conflict and psychoanalytic theory in the middle years. In *The middle years: New psychoanalytic perspectives,* J. Oldham and R. Liebert, eds. New Haven: Yale University Press.

Scharff, D., e Scharff, J. S. 1987. *Object relations family therapy.* New York: Jason Aronson.

Stern, M. 1985. *The interpersonal world of the infant.* New York: Basic Books.

Zinner, J., e Shapiro, R. 1976. Projective identification as a mode of perception of behavior in families of adolescents. *International Journal of Psychoanalists.* 53, p. 523-530.

REFERÊNCIAS

Ackerman, N. W. 1958. The *psychodynamics of family life.* New York: Basic Books.

Ackerman, N. W. 1961. The emergence of family psychotherapy on the present scene. In *Contemporary psychotherapies,* M. I. Stein, ed. Glencoe, IL: Free Press.

Ackerman, N. W. 1966. *Treating the troubled family.* New York: Basic Books.

Barnhill, L. R., e Longo, D. 1978. Fixation and regression in the family life cycle. *Family Process.* 17, p. 469-478.

Bentovim, A., e Kinston, W. 1991. Focal family therapy. In *Handbook of family therapy,* Vol. II, A. S. Gurman and D. P. Kniskern, eds. New York: Brunner/Mazel.

Blanck, G., e Blanck, R.1972. Toward a psychoanalytic developmental psychology. *Journal of the American Psychoanalytic Association.* 20, p. 668- 710.

Blum, H. P.1987. Shared fantasy and reciprocal identification: General considerations and gender disorder. In *Unconscious fantasy: Myth and reality,* H. P. Blum et al., eds. New York: International Universities Press.

Boszormenyi-Nagy, I. 1967. Relational modes and meaning. In *Family therapy and disturbed families,* G. H. Zuk e I. Boszormenyi-Nagy, eds. Palo Alto, CA: Science and Behavior Books.

Boszormenyi-Nagy, I. 1972. Loyalty implications of the transference model in psychotherapy. *Archives of General Psychiatry.* 27, p. 374-380.

Boszormenyi-Nagy, I. 1987. *Foundations of contextual therapy.* New York: Brunner/Mazel.

Boszormenyi-Nagy, I. Grunebaum, J., e Ulrich, D. 1991. Contextual therapy. In *Handbook of family therapy,* Vol. II, A. S. Gurman e D. P. Kniskern, eds. New York: Brunner/Mazel.

Boszormenyi-Nagy, I., e Ulrich, D. N. 1981. Contextual family therapy. In *Handbook of family therapy,* A. S. Gurman e D. P. Kniskern, eds. New York: Brunner/Mazel.

Bowen, M. 1965. Family psychotherapy with schizophrenia in the hospital and in private practice. In *Intensive family therapy,* I. Boszormenyi-Nagy and J. L. Framo, eds. New York: Harper & Row.

Bowlby, J. 1969. *Attachment and loss. Vol. 1: Attachment.* New York: Basic Books.

Burlingham, D. T. 1951. Present trends in handling the mother-child relationship during the therapeutic process. *Psychoanalytic study of the child.* New York: International Universities Press.

Catherall, D. R. 1992. Working with projective identification in couples. *Family Process. 31,* p. 355-367.

Dare, C. 1979. Psychoanalysis and systems in family therapy. *Journal of Family Therapy. 1,* p. 137-151.

Dicks, H. V. 1963. Object relations theory and marital studies. *British Journal of Medical Psychology. 36,* p. 125-129.

Dicks, H. V. 1967. *Marital tensions.* New York: Basic Books.

Fairbairn, W. D. 1952. *An object-relations theory of the personality.* New York: Basic Books.

Ferreira, A. 1963. Family myths and homeostasis. *Archives of General Psychiatry. 9,* p. 457-463.

Framo, J. L. 1970. Symptoms from a family transactional viewpoint. In *Family therapy in transition,* N. W. Ackerman, ed. Boston: Little, Brown & Co.

Freud, S. 1905. Fragment of an analysis of a case of hysteria. *Collected papers.* New York: Basic Books, 1959.

Freud, S. 1909. Analysis of a phobia in a five-year-old boy. *Collected papers, Vol. III.* New York: Basic Books, 1959.

Freud, S. 1921. Group psychology and the analysis of the ego. *Standard edition. 17,* p. 1-22. London: Hogarth Press, 195 5.

Giovacchini, P. 1958. Mutual adaptation in various object relations. *International Journal of Psychoanalysis. 39,* p. 547-554.

Greenson, R. R. 1967. *The theory and technique of psychoanalysis.* New York: International Universities Press.

Guntrip, H. 1969. *Schizoid phenomena, object relations theory and the self.* New York: International Universities Press.

Jackson, D. D. 1967. The individual and the larger context. *Family Process. 6,* p. 139-147.

Jacobson, E. 1954. *The self and the object world.* New York: International Universities Press.

Johnson, A., e Szurek, S. 1952. The genesis of antisocial acting out in children and adults. *Psychoanalitic Quarterly. 21,* p. 323-343.

Katz, B. 1981. Separation-individuation and marital therapy. *Psychotherapy: Theory, Research and Practice. 18,* p. 195-203.

Kernberg, O. F. 1966. Structural derivatives of object relationships. *International Journal of Psychoanalysis. 47,* p. 236-253.

Kirschner, D., e Kirschner, S. 1986. *Comprehensive family therapy: An integration of systemic and psychodynamic treatment models.* New York: Brunner/Mazel.

Klein, M. 1946. Notes on some schizoid mechanisms. *International Journal of Psycho-Analysis. 27,* p. 99-110.

Kohut, H. 1971. *The analysis of the self* New York: International Universities Press.

Kohut, H. 1977. *The restoration of the self.* New York: International Universities Press.

Langs, R. 1982. *Psychotherapy: A basic text.* New York: Jason Aronson.

Lasch, C. 1979. *The culture of narcissism: American life in an age of diminishing expectations.* New York: Basic Books.

Lidz, T., Cornelison, A., Fleck, S. 1965. *Schizophrenia and the family.* New York: International Universities Press.

Mahler, M. S. 1952. On child psychosis e schizophrenia: Autistic and symbiotic infantile psychoses. *Psychoanalytic Study of the Child,* vol. 7.

Mahler, M., Pine, F., e Bergman, A. 1975. *The psychological birth of the human infant.* New York: Basic Books.

Meissner, W. W. 1978. The conceptualization of marriage and family dynamics from a psychoanalytic perspective. In *Marriage and marital therapy,* T. J. Paolino e B. S. McCrady, eds. New York: Brunner/Mazel.

Minuchin, S. 1989. Personal communication. Citação de *Institutionalizing madness,* J. Elizur e S. Minuchin, eds. New York: Basic Books.

Mittlemann, B. 1948. The concurrent analysis of married couples. *Psychoanalytic Quarterly. 17,* p. 182-197.

Nichols, M. P. 1987. *The self in the system.* New York: Brunner/Mazel.

Oberndorf, C. P. 1938. Psychoanalysis of married couples. *Psychoanalytic Review. 25,* p. 453-475.

Sager, C. J. 1981. Couples therapy and marriage contracts. In *Handbook of family therapy*, A. S. Gurman e D. P. Kniskern, eds. New York: Brunner/Mazel.

Sander, F. M. 1979. *Individual and family therapy: Toward an integration*. New York: Jason Aronson.

Sander, F. M. 1989. Marital conflict and psychoanalytic therapy in the middle years. In *The middle years: New psychoanalytic perspectives*, I. Oldham e R. Liebert, eds. New Haven, CT: Yale University Press.

Scharff, D. 1992. *Refining the object and reclaiming the self*. New York: Jason Aronson.

Scharff, D., e Scharff, J. 1987. *Object relations family therapy*. New York: Jason Aronson.

Segal, H. 1964. *Introduction to the work of Melanie Klein*. New York: Basic Books.

Shapiro, R. L. 1968. Action and family interaction in adolescence. In *Modern psychoanalysis*, J. Marmor, ed. New York: Basic Books.

Shapiro, R. L. 1979. Family dynamics and object relations theory. In *Adolescent psychiatry*, S. C. Feinstein e P. L. Giovacchini, eds. Chicago: University of Chicgo Press.

Skynner, A. C. R. 1976. *Systems of family and marital psychotherapy*. New York: Brunner/Mazel.

Skynner, A. C. R. 1981. An open-systems, group analytic approach to family therapy. In *Handbook of family therapy*, A. S. Gurman e D. P. Kniskern, eds. New York: Brunner/Mazel.

Slipp, S. 1984. *Object relations: A dynamic bridge between individual and family treatment*. New York: Jason Aronson.

Slipp, S. 1988. *Technique and practice of object relations family therapy*. New York: Jason Aronson.

Spitz, R., e Wolf, K. 1946. Anaclitic depression: An inquiry into the genesis of psychiatric conditions early in childhood. *Psychoanalytic Study of the Child*. 2, p. 313-342.

Stein, M. 1956. The marriage bond. *Psychoanalytic Quarterly*. 25, p. 238-259.

Stern, M. 1985. *The interpersonal world of the infant*. New York: Basic Books.

Stierlin, H. 1977. *Psychoanalysis and family therapy*. New York: Jason Aronson.

Sullivan, H. S. 1953. *The interpersonal theory of psychiatry*. New York: Norton.

Szasz, T. S. 1961. *The myth of mental illness*. New York: Hoeber-Harper.

Umana, R. F., Gross, S. J., e McConville, M. T. 1980. *Crisis in the family: Three approaches*. New York: Gardner Press.

Vogel, E. F., e Bell, N. W. 1960. The emotionally disturbed as the family scapegoat. In *The family*, N. W. Bell e E. F. Vogel, eds. Glencoe, IL: Free Press.

Winnicott, D. W. 1965a. *The maturational process and the facilitating environment*. New York: International Universities Press.

Winnicott, D. W. 1965b. *The maturational process and the facilitating environment: Studies in the theory of emotional development*. New York: International Universities Press.

Wynne, L. C. 1965. Some indications and contradictions for exploratory family therapy. In *Intensive family therapy*, I. Boszormenyi-Nagy e J. L. Framo, eds. New York: Harper & Row.

Wynne, L., Ryckoff, I., Day, J. e Hirsch. S. 1958. Pseudomutuality in the family relations of schizophrenics. *Psychiatry*. 21, p. 205-220.

Zinner. J. 1976. The implications of projective identification for marital interaction. In *Contemporary marriage: Structure, dynamics, and therapy*. H. Grunebaum e J. Christ, eds. Boston: Little, Brown.

Zinner, J., e Shapiro, R. 1976. Projective identification as a mode of perception and behavior in families of adolescents. *International Journal of Psychoanalysis*. 53, p. 523-530.

10

Terapia familiar cognitivo-comportamental

Além do estímulo e resposta

Quando começaram a trabalhar com famílias, os terapeutas do comportamento aplicaram a teoria da aprendizagem para treinar pais em modificação comportamental e para ensinar habilidades de comunicação a casais. Essas abordagens revelaram-se efetivas para problemas comportamentais distintos e indivíduos bem-motivados. Entretanto, ancorados como estavam na psicologia individual, os terapeutas do comportamento não percebiam bem como os procedimentos inadequados e a má comunicação estavam inseridos no sistema familiar.

Os comportamentalistas, de modo geral, trabalhavam em ambientes acadêmicos e, apesar de terem desenvolvido um armamento completo de técnicas úteis, continuaram relativamente isolados da corrente principal da terapia familiar. Nos últimos 10 anos, entretanto, ocorreram grandes mudanças na terapia familiar comportamental, com uma crescente sofisticação em relação à dinâmica familiar e a incorporação de princípios cognitivos.

ESBOÇO DE FIGURAS ORIENTADORAS

A terapia do comportamento descende das investigações de Ivan Pavlov, o fisiologista russo cujo trabalho sobre reflexos condicionados levou ao desenvolvimento do **condicionamento clássico**. No condicionamento clássico, um *estímulo incondicionado* (EI – unconditioned stimulus [UCS]), como um alimento, que leva a uma *resposta incondicionada* reflexa (RI – unconditioned response [UCR]), como a salivação, é emparelhado com um *estímulo condicionado* (EC – conditionated stimulus[CS]), como uma campainha. O resultado é que o estímulo condicionado começa a evocar a mesma resposta (Pavlov, 1932). A seguir, John B. Watson utilizou o condicionamento clássico para induzir experimentalmente uma fobia no "Pequeno Albert" (Watson e Raynor, 1920), enquanto Mary Cover Jones resolvia com sucesso uma fobia semelhante no caso de "Peter" (Jones, 1924).

Em 1948, Joseph Wolpe introduziu a *dessensibilização sistemática*, com a qual obteve grande sucesso no tratamento de fobias. Segundo Wolpe (1948), a ansiedade é uma resposta persistente do sistema nervoso autônomo, adquirida pelo condicionamento clássico. A dessensibilização sistemática descondiciona a ansiedade pela *inibição recíproca*, ao emparelhar respostas incompatíveis com a ansiedade e com os estímulos ansiogênicos prévios. Por exemplo, se Indiana Jones tivesse medo de cobras, Wolpe ensinaria ao Dr. Jones o relaxamento muscular profundo e depois faria com que ele imaginasse se aproximar de uma cobra, em uma hierarquia gradual de estágios. Sempre que Indiana Jones se sentisse ansioso, ele seria orientado a relaxar. Dessa maneira, a ansiedade evocada por imaginar cobras seria extinta sistematicamente.

A dessensibilização sistemática mostrou ser ainda mais efetiva quando incluía a prática real de se aproximar do objeto ou da situação temidos (*dessensibilização in vivo*).

A aplicação do condicionamento clássico a problemas familiares aconteceu, inicialmente, no tratamento de transtornos relacionados à ansiedade, incluindo agorafobia e disfunção sexual, em que Wolpe foi pioneiro (1958). Mais tarde, Masters e Johnson desenvolveram essa aplicação (1970). Também foi desenvolvido um tratamento comportamental efetivo para a enurese com o uso do condicionamento clássico (Lovibond, 1963).

De longe, a maior influência sobre a terapia familiar comportamental veio do **condicionamento operante** de B.F. Skinner. O termo *operante* refere-se a respostas voluntárias, em oposição a reflexos involuntários. A freqüência das respostas operantes é determinada por suas conseqüências. Respostas que são *positivamente reforçadas* serão repetidas mais freqüentemente; as que são *punidas* ou ignoradas serão *extintas*.

O condicionador operante observa cuidadosamente o comportamento-alvo e então quantifica sua freqüência e qualidade. Depois, para completar uma **análise funcional do comportamento**, as conseqüências comportamentais são anotadas para determinar as *contingências de reforço*. Por exemplo, alguém interessado nos ataques de fúria de uma criança começaria observando quando eles ocorrem e quais são as suas conseqüências. Um achado típico poderia ser que a criança tem um ataque de raiva sempre que seus pais lhe negam alguma coisa, e que os pais freqüentemente cedem quando os ataques se prolongam. Os pais estariam reforçando o exato comportamento que menos desejam. Para eliminar os acessos de cólera, eles seriam ensinados a ignorá-los. Além disso, seriam ensinados que ceder, mesmo ocasionalmente, manteria os ataques de raiva, porque todo comportamento *intermitentemente reforçado* é o mais difícil de extinguir. Se a criança estivesse ciente das contingências, poderia pensar: "Eles não estão cedendo agora, mas se eu continuar incomodando eles acabarão cedendo, se não desta vez, então na próxima".

O condicionamento operante é particularmente efetivo com crianças porque os pais têm um considerável controle sobre reforços e punições. Boardman (1962) treinou pais no uso efetivo de punições para lidarem com o comportamento anti-social agressivo de seu filho de 5 anos. Wolpe (1958) descreveu como utilizar os pais como co-terapeutas no manejo da ansiedade. Risley e Wolf (1967) treinaram pais no reforço operante da fala de seus filhos autistas. Em termos técnicos, esses pais foram treinados para eliminar as contingências que mantinham o comportamento desviante e para reforçar padrões de comportamento incompatíveis com o mesmo (Falloon, 1991). Em português claro, eles foram ensinados a ignorar comportamentos inadequados e a recompensar comportamentos apropriados.

Embora nenhuma figura única tenha sido responsável pelo desenvolvimento da terapia familiar comportamental, três líderes desempenharam um papel dominante: um psicólogo, Gerald Patterson; um psiquiatra, Robert Liberman, e um assistente social, Richard Stuart.

Gerald Patterson, na University of Oregon, foi a figura mais influente no desenvolvimento de treinamentos comportamentais para os pais. Patterson e seus colegas criaram métodos para fazer amostragens de interações familiares em casa, treinaram pais na **teoria da aprendizagem social**, organizaram livros de exercícios e instruções programados (por exemplo, Patterson, 1971b) e criaram estratégias para eliminar comportamentos indesejados e substituí-los por comportamentos desejados. Entre outras pessoas proeminentes neste campo estão Anthony Graziano, Rex Forehand, Daniel e Susan O'Leary, e Roger McAuley.

A segunda figura mais importante no desenvolvimento da terapia familiar comportamental foi Robert Liberman. Em seu artigo de 1970, *Behavioral approaches to family and couple therapy*, ele descreveu a aplicação de uma estrutura de aprendizagem operante aos problemas familiares de quatro pacientes adultos com depressão, dores de cabeça intratáveis, inadequação social e discórdia conjugal. Além de empregar o manejo das contingências de reforçadores mútuos, Liberman introduziu o uso do *ensaio de papel* e da **modelagem** (Bandura e Walters, 1963) na terapia familiar.

A terceira influência maior sobre a terapia familiar comportamental foi o **contrato de contingências** de Richard Stuart (1969). Em vez de se concentrar em como o comportamento indesejado de um membro da família poderia ser reduzido, Stuart se concentrava em como o intercâmbio de comportamentos positivos podia ser maximizado com o uso da **reciprocidade de reforço.**

Durante a década de 1970, a terapia familiar comportamental evoluiu em três pacotes principais: treinamento parental, terapia comportamental de casal e terapia sexual. Atualmente, as figuras orientadoras na terapia comportamental de casal incluem Robert Weiss, Richard Stuart, Michael Crowe, Ian Falloon e Gayola Margolin.

Recentemente, houve uma aproximação entre os modelos de estímulo-resposta e as teorias cognitivas (por exemplo, Epstein, Schlesinger e Dryden, 1988; Dattilio, 1998). A **terapia cognitivo-comportamental** refere-se àquelas abordagens inspiradas pelo trabalho de Albert Ellis (1962) e Aaron Beck (1976), que enfatizam a necessidade de uma mudança de atitude para promover e manter a modificação comportamental. Entre os líderes da terapia familiar cognitivo-comportamental estão Donald Baucom na University of North Carolina, Norman Epstein na University of Maryland e Frank Dattilio na Harvard Medical School e na University of Pennsylvania.

FORMULAÇÕES TEÓRICAS

A premissa básica da terapia comportamental é que o comportamento é mantido por suas conseqüências. As conseqüências que aceleram comportamentos são chamadas de *reforçadoras*, enquanto aquelas que desaceleram-se são conhecidas como *punitivas*.

Algumas respostas podem não ser reconhecidas como operantes – alguma coisa feita para conseguir outra coisa – porque as pessoas não estão conscientes das compensações reforçadoras. Por exemplo, queixas normalmente são reforçadas por atenção, embora as pessoas que dêem o reforço possam não perceber isso. De fato, uma variedade de comportamentos indesejados, incluindo resmungar e ter ataques de raiva, é freqüentemente reforçada por atenção. Problemas familiares, muitas vezes, são mantidos em condições contra-intuitivas.

A **extinção** ocorre quando nenhum reforço se segue a uma resposta. Ignorar um comportamento do qual você não gosta geralmente é a melhor resposta. A razão pela qual algumas pessoas não acreditam nisso é porque evitar uma resposta raramente leva à cessação *imediata* do comportamento indesejado. Isso acontece porque a maioria dos problemas de comportamento foi reforçada intermitentemente e, portanto, leva tempo para extinguir.

Apesar do som mecanicista de "esquemas de reforço" e "controlar comportamentos", os terapeutas comportamentais foram percebendo cada vez mais que as pessoas não só agem, mas também pensam e sentem. Esse reconhecimento assumiu a forma de esforços para integrar o comportamentalismo de estímulo-resposta (Skinner, 1953) com teorias cognitivas (Mahoney, 1977). O princípio central da abordagem cognitiva é que a nossa interpretação do comportamento das outras pessoas afeta a nossa maneira de responder a elas. Entre os mais perturbadores dos *pensamentos automáticos* estão aqueles baseados em "inferências arbitrárias", conclusões distorcidas, criadas pelos **esquemas** da pessoa, ou crenças centrais sobre o mundo e como ele funciona. O que torna problemáticas essas crenças subjacentes é que, embora geralmente não sejam conscientes, elas influem de forma tendenciosa em como abordamos e respondemos a tudo e a todos.

Conforme os terapeutas comportamentais transferiram sua atenção dos indivíduos para os relacionamentos familiares, adotaram a **teoria do intercâmbio social**, de Thibaut e Kelley (1959), segundo a qual as pessoas tentam maximizar as "recompensas" e minimizar os "custos" nos relacionamentos. Em um relacionamento bem-sucedido, ambos os parceiros esforçam-se para maximizar as recompensas mútuas. Em contraste, nos relacionamentos malsucedidos, os parceiros estão ocupados demais tentando se proteger de sofrimentos para pensarem em maneiras de fazer o outro feliz. Segundo Thibaut e Kelley, os intercâmbios comportamentais seguem uma norma de reciprocidade ao longo do tempo, de modo que a estimulação aversiva ou positiva de uma pessoa tende a produzir comportamentos recíprocos no outro. Bondade gera bondade; maldade gera maldade.

DESENVOLVIMENTO FAMILIAR NORMAL

De acordo com o modelo de intercâmbio comportamental (Thibaut e Kelley, 1959), um bom relacionamento é aquele em que o dar e o receber estão equilibrados – ou, nos termos do modelo, é aquele em que existe uma alta proporção de benefícios em relação aos custos. Colocando as coisas desse modo bem geral, pouco se acrescenta a noções sensatas relativas à satisfação familiar. Contudo, os comportamentalistas começaram a explicar alguns dos detalhes do que torna satisfatório um relacionamento. Por exemplo, Weiss e Isaac (1978) descobriram que afeição, comunicação e cuidado com os filhos são os elementos mais importantes na satisfação conjugal. Anteriormente, Wills, Weiss e Patterson (1974) descobriram que comportamentos desagradáveis reduziam a satisfação conjugal mais do que comportamentos positivos a aumentavam. Um bom relacionamento, então, é aquele em que existe um intercâmbio de respostas agradáveis e, ainda mais importante, um mínimo de aspectos desagradáveis. Outra maneira de colocar isso é dizer que bons relacionamentos estão sob um *controle de reforço positivo*.

As *habilidades de comunicação* – a capacidade de falar, especialmente sobre os problemas – são consideradas pelos comportamentalistas o elemento mais importante dos bons relacionamentos (Gottman, Markman e Notarius, 1977; Jacobson, Waldron e Moore, 1980). (Este também é o aspecto dos relacionamentos mais facilmente observado.)

Com o tempo, todos os casais entram em conflito e, portanto, uma habilidade essencial para manter a harmonia conjugal é a habilidade de resolvê-lo (Gottman e Krokoff, 1989). Infelizmente, os problemas fazem parte da vida. As famílias sadias não são livres de problemas, mas possuem a capacidade de lidar com eles quando surgem.

Em um bom relacionamento, os parceiros são capazes de falar abertamente sobre os conflitos. Eles focalizam as questões e as mantêm em perspectiva e discutem comportamentos específicos que os preocupam. Eles descrevem os próprios sentimentos e pedem mudanças no comportamento alheio, em vez de apenas criticar e se queixar. "Eu tenho me sentido sozinha e gostaria que você e eu pudéssemos sair e fazer coisas mais freqüentemente" tem maior chance de provocar uma resposta positiva do que "Você nunca se importa com o que eu quero! Você só se importa consigo mesmo!"

Algumas pessoas supõem que um bom relacionamento se desenvolverá naturalmente se as pessoas combinarem e se amarem. Os comportamentalistas, por outro lado, enfatizam a necessidade de se desenvolver habilidades de relacionamento. Um bom casamento, acreditam eles, não se faz no céu, mas é produto da aprendizagem de comportamentos efetivos de manejo. Neil Jacobson (1981, p. 561) descreveu um bom relacionamento como aquele em que os parceiros mantêm um alto índice de recompensas.

> Os casais bem-sucedidos expandem seu poder de reforço criando com freqüência novos domínios de intercâmbio positivo. Os cônjuges que dependem de uma quantidade e variedade limitadas de reforços tendem a sofrer os efeitos prejudiciais da saturação. Em resultado, com o passar do tempo, a sua interação perde o valor de reforço que possuía anteriormente. Os casais bem-sucedidos lidam com essa inevitável erosão do reforço variando as atividades compartilhadas, desenvolvendo novos interesses comuns, expandindo seu repertório sexual e desenvolvendo sua comunicação de modo a continuarem interessando um ao outro.

DESENVOLVIMENTO DE TRANSTORNOS DE COMPORTAMENTO

Os comportamentalistas vêem os sintomas como respostas aprendidas. Não procuram motivos subjacentes, nem afirmam que os conflitos conjugais levam aos problemas dos filhos. Em vez disso, eles se concentram nos próprios sintomas e procuram respostas que reforçam os comportamentos-problema.

À primeira vista, pode parecer intrigante que os membros da família reforcem comportamentos indesejáveis. Por que os pais recompensariam ataques de raiva? Por que uma esposa reforçaria o retraimento do marido, quando isso parece lhe trazer tanto sofrimento? A resposta não está em algum motivo convoluto para sofrer, mas no simples fato de que as pessoas, muitas vezes inadvertidamente, reforçam exatamente aquelas respostas que mais as fazem sofrer.

Os pais habitualmente respondem a comportamentos-problema dos filhos repreenden-

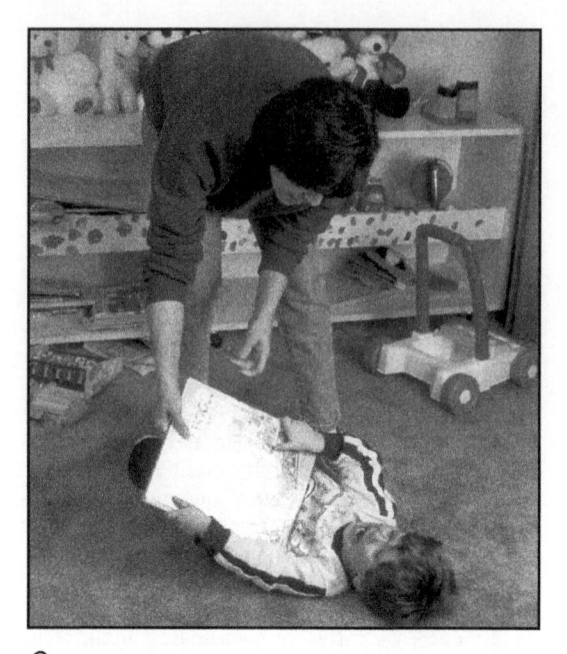

Os pais muitas vezes reforçam de forma involuntária os ataques de raiva ao ceder ou, simplesmente, ao dar atenção extra à criança.

do-os e fazendo um sermão. Essas reações podem parecer um castigo, mas elas podem, de fato, ser reforçadoras, porque a atenção – mesmo de uma mãe ou de um pai que está repreendendo – é um poderoso *reforço social* (Skinner, 1953). A verdade disso se reflete no sábio conselho: "Ignore isso, e isso acabará desaparecendo". O problema é que a maioria dos pais tem dificuldade em ignorar maus comportamentos. Observe, por exemplo, quão rapidamente as crianças aprendem que certas palavras despertam uma grande reação.[1] Além disso, mesmo quando os pais resolvem finalmente ignorar um mau comportamento, eles, em geral, não o fazem consistentemente. Isso pode tornar as coisas ainda piores, porque o *reforço intermitente* é o mais resistente à extinção (Ferster, 1963). Essa é uma das razões pelas quais o jogar compulsivo é tão difícil de extinguir.

Além de problemas de comportamento, involuntariamente mantidos pela atenção parental, outros problemas persistem porque os pais não sabem como utilizar de modo efetivo os castigos. Eles fazem ameaças que não cumprem, aplicam o castigo muito depois do fato, utilizam castigos tão leves que acabam não tendo nenhum efeito, ou utilizam castigos tão severos que acabam gerando maior ansiedade do que aprendizagem discriminativa.

Além do mais, aprender não é uma via de mão única. Considere o comportamento da mãe e o da filha no supermercado.

Estudo de caso

A garotinha pede à mãe uma barra de chocolate. A mãe diz não. A criança começa a chorar e se queixar. A mãe diz: "Se você acha que eu vou lhe dar o chocolate porque você está fazendo essa cena toda, você está muito enganada, mocinha!" Todavia, o acesso de fúria da criança vai ficando cada vez mais barulhento. Por fim, exasperada e embaraçada, a mãe cede: "Tudo bem, se você se acalmar, eu lhe compro uns doces".

Obviamente, a criança foi reforçada por ter tido um ataque de raiva. Não tão óbvio, mas da mesma forma verdadeiro, a mãe foi reforçada por ter cedido – pelo fato de a criança ter se acalmado depois que ela prometeu os doces. Uma espiral de comportamentos indesejados é mantida pelo *reforço recíproco*.

O reforço de um comportamento indesejado pode assumir formas ainda mais complexas na dinâmica familiar. O seguinte é um exemplo clássico. Mãe, pai e filho pequeno estão andando de carro. Dirigindo, o pai acelera para aproveitar um sinal amarelo; sua esposa pede que diminua a velocidade e dirija com maior cuidado. O pai, que odeia que lhe digam o que fazer, fica em uma fúria silenciosa e passa a dirigir ainda mais depressa. Então, a mulher grita com ele pedindo que vá devagar. A briga aumenta até que a criança, chorando, diz: "Não briguem, papai e mamãe!" A mãe se vira para o filho e diz: "Tudo bem, meu amor. Não chore". O pai se sente culpado e começa a dirigir mais devagar. Conseqüentemente, a criança aprende, em tenra idade, o poder e controle que possui na família.

O uso do **controle aversivo** – importunar, chorar, retrair-se – é com freqüência citado como um determinante maior da infelicidade conjugal (Stuart, 1975). Os cônjuges, tipicamente, retribuem o uso que o parceiro faz de comportamentos aversivos, e instala-se um círculo vicioso (Patterson e Reid, 1970). As pessoas em relacionamentos perturbados também apresentam poucas habilidades de solução de problemas (Vincent, Weiss e Birchler, 1975; Weiss, Hops e Patterson, 1973). Quando discutem um problema, elas freqüentemente mudam de assunto, enunciam desejos e queixas de uma forma vaga e crítica, e reagem a queixas com contra-queixas. O seguinte exemplo demonstra desvio do assunto, queixas cruzadas e xingamentos, todos eles típicos de casamentos perturbados.

Estudo de caso

"Eu gostaria de falar sobre todos esses doces que você tem dado às crianças ultimamente." "Que doces? *Eu* que o diga! Você está sempre se empanturrando! E o que você faz pelas crianças? Você só chega em casa e se queixa. Por que você não fica lá no escritório? As crianças e eu estaríamos melhor sem você."

A maioria das análises comportamentais aponta para uma ausência de reforço de comportamentos positivos nas famílias perturbadas. O antigo adágio: "Quem não chora não mama" parece se aplicar. Depressões, dores de cabeça e ataques de raiva tendem a eliciar preocupação e, portanto, maior atenção do que comportamentos agradáveis. Já que esse processo é involuntário, os membros da família geralmente ficam confusos sobre o seu papel reforçador de comportamentos inadequados.

Segundo os comportamentalistas cognitivos, os esquemas que flagelam os relacionamentos são aprendidos no processo de crescimento. Algumas dessas crenças disfuncionais são suposições sobre papéis familiares específicos, enquanto outras são sobre a vida familiar em geral. Esses esquemas são a base subjacente dos "deveria", das profecias autocumpridoras, de adivinhação de pensamentos, ciúmes e má-fé que envenenam os relacionamentos ao distorcer as respostas dos membros da família aos comportamentos uns dos outros.

Os oito tipos seguintes de distorção cognitiva foram retirados de Dattilio (1998):

1. *Inferência arbitrária.* São tiradas conclusões sobre acontecimentos na ausência de evidências confirmatórias; por exemplo, um homem cuja esposa costuma se atrasar conclui que ela não se importa com os sentimentos dele.
2. *Abstração seletiva.* Certos detalhes são salientados, enquanto outras informações importantes são ignoradas; por exemplo, os pais de uma adolescente lembram-se dos momentos em que ela os desafiou, mas não dos momentos em que ela deixou de fazer o que queria para agradá-los.
3. *Supergeneralização.* Incidentes isolados são tomados como padrões gerais; por exemplo, uma esposa rejeita as investidas amorosas do marido duas vezes em um mês, e ele decide que ela não se interessa por sexo.
4. *Exagero ou minimização.* A importância de um acontecimento é aumentada ou diminuída de maneira irreal; por exemplo, um marido considera as duas vezes por mês em que faz compras para a casa como preenchendo sua quota nas tarefas domésticas, enquanto a esposa acha que "ele nunca faz nada".
5. *Personalização.* Os acontecimentos são arbitrariamente interpretados em referência a si mesmo; por exemplo, um adolescente quer passar mais tempo com os amigos, de modo que o pai supõe que o filho não aprecia a companhia dele.
6. *Pensamento dicotômico.* As experiências são interpretadas como totalmente boas ou totalmente más; por exemplo, Jack e Diane têm bons e maus momentos, mas ele só se lembra dos bons, enquanto ela só se lembra dos maus.
7. *Rotulamento.* Comportamentos são atribuídos a traços de personalidade indesejáveis; por exemplo, uma mulher que evita falar com a mãe sobre sua carreira, já que a mãe sempre a critica, é considerada por ela "muito fechada".
8. *Adivinhação de pensamentos.* As pessoas não se comunicam porque supõem que sabem o que os outros estão pensando; por exemplo, um homem não convida uma colega atraente para sair porque supõe que ela não estaria interessada.

OBJETIVOS DA TERAPIA

O objetivo da terapia comportamental é modificar padrões específicos de comportamento para aliviar o problema apresentado. Este foco no comportamento, e não na organização da família ou na saúde de seus relacionamentos, dá à terapia cognitivo-comportamental uma qualidade mais técnica do que encontramos na maioria das terapias familiares sistêmicas.

O terapeuta comportamental adapta o tratamento a cada caso, mas a intenção geral é extinguir comportamentos indesejados e reforçar alternativas positivas (Azrin, Naster e Jones, 1973). Por exemplo, os pais de uma criança que tem acessos de raiva poderiam ser ensinados a ignorar os acessos e a recompensar a criança sempre que ela colocar seus sentimentos em palavras.

Às vezes, pode ser necessário redefinir o objetivo da família de reduzir comportamentos negativos em termos de aumentar respostas incompatíveis, positivas (Umana, Gross e McConville, 1980). Os casais, por exemplo, muitas vezes têm como objetivo reduzir comportamentos aversivos (Weiss, 1978), mas o terapeuta comportamental também estabelecerá o objetivo de ajudá-los a aumentar a satisfação catalisando comportamentos positivos.

A terapia comportamental também tem uma agenda educacional. Além de aplicar princípios da teoria da aprendizagem para aliviar problemas comportamentais específicos, os terapeutas do comportamento também ensinam habilidades de comunicação, solução de problemas e negociação. Igualmente, os terapeutas cognitivo-comportamentais não só usam sua tecnologia para ajudar os clientes a reexaminarem crenças distorcidas para resolverem queixas específicas, como também tentam ensinar a família a usar estratégias cognitivas para resolverem problemas no futuro.

CONDIÇÕES PARA A MUDANÇA DE COMPORTAMENTO

A premissa básica da terapia comportamental é que o comportamento mudará quando as contingências de reforço forem alteradas. A terapia familiar comportamental visa a resolver problemas familiares específicos por meio da identificação de objetivos do comportamento, técnicas da teoria da aprendizagem para atingir esses objetivos, e reforços sociais para facilitar esse processo. Outros são treinados no uso de técnicas de manejo das contingências, para influenciar membros da família e criar conseqüências apropriadas para comportamentos desejados.

As marcas registradas da terapia familiar comportamental são (1) uma avaliação cuidadosa e detalhada para determinar a freqüência habitual dos comportamentos-problema, para orientar a terapia e fornecer *feedback* acurado sobre o sucesso do tratamento, e (2) estratégias planejadas para modificar as contingências de reforço em cada família.

As primeiras tarefas do terapeuta são observar e registrar a freqüência e duração dos comportamentos-problema, assim como as condições de estímulo que os precedem e o reforço que se segue a eles. Isso permite que o terapeuta planeje um programa de tratamento específico para cada caso.

Sair do consultório e da sala de jogos para o mundo natural do lar e da sala de aula permitiu aos terapeutas comportamentais descobrir que algumas das suas noções anteriores sobre a agressão infantil estavam fundamentalmente erradas. Contrariando as suposições de Skinner, a punição *tem* efeito duradouro. Os dados mostram que o reforço dos comportamentos positivos, tais como cooperação e anuência, não leva à redução do comportamento anti-social. Introduzir castigos (um intervalo para pensar, perda de pontos) reduz de forma duradoura o comportamento anti-social (Patterson, 1988).

Além disso, os terapeutas familiares comportamentais agora percebem que a maneira pela qual os problemas são reforçados nas famílias é bastante complexa (Falloon, 1991). Além das respostas reforçadoras que se seguem imediatamente a um comportamento-problema específico, reforços mais remotos também desempenham um papel. Esses reforços podem incluir uma aprovação tácita do comportamento agressivo, em particular pelos homens da família, freqüentemente acompanhada por modelagem desse comportamento. Espancar crianças por brigar demonstra, pelo exemplo, a violência que os pais talvez desejem desencorajar. O comportamento que é aprovado pelos iguais ou por outras pessoas de fora da família pode ser muito difícil de modificar em casa – especialmente se o terapeuta não levar em consideração esse contexto mais amplo.

A maior parte das terapias comportamentais utiliza o condicionamento operante em vez do clássico (com exceção do tratamento das disfunções sexuais), e o foco está na mudança das interações diádicas (pai/mãe-criança ou cônjuge-cônjuge). Esse foco diádico difere da abordagem triádica dos terapeutas familiares com orientação sistêmica. Apesar de terapeutas familiares comportamentais (Liberman, 1970; Falloon e Lillie, 1988) terem questionado essa distinção, acreditamos que esta é uma diferença importante entre os terapeutas familiares comportamentais e não-comportamentais.

Embora a mudança de comportamento continue sendo o foco primário, mais e mais terapeutas familiares comportamentais estão reconhecendo o papel dos fatores cognitivos na resolução de problemas de relacionamento. Em um estudo clássico, Margolin e Weiss (1978) foram os primeiros a demonstrar a efetividade de um componente cognitivo na terapia conjugal comportamental, ao comparar tratamentos de casal estritamente comportamentais com um grupo ao qual se acrescentou um componente cognitivo. O tratamento que incluiu reestruturação cognitiva mostrou-se significativamente mais efetivo do que a terapia conjugal exclusivamente comportamental.

A abordagem cognitiva passou a ganhar atenção como um suplemento para a terapia comportamental familiar e de casal (Margolin, Christensen e Weiss, 1975). Além do trabalho de Ellis (1977), o estudo de Margolin e Weiss (1978) despertou um grande interesse pelas técnicas cognitivas com casais disfuncionais (Baucom e Epstein, 1990; Beck, 1988; Dattilio e Padesky, 1990; Doherty, 1981; Epstein, 1992; Weiss, 1984). Esse interesse pelas abordagens cognitivas à terapia de casal acabou levando ao reconhecimento, por parte dos terapeutas familiares comportamentais, de que a cognição desempenha um papel significativo nos acontecimentos que mediam as interações familiares (Alexander e Parsons, 1982).

Embora os terapeutas conjugais e de família tenham começado a perceber já há algumas décadas que os fatores cognitivos eram importantes para o alívio das disfunções de relacionamento (Dicks, 1953), levou algum tempo para que a cognição fosse formalmente incluída como um componente primário do tratamento (Munson, 1993).

Barton e Alexander, que chamam sua abordagem de *terapia familiar funcional* (Barton e Alexander, 1981; Morris, Alexander e Waldron, 1988), salientam que os membros de famílias infelizes tendem a atribuir seus problemas a traços negativos (preguiça, irresponsabilidade, pouco controle dos impulsos) nos outros membros. Essas visões negativas e incompletas deixam os membros da família com um limitado senso de controle sobre suas vidas. Afinal de contas, o que alguém pode fazer para mudar a "preguiça", a "irresponsabilidade" ou o "pouco controle dos impulsos" de uma outra pessoa? Os terapeutas comportamentais cognitivos acreditam que uma mudança de atribuição é necessária para tornar possível uma mudança de comportamento, mas que, por sua vez, uma mudança de comportamento é necessária para reforçar atribuições novas e mais produtivas.

Em geral, os comportamentalistas dão pouca ênfase à "arte" da terapia, tratando-a, ao invés, como um procedimento técnico que depende amplamente da aplicação da teoria da aprendizagem. Alguns autores comportamentais argumentaram que a mudança acontece se forem aplicados princípios comportamentais atuais, independentemente da personalidade do indivíduo ou do estilo do terapeuta (Stuart, 1969; Hawkins, Peterson, Schweid e Bijou, 1966). Contudo, os terapeutas comportamentais contemporâneos agora percebem que um tratamento bem-sucedido requer habilidades complexas e grande tato. Segundo Ian Falloon (1991), a aliança terapêutica apoiadora essencial para um tratamento efetivo é mantida pela demonstração de respeito pela família, aderência constante às combinações sobre horários, local e foco da terapia (isso significa não mudar o foco dos problemas parentais para os conjugais sem a concordância explícita do casal), e o reconhecimento de que os membros da família estão fazendo o melhor que podem. "O papel do terapeuta não é confrontar a inadequação desses melhores esforços, mas facilitar tentativas de superar déficits manifestos e melhorar a eficiência das respostas dos membros da família" (Falloon, 1991, p. 85). Falloon aconselha que a confrontação, a coerção e as críticas sejam minimizadas e que os terapeutas concentrem-se, em vez disso, em validar os esforços que os familiares estão fazendo.

Tradicionalmente, os comportamentalistas não se preocupavam muito com a resistência, apesar de os teóricos sistêmicos terem estabelecido que todo sistema social resiste à mudança, quer de dentro quer de fora. Embora os terapeutas comportamentais tenham reconhecido a importância da resistência (Birchler, 1988), a maioria tende a supor que as pessoas que buscam psicoterapia são capazes de um esforço racional e colaborativo para mudar. Conforme Spinks e Birchler (1982, p. 172) colocam:

> A maioria dos comportamentalistas vê os supostos fenômenos de resistência como o resultado de um manejo de caso ineficaz. Isto é, a resistência é um sinal de que o modelo de tratamento ou o terapeuta não têm tido sucesso, e não de que os clientes resistem inerentemente à mudança ou não se modificarão.

Os terapeutas cognitivo-comportamentais passaram a se preocupar mais com a resistência (Birchler, 1988) em particular, no que diz respeito à aderência às tarefas de tema de casa (Dattilio, 2002), mas a sua visão difere da dos terapeutas sistêmicos de duas maneiras. Primeiro, eles vêem a resistência principalmente como uma propriedade dos indivíduos, e não como uma tendência homeostática dos sistemas. Segundo, supõem que, embora os membros da família possam ter crenças ou expectativas que interferem na mudança, essas crenças podem ser reexaminadas e reavaliadas com relativa facilidade. Depois que as preocupações dos indivíduos forem tratadas, a terapia pode continuar. Embora esse otimismo feliz pareça preferível àqueles terapeutas sistêmicos que acreditam que os membros da família são cegamente impulsionados por forças mecânicas às quais não conseguem resistir, ele também parece um pouco ingênuo.

Conforme sua experiência com famílias aumentou, nas décadas de 1970 e 1980, os terapeutas comportamentais começaram a incorporar ao seu trabalho princípios e técnicas da teoria dos sistemas. Gerald Patterson, por exemplo, estudou a terapia familiar estrutural de Minuchin, e Gary Birchler integrou a teoria dos sistemas e a terapia conjugal comportamental (Birchler e Spinks, 1980; Spinks e Birchler, 1982). Segundo Birchler, a terapia familiar comportamental pura é excessivamente estruturada e não consegue lidar com a dinâmica relacional subjacente.

Um princípio importante do tratamento familiar comportamental é que a melhor maneira de obter mudanças de comportamento é acelerando comportamentos positivos, em vez de desacelerando comportamentos negativos. Embora, como vimos, possa ser necessário introduzir punição para eliminar comportamentos anti-sociais em crianças agressivas, os terapeutas comportamentais em geral tentam minimizar a coerção pelo controle aversivo ou pela extinção. Acredita-se que a maioria das famílias perturbadas já utiliza essas abordagens excessivamente. Portanto, apenas o reforço positivo é amplamente utilizado na terapia familiar comportamental.

Os terapeutas comportamentais ensinam os pais a utilizar o reforço positivo em vez do controle aversivo.

Os terapeutas comportamentais manipulam diretamente as contingências de reforço nas famílias que tratam, e podem, eles próprios, fornecer reforço quando os membros da família aceitam suas instruções. Depois que os novos comportamentos foram estabelecidos, os terapeutas aconselham os membros da família a utilizar reforço positivo intermitente e depois a diminuir os reforços materiais em favor dos sociais. Seguindo-se a esse controle direto, os terapeutas ensinam os membros da família a observar e modificar suas próprias contingências de reforço, para manterem seus ganhos iniciais utilizando procedimentos de autocontrole.

A teoria da aprendizagem pode ter sido desenvolvida pela observação de ratinhos brancos em labirintos de laboratório, mas a sua aplicação às famílias é uma outra questão. É importante não fazer suposições simplistas sobre o que pode ser recompensador e o que pode ser punitivo. Em vez disso, é essencial examinar as conseqüências interpessoais do comportamento. O terapeuta precisa descobrir o que é reforçador para cada pessoa e cada família, em vez de supor que certas ações são universalmente reforçadoras. Além disso, uma variedade de comportamentos diferentes pode ter como alvo a mesma recompensa. Por exemplo, uma criança pode ter ataques de raiva, choramingar ou derrubar objetos em momentos diferentes, mas todos esses comportamentos podem ser reforçados pela atenção parental. Portanto, a fim de compreender como ajudar a família a mudar, o terapeuta precisa transferir a sua atenção do comportamento para as conseqüências.

TERAPIA

Treinamento comportamental dos pais

A maioria dos terapeutas familiares parte da suposição de que a família, não o indivíduo, é o problema, de modo que toda a família precisa ser reunida para resolvê-lo. Os terapeutas comportamentais, por outro lado, aceitam a visão dos pais de que a criança é o problema e, em geral, reúnem-se apenas com um dos pais (adivinhe qual) e a criança, embora alguns comportamentalistas (Gordon e Davidson, 1981) recomendem que ambos os pais, e inclusive os irmãos mais velhos, sejam incluídos.

Talvez seja mais exato dizer que a terapia de treinamento parental comportamental aceita que a criança *tem* o problema em vez de *ser* o problema. A suposição é que a raiz dos problemas da criança está na provisão de conseqüências inconsistentes ou inadequadas para os comportamentos-problema (Patterson e Brodsky, 1966) e no fracasso em apoiar comportamentos positivos (Patterson e Forgatch, 1995).

> Os pais de crianças anti-sociais ignoram comportamentos pró-sociais e tendem a ser inefetivos no uso de punição. De tempos em tempos, explodem e agridem fisicamente os filhos. Nas famílias não-problemáticas, os comportamentos pró-sociais são reforçados com freqüência, e os pais estabelecem limites de forma consistente para os comportamentos desviantes. Quando as crianças entram na escola, o treinamento familiar é suplementado por bons esquemas tanto de reforço positivo quanto negativo, fornecidos pelos iguais e pelos professores. (Forgatch e Patterson, 1998, p. 86)

A intervenção mais comumente utilizada é o condicionamento operante, no qual os reforços empregados podem ser tangíveis ou sociais. De fato, descobriu-se que elogio e atenção são tão efetivos quanto dinheiro ou doces (Bandura, 1969). Técnicas operantes podem ser ainda divididas em modelagem, economias de fichas ou prêmios, contratos e manejo de contingências e intervalo ou tempo para pensar (remoção para uma situação não-reforçadora).

A **modelagem** (Schwitzgebel e Kolb, 1964) consiste em reforçar a mudança em pequenos passos. As **economias de fichas ou prêmios** (Baer e Sherman, 1969) utilizam pontos ou estrelas para recompensar a criança pelo bom comportamento. Os *contratos de contingências* (Stuart, 1971) envolvem a concordância dos pais em fazer certas modificações após mudanças feitas pela criança. O *manejo de contingências* (Schwitzgebel, 1967) consiste em dar e retirar recompensas com base no comportamento da criança. O **intervalo ou tempo para pensar** (Rimm e Masters, 1974) é uma punição em que a criança fica sentada em um canto ou em seu quarto por um tempo.

Avaliação

Em comum com outras formas de terapia comportamental, o treinamento parental começa com uma avaliação cuidadosa. Embora o procedimento varie de clínica para clínica, a maioria das avaliações baseia-se no modelo de comportamento SORKC de Kanfer e Phillips (1970): *S* para estímulo, *O* para o estado do organismo, *R* para a resposta-alvo, *KC* para a natureza e contingência das conseqüências. O seguinte exemplo ilustra como se aplica esse modelo de avaliação.

Estudo de caso

No caso de pais que se queixam de que o filho os importuna para comer doces entre as refeições e tem ataques de fúria se não ganha nenhum, os ataques seriam considerados o comportamento-alvo (*R*). O estado do organismo (*O*), poderia ser fome ou, mais provavelmente, aborrecimento. O estímulo (*S*), poderia ser a visão dos doces dentro do pote, e a contingência de conseqüências (*KC*), poderia ser os pais cederem ocasionalmente e lhe darem doces para comer, em especial se ele fizer muito estardalhaço.

Em casos simples, tais como esse, é fácil aplicar o modelo SORKC, mas ele rapidamente torna-se mais complexo com famílias em que existem longas cadeias de comportamentos inter-relacionados. Considere o seguinte.

Estudo de caso

O Sr. e a Sra. J. queixam-se de que seus dois filhos pequenos choramingam e fazem provocações à mesa do jantar. Uma observação em casa revela que, quando o Sr. J. grita com as crianças por se comportarem mal, elas começam a choramingar e ficam em pé junto à cadeira da mãe.

Dada essa seqüência, não é difícil aplicar o modelo SORKC. Imagine, todavia, que a seqüência referida é apenas parte de um quadro mais complexo.

De manhã, o Sr. J. faz uma proposta sexual à esposa, mas ela, cansada de tomar conta das crianças, vira para o outro lado e volta a dormir. O Sr. J. fica magoado e sai para trabalhar depois de fazer alguns comentários grosseiros para a mulher. Ela, sentindo-se rejeitada pelo marido, passa todo o dia brincando com as crianças em busca de alívio. Quando chega a hora de preparar o jantar, a Sra. J. está exausta e exasperada com as crianças. O Sr. J. chega em casa após um dia duro no escritório e tenta se desculpar com a esposa abraçando-a. Ela responde, mas apenas perfunctoriamente, porque está ocupada tentando cozinhar. Enquanto ela está diante do fogão, as crianças e o Sr. J. competem por sua atenção, cada um querendo contar algo a ela. Finalmente, ela explode com o marido: "Você não está vendo que eu estou ocupada?" Ele vai para o seu gabinete e lá permanece, emburrado, até o jantar ficar pronto. Exatamente como a esposa tem dificuldade para expressar sua raiva pelas crianças e desconta nele, o Sr. J. tem dificuldade em dirigir sua raiva para a mulher e, então, tende a desviá-la para os filhos. À mesa do jantar, ele grita com as crianças diante da menor infração, e nesses momentos elas choramingam e recorrem à mãe. Ela deixa uma das crianças sentar em seu colo enquanto acaricia o cabelo da outra.

Nessa seqüência mais longa, mas não atípica, qual é o estímulo e qual é a resposta? Obviamente, essas definições tornam-se circulares, e sua aplicação depende da perspectiva do observador.

A avaliação, no treinamento comportamental dos pais, envolve definir, observar e registrar a freqüência do comportamento a ser modificado, e também os acontecimentos que o precedem e o sucedem. Entrevistas, geralmente com a mãe, visam a fornecer uma definição do problema e uma lista de potenciais reforços. Podem ser realizadas observações por meio de um espelho de observação ou durante uma visita à casa. Dados iniciais, coletados antes do início da terapia, podem ser registrados por terapeutas ou membros da família. Costuma-se treinar os pais a identificar comportamentos-problema, observar e registrar sua ocorrência e notar a ocorrência e freqüência de vários acontecimentos que poderiam servir como estímulos e reforços. Listas de verificação e questionários fornecem informações que podem ter sido ignoradas nas entrevistas. O produto final deste estágio da avaliação é a seleção de comportamentos-alvo para modificação.

O estágio de mensuração e análise funcional consiste em observar e registrar concretamente o comportamento-alvo, assim como seus antecedentes e conseqüências. Isso pode ser feito pelos pais em casa ou por terapeutas na clínica – e agora, cada vez mais, por terapeutas no ambiente natural (Arrington, Sullaway e Christensen, 1988).

Técnicas terapêuticas

Depois de concluir a avaliação, o terapeuta decide quais comportamentos devem ser aumentados e quais diminuídos. Para acelerar comportamentos, aplica-se o **princípio de Premack** (Premack, 1965): isto é, comportamentos de alta probabilidade (especialmente atividades agradáveis) são escolhidos para reforçar os de baixa probabilidade de ocorrência. Outrora se pensava que o reforço deveria satisfazer alguma pulsão básica, como fome ou sede, mas agora se sabe que quaisquer comportamentos escolhidos mais freqüentemente (dada uma grande variedade de escolhas) podem servir como reforço para aqueles escolhidos menos freqüentemente.

Estudo de caso

A Sra. G. queixou-se de não conseguir fazer com que o filho de 5 anos, Adam, arrumasse o quarto de manhã. Ela prosseguiu, dizendo que tentava recompensá-lo com doces, dinheiro e brinquedos, mas "Nada funciona!". Uma análise funcional do comportamento de Adam revelou que, dada sua escolha de coisas a fazer, os comportamentos mais prováveis eram assistir à televisão, andar de bicicleta e brincar com lama atrás da casa. Depois que essas atividades foram tornadas dependentes de arrumar seu quarto, ele rapidamente aprendeu a fazer isso.

Uma variedade de reforços materiais e sociais tem sido empregada para acelerar comportamentos desejados, mas, conforme demonstra o princípio de Premack, para ser efetivo o reforço precisa ser popular com a criança. Embora dinheiro e doces pareçam recompensas poderosas, eles podem não ser tão efetivos para algumas crianças quanto uma chance de brincar com lama.

Depois de escolherem recompensas efetivas, os pais são ensinados a **moldar** o comportamento desejado reforçando aproximações sucessivas do objetivo final. Eles também são ensinados a elevar gradualmente os critérios de reforço, e a apresentar o reforço de forma dependente e imediata do comportamento desejado.[2] Depois que a criança apresentar regularmente a resposta desejada, o reforço se tornará intermitente, a fim de aumentar a durabilidade do novo comportamento.

A técnica mais comum para desacelerar comportamentos é o **intervalo ou tempo para pensar**. Isso significa ignorar ou isolar a criança depois que ela se comportar mal. Estudos mostram que uma duração de cerca de cinco minutos é muito efetiva (Pendergrass, 1971). Primeiro a criança é avisada, para ter uma chance de controlar o próprio comportamento, antes de ser colocada para pensar. Outras técnicas usadas para desacelerar comportamentos incluem repreendê-la verbalmente, ignorá-la ou isolá-la. Simplesmente repetir uma ordem para a criança revelou-se a maneira mais ineficiente de mudar seu comportamento (Forehand et al., 1976).

Devido à inconveniência de reforçar um comportamento logo depois de sua ocorrência, sistemas de fichas ou prêmios têm sido muito populares no treinamento parental. Pontos são ganhos por comportamentos desejáveis e perdidos por comportamentos indesejáveis (Christophersen, Arnold, Hill e Quilitch, 1972). Os princípios de treinamento comportamental dos pais descritos são exemplificados e delineados mais claramente no seguinte estudo de caso.

Estudo de caso

A Sra. F. é mãe de duas crianças pequenas e procurou a clínica queixando-se de dores de cabeça e crises de choro. Na entrevista inicial, a terapeuta considerou-a um pouco deprimida e concluiu que a depressão era principalmente uma reação à dificuldade de lidar com os filhos. Suzie, de 5 anos, era uma criança tímida que tinha acessos de cólera freqüentes. Robert, de 8 anos, era mais sociável, mas estava indo mal na escola. As crianças eram difíceis de controlar, e a Sra. F. sentia-se impotente ao lidar com elas.

Uma análise funcional de comportamento revelou que a timidez de Suzie resultava em atenção extra por parte de sua mãe ansiosa. Sempre que Suzie recusava um convite para brincar com outras crianças, a mãe passava muito tempo fazendo coisas para que ela se sentisse melhor. A terapeuta selecionou comportamentos sociais (não-timidez) como a primeira resposta-alvo, e instruiu a Sra. F. a reforçar todas as tentativas de socialização e a ignorar Suzie quando ela evitasse contatos sociais. Portanto, sempre que Suzie fazia alguma tentativa de socializar com outras crianças, a Sra. F. imediatamente a reforçava com atenção e elogios. Quando Suzie escolhia ficar em casa em vez de brincar com outras crianças, sua mãe a ignorava, ocupando-se, ao invés, com coisas que

Intervalo ou tempo para pensar é a forma de punição mais efetiva para crianças pequenas.

precisava fazer. Em três semanas, a Sra. F. relatou que Suzie "parecia ter superado sua timidez".

Depois desse sucesso inicial, a terapeuta sentiu que chegara a hora de ajudar a Sra. F. a lidar com o problema mais difícil das explosões furiosas de Suzie. Como era improvável que os ataques ocorressem enquanto a família estava na clínica ou durante uma visita à casa, a terapeuta instruiu a Sra. F. a observar e tomar notas durante uma semana. Essas notas revelaram que Suzie geralmente tinha seus acessos quando os pais negavam seus pedidos de algum regalo ou presente especial, tal como ficar acordada até mais tarde para assistir à televisão. Além disso, os ataques eram mais prováveis no final do dia, quando Suzie (e os pais) estava cansada. Em referência a como os pais reagiam a essas explosões enlouquecedoras, a Sra. F. relatou que "Nós tentamos de tudo. Às vezes tentamos ignorá-la, mas isso é impossível; ela simplesmente grita e berra até não agüentarmos mais. Outras vezes nós batemos nela – ou lhe damos o que ela quer, só para que fique quieta. Às vezes, depois de apanhar, ela chora tanto que deixamos que fique assistindo à televisão até se acalmar. Isso geralmente funciona".

Depois de escutar essa descrição, a terapeuta explicou como o Sr. e a Sra. F., inadvertidamente, tinham reforçado os ataques e lhes disse como teriam de agir para que cessassem. Durante a semana seguinte, os F. ignorariam os acessos de fúria sempre que ocorressem. Se ocorressem na hora de dormir, Suzie seria colocada na sua cama; se ela continuasse chorando e berrando, seria deixada sozinha até se acalmar. Somente depois que ela parasse é que os pais iriam conversar com ela sobre o que estava querendo. Na semana seguinte, a Sra. F. disse que os ataques realmente tinham diminuído, exceto por uma noite em que assumiram uma forma nova e mais perturbadora. Ao ser informada de que não poderia ficar assistindo à televisão até mais tarde, Suzie começou a berrar e chorar como fazia habitualmente. Em vez de ceder, a Sra. F. colocou Suzie em seu quarto e mandou que se aprontasse para dormir. Entretanto, percebendo que os pais iriam ignorá-la, como tinham feito durante toda a semana, Suzie começou a berrar e a quebrar objetos em seu quarto. "Foi horrível, ela estava completamente descontrolada. Chegou a quebrar a lâmpada em formato de cachorrinho que eu comprei para ela. Nós não sabíamos o que fazer, de modo que deixamos que ela ficasse acordada até mais tarde". A terapeuta descreveu mais uma vez as conseqüências de tal comportamento, e explicou para a Sra. F. como, se Suzie ficasse destrutiva novamente, ambos os pais deveriam segurá-la até que o ataque cessasse.

Na sessão seguinte, a Sra. F. contou como Suzie "ficara fora de controle novamente". Desta vez, entretanto, ao invés de ceder, os pais a seguraram conforme haviam sido instruídos a fazer. A Sra. F. ficou pasma com a fúria e duração do ataque resultante. "Mas nós nos lembramos do que você disse – não íamos ceder de maneira nenhuma!" Levou 20 minutos, mas Suzie finalmente se acalmou. Essa foi a última vez em que Suzie ficou tão violenta durante um acesso de raiva. No entanto, ela continuou tendo explosões ocasionais nas semanas seguintes. De acordo com a Sra. F., os poucos acessos que ocorreram pareciam acontecer em locais ou em condições diferentes dos episódios habituais em casa (Suzie agora aprendera que não seria reforçada). Por exemplo, um episódio aconteceu no supermercado, quando Suzie soube que não ganharia uma barra de chocolate. A essa altura, a Sra. F. estava convencida da necessidade de não reforçar os acessos, e não o reforçou. Como estava envergonhada pelo estardalhaço que a filha fazia em público, ela achou necessário tirá-la da loja. Fez Suzie entrar no carro e cuidou para que aquela não fosse uma experiência agradável. Muito poucos ataques se seguiram a esse.

A seguir, a terapeuta voltou sua atenção para o mau desempenho escolar de Robert. Uma avaliação cuidadosa revelou que Robert habitualmente dizia não ter tema de casa para fazer. Depois de conversar com a professora de Robert, a terapeuta descobriu que as crianças costumavam ter tema de casa, e que se esperava que estudassem de trinta minutos a uma hora todas as noites. A Sra. F. selecionou um comportamento de alta probabilidade, assistir à televisão, e o tornou contingente à conclusão do tema de casa. Nas primeiras duas semanas deste regime, a Sra. F. achou necessário telefonar para a professora todas as noites para verificar as tarefas. Mas isso logo deixou de ser necessário. Fazer o tema de casa rapidamente tornou-se um hábito para Robert, e suas notas passaram, de D e C, para B e A no final do ano escolar. A essa altura, todo o mundo estava mais feliz, e a Sra. F. achava que a família não precisava mais de ajuda.

Uma sessão de seguimento no outono revelou que as coisas continuavam indo bem. Suzie estava agora muito mais sociável e há meses não tinha nenhum ataque de raiva. Robert estava indo bem na escola, embora tivesse começado a negligenciar algumas das tarefas mais difíceis. Para tratar disso, a terapeuta explicou à Sra. F. como instituir um sistema de prêmios com fichas, e ela conseguiu utilizá-lo com excelentes resultados.

O exemplo precedente ilustra uma forma de treinamento comportamental para os pais em que o terapeuta reúne-se com a mãe e lhe ensina a usar os princípios do condicionamento operante. Outro formato é observar os pais e a criança interagindo na clínica, por meio de um espelho undirecional. Desta maneira, o terapeuta pode observar em primeira mão o que realmente se passa. Com essa abordagem, os pais podem ser ensinados a brincar com os filhos, a disciplina-los e a negociar com eles. Às vezes, o terapeuta que está observando pode se comunicar com os pais por intermédio de um microfone remoto, chamado de "escuta no ouvido".

Atualmente, a abordagem mais utilizada de treinamento comportamental dos pais envolve ensinar comportamentos pró-sociais por meio do encorajamento contingente e das tabelas de incentivo. Determinadas tarefas são divididas em passos claramente definidos, com pontos atribuídos a cada um. O número de pontos pode refletir a dificuldade do comportamento ou o valor que os pais lhe atribuem.

Recompensas comuns incluem algum alimento preferido, momentos especiais com um dos pais ou ambos, passatempos em casa (como computador ou televisão), privilégios e coisas que custam dinheiro. Os itens usados como recompensa são modificados regularmente para manter as coisas interessantes. Quando a criança aprende uma determinada tarefa ou responsabilidade, a tabela é alterada para incluir algo novo.

Técnicas disciplinares habitualmente são introduzidas depois de serem obtidos progressos no reforço de comportamentos positivos. No caso de pré-adolescentes, a técnica disciplinar mais empregada é o *intervalo*. O intervalo normalmente começa com a remoção da criança para um lugar aborrecido por cinco minutos. (Crianças mais velhas são enviadas para o colégio para assistir a longas preleções.) Quando a criança se recusa a obedecer, os pais são ensinados a aumentar o tempo, minuto por minuto, até um máximo de dez minutos. Se a criança continua se recusando a obedecer, um privilégio é removido. Quando os pais são consistentes, as crianças logo aprendem a cumprir o intervalo para não perder a oportunidade de assistir à televisão ou usar o computador por uma hora.

As famílias são incentivadas a reunir-se semanalmente para discutir questões importantes, como mudanças nas regras familiares, negociação de direitos e responsabilidades, e planejamento de eventos especiais (Forgatch e Patterson, 1998). Os pais de crianças problemáticas também são ensinados a monitorar os filhos quando eles estão na escola ou em algum outro lugar criando uma rede com pais de amigos dos filhos e mantendo-se em contato com as professoras e os coordenadores de atividades extracurriculares. O terapeuta pode chamar os pais durante a semana para verificar seu progresso e encorajar seus esforços.

Como parte do componente educacional do treinamento parental, os pais são ensinados a fazer pedidos de uma maneira que aumente a probabilidade da anuência da criança. Pedidos efetivos são curtos e gentis; são feitos na proximidade física da criança; são enunciados como afirmações, não como perguntas, e pedem apenas uma coisa por vez. "Por favor, coloque seu prato na pia", e não "O que o seu prato está fazendo no tapete da sala de estar?"

As técnicas descritas são particularmente efetivas com crianças pequenas. Com adolescentes, são mais usados os *contratos de contingência* (Alexander e Parsons, 1973; Rinn, 1978). Esses contratos são introduzidos como uma maneira de todos os familiares obterem algo dando algo em troca. Pais e adolescentes são solicitados a especificar qual comportamento gostariam que os outros modificassem. Esses pedidos constituem o núcleo do contrato inicial. Para ajudar os membros da família a montar um contrato, o terapeuta encoraja (a) uma comunicação clara de conteúdo e sentimentos, (b) uma apresentação clara do pedido, o que leva à (c) negociação, com cada pessoa recebendo algo em troca de alguma concessão.

Alexander e Parsons (1973) recomendam começar com questões fáceis enquanto a família está aprendendo os princípios do contrato de contingência. O sucesso no manejo das questões mais triviais vai aumentar a disposição da família para enfrentar problemas mais difíceis. Alguns pais ficam relutantes em negociar com os filhos para que eles façam coisas "que *teriam de fazer de qualquer maneira, sem serem subornados*". De fato, esses pais têm um argumento legítimo, e devem ser ajudados a compreender a diferença entre regras (que não são negociáveis) e privilégios (que podem ser negociados).

O treinamento comportamental dos pais também é realizado em programas já estabelecidos, destinados à educação preventiva. O conteúdo desses programas varia de princípios gerais de comportamento operante a técnicas específicas para manejar problemas específicos. Muitos desses programas incluem como preparar as tabelas, ou gráficos, envolvendo o comportamento-alvo. Os pais também são ensinados a apresentarem as regras e fazerem com que sejam cumpridas, e aprendem a importância da consistência. O treinamento no uso de reforço positivo inclui ajudar os pais a aumentar a freqüência e variedade dos reforços que utilizam. Além de aumentar a freqüência de comportamentos que os filhos já estão apresentando, os pais são ensinados a estimular novos comportamentos por meio de modelagem, exemplo, instrução e sugestões.

Terapia comportamental de casal

Avaliação

Como no treinamento dos pais, a terapia comportamental do casal começa com uma avaliação cuidadosa, estruturada. Este processo habitualmente inclui entrevistas clínicas, avaliação de comportamentos-alvo específicos e questionários conjugais. O questionário mais utilizado é o Locke-Wallace Marital Adjustment Scale (Locke e Wallace, 1959), um questionário de 23 perguntas sobre vários aspectos de satisfação conjugal, incluindo comunicação, sexo, afeição, atividades sociais e valores. Outras medidas de auto-relato bastante utilizadas incluem o Marital Satisfaction Inventory (Snyder, 1979), uma espécie de MMPI* para casais, que produz índices de funcionamento conjugal em variadas dimensões, e o Areas-of-Change Questionnaire (Weiss, Hops e Patterson, 1973), que pede ao casal que indique comportamentos do parceiro que eles gostariam de ver modificados.

Weiss e Patterson criaram um instrumento para ajudar os casais a coletar dados de observação em casa. A Spouse Observation Checklist (Weiss, Hops e Patterson, 1973) consiste em cerca de 400 comportamentos de casal agrupados em 12 categorias: companheirismo, afeição, consideração, comunicação, sexo, união, cuidado dos filhos, manutenção da casa, manejo financeiro, atividades de trabalho (escola), hábitos pessoais e independência pessoal e do cônjuge. Os parceiros devem verificar cada comportamento que ocorre em um determinado período de 24 horas e avaliar sua satisfação diária com o relacionamento em uma escala de nove pontos.

A avaliação tem por objetivo revelar forças e fraquezas do relacionamento do casal e a maneira pela qual recompensas e punições são trocadas. As entrevistas são usadas para especificar e definir comportamentos-alvo revelados pelos instrumentos estruturados de avaliação. Durante as entrevistas, são feitas tentativas de compreender a etiologia dos problemas descritos pelo casal e de observar outros problemas além dos percebidos pelos próprios cônjuges. Em geral, todavia, os terapeutas comportamentais não dão grande ênfase às entrevistas (Jacobson e Margolin, 1979) e preferem questionários escritos e a observação direta das interações do casal. Jacobson (1981) fornece um esboço para a avaliação pré-tratamento (veja Tabela 10.1).

Técnicas terapêuticas

Depois de concluir a avaliação, o terapeuta comportamental apresenta ao casal uma análise de seu relacionamento em termos de aprendizagem social. Ao fazer isso, o terapeuta cuida para acentuar os aspectos positivos, ten-

---

* N. de R.T.: Inventário Multifásico Minnesota de Personalidade.

Tabela 10.1
Avaliação pré-tratamento de Jacobson para a terapia conjugal

A) Forças e habilidades do relacionamento

Quais são as maiores forças deste relacionamento?
Qual é a atual capacidade de cada cônjuge de reforçar o outro?
Que comportamentos de cada cônjuge são altamente valorizados pelo outro?
Que atividades compartilhadas o casal realiza atualmente?
Que interesses comuns eles compartilham?

B) Problemas apresentados

Quais são as principais queixas e como elas se traduzem em termos comportamentais explícitos?
Que comportamentos ocorrem com freqüência excessiva ou em momentos inadequados do ponto de vista de cada cônjuge?
Quais são os reforços que estão mantendo esses comportamentos?
Que comportamentos ocorrem com uma freqüência menor que a desejada ou deixam de acontecer em momentos apropriados do ponto de vista de cada cônjuge?
Quais são as conseqüências desses comportamentos atualmente, quando eles ocorrem?
Como os problemas atuais desenvolveram-se ao longo do tempo?
Existe um consenso sobre quem toma decisões importantes em relação a várias áreas do relacionamento?
Que tipo de decisão é tomada coletivamente, em oposição a unilateralmente?

C) Sexo e afeição

Algum dos cônjuges está atualmente insatisfeito com a freqüência, qualidade ou diversidade da vida sexual dos dois?
Se hoje o sexo é um problema, houve uma época em que ele era mutuamente satisfatório?
Quais são os comportamentos sexuais que parecem estar associados à insatisfação atual?
Um ou ambos os parceiros estão insatisfeitos com a quantidade ou qualidade da afeição física não-sexual?
Qual é a história do casal no que diz respeito a casos extraconjugais?

D) Perspectivas futuras

Os parceiros buscam a terapia para melhorar seu relacionamento, para se separar ou para decidir se vale a pena trabalhar pela relação?
Quais são as razões de cada um para manter o relacionamento apesar dos problemas atuais?

E) Avaliação do ambiente social

Quais são as alternativas de cada um ao presente relacionamento?
Quão atraentes são essas alternativas para cada cônjuge?
O ambiente (pais, parentes, amigos, colegas de trabalho, filhos) apóia a manutenção ou a dissolução do presente relacionamento?

F) Funcionamento individual de cada cônjuge

Um ou ambos os cônjuges apresentam problemas emocionais ou comportamentais sérios?
Um ou ambos os cônjuges apresentam uma história psiquiátrica própria? Especificar.
Eles já estiveram em terapia antes, quer sozinhos quer juntos? Que tipo de terapia? Resultados?
Qual é a experiência anterior de cada um com relacionamentos íntimos?
De que maneira o relacionamento atual é diferente?

Adaptado de: Jacobson, N.S. 1981. Behavioral marital therapy. Em: *Handbook of family therapy*, A.S. Gurman e D.P. Knisken (eds.), p. 565-566. Nova York: Brunner/Mazel.

tando manter uma expectativa otimista e uma postura colaborativa (Jacobson, 1981).

Uma das coisas que torna difícil a terapia de casal é os parceiros, em relacionamentos perturbados, com freqüência se verem como vítimas do retraimento ou da exigência do outro. Ao apresentar uma análise do relacionamento em termos de aprendizagem, o terapeuta introduz um foco que implica mútua responsabilidade pelos problemas – e mútua possibilidade de mudança. Embora cada parceiro possa ter um investimento ao se ver como inocente, o que provavelmente não vai mudar com preleções sobre responsabilidade compartilhada, a perspectiva mais ampla oferecida por uma análise comportamental deixa claro que cada um tem algum controle sobre as contingências que governam o relacionamento.

Os casais costumam enunciar seus objetivos negativamente: "Eu gostaria que ele não brigasse sempre comigo" ou "Ela me censura demais". A maioria tem dificuldade de descrever comportamentos que gostariam que o parceiro acelerasse. Para ajudá-los a fazer isso, alguns terapeutas (Azrin, Naster e Jones, 1973) pedem aos casais que façam uma lista das coisas agradáveis que o parceiro faz durante a semana. Revisar essa lista na sessão seguinte fornece uma oportunidade para enfatizar a importância do *feedback* positivo.

Stuart (1975) lista cinco estratégias que resumem a abordagem comportamental aos casamentos com problemas. Primeiro, o casal é ensinado a se expressar com descrições comportamentais claras, e não com queixas vagas. Segundo, aprende procedimentos novos de intercâmbio comportamental, enfatizando o controle positivo em vez do controle aversivo. Terceiro, o casal é ajudado a melhorar sua comunicação. Quarto, é encorajado a estabelecer meios claros e efetivos de compartilhar o poder e tomar decisões. Quinto, o casal aprende estratégias para resolver futuros problemas, como um meio de manter e ampliar os ganhos iniciados na terapia.

Procedimentos que envolvem **a teoria do intercâmbio comportamental** são ensinados para ajudar o casal a aumentar a freqüência de comportamentos desejados. O casal é aconselhado a expressar seus desejos especificamente e em termos comportamentais. "Você deveria conhecer melhor as minhas necessidades" poderia se traduzir em "Eu gostaria que você me perguntasse o que está errado quando percebe que estou chateada". Um procedimento típico é pedir a cada parceiro que liste três coisas que gostaria que o outro fizesse com maior freqüência. Enquanto desta maneira explicitamente trocam "carícias", aprendem formas de se influenciar mutuamente pelo reforço positivo. Uma tática alternativa é pedir a cada um que pense em coisas que o outro poderia querer, fazer essas coisas e ver o que acontece. Weiss e colaboradores orientam os casais a terem "dias de amor", em que cada um duplica seus comportamentos para agradar o outro (Weiss e Birchler, 1978). Stuart (1976) faz os casais se alternarem em "dias de carinho", em que um dos parceiros demonstra seu carinho de tantas maneiras quanto for possível.

A seguinte vinheta, retirada de uma série de vídeos de oficinas, ilustra como Richard Stuart concentra-se em ajudar os casais a aprenderem a fazer o outro feliz, em vez de tentarem resolver os problemas que os levaram à terapia.

Estudo de caso

Wesley e Adele são um casal de meia-idade, de classe trabalhadora. Este é o terceiro casamento dela e o quarto dele. Wesley sente-se rejeitado porque Adele costuma trabalhar até tarde; ao mesmo tempo, ela acha que ele não é afetuoso com ela e que se retrai sempre que ela toma a iniciativa em termos sexuais. O Dr. Stuart começa com uma breve história familiar de cada cônjuge e depois explora a história do relacionamento deles. Na segunda metade da entrevista, o Dr. Stuart oferece sugestões para melhorar o relacionamento do casal: eles devem agir "como se" as coisas estivessem bem e eles se importassem um com o outro.

Quando o Dr. Stuart diz ao casal que podem *escolher* fazer o casamento funcionar agindo amorosamente um com o outro, ambos parecem um pouco céticos. Quando Adele revela que não sabe se Wesley está realmente comprometido a ficar no relacionamento, o Dr. Stuart sugere que ela precisa se sentir segura quanto ao comprometimento dele e, usando o exemplo de seu próprio casamento, lhes diz novamente que ambos podem acentuar o positivo, esforçando-se para expressar seu carinho um pelo outro.

Mais tarde, Stuart sugere que Wesley comece a agir "como se" se sentisse próximo de Adele e lhe garante que ela responderá na mesma medida se ele agir afetuosamente. De novo, Stuart utiliza seu próprio casamento para exemplificar como duas pessoas podem se fazer felizes esforçando-se para agir amorosamente uma com a outra. De fato, ele garante a Wesley que, se ele agir com carinho, Adele responderá, e pede a Wesley que concorde em tentar isso como um experimento. Embora ainda pareçam um tanto céticos, ambos concordam em experimentar a idéia de agir positivamente em relação ao outro.

Em um estudo longitudinal cuidadosamente planejado, Gottman e Krokoff (1989) descobriram que discordância e intercâmbios zangados, que têm sido muitas vezes considerados destrutivos para os relacionamentos, podem não ser prejudiciais no final das contas. Esses padrões estão correlacionados com insatisfação imediata, mas predizem maior satisfação depois de três anos. Defensividade, obstinação e fuga de conflitos, por outro lado, realmente *levam* à deterioração no casamento com o passar do tempo. A submissão passiva pode criar uma fachada de harmonia, mas não funciona no correr do tempo – como muitos parceiros dominadores casados com pessoas submissas descobrem quando o outro, que "costumava ser tão agradável", subitamente se torna "tão crítico".

Tratar dos conflitos pode deixar muitos casais inquietos, mas é um prelúdio essencial ao enfrentamento e à solução dos problemas. A raiva que acompanha a expressão direta de insatisfação pode ser dolorosa, mas também é saudável. Gottman e Krokoff concluem (1989, p. 51): "Se a esposa quer introduzir e examinar as discordâncias no casamento, nossos dados sugerem que, para aumentar a satisfação conjugal a longo prazo, talvez ela precise fazer isso levando o marido a confrontar as áreas de discórdia e a expressar abertamente sua discordância e raiva". Em outras palavras, a confrontação só é efetiva se não tornar o parceiro defensivo. Não é apenas a honestidade o que importa, mas a honestidade expressa de uma maneira que o parceiro consiga tolerar.

O treinamento em habilidades de comunicação pode ser feito em grupo (Hickman e Baldwin, 1971; Pierce, 1973) ou apenas com o casal. O treinamento inclui instrução, modelagem, desempenho de papel, exercícios estruturados, ensaio de comportamentos e *feedback* (Jacobson, 1977; Stuart, 1976). Os casais aprendem a ser específicos, a enunciar os pedidos em termos positivos, a responder diretamente às críticas em vez de se queixar em retorno, a falar sobre o presente e o futuro em vez de sobre o passado, a ouvir sem interromper, a minimizar afirmações punitivas e a eliminar perguntas que soam como declarações.

Depois que o casal aprender a se comunicar de uma maneira que conduza à solução dos problemas, aprende os princípios do *contrato de contingência* – concordar em fazer transformações que são contingentes a mudanças no parceiro. Em contratos **quid pro quo** (Knox, 1971; Lederer e Jackson, 1968), um dos parceiros concorda em também fazer uma mudança depois que o outro fizer alguma. Cada parceiro especifica mudanças comportamentais desejadas e, com a ajuda do terapeuta, negociam acordos. No final da sessão, é redigida uma lista que o casal assina. Esse contrato poderia ser assim:

Data _____

Nesta semana, concordo em:

1. Chegar em casa do trabalho até às 6 horas da tarde.
2. Brincar com as crianças por meia hora depois do jantar.

_____
Assinatura do marido

Dependendo das mudanças acima, concordo em:

1. Jogar boliche uma vez por semana com meu marido.
2. Não servir sobras no jantar durante a semana, excetuando-se sábado e domingo.

_____
Assinatura da esposa

Uma forma alternativa de contrato é o *contrato de boa-fé*, em que ambos concordam em fazer mudanças que não dependem do que o outro fizer (Weiss, Hops e Patterson, 1973). As mudanças livres de cada parceiro são reforçadas independentemente. No exemplo, o marido que chega em casa até às 6 horas da tarde e brinca com as crianças depois do jantar poderia se recompensar comprando uma camisa nova no final da semana, ou ser recompensado pela mulher com uma massagem nas costas.

O *treinamento em solução de problemas* é utilizado em situações complicadas demais para simples acordos. O segredo para conseguir resolver problemas é desenvolver uma postura colaborativa. As negociações são precedidas por uma definição cuidadosa e específica dos problemas. Só quando os parceiros concordam sobre a definição de um problema é que podem começar a discutir efetivamente uma solução. As discussões limitam-se a um problema de cada vez. Cada um começa parafraseando o que o outro falou, e eles são ensinados a evitar inferências sobre motivação – em especial inferências de intenção maldosa. Também são encorajados a evitar respostas aversivas. Quando se define um problema, é muito efetivo começar com uma declaração positiva; em vez de dizer "Você nunca...", os parceiros são ensinados a dizer "Eu gosto da maneira pela qual você... e eu também gostaria que..."

Conforme entramos no século XXI, o avanço mais significativo no tratamento comportamental é o crescente uso e a sofisticação dos métodos cognitivo-comportamentais (Epstein, Schlesinger e Dryden, 1988; Dattilio, 1998). O modelo de mediação cognitiva (Beck, 1976) pressupõe que as emoções e ações são mediadas por cognições específicas. Compreender essas cognições (*crenças, atribuições* e *expectativas*) possibilita identificar fatores que desencadeiam e mantêm os padrões emocionais e comportamentais disfuncionais que as famílias trazem para o tratamento. Na prática, isso se resume em descobrir suposições negativas que mantêm as pessoas empacadas.

A abordagem cognitivo-comportamental à terapia familiar

A terapia familiar cognitiva seguiu a mesma progressão da terapia de casal cognitiva – primeiro como um suplemento da abordagem comportamental e depois como um sistema de intervenção mais abrangente. Munson (1993) relacionou pelo menos 18 tipos diferentes de terapia cognitiva usada por variados profissionais, mas o foco desta discussão se limitará àquelas abordagens propostas pelas teorias racional-emotiva (Ellis, 1962) e cognitivo-comportamental (Beck, 1988; Dattilio, 1994; Teichman, 1984).

O terapeuta racional-emotivo ajuda os membros da família a verem como crenças ilógicas são o fundamento de seu sofrimento emocional. É introduzida a "teoria *A-B-C*", segundo a qual os membros da família põem a culpa de seus problemas em certos eventos familiares ativadores (*A*) e são ensinados a procurar crenças (*beliefs*) irracionais (*B*), que são então contestadas (*C*). O objetivo é modificar crenças e expectativas, tornando-as mais racionais (Ellis, 1978). O papel do terapeuta é ensinar à família que os problemas emocionais são causados por crenças irrealistas e que, ao revisar essas idéias autoderrotistas, eles podem melhorar a qualidade global da vida familiar.

Na terapia racional-emotiva é um pouco difícil separar a abordagem de seu criador. Ellis não apenas contestava as suposições das pessoas; ele também as arrasava com um sarcasmo feroz e jubiloso. Não é necessário imitar o estilo acerbo de Ellis para tirar vantagem de seus *insights*. Todavia, não seria injusto dizer que os terapeutas racional-emotivos geralmente contentam-se em fazer preleções às pessoas sobre suposições genéricas, em vez de sondar crenças mais pessoais e arraigadas.

O método cognitivo-comportamental, que equilibra a ênfase na cognição e no comportamento, adota uma abordagem mais expansiva e inclusiva ao focar com maior profundidade os padrões de interação familiar (Epstein, Schlesinger e Dryden, 1988; Leslie, 1988). Os relacionamentos, as cognições, as emoções e os comportamentos familiares são vistos como se exercessem uma influência mútua sobre seus membros, de modo que uma inferência cognitiva pode provocar emoções e comportamentos, e emoções e comportamentos podem influenciar a cognição.

A abordagem cognitivo-comportamental às famílias também é compatível com a teoria sistêmica e inclui a premissa de que os membros de uma família simultaneamente influenciam e são influenciados pelos outros. Assim, o comportamento de um membro da família desencadeia comportamentos, cognições e emoções em outros membros, que, por sua vez, eliciam cognições, comportamentos e emoções reativas no membro original. Enquanto esse processo se desenrola, a volatilidade da dinâmica familiar escala, deixando a família vulnerável a espirais negativas de conflito. Epstein e Schlesinger (1996) citam quatro meios pelos quais as cognições, os comportamentos e as emoções dos membros da família interagem e conduzem a um clímax volátil:

1. As cognições, os comportamentos e as emoções de um indivíduo em relação à interação familiar (por exemplo, a pessoa que se percebe distanciando-se do restante da família)

2. As ações de cada membro da família em relação a ele
3. As reações combinadas (e nem sempre consistentes) que vários membros da família têm em relação a ele
4. As características dos relacionamentos entre outros membros da família (por exemplo, perceber que dois outros familiares normalmente apóiam as opiniões um do outro)

Conforme o número de familiares envolvidos aumenta, também aumenta a complexidade da dinâmica, acrescentando *momentum* ao processo de escalamento.

A terapia cognitiva, conforme proposta por Aaron Beck (1976) enfatiza os *esquemas* ou as "crenças centrais" sobre o mundo e como ele funciona (Beck, Rush, Shaw e Emery, 1979; DeRubeis e Beck, 1988). A intervenção terapêutica visa às suposições distorcidas pelas quais os membros da família interpretam e avaliam uns aos outros de forma irrealista.

Assim como os indivíduos mantêm crenças centrais sobre si mesmos, seu mundo e seu futuro, também mantêm crenças sobre suas famílias. Frank Dattilio (1993) sugere que os indivíduos mantêm dois conjuntos de esquemas sobre as famílias: esquemas relacionados à família de origem dos pais e esquemas relacionados a famílias em geral. Ambos os tipos têm um grande impacto sobre como os indivíduos pensam, sentem e se comportam dentro do ambiente familiar (Dattilio, 2005). Schwebel e Fine (1992, p. 50) elaboraram o conceito de *esquemas familiares*, descrevendo-o da seguinte forma:

> Todas as cognições que os indivíduos mantêm sobre sua própria vida familiar e sobre a vida familiar em geral. Incluídas neste conjunto de cognições estão os esquemas do indivíduo sobre vida familiar, atribuições sobre por que acontecem determinadas coisas na família, e crenças sobre o que deveria existir dentro da unidade familiar (Baucom e Epstein, 1990). Os esquemas familiares também contêm idéias sobre como devem ser os relacionamentos entre os cônjuges, que diferentes tipos de problemas devem ser esperados no casamento e como devem ser manejados, o que é preciso para criar e manter uma família sadia, que responsabilidades cada membro da família deve ter, que conseqüências deveriam estar associadas ao fracasso em cumprir responsabilidades ou papéis, e que custos e benefícios cada indivíduo deveria esperar em conseqüência de estar em um casamento.

Crenças, conscientes e inconscientes, transmitidas pela família de origem contribuem para crenças conjuntamente mantidas que levam ao desenvolvimento dos atuais esquemas familiares. Este conjunto de crenças é transmitido e aplicado na criação dos filhos e, quando misturado com os próprios pensamentos e com as percepções sobre o ambiente e as experiências de vida, contribuem para o desenvolvimento dos esquemas familiares.

Em algumas sessões, o terapeuta cognitivo-comportamental foca principalmente as cognições, mas em outras seu foco será o comportamento, incluindo todos os elementos habituais na terapia comportamental: treinamento em reciprocidade de reforço, comunicação, solução de problemas, acordos sobre mudanças comportamentais, tarefas de tema de casa e habilidades parentais. As intervenções cognitivas visam a aumentar a habilidade dos membros da família de monitorar a validade e adequação das próprias cognições. Este é um ponto importante: a terapia cognitiva não deve ser reduzida a interpretações genéricas ("É um erro ser dependente dos outros", "Por que seria um desastre as coisas darem errado?"), nem o terapeuta deve fazer todo o trabalho. Em vez disso, para que a intervenção cognitiva seja eficaz, é necessário descobrir distorções cognitivas específicas, e os clientes precisam aprender a testar as próprias suposições.

Um objetivo inicial na abordagem cognitiva é ajudar cada membro da família a aprender a identificar pensamentos automáticos que passam por sua cabeça. A importância de identificar esses pensamentos automáticos ("Ela está chorando – ela deve estar furiosa comigo") é que eles costumam refletir esquemas subjacentes ("As mulheres geralmente responsabilizam os homens por sua infelicidade") que podem ser inadequados.

Para desenvolver sua capacidade de identificar pensamentos automáticos, os clientes são encorajados a manter um diário e anotar situações que provocam pensamentos automáticos e respostas emocionais resultantes. O papel do terapeuta, então, é fazer uma série de perguntas sobre essas suposições, em vez de contestá-las diretamente. Eis um exemplo.

Estudo de caso

Quando os pais de Frankie, de 13 anos, flagaram-na voltando da escola com um colega que estava proibida de ver, reagiram dizendo "Nós simplesmente não podemos confiar em você!" e a deixaram de castigo por uma semana. O pensamento automático de Frankie foi "Eles jamais confiarão em mim novamente", o que fez com que se sentisse, alternadamente, preocupada e zangada. Essa conclusão foi seguida pelo pensamento: "Agora eu *nunca mais* terei liberdade".

Depois de ajudar Frankie a identificar esses pensamentos, a terapeuta lhe pediu para testar essas suposições e depois considerar explicações alternativas: "Que evidências existem para confirmar esse pensamento?" "Poderia haver alguma explicação alternativa?" "Como você poderia testar essas suposições?"

Frankie decidiu que era cedo demais para ter certeza sobre como os pais a tratariam no futuro e resolveu testar a proposição de que, se ela parasse de mentir, eles acabariam confiando nela novamente, e, dessa maneira, ela poderia, aos poucos, recuperar sua liberdade. Frankie também foi solicitada a examinar sua atitude desafiadora e a pensar sobre as conotações específicas disso (por exemplo, raiva, emancipação, etc.).

No final da década de 1980 e início da de 1990, a abordagem cognitivo-comportamental foi aplicada mais amplamente na terapia familiar. Livros editados por Epstein, Schlessinger e Dryden (1988) e um curto texto produzido por Huber e Baruth (1989) estavam entre os primeiros trabalhos a tratar da abordagem cognitiva à terapia familiar. Isso foi desenvolvido em artigos subseqüentes por Schwebel e Fine (1992), Dattilio (1993, 1994, 1997), e Teichman (1992). Mais recentemente, Dattilio (1998) compilou muitos casos discutindo a integração das estratégias cognitivo-comportamentais com várias modalidades de terapia de casal e família. Esse importante trabalho discute a compatibilidade da terapia cognitivo-comportamental com diversas outras modalidades. A aplicação da terapia cognitivo-comportamental a casais e famílias também foi descrita na recente edição do *Handbook of family therapy* (Dattilio e Epstein, 2004).

Tratamento de disfunções sexuais

A introdução de Wolpe (1958) da *dessensibilização sistemática* levou a importantes avanços no tratamento das disfunções sexuais. Segundo Wolpe, a maioria dos problemas sexuais é resultado de ansiedade condicionada. Sua terapia consiste em instruir os casais a realizarem uma série de encontros progressivamente mais íntimos, enquanto evitam pensamentos sobre ereção e orgasmo. Outra abordagem que se mostrou útil foi o *treinamento da assertividade* (Lazarus, 1965; Wolpe, 1958). No treinamento da assertividade, pessoas social e sexualmente inibidas são encorajadas a aceitarem e expressarem suas necessidades e seus sentimentos.

Embora essas intervenções comportamentais geralmente ajudassem, o grande avanço veio com a publicação da abordagem de Masters e Johnson (1970). A ela se seguiram outras publicações que aplicavam e ampliavam o procedimento básico de Masters e Johnson (Lobitz e LoPiccolo, 1972; Kaplan, 1974, 1979). Mais recentemente, Weekes e Gambescia (2000, 2002) apresentaram uma perspectiva mais ampla sobre o tópico.

Embora os detalhes variem, existe uma abordagem geral seguida pela maioria dos terapeutas sexuais. Como em outros métodos comportamentais, o primeiro passo é uma avaliação cuidadosa, incluindo um exame médico completo e entrevistas extensivas para determinar a natureza da disfunção e estabelecer objetivos para o tratamento. Na ausência de problemas orgânicos, os casos que envolvem falta de informação, técnicas inadequadas e má comunicação são tratáveis pela terapia sexual.

Os terapeutas que seguiram Masters e Johnson tendiam a englobar os problemas sexuais em uma única categoria – ansiedade que interfere na capacidade do casal de relaxar para ter excitação e orgasmo. Helen Singer Kaplan (1979) salientou que existem três estágios de resposta sexual e, portanto, três tipos de problema: transtornos do desejo, transtornos da excitação e transtornos do orgasmo. Os *transtornos do desejo* variam do "baixo impulso sexual" à aversão sexual. O tratamento tem como foco (a) descondicionar a ansiedade e (b) ajudar os clientes a resistirem aos pensamentos negativos. Os *transtornos da excitação* incluem excitação emocional diminuída e dificuldade em conseguir e manter uma ereção ou dilatação e lubrificação. Esses problemas costumam ser tratáveis com uma combinação de relaxamento e concentração nas sensações físicas de toque e carícias, sem preocupação com o que vem a seguir. Os *transtornos do orgasmo* incluem o momento do orgasmo (por exemplo, prematuro ou retardado), sua qualidade, ou seus requerimentos (por exemplo, algumas pessoas só têm orgasmo durante a masturbação). A ejaculação precoce normalmente responde bem à terapia sexual; a ausência de orgasmo na mulher pode responder à terapia sexual e habitualmente envolve ensinar a mulher a praticar sozinha e aprender a fantasiar (Weekes e Gambescia, 2000, 2002).

Após a avaliação, os clientes recebem uma explicação sobre o papel da ansiedade condicionada nos problemas sexuais e são informados sobre como a ansiedade se desenvolveu e está sendo mantida em seu relacionamento sexual. O *insight* e a mudança de atitude são, portanto, uma parte fundamental dessa terapia "comportamental".

Embora a terapia sexual precise ser adaptada a problemas específicos, a maioria dos tratamentos começa com o *foco nas sensações*, em que o casal aprende a relaxar e apreciar tocar e ser tocado. Eles devem encontrar um momento em que ambos estão razoavelmente relaxados e livres de distrações e ir para a cama nus. Então se revezam, cada um acariciando o outro suavemente. A pessoa que estiver sendo tocada precisa relaxar e se concentrar na sensação de estar sendo acariciada. Depois, ela dirá ao parceiro quais carícias são mais prazerosas e quais são menos agradáveis. A princípio, eles não devem se acariciar em áreas sensíveis como os seios ou os genitais, a fim de evitar ansiedade indevida.

Depois que aprenderam a relaxar e trocar carícias suaves, agradáveis, os casais são incentivados a se tornarem gradualmente mais íntimos – mas a diminuir o ritmo se algum deles ficar ansioso. O foco nas sensações é uma forma de *dessensibilização in vivo*. Os casais muito ansiosos e temerosos de "fazer sexo" (que algumas pessoas limitam a uns poucos minutos febris de arremetidas e arquejos) aprendem a superar seus medos por meio de uma experiência gradual e progressivamente mais íntima de carícias mútuas. Conforme a ansiedade diminui e o desejo aumenta, eles são incentivados a experimentar uma troca mais íntima. No processo, os casais também são ensinados a comunicar do que gostam e não gostam. Por exemplo, em vez de suportar algo desagradável até finalmente ficar tão chateada que explode com o parceiro ou evita o sexo totalmente, uma mulher pode aprender a dizer a ele, delicadamente, "Não, assim não, assim".

Quando os exercícios de foco nas sensações estão indo bem, o terapeuta introduz técnicas para lidar com problemas específicos. Entre as mulheres, a disfunção sexual mais comum é a dificuldade de atingir o orgasmo (Kaplan, 1979). Freqüentemente, esses problemas têm raízes na falta de informações. A mulher e seu parceiro talvez estejam esperando que ela facilmente tenha orgasmos durante a relação sem uma estimulação clitoriana adicional. Nos homens, o problema mais comum é a ejaculação precoce, para a qual parte do tratamento é a *técnica da compressão* (Semans, 1956), em que a mulher estimula o pênis do homem até ele sentir a urgência de ejacular. Nesse ponto, ela aperta o frênulo (na base da cabeça) firmemente entre o polegar e os primeiros dois dedos até a urgência ejaculatória desaparecer. A estimulação começa novamente até outro aperto ser necessário.

As técnicas para lidar com o fracasso erétil têm por objetivo reduzir a ansiedade de desempenho e aumentar a excitação sexual. Elas incluem dessensibilização da ansiedade do homem; conversas em que os parceiros descrevem suas expectativas; aumento da variedade e duração das preliminares; *técnica da provocação* (Masters e Johnson, 1970), em que a mulher alternativamente começa e pára de estimular o homem; começo da relação sexual com a mulher guiando o pênis flácido do homem para dentro da vagina.

Uma terapia sexual bem-sucedida geralmente termina com uma grande melhora na vida sexual do casal, mas não tão fantástica quanto expectativas frustradas os levaram a imaginar – expectativas que eram parte do problema, para começar. Como em qualquer forma de terapia diretiva, é importante que os terapeutas sexuais diminuam gradualmente seu envolvimento e controle. Os ganhos terapêuticos são consolidados e ampliados pelo exame das mudanças ocorridas, pela antecipação de futuras situações problemáticas e pelo planejamento antecipado de lidar com problemas de acordo com os princípios aprendidos no tratamento.

AVALIANDO A TEORIA E OS RESULTADOS DA TERAPIA

Nos 30 anos decorridos desde seu início, a tecnologia da terapia familiar comportamental tornou-se cada vez mais sofisticada, e seus praticantes, cientes de que a vida familiar é mais complicada do que a soma dos comportamentos observáveis em cada membro da família. Os terapeutas comportamentais desenvolveram uma série de técnicas experimentalmente testadas para uma variedade de problemas familiares, mas a maior ênfase continua no treinamento dos pais, na terapia comportamental para o casal e no tratamento das disfunções sexuais.

Os métodos distintivos da terapia familiar comportamental derivam-se do condicionamento clássico e operante e, cada vez mais, da teoria cognitiva. O comportamento-alvo é precisamente especificado em termos operacionais, e então são empregados condicionamento operante, condicionamento clássico, teoria da aprendizagem social e estratégias cognitivas para produzir mudança. Na medida em que os terapeutas comportamentais aumentavam sua experiência com problemas familiares, começaram a tratar de preocupações tradicionalmente não-comportamentais, como a aliança terapêutica, a necessidade de empatia e o problema da resistência, assim como a comunicação e as habilidades de solução de problemas. Entretanto, mesmo lidando com essas questões mais convencionais, os comportamentalistas distinguem-se por sua abordagem metódica. Mais do que por alguma técnica, a terapia comportamental caracteriza-se por uma avaliação cuidadosa. A análise das seqüências comportamentais antes do tratamento, a avaliação da terapia em progresso e a avaliação dos resultados finais são as marcas registradas dessa abordagem.

A terapia do comportamento nasceu e se desenvolveu em uma tradição de pesquisa, de modo que não surpreende que a terapia familiar comportamental seja a forma de tratamento familiar mais cuidadosamente estudada. Duas tendências surgem desse corpo substancial de evidências. A primeira é que tanto o treinamento comportamental dos pais quanto a terapia comportamental de casal têm, repetidamente, se mostrado efetivas. Entre as versões mais comprovadas dessas abordagens estão a terapia de treinamento parental de Gerald Patterson (por exemplo, Patterson, Dishion e Chamberlain, 1993; Patterson e Forgatch, 1995) e a terapia comportamental de casal de Neil Jacobson (por exemplo, Crits-Christoph, Frank, Chambless, Brody e Karp, 1995).

A segunda tendência na pesquisa sobre terapia comportamental de família é que os principais expoentes dessas abordagens começaram a perceber a necessidade de ampliar suas abordagens além dos contratos básicos de contingência e dos procedimentos de aprendizagem operante da terapia comportamental tradicional. Conforme mencionado, um resultado disso foi a incorporação de técnicas cognitivas ao comportamentalismo estímulo-resposta mais tradicional (por exemplo, Baucom e Epstein, 1990; Dattilio e Padesky, 1990).

Outra direção nova tomada pelos praticantes da terapia familiar comportamental é a incorporação de princípios das terapias familiares de orientação sistêmica. Gerald Patterson, por exemplo, começou a usar elementos da terapia familiar estratégica em sua abordagem ao treinamento parental (Forgatch e Patterson, 1998). Quando parece que os pais não estão tendo sucesso no uso de intervalos para pensar e na retirada de privilégios, Patterson e seus colegas introduzem procedimentos estratégicos, como tarefas paradoxais e técnicas de simulação, para superar a resistência parental ao que eles ainda consideram a essência de sua abordagem – modificar as contingências de reforço do comportamento da criança.

Neil Jacobson, em parceria com Andrew Christensen, modificou a tradicional terapia comportamental de casal segundo a linha de abordagens de terapia familiar mais tradicionais. Eles mantiveram as técnicas de mudança comportamental, mas acrescentaram a aceitação emocional dos clientes. Em outras palavras, antes de começar a trabalhar com um casal para produzir mudanças no comportamento dos cônjuges, eles tentam ajudá-los a aprender a aceitar mais o outro. A abordagem resultante é tão diferente, de fato, que nós a examinaremos mais detalhadamente em nosso capítulo sobre as abordagens integrativas (Capítulo 14).

Gordon e Davidson (1981) resumiram estudos sobre treinamento comportamental dos pais e descobriram que a maioria das medidas produziu resultados positivos na maioria dos casos. Relataram centenas de sucessos documentados em uma ampla variedade de crianças com problemas. Os critérios de resultado normalmente baseiam-se na contagem dos pais e observadores da freqüência de comportamentos pró-sociais e desviantes. Os pesquisadores descobriram que as famílias mais favorecidas apresentam resultados distintamente melhores com o treinamento de comportamento parental (O'Dell, 1974). Isso não surpreende, considerando-se a grande ênfase dessa abordagem na educação.

Um achado típico é que os comportamentos-alvo melhoram; no entanto, observam-se apenas mudanças marginais nos comportamentos-problema que não são tomados como alvo. Aparentemente, o foco específico nos problemas apresentados faz com que sejam solucionadas as queixas focais, mas isso só se generaliza minimamente para o funcionamento familiar global. Além disso, as melhoras não se generalizam do lar para outros ambientes, tais como a escola (Gurman e Kniskern, 1978). Por fim, os ganhos terapêuticos tendem a diminuir agudamente entre o término e o seguimento.

A literatura comportamental também contém um grande número de estudos empíricos sobre terapia de casal. Esses estudos costumam ser realizados em tratamentos breves (aproximadamente nove sessões), e os critérios mais comuns de sucesso são avaliações de observadores e auto-relatos dos casais. Gurman e Kniskern (1978) descobriram que seis de sete estudos comparativos naturalistas favoreciam a terapia comportamental de casal. Esses achados confirmam a eficácia dessa abordagem; entretanto, conforme os autores observaram, a terapia comportamental ainda não foi suficientemente testada em casais com problemas conjugais graves. Quando atualizaram seu levantamento, Gurman e Kniskern (1981) encontraram resultados semelhantes e concluíram que a terapia comportamental de casal parece ser tão efetiva para problemas conjugais de leves a moderados quanto as abordagens não-comportamentais.

Vários estudos revelaram que o ingrediente mais efetivo em qualquer forma de terapia conjugal é a melhora das habilidades de comunicação (Jacobson, 1978; Jacobson e Margolin, 1979). Os estudos de Jacobson apóiam fortemente essa abordagem, com base em medidas observacionais de comunicação e auto-relatos sobre satisfação conjugal. Liberman e colaboradores (1976) descobriram que, em medidas objetivas de comunicação conjugal, a terapia comportamental de casal em um ambiente de grupo foi mais efetiva do que os grupos de casais orientados para o *insight*. Entretanto, as duas abordagens não diferem na obtenção de maior satisfação conjugal. O'Leary e Turkewitz (1978) mostraram que os procedimentos de intercâmbio comportamental são efetivos, especialmente com casais jovens; casais mais velhos tendem a responder mais favoravelmente ao treinamento das comunicações.

Apesar do aumento de interesse público e profissional pela terapia sexual, há poucos estudos controlados de sua efetividade. Em uma revisão cuidadosa, Hogan (1978) descobriu que a maior parte da literatura consiste em estudos de casos clínicos. Esses relatos são pouco mais do que súmulas de sucessos e fracassos. Estão ausentes medidas pré e pós-tratamento, especificação de técnicas, outros pontos de referência que não sejam o do terapeuta, e dados de seguimento. Ademais, como a maioria desses relatos vem do mesmo grupo de terapeutas, é impossível discernir o que está sendo avaliado – as técnicas de terapia sexual ou a habilidade desses terapeutas específicos. Esse estado da pesquisa não mudou muito desde a década de 1990, segundo relatos recentes (Crowe, 1988; Falloon e Lillie, 1988).

Os maiores índices de sucesso na terapia sexual são encontrados no tratamento do vaginismo, da disfunção orgásmica e da ejaculação precoce. O vaginismo, a contração espástica dos músculos da vagina, tem sido tratado com sucesso em 90 a 95% dos casos (Fuchs et al., 1973). Das mulheres que nunca tinham tido orgasmo, 85 a 95% o atingiram depois do tratamento. Os índices de sucesso são mais baixos, de 30 a 50%, quando limitados àquelas mulheres que já haviam atingido o orgasmo durante o coito (Heiman, LoPiccolo e LoPiccolo,

1981). Os índices de sucesso relatados no tratamento da ejaculação precoce com a utilização da técnica de compressão (Masters e Johnson, 1970) são uniformemente elevados, de 90 a 95%.

Para os homens que nunca haviam tido funcionamento erétil, os índices de sucesso ficam entre 40 e 60% – entretanto, como observou Michael Crowe (1988), esse problema envolve aspectos médicos com maior freqüência do que costumávamos pensar. Para aqueles que já haviam tido um funcionamento erétil adequado e depois passaram a ter dificuldades, a média de sucesso fica entre 60 a 80% (Heiman, LoPiccolo e LoPiccolo, 1981). A ejaculação retardada ou o fracasso em ejacular são relativamente incomuns; portanto, há menos casos tratados e estudados. Nessa pequena amostra, os índices de sucesso relatados variam de 50 a 82% (Heiman, LoPiccolo e LoPiccolo, 1981). O tratamento de indivíduos com níveis muito baixos de interesse pelo sexo é relativamente novo (Kaplan, 1979), mas, aparentemente, esses casos respondem bem a tratamento (LoPiccolo e LoPiccolo, 1978; Weekes e Gambescia, 2002).

A terapia sexual parece ser uma abordagem efetiva para alguns problemas muito constrangedores. A maioria dos observadores (Gurman e Kniskern, 1981) concorda que ela deve ser considerada o tratamento de escolha quando existe uma queixa específica sobre a vida sexual do casal.

Três áreas da pesquisa sobre intervenções familiares estão se encaminhando para um nível mais avançado de desenvolvimento. Essas áreas são: transtornos de conduta em crianças (Patterson, 1986; Morris, Alexander e Waldron, 1988), conflito conjugal (Follette e Jacobson, 1988) e adultos esquizofrênicos (Falloon, 1985).

RESUMO

Embora os terapeutas comportamentais venham aplicando suas técnicas aos problemas familiares há mais de 30 anos, têm feito isso principalmente dentro de uma estrutura linear de referência. Os sintomas familiares são tratados como respostas aprendidas, involuntariamente adquiridas e reforçadas. O tratamento em geral é de tempo limitado e focado nos sintomas.

De início, a abordagem comportamental às famílias baseou-se na teoria da aprendizagem social, segundo a qual o comportamento é aprendido e mantido por suas conseqüências e poderia ser modificado alterando-se essas conseqüências. Este foco foi consideravelmente ampliado pela introdução de intervenções cognitivas para tratar suposições prejudiciais e percepções distorcidas. Um adjunto essencial à teoria da aprendizagem social é a teoria do intercâmbio social, de Thibaut e Kelley, segundo a qual as pessoas tentam maximizar "recompensas" interpessoais e minimizar "custos". Portanto, os objetivos gerais da terapia familiar comportamental são aumentar o índice de intercâmbios recompensadores, diminuir os intercâmbios aversivos e ensinar habilidades de comunicação e solução de problemas.

Abordagens mais contemporâneas à terapia cognitivo-comportamental expandiram essa visão, que passou a incluir o exame e a reestruturação de pensamentos e percepções. Enquanto são aplicadas técnicas específicas a comportamentos-alvo, as famílias também aprendem princípios gerais de manejo de comportamentos, além de métodos para reavaliar pensamentos automáticos, descobrir distorções e tratar concepções errôneas.

O foco dos comportamentalistas na modificação das conseqüências dos comportamentos-problema é responsável pelas forças e fraquezas dessa abordagem. Ao se concentrar nos problemas apresentados, os comportamentalistas conseguiram desenvolver uma variedade impressionante de técnicas efetivas. Mesmo aqueles problemas relativamente intratáveis como comportamento delinqüente em crianças e disfunções sexuais graves têm sido tratados com sucesso com a tecnologia comportamental. Os terapeutas cognitivo-comportamentais contemporâneos acreditam, todavia, que o comportamento é apenas parte da condição humana e que a pessoa-problema é apenas parte da família. É simplesmente impossível ensinar uma pessoa a mudar se conflitos não-resolvidos estão impedindo que ela siga em frente.

A infelicidade pode centrar-se em torno de uma queixa comportamental, mas a resolução do comportamento talvez não a resolva. O tratamento pode ter sucesso com o sintoma, mas falhar com a família. Atitudes e sentimentos *podem* mudar também se houver mudanças no comportamento, mas não necessariamente. Ensinar habilidades de comunicação talvez não seja suficiente para resolver o verdadeiro conflito. A mudança comportamental, sozinha, talvez não seja suficiente para os membros da família cujo principal objetivo é se sentirem melhor. "Sim, ele está fazendo suas tarefas agora", concorda a mãe. "Mas eu não acho que ele *tenha vontade* de ajudar. Ele ainda não faz parte, realmente, da nossa família." O comportamento não é tudo o que preocupa os membros da família que estão sofrendo, e, para responder a todas as suas necessidades, o terapeuta precisa lidar também com questões cognitivas e afetivas.

Os comportamentalistas raras vezes tratam a família inteira. Em vez disso, atendem apenas aqueles subsistemas que consideram centrais para o comportamento-alvo. Infelizmente, o fracasso em incluir – ou pelo menos, em considerar – toda a família na terapia pode condenar o tratamento ao insucesso. Um programa terapêutico para reduzir a agressividade de um filho em relação à mãe dificilmente terá sucesso se o pai desejar um filho agressivo, ou se a raiva do pai em relação à esposa não for tratada. Além disso, se a família inteira não for envolvida na mudança, novos comportamentos talvez não sejam reforçados e mantidos.

Apesar dessas dificuldades, a terapia familiar cognitivo-comportamental oferece técnicas excelentes para tratar problemas em crianças e casamentos perturbados. As suas fraquezas podem ser corrigidas com a ampliação do foco de conceitualização e o alcance do tratamento, de modo a incluir a família como um sistema. Talvez a maior força da terapia comportamental seja a sua insistência em observar o que acontece e depois mensurar a mudança. Os comportamentalistas cognitivos desenvolveram inúmeros métodos confiáveis de avaliação e os aplicam à apreciação, ao planejamento do tratamento e ao monitoramento de progressos e resultados. Um segundo avanço importante foi passar gradualmente da eliminação ou reforço de comportamentos "marcadores" isolados para o ensino de habilidades gerais cognitivas, comunicacionais e de solução de problemas. Um terceiro avanço na terapia familiar comportamental atual são as intervenções terapêuticas modulares, organizadas para atender às necessidades específicas e variáveis do indivíduo e da família. Por fim, o tratamento de cognições distorcidas que podem estar por trás de interações familiares problemáticas acrescentou uma dimensão nova e poderosa à abordagem comportamental.

NOTAS

1. Algumas dessas crianças, quando adultas, tornam-se comediantes que ficam sozinhos em um palco contando piadas para o público.
2. A importância da proximidade imediata é o que torna o intervalo ou tempo para pensar uma punição tão efetiva, só superada pela preleção como o castigo mais ineficaz.

LEITURAS RECOMENDADAS

Barton, C., e Alexander, J. F. 1981. Functional family therapy. In *Handbook of family therapy*. A. S. Gurman e D. P. Kniskern. eds. New York: Brunner/Mazel.

Bornstein, P., e Bornstein, M. 1986. *Marital therapy: A behavioral-communications approach.* New York: Pergamon.

Dattilio. F. M. 1998. *Case studies in couple and family therapy: Systemic and cognitive perspectives.* New York: Guilford Press.

Dattilio, F. M. 2005. The restructuring of family schemas: A cognitive-behavioral perspective. *Journal of Marital and Family Therapy. 31*, p.15-30.

Dattilio, F. M., e Reinecke, M. 1996. *Casebook of cognitive-behavior therapy with children and adolescents.* New York: Guilford Press.

Epstein, N., Schlesinger, S. E., e Dryden, W. 1988. *Cognitive-behavioral therapy with families.* New York: Brunner/Mazel.

Falloon, I. R. H. 1988. *Handbook of behavioral family therapy.* New York: Guilford Press.

Falloon, I. R. H. 1991. Behavioral family therapy. In *Handbook of family therapy,* Vol. II, A. S. Gurman e D. P. Kniskern, eds. New York: Brunner/Mazel.

Gordon, S. B., e Davidson, N. 1981. Behavioral parent training. In *Handbook of family therapy,* A. S. Gurman e D. P. Kniskern, eds. New York: Brunner/Mazel.

Jacobson. N. S., e Margolin. G. 1979. *Marital therapy: Strategies based on social learning and behavior exchange principles.* New York: Brunner/Mazel.

Kaplan. H. S. 1979. *The new sex therapy: Active treatment of sexual dysfunctions.* New York: Brunner/ Mazel.

Masters, W. H., e Johnson, V. E. 1970. *Human sexual inadequacy.* Boston: Little, Brown.

Patterson. G. R. 1971. *Families: Application of social learning theory to family life.* Champaign, IL: Research Press.

Sanders, M. R.; e Dadds, M. R. 1993. *Behavioral family intervention.* Boston. MA: Allyn e Bacon.

Stuart, R. B. 1980. *Helping couples change: A social learning approach to marital therapy.* New York: Guilford Press.

Weiss. R. L. 1978. The conceptualization of marriage from a behavioral perspective. In *Marriage and marital therapy,* T. J. Paolino e B. S. McCrady, eds. New York: Brunner/Mazel.

REFERÊNCIAS

Ables, B. S., e Brandsma, S. J. 1977. *Therapy for couples.* San Francisco: Jossey-Bass.

Alexander, J. F., e Barton, C.1976. Behavioral systems therapy with families. In *Treating relationships,* D. H. Olson, ed. Lake Mills, IA: Graphic Publishing.

Alexander, J. F., e Parsons, B. V. 1973. Short-term behavioral intervention with delinquent families: Impact on family process e recidivism. *Journal of Abnormal Psychology, 51,* p. 219- 225.

Alexander, J., e Parsons, B. V. 1982. *Functional family therapy.* Pacific Grove, CA: Brooks/Cole.

Anderson, C. M., e Stewart, S. 1983. *Mastering resistance.* New York: Guilford Press.

Arrington, A., Sullaway, M., e Christensen, A. 1988. Behavioral family assessment. In *Handbook of behavioral family therapy,* I. R. H. Falloon, ed. New York: Guilford Press.

Azrin, N. H., Naster, J. B., e Jones, R. 1973. Reciprocity counseling: A rapid learning-based procedure for marital counseling. *Behavior Research and Therapy. 11,* p. 365-383.

Baer, D. M., e Sherman, J. A. 1969. Reinforcement control of generalized imitation in young children. *Journal of Experimental Child Psychology. 1,* p. 37-49.

Bancroft, J. 1975. The behavioral approach to marital problems. *British Journal of Medical Psychology. 48,* p. 147-152.

Bandura, A. 1969. *Principles of behavior modification.* New York: Holt, Rinehart & Winston.

Bandura, A., e Waiters, R.1963. *Social learning and personality development.* New York: Holt, Rinehart & Winston.

Barton, C., e Alexander, J. F. 1975. Therapist skills in systems-behavioral family intervention: How the hell do you get them to do it? Artigo apresentado na reunião anual da Orthopsychiatric Association, Atlanta, Georgia.

Barton, C., e Alexander, J. F. 1981. Functional family therapy. In *Handbook of family therapy,* A. S. Gurman e D. P. Kniskern, eds. New York: Brunner/Mazel.

Baucom, D. H. 1981. Cognitive-behavioral strategies in the treatment of marital discord. Artigo apresentado na reunião anual da Association of the Advancement of Behavior Therapy, Toronto, Canada.

Baucom, D. H., e Epstein, N. 1990. *Cognitive-behavioral malital therapy.* New York: Brunner/Mazel.

Beck, A. T. 1976. *Cognitive therapy and the emotional disorders.* New York: International Universities Press.

Beck, A. T. 1988. *Love is never enough.* New York: Harper & Row.

Beck, A. T., Rush, J. A., Shaw, B. F., e Emery, G. 1979. *Cognitive therapy of depression.* New York: Guilford Press.

Birchler, G. R. 1988. Handling resistance to change. In *Handbook of behavioral family therapy,* I. R. H. Falloon, ed. New York: Guilford Press.

Birchler, G. R., e Spinks, S. H. 1980. Behavioral-systems marital therapy: Integration e clinical application. *American Journal of Family Therapy. 8,* p. 6-29.

Boardman, W. K. 1962. Rusty: A brief behavior disorder. *Journal of Consulting Psychology. 26,* p. 293-297.

Christophersen, E. R., Arnold, C. M., Hill, D. W., e Quilitch, H. R. 1972. The home point system: Token reinforcement procedures for application by parents of children with behavioral problems. *Journal of Applied Behavioral Analysis. 5,* p. 485-497.

Crits-Christoph, P., Frank, E., Chambless, D. L., Brody, F., e Karp, J. F. 1995. Training in empirically validated treatments: What are clinical psychology students learning? *Professional Psychology: Research and Practice. 26,* p. 514-522.

Crowe, M. 1988. Indications for family, marital, and sexual therapy. In *Handbook of behavioral family therapy,* I. R. H. Falloon, ed. New York: Guilford Press.

Dattilio, F. M. 1989. A guide to cognitive marital therapy. In *Innovations in clinical practice: A source book,* Vol. 8, P. A. Keller e S. R. Heyman, eds. Sarasota, FL: Professional Resource Exchange.

Dattilio, F. M. 1994. Families in crisis. In *Cognitive-behavioral strategies in crisis interventions,* F. M. Dattilio e A. Freeman, eds. New York: Guilford Press.

Dattilio, F. M. 1997. Family therapy. In *Casebook of cognitive therapy*, R. Leahy, ed. Northvale, NJ: Jason Aronson.

Dattilio, F. M. 1998. *Case studies in couple and family therapy: systemic and cognitive perspectives*. New York: Guilford Press.

Dattilio, F. M. 2002. Homework assignments in couple and family therapy. *Journal of Clinical Psychology*. 58, p. 570-583.

Dattilio, F. M. 2005. The restructuring of family schemas: A cognitive-behavioral perspective. *Journal of Marital and Family Thempy*, 31, p. 15-30.

Dattilio, F. M., e Epstein, N. B. 2004. Cognitive-behavioral couple and family therapy. In *The Family Therapy Handbook*, T. L. Sexton, G. R. Weeks, e M. S. Robbins, eds. New York: Routledge.

Dattilio, F. M., e Padesky, C. A. 1990. *Cognitive therapy with couples*. Sarasota, FL: Professional Resource Exchange.

DeRubeis, R. J., e Beck, A. T. 1988. Cognitive therapy. In *Handbook of cognitive-behavioral therapies*, K. S. Dobson, ed. New York: Guilford Press.

Dicks, H. 1953. Experiences with marital tensions seen in the psychological clinic. In Clinical Studies in Marriage and the Family: A symposium on methods. *British Journal of Medical Psychology*. 26, p. 181-196.

DiGiuseppe, R. 1988. A cognitive-behavioral approach to the treatment of conduct disorder in children and adolescents. In *Cognitive-behavioral therapy with families*, N. Epstein, S. E. Schlesinger, e W. Dryden, eds. New York: Brunner/Mazel.

Doherty, W. J. 1981. Cognitive processes in intimate conflict: 1. Extending attribution theory. *American Journal of Family Therapy*. 9, p. 5-13.

Ellis, A. 1962. *Reason and emotion in psychotherapy*. New York: Lyle Stuart.

Ellis, A. 1977. The nature of disturbed marital interactions. In *Handbook of rational-emotive therapy*, A. Ellis e R. Greiger, eds. New York: Springer.

Ellis, A. 1978 .Family therapy: A phenomenological and active-directive approach. *Journal of Marriage and Family Counseling*. 4, p. 43-50.

Epstein, N. 1982. Cognitive therapy with couples. *American Journal of Family Therapy*. 10, p. 5-16.

Epstein, N. 1992. Marital Therapy. In *Comprehensive casebook of cognitive therapy*, A. Freeman e F. M. Dattilio, eds. New York: Plenum.

Epstein, N., e Schlesinger, S. E. 1991. Marital and family problems. In *Adult clinical problems: A cognitive-behavioral approach*, w. Dryden e R. Rentoul, eds. London: Routledge.

Epstein, N., e Schlesinger, S. E. 1996. Cognitive-behavioral treatment of family problems. In *Casebook of cognitive-behavior therapy with children and adolescents*, M. Reinecke, F. M. Dattilio, e A. Freeman, eds. New York: Guilford Press.

Epstein, N., Schlesinger, S. E., e Dryden, W., eds. 1988. *Cognitive-behavioral therapy with families*. New York: Brunner/Mazel.

Falloon, I. R. H. 1985. *Family management of schizophrenia: A study of the clinical, social, family and economic benefits*. Baltimore: Johns Hopkins University Press.

Falloon, I. R. H., ed. 1988. *Handbook of behavioral family therapy*. New York: Guilford Press.

Falloon, I. R. H. 1991. Behavioral family therapy. In *Handbook of family therapy*, Vol. II, A. S. Gurman e D. P. Kniskern, eds. New York: Brunner/Mazel.

Falloon, I. R. H., e Liberman, R. P. 1983. Behavioral therapy for families with child management problems. In *Helping families with special problems*, M. R. Textor. ed. New York: Jason Aronson.

Falloon, I. R. H., e Lillie, F. J. 1988. Behavioral family therapy: An overview. In *Handbook of behavioral family therapy*, I. R. H. Falloon, ed. New York: Guilford Press.

Ferster, C. B. 1963. Essentials of a science of behavior. In *An introduction to the science of human behavior.* J. I. Nurnberger, C. B. Ferster, e J. P. Brady, eds. New York: Appleton-Century-Crofts.

Follette, W. C., e Jacobson, N. S. 1988. Behavioral marital therapy in the treatment of depressive disorders. In *Handbook of behavioral family therapy*, I. R. H. Falloon, ed. New York: Guilford Press.

Forehand, R., e McDonough, T. S. 1975. Response-contingent time out: An examination of outcome data. *European Journal of Behavioral Analysis and Modification*. 1, p. 109-115.

Forehand, R., Roberts, M. W., Doleys, D. M., Hobbs, S. A., e Resnick, P. A. 1976. An examination of disciplinary procedures with children. *Journal of Experimental Child Psychology*. 21, p. 109-120.

Forgatch, M. S., e Patterson, G. R. 1998. Behavioral family therapy. In *Case studies in couple and family therapy*, F. M. Datillio, ed. New York: Guilford Press.

Friedman, P. H. 1972. Personalistic family and marital therapy. In *Clinical behavior therapy*, A. A. Lazarus, ed. New York: Brunner/Mazel.

Fuchs, K., Hoch, Z., Paldi, E., Abramovici, H., Brandes, J. M., Timor-Tritsch, I., e Kleinhaus, M. 1973. Hypnodesensitization therapy of vaginismus: Part 1. "In vitro" method. Part 11. "In vivo" method. *International Journal of Clinical and Experimental Hypnosis*. 21, p. 144-156.

Goldenberg, I., e Goldenberg, H.1991. *Family therapy: An overview*. Pacific Grove, CA: Brooks/Cole.

Goldiamond, I. 1965. Self-control procedures in personal behavior problems. *Psychological Reports. 17*, p. 851-868.

Goldstein, M. K. 1971. Behavior rate change in marriages: Training wives to modify husbands' behavior. *Dissertation Abstracts International. 32*(18), p. 559.

Goldstein, M. K., e Francis, B. 1969. Behavior modification of husbands by wives. Artigo apresentado no National Council on Family Relations, Washington, DC.

Gordon, S. B., e Davidson, N. 1981. Behavioral parent training. In *Handbook of family therapy*, A. S. Gurman e D. P. Kniskern, eds. New York: Brunner/Mazel.

Gottman, J., e Krokoff, L. 1989. Marital interaction and satisfaction: A longitudinal view. *Journal of Consulting and Clinical Psychology. 57*, p. 47-52.

Gottman, J., Markman, H., e Notarius, C. 1977. The topography of marital conflict: A sequential analysis of verbal and nonverbal behavior. *Journal of Marriage and the Family. 39*, p. 461-477.

Graziano, A. M. 1977. Parents as behavior therapists. In *Progress in behavior modification*. M. Hersen. R. M. Eisler. e P. M. Miller. eds. New York: Academic Press.

Guerin, P. J., Fay, L., Burden, S. L., e Kautto, J. B. 1987. *The evaluation and treatment of marital conflict: A four-stage approach*. New York: Basic Books.

Gurman, A. S. e Kniskern, D. P. 1978. Research on marital and family therapy: Progress, perspective and prospect. In *Handbook of psychotherapy and behavior change: An empirical analysis*. S. L. Garfield e A. E. Bergin, eds. New York: Wiley.

Gurman. A. S., e Kniskern, D. P. 1981. Family therapy outcome research: Knowns and unknowns. In *Handbook of family therapy*, A. S. Gurman e D. P. Kniskern. eds, New York: Brunner/Mazel.

Gurman. A. S., e Knudson, R. M, 1978. Behavioral marriage therapy: A psychodynamic-systems analysis and critique, *Family Process. 17*, p. 121- 138.

Hawkins, R. P., Peterson. R. F., Schweid, E., e Bijou. S. W. 1966. Behavior therapy in the home: Amelioration of problem parent-child relations with a parent in the therapeutic role, *Journal of Experimental Child Psychology. 4*, p. 99-107.

Heiman, J. R., LoPiccolo, L., e LoPiccolo. J. 1981. The treatment of sexual dysfunction, In *Handbook of family therapy*. A. S. Gurman e D. P. Kniskern. eds. New York: Brunner/Mazel.

Hickman, M. E., e Baldwin. B. A. 1971. Use of programmed instruction to improve communication in marriage. *The Family Coordinatol. 20*, p. 121-125.

Hogan. D. R. 1978. The effectiveness of sex therapy: A review of the literature. In *Handbook of sex therapy*. J. LoPiccolo e L. LoPiccolo, eds. New York: Plenum Press.

Huber, C. H., e Baruth, L. G. 1989. *Rational-emotive family therapy: A systems perspective*. New York: Springer.

Jacobson. N. S. 1977. Problem solving and continency contract in the treatment of marital record. *Journal of Consulting and Clinical Psychology. 45*, p. 92-100.

Jacobson, N. S. 1978. Specific and nonspecific factors in the effectiveness of a behavioral approach to the treatment of marital discord. *Journal of Consulting and Clinical Psychology. 46*, p. 442-452.

Jacobson, N. S. 1981. Behavioral marital therapy. In *Handbook of family therapy*, A. S. Gurman e D. P. Kniskern, eds. New York: Brunner/Mazel.

Jacobson, N. S., e Margolin, G. 1979. *Marital therapy: Strategies based on social learning and behavior exchange principles*. New York: Brunner/Mazel.

Jacobson, N. S., e Martin, B. 1976. Behavioral marriage therapy: Current status. *Psychological Bulletin. 83*, p. 540-556.

Jacobson, N.S., Waldron, H., e Moore, D. 1980. Toward a behavioral profile of marital distress. *Journal of Consulting and Clinical Psychology. 48*, p. 696- 703.

Jones, M. C. 1924. A laboratory study of fear: The case of Peter. *Journal of Geriatric Psychology. 31*, p. 308-315.

Kanfer, F. H., e Phillips, J. S. 1970. *Learning foundations of behavior therapy*. New York: Wiley.

Kaplan, H. S. 1974. *The new sex therapy: Active treatment of sexual dysfunctions*. New York: Brunner/Mazel.

Kaplan, H. S. 1979. *Disorders of sexual desire and other new concepts and techniques in sex therapy*. New York: Brunner/Mazel.

Katkin, E. S. 1978. Charting as a multipurpose treatment intervention in family therapy. *Family Process. 17*, p. 465-468.

Keefe, F. J., Kopel, S. A., e Gordon, S. B. 1978. *A practical guide to behavior assessment*. New York: Springer.

Kimmel, C., e Van der Veen, F. 1974. Factors of marital adjustment in Locke's Marital Adjustment Test. *Journal of Marriage and the Family. 36*, p. 57-63.

Knox, D. 1971. *Marriage happiness: A behavioral approach to counseling*. Champaign, IL: Research Press.

Lazarus, A. A. 1965. The treatment of a sexually inadequate male. In *Case studies in behavior modification*, L. P. Ullmann e L. Krasner, eds. New York: Holt, Rinehart & Winston.

Lazarus, A. A. 1968. Behavior therapy and group marriage counseling. *Journal of the American Society of Medicine and Dentistry. 15*, p. 49-56.

Lazarus, A. A. 1971. *Behavior therapy and beyond.* New York: McGraw-Hill.

LeBow, M. D. 1972. Behavior modification for the family. In *Family therapy: An introduction to theory and technique*. G. D. Erickson e T. P. Hogan. eds. Monterey. CA: Brooks/Cole.

Lederer, W. J., e Jackson, D. D. 1968. The *mirages of marriage.* New York: Norton.

Leslie, L. A. 1988. Cognitive-behavioral and systems models of family therapy: How compatible are they? In *Cognitive-behavioral therapy with families.* N. Epstein, S. E. Schlesinger, e W. Dryden, eds. New York: Brunner/Mazel.

Liberman, R. P. 1970. Behavioral approaches to family and couple therapy. *American Journal of Orthopsychiatry. 40*, p. 106-118.

Liberman, R. P. 1972. Behavioral approaches to family and couple therapy. In *Progress in group and family therapy.* C. J. Sager e H. S. Kaplan. eds. New York: Brunner/Mazel.

Liberman, R. P., Levine, J., Wheeler, E., Sanders, N., e Wallace, C. 1976. Experimental evaluation of marital group therapy: Behavioral vs. interaction-insight formats. *Acta Psychiatrica Scandinavia* Suplemento.

Lobitz, N. C., e LoPiccolo, J. 1972. New methods in the behavioral treatment of sexual dysfunction. *Journal of Behavior Therapy and Experimental psychiatry. 3*, p. 265-271.

Locke, H. J., e Wallace, K. M. 1959. Short-term marital adjustment and prediction tests: Their reliability and validity. *Journal of Marriage and Family Living. 21*, p. 251-255.

LoPiccolo, J. e LoPiccolo, L. 1978. *Handbook of sex therapy.* New York: Plenum.

Lovibond, S. H. 1963. The mechanism of conditioning treatment of enuresis. *Behavior Research and Therapy. 1*, p. 17-21.

Madanes. C. 1981. *Strategic family therapy.* San Francisco: Jossey-Bass.

Mahoney, M. I. 1977. Reflections on the cognitive learning trend in psychotherapy. *American Psychologist. 32*, p. 5-13.

Margolin, G., Christensen, A., e Weiss. R. L. 1975. Contracts, cognition and change: A behavioral approach to marriage therapy. *Counseling Psychologist.* 5;15-25.

Margolin, G., e Weiss, R. L. 1978. Comparative evaluation of theraneutic components associated with behavioral marital treatments. *Journal of Consulting and Clinical Psychology. 46*, p. 1476-1486.

Markman, H. J. 1981. Prediction of marital distress: A 5-year follow up. *Journal of Consulting and Clinical Psychology. 49*, p. 760-762.

Masters, W. H., e Johnson, V. E. 1970. *Human sexual inadequacy.* Boston: Little, Brown.

McCauley, R. 1988. Parent training: Clinical application. In *Handbook of behavioral family therapy,* I. R. H. Falloon, ed. New York: Guilford Press.

McGuire, R. J., e Valiance, M. 1964. Aversion therapy by electric shock: A simple technique. *British Medical Journal. 1*, p. 151-153.

Meichenbaum, D. 1977. *Cognitive behavior modification.* New York: Plenum.

Minuchin, S. 1974. *Families and family therapy.* Cambridge, MA: Harvard University Press.

Minuchin, S., Rosman, B. L., e Baker, L. 1978. *Psychosomatic families.* Cambridge, MA: Harvard University Press.

Mischel, W. 1973. On the empirical dilemmas of psychodynamic approaches: Issues and alternatives. *Journal of Abnormal Psychology. 82*, p. 335.

Morris, S. B., Alexander, J. F., e Waldron, H. 1988. Functional family therapy. In *Handbook of behavioral family therapy,* I. R. H. Falloon, ed. New York: Guilford Press.

Morton, T. L., Twentyman, C. T., e Azar, S. T. 1988. Cognitive-behavioral assessment and treatment of child abuse. In *Cognitive-behavioral therapy with families,* N. Epstein, S. E. Schlesinger, e W. Dryden, eds. New York: Brunner/Mazel.

Munson, C. E. 1993. Cognitive family therapy. In *Cognitive and behavioral treatment: Methods and applications,* D. K. Granvold, ed. Pacific Grove, CA: Brooks/Cole.

O'Dell, S. 1974. Training parents in behavior modification: A review. *Psychological Bulletin. 81*, p. 418-433.

O'Leary, K. D., O'Leary, S., e Becher, W. C. 1967. Modification of a deviant sibling interaction pattern in the home. *Behavior Research and Therapy. 5*, p. 113-120.

O'Leary, K. D., e Wilson, G. T. 1975. *Behavior therapy: Application and outcome.* Englewood Cliffs, NJ: Prentice-Hall.

Patterson, G. R. 1971a. Behavioral intervention procedures in the classroom and in the home. In *Handbook of psychotherapy and behavior change: An empirical analysis.* A. E. Bergin e S. L. Garfield, eds. New York: Wiley.

Patterson, G. R. 1971b. *Families: Application of social learning theory to family life.* Champaign, IL: Research Press.

Patterson, G. R. 1986. The contribution of siblings to training for fighting: A microsocial analysis. In *Development of antisocial and prosocial behavior: Research, theories, and issues.* D. Olweus, I. Block, e M. Radke-Yarrow, eds. Orlando, FL: Academic Press.

Patterson, G. R. 1988. Foreword. In *Handbook of behavioral family therapy,* I. R. H. Falloon, ed. New York: Guilford Press.

Patterson, G. R., Dishion, T. J., e Chamberlain, P. 1993. Outcomes and methodological issues relating to treatment of anti-social children. In *Effective psychotherapy: A handbook of comparative research,* T. R. Giles, ed. New York: Plenum Press.

Patterson, G. R., e Forgatch, M. S. 1995. Predicting future clinical adjustment from treatment outcomes and process variables. *Psychological Assessment. 7,* p. 275-285.

Patterson, G. R., e Hops, H. 1972. Coercion, a game for two. In *The experimental analysis of social behavior;* R. E. Ulrich e P. Mountjoy, eds. New York: Appleton-Century-Crofts.

Patterson, G. R., e Reid, J. 1970. Reciprocity and coercion: two facets of social systems. In *Behavior modification in clinical psychology,* C. Neuringer e I. Michael, eds. New York: Appleton-Century-Crofts.

Patterson, G. R., Weiss, R. L., e Hops, H. 1976. Training in marital skills: Some problems and concepts. In *Handbook of behavior modification and behavior therapy,* H. Leitenberg, ed. Englewood Cliffs, NJ: Prentice-Hall.

Pavlov, I. P. 1932. Neuroses in man and animals. *Journal of the American Medical Association. 99,* p. 1012-1013.

Pendergrass, V. E. 1971. Effects of length of timeout from positive reinforcement and schedule of application in suppression of aggressive behavior. *Psychological Record. 21,* p. 75-80.

Pierce, R. M. 1973. Training in interpersonal communication skills with the partners of deteriorated marriages. *The Family Coordinator. 22,* p. 223-227.

Premack, D. 1965. Reinforcement theory. In *Nebraska symposium on motivation,* D. Levine, ed. Lincoln, NB: University of Nebraska Press.

Rappaport, A. F., e Harrell, J. A. 1972. A behavior-exchange model for marital counseling. *Family Coordinator. 21,* p. 203-213.

Rimm, D. C., e Masters; J. C. 1974. *Behavior therapy: Techniques and empirical findings.* New York: Wiley.

Rinn, R. C. 1978. Children with behavior disorders. In *Behavior therapy in the psychiatric setting,* M. Hersen e A. S. Bellack, eds. Baltimore: Williams & Wilkins.

Risley, T. R. 1968. The effects and side effects of punishing the autistic behaviors of a deviant child. *Journal of Applied Behavior Analysis. 1,* p. 21-34.

Risley, T. R., e Wolf, M. M. 1967. Experimental manipulation of autistic behaviors and generalization into the home. In *Child development: Readings in experimental analysis,* S. W Bijou e D. M. Baer, eds. New York: Appleton.

Romanczyk, R. G., e Kistner, J. J. 1977. The current state of the art in behavior modification. *The Psychotherapy Bulletin. 11,* p. 16-30.

Sanders, M. R., e Dadds, M. R. 1993. *Behavioral family intervention.* Boston, MA: Allyn & Bacon.

Satir, V. 1967. *Conjoint family therapy.* Palo Alto, CA: Science and Behavioral Books.

Schwebel, A. I., e Fine, M. A. 1992. Cognitive-behavioral family therapy. *Journal of Family Psychotherapy. 3,* p. 73-91.

Schwitzgebel, R. 1967. Short-term operant conditioning of adolescent offenders on socially relevant variables. *Journal of Abnormal Psychology. 72,* p. 134-142.

Schwitzgebel, R., e Kolb, D. A. 1964. Inducing behavior change in adolescent delinquents. *Behaviour Research and Therapy. 9,* p. 233-238.

Semans, J. H. 1956. Premature ejaculation: A new approach. *Southern Medical Journal. 49,* p. 353-357.

Skinner, B. F. 1953. *Science and human behavior:* New York: Macmillan.

Snyder, D. K. 1979. Multidimensional assessment of marital satisfaction. *Journal of Marriage and the Family. 41,* p. 813-823.

Spinks, S. H., e Birchler, G. R. 1982. Behavior systems marital therapy: Dealing with resistance. *Family Process. 21,* p. 169-186.

Stuart, R. B. 1969. An operant-interpersonal treatment for marital discord. *Journal of Consulting and Clinical Psychology. 33,* p. 675-682.

Stuart, R. B. 1971. Behavioral contracting within the families of delinquents. *Journal of Behavior Therapy and Experimental Psychiatry. 2,* p. 1-11.

Stuart, R. B. 1975. Behavioral remedies for marital ills: A guide to the use of operant-interpersonal techniques. In *International symposium on behavior modification.* T. Thompson e W. Docken, eds. New York: Appleton.

Stuart, R. B. 1976. An operant interpersonal program for couples. In *Treating relationships,* D. H. Olson, ed. Lake Mills, IA: Graphic Publishing.

Teichman, Y. 1984. Cognitive family therapy. *British Journal of Cognitive Psychotherapy. 2*, p. 1-10.

Teichman, Y. 1992. Family treatment with an acting-out adolescent. In *Comprehensive casebook of cognitive therapy,* A. Freeman e F. M. Dattilio, eds. New York: Plenum.

Thibaut, J., e Kelley, H. H. 1959. *The social psychology of groups.* New York: Wiley.

Umana, R. F., Gross, S. J., e McConville, M. T. 1980. *Crisis in the family: Three approaches.* New York: Gardner Press.

Vincent, J. P., Weiss, R. L., e Birchler, G. R.1975. A behavioral analysis of problem solving in distressed and nondistressed married and stranger dyads. *Behavior Therapy. 6*, p. 475-487.

Watson, J. B., e Raynor, R. 1920. Conditioned emotional reactions. *Journal of Experimental Psychology. 3*, p. 1-14.

Weekes, G. R., e Gambescia, N. 2000. *Erectile dysfunction: Integrating couple therapy, sex therapy and medical treatment.* New York: Norton.

Weekes, G. R., e Gambescia, N. 2002. *Hypoactive sexual desire: Integrating sex and couple therapy.* New York: Norton.

Weiss, R. L. 1978. The conceptualization of marriage from a behavioral perspective. In *Marriage and marital therapy,* T. J. Paolino e B. S. McCrady, eds. New York: Brunner/Mazel.

Weiss, R. L. 1984. Cognitive and strategic interventions in behavioral marital therapy. In *Marital interaction: Analysis and modification,* K. Hahlwag e N. S. Jacobson, eds. New York: Guilford Press.

Weiss, R. L., e Birchler, G. R. 1978. Adults with marital dysfunction. In *Behavior therapy in the psychiatric setting,* M. Hersen e A. S. Bellack, eds. Baltimore: Williams & Wilkins.

Weiss, R. L., Hops, H., e Patterson, G. R. 1973. A framework for conceptualizing marital conflict, a technology for altering it, some data for evaluating it. In *Behavior change: Methodology, concepts and practice,* L. A. Hamerlynch, L. C. Handy, e E. J. Marsh, eds. Champaign, IL: Research Press.

Weiss, R. L., e Isaac, J. 1978. Behavior vs. cognitive measures as predictors of marital satisfaction. Artigo apresentado na reunião da Western Psychological Association, Los Angeles.

Williams, C. D. 1959. The elimination of tantrum behavior by extinction procedures. *Journal of Abnormal and Social Psychology. 59*, p. 269.

Wills, T. A., Weiss, R. L., e Patterson, G. R. 1974. A behavioral analysis of the determinants of marital satisfaction. *Journal of Consulting and Clinical Psychology. 42*, p. 802-811.

Wodarski, J., e Thyer, B. 1989. Behavioral perspectives on the family: An overview. In *Behavioral family therapy,* B. Thyer, ed. Springfield, IL: Charles C. Thomas.

Wolpe, J. 1948. An approach to the problem of neurosis based on the conditioned response. Tese de doutorado não-publicada. University of Witwatersrand, Iohannesberg, South Africa.

Wolpe, J. 1958. *Psychotherapy by reciprocal inhibition.* Stanford, CA: Stanford University Press.

Wolpe, J. 1969. *The practice of behavior therapy.* New York: Pergamon Press.

Wright, J. H., e Beck, A. T. 1993. Family cognitive therapy with inpatients: Part II. In *Cognitive therapy with inpatients: Developing a cognitive milieu,* J. H. Wright, M. E. Thase, A. T. Beck, e J. W. Ludgate, eds. New York: Guilford Press.

PARTE 3
Desenvolvimentos recentes em terapia familiar

11

Terapia familiar no século XXI

O formato da terapia familiar hoje

De um experimento radicalmente novo na década de 1960, a terapia familiar transformou-se em uma força estabelecida, com sua própria literatura, organizações e legiões de praticantes. Diferentemente de campos organizados em torno de um único modelo conceitual (psicanálise, terapia comportamental), a terapia familiar sempre foi um empreendimento diversificado, com escolas rivais e múltiplas teorias. O que elas compartilhavam era a crença de que os problemas são da família. Fora isso, cada escola era um empreendimento bem-definido e distinto, com seus próprios líderes, textos e maneiras de fazer terapia.

Hoje, tudo isso mudou. O campo já não está nitidamente dividido em escolas separadas, e seus praticantes já não compartilham uma adesão universal à teoria sistêmica. Uma vez que os terapeutas de família sempre gostaram de metáforas, poderíamos dizer que o campo ficou adulto. Agora sem panelinhas e despojado da antiga presunção, o movimento de terapia familiar foi sacudido e transformado por uma série de desafios – desafios à idéia de que uma única abordagem detém todas as respostas, desafios envolvendo a natureza dos homens e das mulheres, e a família americana – na verdade, por um questionamento sobre a possibilidade de saber tudo com certeza. Neste capítulo, examinaremos esses desafios e veremos como está a terapia familiar no século XXI.

EROSÃO DAS FRONTEIRAS

As fronteiras entre as escolas de terapia familiar foram aos poucos esmaecendo na década de 1990, a ponto de cada vez menos terapeutas definirem-se como puramente bowenianos ou estruturais, ou seja lá o que for. Uma razão para esse declínio no sectarismo foi que, conforme ganhavam experiência, os profissionais não viam problema em tomar emprestadas técnicas de arsenais alheios. Suponha, por exemplo, que uma terapeuta estrutural de carteirinha lesse o texto de White e Epston, *Narrative means to therapeutic ends*, uma jóia de livro, e começasse a explorar cada vez mais as histórias que os clientes contam sobre suas vidas. Essa terapeuta ainda seria uma estruturalista? Uma terapeuta narrativa? Ou talvez um pouco de ambas?

Suponha que a nossa terapeuta hipotética assistisse a uma conferência de Jim Keim descrevendo sua abordagem estratégica a famílias com filhos opositores e começasse a utilizá-la em sua própria prática. Como chamaríamos essa terapeuta agora? Estrutural-narrativa-estratégica? Eclética? Ou talvez, simplesmente, "uma terapeuta familiar"?

Outra razão para a erosão da ortodoxia foi o crescente reconhecimento da necessidade de técnicas individualizadas para problemas e populações específicas. No passado, os terapeutas familiares agarravam-se aos seus modelos. Se uma determinada família não se ajustasse bem ao paradigma, talvez ela não fosse "um caso apropriado para tratamento". Hoje, terapias do tipo "tamanho único" já não são consideradas viáveis.

Atualmente, os terapeutas abordam as famílias menos como especialistas confiantes na sua capacidade de consertá-las e mais como parceiros que esperam fortalecer seus recursos. Esses recursos são influenciados não apenas pela estrutura da família, mas também por forças políticas e econômicas além de seu controle. Algumas das mudanças ocorridas nas escolas clássicas deveram-se à morte ou à aposentadoria dos pioneiros e à ausência de figuras dominantes para substitui-los. A nossa época atual, de questionamentos e incertezas, também está relacionada a um crescente reconhecimento de que os modelos doutrinários nem sempre são relevantes para as necessidades específicas dos clientes. A terapia familiar é apenas uma das muitas ciências sociais que foram viradas de cabeça para baixo pela revolução pós-moderna.

PÓS-MODERNISMO

Os avanços científicos do início do século XX nos transmitiram o sentimento de que a verdade das coisas poderia ser descoberta por meio da observação e mensuração objetivas. O universo era um mecanismo cujas leis de operação aguardavam ser descobertas. Depois que as conhecêssemos, poderíamos controlar nosso meio ambiente. Essa perspectiva modernista influenciou a abordagem dos pioneiros da terapia familiar aos seus clientes – eles eram sistemas cibernéticos a serem decodificados e reprogramados. O terapeuta era o perito. Esquemas estruturais e estratégicos eram usados para descobrir defeitos que precisavam ser consertados, independentemente de a família ver as coisas do mesmo jeito.

O **pós-modernismo** foi uma reação a esse tipo de *hubris*. Não só estamos perdendo a fé na validade de verdades científicas, políticas e religiosas, como estamos começando a nos perguntar se algum dia chegaremos à verdade absoluta. Conforme Walter Truett Anderson (1990, p. 2) escreve em *Reality isn't what it used to be*: "A maioria dos conflitos que irromperam na era moderna que agora se encerra foi entre diferentes sistemas de crença, cada um dos quais professava ser dono da verdade: esta fé contra aquela, o capitalismo contra o comunismo, a ciência contra a religião. De todos os lados, a suposição era a de que alguém possuía o artigo genuíno, uma verdade fixa e além da mera conjetura humana". Na terapia familiar, era a verdade estrutural *versus* a psicodinâmica; Bowen *versus* Satir.

A relatividade de Einstein destruiu nossa fé nas certezas. Marx desafiou o direito de uma classe de dominar outra. Nos anos de 1960, perdemos a confiança no estabelecimento e passamos a sentir que havia outras realidades além daquelas da consciência comum. O movimento feminista desafiou suposições sobre gênero que haviam sido consideradas leis da natureza. Conforme o mundo encolhia e o nosso contato com pessoas de culturas diferentes aumentava, tivemos de reexaminar nossas suposições sobre as suas crenças "peculiares".

Este crescente ceticismo tornou-se uma força maior na década de 1980 e balançou os pilares de todos os empreendimentos humanos. Na literatura, educação, religião, ciência, política e psicologia, práticas aceitas foram **desconstruídas** – isto é, desmascaradas como convenções sociais criadas por pessoas com intenções pessoais. O filósofo social Michel Foucault interpretou os princípios aceitos em muitos campos como histórias perpetuadas para proteger estruturas de poder e silenciar vozes alternativas. A primeira e talvez a mais influente dessas vozes a se erguer na terapia familiar foi a crítica feminista.

A CRÍTICA FEMINISTA

O feminismo provocou o mais abrupto despertar da terapia familiar. Na crítica surpreendente introduzida em um artigo de Rachel Hare-Mustin, em 1978, terapeutas familiares feministas não só expuseram o viés de gênero em modelos existentes, como também defenderam um estilo de terapia que questionava a própria teoria dos sistemas.

A cibernética incentivou-nos a ver o sistema familiar como uma máquina defeituosa. Judith Myers Avis (1988, p. 17) descreveu-a como uma máquina que

> funciona de acordo com regras sistêmicas especiais e está divorciada de seus contextos histórico, social, econômico e político. Ao ver a família fora de contexto, os terapeutas familiares localizam a disfunção familiar intei-

ramente dentro de relacionamentos interpessoais na família, ignoram padrões mais amplos de disfunção que ocorrem nas famílias, e deixam de perceber a relação entre contexto social e disfunção familiar.

A versão batesoniana da cibernética afirmou que o controle pessoal nos sistemas era impossível, porque todos os elementos estão continuamente se influenciando, em ciclos de *feedback* repetitivos. Se todas as partes de um sistema estão igualmente envolvidas em seus problemas, ninguém tem culpa.

Para as feministas, contudo, a noção de responsabilidade igual pelos problemas soava, suspeitamente, como uma "versão sofisticada de culpar a vítima e racionalizar o *status quo*" (Goldner, 1985, p. 33). Esta crítica era particularmente apropriada nos crimes contra as mulheres, como espancamento, incesto e estupro, para os quais as teorias psicológicas por muito tempo foram usadas para sugerir que as mulheres provocavam seu próprio abuso (James e MacKinnon, 1990).

A constelação familiar mais comumente citada como se contribuísse para problemas era o pai periférico, a mãe muito envolvida e a criança sintomática. Durante anos, os psicanalistas culparam as mães pelos sintomas dos filhos. A contribuição da terapia familiar foi mostrar como a falta de envolvimento do pai contribuía para o grande envolvimento da mãe, e os terapeutas familiares tentaram libertá-la inserindo o pai no seu lugar. Isso não foi vantajoso para as mulheres como poderia parecer, porque, em muitos casos, as mães continuavam sendo vistas negativamente. As mães ainda estavam "emaranhadas", mas agora aparecia uma nova solução – colocar em cena o bom papai como o salvador.

O que as feministas afirmavam que os terapeutas não percebiam era que "o 'caso familiar' arquetípico da mãe superenvolvida e do pai periférico deve ser compreendido não como um problema clínico, e sim como o produto de um processo histórico que levou duzentos anos se desenvolvendo" (Goldner, 1985, p. 31). As mães eram muito envolvidas e inseguras, não devido a falhas pessoais, mas por estarem em posições de isolamento emocional, dependência econômica, excessiva responsabilidade na família, posições essas que levavam à loucura.

Os terapeutas sensíveis ao gênero tentaram ajudar as famílias a se reorganizar de modo que ninguém, homem ou mulher, permanecesse aprisionado nessas posições. Em vez de destruir a auto-estima de uma mãe, substituindo-a por um pai periférico (que provavelmente criticava o tempo todo a maternagem dela), uma terapeuta familiar feminista poderia ajudar a família a reexaminar os papéis que mantinham as mães em desgraça e os pais do lado de fora. Os pais poderiam ser estimulados a se envolver mais nos cuidados parentais – não porque as mães são incompetentes, mas porque esta é uma responsabilidade dos pais (Goodrich, Rampage, Ellman e Halstead, 1988; Walters, Carter, Papp e Silverstein, 1988).

As feministas não apenas pediam aos terapeutas que fossem mais sensíveis às ques-

Peggy Papp, Olga Silverstein, Marianne Walters e Betty Carter, fundadoras do Women's Project in Family Therapy.

tões de gênero. Na verdade, elas afirmavam que estas questões ou, mais especificamente, o patriarcado, permeavam o trabalho dos terapeutas, mesmo que eles tivessem sido condicionados a não percebê-las. Elas acreditavam, portanto, que a desigualdade de gênero deveria ser uma preocupação primária para os terapeutas familiares (Goldner, 1988; Luepnitz, 1988).

Somente quando nos tornarmos mais sensíveis ao gênero é que pararemos de culpar as mães e esperar que elas façam todas as mudanças. Somente então seremos capazes de agir plenamente contra o viés inconsciente de ver a mulher como fundamentalmente responsável pela criação dos filhos e cuidado da casa; como tendo de apoiar a carreira do marido negligenciando a sua; como precisando ser casada ou, no mínimo, ter um homem em sua vida (Anderson, 1995). Somente então deixaremos de considerar traços masculinos tradicionais, como racionalidade, independência e competitividade, como padrões de saúde para elas, e deixaremos de desprezar ou ignorar traços tradicionalmente encorajados nas mulheres, como ser emotiva, cuidar dos outros e ser focada em relacionamentos.

Como poderíamos antecipar, a crítica feminista de início não foi bem recebida pelo estabelecimento de terapia familiar. A primeira metade da década de 1980 foi um período de polarização, em que as feministas tentaram exceder o "limiar de surdez" do estabelecimento. Na década de 1990, elas conseguiram isso. Os principais pontos feministas já não são questionados e o campo está evoluindo para uma forma de terapia mais colaborativa e socialmente esclarecida.

Para não corrermos o risco de uma complacência excessiva quanto a essa aceitação do feminismo por parte da terapia familiar, é importante lembrar que as mulheres ainda enfrentam problemas políticos, econômicos e sociais no seu dia a dia. As mulheres ainda ganham menos do que os homens por seu trabalho. Ainda realizam a maior parte do trabalho doméstico. São responsabilizadas pelos problemas familiares. A violência dos homens contra as mulheres ainda é tolerada por muitas famílias, por suas semelhantes e por forças culturais. Além do mais, embora alguns homens resistam, o ideal masculino ainda influencia a maioria deles, que tentam ser "viris" e rejeitam homens menos machões como fracotes, covardes ou medrosos. Apesar de muitos homens não se experienciarem como poderosos em sua família, eles ainda se beneficiam de arranjos que lhes dão poder na sociedade. Como diz Rachel Hare-Mustin: "Embora seja verdade que os homens agora também podem chorar, eles ainda têm menos pelo que chorar".[1]

CONSTRUCIONISMO SOCIAL E A REVOLUÇÃO DA NARRATIVA

O **construtivismo** foi a alavanca que conseguiu afastar a terapia familiar da sua crença na objetividade – a suposição de que aquilo que vemos nas famílias é o que *existe* nelas. A experiência humana é fundamentalmente ambígua. Fragmentos de experiência só são compreendidos por um processo que os organiza, seleciona o que é proeminente e atribui significado e importância.

Em vez de focar padrões de interação familiar, o construtivismo passou a enfatizar a exploração e reavaliação das perspectivas que as pessoas com problemas têm em relação a eles. O significado em si passou a ser o principal alvo.

Nas décadas de 1980 e 1990, Harlene Anderson e Harry Goolishian traduziram o construtivismo em uma abordagem que democratizou o relacionamento terapeuta-cliente. Juntamente com Lynn Hoffman e outros, esses *terapeutas colaborativos* uniram-se em sua oposição ao modelo cibernético e suas implicações mecanicistas. Sua versão de pós-modernismo focalizava mais cuidar do que curar, e eles tentaram levar o terapeuta, da posição de perito, para uma parceria mais igualitária com os clientes.

Talvez o exemplo mais notável dessa democratização da terapia tenha sido introduzido pelo psiquiatra norueguês Tom Andersen, que deixou as coisas em pé de igualdade ao não esconder nada de seus clientes. Ele e sua equipe discutiam abertamente suas reações ao que a família dizia. Essa **equipe reflexiva** (Andersen, 1991) passou a ser muito utilizada na terapia por consenso do modelo colaborativo. Observadores saem de sua posição por trás do espelho de observação para discutir suas impressões com o terapeuta e a família. Esse processo cria um ambiente aberto em que a família se sente parte de uma equipe, e a equipe, sente maior empatia pela família.

O que esses terapeutas colaborativos compartilhavam era a convicção de que, com freqüência excessiva, os clientes não são ouvidos porque os terapeutas estão fazendo terapia *para* eles, e não *com* eles. Para reparar essa atitude autoritária, Harlene Anderson (1993, p. 325) recomenda que os terapeutas adotem uma posição de "não saber", que leva a conversas genuínas com os clientes, em que "tanto a perícia do terapeuta quanto a do cliente são empregadas para dissolver o problema".[2]

Essa nova perspectiva seguiu a tradição de uma abordagem ao conhecimento que surgiu de estudos bíblicos chamada **hermenêutica**, um termo derivado da palavra grega para interpretação. Antes de surgir na terapia familiar, a hermenêutica já tinha sacudido a psicanálise. Na década de 1980, Donald Spence, Roy Schafer e Paul Ricoeur contestaram a noção freudiana de que havia uma interpretação correta e compreensiva dos sintomas, dos sonhos e das fantasias do paciente. O método analítico não é, argumentaram eles, arqueológico ou reconstrutivo; é construtivo e sintético, organizando tudo o que está lá em padrões impostos (Mitchell, 1993).

De uma perspectiva hermenêutica, o que um terapeuta sabe não é simplesmente descoberto por um processo de associação livre e análise – ou encenação e questionamento circular –, é organizado, construído e montado pelo terapeuta sozinho, ou colaborativamente com o paciente ou a família. Embora não haja nada de inerentemente democrático na exegese hermenêutica, seu desafio ao essencialismo possuía estreita ligação com o desafio ao autoritarismo. Na terapia familiar, a tradição hermenêutica parecia uma parceria perfeita para a tentativa de tornar o tratamento mais colaborativo.

É difícil desistir da certeza. É pedir muito a um ouvinte que, para estar de fato aberto à história de quem fala, deixe de lado suas próprias crenças e, pelo menos temporariamente, entre no mundo do outro. Ao fazer isso, o ouvinte pode descobrir que aquelas crenças foram desafiadas e modificadas. Isso é mais do que alguns terapeutas estão dispostos a arriscar.

O construtivismo concentrou-se em como os indivíduos criavam sua própria realidade, mas a terapia familiar sempre enfatizou o poder da interação. Como resultado, outra psicologia pós-moderna, chamada **construcionismo social**, agora influencia muitos terapeutas familiares. O psicólogo social Kenneth Gergen (1985), seu maior proponente, enfatizou o poder da interação social na criação de significado para as pessoas.

Gergen desafiou a noção de que somos indivíduos autônomos com crenças independentes e argumentou, ao invés, que as nossas crenças são fluidas e flutuam de acordo com mudanças no nosso contexto social. Gergen (1991b, p. 28) pergunta: "Todos os fragmentos de identidade não são resíduos de relacionamentos, e não sofremos contínuas transformações conforme passamos de um relacionamento para outro?".

Essa visão tem várias implicações. A primeira é que ninguém tem o monopólio da verdade; todas as verdades são construções sociais. Essa idéia convida os terapeutas a ajudarem os clientes a compreenderem as origens de suas crenças, mesmo daquelas que eles supõem ser leis da natureza. A segunda implicação é que a terapia é um exercício lingüístico; se os terapeutas podem conduzir os clientes a novas construções de seus problemas, os problemas podem se tornar mais claros e acessíveis. Terceiro, a terapia deveria ser colaborativa. Já que nem o terapeuta nem o cliente possuem a verdade, novas realidades emergem por meio de conversas em que ambos os lados apresentam opiniões e respeitam a perspectiva um do outro.

O construcionismo social foi recebido de braços abertos por aqueles que estavam tentando mudar o foco da terapia, da ação para a cognição, e tornou-se a base de uma abordagem que tomou de assalto a terapia familiar na década de 1990, a *terapia narrativa* (Capítulo 13). A metáfora narrativa examina como a experiência gera expectativas e como as expectativas moldam a experiência pela criação de histórias organizadoras. Os terapeutas narrativos seguem Gergen ao considerar o *self* como um fenômeno socialmente construído.

A pergunta para o terapeuta narrativo não é sobre a verdade, mas uma pergunta que busca determinar que pontos de vista são proveitosos e levam a resultados preferíveis. Os problemas não estão nas pessoas (como a psicanálise dizia) ou nos relacionamentos (como a teoria sistêmica afirmava); de fato, os problemas estão inseridos em pontos de vista relativos aos indivíduos e suas situações. A terapia narrativa ajuda as pessoas a reexaminar esses pontos de vista.

A RESPOSTA DA TERAPIA FAMILIAR AO GERENCIAMENTO DE SAÚDE: TERAPIA FOCADA NA SOLUÇÃO

A **terapia focada na solução** foi outro modelo novo que se destacou nos anos de 1990. Steve de Shazer e seus colegas (Capítulo 12) levaram as idéias do construtivismo em uma direção diferente, mais pragmática. O objetivo dessa abordagem é conseguir que os clientes passem da "fala sobre os problemas" – tentar compreender seus problemas – à "fala sobre as soluções" – focalizar o que está funcionando – o mais rápido possível. A idéia é que focar soluções, em e por si próprias, geralmente elimina os problemas.

A popularidade do modelo focado na solução explodiu durante um período em que os orçamentos das instituições tinham sofrido cortes e o sistema de saúde do país, que chamaremos de gerenciamento de saúde, determinava o número de sessões pelas quais os profissionais seriam reembolsados. Isso produziu a tremenda demanda de uma abordagem breve, fácil de aplicar, para a qual a terapia focada na solução parecia ser a resposta perfeita.

VIOLÊNCIA FAMILIAR

No início da década de 1990, a terapia familiar lançou um olhar rigoroso para o lado sombrio da vida familiar. Pela primeira vez, livros e artigos sobre espancamento da mulher e abuso sexual começaram a aparecer na literatura sobre terapia familiar (por exemplo, Trepper e Barrett, 1989; Goldner, Sheinberg e Walker, 1990; Sheinberg, 1992). O campo foi sacudido de sua negação coletiva referente à extensão do abuso que as mulheres sofriam por parte dos homens nas famílias.

Judith Myers Avis (1992, p.231) apresentou estatísticas chocantes sobre o número de mulheres que haviam sofrido abuso sexual antes dos 18 anos (37%), a percentagem de abusadores do sexo masculino (95%), o número de mulheres abusadas anualmente pelos homens com os quais vivem (1 em 6), a porcentagem de universitários do sexo masculino que impuseram relações sexuais a uma parceira relutante ou contra a sua vontade (25%) e os que disseram que cometeriam estupro se tivessem certeza de que não seriam punidos por isso (20%). Depois de acusar as teorias que defendem a neutralidade do terapeuta e tratam a pessoa abusada como parcialmente responsável por seu abuso, ela concluiu que:

> Enquanto treinarmos os terapeutas na teoria sistêmica sem equilibrar esse treinamento com um entendimento da não-neutralidade da dinâmica do poder, continuaremos produzindo terapeutas familiares que são coniventes com a manutenção do poder masculino e são perigosos para as mulheres e crianças com os quais trabalham.

Michele Bograd (1992, p. 248, 249) resumiu uma das dificuldades centrais na terapia familiar nesta década:

> Ao trabalhar com violência familiar, como equilibrar uma visão de mundo relativista com valores referentes à segurança humana e aos direitos de homens e mulheres de autodeterminação e proteção? Quando a utilidade clínica da neutralidade torna-se limitada ou contraprodutiva? Quando a condenação é essencial ao processo de mudança?

A visão sistêmica, agora sob ataque, era de que a violência familiar resultava de ciclos de mútua provocação, uma escalação, embora inaceitável, do comportamento emocionalmente destrutivo que caracteriza muitos casamentos. Defensores das mulheres rejeitaram esse ponto de vista. De sua perspectiva, os homens violentos não perdem o controle, eles o *assumem* – e só pararão quando forem responsabilizados por isso.

Apesar de a afirmação de algumas defensoras das mulheres de que a terapia de casal não tem lugar no tratamento de casamentos violentos ser controversa, suas advertências foram um grito de alerta. A violência doméstica – vamos dizer claramente o que ela é, bater na mulher e bater nos filhos – é um problema de saúde pública muito grave, no nível do alcoolismo e da depressão.

MULTICULTURALISMO

A terapia familiar sempre se anunciou como um tratamento de pessoas em um contexto. Na América pós-guerra do nascimento da terapia familiar, este princípio traduzia-se em um olhar pragmático para a influência dos relacionamentos familiares sobre seus membros. Agora, conforme nos tornamos um país mais diversificado, enriquecido por um fluxo de imigrantes da Ásia, América Central e do Sul, África e Europa Oriental, a terapia familiar como profissão demonstra estar disposta a abraçar esse influxo de diversidade. Não só estamos aprendendo a respeitar que as famílias de outras culturas têm sua maneira própria e válida de fazer as coisas, como nossos jornais e nossas organizações profissionais também estão se esforçando para se tornarem mais diversos e inclusivos.

Monica McGoldrick e colaboradores (McGoldrick, Pearce e Giordano, 1982) deram o primeiro golpe em nosso etnocentrismo com um livro que descrevia valores e estruturas característicos de vários grupos étnicos diferentes. Depois desse e de uma enxurrada de trabalhos relacionados (por exemplo, Falicov, 1983, 1998; Boyd-Franklin, 1989; Saba, Karrer e Hardy, 1989; Mirkin, 1990; Ingoldsby e Smith, 1995; Okun, 1996; McGoldrick, 1998), nós estamos mais sensíveis à necessidade de saber alguma coisa sobre o *background* étnico das famílias que atendemos, de modo a não supor que eles estão doentes simplesmente porque são diferentes.

Black families in therapy, de Nancy Boyd-Franklin, foi um dos primeiros – e melhores – livros sobre o tratamento de famílias de minorias étnicas.

O multiculturalismo tornou-se um tema prevalente na terapia familiar, como se pode ver pelas questões tratadas em conferências, artigos de jornais e currículos universitários. A atenção a essas questões representa uma bem-vinda sensibilidade à influência da etnicidade.

O multiculturalismo é, certamente, um avanço em relação ao etnocentrismo. No entanto, ao salientar diferenças, existe o perigo de enfatizarmos em demasia políticas de identidade. A segregação, mesmo em nome do orgulho étnico, isola as pessoas e cria preconceitos. Talvez *pluralismo* seja um termo melhor do que *multiculturalismo*, pois sugere maior equilíbrio entre identidade étnica e conexão com o grupo mais amplo.

Conforme sugerimos no Capítulo 4, a sensibilidade étnica não requer que nos tornemos especialistas – ou que assim nos consideremos – naquelas culturas com as quais é possível que trabalhemos um dia. Se você não sabe como uma família mexicana do interior se sente em relação aos filhos saindo de casa ou o que pais coreanos acham de sua filha adolescente namorar garotos estadunidenses, você sempre pode perguntar.

RAÇA

Nos primeiros dias da terapia familiar, as famílias afro-americanas receberam alguma atenção (por exemplo, Minuchin et al., 1967), mas, por muitos anos, parecia que o campo, assim como o restante do país, tentava ignorar as pessoas negras e o racismo com o qual elas conviviam todos os dias. No entanto, finalmente, terapeutas familiares afro-americanos como Nancy Boyd-Franklin (1993) e Ken Hardy (1993) tiraram essas questões das sombras e obrigaram o campo a reconhecê-las.

Embora os terapeutas ainda tenham a opção, evidentemente, de se distanciar dessas questões, as pessoas negras não podem se dar a esse luxo (Hardy, 1993, p. 52-53):

> Para evitar sermos vistos pelos brancos como criadores de problemas, suprimimos aquela parte de nós que se sente magoada e indignada pelo racismo que nos cerca, e desenvolvemos um "*self* institucional" – uma fachada de acomodação de calmo profissionalismo, calculada para ser não-ameaçadora para os bran-

cos... Conhecendo apenas os nossos *selves* institucionais, as pessoas brancas não apreciam o senso de conexão imediato e a silenciosa lealdade que une as pessoas negras... Nós somos unidos por sermos criados com as mesmas mensagens que a maioria das famílias negras transmite aos seus filhos: "Vocês nasceram em um dos grupos mais desprezados do mundo. Vocês não podem confiar nos brancos. Vocês são alguém. Tenham orgulho e jamais, nem por um minuto, pensem que as pessoas brancas são melhores do que vocês".

Laura Markowitz (1993, p. 29) cita a experiência de terapia de uma mulher negra:

Lembro que fiz terapia há alguns anos com uma mulher branca e bondosa que tinha como foco descobrir por que eu era uma pessoa tão zangada, e os meus pais, indivíduos tão inadequados [...] Nós nunca olhamos para o meu pai como um homem negro e pobre, para a minha mãe como uma mulher negra e pobre, e para o contexto em que eles sobreviveram e nos criaram [...] Anos depois, fiz terapia com uma mulher negra, e a primeira coisa que saiu de sua boca foi: "Vamos examinar o que os seus pais vivenciaram". Foi um momento muito feliz aquele em que pude ver meu pai não como uma pessoa terrível que nos odiava, mas como um sobrevivente que enfrentou condições incrivelmente difíceis. Eu consegui abraçá-lo e pude entender a minha raiva, em vez de me culpar por aquele sentimento.

É difícil para os brancos perceber quantas portas se abriram para eles com base na cor da sua pele, e entender como as pessoas não-brancas são oprimidas pelo racismo. Famílias afro-americanas precisam superar não só muitas barreiras para ter acesso a oportunidades e realizações, como também a frustração e o desespero que tais obstáculos criam.

A tarefa dos terapeutas que trabalham com famílias não-brancas é compreender sua relutância em se engajar no tratamento (principalmente se o terapeuta for branco) no contexto de seu ambiente e de sua história de interação negativa com pessoas brancas, incluindo muitos dos funcionários de agências de serviços sociais que conheceram. Além disso, o terapeuta precisa reconhecer as forças da família e recrutar suas redes de apoio, ou ajudá-la a criá-las se a família for isolada.

Finalmente, os terapeutas precisam olhar para dentro de si mesmos e encarar as próprias atitudes em relação à raça, classe e pobreza. Para isso, vários autores recomendam uma formação que vá além de preleções e inclua um encontro pessoal – isto é, confrontar nossos próprios demônios de racismo (Pinderhughes, 1989; Boyd-Franklin, 1989; Green, 1998).

POBREZA E CLASSE SOCIAL

Dinheiro e classe social não são assuntos que a maioria dos profissionais de ajuda gosta de discutir. A vergonha da desvantagem econômica está relacionada à difundida ética individualista de que as pessoas são responsáveis por seu próprio sucesso ou falta dele. Se você é pobre, a culpa deve ser sua.

Apesar da redução de honorários provocada pelo gerenciamento de saúde, a maioria dos terapeutas consegue manter um estilo de vida razoavelmente confortável. Em geral não avaliam bem os obstáculos que seus clientes pobres enfrentam e o impacto psicológico dessas condições. Quando clientes pobres não comparecem à sessão ou não seguem diretivas, alguns terapeutas logo os vêem como desinteressados ou irresponsáveis. Em muitos casos, é assim que as pessoas pobres passam a se ver – e essa auto-imagem negativa pode se tornar o maior obstáculo de todos.

Como podemos nos opor a essa tendência de pensar que as pessoas pobres simplesmente não conseguem dar conta? Primeiro, os terapeutas precisam instruir-se sobre as realidades sociais e políticas de ser pobre nos Estados Unidos. Recentemente, a jornalista investigativa Barbara Ehrenreich (1999, p. 52) pas-

Ken Hardy aconselha os terapeutas a não ignorarem o impacto do racismo em seus clientes – ou no relacionamento terapêutico.

Clientes não-brancos podem sentir que os terapeutas brancos não serão capazes de compreender totalmente suas experiências.

sou um ano tentando viver como uma ex-beneficiária da assistência social de volta à força de trabalho. Ela morou em um estacionamento de *trailers* e trabalhou como garçonete. Depois de pagar suas despesas, não lhe sobrava praticamente nem um centavo.

> De que maneira ex-beneficiárias da assistência social e mães solteiras sobreviverão (e sobrevivem) na força de trabalho de baixos salários, não consigo imaginar. Talvez elas consigam dar um jeito de condensar suas vidas – incluindo criação dos filhos, lavar e passar roupa, romance e refeições – nas poucas horas entre seus empregos de tempo integral. Talvez elas possam morar em seus carros [como ela descobriu que muitas de suas colegas faziam], se tiverem um. Tudo o que sei é que não consegui manter dois empregos e ganhar dinheiro suficiente para me sustentar com apenas um. Eu tinha vantagens impensáveis para muitas das pessoas pobres – saúde, coragem, um carro que funcionava e nenhuma criança para cuidar ou sustentar [...] O pensamento por trás da reforma da assistência social era de que mesmo o mais humilde dos empregos é moralmente animador e psicologicamente sustentador. Na realidade, é provável que esses empregos estejam repletos de insultos e estresse.

O fato é: esta não é a terra das oportunidades iguais. A economia criou disparidades que tornam demasiado difícil para qualquer pessoa sair da pobreza e mantêm quase uma em quatro crianças vivendo em privação (Walsh, 1998).

Nos dias de hoje, não são apenas as famílias pobres que vivem com insegurança financeira. Conforme aumentam as hipotecas, os pagamentos de carros e as mensalidades escolares, e as empresas demitem empregados súbita e implacavelmente, a vida familiar em todos os níveis, fora o mais rico, cada vez é mais dominada pela ansiedade econômica. A renda média familiar diminuiu nas duas últimas décadas a ponto de as famílias jovens não esperarem se sair tão bem quanto seus pais, mesmo com os dois salários necessários para sustentar um padrão de vida bastante modesto (Rubin, 1994).

Os terapeutas não podem pagar o aluguel de seus clientes, mas podem ajudá-los a avaliar que as dificuldades que enfrentam não foram todas criadas por eles. Mesmo quando não mencionam o assunto, um terapeuta sensível deve estar ciente do papel que as pressões financeiras desempenham na vida das famílias. Perguntar como eles estão se virando nessa área não só coloca na mesa essa questão, como pode também conduzir a uma maior apreciação do esforço e engenho necessários para viver dentro do seu orçamento.

DIREITOS DE *GAYS* E LÉSBICAS

A terapia familiar passou a ter maior consciência dos direitos dos *gays* e das lésbicas, assim como aconteceu em relação à raça. Após um longo período de negligência e negação, a terapia familiar, no final da década de 1980, começou a enfrentar a discriminação que uma considerável percentagem da população sofre (Krestan, 1988; Roth e Murphy, 1986; Carl, 1990; Laird, 1993; Sanders, 1993). O lançamento, em 1996, de um importante texto clínico (Laird e Green, 1996) e da revista *In the family* (editada por Laura Markowitz) significou que as questões envolvendo gays e lésbicas finalmente tinham saído do armário da terapia familiar.

Apesar de a tolerância estar maior em alguns segmentos da nossa sociedade, os gays e as lésbicas continuam sofrendo humilhações, discriminação e, inclusive, violência por causa de sua sexualidade. Após uma infância de vergonha e confusão, muitos gays e lésbicas são rejeitados por suas famílias depois que se revelam. Devido à falta de apoio social, os laços em seus relacionamentos podem sofrer as pressões do isolamento, o que gera estresse e ciúme.

Os pais costumam se sentir culpados, em parte porque os primeiros estudos psicanalíticos os culpavam pela orientação sexual dos filhos. As reações parentais variam de negação, autocensura e medo pelo futuro dos filhos à hostilidade, violência e repúdio (LaSala, 1997). Os terapeutas devem lembrar que, embora as crianças gays ou lésbicas possam ter lutado por anos para chegar a um acordo com sua identidade, seus pais talvez precisem de tempo para alcançá-los após o choque inicial.

No trabalho com clientes gays, lésbicas, bissexuais e transexuais, recomendamos que o terapeuta obtenha o máximo possível de informações sobre as questões excepcionais de formação de identidade e relacionamento que esses grupos enfrentam. Os terapeutas que não estiverem bem informados sobre a experiência de ser gay ou lésbica precisam buscar supervisão com alguém que esteja, ou encaminhar esses clientes a um terapeuta com maior experiência. Não é verdade que indivíduos e famílias, independentemente de seu contexto cultural, todos lutam com as mesmas questões.

Esperamos que logo chegue o dia em que famílias de gays e lésbicas, bissexuais e transexuais, afro-americanos e outros grupos marginalizados sejam estudados por terapeutas familiares para aprender não só sobre os problemas que enfrentam, mas também sobre como sobrevivem e seguem em frente apesar de tantas desigualdades. Por exemplo, gays e lésbicas com freqüência criam "famílias de escolha" em sua rede de amigos (Johnson e Keren, 1998). Conforme sugeriu Joan Laird (1993, p.284), essas famílias têm muito a nos ensinar "sobre relacionamentos de gênero, sobre paternidade e maternidade, sobre adaptação a tensões nesta sociedade e, em especial, sobre força e resiliência". A pergunta é se estamos prontos para aprender.

ESPIRITUALIDADE

Durante o século XX, os psicoterapeutas, querendo evitar qualquer associação com o que a ciência considera irracional, tentaram manter a religião fora do consultório. Também tentamos permanecer fora de empreendimentos moralizadores, lutando para continuar neutros para que os clientes pudessem tomar suas próprias decisões de vida.

Contudo, na virada do século XXI, quando cada vez mais pessoas acham a vida moderna solitária e vazia, a espiritualidade e a religião surgem como antídotos para um disseminado sentimento de alienação – tanto na imprensa popular (foi capa de revistas como *Time* e *Newsweek*) quanto na literatura sobre terapia familiar (Brothers, 1992; Burton, 1992; Prest e Keller, 1993; Doherty, 1996; Walsh, 1999).

Algumas das mais poderosas crenças organizadoras de uma família têm a ver com como eles encontram significado em suas vidas e com suas idéias sobre um poder superior. No entanto, a maioria dos terapeutas nunca pergunta sobre essas questões. É possível explorar as crenças espirituais da família sem fazer proselitismo e sem zombaria? Mais e mais terapeutas acreditam que isso não apenas é possível, como também é crucial. Eles acreditam que as respostas das pessoas a essas questões maiores estão intimamente relacionadas à sua saúde emocional e física.

ADAPTANDO O TRATAMENTO ÀS POPULAÇÕES E AOS PROBLEMAS

Recentemente, os terapeutas familiares desceram das torres de marfim de seus institutos de formação para se atracar com a confusão dos problemas do mundo real. Eles sentem, cada vez mais, que é preciso adaptar suas abordagens às necessidades de seus clientes, e não o contrário. A terapia familiar mais madura se reflete na literatura. Outrora, a maioria dos textos era sobre os modelos clássicos e como eles se aplicavam às famílias em geral (por exemplo, Haley, 1976; Minuchin e Fishman, 1981). Começando na década de 1980, livros não mais ligados a alguma escola começaram a tratar de como fazer terapia familiar em uma série de problemas e constelações familiares específicas.

Atualmente existem livros sobre como trabalhar com famílias de pessoas que abusam de drogas (Stanton, Todd e Associados, 1982; Barth, Pietrzak e Ramier, 1993), álcool (Steinglass, Bennett, Wolin e Reiss, 1987; Treadway, 1989; Elkin, 1990), alimentos (Root, Fallon e Friedrich, 1986; Schwartz, 1995) e de familiares (Trepper e Barrett, 1989; Friedrich, 1990; Madanes, 1990).

Há livros sobre tratamento de famílias de mães sozinhas (Morawetz e Walker, 1984), famílias no segundo casamento (Visher e Visher, 1979, 1988), famílias que estão se divorciando (Sprenkle, 1985; Wallerstein e Kelley, 1980; Ahrons e Rogers, 1989; Emery, 1994), famílias mistas (Hansen, 1982; Sager et al., 1983) e famílias em transição entre esses estados (Pittman, 1987; Falicov, 1988).

Também há livros sobre tratamento de famílias com filhos pequenos (Combrinck-Graham, 1989; Wachtel, 1994; Gil, 1994; Freeman, Epston e Lobovits, 1997; Selekman, 1997; Smith e Nylund, 1997; Bailey, 1999; Nichols, 2004), adolescentes problemáticos (Price, 1996; Micucci, 1998; Sells, 1998) e jovens adultos problemáticos (Haley, 1980), e famílias com problemas entre irmãos (Kahn e Lewis, 1988). Há, inclusive, livros sobre famílias normais (Walsh, 1982, 1993) e "famílias bem-sucedidas" (Beavers e Hampson, 1990).

Há livros sobre como trabalhar com famílias de esquizofrênicos (Anderson, Reiss e Hogarty, 1986), famílias com transtorno bipolar (Miklowitz e Goldstein, 1997) e famílias com AIDS (Walker, 1991; Boyd-Franklin, Steiner e Boland, 1995); famílias que sofreram traumas (Figley, 1985), apresentam doenças ou limitações crônicas (Rolland, 1994; McDaniel, Hepworth e Doherty, 1992); famílias que estão de luto por uma morte (Walsh e McGoldrick, 1991), têm um filho com alguma deficiência (Seligman e Darling, 1996) ou um filho adotado (Reitz e Watson, 1992); famílias pobres (Minuchin, Colapinto e Minuchin, 1998) e famílias de diferentes etnicidades (Boyd-Franklin, 1989; Okun, 1996; McGoldrick, Giordano e Pearce, 1996; Lee, 1997; Falicov, 1998). Também há vários livros sobre como tratar famílias de *gays* e lésbicas (por exemplo, Laird e Green, 1996; Greenan e Tunnell, 2003).

Além desses livros especializados, o campo ampliou seu escopo e estendeu o pensamento sistêmico além da família, incluindo o impacto de sistemas mais amplos, como outros agentes de ajuda, agências sociais e escolas (Schwartzman, 1985; Imber-Black, 1988; Elizur e Minuchin, 1989), a importância dos rituais familiares e seu uso na terapia (Imber-Black, Roberts e Whiting, 1988) e o contexto sociopolítico em que as famílias vivem (Mirkin, 1990; McGoldrick, 1998).

Há guias práticos de terapia familiar não-ligados a nenhuma escola específica (Taibbi, 1996; Patterson, Williams, Graul-Grounds e Chamow, 1998) e livros que incluem contribuições de todas as escolas, mas são focados em problemas ou casos específicos (Dattilio, 1998; Donovan, 1999). Diferentemente dos primeiros dias da terapia familiar, em que os seguidores de um modelo particular liam muito pouco fora do que vinha daquela escola, a tendência no sentido da especialização por conteúdo, e não por modelo, tornou o campo mais pluralista nesta era pós-moderna.

Entre as constelações familiares que apresentam desafios especiais mais freqüentemente encontradas estão as famílias monoparentais, famílias afro-americanas e famílias de *gays* e lésbicas. As seguintes recomendações são oferecidas apenas como uma introdução a algumas das questões encontradas no tratamento desses grupos.

Famílias monoparentais

O problema estrutural mais comum nas famílias monoparentais é o mesmo da maioria das famílias com pai e mãe: uma mãe sobrecarregada, emaranhada com os filhos e desligada de relacionamentos adultos. Dessa perspectiva, o objetivo da terapia é fortalecer a posição hierárquica da mãe em relação aos filhos e ajudá-la a se realizar mais plenamente em sua própria vida como mulher. Entretanto, é importante lembrar que as mães sozinhas em geral são sobrecarregadas e raramente têm os recursos para manter uma vida social depois de trabalhar o dia inteiro e voltar para casa à noite para tomar conta dos filhos, fazer o jantar, arrumar a cozinha e lavar e passar toneladas de roupas.

Antes de prosseguir, devemos reconhecer que as famílias monoparentais assumem variadas formas (U.S. Census Bureau, 2001). Os filhos podem estar vivendo com uma mãe adolescente e seus pais, uma professora universitária divorciada ou um pai cuja esposa morreu de câncer. Essas famílias podem ser ricas ou pobres e estar isoladas ou pertencer a uma grande rede familiar. Na discussão a seguir, focalizaremos a variante mais comum encontrada em situações clínicas: uma mãe financeiramente sobrecarregada, com filhos, que enfrenta tudo sozinha.

Ao trabalhar com famílias monoparentais, os terapeutas precisam manter em mente que apoiar sua maternagem e ajudá-la a encontrar maior satisfação em sua própria vida são realizações recíprocas. O terapeuta deve entrar no sistema tratando da queixa apresentada, mas, independentemente de o problema ser a depressão da mãe ou o mau desempenho escolar de um filho, na maioria dos casos é importante trabalhar tanto para ajudar a mãe a cuidar mais efetivamente dos filhos quanto para aumentar seus recursos externos de apoio.

O tratamento efetivo para uma mãe sozinha começa com um relacionamento terapêutico ativamente apoiador. Um relacionamento terapêutico empático ajuda a fortalecer a confiança da mãe de que ela pode fazer mudanças positivas e, mais tarde, serve como uma ponte para ajudá-la a se conectar com pessoas apoiadoras de seu ambiente. Para começar, convém reconhecer que as mães sozinhas, muitas vezes, estão zangadas e desapontadas com a perda de um relacionamento, dificuldades financeiras, e estão tentando lidar com as demandas do trabalho e dos filhos. Essas demandas deixam muitas mães estressadas e, freqüentemente, deprimidas.

A pobreza pode ser a carga mais esmagadora para as mães sozinhas e seus filhos (Duncan e Brooks-Gunn, 1997). Os terapeutas não devem subestimar o impacto da pobreza sobre a depressão, auto-estima e independência da mãe e sobre as decisões que ela precisa tomar em empregos extenuantes e relacionamentos abusivos. Muitas famílias chefiadas pela mãe vivem à beira de uma crise, conseguindo dar conta na maior parte do tempo, mas sempre conscientes de que qualquer emergência inesperada pode empurrá-las para o outro lado. Um terapeuta apoiador reconhece o peso das dificuldades financeiras, adapta-se aos horários de trabalho da mãe e, em alguns casos, a ajuda a considerar opções, como voltar a estudar, que poderiam lhe dar maior estabilidade financeira.

Via de regra, uma das fontes de apoio mais prontamente disponíveis para a mãe sozinha é a sua própria família. Aqui, a tarefa terapêutica é dupla: facilitar conexões apoiadoras e reduzir conflitos. Às vezes, por falar no assunto, é mais fácil desenvolver fontes latentes de apoio do que resolver conflitos com as já existentes. A irmã que mora a uns 30 km de distância talvez esteja mais disposta a cuidar dos sobrinhos de vez em quando do que a mãe deprimida pensa. A família da mãe pode fornecer auxílio financeiro, um lugar para ficar e ajuda com as crianças. Entretanto, como a maioria dos pais tem dificuldade em deixar de tratar seus filhos adultos como crianças – em especial quando eles pedem ajuda –, o terapeuta talvez precise conversar com os avós, criar uma aliança com eles e depois ajudá-los a negociar com a filha adulta um relacionamento que funcione bem.

Muitas famílias de mães jovens têm uma dificuldade especial de apoiar a manutenção do envolvimento com o pai do bebê (Johnson, 2001). A família tem ressentimento em relação a ele e pode até considerá-lo um inimigo. Se esses sentimentos compreensíveis forem tratados com respeito, a família pode ser ajudada a apoiar o envolvimento do pai.

Facilitar o envolvimento do pai adolescente é algo que merece uma atenção especial por ser tão importante e tão desafiador (Lehr e MacMillan, 2001). Já que é relativamente fácil ele ser ignorado e abandonar o contato com a criança, é importante buscá-lo, estabelecer *rapport* e incentivá-lo a se tornar um pai responsável. O terapeuta pode facilitar esse processo ajudando a mãe e sua família a perceber que a manutenção do contato com o pai é um benefício para a criança.

Quando os conflitos intergeracionais forem minimizados, esse contato poderá ser uma rica fonte de apoio. Os avós poderão ter maior intimidade com os netos; as mães terão uma folga, sabendo que seus filhos estão sendo cuidados por membros da família que os amam, e as crianças poderão ter uma variedade de contatos adultos, além de relacionamentos de tipo fraternal com os primos.

Apontar essas possíveis fontes de assistência para as mães sozinhas não deve ser entendido como uma sugestão de que a única função, ou a principal, do terapeuta familiar é o aconselhamento de apoio. A maioria das famílias, monoparentais ou não, busca os serviços clínicos por estarem presas em conflitos – psicológicos, interpessoais, ou ambos. Ao trabalhar com mães sozinhas, a tarefa mais importante do terapeuta é identificar e ajudar a resolver os obstáculos que estão impedindo as clientes de aproveitarem seus recursos pessoais e interpessoais.

Às vezes, o conflito mais significativo nas famílias chefiadas pela mãe não está visível: é o potencial envolvimento do pai das crianças, que, não raramente, é descrito como "fora de cena". Ele pode estar fora de cena, mas, na maioria dos casos, não deveria estar.[3] (Os terapeutas familiares jamais devem deixar o pai fora da equação.) Alguns desses homens são pais carinhosos que gostariam de se envolver na vida dos filhos. Mesmo pais invisíveis ou indisponíveis podem desejar maior contato e estar dispostos a assumir maior responsabilidade por amor aos filhos. O terapeuta deve pensar em contatar o pai que não tem a custódia para avaliar sua potencial contribuição para o sustento emocional e financeiro dos filhos.

Aqui, também, os triângulos podem complicar o quadro. Em um esforço para conquistar a simpatia da parceira (e às vezes por ciúme inconsciente), um novo parceiro pode atiçar as chamas do conflito com o pai que não tem a custódia, o que apenas reforça o rompimento.

Estudo de caso

Elana Santos contatou a clínica porque seu filho Tony, de 10 anos, estava deprimido. "Ele está tendo dificuldade em superar o meu divórcio", disse ela, "e acho que sente falta do pai". Após duas sessões, a terapeuta determinou que Tony não estava deprimido e, embora realmente sentisse falta do pai, era a mãe que não tinha superado o divórcio. Tony realmente *deixara* de brincar com os amigos depois da escola; entretanto, era a sua preocupação com a mãe, que se tornara amarga e retraída, e não uma depressão, o que o mantinha em casa.

A formulação da terapeuta foi de que a Sra. Santos estava emaranhada com o filho, e ambos estavam desligados de contatos fora da família. A terapeuta disse à Sra. Santos que seu filho estava triste porque estava preocupado com ela. Ela não parecia estar seguindo em frente com a sua vida, e Tony se sacrificava para ser seu protetor. "Você precisa que seu filho seja o seu protetor?" perguntou a terapeuta. "Não", insistiu a Sra. Santos. "Então, eu acho que você precisa demiti-lo desse cargo. Será que você pode convencer o Tony de que ele não precisa tomar conta de você, de que ele pode passar um tempo com seus amigos e que você ficará bem?"

A Sra. Santos realmente "demitiu" o filho do emprego de ser seu anjo de guarda. A terapeuta, então, sugeriu que Tony se envolvesse mais nas atividades escolares posteriores às aulas para fazer novos amigos. "Quem sabe", disse a terapeuta, "se o Tony começar a fazer amigos, você tenha tempo para fazer a mesma coisa".

A única pessoa que poderia ajudar a tomar conta de Tony para que ela pudesse ter mais tempo para si mesma, segundo a Sra. Santos, era o pai do menino, e ele era "completamente indisponível". Em vez de aceitar ao pé da letra essa declaração, a terapeuta expressou surpresa "por um pai não se importar nem um pouco com seu filho". Quando a Sra. Santos insistiu que seu ex-marido não estaria disposto a passar um tempo com Tony, a terapeuta pediu permissão para telefonar para ele.

Quando a terapeuta disse ao Sr. Santos que estava preocupada com seu filho e achava que o menino precisava que o pai participasse mais da sua vida, o Sr. Santos pareceu responsivo. Então, a terapeuta escutou alguém falando ao fundo, e o Sr. Santos começou a recuar.

O que começara como um problema firmemente inserido na cabeça de uma pessoa ("É o meu filho, ele está deprimido") acabou envolvendo não apenas a interação entre o menino e a mãe, mas também uma complicação triangular em que a namorada do pai objetava o seu envolvimento porque não queria "que aquela cadela da ex-mulher tirasse vantagem dele". O que se seguiu foi uma série de encontros com o pai e a namorada, o pai e a mãe, o pai e o filho e, por fim, os quatro juntos – em que a terapeuta concentrou-se em ajudá-los a esclarecer as coisas, verbalizando sentimentos de rancor que os impediam de agir colaborativamente.

A namorada do pai cometera o mesmo erro que muitos de nós cometem quando uma pessoa que amamos se queixa do tratamento que recebe de alguém. Em resposta às queixas dele sobre os telefonemas zangados da ex-mulher, ela o incentivou a não ter mais nada a ver com ela. Em resposta a esses sentimentos, e à raiva e indignação da Sra. Santos, a terapeuta os ajudou a compreender uma importante distinção entre dois subsistemas em um divórcio. O primeiro (*o casal*) estava morto e deveria ser enterrado; o segundo (*os pais*) ainda precisava encontrar uma maneira de cooperar, no interesse da criança. "Enterrar" o relacionamento do casal divorciado, nesse caso, foi facilitado pela oportunidade que a Sra. Santos teve de verbalizar sua amargura e raiva por ter sido abandonada pelo homem que amava, embora a maior parte dessas conversas ocorresse em sessões individuais com a terapeuta.

Quando um pai sem custódia começar a passar um tempo com os filhos, talvez ele precise de ajuda para se comportar como pai, e não como amigo. O Sr. Santos, por exemplo, estava tão ansioso para desenvolver um bom relacionamento com Tony que, ao começar a ficar mais com o filho, teve dificuldade em dizer não aos pedidos do menino. Com ajuda, todavia, ele começou a assumir um papel mais adulto, e os dois continuaram a se relacionar bem.

Ajudar a mãe sozinha a não se desligar de relacionamentos adultos facilita o fortalecimento da fronteira geracional entre ela e a criança. Isso envolve delegar a crianças mais velhas responsabilidades apropriadas à sua faixa etária, impor disciplina e ajudar os filhos a terem atividades próprias. O principal objetivo estrutural para a mãe sozinha é assumir o poder como a principal executiva no sistema familiar. Essa tarefa pode ser bastante difícil para a mãe que está desmoralizada por perda ou depressão. Portanto, alguns objetivos estruturais podem fazer sentido, mas não ser práticos. Criar tabelas e sistemas de prêmios para refrear crianças fora-de-controle, por exemplo, pode exigir um monitoramento irrealista e sobrecarregar ainda mais uma mãe já sobrecarregada. Sentindo-se esmagada, ela pode perder a capacidade de estabelecer limites efetivos. Algumas mães também permitem maus comportamentos por acharem que precisam compensar a perda que os filhos sofreram com o divórcio ou a falta de envolvimento do pai. Tarefas devem ser delegadas – a mãe ainda está no comando – e o filho do sexo masculino não é "o homem da casa" (o que sugere que o filho assumiu o lugar do pai).

Parceiros que moram com as mães – que não devem ser ignorados, tanto quanto os pais biológicos – constituem fontes adicionais de apoio – e de conflito. Muitos competem com as crianças pelo tempo e pela atenção da mãe. Alguns solapam a autoridade da mãe e o estabelecimento de regras, enquanto outros tentam impor as próprias regras, geralmente mais rígidas, criando um triângulo em que a mãe é obrigada a escolher um lado, ou o do namorado ou o dos filhos. Essas tentativas do namorado da mãe de impor a disciplina são freqüentemente repudiadas, especialmente por adolescentes. Sua tarefa não é ser pai, mas apoiar e reforçar a mãe como a principal autoridade para os filhos.

As crianças podem se beneficiar de um maior contato social que equilibre a intensidade da conexão mãe-sozinha-e-criança. Recursos a considerar incluem professores, treinadores, irmãos mais velhos e irmãs mais velhas, líderes de grupos de atividades, grupos da comunidade ("Pais sem Parceiros", "Dia de Folga da Mãe"), congregações religiosas, aulas de artesanato e contatos do local de trabalho.

As famílias assumem muitas formas; a família monoparental é apenas uma delas. As famílias não se esfacelam nem são destruídas, a sua configuração é que se modifica. Infelizmente, a transição de estar junto para estar separada é um caminho sem mapas. Não surpreende que haja tanto sofrimento e confusão.

Salientamos, anteriormente, que as famílias monoparentais são sobrecarregadas por desafios complexos. Contudo, este é apenas o lado sombrio do que pode ser um conjunto de relacionamentos satisfatórios. As famílias são ricas em possibilidades; as famílias monoparentais podem ser difíceis, mas, com um pouco de ajuda, elas podem não só sobreviver, como também vicejar.

Famílias afro-americanas

Entre as características da experiência vivida pelos negros nos Estados Unidos descritas mais freqüentemente estão as redes de parentesco extensas, a religião e a espiritualidade, o pai ausente, o sistema trigeracional, a pobreza e, é claro, o racismo.

Os terapeutas que trabalham com famílias afro-americanas devem estar preparados para expandir a definição de família de modo a incluir um *sistema de parentesco extenso*. A rede de parentesco continua sendo um dos segredos para lidar com as pressões da opressão (Billingsley, 1992; Staples, 1994). O terapeuta deve estar ciente de que existem inúmeros tios, tias, "mãezonas", namorados, irmãos e irmãs mais velhos, diáconos, pregadores e outras pessoas entrando e saindo do lar afro-americano (White, 1972, p. 45). Entretanto, muitas famílias que procuram ajuda se isolaram de sua rede de apoio tradicional. Parte da tarefa do terapeuta é buscar pessoas na família ou na rede de parentesco que representem ilhas de força e recrutar seu apoio para a família. Perguntar "Com quem você pode contar quando precisa de ajuda?" é uma maneira de localizar essas pessoas.

Uma avaliação estrutural deve considerar não apenas as pessoas que estão envolvidas com a família, mas também aquelas que podem ser chamadas para ajudar. Na comunidade afro-americana, essas conexões potenciais incluem uma rede de parentesco extensa, constituída tanto pela família como pelos amigos (Billingsley, 1968; McAdoo, 2002). Essa rede poderia incluir não só todos esses mencionados acima, mas também avós e bisavós, padrinhos, babás, vizinhos, amigos, membros da igreja, ministros e assim por diante.

Essas extensas conexões, reais e potenciais, significam que as fronteiras familiares e as linhas de autoridade podem ficar pouco claras, como ilustra o seguinte exemplo.

Estudo de caso

Quando Juanita Williams ingressou em um programa residencial para drogados, teve a sorte de sua vizinha e amiga, Deena, estar disposta a cuidar de seus três filhos. Seis meses depois, Juanita estava pronta para deixar a reabilitação e voltar para casa. A essa altura, as crianças Williams estavam acostumadas a viver com a "tia Deena" e seus dois filhos adolescentes.

Quando a assistente social das crianças organizou um encontro com Juanita, seus três filhos e a "tia Deena", Deena elogiou Juanita por concluir o programa de reabilitação e se preparar para reassumir a responsabilidade pelos filhos. "Você sabe que eu os amo, quase como se fossem meus", ela disse à Juanita, que concordou com a cabeça, "mas chegou a hora de eles voltarem a morar com sua verdadeira mãe". Entretanto, pareceu para a assistente social que Deena tinha, efetivamente, assumido a família e que Juanita perdera sua posição de autoridade. Deena falou quase todo o tempo, enquanto Juanita ficava sentada quieta, olhando para baixo. Martin (14), Jesse (12) e Coretta (11) não diziam nada.

A assistente social concluiu que Deena e as crianças Williams estavam emaranhadas, enquanto Juanita estava desligada, e que sua tarefa era ajudar Juanita e os filhos a se reconectarem, enquanto Deena precisava recuar para um papel apenas de apoio, menos controlador. Então, ela disse que Juanita tinha muita sorte por ter uma amiga tão boa, que fora mãe adotiva para seus filhos, mas chegara a hora de ela reclamar seu papel como chefe da família. A assistente social organizou uma encenação, em que pediu à Juanita que conversasse com os filhos sobre seus planos para o futuro imediato.

Quando Juanita começou a dizer aos filhos como sentira saudade deles, Deena se intrometeu para falar que as crianças também tinham sentido saudade dela. A intenção de Deena era boa, mas sua interrupção era um sinal de seu papel demasiado central. A terapeuta cumprimentou Deena por ser prestativa, mas disse que agora ela precisava mostrar seu apoio deixando Juanita falar por si mesma. Juanita recomeçou a falar com os filhos, dizendo: "Eu sei que não posso prometer nada, mas todos os dias eu me esforçarei ao máximo para ser uma boa mãe para vocês e não deixar que a minha doença leve a melhor, e", continuou ela com lágrimas nos olhos, "eu sei que, com a ajuda de Deus, nós poderemos ser a família que nunca fomos".

Martin olhou para baixo, Jesse e Coretta estavam com lágrimas nos olhos. Então, Martin voltou-se para a terapeuta e perguntou: "Posso falar?" "Claro, Martin, você pode dizer o que quiser para a sua mãe". "Eu te amo, mamãe", disse ele. "E peço a Deus que você nunca volte para as drogas. Mas eu nunca – *nunca* – morarei em uma casa em que tenha de ver a minha mãe voltando para as ruas de novo. Sem saber se nós vamos ter janta naquela noite porque você está lá fora se drogando. Você nunca mais vai me fazer passar por isso". "Martin" – mais uma vez Deena interrompeu, e mais uma vez a assistente social a bloqueou.

Martin continuou falando por 15 minutos sobre seu sofrimento e sua raiva por ser filho de uma mãe drogada. Ele não escondeu nada. Juanita chorou muito. Quando Martin terminou, houve um silêncio longo e pesado. Então, Juanita falou. "Eu sei o que fiz você passar, Martin. O que eu fiz todos os meus filhos passarem. E sei que nunca, nunca poderei compensar isso. Mas, com Deus por testemunha, eu farei tudo o que estiver em meu poder para jamais, jamais decepcionar vocês ou fazer com que se envergonhem de mim. Tudo o que eu quero é uma outra chance". Aquele foi um intercâmbio extremamente doloroso. Martin falara direto de seu coração, e ele e a mãe tinham dito tudo um ao outro – sem interferência de amigos bem-intencionados, ou profissionais prestativos, ansiosos para colocar as coisas sob uma luz mais favorável.

A proeminência da *religião e espiritualidade* na vida da família afro-americana (Hines e Boyd-Franklin, 1982), assim como a rede de parentesco extensa, constitui um recurso tanto real quanto potencial. Muitas famílias afro-americanas fortalecem-se por serem membros da igreja e da comunidade religiosa (Billingsley, 1994; Walsh, 1999). Os terapeutas que trabalham com famílias negras serão beneficiados se estabelecerem um relacionamento com os ministros da comunidade afro-americana, que possuem muita influência e geralmente podem ajudar a mobilizar apoio para uma mãe isolada, um adolescente que está abusando de drogas ou um adulto mentalmente doente que perde o apoio familiar após a morte da sua principal cuidadora (Boyd-Franklin, 2003).

Uma razão para os *lares de pai ausente* serem tão comuns entre os afro-americanos é que existem muito menos homens do que mulheres na comunidade negra. Os motivos da ausência de homens negros são os índices de mortalidade infantil duas vezes mais elevados do que na população branca, um abuso de substâncias epidêmico, morte relacionada a empregos de risco, demora em buscar atendimento de saúde, serviço militar, homicídios e, é claro, a percentagem assombrosamente alta de jovens negros nas prisões (U.S. Bureau of the Census, 2003). Não só existem menos homens negros, como a sua participação na vida familiar é freqüentemente dificultada por oportunidades de trabalho limitadas e a tendência, por parte dos profissionais de saúde mental, de ignorar os homens no sistema familiar ampliado, incluindo a rede de parentesco do pai e os amigos do sexo masculino da mãe, que talvez participem da vida das crianças.

É importante envolver o pai e outros adultos do sexo masculino no tratamento familiar, embora isso possa ser difícil quando os homens mantêm vários empregos ou não podem sair do trabalho para participarem das sessões de terapia. Muitos terapeutas resignam-se à não-participação do pai na terapia familiar. Um pai considerado indisponível pode concordar em participar se o próprio terapeuta entrar em contato com ele. Mesmo que seja difícil para ele sair do emprego para ir à terapia, o pai pode concordar em participar de uma ou duas sessões se ficar convencido de que sua presença realmente é necessária. Os terapeutas também podem recorrer a telefonemas e cartas para manter o pai envolvido no tratamento da família. Respeitar o papel do pai na família diminui a probabilidade de ele sabotar o tratamento (Hines e Boyd-Franklin, 1996), e mesmo uma participação limitada pode levar a uma mudança estrutural na família.

Parcialmente, em conseqüência de pais ausentes, muitas famílias da comunidade afro-americana são *sistemas trigeracionais*, constituídos pela mãe, seus filhos e uma avó. Às vezes, as avós assumem a tarefa de criar um segundo conjunto de filhos. Outras vezes, a mãe ou o pai sozinho e seus filhos voltam a morar com os avós. Em alguns casos, mães adolescentes entregam os filhos para as próprias mães, mas posteriormente querem reassumir a responsabilidade por criá-los. Embora nenhuma dessas estruturas seja inerentemente disfuncional, todas elas criam complicações.

As avós que assumem o controle podem ter dificuldade em desistir dele. Elas vêem seus filhos adultos como se comportando de modo irresponsável, e os tratam correspondentemente. Infelizmente, isso perpetua o clássico ciclo de controle-e-rebelião, em que tantos jovens acabam presos com seus pais. Os terapeutas nem sempre conseguem permanecer neutros nesse tipo de impasse. Convém apoiar a jovem mãe ou o pai no papel parental, e ao mesmo tempo respeitar a contribuição da avó e sua disponibilidade para aconselhar e ajudar (Minuchin, Nichols e Lee, no prelo).

Nos últimos 20 anos, houve um aumento no número de famílias negras de classe média, que agora constituem 25% da comunidade afro-americana (Hill, 1999). Entretanto, a maioria dos clientes afro-americanos encontrados em situações clínicas provavelmente enfrenta estigmas de raça e classe, igualmente. Embora algumas famílias negras tenham se beneficiado de oportunidades de trabalho e educação, a maioria das comunidades urbanas afro-americanas continua atolada na pobreza multigeracional (Boyd-Franklin, 2003).

Até as famílias mais sadias têm dificuldade para funcionar efetivamente sob o peso esmagador das dificuldades financeiras. Quando questões de sobrevivência – como comida, habitação e outras necessidades básicas – estão envolvidas, elas têm precedência sobre os conflitos familiares. Os terapeutas podem ajudar encorajando os membros da família a tomarem medidas efetivas e trabalharem com os agentes comunitários e sociais existentes para resolver as questões de habitação, formação profissional, emprego e creches (Rojano, 2004).

A combinação de discriminação e opressão, piorada pelo racismo e pela pobreza, provocou uma "raiva feroz" em muitos afro-americanos (Cose, 1993). Os prestadores de serviços precisam perceber que parte dessa raiva talvez seja dirigida para eles. É importante não assumir uma posição defensiva. Além disso, o legado de intrusão de serviços sociais e de proteção à criança, polícia, sistema legal e criminal nas comunidades pobres afro-americanas resultou em uma compreensível desconfiança em relação às agências e a seus representantes (Boyd-Franklin, 1989; Grier e Cobbs, 1968). Os terapeutas que ignoram o contexto histórico dessa desconfiança podem tomá-la como algo pessoal e supor que essas famílias não desejam seus serviços ou não podem ser tratadas. Nancy Boyd-Franklin (1989) recomenda que os profissionais de saúde mental esperem uma certa desconfiança e reúnam-se aos seus clientes negros para construir um relacionamento de confiança desde o início do tratamento. Comunicar respeito é o segredo para conseguir engajar as famílias na terapia.

Ao trabalhar com famílias afro-americanas, convém expandir o contexto da terapia para incluir a rede de parentesco, a comunidade, e quaisquer agentes sociais que estejam envolvidos na vida da família (Aponte, 1994; Boyd-Franklin, 1989). A tarefa terapêutica inclui não só identificar as fontes de apoio para mães e famílias sobrecarregadas, mas também negociar arranjos terapêuticos que funcionem – para evitar problemas estruturais, inconsistências e triângulos.

Ao trabalhar com famílias afro-americanas de zonas urbanas pobres, os terapeutas precisam levar em conta que elas podem estar emaranhadas com diversas organizações, como escolas, hospitais, tribunais, sistema judiciário juvenil, assistência social, serviços de proteção à criança e serviços de saúde mental (Henggeler e Borduin, 1990). É possível capacitar mais a família, nesse contexto, (1) organizando encontros com as várias agências envolvidas com a família, (2) escrevendo cartas de recomendação para a família e (3) organizando encontros com os supervisores de funcionários resistentes (Boyd-Franklin, 2003). O importante é capacitar a família encorajando-a a assumir, ela própria, esses problemas. Os terapeutas podem ajudar, mas não devem assumir o controle.

Terapia com famílias de *gays* e lésbicas

Os casais de *gays* e lésbicas lutam com as mesmas tristezas, confusões e anseios de qualquer outro casal. Todo casal precisa encontrar uma maneira de equilibrar o tempo que passam juntos com interesses independentes, decidir se e quando ter filhos, e decidir com qual família passar os feriados. Contudo, os casais de mesmo sexo também enfrentam desafios especiais, incluindo lidar com a homofobia na sociedade mais ampla e em suas famílias; resolver ambigüidades relacionais nas áreas de compromisso, fronteiras e comportamentos ligados a gênero; diferenças por estar "de fora" profissional ou socialmente, e criar redes de apoio social (Green e Mitchell, 2002). Para realizar um bom trabalho com casais homossexuais, é importante não ignorar nem exagerar a natureza singular dos pares de mesmo sexo.

Embora possa ser tranqüilizador para os terapeutas heterossexuais dissociar-se da homofobia declarada em nossa cultura, é um pouco mais difícil lidar com a homofobia internalizada – neles mesmos e em seus clientes. O terapeuta que não se sentir à vontade com amor e sexo entre dois homens ou duas mulheres pode ter dificuldade em falar francamente com casais homossexuais ou, e isso talvez seja mais comum, pode se comportar com uma deferência protetora. O terapeuta que estiver muito ansioso para transmitir sua atitude progressista pode ter dificuldade em impelir para a mudança ou fazer aquelas perguntas penosas que podem ser necessárias com casais que não estão se relacionando bem.

Estudo de caso

Stephen e David buscaram terapia durante uma crise induzida pelo desejo de Stephen de abrir seu relacionamento para outros parceiros e pela recusa de David a sequer discutir essa possibilidade. Seu terapeuta, ansioso para se distanciar do estereótipo de que os homens *gays* são promíscuos e incapazes de manter um relacionamento estável, decidiu resolver o problema da incapacidade de Stephen de se comprometer, em vez de explorar o problema mais amplo da dificuldade do casal de se comunicar e tomar decisões. Se o casal fosse composto por um homem e uma mulher discordando sobre comprar uma casa ou alugar um apartamento, o terapeuta provavelmente não teria tomado partido tão rapidamente e reduzido a terapia a um exercício de solução de problemas.

A homofobia também pode se manifestar de maneiras sutis e não tão sutis nos próprios homossexuais (Brown, 1994; Meyer e Dean, 1998). Quando crescemos em uma sociedade em que a homossexualidade é considerada desvio, é impossível não absorver pelo menos parte dessa atitude. Aqueles que começam a descobrir seus próprios sentimentos homossexuais talvez não consigam evitar certo ódio em relação a si mesmos. Os terapeutas heterossexuais bem-intencionados que, conscientemente, afirmam seus clientes homossexuais, talvez estejam cegos a essa dinâmica.

Ao trabalhar com casais de mesmo sexo, é importante procurar manifestações sutis de imagens negativas profundamente arraigadas da homossexualidade e de relacionamentos com o mesmo sexo. Um estereótipo que pode ser bastante destrutivo é a expectativa cultural de que pares do mesmo sexo são instáveis. Muitas pessoas, homossexuais ou não, acreditam que relacionamentos amorosos duradouros entre pessoas do mesmo sexo (em particular do sexo masculino) são impossíveis. Como costuma acontecer com muitos preconceitos, provavelmente é mais útil o terapeuta examinar e reconhecer suas próprias atitudes e seus pressupostos do que fingir não ter vieses. Reconhecer conscientemente seus pressupostos faz com que seja mais fácil policiá-los; fingir que você não os tem permite que o influenciem sem que você suspeite.

A crença de que os casais de mesmo sexo são inerentemente instáveis acaba enfraquecendo muitos casais de *gays*, especialmente considerando que, para os homens, a separação costuma ser uma resposta reflexa ao conflito (Greenan e Tunnell, 2003). Dada a freqüência com que os homens ameaçam acabar o relacionamento quando vivenciam dificuldades, convém antecipar essas ameaças e estar preparado para confrontá-las. Em vez de se deixar atrair pelo conteúdo da ameaça, o terapeuta pode interpretá-la como uma defesa contra sentimentos de desamparo. "Obviamente, você está chateado, mas se pudermos achar uma maneira mais construtiva de ajudá-lo a sentir que suas necessidades estão sendo levadas a sério, talvez você não tenha de usar táticas que podem destruir o relacionamento quando vocês se desentendem".

Trabalhar com casais de *gays* e lésbicas requer sensibilidade à internalização de normas de gênero tradicionais e ao preconceito declarado que eles continuam enfrentando em seu ambiente social. Parceiros heterossexuais foram socializados para papéis complementares. As mulheres e os homens talvez já não esperem ser pais tipo "Leave-It-to-Beaver", June e Ward Cleaver, mas, gostem ou não, as mulheres ainda são ensinadas a ser mais cuidadoras e orientadas para os relacionamentos, e a ter um senso de *self* menos distanciado (Jordan et al., 1991), enquanto os homens são criados para estar no controle, marcar seu território, tolerar distância e apreciar a competição. Então, o que acontece quando parceiros do mesmo sexo se unem esperando desempenhar um determinado papel e esperando que a outra pessoa desempenhe um papel complementar? Quem vai pegar as toalhas do chão do banheiro? Quem inicia a atividade sexual?

Muitos casais de *gays* e lésbicas lutam, tanto quanto os heterossexuais, com a questão de se e quando ter filhos. Diferentemente dos heterossexuais, os *gays* e as lésbicas precisam resolver a questão de quem (se algum deles) será o progenitor biológico.

Ao contrário do estereótipo apresentado em filmes populares como *A gaiola das loucas*, apenas uma pequena minoria de casais de *gays* e lésbicas divide-se em papéis exageradamente masculinos ou femininos (Green e Mitchell, 2002). O ideal, para a maioria dos casais homossexuais, é compartilhar as tarefas

Estudo de caso

Rachel e Jan estão juntas há 10 anos e estão pensando em ter um filho. Ambas concordam que prefeririam ter um filho biológico a adotar. Entretanto, as duas querem muito ser a recebedora do doador de esperma.

Vendo que Rachel e Jan estavam em um impasse, o terapeuta sugeriu que pensassem em adotar. Desgastadas e frustradas por sua incapacidade de decidir qual delas desistiria do desejo de gerar seu bebê, elas viram nisso uma solução. Entretanto, seu alívio se transformou em raiva quando descobriram que o estado em que viviam não permitia que casais homossexuais adotassem filhos. Essa experiência fez com que perdessem a confiança no terapeuta e elas abandonaram o tratamento.

---

instrumentais e emocionais habitualmente associadas aos papéis masculinos *e* femininos (Carrington, 1999). A compatibilidade sem complementaridade fixa permite grande flexibilidade. Por outro lado, sem nenhum papel ou expectativa familiar padrão, a divisão do trabalho em casais de mesmo sexo precisa ser mais consciente e deliberada do que em casais heterossexuais.

Uma das questões na terapia com casais de mesmo sexo provavelmente será a necessidade de negociar de forma clara acordos sobre comprometimentos, fronteiras e papéis. Entre as perguntas que o terapeuta pode fazer estão:

"Quais são as regras sobre monogamia no relacionamento de vocês?"
"Quais são seus acordos sobre finanças, divisão dos bens e posse conjunta de propriedades?"
"Quais são as tarefas de cada um/a em casa e como isso é decidido?"

Essas perguntas são oferecidas como exemplos do modo de tratar essas questões quando forem mencionadas pelos clientes. Porém, é importante achar um equilíbrio entre ajudar os casais a resolver essas questões significativas e forçá-los a isso, em especial quando ainda não estão prontos.

Muitas das expectativas habituais que os heterossexuais trazem para o casamento não se aplicam, necessariamente, aos casais de mesmo sexo, a menos que sejam discutidas e explicitamente aceitas (Green e Mitchell, 2002). Entre essas expectativas estão monogamia, compartilhar finanças, cuidar do outro em doenças graves, mudar de cidade para que o outro possa progredir profissionalmente, cuidar da família do outro na velhice, compartilhar heranças, fazer uma procuração para o outro em caso de incapacitação, para nomear apenas algumas. Como não existem modelos familiares para casais de mesmo sexo, os parceiros podem apresentar discrepâncias em suas opiniões sobre como essas questões serão tratadas. Sugerimos que os terapeutas estejam cientes dessas questões e preparados para ajudar os clientes a discuti-las, mas que não apresentem essas ou quaisquer outras que o casal ainda não pareça pronto para enfrentar.

Os terapeutas heterossexuais podem subestimar as complexidades envolvidas em "se revelar" para a família e os amigos (LaSala, 1997). Aqui, convém lembrar que a terapia não visa a empurrar as pessoas para onde elas estão com medo de ir, e sim ajudá-las a reconhecer e resolver os medos que as seguram.

Já que muitos casais de mesmo sexo sentem uma ansiedade compreensível em um mundo inseguro, suas antenas estarão ligadas para qualquer sugestão de homofobia. Por essa razão, a fase da terapia de "reunir-se a" talvez precise ser mais longa, porque o terapeuta terá de se esforçar para ganhar sua confiança (Greenan e Tunnell, 2003). Começar pela pergunta "O que traz vocês aqui *como casal*?" é uma boa maneira de transmitir respeito por eles como unidade familiar.

Outra dificuldade que os terapeutas heterossexuais podem ignorar nos relacionamentos de mesmo sexo é a prevalência de extremo ciúme por parte de um dos parceiros (Green e Mitchell, 2002). Esse ciúme baseia-se na crença de que os outros são uma ameaça, por causa da falta de respeito pelo comprometimento mútuo do casal. Afinal de contas, como o relacionamento pode ser "real" se os parceiros não são casados?

O terapeuta que não valoriza o compromisso dos casais homossexuais pode, quando eles têm problemas sérios, vê-los como insolúveis e apoiar uma separação mais rapidamente do que faria com um casal heterossexual. O oposto também pode ocorrer se o terapeuta, decidido a superar o estereótipo de

Estudo de caso

Jim gosta do cenário do clube como uma maneira de socializar com seus amigos da comunidade *gay*. Seu parceiro, Kyle, prefere evitar bares e clubes. Segundo este, suas objeções não têm a ver com Jim se divertir, mas se devem à sua crença de que muitos homens nos clubes não respeitam o fato de que Jim é parte de um casal. "Eles não se importam conosco, só se interessam em conseguir bom sexo dando em cima de você". Kyle também estava preocupado com a prevalência de drogas da moda – como ecstasy, cocaína, metanfetamina e K especial – que faziam parte da atmosfera do clube. Jim insistia que não estava interessado em outros homens e não usava drogas. Ele só queria ficar com os amigos.

Alguns terapeutas podem ver a insistência de Jim em ir a bares como uma incapacidade de aceitar que ele não é mais solteiro, mas o terapeuta desse caso estava ciente de que, na verdade, *não* ir a bares e clubes pode resultar em um significativo desligamento da comunidade *gay*. Em vez de aceitar a difícil escolha apresentada pelo casal – ou Jim cede e fica em casa, ou Kyle cede e Jim continua indo a clubes –, o terapeuta se perguntou, em bom tom, se haveria maneiras alternativas de o casal socializar com a comunidade *gay*.

---

que os relacionamentos de mesmo sexo não são permanentes, age como se a longevidade fosse o bem maior, em lugar da satisfação no relacionamento.

Altercações zangadas podem ser um problema em qualquer relacionamento, mas isso é particularmente comum em casais do sexo masculino que buscam terapia (Greenan e Tunnell, 2003). Não é apenas o fracasso em seguir as *Roberts Rules of Order* que faz as pessoas recorrerem à raiva como um mecanismo de defesa. O objetivo do tratamento de muitos casais é criar uma atmosfera em que eles se sintam seguros para explorar qualquer vergonha que sintam por suas necessidades de afeição e intimidade em seu relacionamento (Bowlby, 1988). Esse nível de trabalho é essencial no tratamento de homens homossexuais, que geralmente não se sentem à vontade para expressar sua necessidade de ternura e entendimento com outro homem (McWhirter e Mattison, 1984). Essa reticência pode ser aumentada pelo temor de que a ternura seja "efeminada". A maioria dos homens – homo ou heterossexuais –, que igualam sua necessidade de proximidade à efeminação, quer evitar o que Richard Isay (1989)

chama de "a síndrome do maricas". Homens de verdade não choram. Um dos aspectos insidiosos do preconceito é como o grupo minoritário freqüentemente internaliza os estereótipos atribuídos a eles pela cultura majoritária ou imita uma versão exagerada da imagem da maioria (Allport, 1958).

Talvez o melhor conselho para os terapeutas que trabalham com casais homossexuais seja perguntar a si mesmos: "Que mensagens estou comunicando para este casal sobre o significado, valor e mérito dos relacionamentos de mesmo sexo?" O terapeuta deve estar atento não apenas às mensagens negativas, mas também ao perigo de glamourizar relacionamentos de mesmo sexo. Desprezo e idealização têm o mesmo potencial danoso.

ATENDIMENTO DOMICILIAR

O atendimento domiciliar descende do "movimento do visitante amigo", em que os assistentes sociais, inspirados por Mary Richmond, visitavam as famílias em casa. No passado, os assistentes sociais com freqüência acabavam retirando crianças vulneráveis de seus lares para a segurança delas. Infelizmente, esse altruísmo mal-orientado muitas vezes prejudicava a unidade familiar. Começando na década de 1970, e sob a influência dos princípios de desinstitucionalização e tratamento na comunidade, aumentaram os esforços para manterem unidas famílias frágeis e prevenirem a retirada de crianças de seus lares (McGowen e Meezan, 1983).

Como outras versões tradicionais de terapia familiar, o atendimento domiciliar foca a família como o alvo primário do atendimento de saúde mental (Friesen e Koroloff, 1990). Diferentemente dos modelos convencionais, todavia, a abordagem domiciliar se concentra mais em expandir a rede de recursos da família do que em consertar a disfunção familiar (Henggeler e Borduin, 1990). Embora o atendimento domiciliar reconheça e trate problemas no sistema familiar, a maior ênfase está em construir relacionamentos entre a família e os vários recursos da comunidade.

Os terapeutas domiciliares aproximam-se da família com uma postura colaborativa e expectativas positivas. Essa abordagem "baseada em forças", que supõe que as famílias contêm os recursos para lidar com seus problemas, também pode ser aplicada à expectativa de que outras pessoas também são igualmente competentes, como agências ou organizações envolvidas com a família. Conseqüentemente, agências e outras influências não são vistas como adversárias, mas como potenciais parceiras no processo de tratamento.

O atendimento domiciliar geralmente inclui quatro elementos: serviços de apoio à família, intervenção terapêutica, gerenciamento de caso e intervenção em situações de crise (Lindblad-Goldberg, Dore e Stern, 1998). Os *serviços de apoio à família* incluem um atendimento que traga alívio à família, assim como assistência concreta com alimentos, roupas e abrigo. A *intervenção terapêutica* pode incluir tratamento individual, familiar ou de casal. O objetivo terapêutico maior é fortalecer e estabilizar a unidade familiar. As famílias tornam-se mais capacitadas ao serem ajudadas a utilizar suas forças e seus recursos para resolver seus problemas, em vez de depender da colocação dos filhos em alguma instituição. O *gerenciamento de caso* envolve desenvolver vínculos com recursos da comunidade, incluindo cuidados médicos, assistência social, educação, formação profissional e serviços legais. A *intervenção em situações de crise* significa disponibilizar serviços de emergência de 24 horas, quer com a equipe de atendimento domiciliar quer por um convênio com outro serviço de atendimento de emergência de saúde mental.

Visitar a família em casa dá ao terapeuta a oportunidade de demonstrar interesse pelas coisas que definem sua identidade – como os filhos, animais de estimação, artefatos religiosos, objetos de estimação, prêmios recebidos, e assim por diante. Olhar álbuns de fotografias pode ser uma boa maneira de se reunir à família e conhecer sua história, suas esperanças e seus sonhos. Depois que for estabelecido um relacionamento positivo – depois, não antes – o terapeuta pode pedir diretamente à família que reduza distrações como fumar, televisão em volume alto ou cães que latem. (Gatos que latem provavelmente não serão um problema.)

Papéis e fronteiras que estão implícitos no ambiente da sala de atendimento talvez precisem ser verbalizados. Esclarecer papéis durante a visita começa pela definição de tudo o que o processo de tratamento envolve, as regras básicas das sessões e quais serão os papéis do terapeuta e dos membros da família. Os seguintes comentários ilustram o processo de esclarecer papéis.

Estudo de caso

"Antes de começarmos, eu gostaria de dizer que não tenho nenhuma intenção de vir aqui e lhes dizer como viver sua vida. Meu trabalho é ajudar vocês a entender como querem lidar com seus filhos. Eu não posso resolver os problemas de vocês. Isso é algo que só vocês podem fazer.

Nos nossos encontros, é importante que você digam tudo o que pensam e sentem. Nós precisamos ser honestos. Digam-me o que vocês esperam de mim, e eu lhes direi o que espero de vocês. Eu não vou agir como se tivesse todas as respostas, porque não tenho.

A avó virá hoje à noite? Se ela não vier, tudo bem, mas eu gostaria que ela viesse nas futuras sessões, pois tenho certeza de que poderá ajudar com idéias valiosas.

Hoje à noite, eu gostaria de conhecer melhor cada um de vocês. Depois, gostaria de saber que preocupações cada um de vocês tem sobre a vida da família e o que gostaria de mudar." [4]

Embora muitos terapeutas familiares falem desembaraçadamente sobre sua orientação "ecossistêmica", as pessoas que prestam atendimento domiciliar precisam coordenar seus esforços com diversos outros sistemas de serviços. Para isso, é imperativo entender as preocupações de outras agências envolvidas com a família e estabelecer com elas um relacionamento colaborativo. Em vez de criticar o pessoal da escola ou os funcionários da justiça juvenil, que parecem não apoiar simultaneamente a família e a criança, quem presta atendimento domiciliar precisa compreender que essas outras agências estão igualmente preocupadas com as necessidades de seus clientes, mesmo que sua abordagem seja diferente. Uma família atendida por múltiplas agências que não entram em um acordo é como a criança aprisionada em um triângulo entre os pais que não conseguem funcionar juntos como equipe.

Operar com uma perspectiva sistêmica começa pela colaboração com outras agências. Isso também significa ter em mente toda a constelação familiar, mesmo quando atendemos subsistemas. Por exemplo, o terapeuta que atende individualmente um adolescente descontente deve lembrar que em toda história existem dois lados e que, via de regra, a melhor maneira de apoiar as crianças é apoiar os esforços construtivos dos pais, em vez de tomar o partido da criança sem nenhum questionamento.

Embora a terapia domiciliar ofereça uma oportunidade única para influenciar a família diretamente em seu ambiente natural, atender as pessoas em suas salas de estar também aumenta a pressão para ser *induzido* aos padrões problemáticos da família. Trabalhar com um co-terapeuta pode ajudar a minimizar a tendência a ser arrastado, involuntariamente, para as maneiras improdutivas da família de ver as coisas. O terapeuta que presta atendimento domiciliar precisa fazer um esforço especial para manter as fronteiras profissionais e para evitar ser induzido a desempenhar os papéis ausentes na família. Por exemplo, se uma criança precisa ser confortada, é muito melhor apoiar os pais para que façam isso do que assumir essa função.

A prioridade no trabalho domiciliar deve ser demonstrar que o terapeuta é consistente e genuíno. Ter uma conexão com alguém com quem possam contar talvez seja mais importante para as famílias com uma história de necessidades de dependência não-satisfeitas do que ter um terapeuta eficiente, esperto ou controlador.

Uma das piores coisas que podem acontecer em qualquer forma de psicoterapia é os clientes recriarem com seus terapeutas o mesmo relacionamento insatisfatório que mantêm com a maioria das pessoas. Talvez o mais importante seja não se deixar arrastar para o padrão usual de relacionamento da família. O padrão mais perigoso para um terapeuta domiciliar é aproximar-se demais e depois empurrar os clientes para onde eles estão com medo de ir. Em vez de começar a pressionar por mudança de imediato, geralmente é mais efetivo começar reconhecendo os obstáculos à mudança.

As famílias com problemas temem ser abandonadas; os terapeutas inseguros temem não ser úteis. O terapeuta que se sente impulsionado a fazer tudo por um cliente talvez se sinta depois sobrecarregado pelas necessidades da família e recue, estabelecendo limites rígidos e contendo seu apoio. O "salvador" acaba se tornando o "abandonador". Esse processo reativa a ansiedade do cliente e, inevitavelmente, o afasta. As lições para a família são claras: nada jamais mudará – e não confie em ninguém.

TERAPIA FAMILIAR MÉDICA E PSICOEDUCAÇÃO

Ao longo dos últimos 15 anos surgiu uma nova concepção de terapia familiar. Em vez de resolver problemas, o objetivo desta abordagem é ajudar as famílias a lidar com deficiências. Isso representa uma mudança da idéia de que as famílias causam problemas para a idéia de que os problemas, como os desastres naturais, às vezes acontecem às famílias. A **terapia familiar psicoeducacional** surgiu do trabalho com pacientes esquizofrênicos e suas famílias, ao passo que a **terapia familiar médica** desenvolveu-se a partir do trabalho com famílias que lutavam com doenças crônicas como câncer, diabetes e doença cardíaca.

Psicoeducação e esquizofrenia

A busca de uma cura para a esquizofrenia lançou o campo da terapia familiar na década de 1950. Ironicamente, agora que sabemos que a esquizofrenia envolve uma vulnerabilidade biológica de origem desconhecida, a terapia familiar, ou pelo menos o modelo psicoeducacional, é mais uma vez considerada parte do tratamento mais efetivo para esse transtorno tão frustrante.

O modelo psicoeducacional nasceu da insatisfação com a terapia familiar tradicional e com as abordagens psiquiátricas à esquizofrenia. Conforme Carol Anderson, Douglas Reiss e Gerald Hogarty (1986, p.vii) lamentaram:

> Nós nos culpamos uns aos outros, culpamos os próprios pacientes, seus pais e avós, as autoridades públicas e a sociedade pela causa e pelo curso, geralmente tão terrível, desses transtornos. Quando a esperança e o dinheiro se exaurem, nós freqüentemente arrancamos os esquizofrênicos de suas famílias, despachando-os para o terror existencial de locais que são verdadeiros depósitos humanos, ho-

téis com quartos para uma só pessoa e, mais recentemente, para as ruas e becos das cidades dos Estados Unidos.

Em suas tentativas de entender a função dos sintomas dos esquizofrênicos, os terapeutas familiares exortavam os membros da família a expressar sentimentos guardados e, assim, criavam sessões demasiado carregadas em termos emocionais, que geralmente pouco faziam além de aumentar as tensões. Ao perceber o freqüente declínio no funcionamento dos pacientes e o aumento na ansiedade dos familiares após essas sessões, Anderson e colaboradores (1986, p. 2) "começaram a se perguntar se a terapia familiar 'real' não estaria, de fato, sendo antiterapêutica".

Enquanto isso, estudos começaram a mostrar que os pacientes que se saíam melhor após uma hospitalização eram aqueles que voltavam para os lares menos estressantes. Um grupo britânico, incluindo George Brown, John Wing, Julian Leff e Christine Vaughn, prestou uma atenção especial no que chamou de "emoção expressa" (EE) nas famílias de esquizofrênicos – principalmente críticas, hostilidade e muito envolvimento emocional – e descobriu que os pacientes que retornavam para famílias com alta EE apresentavam índices mais elevados de recaída (Brown, Birley e Wing, 1972; Vaughn e Leff, 1976; Vaughn et al., 1984).

A pesquisa sobre a emoção expressa sugere que a esquizofrenia é um transtorno do pensamento que deixa o indivíduo especialmente sensível à expressão de críticas e hostilidade. A teoria é que um *input* emocional intenso faz com que o paciente tenha dificuldade em lidar com o tumulto de pensamentos caóticos que o assola. Quando um paciente em recuperação retorna para um ambiente familiar estressante, com elevada EE, a grande preocupação intrusiva e os comentários críticos levam a uma excitação emocional aumentada, e é essa sobrecarga afetiva que desencadeia a recaída. Por outro lado (como sugeriria a teoria boweniana), o paciente que retorna para uma família com baixa EE e cujos familiares não são demasiado ansiosos tem mais espaço psicológico para se recuperar (Leff e Vaughn, 1985).

A emoção expressa é atualmente o fator mais bem-documentado na recaída da esquizofrenia (Milkowitz, 1995, p. 194):

A família, então, é vista como um fator de risco ou de proteção, podendo tornar mais ou menos provável que vulnerabilidades genéticas e/ou biológicas subjacentes sejam expressas como sintomas de doença mental.

Além disso, os benefícios da redução da EE nas famílias que aprendem a lidar com a esquizofrenia têm sido repetidamente demonstrados (Atkinson e Coia, 1995). Reduzir a EE também contribui para diminuir os índices de recaída na depressão maior e no transtorno bipolar (Muesser e Glynn, 1995).

Com isso em mente, três grupos diferentes no final dos anos de 1970 e início dos anos de 1980 começaram a experimentar maneiras de reduzir o estresse no ambiente mais comum para o paciente esquizofrênico – a casa dos pais. Michael Goldstein coordenou um grupo na UCLA (Goldstein et al., 1978) no planejamento de um modelo breve e estruturado, que tentava antecipar os estresses que a família provavelmente enfrentaria e reduzir o conflito em torno do paciente. Seguindo o estudo de Goldstein, grupos chefiados por Ian Falloon, na University of Southern California (cujo modelo é principalmente comportamental), e Carol Anderson, no Western Psychiatric Institute de Pittsburgh, experimentaram modelos psicoeducacionais.

Os psicoeducadores tentam não só ajudar a família a modificar suas idéias sobre o paciente e suas interações com ele, mas também a reverter o dano causado por profissionais insensíveis. Em vez de fornecer as informações, o apoio e senso de controle que essas famílias necessitam quando em crise, muitos profissionais de saúde mental ignoram os membros da família, exceto para conseguir informações – informações sobre o que deu errado. As implicações dessa linha de questionamento só aumentam a culpa e a vergonha que os membros da família já sentem. Não surpreende que muitas famílias desistam ou travem batalhas antagonísticas com esses profissionais autoritários.

Os psicoeducadores tentam estabelecer uma parceria colaborativa em que os membros da família se sintam apoiados e capacitados para lidar com o paciente. Para conseguir esse tipo de parceria, Anderson e colaboradores (1986) descobriram que seria necessário reeducar os profissionais, levando-os a abandonar a idéia de que a família, de alguma forma, é responsável pela esquizofrenia, fortalecendo suas capacidades e informando-a sobre a doença. É esse compartilhamento de informações que constitui o elemento educacional da psico*educação*. Informações sobre a natureza e o curso da esquizofrenia ajudam os membros da família a desenvolver um senso de domínio – ao descobrir uma maneira de compreender e antecipar o processo freqüentemente caótico e aparentemente incontrolável.

Uma das intervenções-chave da psicoeducação é diminuir as expectativas, para reduzir a pressão que o paciente sofre no sentido de se comportar normalmente. Por exemplo, os objetivos para o primeiro ano posterior a um episódio agudo são, primariamente, a evitação de uma recaída e a gradual assunção de algumas responsabilidades em casa. Os membros da família devem ver o paciente como alguém que teve uma doença grave e precisa se recuperar. Os pacientes podem precisar de muitas horas de sono, solidão e atividades limitadas por algum tempo depois de um episódio; também podem parecer inquietos e ter dificuldade para se concentrar. Ao prever esses desenvolvimentos, os psicoeducadores tentam prevenir conflitos entre o paciente e a família.

A abordagem psicoeducacional de Anderson se parece bastante com a terapia familiar estrutural; a diferença é que as falhas estruturais da família são entendidas como o *resultado* em vez de a *causa* do problema apresentado. Grande parte da terapia segue temas familiares: reforçar fronteiras geracionais, abrir a família para o mundo externo e desenvolver redes de apoio, exortar os pais a reinvestir em seu casamento, e conseguir que os familiares não falem nem ajam pelo paciente.

Anderson e colaboradores começam com uma oficina de dia inteiro sobre habilidades de sobrevivência, em que ensinam os membros da família sobre a prevalência e curso da esquizofrenia, sua etiologia biológica, tipos atuais de tratamento farmacológico e psicossocial, medicações comuns e prognóstico. São discutidas as necessidades do paciente e as necessidades familiares e introduzidas habilidades que a família precisa para lidar com a situação. São apresentados dados de pesquisas sobre a emoção expressa e uma orientação para a família ficar de olho na EE. A família aprende que não deve pressionar o paciente para que se recupere rapidamente ou para que retome seu funcionamento normal. Ela também é aconselhada a respeitar fronteiras e permitir que o membro da família em recuperação se isole sempre que necessário.

A abordagem multifamiliar de Bill McFarlane costuma incluir cinco ou seis famílias e começa com oficinas de palestras e discussões. Depois dessas oficinas, os pacientes e suas famílias encontram-se regularmente por, no mínimo, um ano. Considera-se que o formato multifamiliar fornece maior apoio social. O objetivo, para o paciente, é reduzir, em vez de curar, os sintomas. A família é encorajada a fornecer um ambiente tranqüilo e estável, em que o paciente em recuperação não se sinta criticado ou acusado, e a não esperar muito dele durante a recuperação. O objetivo para a família é aprender técnicas de manejo para a difícil e longa tarefa de viver com uma pessoa esquizofrênica e prevenir ou retardar sua recaída e hospitalização.

A Tabela 11.1 apresenta uma série de orientações psicoeducacionais típicas para se manejar a reabilitação após um episódio esquizofrênico.

O modelo psicoeducacional é efetivo? Sim. Por exemplo, no estudo de Anderson e colaboradores (1986, p. 24):

> Entre os pacientes tratados (n = 90), 19% dos que receberam apenas terapia familiar tiveram uma recaída psicótica no ano seguinte à alta hospitalar. Dos que receberam terapia comportamental individual, 20% recaíram, mas *nem um* paciente do grupo de tratamento que recebeu tanto terapia familiar quanto treinamento de habilidades sociais apresentou recaída. Esses índices de recaída demonstram de forma significativa os efeitos de ambos os tratamentos quando comparados ao índice de recaída de 41% daqueles que receberam apenas quimioterapia e apoio.

Outros estudos revelaram resultados igualmente impressionantes (Falloon et al., 1982; Leff et al., 1982). Parece não haver dúvida de que a psicoeducação é a melhor abordagem para retardar a recaída e a re-hospitalização na esquizofrenia.

Tabela 11.1
Orientações psicoeducacionais para famílias e para amigos de esquizofrênicos

Aqui está uma lista de coisas que todos podem fazer para que tudo seja mais fácil.

1. *Vá devagar.* A recuperação leva tempo. O descanso é importante. As coisas vão melhorar no seu devido tempo.
2. *Tenha calma.* O entusiasmo é normal. Modere-o um pouco. As discordâncias são normais. Modere-as, também.
3. *Dê espaço.* Todo mundo precisa de espaço. Está certo oferecer. Está certo recusar.
4. *Estabeleça limites.* Todo mundo precisa saber quais são as regras. Algumas boas regras fazem com que as coisas corram mais tranqüilamente.
5. *Ignore aquilo que você não pode mudar.* Deixe passar algumas coisas. Porém, não ignore violência ou uso de drogas de rua.
6. *Simplifique.* Diga o que você tem a dizer clara, calma e positivamente.
7. *Siga as ordens do médico.* Tome as medicações conforme prescritas. Só tome a medicação indicada.
8. *Leve a vida conforme o habitual.* Restabeleça a rotina familiar o mais rápido possível. Mantenha contato com família e amigos.
9. *Nada de drogas de rua ou álcool.* Elas pioram os sintomas.
10. *Fique atento aos primeiros sinais.* Observe mudanças. Converse com o médico da família.
11. *Resolva problemas passo a passo.* Faça mudanças gradualmente. Trabalhe em uma coisa de cada vez.
12. *Diminua, temporariamente, as expectativas.* Utilize um padrão de comparação pessoal. Compare este mês com o mês passado, não com o ano passado ou com o próximo.

Fonte: McFarlane, 1991, p. 375.

Terapia familiar médica

Se considerarmos a esquizofrenia uma doença crônica, então a terapia familiar psicoeducacional pode ser vista como uma forma especializada de terapia familiar médica. Os terapeutas familiares médicos trabalham com famílias que lutam com doenças ou deficiências de maneira muito parecida com a descrita previamente para as famílias de esquizofrênicos.

A doença crônica freqüentemente tem um impacto devastador. Ela pode controlar a vida da família, destruindo a saúde, a esperança e a paz de espírito. Como diz Peter Steinglass, ela pode ser como o ladrão "que surge na soleira da porta, entra sem pedir licença e exige tudo o que a família tem" (citado em McDaniel et al., 1992, p. 21).

As demandas da doença interagem com as características da família, tais como o seu estágio no ciclo de vida e o papel que a pessoa atingida desempenha; os recursos de liderança e o grau de isolamento da família; e suas crenças sobre doenças e sobre quem deveria ajudar, derivadas de sua etnicidade e história com enfermidades. Consciente desses fatores, o terapeuta pode ajudar a família a se preparar para lidar com uma doença ou, se a doença está com eles há anos, a obter uma perspectiva de suas resultantes polarizações e emaranhamentos.

Na terapia familiar médica, o sistema não é apenas a família da pessoa doente; é a família e os médicos e enfermeiros envolvidos no cuidado da pessoa enferma. O objetivo, portanto, é estimular a comunicação e o apoio não apenas dentro da família, mas também entre a família e o pessoal médico. A doença deixa as pessoas se sentindo desamparadas e confusas. A terapia familiar médica visa a combater tais sentimentos, ao fortalecer a comunicação e um senso de ação.

Os terapeutas familiares médicos trabalham em colaboração com pediatras, médicos da família, especialistas em reabilitação e enfermeiros. Afirmam que, logo após o diagnóstico, a família deve ter uma sessão de rotina para explorar seus recursos referentes às demandas da doença ou da deficiência. Citam o crescente corpo de conhecimento das pesquisas que sugerem uma forte relação entre a dinâmica familiar e o curso clínico das condições médicas (Campbell, 1986), bem como pesquisas mais recentes que demonstram que a terapia familiar tem um efeito positivo sobre a saúde física e a utilização do atendimento de saúde (Law e Crane, 2000).

No início da década de 1990, o campo atingiu a maioridade, com três livros indicando isso (McDaniel et al., 1992; Ramsey, 1989; Rolland, 1994). Cresceu e adotou um paradigma inteiramente novo, chamado *atendimento de saúde familiar colaborativo*, com uma grande conferência anual que começou em 1996 e atualmente oferece 14 plenários e mais de 50 oficinas. Nessa conferência, terapeutas familiares médicos muito conhecidos, como John Rolland, Bill Doherty, Lorraine Wright, Susan McDaniel e Thomas Campbell, apresentam seu trabalho juntamente com especialistas em medicina, enfermagem, serviço social e administração hospitalar. A esperança e promessa desse movimento significam uma nova forma de trabalho para os terapeutas familiares e também um novo modelo para atendimento de saúde em nível nacional, mais humano e efetivo para os custos.

Em conclusão, a terapia familiar médica e a psicoeducacional compartilham muitos elementos com os outros modelos deste capítulo, e todos eles representam uma tendência significativa: afastar-se de um relacionamento antagonista com as famílias e buscar uma parceria colaborativa. Os terapeutas, agora, são incentivados a procurar as forças da família, em vez dos déficits, e encontrar maneiras de retirar a família da culpa e da acusação que freqüentemente acompanham seus problemas.

PROGRAMAS DE ENRIQUECIMENTO DOS RELACIONAMENTOS

O método psicoeducacional também foi aplicado a casais e famílias que desejam adquirir habilidades para lidar com os problemas de relacionamento do cotidiano. Alguns terapeutas não acreditam que cursos de auto-ajuda possam substituir a atenção individual de um terapeuta com formação profissional, mas esses programas são muito populares, e uma das razões é que as pessoas que participam de *programas de enriquecimento conjugal* não sentem o estigma associado a "estar em terapia".

Um dos mais conhecidos desses programas práticos de treinamento de habilidades é o sistema de Relationship Enhancement desenvolvido por Bernard Guerney, Jr., (1977) em Penn State. O Relationship Enhancement normalmente envolve 10 sessões, que podem se estender por alguns meses. Os chamados facilitadores ensinam os participantes a esclarecer seus conflitos e depois reconhecer e expressar o que estão sentindo, aceitar os sentimentos um do outro, negociar e elaborar problemas, e aprender a buscar a satisfação, tornando-se parceiros emocionais (Ginsberg, 2000). Em cada sessão há palestras e treinamento experiencial, e são dadas tarefas para se fazer em casa, com o objetivo de levar os participantes a praticarem e ampliarem habilidades no seu dia-a-dia.

Os programas de Relationship Enhancement oferecem aos casais um treinamento em três conjuntos de habilidades básicas (Ginsberg, 2000):

- A *habilidade expressiva (de posse)* (ficar ciente dos próprios sentimentos, assumir a responsabilidade por eles sem projetá-los nos outros e afirmá-los)
- A *habilidade de resposta empática (receptiva)* (aprender a escutar e entender os sentimentos e motivos da outra pessoa)
- A *habilidade de conversar (discussão-negociação/engajamento)* (aprender a escutar e a transmitir o entendimento do significado do que foi ouvido; os parceiros podem se alternar nas posições de ouvinte e locutor)

Para ajudar os casais a avaliar se estão preparados para o casamento, David Olson e seus colegas criaram o Premarital Personal and Relationship Inventory (PREPARE). Esse questionário de 165 itens (Olson, 1996) foi planejado para ajudar os casais a compreenderem e discutirem suas histórias, expectativas, e as áreas em que poderiam encontrar dificuldades. As atitudes e expectativas dos parceiros são exploradas em 11 áreas, incluindo expectativas em relação ao casamento, à comunicação, ao relacionamento sexual, às diferenças de personalidade, ao gerenciamento financeiro, à resolução de conflitos, à criação de filhos, ao lazer, à família e amigos, aos papéis conjugais, e às crenças espirituais. O PREPARE mostrou-se útil para identificar potenciais conflitos e para promover discussões que podem prevenir problemas no futuro (Stahmann e Hiebert, 1997).

Decididamente, o mais popular e difundido de todos os programas para melhorar os relacionamentos é o fim de semana do *encontro de casais*, introduzido em Barcelona por um padre jesuíta, Gabriel Calvo (Chartier, 1986). Esses retiros de fim de semana, que fornecem apoio e enriquecimento para casais católicos, foram importados para este país no final da década de 1960 e, desde então, têm sido amplamente adotados por diversos grupos de igrejas (Stahmann e Hiebert, 1997). Milhares de casais aproveitaram esses programas de enriquecimento de fim de semana para trabalhar sua comunicação, suas habilidades de solução de problemas, sua intimidade sexual e suas questões espirituais. Alguns grupos religiosos inclusive exigem que os casais participem de um programa desses antes de poderem casar na igreja.

Um programa de enriquecimento do relacionamento mais cuidadosamente pesquisado é o Prevention and Relationship Enhancement Program (PREP), desenvolvido por Floyd, Markham, Kelly, Blumberg e Stanley (1995) na University of Denver. Essa abordagem de aprendizagem social, criada na década de 1980, ensina habilidades de comunicação e solução de conflitos e explora atitudes e expectativas em relação ao casamento. O objetivo primário é ajudar os casais a aprenderem a enfrentar e resolver conflitos, de modo a não incorporarem padrões defensivos prejudiciais ao seu relacionamento.

As sessões de PREP têm dois formatos: encontros semanais ao longo de várias semanas e sessões tipo maratona, realizadas em um hotel durante um fim de semana. Ambas as versões incluem palestras e exercícios experienciais focalizando o manejo dos conflitos, a comunicação e o perdão, assim como práticas religiosas, recreação e amizade. Os casais aprendem como e quando levantar um assunto conflituoso, como identificar questões escondidas por trás de brigas crônicas, uma abordagem estruturada à solução de problemas, e a criar um tempo para se divertir. Os resultados têm sido animadores. Os ganhos no curto prazo na satisfação com o relacionamento incluem melhora na comunicação, satisfação sexual e menor intensidade de problemas. Os ganhos a longo prazo (em um seguimento após quatro anos) geralmente revelam que os benefícios foram mantidos, especialmente na comunicação (Silliman, Stanley, Coffin, Markman e Jordan, 2002). Na Tabela 11.2 nós apresentamos algumas orientações para fazer os relacionamentos funcionarem bem.

GERENCIAMENTO DE SAÚDE

Parece irônico que, com todos os emocionantes desenvolvimentos na terapia familiar, a influência mais poderosa sobre o campo atualmente não tenha nada a ver com a teoria clínica. As companhias de **gerenciamento de saúde** controlam cada vez mais não apenas o acesso aos clientes, mas também o tipo de terapia que eles recebem, quanto tempo podem ser tratados, e quanto o terapeuta vai receber pelo seu trabalho.

Na onda inicial do gerenciamento de saúde, os terapeutas candidatavam-se para receberem encaminhamentos. Depois que recebiam, precisavam pedir permissão ao gerente do caso para mais sessões e tinham de justificar seus planos de tratamento. As companhias de gerenciamento de saúde estão considerando esse microgerenciamento caro demais, de modo que a segunda onda envolve incentivos para que os próprios terapeutas reduzam custos. Nesta segunda onda, os terapeutas concordam com contratos de "capitação", em que fornecem atendimento de saúde mental para um grupo específico por um valor anual preestabelecido. Embora o sistema de capitação possa desestimular os terapeutas a oferecerem certos serviços, pelo menos eles estarão lutando com sua própria consciência e não com estranhos sem rosto.

Os terapeutas reagiram de várias maneiras. Alguns vêem o gerenciamento de saúde como positivo, ou pelo menos inevitável, a correção de uma situação que estava fora de controle. Eles dizem que, antes do gerenciamento de saúde, a psicoterapia era irresponsável e exploradora, sem nenhum incentivo para conter custos descontrolados. Esses terapeutas aprendem a agradar as companhias de geren-

Tabela 11.2
Habilidades essenciais para um funcionamento efetivo como casal

A) Estrutura

1. Acomodação

    Aprenda a aceitar e se adaptar às preferências e expectativas do outro, ceda em algumas questões, mas não sempre, para que não se crie ressentimento.

    Ela aprendeu a aceitar o desejo dele de jantar cedo, enquanto ele concordou em acompanhá-la no culto religioso semanal. Contudo, ela não concordou em trabalhar apenas meio turno, e ele manteve sua viagem anual com os irmãos para pescar, embora ela odiasse ser deixada para trás.

2. Estabelecimento de fronteiras

    Crie uma fronteira protetora em torno do relacionamento que reduza, mas não elimine, o contato com outras pessoas.

    Ele parou de sair com os amigos três vezes por semana; ela começou a perguntar o que ele achava, antes de concordar que os pais dela viessem para o fim de semana.

    Demonstrar seu comprometimento com seu parceiro cria uma base segura de apego, assim como confiança na permanência do seu relacionamento. Assegure-se de que seu parceiro sabe que você se importa e está para valer nesse relacionamento.

    Ele parou de se defender dizendo "Se você não gosta disso, por que não procura outra pessoa?", porque isso só a deixava insegura e zangada. Ela faz questão de contar a ele com quem almoçou, pois sabe que o ciúme dele faz com que se preocupe.

B) Comunicação

1. Escute e reconheça o ponto de vista do seu parceiro.

    Ela descobriu que fazer um esforço sincero para dizer coisas como: "Então você gosta mais deste porque..." antes de contrapor sua própria opinião fazia com que ele sentisse que ela respeitava o seu ponto de vista. Com relação às questões mais polêmicas, ele descobriu ser essencial perguntar primeiro o que ela achava e então escutar pacientemente. Em alguns casos, era uma boa idéia nem sequer expressar sua opinião sobre o assunto naquele momento, e sim mais tarde.

2. Impeça a escalação das brigas aprendendo a recuar antes que as espirais negativas tornem-se realmente desagradáveis. Sugira um intervalo e combine voltar a conversar em um momento posterior específico.

    "Eu estou ficando chateada; vamos parar e conversar sobre isso hoje à noite, depois da janta, certo?"

3. Evite a invalidação e os ataques.

    "Você é tão irresponsável", pode estar óbvio, mas é tão invalidador quanto "Eu acho que você está exagerando". Não critique a personalidade de seu parceiro nem negue o que ele está sentindo.

C) Solução de problemas

1. Faça pedidos positivos, tais como *"Você estaria disposta a...?"* em vez de criticar *"Você nunca...!"*

2. Se você pedir alguma coisa, esteja preparado para dar algo em troca.

    Era mais fácil conseguir que ele fizesse coisas com ela e as crianças se ela também sugerisse momentos em que ele poderia fazer algumas das coisas que gostava de fazer sozinho. Ele aprendeu que se oferecer ocasionalmente para fazer as compras ou preparar o jantar fazia com que ela sentisse mais vontade de fazer coisas para ele – e que se oferecer espontaneamente funcionava melhor do que tentar fazer uma troca.

3. Traga um problema a ser resolvido só depois que não estiver mais com raiva. Fale de suas preocupações diretamente, mas gentilmente.

    Ela ficou furiosa por ele ter tomado o partido do pai dela contra ela numa discussão. Contudo, decidiu não dizer nada até se acalmar. Na noite seguinte, depois do jantar, ela começou dizendo: "Querido, eu gostaria

(Continua)

Tabela 11.2
Habilidades essenciais para um funcionamento efetivo como casal (*continuação*)

> de conversar sobre uma coisa que estou sentindo, mas estou com medo, porque isso pode deixar você furioso". Enfatizar que esses eram sentimentos dela e dizer que estava preocupada com a reação dele ajudaram a deixá-lo num humor receptivo.

4. Pense em vocês dois como uma equipe trabalhando contra o problema.

    > Em vez de brigar a respeito da "frieza" dele e da "dependência" dela, eles começaram a falar sobre como poderiam se ajustar de acordo com seus "diferentes níveis de conforto". Em resultado, eles planejaram as próximas férias de modo que pudessem jogar golfe e tênis juntos, e ela fosse visitar as amigas enquanto ele tirava um dia para pescar.

5. Assegure-se de ter compreendido as preocupações do outro antes de tentar encontrar uma solução.

    > Ele estava chateado por ela querer dar apenas uma entrada mínima na compra da nova casa, pois isso resultaria em pagamentos mensais elevados devido à hipoteca. Para ele, fazia mais sentido dar a entrada mais alta possível, para baixar os pagamentos mensais o máximo possível. Todavia, em vez de continuar argumentando, ele perguntou o que a preocupava. Ela temia que, sem uma reserva na poupança, eles fossem surpreendidos por alguma emergência e ficassem em má situação. Então, finalmente, ele entendeu como ela se sentia.

D) Consideração

1. Faça coisas agradáveis para seu parceiro e para o relacionamento.

    > Gestos espontâneos – como elogios, abraços, pequenos presentes, telefonar no meio do dia para dizer "Eu te amo" – tranqüilizam e demonstram um ao outro o quanto você se importa e ajudam a manter um sentimento positivo no relacionamento.

E) Divertimento

1. Faça um esforço para criar momentos agradáveis para os dois, e não use atividades de lazer como uma ocasião para discutir problemas ou conflitos.

    > Ele criou o hábito de convidá-la a ir ao cinema, caminhar no parque, visitar museus e jantar fora aos sábados. Ela aprendeu que conversar sobre problemas nesses passeios tendia a estragar o clima.

Adaptado de Nichols, M.P. *The Lost Art of Listening.* Nova York: Guilford Press.

---

ciamento de saúde e nunca lhes falta trabalho, mesmo que ganhem menos por hora. Outros estão tentando sobreviver atraindo clientes que podem pagar do próprio bolso e descobrindo outras maneiras de empregar suas habilidades, tal como mediação em divórcios; consultoria para empresas, escolas e tribunais; apresentar ou coordenar oficinas de estudo e trabalhar em departamentos de recursos humanos. Outros, ainda, estão lutando ativamente contra a onda gigantesca do gerenciamento de saúde organizando-se em grupos que oferecem alternativas a esse sistema, alimentando a mídia com um fluxo constante de histórias de terror sobre o gerenciamento de saúde e abrindo ações judiciais antitruste.[5]

RESUMO

Durante as duas últimas décadas, o movimento da terapia familiar sofreu uma série de críticas duras – de feministas, pós-modernistas, construcionistas sociais, multiculturalistas e profissionais que trabalham com pessoas abusadas, pobres, *gays* e lésbicas e pessoas cronicamente doentes. Os terapeutas foram desafiados a tornarem-se mais colaborativos; sensíveis a diferenças de etnicidade, raça, classe, gênero e orientação sexual, e interessados em crenças e valores, não apenas em ações e interações. O especialista em sistema familiar foi destronado pelo conversador compassivo.

Esse novo interesse pela colaboração não é nenhum acidente – reflete um amadurecimento do campo. Inicialmente, os pioneiros se aproximaram da família como de uma poderosa adversária – "homeostática", "resistente" – em parte devido a um preconceito inato. Determinados a salvar os "bodes expiatórios da família", viam as mães como inimigas a serem vencidas e os pais como figuras periféricas a serem ignoradas. Os sistemas de fato resistem à mudança, mas uma das razões pelas quais os terapeutas familiares encontraram tanta resistência foi por estarem ansiosos demais para mudarem as pessoas e serem lentos demais para compreendê-las.

Os terapeutas familiares nos ensinaram a olhar além das personalidades individuais, para os padrões que as transformam em uma família – uma organização de vidas interligadas, governada por regras estritas, mas não-expressas. Só que, nesse processo, eles criaram uma entidade mecanicista – o sistema familiar – e começaram a batalhar com ela. A maioria dos desafios que sacudiram e reformularam a terapia familiar foi uma reação a esse mecanicismo. Contudo, se a revolução sistêmica foi longe demais em uma direção, o mesmo podemos dizer de alguns de seus críticos.

A crítica feminista foi a primeira, e talvez a mais influente, contestação das tradições da terapia familiar. Ao assumir uma posição contra o ataque às mães, as feministas desafiaram a essência do pensamento sistêmico, salientando que conceitos como complementaridade e causalidade circular podem sugerir que mulheres subjugadas têm tanta culpa quanto seus opressores.

A ponte da terapia familiar para o século XXI foi o construcionismo social. Assim como quando os pioneiros mudaram seu foco dos indivíduos para as famílias, essa recente mudança do comportamento para a cognição, e do desafio para a colaboração, está abrindo um novo mundo de possibilidades. Nos próximos capítulos, nós veremos quão animadoras são algumas dessas possibilidades.

Desde que Paul Watzlawick revelou as implicações construtivistas do modelo do MRI em *The Invented Reality* (1984), os terapeutas familiares passaram a perceber, cada vez mais claramente, o poder das histórias que as pessoas contam a si mesmas. Como veremos no Capítulo 13, Michael White e seus colegas do movimento narrativo traduziram esse *insight* em uma abordagem de tratamento inovadora e poderosa. Ajudar os clientes a construírem histórias novas e mais produtivas sobre sua experiência certamente é um avanço em relação às tentativas manipuladoras de controlá-los e superá-los em espertezas. Todavia, na extensão em que os terapeutas narrativos apenas substituem ação e interação por cognição, eles correm o risco de ignorar tudo o que nós aprendemos sobre como a dinâmica familiar molda as vidas dos membros da família – independentemente das histórias que contam a si mesmos.

Os dois grandes valores do ceticismo pós-moderno são a diversidade e a democracia. Respeitar perspectivas múltiplas certamente é uma coisa boa. Duas expressões muito positivas desse valor são o surgimento de modelos integrativos e um renovado respeito por formas diversas de organização familiar. Contudo, não é tão bom rejeitar todas as normas e tratar cada indivíduo como absolutamente único. Isso significa que não temos nenhuma necessidade de conhecimentos e nenhum espaço para orientações. Os terapeutas familiares abraçaram a democracia ao defender abordagens não-hierárquicas e ao se opor à imposição da influência. Conforme Bateson salientou, a hierarquia é inerente à natureza; as famílias em tratamento, como outros sistemas sociais, certamente precisam de algum tipo de equipe executiva que tome decisões.

A história-título da evolução da terapia familiar – da cibernética de primeira – para segunda-ordem, da terapia do MRI para a terapia focada na solução, do grupo sistêmico de Milão para Hoffman e Goolishian, e do construtivismo para o construcionismo social e agora narrativo – é o que tem estado em primeiro plano na discussão intelectual. Durante todo o tempo em que esses desenvolvimentos sensacionais estavam acontecendo, terapeutas familiares que praticavam abordagens não tão na moda (comportamental, psicanalítica, estrutural, boweniana e experiencial) continuaram trabalhando. Talvez seja um erro pensar que o novo, o que atrai atenção, é a única, ou a melhor, coisa que está acontecendo no campo.

O movimento colaborativo levantou novas perguntas sobre o estilo de liderança do terapeuta. Quando Harlene Anderson e Harry Goolishian defenderam uma "abordagem colaborativa", o que estava sendo rejeitado era o modelo médico – um modelo de papel autoritário, em que o médico desempenha o papel de especialista, de quem o paciente espera respostas. Ser um especialista não significa ser um ogro. Aqui, o avanço é desafiar o modelo médico que, ironicamente, foi perpetuado em modelos de terapia familiar tão de vanguarda quanto as abordagens estratégica e sistêmica de Milão. Nós já não vemos o terapeuta como um tecnocrata da mudança. Isso não significa que os terapeutas não devam ser especialistas – líderes no processo de mudança.

Finalmente, devemos dizer que, assim como a terapia familiar não ficou imóvel nos últimos anos, a família também não ficou. A família de hoje está evoluindo e está estressada. Passamos do modelo familiar de complementaridade da década de 1950 para uma versão simétrica – embora ainda não tenhamos chegado a um acordo com o novo modelo. Talvez seja o momento de fazer a pergunta: enquanto a família americana enfrenta dificuldades nesta época estressante de transição, que conceitos a terapia familiar oferece para nos ajudar a compreender e a lidar com as múltiplas formas de família do século XXI?

NOTAS

1. Rachel Hare-Mustin (2001). "Family therapy and the future – 2001." Palestra proferida na American Family Therapy Academy Conference of the Americas, Miami, FL, 27 de junho.
2. Os terapeutas colaborativos distinguem essas conversas do estilo rogeriano não-diretivo, empático, porque elas não só refletem como também oferecem idéias e opiniões, embora sempre como sugestão.
3. Os casos em que um pai abusivo teria uma influência destrutiva sobre o bem-estar dos filhos são habitualmente manifestados.
4. Adaptado de Lindblad-Goldberg, Dore e Stern, 1998.
5. Um desses grupos é o National Coalition of Mental Health Professionals and Consumers.

LEITURAS RECOMENDADAS

Andersen, T. 1991. *The reflecting team.* New York: Norton.

Anderson, C. M., Reiss, D., e Hogarty, B. 1986. *Schizophrenia and the family: A practitioner's guide to psychoeducation and management.* New York: Guilford Press.

Avis, J. M. 1992. Where are all the family therapists? Abuse and violence within families and family therapy's response. *Journal of Marital and Family Therapy. 18*, p. 225-232.

Powers, B., e Richardson, F. 1996. Why is multiculturalism good? *American Psychologist. 51*, p. 609-621.

Gergen, K. 1985. The social constructionist movement in modern psychology. *American Psychologist. 40*, p. 266-275.

Goldner, V. 1985. Feminism and family therapy. *Family Process. 24*, p. 31-47.

Goodrich, T. J., ed. 1991. *Women and power: Perspectives for family therapy.* New York: Norton.

Greenan, D. E., e Tunnell, G. 2002. *Couples therapy with gay men: A family systems model for healing relationships.* New York: Guilford Press.

Hare-Mustin, R. T., e Marecek, J. 1988. The meaning of difference: Gender theory, postmodernism and psychology. *American Psychologist. 43*, p. 455-464.

Held, B. S. 1995. *Back to reality: A critique of postmodern theory in psychotherapy.* New York: Norton.

Kellner, D. 1991. *Postmodern theory.* New York: Guilford Press.

Krestan, J., e Bepko, C. 1980. The problem of fusion in the lesbian relationship. *Family Process. 19*, p. 277-289.

Laird, J., e Green, R. I. 1996. *Lesbians and gays in couples and families: A handbook for therapists.* San Francisco: Jossey-Bass.

Luepnitz, D. 1988. *The family interpreted: Feminist theory in clinical practice.* New York: Basic Books.

McDaniel, S., Hepworth, J., and Doherty, W. 1992. *Medical family therapy.* New York: Basic Books.

McGoldrick, M., Giordano, J., e Pearce, J. 1996. *Ethnicity and family therapy,* 2.ed. New York: Guilford Press.

Rolland, J. 1994. *Helping families with chronic and life-threatening disorders.* New York: Basic Books.

Walsh, F., ed. 1993. *Normal family processes,* 2.ed. New York: Guilford Press.

REFERÊNCIAS

Ahrons, C., e Rogers, R. 1989. *Divorced families: Meeting the challenges of divorce and remarriage.* New York: Norton.

Allport, G. 1958. *The nature of prejudice.* Garden City, NJ: Doubleday.

Andersen, T. 1991. *The reflecting team.* New York: Norton.

Anderson, C. M. 1995. *Flying solo.* New York: Norton.

Anderson, C. M., Reiss, D., e Hogarty, G. E. 1986. *Schizophrenia and the family: A practitioner's guide to psychoeducation and management.* New York: Guilford Press.

Anderson, H. 1993. On a roller coaster: A collaborative language systems approach to therapy. In *The new language of change,* S. Friedman, ed. New York: Guilford Press.

Anderson, H. 1997. *Conversation, language, and possibilities.* New York: Basic Books.

Anderson, H., e Goolishian, H.1988. Human systems as linguistic systems: Preliminary and evolving ideas about the implications for clinical theory. *Family Process.* 27, p. 371-394.

Anderson, W. T. 1990. *Reality isn't what it used to be.* San Francisco: Harper & Row.

Aponte, H. 1994. *Bread and spirit: Therapy with the new pool:* New York: Norton Press.

Atkinson, J. M., e Coia, D. A. 1995. *Families coping with schizophrenia: A practitioner's guide to family groups.* New York: Wiley.

Avis, J. M. 1988. Deepening awareness: A private study guide to feminism and family therapy. In *Women, feminism, and family therapy,* L. Braverman, ed. New York: Haworth Press.

Avis, J. M. 1992. Where are all the family therapists? Abuse and violence within families and family therapy's response. *Journal of Marital and Family Therapy.* 18, p. 223-230.

Bailey, E. 1999. *Children in therapy: Using the family as a resource.* New York: Norton.

Barth, R., Pietrzak, J., e Ramier, M. 1993. *Families living with drugs and HIV.* New York: Guilford Press.

Beavers, W., e Hampson, R. 1990. *Successful families: Assessment and intervention.* New York: Norton.

Billingsley, A. 1968. *Black families in white America.* Englewood Cliffs, NJ: Prentice-Hall.

Billingsley, A. 1992. *Climbing Jacob's ladder: The enduring legacy of African-American families.* New York: Simon & Schuster.

Billingsley, A., ed. 1994. The Black church. *National Journal of Sociology.* 8, p. 1-2 (edição dupla).

Bograd, M. 1992. Values in conflict: Challenges to family therapists' thinking. *Journal of Marital and Family Therapy.* 18, p. 243-253.

Bowlby, J. 1988. *A secure base: Parent-child attachment and healthy human development.* New York: Basic Books.

Boyd-Franklin, N. 1989. *Black families in therapy: A multisystems approach.* New York: Guilford Press.

Boyd-Franklin, N. 1993. Race, class, and poverty. In *Normal family processes,* F. Walsh, ed. New York: Guilford Press.

Boyd-Franklin, N. 2003. Race, class and poverty. In *Normal family processes: Growing diversity and complexity.* 3.ed. F. Walsh, ed. New York: Guilford Press.

Boyd-Franklin, N., Steiner, G., e Boland, M. 1995. *Children, families, and HIV/AIDS.* New York: Guilford Press.

Brothers, B. J., ed. 1992. *Spirituality and couples: Heart and soul in the therapy process.* New York: Haworth Press.

Brown, G.W., Birley, J. L. T., e Wing, J. K. 1972. The influence of family life on the course of schizophrenic disorders: A replication. *British Journal of Psychology.* 121, p. 241-258.

Brown, L. S. 1994. *Subversive dialogues: Theory in feminist therapy.* New York: Basic Books.

Burton, L. A., ed. 1992. *Religion and the family.* New York: Haworth Press.

Campbell, T. 1986. Family's impact on health: A critical review and annotated bibliography. *Family Systems Medicine.* 4, p. 135-148.

Carl, D. 1990. *Counseling same-sex couples.* New York: Norton.

Carrington, C. 1999. *No place like home: Relationships and family life among lesbians and gay men.* Chicago: University of Chicago Press.

Chartier, M. R. 1986. Marriage enrichment. In *Psychoeducational approaches to family therapy and counseling,* R. F. Levant, ed. New York: Springer.

Combrinck-Graham, L. 1989. *Children in family contexts.* New York: Guilford Press.

Cose, E. 1993. *The rage of the privileged class.* New York: Harper Collins.

Dattilio, F., ed. 1998. *Case studies in couple and family therapy.* New York: Guilford Press.

Doherty, W. 1991. Family therapy goes postmodern. *Family Therapy Networker:* 15, p. 36-42.

Doherty, W. 1996. *The intentional family.* Reading, MA: Addison-Wesley.

Donovan, J. M., ed. 1999. *Short-term couple therapy.* New York: Guilford Press.

Duncan, G. J., e Brooks-Gunn, J. 1997. *Consequences of growing up poor:* New York: Russell Sage Foundation.

Ehrenreich, B. 1999. Nickel-and-dimed: On (not) getting by in America. *Harpers.* Jan. 37-52.

Elizur, J., e Minuchin, S. 1989. *Institutionalizing madness: Families, therapy and society.* New York: Basic Books.

Elkin, M. 1990. *Families under the influence.* New York: Norton.

Emery, R. 1994. *Renegotiating family relationships: Divorce, child custody, and mediation.* New York: Guilford Press.

Falicov, C. 1983. *Cultural perspectives in family therapy.* Rockville, MD: Aspen Systems.

Falicov, C. 1988. *Family transitions: Continuity and change over the life cycle.* New York: Guilford Press.

Falicov, C. 1995. Training to think culturally: A multidimensional comparative framework. *Family Process.* 34, p. 373-388.

Falicov, C. 1998. *Latino families in therapy.* New York: Guilford Press.

Falloon, I. J. R., Boyd, J. L., McGill, C. W., Razani, J., Moss, H. B., e Gilderman, A. M. 1982. Family management in the prevention of exacerbations of schizophrenia. *New England Journal of Medicine.* 306, p. 1437-1440.

Figley, C. 1985. *Trauma and its wake: The study and treatment of post-traumatic stress disorder.* New York: Brunner/Mazel.

Freeman, J., Epston, D., e Lobovits, D. 1997. *Playful approaches to serious problems.* New York: Norton.

Friedrich, W. 1990. *Psychotherapy of sexually abused children and their families.* New York: Norton.

Friesen, B. J., e Koroloff, N. M. 1990. Family-centered services: Imolications for mental health administration and research. *Journal of Mental Health Administration.* 17(1), p. 13-25.

Gergen, K. 1985. The social constructionist movement in modern psychology. *American Psychologist.* 40, p. 66-275.

Gergen, K. 1991a. *The saturated self.* New York: Basic Books.

Gergen, K. 1991b. The saturated family. *Family Therapy Networker.* 15, p. 26-35.

Gil, E. 1994. *Play in family therapy.* New York, Guilford Press.

Ginsberg, B. G. 2000. Relationship enhancement couples therapy. In *Comparative treatments of relationship disorders,* F. M. Dattilio and L. J. Bevilacqua, eds. New York: Springer.

Goldner, V. 1985. Feminism and family therapy. *Family Process.* 24, p. 31-47.

Goldner, V. 1988. Generation and gender: Normative and covert hierarchies. *Family Process.* 27, p. 17-33.

Goldner, V., Penn, P., Sheinberg, M., e Walker, G. 1990. Love and violence: Gender paradoxes in volatile attachments. *Family Process.* 29, p. 343-364.

Goldstein, M. J., Rodnick, E. H., Evans, J. R., May, P. R., e Steinberg, M. 1978. Drug and family therapy in the aftercare treatment of acute schizophrenia. *Archives of General Psychiatry.* 35, p. 1169-1177.

Goodrich, T. J., Rampage, C., Ellman B., e Halstead K., 1988. *Feminist family therapy: A casebook.* New York: Norton.

Green, R. J. 1998. Training programs: Guidelines for multicultural transformations. In *Re-visioning family therapy,* M. McGoldrick, ed. New York: Guilford Press.

Green, R. J., e Mitchell, V. 2002. Gay and lesbian couples in therapy: Homophobia, relational ambiguity, and social support. In *Clinical handbook of couple therapy.* 3rd ed. A. S. Gurman and N. S. Jacobson, eds. New York: Guilford Press.

Greenan, D., e Tunnell, G. 2003. *Couple therapy with gay men.* New York: Guilford Press.

Grier, W., e Cobbs, P. 1968. *Black rage.* New York: Basic Books.

Guerney, B. G., Jr., ed. 1977. *Relationship enhancement: Skills training for therapy problem prevention and enrichment.* San Francisco: Jossey-Bass.

Haley, J. 1976. *Problem-Solving therapy,* San Francisco: Jossey-Bass.

Haley, J. 1980. *Leaving home.* New York: McGraw-Hill.

Hansen, J. C. 1982. *Therapy with remarried families.* Rockville, MD: Aspen Systems.

Hardy, K. 1993. War of the worlds. *Family Therapy Networker.* 17, p. 50-57.

Henggeler, S. W., e Borduin, C. M., eds. 1990. *Family therapy and beyond: A multisystemic approach to treating the behavior problems of children and adolescents.* Pacific Grove, CA: Brooks/Cole.

Hill, R. 1999. *The strengths of African American families: Twenty-five years later.* Lanham, MD: University Press of America.

Hines, P. M., e Boyd-Franklin, N. 1982. Black families. In *Ethnicity and family therapy,* M. McGoldrick. J. K. Pierce, e J. Giordano, eds. New York: Guilford Press.

Hines, P. M., e Boyd-Franklin, N. 1996. African American families. In *Ethnicity and family therapy*. 2.ed. M. McGoldrick, J. K. Pierce. e J. Giordano, eds. New York: Guilford Press.

Imber-Black, E. 1988. *Families and larger systems: A family therapist's guide through the labyrinth*. New York: Guilford Press.

Imber-Black, E., Roberts, J., e Whiting, R. 1988. *Rituals in families and family therapy*. New York: Norton.

Ingoldsby, B., e Smith, S. 1995. *Families in multicultural perspective*. New York: Guilford Press.

Isay, R. A. 1989. *Being homosexual: Gay men and their development*. New York: Farrar Straus Giroux.

James, K., e MacKinnon, L. 1990. The "incestuous family" revisited: A critical analysis of family therapy myths. *Journal of Marital and Family Therapy*. 16, p. 71-88.

Johnson, T., e Keren, M. 1998. The families of lesbian women and gay men. In *Re-visioning family therapy*, M. McGoldrick, ed. New York: Guilford Press.

Johnson, W. E. 2001. Paternal involvement among unwed fathers. *Children and Youth Services Review*. 23, p. 513-536.

Jordan, J., Kaplan, A., Miller, J., Stiver, I., e Surrey, J., eds. 1991. *Women's growth in connection: Writings from the Stone Center*. New York: Guilford Press.

Kahn, M., e Lewis, K. G. 1988. *Siblings in thempy*. New York: Norton.

Krestan, J. 1988. Lesbian daughters and lesbian mothers: The crisis of disclosure from a family systems perspective. *Journal of Psychotherapy and the Family*. 3, p. 113-130.

Laird, J. 1993. Lesbian and gay families. In *Normal family processes*. 2.ed. F. Walsh, ed. New York: Guilford Press.

Laird, J., e Green, R. J. 1996. *Lesbians and gays in couples and families: A handbook for therapists*. San Francisco: Jossey-Bass.

LaSala, M. 1997. The need for thick skin: Coupled gay men and their relationships with their parents and in-laws. *Dissertation Abstracts International*. 58, p. 4444-A.

Law, D., Crane, D., e Russell, D. 2000. The influence of marital and family therapy on health care utilization in a health-maintenance organization. *Journal of Marital and Family Therapy*. 26, p. 281-291.

Lee, E. 1997. *Working with Asian Americans*. New York: Guilford Press.

Leff, J., Kuipers, L., Berkowitz, R., Eberlein-Vries, R., e Sturgeon, D. 1982. A controlled trial of social intervention in the families of schizophrenic patients. *British Journal of Psychiatry*. 141:, p. 121-134.

Leff, J., e Vaughn, C. 1985. *Expressed emotion in families*. Thousand Oaks, CA: Sage.

Lehr, R., e MacMillan, P. 2001. The psychological and emotional impact of divorce: The noncustodial fathers' perspective. *Families in Society*. 82, p.373-382.

Lindblad-Goldberg, M., Dore, M.M., e Stern, L. 1998. *Creating competence from chaos*. New York: Norton.

Luepnitz, D. 1988. *The family interpreted: Feminist theory in clinical practice*. New York: Basic Books.

Madanes, C. 1990. *Sex, love and violence*. New York: Norton.

Markowitz, L. 1993. Walking the walk. *Family Therapy Networker*. 17, p. 18-24, 27-31.

McAdoo, H., ed. 2002. *Black children: Social, educational and parental environments*. 2.ed. Thousand Oaks, CA: Sage.

McDaniel, S., Hepworth, J., e Doherty, W. 1992. *Medical family therapy*. New York: Basic Books.

McFarlane, W. R. 1991. Family psychoeducational treatment. In *Handbook of family therapy*. Vol II. A. S. Gurman and D. P. Kniskern, eds. New York: Brunner/Mazel.

McGoldrick, M. 1993. Ethnicity, cultural diversity, e normality. In *Normal family processes,* F. Walsh, ed. New York: Guilford Press.

McGoldrick, M., ed. 1998. *Re-visioning family therapy*. New York: Guilford Press.

McGoldrick, M., Anderson, C., e Walsh, F., eds. 1989. *Women in families: A framework for family therapy*. New York: Norton.

McGoldrick, M., Giordano, J., e Pearce, J. 1996. *Ethnicity and family therapy,* 2.ed. New York: Guilford Press.

McGoldrick, M., Pearce, J., e Giordano, J. 1982. *Ethnicity and family therapy*. New York: Guilford Press.

McGowen, B. G., e Meezan, W. 1983. *Child welfare: Current dilemmas, future directions*. Itasca, IL: Peacock.

McWhirter, D. P., e Mattison, A. M. 1984. *The male couple: How relationships develop*. New York: Norton.

Meyer, I. H., e Dean, L. 1998. Internalized homophobia, intimacy, and sexual behavior among gay and bisexual men. In *Stigma and sexual orientation: Understanding prejudice against lesbians, gay men, and bisexuals,* G. M. Herek, ed. Thousand Oaks, CA: Sage.

Micucci, J. 1998. *The adolescent in family therapy*. New York: Guilford Press.

Milkowitz, D. J. 1995. The evolution of family-based psychopathology. In *Integrating family therapy: Handbook of family psychology and systems theory,*

R. H. Mikesell, D. D. Lusterman, e S. H. McDaniels, eds. Washington, DC: American Psychological Association.

Miklowitz, D., e Goldstein, M. 1997. *Bipolar disorder: A family-focused treatment approach.* New York: Guilford Press.

Minuchin, P., Colapinto, J., e Minuchin, S. 1998. *Working with families of the pool.* New York: Guilford Press.

Minuchin, S. 1984. *Family kaleidoscope.* Cambridge, MA: Harvard University Press.

Minuchin, S., e Fishman, H. C. 1981. *Techniques of family therapy.* Cambridge, MA: Harvard University Press.

Minuchin, S., Montalvo, B., Guerney, B., Rosman, B., e Schumer, F. 1967. *Families of the slums.* New York: Basic Books.

Minuchin, S., Nichols, M. P., e Lee, W. Y. No prelo. *A four-step model for assessing families and couples: From symptom to system.* Boston, MA: Allyn & Bacon.

Mirkiri, M. P. 1990. *The social and political contexts of family therapy.* Boston: Allyn & Bacon.

Mirkin, M. P., e Koman, S. L., eds. 1985. *Handbook of adolescents and family therapy.* New York: Gardner Press.

Mitchell, S. 1993. *Hope and dread in psychoanalysis.* New York: Basic Books.

Morawetz, A., e Walker, G. 1984. *Brief therapy with single-parent families.* New York: Bruner/Mazel.

Muesser, K. T., e Glynn, S. M. 1995. *Behavioral family therapy for psychiatric disorders.* Boston: Allyn and Bacon.

Nichols, M. P. 2004. *Stop arguing with your kids.* New York: Guilford Press.

Ogbu, J. 1989. Cultural models and educational strategies of non-dominant people. 1989 Catherine Molony Memorial Lecture. New York: City College Workshop Center.

Okun, B. 1996. *Understanding diverse families.* New York: Guilford Press.

Patterson, J., Williams, L., Graul-Grounds, C., e Chamow, L. 1998. *Essential skills in family therapy.* New York: Guilford Press.

Pinderhughes, E. 1989. *Understanding race, ethnicity and power: The key to efficacy in clinical practice.* New York: Free Press.

Pittman, F. 1987. *Turning points: Treating families in transition and crisis.* New York: Norton.

Prest, L., e Keller; J. 1993. Spirituality in family therapy. *Journal of Marital and Family Therapy.* 19, p. 137-148.

Price, J. 1996. *Power and compassion: Working with difficult adolescents and abused parents.* New York: Guilford Press.

Ramsey, R. N. ed. 1989. *Family systems in medicine.* New York: Guilford Press.

Reitz, M., e Watson, K. 1992. *Adoption and the family system.* New York: Guilford Press.

Rojano, R. 2004. The practice of community family therapy. *Family Process.* 43, p. 59-77.

Rolland, J. 1994. *Helping families with chronic and life-threatening disorders.* New York: Basic Books.

Root, M., Fallon, P., e Friedrich, W. 1986. *Bulimia: A systems approach to treatment.* New York: Norton.

Roth, S., e Murphy, B. 1986. Therapeutic work with lesbian clients: A systemic therapy view. In *Women and family therapy,* M. Ault-Riche e J. Hansen, eds. Rockville, MD: Aspen Systems.

Rubin, L. 1994. *Families on the faultline.* New York: Harper Collins.

Saba, G., Karrer, B., e Hardy, K. 1989. *Minorities and families therapy.* New York: Haworth Press.

Sager, C., Brown, H. S., Crohn, H., Engel, T., Rodstein, E., e Walker, L. 1983. *Treating the remarried family.* New York: Brunner/Mazel.

Sanders, G. 1993. The love that dares not speak its name: From secrecy to openness in gay and lesbian affiliations. In *Secrets in families and family therapy,* E. Imber-Black, ed. New York: Norton.

Schwartz, R. C. 1995. *Internal family systems therapy.* New York: Guilford Press.

Schwartzman, J. 1985. *Families and other systems: The macrosystemic context of family therapy.* New York: Guilford Press.

Selekman, M. 1997. *Solution-focused therapy with children.* New York: Guilford Press.

Seligman, M., e Darling, R. B.1996. *Ordinary families, special children: A systems approach to childhood disability,* 2.ed. New York: Guilford Press.

Sells, S. 1998. *Treating the tough adolescent.* New York: Guilford Press.

Sheinberg, M. 1992. Navigating treatment impasses at the disclosure of incest: Combining ideas from feminism and social constructionism. *Family Process.* 31, p. 201-216.

Silliman, B., Stanley, S. M., Coffin, W., Markman, H. J., e Jordan, P. L. 2002. Preventive intervention for couples. In *Family psychology: Science-based interventions,* H. A. Liddle, D. A. Santisban, R. F. Levant, e J. H. Bray, eds. Washington, D.C.: American Psychological Association.

Smith, C., e Nylund, D. 1997. *Narrative therapies with children and adolescents.* New York: Guilford Press.

Sprenkle, D. 1985. *Divorce therapy.* New York: Haworth Press.

Stahmann, R. F., e Hiebert, W. J. 1997. *Premarital and remarital counseling: The professional's handbook.* San Francisco: Jossey-Bass.

Stanton, M. D., Todd, T., e Associados. 1982. *The family therapy of drug abuse and addiction.* New York: Guilford Press.

Staples. R. 1994. *Black family: Essays and studies,* 5.ed. New York: Van Nostrand Reinhold.

Steinglass, P., Bennett, L., Wolin, S. J., e Reiss. D. 1987. *The alcoholic family.* New York: Basic Books.

Taibbi, R. 1996. *Doing family therapy.* New York: Guilford Press.

Treadway, D. 1989. *Before it's too late: Working with substance abuse in the family.* New York: Norton.

Trepper, T. S., e Barrett, M. J. 1989. *Systemic treatment of incest: A therapeutic handbook.* New York: Brunner/Mazel.

U.S. Bureau of the Census. 2001. *Statistical abstract of the United States,* 121.ed. Washington, D.C.: U. S. Government Printing Office.

U.S. Bureau of the Census. 2003. *Statistical abstract of the United States,* 123 rd ed. Washington, D.C.: U.S. Government Printing Office.

Vaughn, C., e Leff, J. 1976. The measurement of expressed emotion in the families of psychiatric patients. *British Journal of Psychology. 15*, p. 157-165.

Vaughn, C. E., Snyder, K. S., Jones, S., Freeman, W. B., e Falloon, I. R. H. 1984. Family factors in schizophrenic relapse: Replication in California of British research on expressed emotion. *Archives of General Psychiatry. 41,* p. 1169-1177.

Visher, E., e Visher, J. 1979. *Stepfamilies: A guide to working with stepparents and stepchildren.* New York: Brunner/Mazel.

Visher, E., e Visher, J. 1988. *Old loyalties, new ties: Therapeutic strategies with step families.* New York: Brunner/Mazel.

Wachtel, E. 1994. *Treating troubled children and their families.* New York: Guilford Press.

Walker, G. 1991. *In the midst of winter: Systemic therapy with families, couples, and individuals with AIDS infection.* New York: Norton.

Wallerstein, J., e Kelly J. 1980. *Surviving the breakup: How children and parents cope with divorce.* New York: Basic Books.

Walsh, F. 1982. *Normal family processes.* New York: Guilford Press.

Walsh, F. 1993. *Normal family processes,* 2.ed. New York: Guilford Press.

Walsh, F. 1998. *Strengthening family resistance.* New York: Guilford Press.

Walsh, F., ed. 1999. *Spiritual resources in family therapy.* New York: Guilford Press.

Walsh, F., e McGoldrick, M., eds. 1991. *Living beyond loss: Death in the family.* New York: Norton.

Waiters, M., Carter, B., Papp, P., e Silverstein, O. 1988. *The invisible web: Gender patterns in family relationships.* New York: Guilford Press.

Watzlawick, P., ed. 1984. *The invented reality.* New York: Norton.

White, J. 1972. Towards a black psychology. In *Black psychology,* R. Jones, ed. New York: Harper & Row.

12

Terapia focada na solução

Construindo sobre sucessos passados

A julgar por sua popularidade, a terapia focada na solução talvez seja o tratamento para a nossa época. Seu minimalismo pragmático, sua ênfase cognitiva e suas técnicas fáceis de ensinar se combinam para torná-la o que há de mais sensacional no circuito das oficinas – e sua promessa de soluções rápidas a tornam atraente para a indústria do gerenciamento de saúde. Na verdade, quando solicitados a indicar sua orientação terapêutica, muitos candidatos a provedores de atendimento pelo sistema de saúde denominam-se "focados na solução", independentemente de sua formação profissional. A enxurrada de livros sobre o modelo é outra evidência de sua popularidade (de Shazer, 1988, 1991b, 1994; O'Hanlon e Weiner-Davis, 1989; Walter e Peller, 1992; Furman e Ahola, 1992; Cade e O'Hanlon, 1993; O'Hanlon e Martin, 1992; Miller, Hubble e Duncan, 1996; Berg e Dolan, 2001; Lipchik, 2002), assim como da aplicação do modelo a casais (Weiner-Davis, 1992; Hudson e O'Hanlon, 1992) e ao alcoolismo (Berg e Miller, 1992).

O que – além de seu nome muito atraente – tornou essa abordagem tão popular? A terapia focada na solução toma a simplicidade e a clareza do modelo do MRI e as trata de maneira totalmente diferente. Enquanto uma abordagem visa a ajudar os clientes a repetirem menos o que não funciona, a outra promove mais a realização do que funciona. Essas duas abordagens pragmáticas focalizam a queixa apresentada e tentam resolvê-la da maneira mais parcimoniosa possível. O modelo do Mental Research Institute (MRI) faz isso examinando tentativas frustradas de resolver o problema apresentado, enquanto a abordagem focada na solução examina as **exceções** – os momentos em que o problema não foi um problema.

No entanto, a verdadeira diferença entre essas duas abordagens não é mera questão de onde elas pontuam seqüências de problemas; enquanto o modelo do MRI focaliza o comportamento, o modelo focado na solução enfatiza a cognição. Supõe-se que as pessoas que buscam terapia já são capazes de se comportar eficientemente, mas que sua eficiência foi bloqueada por uma postura mental negativa. Chamar a atenção delas para os momentos em que se saíram bem as ajuda a enxergar as coisas de forma diferente:

> Acredita-se que os problemas se mantêm apenas porque se mantêm e porque os clientes descrevem o problema como *acontecendo sempre*. Portanto, os momentos em que ele está ausente são descartados pelo cliente como sem importância ou inclusive não são percebidos, permanecem escondidos da vista do cliente. Nada realmente fica escondido, mas, embora essas exceções estejam lá para serem vistas, não são consideradas pelos clientes como diferenças que fazem diferença. Para o cliente, o problema é visto como primário (e as exceções, se chegam a ser percebidas, são vistas como secundárias), enquanto para o terapeuta as exceções são vistas como primárias; as intervenções pretendem ajudar o cliente a fazer uma inversão semelhante, o que levará ao desenvolvimento de uma solução. (De Shazer, 1991b, p. 58)

A arte da terapia focada na solução, portanto, torna-se uma questão de ajudar os clientes não só a ver que seus problemas têm exceções, mas também a perceber que essas exceções são soluções que eles ainda têm em seu repertório. Para superar a idéia de que exceções simplesmente acontecem, o terapeuta focado na solução faz perguntas do tipo: "Como você fez isso?"

ESBOÇO DE FIGURAS ORIENTADORAS

A terapia focada na solução originou-se do trabalho de Steve de Shazer, Insoo Berg e seus colegas no Brief Family Therapy Center (BFTC), em Milwaukee, Wisconsin. Esse instituto de formação particular foi iniciado em 1979, quando parte da equipe de uma agência comunitária de Milwaukee, atraída pelo modelo do MRI, ficou insatisfeita com as limitações da agência e se separou para formar o BTFC. O grupo inicial incluía o casal Steve de Shazer e Insoo Berg, Jim Derks, Elaine Nunnally, Marilyn La Court e Eve Lipchik. Seus alunos incluíam John Walter, Jane Peller e Michele Weiner-Davis. De Shazer é considerado o principal criador da teoria focada na solução, embora ele já não trabalhe tanto na clínica, preferindo dedicar seu tempo à pesquisa e à escrita. De Shazer trabalhou anteriormente em Palo Alto e foi bastante influenciado pela abordagem do MRI.

Insoo Kim Berg é mais conhecida como terapeuta, mas também contribuiu substancialmente para a teoria. Ela treinou terapeutas no mundo inteiro e aplicou o modelo ao alcoolismo (Berg e Miller, 1992), à terapia conjugal (Berg, 1994a) e ao atendimento a famílias pobres (Berg, 1994b).

Insoo Kim Berg, uma das figuras orientadoras do modelo focado na solução.

Outras figuras notáveis incluem Eve Lipchik, que trabalhou no BFTC por oito anos, até sair, em 1988, para fundar o ICF Consultants com Marilyn Bojean. Lipchik foi pioneira na aplicação do modelo focado na solução ao espancamento da mulher (Lipchik e Kubicki, 1996) e, recentemente, publicou um dos livros mais úteis sobre como fazer a terapia focada na solução (Lipchik, 2002).

Depois de fazer sua formação com de Shazer, Michele Weiner-Davis modificou o programa de uma agência em Woodstock, Illinois, adotando o modelo focado na solução. Weiner-Davis (1992) aplicou-o a problemas conjugais em seu popular livro *Divorce-busting*. Scott Miller, agora estabelecido em Chicago, esteve no BFTC por três anos, dirigindo os serviços de tratamento de álcool e drogas e escreveu bastante sobre o modelo.

John Walter e Jane Peller estão trabalhando juntos em Chicago, em prática privada. Fizeram sua formação no BFTC e, depois de escrever um livro que descrevia as etapas da abordagem (Walter e Peller, 1992), tornaram-se palestrantes populares no circuito de oficinas.

Bill O'Hanlon, que recentemente transferiu seu consultório de Omaha, Nebraska, para Santa Fé, Novo México, nunca se associou formalmente ao BFTC, mas, como aluno de Milton Erickson e um importante tradutor das idéias dele, o passo para a abordagem focada na solução foi fácil. Ele e Weiner-Davis (O'Hanlon e Weiner-Davis, 1989) colaboraram para ampliar os fundamentos estabelecidos por de Shazer.

Yvonne Dolan mora em Hammond, Indiana, e ensina em oficinas sobre terapia focada na solução e hipnose ericksoniana. Juntamente com Insoo Berg, ela publicou recentemente

Steve de Shazer, fundador da terapia focada na solução.

Tales of solutions, uma coleção de estudos de caso ilustrativos de várias técnicas focadas na solução (Berg e Dolan, 2001).

FORMULAÇÕES TEÓRICAS

Os pressupostos que fundamentam a terapia focada na solução são simples e fáceis de compreender. Como disse Insoo Berg: "Temos muito orgulho da nossa simplicidade. Foi necessária muita disciplina para nos tornarmos tão simples" (Wylie, 1990, p. 27).

Uma das características definidoras da terapia familiar sempre foi focar o presente, no qual os problemas são mantidos, em vez de investigar o passado para descobrir o que os "causou". Os terapeutas focados na solução preferem olhar para o futuro, em que os problemas podem ser resolvidos.

Como no modelo do MRI, os terapeutas focados na solução acreditam que as pessoas são levadas, por uma visão limitada de seus problemas, a perpetuar padrões rígidos de soluções falsas. Conforme colocam O'Hanlon e Weiner-Davis (1989, p. 48):

> Assim, o significado que as pessoas atribuem ao comportamento limita o leque de alternativas que usarão para lidar com uma situação. Se os métodos usados não produzem um resultado satisfatório, o pressuposto original sobre o significado do comportamento geralmente não é questionado. Se fosse, novos significados poderiam ser considerados, e isso poderia promover uma abordagem diferente, talvez mais efetiva. Em vez disso, as pessoas costumam redobrar seus esforços para resolver o problema de uma maneira ineficaz, pensando que, se fizerem aquilo mais vezes, mais esforçadamente ou melhor (por exemplo, mais castigos, mais conversas sinceras, e assim por diante), elas finalmente o resolverão.

Os terapeutas focados na solução rejeitam a noção de que os problemas têm motivos ocultos ou de que as pessoas são ambivalentes em relação aos problemas. Eles supõem que os clientes *realmente querem* mudar. De Shazer (1984), de fato, anunciou a morte da resistência como conceito, sugerindo que, quando os clientes não seguem as orientações, essa é a sua maneira de "cooperar" ao ensinar ao terapeuta a melhor maneira de ajudá-los.

O modelo do MRI foi profundamente influenciado pela visão de Milton Erickson de que as pessoas têm recursos não-aproveitados e muitas vezes inconscientes. Segundo essa idéia, as pessoas só precisam alterar um pouco sua perspectiva para liberar o seu potencial. De início, a teoria focada na solução evidenciava mais essa visão ericksoniana das pessoas como ricas em recursos. Desde a revolução pós-moderna, a teorização, cada vez mais, passou da liberação de capacidades não-utilizadas para a modificação da maneira pela qual as pessoas falam sobre seus problemas.

Os construtivistas acreditam que a linguagem molda a realidade. Sob a influência do filósofo analítico Ludwig Wittgenstein (1958), de Shazer passou gradualmente para uma posição mais radical – a saber, de que a linguagem *cria* a realidade. "A linguagem constitui 'o mundo humano, e o mundo humano constitui o mundo total'" (de Shazer e Berg, 1993, p. 73). Nada existe fora da linguagem. Portanto, de Shazer (1993, p. 89) afirma que: "Não existem camas molhadas, nenhuma voz sem pessoas, nenhuma depressão. Existem apenas *conversas* sobre camas molhadas, *conversas* sobre vozes sem pessoas, *conversas* sobre depressão". Se aceitarmos que linguagem é realidade, a terapia torna-se um procedimento relativamente simples. Só é preciso mudar a maneira de falar das pessoas. A partir dessa idéia surge o objetivo focado na solução de guiar os clientes da "fala-problema" para a "fala-solução".

Recentemente, alguns autores deixaram de prestar tanta atenção na idéia de que "as palavras são mágicas" (parafraseando o título do último livro de de Shazer [1994]) e passaram a examinar o poder do relacionamento terapeuta-cliente (Tuyn, 1992; Metcalf, Thomas, Duncan, Miller e Hubble, 1996; Butler e Powers, 1996; Simon, 1996; Lipchik, 1997). Como afirmam William Butler e Keith Powers (1996, p. 245): "[A terapia focada na solução] funciona [...] mas não é o modelo ou as técnicas o que realmente importa. O fundamental é a atitude do terapeuta e o intercâmbio entre o cliente e o terapeuta". Eve Lipchik (1997) ecoa esse sentimento, dizendo que "a terapia focada na solução é uma filosofia, não uma coleção de técnicas".

Dvorah Simon (1966, p. 46) sugere que a capacidade do terapeuta de transmitir aos clientes um sentimento de esperança "é o que me parece estar na essência espiritual desse trabalho – colocar os anseios, os desejos e a crença de que uma vida melhor não só é possível, como também exeqüível, em uma posição central em torno da qual tudo o mais pode fluir". Outros sugerem que a terapia focada na solução funciona ao fazer com que os clientes sintam-se bem a respeito de si mesmos, ao destacar suas forças e sucessos – o efeito dos gritos de aplauso (Metcalf et al., 1996).

DESENVOLVIMENTO FAMILIAR NORMAL

Os terapeutas focados na solução adotam a idéia construtivista de que nada é absoluto; portanto, não devem impor sua visão de normalidade. A busca de falhas estruturais que caracteriza outras formas de psicoterapia é rejeitada. Conforme de Shazer (1991b) escreve: "O pensamento estruturalista aponta para a idéia de que os sintomas são o resultado de algum problema subjacente, um problema psíquico ou estrutural tal como hierarquias incongruentes, conflitos parentais encobertos, baixa auto-estima, comunicação distorcida, sentimentos reprimidos, 'jogos sujos', etc." O terapeuta focado na solução dispensa essas especulações e só está interessado na linguagem – na maneira pela qual as pessoas se descrevem e descrevem seus problemas.

A terapia, então, é extremamente relativista. O terapeuta só deve se preocupar com as queixas que a família apresenta, e não deve impor valores sugerindo que os clientes tratem outros problemas, não-mencionados (O'Hanlon e Weiner-Davis, 1989, p. 44).

> O terapeuta orientado para a solução não acredita que exista uma única maneira "correta" ou "válida" de se viver. Passamos a compreender que o que é um comportamento inaceitável em uma família ou para uma pessoa é um comportamento desejável em outra. Portanto, os clientes, não o terapeuta, identificam os objetivos a serem atingidos no tratamento.

DESENVOLVIMENTO DE TRANSTORNOS DE COMPORTAMENTO

No mundo focado na solução, este é um assunto encerrado. Assim como eles distanciam os clientes da especulação sobre a formação dos problemas, os terapeutas focados na solução também dissuadem os outros terapeutas de tais conjeturas. Sua convicção é a de que as soluções para os problemas muitas vezes não têm relação com o seu desenvolvimento e que perseguir fatores etiológicos é se empenhar na "fala-problema" – exatamente o que tentam evitar.

A fala-problema e a preocupação associada com o problema são o mais longe que os terapeutas focados na solução vão ao tentar identificar fatores etiológicos. Acreditam que o pensamento focado no problema impede as pessoas de reconhecer as soluções efetivas que já usaram ou poderiam adotar no futuro.

OBJETIVOS DA TERAPIA

Como no modelo do MRI, o objetivo da terapia focada na solução é resolver as queixas apresentadas, ajudando os clientes a fazer ou pensar algo diferente, para que se sintam mais satisfeitos com suas vidas. Mais do que os terapeutas do MRI, todavia, os terapeutas focados na solução confiam que os clientes vão atingir seus próprios objetivos. Acreditam que as pessoas já possuem as habilidades para resolver seus problemas, mas as perderam de vista, porque os problemas lhes parecem tão grandes que suas forças foram empurradas para fora do quadro. Às vezes, uma simples mudança de foco, do que não vai bem para o que já está melhor, pode lembrar os clientes desses recursos. Outras vezes, as pessoas talvez precisem procurar capacidades que não têm usado e aplicá-las aos seus problemas.

Em um outro nível, o objetivo é apenas ajudar os clientes a começarem a mudar sua linguagem, a deixarem de falar sobre os problemas e passarem a falar sobre soluções. Depois que as pessoas começam a falar sobre o que realmente são capazes de fazer, os recursos que possuem, o que fizeram no passado que funcionou, os terapeutas focados na solução terão atingido seu principal objetivo. A partir desse ponto, sua tarefa é aproveitar as soluções que surgem dessas conversas mais otimistas.

Já que os terapeutas focados na solução não buscam reorganizar personalidades ou estruturas familiares, estão dispostos a aceitar objetivos mais modestos. Uma mulher sem-teto pode simplesmente precisar encontrar um lugar para morar, um homem solteiro pode querer ter coragem para convidar alguém para sair. Se o objetivo do cliente for vago – "Eu gostaria de me sentir mais feliz" – ou utópico – "Eu nunca mais quero me sentir triste" –, eles fazem perguntas destinadas a traduzir o objetivo em algo claro e específico. Ajudar os clientes a estabelecerem objetivos claros e exeqüíveis é uma intervenção importante em si mesma, e o processo de pensar sobre o futuro e o que a pessoa quer que seja diferente é uma grande parte do que os terapeutas focados na solução fazem (Walter e Peller, 1996).

CONDIÇÕES PARA A MUDANÇA DE COMPORTAMENTO

A tarefa da terapia focada na solução é ajudar os clientes a expandir as *exceções* aos seus problemas – soluções efetivas que já possuem. O terapeuta tenta trabalhar a partir do entendimento que o cliente tem do problema e buscar uma mudança comportamental. Todavia, embora o modelo condiga com a brevidade e o pragmatismo das abordagens estratégicas, os terapeutas focados na solução enfatizam a construção colaborativa de narrativas orientadas para a solução.

Do ponto de vista de Berg e de Shazer (1993, p.7), para haver essa mudança, é necessário que o terapeuta e o cliente empenhem-se em uma discussão que mude a linguagem pela qual o problema é descrito:

> Em vez de olhar por trás e por baixo da linguagem que clientes e terapeutas empregam, pensamos que a linguagem que usam é tudo o que temos para prosseguir [...] Sobre o que falamos e como falamos faz a diferença, e são essas diferenças que podem ser usadas para fazer a diferença (para o cliente) [...] Viemos a compreender que os significados aos quais chegamos em uma conversa terapêutica são desenvolvidos por um processo mais semelhante à negociação do que ao desenvolvimento de entendimento ou a uma descoberta do que "realmente" está acontecendo.

Assim, mudar a maneira pela qual as pessoas falam sobre seus problemas é tudo que precisamos fazer, porque, "conforme cliente e terapeuta falam mais e mais sobre a solução que querem construir juntos, passam a acreditar na verdade ou realidade daquilo sobre o qual estão falando. Esta é a maneira pela qual a linguagem funciona, naturalmente" (Berg e de Shazer, 1993, p. 9). Por isso a terapia focada na solução pode ser tão breve – é muito mais fácil conseguir que os clientes falem de maneira diferente sobre seus problemas do que produzir mudanças significativas em padrões de comportamento ou na estrutura intrapsíquica. Supõe-se, por certo, que fazer as pessoas falarem positivamente as ajudará a também pensar positivamente – e, por fim, a agir positivamente para resolver seus problemas.

Da perspectiva ericksoniana que formou o pensamento inicial de de Shazer, o terapeuta deve criar na terapia uma atmosfera em que as forças das pessoas possam sair das sombras e passar para primeiro plano. De Shazer (1985, 1986) descobriu que essas forças se escondem nos espaços entre problemas – em "comportamentos, percepções, pensamentos, sentimentos e expectativas que estão fora do constrangimento das queixas. Essas exceções [...] podem ser usadas como blocos construtores na construção de uma solução [...] as soluções envolvem determinar o que 'funciona', para que o cliente possa fazer mais isso" (de Shazer, 1986, p. 48).

Para ilustrar esse processo, de Shazer (1986) usou a metáfora de um homem cujo problema é querer sair de Chicago. A fim de resolver esse problema, muitas das seguintes informações têm pouca relevância: como o homem chegou a Chicago, há quanto tempo está lá, o que o impediu de sair anteriormente ou a natureza de Chicago. Em vez disso, o viajante só precisa saber onde quer ir e quais são os recursos de que dispõe para chegar lá.

No entanto, ao discutir seus desejos, pode ser que ele se lembre de alguns bons dias em Chicago, e, embora essas exceções tenham parecido insignificantes, ao pensar sobre o que tornou-as excepcionais, ele percebe que aqueles foram dias em que se divertia com outras pessoas. Ele decide que não precisa deixar Chicago, afinal de contas, e em vez disso direciona a sua energia para passar mais tempo com as pessoas de quem gosta. É esse foco em objetivos, recursos e exceções ao problema o que caracteriza o modelo focado na solução. Com esse foco, as pessoas ou encontram uma solução para seu problema original (sair de Chicago) ou decidem que seu problema é alguma outra coisa (tempo insuficiente com os amigos) e encontram uma solução para isso.

TERAPIA

Avaliação

Os terapeutas que utilizam o modelo focado na solução evitam cuidadosamente qualquer avaliação de como os problemas se desenvolvem. Também não estão interessados em avaliar padrões de comportamento que poderiam perpetuar esses problemas. O que querem identificar são aqueles padrões de comportamento que existiam quando o problema *não era* operativo.

Ao invés de remexer em problemas passados, os terapeutas focados na solução se concentram em avaliar objetivos futuros. Esclarecer objetivos é um processo pró-ativo que começa na primeira sessão e continua durante toda a terapia e que poderia assumir a forma de algumas das seguintes perguntas (adaptado de Lipchik, 2002):

1. Na sua opinião, qual é o problema agora?
2. Como você saberá que o problema foi resolvido?
3. Como você saberá que não precisa mais vir aqui? Quais serão os sinais?
4. O que terá de ser diferente para que isso aconteça, em termos de seu comportamento, pensamentos e sentimentos?
5. O que você perceberá que está diferente nas outras pessoas envolvidas na situação?
6. Quais são as suas mais loucas fantasias sobre o que você quer que aconteça?

Já que não estão interessados em avaliar a dinâmica familiar, os terapeutas focados na solução não sentem necessidade de reunir nenhum agrupamento específico de pessoas, tal como toda a família. Em vez disso, afirmam que quaisquer pessoas que estejam preocupadas com o problema devem participar das sessões. Também não precisam de muitas informações iniciais, porque querem ouvir as construções de seus clientes sobre seus problemas em primeira mão e sem qualquer pré-concepção.

Seguindo De Shazer (1988), os praticantes dessa abordagem distinguem o relacionamento com os clientes de acordo com seus variados níveis de motivação. Alguns clientes têm queixas, mas não parecem dispostos a trabalhar nelas, enquanto outros parecem prontos e ansiosos para fazer mudanças. O que de Shazer destaca é que essas distinções não são qualidades de caráter, mas qualidades do relacionamento terapêutico e, portanto, são fluidas. Com um queixoso aparentemente desmotivado, a tarefa do terapeuta é engajar uma conversa focada na solução, elogiar o cliente e, possivelmente, dar a ele a tarefa de observar exceções ao problema. Ao não pressionar por mudanças, afastar a atenção dos problemas e dirigi-la às soluções, o relacionamento pode evoluir ao ponto em que o cliente torne-se um consumidor em busca de mudança. Quando ele se transformar nesse "consumidor de mudança", o terapeuta pode assumir um papel mais ativo e ajudá-lo a procurar exceções.

Técnicas terapêuticas

As intervenções ocorrem em um processo de três etapas. O terapeuta:

1. reestrutura ativamente o problema sob uma luz mais positiva e funcional e elogia o cliente por sua perseverança e capacidade;
2. esclarece o vínculo lógico que o cliente criou para si mesmo e o aprisiona;
3. associa uma diretiva de tipo hipnótico a um sinal inevitável de progresso.

Por exemplo, os pais de uma criança que se comporta mal podem ser elogiados por sua persistente preocupação e pela maneira igualmente persistente de a criança obter a sua atenção. O terapeuta também poderia dizer: "Vocês continuam preocupados, mas nenhum dos seus castigos está funcionando". Por fim: "Eu não sei o que vocês estarão fazendo de diferente na próxima vez em que seu filho se comportar mal".

No início da década de 1980, a equipe de de Shazer começou a experimentar essa orientação para as soluções dando a todos os clientes as mesmas tarefas, as chamadas "tarefas-fórmula". Algumas dessas tarefas pareciam ter eficácia universal, independentemente do problema. Uma delas, dada na primeira sessão, era pedir aos clientes que observassem o que existia na sua vida ou em seus relacionamentos que gostariam de manter (de Shazer, 1985). Essa tarefa ajudava a reorientar as pessoas, para que deixassem de chafurdar nos pontos ruins de sua vida e passassem a pensar nos bons. Essa mudança de perspectiva parecia muito eficiente – para criar um ponto de vista mais positivo, capaz de levar a interações melhores, que por sua vez reforçavam e expandiam o ponto de vista positivo.

Esta se tornou conhecida como a **tarefa-fórmula da primeira sessão** e é a tarefa padrão dada no final da primeira sessão. "Entre este momento e a próxima vez em que nos encontrarmos, eu gostaria que você observasse, para poder me descrever na próxima vez, o que acontece na sua [família, vida, casamento, relacionamento] que você quer que continue acontecendo" (de Shazer, 1985, p. 137).

Com o sucesso dessas tarefas-fórmula, a equipe começou a se dar conta de que o processo de mudança pode ser iniciado sem grande conhecimento do problema ou das personalidades daqueles que sofrem com ele. Os terapeutas começaram a se concentrar em maneiras de desenvolver a faculdade de resolver problemas nas pessoas, que acreditavam estar inibida por um foco em falhas e fracassos. Esse pensamento conduziu ao desenvolvimento da "questão da exceção" e da "questão do milagre", dois esteios da abordagem focada na solução (de Shazer, 1985, 1988).

A questão da **exceção** ignora o quadro dos problemas que os clientes levantam e, em vez, dirige a sua atenção para o negativo dessa imagem – os momentos em que não havia problemas. Ao explorar esses momentos e o que havia de diferente neles, os clientes encontram pistas sobre o que podem fazer para ampliar essas exceções. Além disso, levando em consideração que foram capazes de modificar ou eliminar o problema, os clientes percebem que seu ponto de vista em relação ao mesmo pode mudar. Ele parece menos insuperável.

Estudo de caso

Mary, que sofre de bulimia, talvez se lembre de vários momentos da semana anterior em que sentiu uma vontade louca de fazer uma farra de comida e depois vomitar, mas não o fez. Ela descobre que, nesses momentos, estava longe dos pais e não sentia que os desapontava. Ela decide que chegou a hora de se tornar mais independente.

"Assim, uma solução é um produto conjunto da conversa entre terapeuta e cliente sobre tudo que o problema/queixa não é" (Berg e de Shazer, 1993, p. 21).

Eve Lipchik (2002) recomenda perguntar sobre exceções com o emprego das seguintes perguntas: "Há momentos em que você não tem este problema?", "De que maneira isso faz diferença para você?", "Para os outros?", "O que possibilitaria que isso acontecesse mais?", "Que pequenas mudanças você perceberá?", "O que os outros perceberão em você?".

Perguntar sobre exceções permite que terapeuta e cliente aproveitem sucessos passados para progredir. Se isso não funcionar, o terapeuta pode perguntar por que as coisas não estão piores – "Como você conseguiu fazer isso?" – e então aproveitar essa realização para prosseguir. "Perguntas de manejo" podem ajudar os clientes a perceber que têm mais recursos, simplesmente por suportar, do que imaginam. "O que faz você ir em frente em circunstâncias tão difíceis?" "Por que as coisas não estão piores?" "O que você fez para evitar que piorassem?" Se o cliente der uma resposta, o terapeuta pode partir dela e perguntar como essa capacidade de suportar se mantém, e quanto desse esforço ele ainda pode fazer. Se o cliente não apresentar nenhuma evidência de ter feito algo a fim de evitar que os problemas piorassem, o terapeuta pode perguntar: "Você acha que as coisas podem piorar?", "Como seria isso para você?", "Qual é a coisa mais simples que você se imagina fazendo que poderia fazer diferença?"

Quando descobrir e aproveitar as exceções for eficaz, talvez não haja grande necessidade de maiores intervenções. Todavia, nos casos em que for difícil para os clientes identificar sucessos passados, convém pedir que imaginem sucessos futuros, empregando a questão do milagre.

A **questão do milagre** é: "Suponha que uma noite, enquanto você estivesse dormindo, acontecesse um milagre e o seu problema fosse resolvido. Como você saberia? O que estaria diferente?" Essa pergunta ativa uma postura de solução de problema, ao dar às pessoas uma visão de seu objetivo, talvez do mesmo jeito que a visualização do saque perfeito ajuda o tenista. Isso também ajuda os clientes a olharem além do problema, para ver que aquilo que realmente desejam talvez não seja a eliminação do problema em si, mas ser capazes de fazer aquilo que o problema tem impedido. Se o terapeuta puder incentivá-los a começar a fazê-lo apesar do problema, este subitamente pode deixar de parecer tão grande.

Estudo de caso

Mary diz que, se não fosse por sua bulimia, ela se aproximaria mais das pessoas e se divertiria mais. Se, com o incentivo do terapeuta, Mary começar a assumir riscos interpessoais e se divertir mais, sua bulimia pode passar a um problema menor, um obstáculo menos insuperável em sua vida, o que poderia também aumentar sua capacidade de controlá-la.

A questão do milagre é mais eficaz quando os clientes queixam-se em termos vagos.

Estudo de caso

Uma terapeuta, atendendo um casal com problemas, tentou afastá-lo das queixas e aproximá-lo das soluções, fazendo uma série de perguntas construtivas, tais como: "Como vocês habitualmente resolvem problemas deste tipo?", "Quando você se sente mais apreciada por seu companheiro, o que é que ele está fazendo de diferente?" Embora o casal tenha montes de queixas mútuas, o marido foi capaz de responder positivamente à pergunta da terapeuta: "Então vocês dois concordam que o outro se sente igualmente mal. Alguma idéia sobre qual seria a solução?"

Marido: "Sim, a solução seria maior aceitação."
Terapeuta: "Da parte dela? De sua parte?"
Marido: "Bem, da parte de ambos."
Mulher: "Bem, a única solução que eu vejo é semelhante, mas eu perdi a confiança nele."

Quando a terapeuta pediu que ela falasse mais sobre qual poderia ser a solução, a mulher retornou às suas queixas. Então, a terapeuta recorreu a uma versão modificada da questão do milagre, na esperança de levá-la a uma visão mais específica da direção da mudança positiva. "E se por um milagre essa confiança voltasse amanhã, como você saberia? Quais seriam os sinais?"[1]

Mais recentemente, as **questões de escala** tornaram-se um ingrediente importante da terapia focada na solução. Essas perguntas de graduação foram introduzidas para ajudar terapeutas e clientes a falarem sobre tópicos vagos, como depressão e comunicação, em que é difícil identificar mudanças comportamentais e objetivos concretos (Berg e de Shazer, 1993):

> A terapeuta pergunta à cliente deprimida, por exemplo: "Em uma escala de 1 a 10, sendo 1 tão deprimida como você se sentia quando me telefonou, e 10 como você se sentiria no dia seguinte ao milagre, como você se sente agora?"
> A cliente responde 2, e a terapeuta poderia dizer: "Então você se sente um pouco melhor do que quando me telefonou. Como você conseguiu melhorar?" Ou ela poderia perguntar: "O que você acha que precisa fazer para conseguir um 3?" Dessa maneira, terapeuta e cliente podem reconhecer e aproveitar pequenas mudanças em direção ao objetivo, em vez de ficar empacadas no "Ou eu estou deprimida ou não estou", o tipo de pensamento que caracteriza tais problemas.

As questões de escala também são usadas para fazer o cliente quantificar sua confiança na própria capacidade de manter suas decisões. "Em uma escala de 1 a 10, quão confiante você está de que será capaz de não perder a calma nesta semana?" Na prática, esse expediente tem uma implicação do tipo "prove". A resposta é seguida pela pergunta sobre o que o cliente pode fazer para aumentar as chances de sucesso. "O que você tem de fazer para se manter firme desta vez?" As perguntas de escala são uma maneira inteligente de antecipar e desarmar a resistência e a recaída, e de encorajar o compromisso com a mudança.

Questões de escala também podem ser usadas para transformar objetivos que possam parecer desanimadoramente distantes em pequenos passos mais exeqüíveis. "Em uma escala de 1 a 100, sendo 1 nunca e 100 sempre, que percentagem do tempo você diria que está vivenciando o problema?" Então, em réplica à resposta: "Quantos pontos essa porcentagem teria de baixar para que você se sentisse melhor?", "O que lhe parece um valor de 75 a 70?" "O que você estaria fazendo de diferente?" "O que os outros estariam fazendo de diferente?"

Uma mulher que era mais forte do que imaginava

Para ilustrar o processo de uma terapia focada na solução, resumiremos uma sessão relatada por Insoo Berg e Peter De Jong (1996). A cliente, Lucinda, é uma mulher de 19 anos, afro-americana, mãe de duas crianças, de 3 e 4 anos, que foram retiradas dela e colocadas sob os cuidados de pais adotivos há 18 meses. Lucinda fora abusada fisicamente por um parceiro anterior. Essas são todas as informações que a terapeuta quis ter antes de conversar com ela.

Estudo de caso

Em vez de perguntar sobre os seus problemas, a terapeuta começa perguntando: "O que eu posso fazer que a ajudaria?" Lucinda diz que está deprimida e estressada e que quer ter alguém com quem conversar, pois seus filhos não estão com ela. Ela também alude ao relacionamento abusivo com um homem que não está mais com ela.

Sem falar mais nada sobre a difícil situação de Lucinda, a terapeuta faz uma série de perguntas sobre como Lucinda conseguiu terminar o relacionamento abusivo. Lucinda diz que foi difícil, porque Marvin não queria ir embora e ameaçava matá-la. A terapeuta diz: "É nesse momento que a maioria das mulheres recua e aceita o homem de volta. Como foi que você conseguiu não dar para trás?" Lucinda replica: "Algumas vezes eu dei para trás, por ficar apavorada. Sempre que eu voltava para ele, as coisas ficavam cada vez piores". Ela passa a descrever como Marvin quebrou a perna do filho dela, razão pela qual ela perdeu a custódia dos filhos, e como isso a fez decidir que não o aceitaria mais de volta. A terapeuta pontua a história de Lucinda com comentários que salientam a sua capacidade de proteger seus filhos, tais como: "Mas algumas mulheres... ou ficariam loucas de medo dele ou, quem sabe, achariam que ele iria mudar e o aceitariam de volta" e "Uau, estou impressionada com isso. Como você fez isso?"

Depois de mostrar à Lucinda que está impressionada com a competência dela, a terapeuta passa para perguntas destinadas a estabelecer objetivos. Lucinda diz que deseja os filhos de volta e não quer mais ter medo de Marvin. Ela procura conselhos sobre como ser forte com Marvin. A terapeuta fala: "Mas parece que você já é".

Para deixar mais claro o objetivo de Lucinda, a terapeuta lhe faz a questão do milagre. Diz à Lucinda para imaginar que, naquela noite, quando for dormir, vai acontecer um milagre, e seus problemas – desejar os filhos de volta e querer ser mais forte – estarão resolvidos. Como Lucinda saberia que o milagre aconteceu? Lucinda responde que seus filhos estariam de volta em casa e ela estaria imensamente feliz. A terapeuta pede que ela fale mais sobre o quadro do milagre, e Lucinda passa grande parte da sessão descrevendo alegremente o que faria com os filhos e como ela e eles se sentiriam, enquanto a terapeuta interpunha perguntas como: "Onde você aprendeu a ser uma mãe tão boa, tão amorosa?"

A terapeuta faz uma questão de escala: "Em uma escala de 1 a 10, 10 representando como você estará quando finalmente tiver seus filhos de volta, e 1, como você estava quando lhe foram tirados, onde você diria que as coisas estão hoje?" Lucinda diz que entre 8 e 9. A terapeuta pergunta como ela foi capaz de subir tanto. Lucinda responde que é por ter certeza de que seus filhos logo voltarão.

Depois de mais alguns elogios, a terapeuta faz uma pausa e passa a dar um retorno. Diz que faz sentido Lucinda estar deprimida, considerando o que perdeu e o que experienciou em sua vida, mas que está surpresa ao ver como Lucinda utilizou o que aprendeu. "E isso é realmente surpreendente para mim. Para alguém tão jovem, você já é muito sábia." A terapeuta também a cumprimenta por ter rompido com Marvin. Lucinda concorda com tudo isso, e a terapeuta então diz: "A essa altura eu nem sei se nós precisamos conversar novamente. O que você acha?" Lucinda concorda que não precisa mais de ajuda, e elas encerram a sessão. Ela nunca telefonou pedindo outra sessão, e seus filhos lhe foram devolvidos.

Berg e De Jong (1996) acreditam que, durante a conversa focada na solução, as percepções de Lucinda sobre si mesma como deprimida e passiva mudaram. Acham que ela partiu com um senso mais claro do que queria e de como fazer isso acontecer.

Os terapeutas focados na solução afirmam que, se tanto o cliente quanto o terapeuta conseguirem se reorientar na direção das forças – exceções ao problema, objetivos esclarecidos e estratégias para atingi-los –, a terapia pode ser bastante breve. Duas suposições justificam essa crença. A primeira se vale novamente do construtivismo e do poder da sugestão. Conforme explicam O'Hanlon e Weiner-Davis (1989, p. 34):

Já que aquilo que esperamos influencia o que conseguimos, os terapeutas orientados para a solução mantêm aquelas pré-suposições que aumentam a cooperação cliente-terapeuta, capacitam o cliente e tornam o nosso trabalho mais eficaz e prazeroso. Mantemos suposições que focam forças e possibilidades; felizmente, essas suposições também ajudam a criar profecias que se auto-realizam.

Se uma perspectiva é tão válida quanto outra, por que não supor que as soluções podem ser encontradas rápida e facilmente?

A segunda suposição é tomada emprestada do modelo do MRI – uma pequena mudança geralmente é tudo de que precisamos, pois ela pode se transformar em mudanças maiores, como uma bola de neve que aumenta conforme rola. Segundo colocam O'Hanlon e Weiner-Davis (1989, p. 42): "Depois de fazer uma pequena mudança positiva, as pessoas se sentem otimistas e um pouco mais confiantes em relação a tentar outras mudanças".

Com essas duas suposições a respeito da mudança, os teóricos focados na solução planejaram uma série de perguntas e tarefas cruciais, destinadas a criar uma perspectiva otimista e fazer a bola de neve começar a rolar. No caso de Lucinda, a terapeuta empregou a questão do milagre, questões da exceção, questões de manejo ("Como você fez isso?"), elogios durante a sessão e um retorno no final da sessão que enfatizou e resumiu a sua competência. Lucinda partiu com um sentimento de que a terapeuta acreditava que ela era capaz de atingir seus objetivos.

Os *elogios*, parte importante da terapia focada na solução, são transmitidos com perguntas que assumem a forma geral de "Como você fez isso?" – ou, mais exatamente, "Uau! Como você fez isso?". Observe que essa linguagem chama a atenção para o fato de que a pessoa já fez alguma coisa. Em vez de perguntar "Você já teve algum emprego?", perguntar "Que empregos você já teve?" convida os clientes a descrever seus sucessos e, portanto, ajuda a aumentar a autoconfiança (Berg e Dolan, 2001).

Para serem eficazes, os elogios ou cumprimentos devem apontar para o que mais há a se fazer, não para o que deve ser eliminado. A maioria dos clientes sabe o que está errado, mas não sabe o que fazer para evitar repetir as mesmas antigas soluções ineficazes. Os cumprimentos, tanto diretos quanto indiretos, podem ser usados para salientar estratégias bem-sucedidas e manter os clientes focados naquilo que funciona (Berg e Dolan, 2001).

A terapia focada na solução costuma ser praticada em uma abordagem de equipe, em que um ou mais colegas observam por trás de um espelho. Quer trabalhe com uma equipe, quer sozinho, o terapeuta habitualmente faz uma pausa de cinco minutos perto do final da sessão. Durante esse momento, o terapeuta (com a equipe ou sozinho) compõe uma mensagem para o cliente. A mensagem-resumo consiste em quatro elementos (Lipchik, 2002):

1. Um retorno sobre o que o terapeuta escutou durante a sessão
2. Elogios pelos passos positivos já dados
3. Um enquadre para situar a difícil situação do cliente, habitualmente enfatizando a normalidade da situação
4. Sugestão de uma tarefa a ser executada entre sessões

O objetivo global da mensagem-resumo é fornecer uma perspectiva nova e mais esperançosa do problema, bem como gerar esperança e expectativas positivas.

> Então, por exemplo, o terapeuta pode começar dizendo: "O que eu escutei você dizer hoje é que...". Essa declaração inclui o que o terapeuta escutou o cliente falar (empregando a linguagem dele tanto quanto possível), seus objetivos, progressos e comentários sobre seus sentimentos e emoções. A seguir, o terapeuta elogia, reforça mudanças positivas, normaliza, reenquadra ou apresenta informações de uma perspectiva desenvolvimental. Por fim, é dada uma sugestão, que pode ser tão simples como: "Continue fazendo o que você já faz" ou algo mais específico, que oriente a pessoa a fazer algo diferente. (Friedman e Lipchik, 1999, p. 332)

A mensagem-resumo começa com uma síntese do que o terapeuta escutou o cliente falar durante a entrevista, incluindo o problema, seu *background*, os objetivos do cliente e os progressos e as forças anteriores à sessão.

"O que eu escutei vocês me dizerem hoje, Sr. e Sra. X, foi que..." "Eu escutei todos vocês corretamente?" "Há algo importante que omiti ou que vocês queiram acrescentar?"

Segue-se à síntese uma declaração que reflete a reação do terapeuta, incluindo uma expressão de empatia ("Não me surpreende que você esteja tão deprimida!"), um comentário sobre o impacto emocional sofrido pelo cliente ("Acho que você realmente deve estar sofrendo muito"), elogios pelas mudanças ou forças anteriores à sessão ("Fiquei impressionada com quantas coisas você tentou fazer para melhorar a situação") e algum comentário sobre os objetivos compartilhados pelo cliente.

O terapeuta, então, faz uma sugestão no sentido de os clientes observarem ou aproveitarem aspectos positivos. "Eu sugiro que você observe o que o Patrick está fazendo na escola que você gostaria que ele continuasse a fazer." "Patrick, eu sugiro que você tente perceber, entre o que acontece na escola com as outras crianças e a sua professora, o que você gostaria que continuasse a acontecer."

Aqui estão algumas sugestões comumente utilizadas na terapia focada na solução:

1. Dar a tarefa-fórmula da primeira sessão (de Shazer, 1985). "Entre este momento e a próxima vez em que nos encontrarmos, eu gostaria que você observasse o que acontece na sua família que você quer que continue acontecendo."
2. Fazer mais aquilo que funciona. "Já que você disse que geralmente vocês conseguem conversar quando saem para caminhar, talvez deva tentar fazer isso de vez em quando e ver o que acontece."
3. Fazer alguma coisa diferente. "Você disse que quando confia em Janine e espera que ela se responsabilize pelo tema de casa, ela costuma não o fazer. Talvez você devesse tentar algo diferente." Se o cliente fala: "Eu já disse a mesma coisa milhares de vezes, e não fez nenhuma diferença", a sugestão de tentar algo diferente convida o cliente a descobrir sua própria solução.
A sugestão de fazer algo diferente pode ser dada como um experimento, conforme ilustrado pelo exemplo de Insoo Berg dos pais que, exasperados pela encoprese do filho, receberam a sugestão de tentar algo diferente. Então, resolveram encher de água o penico da criança, colocaram nele um barquinho de brinquedo e disseram ao menino que sua tarefa seria afundar o barquinho (Berg e Dolan, 2001). Deu certo!
4. Ir devagar. Esta sugestão, retirada do modelo do MRI, pretende ajudar os clientes a superar o medo e a resistência a mudar, por meio de perguntas sobre possíveis conseqüências negativas da mudança e de um alerta contra tentar mudar com excessiva rapidez. "Eu tenho uma pergunta que pode parecer estranha: será que haveria alguma vantagem em tudo permanecer como está?"
5. Fazer o oposto. Esta sugestão, também retirada do modelo do MRI, baseia-se na noção de que muitos problemas são mantidos pela solução tentada. Sugerir que os clientes tentem fazer o oposto do que fazem é muito útil nos problemas que existem apenas entre duas pessoas (uma pessoa com problemas conjugais, pai/mãe que tem problemas com um filho). Se repreender uma criança por se comportar mal não funcionar, os pais podem ser estimulados a começar a elogiá-la por se comportar bem. Se as tentativas de um marido de evitar conversas com a mulher sobre o relacionamento deles não funcionam, ele poderia tentar iniciá-las quando se sentir bem disposto.
6. A "tarefa de predição" (de Shazer, 1988). "Antes de você ir para a cama hoje à noite, prediga se o problema estará melhor ou igual amanhã. Amanhã à noite avalie o dia e compare as coisas com a sua predição. Pense sobre o que pode explicar a predição certa ou errada. Repita isso todas as noites até o nosso próximo encontro."

Como se pode constatar, os elogios e as sugestões da mensagem-resumo continuam sendo o empurrão básico da abordagem focada na solução, chamando a atenção da família para os seus recursos e encorajando-a a aproveitá-los de modo a focar soluções, em vez de problemas.

AVALIANDO A TEORIA E OS RESULTADOS DA TERAPIA

Embora alguns tenham criticado a terapia focada na solução como simplista, nesta abordagem existem ingredientes úteis que podem ajudar os clientes a sair de seu pessimismo e avançar para uma ação construtiva. Como qualquer modelo nos primeiros estágios de evolução, ela tem sido apresentada às vezes em um estilo de livro de receitas, o que levou terapeutas com pouca experiência a usá-la como um conjunto de técnicas formulistas. Mais recentemente, alguns terapeutas focados na solução reconheceram este problema e enfatizaram a importância da filosofia global e do relacionamento com os clientes.

Eve Lipchik, por exemplo, salienta que a "velocidade e o sucesso da construção da solução dependem da capacidade do terapeuta de permanecer conectado com a realidade dos clientes durante todo o curso da terapia. Esta é a sustentação de todo o processo colaborativo, a substância lubrificante que mantém os eixos girando" (Lipchik, 1999, p. 329). Como qualquer outra terapia, a abordagem focada na solução provavelmente não será muito efetiva se o terapeuta, na pressa de chegar aos seus próprios objetivos, deixar de escutar os clientes e de fazer com que se sintam compreendidos.

Para o seu crédito, os terapeutas focados na solução fizeram pesquisas e relataram resultados que não foram, necessariamente, os esperados. Um dos estudos sobre o processo de terapia focada na solução causou certo tumulto. Linda Metcalf (1993; Metcalf et al., 1996) entrevistou seis casais que teriam conseguido bons resultados com a BFTC. Ela também entrevistou seus terapeutas. Descobriu que, em vários aspectos, o que os terapeutas disseram que acontecera (e que a teoria focada na solução diz que deve acontecer) não estava de acordo com as experiências dos clientes.

Por exemplo, ao discutir o que fora útil, os terapeutas focalizaram principalmente as técnicas utilizadas, ao passo que os clientes tenderam a apontar as qualidades do relacionamento com o terapeuta. Além disso, embora todos os terapeutas acreditassem que a decisão de terminar a terapia fora tomada em conjunto, quatro dos seis casais acreditavam que o terapeuta tomara a decisão por si, e alguns deles se sentiram empurrados para fora prematuramente. O estudo também revelou que os terapeutas em geral assumem um papel mais diretivo do que sugere a literatura focada na solução.

Ao revisar a experiência de Lucinda, descrita anteriormente, poderíamos dizer que a terapeuta conduziu a entrevista em uma direção muito otimista e que a decisão de terminar depois de uma única sessão não chegou a ser mútua. Depois que a terapeuta disse: "A essa altura eu nem sei se nós precisamos conversar novamente. O que você acha?", seria necessário uma cliente muito assertiva para responder: "Não, eu preciso de mais sessões".

A dúvida sobre a terapia focada na solução ser genuinamente colaborativa ou diretiva tem sido erguida com freqüência (Wylie, 1990; Storm, 1991; Lipchik, 1992, 1993, 1996; Efron e Veendendaal, 1993; Efran e Schenker, 1993; Miller, 1994; Nylund e Corsiglia, 1994; O'Hanlon, 1996). Ela chegou a ser chamada de terapia de "solução forçada" por algumas pessoas, pela tendência percebida nos terapeutas de pressionar os clientes a discutir apenas o positivo e a desconsiderar o negativo. Conforme perguntam Efran e Schenker (1993), "que garantia existe de que os clientes dos terapeutas focados na solução não aprenderam simplesmente a guardar suas queixas para si mesmos na presença do terapeuta?" Reconhecendo essa preocupação, Eve Lipchik (1997, p. 167) escreve: "Eu, ocasionalmente, trabalhei com clientes que descrevem sua experiência com seu ex-terapeuta focado na solução como se ele fosse excessivamente positivo e não lhes desse oportunidade para falar sobre coisas que realmente os incomodavam".

Os próprios terapeutas focados na solução expressaram reservas sobre a injunção do modelo para que fossem constantemente otimistas (Storm, 1991; Lipchik, 1992, 1993; Efron e Veenendall, 1993). Conforme relatou Cheryl Storm (1991), "Eu descobri que ser inflexivelmente focada na solução é inadequado para alguns clientes. Esses indivíduos insistem em falar sobre o problema com detalhes e, se ignorados, demitem o terapeuta. Eu achava que empregava mal a abordagem, mas agora acredito [...] que enfatizei demais a mudança". Outros ecoam esse sentimento: "Quando tentamos utilizar exclusivamente tais modelos e posturas, começamos a sentir que algo está errado e não funciona, como se estivéssemos, de alguma forma, enganando nossos clientes e a nós mesmos" (Efron e Veenendaal, 1993, p. 17).

Como Lipchik, alguns terapeutas focados na solução estão atentos a esse *feedback*. Segundo Bill O'Hanlon (1996, p. 85), "Carl Rogers nos ensinou, anos atrás, que escutar respeitosamente os clientes e deixá-los saber que vamos escutar suas percepções e seus sentimentos, e os aceitamos como são no momento, é um pré-requisito para a maioria das pessoas cooperar no processo de mudança".

Da mesma forma, William Butler e Keith Powers (1996, p. 230) enfatizam a importância de validar como o cliente experiencia o problema e observa a ausência dessa validação na literatura focada na solução.

> Durante a primeira entrevista, a cliente queixou-se de um sentimento crescente de depressão devido a perdas recentes [...] O terapeuta escutou atentamente, refletiu sobre os sentimentos dela e fez comentários empáticos. O mais importante que o terapeuta fez, no entanto, foi *não perguntar* nada sobre o futuro [...] Na segunda entrevista, uma semana mais tarde, a cliente contou novamente detalhes de sua longa história de depressão e perda. O terapeuta trabalhou o tema das múltiplas perdas e dos muitos anos de luta.

Foi só depois de examinar detalhadamente e empatizar com o grande número de perdas nos últimos 10 anos que o terapeuta introduziu uma pergunta focada na solução: "Mas quando eu examino esta longa lista [de perdas] e vejo tudo o que você passou, não posso deixar de me perguntar – como você conseguiu evitar que as coisas piorassem ainda mais?" (Butler e Powers, 1996, p. 230). Os autores concluem que foi crucial deixar a cliente expressar plenamente seu sofrimento e validar sua experiência antes de direcionar a conversa às suas capacidades.

O problema que alguns terapeutas focados na solução podem ter com esta linha de pensamento é que o modelo corre o risco de perder sua característica distintamente breve. Pode levar várias sessões para que alguns clientes sintam-se totalmente compreendidos e reconhecidos. Se acrescentarem um estágio de reconhecimento ao atual modelo, a terapia focada na solução não começaria a se parecer com a terapia de apoio habitual, tanto na duração quanto na prática?

Em outras palavras, a recusa em conversar sobre problemas, que é o que torna única a terapia focada na solução, acaba sendo problemática. Tranqüilizar alguém preocupado dizendo que ele não precisa se preocupar com nada não é nem um pouco tranqüilizador. Isso talvez nos faça acreditar que nossos sentimentos não são válidos, pois não os teríamos se só olhássemos para o lado bom das coisas. Muitas pessoas não ficam muito entusiasmadas com a idéia de serem mudadas por alguém que parece não compreendê-las.

Esperamos que este debate ajude os terapeutas focados na solução a se afastarem da maneira formulista pela qual o modelo foi de início proposto. Muitas das técnicas, sem dúvida, são valiosas para os clientes, se aplicadas no tempo certo e de forma flexível, mas as técnicas podem obscurecer a humanidade intuitiva dos terapeutas. Esperamos que os alunos lembrem a honesta confissão de Michele Weiner-Davis (1993, p. 157) de que ela nem sempre pratica o que prega: "[...] meus clientes choram e expressam dor, raiva, desapontamento e medo, exatamente como fariam no consultório de qualquer outro terapeuta. E eu respondo com compaixão [...] a história da minha terapia [que ela apresenta em oficinas] não é o quadro total de como eu faço terapia".

RESUMO

A terapia focada na solução é uma descendente direta da abordagem do MRI, embora inverta a ênfase no que não funciona para aquilo que funciona. Enquanto a abordagem do MRI focaliza problemas, a terapia focada na solução focaliza soluções. A idéia é que as pessoas muitas vezes empacam nos problemas porque, ao tentar chegar ao fundo deles, ignoram soluções que estão bem debaixo do seu nariz.

Esta noção levou ao desenvolvimento de um conjunto de técnicas para transformar a "fala-problema" na "fala-solução". Essas técnicas incluem: *questões de exceção* (por exemplo, "Você consegue pensar em momentos nos quais não teve o problema? O que você fazia nesses momentos?"); a *questão do milagre* (por exemplo, "Suponha que você vai dormir e acontece um milagre, e quando você acorda o problema está resolvido. O que estaria diferente?"); *questões de escala* (por exemplo, "Em uma escala de um a dez, como você se sente agora comparado a quando me telefonou?"); *questões de manejo* (por exemplo, "Considerando quão ruins estavam as coisas, como você conseguiu lidar com a situação?"); *tarefa-fórmula da primeira sessão* ("Quando você sair daqui e até a próxima semana, observe o que acontece que você gostaria que continuasse acontecendo"), e *elogio* ("Uau, você deve ser muito inteligente por ter pensado nisso!"). Essas técnicas são colocadas em prática assim que possível, para manter a terapia breve e desestimular os clientes a se alongarem no aspecto negativo de sua experiência.

Mais recentemente, alguns terapeutas questionaram a ênfase do modelo na técnica e sugeriram que as qualidades do relacionamento terapeuta-cliente podem estar no âmago da efetividade do modelo. Isso levou a uma defesa de maior colaboração com os clientes, de modo que seus sentimentos sejam reconhecidos e validados antes da introdução das técnicas focadas na solução.

A terapia focada na solução continua a ter imenso apelo no mundo da psicoterapia. Parte de sua popularidade está relacionada ao grande número de terapeutas que tentam encontrar maneiras de se sentirem efetivos convivendo com o limitado número de sessões do gerenciamento de saúde. Além disso, suas técnicas são relativamente fáceis de aprender – o básico pode ser compreendido em poucas oficinas –, e sua natureza otimista torna-a mais prazerosa para muitos terapeutas. Todavia, suas fórmulas fáceis de aprender levam alguns terapeutas a descartarem-nas como superficiais quando empacam em um tratamento. Não entendem que as técnicas só funcionam no contexto da filosofia focada na solução, que leva tempo para assimilar.

Críticos questionam se o terapeuta na verdade mantém uma conversa respeitosa com o cliente quando ele só elogia, busca exceções e induz ao otimismo. Será que esses diálogos insistentemente otimistas têm o efeito de silenciar as dúvidas e as dores das pessoas? Será que o terapeuta focado na solução pode encontrar uma maneira de honrar as percepções do cliente que não se ajuste às fórmulas? Os clientes podem confiar no retorno de alguém que tenta incansavelmente encontrar pontos a elogiar e jamais os desafia ou questiona? Os clientes podem ser honestos em relação aos resultados da terapia com alguém que parece querer tanto que se sintam melhor o tempo todo?

Outras perguntas destacam as forças do modelo: por exemplo, não é importante que os terapeutas tenham orientações claras e concretas, para que a terapia não se torne vaga e sem direção? Não é mais capacitante ajudar as pessoas a visualizarem seus objetivos futuros e se concentrarem em suas forças, em vez de em seus problemas e déficits? Se a experiência de sofrimento das pessoas está ligada à sua maneira de pensar ou falar sobre esse sofrimento, não será melhor que utilizem uma linguagem que as conduza para fora da dor, e não para dentro dela?

A terapia focada na solução tenta responder a todas essas perguntas e, desse modo, encontrar uma identidade coerente no século XXI. Esperamos que essa evolução não seja de todo ditada pelas limitações do gerenciamento de saúde ou da aderência à doutrina. Em vez disso, esperamos que o amadurecimento da terapia focada na solução reflita uma crescente apreciação de que, embora um foco nas soluções possa ser proveitoso, as pessoas precisam que sua experiência vivida seja reconhecida, e essa experiência nem sempre é otimista.

NOTA

1. Esta passagem foi adaptada de Friedman e Lipchik (1999).

LEITURAS RECOMENDADAS

de Shazer. S. 1988. *Clues: Investigating solutions in brief therapy*. New York: Norton.

de Shazer. S. 1991. *Putting difference to work*. New York: Norton.

Lipchik. E. 2002. *Beyond technique in solution-focused therapy*. New York: Guilford Press.

Miller, S., Hubble, M., e Duncan, B. 1996. *Handbook of solution-focused brief therapy*. San Francisco: Jossey-Bass.

Walter, J., e Peller, J. 1992. *Becoming solution-focused in brief therapy.* New York: Brunner/Mazel.

REFERÊNCIAS

Berg, I, K. 1994a. A wolf in disguise is not a grandmother. *Journal of Systemic Therapies. 13,* p. 13-14.

Berg, I. K. 1994b. *Family-based services: A solution-focused approach.* New York: Norton.

Berg, I. K., e De Jong, P. 1996. Solution-building conversations: Co-constructing a sense of competence with clients. *Families in Society: The Journal of Contemporary Human Services.* Junho, 376-391.

Berg, I. K., e de Shazer, S. 1993. Making numbers talk: Language in therapy. In *The new language of change,* S. Friedman, ed. New York: Guilford Press.

Berg, I. K., e Dolan, Y. 2001. *Tales of solutions: A collection of hope-inspiring stories.* New York: Norton.

Berg, I., e Miller, S. 1992. *Working with the problem drinker: A solution-focused approach.* New York: Norton.

Butler, W., e Powers, K. 1996. Solution-focused grief therapy. In *Handbook of solution-focused brief therapy,* S. Miller, M. Rubble, e B. Duncan, eds. San Francisco: Jossey-Bass.

Cade, B., e O'Ranlon, W. 1993. *A brief guide to brief therapy.* New York: Norton.

de Shazer, S. 1984. The death of resistance. *Family Process. 23,* p. 11-21.

de Shazer, S. 1985. *Keys to solutions in brief therapy.* New York: Norton.

de Shazer, S. 1986. An indirect approach to brief therapy. In *Indirect approaches in therapy,* S. de Shazer e R. Kral, eds. Rockville, MD: Aspen Systems.

de Shazer, S. 1987. Minimal elegance. *Family Therapy Networker.* Setembro/Outubro, 59.

de Shazer, S. 1988. *Clues: Investigating solutions in brief therapy.* New York: Norton.

de Shazer, S. 1991a. Muddles, bewilderment, and practice theory. *Family Process. 30,* p. 453-458.

de Shazer, S. 1991b. *Putting difference to work.* New York: Norton.

de Shazer, S. 1993. Creative misunderstanding: There is no escape from language. In *Therapeutic conversations.* S. Gilligan e R. Price, eds. New York: Norton.

de Shazer, S. 1994. *Words were originally magic.* New York: Norton.

de Shazer, S., e Berg, I. K. 1993. Constructing solutions. *Family Therapy Networker. 12,* p. 42-43.

Efran, J., e Schenker, M. 1993. A potpourri of solutions: How new and different is solution-focused therapy? *Family Therapy Networker. 17* (3), p. 71-74.

Efron, D., e Veenendaal, K. 1993. Suppose a miracle doesn't happen: The non-miracle option. *Journal of Systemic Therapies. 12,* p. 11-18.

Friedman, S., e Lipchik. E. 1999. A time-effective, solution-focused approach to couple therapy. In *short-term couple therapy,* J. M. Donovan. ed. New York: Guilford Press.

Furman. B., e Ahola, T. 1992. *Solution talk: Hosting therapeutic conversations.* New York: Norton.

Rudson, P., e O'Hanlon, W. R. 1992. *Rewriting love stories: Brief marital therapy.* New York: Norton.

Lipchik, E. 1986. Purposeful interview. *Journal of Strategic and Systemic Therapies. 5,* p. 88-99.

Lipchik, E. 1992. Interview. *Journal of Strategic and Systemic Therapies. 11* (4), p. 22-26.

Lipchik, E. 1993. "Both/and" solutions. In *The new language of change,* S. Friedman, ed. New York: Guilford Press.

Lipchik, E. 1996. Mr. Spock goes to therapy. *Family Therapy Networker:* Jan/Fev, 79-84.

Lipchik, E. 1997. My story about solution-focused brief therapist/client relationships. *Journal of Systemic Therapies. 16,* p. 159-172.

Lipchik, E. 2002. *Beyond technique in solution-focused therapy.* New York: Guilford Press.

Lipchik, E., e Kubicki, A. 1996. Solution-focused domestic violence views: Bridges toward anew reality in couples therapy. In *Handbook of solution-focused brief therapy,* S. Miller, M. Rubble, e B. Duncan, eds. San Francisco: Jossey Bass.

Metcalf, L. 1993. The pragmatics of change in solution-focused brief therapy. Dissertação de doutorado não-publicada. Texas Women's University, Denton.

Metcalf, L., Thomas, F., Duncan, B., Miller, S., e Hubble, M. 1996. What works in solution-focused brief therapy: A qualitative analysis of client and therapist's perceptions. In *Handbook of solution-focused brief therapy,* S. Miller, M. Rubble, e B. Duncan, eds. San Francisco: Jossey-Bass.

Miller, S. 1994. The solution-conspiracy: A mystery in three installments. *Journal of Systemic Therapies. 13,* p. 18-37.

Miller, S., Hubble, M., e Duncan, B. 1996. *Handbook of solution-focused brief therapy.* San Francisco: Jossey-Bass.

Nylund, D., e Corsiglia, V. 1994. Becoming solution-focused in brief therapy: Remembering something important we already knew. *Journal of Systemic Therapies. 13,* p. 5-12.

O'Hanlon, W. 1996. Case commentary. *Family Therapy Networker.* Jan/Fev, p. 84-85.

O'Hanlon, W., e Martin, M. 1992. *Solution oriented hypnosis: An Ericksonian approach.* New York: Norton.

O'Hanlon, W. H., e Weiner-Davis, M. 1989. *In search of solutions: A new direction in psychotherapy.* New York: Norton.

Satir, V. 1964. *Conjoint family therapy.* Palo Alto, CA: Science and Behavior Books.

Simon, D. 1996. Crafting consciousness through form: Solution-focused therapy as a spiritual path. In *Handbook of solution-focused brief therapy,* S. Miller, M. Hubble, e B. Duncan, eds. San Francisco: Jossey-Bass.

Storm, C. 1991. The remaining thread: Matching change and stability signals. *Journal of Strategic and Systemic Therapies.* 10, p. 114-117.

Tuyn, L. K. 1992. Solution-focused therapy and Rogerian nursing science: An integrated approach. *Archives of Psychiatric Nursing.* 6, p. 83-89.

Walter, J., e Peller, J. 1992. *Becoming solution-focused in brief therapy.* New York: Brunner/Mazel.

Walter, J., e Peller, J. 1996. Rethinking our assumptions: Assuming anew in a postmodern world. In *Handbook of solution-focused brief thempy,* S. Miller, M. Hubble, e B. Duncan, eds. San Francisco: Jossey-Bass.

Weiner-Davis, M. 1992. *Divorce-busting.* New York: Summit Books.

Weiner-Davis, M. 1993. Pro-constructed realities. In *Therapeutic conversations,* S. Gilligan e R. Price, eds. New York: Norton.

Wittgenstein, L. 1958. *The blue and brown books.* New York: Harper & Row.

Wylie, M. S. 1990. Brief therapy on the couch. *Family Therapy Networker.* 14, p. 26-34, 66.

13

Terapia narrativa

Re-historiando vidas

A abordagem narrativa é uma expressão perfeita da revolução pós-moderna. Quando todo o conhecimento é visto como construído, em vez de descoberto, faz sentido que uma abordagem importante à terapia familiar se preocupe com o modo de as pessoas construírem significados, em vez de com o modo de se comportarem.

Como premissa subjacente, tem-se que a experiência pessoal é fundamentalmente ambígua. Isso não significa que a experiência não é real, ou que é necessariamente misteriosa ou obscura, mas que compreender a experiência humana, incluindo a própria, nunca se constitui simplesmente em um processo de enxergá-la ou analisá-la. Os elementos da experiência humana só são compreendidos por meio de um processo que organize esses elementos, junte-os, atribua significado e priorize-os. Afirmar que a experiência é fundamentalmente ambígua é dizer que seu significado não é inerente ou aparente, mas que se empresta a múltiplas interpretações.

A fim de ilustrar como a experiência é moldada pela linguagem que usamos para descrevê-la, considere a diferença entre chamar a tensão que a maioria das pessoas sente antes de falar em público de "medo da platéia" ou de "excitação". A primeira descrição transforma essa agitação em um problema, algo a superar. A segunda sugere que é uma resposta natural, quase inevitável, a postar-se diante de pessoas cuja aprovação você gostaria de conquistar.

As pessoas sentirão medo diante da platéia ou excitação, conforme interpretam sua agitação. Os terapeutas estratégicos fornecem aos clientes um reenquadramento – novas interpretações – para as suas experiências. "Na próxima vez em que você falar em público, apenas pense que está excitado, empolgado, em vez de temeroso." Os terapeutas narrativos reconhecem que tais interpretações não são consideradas a menos que estejam de acordo com as histórias que as pessoas constroem sobre si mesmas. Um homem considerado uma pessoa chata terá dificuldade para ver suas mãos trêmulas como devidas à empolgação, por mais que alguém tente convencê-lo disso. Se esse homem for ajudado a construir uma nova história sobre si mesmo, mais positiva, o reenquadramento deixará de ser necessário. Depois que começar a pensar bem sobre si mesmo, imaginará que as pessoas apreciarão o que ele tem a dizer.

A vida é complicada, de modo que buscamos maneiras de explicá-la. Essas explicações, as histórias que contamos a nós mesmos, organizam a nossa experiência e moldam o nosso comportamento.

As histórias que contamos a nós mesmos são poderosas porque determinam o que percebemos e lembramos e, portanto, como enfrentamos o futuro. Imagine, por exemplo, o que uma jovem que pensa em si mesma como "razoavelmente bem-sucedida" lembraria da época do ensino médio e como essa versão dos eventos afetaria sua maneira de encarar a faculdade. Depois imagine como esses mesmos passado e futuro pareceriam se ela pensasse em si mesma como "nunca boa o suficiente".

Diferentemente da metáfora cibernética, que focalizava padrões autoderrotistas de *comportamento*, a metáfora narrativa focaliza *cognições* autoderrotistas – as histórias que as pessoas contam a si mesmas sobre seus problemas. Com a metáfora cibernética, a terapia significava bloquear padrões de interação desadaptativos. A metáfora narrativa, por outro lado, tem como foco expandir o pensamento dos clientes, para permitir que considerem maneiras alternativas de olhar para si mesmos e seus problemas.

As histórias não espelham a vida, elas a moldam. É por isso que as pessoas têm o interessante hábito de se tornarem as histórias que contam sobre a sua experiência. É também por isso que os terapeutas que têm demasiada pressa em impor as próprias perspectivas aos clientes geralmente fracassam – e é por isso que, ao se aprofundarem nas histórias das pessoas, os terapeutas conseguem compreender e influenciar o que as faz agir como agem.

ESBOÇO DE FIGURAS ORIENTADORAS

Michael White, fundador do movimento narrativo, vive em Adelaide, Austrália. Ele e a esposa, Cheryl White, trabalham no Dulwich Centre, em formação de profissionais, atendimento clínico e publicações relacionadas à abordagem de White. O *Dulwich Centre Newsletter*, um jornal trimestral, é o principal veículo de divulgação das idéias de White. Além disso, o Dulwich Centre publicou várias coletâneas de seus artigos e entrevistas (disponíveis no Dulwich Centre Publications, Hutt Street, P.O., Box 7192, Adelaide, South Australia 5000).

Michael White, fundador da abordagem narrativa de terapia familiar.

Hoje com mais de 50 anos, White, no início da sua vida profissional, trabalhou como projetista elétrico e mecânico antes de perceber que preferia trabalhar com pessoas a analisar máquinas. Não surpreendentemente, ele se tornou um firme antimecanicista e agora rejeita o pensamento sistêmico e a cibernética. Em 1967, iniciou sua carreira como assistente social e busca, há mais de 30 anos, maneiras de ajudar as pessoas. Algumas experiências iniciais em unidades de internação fizeram com que se decepcionasse com abordagens tradicionais de terapia e inspiraram seu interesse pelos escritos de Michel Foucault e Erving Goffman, criticando os processos desumanizadores de instituições e especialistas autoritários.

No final da década de 1970, White foi atraído para o trabalho de Gregory Bateson, mas se descobriu mais interessado no que Bateson dizia sobre como as pessoas constroem o mundo do que nos padrões comportamentais dos modelos sistêmicos. Sob a influência de Bateson e Foucault, White desenvolveu idéias inovadoras sobre como os problemas afligem os indivíduos (considerando-os como algo que opera sobre as pessoas, e não como algo que elas fazem).

David Epston, um terapeuta familiar de Auckland, Nova Zelândia, é a segunda figura mais influente do movimento narrativo. Devido ao seu interesse pela antropologia, Epston deparou-se com a metáfora narrativa e convenceu White de que ela era mais útil para os clientes do que a cibernética. Ele sempre gostara de literatura e, durante anos, foi conhecido como um contador de histórias, escrevendo o "Story Corner" para o *Australian and New Zealand Journal of Family Therapy*.

Epston contribuiu para muitos aspectos da teoria e prática narrativas, mas, em especial, enfatizava que, para manter suas novas narrativas, os clientes precisavam de comunidades apoiadoras. Promoveu a criação de "ligas" de auto-ajuda – grupos de clientes lutando contra problemas semelhantes, tais como a Anti-Anorexia/Anti-Bulimia League of New Zealand. Trabalhou como arquivista em várias dessas ligas, reunindo gravações e cartas que forneciam idéias sobre as maneiras engenhosas pelas quais as pessoas haviam escapado de seus problemas.

Epston também foi pioneiro no uso de cartas aos clientes, salientando que, muito depois que a influência da presença do terapeuta desaparecer, os clientes poderão reler cartas que sustentarão suas novas histórias e decisões. Epston escreveu com White duas coletâneas de artigos que têm sido bíblias do modelo narrativo (White e Epston, 1990; Epston e White, 1992) e, mais recentemente, foi co-autor de um livro sobre técnicas narrativas muito criativas para o trabalho com crianças e famílias (Freeman, Epston e Lobovits, 1997).

Jill Freedman e Gene Combs dirigem um pequeno centro de formação em Evanston, Illinois. Antes de ingressarem no campo narrativo, eram terapeutas estratégicos e ativistas sociais, e foram atraídos para a abordagem de White em grande parte por sua ênfase política. Esta combinação – terapia estratégica e ativismo político – caracteriza o *background* de muitos terapeutas narrativos proeminentes. Seu livro, *Narrative therapy* (Freedman e Combs, 1996) é um excelente guia para a terapia narrativa.

Jeffrey Zimmerman e Vicki Dickerson são co-editores do Bay Area Family Therapy Training Associates e, juntamente com John Neal, conduzem treinamentos em terapia familiar para o Mental Research Institute (MRI), em Palo Alto. Esses dois criativos terapeutas foram pioneiros no uso da terapia narrativa com adolescentes difíceis e com casais (Dickerson e Zimmerman, 1992; Zimmerman e Dickerson, 1993).

Stephan Madigan (1994; Madigan e Epston, 1995), em Vancouver, British Columbia, contribuiu para a teoria narrativa e foi o fundador da Vancouver Anti-Anorexia/Anti-Bulimia League, uma organização que apóia e incentiva as pessoas a resistirem às imagens da mídia que promovem "culpa corporal". Este grupo representa uma extensão lógica da terapia de libertação do movimento narrativo, ajudando as pessoas a se organizarem não só para criar uma subcultura de apoio, mas também a assumirem um papel ativo na humanização da cultura dominante.

Outros terapeutas narrativos proeminentes incluem Kathe Weingarten e Sallyann Roth, no Family Institute of Cambridge, e Janet Adams-Wescott em Tulsa, Oklahoma.

Harlene Anderson e Harry Goolishian, que desenvolveram uma abordagem colaborativa, de conversação, à terapia familiar (descrita no Capítulo 10), podem ser vistos como os precursores do modelo narrativo. Seu trabalho baseava-se na premissa de que os problemas são mantidos na linguagem e, subseqüentemente, dissolvidos por meio da conversação. Ao adotar uma postura de "não-saber", Goolishian e Anderson subordinavam sua perícia para permitir que os clientes se transformassem nos especialistas da própria vida. A ligação entre esse trabalho e a escola narrativa foi a crença de que a conversação gera significado e que a terapia deveria ser um empreendimento colaborativo.

FORMULAÇÕES TEÓRICAS

A abordagem narrativa encontrou seu caminho para a psicoterapia na tradição hermenêutica da psicanálise. Seguindo Freud, os analistas clássicos acreditavam que só havia uma maneira correta de interpretar a experiência. Os pacientes talvez não compreendessem seus sonhos ou sintomas porque seus motivos eram inconscientes, mas o analista, possuidor da verdade da teoria psicanalítica, poderia descobrir significados inconscientes assim como um arqueólogo descobre os restos enterrados do passado. Então, na década de 1980, revisionistas como Donald Spence, Roy Schafer e Paul Ricoeur começaram a apresentar argumentos contra essa concepção positivista da realidade psicanalítica.

A verdade da experiência, diziam eles, não é descoberta; é criada. A meta da terapia passou da verdade histórica para a inteligibilidade narrativa. O desafio era construir verdades a serviço da autocoerência – não um quadro verdadeiro do passado. O terapeuta passou a ser mais um romancista do que um arqueólogo.

Os terapeutas familiares acharam muito útil essa metáfora narrativa. Quando começaram a perguntar aos clientes sobre suas histórias, os terapeutas reconheceram como as exposições narrativas afetavam as percepções dos clientes e sua interpretação dessas percepções. As histórias de vida funcionam como filtros que não deixam passar as experiências que não combinam com o teor do enredo ou, se não puderem reter essas experiências, distorcem os eventos até que se encaixem de alguma forma. Considere o seguinte exemplo.

Estudo de caso

Segundo Tim, Kayla jamais ficava satisfeita. Tudo o que ela fazia era reclamar. O apartamento deles, a mobília, as roupas dela – nada jamais era bom o suficiente. Independentemente do que possuíssem, ela queria mais.

Kayla não tinha a menor idéia do que Tim estava falando. De fato, ela se sentia bastante satisfeita. Bem, sempre que ela via em uma revista a foto de um bonito sofá ou de um lindo vestido, ela a mostrava para Tim. "Uau, veja isso", dizia ela, "talvez a gente pudesse comprar um desses". Ela estava apenas sonhando em voz alta, mas para Tim, que fora educado para nunca pedir nada, as fantasias de Kayla soavam como queixas. Observem, todavia, que não era tanto o que Kayla dizia o que magoava Tim, mas como ele interpretava isso.

Sob um exame mais profundo, percebeu-se que Tim jamais se satisfazia com as próprias conquistas. Criado por uma mãe que não era muito dada a elogios, Tim sonhava em realizar grandes feitos, algum dia. Infelizmente, suas realizações concretas nunca estiveram à altura de suas fantasias. Claro, muitas pessoas o elogiavam, mas ele ainda sonhava secretamente os sonhos grandiosos e gloriosos da infância.

Somente depois que ele próprio se aceitar é que Tim acreditará que outras pessoas poderão apreciá-lo verdadeiramente. Seria inútil tentar fazer esse homem mudar seu comportamento sem tratar sua história de vida controladora, pois, por mais sucessos que tenha, sempre encontrará uma maneira de descartá-los e continuar se detendo em seus fracassos – e na (suposta) insatisfação da companheira.

Os terapeutas narrativos acreditam que o pensamento sistêmico incentiva o terapeuta a ver as famílias da posição de um observador imparcial, como alguém que observa uma máquina imperfeita, sem referência à sua história, ponto de vista ou ambiente. Em contraste, considera-se que a teoria narrativa incentiva o terapeuta a:

1. adotar uma posição colaborativa, empática, profundamente interessada na história do cliente;
2. buscar momentos na história do cliente em que ele foi forte ou capaz;
3. fazer perguntas que demonstrem uma postura não-impositiva, respeitosa, em qualquer nova história proposta;
4. jamais rotular as pessoas, mas tratá-las como seres humanos com histórias pessoais únicas;
5. ajudar as pessoas a se desligarem das narrativas culturais dominantes que internalizaram, para abrirem espaço a histórias de vida alternativas (White, 1995; Freedman e Combs, 1996).

Os terapeutas narrativos opõem-se aos elementos funcionalistas dos modelos familiares sistêmico e psicanalítico, que sugerem que os problemas são inerentes aos indivíduos (como diria a psicanálise) ou à família (como diria a abordagem sistêmica). Em vez disso, acreditam que os problemas surgem porque as pessoas são doutrinadas a uma visão limitada e autoderrotista de si mesmas e do mundo.

Para se opor à maneira pela qual a sociedade convence as pessoas de que elas são os seus problemas, os terapeutas narrativos os **externalizam**. Ao invés de *ter* um problema ou *ser* um problema, os clientes são incentivados a pensar em si mesmos como se *lutassem contra* os seus problemas. O problema não é nem o paciente nem a família: o problema é o problema. Conseqüentemente, os terapeutas narrativos não estão interessados no impacto da família sobre o problema, e sim no impacto do mesmo sobre a família.

Quando os terapeutas narrativos transferiram sua atenção da família para as crenças e práticas culturais como a fonte dos problemas, recorreram aos escritos de Michel Foucault (1965, 1980), o filósofo social francês que dedicou sua vida a expor como muitos discursos sociais objetificavam e desumanizavam vários grupos marginalizados. Foucault não só acreditava que aqueles que construíam as narrativas dominantes em uma sociedade (aqueles considerados como donos de um conhecimento especializado) tinham o poder de subjugar, mas também que as próprias narrativas tornavam-se verdades internalizadas, de modo que as pessoas passavam a julgar seu corpo, suas realizações e sua personalidade com base em padrões estabelecidos por juízes da sociedade (médicos, educadores, clero, psicoterapeutas, políticos, celebridades). Assim, Foucault influenciou White a levar o axioma do construcionismo social, de que não existem verdades absolutas, em uma direção política, para desconstruir (reexaminar) verdades estabelecidas que oprimem a vida das pessoas.

Os terapeutas narrativos aplicaram a análise política de Foucault para entender como os indivíduos e as famílias são dominados por narrativas opressivas das quais precisam ser libertados. Eles se valeram do trabalho de Jerome Bruner (1986, 1991) para compreender como as narrativas pessoais são construídas e podem ser desconstruídas.[1]

Desenvolvimento familiar normal

Os terapeutas narrativos não só evitam julgamentos sobre o que é normal, como rejeitam a própria idéia de categorizar as pessoas. Lembre como Foucault criticava a maneira pela qual as teorias de normalidade foram usadas para perpetuar padrões de privilégio e opressão. Com excessiva freqüência na história da humanidade julgamentos relativos à normalidade e à anormalidade feitos por pessoas no poder foram usados para subjugar aqueles sem voz ativa na questão.

Embora seja fácil enxergar os perigos de se reduzir as pessoas a um diagnóstico do DSM-IV, os terapeutas familiares talvez tenham dificuldade em enxergar seus próprios conceitos – *fronteiras rígidas, coalizões geracionais cruzadas* ou *diferenciação do self* – como desumanizadores. Todavia, tornar-se um terapeuta narrativo pós-moderno significa desistir de todas essas categorias, pois é preciso não só evitar arquivar as pessoas como normais ou anormais, como também a idéia de princípios gerais sobre o que causa problemas ou o que os resolve. É preciso tentar não julgar as pessoas – de nenhuma maneira – e, em vez disso, tentar ajudá-las a compreender sua própria experiência.

No espírito de colaboração, os terapeutas narrativos procuram "se situar" com os clientes – isto é, revelar as crenças que informam sua terapia, a fim de que os clientes saibam no que estão se metendo. Os clientes também são incentivados a instruir o terapeuta sobre suas dificuldades e características culturais e a corrigi-lo quando ele fizer alguma suposição que não esteja de acordo com a experiência deles (Freedman e Combs, 1996).

Embora os terapeutas narrativos tentem não realizar julgamentos, talvez seja impossível não fazer alguma suposição sobre as pessoas e sobre como elas mudam. A partir das idéias descritas na seção prévia, podemos extrair as suposições básicas que os terapeutas narrativos fazem sobre famílias normais. As pessoas:

1. têm boas intenções – não precisam de problemas nem os desejam;
2. são profundamente influenciadas pelos discursos em seu entorno;
3. não são os seus problemas;
4. podem desenvolver histórias alternativas, capacitantes, depois que se separarem de seus problemas e do saber comum que internalizaram.

DESENVOLVIMENTO DE TRANSTORNOS DE COMPORTAMENTO

Quando as histórias que as pessoas contam a si mesmas levam-nas a construir sua experiência de maneira prejudicial, elas tendem a se atolar em problemas. Esses problemas provavelmente persistirão enquanto tais histórias prejudiciais continuarem imutáveis, obscurecendo versões mais otimistas dos acontecimentos.

Assim, por exemplo, uma mãe solteira cuja narrativa de vida é de que ela não pode confiar no amor de ninguém reage furiosamente sempre que a filha não volta para casa à noite no horário combinado. Essa narrativa faz a mãe perceber todas as vezes em que a filha fica fora até tarde ou deixa baganas de cigarro na varanda da casa, e não perceber as vezes em que a menina faz o tema de casa ou se oferece para lavar a louça. Cada uma das transgressões da filha confirma o enredo da história da mãe de que, como todas as outras pessoas da sua vida, a filha não a ama realmente. A filha, por sua vez, está bem ciente da freqüência com que a mãe critica seus amigos ou explode por pequenos erros, mas não se lembra das vezes em que a mãe demonstrou respeito por sua opinião ou elogiou suas realizações. A filha, aos poucos, desenvolve uma narrativa em torno de jamais ser capaz de satisfazer as pessoas. Ela passa a ser cada vez mais controlada pela "rebelião", que faz com que não se importe com o que a mãe pensa e, então, gratifica-se com o que a faz se sentir melhor, tal como ficar com os amigos até tarde da noite. Em resumo, ambos os lados permanecem empacados não apenas

Brigas familiares com freqüência são alimentadas por enredos negativos de histórias sobre outros membros da família.

em um padrão de controle e rebelião, mas, mais especificamente, na percepção de incidentes de controle e rebelião.

Esta análise talvez não soe muito diferente da análise de outras escolas de terapia familiar para explicar um ciclo cada vez pior de antagonismo entre uma mãe e uma filha. A diferença é que a abordagem narrativa não focaliza o comportamento delas. O terapeuta narrativo rejeita a noção cibernética de que mãe e filha estão aprisionadas em um circuito de *feedback* disfuncional – agindo e reagindo mutuamente de maneira prejudicial. Em vez disso, ele se concentra em como mãe e filha narram seu intercâmbio. São as suas histórias (não ser amada, ser criticada) que afetam não só o que elas percebem (chegar tarde em casa, repreensões), mas também como interpretam isso.

Os terapeutas narrativos referem-se a esses padrões de visão de túnel como **histórias saturadas de problemas**, que, ao perdurar, fazem as pessoas reagirem umas às outras de maneira que perpetua a história-problema. Enquanto se concentrarem no mau comportamento dos filhos, os pais se concentrarão em criticá-los e controlá-los. Enquanto os filhos pensarem nos pais principalmente como prontos a censurá-los, eles provavelmente continuarão reativos e rebeldes. Suas respostas mútuas passam a ser um convite para fazer mais da mesma coisa e reforçam a consolidação das histórias-problema.

Essas narrativas fechadas e rígidas tornam as pessoas vulneráveis a estados emocionais destrutivos que os terapeutas narrativos gostam de descrever como invasores externos. Os terapeutas narrativos, na verdade, não vêem sentimentos ou crenças problemáticas como entidades alienígenas, mas de fato acreditam que essas respostas emocionais *são* externas no sentido de serem socialmente construídas. Externalizar problemas diminui a culpa e a acusação. A filha não é o problema, a "rebelião" é. A mãe não é o problema, a "supersensibilidade" é. Mãe e filha podem se unir para combater a rebelião e a supersensibilidade em vez de batalharem uma contra a outra.

Em vez de observar dentro das famílias, buscando a fonte de seus problemas, os terapeutas narrativos olham para fora, para os efeitos tóxicos das narrativas culturais que governam nossas vidas. Nas palavras de Michael White (1995, p. 115):

> Os discursos da patologia nos permitem ignorar em que medida os problemas para os quais as pessoas buscam terapia são o resultado de certas práticas de relacionamento e práticas do *self*, muitas das quais, na verdade, são informadas por modernas noções de "individualismo" [...] [e] estão, com tanta freqüência, atoladas nas estruturas de desigualdade da nossa cultura, incluindo as referentes a gênero, raça, etnicidade, economia, idade, e assim por diante.

A anorexia nervosa, por exemplo, pode ser vista como uma internalização da nossa obsessão com a magreza e da idolatria da autodisciplina. Ao ver a mulher que se submete à fome como portadora de uma doença ou a família como disfuncional, não só ignoramos o quadro maior, mas também evitamos ter de enfrentar a nossa participação nesses estereótipos culturais.

OBJETIVOS DA TERAPIA

Os terapeutas narrativos não são solucionadores de problemas. Em vez disso, ajudam as pessoas a se separarem de histórias saturadas de problemas (e de suposições culturais destrutivas) a fim de abrir espaço para uma visão nova e mais construtiva de si mesmas. A terapia narrativa transforma identidades, de defeituosas em heróicas, não ao fazer com que os membros da família confrontem-se com seus conflitos, mas ao separar pessoas de problemas e, depois, ao unir a família para lutar contra um inimigo comum. Isso também é feito com a busca, na história da família, de **resultados excepcionais** ou "acontecimentos brilhantes" – momentos em que eles resistiram ao problema ou se comportaram de uma maneira que contradiz a história-problema.

Se Alice se vê como "co-dependente" devido à sua forma de se relacionar com homens, uma terapeuta narrativa não examinaria as razões para essa condição, nem daria a Alice sugestões para alterar esse padrão. Em vez disso, ela faria perguntas sobre o efeito da *Auto-acusação* sobre sua vida, pediria a membros da família a fim de ajudá-la a derrotar a *Auto-acusação*, e salientaria momentos de sua vida em que se relacionou com homens de outras maneiras. Ela também poderia convidar Alice a examinar como a visão que a nossa sociedade tem das mulheres contribuiu para o poder que a *Auto-acusação* tem em sua vida.

Assim, os terapeutas narrativos vêem seu trabalho como um empreendimento político – libertar os indivíduos de pressupostos culturais opressivos e capacitá-los para que se tornem autores ativos de suas próprias vidas. Uma vez libertos das histórias saturadas de problemas, os membros da família podem se unir uns aos outros e a comunidades de apoio para lidar com os problemas de forma mais ativa, otimista e persistente.

CONDIÇÕES PARA A MUDANÇA DE COMPORTAMENTO

A terapia narrativa funciona ao ajudar os clientes a desconstruírem histórias improdutivas a fim de poderem *reconstruir* histórias novas e mais produtivas. A **desconstrução**, um termo tomado emprestado da crítica literária, significa questionar pressupostos. Os terapeutas narrativos *externalizam* os problemas das pessoas, como uma maneira de desconstruir os pressupostos incapacitantes que em geral cercam os problemas. Em vez de falar sobre a "preguiça de Sara", por exemplo, perguntarão sobre os momentos em que "a *Procrastinação* toma conta dela". Quando o problema é externalizado e redefinido em termos mais próximos da experiência, a pessoa pode começar a resistir a ele. Ao ver o problema como uma entidade externa, os terapeutas narrativos libertam a família para desafiar essa influência sobre a sua vida.

Depois de externalizar o problema, os terapeutas narrativos falam sobre resultados excepcionais – momentos em que os clientes resistiram à influência do problema. Os resultados excepcionais abrem espaço para enredos diferentes, maneiras novas e mais capacitantes de construir os acontecimentos. Um homem que se identifica como deprimido vê sua vida através de um filtro que torna tudo sombrio. A depressão torna-se uma carreira, um estilo de vida. Todavia, se o homem começar a pensar, digamos, "que a *Insegurança* está levando a melhor", então talvez consiga lembrar-se de momentos em que não a deixou derrotá-lo. Esses momentos de eficácia agora percebidos fornecem uma abertura para a construção de uma história nova e mais otimista.

Assim como a externalização é usada para modificar a percepção que o cliente tem de si mesmo, o terapeuta narrativo também tenta modificar as "visões totalizadoras" mútuas que os membros da família têm (que os reduzem a uma série de respostas frustrantes), que levam ao antagonismo e à polarização. Portanto, os pais que vêem seu filho adolescente como "irresponsável" – como se isso fosse a soma total de seu ser – provavelmente serão vistos, em retorno, como "críticos demais". Os pais que totalizam seus filhos como "preguiçosos" podem ser vistos como "mandões" ou "exigentes". Enquanto ambos os lados permanecerem fixados nessas perspectivas polarizadas, não terão tempo para pensar sobre o que prefeririam ser. Nas famílias infelizes, as pessoas podem estar tão ocupadas tentando *não* ser o que os outros esperam, que talvez não tenham tempo para pensar no que realmente desejam ser.

Michael White é um exemplo inspirador de alguém que vê o melhor das pessoas, mesmo quando elas perderam a fé em si mesmas. É famoso por sua persistência em questionar histórias negativas. Ele simplesmente não permite que as pessoas escapem para as suas misérias. Fica muito claro que está absolutamente convencido de que as pessoas não são os seus problemas. Todo o seu ser irradia possibilidade e esperança.

A confiança inabalável nas pessoas que os terapeutas narrativos transmitem com genuíno respeito e interesse é contagiosa. Quando os clientes começam a confiar em seu terapeuta, podem tomar emprestada essa confiança e utilizá-la para lidar com seus problemas.

TERAPIA

Avaliação

Realizar uma avaliação narrativa significa colher a história da família – incluindo não só sua experiência com seus problemas, como também seus pressupostos acerca desses problemas. "Colher a história da família" não é apenas uma coleta de informações. É uma investigação reconstrutiva, destinada a levar os clientes, da passividade e derrotismo, a um sentimento de que já têm pelo menos algum poder sobre os problemas que os assolam.

O terapeuta narrativo avalia como antropólogo e hipnotizador. Como antropólogo, diz, por exemplo: "Contem-me esta história – vamos ver o que podemos deduzir dela juntos". O terapeuta sempre demonstra respeito: "O que vocês prefeririam que acontecesse?" "O que vocês estão esperando conseguir com isso?" "É isso o que vocês querem para o seu futuro?"

Esta investigação antropológica desliza tão imperceptivelmente para o processo hipnótico de fazer perguntas capacitadoras, que a avaliação só pode ser diferenciada da intervenção na terapia narrativa de uma maneira abstrata. Apesar de descrevermos certos elementos da investigação narrativa como pertencentes à fase de avaliação, revisitamos esses mesmos elementos na próxima seção sobre intervenção terapêutica.

Depois que os problemas forem personificados como entidades externas, o terapeuta narrativo mapeia a influência do problema sobre a família e a influência da família sobre o problema. Ao *mapear a influência do problema sobre a família*, o terapeuta explora o impacto perturbador do problema sobre a sua vida. As respostas dos clientes a essa linha de investigação normalmente ressaltam seus sentimentos de incompetência e desespero.

Estudo de caso

Alesha Jackson, mãe de quatro filhos, separada, morando com um namorado, buscou terapia porque Jermaine, seu filho de 4 anos, estava com problemas na escolinha de educação infantil. Duas ou três vezes por semana, Jermaine metia-se em brigas, batia em outras crianças e as mordia. Jermaine também "era um problema" em casa. Embora se relacionasse razoavelmente bem com seus irmãos e irmãs, com freqüência tinha ataques de fúria quando a mãe queria que ele fizesse alguma coisa. Alesha admitiu, humildemente, que talvez fosse tolerante demais com ele, mas chegara a um ponto em que se sentia impotente.

"Eu não sei o que fazer", disse ela. "Eu tentei de tudo. Nada do que faço faz qualquer diferença. Luke, meu namorado, consegue fazer o Jermaine se comportar, mas às vezes é muito duro. Ele acha que eu o mimo demais. Ultimamente, Luke tem ficado furioso e sai de casa depois do jantar. O que me deixa completamente sozinha com as crianças."

A terapeuta escuta atentamente, não apenas para saber a história que Alesha conta sobre o problema (o que Jerome Bruner [1991] chamou de "a paisagem da ação"), mas também para explorar as conclusões ("a paisagem da consciência") que ela tira de sua experiência.

"Que conclusões sobre você mesma, como mãe, você tira em função de seus problemas com Jermaine?" "Que conclusões você tira sobre seu relacionamento com Luke em função desse problema?" Observe que o problema que afeta o relacionamento, e não o relacionamento que causa o problema.

Esta linha de questionamento não só permite que a mãe de Jermaine conte sua história infeliz, mas também tenta mostrar a ela que o problema a sobrecarrega, e começa a sugerir que, em vez de ela e sua família estarem de alguma forma funcionando mal, eles estão é lutando contra um inimigo.

Ao *mapear a influência dos membros da família sobre a vida do problema*, o terapeuta explora em que medida eles têm suportado a opressão do problema sobre si. Para fornecer essas informações, os membros da família são incentivados a reconhecer sua competência e suficiência. As seguintes perguntas são úteis:

- Como você tem conseguido evitar cometer os erros que a maioria das pessoas com problemas semelhantes tende a cometer?
- Houve momentos, no passado recente, em que esse problema pode ter tentado levar a melhor e você não deixou?
- Como você fez isso?

O terapeuta pode expressar surpresa por as coisas não estarem piores.

Estudo de caso

Embora a mãe de Jermaine continue a depreciar sua capacidade como mãe, ela conseguiu descrever momentos em que foi firme e insistiu para que ele obedecesse – "mesmo o menino armando um escarcéu daqueles!"

Nesta fase da avaliação, a terapeuta não tentou incentivar Alesha a ser mais otimista. Em vez disso, limitou-se a ajudar sua cliente a lembrar momentos de eficácia que não se ajustavam à sua idéia de estar à mercê dos problemas.

Tendemos a pensar na memória como um gravador ou uma câmera, em que o passado é arquivado e pode ser acessado à vontade. Contudo, a memória não é nada disso. A memória é uma contadora de histórias. Ela cria forma e significado ao enfatizar algumas coisas e deixar outras de fora. A avaliação do terapeuta narrativo explora dois lados da memória dos clientes – começa com a narrativa do problema, uma história de aflição (não patologia). Essas histórias-problema são entendidas não como fracassos pessoais, mas como histórias de dominação, alienação e frustração. A partir daí, o terapeuta ajuda os clientes a buscarem em sua memória o outro lado da história – o lado que honra sua coragem e persistência, o lado que abre o caminho para a esperança.

Técnicas terapêuticas

As intervenções narrativas são feitas em forma de perguntas. O terapeuta raramente afirma alguma coisa ou faz interpretações. Ele simplesmente faz pergunta após pergunta, muitas vezes repetindo as respostas e anotando-as.

Na primeira sessão, o terapeuta narrativo começa a investigar como as pessoas passam seu tempo. Isso lhe dá uma chance de apreciar como os clientes vêem a si mesmos, sem entrar em uma longa história e nas atribuições de culpa tão freqüentemente presentes nessas histórias. Ele presta especial atenção em talentos e competências. Como outro meio de estabelecer uma atmosfera colaborativa, Zimmerman e Dickerson (1996) incentivam os clientes a fazer qualquer pergunta que possam ter sobre o terapeuta. Eles também convidam os clientes a lerem suas anotações, se desejarem. Muitas vezes, eles fazem anotações enquanto cada pessoa fala, o que não só os ajuda a lembrar pontos importantes, como também transmite aos clientes a impressão de que seu ponto de vista é respeitado.

Externalizar: a pessoa não é o problema

Os terapeutas narrativos começam pedindo aos clientes que contem sua história saturada de problemas e escutam o tempo suficiente para transmitir sua apreciação por tudo o que a família tem passado. Depois de ser estabelecido um sentimento de confiança, o terapeuta começa a fazer perguntas que externalizam o problema e tornam aparentes os seus efeitos destrutivos.

Desde o início, o problema é visto como separado das pessoas e como se as influenciasse – "*Ele* os trouxe aqui" –, e cada pessoa é interrogada sobre sua perspectiva em relação a *Ele*. Desde o início é empregada uma linguagem de externalização. Uma maneira de fazer isso é perguntar sobre os efeitos do problema, e não sobre suas causas (perguntas de causação habitualmente levam a atribuições de culpa), ou "mapear a influência do problema". "Como a *Culpa* afeta você?" "Que outros efeitos isso tem?" "O que a *Culpa* lhe 'diz'?"

As perguntas do terapeuta sobre o problema identificado sugerem que ele não é possuído por ninguém, mas, ao invés, tenta possuí-los. Por exemplo, em um caso em que os pais descrevem o problema como falta de confiança na filha devido à sua dissimulação, o terapeuta não reflete "Então a dissimulação de sua filha os incomoda". Em vez disso, ele pode perguntar: "Então a *Dissimulação* fez sua filha agir de uma maneira que abriu uma brecha entre vocês, é isso?"

Às vezes, padrões inteiros de interação são externalizados. Por exemplo, no caso em que os pais de uma adolescente reagiam à sua dissimulação com um controle cada vez maior, Vicki Dickerson decidiu ressaltar a brecha que incentivava esse padrão – porque uma coisa sobre a qual todos concordavam era que não gostavam da brecha que os separava. Portanto, em vez de identificar a dissimulação da filha ou a desconfiança dos pais como o problema, a *Brecha* tornou-se o inimigo que incentivava a dissimulação e o controle. A *Brecha* dizia aos pais que sua filha não merecia confiança; a *Brecha* fazia a filha guardar segredo e lhe dizia para se afastar dos pais. A *Brecha* é algo contra o qual eles podiam reunir forças (Zimmerman e Dickerson, 1996).

Os problemas são sempre personificados – retratados como invasores indesejados que tentam dominar a vida das pessoas. Por exemplo, ao discutir seus problemas de alimentação, pergunta-se a uma mulher anoréxica como a *Anorexia* a convence a não comer. A uma criança fóbica, pergunta-se como o *Medo* consegue que ela faça tudo o que ele quer e com que freqüência ela consegue enfrentá-lo. A uma mãe que se sente culpada, pergunta-se como a *Raiva de Si Mesma* faz com que se sinta mal em relação à sua maternagem.

Essa linha de questionamento pode ser desconcertante, pois as pessoas não estão acostumadas a falar sobre entidades imaginárias moradoras de suas casas. Os terapeutas que tratam a externalização apenas como um truque a fim de chamar a atenção dos clientes talvez não sintam a convicção necessária para superar a falta de jeito inicial para falar dessa maneira. Por outro lado, os terapeutas descobrirão que as perguntas de externalização fluem naturalmente se eles de fato aprenderem a pensar nos problemas como inimigos que se alimentam de polarizações e desentendimentos. White sugere que os problemas dependem de seus efeitos para a sua sobrevivência, de modo que, ao enfrentar um problema e não deixar que ele os afete, os clientes desligam o "sistema de manutenção de vida".

Sallyann Roth e David Epston (1996) criaram um exercício para ajudar os terapeutas a entenderem de que forma pensar nos problemas como externos. Eles fazem um grupo de alunos revezarem-se no papel de problema – tal como *Raiva de Si Mesmo* – enquanto os outros o entrevistam. Os entrevistadores poderiam perguntar à pessoa que está representando a *Raiva de Si Mesmo*: "Em que circunstâncias você consegue entrar no mundo de X?" "Como você interfere na vida da família e dos amigos de X?"

A externalização, por si mesma, pode ter um impacto poderoso. Com o passar do tempo, as pessoas se identificam com seus problemas. Elas acreditam que a existência do problema é prova de seu caráter defeituoso. Esta maneira de pensar envenena a confiança. Quando se externaliza o problema, é como se a pessoa pudesse espiar por detrás dele, e os membros da família percebem a existência de uma pessoa mais sadia – que o problema tem escondido deles.

Bill deixa de *ser* uma pessoa deprimida; em vez disso, ele é às vezes dominado pela *Depressão*, um antagonista que tanto ele quanto a família odeiam. Conforme o terapeuta o questiona sobre as táticas e os efeitos da *Depressão*, Bill se motiva a lutar contra ela.

Quem está no comando, a pessoa ou o problema?

Ao longo de várias sessões, o terapeuta fará muitas perguntas a fim de explorar como o problema conseguiu perturbar ou dominar a família, e quanto esta conseguiu mantê-lo sob controle. São as chamadas **perguntas de influência relativa.** Ao incluir todos os membros da família na discussão, habitualmente fica claro que o problema conseguiu perturbar seus relacionamentos mútuos – dividindo-os e conquistando-os.

"Quanto a *Bulimia* que dominou a Jenny impediu você de ser como queria ser com ela?" "Quando a *Depressão* vence o seu pai, como isso afeta a vida familiar?" "Quando os *Ataques de Fúria* convencem o Joey a gritar e berrar, você acha que as suas respostas dão aos *Ataques de Fúria* mais ou menos combustível?"

Lendo nas entrelinhas da história-problema

Enquanto faz perguntas sobre a influência relativa, o terapeuta presta atenção a acontecimentos brilhantes ou resultados excepcionais, momentos em que os clientes conseguiram evitar os efeitos do problema, e depois pede detalhes de como fizeram isso.

"Você lembra algum momento em que a *Raiva* tentou dominá-lo, mas você não deixou?" "Houve momentos em que sua filha não acreditou nas mentiras que a *Anorexia* lhe contou sobre seu corpo?" "Quando Jenny consegue resistir à tremenda pressão que o *Alcoolismo* exerce sobre ela, você percebe a magnitude dessa realização?" Esses resultados excepcionais tornam-se os blocos construtores de histórias novas, mais heróicas.

Reescrevendo toda a história

Evidências de competência em relação ao problema, reunidas ao se "peneirar" a história dos clientes, servem como um início para novas narrativas sobre os tipos de pessoas que são. Para fazer esta conexão, o terapeuta começa perguntando o que a série de vitórias passadas e presentes sobre o problema diz a respeito do cliente. Por exemplo: "O que isso diz sobre você como pessoa o fato de ter sido capaz de derrotar a *Depressão* nessas ocasiões?" "Que qualidades de caráter seu filho deve possuir para ter sido capaz de conseguir isso?" O terapeuta também pode ampliar o alcance histórico além dos episódios relativos ao problema, para encontrar mais evidências que apóiem a nova narrativa sobre si mesmo: "O que mais você pode me dizer sobre o seu passado que me ajude a entender como você foi capaz de lidar tão bem com a *Raiva*?" "Quem o conheceu em criança que não ficaria surpreso ao ver como você enfrentou bem o *Medo* nessas ocasiões?"

Conforme a nova narrativa sobre o *self* começa a tomar forma, o terapeuta pode mudar o foco para o futuro, convidando o cliente ou a família a imaginarem as mudanças vindouras que se ajustarão à nova história. "Agora que você descobriu essas coisas sobre si mesmo, como acha que essas descobertas afetarão o seu relacionamento com o *Ódio de Si Mesmo*?" A história sobre o *self* agora tem um passado, um presente e um futuro – é uma narrativa completa.

Reforçar a nova história

Como acreditam que o *self* é constituído na interação social e, portanto, que as pessoas são suscetíveis a ter suas histórias insidiosamente prejudicadas pelos mesmos contextos que engendraram as antigas, os terapeutas narrativos fazem questão de ajudar os clientes a encontrar uma audiência que apóie seu progresso na construção de novas histórias para si mesmos.

Os clientes podem ser solicitados a entrar em contato com pessoas do passado que possam autenticar sua nova história – que possam confirmar e acrescentar exemplos de que a pessoa é capaz de agir de modo competente. Os clientes também são incentivados a recrutar pessoas em sua vida que possam servir de testemunhas apoiadoras de sua nova história. Às vezes, são criadas "ligas", grupos de apoio de pessoas com problemas semelhantes, para reforçarem-se mutuamente nas tentativas de resistir ao problema. Por exemplo, a Vancouver Anti-Anorexia/Anti-Bulimia League (Madigan, 1994), tem um boletim informativo e monitora a mídia, escrevendo cartas para presidentes de empresas, jornais e revistas que pintam um ideal feminino emaciado e incentivam as mulheres a fazer dieta.

David Epston foi pioneiro no uso de cartas para estender a conversação terapêutica além das sessões. Essas cartas geralmente transmitem uma profunda apreciação de tudo o que o cliente suportou, o esboço de uma nova história e a confiança do terapeuta na capacidade do cliente de continuar a progredir. A vantagem desta técnica é que as palavras escritas não desaparecem como as palavras faladas depois de uma conversa. Os clientes têm relatado para Epston que relêem regularmente as cartas que ele lhes enviou anos antes, para se lembrar de tudo o que passaram e de quão longe chegaram (Epston, 1994).

Todos esses esforços – recrutar autenticadores e audiências, criar equipes e ligas, escrever cartas e dar certificados – estão de acordo com a ênfase do construcionismo social na interação como criadora e mantenedora da mudança. A fim de que as pessoas solidifiquem novas identidades, elas precisam de comunidades que confirmem e reforcem as narrativas revisadas e se oponham a mensagens contrárias culturais e familiares. O que acontece em uma sessão constitui apenas um início, porque o objetivo não é simplesmente resolver um problema – é mudar toda uma maneira de pensar e viver.

No final de cada sessão, os terapeutas narrativos resumem o que aconteceu, empregando uma linguagem externalizadora e enfatizando todos os resultados excepcionais mencionados. Esses resumos são o que Epston geralmente coloca em suas cartas para os clientes. O efeito desses resumos é transmitir aos clientes que o terapeuta está com eles e celebra o desabrochar de sua nova identidade. Esse sentimento de ser instigado e animado pelo terapeuta pode ser muito encorajador.

Desconstruir pressupostos culturais destrutivos

Às vezes, os terapeutas narrativos tornam mais explícita a conexão com narrativas culturais. Por exemplo, podemos perguntar a uma mulher anoréxica como ela foi recrutada para a crença de que seu valor depende de sua aparência. Isso levaria a outras perguntas sobre a posição das mulheres na nossa sociedade. Da mesma forma, podemos perguntar a um homem violento como ele passou a acreditar que os homens jamais deveriam ser frágeis ou ternos, o que possibilitaria a desconstrução das mensagens recebidas pelos homens.

Para esclarecer como seria essa desconstrução de atitudes culturais, apresentaremos um dos casos de White, descrito por Mary Sikes Wylie (1994, p. 43):

> John... procurou White porque, nas palavras de White, "ele era um homem que jamais chorava" – ele jamais fora capaz de expressar suas emoções – e se sentia isolado e desligado de sua família. Quando criança, John aprendera, tanto em casa quanto em sua escola australiana, que qualquer demonstração de gentileza ou "suavidade" era algo efeminado e seria punido com dureza e brutal humilhação pública. White faz a John uma série de perguntas simultaneamente políticas e pessoais, eliciando informações sobre o seu sofrimento psicológico "privado" e vinculando-o às práticas culturais "públicas", rigidamente sexistas e agressivamente machistas, que dominaram sua infância e juventude. "Como você foi recrutado para esses pensamentos e hábitos [de se sentir inadequado, não suficientemente masculino, etc.]? Quais foram os elementos da sua educação que levaram a esses sentimentos? Você acha que os rituais de humilhação [apanhar publicamente das autoridades escolares, ser ridicularizado pelos colegas e professores por não ser bom nos esportes ou suficientemente rijo ou durão] o alienaram de sua vida? Isso o desqualificou? Essas práticas ajudaram ou impediram você de reconhecer uma maneira diferente de ser homem?"

Depois de desconstruir a imagem masculina desta maneira, White ajudou John a lembrar momentos em que resistiu a isso e a reconhecer a nobreza de seus esforços para ser gentil e amoroso apesar de sua socialização.

O caso do Cocô Furtivo

A terapia de White ganha vida em suas descrições de caso, como no seguinte excerto (1989, p.10-11) sobre uma família com um filho encoprético:

> Ao mapear a influência dos membros da família na vida do que viemos a chamar de "Cocô Furtivo", descobrimos que:
>
> 1. Embora o Cocô Furtivo sempre tentasse convencer Nick a ser seu companheiro de brincadeiras, Nick conseguiu lembrar algumas ocasiões em que não permitira que o Cocô Furtivo "fosse mais esperto" do que ele. Essas foram ocasiões em que Nick poderia ter cooperado e "lambuzado", "riscado" ou "empaçocado", mas não quis fazer isso. Ele não se deixou induzir a fazer isso.
> 2. Houve uma ocasião recente em que o Cocô Furtivo poderia ter criado em Sue um sentimento muito grande de angús-

tia, mas ela resistiu e, em vez disso, ligou o aparelho de som. Nessa ocasião ela também se recusou a questionar sua competência como mãe e como pessoa.
3. Ron não conseguiu se lembrar de alguma ocasião em que não tivesse deixado que a vergonha causada pelo Cocô Furtivo o isolasse das outras pessoas. Entretanto, depois que identificamos o que o Cocô Furtivo queria dele, Ron pareceu bastante interessado na idéia de desafiar essas exigências.
4. Foi estabelecido que havia um aspecto no relacionamento de Sue com Nick que ainda dava prazer a ela, que Ron ainda estava tentando perseverar em seu relacionamento com Nick, e que Nick pensava que o Cocô Furtivo não tinha destruído todo o amor em seu relacionamento com os pais.

Depois de identificar a influência de Nick, Sue e Ron sobre a vida do Cocô Furtivo, fiz perguntas que os incentivaram a dar significado a esses exemplos, para que pudessem "reescrever" suas vidas e seus relacionamentos.

Como eles conseguiram ser efetivos contra o problema dessa maneira? Como isso se refletiu neles como pessoas e em seus relacionamentos? [...] Esse sucesso lhes deu alguma idéia sobre outros passos que poderiam dar para libertar suas vidas do problema? [...] Em resposta a essas perguntas, Nick achou que estava pronto para não deixar que o Cocô Furtivo fosse tão mais esperto do que ele e decidiu que não se deixaria convencer a brincar mais com o Cocô Furtivo.

Duas semanas depois, White descobriu que Nick tinha lutado valentemente contra o Cocô Furtivo, tendo tido apenas um episódio de pouca importância, e ele parecia mais feliz e mais forte. Sue e Ron também tinham desempenhado um papel na batalha. Em sua tentativa de não cooperar com a exigência do Cocô Furtivo de que ela se sentisse culpada, Sue começara a "se dar algum pequeno prazer" quando o Cocô Furtivo ameaçava deixá-la deprimida. Ron lutara contra as tentativas do Cocô Furtivo de mantê-lo isolado falando sobre o problema com alguns amigos.

Eu encorajei a família a refletir e a especular a respeito do que esse sucesso dizia sobre as qualidades que seus membros possuíam como pessoas e sobre os atributos de seus relacionamentos. Também os encorajei a revisar o que esses fatos sugeriam sobre seu atual relacionamento com o Cocô Furtivo. Nessa discussão, os membros da família identificaram outras medidas que poderiam tomar para recusar os convites do Cocô Furtivo para que o apoiassem. (White, 1989, p. 11)

White relata que a família passou a se esforçar mais nesse sentido, e, na terceira sessão, todos estavam confiantes, achando que o Cocô Furtivo tinha sido derrotado. Em um seguimento após seis meses, ainda estavam se saindo muito bem.

AVALIANDO A TEORIA E OS RESULTADOS DA TERAPIA

Ao externalizar problemas, desconstruir histórias de vida pessimistas e transmitir uma confiança inabalável em seus clientes, os terapeutas narrativos construíram uma poderosa receita de mudança. Colocar o *input* em forma de perguntas faz com que não pareça um conselho a se resistir e estimula um sentimento de parceria com os clientes.

Os dois ingredientes mais poderosos da terapia narrativa são a própria metáfora narrativa e a técnica de externalizar os problemas. A força e a fraqueza da abordagem narrativa são o seu foco cognitivo. Ao rejeitar o modelo cibernético – famílias aprisionadas em circuitos de *feedback* disfuncionais –, os terapeutas narrativos repudiaram a idéia de que as famílias com problemas têm algo de errado. Infelizmente, também viraram as costas para três características definidoras da terapia familiar:

1. reconhecer que os sintomas psicológicos geralmente relacionam-se ao conflito familiar;
2. pensar sobre os problemas humanos como interacionais, o que significa pensar em termos de dois (complementaridade, reciprocidade) e três (triângulos);
3. tratar a família como uma unidade.

Tratar os problemas como histórias a serem desconstruídas ignora o fato de que algumas famílias têm conflitos reais, que não desaparecem por eles se unirem temporariamente para lutar contra um problema externalizado. Por exemplo, pais cujas vidas são vazias podem ter dificuldade de deixar os filhos crescerem. Esse vazio por acaso se evapora depois que ajudam os filhos a lutar contra a *Rebelião*?

No processo de ajudar as pessoas a reescrever sua experiência, os terapeutas narrativos muitas vezes adotam uma visão de emoções infelizes – raiva, medo, ansiedade, depressão – como algo importuno a evitar em vez de explorar. Perguntam como a raiva ou o medo "vencem" os clientes, mas raramente por que os clientes estão com raiva ou de que têm medo.

As versões iniciais da terapia familiar *realmente consideravam* a família em termos negativos e as culpavam por manter os problemas. O movimento narrativo ajudou a tornar o campo mais respeitoso e colaborativo com as famílias, mas, no processo de rejeitar a atitude condescendente dessa época anterior, os terapeutas narrativos rejeitaram o pensamento sistêmico, enfatizando seus elementos mecanicistas e ignorando versões mais humanistas (derivadas de teóricos como von Bertalanffy). Uma das maiores contribuições da terapia familiar foi trazer para a psicoterapia um entendimento contextual das pessoas e de seus problemas. Os terapeutas não-sistêmicos, influenciados pelo modelo da doença, incentivaram as pessoas a lutar contra os problemas (com medicação, grupos de apoio, educação) em vez de explorar a rede de relacionamentos em que seus problemas estavam inseridos. Embora opostos ao modelo da doença, os terapeutas narrativos retornam a uma visão igualmente acontextual dos problemas, como coisas a serem combatidas, e não se esforçam para compreender seus contextos ecológicos.

Ao olhar além das famílias para os pressupostos culturais em que elas estão inseridas, os terapeutas narrativos deram uma inclinação política ao seu trabalho. A maioria dos terapeutas narrativos concordaria com a afirmação de Vicki Dickerson de que a terapia narrativa significa "principalmente situar os problemas em seu contexto cultural" (Freedman, 1996). Isto é, significa ajudar os clientes a identificar e desafiar as prescrições ubíquas, mas comumente não examinadas, que permeiam a sociedade e tornam difíceis, no melhor dos casos, a autovalorização e os relacionamentos harmoniosos. Como se faz isso sem impor os próprios vieses políticos?

Embora alguns terapeutas ainda defendam a neutralidade terapêutica estrita, muitos agora concordam que às vezes é necessário questionar pressupostos culturais injustos. É verdade que a cultura popular promove muitos valores prejudiciais. A questão é qual a melhor maneira de ajudar as pessoas a se libertarem dessas influências sem impor os próprios valores? Este é um problema complexo, e a terapia narrativa o responde de uma certa maneira. Esperamos que o exemplo inspire todos os terapeutas familiares a refletir sobre esta questão.

RESUMO

A abordagem narrativa baseia-se em duas metáforas organizadoras: a narrativa pessoal e a construção social. Quando a memória fala, conta uma "verdade narrativa", que passa a ter maior influência do que a "verdade histórica". Os "fatos" apresentados a um terapeuta são parcialmente históricos e parcialmente construções. As construções que constituem a realidade compartilhada de uma família representam entendimentos mútuos e preconceitos compartilhados, alguns dos quais são úteis, enquanto outros não são.

Os terapeutas narrativos quebram os grilhões das histórias prejudiciais ao externalizar os problemas. Ao desafiar versões pessimistas dos acontecimentos, os terapeutas criam espaço para flexibilidade e esperança. Descobrir resultados excepcionais fornece uma abertura através da qual histórias novas e mais otimistas podem ser visualizadas. Por fim, os clientes são encorajados a criar audiências de apoio para testemunhar e promover seu progresso ao re-historiar sua vida com outro enredo, um enredo preferencial.

As estratégias da terapia narrativa têm três estágios:

1. o estágio narrativo do problema: reformular o problema como uma aflição (externalizar) ao focar seus efeitos, em vez de suas causas;
2. encontro de exceções: achar triunfos parciais sobre o problema e exemplos de ação efetiva;
3. recrutamento de apoio.

Incentivar algum tipo de ritual público para reforçar interpretações novas e preferenciais leva a construção cognitiva, além do *insight* privado, para a ação socialmente apoiada.

A tática para colocar em prática essas estratégias envolve uma série de perguntas:

- *Perguntas de desconstrução*: externalizar o problema. "O que a *Depressão* sussurra no seu ouvido?" "Que conclusões sobre o seu relacionamento vocês tiram em função deste problema?"
- *Perguntas para abrir espaço*: descobrir resultados excepcionais. "Já houve algum momento em que a *Briga* poderia ter assumido o controle do relacionamento, mas não assumiu?"
- *Perguntas sobre preferência*: assegurar-se de que os resultados excepcionais representam experiências preferidas. "Esta maneira de lidar com as coisas foi melhor ou pior?" "Isso foi positivo ou negativo?"
- *Perguntas sobre o desenvolvimento da história*: desenvolver uma nova história a partir das sementes dos resultados excepcionais (preferidos). "De que maneira isto é diferente do que vocês teriam feito antes?" "Quem participou desta maneira de fazer as coisas?" "Quem será o primeiro a perceber essas mudanças positivas em você?"
- *Perguntas sobre significado*: desafiar imagens negativas do *self* e enfatizar as ações positivas. "O que isto – você ter sido capaz de agir assim – diz sobre você?"
- *Perguntas para estender a história para o futuro*: apoiar mudanças e reforçar desenvolvimentos positivos. "O que você prediz para o próximo ano?"

O fundamento construcionista social da terapia narrativa dá à abordagem sua inclinação política e diminui a importância da dinâmica e do conflito familiar. Em vez de olhar para dentro da família em busca de interações disfuncionais, o terapeuta narrativo olha para fora, em busca de influências destrutivas de valores e instituições culturais. Ele convida os membros da família a se unirem para lutar contra esses valores e práticas. Em vez de neutralidade, ele oferece defesa.

NOTA

1. O termo *desconstrucionismo* é mais associado a Jacques Derrida (1991), que analisou textos literários a fim de mostrar que eles não possuíam nenhum significado verdadeiro. Os terapeutas narrativos empregam o termo de uma maneira política, para subverter discursos dominantes, ao passo que a intenção de Derrida era mais relativista.

LEITURAS RECOMENDADAS

Bruner, J. S. 1986. *Actual minds, possible worlds*. Cambridge, MA: Harvard University Press.

Diamond, J. 2000. *Narrative means to sober ends: Treating addiction and its aftermath*. New York: Guilford Press.

Dickerson, V. C., e Zimmerman, J. 1992. Families with adolescents: Escaping problem lifestyles. *Family Process. 31*, p. 341-353.

Eron, J., e Lund, T. 1996. *Narrative solutions in brief therapy*. New York: Guilford Press.

Freedman, J., e Combs, G. 1996. *Narrative therapy: The social construction of preferred realities*. New York: Norton.

Gilligan, S., e Price, R. 1993. *Therapeutic conversations*. New York: Norton.

Minuchin. S. 1998. Where is the family in narrative family therapy? *Journal of Marital and Family Therapy. 24*, p. 397-403.

White, M. 1989. *Selected papers*. Adelaide, Australia: Dulwich Centre Publications.

White, M. 1995. *Re-authoring lives: Interviews and essays*. Adelaide. Australia: Dulwich Centre Publications.

White, M., e Epston, D. 1990. *Narrative means to therapeutic ends*. New York: Norton.

Zimmerman, J., e Dickerson, V. 1996. *If problems talked: Adventures in narrative therapy*. New York: Guilford Press.

REFERÊNCIAS

Anderson, C. M., Reiss, D., e Hogarty, B. 1986. *Schizophrenia and the family*. New York: Guilford Press.

Bruner, J. S. 1986. *Actual minds, possible worlds*. Cambridge, MA: Harvard University Press.

Bruner, J. S. 1991. The narrative construction of reality. *Critical Inquiry. 18*, p. 1-21.

Derrida, J. 1992. *Derrida: A critical reader.* D. Wood, ed. Oxford: Blackwell.

Dickerson, V., Zimmerman, J. 1992. Families with adolescents: Escaping problem lifestyles. *Family Process.* 31, p. 341-353.

Epston, D. 1994. Extending the conversation. *Family Therapy Networker.* 18, p. 30-37, 62.

Epston, D., e White, M. 1992. *Experience, contradiction, narrative, and imagination: Selected papers of David Epston and Michael White, 1989-1991.* Adelaide, Australia: Dulwich Centre Publications.

Foucault, M. 1965. *Madness and civilization: A history of insanity in the age of reason.* New York: Random House.

Foucault, M. 1975. *The birth of the clinic: An archeology of medical perception.* London: Tavistock.

Foucault, M. 1980. *Power/knowledge: Selected interviews and other writings.* New York: Pantheon.

Foucault, M. 1984. *The history of sexuality.* Great Britain: Peregrine Books.

Freedman, J. 1996. AFTA voices on the annual meeting. *American Family Therapy Academy Newsletter.* Outono, 30-32.

Freedman, J., e Combs, G. 1996. *Narrative therapy: The social construction of preferred realities.* New York: Norton.

Freeman, J., Epston, D., e Lobovits, D. 1997. *Playful approaches to serious problems.* New York: Norton.

Gergen, K. 1991. *The saturated self.* New York: Basic Books.

Held, B. 1995. *Back to reality: A critique of postmodern theory in psychotherapy.* New York: Norton.

Madigan, S. 1994. Body politics. *Family Therapy Networker.* 18, p. 27.

Madigan, S., e Epston, D. 1995. From "spy-chiatric gaze" to communities of concern: From professional monologue to dialogue. In *The reflecting team in action,* S. Friedman, ed. New York: Guilford Press.

Minuchin, S. 1998. Where is the family in narrative family therapy? *Journal of Marital and Family Therapy.* 24, p. 397-403.

Nichols, M. 1995. *The lost art of listening.* New York: Guilford Press.

O'Hanlon, W. 1994. The third wave. *Family Therapy Networker.* 18, p. 18-26, 28-29.

Roth, S. A., e Epston, D. 1996. Developing externalizing conversations: An introductory exercise. *Journal of Systemic Therapies.* 15, p. 5-12.

Tamasese, K., e Waldegrave, C. 1993. Cultural and gender accountability in the "Just therapy" approach. *Journal of Feminist Family Therapy.* 5, p. 29-45.

Tomm, K. 1993. The courage to protest: A commentary on Michael White's work. In *Therapeutic conversations,* S. Gilligan e R. Price, eds. New York: Norton.

Waldegrave, C. T. 1990. Just therapy. *Dulwich Centre Newsletter.* 1, p. 5-46.

Weingarten, K. 1991. The discourses of intimacy: Adding a social constructionist and feminist view. *Family Process.* 30, p. 285-305.

Waters, D. 1994. Prisoners of our metaphors. *Family Therapy Networker.* 18, p. 73-75.

White, M. 1989. *Selected papers.* Adelaide, Australia: Dulwich Centre Publications.

White, M. 1991. Deconstruction and family therapy. *Dulwich Centre Newsletter.* 3, p. 21-40.

White, M. 1993. Deconstruction and therapy. In *Therapeutic conversations,* S. Gilligan e R. Price, eds. New York: Norton.

White, M. 1995. *Re-authoring lives: Interviews and essays.* Adelaide, South Australia: Dulwich Centre Publications.

White, M. 1997. *Narratives of therapists' lives.* Adelaide, South Australia: Dulwich Centre Publications.

White, M. 1998. Liberating conversations: New dimensions in narrative therapy. Workshop do Family Therapy Network's Annual Symposium, Washington, DC.

White, M., e Epston, D. 1990. *Narrative means to therapeutic ends.* New York: Norton.

Wylie, M. S. 1994. Panning for gold. *Family Therapy Networker.* 18, p. 40-48.

Zimmerman, J., e Dickerson, V. 1993. Bringing forth the restraining influence of pattern in couples therapy. In *Therapeutic conversations,* S. Gilligan and R. Price. eds. New York: Norton.

14

Modelos integrativos

Uma abordagem mais flexível de tratamento

Ao romper com o paradigma dominante da época, os terapeutas familiares definiram a si mesmos em oposição a tudo o que era psicanalítico. A psicanálise afirmava que o comportamento era um artefato de forças inconscientes, que os relacionamentos familiares eram uma função das psicodinâmicas individuais e que somente o *insight* produzia mudanças duradouras? Então os terapeutas familiares insistiam que o comportamento do indivíduo era ditado pela estrutura da família e que o *insight* era completamente desnecessário para a solução dos problemas.

Da mesma forma, enquanto discutiam as implicações dos próprios *insights*, as várias escolas de terapia familiar enfatizavam não só as próprias forças, como também suas diferenças. Bowen tentava raciocinar com os membros da família um de cada vez; Minuchin insistia que a maneira de chegar realmente ao relacionamento era fazer as pessoas falarem diretamente umas com as outras. As novas escolas também não estão imunes a esta mentalidade "nós contra eles": tanto os terapeutas focados na solução como os narrativos fizeram questão de rejeitar alguns dos aspectos definidores das escolas tradicionais. São antimecanicistas, decididamente não-comportamentais e quase ignoram os conflitos como fonte dos problemas familiares.

Por essa exata razão, os revisionistas radicais com freqüência permanecem aprisionados em antigas categorias. Representam uma antítese, não uma síntese, e estão condenados à dispensabilidade de todas as visões meramente parciais e polêmicas. Assim como levou anos para os terapeutas sistêmicos deixarem de desprezar a psicodinâmica, provavelmente também se passarão muitos anos antes que esses pós-modernistas tragam de volta ao seu trabalho tudo o que aprendemos sobre dinâmica familiar.

Em qualquer campo de empreendimento, parece que a integração só é possível após um período de diferenciação. Não surpreende, então, que, nos primeiros anos da terapia familiar, a idéia de *integração* tivesse uma conotação negativa. Em uma época em que a energia das escolas emergentes estava dirigida para a diferenciação, a integração era vista como um enfraquecimento, não um enriquecimento, dos modelos clássicos.

Na última década, contudo, houve uma crescente consciência de que nenhuma abordagem isolada tinha o monopólio da efetividade clínica. Acabou o tempo das escolas de terapia familiar distintas e competitivas. Conforme a terapia familiar inicia sua quinta década, a tendência dominante é a integração.

Quando descrita como respeito pela multiplicidade da verdade, a integração parece uma idéia inquestionavelmente boa. O argumento óbvio em favor da incorporação de elementos de diferentes abordagens é que os seres humanos são criaturas complicadas – que pensam, sentem e agem –, que existem em um sistema complexo de influências biológicas, psicológicas e sociais. Nenhuma terapia terá sucesso se não tiver um impacto sobre todas essas dimensões. No entanto, há um argumento igualmente válido de que o ecletismo pode roubar da terapia a intensidade possibilitada pelo foco em um ou dois elementos da experiência. Pode haver muitas maneiras de afogar um gato, mas talvez não seja aconselhável tentar todas de uma vez.

Como veremos neste capítulo, a "integração" refere-se a três tipos bem diferentes de abordagem: primeiro, o *ecletismo*, que utiliza uma variedade de modelos e métodos; segundo, o *empréstimo seletivo*, em que puristas relativos utilizam algumas técnicas de outras abordagens; terceiro, os *modelos integrativos especialmente planejados*. Destes, existem modelos teóricos que sofrem várias influências, incluindo as abordagens integrativas de William Nichols (1996) e Bill Pinsof (1995); modelos pragmáticos que combinam elementos de duas abordagens complementares, tais como a terapia narrativa de soluções, de Eron e Lund (1996), e a terapia de casal integrativa, de Jacobson e Christensen (1996), e modelos integrativos desenvolvidos para problemas clínicos específicos, como a terapia de casal para a violência conjugal, de Virginia Goldner e Gillian Walker (Goldner, 1998).

ECLETISMO

Uma das vantagens da formação nas faculdades é que os alunos são expostos a várias abordagens e aprendem a pensar de forma crítica sobre elas. Infelizmente, as faculdades às vezes produzem melhores críticos do que clínicos.

O que fazemos na primeira sessão? Bem, tentamos garantir que todos apareçam, cumprimentamos cada um deles e tentamos deixá-los à vontade. Perguntamos sobre o problema apresentado, é claro. E depois? Suponha que uma mãe diz que seu filho de 14 anos passou a ser grosseiro e desrespeitoso. Devemos focar os sentimentos dela? Perguntar ao marido o que ele pensa? Organizar uma encenação em que ela conversa com seu filho adolescente? Perguntar sobre exceções? Todas essas opções podem ser úteis, mas tentar fazer tudo isso ao mesmo tempo pode levar à falta de foco.

Uma integração efetiva envolve mais do que tomar um pouco disso e um pouco daquilo de vários modelos. Para criar uma boa integração, temos de evitar duas coisas. A primeira é reunir uma amostragem de técnicas de abordagens diversas sem foco conceitual. O problema aqui não é tanto deselegância teórica, mas inconsistência clínica.

Estudo de caso

Uma aluna supervisionada em uma abordagem psicodinâmica pediu para apresentar seu caso quando, após um bom progresso inicial, a terapia empacou. A maior parte das pessoas presentes na reunião clínica de supervisão não estava familiarizada com o modelo psicodinâmico e ficaram impressionadas com o que aluna conseguira realizar. Chegado o momento da discussão, vários dos presentes sugeriram que a maneira de fazer o caso voltar a andar seria tentar uma abordagem diferente – cognitivo-comportamental, estrutural, narrativa, ou não sei que mais, conforme quem sugerisse.

A segunda coisa a evitar é trocar de cavalo no meio do rio. Quase todo tratamento enfrenta dificuldades em algum momento. Quando isso acontecer, os terapeutas iniciantes podem se sentir tentados a mudar para um modelo diferente. Se uma abordagem estrutural não está funcionando, talvez uma narrativa funcione. O problema aqui é que praticamente todas as estratégias funcionarão por algum tempo – e depois atolarão. Ficar empacado não é razão para trocar de modelo; em vez disso, deveria ser um sinal de que você e seus clientes estão chegando ao que talvez consista na essência dos problemas. Este é o momento de afiar seus instrumentos, não de descartá-los.

Os programas de pós-graduação antigamente forneciam um antídoto para o ecletismo sem foco, por meio do ensino intensivo de uma abordagem consistente. Infelizmente, hoje cada vez menos terapeutas têm tempo e dinheiro para buscar uma formação avançada. Muitos profissionais recém-formados gostariam de continuar sua formação, mas têm empréstimos para pagar, querem se estabelecer ou acham que já sabem o suficiente para começar. Aqueles que conseguem fazer o sacrifício de um curso de pós-graduação provavelmente concluirão que foi a melhor decisão profissional que já tomaram.

EMPRÉSTIMO SELETIVO

Quando os terapeutas familiares mais antigos foram convidados a falar sobre a sua profissão em uma edição do *American Family Therapy Academy Newsletter* (inverno de 1999), muitos disseram que, ao longo dos anos, tornaram-se menos doutrinários e adotaram idéias de outros modelos – mas continuaram agarrados ao núcleo de sua teoria original, como uma base. Por exemplo, a terapeuta familiar feminista Betty Carter fez sua formação no modelo boweniano e acreditava que ele era suficientemente substancial para evoluir com ela. "Eu jamais senti que tinha de jogar fora toda a teoria e começar tudo de novo. Embora, é claro, a teoria boweniana tenha o mesmo ponto cego que todas as teorias iniciais tinham em relação ao poder, de modo que todas tiveram de sofrer acréscimos" (Mac Kune-Karrer, 1999, p. 24). Hoje existem poucos puristas entre os terapeutas experientes. A maioria, como Carter, fez empréstimos seletivos.

Para fazer empréstimos seletivos, precisamos de uma sólida fundação em um paradigma. Aquele que você vai escolher dependerá, em parte, do que estiver disponível em seu programa de formação. É uma boa idéia tirar vantagem do que é oferecido: aprender o máximo possível com seus professores e supervisores. Entretanto, a abordagem em que você finalmente se especializará também deve fazer sentido para você. Em algum momento, você estará livre para buscar treinamento e supervisão, e a abordagem escolhida deve ser consistente com o que pensa sobre as pessoas e como gosta de interagir com elas. Se a terapia narrativa o inspirar, busque treinamento nessa abordagem. Na faculdade, talvez você não tenha muita chance de escolher e tenha de aceitar o que os professores oferecem. Contudo, depois disso, talvez seja um erro escolher um determinado tipo de treinamento só porque é conveniente.

Os terapeutas que de fato conseguem combinar abordagens ou dominar com sucesso mais de uma, habitualmente não tentam aprendê-las todas ao mesmo tempo. Utilizar técnicas daqui e dali sem foco conceitual produz uma forma confusa de ecletismo. Um empréstimo efetivo não significa uma miscelânea de técnicas, e não significa trocar uma abordagem por outra sempre que a terapia chegar a um impasse temporário. Tomar emprestadas técnicas de outras abordagens tende a ser mais efetivo quando fazemos isso de uma maneira que se ajuste ao paradigma básico com o qual operamos.

Estudo de caso

Considere, por exemplo, um terapeuta estrutural que trata uma mãe e uma filha aprisionadas em uma batalha na qual a mãe constantemente critica a filha por ser irresponsável, e a filha age de forma irresponsável. Se a mãe recuar e parar de criticar, talvez a filha sinta-se menos intimidada e comece a assumir maior responsabilidade por si mesma – ou, se a filha começar a assumir maior responsabilidade, talvez a mãe deixe de interferir. Enquanto cada uma continuar preocupada com a outra e com as coisas horríveis que fazem, é provável que nenhuma delas rompa esse ciclo.

Suponha que o terapeuta tente a técnica narrativa de externalizar o problema. Em vez de "críticas" e "irresponsabilidade" polarizando mãe e filha, talvez elas possam ser convencidas a pensar em termos de uma "brecha" que se meteu entre elas. Esta mudança no pensamento pode abrir espaço para que elas recapturem uma maneira mais cooperativa de se relacionar. Contudo, se a briga entre mãe e filha for resultado de emaranhamento, tentar aproximá-las em um relacionamento mais harmonioso talvez não resolva o problema.

Na verdade, o caso que acabamos de descrever não é hipotético. Vamos ver de que maneira o terapeuta introduziu a técnica de externalização nesta situação.

Estudo de caso

Já que ele via a briga entre mãe e filha como resultado de seu emaranhamento, o terapeuta concentrou-se primeiro em ajudar a mãe a tratar com o marido alguns dos conflitos que os mantinham distantes. Quando começaram a ficar mais próximos, a mãe começou a passar menos tempo se preocupando com o que a filha fazia ou não.

Então, em sessões individuais com a filha, o terapeuta encontrou uma boa maneira de introduzir a técnica de externalização. Como resultado das críticas da mãe, a filha criara o hábito de se esquivar ativamente de suas responsabilidades, e seu desempenho escolar despencara. Era como se, quando ela tinha um tema de casa para fazer, sentisse a mesma opressão que sentia com as críticas da mãe.

O terapeuta salientou isso, mas descobriu que a menina começara a internalizar a severa caracterização da mãe. "Acho que eu simplesmente sou preguiçosa", dizia ela, o que tornava uma profecia autocumpridora. O terapeuta respondeu perguntando sobre os momentos em que a "Procrastinação" conseguia dominá-la e os momentos em que "Ela" não tinha sucesso. Este manejo revelou-se efetivo para ajudar a menina a se separar da introjeção negativa que adotara, e, com esta nova energia, ela conseguiu começar a retomar seus trabalhos escolares e a melhorar seu desempenho.

MODELOS INTEGRATIVOS ESPECIALMENTE PLANEJADOS

Embora a maioria dos profissionais em algum momento passe a fazer empréstimos seletivos, enxertando idéias e práticas em seu modelo básico, alguns terapeutas criam uma nova síntese a partir de aspectos complementares de modelos existentes. Alguns desses esforços integrativos são sistemas abrangentes que incluem toda uma variedade em uma única descrição, enquanto outros apenas combinam elementos de uma abordagem com outra, criando um modelo híbrido.

Modelos abrangentes, teoricamente inclusivos

O amadurecimento do campo testemunhou uma erosão do sectarismo e uma postura mais pragmática na psicoterapia. Para alguns, isso significa não limitar a própria prática a nenhum modelo, mas utilizar uma variedade de abordagens existentes.

A vantagem dessas abordagens abrangentes é que focalizam um leque mais amplo de experiências humanas. Também oferecem mais opções de intervenção. Por exemplo, em vez de simplesmente tentar separar a todo custo uma mãe e uma criança emaranhadas, o terapeuta cuja esfera de ação inclui questões culturais poderia ajudar a mãe a reexaminar os pressupostos que a impedem de obter maior satisfação em sua própria vida.

A desvantagem das abordagens abrangentes é que elas exigem muito do terapeuta. Primeiro, o terapeuta não pode apenas se especializar em, digamos, desemaranhar triângulos; ele precisa considerar muitas outras questões – intrapsíquicas, transgeracionais, até políticas – e um leque mais amplo de intervenções. Além disso, o terapeuta que adotar uma estrutura mais abrangente precisará se prevenir contra a tendência de trocar, a esmo, uma estratégia por outra.

Aqui, apresentaremos dois exemplos de modelos planejados para terem um alcance maior. O primeiro, *metaestruturas,* seleciona idéias-chave que atravessam as diferentes escolas de terapia familiar e as conecta de acordo com princípios supra-ordenados. O segundo, *terapia integrativa centrada no problema,* vincula várias abordagens diferentes em seqüência e fornece ao terapeuta uma árvore de decisão para passar de uma a outra quando estiver empacado.

O modelo das metaestruturas

As metaestruturas surgiram da colaboração entre três terapeutas familiares que trabalhavam no Institute for Juvenile Research em Chicago: Douglas Breunlin, Richard Schwartz e Betty Mac Kune-Karrer. Esta abordagem oferece uma estrutura teórica unificadora operacionalizada em seis domínios centrais do funcionamento humano ou metaestruturas: processo intrapsíquico, organização familiar, seqüências de interação familiar, desenvolvimento, cultura e gênero (Breunlin, Schwartz e Mac Kune-Karrer, 1992).

A aplicação das metaestruturas é concebida em termos de romper as amarras, seja em que nível for, que impedem a família de resolver seus problemas.

Estudo de caso

Por exemplo, uma mulher deprimida pode estar amarrada a muitas frentes simultaneamente. No nível de processos internos, pode estar oprimida pela culpa por querer um tempo só para ela ou porque os filhos se queixam de não terem amigos. (Se os filhos estão infelizes, a culpa é da mãe, certo?) No nível da organização familiar, ela pode estar presa a um segundo casamento morno com um homem obcecado pela carreira, enquanto ela cuida dos filhos e da casa. Além disso, pode estar preocupada com o filho hiperativo e polarizada com a própria mãe sobre como lidar com ele. Este padrão pode ser parte de uma seqüência em que o comportamento do filho piora depois das visitas mensais do ex-marido. Por fim, a situação da mulher pode ser parte de um padrão transgeracional mantido pela crença familiar e cultural de que a mulher deve se dedicar à família e nunca ser "egoísta".

Conforme o terapeuta considera a rede de amarras que tolhe essa mulher e sua família, uma estrutura freqüentemente emerge como ponto de partida, mas o terapeuta está sempre ciente das outras e pode mudar quando necessário. Portanto, a terapia começaria na metaestrutura do gênero, reexaminando as idéias da mulher sobre egoísmo e as expectativas desequilibradas do marido em relação aos papéis apropriados dos homens e das mulheres. Em certo momento, o foco mudaria para a estrutura interna, quando o terapeuta perguntaria sobre as partes de cada parceiro que mantêm essas crenças e ao que, no passado delas, elas estão relacionadas. Esta exploração poderia fazer a mulher querer reorganizar as responsabilidades familiares, e a mudança seria para a metaestrutura organizacional. Em outro momento, o casal poderia discutir sobre o filho que oscila entre agir como se fosse mais jovem ou mais velho do que realmente é, e eles estariam na estrutura desenvolvimental, e assim por diante.

O modelo das metaestruturas não é simples. Em uma época em que os terapeutas com freqüência acabam recorrendo a técnicas formulistas, ele desafia os terapeutas a considerarem um grande leque de possibilidades. No entanto, para muitos terapeutas que se sentiam encurralados pelo estreito alcance dos modelos sectários, a abordagem das metaestruturas oferece uma visão mais abrangente e uma variedade maior de opções.

Terapia integrativa centrada no problema

Enquanto as metaestruturas extraem elementos-chave de diferentes teorias e criam uma nova síntese, a terapia integrativa centrada no problema utiliza várias abordagens familiares e individuais em seqüência, sem tentar combiná-las. A terapia integrativa centrada no problema foi desenvolvida ao longo dos últimos 20 anos por William Pinsof (1995, 1999) e seus colegas, no Family Institute da Northwestern University.

Como muitos terapeutas, Pinsof começou sua carreira convencido de que o modelo no qual fora treinado (terapia familiar estratégica) seria eficaz em qualquer tipo de problema. Diferentemente daqueles que fazem empréstimos seletivos, todavia, quando se deparou com as limitações da teoria, em vez de apenas acrescentar novas técnicas, acrescentou novas abordagens completas. Por exemplo, se seu modelo estratégico parecia não funcionar, ele ajudava os membros da família a explorar e expressar suas emoções, à la Virginia Satir. Em outros casos, se os problemas persistiam, recomendava uma avaliação psicofarmacológica. Se não houvesse progressos, trazia os avós ou inclusive oferecia terapia individual para alguns membros da família.

Este seqüenciamento fazia sentido para Pinsof (1999) em parte porque refletia seu próprio desenvolvimento pessoal, mas também faz sentido que alguns problemas estejam profundamente arraigados e outros não. Algumas famílias responderão a intervenções comportamentais, enquanto outras precisarão de um foco mais profundo. Por que não considerar todo o espectro de psicoterapias, se necessário, em vez de supor que todos os problemas deveriam ser tratados apenas com uma única abordagem?

Estudo de caso

Para ilustrar a abordagem de Pinsof, considere um casal de mais de 60 anos, aprisionado em um padrão de brigas bobas, mas intensas, no último ano. Eles relacionam as brigas à crescente impotência do marido. Ao explorar o significado que cada um deles atribui a esses eventos, o terapeuta descobre que a esposa vê a ausência de resposta sexual do marido como um reflexo de sua atratividade diminuída, enquanto ele a considera um sinal de declínio de sua virilidade. Essas conclusões são dolorosas para cada um deles, de modo que evitam falar sobre isso e evitam ainda mais o sexo.

O terapeuta cria uma aliança com cada um, a fim de que se sintam suficientemente seguros para revelar sua dor particular e esclarecer suas concepções errôneas sobre os sentimentos do outro. Se responderem bem a isso – menos brigas e sexo mais satisfatório –, a terapia pode parar. Se não, o terapeuta exploraria possíveis causas fisiológicas para a impotência – fadiga, depressão, diabetes incipiente. Se uma exploração nesse nível não trouxer melhoras, o terapeuta poderia discutir com cada parceiro seus pressupostos não-examinados sobre o processo de envelhecimento. Se o problema ainda continuar sem solução, o foco mudaria para bloqueios intrapsíquicos, e um ou ambos poderiam entrar em terapia individual.

A essa altura, o leitor talvez esteja desanimado diante da perspectiva de ter de dominar tantos modelos terapêuticos diferentes. Contudo, Pinsof não espera que os terapeutas sejam competentes em todas essas abordagens. A terapia integrativa costuma envolver um trabalho de equipe com vários terapeutas, especialmente quando membros-chave da família são vulneráveis e precisam ter seu próprio terapeuta. Embora a existência de terapeutas separados, com diferentes orientações, possa ser um pesadelo, a estrutura integrativa fornece uma base comum para a colaboração.

As metaestruturas e as abordagens integrativas representam duas reações possíveis ao entendimento de muitos terapeutas familiares de que todos os modelos apresentam limitações. Uma solução (metaestruturas) é quase uma alquimia – tomar pedaços daqui e dali para forjar uma nova síntese. A outra (integrativa) é aditiva – juntar modelos sem tentar revisá-los ou uni-los teoricamente.

Modelos que combinam duas abordagens distintas

Alguns teóricos acabam concluindo que sua abordagem é demasiado limitante e se contentam em melhorar o seu modelo combinando-o com outro, acreditando que duas cabeças pensam melhor do que uma – e provavelmente também melhor do que cinco ou seis.

A abordagem de soluções narrativas

Algo que preocupa os profissionais experientes é a tendência de terapeutas focados na solução e narrativos de darem as costas a elementos valiosos dos modelos mais antigos. É por isso que o modelo de soluções narrativas de Eron e Lund (Eron e Lund, 1993, 1996), que combina o modelo do Mental Research Institute (MRI) com técnicas narrativas, é uma adição bem-vinda.

Entre as razões pelas quais a terapia estratégica caiu em desgraça estão suas suposições mecanicistas e suas técnicas manipuladoras. Do modo pelo qual alguns estratégicos aplicavam o modelo cibernético, as famílias eram vistas como inflexíveis e impermeáveis à argumentação lógica. Não se pode argumentar com uma máquina. As histórias familiares eram descartadas como irrelevantes. A terapia era ideológica e, portanto, freqüentemente impessoal. A falsidade deste tipo de pensamento, contudo, não impediu o *insight* de que as famílias muitas vezes empacam por insistir em soluções além das usuais, que não funcionam. Eron e Lund ressuscitaram esse *insight* e o incorporaram a uma mistura de terapia estratégica e narrativa.

Joseph Eron e Thomas Lund, do Catskill Family Institute, em Nova York, começaram a trabalhar colaborativamente no início da década de 1980 como terapeutas estratégicos breves. Embora se sentissem atraídos para o movimento narrativo, havia aspectos da abordagem estratégica dos quais não queriam abrir mão. Então, combinaram as duas. A abordagem resultante, de soluções narrativas, gira em torno do conceito de **visão preferida**:

- As visões preferidas incluem as qualidades que as pessoas gostariam de ter e que são percebidas pelos outros; por exemplo, "determinado", "carinhoso", "responsável".
- As visões preferidas determinam as *atribuições* que fazemos sobre comportamentos. "Eu fiz isso (me meti nessa briga) porque sou senhor de mim mesmo, independente e capaz de cuidar dos meus próprios negócios."
- As visões preferidas também incluem as esperanças, sonhos e intenções das pessoas na vida. "Eu quero ser diferente da minha mãe, que era egoísta e crítica."
- As visões preferidas podem ou não ter relação com o comportamento atual. "Eu posso não ter me saído muito bem na escola, mas gosto de pensar em mim mesmo como uma pessoa trabalhadora e disciplinada. Eu espero ir para uma boa faculdade, mesmo que, tendo em vista as minhas notas, isso não seja muito provável."

Eron e Lund (1996) supõem que as pessoas têm preferências muito nítidas de como gostam de ver a si mesmas e ser vistas pelos outros. Os problemas surgem quando as pessoas não vivem de acordo com suas visões preferidas. Para tratar essa discrepância, Eron e Lund combinam o reenquadramento, do modelo do MRI, com a criação de uma nova história de vida, da abordagem narrativa.

- Em que situações você se sente em sua melhor forma – em casa, no trabalho, na escola, com amigos?
- Quem percebe – família, colegas, professores, amigos?
- O que eles percebem sobre você nesses momentos?
- Quem são os seus parentes, amigos, professores ou adultos preferidos?
- Do que eles gostam em você?
- O que eles vêem em você?
- Quando pensa em tudo o que você já viveu, você lembra outros momentos em que se sentiu em sua melhor forma?
- Quando olha para o futuro e você é a pessoa que gostaria de ser, como se imagina?

A terapia de soluções narrativas de Eron e Lund combina técnicas narrativas com o insight do MRI de que as pessoas geralmente perpetuam seus problemas com soluções inadequadas.

Eron e Lund partem da premissa básica do modelo do MRI de que os problemas surgem quando as pessoas lidam mal com transições de vida. Entretanto, Eron e Lund são mais específicos. Propõem que as pessoas começam a pensar e a agir de maneiras problemáticas quando experienciam uma discrepância entre sua visão preferida de si mesmas e sua percepção das próprias ações ou sua impressão de como os outros as vêem.

Observe que, embora Eron e Lund sigam o modelo do MRI ao investigar ciclos além de usuais, diferem ao não focalizar apenas o comportamento, mas também o que as pessoas pensam sobre seus problemas. O conflito, segundo este modelo, resulta de uma disjunção entre as visões de si mesmas preferidas pelas pessoas e como percebem a reação dos outros a elas.

Eron e Lund (1996) oferecem as seguintes orientações para uma conversação proveitosa com os pacientes.

Interessar-se pelas preferências e esperanças dos clientes

O terapeuta precisa prestar atenção a histórias que revelem como os clientes preferem se ver e como querem ser vistos pelas pessoas significativas de sua vida. As seguintes perguntas podem ajudar os clientes a entrar em contato com suas visões preferidas:

Estudo de caso

Em *Narrative solutions in brief therapy*, Eron e Lund (1996) citam o exemplo de Al, que se deprimiu quando se aposentou e se descobriu com enfisema. Al preferia pensar em si mesmo como produtivo e útil. No entanto, temia não conseguir permanecer tão ativo quanto fora no passado e que a família deixasse de vê-lo como alguém em quem podiam confiar. A disjunção entre as preferências de Al e suas percepções provocou esse sentimento de tristeza e desânimo. Quanto mais deprimido Al parecia, mais os membros da família faziam coisas por ele, concluindo projetos que ele iniciara e tentando animá-lo, o que só aprofundava seu abatimento. O *enquadre* negativo através do qual Al via suas circunstâncias atuais afetava as *histórias* que lembrava do passado. Ele se imaginava seguindo os passos do pai, que decaíra rapidamente depois de se aposentar. Segundo Eron e Lund, enquadres negativos do presente determinam as histórias que as pessoas recordam do passado, as quais, por sua vez, influenciam suas perspectivas do futuro.

Quando o terapeuta perguntou a Al em que momentos se sentira a pessoa que queria ser, ele se lembrou de várias histórias. Essas histórias revelaram um homem que se sentia próximo da família e gostava de ser útil. Al também recordou momentos em que assumira o controle de sua vida em circunstâncias muito desafiadoras. Por exemplo, decidiu parar de beber porque isso estava tendo um efeito terrível em seus relacionamentos familiares. Quando Al narrou essas ocasiões em que agira de acordo com seus atributos preferidos (por exemplo, ser útil, carinhoso, controlado, conectado com seus familiares), passou a sentir maior esperança. Também percebeu a lacuna que havia entre a pessoa que queria ser e como agia no momento.

Ao descrever sua abordagem ao trabalho com casais, Eron e Lund (1998) oferecem o seguinte exemplo.

Estudo de caso

Jim procurou aconselhamento depois que sua esposa consultou um advogado pensando em se separar. Rita disse a Jim que esperara que o relacionamento deles melhorasse depois que ele ficasse sóbrio, mas suas explosões violentas continuaram. Quando o terapeuta perguntou a Jim quando se sentira em sua melhor forma, ele disse que fora quando tomara a decisão de tentar ficar sóbrio. Ele sentia que agora, finalmente, assumia o controle de sua vida e tomava a firme decisão de se afastar dos irmãos e do pai, que continuavam bebendo furiosamente. Quando indagado sobre como essa ação se ajustava ao relato da esposa sobre seu temperamento, seu medo e sua decisão de se separar, Jim ficou pensativo e começou a falar sobre a experiência de crescer em uma família de alcoolistas. As perguntas do terapeuta reorientaram Jim para a pessoa que ele queria ser, criando uma faísca motivacional, em vez de defensividade e resistência.

Explorar os efeitos dos comportamentos

O terapeuta ajuda os clientes a examinarem os efeitos de seus comportamentos sobre si mesmos e sobre os outros. Estas são perguntas típicas.

- O que aconteceu quando você fez X ou não fez Y?
- O que você acha disso? Que é uma coisa boa? Uma coisa ruim?
- Como os outros (pais, professores, amigos, parentes) reagem? O que eles pensam? O que dizem?
- O que você acha disso? Você se sente bem com isso? Você se sente mal? O que você faz?
- X acontecia no passado?
- O que você achou disso?

Estudo de caso

No caso de Jim, o marido violento, o terapeuta perguntou: "O que lhe parece quando o seu temperamento leva a melhor?" Jim, parecendo perplexo, respondeu: "O que você quer dizer?" O terapeuta explicou: "Como você se sente consigo mesmo quando acaba batendo a porta, desrespeitando sua mulher e ameaçando machucá-la?" "Não muito bem", disse Jim. O terapeuta, então, perguntou: "Que efeito isso tem sobre a Rita?" Jim hesitou. "Ela fica apavorada. Ela não quer falar comigo." "O que você acha disso?" "Eu detesto quando a Rita não fala comigo."

O terapeuta indagou acerca dos efeitos da raiva de Jim sobre os filhos. Ele baixou o olhar e respondeu que os filhos tinham medo dele e o evitavam.

O terapeuta, a seguir, salientou as preferências de Jim: "Você gosta de estar no controle e disse que se sentiu em sua melhor forma quando tomou a decisão de ficar sóbrio – e a manteve". Ele lembrou Jim de como Rita se sentiu quando ele assumiu o controle da bebida. "Rita disse que estava orgulhosa de você por assumir o comando da sua vida." O terapeuta também salientou os efeitos do comportamento atual de Jim. "Você não gosta quando a Rita se afasta de você. Você disse que gostaria de conversar com ela e compreendê-la."

Estudo de caso

Quando Al foi questionado sobre os efeitos de seu atual comportamento sobre a família, respondeu que os familiares o evitavam. Também contou uma história sobre um incidente recente, quando tentou remover a neve da entrada de carros. Ele começou a toda velocidade, como de hábito, mas, depois de cinco minutos, começou a sentir dificuldade para respirar. Descontente, atirou a pá no chão, entrou em casa e se atirou no sofá, onde ficou pelo resto da tarde. Quando questionado sobre como ficara a entrada de carros, seu rosto assumiu uma expressão de tristeza: "Meu filho teve de terminar".

As perguntas sobre os efeitos "externalizam" os problemas: separam a pessoa do problema. Isso permite que os clientes falem sobre comportamentos problemáticos sem se sentirem envergonhados.

As perguntas sobre os efeitos também fazem a pessoa responsabilizar-se pela discrepância entre quem gostariam de ser e o impacto de suas ações sobre elas mesmas e os outros. Quando os terapeutas confrontam comportamentos negativos sem levar em conta essa discrepância, os clientes podem se tornar resistentes, negar e minimizar a responsabilidade. Entretanto, quando os terapeutas ajudam os clientes a confrontar essa lacuna no contexto de perceber seus *selves* preferidos, é mais provável que pensem em maneiras criativas de transpor a lacuna. Eles sugerem soluções.

Utilizar histórias passadas e presentes

O terapeuta ajuda os clientes a encontrarem histórias passadas e presentes que estão de acordo com suas preferências e contradizem o comportamento que mantém o problema.

Estudo de caso

Quando o terapeuta perguntou a Jim sobre o que motivara sua decisão de ficar sóbrio, Jim contou uma história sobre andar de carro com os irmãos, que estavam bebendo. Jim estava no assento do passageiro, e seu irmão mais jovem dirigia imprudentemente, enquanto os mais velhos brigavam no assento traseiro. Jim conseguiu acalmar os irmãos, convenceu-os a parar o carro e deixar que ele dirigisse. Depois desse incidente, Jim jurou que ficaria sóbrio. Enquanto contava essa história, parecia calmo e controlado, ao contrário do seu comportamento agressivo atual em casa. Conforme a terapia progredia, o terapeuta freqüentemente lembrava Jim dessa história e de sua capacidade de se controlar.

Discutir o futuro

O terapeuta pede aos clientes que imaginem como será o futuro quando o problema estiver resolvido.

Estudo de caso

Quando o terapeuta pediu a Al que imaginasse um futuro sem os seus problemas, ele se descreveu como menos deprimido e mais envolvido com a família. Imaginou-se tratando o enfisema e continuando útil para os outros, sem seguir os passos do pai, que deteriorou com a aposentadoria e a doença.

Estudo de caso

Jim imaginou um futuro em que controlava melhor seu temperamento, em que contava até dez e não explodia. Também se imaginou tendo conversas mais positivas com Rita: ele não a criticava nem ficava zangado, e ela não fugia dele.

Proponha perguntas intrigantes, de mistério

O terapeuta faz aos clientes **perguntas de mistério** – por exemplo, como uma pessoa que preferia os atributos X (ser trabalhadora, produtiva) acabou em uma situação Y (sentindo-se desanimada, deprimida) e foi vista pelos outros como Z (negligente, preguiçosa)?

As perguntas de mistério convidam os clientes a sanar a discrepância entre quem gostariam de ser e os fatos de seu comportamento problemático. As perguntas de mistério inspiram reflexão de forma não-ameaçadora. As pessoas geralmente começam a repensar suas dificuldades, como vieram a agir em desacordo com suas visões preferidas e o que podem fazer a respeito. Eron e Lund recomendam fazer essas perguntas demonstrando perplexidade, não como quem confronta.

Estudo de caso

O terapeuta perguntou a Al como alguém que sempre estivera presente para a família se descobria tão desligado. Como alguém que previamente enfrentara desafios, assumindo o controle e estabelecendo limites realistas (como quando parou de beber), acabara agindo de um jeito tão diferente em relação ao enfisema? Al parecia querer achar uma explicação e pediu ao terapeuta que conversasse com sua família para examinar como o comportamento dele os afetara. Ele refletiu sobre a deterioração do pai e sobre estar fazendo o mesmo, ainda que não quisesse. Al percebeu que sua família estava atrapalhada e precisava da ajuda dele para saber como ajudá-lo. Começou a repensar seu jeito de lidar com o enfisema e com a família.

Criar explicações alternativas junto com o cliente

O terapeuta trabalha com os clientes a fim de desenvolver novas explicações para a evolução do problema, explicações que estejam de acordo com o modo como preferem ser vistos e inspirem novas ações.

Estudo de caso

O terapeuta perguntou a Jim como um homem que tomara uma firme postura contra a violência e assumira o controle da bebida acabara perdendo o controle de seu temperamento e sendo visto pela mulher como não-confiável. Jim ficou pensativo. Falou sobre crescer em uma família de alcoolistas, em que a violência e a perda de controle eram a norma. Jim odiava quando a mãe e o pai brigavam. Queria proteger a mãe e os irmãos, mas ficava com medo. Recordar as cenas desse passado ajudou Jim a perceber a relação entre suas explosões de raiva e o afastamento de Rita. Talvez ela estivesse fazendo o que ele fizera quando criança. Talvez o seu comportamento agressivo fosse a razão de ela não demonstrar amor e afeição – e não uma incapacidade dele de despertar amor. De posse desta explicação alternativa, Jim ficou mais motivado para alterar seu jeito de tratar Rita.

Estimular a discussão

O terapeuta estimula os clientes a falarem sobre suas preferências, esperanças e sonhos com pessoas significativas para eles.

Estudo de caso

Al sentiu-se capaz de conversar com seu médico a respeito da sua doença, depois de recordar experiências preferidas que indicavam que ele era o tipo de homem que se encarrega das coisas. Também começou a reenquadrar os motivos de seus familiares, deixando de achar que o viam como um inútil. Eles estavam confusos, sem saber como ajudá-lo. A depressão de Al melhorou muito depois que se reuniu com a família e lhes disse como poderiam ajudá-lo.

Estudo de caso

Jim sentou-se com Rita e falou sobre como gostaria que fosse o relacionamento deles. Ele disse que sentia falta da proximidade e queria ser capaz de conversar com ela sem sentir raiva. Rita disse que admirava Jim por continuar sóbrio, mas não queria mais raiva nem violência no seu casamento. O que ela queria era entendimento e apoio. Essa conversa focada nas preferências, não-acusatória, abriu caminho para outras conversas produtivas, em que Jim demonstrou controle de seu temperamento e uma disposição a apoiar Rita em seus sonhos e aspirações. Rita decidiu continuar casada com ele, e o seu relacionamento melhorou bastante.

Terapia de casal integrativa

Neil Jacobson, da University of Washington, um dos mais importantes terapeutas familiares comportamentais, reuniu-se a Andrew Christensen, da UCLA, para estudar uma maneira de melhorar os índices limitados de sucesso que encontravam com a terapia de casal comportamental tradicional. Descobriram que seus resultados melhoravam quando adicionavam um elemento humanista à mistura comportamental padrão de treinamento de comunicação, resolução de conflitos e solução de problemas. A abordagem desenvolvida por eles é descrita em *Integrative couple therapy* (Jacobson e Christensen, 1996).

A tradicional terapia comportamental de casal baseia-se no modelo da troca de comportamentos. Depois de uma "análise funcional" de como os parceiros influenciam-se mutuamente no relacionamento, eles são ensinados a reforçar as mudanças que gostariam de ver no outro. Qualquer pessoa que tenha sido casada por longo tempo pode nos dizer o que falta nesta abordagem. Uma terapia pode ter a ver com mudança, mas um bom relacionamento também envolve certo grau de aceitação de diferenças e desapontamentos. Algumas coisas em um casamento infeliz talvez precisem mudar para que o relacionamento melhore, mas outras fazem parte do pacote, e os casais que sobrevivem ao período de acomodação aprendem a aceitar essas coisas. É este elemento, a *aceitação*, que Jacobson e Christensen acrescentaram à sua abordagem terapêutica com casais.

Em contraste com o ensino e a pregação da terapia comportamental tradicional, a terapia de casal integrativa enfatiza o apoio e a empatia, as mesmas qualidades que os terapeutas querem que os casais aprendam a demonstrar mutuamente. Para criar uma atmosfera proveitosa, esta abordagem começa com uma fase chamada *formulação*, destinada a ajudar os casais a deixarem de se acusar e se abrirem para a aceitação e a mudança pessoal. A formulação consiste em três componentes: um *tema* que define o principal conflito, um *processo de polarização* que descreve seu padrão destrutivo de interação e a *armadilha mútua*, que é o impasse que impede o casal de romper o ciclo de polarização depois de iniciado.

Temas comuns nos problemas conjugais incluem conflitos envolvendo proximidade e distância, o desejo de controle sem a disposição de assumir responsabilidades e discordâncias sobre sexo. Embora os parceiros vejam essas diferenças como indicativas de deficiências na outra pessoa e como problemas a serem resolvidos, Jacobson e Christensen mostram a eles que certas diferenças são inevitáveis. Este tipo de aceitação pode romper os ciclos desencadeados quando um está constantemente querendo mudar o outro. Do mesmo modo, à medida que a fase de formulação continua, os parceiros começam a ver que não são vítimas um do outro, mas do *padrão* em que ambos estão aprisionados. Como na externalização de Michael White, o casal pode se unir para lutar contra um inimigo mútuo, o padrão. Por exemplo, quando Jacobson pediu a um casal para descrever seu padrão, o marido replicou:

> A nossa briga tem a ver com proximidade, intimidade. Quando ela não está tão próxima de mim quanto quer estar, ela me pressiona para que eu me aproxime, e eu me afasto, o que provoca maior pressão. É claro, às vezes eu me retraio antes que ela tenha a chance de me pressionar. De fato, é assim que isso habitualmente começa. (Jacobson e Christensen, 1996, p. 100)

Observe como o processo de formulação ajuda esse casal a descrever sua briga como um padrão para o qual ambos contribuem, em vez de utilizarem a linguagem acusatória mais típica dos casais com problemas.

As estratégias para produzir mudanças incluem os dois ingredientes básicos da terapia comportamental de casal: troca de comportamentos e treinamento de habilidades de comunicação. As intervenções de troca de comportamentos (descritas mais detalhadamente no Capítulo 10) envolvem contratos *quid pro quo* e de boa-fé, pelos quais o casal aprende a trocar favores ou a iniciar comportamentos agradáveis na esperança de obter o mesmo em retorno. Por exemplo, cada parceiro pode ser solicitado a escrever uma lista de coisas que poderia fazer para deixar o outro mais satisfeito. (Não pergunte o que o seu parceiro pode fazer por você: pergunte o que você pode fazer por ele.) Depois que cada um escrever sua lista, eles são instruídos a fazer algumas das coisas que acham que agradará o outro – e a observar o efeito dessa gentileza sobre o relacionamento.

O segundo ingrediente – treinamento da comunicação – envolve ensinar o casal a escutar e a se expressar de maneira direta, mas não-acusatória. Essa aprendizagem da escuta ativa e de declarações na primeira pessoa se dá a partir de leituras, instruções e práticas específicas. Conforme aprendem a se comunicar de forma menos defensiva, os casais conseguem resolver melhor os conflitos e também passam a aceitar mais um ao outro.

É cedo demais para avaliar a efetividade da terapia de casal integrativa, mas ela parece ser melhor do que a terapia comportamental tradicional. Sua importância não está apenas na melhora de um modelo, mas na mudança que ela representa no sentido de humanizar a tecnologia comportamental. Ao enfatizar a aceitação e a compaixão, a terapia de casal integrativa se une a outras terapias familiares do século XXI – da terapia focada na solução à estratégica e à narrativa – no reconhecimento da importância de cuidar do relacionamento. Carl Rogers ficaria orgulhoso.

❖❖❖

O modelo de soluções narrativas ilustra um princípio que todo bom casamenteiro conhece: assegure-se de que os parceiros não são incompatíveis antes de empurrar um para o outro. Já que as técnicas do MRI são semelhantes às narrativas, e já que ambas as tradições enfatizam a mudança das cognições, em vez das emoções, e não dão importância ao conflito psíquico e à história desenvolvimental, elas são bastante compatíveis. Se tivessem tentado combinar qualquer uma delas com, digamos, a terapia psicanalítica, seria como tentar misturar óleo com água.

A amalgamação de Jacobson e Christensen também envolveu candidatas ao casamento compatíveis – a comportamental e a experiencial. Ambos os modelos interessam-se pela comunicação; só têm ênfases diferentes. Os comportamentalistas focalizam contratos e reforço, enquanto os experiencialistas focalizam emoções e empatia. Misturar alguma coisa do último com o primeiro não é forçar a barra. Encorajar os parceiros a demonstrar maior compaixão mútua não interfere em ajudá-los a aprender a resolver melhor os problemas.

Outros modelos integrativos

Embora tenhamos selecionado alguns dos exemplos mais inovadores, na verdade existem tantas abordagens integrativas que é impossível listar todas. Apesar de muitas delas serem novas, algumas já estão por aí há tanto tempo que nem sempre recebem a atenção que merecem. Para citar só um exemplo, Carol Anderson e Susan Stewart escreveram um dos guias integrativos mais úteis para a terapia familiar em 1983. Duas outras abordagens integrativas que já existem há algum tempo são as planejadas por Larry Feldman (1990) e William Nichols (1995). A tradição de oferecer conselhos práticos que transcendem escolas de terapia familiar é preservada em um esplêndido livro de Robert Taibbi (1996) intitulado *Doing family therapy*. Outros tentaram integrar as terapias estrutural e estratégica (Stanton, 1981; Liddle, 1984), estratégica e comportamental (Alexander e Parsons, 1982), psicodinâmica e teoria sistêmica (Sander, 1979; Kirschner e Kirschner, 1986; Nichols, 1987; Scharff, 1989; Slipp, 1988) e experiencial e teoria sistêmica (Duhl e Duhl, 1981; Greenberg e Johnson, 1988).

Um excelente modelo que já existe há algum tempo (descrito em 1981) é a *terapia conjugal integrativa breve* de Alan Gurman, que combina a teoria da aprendizagem social e psicodinâmica. Como na terapia comportamental, os problemas conjugais são vistos como devidos à má comunicação e à solução de problemas, mas, como na teoria das relações objetais, esses déficits são entendidos como se possuíssem raízes em conflitos inconscientes. O que poderia parecer apenas um déficit – habilidades deficientes de relacionamento – pode acabar tendo a função defensiva de limitar a intimidade a um nível que o casal consiga tolerar sem excessiva ansiedade e conflito.

A avaliação de Gurman começa com temas problemáticos no relacionamento do casal. Em um capítulo recente sobre terapia conjugal integrativa breve, Gurman (2002) descreve um caso em que Sue está zangada e critica a indisponibilidade emocional de Karl. Este conhecido padrão de exigência e afastamento é entendido como se refletisse não apenas a interação do casal, mas também os conflitos intrapsíquicos que motivam essa interação.

Como analista, Gurman vê os ataques de Sue como se tivessem a função defensiva de evitar lidar com os próprios medos de abandono. Enquanto isso, a distância de Karl o ajuda a evitar seus conflitos em relação à intimidade. As queixas mútuas dos parceiros ("ela critica", "ele se afasta") lhes permitem manter um senso consistente e tolerável de si mesmos, ainda que isso limite a satisfação no relacionamento.

Como comportamentalista, Gurman também examina as *conseqüências* da interação problemática do casal, identificando os reforços positivos e negativos ou as punições que mantêm o padrão. Karl reforça negativamente as críticas de Sue ao se desculpar e se aproximar dela depois que suas queixas atingem o estágio dos gritos. Sue, involuntariamente, pune a proximidade de Karl ao dar vazão à sua raiva e frustração sempre que o casal consegue passar um tempo junto – violando assim a Primeira Lei da Teoria da Aprendizagem Social.[1]

A fim de explorar o impacto dos conflitos pessoais de um ou de ambos os parceiros sobre o relacionamento do casal, Gurman pode conversar individualmente com um deles, enquanto o outro apenas escuta. Conversar em separado com os parceiros (à la Murray Bowen) ajuda a minimizar a ansiedade e torna a terapia um "ambiente continente" mais seguro.

Gurman bloqueou as críticas de Sue para permitir a Karl explorar como ele se sentia em relação a tentar equilibrar seus compromissos com a profissão e a família. Quando Karl falou honestamente sobre seu medo de fracassar, Sue abrandou-se o suficiente para empatizar com seus esforços – e para compartilhar seus próprios medos de ficar sozinha.

Além de tratar as interações problemáticas do casal e os conflitos que estão por trás, a terapia conjugal integrativa breve de Gurman também inclui discussões práticas sobre solução de problemas, conselhos, ensino de técnicas de autocontrole, exploração do passado, modelagem, treinamento, biblioterapia – em resumo, a ampla e flexível variedade de intervenções que caracteriza os melhores tipos de integração.

❖ ❖ ❖

Outras abordagens integrativas não receberam tanta atenção da terapia familiar dominante como receberam de agências federais de financiamento. Incluem o *modelo multissistêmico* de Scott Henggeler (Henggeler e Borduin, 1990) e a *terapia familiar multidimensional* de

Howard Liddle (Liddle, Dakoff e Diamond, 1991). Essas duas abordagens evoluíram de projetos de pesquisa com adolescentes difíceis, uma população que desafia os teóricos a expandir suas idéias além dos limites de uma escola de terapia ou um nível de sistema.

Liddle desenvolveu sua abordagem integrativa enquanto trabalhava com adolescentes de zonas urbanas pobres que abusavam de drogas. Sua terapia familiar multidimensional une os modelos de fator de risco de drogas e comportamentos-problema, psicopatologia desenvolvimental, teoria do sistema familiar, teoria do apoio social, teoria do agrupamento com os iguais e teoria da aprendizagem social. Na prática, o modelo aplica uma combinação de terapia familiar estrutural, treinamento parental, treinamento de habilidades para adolescentes e técnicas cognitivo-comportamentais.

Um dos aspectos mais úteis da abordagem de Liddle é a maneira pela qual ele integra intervenções individuais e sistêmicas. Embora utilize liberalmente a técnica estrutural da encenação, ele costuma reunir-se com os membros da família individualmente, para ensiná-los a participar de modo mais efetivo dos diálogos familiares. Liddle também utiliza essas sessões individuais para examinar as experiências dos adolescentes fora de casa. Nessas sessões, assuntos delicados, como uso de drogas e comportamento sexual, podem ser examinados com maior segurança, privadamente. A necessidade de se reunir com os adolescentes para focar sua vida fora da família reflete um crescente reconhecimento da limitada influência desta em comparação com os iguais e a cultura.

Scott Henggeler, da University of South Carolina, e alguns colegas orientados para a pesquisa que trabalham com crianças "difíceis de tratar" tentaram melhorar sua terapia familiar de orientação sistêmica ao

1. considerar e intervir mais ativamente nos sistemas extrafamiliares em que as famílias estão inseridas, em especial os contextos da escola e dos iguais;
2. incluir questões desenvolvimentais individuais nas avaliações;
3. incorporar intervenções cognitivo-comportamentais (Henggeler e Borduin, 1990).

Este modelo multissistêmico apresentou resultados promissores em vários estudos bem planejados sobre delinqüentes juvenis e famílias encaminhadas por abuso ou negligência. Por esta razão, ele é altamente considerado entre as agências governamentais, e Henggeler tem recebido boas subvenções para seu trabalho.

Modelos planejados para problemas clínicos específicos

Um sinal de que a terapia familiar estava amadurecendo foi os terapeutas começarem a focar problemas clínicos específicos, em vez de "famílias" genéricas. Alguns grupos aplicaram modelos preexistentes aos problemas com os quais lutavam; por exemplo, a terapia familiar estrutural foi empregada na anorexia nervosa e na diabete (Minuchin, Rosman e Baker, 1978). Outros grupos tiveram de ser mais criativos, porque decidiram lidar com problemas que não são típicos na prática da terapia familiar. Tais problemas costumam requerer mais do que qualquer abordagem isolada oferece.

Trabalhando com a violência familiar

Um dos mais impressionantes esforços integrativos é a abordagem terapêutica ao abuso conjugal desenvolvida por Virginia Goldner e Gillian Walker, no Ackerman Institute, em Nova York (Goldner, Penn, Sheinberg e Walker, 1990; Walker e Goldner, 1995; Goldner, 1998). Quando Goldner e Walker começaram a estudar a violência em casais, a abordagem padrão consistia em separar os parceiros e tratar o homem em um grupo com outros agressores, e a mulher, em um grupo de apoio. Esse tratamento era informado pela crítica feminista às terapias sistêmicas que sugeriam que ambos os parceiros eram responsáveis pela violência e, conseqüentemente, podiam ser tratados juntos como qualquer outro casal.

Goldner e Walker compartilham a convicção feminista de que o homem é responsável por seu comportamento violento, independentemente da provocação que possa sentir. Todavia, elas também acreditam que é válido tratar o casal junto e ajudar a mulher nesses dramas conjugais perigosos. Em vez de tomar

O trabalho de Virginia Goldner com casais violentos combina uma abordagem clínica extremamente sofisticada com uma profunda sensibilidade feminista.

partido em uma batalha entre teoria sistêmica e feminismo, elas superaram o pensamento polarizado que permeia o campo da violência familiar. Poderia ser possível assumir ambas as posições simultaneamente? Sim, o homem é responsável por controlar a sua violência, mas ambos os parceiros participam do processo de interação que precisa mudar. Como diz Goldner, "uma mulher que apanha não é do mesmo modo responsável por seu nariz quebrado, mesmo que reconheça ter sentido raiva ou 'provocado', exatamente como a vítima de abuso sexual não é igualmente responsável pelo que aconteceu no meio da noite, mesmo que tenha se sentido excitada" (Goldner, 1988, p. 266). Com esta posição mais equilibrada, foi possível examinar o papel de cada parceiro no conflito sem culpar a vítima.

Goldner e Walker trabalham com o casal junto, mas insistem que a violência deve cessar de imediato e que o homem deve assumir a responsabilidade por fazer isso acontecer. Aqui, elas combinam a ênfase feminista na segurança e na responsabilidade com um interesse sistêmico pela interação do casal. Goldner salienta que separar casais violentos raramente promove segurança, pois sua simbiose é tanta que voltam a se unir rapidamente, e aquelas mulheres que de fato partem são as que correm maior risco de agressão. Por outro lado, se eles estão juntos no tratamento, a vítima pode explicar ao abusador quão destrutiva é a agressão dele, na presença de um terapeuta que vai enfatizar que é imperativo o término da violência.

Goldner e Walker utilizam a linguagem das "partes" para ajudar os parceiros a se afastarem de rótulos globais como *abusador* e *vítima*, e produzir *insights* intrapsíquicos. Ele pode falar sobre a sua parte raivosa, e ela, sobre a parte que precisa protegê-lo em vez de se proteger. Conforme investigam as origens dessas partes, Goldner e Walker escutam histórias dolorosas do passado de cada um. "Aqui, nós tipicamente nos descobrimos em uma época em que o homem era um menino, submetido a atos sádicos de violência, poder e controle" (Goldner, 1998, p. 275). Esse testemunho compassivo ajuda a reduzir o antagonismo mútuo dos parceiros.

Goldner e Walker também incorporam um formato de escuta ativa, de modo que não só os traumas passados são testemunhados, como também o homem escuta a mulher descrever a dor e o terror que sofre com os ataques dele. Aqui, novamente, há uma mensagem *não só/mas também* para o homem: sim, você sofreu quando menino, e isso está relacionado ao seu comportamento violento, mas você escolhe ser violento, e isso é inaceitável. Da mesma forma, independentemente de quão passiva a mulher foi no passado, ela pode escolher se defender sem se sentir desleal. Esta posição não-dicotômica é um avanço em relação à posição *ou/ou* dos modelos feminista e psicanalí-

Aprender a controlar padrões de emoções é um dos segredos para trabalhar com casais violentos.

tico. As terapeutas feministas acreditam que examinar a infância problemática do homem sugeriria desculpar sua violência, enquanto os psicanalistas com excessiva freqüência vêem a violência como sintoma de uma patologia subjacente pela qual não responsabilizam ninguém. Goldner (1998, p. 279) escreve: "De uma perspectiva *não só/mas também*, a violência é conceitualizada como simultaneamente intencional e dominada pelo impulso, tanto instrumental quanto dissociativa".

Embora a abordagem de Goldner e Walker tenha sido planejada para casais violentos, ela oferece lições importantes para a integração de modelos de terapia em geral. Mostra como é importante abandonar as dicotomias que dominam o trabalho clínico (especialmente com relação a questões voláteis como a violência doméstica), perceber que existe valor em mais de uma perspectiva e que uma coexistência é possível. Com excessiva freqüência, "idéias que poderiam se enriquecer mutuamente foram colocadas em posições opositoras, criando um contexto polarizado de escolhas forçadas entre alternativas adequadas" (Goldner, 1998, p. 264). O efeito despolarizador é uma grande virtude da integração.

Terapia familiar comunitária

Muitos terapeutas familiares começam a trabalhar em agências, com famílias pobres, mas, quando percebem que a terapia, isoladamente, é incapaz de resolver muitos dos problemas enfrentados pelas famílias empobrecidas, desanimam e optam pela prática privada com clientes de classe média. Este reconhecimento dos limites da terapia familiar teve o efeito oposto sobre Ramon Rojano.

Segundo Rojano, o maior obstáculo que as pessoas pobres enfrentam é o sentimento de impotência, que acompanha o fato de serem controladas por múltiplas burocracias desumanizadoras, e a total ausência de esperança de realizar o sonho americano de um emprego decente e um lar confortável. Rojano utiliza seu conhecimento dos sistemas de ajuda e seus contatos pessoais nesses sistemas para fazer com que os clientes sintam-se reconectados com suas comunidades e capacitados para lutar por aquilo de que precisam. Ele não só ajuda as famílias a encontrarem os recursos para sobreviver – creche para as crianças, empregos, vale-refeição, habitação –, o que constitui a essência do trabalho social tradicional, como também incentiva aspirações além da mera sobrevivência.

Laura Markowitz (1997, p. 25-26) descreve o trabalho de Rojano da seguinte maneira:

> Ramon Rojano é uma verdadeira cutucada nos profissionais. Digamos que você é uma mãe solteira que vive da ajuda da Previdência Social e o procurou porque seu filho adolescente mata aula e está prestes a ser expulso da escola. Inclinando-se para frente em sua cadeira, o entroncado e vigoroso Rojano começará a espicaçar e atiçar com suas perguntas com sotaque espanhol, grudando em seu filho como se estivesse levando de volta para o curral uma ovelha perdida. Depois de alguns minutos dessa interrogação, você escuta seu filho admitir o que está acontecendo com ele e prometer, em um tom sincero e humilde, que você não ouve há muito tempo, que irá às aulas regularmente se puder se formar. Você abre a boca, pasma, mas Rojano não faz sequer uma pausa. Agora ele insiste com o garoto de 15 anos para que se candidate a um emprego depois da escola, sobre o qual acabou de ficar sabendo por intermédio de alguém que coordena um programa [...] Rojano escreve o número do telefone e coloca o papel diretamente na mão do menino, olha bem nos olhos dele e fala o seu nome algumas vezes, para garantir que ele saiba que Rojano realmente se importa com a possibilidade de o garoto acabar nas ruas ou em uma gangue [...] Você acha que a sessão acabou, certo? Ainda não. Ele também tem planos para você. Esteja preparada – ele poderá lhe perguntar alguma coisa absurda, como se você já pensou em possuir sua própria casa. Você pode ser uma mãe solteira mal dando conta das coisas, mas, conforme ele se inclina na sua direção, é como se a força da sua confiança em você a capturasse, e então ele pressiona um pedaço de papel contra a sua mão, com o número do telefone de uma mulher que ele conhece, que coordena um programa que ajuda pessoas sem nenhum dinheiro a comprarem uma casa própria.

Ele perguntará aos clientes sobre coisas que eles, em seu estado de desesperança e desconexão, jamais consideraram – candidatar-se à junta de educação da escola, cursar a faculdade, começar um negócio ou um grupo comunitário em defesa de alguma causa –, de tal maneira que parecerão possíveis. Isso ocorre, de uma parte, porque Rojano consegue enxergar forças que os clientes desalentados esqueceram e, de outra parte, porque ele tem as conexões que fazem as coisas acontecerem.

Rojano também reconhece que não é suficiente capacitar a comunidade. Sem uma terapia familiar, não se passaria muito tempo antes que a mãe do cenário prévio começasse a se atrasar para o trabalho por renovados conflitos com o filho, e que o sonho de uma casa própria se evaporasse.

Portanto, a integração é esta: terapia familiar com assistência social e psicológica da comunidade. Rojano tomou uma versão da terapia familiar estrutural e reforçou-a com uma assistência prática aos clientes, em que ele de fato põe a mão na massa. A terapia familiar estrutural foi desenvolvida na agência Wiltwyck, no Harlem, no final da década de 1950. Retrospectivamente, Braulio Montalvo, um de seus criadores, disse: "Não conseguimos obter os recursos ao redor das famílias necessários para sustentar as mudanças que foram capazes de fazer com a terapia familiar" (citado em Markowitz, 1997, p. 28). Quarenta anos depois, alguém deu o próximo passo ao incorporar esses recursos.

Mais uma vez, constatamos que a integração requer uma nova maneira de pensar. Rojano teve de abandonar a mentalidade que diz que a terapia acontece dentro de um consultório, mesmo que os clientes muitas vezes estejam submetidos a forças não-tratadas neste. Por que não levar a terapia para a rua, de modo a tratar todo o sistema? Essa parece uma pergunta óbvia – mas, talvez, não tão óbvia quando estamos aprisionados na armadilha das nossas circunstâncias.

RESUMO

Nas primeiras décadas da terapia familiar, foram criados alguns modelos claramente articulados, e a maioria dos terapeutas familiares foi discípula de uma dessas abordagens. Cada uma das principais escolas se concentrava em um aspecto específico da vida familiar. Os experiencialistas faziam as pessoas abrirem-se para os sentimentos, os comportamentalistas ajudavam-nas a reforçar comportamentos mais funcionais, e os bowenianos ensinavam-nas a pensar por si mesmas. Ao concentrar a atenção desta maneira, os terapeutas dos modelos clássicos focalizavam seu poder de mudança. Se, no processo, eles tornavam-se um tanto paroquiais e competitivos, que mal isso fazia?

O mal é que, ao ignorar *insights* valiosos de outras abordagens, os discípulos ortodoxos das várias escolas podem ter limitado seu impacto e aplicabilidade. Todavia, esse paroquialismo talvez deva ser entendido de uma perspectiva desenvolvimental – como um estágio necessário na consolidação dos *insights* originais dos primeiros modelos. Talvez fosse proveitoso para as escolas buscar a verdade conforme a conheciam a fim de explorar o potencial completo de suas idéias. Se foi assim, este tempo passou.

A maioria das escolas de terapia familiar já amadureceu o suficiente para ter solidificado sua abordagem e provado seu valor. É por isso que o momento é propício à integração.

Entretanto, por mais valiosos que sejam os esforços integrativos, há sérios perigos quando tentamos misturar ingredientes de diferentes abordagens. Não queremos acabar com o que obtemos quando mesclamos várias cores de tinta. O truque é encontrar um fio conceitual unificador. Uma integração bem-sucedida se vale de terapias existentes de tal maneira que elas possam ser praticadas coerentemente, segundo uma estrutura conceitual consistente. Acrescentar técnicas de qualquer jeito, daqui e dali, simplesmente não funciona.

Para dar certo, o esforço sintetizador precisa atingir um equilíbrio entre amplitude e foco. A amplitude pode ser muito importante no que se refere à conceitualização. Os terapeutas familiares contemporâneos adotam, sabiamente, uma perspectiva ampla, biopsicossocial, em que processos biológicos, psicológicos, relacionais, comunitários e inclusive societais são vistos como relevantes para o entendimento dos problemas das pessoas. No que se refere a técnicas, por outro lado, as abordagens mais efetivas não sobrecarregam os terapeutas com toneladas de intervenções.

Por fim, uma integração efetiva precisa de uma direção explícita. O problema em ser flexível demais é que as famílias têm maneiras convincentes e sutis de induzir os terapeutas aos seus hábitos de evitação. Uma boa terapia familiar cria um ambiente em que as conversas que deveriam acontecer em casa, mas não acontecem, podem ter lugar. Esses diálogos não acontecerão, todavia, se os terapeutas mudarem abruptamente de um tipo de intervenção para outro sempre que se depararem com a resistência.

A terapia familiar é, basicamente, um empreendimento clínico, e seu valor é medido em resultados. A verdadeira razão para combinar elementos de várias abordagens é maximizar sua utilidade, não meramente sua inclusividade teórica. Contradizendo Billy Crystal, é melhor ser eficiente do que ter uma aparência maravilhosa.

NOTA

1. Pega-se mais moscas com mel.

LEITURAS RECOMENDADAS

Anderson, C., e Stewart, S. 1983. *Mastering resistance: A practical guide to family therapy.* New York: Guilford Press.

Breunlin, D. C., Schwartz, R. C., e Mac Kune-Karrer, B. 1992. *Metaframeworks: Transcending the models of family therapy.* San Francisco: Jossey-Bass.

Eron, J., e Lund, T. 1996. *Narrative solutions in brief therapy.* New York: Guilford Press.

Goldner, V. 1998. The treatment of violence and victimization in intimate relationships. *Family Process. 37,* p. 263-286.

Jacobson, N. S., e Christensen, A. 1996. *Integrative couple therapy.* New York: Norton.

Pinsof, W. M. 1995. *Integrative problem-centered therapy.* New York: Basic Books.

Taibbi, R. 1996. *Doing family therapy.* New York: Guilford Press.

REFERÊNCIAS

Alexander, J., e Parsons, B. 1982. *Functional family therapy.* Pacific Grove, CA: Brooks/Cole.

American Family Therapy Academy Newsletter. Inverno, 1999, Washington, DC.

Anderson, C., e Stewart, S. 1983. *Mastering resistance: A practical guide to family therapy.* New York: Guilford Press.

Breunlin, D., Schwartz, R., e Mac Kune-Karrer, B. 1992. *Metaframeworks: Transcending the models of family therapy.* San Francisco: Jossey-Bass.

Duhl, B., e Duhl, F. 1981. Integrative family therapy. In *Handbook of family therapy,* A. Gurman e D. Kniskern, eds. New York: Brunner/Mazel.

Eron, J., e Lund, T. 1993. An approach to how problems evolve and dissolve: Integrating narrative and strategic concepts. *Family Process. 32,* p. 291-309.

Eron, J., e Lund, T. 1996. *Narrative solutions in brief therapy.* New York: Guilford Press.

Feldman, L. 1990. *Multi-dimensional family therapy.* New York: Guilford Press.

Goldner, V. 1998. The treatment of violence and victimization in intimate relationships. *Family Process. 37,* p. 263-286.

Goldner, V., Penn, P., Sheinberg, M., e Walker, G. 1990. Love and violence: Gender paradoxes in volatile attachments. *Family Process. 29,* p. 343- 364.

Greenberg, L. S., e Johnson, S. M. 1988. *Emotionally focused therapy for couples.* New York: Guilford Press.

Gurman, A. S. 1981. Integrative marital therapy: Toward the development of an interpersonal approach. In *Forms of brief therapy,* S. H. Budman, ed. New York: Guilford Press.

Gurman, A. S. 2002. Brief integrative marital therapy: A depth-behavioral approach. In *Clinical handbook of couple therapy,* 3. ed., A. S. Gurman e N. S. Jacobson, eds. New York: Guilford Press.

Henggeler, S., e Borduin, C. 1990. *Family therapy and beyond: A multisystemic approach to treating the behavior problems of children and adolescents.* Pacific Grove, CA: Brooks/Cole.

Jacobson, N., e Christensen, A. 1996. *Integrative couple therapy.* New York: Norton.

Kirschner, D., e Kirschner, S. 1986. *Comprehensive family therapy.* New York: Brunner/Mazel.

Liddle, H. A. 1984. Toward a dialectical-contextual-coevolutionary translation of structural-strategic family therapy. *Journal of Strategic and Systemic Family Therapies. 3,* p. 66-79.

Mac Kune-Karrer, B. 1999. A conversation with Betty Carter. *American Family Therapy Academy Newsletter.* Inverno, Washington, DC.

Markowitz, L. 1997. Ramon Rojano won't take no for an answer. *Family Therapy Networker: 21,* p. 24-35.

Minuchin, S., Rosman, B., e Baker, L. 1978. *Psychosomatic families: Anorexia in context.* Cambridge, MA: Harvard University Press.

Nichols, M. P. 1987. *The self in the system.* New York: Brunner/Mazel.

Nichols, W. C. 1995. *Treating people in families: An integrative framework.* New York: Guilford Press.

Pinsof, W. 1995. *Integrative problem-centered therapy.* New York: Basic Books.

Pinsof, W. 1999. Choosing the right door. *Family Therapy Networker. 23*, p. 48-55.

Sander, F. M. 1979. *Individual and family therapy: Toward an integration.* New York: Jason Aronson.

Scharff, J., ed. 1989. *The foundations of object relations family therapy.* New York: Jason Aronson.

Slipp, S. 1988. *Technique and practice of object relations family therapy.* New York: Tason Aronson.

Stanton, M. D. 1981. An integrated structural/strategic approach to family and marital therapy. *Journal of Marital and Family Therapy. 7*, p. 427-440.

Taibbi, R.1996. *Doing family therapy.* New York: Guilford Press.

Walker. G., e Goldner, V. 1995. The wounded prince and the women who love him. In *Gender and power in relationships,* C. Burcke, e B. Speed, eds. London: Routledge, Chapman and Hall.

PARTE 4
A avaliação da terapia familiar

15

Análise comparativa

As diferenças essenciais entre os modelos

O crescimento exponencial da terapia familiar abarrotou o campo com modelos rivais, cada um dos quais fez contribuições importantes. Esta diversificação produziu uma literatura rica e variada, testemunhando a vitalidade da profissão e, ao mesmo tempo, criando uma sucessão desorientadora de conceitos e técnicas. Veja a Tabela 15.1 para um resumo desses modelos.

Neste capítulo, apresentamos uma análise comparativa dos vários modelos. Cada escola proclama uma série de verdades – mas, apesar de certa sobreposição, não há conflitos notáveis entre tais verdades.

FORMULAÇÕES TEÓRICAS

As teorias trazem ordem ao caos. Organizam nossa consciência e nos ajudam a compreender o que as famílias estão fazendo. Em vez de enxergar uma "confusão murmurante, atordoante", começamos a ver padrões de perseguição e distância, emaranhamento e desligamento, e histórias saturadas de problemas. No minuto em que começamos a perceber como emaranhamento as tentativas ineficazes de uma mãe de resolver disputas entre os filhos, o nosso objetivo muda: em vez de intervir de forma mais eficaz, a mãe precisa recuar e deixar que os filhos resolvam as próprias disputas. Aqui, avaliamos teorias em termos de sua função pragmática: compreender as famílias para ajudá-las melhor.

Famílias como sistemas

Os terapeutas das comunicações introduziram a idéia de que as famílias são sistemas. Mais do que a soma de suas partes, os **sistemas** são as partes *mais* a maneira pela qual funcionam juntas. No passado, não aceitar a teoria sistêmica era como não acreditar em torta de maçã e maternidade. Atualmente, o movimento pós-moderno critica o pensamento sistêmico como apenas outra estrutura modernista, uma metáfora entendida de forma exageradamente literal, e levou a ênfase da ação para o significado, e da organização da família para o pensamento de seus membros. É fácil dizer que um bom terapeuta considera tanto o *self* quanto o sistema. Na prática, todavia, decidir quando sondar a experiência individual ou focar os padrões interacionais apresenta uma série de escolhas difíceis.

Estabilidade e mudança

Os teóricos da comunicação descreviam as famílias como sistemas governados por regras, com uma tendência para a estabilidade ou homeostase (Jackson, 1965). Contudo, para se ajustar a mudanças nas suas circunstâncias, as famílias também precisam ser capazes de revisar suas regras e modificar sua estrutura.

A natureza dual das famílias – *homeostática* e *mutável* – é mais bem apreciada pelas escolas da comunicação, estrutural e estratégica. Elas não presumem que as famílias sintomáticas são inerentemente disfuncionais, mas apenas que falharam em se adaptar a mudanças nas circunstâncias.

Tabela 15.1
Escolas

	Boweniana	Estratégica	Estrutural
Fundadores	Murray Bowen	Don Jackson Jay Haley	Salvador Minuchin
Construtos teóricos fundamentais	Diferenciação do *self*	Homeostase Circuitos de *feedback*	Subsistemas Fronteiras
Dinâmica central do problema	Triângulos Reatividade emocional	Soluções além das usuais	Emaranhamento desligamento
Técnicas fundamentais	Genograma Perguntas de processo	Reenquadramento Diretivas	Encenações Criação de fronteiras

	Experiencial	Psicodinâmica	Cognitivo-comportamental
Fundadores	Virginia Satir Carl Whitaker	Nathan Ackerman Henry Dicks Ivan Boszormenyi-Nagy	Gerald Patterson Robert Liberman Richard Stuart
Construtos teóricos fundamentais	Autenticidade Auto-realização	Pulsões Objetos do *self* Objetos internos	Reforço Extinção Esquemas
Dinâmica central do problema	Supressão emocional Mistificação	Conflito Identificação projetiva Fixação e regressão	Reforço involuntário Controle aversivo
Técnicas fundamentais	Confrontação Exercícios estruturados	Silêncio Interpretação	Análise funcional Ensino de controle positivo

	Focada na Solução	Narrativa
Fundadores	Steve de Shazer Insoo Kim Berg	Michael White David Epston
Construtos teóricos fundamentais	Linguagem cria realidade	Teoria narrativa Construcionismo social
Dinâmica central do problema	Fala-problema	Histórias saturadas de problemas
Técnicas fundamentais	Focar soluções Identificar exceções	Externalização Identificar resultados excepcionais Criar audiências de apoio

Quem ignorar este princípio desenvolvimental corre o risco de enfatizar indevidamente a patologia. O terapeuta que vê uma família com problemas, mas não considera que seus membros podem estar empacados em um impasse transicional, provavelmente pensará que precisam de uma retificação completa, quando uma simples regulagem pode resolver o problema. As terapias que enfatizam objetivos de longo prazo estão sujeitas a esse massacre terapêutico. Os terapeutas psicanalíticos, experienciais e de rede familiar ampliada tendem a supor que as famílias precisam de uma reorganização fundamental. Já que eles têm o equipamento para uma grande cirurgia – terapia prolongada –, tendem a ver seus clientes como necessitados dela.

Os pioneiros da terapia familiar (com a notável exceção de Virginia Satir) tendiam a superestimar as forças homeostáticas nas famílias e a subestimar sua flexibilidade e engenhosidade. Esse ponto de vista encorajou os terapeutas a agirem como provocadores, controladores e estrategistas. O corolário da família aprisionada por forças sistêmicas que não compreendem era o terapeuta sabido que lhes daria esse entendimento. Muitas das abordagens mais novas têm por objetivo eliciar os recursos da família em vez de lutar contra a sua resistência. Esses modelos incentivam o terapeuta a colaborar com as famílias para encontrar soluções, em vez de supor que elas não mudarão a menos que sejam provocadas. Todavia, quando algumas dessas abordagens "colaborativas" – como a terapia focada na solução, por exemplo – presumem que a mudança é fácil, isso é tão ingênuo quanto otimista.

Processo/conteúdo

A maioria das escolas de terapia familiar enfatiza o **processo** da interação familiar. Os psicanalistas e experiencialistas tentam diminuir a defensividade e estimular a expressão honesta de pensamentos e sentimentos; os terapeutas das comunicações intensificam o fluxo de interações e ajudam os membros da família a reduzir a incongruência entre níveis de comunicação; os bowenianos bloqueiam a triangulação e encorajam a "posição-Eu"; os terapeutas estratégicos agem contra as interações que mantêm o problema; os comportamentalistas ensinam os pais a usarem o controle positivo, e os casais, a eliminarem comunicações coercitivas; os terapeutas estruturais realinham fronteiras e fortalecem a organização hierárquica.

Apesar de seu compromisso com o processo, os terapeutas muitas vezes distraem-se com questões de conteúdo. Os psicanalistas perdem de vista o processo quando se concentram em membros individuais da família e em suas lembranças do passado. Os experiencialistas podem ser muito dominantes ao trabalhar com membros individuais da família para ajudá-los a superar a defensividade emocional. O perigo é que, agindo assim, o terapeuta negligencie os processos interacionais que afetam a expressão individual.

Os terapeutas do comportamento negligenciam o processo em favor do conteúdo quando isolam o comportamento de seu contexto e ignoram os padrões interacionais circundantes. Com freqüência, interferem no processo de interação familiar ao assumir um papel diretivo, didático. (Enquanto o professor ficar diante da classe palestrando, haverá pouca oportunidade de se descobrir o que os alunos são capazes de fazer sozinhos.)

Os conceitos de processo são tão centrais na terapia sistêmica de Bowen que é difícil esquecê-los. Só um entendimento ingênuo da teoria de Bowen levaria alguém a pensar apenas em restabelecer laços familiares, sem também estar ciente de processos de triangulação, fusão e diferenciação. O mesmo vale para a terapia familiar estrutural e para a terapia das comunicações: as questões de processo estão sempre no centro do palco.

Os modelos mais recentes, com a pouca ênfase dada ao pensamento sistêmico, afastaram-se do processo. Os construtivistas narrativos estão menos interessados em padrões interacionais do que nas maneiras pelas quais os membros da família entendem seus problemas. Estão menos interessados em mudar comportamentos do que em expandir histórias. Igualmente, já que os terapeutas focados na solução não têm nenhum interesse em descobrir como os problemas começaram, ignoram os processos familiares que cercam os problemas. Os únicos processos aos quais prestam atenção são as interações que constituem "exceções" – os momentos em que o problema não foi um problema.

Modelo monádico, diádico ou triádico

Alguns terapeutas (por exemplo, os psicoeducacionais) continuam pensando no indivíduo como o paciente e incluem o restante da família como um adjunto ao tratamento dessa pessoa. Lembre que os terapeutas psicoeducacionais trabalham principalmente com doenças mentais graves (esquizofrenia, transtorno bipolar), em que a influência da família é quase certamente menor do que na maioria dos casos tratados por terapeutas familiares.

O mesmo não pode ser dito sobre os terapeutas narrativos, cujo foco na cognição faz com que se concentrem nos indivíduos e ignorem amplamente as três características definidoras da terapia familiar:

1. reconhecer que os sintomas psicológicos costumam ser o resultado do conflito familiar;
2. pensar sobre os problemas humanos como interacionais, o que significa pensar em dois e três (complementaridade, triângulos);
3. tratar a família como uma unidade.

Embora os terapeutas narrativos desconsiderem o conflito familiar em suas formulações, seus esforços para redefinir os problemas como invasores alienígenas têm o efeito de unir a família para superar a influência do problema. Esta é uma especulação interessante: ignorar o conflito familiar, mas unir os membros da família na mesma preocupação, teria um resultado melhor em casos como anorexia, em que os problemas passam a ter vida própria, do que em outros, como recusa em ir à escola ou mau comportamento, em que o problema tende a ser resultado de conflitos familiares?

Os psicanalistas tendem a pensar na dinâmica da personalidade, quer atendam indivíduos, quer famílias. Eles vêem a vida familiar como um produto de relacionamentos internalizados do passado e geralmente estão mais preocupados com esses fantasmas mentais do que com as famílias de carne e osso do presente. Os terapeutas do comportamento usam um **modelo monádico** quando aceitam a definição da família de uma criança sintomática de que ela é o problema e se põem a ensinar os pais a modificar o comportamento da criança. Os terapeutas experienciais focalizam os indivíduos para ajudá-los a descobrir e a expressar sentimentos.

Na verdade, nenhuma coisa viva pode ser compreendida em termos do modelo monádico. O ovo de um pássaro talvez seja o que existe de mais semelhante, na natureza, a uma unidade auto-suficiente. O feto está trancado dentro de sua casca com todos os nutrientes dos quais precisa para sobreviver. Todavia, até esta visão é incompleta, pois há uma troca de calor entre o ovo e o ambiente circundante. Sem o calor da mãe, o bebê pássaro morrerá.

Conceitos diádicos são necessários para explicar o fato de que as pessoas agem em relação às outras. Mesmo o paciente psicanalítico, associando livremente no divã, filtra memórias e sonhos através das reações ao analista. A maioria dos terapeutas familiares opera com conceitos diádicos. Até no caso de uma família grande em tratamento, o foco habitualmente está em vários pares ou unidades da família.

Ajudar duas pessoas a aprender a se relacionar melhor nem sempre significa que o terapeuta pensa em termos diádicos. Os terapeutas do comportamento trabalham com casais, mas tratam-nos como indivíduos, ambos deficientes na arte de se comunicar. Um **modelo diádico** genuíno baseia-se no reconhecimento de que duas pessoas em um relacionamento não são entidades independentes que interagem; cada uma define a outra. Neste modelo, a agorafobia de uma esposa seria compreendida como uma reação ao marido e como um meio de influenciá-lo. Da mesma forma, a decisão dele de enviá-la para uma modificação de comportamento reflete sua relutância em aceitar seu papel na vida dela.

Terapeutas familiares de todas as escolas usam conceitos diádicos: complementaridade de necessidades inconscientes, expressivo/instrumental, identificação projetiva, simbiose, intimidade, *quid pro quo*, duplo vínculo, simétrico/complementar, perseguidor/distanciador e contrato comportamental. Alguns termos baseiam-se no pensamento diádico, mesmo que envolvam mais de duas pessoas: submisso (referindo-se ao relacionamento da família com o terapeuta) ou desafiador. Alguns parecem envolver apenas uma: contratransferência, dominante e supercompetente. Outros conceitos conseguem abranger unidades de três ou mais, mas em geral são usados para se referir a unidades de dois: fronteira, coalizão, fusão e desligamento.

Com excessiva freqüência, os terapeutas familiares negligenciam complicações triádicas. Murray Bowen fez mais do que qualquer outro para salientar que o comportamento humano sempre é uma função de triângulos. Os terapeutas estruturais enfatizam consistentemente que o emaranhamento ou o desligamento entre duas pessoas é uma função de relacionamentos recíprocos com uma terceira pessoa. Os terapeutas das comunicações escreveram sobre relacionamentos triádicos, mas tendiam a pensar em unidades de dois. O mesmo vale para a maioria dos terapeutas estratégicos, embora Haley, Selvini Palazzoli e Lynn Hoffman estejam cientes dos triângulos.

A vantagem do **modelo triádico** é que ele permite um entendimento mais complexo do comportamento no contexto. Se um menino se comporta mal quando a mãe não usa uma disciplina firme, ensiná-la a ser mais rígida não funcionará se o comportamento dela refletir o seu relacionamento com o marido. Talvez ela permita que o filho se comporte mal como uma maneira de solapar a autoridade do pai, ou ela e o marido podem ter estabelecido um relacionamento em que a ineficiência dela reafirma a força dele.

O fato de o pensamento triádico permitir um entendimento mais completo não significa que os terapeutas familiares sempre devem incluir todas as pessoas no tratamento. A questão não é quantas pessoas estão dentro do consultório, mas se o terapeuta considera os problemas em seu contexto completo.

A família nuclear no contexto

Assim como a maioria dos terapeutas familiares endossa as idéias da teoria sistêmica, a maioria também descreve as famílias como **sistemas abertos.** A família é aberta no sentido de que seus membros interagem não apenas entre si, mas também com sistemas extrafamiliares. Na verdade, uma ênfase importante da terapia familiar contemporânea é a expansão do foco de atenção, que passou a incluir a maneira pela qual as famílias são afetadas por raça, gênero, etnicidade, classe e orientação sexual. Para o terapeuta de hoje, falar sobre o contexto social das famílias deixou de ser uma abstração ociosa.

Os membros do grupo de Palo Alto introduziram o conceito de sistemas abertos, mas, de fato, tratavam as famílias como unidades auto-suficientes. Prestavam pouca atenção a estressores fora da família e raramente consideravam o impacto da comunidade ou da família ampliada. Os primeiros a levar em conta o extrafamiliar foram Murray Bowen e Ross Speck. Bowen enfatizava o papel central dos relacionamentos com a família ampliada e Speck mobilizava redes de amigos e vizinhos para ajudar no tratamento.

Os terapeutas sistêmicos bowenianos e os terapeutas de redes incluem no tratamento, praticamente sempre, pessoas de fora da família nuclear; os terapeutas psicanalíticos, focados na solução, comportamentalistas e narrativos raramente fazem isso. Entre os experiencialistas, Whitaker costumava incluir membros da família ampliada por uma ou duas sessões. Incluir membros da família ampliada ou amigos no tratamento geralmente é proveitoso, às vezes essencial. Entretanto, isso não é o mesmo que pensar na família como um sistema aberto. Um sistema aberto não é um sistema maior: é um sistema que interage com o seu ambiente.

Em lugar nenhum a idéia das famílias como sistemas abertos foi mais bem articulada do que no livro de Minuchin (1974, p. 2), *Families and family therapy*. Escrevendo sobre o "Homem em seu contexto", Minuchin compara a terapia familiar com a teoria psicodinâmica. A última, diz ele, se vale do conceito do homem como um herói, que continua a ser ele mesmo apesar das circunstâncias.[1] Por outro lado, "A teoria da terapia familiar baseia-se no fato de que o homem não é um ser isolado. É um membro ativo e reativo de grupos sociais". Minuchin credita a Gregory Bateson a extinção da fronteira entre espaço interno e externo e, ainda, diz que, assim como a fronteira que separa o indivíduo da família é artificial, também é artificial a fronteira que separa a família do ambiente social.

Algo que quem trabalha com famílias de agências aprende logo é que as tentativas de ajudá-las com freqüência limitam-se a uma rede pegajosa de influências concorrentes de tribunais, departamento de liberdade condicional, agências de proteção à criança, programas de alojamento, lares grupais, agências de violência doméstica, e assim por diante. Se as famílias de classe média podem ser tratadas como unidades fechadas em termos organizacionais, com famílias pobres isso é impossível. As famílias pobres vivem em lares sem paredes.

Conforme os serviços proliferam, os feudos se multiplicam. O problema mais óbvio é a falta de coordenação. Tome, por exemplo, um caso recente envolvendo um garoto de 15 anos que havia abusado sexualmente de suas duas irmãs adolescentes e de um irmão mais jovem. Havia agências que trabalhavam com as vítimas do sexo feminino, uma com a mais velha e outra com a mais jovem. Uma agência trabalhava com o menino mais jovem, outra trabalhava com o perpetrador, e outra, ainda, com a mãe das vítimas. Havia uma arte-terapeuta na escola pública trabalhando com as crianças sexualmente abusadas, e o garoto de 15 anos estava em uma escola residencial onde fazia terapia individual e de grupo. Não é de surpreender que todos esses profissionais de ajuda tendessem em diferentes direções. Um segundo problema, mais injusto, é que a maioria das agências tem o mandato de atender indivíduos – vítimas ou vitimizadores, adultos ou crianças. Ao tratar dos direitos das pessoas que precisam de proteção ou correção, essas agências apóiam indivíduos, não a unidade familiar.

A reação habitual dos terapeutas que entram nessas redes de altruísmo desorganizado é tentar coordenar os vários *inputs*. Então, quando descobrem a pouca influência que têm sobre todas essas agências e profissionais, desistem e se esforçam ao máximo para ajudar a família no consultório. Entre os que não estão dispostos a desistir, Evan Imber-Black (1988) e Richard Kagan e Shirley Schlosberg (1989) escreveram livros práticos sobre o tratamento de famílias em "perpétua crise". Patricia Minuchin, Jorge Colapinto e Salvador Minuchin (1998) publicaram um relato inspirado sobre seus esforços para que as agências de assistência social que trabalhavam com famílias pobres passassem a focar a família.

Sob a influência do construcionismo social, os modelos mais novos de terapia familiar possuem aguda consciência do contexto social das famílias que tratam. Todavia, essa consciência manifesta-se mais na sensibilidade às influências sociais e políticas sofridas pela família moderna; ainda é mais raro que pessoas de fora da família sejam incluídas no tratamento.

O pessoal como político

No passado, era axiomático que os terapeutas deveriam manter uma neutralidade terapêutica: não deveriam fazer julgamentos, tomar partido ou dizer às pessoas o que fazer. Deveriam permanecer inabalavelmente objetivos, incentivando a comunicação ou fazendo interpretações, mas sem impor suas opiniões ou valores pessoais. Hoje, entretanto, muitos profissionais acreditam que os terapeutas devem posicionar-se a favor de algumas coisas e contra outras.

Desde que as terapeutas familiares feministas nos desafiaram a enfrentar a desigualdade de gênero (por exemplo, Hare-Mustin, 1978; Goldner, 1985), um número cada vez maior de profissionais da tradição narrativa começou a ajudar os membros da família a identificar a influência prejudicial de certos valores e práticas culturais em sua vida e em seus relacionamentos (por exemplo, White e Epston, 1990; Freedman e Combs, 1996). Na verdade, uma das maneiras mais convincentes de motivar as pessoas a assumirem um papel mais ativo em seu próprio destino é ajudá-las a pensar em si mesmas não como deficientes, mas como oprimidas. Quando começam a progredir, o terapeuta narrativo tenta recrutar outras pessoas como testemunhas e como um grupo estimulador, para apoiar seu senso de *self* novo e mais positivo.

Com certeza há razões para ajudarmos as pessoas a questionarem valores que podem estar contribuindo para seus problemas. Quem diz que as mulheres devem ser magras como modelos de passarela? Que a adolescência precisa ser uma época tumultuada? Que a primeira obrigação de um homem é a sua carreira? Além disso, ao definir certos pressupostos destrutivos como culturalmente impostos, os terapeutas narrativos convidam os membros da família a se unir em oposição a esses valores. Todavia, é preciso saber como pôr em prática essa consciência política.

É impossível compreender relacionamentos sem levar em conta as forças sociais e culturais que influenciam os parceiros.

Às vezes, a presteza em identificar atitudes culturais opressivas pode fazer com que ignoremos o papel do cliente em seus problemas e projetemos a culpa em algo externo. Tome, por exemplo, o caso de uma mulher que começa a se perguntar se algo em seu comportamento poderia ser responsável por sua falta de sucesso com os homens. O que acontecerá se o terapeuta redefinir o problema da mulher como "A Voz da Insegurança" e exortá-la a considerar essa dúvida como parte de um padrão cultural que leva as mulheres a se conformarem às expectativas masculinas? Talvez seja verdade que as mulheres acomodam-se mais do que os homens, mas e no caso *desta* mulher? Se sua consideração de como ela poderia estar contribuindo para o padrão de relacionamentos malsucedidos em sua vida for entendida como culpa da sociedade, será que isso vai aumentar sua capacidade?

É bom ser solidário, inclusive defensor do cliente, mas, quando os terapeutas começam a supor que seus pacientes são vítimas do patriarcado, dos homens, do racismo ou do heterossexismo, podem estar revelando aquela mesma mentalidade linear acusatória que a terapia familiar propôs-se a combater, antes de tudo. Às vezes, a presteza em identificar as influências culturais como vilãs na vida dos clientes parece artificial, uma pose – o terapeuta como um cavaleiro em uma armadura brilhante lutando contra as forças da opressão. Por outro lado, ignorar racismo, sexismo, etnocentrismo, pobreza, crime e alienação – pensar nas famílias como se vivessem em uma ilha deserta – faz tanto sentido quanto esconder sua cabeça na areia.

Dado o impacto das condições sociais sobre as famílias, será que os terapeutas familiares teriam um papel único a desempenhar na política e na sociedade, ou são, pelo menos em sua capacidade profissional, primeiramente terapeutas, treinados para tratar problemas psicológicos, sem nenhuma autoridade ou perícia especial para corrigir erros sociais? Essas são perguntas importantes, sem respostas fáceis.

Fronteiras

Os conceitos mais úteis de fronteiras interpessoais são encontrados no trabalho de Murray Bowen e de Salvador Minuchin. Bowen é melhor na descrição da fronteira entre o *self* e a família; Minuchin é melhor na identificação das fronteiras entre vários subsistemas da família. Nos termos de Bowen, os indivíduos variam em um contínuo da fusão à diferenciação, enquanto Minuchin descreve as fronteiras como variáveis de difusas a rígidas, com resultante **emaranhamento** ou **desvencilhamento**.

O pensamento de Bowen reflete a ênfase psicanalítica na *separação* e na *individuação* (Mahler, Pine e Bergman, 1975), com especial atenção à resolução dos apegos edípicos e saída da casa dos pais. Segundo este modelo, nós nos tornamos nós mesmos quando aprendemos a ficar sozinhos. Bowen prestou menos atenção ao isolamento emocional decorrente de fronteiras rígidas, tratando isso como um artefato – uma defesa – contra a falta de separação psicológica. Bowen usou uma variedade de termos – *proximidade, fusão, indiferenciação, reatividade emocional* –, todos se referindo ao perigo de a pessoa se perder nos relacionamentos.

Minuchin propõe uma visão mais equilibrada, descrevendo os problemas que resultam quando as **fronteiras** são demasiado frágeis *ou* rígidas. As *fronteiras difusas* permitem uma interferência excessiva no funcionamento de um subsistema; as *fronteiras rígidas* impedem um apoio suficiente entre os membros da família. Bowen descreveu apenas um problema de fronteira – a fusão – e apenas um objetivo – a diferenciação. A fusão é como uma doença – você pode ter um caso grave ou leve. Minuchin fala em duas possibilidades – emaranhamento ou desligamento –, e sua terapia é planejada para cada caso específico.

A "fusão" de Bowen e o "emaranhamento" de Minuchin referem-se ambos a fronteiras indistintas, mas não são sinônimos. A **fusão** é uma qualidade psicológica de indivíduos, o oposto da individuação. A dinâmica da fusão tem um impacto sobre os relacionamentos (especialmente na forma de reatividade e triangulação), mas a fusão está *dentro* da pessoa. O emaranhamento está *entre* as pessoas.

Essas diferenças conceituais também levam a diferenças no tratamento. Os terapeutas bowenianos encorajam os relacionamentos, mas enfatizam a autonomia. O sucesso é medido pela diferenciação do *self*. Os estruturalistas encorajam a autenticidade, mas tentam reestruturar relacionamentos familiares fortalecendo *ou* abrandando fronteiras. O sucesso é medido pelo funcionamento harmonioso de toda a família.

DESENVOLVIMENTO FAMILIAR NORMAL

Como regra, os terapeutas familiares têm pouco a dizer sobre questões desenvolvimentais.[2] Uma das características distintivas da terapia familiar é seu foco nas interações do aqui e agora. Portanto, o desenvolvimento familiar normal, que envolve o passado e o que é sadio, tem sido pouco enfatizado.

A maioria dos terapeutas tem suposições sobre o que é normal, e essas idéias influenciam seu trabalho. O problema é que, na medida em que esses modelos implícitos não são articulados, podem refletir vieses pessoais tanto quanto algo mais. Ao estabelecer objetivos para um tratamento familiar, a escolha não é entre ter ou não ter um modelo do que é sadio, mas entre usar um modelo que foi articulado e examinado, ou operar com base em padrões pessoais maldefinidos.

Os terapeutas familiares interessados no passado, especialmente os membros das escolas boweniana e psicanalítica, são os que mais falam sobre o desenvolvimento normal. Embora a maioria das escolas de terapia familiar não se preocupe com o modo como as famílias começaram, os bowenianos e psicanalistas têm muito a dizer sobre a escolha conjugal. Bowen falava sobre *diferenciação, fusão* e *triângulos*, enquanto os autores psicanalíticos falam sobre *complementaridade de necessidades inconscientes, identificação projetiva* e *idealização*; entretanto, parecem estar usando termos diferentes para descrever fenômenos semelhantes. Os psicanalistas falam sobre a escolha conjugal como um objeto de *transferência* da família de origem e sobre as pessoas escolherem parceiros que se equiparem ao seu próprio nível de maturidade; Bowen disse que as pessoas escolhem parceiros que replicam padrões conhecidos de interação familiar e selecionam companheiros com o mesmo nível de diferenciação.

Essas são descrições de como as pessoas casam-se com os próprios alteregos. Ambas as escolas também discutem como as pessoas escolhem companheiros que parecem ser diferentes, pelo menos exteriormente, em coisas que são estimulantes e parecem compensar deficiências no *self*. Indivíduos obsessivos tendem a casar com indivíduos histéricos, e, segundo Bowen, pessoas orientadas para a proximidade muitas vezes casam com pessoas que criam distância. Isso demonstra outro aspecto em que as escolas boweniana e psicanalítica são semelhantes entre si e diferentes das outras. Ambas reconhecem que as personalidades têm camadas. Ambas julgam que o sucesso de um relacionamento depende não apenas de interesses e valores compartilhados, mas também da natureza das imagens objetais internas, introjetadas, dos parceiros.

Mesmo que não enfatizem o passado, a maioria das outras escolas de terapia familiar tem conceitos para descrever o desenvolvimento familiar normal. Por exemplo, os terapeutas da comunicação falam sobre os *quid pro quos* (Jackson, 1965) trocados nos casamentos normais, enquanto os comportamentalistas descrevem o mesmo fenômeno em termos da *teoria do intercâmbio social* (Thibaut e Kelley, 1959).

Virginia Satir descreveu as famílias normais como aquelas em que a comunicação é direta e honesta, em que as diferenças são enfrentadas em vez de escondidas, e em que as emoções são expressas abertamente. Nessas condições, acreditava ela, as pessoas desenvolvem uma *auto-estima* sadia, o que lhes permite assumir os riscos necessários para um relacionamento autêntico.

Segundo Minuchin (1974), os terapeutas precisam conhecer os fatos da vida familiar comum para se tornarem terapeutas efetivos. Precisam distinguir estruturas funcionais de disfuncionais, assim como estruturas patológicas de estruturas que são simplesmente transicionais.

Já que a terapia estrutural começa avaliando a adequação da estrutura da família, ela às vezes parece impor um padrão. Contudo, na verdade, a normalidade é definida em termos de funcionalidade, e os terapeutas estruturais reconhecem que padrões diversos podem ser igualmente funcionais. A clareza das fronteiras dos subsistemas é mais importante do que a composição do subsistema. Por exemplo, um subsistema parental constituído por uma mãe solteira e um filho mais velho pode funcionar de modo efetivo se as linhas de autoridade forem claramente estabelecidas. Padrões de emaranhamento e desligamento são vistos como estilos preferidos, não necessariamente como indicação de anormalidade.

A maioria dos terapeutas não pensa em termos de refazer a família e, portanto, acredita que não tem necessidade de modelos de como a família deve ser. Em vez disso, eles intervêm em problemas específicos – interações que mantêm problemas, histórias saturadas de problemas, soluções esquecidas – conceitualizados em termos de função, não de estrutura. Os padrões que observam são disfuncionais; como conseqüência, por implicação, o funcional deve ser justamente o oposto.

Embora não seja necessário ter uma maneira de compreender o passado da família para ajudá-la, convém possuir uma maneira de compreender a organização da família no presente, utilizar um modelo de comportamento normal para estabelecer os objetivos de tratamento. Esse modelo deveria incluir um traçado para o presente e para as mudanças que vêm com o passar do tempo. Entre as idéias apresentadas neste livro, as mais úteis para um modelo básico de funcionamento familiar normal incluem *hierarquia estrutural, comunicação efetiva* e *desenvolvimento de ciclo de vida familiar*.

DESENVOLVIMENTO DE TRANSTORNOS DE COMPORTAMENTO

Nos primeiros dias da terapia familiar, os pacientes eram vistos como inocentes – **bodes expiatórios** – cujo desvio mantinha a estabilidade familiar. Grande parte da literatura era sobre maneiras disfuncionais de manter a paz: *designação de um bode expiatório, pseudomutualidade, processo de projeção familiar, duplo vínculo, mistificação,* e assim por diante. Esses mecanismos malignos podiam levar crianças à loucura, mas ajudavam a manter a família unida. Era uma história simples e satisfatória de maldade. Ninguém, exatamente, culpava os pais – suas coerções não eram, de fato, deliberadas –, mas essas explicações baseavam-se nas faltas e falhas parentais e, como tal, tinham força mítica. A idéia de que a esquizofrenia era um sacrifício que as crianças faziam por suas famílias era absolutamente atraente – e absolutamente falsa.

Hoje, os terapeutas familiares pensam menos sobre o que causa os problemas e mais sobre como as famílias, involuntariamente, os perpetuam.

Sistemas inflexíveis

Os primeiros observadores das famílias de esquizofrênicos enfatizavam a sua inflexibilidade. Wynne cunhou o termo **cerca de borracha** para dramatizar como as famílias psicóticas resistem à influência externa, e **pseudomutualidade** para descrever sua fachada de harmonia. R. D. Laing mostrou como os pais, incapazes de tolerar a individualidade dos filhos, empregavam a **mistificação** para negar a experiência dos jovens. Os teóricos da comunicação pensavam que a perturbação mais notável nas famílias de esquizofrênicos era a ausência de mecanismos para mudar as regras. Estavam programadas para o *feedback* negativo, tratando a novidade e a mudança como desvios aos quais resistir.

Essa tradição de ver as famílias de pacientes mentalmente doentes como rigidamente homeostáticas foi assimilada na década de 1980 por Selvini Palazzoli, em seu conceito de "jogos sujos". Carol Anderson e Michael White opuseram-se a essa perspectiva negativa, sugerindo que a rigidez poderia ser o resultado de viver com problemas sérios e de ser responsabilizado pelos mesmos por profissionais de saúde mental.

Explicar os problemas da família em termos de inflexibilidade homeostática tornou-se um dos fundamentos da escola estratégica. As famílias disfuncionais reagiam aos problemas com uma variedade limitada de soluções. Mesmo quando as soluções não funcionam, essas famílias continuam tentando, de modo obstinado. Os comportamentalistas adotam uma idéia semelhante quando explicam os sintomas como resultado de tentativas falhas de controlar o comportamento. Muitas vezes, quando os pais pensam que estão punindo um mau comportamento, na verdade estão reforçando-o dispensando atenção a ele.

Segundo as teorias psicanalítica e experiencial, a rigidez intrapsíquica, em forma de *conflito, parada desenvolvimental* e *supressão emocional*, é a contribuição do indivíduo para a inflexibilidade familiar. Os psicanalistas consideram as famílias não-sadias como sistemas fechados que resistem à mudança. Quando estressadas, as famílias inflexíveis regridem a níveis anteriores de desenvolvimento, em que conflitos não-resolvidos as deixam fixadas.

Os experiencialistas descrevem as famílias disfuncionais como emocionalmente estagnadas. Se for verdade que às vezes temos de tentar algo diferente apenas para saber que estamos vivos, as famílias que temem o balanço do barco tornam-se tímidas e inertes. O portador dos sintomas é uma vítima da oposição da família à força de vida.

Os terapeutas estruturais localizam a inflexibilidade da família nas fronteiras entre os subsistemas. Todavia, os problemas estruturais não são, necessariamente, o resultado de alguma falha na família. Famílias, sob outros aspectos normais, podem desenvolver problemas se forem incapazes de modificar uma estrutura previamente funcional para lidar com uma crise ambiental ou desenvolvimental. Os terapeutas familiares deveriam ser muito claros neste ponto: há casos em que as famílias sintomáticas são basicamente sadias; podem apenas precisar de ajuda para se ajustar a uma mudança de circunstâncias.

Os terapeutas focados na solução e os narrativos evitam implicar os membros da família no desenvolvimento de seus problemas. Ambos os campos preferem concentrar-se nas forças dos indivíduos na família e nos momentos em que usaram seus recursos para triunfar sobre os problemas. O que esses modelos identificam como problemático são os hábitos rígidos de pensamento que levam as pessoas a se considerar derrotadas. Os terapeutas focados na solução deixam por isso mesmo; não especulam sobre as origens do pensamento derrotista. Os terapeutas narrativos apontam o que consideram sistemas tóxicos de crença na cultura, internalizados pelos membros da família. A sociedade, e não a família, é inflexível.

A função dos sintomas

Os primeiros terapeutas familiares descreviam o paciente identificado como tendo uma função na família perturbada, ao desviar o conflito e, assim, estabilizar a família. Vogel e Bell (1960) descreveram as crianças emocionalmente perturbadas como "bodes expiatórios da família", escolhidos como objeto de projeção parental com base em traços que os tornavam diferentes. A partir daí, o desvio do paciente promove coesão na família, ao unir os pais na mesma preocupação.

Hoje, muitos terapeutas familiares negam que os sintomas têm significado ou função. Na verdade, os terapeutas narrativos, focados na solução e psicoeducacionais são tão diametralmente contrários à idéia de que os sintomas têm um propósito, que essas abordagens podem ser vistas como criadas para se opor a essa idéia. A terapia narrativa baseia-se na metáfora dos sintomas como entidades alienígenas, e a abordagem da psicoeducação dedica-se a exonerar as famílias da responsabilidade pela doença mental.

Os comportamentalistas sempre se opuseram à idéia de que os sintomas são um sinal de patologia subjacente. Os terapeutas familiares comportamentais tratam os problemas como déficits de habilidades ou como o resultado de tentativas falhas de mudar comportamentos. Sua focalização apenas nos sintomas é uma razão pela qual conseguem descobrir as contingências que os reforçam e também o motivo pelo qual não têm muito sucesso nos casos em que os problemas de comportamento de uma criança servem para estabilizar um casamento conflituoso, ou em que as brigas de um casal protege de lidar com conflitos mais profundos.

Algumas escolas de terapia familiar continuam a acreditar que os sintomas sinalizam problemas mais profundos e podem servir para manter a estabilidade familiar. Nas famílias que não toleram o conflito aberto, um membro sintomático pode agir como uma cortina de fumaça e uma diversão. Nas formulações psicanalítica, boweniana e estrutural, a incapacidade de um casal de estabelecer laços de intimidade pode ser atribuída ao fato de que um ou ambos ainda estão enredados no relacionamento entre os pais. Desta maneira, o comportamento sintomático é transmitido através das gerações e serve para estabilizar o sistema familiar multigeracional.

Às vezes, é possível ver como uma criança sintomática motiva um progenitor deprimido ou desligado a se envolver mais com a família. Segundo Jay Haley, o mau comportamento de uma criança com freqüência é parte de um ciclo repetitivo que mantém os pais energizados. Em uma seqüência típica, o pai fica infeliz e se retrai; a criança se comporta mal; a mãe não consegue disciplinar o filho; o pai intervém, voltando a se envolver com a mãe por intermédio da criança.

O seguinte exemplo de como um comportamento "disfuncional" pode ter uma utilidade foi retirado de uma entrevista realizada por Harry Aponte (um conhecido terapeuta familiar estrutural), citada em Hoffman (1981, p. 83).

> A entrevista foi realizada com uma família negra, pobre, que se encaixa perfeitamente na descrição "multiproblema". Todos – a mãe, seis filhos adultos, ou quase adultos, e dois netos – correm perigo, por esgotamento, doença, nervos, violência, acidente ou uma combinação desses fatores. Além disso, os membros da família são barulhentos, agitados e difíceis de controlar.
>
> Em certo momento, Aponte pergunta à mãe: "Como você lida com isso?" A mãe, que estava apática e aparentemente desinteressada enquanto o terapeuta tentava conversar com os filhos, disse: "Eu ponho a minha roupa de gorila". Os filhos riem enquanto descrevem quão horrível a mãe fica quando veste sua roupa de gorila.

> Logo depois dessa conversa, ocorre um incidente que sugere o desenrolar de uma seqüência causal circular, uma daquelas redundâncias que podem ter a ver com o equilíbrio da família. A mãe continua apática e parece cansada, e o terapeuta começa a perguntar a ela sobre seus nervos. A princípio, os filhos ainda estão relativamente quietos, escutando. Quando ela começa a dizer que tem um problema de nervos e toma remédio, eles entram em ação. Um dos garotos cutuca o bebê; outro tenta impedir que o bebê chute de volta; o bebê começa a berrar. O terapeuta pergunta à filha de 20 anos (a mãe do bebê) se pode controlá-lo; ela diz que não. Nesse momento, a mãe se levanta e dá uma pancada no bebê com um jornal enrolado, saindo de sua letargia como um gigante adormecido importunado por um mosquito. Ela pega o bebê e o coloca sentado com força, e ele não cria mais nenhum problema. Durante essa seqüência, o restante dos filhos pula e ri, alvoroçadamente, fazendo com que a mãe os repreenda. Então eles se acalmam, e a mãe volta a sentar, mais atenta agora e, definitivamente, no controle.

Aqui, uma mãe esmagada pelo estresse se deprime; quando ela fala sobre a sua depressão, os filhos ficam ansiosos e se comportam mal; o mau comportamento provoca uma reação na mãe, despertando-a de seu recolhimento para controlar o caos. O mau comportamento sintomático dos filhos funciona como causa e cura da depressão da mãe, em um ciclo recorrente.

Dinâmica subjacente

Na década de 1950, os terapeutas familiares desafiaram a noção psicanalítica de que os sintomas eram apenas fenômenos superficiais, e os problemas reais eram internos. Afirmavam que focalizar as interações comportamentais era suficiente para tratar a maioria dos problemas.

Hoje, muitos terapeutas familiares ainda negam ser necessário considerar a dinâmica subjacente para explicar ou tratar comportamentos sintomáticos. Esses terapeutas acreditam que é suficiente observar padrões de interação na família. Alguns terapeutas estratégicos, como o grupo do MRI, foca as interações em torno de comportamentos sintomáticos; outros, como o grupo de Milão, adotam uma visão mais ampla de toda a família. Os comportamentalistas afirmam que, para explicar comportamentos indesejados, é necessário apenas observar suas conseqüências reforçadoras.

Apesar da tradição de explicar comportamentos problemáticos sem trazer para a cena a dinâmica subjacente, muitos terapeutas acreditam que nem os sintomas apresentados nem as interações circundantes são a questão fundamental; o verdadeiro problema é uma disfunção familiar subjacente. Esses terapeutas olham por trás – ou além – das seqüências comportamentais, em busca de alguma falha na família. A noção de Minuchin de estrutura familiar é o principal exemplo deste conceito. Os terapeutas estruturais prestam atenção às queixas das famílias, mas seu verdadeiro foco está nos problemas estruturais subjacentes.

A estrutura familiar é atualmente uma das preocupações centrais na terapia familiar, e o campo pode ser dividido entre os que incluem e os que não incluem a estrutura em sua análise. John Weakland, do grupo do MRI, negava enfaticamente a necessidade de incluir conceitos estruturais na avaliação da família e achava que fazer isso era retornar à teorização psicodinâmica desacreditada. Outros, cujo foco está mais nas interações do aqui e agora, incluindo comportamentalistas (Patterson) e alguns experiencialistas (Whitaker), eventualmente passaram a aceitar a utilidade dos conceitos estruturais.[3] Essa aceitação foi um dos primeiros sinais de uma crescente convergência entre sistemas concorrentes.

A revolução pós-moderna também é pós-estrutural, no sentido de que as concepções de uma estrutura subjacente eram vistas como modernistas (falsamente absolutistas) e, portanto, problemáticas. Pós-modernistas como Michael White, Steve de Shazer e Harlene Anderson evitam especulações estruturais.

Os terapeutas psicanalíticos e bowenianos têm seus próprios conceitos de dinâmica subjacente. Os psicanalistas originaram a idéia da dinâmica subjacente; os terapeutas familiares psicanalíticos de hoje usam essa idéia em conceitos de conflito estrutural intrapsíquico (id, ego, superego), parada desenvolvimental, relações objetais internas e estruturas patológicas interligadas entre os membros da família. Segundo o modelo psicanalítico, podem surgir dificuldades na interação, mas são os indivíduos interatuantes que têm os problemas reais.

Na teoria de Bowen, os principais conceitos que descrevem a dinâmica familiar são fusão, processo de projeção familiar e triângulos interligados. Esses problemas subjacentes são tão enfatizados, que os bowenianos provavelmente passam menos tempo do que qualquer outro terapeuta lidando de modo direto com os sintomas apresentados.

A teoria boweniana utiliza um modelo de *diátese-estresse* de problemas psicológicos. Este é um modelo da pesquisa genética, em que a pessoa desenvolve um transtorno quando algum defeito genético é acionado pelo estresse do ambiente. Na teoria boweniana, as pessoas que desenvolvem sintomas diante do estresse ansiogênico apresentam níveis mais baixos de diferenciação e estão emocionalmente desligadas de sistemas de apoio, em especial na família ampliada. A diátese pode não ser genética, mas é transmitida de uma geração para a próxima.

Triângulos patológicos

Os triângulos patológicos estão no centro de várias explicações da terapia familiar sobre transtornos de comportamento. Entre elas, a teoria de Bowen é a mais clara e perspicaz. Bowen explicou como, quando duas pessoas estão em conflito, a mais ansiosa criará um triângulo com uma terceira pessoa. Este modelo não só fornece uma explicação da patologia do sistema, como também serve de alerta: enquanto o terapeuta permanecer ligado a uma das partes no conflito emocional, será parte do problema.

Na teoria psicanalítica, os conflitos edípicos são considerados a raiz da neurose. Aqui, o triângulo é desencadeado por interações familiares, mas se aloja na psique individual. A ternura da mãe pode ser sedutora, e o ciúme do pai, ameaçador, mas o desejo de acabar com o pai e possuir a mãe é um produto da fantasia. A fixação patológica desse conflito pode ser causada por coisas que acontecem no espaço exterior da família, mas o conflito está no espaço interno da mente da criança.

A teoria familiar estrutural baseia-se em configurações triangulares, em que uma fronteira disfuncional entre dois subsistemas é a recíproca de uma fronteira com um terceiro. O emaranhamento do pai com o filho reflete o desligamento entre pai e mãe; o desligamento de uma mãe solteira em relação aos filhos é a contraparte de seu envolvimento excessivo fora da família. A teoria estrutural também usa o conceito de triângulos patológicos para explicar as *tríades que desviam conflitos,* pelas quais os pais desviam seu conflito para a criança. Minuchin, Rosman e Baker (1978) demonstraram, inclusive, que ocorrem mudanças fisiológicas quando pais em conflito transmitem seu estresse para uma criança psicossomática.

Os terapeutas estratégicos costumam trabalhar com um modelo diádico, em que os sintomas de uma pessoa são mantidos pelos esforços de outras para resolvê-los. Haley e Selvini Palazzoli, entretanto, usaram um modelo triangular na forma de **coalizões geracionais cruzadas**. Esses "triângulos perversos", como Haley (1977) os chama, acontecem quando um dos pais e uma criança, ou um dos avós e uma criança, entram em um conluio para formar um bastião de oposição encoberta ao outro pai.

O funcionamento triangular é menos central nos modelos mais novos, pois não estão preocupados com *como* as famílias desenvolvem problemas. Poderíamos até argumentar que ignorar a dinâmica familiar é uma das forças das abordagens narrativa e focada na solução, pois isso ajuda esses terapeutas a concentrar a atenção nos hábitos limitantes de pensamento em que estão interessados. Todavia, também poderíamos dizer que ignorar a dinâmica familiar é uma das fraquezas dessas abordagens, em especial nos casos em que o conflito da família não vai simplesmente desaparecer por seus membros unirem-se para resolver um problema comum.

❖❖❖

Quando as coisas dão errado, é tentador procurar alguém para culpar. O seu parceiro jamais fala sobre seus sentimentos? Ele deve ser de Marte. A família abandonou o tratamento depois das duas primeiras sessões? Ela deve ser resistente. Antes de começarmos a julgar, vamos reconhecer que é perfeitamente natural atribuir os nossos problemas à influência de outras pessoas. Já que olhamos a vida de dentro da própria pele, estamos mais conscientes da contribuição dos outros para os nossos problemas mútuos. Contudo, os terapeutas – esperamos – não têm a desvantagem desse viés egocêntrico. Não, eles têm a desvantagem de outro viés.

Sempre que escutamos um lado de uma história infeliz, é natural que simpatizemos com a pessoa que está falando. Se uma amiga lhe conta que o patrão dela é um idiota, a sua simpatia automaticamente coloca você do lado dela. A experiência sugere que a maioria das histórias tem dois lados. No entanto, quando o seu impulso é demonstrar solidariedade por alguém que está lhe contando seus problemas, a tentação é procurar vilões. Entre os profissionais de ajuda, com excessiva freqüência, essa tentação é irresistível.

Uma das razões para pôr a culpa dos problemas familiares em influências facilmente caluniáveis – homens, racismo, mães – é a dificuldade de enxergar além das personalidades individuais e perceber os padrões de interação que as tornam uma família, a menos que você atenda ao grupo todo e os observe em ação. É por isso que a terapia familiar foi inventada, em primeiro lugar.

OBJETIVOS DA TERAPIA

O objetivo da psicoterapia é ajudar as pessoas a mudar, a fim de aliviar seu sofrimento. Isso vale para a terapia individual, terapia de grupo e terapia familiar. Por que, então, se escreve tanto sobre os objetivos das várias escolas de terapia? Parte disso tem a ver com idéias diferentes sobre como as pessoas mudam e parte tem a ver com vocabulários alternativos para descrever essa mudança. Quando os bowenianos falam sobre "diferenciação do *self*", e os psicanalistas, sobre "maior força de ego", querem dizer praticamente a mesma coisa.

Se tirarmos as diferenças semânticas, os modelos de terapia familiar variam em duas dimensões importantes de objetivos. Primeiro, as escolas diferem com relação aos seus objetivos intermediários; buscam a mudança através de diferentes aspectos de funcionamento pessoal e familiar. Segundo, as escolas diferem em termos de quanta mudança buscam. Algumas contentam-se com a resolução dos sintomas, outras aspiram a transformar a família inteira.

Todos os terapeutas estão interessados em resolver problemas, mas alguns se concentram exclusivamente na resolução dos sintomas, enquanto outros estão preocupados com a saúde de todo o sistema familiar. Os terapeutas estratégicos, focados na solução e comportamentais estão menos interessados em mudar o sistema; os terapeutas psicanalíticos e bowenianos estão mais preocupados com a mudança no todo.

O objetivo da terapia familiar estrutural é tanto a resolução do sintoma quanto a mudança estrutural, mas a mudança estrutural buscada tem o objetivo modesto de reorganizar aquela parte da família que não conseguiu ajustar-se às circunstâncias em modificação. Os terapeutas narrativos, da comunicação e experienciais também miram um ponto no meio do caminho entre a melhora sintomática e a reorganização do sistema familiar. Os profissionais dessas escolas não focam as queixas apresentadas nem o sistema familiar global. Em vez disso, prestam especial atenção aos processos que acreditam estar por trás dos sintomas: construções cognitivas, padrões de comunicação e expressividade emocional. Melhoras nesses processos resolveriam os sintomas e promoveriam crescimento.

O foco da terapia estratégica e da decorrente terapia focada na solução está na solução de problemas. O objetivo é, simplesmente, resolver quaisquer queixas apresentadas pelos clientes. Os terapeutas narrativos, muitos dos quais se rebelam contra os aspectos mecanicistas de seu próprio *background* estratégico (cf. Freedman e Combs, 1996), visam a ajudar os clientes a resolverem os problemas por eles trazidos, mas também a desenvolver seu sentimento de capacidade pessoal.

O principal objetivo da terapia familiar deveria ser o de resolver a queixa apresentada. Se uma família pede ajuda para um problema específico, e o terapeuta os auxilia a expressar sentimentos, mas não resolve o problema, ele terá fracassado com a família de maneira importante. Uma das virtudes da terapia comportamental e estratégica é que os terapeutas não se iludem sobre os problemas terem sido ou não resolvidos. Certas abordagens, com aspirações mais amplas, correm o risco de perder de vista esta primeira responsabilidade do profissional de ajuda. Se o sucesso for definido como aceitar o ponto de vista do terapeuta e trabalhar para o seu objetivo conceitual, então a terapia torna-se uma luta de poder ou uma doutrinação. Até certo ponto, isso acontece em todas as terapias, mas só se justifica quando os objetivos do terapeuta atenderem também aos objetivos da família.

A vantagem de trabalhar buscando a mudança dos sintomas é que isso elimina a confusão sobre a terapia ter sido ou não bem-sucedida. A desvantagem de trabalhar *apenas* no nível dos comportamentos que mantêm os sintomas é que isso pode produzir mudanças que não perduram.

CONDIÇÕES PARA A MUDANÇA DE COMPORTAMENTO

Para estabelecer o tratamento familiar como uma abordagem distinta e inovadora, os terapeutas familiares começaram enfatizando as diferenças em relação à terapia individual. Mais tarde, enfatizaram diferenças entre eles próprios. Hoje, existe muita troca de idéias entre as escolas, mas, embora a maioria compartilhe um amplo consenso quanto aos princípios da mudança, elas ainda diferem em muitas questões específicas.

Ação ou *insight*

Uma das primeiras distinções entre terapia familiar e terapia individual foi com relação ao *insight*. Os terapeutas individuais enfatizavam o *insight* intelectual e emocional; os terapeutas familiares enfatizavam a ação. Na verdade, como as pessoas pensam, sentem e agem, nenhuma forma de terapia pode ter sucesso sem influenciar todos os três aspectos da personalidade humana.

Ação e *insight* são os principais veículos de mudança na terapia familiar. A maioria dos terapeutas emprega ambos os mecanismos, mas algumas escolas enfatizam a ação (estratégica, comportamental) ou o *insight* (psicanalítica, narrativa).

As alegações em favor da ação baseiam-se na observação de que as pessoas muitas vezes não mudam mesmo que compreendam por que deveriam mudar. Essa verdade é conhecida por quem já tentou perder peso, parar de fumar ou passar mais tempo com os filhos. Os comportamentalistas defendem a ação, salientando que o comportamento com freqüência é reforçado involuntariamente – explicações, dizem eles, não mudam comportamentos; o reforço muda.

Como os comportamentalistas, os terapeutas estratégicos focalizam o comportamento e não estão preocupados com o *insight*. Não acreditam em encorajar o entendimento e não crêem em ensinar; em vez disso, acreditam que a maneira de mudar o comportamento é a manipulação. Encurralam em um canto as famílias paralisadas – e a única forma de elas saírem de lá é saindo da paralisia.

As alegações em defesa do *insight* baseiam-se na crença de que, se as pessoas passarem a se compreender melhor, estarão livres para agir da maneira que for melhor para elas. Os psicanalistas acreditam que as pessoas estão cegas para os seus motivos reais. Sem *insight* em relação a conflitos ocultos, a ação pode ser um fracasso, ou até perigosa. A ação não-examinada pode ser um fracasso porque o alívio sintomático sem *insight* promove negação e repressão; ela pode ser perigosa se impulsos reprimidos forem atuados impensadamente.

O que algumas pessoas consideram ação pode ser visto pelos psicanalistas como atuação – diversões para mascarar a ansiedade que sinaliza conflitos subjacentes. Só compreendendo seus impulsos e os perigos envolvidos na sua expressão é que as pessoas poderão fazer mudanças duradouras. Além disso, como os conflitos importantes são inconscientes, só a interpretação metódica das fontes ocultas do comportamento produz mudanças duradouras. Na terapia psicanalítica, a ação não-analisada iniciada pelas famílias é chamada de atuação; a ação não-analisada iniciada pelos terapeutas é considerada manipulação. O *insight* só será obtido se as famílias verbalizarem seus pensamentos e sentimentos em vez de atuá-los e se os terapeutas interpretarem significados inconscientes em vez de sugerirem ou manipularem a ação.

Discussões sobre *insight* com freqüência dão origem a divisões, porque *insight* é uma palavra que passou a ser muito usada no campo e na mídia, e provoca reações – os proponentes a exaltam; os oponentes a ridicularizam. Os defensores do *insight* lhe atribuem propriedades pseudomédicas: o *insight*, como a medicina, cura. Na verdade, o *insight* não cura nada; é algo pelo qual a cura ocorre. Dizer que uma família adquire *insight* significa que os membros da família ficam conscientes do que pretendem com suas ações e do que querem uns dos outros; como vão agir a partir desses *insights* é algo que depende deles.

Em contraste com as posições polares assumidas por algumas escolas, outras trabalham com ação **e** *insight*. Na terapia familiar estrutural, a mudança é iniciada pela ação e depois sustentada pelo entendimento. Segundo Minuchin (Minuchin e Nichols, 1993), a estrutura familiar e as crenças da família apóiam-se e reforçam-se; a única maneira de atingir uma mudança duradoura é desafiar ambas. A ação vem primeiro porque leva a novas experiências que possibilitam o *insight*.

Na teoria sistêmica de Bowen, as intervenções também afetam ambos os níveis – ação e entendimento; mas a ordem da execução é inversa. Os bowenianos começam acalmando as pessoas, a fim de que parem de se culpar mutuamente e comecem a refletir sobre os processos de relacionamento em que estão aprisionadas. Depois que começarem a perceber seu papel nos triângulos e polarizações, como na dinâmica perseguidor/distanciador, os membros da família são encorajados a realizar experimentos de relacionamento em que alteram sua participação nesses padrões.

O modelo de Milão e o trabalho posterior de Cecchin, Boscolo e Hoffman confirmou a importância de se trabalhar com sistemas de significado. Assim, os terapeutas de orientação sistêmica passaram a se ligar menos nas análises comportamentais e nas intervenções orientadas para a ação. Considerando-se a técnica "externalizadora" de Michael White e David Epston, a terapia como modelo de conversação do falecido Harry Goolishian e Harlene Anderson, a popularidade do construcionismo social e o retorno da influência psicodinâmica, a tendência no campo é definitivamente para longe da ação e em direção, se não ao *insight*, pelo menos à cognição.[4]

Resistência

As famílias são notórias pela **resistência** a mudar. Além da recalcitrância de cada membro da família, individualmente, o próprio sistema resiste à mudança – ou, tornando essa abstração mais concreta, a estrutura que mantém a família é sustentada pelos hábitos de cada um de seus membros.

O mesmo mecanismo que dá à terapia familiar seu maior poder – juntar todos os envolvidos – também traz consigo as sementes da resistência. Com todas as partes envolvidas no problema presentes, é difícil resistir à tentação de culpar alguém – ou, no mínimo, esperar que essa pessoa mude primeiro.

É popular, nos dias de hoje, falar sobre "a morte da resistência", e muitas das escolas mais novas afirmam que a resistência não é um problema em suas abordagens "não-hierárquicas". Isso é em parte verdade, em parte uma pose. Embora seja verdade que a resistência é mais esperada no caso de confrontações muito visíveis, como as de Minuchin e Whitaker, a resistência ou relutância em mudar ainda é um problema mesmo nas abordagens cognitivas atuais, persuasivas. Os terapeutas narrativos não argumentam com seus clientes nem os confrontam em relação à sua contribuição para os conflitos familiares, mas o que descrevem como "conversas externalizadoras" e "desconstrutivas" é parte de um esforço para impor sua própria forma narrativa sobre as histórias dos clientes. A resistência talvez não seja clara, mas as pessoas não desistem tão facilmente de suas "histórias saturadas de problemas" como poderíamos pensar.[5]

Os terapeutas comportamentais ignoram a resistência e só têm sucesso quando seus clientes estão dispostos a seguir instruções. Outras escolas de terapia familiar consideram a resistência um obstáculo maior e criaram maneiras de superá-la.

Os psicanalistas acreditam que a resistência é motivada por defesas inconscientes, que precisam primeiro ser tornadas manifestas e depois resolvidas por meio da interpretação. Este é um modelo intrapsíquico, mas não ignora resistências conscientes e interacionais. Em vez disso, os terapeutas analíticos acreditam que o conflito interacional – entre os membros da família ou entre a família e o terapeuta – tem raízes na resistência inconsciente a pulsões básicas. Os terapeutas experienciais têm um modelo semelhante: vêem a resistência à expressão emocional e acabam com ela utilizando confrontações e exercícios emotivos. Os experiencialistas acreditam que romper defesas automaticamente libera esforços sadios; a mudança acontece de dentro para fora.

A solução de Minuchin para o problema da resistência é simples: ele conquista as famílias ao se reunir e se acomodar a elas. Isso lhe permite utilizar confrontações poderosas para reestruturar as interações familiares. A resistência pode ser vista como um produto da interação entre terapeuta e família; a mudança é obtida por alternadamente desafiar a família e depois se reunir a ela para reparar brechas no relacionamento terapêutico.

Steve de Shazer nega a existência da resistência, afirmando que é a maneira da família de cooperar. Cabe ao terapeuta aprender a utilizá-la. Richard Schwartz vê a resistência como uma reação adequada de partes protetoras dos membros da família, cuja tarefa é não permitir que ninguém entre na família até que fique bem claro que essa pessoa não vai prejudicá-los nem humilhá-los. Schwartz não mede esforços para tranqüilizar essas partes protetoras.

Por fim, incluído no tópico da resistência, devemos considerar o fenômeno da *indução*. Indução é o que acontece quando um terapeuta é atraído para dentro de um sistema familiar e adere às suas regras. Quando isso acontece, o terapeuta torna-se apenas outro membro da família; isso pode estabilizar o sistema, mas solapa a influência terapêutica. Um terapeuta é induzido quando é levado a assumir uma função que falta na família, tal como disciplinar os filhos ou simpatizar com um marido cuja esposa não faz isso, ou quando o terapeuta faz o que todos os outros fazem, como evitar desafiar o patriarca ou minimizar um problema de bebida.

A indução é tão sutil que é difícil de perceber, tão sedutora que é difícil resistir a ela. Como pessoas que ajudam e curam, os terapeutas tendem a assumir papéis pelos clientes, fazendo por eles o que eles não conseguem fazer por si próprios. Todavia, assumir as funções do paciente – ser induzido – impede a mudança verdadeira. Na medida em que as famílias têm alguém para fazer por elas, não precisam aprender a fazer por si mesmas.

Os primeiros terapeutas familiares encontravam muita resistência porque estavam ansiosos para mudar as pessoas e demoravam a compreendê-las. Acontece que as pessoas, como você e eu, resistem às tentativas de mudança por parte de alguém que sentem que não as compreende. Os terapeutas familiares aprenderam a ver as atitudes de crítica e de retraimento como circulares, mas demoraram muito para vê-las como humanas. Só mais tarde conseguiram enxergar, através das críticas, o sofrimento que havia por trás e compreenderam a ansiedade que motiva o retraimento.

Famílias rigidamente paralisadas são controladas por seus medos, e os terapeutas, ansiosos para serem apreciados, estão vulneráveis a esses medos. As famílias rapidamente ensinam ao terapeuta o que é ameaçador: "Não pergunte a *ele* sobre *aquilo*". A arte da terapia é compreender e simpatizar com esses medos, mas evitar a indução o suficiente para desafiá-los. Como em tantas outras coisas, o progresso às vezes significa fazer algo que temos medo de fazer.

TERAPIA

Comparar técnicas lendo sobre elas é difícil, porque os terapeutas com freqüência descrevem suas intervenções em termos abstratos. Quando as técnicas são descritas em um jargão teórico – reestruturar, desequilibrar, externalizar, diferenciar –, nem sempre fica claro o que aquilo significa exatamente. Nesta seção, tratamos a questão da técnica como uma série de perguntas práticas sobre como conduzir a terapia.

Avaliação

Cada escola de terapia familiar tem uma teoria sobre as famílias, que determina onde procurarão os problemas e o que enxergarão. Algumas consideram toda a família (de Milão, estrutural, boweniana); algumas se concentram nos indivíduos (psicanalítica, experiencial); outras focam seqüências que mantêm sintomas (estratégica, comportamental), e outras prestam pouca atenção ao que causa os problemas, preferindo mobilizar as pessoas para trabalhar contra os mesmos (focada na solução, narrativa).

Os comportamentalistas valorizam mais a avaliação e adotam os procedimentos mais formais. A vantagem da ênfase comportamental na avaliação é fornecer dados iniciais claros, definir objetivos e uma maneira confiável de determinar se a terapia teve sucesso. A desvantagem é que, ao utilizar questionários e entrevistas padronizadas, não vemos a família interagindo naturalmente. Ao olhar apenas para parte da família (mãe e criança; o casal), perdemos o contexto total; ao depender de questionários, só sabemos o que a família relata.

Os terapeutas estruturais também enfatizam a avaliação, mas suas avaliações baseiam-se na observação. As encenações dão ao terapeuta uma chance de observar padrões de emaranhamento e desligamento. As forças do procedimento de avaliação desta escola é que ela utiliza os padrões de interação dos membros da família, inclui toda a família e é organizada em termos simples que apontam diretamente para as mudanças desejadas.

A escola boweniana também faz um excelente trabalho ao considerar toda a família em sua avaliação. Diferentemente dos estruturalistas, todavia, os bowenianos dependem daquilo que lhes é contado e interessam-se pelo passado tanto quanto pelo presente.

A amplitude da teoria psicanalítica permite que os profissionais especulem muito além de seus dados: uma pequena informação sugere muito. A vantagem é que a teoria fornece orientações valiosas sobre significados ocultos. O perigo é que a teoria pode distorcer os dados, levando os terapeutas a enxergarem apenas o que esperam ver. Os experiencialistas não têm nem essas vantagens nem essas desvantagens. Suas avaliações são orientadas por uma teoria simples sobre os sentimentos e como eles são suprimidos; tendem a não descobrir muitas coisas escondidas, mas também não costumam enxergar o que não está lá.

Duas das escolas mais novas, a narrativa e a focada na solução, evitam qualquer forma de avaliação. Os terapeutas focados na solução acreditam que se deter nos problemas e em suas causas dificulta o pensamento positivo que esperam gerar nos clientes. Também acreditam que as soluções não estão, necessariamente, relacionadas a como os problemas surgiram. Os terapeutas narrativos pensam que procurar problemas dentro das famílias perpetua a postura do terapeuta como perito da qual querem se afastar. Ao personificar os problemas e falar sobre seus efeitos, em vez de sobre suas causas, evitam o dedo acusador que tantas vezes acompanha as discussões familiares sobre como os problemas começaram. O perigo é que, ao desconsiderar como os problemas surgiram, podem ignorar conflitos reais. O conflito, como você talvez tenha percebido, necessariamente não vai embora só porque você o ignora.

Intervenções decisivas

Os terapeutas familiares utilizam uma grande variedade de técnicas, algumas ditadas por seu modelo, outras pela personalidade e experiência do terapeuta. Mesmo que limitássemos a nossa atenção às técnicas específicas de cada uma das escolas, a lista seria longa e desorientadora. Algumas técnicas são usadas por praticamente todos os terapeutas familiares – fazer perguntas, refletir sentimentos, esclarecer a comunicação – e esta lista cresce na medida em que o campo torna-se mais integrado. Cada escola, contudo, emprega uma ou duas técnicas que são únicas e decisivas.

Na terapia psicanalítica existem duas técnicas definitivas. A primeira delas, a *interpretação*, é bastante conhecida, mas nem sempre bem compreendida. Utilizada adequadamente, a interpretação tem a ver com a elucidação de significados inconscientes. Ela *não* significa: enunciar uma opinião – "Você precisa expressar seus sentimentos para poder se aproximar realmente"; dar conselhos – "Enquanto você continuar escrevendo para ele, o caso de vocês não terminará"; teorizar – "Algumas das razões pelas quais você se sentiu atraída por ele baseiam-se em necessidades inconscientes"; confrontar – "Você disse que não se importava, mas estava realmente zangada". As interpretações são declarações sobre significados inconscientes. "Você se queixa de que o seu filho briga com você o tempo todo. Com base no que você me disse antes, eu acho que parte da sua raiva está desviada do seu marido. Ele faz a mesma coisa, mas você tem medo de dizer isso a ele, e é por isso que fica tão furiosa com seu filho."

Ao evitar fazer perguntas ou dar conselhos, os terapeutas psicanalíticos mantêm uma postura de escuta e entendimento. Ao limitar as intervenções a interpretações, o terapeuta deixa claro que o tratamento possibilita aprendizagem: depende da família querer tirar vantagem dessa atmosfera e mudar seu comportamento em resultado do que aprender.

A segunda técnica decisiva no tratamento analítico é o *silêncio*. O silêncio do terapeuta lhe permite descobrir o que está na mente do paciente e testar os recursos da família; ele também dá uma força maior às eventuais interpretações. Quando o terapeuta está em silêncio, os membros da família falam, seguindo os próprios pensamentos em vez de responder aos do terapeuta. Quando aprendem que o terapeuta não irá interromper, reagem e respondem uns aos outros. Isso produz uma riqueza de informações que de outra forma talvez não emergisse. Se um pai começa dizendo "O problema é a minha depressão", e o terapeuta, imediatamente, pergunta "Há quanto tempo você está deprimido?", ele talvez não descubra quais pensamentos estão associados na mente do homem à sua depressão ou como a esposa responde à sua queixa.

A técnica decisiva na terapia experiencial é a *confrontação*. O objetivo das confrontações é provocar reações emocionais e, freqüentemente, elas ocorrem de forma agressiva. Não é raro um terapeuta experiencial mandar seus clientes calarem a boca ou zombar deles por não serem sinceros. As confrontações às vezes são combinadas com *revelações pessoais*, a segunda técnica-assinatura desta escola. Os experiencialistas usam a si mesmos como modelos de expressão emocional. Por fim, a maioria dos terapeutas experienciais também utiliza *exercícios estruturados,* que incluem desempenho de papel, psicodrama, escultura e desenho da família. A vantagem dessas técnicas é que elas estimulam o experienciar emocional; sua desvantagem é que, como elas são artificiais, as reações que provocam podem não estar ligadas às experiências habituais. Os membros da família podem conseguir certo alívio com um exercício estruturado, mas muitos não transferem isso para as suas interações em casa.

A maioria das pessoas associa o reforço à terapia do comportamento, mas o reforço não é uma técnica usada na terapia familiar comportamental; a *observação* e o *ensino* são os veículos desta abordagem. Os comportamentalistas começam observando as contingências de reforço nas famílias com as quais trabalham. Seu objetivo é descobrir os antecedentes e as conseqüências dos comportamentos-problema. Depois de concluir uma *análise funcional do comportamento*, o terapeuta torna-se um instrutor, ensinando à família como, inadvertidamente, têm reforçado comportamentos indesejáveis. Como professor, sua lição mais útil é o uso do controle positivo. Ele ensina aos pais que é mais eficaz recompensar bons comportamentos do que punir os maus; ensina o casal a substituir seu comportamento habitual de brigas e discussões por um comportamento gentil e amoroso.

O controle positivo – recompensar comportamentos desejáveis – é um dos princípios mais úteis na psicoterapia. É uma lição valiosa para as famílias e para os terapeutas. Os terapeutas, como os pais, tendem a responsabilizá-las pelos erros; infelizmente, se nos dizem que estamos suprimindo nossos sentimentos, prejudicando nossos filhos ou controlando rigidamente, provavelmente nos sentiremos criticados e diminuídos. Embora possa ser necessário mostrar os erros das pessoas, é mais eficaz se concentrar em elogiar os aspectos positivos de seu comportamento. Entre os terapeutas familiares que parecem compreender melhor este ponto estão os estruturalistas, que falam em trabalhar com as forças da família; os estrategistas e terapeutas de Milão, que utilizam o reenquadramento e a conotação positiva para apoiar as tentativas de fazer a coisa certa, e, é claro, os terapeutas focados na solução e os narrativos, que transformaram o poder do pensamento positivo em uma forma de arte.

Os terapeutas sistêmicos bowenianos também são professores, mas seguem um currículo diferente. *Ensinam as pessoas a ser responsáveis por si mesmas* e como, ao fazer isso, elas podem transformar toda a família. Ser responsável por si mesmo significa saber com clareza o que pensamos e sentimos – não o que a nossa mãe nos diz ou o que lemos no *New York Times*, mas aquilo em que realmente acreditamos – e então ser fiel a essas crenças na interação com as pessoas. O indivíduo não se torna responsável mudando os outros ou desejando que sejam diferentes: faz isso falando por si mesmo e mantendo os próprios valores. O poder desta postura é tremendo. Se um cliente consegue aceitar quem é e também que as outras pessoas são diferentes dele, já não precisa colocar-se nos relacionamentos com a idéia de que alguém tem de mudar. Isso permite ao cliente manter contato com as pessoas sem se incomodar indevidamente ou reagir emocionalmente de forma exagerada.

Além de ensinar a diferenciação, os terapeutas bowenianos promovem duas aprendizagens relacionadas: *evitar a triangulação* e *retomar relacionamentos familiares rompidos*. Tomadas juntas, estas três lições permitem à pessoa transformar toda a rede de seu sistema familiar. Mesmo que o marido incomode, que os filhos sejam desobedientes, que a mãe nunca visite, os *clientes* podem fazer mudanças. Outras escolas de terapia ganham influência ao incluir toda a família no tratamento; os bowenianos ensinam as pessoas a serem elas mesmas, a fazerem contato e a lidarem diretamente com os outros. Isso dá ao indivíduo uma ferramenta portátil e duradoura de mudança.

Os terapeutas familiares da comunicação contribuíram tanto para a base teórica da terapia familiar que é difícil destacar suas intervenções. Talvez a sua maior realização tenha sido mostrar que a comunicação tem múltiplas camadas e que, muitas vezes, as coisas mais importantes que estão sendo ditas estão sendo ditas de forma encoberta. A terapia pretende tornar manifesto o que está encoberto. Inicialmente, fazia-se isso *esclarecendo-se a comunicação* e apontando-se mensagens escondidas. Quando essa abordagem direta foi recebida com resistência, os terapeutas começaram a usar diretivas para tornar explícitas as regras do funcionamento familiar e provocar mudanças nas regras.

A terapia estratégica é um resultado da teoria das comunicações, e as técnicas usadas pelos estrategistas são refinamentos daquelas usadas pelos comunicacionistas. Entre essas técnicas se destacam: *reenquadramento, direti-*

vas e *conotação positiva*. Os terapeutas estratégicos começam obtendo descrições concretas dos problemas e, então, tentam resolvê-los. No processo, prestam especial atenção à linguagem e às expectativas da família. Tentam entender o ponto de vista da família e reconhecê-lo – em uma conotação positiva; então, utilizam o reenquadramento para modificar o ponto de vista da família e diretivas para interromper comportamentos que mantêm problemas.

As diretivas visam a interromper padrões homeostáticos, devem ser executadas quando a família estiver em casa e, freqüentemente, são paradoxais. Embora os terapeutas estratégicos enfatizem a importância de se adaptar o tratamento ao paciente, supõem que as intervenções indiretas são necessárias para superar a resistência. Às vezes isso é verdade, mas nem sempre. O fato não é algumas famílias serem resistentes, e outras, não. A resistência não é uma característica *da* família; é uma qualidade da interação *entre* terapeuta e família. O terapeuta que trabalha sob a suposição de que as famílias não são capazes e relutam em seguir conselhos provavelmente encontrará a resistência esperada.

A terapia familiar estrutural também é uma terapia de ação, mas nesta abordagem a ação ocorre na sessão. As técnicas decisivas são as *encenações* e a *criação de fronteiras*. Fronteiras rígidas são suavizadas quando o terapeuta faz as pessoas falarem umas com as outras e bloqueia tentativas de interrompê-las. Fronteiras difusas são fortalecidas quando o terapeuta trabalha para apoiar a autonomia dos indivíduos e subsistemas.

Várias técnicas promissoras surgiram na década de 1980, e, em torno delas, foram construídos modelos completos de terapia. Steve de Shazer e seus colegas expandiram a técnica de *focalizar soluções bem-sucedidas* que os membros da família já tinham tentado, mas abandonado. O resultado foi a terapia focada na solução. Michael White fez o mesmo com a técnica da *externalização* – personificar problemas e atribuir a eles intenções opressivas, o que é um mecanismo poderoso para fazer com que os membros da família se unam contra um inimigo comum.

Na verdade, a externalização é um conceito, não uma técnica. A técnica decisiva da terapia narrativa é uma série persistente e eficaz de *perguntas* – pelas quais o terapeuta inicialmente tenta compreender a experiência de sofrimento dos clientes e, depois, passa a incentivá-los a pensar sobre seus problemas como agentes maldosos. Os terapeutas narrativos também empregam uma série implacável de perguntas, a fim de desafiar as imagens negativas e convencer os clientes de que eles têm razões para sentir orgulho de si mesmos e que seu destino está em suas mãos.

Em reação ao tecnicismo sectário que atingiu o auge no início da década de 1980, os terapeutas familiares atualmente tomam emprestadas técnicas de outras abordagens e desenfatizam a técnica em favor de um relacionamento terapeuta-família menos hierárquico e mais respeitoso. Ambas as tendências são saudáveis, mas gostaríamos de terminar esta seção com duas perguntas. Quando a troca de idéias é enriquecedora e quando o ecletismo enfraquece abordagens independentes ao diluir seus elementos distintivos? Qual é a melhor maneira de um terapeuta familiar afastar-se de uma ênfase formulista na técnica sem ver sua influência diminuída por adotar uma forma de tratamento mais condizente com ele, mas menos efetiva?

RESUMO

O tema dos primeiros anos no desenvolvimento da terapia familiar foi a proliferação de escolas concorrentes, cada uma anunciada como única e eficaz. Agora, conforme a terapia familiar avança no século XXI, o tema é a integração. Tantos terapeutas talentosos estão em atividade há tanto tempo, que o campo acumulou inúmeras maneiras proveitosas de olhar para as famílias e tratá-las. No que vem a seguir, fazemos comentários bastante subjetivos sobre alguns dos conceitos e métodos que se revelaram clássicos da terapia familiar.

As teorias sobre o funcionamento familiar têm, simultaneamente, um propósito científico e um propósito prático. As teorias mais úteis tratam as famílias como sistemas; têm conceitos para descrever forças de estabilidade e mudança; percebem o processo subjacente ao conteúdo nas discussões familiares; reconhecem a natureza triádica dos relacionamentos humanos; consideram o contexto da família nuclear ao invés de vê-la como um sistema fechado, e apreciam a função das fronteiras como uma proteção da coesão dos indivíduos, subgrupos e famílias.

Os terapeutas preocupam-se mais com patologia e mudança do que com normalidade, mas convém ter algumas idéias sobre o funcionamento familiar normal, tanto para estabelecer os objetivos de tratamento quanto para distinguir o que é problemático e precisa mudar do que é normal e não precisa. Alguns dos conceitos mais úteis sobre o funcionamento familiar normal incluem o modelo estrutural das famílias como sistemas abertos em transformação; o modelo comunicacional de uma comunicação direta, específica e honesta na família, com regras suficientemente claras para garantir estabilidade e suficientemente flexíveis para permitir mudanças; o modelo comportamental do intercâmbio eqüitativo de custos e benefícios interpessoais, uso do controle positivo, em vez da coerção, e mútuo reforço entre os parceiros; o modelo estratégico da flexibilidade sistêmica, que permite a adaptação às circunstâncias mutáveis e a capacidade de encontrar novas soluções quando as antigas não funcionam, e o modelo boweniano, que explica como a diferenciação do *self* permite que as pessoas sejam, às vezes, independentes e, às vezes, íntimas dos outros.

A maioria dos conceitos da terapia familiar sobre transtornos de comportamento foca os sistemas e as interações, mas os modelos psicanalítico, boweniano, narrativo e experiencial acrescentam profundidade psicológica à visão interacional, unindo a experiência interna ao comportamento externo. O fato de muitas pessoas divorciadas repetirem os erros de seu primeiro casamento confirma a idéia de que parte daquilo que acontece nas famílias é um produto do caráter individual. Alguns dos conceitos mais valiosos de disfunção pessoal nas famílias são o conceito de Bowen de fusão, os conceitos experienciais de afeto reprimido e medo de assumir riscos e os conceitos psicanalíticos de parada desenvolvimental, relações objetais internas, conflito instintual e anseio de apreciação.

Esses conceitos da dinâmica individual são adjuntos úteis, mas as idéias mais importantes no campo explicam o transtorno de comportamento em termos da teoria sistêmica. As mais influentes referem-se a sistemas inflexíveis, rígidos demais para acomodar anseios individuais ou se adaptar a mudanças nas circunstâncias; membros sintomáticos da família que promovem coesão ao estabilizar a família nuclear e a ampliada; estrutura hierárquica inadequada; famílias com uma estrutura excessivamente hermética ou frouxa, e triângulos patológicos.

Alguns dos objetivos da terapia familiar são praticamente universais – esclarecer as comunicações, resolver problemas, promover autonomia individual – e alguns são exclusivos. Algumas das escolas tomam ao pé da letra os problemas apresentados, enquanto outras os tratam como metáforas e sinais. Em qualquer caso, os objetivos não devem ser amplos demais, para não negligenciar a resolução dos sintomas, nem limitados demais, para garantir a estabilidade da resolução sintomática. Incidentalmente, os valores pouco são discutidos na literatura sobre a terapia familiar; a notável exceção é Boszormenyi-Nagy. Deu-se muito pouca atenção às responsabilidades éticas do terapeuta, incluindo a possibilidade de haver conflito entre as suas responsabilidades em relação aos indivíduos, às famílias e à comunidade mais ampla.

Se os terapeutas narrativos tendiam a ignorar a dinâmica familiar e a enfatizar os males da cultura, talvez isso acabe se revelando um daqueles balanços do pêndulo que, inevitavelmente, se corrigem. Com certeza não é preciso negligenciar a teoria sistêmica para introduzir uma dimensão ética no tratamento de pessoas que vivem em um contexto.

Algumas das maiores diferenças entre os terapeutas familiares sobre como mudar comportamentos centram-se nas seguintes questões: ação ou *insight*, mudança na sessão ou em casa, duração do tratamento, resistência, relacionamento família-terapeuta, paradoxo e extensão em que é importante trabalhar com todo o sistema familiar, parte dele ou apenas os indivíduos motivados. Mesmo existindo um consenso geral sobre algumas questões – por exemplo, antigamente a maioria dos terapeutas familiares acreditava que a ação era primária, e o *insight*, secundário – sempre houve opiniões divergentes em cada um desses pontos. Os terapeutas estratégicos, por exemplo, negavam categoricamente a utilidade do *insight*.

Examinamos algumas das questões metodológicas mais importantes e tentamos destacar as técnicas decisivas dos diferentes sistemas. Como sempre acontece quando há muitas variáveis envolvidas em um resultado final, não é fácil saber quanto cada uma contribui para o resultado ou quão importante cada uma é. Além disso, quanto mais falamos sobre técnicas, maior é o perigo de ver a terapia familiar como um empreendimento puramente tecnológico. Estudar famílias é como resolver um enigma; a arte de tratá-las é aliviar o sofrimento e a angústia. A tarefa do teórico é decodificar ou decifrar, o que requer teoria e sagacidade. A tarefa do terapeuta é curar, o que requer teoria, mas também convicção, perseverança e carinho. Tratar famílias não é apenas uma questão de teoria e técnica; é também um ato de amor.

NOTAS

1. Embora se reconheça que esta era a regra até pouco tempo, o uso do pronome masculino aqui talvez seja particularmente apropriado. O modelo do herói é um homem que mantém sua integridade moral rígida e intacta. É um ser isolado, estóico e resistente, separado da família, da comunidade e da fé – isto é, o mundo trivial e sufocante das mulheres.
2. Isso é verdade, apesar da atual popularidade do repúdio aos modelos impositivos de normalidade. Uma coisa é desafiar aspectos universais em favor do particular, mas acusar os terapeutas familiares tradicionais de operarem com visões fixas de normalidade é um argumento sem fundamento.
3. Não incidentalmente, tanto Patterson quanto Whitaker visitaram a Philadelphia Child Guidance Clinic para estudar com Minuchin, em um momento de suas carreiras em que sentiam a necessidade de entendimento mais sistêmico das famílias com as quais trabalhavam.
4. A diferença é que o *insight* refere-se a um entendimento da verdadeira natureza das coisas; no contexto da psicoterapia, isso significa as motivações subjacentes, que estão por trás dos pensamentos e comportamentos das pessoas. A cognição, por outro lado, refere-se mais estreitamente ao ponto de vista da pessoa. No contexto da terapia, a mudança cognitiva envolve uma mudança para um ponto de vista mais produtivo – não necessariamente mais "verdadeiro", apenas mais proveitoso.
5. As pessoas buscam terapia não só para resolver problemas, mas também para se queixar e falar sobre seus problemas. Como não estão em casa, esperam que alguém escute.

LEITURAS RECOMENDADAS

Dattilio, F. M. 1998. *Case studies in couple and family therapy: Systemic and cognitive perspectives.* New York: Guilford Press.

Gurman, A. S. 1978. Contemporary marital therapies: A critique and comparative analysis of psychoanalytic, behavioral and systems theory approaches. In *Marriage and marital therapy,* T. J. Paolino e B. S. McCrady. eds. New York: Brunner/Mazel.

Madanes, C., e Haley, J. 1977. Dimensions of family therapy. *Journal of Nervous and Mental Diseases. 165*, p. 88-98.

Piercy, F. P., Sprenkle, D. H., e Wetchler, J. L. 1996. *Family therapy sourcebook,* 2. ed. New York: Guilford Press.

Sluzki, C. E. 198 3. Process, structure and world views: Toward an integrated view of systemic models in family therapy. *Family Process. 22,* p. 469-476.

Sluzki, C. E. 1987. Family process: Mapping the journev over 25 years. *Family Process. 26,* p. 149-153.

REFERÊNCIAS

Bowen, M. 1966. The use of family theory in clinical practice. *Comprehensive Psychiatry. 7,* p. 345-374.

Freedman, J., e Combs, G. 1996. *Narrative therapy: The social construction of preferred realities.* New York: Norton.

Goldner, V. 1985. Feminism and family therapy. *Family Process. 24,* p. 31-47.

Gordon, S. B., e Davidson, N. 1981. Behavioral parent training. In *Handbook of family therapy,* A. S. Gurman, P. D. P. Kniskern, eds. New York: Brunner/Mazel.

Haley, J. 1963. *Strategies of psychotherapy.* New York: Grune & Stratton.

Haley, J. 1976. *Problem-solving therapy.* San Francisco: Jossey-Bass.

Haley, J. 1977. Toward a theory of pathological systems. In *The interactional view,* P. Watzlawick e J. Weakland, eds. New York: Norton.

Haley, J. 1980. *Leaving home: The therapy of disturbed young people.* New York: McGraw-Hill.

Hare-Mustin, R. T. 1978. A feminist approach to family therapy. *Family Process.* 17, p. 181-194.

Hoffman, L. 1981. *The foundations of family therapy.* New York: Basic Books.

Imber-Black, E. 198 8. *Families and larger systems: A family therapist's guide through the labyrinth.* New York: Guilford Press.

Jackson, D. D. 1965. Family rules: The marital quid pro quo. *Archives of General Psychiatry.* 12, p. 589-594.

Jasnow, A. 1978. The psychotherapist – artist and/or scientist? *Psychotherapy: Theory, Research and Practice.* 15, p. 318-322.

Kagan, R., e Schlosberg, S. 1989. *Families in perpetual chaos.* New York: Norton.

Madanes, C. 1980. Protection, paradox and pretending. *Family Process.* 19, p. 73-85.

Madigan, S., e Epston, D. 1995. From "spy-chiatric gaze" to communities of concern: From professional monologue to dialogue. In *The reflecting team in action,* S. Friedman, ed. New York: Guilford Press.

Mahler, M. S., Pine, F., e Bergman, A. 1975. *The psychological birth of the human infant.* New York: Basic Books.

Maturana, H., e Varela, F. 1980. *Autopoesis and cognition: The realization of living.* Boston: D. Reidel.

Minuchin, P., Colapinto, J., e Minuchin, S. 1998. *Working with families of the pool.* New York: Guilford Press.

Minuchin, S. 1974. *Families and family therapy.* Cambridge, MA: Harvard University Press.

Minuchin, S., e Fishman, H. C. 1981. *Family therapy techniques.* Cambridge, MA: Harvard University Press.

Minuchin, S., e Nichols, M. P. 1993. *Family healing: Tales of hope and renewal from family therapy.* New York: Free Press.

Minuchin, S., Rosman, B., e Baker, L. 1978. *Psychosomatic families: Anorexia nervosa in context.* Cambridge, MA: Harvard University Press.

Nadelson, C. C. 1978. Marital therapy from a psychoanalytic perspective. In *Marriage and marital therapy,* T. J. Paolino and B. S. McCrady, eds. New York: Brunner/Mazel.

Nichols, M. P. 1987. *The self in the system.* New York: Brunner /Mazel.

Nichols, M. P. 1993. The therapist as authority figure. *Family Process.* 32, p. 163-165.

Paul, W. L. 1967. The use of empathy in the resolution of grief. *Perspectives in Biology Medicine.* 11, p. 153-169.

Pierce, R., Nichols, M. P., e DuBrin, J. 1983. *Emotional expression in psychotherapy.* New York: Gardner Press.

Rabkin, R. 1977. *Strategic psychotherapy.* New York: Basic Books.

Schwartz, R. 1995. *Internal family systems therapy.* New York: Guilford Press.

Selvini Palazzoli, M., Boscolo, L., Cecchin, G., e Prata, G. 1978. *Paradox and counterparadox.* New York: Jason Aronson.

Stanton, M. D., Todd, T. C., e Associados. 1981. *The family therapy of drug addiction.* New York: Guilford Press.

Thibaut, J. W, e Kelley, H. H. 1959. *The social psychology of groups.* New York: Wiley.

Vogel, E. F., e Bell, N. W. 1960. The emotionally disturbed child as the family scapegoat. In *The family,* N. W. Bell e E. F. Vogel, eds. Glencoe, IL: Free Press.

Whitaker, C. A., e Keith, D. V. 1981. Symbolic-experiential family therapy. In *Handbook of family therapy,* A. S. Gurman e D. P. Kniskern, eds. New York: Brunner/Mazel.

White, M. 1995. *Re-authoring lives: Interviews and essays.* Adelaide, Western Australia: Dulwich Centre Publications.

White, M., e Epston, D. 1990. *Narrative means to therapeutic ends.* New York: Norton.

16

A pesquisa sobre a terapia familiar: fundamentos empíricos e implicações práticas

Cynthia L. Rowe, Ligia C. Gómez e Howard A. Liddle
Center for Treatment Research on Adolescent Drug Abuse
University of Miami School of Medicine

Os fundamentos conceituais e metodológicos da ciência da intervenção familiar hoje estão bem-estabelecidos (Liddle, Bray, Levant e Santisteban, 2001). Estudos bem-controlados documentaram a efetividade de intervenções familiares em quase todos os tipos de transtornos e problemas relacionais em crianças, adolescentes e adultos (Pinsof e Wynne, 2000). A intervenção familiar é hoje reconhecida como um dos tratamentos mais eficazes para diversos transtornos, mais notavelmente problemas comportamentais em crianças e abuso de drogas e delinqüência na adolescência (Northey, Wells, Silverman e Bailey, 2003; Rowe e Liddle, 2003). Os tratamentos que focalizam outros membros da família e o sistema familiar como um todo não só reduzem ou eliminam sintomas primários no paciente identificado, como também aumentam o engajamento e a retenção dos clientes (Stanton, 2004), diminuem problemas relacionados (Lebow e Gurman, 1995) e têm um efeito positivo sobre o funcionamento de outros membros da família (Kelley e Fals-Stewart, 2002). A metanálise, que examina a magnitude dos efeitos da terapia em diferentes estudos, revela que a terapia familiar geralmente apresenta resultados melhores em comparação com tratamentos alternativos (por exemplo, Stanton e Shadish, 1997; Shadish, Ragsdale, Glaser e Montgomery, 1995).

Uma clara indicação da crescente maturidade do campo é o fato de essas atividades de pesquisa estarem, finalmente, começando a influenciar a prática clínica. A pesquisa na terapia familiar tem sido conduzida, cada vez mais, em ambientes do mundo real, tratando, examinando e, em alguns casos, resolvendo alguns dos processos que mantiveram a desconexão entre pesquisa e prática por muitos anos. Os profissionais que desenvolvem tratamentos examinam, eles próprios, os modelos de terapia familiar e tentam minimizar barreiras à adoção do tratamento, tais como a complexidade dos tratamentos testados nos melhores e mais modernos experimentos clínicos (NIDA, 2002a). Os pesquisadores também incluem fatores contextuais e clínicos que afetam a aprendizagem e integram à prática padrão essas intervenções empiricamente validadas (NIDA, 2002b). Embora muitos terapeutas sintam que as terapias baseadas em pesquisas levam mais em conta os interesses dos acadêmicos (por exemplo, grande ênfase em técnicas comportamentais) e estão mais distantes das realidades dos ambientes clínicos (Hawley, Bailey e Pennick, 2000), os estudos mais recentes nessa especialidade estão começando a demonstrar como esses fatores influenciam a transferência dos achados de pesquisa para a prática. Iniciativas de subvenção federal, tais como a Clinical Trials Network da NIDA (NIDA, 1999a) e Criminal Justice-Drug Abuse Treatment Studies (NIDA, 2002c), duas grandes cooperativas nacionais com múltiplas localizações que estão testando tratamentos familiares já estabelecidos para abuso de drogas e delinqüência em jovens, foram instrumentais para ajudar os investigadores a obter esse foco de pesquisa no "mundo real". Portanto, as novas pesquisas nesse campo tratam da crítica freqüente de que a pesquisa em terapia familiar tem falhado, historicamente, em tratar de questões realistas ou em delinear, em termos práticos, os passos para a implementação das intervenções (Pinsof e Wynne, 2000).

Ao mesmo tempo, as intervenções familiares com apoio empírico estão sendo mais adotadas, com e sem treinamento formal nesses métodos, por terapeutas da comunidade. Já que os modelos mais recentes, empiricamente sustentados, são mais sistêmicos e integrativos (Kaslow e Lebow, 2002) e incorporam componentes de tradições tão diversas quanto a psicoterapia individual (Josephson e Serrano, 2001), psiquiatria da criança e do adolescente (Malone, 2001), terapia em casa (Rowe, Liddle, McClintic e Quille, 2002) e gerenciamento de caso (Fishman, Andes e Knowlton, 2001), eles tendem a apresentar maior validade ecológica e agradam os terapeutas da comunidade. Orientações práticas para muitos transtornos, tais como TDAH, transtorno de conduta e abuso de substância, agora prescrevem a intervenção familiar como um aspecto essencial do tratamento (Bukstein e The Workgroup on Quality Issues, 2005; Bukstein et al., 1997; McCrady e Ziedonis, 2001; Steiner et al., 1997). Em todo lugar, os terapeutas estão se deparando com novas exigências de responsabilidade e resultados (Law e Crane, 2000). Assim, a pesquisa clínica tem começado a influenciar a prática em algumas áreas (Alexander, Sexton e Robbins, 2001; Henggeler, Schoenwald e Pickrel, 1995; Liddle, 2002a), mesmo que seu potencial mais amplo de influência ainda não tenha sido atingido (Liddle e Frank, 2005).

Este capítulo examina os achados empíricos mais recentes relativos às intervenções familiares, com foco nas descobertas mais significativas em termos clínicos. É dado destaque aos novos estudos sobre o processo, os resultados e a implementação dessas intervenções em ambientes de "mundo real". Finalmente, concluímos com sugestões para se reduzir ainda mais a lacuna entre a pesquisa e a prática na terapia familiar.

RESULTADOS DA TERAPIA FAMILIAR

Transtornos de comportamento da infância e adolescência

Fatores familiares de risco e de proteção nos problemas comportamentais

Os problemas de comportamento na infância e na adolescência, inclusive transtorno desafiador de oposição (TDO), transtorno de déficit de atenção e hiperatividade (TDAH) e transtorno de conduta (TC), têm sido sólida e consistentemente ligados a fatores familiares como conflito e agressão (Dadds, Sanders, Morrison e Rebgetz, 1992; Lindahl, 1998). De fato, as evidências sugerem que o comportamento anti-social é aprendido em tenra idade na família, por meio do reforço negativo de padrões coercivos (por exemplo, o comportamento agressivo da criança é reforçado pela cessação da briga entre os pais) e, então, se generaliza para os ambientes da escola e do grupo de iguais (Patterson, 1995; Snyder e Patterson, 1995). Por exemplo, uma parentalidade coerciva e o monitoramento parental insuficiente aos 4 anos e 6 meses predizem problemas de conduta aos 6 anos entre as crianças de minorias desfavorecidas (Kilgore, Snyder e Lentz, 2000). Estudos longitudinais mostram que práticas ineficazes de parentalidade na infância mantêm o comportamento anti-social na adolescência (Vuchinich, Bank e Patterson, 1992) e idade adulta jovem (Klein, Forehand, Armistead e Long, 1997). O abuso de substâncias e o transtorno da personalidade anti-social nos pais, assim como o conflito entre os pais, também são fatores de risco para o transtorno desafiador de oposição e o transtorno de conduta (Marcus, Lindahl e Malik, 2001). Fatores familiares positivos, incluindo responsividade e aceitação parental, e uma forte conexão entre pais e filhos também são fatores de proteção contra o TDAH, TDO e TC (Lindahl, 1998).

Intervenções familiares para problemas de comportamento na infância

Dado o papel central da família nos problemas de comportamento disruptivo, não surpreende que os tratamentos que intervêm diretamente para alterar esses fatores de risco familiar estejam entre os mais potentes para os problemas de conduta na infância e na adolescência. A interação familiar é mais acessível e modificável, como os terapeutas familiares bem sabem. Isso é muito bom, porque alguns fatores que contribuem para a disfunção, tal como a influência de iguais problemáticos, são menos acessíveis à intervenção terapêutica. O tratamento familiar tem como alvo específico os padrões familiares coercivos que mantêm os problemas de comportamento e, ao mesmo tempo, tenta intensificar os fatores de proteção na família e em outros sistemas que influenciam a criança (Blechman e Vyran, 2000). Em várias revisões de tratamentos para problemas comportamentais na infância e na adolescência, as terapias familiares foram destacadas como algumas das intervenções mais promissoras (Kazdin, 1991; Estrada e Pinsof, 1995; Hinton, Sheperis e Sims, 2003; Northey et al., 2003).

Os estudos de Jose Szapocznik demonstram que adequar o tratamento familiar ao contexto cultural aumenta imensamente a sua efetividade em casos de indivíduos e famílias de alto risco.

Engajamento e retenção na terapia

As abordagens familiares têm a vantagem de tratar muitas das exatas barreiras, tal como resistência parental à mudança (Stoolmiller, Duncan, Bank e Patterson, 1993), adversidade familiar (Prinz e Miller, 1994), desafios percebidos na própria terapia e um relacionamento desconectado com o terapeuta (Kazdin, Holland e Crowley, 1997), que impedem as crianças perturbadas de obter a ajuda necessária (Coatsworth, Santisteban, McBride e Szapocznik, 2001; Fishman et al., 2001). De fato, uma das maiores contribuições da terapia familiar é um foco maior nas estratégias para engajar no tratamento crianças e adolescentes difíceis e suas famílias (Stanton, 2004; Henggeler, Pickrel, Brondino e Crouch, 1996). Por exemplo, nos primeiros estudos sobre estratégias especializadas de engajamento – em um modelo de terapia familiar estrutural – para meninos hispânicos com problemas de comportamento, Jose Szapocznik e colaboradores demonstraram que a sua intervenção foi mais bem sucedida para reter as famílias do que tratamentos alternativos (Szapocznik et al., 1988, 1989). Eles continuaram aperfeiçoando essas técnicas de engajamento: conseguiram reter as famílias e reduzir os problemas comportamentais em casos mais graves, e identificaram fatores culturais que influenciam o engajamento (Coatsworth et al., 2001; Santisteban et al., 1996).

Treinamento do manejo parental (TMP)

Das intervenções familiares para problemas de comportamento na infância e na adolescência, o treinamento do manejo parental é a que tem recebido maior atenção e apoio empírico (Mabe, Turner e Josephson, 2001; Northey et al., 2003). A abordagem básica, planejada para desenvolver as habilidades e corrigir comportamentos parentais que contribuem para ciclos coercivos negativos (Wierson e Forehand, 1994), caracteriza-se por:

1. Focar os pais em tratamento
2. Ajudar os pais a identificar e a reagir de novas maneiras ao comportamento-problema da criança
3. Aplicar princípios da aprendizagem social para desenvolver habilidades positivas de parenteamento (por exemplo, elogiar os comportamentos pró-sociais e usar de forma eficaz punições leves, como o tempo para pensar) para moldar o comportamento da criança
4. Criar oportunidades para a prática das novas habilidades de parenteamento e aplicação dessas práticas em casa (Kazdin, 1991).

Gerald Patterson e seus colegas, no Oregon Social Learning Center, obtiveram uma confirmação significativa dos efeitos do TMP em variadas idades e amostras, com evidências de mudanças impressionantes no comportamento das crianças, em comparação com terapia familiar padrão, atenção-placebo, intervenção no grupo de iguais, serviços habituais da comunidade e nenhum tratamento (Bank, Marlowe, Reid e Patterson, 1991; Dishion e Andrews, 1995). Esses investigadores desenvolveram um protótipo para a aplicação de achados científicos básicos sobre o funcionamento familiar, criando um modelo clínico engenhoso e eficaz. Seu inovador programa de pesquisa abriu caminho para avanços maiores nesta área tão importante. Mais recentemente, embarcaram em um ambicioso programa internacional de estudo, que examina os processos pelos quais o profissional aprende e implementa o TMP em ambientes de atendimento. Por exemplo, em resposta ao pedido de implementação de intervenções empiricamente fundamentadas para reduzir comportamentos-problema e promover competência social em crianças e adolescentes noruegueses, Marion Forgatch e a equipe de pesquisa do OSLC trabalham em um projeto com a Universidade de Oslo para treinar terapeutas em TMP. O objetivo é ter esses terapeutas disponíveis em todos os municípios, para intervir nos estágios iniciais dos desvios comportamentais na criança, em uma tentativa de evitar posterior uso de substâncias, comportamento anti-social na infância, delinqüência e fracasso escolar (Ogden e Halliday-Boykins, 2004; Ogden et al., 2003).

O TMP também se revela promissor como tratamento para crianças e adolescentes com TDAH (Northey et al., 2003). Por exemplo, Russell Barkley e colaboradores (1992) relataram evidências preliminares apoiando o uso do TMP nos casos de adolescentes com TDAH, embora os efeitos não fossem significativamente maiores do que a terapia familiar estrutural ou uma abordagem familiar de solução de problemas, e apesar de muitos adolescentes não apresentarem mudanças clínicas significativas com nenhum desses tratamentos. Um segundo estudo do mesmo grupo com adolescentes com TDAH também revelou poucas diferenças em uma combinação do TMP (primeiro estágio da terapia) mais uma abordagem de solução de problemas (segundo estágio da terapia) *versus* apenas terapia familiar de solução de problemas, embora as técnicas de TMP pareçam ser importantes no primeiro estágio do tratamento para reduzir a evasão (Barkley et al., 2001). Entretanto, em uma amostra de TDAH, outros pesquisadores relatam efeitos positivos do treinamento parental sobre a desatenção ou hiperatividade, desobediência e agressão infantil, e sobre o estresse e a auto-estima parental (Sonuga-Barke et al., 2001). Outro avanço recente foi a expansão do treinamento parental para tratar outros problemas familiares e escolares, ajudar os pais a lidar com problemas escolares diretamente com os professores e minimizar o estresse e as explosões zangadas dos pais (Wells et al., 2000).

O TMP também é promissor como uma abordagem preventiva a crianças pequenas identificadas como em risco de problemas de conduta (Nye, Zucker e Fitzgerald, 1995; Sanders, Markie-Dadds, Tully e Bor, 2000). Outros grupos mostraram que uma combinação de treinamento de manejo dos pais e da criança parece funcionar melhor do que qualquer outra abordagem exclusiva para reduzir a agressão da criança e promover um efeito positivo tanto entre os pais como entre os pais e filhos até um ano após o tratamento (Kazdin, Siegel e Bass, 1992; Webster-Stratton e Hamond, 1997). Carolyn Webster-Stratton também desenvolveu e testou uma versão inovadora do TMP utilizando uma revisão em videoteipe para fornecer *feedback* e treinamento aos pais (Webster-Stratton, 1994, 1996). Efeitos positivos de longo prazo do TMP foram consistentemente demonstrados de 1 ano (Webster-Stratton, Hollinsworth e Kolpacoff, 1989; Webster-Stratton e Hamond, 1997; Dishion e Andrews, 1995) a 14 anos após o tratamento (Long, Forehand, Wierson e Morgan, 1994).

Terapia familiar funcional

A terapia familiar funcional (TFF; Alexander e Parsons, 1982) é outra abordagem familiar promissora para prevenção e tratamento de problemas de conduta na infância e adolescência. Este modelo baseia-se na suposição de que os problemas de comportamento da criança têm uma função dentro do sistema familiar, e são iniciados e mantidos por processos interpessoais desadaptativos. O tratamento, conseqüentemente, tenta mudar esses padrões interacionais destrutivos e utiliza intervenções comportamentais para reforçar maneiras positivas de responder dentro da família (Alexander e Sexton, 2002). Pesquisas iniciais, que estavam entre os primeiros experimentos bem-controlados de terapia familiar para problemas comportamentais na adolescência (Alexander e Parsons, 1973; Barton, Alexander, Waldron, Turner e Warburton, 1985), estabeleceram que a terapia familiar funcional melhorou o relacionamento familiar e reduziu recidivas entre os adolescentes delinqüentes mais do que a terapia de grupo do juizado de menores, terapia de grupo em lares, terapia psicodinâmica ou nenhum tratamento. O impacto preventivo deste modelo foi revelado em irmãos mais jovens dos adolescentes tratados no experimento original, avaliados dois anos e meio depois, que apresentavam índices significativamente mais baixos de envolvimento com a justiça de menores do que os irmãos em tratamentos alternativos (Klein, Alexander e Parsons, 1977). Um estudo mais recente da TFF com uma amostra urbana de delinqüentes violentos revelou um índice mais baixo de reincidência em comparação com controles equivalentes (20 versus 36%); os jovens cometeram menos crimes, e as atividades criminosas foram menos sérias (Sexton e Alexander, 2002).

Terapia multissitêmica (TMS)

Talvez a abordagem terapêutica mais promissora para o tratamento da delinqüência juvenil seja a terapia multissistêmica (TMS; Henggeler et al., 1991, 1996). Em uma série de experimentos rigorosamente controlados em uma amostra de delinqüentes juvenis graves, Scott Henggeler e seus colegas demonstraram resultados impressionantes da capacidade do modelo de engajar os jovens e as famílias no tratamento (Henggeler et al., 1996) e de reduzir a recidiva até quatro anos póstratamento (Henggeler, Clingempeel, Brondino e Pickrel, 2002). Em comparação com os serviços habituais do juizado de menores e terapia individual, a TMS não só revelou índices de recidiva significativamente mais baixos e menor tempo de encarceramento, como também demonstrou efeitos positivos maiores sobre funcionamento familiar e agressão com os iguais (Henggeler, Melton e Smith, 1992). Por fim, esses investigadores realizaram um dos únicos estudos da efetividade de custos de intervenções familiares. Em comparação com o tratamento ambulatorial, a TMS reduziu significativamente o envolvimento dos jovens com o sistema legal seis meses após o tratamento, e esse decréscimo não foi compensado por um aumento de colocações fora de casa, em lares ou instituições (Schoenwald et al., 1996).

Henggeler e colaboradores foram pioneiros no estudo dos fatores-chave da implementação bem-sucedida de um modelo de pesquisa por parte de profissionais da comunidade. Por exemplo, Henggeler, Shoenwald e Pickrel (1995) treinaram terapeutas da comunidade na terapia multissistêmica (TMS) com bastante sucesso, e a abordagem tem sido muito procurada por profissionais dos Estados Unidos e de outros países. Em um esforço colaborativo com a Universidade de Oslo, a implementação da TMS em um nível nacional levou à replicação de resultados clínicos positivos, tais como uma redução na sintomatologia e uma melhora na competência social entre jovens com graves problemas de comportamento na Noruega (Ogden e Halliday-Boykins, 2004). Em resumo, o programa de pesquisa da TMS não só confirma significativamente a efetividade do modelo para reduzir a delinqüência juvenil e alterar padrões familiares desadaptativos que mantêm o comportamento anti-social, como seu foco nos frutos da disseminação por meio de profissionais da comunidade abriu caminho para uma ampla implementação de intervenções familiares (Hinton et al., 2003).

Oregon Treatment Foster Care (OTFC)

Esta inovadora abordagem familiar foi desenvolvida como uma alternativa às colocações residenciais restritivas para jovens com graves transtornos de conduta (Chamberlain e Reid, 1998). Neste modelo, os jovens delinqüentes são colocados com pais adotivos treinados, com o objetivo fundamental de voltar para casa depois do tratamento. Os objetivos do programa do OTFC são: intensificar uma supervisão cuidadosa do jovem, estabelecer limites firmes e consistentes e conseqüências previsíveis para o mau comportamento, permitir relacionamentos apoiadores com adultos-mentores positivos e reduzir a exposição aos iguais delinqüentes. As intervenções incluem treinamento comportamental para os pais aprenderem a lidar com o comportamento dos jovens de maneira consistente e não-coerciva; supervisão intensiva das suas atividades; sessões de terapia familiar com a família biológica, enfatizando cuidadosa supervisão, aceitação e encorajamento, disciplina eficaz e resolução de problemas, e intervenções na escola para ajudar os pais a trabalharem colaborativamente com os professores para melhorar o comportamento e o desempenho na escola. O programa do OTFC tem produzido resultados positivos em termos de melhores índices de conclusão do tratamento, menos delitos e mais tempo com as famílias biológicas durante o ano posterior ao tratamento, assim como menor incidência de fugas e menos dias de encarceramento durante o período de seguimento de dois anos (Chamberlain e Reid, 1998; Henggeler e Sheidow, 2003).

❖❖❖

Resumindo, as evidências que apóiam as intervenções familiares para problemas de comportamento na infância e adolescência são muito sólidas. Vários modelos diferentes demonstraram eficácia e estão gerando evidências de efetividade em estudos de replicação na comunidade. As melhores intervenções familiares existentes para transtornos de comportamento na infância e adolescência focalizam, cada vez mais, as questões de validade ecológica e desenvolvem estratégias para intervir nos muitos sistemas que influenciam esses jovens e suas famílias (Blechman e Vryan, 2000; Fishman et al., 2001). Essas terapias promovem resultados positivos como relacionamentos mais pró-sociais com os iguais e melhor funcionamento familiar, além de reduzir problemas de conduta. Devido aos efeitos impressionantes dessas intervenções em populações clínicas mais graves, elas atraem cada vez mais a atenção dos profissionais e administradores de serviços de saúde. Muitos desses modelos estão sendo amplamente implementados e examinados em ambientes clínicos neste país e no exterior.

Terapia familiar para depressão e ansiedade

Fatores familiares de risco e de proteção na depressão e ansiedade

Existem evidências de que determinados processos familiares estão relacionados ao desenvolvimento e à manutenção de ansiedade e depressão em crianças, adolescentes e adultos. Por exemplo, relacionamentos de apego inseguro (Sexson, Glanville e Kaslow, 2001), padrões disfuncionais de comunicação (Slesnick e Waldron, 1997), mensagens geralmente negativas comunicadas pelos pais (Stark et al., 1993), e outros fatores familiares aumentam o risco de depressão em crianças e adolescentes (Kaslow e Racusin, 1994). O conflito pais-adolescente (Cole e McPherson, 1993; Forehand et al., 1988), a rejeição parental (Whitbeck et al., 1992) e a depressão parental (Downey e Coyne, 1990) também têm sido ligados à depressão na infância e na adolescência. Reciprocamente, a percepção do adolescente de coesão, apoio e adaptabilidade familiar é um fator de proteção contra a depressão (Cumsille e Epstein, 1994). Entre os adultos, os investigadores descreveram características de interações familiares que estão ligadas a sintomas depressivos, tais como infidelidade conjugal e separação (Cano e O'Leary, 2000), insatisfação e falta de intimidade conjugal (Basco et al., 1992), e habilidades deficientes de comunicação e solução de problemas (Goldman Sher e Baucom, 1993). Além disso, a disfunção familiar prediz um mau prognóstico e recaída na doença depressiva (Miller et al., 1992), especialmente a crítica percebida no cônjuge (Hooley e Teasdale, 1989), e elevada emoção expressa entre os membros da família (Hinrichsen e Pollack, 1997; Miklowitz et al., 2004).

Embora menos pesquisas tenham focado o papel da família no desenvolvimento dos transtornos de ansiedade, há evidências de que características maternas como pouco carinho, negatividade, tendência a lidar com coisas triviais como se fossem catástrofes e pouca concessão de autonomia, assim como psicopatologia (Fristad e Clayton, 1991) e alcoolismo

(Chassin, Pitts, DeLucia e Todd, 1999) podem deixar os filhos vulneráveis à ansiedade (Whaley, Pinto e Sigman, 1999). Demonstrou-se que a tendência das crianças ansiosas de interpretar informações como ameaçadoras e de desenvolver respostas de evitação aumenta durante as interações familiares para resolver problemas (Barrett, Rapee, Dadds e Ryan, 1996). A ansiedade também foi ligada à negatividade e à insatisfação conjugal (Caughlin, Huston e Houts, 2000). Assim, uma constelação de fatores familiares tem sido ligada à depressão e à ansiedade ao longo da vida, e há um potencial risco de recaída se não forem tratadas adequadamente na terapia.

Tratamento familiar para problemas emocionais na infância e adolescência

Apesar das sólidas evidências da influência da família sobre a depressão e ansiedade na infância e adolescência, o potencial dos tratamentos familiares para esses transtornos ainda não foi plenamente atingido (Diamond e Siqueland, 2001). Brent e colaboradores (1997) testaram a terapia familiar comportamental sistêmica (TFCS, que utiliza terapia familiar funcional, técnicas de comunicação e solução de problemas), em um experimento controlado randomizado com adolescentes deprimidos, em comparação com a terapia individual cognitivo-comportamental e com a terapia individual de apoio. Os resultados favoreceram a TCC, entre as intervenções comparadas, no índice de recuperação dos sintomas depressivos, embora todos os três tratamentos estivessem associados a reduções semelhantes na tendência ao suicídio e no prejuízo funcional do início ao pós-tratamento. Entretanto, em análises de seguimento um e dois anos depois, todos os três tratamentos foram do mesmo modo efetivos para ajudar os adolescentes a atingirem a recuperação dos sintomas e remissão de um transtorno depressivo diagnosticável (Birmaher et al., 2000). A análise também revelou que a TFCS foi mais efetiva para tratar o conflito pais-adolescente do que os outros tratamentos (Kolko et al., 2000).

Um derivado da TFCS, a terapia familiar do apego (TFA; Diamond, Siqueland e Diamond, 2003), é um modelo de tratamento breve adaptado às necessidades específicas dos adolescentes deprimidos e de suas famílias. Ela foi testada em um estudo piloto controlado, em comparação com a condição de lista de espera (Diamond et al., 2002). A TFA baseia-se em modelos interpessoais de depressão, e seus procedimentos clínicos se valem da terapia estrutural, terapia familiar multidimensional e terapia emocionalmente focada. Depois de ajudar os adolescentes a identificarem e discutirem conflitos familiares passados e presentes que podem ter contribuído para uma ruptura nos laços de apego e prejudicado a confiança entre os membros da família, o tratamento busca promover a autonomia do adolescente com o apoio da família. Dos adolescentes que participaram da TFA, 81% deixaram de satisfazer os critérios para TDM no pós-tratamento comparados a 56% dos adolescentes em condição de lista de espera. Além disso, a conclusão da TFA estava associada a reduções significativas no conflito e na ansiedade familiar, e produziu mudanças quase significativas no apego à mãe, desesperança e ideação suicida (Diamond et al., 2002). Os resultados dos estudos que testaram combinações de tratamentos para a depressão com componentes parentais foram mistos. Lewinsohn, Clarke, Hops e Andrews (1990) não encontraram nenhum benefício adicional da adição de um módulo de treinamento parental psicoeducacional e de habilidades a uma intervenção grupal de TCC para a depressão adolescente, embora Stark (1990) relate uma redução significativamente maior nos sintomas depressivos infantis com o uso de uma combinação de TCC, envolvendo a escola, com sessões de terapia familiar, em comparação com o tradicional aconselhamento de apoio. Portanto, os poucos estudos realizados sobre intervenções que envolvam a família só confirmam de forma limitada a sua eficácia com crianças e adolescentes deprimidos.

Novas pesquisas sobre intervenções familiares para o transtorno bipolar na infância produziram resultados encorajadores. De fato, as abordagens familiares de psicoeducação talvez sejam as intervenções psicossociais mais cuidadosamente estudadas para o transtorno bipolar na infância até o momento (Pavuluri et al., 2004). Grupos psicoeducacionais multifamiliares têm o objetivo de educar as famílias sobre a natureza dos transtornos do humor e fornecer apoio para as famílias no manejo dos sintomas de mania e depressão. Fristad, Goldberg-Arnold e Gavazzi (2002) relatam efeitos positivos dos grupos multifamiliares para mudar as atitudes dos pais em relação ao transtorno, melhorando o clima familiar e aumentando o apoio social para as crianças com transtornos de humor. A terapia psicoeducacional focada na família, desenvolvida originalmente para adultos com transtorno bipolar (Miklowitz e Goldstein, 1997), também se mostra promissora com pacientes bipolares jovens (Miklowitz et al., 2004). A terapia focada na família (TFF) se assemelha, em estrutura, à terapia familiar comportamental, incorporando sessões de informações didáticas, treinamento de habilidades de comunicação e de solução de problemas, assim como técnicas comportamentais destinadas a criar oportunidades de praticar e aperfeiçoar as novas habilidades. Hipotetiza-se que a terapia reduz sintomas de transtorno bipolar pela melhora das habilidades de manejo, da comunicação familiar e da capacidade de solução de problemas e pela diminuição dos níveis de emotividade expressa entre os membros da família. A TFF para adolescentes visa a ajudar os clientes a compreenderem os ciclos de humor da criança, reconhecer os fatores que contribuem para os seus sintomas e fazer planos a fim de evitar a ciclagem, aumentar a aderência às medicações estabilizadoras do humor, ajudar o adolescente e a família a aceitarem os sintomas da doença, reconhecer forças e competências, manejar os estressores do dia-a-dia e promover mudanças no ambiente familiar importantes para estabilizar o humor da criança. Os resultados preliminares da TFF para adolescentes com transtorno bipolar mostram uma trajetória positiva no sentido da melhora clínica um ano após o tratamento (Miklowitz et al., 2004). Finalmente, uma variante da TFF para crianças mais jovens com transtorno bipolar, a terapia cognitivo-comportamental focada na criança e na família (TCC-FCF), trata dos sintomas únicos (por exemplo, ciclos rápidos e irritabilidade), de fatores ambientais e disfunção neural associada ao transtorno bipolar pediátrico. Um estudo piloto da TCC-FCF demonstrou sua exeqüibilidade em termos de fidelidade ao tratamento e satisfação do cliente (Pavuluri et al., 2004).

As intervenções familiares para transtornos de ansiedade na criança têm utilizado os princípios de TCC e técnicas de exposição gradual, ensinando os pais a apoiar e reforçar a criança em seus esforços para lidar com situações estressantes. Essas intervenções familiares também visam a melhorar o relacionamento pais-criança e aumentar a efetividade parental. Uma combinação de TCC e intervenções familiares se revelou eficaz com crianças ansiosas e seus pais (Northey et al., 2003). Por exemplo, Dadds e colaboradores (1997) testaram uma intervenção cognitivo-comportamental de 10 semanas na escola e uma intervenção grupal precoce na família, com crianças portadoras de problemas de ansiedade, e compararam esses tratamentos com uma condição de monitoramento. Ambos os tratamentos reduziram os sintomas de ansiedade, mas somente a TCC familiar manteve os ganhos terapêuticos em seguimentos pós-tratamento aos 6 meses e aos 2 anos (Dadds et al., 1999). Outra investigação desta abordagem testou a TCC em grupo, TCC em grupo mais o manejo da família (treinamento de habilidades de solução de problemas e de manejo da ansiedade da criança) e um grupo-controle de lista de espera para crianças com transtornos de ansiedade (Barrett, 1998). Ambas as intervenções foram superiores ao controle de lista de espera, em termos da porcentagem de crianças que deixou de satisfazer os critérios diagnósticos no pós-tratamento e no seguimento aos 12 meses. Além disso, o acréscimo do componente de manejo da família demonstrou efeitos pouco melhores sobre os sintomas internalizados e externalizados das crianças do que apenas a TCC em grupo: as crianças mais jovens e as do sexo feminino responderam particularmente bem à intervenção de TCC em grupo mais o manejo da família (Barrett et al., 1996). A TCC em grupo que envolveu tanto os pais quanto as crianças melhorou mais efetivamente as habilidades de manejo das crianças ansiosas do que a TCC em grupo para crianças ou a TCC para os pais (Mendlowitz et al., 1999). Por fim, Spence, Donovan e Brechman-Toussaint (2000) também demonstraram efeitos positivos da TCC em grupo com um componente familiar para crianças com fobia social em comparação com uma condição-controle de lista de espera. Esses resultados sugerem que incorporar treinamentos das habilidades parentais e técnicas de terapia familiar ao tratamento dos transtornos de ansiedade na criança e no adolescente pode trazer mais benefícios, de forma importante, do que apenas a TCC.

Tratamento familiar para depressão e ansiedade no adulto

As intervenções familiares para a depressão no adulto têm focalizado principalmente a aplicação de terapia comportamental de casal, devido à forte ligação entre depressão e problemas conjugais, à evidência de que o sofrimento conjugal costuma preceder episódios depressivos e ao achado de que problemas conjugais contínuos estão associados à recaída após episódios agudos (Jacobson, Holtzworth-Munroe e Schmaling, 1989). A terapia comportamental de casal para a depressão visa a ensinar os casais a se comunicarem e a resolverem problemas de forma mais eficaz, aumentar interações positivas e agradáveis e reduzir intercâmbios negativos. Geralmente, essas intervenções conjugais têm se revelado tão efetivas quanto os mais modernos e sofisticados tratamentos alternativos (por exemplo, psicoterapia interpessoal e terapia cognitiva) a fim de reduzir sintomas depressivos e são mais eficazes do que esses outros tratamentos para melhorar a qualidade do relacionamento conjugal (Jacobson et al., 1989; O'Leary e Beach, 1990). A terapia comportamental de casal parece funcionar igualmente bem para diminuir a insatisfação conjugal, eliminar a comunicação negativa e melhorar o funcionamento psicológico nos casais com dificuldades e nos casais com um parceiro deprimido (Goldman, Sher, Baucom e Larus, 1990). Entretanto, Jacobson e colaboradores (1991) relataram que a terapia comportamental de casal foi menos efetiva para reduzir sintomas depressivos nas mulheres que não estavam com dificuldades conjugais no início do tratamento. Além disso, não há evidência de que a terapia de casal seja superior à terapia cognitiva para reduzir os índices de recaída no ano seguinte ao tratamento (Jacobson et al., 1993), contrariamente às expectativas das pesquisas que documentam o importante papel dos problemas familiares e conjugais na cronicidade da depressão (Moos, Cronkite e Moos, 1998). De modo geral, a terapia de casal tem gerado apoio empírico convincente no tratamento da depressão, em particular nas mulheres cujos sintomas depressivos relacionam-se aos problemas conjugais.

O tratamento familiar psicoeducacional com pacientes bipolares adultos também vem ganhando apoio empírico. Simoneau e colaboradores (1999) encaminharam aleatoriamente um grupo de pacientes a nove meses de terapia focada na família (TFF, antes descrita) ou manejo de crise com seguimento (ambas as condições envolvendo o manejo da medicação). Os resultados demonstraram a superioridade da TFF para aumentar os intercâmbios familiares não-verbais positivos e reduzir os sintomas dos pacientes no ano seguinte ao início do tratamento, embora as interações verbais e as interações não-verbais negativas não tenham melhorado significativamente. Seguimentos mais longos revelam que os pacientes da TFF apresentam índices mais baixos de recaída e de hospitalização, melhor aderência à medicação, maior melhora nas habilidades de comunicação e solução de problemas e uma redução significativa nos sintomas de humor em comparação com o tratamento com foco individual, em um período de até quinze meses após o tratamento (Miklowitz et al., 2004; Rea et al., 2003). Esses resultados sugerem que as intervenções familiares psicoeducacionais são muito promissoras no tratamento de pacientes bipolares.

As intervenções familiares para transtornos de ansiedade nos adultos raramente foram testadas, e não se demonstrou grande sucesso. Por exemplo, a terapia familiar comportamental, conforme aplicada a sintomas de TEPT em veteranos de guerra, não teve um impacto adicional quando associada à terapia de exposição (Glynn et al., 1999). O envolvimento do cônjuge na terapia para agorafobia e TOC parece ter efeitos benéficos, embora os mecanismos pelos quais a terapia que inclui o parceiro atinge resultados não seja bem-compreendida, e as evidências dessas intervenções sejam inconsistentes (Baucom et al., 1998; Jacobson et al., 1989).

❖❖❖

Em resumo, as intervenções familiares para transtornos emocionais na infância e na adolescência não estão acompanhando o progresso observado na aplicação das abordagens familiares aos transtornos de comportamento. Entretanto, novos estudos de intervenções familiares para o transtorno bipolar pediátrico revelam resultados animadores. As intervenções familiares tanto para a depressão quanto para a ansiedade na infância com certeza são promissoras, apesar de precisarem de mais estudos.

No tratamento das perturbações emocionais adultas, existe significativo apoio ao uso da terapia comportamental de casal com pacientes deprimidos e seus parceiros, mas poucas evidências favorecem o uso de intervenções familiares a adultos com transtornos de ansiedade. A terapia familiar parece ser uma abordagem efetiva para pacientes bipolares. A terapia de casal pode constituir um adjunto útil para a terapia de exposição nos transtornos de ansiedade em adultos. De maneira geral, as intervenções familiares para depressão e ansiedade são promissoras e merecem estudos adicionais.

Terapia familiar para transtornos do uso de substâncias

Fatores familiares de risco e de proteção no abuso de substâncias

Fatores familiares têm sido sólida e consistentemente ligados a problemas de abuso de substâncias. Além disso, o abuso de substâncias destrói a coesão da família como unidade e prejudica o funcionamento de seus membros (Rotunda, Scherer e Imm, 1995). Fatores de relacionamento como apego pais-adolescente predizem, de forma consistente, o uso de drogas na adolescência em diferentes culturas (Brook et al., 2001). Práticas parentais como pouco monitoramento, disciplina ineficaz e má comunicação também estão implicadas nos problemas de abuso de substâncias na adolescência (McGillicuddy, Rychtarik, Duquette e Morsheimer, 2001), embora as atitudes parentais interajam claramente com uma série de outros fatores para predizer o início do abuso de drogas e problemas relacionados (Dishion e Kavanagh, 2000). Outros fatores familiares se revelaram uma influência fortemente protetora contra os problemas de drogas (Morojele e Brook, 2001). Por exemplo, adolescentes cujos pais desaprovam profundamente o uso de drogas tendiam bem menos a relatar o uso atual de alguma droga ilícita (SAMHSA, 2001). Estudos com adultos revelam que fatores conjugais, como estratégias deficientes de manejo do parceiro para lidar com o abuso de substâncias (Barber, 1995) e padrões de comunicação em geral negativos no casamento (Fals-Stewart e Birchler, 1998) estão associados ao uso mais freqüente pelo abusador de substâncias. Ademais, a pesquisa mostra que manter relacionamentos estreitos com famílias de origem sadias pode proteger da recaída os abusadores de substâncias adultos (Lavee e Altus, 2001).

Intervenções familiares no abuso de substâncias na adolescência

Os tratamentos familiares parecem ser o tratamento de escolha para problemas de uso de drogas por adolescentes (Stanton e Shadish, 1997; Williams e Chang, 2000; Vaughn e Howard, 2004). Duas décadas de experimentos rigorosamente controlados estabeleceram a eficácia das intervenções familiares para o abuso de drogas por adolescentes (Joanning, Quinn, Thomas e Mullen, 1992; Liddle e Dakof, 1995; Liddle et al., 2001, 2004). Os modelos mais efetivos são as abordagens multissistêmicas, integrativas, planejadas para alterar a ecologia de vida do adolescente usuário de drogas, mudar padrões familiares desadaptativos e melhorar o relacionamento nas esferas da escola, trabalho e envolvimento legal (Henggeler et al., 1991; Liddle, 2002a; Szapocznik e Williams, 2000).

Existem evidências empíricas sólidas e consistentes de vários estudos clínicos bem-controlados que confirmam que a terapia familiar reduz os níveis de uso de drogas e aumenta o funcionamento adaptativo (Rowe e Liddle, 2003; Stanton e Shadish, 1997; Waldron, 1997). Essas abordagens conseguem engajar os adolescentes e os pais no tratamento, por meio de estratégias especializadas (Stanton, 2004). As intervenções familiares demonstraram ter efeitos terapêuticos superiores sobre os níveis de uso de drogas comparadas à terapia individual (Azrin et al., 1994; Henggeler et al., 1991; Liddle, 2002b; Waldron et al., 2001), terapia de grupo para os adolescentes (Joanning et al., 1992; Liddle et al., 2001, 2004) e aconselhamento familiar psicoeducacional sobre drogas (Joanning et al., 1992; Liddle et al., 2001). A redução no uso de drogas observada nos tratamentos familiares tem demonstrado efeitos duradouros até doze meses após o término do tratamento (Liddle, 2002b). Além disso, os tratamentos familiares exercem efeitos positivos sobre o funcionamento familiar (Joanning et al., 1992; Liddle et al., 2001), desempenho escolar (Azrin et al., 1994, 2001; Liddle et al., 2001), sintomatologia comórbida (Azrin et al., 1994, 2001; Liddle et al., 2001; Liddle, 2002b) e delinqüência (Henggeler, Pickrel e Brondino, 1999). As abordagens familiares integrativas que combinam elementos da TCC também se revelam promissoras (Latimer, Winters, D'Zurrilla e Nichols, 2003; Waldron et al., 2001). Por fim, abordagens familiares preventivas que ajudam os pais a instituírem práticas efetivas contra o uso de drogas estão sendo implementadas e testadas em escolas (Dishion e Kavanagh, 2000) e comunidades (Hogue, Liddle, Becker e Johnson-Leckrone, 2002).

A terapia familiar estratégica breve (TFEB; Robbins e Szapocznik, 2000) tem uma longa tradição clínica, fundamentada em um trabalho terapêutico realizado com meninos hispânicos com problemas de comportamento (Szapocznik et al., 1986). A TFEB se vale da terapia familiar estrutural e estratégica em seu objetivo de modificar os padrões familiares problemáticos que mantêm o abuso de drogas e sintomas relacionados, bem como ao intervir no sistema escolar e em outros sistemas, a fim de reduzir o risco e reforçar os fatores de proteção. Em recente experimento clínico com adolescentes de minorias que abusavam de drogas, a TFEB reduziu mais efetivamente o uso de maconha e os problemas de comportamento e melhorou o funcionamento familiar em comparação com o tratamento de grupo (Santisteban et al., 2003). Investigadores atualmente examinam os efeitos da TFEB em uma amostra diversa, em um experimento em grande escala, em vários locais, como parte da Clinical Trials Network da NIDA (Feaster et al., 2003). Em resumo, a TFEB demonstra ser significativamente promissora no tratamento de abuso de drogas na adolescência (Austin, Macgowan e Wagner, 2005), e as novas pesquisas sobre seus efeitos em ambientes de atendimento comunitário podem esclarecer importantes processos na disseminação do tratamento familiar.

A terapia familiar multidimensional (TFMD) (Liddle, 2002a) tem sido reconhecida como uma das intervenções mais efetivas de uma nova geração de tratamentos para o abuso de drogas na adolescência, tratamentos abrangentes, com múltiplos componentes, teoricamente derivados e empiricamente confirmados (Austin et al., 2005; Branningan, Schackman, Falco e Millman, 2004; Lebow e Gurman, 1995; NIDA, 1999b). Esta abordagem multidimensional supõe que a redução dos sintomas-alvo e o aumento dos comportamentos pró-sociais desejados ocorrem por diversos caminhos. Com adolescentes, o terapeuta tenta transformar o estilo de vida do adolescente que usa drogas em um estilo desenvolvimentalmente normativo e melhorar o relacionamento com os iguais, a formação da identidade, os laços com a escola e com outras instituições pró-sociais e a autonomia dentro do relacionamento com os pais. Os objetivos com os pais incluem aumentar o comprometimento parental, melhorar as comunicações com o adolescente e desenvolver os conhecimentos e as habilidades de parenteamento (por exemplo, estabelecimento de limites, monitoramento).

O modelo da TFMD destacou-se entre os programas de tratamento familiar multissistêmicos com base nas evidências de seu impacto clinicamente significativo sobre o uso de drogas ao longo do tempo e por seus grandes efeitos em comparação com outros tratamentos (Austin et al., 2005). Foram obtidos índices de conclusão do tratamento de até 96% (Liddle et al., 2004). A TFMD demonstrou eficácia em comparação com tratamentos alternativos em quatro experimentos controlados, incluindo um estudo de prevenção, principalmente com adolescentes envolvidos com o juizado de menores e abuso de drogas co-mórbido (Hogue et al., 2002; Liddle et al., 2001, 2004; Liddle, 2002b). Os resultados clínicos obtidos nesses estudos randomizados indicam que a TFMD é eficaz em comparação com tratamentos modernos e sofisticados (tratamento cognitivo-comportamental individual, tratamento de grupo de iguais e educação da família), reduzindo bastante o uso de substâncias e problemas relacionados até um ano após a conclusão do tratamento. Um estudo recente mostrou que a TFMD foi mais efetiva do que a TCC individual para reduzir o uso de drogas e sintomas co-mórbidos em adolescentes com prejuízos mais graves (Henderson et al., 2004). A TFMD demonstra benefícios terapêuticos superiores em relação aos seus custos se comparada a modelos-padrão de tratamento de drogas na comunidade e a outros modelos modernos e sofisticados (French et al., 2002).

Intervenções familiares quanto ao adulto usuário de drogas

A subespecialidade das intervenções familiares para adultos usuários de drogas também avançou muito nas duas últimas décadas (Edwards e Steinglass, 1995; Heath e Stanton, 1998; O'Farrell e Fals-Stewart, 2003). O apoio empírico para a terapia familiar comportamental e para as abordagens familiares sistêmicas no tratamento de adultos usuários de drogas tem se acumulado. Várias abordagens mobilizam efetivamente apoios naturais e utilizam a influência na família para aumentar a motivação dos usuários no tratamento (por exemplo, Dakof, Quille, Tejada, Alberga, Bandstra e Szapocznik, 2003; Dakof, Rowe, Liddle e Henderson, 2003; Miller, Meyers e Tonigan, 1999). Stanton e Shadish (1997) concluíram, a partir de sua metanálise da terapia familiar para abuso de drogas, que as intervenções familiares funcionam igualmente bem para adultos e adolescentes, e que os estudos de terapia familiar tendem a ser de boa qualidade, revelam resultados melhores do que as abordagens não-familiares e, com adictos adultos a narcóticos, é um componente com bom custo-benefício na manutenção com metadona. Nos últimos anos, a aplicação de modelos familiares efetivos com alcoolistas revelou-se promissora no tratamento de adultos (por exemplo, Fals-Stewart e O'Farrell, 2003).

Aumentando o engajamento no tratamento por meio de intervenções familiares

As técnicas de terapia familiar têm sido utilizadas com sucesso para aumentar o engajamento de usuários de drogas no tratamento ao mobilizar o apoio familiar. A "abordagem de reforço da comunidade" de Azrin (1976) fundamenta grande parte desse trabalho. Este modelo baseia-se em princípios comportamentais, e suas intervenções específicas com o usuário e os membros da família visam a reforçar a abstinência e a remover os reforços para beber. Estudos iniciais revelaram que técnicas de reforço da comunidade são mais eficazes do que o tratamento usual para engajar os alcoolistas no tratamento (por exemplo, Sisson e Azrin, 1986). O programa de Community Reinforcement and Family Training (CRAFT) (Meyers e Smith, 1995), que incorpora estratégias de treinamento de habilidades, visando a reduzir o sofrimento dos membros da família, tem se revelado promissor para engajar usuários de drogas no tratamento (Meyers, Miller e Smith, 2001). Por exemplo, em um rigoroso estudo controlado comparando o CRAFT com duas intervenções comumente praticadas (a terapia de facilitação do Al-Anon e a intervenção de confrontação do Johnson Institute), Miller, Meyers e Tonigan (1999) descobriram que o CRAFT foi mais efetivo para engajar pacientes alcoolistas não-motivados no tratamento, embora o funcionamento das pessoas significativas fosse comparável entre as diferentes condições em seguimento depois de um ano. Uma versão adaptada do CRAFT demonstrou melhor retenção de abusadores de drogas e outros significativos 10 semanas após o início do tratamento, em comparação com o encaminhamento ao programa de 12 passos (Kirby et al., 1999). Portanto, a abordagem de reforço da comunidade é promissora na área do engajamento no tratamento para pacientes alcoolistas e que abusam de drogas e justifica uma maior investigação das intervenções que utilizam essas estratégias e esses princípios durante o tratamento.

As intervenções familiares para o engajamento de adultos abusadores de drogas também têm recebido apoio empírico. Por exemplo, Gayle Dakof e seus colegas desenvolveram e testaram a eficácia de um tratamento para abuso de drogas manualizado, em casa, que intervém no nível do indivíduo e da família. O programa Engaging Moms tem raízes no modelo relacional do desenvolvimento da mulher, nos modelos familiares sistêmicos de tratamento de abuso de drogas e nos modelos de preservação da família de prestação de assistência. Os resultados demonstraram que significativamente mais mulheres designadas para o programa Engaging Moms participaram do tratamento para abuso de drogas do que as mulheres designadas para a condição usual de engajamento da comunidade (controle). Das mulheres do programa Engaging Moms, 88% entraram em um programa de tratamento de drogas comparadas a 46% das mulheres que receberam os serviços comunitários habituais, e 67% das mulheres designadas para a condição experimental permaneceram em tratamento por pelo menos quatro semanas, comparadas a 38,5% das pacientes-controle (Dakof et al., 2003). Por fim, "A Relational Intervention Sequence for Engagement" (ARISE; Landau et al., 2000) parece ser uma abordagem familiar que apresenta bom custo-benefício, exige pouco tempo da equipe e demonstra altos índices de engajamento, após poucas semanas, com clientes que abusam de drogas e de álcool (Stanton, 2004). Portanto, as intervenções de engajamento com membros da família e outras pessoas significativas revelam-se promissoras para recrutar apoios naturais para motivar os abusadores de substâncias a se tratarem.

Terapia comportamental de casal ara adultos usuários de drogas

Nos últimos anos, têm ocorrido significativos avanços na aplicação da terapia comportamental de casal ao tratamento de adultos usuários de álcool e substâncias entorpecentes (O'Farrell e Fals-Stewart, 2003). De modo geral, a abordagem envolve um acordo inicial em que o alcoolista compromete-se com a sobriedade e a parceira reforça esse compromisso diariamente, assim como estratégias para ajudar o alcoolista a lidar com o desejo de beber, ajudar o casal a lidar com as crises de recaída, a se comunicar de forma mais efetiva e a aumentar as atividades prazerosas que não envolvem uso de substâncias. Esta terapia, em formato grupal e individual, tem sido instrumental para ajudar os alcoolistas a reduzirem a bebida, assim como os incidentes de violência doméstica, e a melhorar o funcionamento conjugal, permitindo redução de custos ao diminuir hospitalizações e encarceramentos até dois anos após o tratamento (Epstein e McCrady, 1998; Jacobson et al., 1989; O'Farrell e Fals-Stewart, 1999). As intervenções para casais focadas no alcoolismo têm efeitos claros sobre a freqüência do consumo de álcool e os índices de recaída, superiores aos de tratamentos comportamentais padrão para o alcoolismo (Walitzer e Dermen, 2004). O uso da terapia com alcoolistas despertou um interesse significativo devido às evidências de sua eficácia e aplicabilidade nos ambientes de atendimento (Baucom et al., 1998; Rotunda e O'Farrell, 1997).

Estudos recentes de William Fals-Stewart e seus colegas sugerem que a terapia comportamental de casal tem um potencial considerável no tratamento de usuários de drogas e alcoolistas. Fals-Stewart, Birchler e O'Farrell (1996) demonstraram a eficácia da terapia em um experimento randomizado *versus* terapia individual para abusadores de drogas do sexo masculino. Os casais em terapia conjugal tiveram melhores resultados no relacionamento, e os maridos apresentaram menos dias de uso de droga, períodos mais longos de abstinência e menos prisões e hospitalizações relacionadas a drogas em um seguimento após um ano, comparados aos casais em terapia individual. A extensão deste estudo revelou que uma proporção maior de abusadores de drogas em terapia comportamental de casal reduziu significativamente o uso de drogas e melhorou seu relacionamento funcional, em comparação com aqueles em terapia comportamental individual (Fals-Stewart et al., 2000). Winters e colaboradores (2002) replicaram esses resultados com 75 usuárias de drogas, observando períodos mais longos de abstinência contínua e níveis mais baixos de problemas de droga e álcool na família após um ano, em comparação com aquelas em terapia comportamental individual. Finalmente, Kelley e Fals-Stewart (2002) demonstraram que o comportamento dos filhos melhorou extraordinariamente do início a um ano depois, quando os pais abusadores de drogas participaram da terapia comportamental de casal, muito mais do que quando recebiam terapia comportamental individual ou tratamento psicoeducacional de controle. Recentemente, Fals-Stewart e O'Farrell (2003) adaptaram a abordagem de terapia comportamental de casal, utilizando-a como componente do tratamento com naltrexona, para homens dependentes de opióides. No ano posterior ao tratamento, os pacientes apresentaram melhor aderência à naltrexona, comparecimento às sessões, índices de abstinência e menos problemas relacionados a drogas, à justiça e à família do que na terapia individual. Tomados juntos, esses resultados apóiam solidamente os benefícios da terapia comportamental de casal tanto para usuários do sexo masculino quanto do feminino, relacionamento com os parceiros, funcionamento familiar global e ajustamento dos filhos.

❖❖❖

Resumindo, as abordagens familiares para adolescentes e adultos usuários de drogas revelaram-se significativamente promissoras (Stanton e Shadish, 1997). Embora haja espaço para melhorias nos aspectos de planejamento de pesquisa, tais como a mensuração de construtos centrais e o exame de mecanismos de mudança, a especialidade avançou bastante nos últimos anos. Novos estudos focalizam os processos pelos quais os profissionais da comunidade têm conseguido implementar essas abordagens na prática. Esses novos estudos são importantes porque as intervenções mais comumente utilizadas no atendimento comunitário ainda precisam ser testadas de modo adequado, e os modelos descritos aqui, para os quais cresce o apoio empírico, ainda não foram amplamente adotados nos ambientes em que os abusadores de substâncias mais precisam deles (Liddle et al., 2002; Rotunda e O'Farrell, 1997; Fals-Stewart e Birchler, 2001). Novas direções na pesquisa sobre intervenções envolvendo a família para usuários de drogas tentam diminuir a lacuna entre a pesquisa e a prática (Diamond e Liddle, 1996, 1999).

Terapia familiar para esquizofrenia

Fatores familiares de risco e de proteção na esquizofrenia

Os pesquisadores da família têm tentado compreender a dinâmica familiar dos pacientes esquizofrênicos desde a década de 1960, quando padrões relacionais conhecidos como "desvio de comunicação" (Singer e Wynne, 1965) e "emoção expressa" (Vaughn e Leff, 1976) foram sugeridos como se tivessem poder explanatório excepcional na rede de fatores que influenciam o desenvolvimento dos transtornos psicóticos. Pesquisas subseqüentes corroboram o papel da dinâmica familiar perturbada como fator contribuinte, talvez secundário aos processos biológicos, mas mesmo assim contribuinte, para o início e a cronicidade da esquizofrenia. Por exemplo, alguns estudos ligaram o "desvio de comunicação" familiar, um rótulo geral para interações pouco claras, distorcidas, descontínuas e vagas, à esquizofrenia (Doane et al., 1989; Goldstein, 1987; Miklowitz et al., 1991). Esses estudos associaram o desvio de comunicação à esquizofrenia, com o passar do tempo e em diferentes culturas.

Outros estudos focalizaram a ligação entre "emoção expressa" (EE), um padrão de demasiado envolvimento emocional e atitudes críticas, e a esquizofrenia (Miklowitz et al., 2004; Rosenfarb et al., 2004). Demonstrou-se que os parentes de pacientes esquizofrênicos fazem mais afirmações negativas e intrusivas do que os parentes de pacientes bipolares (Miklowitz, Goldstein e Nuechterlein, 1995). Além disso, os parentes de esquizofrênicos caracterizados por elevada EE tendem a atribuir as causas da doença do paciente a fatores internos e controláveis por ele (Brewin, MacCarthy, Duda e Vaughn, 1991), e as atribuições e críticas da família são importantes para determinar o curso da doença (Lopez, Nelson, Snyder e Mintz, 1999). Uma elevada emoção expressa na família tem sido associada ao risco maior de recaída após o tratamento (Parker e Hadzi-Pavlovic, 1990); portanto, as intervenções têm procurado ajudar as famílias a lidar com o estresse de cuidar da pessoa amada e a modificar suas atitudes e interações a fim de apoiar a recuperação do paciente (Backer e Richardson, 1989; Marsh e Johnson, 1997).

Intervenções familiares na esquizofrenia

O advento da medicação psicoativa na década de 1960, que revolucionou o tratamento institucional para pacientes mentalmente doentes, também deixou as comunidades e famílias com grande parte da carga de cuidar dos pacientes esquizofrênicos. As intervenções familiares foram depois desenvolvidas com base nas evidências acumuladas sobre os fatores familiares de risco, supracitados, para o início e a recaída da esquizofrenia e o estresse significativo de cuidar dos membros mentalmente doentes da família. Esses tratamentos familiares foram planejados para aumentar a efetividade das intervenções farmacológicas, com o objetivo de melhorar o ambiente familiar (incluindo reduzir críticas e hostilidade e aumentar a estabilidade e estrutura) e ajudar a família a manejar a doença (Hahlweg e Wiedemann, 1999). As intervenções geralmente consistem em estratégias de engajamento, psicoeducação e treinamentos de habilidades de manejo e solução de problemas, a fim de diminuir o estresse familiar, e intervenção em situações de crise. Hoje existe apoio considerável ao uso dessas intervenções familiares, em um regime de tratamento multimodal para pacientes esquizofrênicos (Goldstein e Miklowitz, 1995).

As intervenções familiares para pacientes esquizofrênicos costumam ser classificadas em três categorias: consulta familiar, educação familiar e psicoeducação familiar (Marsh e Lefley, 2003). A consulta familiar ajuda a família a identificar e a priorizar suas necessidades, lidar com suas preocupações e dúvidas sobre a doença mental, tomar decisões informadas sobre a assistência apropriada e formular um plano de assistência familiar. A educação familiar fornece à família informações sobre a doença, estratégias efetivas de manejo e recursos da comunidade. Embora a educação da família tenha mostrado efeitos positivos ao melhorar o entendimento dos familiares a respeito da doença, tornar mais realistas as expectativas em relação ao paciente, melhorar os relacionamentos familiares e aumentar a esperança do paciente (Marsh, 2001), seus efeitos sobre os sintomas esquizofrênicos têm sido limitados. Por exemplo, Tarrier e colaboradores (1989) demonstraram que duas versões diferentes de terapia familiar resultaram em índices mais baixos de recaída do que a educação familiar breve até dois anos depois do tratamento.

As abordagens psicoeducacionais, que combinam educação com treinamento das habilidades de manejo da família, têm produzido mais evidências empíricas em favor dos tratamentos familiares da esquizofrenia. Por exemplo, as pesquisas iniciais confirmaram a efetividade do manejo familiar comportamental (incorporar a psicoeducação às habilidades de comunicação e de solução de problemas) a fim de melhorar as habilidades sociais do esquizofrênico, diminuir o estresse familiar e melhorar a comunicação, assim como para reduzir significativamente os índices de recaída em comparação com cuidados psiquiátricos padrão, até dois anos depois do tratamento (Falloon, Boyd e McGill, 1984). Mueser e colaboradores (2001) compararam o manejo familiar de apoio (dois anos de grupos de apoio mensais) e manejo familiar aplicado (um ano de terapia comportamental familiar com grupos de apoio contínuo por um segundo ano) com medicamento controlado de todos os pacientes. Seus resultados mostraram uma leve vantagem do acréscimo da terapia comportamental familiar, em termos de menor rejeição do paciente e menos atritos entre os membros da família. No entanto, as intervenções não diferiram em relação ao funcionamento social do paciente ou os encargos da família após dois anos. A intervenção familiar mais intensiva não possibilitou que os pacientes pudessem se manter com doses mais baixas de medicação. Finalmente, William McFarlane e colaboradores (1995) desenvolveram uma intervenção multifamiliar de apoio, com ênfase no apoio social para os membros da família. O modelo revelou índices mais baixos de recaída, comparado às abordagens de terapia familiar individual, até quatro anos após o tratamento.

Embora os benefícios das abordagens psicoeducacionais para a esquizofrenia estejam bem-estabelecidos, existe a preocupação de que os encargos de tempo e recursos que recaem sobre a família, os profissionais e os sistemas de atendimento de saúde possam limitar sua adoção (McFarlane, Hornby, Dixon e McNary, 2002). Como em outras especialidades, estudos recentes nesta área têm tratado dessas barreiras à implementação na prática clínica. Por exemplo, Kelly e Newstead (2004) descrevem estratégias para superar as barreiras encontradas na implementação de uma intervenção familiar psicossocial. De fato, a intervenção familiar diminui os encargos familiares, assim como a recaída (NICE, 2002). Outro grupo tratou de questões envolvendo custo-efetividade de três intervenções familiares para a esquizofrenia: manejo familiar comportamental, intervenção comportamental para as famílias e grupos de múltiplas famílias. Todas as três intervenções demonstraram que a proporção custo-efetividade melhorou quando elas foram introduzidas no atendimento de saúde mental padrão na Austrália (Mihalopoulos, Magnus, Carter e Vos, 2004). Esses estudos são sinais importantes de progresso na implementação de intervenções familiares nos sistemas de atendimento de saúde mental.

Em resumo, existem claras evidências apoiando o uso de intervenções familiares como um componente de estratégias multimodais para o tratamento de esquizofrênicos (McFarlane, Dixon, Lukens e Luckstead, 2003). Certos padrões familiares, mais notavelmente atitudes muito críticas e de rejeição, complicam o processo de recuperação dos esquizofrênicos quando eles retornam à família após o tratamento. Além disso, o estresse de lidar com a doença de um membro da família torna necessário o apoio social e o desenvolvimento de habilidades para todos os familiares envolvidos. As intervenções que aumentam o entendimento e a aceitação da doença e fornecem apoio e treinamento de habilidades de cuidados parecem fortalecer mecanismos protetores e reduzir a recaída. Por exemplo, uma abordagem inovadora de terapia de aconselhamento estruturada em grupo, envolvendo as esposas de homens esquizofrênicos em tratamento, parece ajudar no manejo dos sintomas psicóticos ao aumentar a afeição e a satisfação conjugal (Croake e Kelly, 2002). À medida que esses caminhos de pesquisa forem trilhados e aumentar o apoio às famílias de pacientes mentais crônicos, a utilização comunitária desses modelos familiares empiricamente comprovados provavelmente se tornará mais comum na prática padrão (Backer e Richardson, 1989; Baucom et al., 1998).

Terapia familiar nos transtornos de alimentação

Fatores familiares de risco e de proteção nos transtornos de alimentação

O clássico trabalho de Salvador Minuchin com meninas com transtornos alimentares e suas famílias (Minuchin, Rosman e Baker, 1978) foi inspirado pela observação clínica de que as famílias dessas pacientes eram deficientes na provisão de carinho e apoio às adolescentes e jovens adultas. De fato, a pesquisa corrobora essas observações clínicas. Os pais de pessoas com transtornos de alimentação, a partir de estudos clínicos, foram caracterizados como superprotetores (Wade, Treloar e Martin, 2001), emaranhados e excessivamente críticos (Polivy e Herman, 2002) e mantenedores de fronteiras difusas com suas filhas adolescentes (Rowa, Kerig e Geller, 2001). Os padrões interacionais nas famílias de pacientes com transtornos alimentares tendem a limitar a autonomia e a intimidade (Maharaj et al., 2001), a romper relações de apego (Ratti, Humphrey e Lyon, 1996) e são caracterizados por comunicação destrutiva (Lattimore, Wagner e Gowers, 2000). O abuso de drogas pelos pais também pode aumentar a vulnerabilidade a transtornos de alimentação (Lyon et al., 1997). Entretanto, algumas evidências sugerem que a influência da disfunção familiar sobre o desenvolvimento de transtornos de alimentação é indireta: elevado conflito, baixa coesão e abuso na infância podem ter um impacto sobre o transtorno alimentar por meio de sintomas depressivos (Mazzeo e Espelage, 2002). Não há dúvida de que os problemas familiares não só afetam o desenvolvimento de transtornos de alimentação, como fatores familiares, tal como críticas excessivas, também predizem um pior prognóstico no tratamento de bulímicas e de anoréxicas (Reiss e Johnson-Sabine, 1995; van Furth et al., 1996).

Intervenções familiares nos transtornos de alimentação

Desde a inovadora aplicação de Minuchin da terapia familiar estrutural ao tratamento da anorexia (Minuchin et al., 1978), vários experimentos controlados apóiam as intervenções familiares para pacientes bulímicas e anoréxicas (Lemmon e Josephson, 2001). Uma série de estudos de investigadores do Hospital Maudsley, em Londres, testou um tratamento familiar multimodal que enfatiza a colaboração com a família como um recurso valioso na recuperação da paciente e evita culpar os pais. O modelo emprega técnicas da terapia familiar estrutural de Minuchin, utilizando uma refeição familiar no primeiro estágio da terapia e reorganizando coalizões parentais no trabalho terapêutico posterior, assim como aspectos da abordagem de Milão, ao examinar e tratar o contexto intergeracional dos problemas da paciente. O modelo tem revelado resultados impressionantes no ganho e na manutenção de peso até cinco anos depois do tratamento, em comparação com a terapia individual de apoio, em particular para adolescentes com início mais recente de problemas (Russell, Dare, Eisler e LeGrange, 1994; Russell, Szmukler, Dare e Eisler, 1987).

A terapia familiar comportamental sistêmica, que enfatiza o controle parental sobre a alimentação e incorpora a reestruturação cognitiva e o treinamento de solução de problemas, também foi testada em comparação com a terapia individual para pacientes anoréxicas. O modelo foi mais efetivo do que uma abordagem individual focada em aumentar a força de ego e facilitar a autonomia, em termos de aumentar o peso corporal de antes e depois do tratamento (aproximadamente 16 meses de terapia), embora os tratamentos fossem igualmente efetivos na maioria dos resultados medidos, incluindo atitudes alimentares, insatisfação com a forma do corpo e sintomas depressivos (Robin et al., 1994). Além disso, uma comparação da terapia familiar estrutural e do grupo familiar psicoeducacional não revelou nenhuma diferença estatisticamente significativa na efetividade com pacientes anoréxicas (Geist et al., 2000). Uma nova abordagem familiar integrativa para pacientes anoréxicas, combinando técnicas estruturais, estratégicas e bowenianas com TCC e terapia narrativa (Krautter e Lock, 2004a), demonstrou altos índices de satisfação nas pacientes, em especial em termos das mudanças positivas percebidas na família (Krautter e Lock, 2004b).

Por fim, abordagens de terapia multifamiliares foram desenvolvidas recentemente e testadas em um estudo piloto com resultados animadores (Asen, 2002; Colahan e Robinson, 2002). Este tipo de modelo trata múltiplas famílias junto, em ambientes hospitalares, utilizando uma abordagem multidisciplinar e envolvendo ativamente os membros da família no tratamento da paciente com transtornos alimentares, em um trabalho intensivo com as famílias (Scholz e Asen, 2001). Certamente se justifica uma investigação mais profunda dessas abordagens, pois seus achados preliminares são promissores. Do total, cerca de dois terços (65%) das pacientes anoréxicas melhoram bastante na terapia familiar (Lock et al., 2001). O apoio empírico para as intervenções familiares nos casos de pacientes com transtornos alimentares tem crescido, embora ainda restem dúvidas sobre a dosagem necessária mais efetiva de trabalho familiar nesses programas, em geral multimodais, para tratar essas pacientes. As intervenções familiares para pacientes bulímicas ainda precisam ser desenvolvidas e validadas empiricamente.

Eficácia da terapia de casal

Conforme já discutido, a terapia de casal tem demonstrado eficácia no tratamento de vários transtornos, inclusive alcoolismo, abuso de drogas e depressão (Baucom et al., 1998). Uma gama de abordagens, incluindo comportamental, cognitivo-comportamental, orientada para o *insight*, sistêmica e psicoeducacional, tem gerado achados positivos ao melhorar relacionamentos de casal (por exemplo, Goldman e Greenberg, 1992; Kaiser, Hahlweg, Fehm-Wolfsdorf e Groth, 1998; Snyder, Wills e Grady-Fletcher, 1991). A seguir, apresentaremos achados clinicamente relevantes na pesquisa sobre as intervenções de casal para problemas de relacionamento, de modo mais geral, e discutiremos novas direções nesta especialidade.

A terapia comportamental de casal tem sido a mais estudada de todas as terapias conjugais (Jacobson et al., 2000). Conforme observamos previamente, a abordagem envolve intervenções comportamentais planejadas para reforçar a comunicação efetiva, a solução de problemas e as interações positivas, e diminuir intercâmbios negativos entre os casais. As técnicas comportamentais incluem contratos a ser cumpridos, relativos a tarefas ou atividades específicas, e temas de casa para generalizar habilidades fora da terapia. Há consenso de que a TCCasal (para diferenciar da TCC, terapia cognitivo-comportamental) realmente melhora o ajustamento e a satisfação conjugal

(Dunn e Schwebel, 1995; Jacobson e Addis, 1993; Lebow e Gurman, 1995; Shadish et al., 1993) e resulta em uma mudança clinicamente significativa na maioria dos participantes (Baucom et al., 1998). Os resultados de seguimento são um pouco desapontadores, com os ganhos terapêuticos mantidos, na maioria dos estudos, até um ano depois (Hahlweg e Markman, 1988), embora uma significativa porcentagem (38%) dos casais se divorcie em um período de até quatro anos após a TCCasal (Snyder et al., 1991).

As intervenções de TCCasal expandiram-se, assim como seu foco (Baucom e Epstein, 1991). Por exemplo, uma nova abordagem, a terapia comportamental de casal integrativa (Jacobson et al., 2000; veja Capítulo 14), trata de algumas das limitações da TCCasal, inclusive seu impacto reduzido no decorrer do tempo (Hahlweg e Markman, 1988). A abordagem integrativa enfatiza a aceitação das características dos parceiros que são mais difíceis de mudar e utiliza esses obstáculos como uma plataforma para estabelecer maior intimidade. A abordagem integrativa tem demonstrado uma eficácia preliminar relativa em comparação com a TCCasal tradicional, sendo avaliados índices de tamanho do efeito e significância clínica para medir a satisfação conjugal. Ela também foi adaptada com sucesso para um formato grupal (Jacobson et al., 2000). Além disso, uma versão da TCCasal, melhorada com técnicas de reestruturação cognitiva e exploração do afeto, foi testada em comparação com a TCCasal padrão e revelou-se igualmente eficaz para diminuir comunicações e cognições negativas na sessão e em casa (Halford, Sanders e Behrens, 1993). Da mesma forma, uma recente investigação da TCCasal integrativa (enfatizando aceitação emocional de incompatibilidades genuínas) com casais significativamente perturbados revelou melhoras similares na satisfação, estabilidade e comunicação conjugal em comparação com a TCCasal tradicional (Christensen et al., 2004). Em resumo, a TCCasal é a abordagem mais bem estabelecida e validada de todas as abordagens de casal.

A terapia cognitivo-comportamental de casal (TCCC) baseia-se na TCCasal, mas também tenta modificar as expectativas e crenças irrealistas que impedem relacionamentos adaptativos e intimidade. Na metanálise de Dunn e Schwebel (1995) de 15 experimentos de terapia de casal randomizados, metodologicamente bem fundamentados, a TCCC foi superior à TCCasal e à terapia de casal orientada para o *insight* a fim de modificar as cognições dos cônjuges sobre o relacionamento antes e depois do tratamento. Entretanto, estudos em que técnicas cognitivas foram testadas em comparação com a TCCasal ou utilizadas para melhorar a terapia comportamental de casal padrão não forneceram qualquer evidência de que as intervenções cognitivas são mais efetivas do que a TCCasal (Fincham, Bradbury e Beach, 1990). Baucom e colaboradores (1998) descrevem a TCCC como "possivelmente eficaz", considerando o pequeno tamanho das amostras nos estudos examinados e a falta de evidências de benefícios adicionais das técnicas cognitivas em relação à TCCasal tradicional.

As abordagens orientadas para o *insight*, incluindo a terapia de casal orientada para o *insight* e a terapia de casal com foco emocional, também foram submetidas a investigações de experimentos clínicos e consideradas superiores a não fazer tratamento (Jacobson e Addis, 1993), com certas evidências de sua superioridade em comparação com outras abordagens estabelecidas (Baucom et al., 1998). A terapia de casal orientada para o *insight* (TCOI; Snyder e Wills, 1989) passou a ser mais popular e está sendo estudada empiricamente. A TCOI mistura técnicas da Gestalt e sistêmicas para aumentar o *insight* do casal sobre a sua dinâmica interpessoal e relacional, com foco na natureza afetiva das interações e facilitação das respostas dos parceiros às necessidades emocionais expressas pelo cônjuge. A metanálise de Dunn e Schwebel (1995) revelou que a TCOI tem tido mais sucesso do que a TCCasal ou a TCCC para melhorar as percepções dos cônjuges da qualidade geral do seu relacionamento. Snyder, Wills e Grady-Fletcher (1991) encontraram algumas diferenças entre a TCOI e a TCCasal nos resultados conjugais em um pós-teste ou em um seguimento depois de seis meses, mas outro estudo após quatro anos indicou que uma porcentagem significativamente maior de casais em TCCasal se divorciara, em comparação com aqueles em TCOI (38 *versus* 3%). Claramente, a TCOI é uma abordagem promissora no tratamento do sofrimento e da insatisfação conjugais.

A terapia de casal com foco emocional (Greenberg e Johnson, 1988; veja Capítulo 8) afirma que as dificuldades de relacionamento em geral decorrem do repúdio de sentimentos e necessidades de apego, criando ciclos interacionais negativos e padrões ineficazes de comunicação. O modelo identifica esses problemas e ciclos negativos, ajuda os clientes a reconhecerem as emoções que estão por trás desses ciclos, ajuda na aceitação da posição do parceiro e encoraja os cônjuges a comunicarem necessidades e emoções mais efetivamente, no espírito de gerar soluções e aumentar a intimidade. A terapia de casal com foco emocional demonstrou maior eficácia do que o uso de controles que estão em uma lista de espera (Goldman e Greenberg, 1992; Jacobson e Addis, 1993) e eficácia superior à da TCCasal para melhorar o ajustamento conjugal em um estudo com casais moderadamente perturbados (Johnson e Greenberg, 1985). Um estudo com pais de crianças com doenças crônicas mostrou que a terapia de casal com foco emocional reduziu mais efetivamente o sofrimento conjugal depois do tratamento e em estudo feito após cinco meses do que uma condição de usar um controle de uma lista de espera (Walker, Johnson, Manion e Cloutier, 1996). Dada sua replicação em diferentes programas de pesquisa e sua eficácia relativa em comparação com o modelo bem estabelecido da TCCasal, a terapia com foco emocional apresenta um potencial significativo no tratamento da perturbação relacional (Baucom et al., 1998).

Por fim, Goldman e Greenberg (1992) e Davidson e Horvath (1997) fornecem evidências em favor do uso de técnicas da terapia estratégica no contexto da terapia de casal. Goldman e Greenberg descobriram que um modelo de terapia sistêmica integrada foi tão efetivo quanto a terapia de casal emocionalmente focada e mais efetivo do que o uso de um controle de lista de espera para aliviar o sofrimento relacional e melhorar as queixas-alvo e a resolução dos conflitos. Além disso, os casais no tratamento integrado mantiveram mais os ganhos terapêuticos depois de quatro meses do que os casais na terapia de casal emocionalmente focada. Davidson e Horvath desenvolveram e testaram uma abordagem de terapia de casal breve (três sessões) com base no modelo do MRI, incorporando intervenções de reenquadramento e contenção, assim como tarefas de tema de casa. O modelo de terapia de casal estratégica breve foi mais efetivo para melhorar o ajustamento no relacionamento e a resolução de conflitos e queixas-alvo do que o uso de um controle de uma lista de espera, do início ao seguimento em seis semanas. Esses resultados iniciais em apoio às técnicas estratégicas com casais sugerem que uma maior investigação de tais abordagens poderia ampliar o alcance da pesquisa sobre intervenções com casais.

Novas direções na pesquisa sobre os resultados da terapia de casal

Artigos metodológicos recentes destacam caminhos potencialmente proveitosos para a próxima geração de estudos sobre a terapia de casal. Por exemplo, Christensen, Baucom, Vu e Stanton (2005) descrevem passos para o exame de perguntas inexploradas sobre os resultados de pacotes de tratamento de casal multifacetados, seus componentes, os mecanismos pelos quais obtêm resultados e seus efeitos com populações diversas. Seguindo fases seqüenciais para a pesquisa de resultados, inclusive desenvolvimento do tratamento, avaliação da eficácia e pesquisa sobre efetividade, esses autores fornecem orientações de pesquisa que fariam avançar a terapia de casal ao facilitar a integração de abordagens existentes para casais com múltiplos problemas. Um exemplo de trabalho inovador sobre desenvolvimento de tratamento e avaliação de eficácia é o estudo recente de Stith, Rosen e McCollum (2004), que descreve o desenvolvimento da "terapia de casal focada na violência doméstica". Esta abordagem feminista integrativa, que combina técnicas da terapia focada na solução, abordagens narrativas, teoria sistêmica familiar de Bowen e TCC em formato de tratamento grupal para casais, mostrou ser mais efetiva do que a terapia de casal padrão ou o tratamento em grupo apenas para parceiros violentos. Os estágios de pesquisa delineados por Christensen e colaboradores (2005) levam, logicamente, ao exame desses tipos de tratamentos integrativos em diferentes ambientes e com variados terapeutas e clientes.

Pesquisa sobre o processo de terapia familiar

Identificando mecanismos de mudança terapêutica na terapia familiar

Embora os achados examinados sejam valiosos para estabelecer que tipos de intervenção familiar apresentam o potencial de aliviar problemas psicológicos e interpessoais, eles oferecem apenas informações limitadas sobre os ingredientes essenciais da terapia familiar. Perguntas sobre *por que* certas terapias são efetivas, *como* as famílias mudam, *quais* técnicas específicas de tratamento são mais importantes e *quais* variáveis do cliente e do terapeuta afetam a mudança, direta e indiretamente, não podem ser tratadas em estudos de comparação de resultados. Essas perguntas só podem ser respondidas com o exame profundo das terapias discutidas e com a utilização de diferentes tipos de metodologias e estratégias (por exemplo, análise de tarefa; Heatherington e Friedlander, 1990a) e ferramentas analíticas (por exemplo, modelagem de crescimento; Willett, Ayoub e Robinson, 1991) para ligar fatores terapêuticos específicos aos "pequenos resultados" durante todo o tratamento e aos resultados definitivos no final do mesmo e em períodos de seguimento meses mais tarde (Pinsof, 1989). A pesquisa sobre o processo poderia levar ao desenvolvimento de tratamentos mais efetivos e aproximar a ciência e a prática ao aumentar a relevância dos achados empíricos para os profissionais (Diamond e Diamond, 2001; Pinsof e Wynne, 2000; Hogue, Liddle, Singer e Leckrone, 2005). Esta seção discute alguns dos achados de pesquisa sobre o processo de terapia familiar até o momento, se bem que uma apresentação completa nesta área exigiria pelo menos um capítulo inteiro. Sugerimos outras leituras nesta área para uma exploração mais completa da pesquisa sobre o processo de terapia familiar (por exemplo, Alexander, Holtzworth-Munroe e Jameson, 1994; Diamond e Diamond, 2001; Friedlander, Wildman, Heatherington e Skowron, 1994; Pinsof, 1989).

Processo de formação da aliança terapêutica na terapia familiar

O processo de criação e negociação de alianças terapêuticas é mais complexo na terapia de casal e de família do que na terapia individual (Rait, 2000). Alguns modelos de terapia familiar enfatizam a formação de múltiplas alianças terapêuticas, em vez de conceitualizar uma única (Liddle, 2002a). Estudo recente de Robbins, Turner, Alexander e Perez (2003) forneceu evidências para se compreender a aliança na terapia familiar como uma função de processos sistêmicos, em vez de individuais. Para 34 adolescentes e pais em terapia familiar funcional para abuso de substâncias na adolescência e problemas relacionados, as alianças terapêuticas individuais de cada pai/mãe e adolescente não indicaram a retenção. Entretanto, os casos de abandono apresentavam níveis significativamente mais elevados de alianças desequilibradas, aquelas caracterizadas por altos níveis de discrepância entre as alianças dos pais e dos adolescentes com o terapeuta, em comparação com os casos que completaram o tratamento (Robbins et al., 2003). Vários pesquisadores do processo da terapia familiar concentraram-se em como o terapeuta estabelece e mantém a importante aliança terapêutica com diferentes membros da família. Por exemplo, Heathington e Friedlander (1990b) exploraram padrões relacionais de controle da comunicação e seu impacto sobre o desenvolvimento da aliança terapêutica na terapia familiar sistêmica. Descobriram que o terapeuta e a família tendiam a interagir de modo complementar, em vez de manter intercâmbios simétricos ou competitivos. Entretanto, nenhum padrão estava relacionado às percepções dos membros da família da qualidade do relacionamento terapêutico. A recente revisão de Garfield da mais atualizada pesquisa sobre aliança na terapia de casal (por exemplo, Symonds e Horvath, 2004; Knobloch-Fedders et al., 2004) faz algumas recomendações úteis para se trabalhar com parceiros com problemas variados. Garfield (2004) examina três dimensões de fatores importantes na aliança terapêutica: a "dimensão de lealdade", o impacto das experiências iniciais de cada parceiro em sua família de origem e o impacto das questões de gênero de cada parceiro. Também apresenta fundamentos empíricos e considerações clínicas relacionadas a cada dimensão.

Na terapia familiar baseada no apego (TFBA) com adolescentes deprimidos, Diamond e colaboradores (2003) examinaram a contribuição dos processos de aliança terapêutica específicos da terapia familiar geral e da TFBA para os resultados. Tanto para os adolescentes como para os pais, a concordância terapeuta-cliente sobre os objetivos individuais e familiares do tratamento relacionava-se a uma aliança terapêutica mais forte e à melhora da depressão no adolescente. Em um esforço para compreender os processos terapêuticos reais que levam a alianças fortes com os pais, executou-se um estudo analítico de tarefa. As análises produziram um modelo clínico de cinco estágios para o desenvolvimento de uma aliança terapêutica sólida entre o terapeuta e os pais, caracterizada pela demonstração de interesse por parte do terapeuta, pelo reconhecimento das forças e realizações dos pais, pela exploração do relacionamento pais-adolescente e seu impacto sobre o bem-estar do adolescente, pela definição e busca dos objetivos parentais no tratamento e, por fim, pelo reforço das capacidades parentais e sua contribuição para a melhora do adolescente (Diamond et al., 2003).

Na terapia familiar com abusadores de substâncias adolescentes, os investigadores examinaram o impacto das intervenções para engajar os adolescentes sobre a melhora das alianças terapeuta-adolescente nas primeiras três sessões de terapia familiar multidimensional (TFM; Diamond, Liddle, Hogue e Dakof, 1999). Ganhos significativos na aliança de trabalho ficaram evidentes quando o terapeuta enfatizou as seguintes intervenções para a formação da aliança: prestar atenção à experiência do adolescente, formular objetivos pessoalmente significativos e se apresentar como um aliado do adolescente. A falta de melhora ou a deterioração da aliança estavam associadas ao terapeuta passar muito tempo explicando a natureza da terapia, demorando demais, portanto, para discutir como a terapia poderia ser pessoalmente significativa para o adolescente. Um exame mais recente do processo de criação da aliança na TFMD demonstrou que é mais provável os adolescentes concluírem o tratamento quando o terapeuta tem um relacionamento mais sólido com seus pais. Além disso, os relacionamentos terapêuticos mais sólidos com os adolescentes estavam associados a maior decréscimo no uso de drogas, mas somente quando a aliança terapêutica com os pais era de moderada à sólida (Shelef, Diamond, Diamond e Liddle, 2005). Jackson-Gilfort, Liddle, Dakof e Tejeda (2001) também mostraram que a discussão terapêutica de temas culturalmente específicos melhorava o engajamento no tratamento de adolescentes afro-americanos. O exame de temas específicos – raiva e ódio, alienação e a trajetória da infância à idade adulta (em outras palavras, o que significa tornar-se um homem afro-americano) – estava associado à maior participação e menor negatividade do adolescente já na sessão seguinte. Estes e outros estudos sobre a aliança na terapia familiar produziram achados clínicos importantes; entretanto, a pesquisa futura precisa examinar a ligação entre o relacionamento terapêutico e os resultados na terapia familiar.

Eventos de mudança críticos na terapia familiar

A pesquisa sobre o processo também focaliza a natureza e as seqüências que determinam eventos de mudança importantes na terapia familiar ou aquelas intervenções que levam à resolução de problemas ou modificações relacionais na família. Por exemplo, Friedlander, Heatherington, Johnson e Skowron (1994) estudaram a dinâmica dos casos em terapia familiar estrutural em que as famílias conseguiram passar do desligamento ao engajamento. Utilizando um método modificado de indução analítica, identificaram e examinaram os eventos que mantinham o engajamento. Esses eventos envolviam tanto experiências de aprendizagem interpessoais quanto pessoais por parte de cada membro da família. Embora nenhum padrão consistente caracterizasse a resolução do impasse de cada família, o engajamento sustentado costuma envolver uma ativa solicitação do terapeuta para que cada membro fale sobre seus pensamentos e sentimentos sobre o impasse e os benefícios do reengajamento, assim como ajudar os outros membros da família a escutarem os pontos de vista alheios. Do mesmo modo, em estudos do processo da terapia de casal emocionalmente focada, Greenberg, Ford, Alden e Johnson (1993) descobriram que os eventos decisivos na sessão estão com mais freqüência associados a declarações positivas afiliativas sobre si mesmo (por exemplo, revelando algo pessoal, expressando-se) e a declarações amistosas de aceitação por parte do parceiro, do que a eventos desagradáveis ou pessimistas na sessão. Ademais, era significativamente mais provável os parceiros responderem com declarações afiliativas depois que o terapeuta facilitava a auto-revelação do outro parceiro.

Michael Nichols e colaboradores validaram uma escala de avaliação para facilitar o exame do complexo processo das encenações bem-sucedidas na terapia familiar (Allen-Eckert et al., 2001). Sua pesquisa com terapeutas familiares de excelente formação e experiência sugere que abrir caminho através do conflito familiar e ajudar a família a mudar sua postura relacional é um processo complexo, que requer uma facilitação ativa e diretiva por parte do terapeuta (Nichols e Fellenberg, 2000). Ingredientes essenciais das encenações bem-sucedidas incluem preparar a pré-encenação dos membros da família, especificar os objetivos e explicar a necessidade de diálogo, da direção que a discussão deve seguir, evitar interrupções a menos que absolutamente necessário, manter a ação em andamento, incitando os membros da família a se esforçarem mais no processo de se comunicar, dando-lhes claras instruções de como se comunicarem entre si.

Diamond e colaboradores (2003) exploraram os processos envolvidos na mudança do foco do tratamento, de "o adolescente como o problema" para "fortalecimento das relações familiares como a solução", na TFBA para adolescentes deprimidos. A primeira parte desta investigação envolveu avaliar o que os clientes pensavam sobre sua responsabilidade por causar e corrigir os problemas que trouxeram a família ao tratamento. Os adolescentes tendiam a considerar tanto a si mesmos quanto aos pais como contribuintes para o problema e dispostos a resolvê-lo, enquanto os pais tendiam a se avaliar como pouco contribuintes para o problema e altamente dispostos a resolvê-lo. As entrevistas com os pais após as primeiras sessões para revisar momentos terapêuticos-chave revelaram o papel das emoções no processo de reenquadramento relacional. Por exemplo, eliciar emoções fortes, freqüentemente vulneráveis, associadas aos conflitos que trouxeram a família ao tratamento ajudou a modificar as cognições negativas sobre esses problemas e sobre os próprios adolescentes. Além disso, a maior influência clínica ocorreu quando os pais passaram a compreender como as rupturas no relacionamento pais-adolescente contribuíram para a depressão do adolescente.

Diamond e Liddle (1996, 1999) utilizaram a análise de tarefa a fim de identificar a combinação de intervenções clínicas e interações familiares necessária para resolver impasses na sessão na TFMD (situações clínicas caracterizadas por intercâmbios negativos, desligamento emocional e má solução de problemas entre pais e adolescentes). Os comportamentos do terapeuta que contribuíram para diminuir essas interações negativas incluíram:

a) bloquear ou tratar ativamente e elaborar o afeto negativo;
b) evocar e desenvolver pensamentos e sentimentos que promovem diálogos construtivos;
c) criar acordos emocionais entre os membros da família, trabalhando alternadamente na sessão apenas com os pais e apenas com o adolescente – uma espécie de diplomacia em vaivém.

Nos casos em que houve boa resolução do impasse, o terapeuta transformou a natureza e o tom da conversa na sessão, fazendo com que os pais deixassem as acusações de lado e passassem a focar seus próprios sentimentos de tristeza e perda, e eliciando os pensamentos e sentimentos do adolescente sobre os bloqueios no relacionamento com os pais e com outras pessoas. Era menos provável que as famílias mais conflitantes conseguissem avançar a um novo nível de conversação.

Em resumo, os estudos de processo que examinaram eventos que provocavam mudanças esclareceram alguns dos ingredientes essenciais da terapia familiar efetiva. Tomados juntos, os resultados dessas investigações e outros estudos da TFMD (por exemplo, Robbins et al., no prelo; Shelef et al., 2005) sugerem que eventos de mudança são facilitados por uma variedade de intervenções familiares, pelas quais o terapeuta consegue levar os membros da família a um nível afetivo mais vulnerável, de maior auto-revelação, e ajudar outros membros da família a escutar e, depois, responder.

O gênero no processo de terapia familiar

As investigações sobre o papel do gênero na terapia familiar também produziram achados importantes, relevantes para a prática clínica. Newberry, Alexander e Turner (1991) examinaram microsseqüências de intercâmbios terapeuta-cliente no primeiro estágio da terapia familiar funcional a fim de examinar os efeitos do gênero do terapeuta e dos clientes sobre o comportamento de cada um na terapia. Descobriram que os índices de intervenções apoiadoras e estruturadoras não diferiam entre terapeutas do sexo masculino e feminino em formação, nem diferiam na freqüência de utilização com clientes do sexo masculino e feminino; entretanto, as seqüências de comportamento entre terapeutas e clientes eram afetadas pelo gênero. O pai respondia mais positivamente às intervenções estruturadoras do que a mãe, e as terapeutas do sexo feminino recebiam mais respostas apoiadoras tanto dos clientes homens quanto das mulheres depois de uma intervenção de apoio. Interessantemente, as terapeutas mulheres respondiam com mais respostas estruturadoras do que os homens, depois das respostas apoiadoras dos clientes. Em uma investigação do gênero na primeira entrevista, em uma abordagem familiar estrutural-estratégica, Shields e McDaniel (1992) também não encontraram nenhuma diferença na freqüência de afirmações apoiadoras por terapeutas homens e mulheres, mas encontraram diferenças nas reações da família ao terapeuta conforme seu gênero. Por exemplo, os membros da família faziam mais declarações conflituosas uns aos outros na presença de terapeutas mulheres e mais comentários estruturadores aos terapeutas do sexo masculino. Finalmente, Werner-Wilson, Price, Zimmerman e Murphy (1997) analisaram videoteipes de sessões familiares a fim de explorar o papel do gênero no controle da conversa e descobriram que terapeutas familiares em treinamento interrompiam as clientes mulheres três vezes mais do que os homens. Dados esses achados iniciais, a investigação do gênero como uma variável no processo da terapia familiar é claramente um caminho proveitoso para futuros estudos.

Investigações sobre o processo na terapia familiar com crianças e adolescentes com problemas de comportamento

Estudos de processo específicos para as intervenções familiares com crianças e adolescentes que apresentam problemas de comportamento examinaram a ligação entre as mudanças pais-criança/adolescente na terapia e outras questões importantes para um trabalho eficaz com famílias difíceis. Por exemplo, o notável estudo de processo de Patterson e Chamberlain (1992) identificou maneiras pelas quais os terapeutas contribuem para a resistência parental na terapia e, portanto, abriu caminho a avanços no desenvolvimento do tratamento em intervenções familiares com crianças e adolescentes problemáticos. Schmidt, Liddle e Dakof (1996) investigaram a natureza e extensão da mudança em comportamentos parentais na TFMD, assim como a ligação entre a mudança no subsistema parental e a redução no abuso de drogas do adolescente e outras sintomatologias. Os pais apresentaram decréscimos significativos nas atitudes parentais negativas (por exemplo, afeto negativo, agressão verbal) e aumento em atitudes positivas (por exemplo, monitoramento e estabelecimento de limites, afeto positivo e compromisso) ao longo da terapia. Além disso, essas mudanças no comportamento parental estavam associadas à redução no uso de drogas e comportamento-problema do adolescente. Novos achados que associavam o foco da sessão aos resultados com adolescentes abusadores de drogas em TFMD demonstram que a atenção do terapeuta a temas de tratamento relacionados à família prevê maior redução no uso de drogas pelo adolescente e nos sintomas co-mórbidos (Hogue et al., 2004). Esses resultados apóiam o princípio básico dos tratamentos familiares: a mudança em algum aspecto fundamental do sistema familiar (práticas parentais) relaciona-se à redução dos sintomas do adolescente. Esses dados sugerem que os fatores parentais de risco e de proteção para o uso de drogas podem ser modificados por intervenções realizadas em um ambiente terapêutico.

Mann, Borduin, Henggeler e Blaske (1990) descobriram que as famílias com adolescentes delinqüentes tinham mais coalizões geracionais cruzadas e mais conflitos conjugais do que as famílias sadias. Ademais, no decorrer da terapia multissistêmica, decréscimos nos sintomas dos adolescentes e dos pais estavam ligados a melhoras no relacionamento conjugal. Embora os resultados não apóiem a ligação entre redução nos sintomas de adolescentes e melhora nos relacionamentos pais-adolescente, esses achados realmente mostram o impacto negativo de coalizões não-sadias e desequilibradas na terapia familiar. Entretanto, uma investigação subseqüente revelou clara associação entre um melhor funcionamento familiar e redução na delinqüência adolescente, mediada por menor afiliação com iguais delinqüentes (Huey, Henggeler, Brondino e Pickrel, 2000). Este estudo foi único no sentido de investigar em que medida a "dosagem" terapêutica, ou a extensão da fidelidade ao modelo prescrito, influenciou a melhora do funcionamento familiar e dos sintomas do adolescente. De fato, a aderência do terapeuta ao seu modelo determinou a extensão da mudança familiar, a qual estava associada à redução na afiliação com outros adolescentes negativos e, subseqüentemente, à redução na delinqüência.

Por fim, os pesquisadores da terapia familiar funcional investigaram as seqüências de comportamento do terapeuta e da família que levam ao comportamento positivo de adolescentes delinqüentes e seus pais na sessão. Robbins, Alexander, Newell e Turner (1996) descobriram que os reenquadramentos do terapeuta eram as únicas intervenções recebidas com respostas positivas pelos adolescentes delinqüentes nas primeiras sessões da terapia familiar funcional, o que sugere que o reenquadramento pode ter um papel particularmente importante para engajar adolescentes resistentes no estágio inicial da terapia. Robbins, Alexander e Turner (2000) estudaram depois os processos pelos quais os terapeutas conseguiam romper interações defensivas entre os adolescentes delinqüentes e seus pais. Como no primeiro estudo, os reenquadramentos do terapeuta foram as únicas intervenções que reduziram efetivamente as declarações defensivas dos membros da família. Estes estudos são importantes para identificar comportamentos específicos do terapeuta na sessão que conduzem a mudanças na conduta dos membros da família, mudanças necessárias para produzir resultados positivos mais duradouros.

❖❖❖

Esta é apenas uma amostra da pesquisa de processo realizada por cientistas que estudam intervenções familiares. Sem dúvida, o campo avança para uma maior especificação das intervenções necessárias a fim de produzir mudanças imediatas e mais duráveis nos clientes e membros da família. Por exemplo, a avaliação de em que medida se dava a aderência dos profissionais em TFMD e TCCasal em um experimento clínico com adolescentes usuários de drogas não só estabeleceu que os terapeutas mantinham-se fiéis aos seus respectivos modelos, mas também que a implementação de intervenções muito específicas poderia ser diferenciada por meio de um instrumento de avaliação da terapia (Hogue et al., 1998). Em estudo mais recente, Hogue e colaboradores (2005) examinaram a fidelidade de uma intervenção familiar para adolescentes em risco, prevenção familiar multidimensional (PFMD), em comparação com a TFMD e a TCCasal, a fim de identificar de que maneira componentes específicos do modelo eram traduzidos para a prática por terapeutas treinados. Os resultados deste estudo demonstraram aderência a princípios centrais da PFMD e uma clara diferenciação da TCCasal em diversos parâmetros e técnicas de intervenção. Além disso, os achados identificaram uma ausência de intervenções de monitoramento parental, apresentando uma plataforma nova e empiricamente confirmada para o contínuo desenvolvimento da PFMD. Estes e outros sistemas de codificação fazem avançar a investigação do seqüenciamento e da implementação bem-sucedida de intervenções terapêuticas específicas (Hogue, Liddle e Rowe, 1996; Allen-Eckert et al., 2001). Embora essas investigações de processo tenham respondido a questões importantes sobre padrões de mudança centrais na terapia, o campo da terapia familiar tem um conhecimento limitado de como as intervenções e os processos de mudança terapêutica associam-se a resultados de curto ou longo prazo (Friedlander, 2001). Friedlander, Wildman e colaboradores (1994) sugerem que a pesquisa de processo também pode avançar por estudos das experiências e perspectivas dos membros da família durante a terapia e depois, assim como pelo exame mais detalhado de como as intervenções afetam diferentemente as mudanças entre os membros da família. A pesquisa sobre o processo oferece oportunidades importantes de avanço no campo da terapia familiar e continua a diminuir a divisão entre pesquisa e prática.

CONCLUSÕES E DIREÇÕES FUTURAS

Embora os avanços da pesquisa na ciência da intervenção familiar nos últimos anos sejam substanciais, o campo permanece limitado pela lacuna que ainda separa a pesquisa na terapia familiar da prática clínica (Pinsof e Wynne, 2000). Os passos significativos dados na pesquisa da terapia familiar ainda precisam ter um impacto maior sobre a prática dos terapeutas em atividade (Fals-Stewart e Birchler, 2001). Entretanto, a nova pesquisa sobre adaptação e disseminação de terapias está expandindo as fronteiras da tradicional pesquisa de experimentos clínicos ao examinar as aplicações dessas promissoras abordagens no mundo real. Os esforços iniciais de disseminação salientaram a necessidade de flexibilidade e de adaptação desses modelos às realidades dos ambientes de atendimento nas comunidades. Os recursos são escassos, os profissionais têm pesadas demandas e tempo limitado, as estruturas de supervisão nem sempre apóiam a implementação de protocolos complicados e o terapeuta típico das clínicas comunitárias tem pouco treinamento em terapia familiar. Os terapeutas familiares em atividade e em formação estão na posição de contribuir com novos conhecimentos sobre como práticas efetivas podem ser modificadas para contextos do mundo real e manter o efeito.

Parte deste trabalho para integrar as intervenções familiares em ambientes comunitários e adaptar a terapia familiar a fim de aumentar seu alcance e relevância para a prática já começou. Por exemplo, fizeram-se sugestões para estender as intervenções familiares a ambientes médicos, com base no forte vínculo entre problemas médicos e estresse familiar, assim como na associação entre o funcionamento familiar global e a utilização dos serviços e a recuperação dos pacientes em uma variedade de doenças (Johnson, Kent e Leather, 2005). Uma abordagem familiar relativamente nova, chamada "terapia familiar da comunidade", pretende atender à necessidade de intervenções sistêmicas mais amplas para famílias urbanas de baixa renda (Rojano, 2004; veja Capítulo 14). A premissa por trás da abordagem é que aumentar o apoio social e comunitário e as capacidades e competências pessoais entre as famílias desfavorecidas diminuiria muitas das atuais fontes de risco para uma variedade de problemas de saúde mental e relacionais. Outro exemplo de abordagem familiar inovadora destinada a superar barreiras na tradicional prestação de serviços é a "terapia familiar *walk-in*" (Miller e Slive, 2004). Esta abordagem coloca nas famílias uma responsabilidade maior por dizer o que querem da terapia e por buscar assistência quando se sentirem prontas ou necessitadas de tratamento. Estes são apenas alguns exemplos de como o moderno tratamento familiar pode se adaptar às realidades das populações clínicas carentes.

Há muitas questões contextuais e de implementação, relacionadas ao treinamento e desenvolvimento profissional e à falta de oportunidades para instituir modelos efetivos nos ambientes clínicos, que têm limitado a influência dos achados de pesquisa sobre a prática da terapia familiar. É aqui que as associações profissionais, de qualquer tipo, orientadas ou não para a família, e os grupos de licenciamento e certificação profissional entram em cena. Essas organizações profissionais podem fazer muito para apoiar a inclusão de terapias científicas na prática cotidiana. Órgãos governamentais que administram serviços de atendimento de saúde, saúde mental, uso de drogas e justiça juvenil atualmente associam as verbas de serviço à capacidade dos profissionais de implementarem tratamentos com eficácia comprovada. Combinados com a atitude uniformemente positiva em relação à pesquisa sobre terapia familiar por parte dos órgãos federais distribuidores de verbas, assim como dos órgãos financiadores privados e grupos que estabelecem políticas, esses desenvolvimentos sugerem que a pesquisa na terapia familiar teve mais impacto fora de seu campo propriamente dito do que dentro. Só depois que a pesquisa na terapia familiar fizer parte dos programas de formação em que os métodos clínicos são ensinados é que a cultura da terapia familiar relativa a seus valores e crenças de pesquisa mudará de uma vez por todas (Godley et al., 2001).

Há motivos para entusiasmo no campo da pesquisa na terapia familiar, sinais de progresso nos últimos anos e mudanças positivas no horizonte. Os modelos de terapia familiar oferecem uma estrutura conceitual que organiza informações complexas, de múltiplos níveis, sobre a etiologia e a manutenção dos problemas, ligando o conhecimento científico básico sobre psicopatologia desenvolvimental a intervenções específicas. Assim, a terapia familiar montou um andaime conceitual, em cima do qual pesquisas clinicamente relevantes podem ser organizadas, e tratamentos, desenvolvidos, aperfeiçoados e avaliados empiricamente. A popularidade das terapias familiares aumentou muito na última década, conforme terapeutas e pesquisadores confirmaram que incluir os pais e outros membros da família no tratamento é essencial para engajar os clientes e para a efetividade terapêutica global. Certas terapias familiares orientadas por manuais são experienciadas pelos terapeutas não como limitadoras, mas como flexíveis (Godley et al., 2001). Em numerosas orientações práticas e relatos de fundações privadas influentes e grupos criadores de políticas endossaram a importância de se trabalhar com os pais e com as famílias dos clientes, o que representa grande mudança em relação a uma década. A pesquisa pode, como vimos nos últimos anos, influenciar mudanças nas políticas e práticas, a fim de ampliar os recursos e as oportunidades de implementação de tratamentos familiares empiricamente validados.

LEITURAS RECOMENDADAS

Alexander, J. F., Holtzworth-Munroe, A., e Jameson, P. B., 1994, Research on the process and outcome of marriage and family therapy. In *Handbook of psychotherapy and behavior change*, 4. ed., A. E. Bergin e S. L. Garfield, eds., New York: John Wiley & Sons.

Baucom, D. H., Shoham, V., Mueser, K. T., Daiuto, A. D., e Stickle, T. R. 1998. Empirically supported couple and family interventions for marital distress and adult mental health problems. *Journal of Consulting and Clinical Psychology*. 66(1), p. 53-88.

Estrada, A. U., e Pinsof, W. M. 1995. The effectiveness of family therapies for selected behavioral disorders of childhood. *Journal of Marital and Family Therapy*. 21, p. 403-440.

Friedlander, M. L., Wildman, J., Heatherington, L., e Skowron, E. A. 1994. What we do and don't know about the process of family therapy. *Journal of Family Psychology*. 8(4), p. 390-416.

Gottman, J. M., Ryan, K. D., Carrere, S., e Erley, A. M. 2001. Toward a scientifically based marital therapy. In *Family psychology: Science-based interventions*, H. A. Liddle, D. A. Santisteban, R. F. Levant, e J. H. Bray, eds. Washington, DC: American Psychological Association.

Lebow, J. L., e Gurman, A. S. 1995. Research assessing couple and family therapy. *Annual Review of Psychology*, 46, p. 27-57.

Liddle, H. A., Bray, J. H., Levant, R. F., e Santisteban, D. A. 2001. Family psychology intervention science: An emerging area of science and practice. In *Family psychology: Science-based interventions*, H. A. Liddle, D. A., Santisteban, R., F. Levant, e J. H. Bray, eds. Washington, DC: American Psychological Association.

O'Farrell, T. J., e Fals-Stewart, W. 1999. Treatment models and methods: Family models. In *Addictions: A comprehensive guidebook*, B. S. McCrady e E. E. Epstein, eds. New York: Oxford University Press.

Patterson, G. R., e Chamberlain, P. 1992. A functional analysis of resistance (A neobehavioral perspective). In *Why don't people change? New perspectives on resistance and noncompliance*, H. Arkowitz, ed. New York: Guildford.

Pinsof, W. M., e Wynne, L. C. 1995. The efficacy of marital and family therapy: An empirical overview, conclusions and recommendations. *Journal of Marital and Family Therapy*, 21, p. 585-614.

Pinsof, W. M., e Wynne, L. C. 2000. Toward progress research: Closing the gap between family therapy practice and research. *Journal of Marital and Family Therapy*. 26(1), p. 1-8.

Shadish, W. R., Ragsdale, K., Glaser, R. R., e Montgomery, L. M. 1995. The efficacy and effectiveness of marital and family therapy: A perspective from meta-analysis. *Journal of Marital and Family Therapy*. 21, p. 345-360.

Snyder, D. K.. Cozzi, J. J., e Mangrum, L. F. 2001. Conceptual issues in assessing couples and families. In *Family psychology: Science-based interventions*, H. A. Liddle, D. A. Santisteban, R. F. Levant, e J. H. Bray, eds. Washington. DC: American Psychological Association.

REFERÊNCIAS

Alexander, J. F., Holtzworth-Munroe, A., e Jameson, P. B. 1994. Research on the process and outcome of marriage and family therapy. In *Handbook of psychotherapy and behavior change*, 4. ed., A. E. Bergin and S. L. Garfield, eds. New York: John Wiley & Sons.

Alexander, J. F., e Parsons, B. V. 1973. Short-term behavioral intervention with delinquent families: Impact on family process and recidivism. *Journal of Abnormal Psychology. 81*, p. 219-225.

Alexander, J. F., e Parsons, B. V. 1982. *Functional family therapy*. Monterey, CA: Brooks/Cole.

Alexander, J. F., e Sexton, T. L. 2002. Functional Family Therapy (FFT) as an integrative, mature clinical model for treating high risk, acting out youth. In *Comprehensive handbook on psychotherapy, Volume IV: Integrative/eclectic*, J. Lebow, ed. New York: John Wiley.

Alexander, J. F., Sexton, T. L., e Robbins, M. S. 2001. The developmental status of family therapy in family psychology intervention science. In *Family psychology: Science-based interventions*, H. A. Liddle, D. A. Santisteban, R. F. Levant, e J. H. Bray, eds. Washington, DC: American Psychological Association.

Allen-Eckert, H., Fong, E., Nichols, M. P., Watson, N., e Liddle, H. A. 2001. Development of the Family Therapy Enactment Rating Scale. *Family Process. 40*(4), p. 469-478.

Asen, E. 2002. Multiple family therapy: An overview. *Journal of Family Therapy. 24*(1), p. 3-16.

Austin, A. M., Macgowan, M. J., e Wagner, E. F. 2005. Effective family-based interventions for adolescents with substance use problems: A systematic review. *Research on Social Work Practice. 15*(2), p. 67-83.

Azrin, N. H. 1976. Improvements in the community-reinforcement approach to alcoholism. *Behavioral Research and Therapy. 14*, p. 339-348.

Azrin, N. H., Donohue, B., Teichner, G. A., Crum, T., Howell, J., e DeCato, L. A. 2001. A controlled evaluation and description of individual-cognitive problem solving and family-behavior therapies in dually-diagnosed conduct-disordered and substance-dependent youth. *Journal of Child and Adolescent Substance Abuse. 11*(1), p. 1-43.

Azrin, N. H., McMahon, P. T., Donohue, B., Besalel, V. A., Lapinski, K. J., Kogan, E. S., Acierno, R. E., e Galloway, E. 1994. Behavioral therapy for drug abuse: Controlled treatment outcome study. *Behaviour Research and Therapy. 33*, p. 858-866.

Backer, T. E., e Richardson, D., 1989, Building bridges: Psychologists and families of the mentally ill. *American Psychologist. 44*(3), p. 546-550.

Bank, L., Marlowe, J. H., Reid, J. B., and Patterson, G. R. 1991. A comparative evaluation of parent-training interventions for families of chronic delinquents, *Journal of Abnormal Child Psychology. 19*(1), p. 15-33.

Barber, J. G. 1995. Working with resistant drug abusers. *Social Work. 40*(1), p. 17-23.

Barkley, R. A., Edwards, G., Laneri, M., Fletcher, K., e Metevia, L. 2001. The efficacy of problem-solving communication training alone, behavior management training alone, and their combination for parent-adolescent conflict in teenagers with ADHD and ODD. *Journal of Consulting and Clinical Psychology 69*(6), p. 926-941.

Barkley, R. A., Guevremont, D. C., Anastopoulos, A. D., e Fletcher, K. E. 1992. A comparison of three family therapy programs for treating family conflicts in adolescents with Attention-Deficit Hyperactivity Disorder. *Journal of Consulting and Clinical Psychology. 60*(3), p. 450-462.

Barrett, P. M. 1998. Evaluation of cognitive-behavioral group treatments for childhood anxiety disorders. *Journal of Clinical Child Psychology. 27*(4), p. 459-468.

Barrett, P. M., Rapee, R. M., Dadds, M. M., e Ryan, S. M. 1996. Family enhancement of cognitive style in anxious and aggressive children. *Journal of Abnormal Child Psychology. 24*(2), p. 187-203.

Barton, C., Alexander, J. F., Waldron, H., Turner, C. W., e Warburton, J. 1985. Generalizing treatment effects of Functional Family Therapy: Three replications. *American Journal of Family Therapy. 13*, p. 16-26.

Baucom, D. H., e Epstein, N. 1991. Will the real cognitive-behavioral marital therapy please stand up? *Journal of Family Psychology. 4*(4), p. 394-401.

Baucom, D. H., Shoham, V., Mueser, K. T., Daiuto, A. D., e Stickle, T. R. 1998. Empirically supported couple and family interventions for marital distress and adult mental health problems. *Journal of Consulting and Clinical Psychology. 66*(1), p. 53-88.

Birmaher, B., Brent, D. A., Kolko, D. J., Baugher, M., Bridge, J., Iyengar, S., e Ulloa, R. E. 2000. Clinical outcome after short-term psychotherapy for adolescents with major depressive disorder. *Archives of General Psychiatry. 57*, p. 29-36.

Blechman, E. A., e Vryan, K. D. 2000. Prosocial Family Therapy: A manualized preventive intervention for juvenile offenders. *Aggression and Violent Behavior. 5*(4), p. 343-378.

Brannigan, R., Schackman, B. R., Falco, M., e Millman, R. B. 2004. The quality of highly regarded adolescent substance abuse treatment programs: Results of an in-depth national survey. *Archives of Pediatrics & Adolescent Medicine. 158*, p. 904-909.

Brent, D. A., Holder, D., Kolko, D., Birmaher, B., Baugher, M., Roth, C., Iyengar, S. e Johnson, B. A. 1997. A clinical psychotherapy trial for adolescent depression comparing cognitive, family, and supportive therapy. *Archives of General Psychiatry.* 54, p. 877-885.

Brewin, C. R., MacCarthy, B., Duda, K., e Vaughn, C. E. 1991. Attribution and expressed emotion in the relatives of patients with schizophrenia. *Journal of Abnormal Psychology. 100*(4), p. 546-554.

Brook, J. S., Brook. D. W, Arencibia-Mireles, O., Richter, L., e Whiteman, M. 2001. Risk factors for adolescent marijuana use across cultures and time. *Journal of Genetic Psychology. 162*(3), p. 357-374.

Bukstein, O. G., e The Work Group on Quality Issues (1997). Practice parameters for the assessment and treatment of children and adolescents with substance use disorders. *Journal of the American Academy of Child and Adolescent Psychiatry. 36*(Sup.10), p. 140S-156S.

Bukstein, O. G., e The Work Group on Quality Issues. 2005. Practice parameters for the assessment and treatment of children and adolescents with substance use disorders. *Journal of the American Academy of Child and Adolescent Psychiatry. 44*(6), p. 609-621.

Cano, A., e O'Leary, K. D, 2000. Infidelity and separations precipitate major depressive episodes and symptoms of nonspecific depression and anxiety. *Journal of Consulting and Clinical Psychology. 68*(5), p. 774-781.

Caughlin, J. P., Huston, T. L., e Houts, R. M. 2000. How does personality matter in marriage? An examination of trait anxiety, interpersonal negativity, and marital satisfaction. *Journal of Personality and Social Psychology. 78*(2), p. 326-336.

Chamberlain, R., e Reid, J. B. (1998). Comparison of two community alternatives to incarceration for chronic juvenile offenders. *Journal of Consulting and Clinical Psychology. 66*, p. 624-633.

Chassin, L., Pitts, S. C., DeLucia, C., e Todd, M. 1999. A longitudinal study of children of alcoholics: Predicting young adult substance use disorders, anxiety, and depression. *Journal of Abnormal Psychology. 108*(1), p. 106-119.

Christensen, A., Atkins, D. C., Berns, S., Wheeler, J., Baucom, D. H., e Simpson, L. E. 2004. Traditional versus integrative Behavioral Couples Therapy for significantly distressed married couples. *Journal of Consulting and Clinical Psychology. 72*(2), p. 176-191.

Christensen, A., Baucom, D. H., Vu, C. T. A., e Stanton, S. 2005. Methodologically sound, cost-effective research on the outcome of couple therapy. *Journal of Family Psychology. 19*(1), p. 6-17.

Coatsworth, J. D., Santisteban, D. A., McBride, C. K., e Szapocznik. J. 2001. Brief Strategic Family Therapy versus community control: Engagement, retention, and an exploration of the moderating role of adolescent symptom severity. *Family Process. 40*(3), p. 313-332.

Colahan, M., e Robinson, P. H. 2002. Multi-family groups in the treatment of young adults with eating disorders. *Journal of Family Therapy. 24*(1), p. 17-30.

Cole, D. A., e McPherson, A. E. 1993. Relation of family subsystems to adolescent depression: Implementing a new family assessment strategy. *Journal of Family Psychology. 7*(1), p. 119-133.

Croake, J. W, e Kelly, F. D. 2002. Structured group couples therapy with schizophrenic and bipolar patients and their wives. *The Journal of Individual Psychology. 58*(1), p. 76-86.

Cumsille, P. E., e Epstein, N. 1994. Family cohesion, family adaptability, social support, and adolescent depressive symptoms in outpatient clinic families. *Journal of Family Psychology. 8*(2), p. 202-214.

Dadds, M. R., Holland, D. E., Laurens, K. R., Mullins, M., Barrett, P. M., e Spence, S. H. 1999. Early intervention and prevention of anxiety disorders in children: Results at 2-year follow-up. *Journal of Consulting and Clinical Psychology. 67*(1), p. 145-150.

Dadds, M. R., Sanders, M. R., Morrison, M., e Rebgetz, M. 1992. Childhood depression and conduct disorder. An analysis of family interaction patterns in the home. *Journal of Abnormal Psychology. 101*(3), p. 505-513.

Dadds, M. R., Spence, S. H., Holland, D. E., Barrett, P. M., e Laurens, K. R. 1997. Prevention and early intervention for anxiety disorders: A controlled trial. *Journal of Consulting and Clinical Psychology. 65*(4), p. 627-635.

Dakof, G. A., Quille, T. J., Tejeda, M. J., Alberga, L. R., Bandstra, E., e Szapocznik, J. 2003. Enrolling and retaining mothers of substance-exposed infants in drug abuse treatment. *Journal of Consulting and Clinical Psychology. 71*(4), p. 764-772.

Dakof, G. A., Rowe, C. L., Liddle, H. A., e Henderson, C. 2003, Março. Engaging and retaining drug abusing youth in home-based Multidimensional Family Therapy. Pôster apresentado na NIMH/NIDA/NIAAA Conference, "Beyond the Clinic Walls: Expanding Mental Health, Drug and Alcohol Services Research Outside the Specialty Care System." Washington, DC.

Davidson, G. N. S., e Horvath, A. 0.1997. Three sessions of brief couples therapy: A clinical trial. *Journal of Family Psychology. 11*(4), p. 422-435.

Diamond, G., Middle, H. A., Rogue, A., e Dakof, G. A. 1999. Alliance building interventions with adolescents in family therapy: A process study. *Psychotherapy.* 36, p. 355-368.

Diamond, G. S., e Diamond, G. M. 2001. Studying a matrix of change mechanisms: An agenda for family-based process research. In *Family psychology: Science-based interventions,* H. A. Liddle, D. A. Santisteban, R. F. Levant, e J. H. Bray, eds. Washington, DC: American Psychological Association.

Diamond, G. S. e Liddle, H. A. 1996. Resolving a therapeutic impasse between parents and adolescents in multidimensional family therapy. *Journal of Consulting and Clinical Psychology.* 64, p. 481-488.

Diamond, G. S., e Liddle, H. A. 1999. Transforming negative parent-adolescent interactions from impasse to dialogue. *Family Process.* 38(1), p. 5-26.

Diamond, G. S., Reis, B. F., Diamond, G. M., Siqueland, L., e Isaacs, L. 2002. Attachment based family therapy for depressive adolescents: A treatment development study. *Journal of the American Academy of Child and Adolescent Psychiatry.* 41, p. 1190-1196.

Diamond, G. S., e Siqueland, L. 2001. Current status of family intervention science. *Child and Adolescent Psychiatric Clinics of North America.* 10(3), p. 641-661.

Diamond, G. S., Siqueland, L., e Diamond, G. M. 2003. Attachment-based family therapy for depressed adolescents: Programmatic treatment development. *Clinical Child and Family Psychology Review.* 6(2), p. 107-127.

Dishion, T. J., e Andrews, D. W. 1995. Preventing escalation of problem behaviors with high-risk young adolescents: Immediate and 1-year outcomes. *Journal of Consulting and Clinical Psychology.* 63(4), p. 538-548.

Dishion, T. J., e Kavanagh, K. 2000. A multilevel approach to family-centered prevention in schools: Process and outcome. *Addictive Behaviors.* 25(6), p. 899-911.

Doane, J. A., Miklowitz, D. J., Oranchak, E., Flores de Apodaca, R., Karno, M., Strachan, A. M., e Jenkins, J. H. 1989. Parental communication deviance and schizophrenia: A cross-cultural comparison of Mexican- and Anglo-Americans. *Journal of Abnormal Psychology.* 98(4), p. 487-490.

Downey, G., e Coyne, J. C. 1990. Children of depressed parents: An integrative review. *Psychological Bulletin.* 108(1), p. 50-76.

Dunn, R. L., e Schwebel, A. I. 1995. Meta-analytic review of marital therapy outcome research. *Journal of Family Psychology.* 9(1), p. 58-68.

Edwards, M. E., e Steinglass, P. 1995. Family therapy treatment outcomes for alcoholism. *Journal of Marital and Family Therapy.* 21(4), p. 475-509.

Epstein, E. E., and McCrady, B. S. 1998. Behavioral couples treatment of alcohol and drug use disorders: Current status and innovations. *Clinical Psychology Review.* 18(6), p. 689-711.

Estrada, A. U., e Pinsof, W. M. 1995. The effectiveness of family therapies for selected behavioral disorders of childhood. *Journal of Marital and Family Therapy.* 21, p. 403-440.

Falloon, I. R. H., Boyd, J. L., e McGill, C. W. 1984. *Family care of schizophrenia.* New York: Guilford.

Fals-Stewart, W., e Birchler, G. R. 1998. Marital interactions of drug-abusing patients and their partners: Comparisons with distressed couples and relationship to drug-using behavior. *Psychology of Addictive Behaviors.* 12(1), p. 28-38.

Fals-Stewart, W, e Birchler, G. R. 2001. A national survey of the use of couples therapy in substance abuse treatment. *Journal of Substance Abuse Treatment.* 20, p. 277-283.

Fals-Stewart, W., Birchler, G. R., e O'Farrell, T. J. 1996. Behavioral couples therapy for male substance-abusing patients: Effects on relationship adjustment and drug-using behavior. *Journal of Consulting and Clinical Psychology.* 64(5), p. 959-972.

Fals-Stewart, W., e Klostermann, K. No prelo. *Brief Relationship Therapy for alcoholism: A randomized clinical trial examining clinical efficacy and cost-effectiveness.*

Fals-Stewart, W., e O'Farrell, T. J. 2003. Behavioral Family Counseling and naltrexone for male opioid-dependent patients. *Journal of Consulting and Clinical Psychology.* 71(3), p. 432-442.

Fals-Stewart, W., O'Farrell, T. J., Feehan, M., Birchler, G. R., Tiller, S., e McFarlin, S. K. 2000. Behavioral couples therapy versus individual-based treatment for male substance-abusing patients: An evaluation of significant individual change and comparison of improvement rates. *Journal of Substance Abuse Treatment.* 18, p. 249-254.

Feaster, D. J., Robbins, M. S., Horigian, V. E., e Szapocznik, J. 2003. Brief Strategic Family Therapy: Statistical design of a multi-site effectiveness trial for adolescent drug abuse treatment. *Controlled Clinical Trials.* 24, p.43S-240S. Resumos das apresentações da Annual Meeting of the Society for Prevention Research: "Research to Policy."

Fincham, F. K., Bradbury, T. N., e Beach, S. R. H. 1990. To arrive where we began: A reappraisal of cognition in marriage and in marital therapy. *Journal of Family Psychology.* 4(2), p. 167-184.

Fishman, H. C., Andes, F., e Knowlton, R. 2001. Enhancing family therapy: The addition of a community resource specialist. *Journal of Marital and Family Therapy*. 27(1), p. 111-116.

Forehand, R., Brody, G., Slotkin, J., Fauber, R., McCombs, A., e Long, N. 1988. Young adolescent and maternal depression: Assessment, interrelations, and family predictors. *Journal of Consulting and Clinical Psychology*. 56(3), p. 422-426.

French, M. T., Roebuck, M. C., Dennis, M. L., Godley, S., Liddle, H., e Tims, F. M. 2002. Outpatient marijuana treatment for adolescents: Economic evaluation of a multisite field experiment. *Evaluation Review*. 27, p. 421-459.

Friedlander, M. L. 2001. Family therapy research: Science into practice, practice into science. In *Family therapy: Concepts and methods*, M. Nichols e R. Schwartz. Boston, MA: Allyn and Bacon.

Friedlander, M. L., Heatherington, L., Johnson, B., e Skowron, E. A. 1994. Sustaining engagement: A change event in family therapy. *Journal of Counseling Psychology*. 41(4), p. 438-448.

Friedlander, M. L., Wildman, J., Heatherington, L., e Skowron, E. A. 1994. What we do and don't know about the process of family therapy. *Journal of Family Psychology*. 8(4), p. 390-416.

Fristad, M. A., e Clayton, T. L. 1991. Family dysfunction and family psychopathology in child psychiatry outpatients. *Journal of Family Psychology*. 5(1), p. 46-59.

Fristad, M., Goldberg-Arnold, J., e Gavazzi, S. (2002). Multifamily psychoeducation groups (MFPG) for families of children with bipolar disorder. *Bipolar Disorder 4*, p. 254-262.

Garfield. R, 2004, The therapeutic alliance in couples therapy: Clinical considerations. *Family Process*. 43(4), p. 457-465.

Geist, R., Heinmaa, M., Stephens, D., Davis, R., e Katzman, D. K. 2000. Comparison of family therapy and family group psychoeducation in adolescents with anorexia nervosa. *Canadian Journal of Psychiatry*, 45, p. 173-178.

Glynn, S. M., Eth, S., Randolph, E. T., Foy, D. W., Urbaitis, M., Boxer, L., Paz, G. G., Leong, G. B., Firman. G., Salk, J. D., Katzman, J. W., e Crothers, J. 1999. A test of behavioral family therapy to augment exposure for combat-related posttraumatic stress disorder. *Journal of Consulting and Clinical Psychology*. 67(2), p. 243-251.

Godley, S. H., White, W. L., Diamond, G. S., Passetti, L., e Titus, J. C. 2001. Therapist reactions to manual-guided therapies for the treatment of adolescent marijuana users. *Clinical Psychology: Science and Practice*. 8(4), p. 405-417.

Goldman, A., e Greenberg, L. 1992. Comparison of integrated systemic and emotionally focused approaches to couples therapy. *Journal of Consulting and Clinical Psychology*. 60(6), p. 962-969.

Goldman Sher, T., e Baucom, D. H. 1993. Marital communication: Differences among martially distressed, depressed, and nondistressed-nondepressed couples. *Journal of Family Psychology*. 7(1), p. 148-153.

Goldman Sher, T., Baucom, D. H., e Larus, J. M. 1990. Communication patterns and response to treatment among depressed and nondepressed maritally distressed couples. *Journal of Family Psychology*. 4(1), p. 63-79.

Goldstein. M, J. 1987. Family interaction patterns that antedate the onset of schizophrenia and related disorders: A further analysis of data from a longitudinal prospective study. In *Understanding major mental disorder: the contribution of family interaction research*. K. Hahlweg and M. J. Goldstein. eds. New York: Family Process Press.

Goldstein, M. J., e Miklowitz, D. J. 1995. The effectiveness of psychoeducational family therapy in the treatment of schizophrenic disorders. *Journal of Marital and Family Therapy*. 21, p. 361-376.

Greenberg, L. S., Ford, C, L., Alden, L. S., e Johnson, S. M. 1993, In-session change in emotionally focused therapy, *Journal of Consulting and Clinical Psychology*. 61(1), p. 78-84.

Greenberg, L. S., e Johnson, S. M. 1988. *Emotionally focused therapy for couples.* New York: Guilford.

Hahlweg, K., e Markman, H. J. 1988. Effectiveness of behavioral marital therapy: Empirical status of behavioral techniques in preventing and alleviating marital distress. *Journal of Consulting and Clinical Psychology*. 56, p. 440-447.

Hahlweg, K., e Wiedemann, G. 1999. Principles and results of family therapy in schizophrenia. *European Archives of Psychiatry and Clinical Neuroscience*. 249(Sup. 4), p. 108-115.

Halford, W. K., Sanders, M. R., e Behrens, B. C. 1993. A comparison of the generalization of behavioral marital therapy and enhanced behavioral marital therapy. *Journal of Consulting and Clinical Psychology*. 61(1), p. 51-60.

Hawley, D. R., Bailey, C. E., e Pennick, K. A. 2000. A content analysis of research in family therapy journals. *Journal of Marital and Family Therapy*. 26(1), p. 9-16.

Heath, A. W., e Stanton, M. D. 1998. Family-based treatment: Stages and outcomes. In *Clinical textbook of addictive disorders*, 2. ed., R. J. Frances e S. I. Miller, eds. New York: Guilford.

Heatherington, L., e Friedlander, M. L. 1990a. Applying task analysis to structural family therapy. *Journal of Family Psychology. 4*(1), p. 36-48.

Heatherington, L., e Friedlander, M. L. 1990b. Complementarity and symmetry in family therapy communication. *Journal of Counseling Psychology. 37*(3), p. 261-268.

Henderson, C. E., Greenbaum, P., Dakof, G. A., Rowe, C. L., e Liddle, H. A. 2004, Agosto. Subtypes of treatment responses among substance abusing adolescents. In *Family-based treatment for adolescent drug abuse: New findings*, H. Liddle, presidente, Simpósio ocorrido na convenção anual da American Psychological Association, Honolulu, Hawaii.

Henggeler, S. W., Borduin, C. M., Melton, G. B., Mann, B. J., Smith, L. A., Hall, J. A., Cone, L., e Fucci, B. R. 1991. Effects of multisystemic therapy on drug use and abuse in serious juvenile offenders: A progress report from two outcome studies. *Family Dynamics of Addiction Quarterly. 1*, p. 40-51.

Henggeler, S. W., Clingempeel, W. G., Brondino, M. J., e Pickrel, S. G. 2002. Four-year follow-up of Multisystemic therapy with substance-abusing and substance-dependent juvenile offenders. *Journal of the American Academy of Child and Adolescent Psychiatry. 41*(7), p. 868-874.

Henggeler, S. W., Melton, G. B., e Smith, L. A. 1992. Family preservation using Multisystemic Therapy: An effective alternative to incarcerating serious juvenile offenders. *Journal of Consulting and Clinical Psychology. 60*(6), p. 953-961.

Henggeler, S. W., Pickrel, S. G., e Brondino, M. J. 1999. Multisystemic treatment of substance abusing and dependent delinquents: Outcomes, treatment fidelity, and transportability. *Mental Health Services Research. 1*, p. 171-184.

Henggeler, S. W., Pickrel, S. G., Brondino, M. J., e Crouch, J. L. 1996. Eliminating (almost) treatment dropout of substance abusing or dependent delinquents through home-based Multisystemic Therapy. *American Journal of Psychiatry. 153*, p. 427-428.

Henggeler, S. W., Rodick, J. D., Borduin, C. M., Hanson, C. L., Watson, S. M., e Urey, J. R. 1996. Multisystemic treatment of juvenile offenders: Effects on adolescent behavior and family interaction. *Developmental Psychology. 22*, p. 132-141.

Henggeler, S. W., Schoenwald, S. K., Liao, J. G., Letourneau, E. J., e Edwards, D. L. 2002. Transporting efficacious treatments to field settings: The link between supervisory practices and therapist fidelity in MST programs. *Journal of Clinical Child Psychology. 31*(2), p. 155-167.

Henggeler, S. W., e Sheidow, A. J. 2003. Conduct disorder and delinquency. *Journal of Marital and Family Therapy. 29*(4), p. 505-522.

Hinrichsen, G. A., e Pollack, S. 1997. Expressed emotion and the course of late-life depression. *Journal of Abnormal Psychology. 106*(2), p. 336-340.

Hinton, W. J., Sheperis, C., e Sills, P. 2003. Family-based approaches to juvenile delinquency: A review of the literature. *The Family Journal. 11*, p. 167-173.

Hogue, A., Liddle, H. A., Becker, D., e Johnson-Leckrone, J. 2002. Family-based prevention counseling for high-risk young adolescents: Immediate outcomes. *Journal of Community Psychology. 30*, p. 1-22.

Hogue, A., Liddle, H. A., Dauber, S., e Samoulis, J. 2004. Linking session focus to treatment outcome in evidence-based treatments for adolescent substance abuse. *Psychotherapy: Theory, Research, Practice, Training, 41*(2), p. 83-96.

Hogue, A., Liddle, H. A., e Rowe, C. 1996. Treatment adherence process research in family therapy: A rationale and some practical guidelines. *Psychotherapy: Theory, Research, Practice, e Training. 33*, p. 332-345.

Rogue, A., Liddle. H. A., Rowe, C., Turner, R. M., Dakof, G., e LaPann, K. 1998. Treatment adherence and differentiation in individual versus family therapy for adolescent substance abuse. *Journal of Consulting and Clinical Psychology. 45*, p. 104-114.

Rogue, A., Liddle, H. A., Singer, A., e Leckrone, J. 2005. Intervention fidelity in family-based prevention counseling for adolescent problem behaviors. *Journal of Community Psychology. 33*(2), p. 191-211.

Hooley, J. M., e Teasdale, J. D. 1989. Predictors of relapse in unipolar depressives: Expressed emotion, marital distress, and perceived criticism. *Journal of Abnormal Psychology. 98*(3), p. 229-235.

Huey, S. J., Henggeler, S. W., Brondino, M. J., e Pickrel, S. G. 2000. Mechanisms of change in multisystemic therapy: Reducing delinquent behavior through therapist adherence and improved family and peer functioning. *Journal of Consulting and Clinical Psychology. 68*(3), p. 451-467.

Jackson-Gilfort, A., Liddle, H. A., Tejeda, M., e Dakof, G. 2001. Facilitating engagement of African American male adolescents in family therapy: A cultural theme process study. *Journal of Black Psychology. 27*, p. 321-340.

Jacobson, N. S., e Addis, M. E. 1993. Research on couples and couple therapy: What do we know? Where are we going? *Journal of Consulting and Clinical Psychology. 61*(1), p. 85-93.

Jacobson, N. S., Christensen, A., Prince, S. E., Cordova, J., e Eldridge, K. 2000. Integrative behavioral couple therapy: An acceptance-based, promising new treatment for couple discord. *Journal of Consulting and Clinical Psychology. 68*(2), p. 351-355.

Jacobson, N. S., Dobson, K., Fruzzetti, A. E., Schmaling, D., B., e Salusky, S., 1991. Marital therapy as a treatment for depression, *Journal of Consulting and Clinical Psychology. 59*, p. 547-557.

Jacobson, N. S., Fruzzetti, A. E., Dobson, K., Whisman, M., e Hops, H. 1993. Couple therapy as a treatment for depression II, The effects of relationship quality and therapy on depressive relapse. *Journal of Consulting and Clinical Psychology. 61*(3), p. 516-519.

Jacobson, N. S., Holtzworth-Munroe, A., e Schmaling, K. B. 1989. Marital therapy and spouse involvement in the treatment of depression, agoraphobia, and alcoholism. *Journal of Consult- ing and Clinical Psychology. 57*(1), p. 5-10.

Joanning, H., Quinn, Q., Thomas, F., e Mullen, R. 1992 .Treating adolescent drug abuse: A comparison of family systems therapy, group therapy, and family drug education. *Journal of Marital and Family Therapy. 18*, p. 345-356.

Johnson, G., Kent, G., e Leather, J. 2005. Strengthening the parent-child relationship: A review of family interventions and their use in medical settings. *Child: Care, Health & Development. 31*(1), p. 25-32.

Johnson, S. M., e Greenberg, L. S. 1985. Emotionally focused couples therapy: An outcome study. *Journal of Marital and Family Therapy. 11*, p. 313-317.

Josephson, A. M., e Serrano, A. 2001. The integration of individual therapy and family therapy in the treatment of child and adolescent psychiatric disorders. *Child and Adolescent Psychiatric Clinics of North America. 10*(3), p. 431-450.

Kaiser, A., Hahlweg, K., Fehm-Wolfsdorf, G., e Groth, T. 1998. The efficacy of a compact psychoeducational group training program for married couples. *Journal of Consulting and Clinical Psychology. 66*(5), p. 753-760.

Kaslow, F. W., e Lebow, J. 2002. *Comprehensive handbook of psychotherapy: Vol. 4. Integrative eclectic.* New York: John Wiley & Sons.

Kaslow, F. W., e Racusin, G. R. 1994. Family therapy for depression in young people. In *Handbook of depression in children and adolescents. Issues in clinical child psychology,* W. M. Reynolds e H. F. Johnston, eds. New York: Kluwer Academic Publishers.

Kazdin, A. E. 1991. Effectiveness of psychotherapy with children and adolescents. *Journal of Consulting and Clinical Psychology. 59*(6), p. 785-798.

Kazdin, A. E., Holland, L., e Crowley, M. 1997. Family experience of barriers to treatment and premature termination from child therapy. *Journal of Consulting and Clinical Psychology. 65*(3), p. 453-463.

Kazdin, A. E., Siegel, T. C., e Bass, D. 1992. Cognitive problem-solving skills training and parent management training in the treatment of antisocial behavior in children. *Journal of Consulting and Clinical Psychology. 60*(5), p. 733-747.

Kelly, M., e Newstead, L. 2004. Family intervention in routine practice: It is possible! *Journal of Psychiatric and Mental Health Nursing. 11*(1), p. 64-72.

Kelley, M. L., e Fals-Stewart, W. 2002. Couples-versus individual-based therapy for alcohol and drug abuse: Effects on children's psychosocial functioning. *Journal of Consulting and Clinical Psychology. 70*(2), p. 417-427.

Kilgore, K., Snyder, J., e Lentz, C. 2000. The contribution of parental discipline, parental monitoring, and school risk to early-onset conduct problems in African American boys and girls. *Developmental Psychology. 36*(6), p. 835-845.

Kirby, K. C., Marlowe, D. B., Festinger, D. S., Garvey, K. A., e LaMonaca, V. 1999. Community reinforcement training for family and significant others of drug abusers: A unilateral intervention to increase treatment entry of drug users. *Drug and Alcohol Dependence. 56*, p. 85-96.

Klein, K., Forehand, R., Armistead, L., e Long, P. 1997. Delinquency during the transition into early adulthood: Family and parenting predictors from early adolescence. *Adolescence. 32*(125), p. 61-80.

Klein, N. C., Alexander, J. F., e Parsons, B. V. 1977. Impact of family systems intervention on recidivism and sibling delinquency: A model of primary prevention and program evaluation. *Journal of Consulting and Clinical Psychology. 45*, p. 469-474.

Knobloch-Fedders, L. M., Pinsof, W. M., e Mann, B. I. 2004. The formation of the therapeutic alliance in couple therapy. *Family Process. 43*(4), p. 425-442.

Kolko, D. J., Brent, D. A., Baugher, M., Bridge, J., e Birmaher, B. 2000. Cognitive and family therapies for adolescent depression: Treatment specificity, mediation, and moderation. *Journal of Consulting and Clinical Psychology. 68*(4), p. 603-614.

Krautter, T. H., e Lock, J. 2004a. Treatment of adolescent anorexia nervosa using family-based manualized treatment. *Clinical case studies. 3*(2), p. 107-123.

Krautter, T. H., e Lock, J. 2004b. Is manualized family-based treatment for adolescent anorexia nervosa acceptable to patients? Patient satisfaction at the end of treatment. *Journal of Family Theravu. 26*, p. 66-82.

Landau, J., Garrett, J., Shea, R. R., Stanton, M. D., Brinkman-Sull, D., e Baciewicz, G. 2000. Strength in numbers: The ARISE method for mobilizing family and network to engage substance abusers in treatment. *American Journal of Drug and Alcohol Abuse.* 26(3), p. 379-398.

Lattimer, P. J., Wagner, H. L., e Gowers, S. 2000. Conflict avoidance in anorexia nervosa: An observational study of mothers and daughters. *European Eating Disorders Review.* 8(5), p. 355-368.

Lavee, Y., e Altus, D. 2001. Family relationships as a predictor of post-treatment drug abuse relapse: A follow-up study of drug addicts and their spouses. *Contemporary Family Therapy: An International Journal.* 23(4), p. 513-530.

Law, D. D., e Crane, D. R. 2000. The influence of marital and family therapy on health care utilization in a health-maintenance organization. *Journal of Marital and Family Therapy.* 26(3), p. 281-291.

Lebow, J. L., e Gurman, A. S. 1995. Research assessing couple and family therapy. *Annual Review of Psychology.* 46, p. 27-57.

Lemmon, C. R., e Josephson, A. M. 2001. Family therapy for eating disorders. *Child and Adolescent Psychiatric Clinics of North America.* 10(3), p. 519-542.

Lewinsohn, P. M., Clarke, G. N., Hops, H., e Andrews, J. 1990. Cognitive-behavioral treatment for depressed adolescents. *Behavior Therapy.* 21, p. 385-401.

Liddle, H. A. 1991. Empirical values and the culture of family therapy. *Journal of Marital and Family Therapy.* 17(4): 327-348.

Liddle, H. A. 2002a. Advances in family-based therapy for adolescent substance abuse: Findings from the Multidimensional Family Therapy research program. In *Problems of Drug Dependence 2001: Proceedings of the 63rd Annual Scientific Meeting,* L. S. Harris, ed. NIDA Research Monograph No.182, NIH Publication 02-5097. Bethesda, MD: National Institute on Drug Abuse.

Liddle, H. A. 2002b. *Multidimensional Family Therapy for Adolescent Cannabis Users, Cannabis Youth Treatment (CYT) Series, Volume 5.* Center for Substance Abuse Treatment (CSAT), Rockville, MD.

Liddle, H. A. 2004. Family-based therapies for adolescent alcohol and drug use: Research contributions and future research needs. *Addiction,* 99(Sup. 2), p. 76-92.

Liddle, H. A., Bray, J. H., Levant, R. F., e Santisteban, D. A. 2001. Family psychology intervention science: An emerging area of science and practice. In *Family psychology: Science-based interventions,* H. A. Liddle, D. A. Santisteban, R. F. Levant, e J. H. Bray, eds. Washington, DC: American Psychological Association.

Liddle, H. A., e Dakof, G. A. 1995. Efficacy of family therapy for drug abuse: Promising but not definitive. *Journal of Marital and Family Therapy.* 21, p. 511-544.

Liddle, H. A., Dakof, G., e Diamond, G. 1991. Adolescent substance abuse: Multidimensional family therapy in action. In *Family therapy approaches with drug and alcohol problems,* 2. ed., E. Kaufman e P. Kaufmann, eds. Boston, MA: Allyn and Bacon.

Liddle, H. A., Dakof, G. A., Parker, K., Diamond, G. S., Barrett, K., e Tejeda, M. 2001. Multidimensional family therapy for adolescent substance abuse: Results of a randomized clinical trial. *American Journal of Drug and Alcohol Abuse.* 27(4), p. 651-687.

Liddle, H. A., e Frank, A. No prelo. The road ahead: Achievements and challenges for adolescent substance abuse treatment research. In *Adolescent substance abuse: Research and clinical advances,* H. A. Liddle e C. L. Rowe, eds. Cambridge University Press.

Liddle, H. A., e Rowe, C. L. 1998. Family measures in drug abuse prevention research. In *Drug abuse prevention through family interventions,* R. Ashery, E. Robertson, & K. Kumpfer, eds. NIDA Monograph No.177. Rockville, MD: National Institute on Drug Abuse.

Liddle, H. A., Rowe, C. L., Dakof, G. A., Ungaro, R. A., e Henderson, C. E. 2004. Early intervention for adolescent substance abuse: Pretreatment to posttreatment outcomes of a randomized controlled trial comparing Multidimensional Family Therapy and peer group treatment. *Journal of Psychoactive Drugs.* 36, p. 49-63.

Liddle, H. A., Rowe, C., Diamond, G. M., Sessa, F., Schmidt, S., e Ettinger, D. 2000. Towards a developmental family therapy: The clinical utility of adolescent development research. *Journal of Marital and Family Therapy.* 26, p. 491-506.

Liddle, H. A., Rowe, C. L., Quille, T., Dakof, G., Sakran, E., e Biaggi, H. 2002. Transporting a research-developed adolescent drug abuse treatment into practice. *Journal of Substance Abuse Treatment (Special Edition on Transferring Research to Practice, D. Simpson, ed.)* 22, p. 231-243.

Lindahl, K. M. 1998. Family process variables and children's disruptive behavior problems. *Journal of Family Psychology.* 12(3), p. 420-436.

Lock, J., le Grange, D., Agras, W. S., e Dare, C. 2001. *Treatment manual for anorexia nervosa: A family-based approach.* New York: Guilford.

Long, P., Forehand, R., Wierson, M., e Morgan, A. 1994. Does parent training with young noncompliant children have long-term effects? *Behaviour Research and Therapy.* 32(1), p. 101-107.

Lopez, S. R., Nelson, K. A., Snyder, K. S., e Mintz, J. 1999. Attributions and affective reactions of family members and course of schizophrenia. *Journal of Abnormal Psychology. 108*(2), p. 307-314.

Lyon, M., Chatoor, I., Atkins, D., Silber, T., Mosimann, J., e Gray, J. 1997. Testing the hypothesis of the multidimensional model of anorexia nervosa in adolescents. *Adolescence, 32*(125), p. 101-111.

Mabe, P. A., Turner, K., e Josephson, A. M. 2001. Parent management training. *Child and Adolescent Psychiatric Clinics of North America. 10*(3), p. 451-474.

Maharaj, S., Rodin, G., Connolly, J., Olmsted, M., e Daneman,D. 2001. Eating problems and the observed quality of mother-daughter interactions among girls with type I diabetes. *Journal of Consulting and Clinical Psychology. 69*(6), p. 950-958.

Malone, C. A. 2001. Child and adolescent psychiatry and family therapy. *Child and Adolescent Psychiatric Clinics of North America. 10*(3), p. 395-413.

Mann, B. J., Borduin, C. M., Henggeler, S. W., e Blaske, D. M. 1990. An investigation of systemic conceptualizations of parent-child coalitions and symptom change. *Journal of Consulting and Clinical Psychology. 58*(3), p. 336-344.

Marcus, N. E., Linda, W. K. M., e Malik, N. M. 2001. Interparental conflict, children's social cognitions, and child aggression: A test of a mediational model. *Journal of Family Psychology. 15*(2), p. 315-333.

Marsh, D. T. 2001. *A family-focuses approach to serious mental illness: Empirically supported interventions.* Sarasota, FL: Professional Resource Press.

Marsh, D. T., e Johnson, D. 1.1997. The family experience of mental illness: Implications for intervention. *Professional Psychology: Research and Practice. 28*(3), p. 229-237.

Marsh, D. T., e Lefley, H. P. 2003. Family interventions for schizophrenia. *Journal of Family Psychotherapy. 14*(2), p. 47-68.

Mazzeo, S. E., e Espelage, D. L. 2002. Association between childhood physical and emotional abuse and disordered eating behaviors in female undergraduates: An investigation of the mediating role of alexithymia and depression. *Journal of Counseling Psychology. 49*(1), p. 86-100.

McCrady, B. S., e Ziedonis, D. 2001. American Psychiatric Association practice guideline for substance use disorders. *Behavior Therapy. 32*, p. 309-336.

McFarlane, W. R., Dixon, L., Lukens, E., e Luckstead, A. 2003. Family psychoeducation and schizophrenia: A review of the literature. *Journal of Marital and Family Therapy. 29*(2), p. 223-245.

McFarlane, W. R., Hornby, H., Dixon, L., e McNary, S. 2002. Psychoeducational multifamily groups: Research and implementation in the United States. In *Family interventions in mental illness: International perspectives,* H. P. Lefley e D. L. Johnson, eds. Westport, CT: Praeger.

McFarlane, W. R., Link, B., Dushay, R., Marchal, J., e Crilly, J. 1995. Psychoeducational multiple family groups: Four-year relapse outcome in schizophrenia. *Family Process. 34*, p. 127-144.

McGillicuddy, N. B., Rychtarik, R. G., Duquette, J. A., e Morsheimer, E. T. 2001. Development of a skill training program for parents of substance- abusing adolescents. *Journal of Substance Abuse Treatment. 20*, p. 59-68.

Mendlowitz, S. L., Manassis, K.; Bradley, S., Scapillato, D., Miezitis, S., e Shaw, B.F. 1999. Cognitive-behavioral group treatments in childhood and anxiety disorders: The role of parental involvement. *Journal of the American Academy of Child and Adolescent Psychiatry. 38*, p. 1223-1229.

Meyers, R. J., Miller, W., e Smith, J. E. 2001. Community reinforcement and family training (CRAFT). In *A community reinforcement approach to addiction treatment. International research monographs in the addictions,* R. J. Meyers e W. R. Miller, eds. New York: Cambridge University Press.

Meyers, R. J., e Smith, J. E. 1995. *CIinical guide to alcohol treatment: The community reinforcement approach.* New York: Guilford.

Mihalopoulos, C., Magnus, A., Carter, R., e Vos, T. 2004. Assessing cost-effectiveness in mental health: Family interventions for schizophrenia and related conditions. *Australian and New Zealand Journal of Psychiatry. 38*, p. 511-519.

Miklowitz, D. J., George. E. L., Axelson, D. A., Kim, E. Y., Birmaher, B., Schneck, C., Beresford, C., Craighead, W. E., e Brent, D. A. 2004. Family-focused treatment for adolescent with bipolar disorder. *Journal of Affective Disorders. 82*(Sup.), p. S113-S128.

Miklowitz, D. J., e Goldstein, M. J. 1997. *Bipolar disorder: A family-focused treatment approach.* New York: The Guilford Press.

Miklowitz, D. J., Goldstein, M. J., e Nuechterlein, K. H. 1995. Verbal interactions in the families of schizophrenic and bipolar affective patients. *Journal of Abnormal Psychology. 104*(2), p. 268-276.

Miklowitz, D. J., Velligan, D. I., Goldstein, M. J., Nuechterlein, K. H., Gitlin, M. J., Ranlett, G., e Doane, J. A. 1991. Communication deviance in families of schizophrenic and manic patients. *Journal of Abnormal Psychology. 100*(2), p. 163-173.

Miller, I. W., Keitner, G. I., Whisman, M. A., Ryan, C. E., Epstein, N. B., e Bishop, D. S. 1992. Depressed patients with dysfunctional families: Description and course of illness. *Journal of Abnormal Psychology. 101*(4), p. 637-646.

Miller, J. K., e Slive, A. 2004. Breaking down the barriers to clinical service delivery: Walk-in family therapy. *Journal of Marital and Family Therapy. 30*(1), p. 95-103.

Miller, W.R., Meyers, R. J., e Tonigan, J. S. 1999. Engaging the unmotivated in treatment for alcohol problems: A comparison of three strategies for intervention through family members. *Journal of Consulting and Clinical Psychology. 67*(5), p. 688-697.

Minuchin, S., Rosman, B. L., e Baker, L. 1978. *Psychosomatic families: Anorexia nervosa in context.* Cambridge, MA: Harvard University Press.

Moos, R. H., Cronkite, R. C., e Moos, B. S. 1998. Family and extrafamily resources and the 10-year course of treated depression. *Journal of Abnormal Psychology. 107*(3), p. 450-460.

Morojele, N.K., e Brook, J. S. 2001. Adolescent precursors of intensity of marijuana and other illicit drug use among adult initiators. *Journal of Genetic Psychology. 162*(4), p. 430-450.

Mueser, K. T., Sengupta, A., Schooler, N. R., Bellack, A. S., Xie, H., Glick, I. D., e Keith, S. J. 2001. Family treatment and medication dosage reduction in schizophrenia: Effects on patient social functioning, family attitudes, and burden. *Journal of Consulting and Clinical Psychology. 69*(1), p. 3-12.

National Institute for Clinical Excellence (NICE). 2002. *Schizophrenia core interventions in the management of schizophrenia in primary and secondary care.* London: HMSO.

National Institute on Drug Abuse. 1999a. *National drug abuse treatment Clinical Trials Network (CTN).* RFA-DA-00-002. Obtido em 15 de maio de 2004, em http://grants.nih.gov/grnats/guide/rfafiles/FRA-DA-00-002 .html.

National Institute on Drug Abuse. 1999b. *Scientifically based approaches to drug addiction treatment. In Principles of Drug Addiction Treatment: A research-based guide.* Rep. No. NIH publicação No. 99-4180, p. 35-47. Rockville, MD: National Institute on Drug Abuse.

National Institute on Drug Abuse. 2002a. *Modifying and testing efficacious behavioral therapies to make them more community friendly.* RFA-DA-02-006. National Institute on Drug Abuse (www.nida.nih.gov).

National Institute on Drug Abuse. 2002b. *Guidance for behavioral treatment providers: Research on knowledge and skill enhancement.* RFA-DA-03-005. Obtido em 15 de maio de 2004 em coação. http://grants.nih. gov/grants/guide/rfa-files/RFA-DA-03-005.html

National Institute on Drug Abuse. 2002c. *National criminal justice drug abuse treatment services research system.* RFA-DA-02-011. Obtido em 15 de maio 2004 em http://grants2.nih.gov/grants/ guide/rfa-files/RFA-DA-02-011.html

Newberry, A. M., Alexander, J. F., e Turner, C. W. 1991. Gender as a process variable in family therapy. *Journal of Family Psychology. 5*(2), p. 158-175.

Nichols, M. P., e Fellenberg, S. 2000. The effective use of enactments in family therapy: A discovery-oriented process study. *Journal of Marital and Family Therapy. 26*(2), p. 143-152.

Northey, W. F., Wells, K. C., Silverman, W. K., e Bailey, C. E. 2003. Childhood behavioral and emotional disorders. *Journal of Marital and Family Therapy. 29*(4), p. 523-545.

Nye, C. L., Zucker, R. A., e Fitzgerald, H. E. 1995. Early intervention in the path to alcohol problems through conduct problems: Treatment involvement and child behavior change. *Journal of Consulting and Clinical Psychology. 63*(5), p. 831-840.

O'Farrell, T. J., e Fals-Stewart, W. 1999. Treatment models and methods: Family models. In *Addictions: A comprehensive guidebook,* B. S. McCrady e E. E. Epstein, eds. New York: Oxford University Press.

O'Farrell, T. J., e Fals-Stewart, W. 2003. Alcohol abuse. *Journal of Marital and Family Therapy. 29*(1), p. 121-146.

O'Leary, K. D., e Beach, S. R. H. 1990. Marital therapy: A viable treatment for depression and marital discord. *American Journal of Psychiatry. 147*, p. 183-186.

Ogden, T., Forgatch, M., Askeland, E., Bullock, A., e Patterson, G. 2003. *Large scale dissemination and implementation of the PMTO model: The case of Norway.* Artigo submetido à publicação.

Ogden, T., e Halliday-Boykins, C. A. 2004. Multisystemic treatment of antisocial youth in Norway: Replication of clinical outcomes outside of the US. *Child and Adolescent Mental Health. 9*(2), p. 77-83.

Parker, G., e Hadzi-Pavlovic, D. 1990. Expressed emotion as a predictor of schizophrenic relapse: An analysis of aggregated data. *Psychological Medicine. 20*(4), p. 961-965.

Patterson, G. R. 1995. Coercion as a basis for early age of onset for arrest. In *Coercion and punishment in long-term perspectives,* J. McCord, ed. New York: Cambridge University Press.

Patterson, G. R., e Chamberlain, P. 1992. A functional analysis of resistance (A neobehavioral perspective). In H. Arkowitz, ed. *Why don't people change? New perspectives on resistance and noncompliance,* New York: Guildford.

Pavuluri, M. N., Grazyk, P. A., Henry, D. B., Carbray, J. A., Heidenreich, J., e Miklowitz, D. J. 2004. Child- and family-focused cognitive behavioral therapy for pediatric bipolar disorder: Development and preliminary results. *Journal of the American Academy of Child and Adolescent Psychiatry. 43*(5), p. 528-537.

Pinsof, W. M. 1989. A conceptual framework and methodological criteria for family therapy process research. *Journal of Consulting and Clinical Psychology. 57*(1), p. 53-59.

Pinsof, W. M., e Wynne, L. C. 2000. Toward progress research: Closing the gap between family therapy practice and research. *Journal of Marital and Familll Therapy. 26*(1), p. 1-8.

Polivy, J., e Herman, P. C. 2002. Causes of eating disorders. *Annual Review of Psychology. 53*(1), p. 187-213.

Prinz, R.J., e Miller, G.E. 1994. Family-based treatment for childhood antisocial behavior: Experimental influences on dropout and engagement. *Journal of Consulting and Clinical Psychology. 62*(3), p. 645-650.

Rait, D. S. 2000. The therapeutic alliance in couples and family therapy. *JCLP/In Session: Psychotherapy in Practice. 56*(2), p. 211-224.

Ratti, L. A., Humphrey, L. L., e Lyons, J. S. 1996. Structural analysis of families with a polydrug-dependent, bulimic, or normal adolescent daughter. *Journal of Consulting and Clinical Psychology. 64*(6), p. 1255-1262.

Rea, M., Tompson, M., Miklowitz, D., Goldstein, M., Hwang, S., e Mintz, J. 2003. Family-focused treatment vs. individual treatment for bipolar disorder: Results of a randomized clinical trial. *Journal of Consulting and Clinical Psychology. 71*, p. 482-492.

Reiss, D., e Johnson-Sabine, E. 1995. Bulimia nervosa: 5-year social outcome and relationship to eating pathology. *International Journal of Eating Disorders. 18*(2), p. 127-133.

Robbins, M. S., Alexander, J. F., Newell, R. M., e Turner, C. W. 1996. The immediate effect of reframing on client attitude in family therapy. *Journal of Family Psychology. 10*(1), p. 28-34.

Robbins, M. S., Liddle, H. A., Turner, C., Kogan, S., e Alexander, J. No prelo. Early stage parental and adolescent therapeutic alliance predicts early stage dropout and completion of Multidimensional Family Therapy. *Journal of Family Psychology*.

Robbins, M. S., e Szapocznik, J. 2000, Abril. Brief strategic family therapy. In *Juvenile justice bulletin*, K. Kumpfer e R. Alvarado, eds. Washington DC: U.S. Department of Justice, Office of Justice Programs, Office of Juvenile Justice and Delinquency Prevention.

Robbins, M. S., Turner, C. W., Alexander, J. F., e Perez, G. A. 2003. Alliance and dropout in family therapy for adolescents with behavior problems: Individual and systemic effects. *Journal of Family Psychology. 17*(4), p. 534-544.

Robin, A. L., Siegel, P. T., Koepke, T., Moye, A. W., e Tice, S. 1994. Family therapy versus individual therapy for adolescent females with anorexia nervosa. *Developmental and Behavioral Pediatrics. 15*(2), p. 111-116.

Rojano, R. 2004. The practice of Community Family Therapy. *Family Process. 43*(1), p. 59-77.

Rosenfarb, I. S., Bellack, A. S., Aziz, N. H., Kratz, K. M., e Sayers, S. 2004. Race, family interactions, and patient stabilization in schizophrenia. *Journal of Abnormal Psychology. 113*(1), p. 109-115.

Rotunda, R. J., e O'Farrell, T. J. 1997. Marital and family therapy of alcohol use disorders: Bridging the gap between research and practice. *Professional Psychology: Research and Practice. 28*(3), p. 246-252.

Rotunda, R. J., Scherer, D. G., e Imm, P. S. 1995. Family systems and alcohol misuse: Research on the effects of alcoholism on family functioning and effective family interventions. *Professional Psychology: Research and Practice. 26*(1), p. 95-104.

Rowa, K., Kerig, P. K., e Geller, J. 2001. The family and anorexia nervosa: Examining parent-child boundary problems. *European Eating Disorders Review. 9*(2), p. 97-114.

Rowe, C. L., e Liddle, H. A. 2003. Substance abuse. *Journal of Marital and Family Therapy, 29*(1), p. 97-120.

Rowe, C. L., Liddle, H. A., Dakof, G. A., Henderson, C. E., Gonzalez, A., e Mills, D. S. 2004, Agosto. Adapting and implementing family therapy in practice: Impact and sustainability. In *Family-based treatment for adolescent drug abuse: New findings*, H. Liddle, presidente. Simpósio ocorrido na convenção anual da American Psychological Association, Honolulu, Hawaii.

Rowe, C. L., Liddle, H. A., Dakof, G. A., Henderson, C. E., Gonzalez, A., e Mills, D. 2005, Março. *Implementing and sustaining MDFT in practice*. Apresentação na 2005 Joint Meeting on Adolescent Treatment Effectiveness, Washington, D.C.

Rowe, C. L., Liddle, H. A., McClintic, K., e Quille, T. 2002. Integrative treatment development: Multidimensional family therapy for adolescent sub- stance abuse. In *Comprehensive handbook of psychotherapy. Volume 4: Integrative/Eclectic therapies*, F. Kaslow e J. Lebow, eds. New York: John Wiley and Sons.

Russell, G. F. M., Dare, C., Eisler, I., e LeGrange, P. D.F. 1994. Controlled trials of family treatments in anorexia nervosa. In *Psychobiology and the treat- ment of anorexia nervosa and bulimia nervosa,* K. A. Halmi, ed. Washington, DC: American Psychiatric Press.

Russell, G. F. M., Szmukler, G. I., Dare, C., e Eisler, I. 1987. An evaluation of family therapy in anorexia nervosa and bulimia nervosa. *Archives of General Psychiatry. 44,* p. 1047-1056.

Sanders, M. R., Markie-Dadds, C., Tully, L. A., e Bor, W. 2000. The Triple P-Positive Parenting program: A comparison of enhanced, standard, and self-directed behavioral family intervention for parents of children with early onset conduct problems. *Journal of Consulting and Clinical Psychology. 68*(4), p. 624-640.

Santisteban, D. A., Coatsworth, J. D., Perez-Vidal, A., Kurtines, W., Schwartz, S. J., LaPerriere, A., e Szapocznik, J. 2003. Efficacy of Brief Strategic Family Therapy in modifying Hispanic adolescent behavior problems and substance use. *Journal of Family Psychology. 17*(1), p. 121-133.

Santisteban, D. A., Szapocznik, J., Perez-Vidal, A., Kurtines, W. M., Murray, E., e LaPerriere, A. 1996. Efficacy of intervention for engaging youth and families into treatment and some variabies that may contribute to differential effectiveness. *Journal of Family Psychology. 10*(1), p. 35-44.

Schmidt, S. E., Liddle, H. A., e Dakof, G. A. 1996. Changes in parenting practices and adolescent drug abuse during multidimensional family therapy. *Journal of Family Psychology. 10,* p. 12-27.

Schoenwald, S. K., Ward, D. M., Henggeler, S. W., Pickrel, S. G., e Patel, H. 1996. MST treatment of substance abusing or dependent adolescent offenders: Costs of reducing incarceration, inpatient, and residential placement. *Journal of Child and Family Studies. 5*: 431-444.

Scholz, M., & Asen, E. 2001. Multiple family therapy with eating disordered adolescents: Concepts and preliminary results. *European Eating Disorders Review. 9,* p. 33-42.

Sexson, S. B., Glanville, D. N., e Kaslow, N. J. 2001. Attachment and depression: Implications for family therapy. *Child and Adolescent Psychiatric Clinics of North America. 10*(3), p. 465-486.

Sexton, T. L., e Alexander, J. F. (2002). Functional Family Therapy: An empirically supported, family-based intervention model for at-risk adolescents and their families. In *Comprehensive handbook of psychotherapy, volume II: Cognitive, behavioral, and functional approaches,* T., Patterson, ed., New York: John Wiley.

Shadish, W. R., Montgomery, L. M., Wilson, P., Wilson, M, R., Bright, I., e Okwumabua, T., 1993, Effects of family and marital psychotherapies: A meta-analysis, *Journal of Consulting and Clinical Psychology. 61*(6), p. 992-1002.

Shadish, W. R., Ragsdale, K., Glaser, R. R., e Montgomery, L. M. 1995. The efficacy and effectiveness of marital and family therapy: A perspective from meta-analysis. *Journal of Marital and Family Therapy. 21,* p. 345-360.

Shelef, K., Diamond, G. M., Diamond, G. S., e Liddle, H. A. 2005. Adolescent and parent alliance and treatment outcome in Multidimensional Family Therapy. *Journal of Consulting and Clinical Psychology. 73*(4).

Shields, C. G., e McDaniel, S. H.1992. Process differences between male and female therapists in a first family interview. *Journal of Family Psychology. 18,* p. 143-151.

Simoneau, T. L., Miklowitz, D. J., Richards, J. A., Saleem, R., e George, E. L. 1999. Bipolar disorder and family communication: Effects of a psychoeducational treatment program. *Journal of Abnormal Psychology. 108*(4), p. 588-597.

Singer, M., e Wynne, L. 1965. Thought disorder and family relations of schizophrenics: IV. Results and implications. *Archives of General Psychiatry. 12,* p. 201-212.

Sisson, R. W., e Azrin, N. H. 1986. Family-member involvement to initiate and promote treatment of problem drinkers. *Behavior Therapy and Experimental Psychiatry. 17,* p. 15-21.

Slesnick, N., and Waldron, H. B. 1997. Interpersonal problem-solving interactions of depressed adolescents and their parents. *Journal of Family Psychology. 11*(2), p. 234-245.

Snyder, D. K., e Wills, R. M. 1989. Behavioral versus insight-oriented marital therapy: Effects on individual and interspousal functioning. *Journal of Consulting and Clinical Psychology. 57,* p. 39-46.

Snyder, D. K., Wills, R. M., e Grady-Fletcher, A. 1991. Long-term effectiveness of behavioral versus insight-oriented marital therapy: A 4-year follow-up study. *Journal of Consulting and Clinical Psychology. 59*(1), p. 138-141.

Snyder, J. J., *and* Patterson, G. R. 1995. Individual differences in social aggression: A test os a reinforcement model of socialization in the natural environment. *Behavior Therapy. 26*(2), p. 371-391.

Sonuga-Barke, E. J. S., Daley, D., Thompson, M., Laver-Bradbury, C., e Weeks, A. 2001. Parent-based therapies for preschool attention-deficit/hyperactivity disorder: A randomized, controlled trial with a community sample. *Journal of the American Academy of Child and Adolescent Psychiatry. 40,* p. 402-408.

Spence, S. H., Donovan, C., e Brechman-Toussaint, M. 2000. The treatment of childhood social phobia: The effectiveness of social skills training-based, cognitive behavioural intervention with and without parent involvement. *Journal of Child Psychology and Psychiatry. 41*(6), p. 713-726.

Stanton, M. D. 2004. Getting reluctant substance abusers to engage in treatment/self-help: A review of outcomes and clinical options. *Journal of Marital and Family Therapy. 30*(2), p. 165-182.

Stanton, M. D., e Shadish, W. R. 1997. Outcome, attrition, and family-couples treatment for drug abuse: A meta-analysis and review of the controlled, comparative studies. *Psychological Bulletin. 122*(2), p. 170-191.

Stark, K. D. 1990. *Childhood depression school-based intervention.* New York: Guilford.

Stark, K. D., Humphrey, L. L., Laurent, J., Livingston, R., e Christopher, J. 1993. Cognitive, behavioral, and family factors in the differentiation of depressive and anxiety disorders during childhood. *Journal of Consulting and Clinical Psychology. 61*(5), p. 878-886.

Steiner, H., e the Work Group on Quality Issues 1997. Practice parameters for the assessment and treatment of children and adolescents with conduct disorder. *Journal of the American Academy of Child and Adolescent Psychiatry. 36*(Sup. 10), p. 122S-139S.

Stern, R., e Diamond, G. S. Sob revisão. *Repairing attachment ruptures in families with depressed adolescents: A task analysis.*

Stith, S. M., Rosen, K. H., e McCollum, E. E. 2004. Treating intimate partner violence within intact couple relationships: Outcomes of multi-couple vs. individual couple therapy. *Journal of Marital and Family Therapy. 30*(3), p. 305-318.

Stoolmiller, M., Duncan, T., Bank, L., e Patterson, G. R. 1993. Some problems and solutions in the study of change: Significant patterns in client resistance. *Journal of Consulting and Clinical Psychology. 61*(6), p. 920-928.

Substance Abuse and Mental Health Services Administration (SAMHSA). 2001. *Summary of findings from the* 2000 *National Household Survey on Drug Abuse.* Rockville, MD: Author.

Symonds, D., e Horvath, A. O. 2004. optimizing the alliance in couples therapy. *Family Process. 43*, p. 443-455.

Szapocznik, J., Perez-Vidal, A., Brickman, A., Foote, F. H., Santisteban, D. A., Hervis, O., e Kurtines, W. M. 1988. Engaging adolescent drug abusers and their families in treatment: A strategic structural systems approach. *Journal of Consulting and Clinical Psychology. 56*(4), p. 552-557.

Szapocznik, J., Rio, A., Murray, E., Cohen, R., Scopetta, M., Rivas-Vazquez, A., Hervis, O., Posada, V., e Kurtines, W. M. 1989. Structural family versus psychodynamic child therapy for problematic Hispanic boys. *Journal of Consulting and Clinical Psychology. 57*(5), p. 571-578.

Szapocznik, J., Rio, A., Perez-Vidal, A., Kurtines, W., e Santisteban, D. 1986. Family effectiveness training (FET) for Hispanic families. In *Crosscultural training for mental health professionals,* P. B. Pederson e H. Lefley, eds. Springfield, IL: Charles C. Turner.

Szapocznik, J., e Williams, R. A. 2000. Brief strategic family therapy: Twenty-five years of interplay among theory, research and practice in adolescent behavior problems and drug abuse. *Clinical Child and Family Psychology Review. 3*(2), p. 117-134.

Tarrier, N., Barrowclough, C., Vaughn, C., Bamrah, J., Porceddu, K., Watts, S., e Freeman, H. 1989. Community management of schizophrenia: A two-year follow-up of a behavioral intervention with families. *British Journal of Psychiatry. 154*, p. 625-628.

van Furth, E. F., van Strien, D. C., Martina, L. M. L., van Son, M. J. M., Hendrickx, J. J. P., e van Engeland, H. 1996. Expressed emotion and the prediction of outcome in adolescent eating disorders. *International Journal of Eating Disorders. 20*(1), p. 19-31.

Vaughn, C. E., e Leff, J. P. 1976. The influence of family and social factors on the course of psychiatric illness. *British Journal of Psychiatry. 129*, p. 125-137.

Vaughn, M. G., e Howard, M. O. 2004. Adolescent substance abuse treatment: A synthesis of controlled evaluations. *Research on Social Work practice. 14*(5), p. 325-335.

Vuchinich, S., Bank, L., e Patterson, G. R. 1992. Parenting, peers, and the stability of antisocial behavior in preadolescnt boys. *Developmental Psychology. 28*(3), p. 510-521.

Wade, T. D., Treloar, S. A., e Martin, N. G. 2001. A comparison of family functioning, temperament, and childhood conditions in monozygotic twin pairs discordant for lifetime bulimia nervosa. *American Journal of Psychiatry. 158*(7), p. 1155-1157.

Waldron, H. B. 1997. Adolescent substance abuse and family therapy outcome: A review of randomized trials. In *Advances in clinical child psychology,* T. H. Ollendick e R. J. Prinz, eds. New York: Plenum Press.

Waldron, H. B., Slesnick, N., Brody, J. L., Turner, C. W., e Peterson, T. R. 2001. Treatment outcomes for adolescent substance abuse at 4- and 7-month assessments. *Journal of Consulting and Clinical Psychology. 69*(5), p. 802-813.

Walitzer, K. S., e Dermen, K. H. 2004. Alcohol-focused spouse involvement and Behavioral Couples Therapy: Evaluation of enhancements to drinking reduction treatment for male problem drinkers. *Journal of Consulting and Clinical Psychology. 72*(6), p. 944-955.

Walker, J. G., Johnson, S., Manion, I., e Cloutier, P. 1996. Emotionally focused marital intervention for couples with chronically ill children. *Journal of Consulting and Clinical Psychology. 64*(5), p. 1029-1036.

Webster-Stratton, C. 1994. Advancing videotape parent training: A comparison study. *Journal of Consulting and Clinical Psychology. 62*(3), p. 583-593.

Webster-Stratton, C. 1996. Early intervention with videotape modeling. Programs for families of children with oppositional defiant disorder or conduct disorder. In *Psychosocial treatments for child and adolescent disorders: Empirically based strategies for clinical practice,* E. D. Hibbs & P. S. Jensen, eds. Washington DC: American Psychological Association.

Webster-Stratton, C., e Hammond, M. 1997. Treating children with early-onset conduct problems: A comparison of child and parent training interventions. *Journal of Consulting and Clinical Psychology. 65*(1), p. 93-109.

Webster-Stratton, C., Hollinsworth, T., e Kolpacoff, M. 1989. The long-term effectiveness and clinical significance of three cost-effective training programs for families with conduct-problefi children. *Journal of Consulting and Clinical Psychology. 57*(4), p. 550-553.

Wells, K. C., Pelham, W. E., Kotkin, R. A., Hoza, B., Abikoff, H. B., Abramowitz, A., et al. 2000. Psychosocial treatment strategies in the MTA study: Rationale, methods, and critical issues in design and implementation. *Journal of Abnormal Psychology. 28*, p. 483-505.

Werner-Wilson, R. J., Price, S. J., Zimmerman, T. S., e Murphy, M. J. 1997. Client gender as a process variable in marriage and family therapy: Are women clients interrupted more than men clients? *Journal of Family Psychology. 11*(3), p. 373-377.

Whaley, S. E., Pinto, A., e Sigman, M. 1999. Characterizing interactions between anxious mothers and their children. *Journal of Consulting and Clinical Psychology. 67*, p. 826-836.

Whitbeck, L. B., Hoyt, D. R., Simmons, R. L., Conger, R. D., Elder, G. H., Lorenz, F. O., e Huck, S. 1992. Intergenerational continuity of parental rejection and depressed affect. *Journal of Personality and Social Psychology. 63*(6), p. 1036-1045.

Wierson, M., e Forehand, R. 1994. Parent behavioral training for child noncompliance: rationale. concepts, and effectiveness. *Current Directions in Psychological Science. 3*(5), p. 146-150.

Willett, J. B., Ayoub, C. C., e Robinson, D. 1991. Using growth modeling to examine systematic differences in growth: An example of change in the functioning of families at risk of maladaptive parenting, child abuse, or neglect. *Journal of Consulting and Clinical Psychology. 59*(1), p. 38-47.

Williams, R. J., e Chang, S. Y. 2000. A comprehensive and comparative review of adolescent substance abuse treatment outcome. *Clinical Psychology: Science and Practice. 7*, p. 138-166.

Winters, J., Fals-Stewart, W., O'Farrell, T. J., Birchler, G. R., *and* Kelley, M. L. 2002. Behavioral couples therapy for female substance-abusing patients: Effects on substance use and relationship adjustment. *Journal of Consulting and Clinical Psychology. 70*(2), p. 344-355.

Apêndice A

Leituras recomendadas

PRINCÍPIOS GERAIS DOS SISTEMAS FAMILIARES

Carter, B., and McGoldrick, M. 1988. *The changing family lifecycle: A framework for family therapy*, 3. ed. Boston: Allyn & Bacon.

Guerin, P. J., Fogarty, T. F., Fay, L. F., e Kautto, J. G. 1996. *Working with relationship triangles: The one-two-three of psychotherapy.* New York: Guilford Press.

Hoffman, L. 1981. *The foundations of family therapy.* New York: Basic Books.

Imber-Black, E., ed. 1993. *Secrets in families and family therapy.* New York: Norton.

Kerr, M. E., e Bowen, M. 1988. *Family evaluation.* New York: Norton.

Minuchin, S. 1974. *Families and family therapy.* Cambridge, MA: Harvard University Press.

Nichols, M. P. 1999. *Inside family therapy.* Boston: Allyn & Bacon.

Paolino, T. J., e McCrady, B. S., eds. 1978. *Marriage and marital therapy.* New York: Brunner/Mazel.

Watzlawick, P., Beavin, J., e Jackson, D. 1967. *Pragmatics of human communication.* New York: Norton.

CULTURA E TERAPIA FAMILIAR

Boyd-Franklin, N. 1989. *Black families in therapy: A multisystems approach.* New York: Guilford Press.

Davis, L., e Proctor, E. 1989. *Race, gender, and class: Guidelines for practice with individuals, families and groups.* Englewood Cliffs, NJ: Prentice-Hall.

Pedersen, P. 1987. The frequent assumptions of cultural bias in counseling. *Journal of Multicultural Counseling and Development.* 15, p. 16-24.

Pinderhughes, E. 1989. *Understanding race, ethnicity, power: The key to efficacy in clinical practice.* New York: Free Press.

Sue, D. W., e Sue, D. 1990. *Counseling the culturally different: Theory and practice,* 2. ed. New York: Wiley.

Walsh, F. 1998. *Re-visioning family therapy.* New York: Guilford Press.

CASAMENTO

Dicks, H. V. 1967. *Marital tensions.* New York: Basic Books.

Guerin, P. J., Fay, L., Burden, S., e Kautto, J. 1987. *The evaluation and treatment of marital conflict: A four-stage approach.* New York: Basic Books.

Lederer, W., e Jackson, D. 1968. *The mirages of marriage.* New York: Norton.

Lerner, H. G. 1985. *The dance of anger: A woman's guide to changing patterns of intimate relationships.* New York: Harper & Row.

Scarf, M. 1987. *Intimate partners: Patterns in love and marriage.* New York: Random House.

Solot, D., e Miller, M. 2002. *Unmarried to each othel:* New York: Marlowe & Company.

PARENTES POR AFINIDADE E FAMÍLIA AMPLIADA

Guerin, P. J., ed. 1976. *Family therapy: Theory and practice.* New York: Gardner Press.

Lerner, H. G. 1989. *The dance of intimacy: A woman's guide to courageous acts of change in key relationships.* New York: Harper & Row.

McGoldrick, M., e Gerson, R. 1985. *Genograms in family assessment.* New York: Norton.

FAMÍLIAS COM BEBÊS E CRIANÇAS PEQUENAS

Brazelton, T. B. 1983. *Infants and mothers: Differences in development.* ed. rev. New York: Dell.

Combrinck-Graham, L., ed. 1988. *Children in family contexts: Perspectives on treatment.* New York: Guilford Press.

Faber, A., e Mazlish, E. 1974. *Liberated parents liberated children.* New York: Grosset & Dunlap.

Ginott, H. 1969. *Between parent and child.* New York: Macmillan.

Nichols, M. P. 2004. *Stop arguing with your kids.* New York: Guilford Press.

Patterson, G. 1975. *Families: Application of social learning theory to family life.* Champaign, IL: Research Press.

FAMÍLIAS COM CRIANÇAS MAIS VELHAS

Bank, S., e Kahn, M. 1982. *The sibling bond.* New York: Basic Books.

Bios, P. 1979. *The adolescent passage: Developmental issues.* New York: International Universities Press.

Faber, A., e Mazlish, E. 1987. *Siblings without rivalry.* New York: Norton.

Fishel, E. 1979. *Sisters: Love and rivalry inside the family and beyond.* New York: Quill/William Morrow.

Micucci, J. 1998. *The adolescent in family therapy.* New York: Guilford Press.

Schlaadt, R., e Shannon, P. 1986. *Drugs of choice,* 2. ed., Englewood Cliffs, NJ: Prentice-Hall,

Sells, S. 1998. *Treating the tough adolescent.* New York: Guilford Press.

DIVÓRCIO, RECASAMENTO E ENTEADOS

Ahrons, C., e Rodgers, R .1987. *Divorced families: A multidisciplinary developmental view.* New York: Norton.

Isaacs, M. B., Montalvo, B., e Abelsohn, D. 1986. *The difficult divorce.* New York: Basic Books.

Vaughan, D. 1986. *Uncoupling: Turning points in intimate relationships.* New York: Oxford University Press.

Visher, E., e Visher, J. 1988. *Old loyalties, new ties: Therapeutic strategies with stepfamilies.* New York: Brunner/Mazel.

A SAÍDA DE CASA E OS ANOS POSTERIORES À CRIAÇÃO DOS FILHOS

Levinson, D., 1978. *The seasons of a man's life.* New York: Ballantine.

Nichols, M. P. 1987. *Turning forty in the eighties.* New York: Fireside/Simon & Schuster.

Viorst, J. 1986. *Necessary losses.* New York: Simon & Schuster.

TÉCNICAS DE TERAPIA FAMILIAR

Anderson, C., e Stewart, S. 1983. *Mastering resistance: A practical guide to family therapy.* New York: Guilford Press.

Dattilio, F., ed. 1998. *Case studies in couple and family therapy: Systemic and cognitive perspectives.* New York: Guilford Press.

Donovan, J. M. 1999. *Short-term couple therapy.* New York: Guilford Press.

Gerson, M-J. 1996. *The embedded self: A psychoanalytic guide to family therapy.* New York: Analytic Press.

Guerin, P. J., Fay, L., Burden, S., e Kautto, J. 1987. *The evaluation and treatment of marital conflict: A four-stage approach.* New York: Basic Books.

Isaacs, M. B., Montalvo, B., e Abelsohn, D. 1986. *The difficult divorce: Therapy for children and families.* New York: Basic Books.

Minuchin, S., e Fishman, H. C. 1981. *Family therapy techniques.* Cambridge, MA: Harvard University Press.

Minuchin, S., e Nichols, M. P. 1993. *Family healing: Tales of hope and renewal from family therapy.* New York: Free Press.

Taibbi, R. 1996. *Doing family therapy: Craft and creativity in clinical practice.* New York: Guilford Press.

White, M., e Epston, D. 1990. *Narrative means to therapeutic ends.* New York: Norton.

Apêndice B

Glossário

acomodação Ajuste automático dos elementos de um sistema para coordenar seu funcionamento; as pessoas podem precisar se esforçar para isso.

análise funcional do comportamento Na terapia do comportamento operante, o estudo de um determinado comportamento, do que o elicia e do que o reforça.

apego Tendência inata a aproximar-se dos cuidadores diante do estresse.

bode expiatório Membro da família, habitualmente o paciente identificado, que é o objeto de críticas ou conflitos deslocados.

causalidade circular A idéia de que as ações estão relacionadas por uma série de circuitos recursivos ou ciclos que se repetem.

causalidade linear Idéia de que um evento é causa, e outro, o efeito; no comportamento, a idéia de que determinado comportamento é o estímulo, e outro, a resposta.

cerca de borracha Termo de Wynne para as fronteiras rígidas que cercam muitas famílias de esquizofrênicos, que só permite um contato mínimo com a comunidade circundante.

cibernética Estudo de processos de controle nos sistemas, em especial a análise de circuitos de *feedback* positivos e negativos.

cibernética de primeira ordem Idéia de que um observador externo pode estudar e fazer mudanças em um sistema e, ao mesmo tempo, permanecer separado e independente do sistema.

cibernética de segunda ordem Idéia de que qualquer pessoa que tente observar e mudar um sistema passa a fazer parte do mesmo.

ciclo de vida familiar Estágios da vida familiar: sair da casa dos pais, casar, ter filhos, envelhecer, aposentar-se e, finalmente, morrer.

circuito de *feedback* Retorno de uma porção do *output* de um sistema, especialmente quando utilizado para manter o *output* dentro de limites predeterminados (*feedback* negativo) ou para sinalizar a necessidade de modificar o sistema (*feedback* positivo).

cisma conjugal Termo de Lidz para o conflito conjugal patológico manifesto.

coalizão Aliança entre duas pessoas ou unidades sociais contra uma terceira.

coalizão geracional cruzada Aliança inadequada entre um dos pais e um filho, que se unem contra um terceiro membro da família.

competência cultural Familiaridade com e, mais importante, sensibilidade às diversas maneiras de as pessoas fazerem as coisas.

conceito da caixa-preta Idéia de que, devido à complexidade da mente, é melhor estudar o *input* e o *output* (comportamentos, comunicação) das pessoas do que especular sobre o que se passa na mente delas.

condicionamento clássico Forma de aprendizagem respondente em que um estímulo incondicionado (EI), tal como comida, que leva a uma resposta condicionada (RC), tal como salivação, é associado a um estímulo condicionado (EC), tal como uma campainha, e, em resultado, o EC começa a evocar a mesma resposta; utilizado no tratamento comportamental dos transtornos de ansiedade.

condicionamento operante Forma de aprendizagem pela qual uma pessoa ou animal são recompensados por realizar certos comportamentos; a abordagem mais importante na maioria das formas de terapia comportamental.

conotação positiva Técnica de Selvini Palazzoli de atribuir motivos positivos ao comportamento familiar, a fim de promover a coesão familiar e evitar a resistência à terapia.

construcionismo social Como o construtivismo, desafia a noção de uma base objetiva para o conhecimento. O conhecimento e o significado são moldados por suposições compartilhadas na cultura.

construtivismo Perspectiva relativista que enfatiza a construção subjetiva da realidade. Implica que o que vemos nas famílias pode estar baseado tanto nas nossas preconcepções quanto no que realmente acontece.

consumidor Termo de De Shazer para um cliente que não só se queixa de um problema ("queixoso"), mas está motivado a resolvê-lo.

contenção Técnica estratégica para superar a resistência na qual o terapeuta sugere que a família não mude.

contexto Na terapia familiar, o contexto interpessoal, incluindo a família, mas também outras influências sociais.

contrato de contingência Técnica da terapia comportamental pela qual é feita uma combinação entre os membros da família de trocar recompensas por comportamentos desejados.

contratransferência Reatividade emocional por parte do terapeuta.

controle aversivo Uso de punição e críticas para eliminar respostas indesejáveis; comumente utilizada em famílias disfuncionais.

criança parentalizada Criança que recebeu o poder para cuidar dos irmãos mais jovens; isso é adaptativo quando feito deliberadamente em famílias grandes ou monoparentais; é desadaptativo quando resulta da abdicação não-planejada da responsabilidade parental.

cultura Padrões compartilhados de comportamento e experiência, derivados do ambiente em que as pessoas vivem.

desconstrução Abordagem pós-moderna à exploração do significado que separa e examina categorias e pressupostos encarados como naturais, possibilitando construções novas e mais adequadas de significado.

desempenho de papel Uso da dramatização para expressar os sentimentos visando colocar em prática novas maneiras de se relacionar.

desenho familiar Técnica da terapia experiencial em que se pede aos membros da família que desenhem suas idéias sobre como a família se organiza.

desvencilhamento Isolamento psicológico que resulta de fronteiras demasiado rígidas em torno dos indivíduos e subsistemas de uma família.

destriangulação Processo pelo qual um indivíduo retira-se do campo emocional de outros dois.

diferenciação do *self* Termo de Bowen para a separação psicológica do intelecto e das emoções, e a independência do *self* em relação aos outros; o oposto da fusão.

dinâmicas de grupo Interações entre os membros de um grupo, que resultam de propriedades do grupo, e não meramente de suas personalidades individuais.

direitos Termo de Boszormenyi-Nagy para o mérito acumulado pela pessoa por se comportar de forma ética com os outros.

diretivas Tarefas de tema de casa destinadas a ajudar as famílias a interromperem os padrões homeostáticos de comportamento que mantêm os problemas.

duplo vínculo Conflito criado quando a pessoa recebe mensagens contraditórias em diferentes níveis de abstração em um relacionamento importante e não pode se afastar nem comentar.

economia de fichas ou prêmio Sistema de recompensas que utiliza pontos, os quais podem ser acumulados e trocados por itens ou comportamentos reforçadores.

emaranhamento Perda de autonomia devida a enfraquecimento das fronteiras psicológicas.

encenação Interação estimulada na terapia familiar estrutural que permite a observação e depois a modificação de transações que constituem a estrutura familiar.

epistemologia Ramo da filosofia referente ao estudo do conhecimento. Utilizado por Bateson como significando visão de mundo ou sistema de crenças.

eqüifinalidade Capacidade de sistemas complexos de atingirem um determinado objetivo final de diversas maneiras diferentes.

equipe reflexiva Técnica de Tom Anderson em que uma equipe observa e compartilha suas reações com a família depois de uma sessão.

escultura familiar Técnica experiencial não-verbal na qual os membros da família posicionam-se em um quadro vivo que revela aspectos significativos de suas percepções e sentimentos.

espelhamento Expressão de entendimento e aceitação dos sentimentos da outra pessoa.

esquemas Construções cognitivas ou crenças centrais, pelas quais as pessoas filtram suas percepções e estruturam sua experiência.

estrutura Padrões recorrentes de interação que definem e estabilizam a forma dos relacionamentos.

estrutura familiar Organização funcional das famílias, que determina como os seus membros interagem.

estrutura hierárquica Funcionamento familiar baseado em fronteiras geracionais claras, em que os pais mantêm controle e autoridade.

etnicidade Genealogia comum pela qual um grupo de pessoas desenvolve valores e costumes compartilhados.

exceção Termo de De Shazer para os momentos em que os clientes estão temporariamente livres de seus problemas. Os terapeutas focados na solução concentram-se nas exceções para ajudar os clientes a desenvolverem boas habilidades de solução de problemas.

experiência do aqui e agora Experiência imediata, sentida no presente como oposta a descrições do que aconteceu, valorizada pelos terapeutas experienciais.

externalização Técnica de Michael White de personificar os problemas como externos às pessoas.

extinção Eliminar comportamentos ao não reforçá-los.

família ampliada Rede de relacionamentos de parentesco através de várias gerações.

família de origem Pais e irmãos; habitualmente se refere à família nuclear original de um adulto.

família nuclear Pais e seus filhos.

famílias mistas Famílias distintas unidas por casamento; famílias por afinidade, por recasamento.

feedback **negativo** Informações que sinalizam para um sistema que ele deve corrigir um desvio e restaurar o *status quo*.

feedback **positivo** Informações que confirmam e reforçam a direção que um sistema está tomando.

fixação Parada parcial de apego ou modo de comportamento de um estágio anterior de desenvolvimento.

fronteiras Barreiras emocionais e físicas que protegem e acentuam a integridade dos indivíduos, dos subsistemas e das famílias.

função do sintoma Idéia de que os sintomas são, com freqüência, maneiras de distrair ou de proteger membros da família de conflitos ameaçadores.

fusão Enfraquecimento das fronteiras psicológicas entre o *self* e os outros, e uma contaminação do funcionamento emocional e intelectual; o oposto da diferenciação.

genograma Diagrama esquemático do sistema familiar, que utiliza quadrados para representar homens, círculos para representar mulheres, linhas horizontais para casamentos e linhas verticais para indicar filhos.

gerenciamento de saúde Sistema em que empresas gerenciam custos de seguro-saúde ao regular os termos do tratamento. As empresas de gerenciamento de saúde selecionam os profissionais que prestam serviços, estabelecem honorários e controlam quem recebe tratamento e quantas sessões a pessoa tem o direito de receber.

hermenêutica Arte de analisar textos literários ou a experiência humana, compreendida como fundamentalmente ambígua, pela interpretação de níveis de significado.

hipótese trigeracional da esquizofrenia Conceito de Bowen de que a esquizofrenia é o resultado final de baixos níveis de diferenciação transmitidos e amplificados através de três gerações sucessivas.

histórias saturadas de problemas Relatos usuais pessimistas e acusatórios que os clientes trazem à terapia, vistos como apoio a permanecerem empacados.

homeostase Estado de equilíbrio constante e regular.

homeostase familiar Tendência das famílias de resistirem às mudanças, de modo a manter um estado constante.

idealização Tendência a exagerar as virtudes de alguém. Faz parte do processo desenvolvimental normal no relacionamento das crianças com os pais e dos relacionamentos íntimos.

identificação Termo da teoria psicanalítica. Significa não meramente imitação, mas apropriação de traços de uma pessoa admirada.

identificação projetiva Mecanismo de defesa que opera inconscientemente, pelo qual aspectos indesejados do *self* são atribuídos à outra pessoa, induzida a se comportar de acordo com essas atitudes e com esses sentimentos projetados.

inconscientes Memórias, sentimentos e impulsos dos quais a pessoa não está consciente. Com freqüência usado como substantivo, embora seja mais apropriado empregá-lo como adjetivo.

injunção paradoxal Técnica usada na terapia estratégica pela qual o terapeuta orienta os membros da família a continuarem com seu comportamento sintomático. Caso se conformem, admitem o controle e expõem o ganho secundário; caso se rebelem, desistem de seus sintomas.

intensidade Termo de Minuchin para modificar transações desadaptativas pelo uso do afeto intenso, intervenções repetidas ou pressão prolongada.

intervalo ou tempo para pensar Técnica comportamental para extinguir comportamentos indesejáveis pela remoção das conseqüências reforçadoras daqueles comportamentos; tipicamente, fazer a criança sentar em um canto ou ir para o seu quarto.

introjeções Forma primitiva de identificação: assimilar aspectos de outras pessoas, que então se tornam parte da auto-imagem.

lealdades invisíveis Termo de Boszormenyi-Nagy para os compromissos inconscientes que as crianças assumem para ajudar a sua família.

líder expressivo O que possui funções sociais e emocionais; nas famílias tradicionais, o papel da esposa.

líder instrumental É o que toma decisões e assume tarefas; nas famílias tradicionais, o papel do marido.

mãe esquizofrenizante Termo de Frieda Fromm-Reichmann para as mães agressivas, dominadoras, que precipitariam a esquizofrenia nos filhos.

massa de ego familiar indiferenciada Termo inicial de Bowen para a "proximidade emocional paralisada" ou fusão na família, proeminente em especial em famílias de esquizofrênicos.

metacomunicação Toda mensagem tem dois níveis: relato e comando; a metacomunicação é o comando implícito ou a mensagem qualificadora.

mistificação Conceito de Laing de que muitas famílias distorcem a experiência de seus filhos ao negá-la ou lhe dar outro nome, rotulando-a diferentemente.

mitos familiares Série de crenças baseadas em uma distorção da realidade histórica e compartilhadas por todos os membros da família que ajudaram a criar as regras que governam o funcionamento familiar.

modelagem Aprendizagem observacional.

modelo colaborativo Visão mais igualitária do papel do terapeuta; defendida por aqueles que criticam o que consideram autoritarismo nas abordagens tradicionais à terapia familiar.

modelo de sistema familiar interno Modelo da mente que utiliza princípios sistêmicos e técnicas para compreender e modificar processos intrapsíquicos, desenvolvido por Richard Schwartz.

modelo diádico Explicações baseadas nas interações entre duas pessoas ou objetos: Johnny rouba em lojas para atrair a atenção da mãe.

modelo monádico Explicações baseadas nas propriedades de uma única pessoa ou objeto: Johnny rouba em lojas porque é rebelde.

modelo triádico Explicações baseadas nas interações entre três pessoas ou objetos; Johnny rouba em lojas porque seu pai o estimula encobertamente a desafiar a mãe.

moldagem Reforçar a mudança em pequenos passos.

morfogênese Processo pelo qual um sistema muda sua estrutura a fim de se adaptar a novos contextos.

mudança de primeira ordem Mudanças temporárias ou superficiais dentro de um sistema, que não alteram a organização básica do mesmo.

mudança de segunda ordem Mudanças básicas na estrutura e no funcionamento de um sistema.

narcisismo Amor por si mesmo.

neutralidade Termo de Selvini Palazzoli para a aceitação equilibrada de membros da família.

objeto do *self* Termo de Kohut para alguém com quem a pessoa se relaciona não como um indivíduo separado, mas como uma extensão do *self*.

objetos internos Imagens mentais e fantasias de si mesmo e dos outros, formadas pelas primeiras interações com os cuidadores.

paciente identificado (PI) O portador do sintoma ou paciente oficial conforme identificado pela família.

paradoxo Afirmação autocontraditória baseada em dedução válida de premissas aceitáveis.

perguntas de influência relativa Perguntas que exploram em que medida o problema dominou o cliente *versus* quanto ele é capaz de controlá-lo.

pós-modernismo Antipositivismo contemporâneo, que vê o conhecimento como relativo e dependente do contexto; questiona os pressupostos de objetividade que caracterizam a ciência moderna. Na terapia familiar, desafia a idéia de certeza científica e está ligado ao método de desconstrução.

prescrever o sintoma Técnica paradoxal que força o paciente a desistir de um sintoma ou admitir que tem controle voluntário sobre ele.

prescrição invariante Técnica desenvolvida por Mara Selvini Palazzoli em que os pais são orientados a saírem, misteriosa e sorrateiramente, juntos.

princípio de Premack Uso de comportamentos de alta probabilidade (atividades preferidas) para reforçar comportamentos de baixa probabilidade (atividades não-preferidas).

processo/conteúdo Distinção entre como os membros de uma família ou grupo se relacionam e sobre o que falam.

processo de projeção familiar Na teoria boweniana, o mecanismo pelo qual os conflitos parentais são projetados nos filhos ou no cônjuge.

processo de transmissão multigeracional Conceito de Bowen para o processo, que ocorre ao longo de muitas gerações, em que pessoas mal-diferenciadas se casam com parceiros igualmente imaturos, o que acaba resultando em filhos com graves problemas psicológicos.

provações Tipo de intervenção paradoxal em que o cliente é orientado a fazer algo pior do que o sintoma.

pseudo-hostilidade Termo de Wynne para as altercações superficiais que mascaram alinhamentos patológicos nas famílias de esquizofrênicos.

pseudomutualidade Termo de Wynne para a fachada de harmonia familiar que caracteriza muitas famílias de esquizofrênicos.

psicologia do *self* Versão de Heinz Kohut da psicanálise que enfatiza a necessidade de apego e apreciação, em vez de sexo e agressão.

queixoso Termo de De Shazer para o relacionamento com um cliente que traz uma queixa, mas no momento não está disposto a trabalhar para resolvê-la.

questão do milagre Pedir aos clientes que imaginem como as coisas estariam se acordassem amanhã e seu problema estivesse resolvido. Os terapeutas focados na solução usam a pergunta do milagre para ajudar os clientes a identificarem objetivos e possíveis soluções.

questões de escala (graduação) O cliente deve avaliar, em uma escala de 10 pontos, quanto ele quer resolver seu problema, quão difícil o problema é, quão melhor ele está desde a última vez, e assim por diante. Planejadas para dividir a mudança em pequenos passos.

questões de mistério Perguntas destinadas a fazer com que os clientes se perguntem como seus problemas acabam levando a melhor que os ajudam a externalizar os problemas.

questionamento circular Método de entrevista desenvolvido pelo grupo de Milão, em que são feitas perguntas que salientam diferenças entre os membros da família.

quid pro quo Literalmente, "uma coisa por outra", intercâmbio ou substituição eqüitativos.

reatividade emocional Tendência a responder de modo reflexo com emotividade, em vez de com calma e objetividade.

reciprocidade de reforço Intercâmbio de comportamentos reforçadores entre membros da família.

reenquadramento Nomear de maneira diferente a descrição que a família faz de um comportamento, para torná-lo mais suscetível à mudança terapêutica; por exemplo, a família descreve alguém como "preguiçosa" em vez de "deprimida".

reforço Evento, comportamento ou objeto que aumenta a ocorrência de uma resposta específica. Reforço positivo é um evento cuja apresentação contingente aumenta a ocorrência da resposta; reforço negativo é um evento cuja retirada contingente aumenta a ocorrência da resposta.

regras familiares Termo descritivo para padrões comportamentais redundantes.

regressão Retorno a um nível de funcionamento menos maduro diante do estresse.

relacionamento de complementaridade Baseado em diferenças que se encaixam, em que as qualidades de um compensam as deficiências do outro; um está por cima, enquanto o outro está por baixo.

relacionamento simétrico Nos relacionamentos, forma igualitária ou paralela.

relações objetais Imagens internalizadas do *self* e dos outros, baseadas nas primeiras interações pais-criança, que determinam o modo de relacionamento da pessoa com os outros.

resistência Qualquer coisa que os pacientes ou as famílias façam para se opor ou retardar o progresso da terapia.

resultados excepcionais Termo de Michael White para os momentos em que os clientes agiram liberados de seus problemas, mesmo sem consciência disso. Os terapeutas narrativos identificam os resultados excepcionais como uma maneira de ajudar os clientes a desafiarem visões negativas de si mesmos.

reunir-se a Termo da terapia familiar estrutural que significa aceitar e se acomodar às famílias, a fim de conquistar sua confiança e superar a resistência.

rituais Na terapia estratégica, série de ações prescritas destinadas a mudar as regras de um sistema familiar.

ritual familiar Técnica utilizada por Selvini Palazzoli e seus colegas de Milão que prescreve um ato específico para os membros da família realizarem, destinado a mudar as regras do sistema familiar.

rompimento emocional Termo de Bowen para a fuga de um apego não-resolvido.

separação-individuação Processo pelo qual o bebê começa, aproximadamente aos dois meses de idade, a se separar do laço simbiótico com a mãe e a desenvolver seu funcionamento autônomo.

sistema Grupo de elementos inter-relacionados *mais* a maneira de funcionarem juntos.

sistema aberto Série de elementos inter-relacionados que trocam informações, energia e materiais com o ambiente circundante.

sistema familiar Família concebida como entidade total coletiva, constituída por partes individuais mais a sua maneira de funcionarem juntamente.

sistema fechado Grupo de elementos funcionalmente relacionados, considerados como formadores de uma entidade coletiva que não interage com o ambiente circundante.

subsistemas Unidades menores nas famílias, determinadas por geração, sexo ou função.

supervisão ao vivo Técnica de ensino de terapia pela qual o supervisor observa sessões em progresso e faz um contato com o terapeuta a fim de sugerir estratégias e técnicas diferentes.

tarefa-fórmula da primeira sessão Terapeutas focados na solução rotineiramente pedem aos clientes, no final da primeira sessão, que pensem sobre o que *não* querem mudar como resultado da terapia. Isso põe o foco nas forças que existem em sua vida e dá início ao processo de geração de soluções.

técnicas de faz-de-conta Divertida intervenção paradoxal de Madanes em que os membros da família são solicitados a fingir que se engajam no comportamento sintomático. O paradoxo é que, se eles fingem ter um sintoma, o sintoma não pode ser real.

teoria da aprendizagem social Compreender e tratar o comportamento utilizando princípios da psicologia social e desenvolvimental, assim como da teoria da aprendizagem.

teoria da suposição básica Conceito de Bion de que os membros do grupo se distraem da tarefa do grupo e buscam padrões inconscientes de *luta-fuga*, *dependência* ou *formação de pares*.

teoria das comunicações Estudo dos relacionamentos em termos do intercâmbio de mensagens verbais e não-verbais.

teoria das relações objetais Teoria psicanalítica derivada de Melanie Klein e desenvolvida pela Escola Britânica (Bion, Fairbairn, Guntrip, Winnicott) que enfatiza os relacionamentos e apegos, em vez das pulsões libidinais e agressivas, como as questões cruciais de interesse humano.

teoria do intercâmbio de comportamento Explicação dos comportamentos em relacionamentos como mantidos por uma proporção de custo-benefício.

teoria do intercâmbio social Teoria de Thibaut e Kelley, segundo a qual as pessoas tentam maximizar as recompensas e minimizar os custos em um relacionamento.

teoria dos sistemas Termo genérico para estudar um grupo de elementos relacionados que interagem como uma entidade completa; abrange a teoria geral dos sistemas e a cibernética.

teoria geral dos sistemas Modelo biológico dos sistemas vivos como entidades completas, que se mantêm por meio de contínuo *input* e *output* do ambiente; desenvolvido por Ludwig von Bertalanffy.

terapia cognitivo-comportamental Tratamento que enfatiza a mudança de atitude e o reforço do comportamento.

terapia concomitante Tratamento de duas ou mais pessoas, atendidas em separado, em geral por dois terapeutas diferentes.

terapia conjunta Tratamento de duas ou mais pessoas em sessões conjuntas.

terapia contextual Modelo de Boszormenyi-Nagy, que inclui a ética relacional.

terapia de casal com foco na emoção Modelo de terapia baseado na teoria do apego, em que os anseios emocionais por trás das reações defensivas de um casal são descobertos quando este passa a perceber a natureza reativa de suas brigas, desenvolvido por Leslie Greenberg e Susan Johnson.

terapia de grupo familiar Tratamento familiar baseado no modelo de terapia de grupo.

terapia de múltiplo impacto Forma de terapia familiar intensiva, orientada para situações de crise, desenvolvida por Robert MacGregor, em que os membros da família são tratados em vários subgrupos por uma equipe de terapeutas.

terapia de múltiplos grupos familiares Tratamento de várias famílias ao mesmo tempo em um formato de terapia de grupo, em que foram pioneiros Peter Laqueur e Murray Bowen.

terapia de rede Tratamento desenvolvido por Ross Speck em que um grande número de familiares e amigos é reunido para ajudar a resolver os problemas de certo paciente.

terapia familiar médica Forma de terapia familiar psicoeducacional, envolvendo colaboração com médicos e outros profissionais de saúde no tratamento de pessoas com problemas médicos.

terapia familiar psicoeducacional Tipo de terapia desenvolvido no trabalho com esquizofrênicos que enfatiza educar os membros da família a fim de ajudá-los a compreender e lidar com um familiar gravemente perturbado.

terapia focada na solução Termo de Steve de Shazer para um estilo de terapia que enfatiza as soluções que as famílias já desenvolveram para seus problemas.

terapia narrativa Abordagem ao tratamento que enfatiza o papel das histórias que as pessoas constroem sobre a sua experiência.

transferência Reações emocionais distorcidas a relacionamentos atuais, baseadas em relações familiares iniciais não-resolvidas.

triangulação Desviar o conflito entre duas pessoas ao envolver uma terceira, estabilizando o relacionamento entre o par original.

triângulo Sistema de três pessoas; segundo Bowen, a menor unidade estável de relações humanas.

viés conjugal Termo de Lidz para um casamento patológico em que um cônjuge domina o outro.

visão preferida Termo de Eron e Lund para a maneira pela qual as pessoas gostariam de pensar sobre si mesmas e ser vistas pelos outros.

visitante Termo de de Shazer para um cliente que não deseja fazer parte da terapia, não traz queixas e não deseja tratar nada.

Apêndice C

Áreas de atuação e formação

TORNANDO-SE UM TERAPEUTA FAMILIAR

Há muitos caminhos para se tornar um terapeuta familiar. Nem todos eles envolvem cursos acadêmicos sobre terapia de casal e de família, embora este seja o caminho mais direto. Muitas pessoas que possuem um certificado em terapia de casal e de família (MFT, Marital and Family Therapy) graduaram-se em cursos mais tradicionais – mestrado ou Ph.D. em psicologia clínica, MSW em programa de serviço social, mestrado em aconselhamento ou enfermagem. Dependendo das exigências locais, esses terapeutas, depois de completar o curso, precisam complementar seu título com um curso adicional em terapia de casal e família e receber supervisão extensiva, a fim de serem considerados terapeutas na área (veja a seção sobre licenciamento a seguir).

O caminho que você escolher dependerá do que quer fazer em sua profissão. Por exemplo, se você quiser ensinar ou fazer pesquisa em terapia familiar, convém que faça um doutorado. Se, por outro lado, seu maior desejo for trabalhar na prática clínica, quer em alguma instituição quer em consultório particular, você talvez não precise de um doutorado e possa cursar um programa de mestrado em terapia de casal e de família (para uma lista dos programas acadêmicos em MFT aprovados, entre em contato com a American Association for Marriage and Family Therapy, descrita anteriormente).

Se você tiver interesse em estudar algum aspecto da saúde mental não examinado de forma mais completa nos programas de MFT – por exemplo, testagem psicológica, políticas sociais, psicoterapia individual ou psicofarmacologia –, você pode obter um grau não-MFT e depois escolher os cursos e a supervisão necessários em um dos muitos institutos não-acadêmicos de terapia familiar descritos na última seção deste apêndice.

ORGANIZAÇÕES PROFISSIONAIS

A American Association for Marriage and Family Therapy (AAMFT), localizada em Alexandria, VA, foi fundada em 1942 por Lester Dearborn e Ernest Graves, como uma organização profissional a fim de estabelecer padrões para conselheiros conjugais. Em 1970, foi expandida para incluir terapeutas familiares e se tornou o maior corpo de credenciamento no campo. Por meio de seus requerimentos aos associados, foram estabelecidos padrões para a pessoa tornar-se um terapeuta familiar que são utilizados nos vários estados que regulam a profissão. A AAMFT também influencia agências estaduais e federais no interesse dos terapeutas familiares, tais como obtenção do licenciamento estadual.

O quadro de associados da AAMFT cresceu imensamente, refletindo o desenvolvimento do campo. A organização mais do que dobrou desde 1982 e agora representa 23 mil terapeutas de casal e de família. Este tipo de associação e o dinheiro por ela gerado têm tornado a AAMFT um agente poderoso nas políticas de saúde mental e aumentado o reconhecimento público e governamental da terapia familiar como um campo distinto.

A AAMFT tem um código de ética que abrange as seguintes questões: responsabilidades com os clientes; sigilo; responsabilidade com os alunos, empregados, supervisionandos e sujeitos de pesquisa; arranjos financeiros; propaganda. A AAMFT está localizada na 112 South Alfred Street, Alexandria, VA 22314; telefone 703-838-9808; *website*: www.aamft.org.

Embora a AAMFT tenha presença na Califórnia, a organização dominante em MFT nesse estado é a California Association of Marriage and Family Therapists (CAMFT). Com 29 filiais regionais e 25 mil membros, seu tamanho lhe dá uma voz forte na legislatura estadual. A CAMFT organiza uma conferência anualmente e publica o *California Therapist*. Para mais informações, entre em contato com a CAMFT, 7901 Raytheon Road, San Diego, CA 92111; telefone: 858-292-2638; *website*: www.camft.org.

A American Family Therapy Academy (AFTA) foi organizada em 1977 para atender às necessidades de pesquisadores, clínicos e professores seniores, que desejavam um contexto menor e mais íntimo para compartilhar idéias e desenvolver interesses comuns. Apesar do elevado padrão exigido para afiliação, relativo a anos de ensino e experiência clínica, e do interesse em continuar pequena, a quantidade de associados da AFTA dobrou desde 1983, de 500 para mais de mil. A AFTA é um agrupamento de especialistas de alto nível concentrado em sua conferência anual e seu boletim informativo. Para mais informações, entre em contato com a AFTA, 1608 20th Street, NW, 4th Floor, Washington, DC 20009; telefone: 202-483-8002; *website*: www.afta.org.

A International Family Therapy Association (IFTA) foi iniciada em 1987, como uma maneira de conectar terapeutas familiares do mundo todo. A cada ano, a IFTA organiza o World Family Therapy Congress em um país diferente. Até o momento, os países que sediaram o congresso incluem Finlândia, Grécia, Holanda, Irlanda, Israel, Hungria, México, Polônia, Alemanha, Estados Unidos, Noruega, Brasil e Eslovênia. Além disso, a IFTA publica, bianualmente, *The International Connection*. O jornal oficial da IFTA é o *Journal of Family Psychotherapy*. Para entrar em contato com a IFTA, procure o Family Studies Center, Purdue University Calumet, Hammond, IN 46323; telefone: 219-989-2541; *website*: www.ifta-familytherapy.org.

CONFERÊNCIAS

Além das múltiplas oficinas ou conferências organizadas privadamente ou por sedes locais da AAMFT, existem quatro encontros nacionais mais importantes. O maior é a conferência anual da AAMFT, no mês de outubro. Com mais de 200 apresentações sobre vários tópicos de terapia familiar a escolher, sempre atende aos interesses de todos.

O segundo evento maior é o Family Therapy Network Symposium, realizado no mês de março em Washington, DC. Organizado pela revista *Family Therapy Networker* (descrita adiante), todos os palestrantes são convidados, de modo que a qualidade nas 80 oficinas está garantida. O simpósio sempre tem um tema, e os palestrantes convidados para o plenário geralmente são famosos por trabalhos realizados fora do campo da terapia familiar. Para informações, telefone para 202-829-2452.

O encontro anual da AFTA tem um tom deliberadamente diverso do de outras conferências. Devido ao seu pequeno tamanho (habitualmente cerca de 300 participantes – não é aberto a não-sócios), é o único lugar onde os líderes do campo podem se reunir em um ambiente relativamente informal para discutir idéias. Em vez de oficinas, o encontro é organizado em torno de grupos de interesse e breves apresentações, com o objetivo de promover diálogo e debates.

A outra conferência em que muitos terapeutas familiares podem ser encontrados não é dedicada apenas à terapia familiar. A American Orthopsychiatric Association é uma organização multidisciplinar cuja conferência anual geralmente inclui uma porcentagem considerável de apresentações sobre terapia familiar e questões de interesse para terapeutas de orientação sistêmica.

PUBLICAÇÕES

O primeiro livro inteiramente dedicado ao diagnóstico e ao tratamento de famílias foi *Psychodynamics of family life*, de Nathan Ackerman, publicado em 1958. O primeiro jornal do campo, *Family process*, foi fundado em

1961. Desde essas primeiras publicações, a literatura sobre terapia familiar tem proliferado a ponto de ser virtualmente impossível acompanhar tudo. Contamos mais de 20 jornais ou boletins dedicados a algum aspecto da terapia familiar publicados nos Estados Unidos, com muitos outros países publicando seus próprios jornais. O número de livros é igualmente esmagador, de modo que sugerimos aos leitores o Apêndice A, *Leituras Recomendadas*, como guia seletivo de alguns dos livros e artigos mais úteis do campo. A seguir, descrevemos alguns dos maiores periódicos.

O *Family Process* continua a exercer uma poderosa influência sobre o campo. Muitos dos debates e desenvolvimentos descritos em capítulos anteriores deste livro apareceram primeiro em suas páginas. Fundado em 1961 por Don Jackson e Nathan Ackerman, seus editores incluíram Jay Haley, Don Bloch, Carlos Sluzki, Peter Steinglass e Carol Anderson. O *Journal of Marital and Family Therapy* também é muito influente e, como jornal oficial da AAMFT, tem um grande número de leitores. Sob a editoria de Alan Gurman durante a década de 1980 e de Douglas Sprenkle e Froma Walsh na década de 1990, ampliou seu foco na pesquisa e melhorou seus padrões. O editor atual, Ronald J. Chenail, está equilibrando os focos na pesquisa e na clínica.

A *Psychotherapy Networker*, uma revista dedicada a questões relacionadas à terapia familiar e à psicoterapia em geral, também é muito influente. Seu grande número de leitores (mais de 70 mil) foi conquistado por assuntos provocativos e por um texto de alta qualidade. Rich Simon transformou o que começou como um pequeno boletim na publicação sobre psicoterapia mais lida e, ao fazer isso, apresentou muitas das idéias da terapia familiar a terapeutas de todo o país. Em 1993, a *Networker* ganhou o American Magazine Award como destaque, a maior honra possível para uma revista.

Há muitos outros jornais bem-estabelecidos que, como o *Family Process* e o *Journal of Marital and Family Therapy*, dedicam-se a assuntos gerais no campo. Incluem o *American Journal of Family Therapy, Journal of Family Psychotherapy, International Journal of Family Therapy, Contemporary Family Therapy* e *Family Therapy Collections*. Além disso, surgiram alguns jornais especializados. Por exemplo, conhecido como *Journal of Systemic Therapies* (anteriormente o *Journal of Strategic and Systemic Therapies*) é amplamente lido por terapeutas que usam esses adjetivos para descrever a si mesmos, enquanto os terapeutas sistêmicos bowenianos lêem o *Family Systems*, e aqueles interessados no trabalho de Michael White assinam o *Dulwich Centre Review* e o *Family Therapy Case Studies*.

A troca de idéias da terapia familiar com outros campos é representada pelo *Families, Systems, and Health*, jornal dedicado à colaboração entre medicina e terapia familiar; pelo *Journal of Family Psychology*, publicado por uma divisão da American Psychological Association, e pelo *Feminism and Family Therapy*, que reflete a crescente influência do pensamento feminista no campo.

As notícias e a síntese de desenvolvimentos importantes no campo são transmitidas pelo boletim da AAMFT, pelo *Family Therapy News*, e pelo *Brown University Family Therapy Newsletter*. Aqueles interessados no ramo da sociologia chamado estudos da família têm muito em comum com os terapeutas familiares e lêem o *Family Relations* e o *Journal of Marriage and the Family*.

LICENCIAMENTO

Quarenta e oito estados atualmente regulam as MFTs, e muitos outros estão considerando diplomas de certificação. Os requerimentos de licenciamento da maioria dos estados são comparáveis aos padrões de associação clínica no AAMFT. Requerimentos comuns incluem graduação em curso reconhecido de terapia de casal e de família, dois anos de experiência clínica supervisionada como pós-graduação e aprovação em exame estadual ou nacional para MFTs, organizado pelo Association of Marital and Family Therapy Regulatory Board.

CENTROS DE FORMAÇÃO

Conforme já discutido, a terapia familiar desenvolveu-se primariamente fora da academia. Entretanto, existem alguns programas de doutorado e um grande número de cursos de mestrado especializados em terapia de casal e de família em universidades de todo o país. A American Association for Marriage and Family Therapy reconhece 75 programas de graduação e pós-graduação. Uma vez que não conhecemos nenhuma lista comparável dos maiores centros de formação não-acadêmicos, descreveremos alguns dos mais conhecidos dos Estados Unidos. Embora existam outros centros importantes no mundo todo, o nosso espaço é limitado demais para listá-los. Os leitores talvez percebam que a maioria dos centros de formação descritos está no nordeste do país, onde a terapia familiar tem raízes mais fortes. Começaremos por aqui e depois iremos para o oeste.

O Family Institute of Cambridge, em Massachusetts, foi fundado em 1976. Agora localizado em Watertown, ele é um centro de treinamento e pesquisa em teoria sistêmica aplicada, que não visa ao lucro. O corpo docente inclui terapeutas notáveis como Michele Bograd, Laura Chasin, Richard Chasin, Terry Real, Kathy Weingarten e Sallyann Roth. O instituto oferece quatro seqüências de treinamento:

1. abordagens narrativas;
2. teoria dos sistemas familiares;
3. terapia de casal;
4. processo de grupo feminino.

O instituto também oferece uma grande variedade de cursos de curta e longa duração, supervisão em grupo e conferências, e tem uma verba de remuneração para a pesquisa de alunos. Para mais informações, entre em contato com Suzanne Bourque, 51 Kondazian Street, Watertown, MA 02172.

O Kantor Family Institute, em Somerville, Massachusetts, foi fundado por David Kantor, depois que saiu do Family Institute of Cambridge em 1980, e é informado por seu modelo estrutural/analítico de terapia, assim como por influências psicodinâmicas e outras influências de terapia familiar. Este instituto oferece uma seqüência de três programas de treinamento de um ano que estão relacionados, mas podem ser cursados independentemente. Também oferece um programa especializado no tratamento de casal e em consultoria organizacional, assim como vários cursos como estágio, internato e outros. Para mais informações, entre em contato com Ulrike Dettling, Kantor Family Institute, 7 Sheppard Street, Cambridge, MA 02138.

O Minuchin Center for the Family é uma instituição de formação particular, pequena, na cidade de Nova York, fundada em 1981 por Salvador Minuchin. O corpo docente também inclui David Greenan, Richard Holm e Wai-Yung Lee. São planejados programas especiais para treinamento no local e consultas com agências que trabalham com famílias pobres, adoção, abuso de substâncias, pessoas sem-teto e crianças em instituições psiquiátricas. O programa de treinamento externo de um ano de duração é em três níveis: iniciantes, mais experientes, administradores e supervisores. A orientação enfatiza a terapia familiar estrutural, mas tem sido influenciada pelo feminismo e pelo multiculturalismo. Informações podem ser obtidas com David Greenan, 114 East 32nd Street, 4th Floor, New York, NY 10016.

O Ackerman Institute for the Family, na cidade de Nova York, foi fundado como o Family Institute por Nathan Ackerman em 1960. Após a sua morte, em 1971, o centro foi renomeado em sua homenagem, e Donald Bloch assumiu a direção, sendo sucedido por Peter Steinglass. Além de Steinglass, o instituto conta com terapeutas familiares e teóricos muito conhecidos, como Peggy Papp, Jorge Colapinto, Márcia Sheinberg e Peter Fraenkel. O instituto oferece treinamento em terapia familiar sistêmica. Oferta um programa de externato clínico de dois anos para terapeutas familiares mais experientes e oficinas durante o ano todo. Para maiores informações, entre em contato com Márcia Sheinberg, Director of Training and Clinical Services, 149 East 78th Street, New York, NY 10021.

O Family Institute of Westchester é dirigido por Elliott Rosen. O instituto ensina a abordagem multicontextual, que inclui aspectos das técnicas estruturais e estratégicas e baseia-se no modelo boweniano. Funciona desde 1977 e é conhecido principalmente por seu programa de treinamento, que em geral leva dois anos para ser concluído. Também há um programa avançado de dois anos com encontros semanais. São oferecidos programas de treinamento especializado em terapia familiar multicultural e terapia com casais de *gays* e lésbicas e famílias. Informações adicionais com Pat Colluci-Coritt, Director of Training, Family Institute of Westchester, 600 Mamaroneck Avenue, Suite #303, Harrison, NY 10528.

O Center for Family Learning em Rye Brook, Nova York, foi fundado em 1973 por Philip Guerin, que estudou com Murray Bowen. O centro mantém, há trinta anos, uma missão tripla: o desenvolvimento de modelos familiares sistêmicos de intervenção clínica, cursos de pós-graduação nesses modelos e educação da comunidade por meios de encontros públicos e televisão a cabo. O treinamento de pós-graduação é adaptado às necessidades educacionais específicas de indivíduos, grupos e organizações. Para informações adicionais, entre em contato com Patricia Schmolling, Administrator, 14 Rye Ridge Plaza, Rye Brook, NY 10573; telefone: 914-253-9190 ou e-mail: PJGuerin M.D. @AOL.com.

O Family Therapy Training Program at the University of Rochester foi estabelecido em 1983 por Judith Landau-Stanton e M. Duncan Staton. Este programa ensina o Modelo de Rochester, uma integração das abordagens estrutural, estratégica, transgeracional, experiencial e ecossistêmica, em uma série de externatos e seminários. Áreas especiais de interesse são a transição cultural e a terapia familiar médica. O corpo docente inclui Lyman Wynne, Susan McDaniel, David Seaburn e os fundadores. Para mais informações, entre em contato com Pieter le Roux, Director, Family Therapy Training Program, Department of Psychiatry, University of Rochester, 300 Crittenden Boulevard, Rochester, NY 14642-8409.

O Multicultural Family Institute foi fundado em 1991 por sua diretora, Monica McGoldrick, e por Nydia Garcia Preto. Seu compromisso é com treinamento, pesquisa e serviços em apoio à diversidade cultural e à capacitação das vozes que a nossa sociedade silencia. Além de um programa reconhecido de dois anos e de uma conferência anual, o instituto oferece diversas oficinas, palestras para a comunidade e consultas a escolas e outras organizações. Há bolsas de estudo para as minorias. O corpo docente inclui outros terapeutas notáveis como Rhea Almeida, Paulette Moore Hines, Eliana Gil e Charlesetta Sutton. Para mais informações, entre em contato com Mônica McGoldrick, 328 Denison Street, Highland Park, NJ 08904.

O Georgetown Family Center, localizado em Washington, DC, existe para aperfeiçoar, testar, ampliar e definir a teoria sistêmica de Bowen. Murray Bowen fundou e dirigiu este centro até a sua morte, em 1990. Michael Kerr, Daniel V. Papero e Ruth Riley Sagar constituem o atual Conselho Diretor. Os programas de treinamento incluem um curso semanal de pós-graduação e um programa especial para pessoas de fora da cidade que se reúnem durante três dias consecutivos, quatro vezes por ano. Outras oportunidades de aprendizagem incluem a Clinical Conferences Series, uma atividade mensal, e o Main Symposium, anual. Descrições desses programas estão disponíveis em Georgetown Family Center, 4400 MacArthur Boulevard NW, Suite 103, Washington, DC 20007.

O Family Therapy Practice Center of Washington, DC, foi fundado em 1980 por Marianne Walters, depois que ela deixou a Philadelphia Child Guidance Clinic. O centro tem uma base de terapia familiar estrutural e oferece um externato de pós-graduação. Além disso, desenvolve programas para lidar com populações em risco e modificar estruturas familiares, como seus projetos de cuidados para adolescentes, assistência na violência familiar e jovens que fogem de casa/grupos familiares múltiplos. Para mais informações, entre em contato com o Director of Training, 2153 Newport Place NW, Washington, DC 20037.

O Philadelphia Child and Family Therapy Training Center foi criado na década de 1990 para dar continuidade a programas de treinamento previamente conduzidos no famoso Philadelphia Child Guidance Center. A maioria do corpo docente lecionava no antigo instituto e trabalhava lá com Salvador Minuchin quando ele desenvolveu a terapia familiar estrutural. Esse corpo docente inclui excelentes terapeutas estruturais: Marion Lindblad-Goldberg, Ann Itzkowitz, Iolie Walbridge e C. Wayne Jones. O centro tem um programa de dois anos de pós-graduação, reconhecido pelo COAMFTE, um estágio de verão de três semanas, cursos por correspondência aprovados pela

AAMFT e um curso de supervisão de supervisão também aprovado pela AAMFT. Professores itinerantes dão cursos em agências e instituições do país e no exterior. O centro é conhecido por sua assistência de saúde mental em casa e pela formação nesta área. Para mais informações, entre em contato com Marion Lindblad-Godberg, Director, Philadelphia Child and Family Therapy Training Center, Inc., P.O., Box 4092, Philadelphia, PA 19118-8092.

O Brief Family Therapy Center (BFTC) de Milwaukee é conhecido por sua especialização em pesquisa, formação e prática clínica da terapia breve focada na solução. O BFTC oferece treinamento de curto e longo prazo em terapia focada na solução, atraindo profissionais da América do Norte, Europa e Ásia. A equipe inclui Steve de Shazer e Insoo Kim Berg, que já apresentaram oficinas e seminários em mais de 30 países e têm escrito extensivamente sobre a terapia focada na solução. Para mais informações, entre em contato com Brief Family Therapy Center, P.O. Box 13736, Milwaukee, WI 53213.

O Family Institute da Northwestern University (antigamente de Chicago) foi fundado em 1968, por Charles Kramer, para oferecer treinamento, pesquisa e serviços clínicos. William Pinsog é o presidente do instituto, que provavelmente tem o maior corpo docente em tempo integral do país, incluindo terapeutas familiares notáveis como Douglas Breulin, Cheryl Rampage e Jay Lebow. Oferece uma variedade de programas de treinamento fundamentados em uma abordagem integrativa de múltiplos níveis. Elementos da abordagem incluem terapia integrativa centrada no problema, perspectiva metaestrutural, modelo de sistema familiar interno e multiculturalismo. Oferece um programa de dois anos reconhecido pela AAMFT, um programa de mestrado em terapia de casal e de família filiado à Northwestern University, um estágio de prática clínica de um ano, um internato de psicologia, um pós-doutorado e uma variedade de cursos, consultorias e oficinas de educação continuada. Em 1994, o instituto abriu uma nova e ampla filial em Evanston, Illinois. Para mais informações, entre em contato com The Family Institute, Bette D. Harris Center, 618 Library Place, Evanston, IL 60201.

O Chicago Center for Family Health (CCFH) foi criado em 1991 pelos co-diretores John Rolland e Froma Walsh. Filiado à Universidade de Chicago, sua orientação integra a teoria sistêmica com estrutura multigeracional de ciclo de vida familiar. Além de formação geral em terapia familiar, o CCFH oferece treinamento especializado em terapia de casal, parcerias com escolas, mediação de divórcio, e assistência de saúde orientada para a família. Os programas de formação incluem cursos de um e dois anos reconhecidos, oficinas e grupos de consultoria. O corpo docente inclui outros excelentes terapeutas familiares como Gene Combs, Jill Freedman e Tom Todd. Para mais informações, entre em contato com CCFH, 35 East Wacker Drive, Chicago, IL 60601.

O Houston Galveston Institute, organização beneficente privada, foi fundado em 1977 por Harlene Anderson e pelo falecido Harry Goolishian. A orientação do instituto é uma "abordagem colaborativa da linguagem dos sistemas", que enfatiza a abertura, o compartilhar de experiências clínicas, consultoria de vida e observação do trabalho do corpo docente. Os programas incluem

1. residenciais (*comunidades*, internatos e estágios);
2. programas externos (externatos, seminários, supervisão e oficinas);
3. programas de estudo para visitantes internacionais.

Para mais informações, entre em contato com Susan Levin, 3316 Mount Vernon, Houston, TX 77006.

O Mental Research Institute (MRI), em Palo Alto, Califórnia, foi fundado em 1969 pelo falecido Don Jackson e é considerado um dos locais de nascimento da terapia familiar. O MRI é mais conhecido por sua abordagem de terapia breve com famílias. Seu corpo docente inclui nomes famosos como Paul Watzlawick, Richard Fish e Arthur Bodin. O MRI oferece ampla variedade de programas de treinamento, incluindo oficinas, seminários continuados, programas residenciais de quatro ou seis semanas e programas em terapia breve ou na abordagem de Michael White. Também começou recentemente um programa para formação *on-site*. Para mais informações, entre em contato com Director of Training, 555 Middlefield Road, Palo Alto, CA 94301.

Índice onomástico

Abikoff, H. B., 396-397
Abramovici, H., 271
Abramowitz, A., 396-397
Ackerman, N. W., 35-36, 43-44, 49-56, 60-62, 157-160, 181-182, 225-226, 231, 235-236, 241-245
Addis, M. E., 409-411
Adler, A., 33-35, 133-134
Agras, W. S., 409-410
Ahola, T., 319
Ahrons, C., 293
Ainsworth, M. D. S., 110-112
Alberga, L. R., 403-405
Alden, L. S., 221-222, 414
Alexander, J. F., 175-177, 255-256, 261-262, 272-273, 361-362, 394-395, 397-398, 413, 415-419
Allen-Eckert, H., 415, 417
Allport, G., 302
Altus, D., 403
Anastopoulos, A. D., 202-203
Andersen, T., 175-176, 286-287, 312-313
Anderson, C. M., 96-97, 293, 304-308, 312-313, 361-362, 367, 379-380
Anderson, H., 107-109, 286-287, 312-313, 336-337, 382, 385-386
Anderson, W. T., 283-284
Andes, F., 394-395, 398-399
Andolfi, M., 55-56, 192-193
Andreas, S., 213-214
Andrews, D. W., 396-398
Andrews, J., 400-401
Aponte, H., 36-37, 181-182, 298-299, 381-382
Arencibia-Mireles, O., 402-403
Arend, R., 111-112
Armistead, L., 395-396
Arnold, C. M., 258-259
Arrington, A., 258-259
Asen, E., 409-410
Ashby, R., 102-104
Askeland, E., 396-397
Atkins, D. C., 408-411
Atkinson, J. M., 304-305
Attneave, C. A., 53-54, 71-73, 97-98
Auerswald, D., 181-182
Austin, A. M., 403-404

Avis, J. M., 90-92, 284-285, 288-289, 312-313
Axelson, D. A., 399-403, 406-407
Ayoub, C. C., 413
Aziz, N. H., 406-407
Azrin, N. H., 253-254, 262-264, 403-405

Backer, T. E., 406-409
Baer, D. M., 257
Bailey, C. E., 394-397, 401-402
Bailey, E., 293
Baker, L., 189-190, 201-203, 363-364, 382-383, 408-409
Baldarin, L. M., 55-56
Baldwin, B. A., 264-266
Baldwin, M., 212-216, 222-223
Bales, R. F., 40-41
Bamrah, J., 406-408
Bandstra, E., 403-405
Bandura, A., 249-250, 257
Bank, L., 395-397
Barber, J. G., 403
Bardhill, D. R., 36-37
Barkley, R. A., 202-203, 396-397
Barnhill, L. R., 233-234
Barrett, K., 403-404
Barrett, M. J., 93-95, 97-98, 288-289, 293
Barrett, P. M., 399-402
Barrowclough, C., 406-408
Barth, R., 293
Barton, C., 255-256, 272-273
Baruth, L. G., 268-269
Bass, D., 397-398
Bateson, G., 37-39, 58-60, 65-67, 69-70, 75-77, 101-104, 113-114, 123-124, 157, 159-160, 335-336, 375-376
Baucom, D. H., 255-256, 270, 399-412, 419
Baugher, M., 399-400
Beach, S. R. H., 401-402, 410-411
Beatman, F., 35-36
Beavers, W., 293
Beavin, J. H., 47-48, 97-98, 104-105, 157-160, 162-163, 178-179
Beck, A. T., 249-250, 255-256, 265-267
Becker, D., 403-404
Beels, C., 55-56, 66-67

Behrens, B. C., 410-411
Bell, J. E., 43-44, 56, 59-61, 65-66, 69-71, 96-97
Bell, N. W., 61-62, 116, 232, 380-381
Bellack, A. S., 406-408
Bennett, L., 293
Bentovim, A., 94-95, 226-227, 236-237
Bepko, C., 312-313
Beresford, C., 399-403, 406-407
Berg, I. K., 36-37, 319-329
Bergman, A., 229-231, 377-378
Bergman, J., 159-160
Berkowitz, R., 307-308
Berns, S., 410-411
Bertalanffy, L. von, 104-106, 123-124, 347-348
Bertrando, P., 174-175
Bibb, A., 121-122
Bijou, S. W., 255-256
Billingsley, A., 296-297, 297-298
Bing, E., 216, 217
Binswanger, L., 32-33, 206-207
Bion, W. R., 30-32, 65-66, 69-70
Birchler, G. R., 252-253, 255-256, 264-265, 403-406, 418
Birley, J. L. T., 304-305
Birmaher, B., 399-403, 406-407
Bishop, D. S., 55-56, 399-400
Blanck, G., 243-244
Blanck, R., 243-244
Blaske, D. M., 416
Blechman, E. A., 395-396, 398-399
Blehar, M. C., 111-112
Blouin, J., 221-222
Blum, H. P., 231
Boardman, W. K., 248-249
Bodin, A. M., 69-70, 157-158, 165-166
Bograd, M., 90-92, 288-289
Bojean, M., 319-320
Boland, M., 293
Borduin, C. M., 299-300, 302, 362-363, 397-398, 403, 416
Bornstein, M., 272-273
Bornstein, P., 272-273
Borstein, I., 55-56
Boscolo, L., 57-58, 157-159, 161-162, 164-165, 172-179, 385-386
Boss, M., 32-33, 206-207
Boszormenyi-Nagy, I., 43-44, 53-54, 60-61, 88-89, 205-206, 225, 231-235, 243-245
Bowen, M., 40-44, 47-52, 55-62, 110-111, 114-115, 129, 134-135, 139-140, 149-150, 154-155, 225, 232, 352-353, 362-363, 371, 373-379, 382
Bowlby, J., 35-36, 50-51, 65-66, 110-112, 123-124, 207-208, 229-231, 302
Boxer, L., 402-403, 408-409
Boyd, J. L., 307-308, 407-408
Boyd-Franklin, N., 121-123, 288-291, 293, 297-300
Bradbury, T. N., 410-411
Bradley, S., 401-402
Brandes, J. M., 271
Brannigan, R., 403-404

Braverman, L., 36-37
Bray, J. H., 394, 403, 419
Brechman-Toussaint, M., 401-402
Brent, D. A., 399-403, 406-407
Breunlin, D. C., 36-37, 354-355, 367
Brewin, C. R., 406-407
Brickman, A., 395-396
Bridge, J., 399-400
Bright. L., 409-410
Broderick. C. B., 40-43
Brody, F., 270
Brody, G., 399-400
Brody, J. L., 403
Brondino, M. J., 395-398, 403, 417
Brook, D. W., 402-403
Brook, J. S., 402-403
Brooks-Gunn, J., 294
Brothers, B. J., 292-293
Brown, G. W., 304-305
Brown, H. S., 293
Brown, L. S., 299-300
Brown, P. D., 91-92
Bruner, J. S., 338-339, 348-349
Buckley, W., 102-104
Bukstein, O. G., 394-395
Bullock A., 396-397
Bumberry, W. M., 222-223
Burden, S., 130-132, 143-144, 154-155
Burlingham, D.T., 110-111, 225-226
Burton, L. A., 292-293
Butler, W., 321-322, 330-331

Cabray, J. A., 400-401
Cade, B., 319
Calvo, G., 308-309
Campbell, T., 202-203, 307-308
Cano, A., 399-400
Carl, D., 291-292
Carrere, S., 419
Carrington, C., 300-301
Carter, B., 284-285, 352-353
Carter, E., 36-37, 55-56, 116-117, 120-124, 130-131, 134-136, 138-139, 143-150, 151-155
Carter, R., 407-408
Casimir, G. J., 121-122
Catherall, D. R., 240-242
Caughlin, J. P., 399-400
Cecchin, G., 57-58, 157-159, 161-162, 164-165, 172-179, 385-386
Chamberlain, P., 202-203, 416, 419
Chamberlain, R., 398-399
Chambless, D. L., 270
Chamow, L., 96-97, 293
Chang, S.Y., 403
Charnow, L., 293
Chartier, M. R., 308-309
Chassin, L., 399-400
Chatoor, I., 408-409
Chodorow, N., 120-121
Christensen, A., 86-87, 255-256, 258-259, 270-271,

351-352, 359-361, 367, 409-412
Christopher. J., 398-399
Christopherson, E. R., 258-259
Churchill, W., 133-134
Clarke, G. N., 400-401
Clauson, J., 40-41
Clayton, T. L., 399-400
Clingempeel, W. G., 397-398
Cloutier, P., 411-412
Coatsworth, J. D., 202-203, 395-396, 403
Cobbs, P., 298-299
Coffin, W., 308-309
Cohen, R., 202-203, 225-226, 403
Coia, D. A., 304-305
Colahan, M., 409-410
Colapinto, J., 121-122, 182-183, 186-187, 203-204, 293, 375-376
Cole, D. A., 399-400
Collins, N. L., 207-208
Combrinck-Graham, L., 293
Combs, G., 377, 383-384
Combs, J., 336-339, 348-349
Cone, L., 397-398, 403
Conger, R., 399-400
Connolly, J., 408-409
Cordova, J., 409-411
Cornelison, A., 39-41, 61-62, 233
Corsiglia, V., 329-330
Cose, E., 298-299
Coyne, J. C., 399-400
Cozzi, J. J., 419-420
Craighead, W. E., 399-403, 406-407
Crane, D. R., 307-308, 394-395
Crilly, J., 407-408
Crits-Christoph, P., 270
Croake, J. W., 407-408
Crohn, H., 293
Cronkite, R. C., 401-402
Crothers, J., 402-403, 408-409
Crouch, J. L., 395-398, 403
Crowe, M., 249-250, 271, 272
Crowley, M., 395-396
Crum, T., 403
Cumsille, P. E., 399-400

Dadds, M. R., 273-274, 394-395, 399-402
Daiuto, A. D., 402-403, 405-406, 408-412, 419
Dakor, G. A., 403-405, 414-417
Daley, D., 396-397
Daneman, D., 408-409
Dare, C., 408-410
Darling, R. B., 293
Dattilio, F. M., 249-250, 253-256, 265-270, 272-273, 293, 392
Dauber, S., 416
Davidson, G. N. S., 411-412
Davidson, M., 104-106, 123-124
Davidson, N., 257, 271, 272-273
Davis, R., 408-409
Day, J., 40-41, 61-62, 225-226, 233-234

Dean, L., 299-300
DeCato, L. A., 403
De Jong, P., 326-328
Dell, P. F., 106-107, 123-124
DeLucia, C., 399-400
Derks, J., 319-320
Dermen, K. H., 405-406
Derrida, J., 338n
DeRubeis, R. J., 266-267
de Shazar, S., 36-37, 319-327, 329, 332-333, 382, 389-391
Diamond, G. M., 399-401, 405-406, 413-415
Diamond, G. S., 399-401, 403-404, 413-415, 418-419
Diamond, J., 348-349
Dickerson, V. C., 336-337, 343-345, 348-349
Dicks, H. V., 42-43, 225-226, 231, 233-234, 244-245, 255-256
Dishion, T. J., 270, 396-398, 402-403
Dixon, L., 407-408
Doane, J. A., 406-407
Dobson, K., 401-402
Doherty, W. J., 87-88, 255-256, 292-293, 307-308, 312-313
Dolan, Y., 319-321, 328, 329
Doleys, D. M., 258-259
Donohue, B., 403
Donovan, C., 401-402
Donovan, J. M., 293
Dore, M. M., 303, 303n
Dorgan, P., 157-159
Downey, G., 399-400
Dreikurs, R., 34-35
Dreschler, L., 202-203
Dryden, W., 249-250, 265-269, 272-273
DuBrin, J., 221-222
Duda, K., 406-407
Duhl, B. S., 55-56, 209-210, 216, 221-223, 361-362
Duhl, F. J., 55-56, 209-210, 216, 221-223, 361-362
Duncan, B., 319-322, 329-330, 332-333
Duncan, G. J., 294
Duncan, T., 395-396
Dunn, R. L., 409-411
Duquette, J. A., 402-403
Dushay, R., 407-408
Duvall, E., 116-117

Easterbrook, M. A., 111-112
Eberlein-Vries, R., 307-308
Edelson, E., 90-92
Edwards, G., 396-397
Edwards, M. E., 403-404
Efran, J. S., 107-108, 329-330
Efron, D., 329-331
Ehrenreich, B., 291-292
Eisler, I., 408-409
Elder, G. H., 399-400
Eldridge, K., 409-411
Elizur, J., 185-186, 293
Elkin, M., 293
Ellis, A., 249-250, 255-256, 266-267
Ellman, B., 284-286
Elton, A., 94-95

Emery, G., 266-267
Emery, R., 293
Engel, T., 293
Epstein, E. E., 405-406
Epstein, N. B., 55-56, 226-227, 249-250, 255-256, 265-270, 272-273, 399-400, 409-411
Epston, D., 119-121, 283, 293, 335-337, 344-349, 377, 385-386
Erickson, M., 46-47, 57-60, 70-71, 75-76, 157-158, 161-162, 320-321
Erikson, E., 225-226
Erley, A. M., 419
Eron, J., 159-160, 348-349, 351-352, 355-358, 367
Espelage, D. L., 408-409
Esterson, A., 207n, 222-223
Estrada, A. U., 395-396, 419
Eth, S., 402-403, 408-409
Evans, J. R., 304-305

Fairbairn, R., 228-230
Falco, M., 403-404
Falicov, C. J., 121-122, 288-289, 293
Fallon, P., 293
Falloon, I. R. H., 248-250, 254-256, 271-273, 304-308, 407-408
Fals-Stewart, W., 394, 403-406, 418, 419
Fauber, R., 399-400
Fay, L. F., 130-132, 143-144, 154-155
Feaster, D. J., 403
Feehan, M., 405-406
Feeney, J. A., 111-112
Fehm-Wolfsdorf, G., 409-410
Felder, R., 52-53, 205-206, 209-210
Feldman, C. M., 91-92
Feldman, L., 361-362
Feldman, R., 176-177
Fellenberg, S., 415
Ferber, A., 55-56, 66-67
Ferreira, A., 233-234
Ferster, C. B., 252-253
Festinger, D. S., 404-405
Fields, J. M., 136-137
Figley, C., 293
Fincham, F. K., 410-411
Fine, M, A., 267-269
Firman, G., 408-409
Fisch, R., 56-57, 69-70, 157-158, 160-162, 165-166, 168-169, 176-179
Fisher, S., 29-30
Fishman, H. C., 54-55, 96-97, 181-183, 203-204, 292-293, 394-395, 398-399
Fitzgerald, H. E., 396-397
Fleck, S., 39-41, 61-62, 233
Fletcher, K. E., 202-203, 396-397
Flomenhaft, K., 176-177
Flores de Apodaca, R., 406-407
Foerster, H. von, 106-107
Fogarty, G. E., 293, 307-308
Fogarty, T. F., 55-56, 129-132, 144-152, 154-155
Follette, W. C., 272

Fong, E., 415, 417
Foote, F. H., 395-396
Ford, C. L., 221-222, 414
Forehand, R., 249-250, 258-259, 395-400
Forgatch, M. S., 257, 261-262, 270, 396-397
Foucault, M., 283-285, 335-339
Fowers, B., 312-313
Foy, D. W., Jr., 402-403, 408-409
Fraenkel, P., 94-96
Framo, J. L., 232
Frank, E., 270
Freedman, J., 336-339, 347-349, 377, 383-384
Freeman, H., 406-408
Freeman, J., 293, 336-337
Freeman, W. B., 304-305
French, M. T., 403-404
Freud, A., 110-111
Freud, S., 24-25, 33-34, 36-37, 42-43, 49-50, 60-61, 65-66, 76-77, 139-142, 153-154, 225-226, 228-229, 231-233, 336-338
Friedlander, M. L., 413-414, 417, 419
Friedman, S., 327n, 328
Friedrich, W., 293
Friesen, B. J., 302
Fristad, M. A., 399-401
Fromm, E., 225-226
Fromm-Reichmann, F., 34-37
Fruzzetti, A. E., 401-402
Fry, W., 37-38, 157-158
Fucci, B. R., 397-398, 403
Fuchs, K., 271
Furman, B., 319
Furniss, T., 94-95

Gambescia, N., 268-270, 272
Garfield, R., 413
Garrett, J., 404-405
Garvey, K. A., 404-405
Gavazzi, S., 400-401
Geddes, M., 216
Gehrke, S., 208-209
Geist, R., 408-409
Geller, J., 408-409
Genijovich, E., 182-183
George, E. L., 399-403, 406-407
Gergen, K. J., 109-110, 287-288, 312-313
Gerson, R., 128n, 152-153
Gilderman, A. M., 307-308
Gilligan, S., 348-349
Ginsberg, B. G., 307-309
Ginsburg, S. W., 34-35
Giordano, J., 71-72, 87-88, 134-135, 288-289, 293, 312-313
Gitlin, M. J., 406-407
Glanville, D. N., 398-399
Glaser, R. R., 394, 419-420
Glick, I. D., 407-408
Glynn, S. M., 304-305, 402-403
Godley, S. H., 418-419
Goffman, E., 335-336

Goldberg-Arnold, J., 400-401
Goldman, A., 409-412
Goldman Sher, T., 399-402
Goldner, V., 80-81, 90, 91, 91n, 92-93, 284-286, 288-289, 312-313, 351-352, 363-365, 367, 377
Goldstein, M. J., 293, 304-305, 400-403, 406-407
Gómez, L. C., 394-419
Gondolf, E. W., 90-92
Goodrich, T. J., 284-285, 312-313
Goolishian, H. A., 71-72, 96-97, 107-109, 286-287, 312-313, 336-337, 385-386
Gordon, S. B., 257, 271-273
Gottman, J. M., 111-112, 250-251, 264-265, 419
Gowers, S., 403, 408-409
Grady-Fletcher, A., 409-411
Grauf-Grounds, C., 96-97, 293
Gray, J., 408-409
Graziano, A., 249-250
Grazyk, P. A., 400-401
Green, R. J., 290-293, 299-302, 312-313
Greenan, D. E., 182-183, 293, 300-302, 312-313
Greenbaum, P., 403-404
Greenberg, G. S., 61-62
Greenberg, L. S., 205-208, 218-219, 222-223, 361-362, 409-412, 414
Greenson, R. R., 235
Greenstein, S., 181-182
Grief, G., 202-203
Grier, W., 298-299
Gritzer, P. H., 71-72
Gross, S.J., 234-235, 254-255
Groth,T., 409-410
Grunebaum, H., 226-227
Grunebaum, J., 232
Guerin, K., 131-132
Guerin, P. J., 43-44, 55-56, 80-81, 129-132, 143-155
Guerney, B. G., Jr., 54-55, 181-182, 289-290, 307-308
Guevremont, D., 202-203
Guntrip, H., 228-229, 233
Gurman, A. S., 43-44, 263n, 271-272, 361-363, 392, 394, 403-404, 409-410, 419

Hadz-Pavlovic, D., 406-407
Hahlweg, K., 406-407, 409-410
Haley, J., 37-40, 42-44, 46-47, 54-62, 65-66, 70-76, 96-97, 110-111, 123-124, 157, 167-173, 176-182, 292-293, 372, 381-383, 392
Halford, W. K., 410-411
Hall, J. A., 397-398, 403
Halliday-Boykins, C. A., 396-399
Halstead, K., 284-285
Hammond, M., 397-398
Hampson, R., 293
Hansen, J. C., 293
Hansen, M., 90-92
Hardy, K., 288-290
Hare-Mustin, R., 284-286, 286n, 312-313, 377
Harlow, H., 110-111
Hartshorne, E., 42-43
Hawkins, R. P., 255-256

Hawley, D. R., 394-395
Hazan, C., 111-112
Healy, W., 34-35
Heath, A. W., 403-404
Heatherington, L., 403-404, 413-414, 417, 419
Heidenreich, J., 400-401
Heiman, J. R., 271-272
Heims, S., 101-102
Heinmaa, M., 408-409
Held, B. S., 107-108, 312-313
Henderson, C. E., 403-404
Hendrickx, J. J. P., 408-409
Henggeler, S. W., 299-300, 302, 362-363, 395-399, 403, 416, 417
Henry, D. B., 400-401
Hepworth, J., 293, 307-308, 312-313
Herman, P. C., 408-409
Hervis, O., 202-203, 395-396, 403
Herz, F., 149-150
Hickman, M. E., 264-266
Hiebert, W. J., 308-309
Hildebrand, J., 94-95
Hill, D. W., 258-259
Hill, R., 116-117, 298-299
Hines, P. M., 297-298
Hinrichsen, G. A., 399-400
Hinton, W. J., 395-399
Hirsch, S. I., 40-41, 61-62, 225-226, 233-234
Hobbs, S. A., 258-259
Hoch, Z., 271
Hoffman, L., 36-37, 47-48, 61-62, 67-69, 96-97, 105-107, 123-124, 157-160, 172-175, 286-287, 312, 374-375, 385-386
Hogan, D. R., 271
Hogarty, B., 312-313
Hogarty, G., 304-308
Hogue, A., 403-404, 413-414, 416-417
Holder, D., 399-400
Holland, D. E., 401-402
Holland, L., 395-396
Hollinsworth, T., 397-398
Holtzworth-Munroe, A., 93-94, 401-406, 413, 419
Hooley, J. M., 399-400
Hops, H., 252-253, 262-266, 401-402
Horigian, V. E., 403
Hornby, H., 407-408
Horvath, A. O., 411-413
Houts, R. M., 399-400
Howard, M. O., 403
Howells, J. G., 55-56
Hoyt, D. R., 399-400
Hoza, B., 396-397
Hubble, M., 319, 321-322, 329-330, 332-333
Huber, C. H., 268-269
Huck, S., 399-400
Hudson, P., 319
Huey, S. J., 417
Humphrey, L. L., 398-399, 408-409
Hunsley, J., 218-222
Huston, T. L., 399-400

Hwang, S., 402-403

Imber-Black, E., 293, 375-376
Imm, P. S., 402-406
Ingoldsby, B., 288-289
Irwin, E., 216, 217
Isaac, J., 250-251
Isaacs, L., 399-401
Isay, R. A., 302
Iyengar, S., 399-400

Jackson, D. D., 29-30, 37-39, 42-51, 54-62, 65-76, 96-98, 104-105, 116, 157-165, 177-179, 205-206, 225, 265-266, 371, 373, 378-379
Jackson-Gilfort, A., 414
Jacobson, E., 225-226, 232
Jacobson, N. S., 43-44, 86-87, 250-252, 262, 263, 263n, 264-266, 270-274, 351-352, 359-361, 367, 401-406, 409-411
James, K., 284-285
Jameson, P. B., 413, 419
Jean-Gilles, M., 202-203
Jenkins, J. H., 406-407
Joanning, H., 403
Johnson, A. M., 34-35, 225-226
Johnson, B. A., 399-400, 413, 414
Johnson, D. L., 406-407
Johnson, G., 418
Johnson, L.B., 101-103
Johnson, S. M., 110-112, 205-208, 217-223, 361-362, 405-406, 410-412
Johnson,T., 292-293
Johnson, V. E., 248-249, 268-270, 272-274
Johnson, W. E., 294
Johnson-Leckrone, J., 403-404
Johnson-Sabine, E., 408-409
Jones, M. C., 248
Jones, R., 253-254, 262-264
Jones, S., 304-305
Jordan, J., 300-301
Jordan, P. L., 308-309
Josephson, A. M., 394-397, 408-409

Kagan, R., 375-376
Kahn, M., 293
Kaiser, A., 409-410
Kanfer, F. H., 258
Kant, I., 106-107
Kantor, D., 55-56, 216, 222-223
Kaplan, A., 300-301
Kaplan, H. S., 268-270, 272-274
Kaplan, M. L., 208-210
Kaplan, N. R., 208-210
Karno, M., 406-407
Karp, J. F., 270
Karrer, B., 288-289
Kaslow, F. W., 43-44, 50-51, 394-395, 399-400
Kaslow, N. J., 398-399
Katz, B., 234-235
Katzman, D. K., 408-409

Katzman, J. W., 408-409
Kautto, J. G., 130-132, 143-144, 154-155
Kavanagh, K., 402-403
Kazdin, A. E., 395-398
Keim, J., 157-159, 170-173, 178-179
Keith, D. V., 205-210, 215-216, 222-223
Keith, S. J., 407-408
Keitner, G. I., 399-400
Keller, J., 292-293
Kelley, H. H., 250-251, 378-379
Kelley, M. L., 394, 405-406
Kellner, D., 312-313
Kelly, F. D., 407-408
Kelly, G. A., 106-107
Kelly, J., 293
Kelly, M., 407-408
Kempler, W., 32-33, 209-213, 217-218, 221-222
Kent, G., 418
Keren, M., 292-293
Kerig, P. K., 408-409
Kernberg, O., 230-231
Kerr, M.E., 130-131, 134-135, 139-140, 147-150, 154-155
Kilgore, K., 395-396
Kim, E. Y., 399-403, 406-407
King, C., 181-182
King, M. L., Jr., 22-24
Kinston, W., 226-227, 236-237
Kirby, K. C., 404-405
Kirschenbaum, M., 208-209
Kirschner, D., 244-245, 361-362
Kirschner, S., 244-245, 361-362
Klein, K., 395-396
Klein, M., 225-226, 228-229, 232
Klein, N. C., 397-398
Kleinhaus, M., 271
Kluckhohn, F. R., 42
Kniskern, D. P., 222-223, 263n, 271, 272
Knobloch-Fedders, L. M., 413
Knowlton, R., 394-399
Knox, D., 265-266
Koepke, T., 408-409
Kogan, S., 417
Kohut, H., 227-231, 235-236, 239n
Kolb, D. A., 257
Kolko, D. J., 399-400
Kolpacoff, M., 397-398
Koroloff, N. M., 302
Kotkin, R. A., 396-397
Kramer, C., 55-56
Kramer, J., 55-56
Kratz, K. M., 406-407
Krautter, T. H., 409-410
Kreider, R. M., 136-137
Krestan, J., 291-292, 312-313
Krokoff, L., 250-251, 264-265
Kubicki, A., 319-320
Kuipers, L., 307-308
Kurtines, W. M., 202-203, 395-396, 403
Kwiatkowska, H. Y., 217

La Court, M., 319-320
Laing, R. D., 42, 207n, 208-209, 222-223, 379-380
Laird, J., 291-293, 312-313
Lamb, M. E., 111-112
LaMonaca, V., 404-405
Landau, J., 404-405
Laneri, M., 396-397
Langs, R., 243-244
Langsley, D., 176-177
LaPann, K., 417
LaPerriere, A., 395-396
Lappin, J., 36-37, 170-171, 182-183
Laqueur, H. P., 70-72
Larus, J. M., 401-402
LaSala, M., 292-293, 301-302
Lasch, C., 231
Lattimer, P. J., 403, 408-409
Laurens, K. R., 401-402
Laurent, J., 398-399
Lavee, Y., 403
Laver-Bradbury, C., 396-397
Law, D. D., 307-308, 394-395
Lazarus, A. A., 268-269
Leather, J., 418
Lebow, J. L., 394-395, 399-400, 403-404, 409-410, 419
Leckrone, J., 413
Lederer, W. J., 96-97, 178-179, 265-266
Lee, E., 121-122, 293
Lee, W.Y., 122-123, 182-183, 192-193, 204, 298-299
Leff, J. P., 304-308, 406-407
Lefley, H. P., 406-407
LeGrange, P. D. F., 408-410
Lehr, R., 294
Lemmon, C. R., 408-409
Lentz, C., 395-396
Leong, G. B., 402-403, 408-409
Le Perriere, A., 403
Lerner, H. G., 149-150
Leslie, L. A., 266-267
Levant, R. F., 394, 403, 419
Levine, J., 271
Levy, D., 34-35
Lewin, K., 30-31, 65-67
Lewinsohn, P. M., 400-401
Lewis, K. G., 293
Liberman, R. P., 248-250, 254-255, 271
Liddle, H. A., 361-363, 394-419, 394-395, 403-406, 413-419
Lidz, T., 39-41, 58-62, 233
Lieberman, A. F., 111-112
Lieberman, M. A., 221-222
Liebman, R., 202-203
Lillie, F. J., 254-255, 271
Limbaugh, R., 133-134
Lindahl, K. M., 394-396
Lindblad-Goldberg, M., 303, 303n
Link, B., 407-408
Lipchik, E., 319-326, 327n, 328-333
Livingston, R., 398-399
Lobitz, N. C., 268-269

Lobovits, D., 293, 336-337
Lock, J., 409-410
Locke, H. J., 261-264
Locke, J., 106-107
Long, N., 399-400
Long, P., 395-398
Longo, D., 233-234
Lopez, S. R., 406-407
LoPiccolo, J., 268-272
LoPiccolo, L., 271-272
Lorenz, F. O., 399-400
Lorenz, K. E., 110-111
Lovibond, S. H., 248-249
Luckstead, A., 407-408
Luepnitz, D. A., 116, 285-286, 312-313
Lukens, E., 407-408
Lukens, M. D., 107-108
Lukens, R. J., 107-108
Lund, T., 159-160, 348-349, 351-352, 355-358, 367
Lyon, M., 408-409
Lyons, J. S., 408-409

Mabe, P. A., 396-397
MacCarthy, B., 406-407
Macgowan, M. J., 403-404
MacGregor, R., 60-61, 71-72, 96-97
MacGregor, T., 55-56
Machal, M., 176-177
Machotka, P., 176-177
MacKinnon, L., 284-285
Mac Kune-Karrer, B., 352-355, 367
MacMillan, P., 294
Madanes, C., 57-58, 157-159, 161-164, 166-167, 169-171, 177-179, 181-182, 293, 392
Maddeaux, C., 221-222
Madigan, S., 336-337, 345-346
Magnus, A., 407-408
Maharaj, S., 408-409
Mahler, M. S., 229-232, 243-244, 377-378
Mahoney, M. J., 249-250
Mahrer, A. R., 221-222
Main, M., 111-112
Malik, N. M., 395-396
Malloy, E., 216, 217
Malone, C. A., 394-395
Malone, T. P., 32-33, 52-53, 205-206, 209-210, 214-215
Manassis, K., 401-402
Mandela, N., 22-24
Mangrum, I. F., 419-420
Manion, I., 411-412
Mann, B. J., 397-398, 403, 413, 416
Marchal, J., 407-408
Marcus, N. E., 395-396
Marcuse, H., 208-209
Marecek, J., 312-313
Margolin, G., 249-250, 255-256, 262-264, 271-274
Markie-Dadds, C., 396-397
Markman, H., 250-251, 308-309, 409-410
Markowitz, L., 289-292, 365-366
Marlowe, D. B., 404-405

Marlowe, J. H., 396-397
Marsh, D. T., 406-407
Marshall, A. D., 93-94
Martin, M., 319
Martin, N. G., 408-409
Martina, L. M. L., 408-409
Maruyama, M., 67-68, 161-162
Marx, K., 42
Masters, J. C., 257
Masters, W. H., 248-249, 268-270, 272-274
Matas, L., 111-112
Mattison, A. M., 302
Maturana, H. R., 106-107
May, P. R., 304-305
May, R., 32-33
Mazzeo, S. E., 408-409
McAdoo, H., 296-297
McAuley, R., 249-250
McBride, C. K., 395-396
McClintic, K., 394-395
McCollum, E. E., 411-412
McCombs, A., 399-400
McConville, M. T., 234-235, 254-255
McCrady, B. S., 394-395, 405-406
McDaniel, S., 293, 307-308, 312-313
McDaniel, S. H., 416
McDonald, E. C., 71-72, 96-97
McDougall, W., 30-31
McFarlane, W. R., 71-72, 305-306, 407-408
McFarlin, S. K., 405-406
McGill, C. W., 288-289, 307-308, 407-408
McGillicuddy, N. B., 402-403
McGoldrick, M., 36-37, 55-56, 87-88, 116-117, 123-124, 128n, 130-131, 134-136, 138-139, 152-153, 288-289, 293, 312-313, *ver também* Orfanidis, M.
McGowen, B. G., 302
McNary, S., 407-408
McPherson, A., 399-400
McWhirter, D. P., 302
Mead, M., 37-38
Medway, J., 216
Meehan, J. C., 93-94
Meezan, W., 302
Meissner, W. W., 226-227, 233-234, 244-245
Melton, G. B., 397-398, 403
Mendell, D., 29-30
Mendelsohn, M., 54-56
Mendlowitz, S. L., 401-402
Metcalf, L., 321-322, 329-330
Metevia, L., 396-397
Meyer, I. H., 299-300
Meyers, R. J., 403-405
Meyrowitz, J., 108-109
Micucci, J., 293
Midelfort, C., 43-44, 56, 60-61
Miezitis, S., 401-402
Mihalopoulos, C., 407-408
Miklowitz, D. J., 293, 304-305, 399-403, 406-407
Miles, M. B., 221-222

Miller, G. E., 395-396
Miller, I. W., 399-400
Miller, J., 300-301
Miller, J. K., 418
Miller, S., 319-322, 329-330, 332-333
Miller, W. R., 403-405
Millman, R. B., 403-404
Milman, J., 202-203
Mintz, J., 402-403, 406-407
Minuchin, P., 121-122, 293, 375-376
Minuchin, S., 29-30, 43-44, 52-61, 90-92, 96-97, 108-111, 115, 121-123, 157-161, 181, 204, 225, 289-290, 292-293, 298-299, 348-349, 363-364, 375-380, 382-387, 408-409
Mirkin, M. P., 288-289, 293
Mitchell, S., 286-287
Mitchell, V., 299-302
Mitrani, V., 202-203
Mittleman, B., 42-43, 225-226
Montalvo, B., 36-37, 54-55, 181-183, 289-290, 365-366
Montgomery, L. M., 394, 409-410, 419-420
Moore, D., 250-251
Moos, B. S., 401-402
Moos, R. H., 401-402
Morawetz, A., 293
Moreno, J. L., 32-33
Morgan, A., 397-398
Morojele, N. K., 402-403
Morris, S. B., 255-256, 272
Morrison, M., 394-395
Morsheimer, E. T., 402-403
Mosimann, J., 408-409
Moss, H. B., 307-308
Moye, A. W., 408-409
Mueser, K. T., 304-305, 402-403, 405-412, 419
Mullen, R., 403
Mullins, M., 401-402
Munson, C. E., 255-256, 266-267
Murphy, B., 291-292
Murphy, M. J., 416
Murray, E., 202-203, 395-396, 403

Nadelson, C. C., 244-245
Napier, A. Y., 205-206, 210-212, 214-216, 221-223
Naster, J. B., 253-254, 262-264
Neill, J. R., 222-223
Nelson, K. A., 406-407
Newberry, A. M., 415-416
Newell, R. M., 417
Newstead, L., 407-408
Nichols, M. P., 28, 85-86, 90-92, 107-111, 115, 134-136, 145-148, 182-183, 186-187, 192-193, 203-204, 217-218, 221-222, 225, 226, 226n, 227, 235-236, 244-245, 293, 298-299, 310n, 361-362, 384-385, 415, 417
Nichols, W. C., 351-352, 361-362
Northey, W. F., 394-397, 401-402
Notarius, C., 250-251
Nuechterlein, K. H., 406-407
Nunnally, E., 319-320

Nye, C. L., 396-397
Nylund, D., 293, 329-330

Oberndorf, C., 42-43, 225-226
O'Dell, S., 271
O'Farrell, T. J., 403-406, 419
Ogden, T., 396-399
O'Hanlon, W. H., 319-322, 327-331
Okum, H. S., 71-72
Okun, B., 288-289, 293
Okwumabua, T., 409-410
O'Leary, K. D., 91-92, 249-250, 399-402
O'Leary, S., 249-250
Olmsted, M., 408-409
Olson, D., 308-309
Oranchak, E., 406-407
Orfanidis, M., 55-56, 148-150, 154-155. *Ver também* McGoldrick, M.
Orwell, G., 107-108

Padesky, C. A., 255-256, 270
Paldi, E., 271
Papp, P., 36-37, 55-56, 120-122, 159-160, 175-176, 284-285
Parker, G., 406-407
Parker, K., 403-404
Parsons, B. V., 175-176, 255-256, 261-262, 397-398
Parsons, R., 361-362
Parsons, T., 40-41, 67-68
Passetti, L., 418-419
Patterson, G. R., 248-255, 257, 261-266, 270, 272-274, 382, 395-397, 416, 419
Patterson, J. E., 96-97, 202-203, 293
Paul, N., 55-56
Pavlov, I. P., 248
Pavuluri, M. N., 400-401
Paz, G. G., 402-403, 408-409
Pearce, J., 87-88, 134-135, 288-289, 293, 312-313
Pelham, W. E., 396-397
Peller, J., 319-333
Pendagast, E. G., 154-155
Pendergrass, V. E., 258-259
Penn, P., 36-37, 159-160, 172-175, 288-289, 363-364
Pennick, K. A., 394-395
Perez, G. A., 403, 413, 415
Perez-Vidal, A., 202-203, 395-396, 403
Perls, F., 32-33, 206-207
Peterson, R. F., 255-256
Peterson, T. R., 403
Phillips, J. S., 258
Pickrel, S. G., 395-398, 403, 417
Pierce, R. M., 221-222, 264-266
Piercy, F. P., 392
Pietrzak, J., 293
Pinderhughes, E., 290-291
Pine, F., 229-231, 377-378
Pinsof, W. M., 351-367, 394-396, 413, 418-420
Pinto, A., 399-400
Pittman, F., 293
Pitts, S. C., 399-400

Polivy, J., 408-409
Pollack, S., 399-400
Popenoe, P., 42-43
Porceddu, K., 406-408
Posada, V. 202-203, 403
Powers, K., 321-322, 330-331
Praenkel, P., 97-98
Prata, G., 57-58, 157-162, 164-165, 173-175
Premack, D., 258-259
Prest, L., 292-293
Price, J., 157-159, 178-179, 293
Price, R., 348-349
Price, S. J., 416
Prince, S. E., 409-411
Prinz, R. J., 395-396

Quilitch, H. R., 258-259
Quille, T. J., 394-395, 403-405
Quinn, Q., 403

Rabinowitz, C., 181-182
Rabkin, R., 159-160, 178-179
Ragsdale, K., 394, 419-420
Rait, D. S., 413
Ramier, M., 293
Rampage, C., 284-285
Ramsey, R. N., 307-308
Rand, A., 133-134
Randolph, E. T., 402-403, 408-409
Ranlett, G., 406-407
Rapee, R. M., 399-402
Ratti, L. A., 408-409
Ray, W., 176-178
Raynor, R., 248
Razani, J., 307-308
Rea, M., 402-403
Read, S. J., 207-208
Rebgetz, M., 394-395
Rehman, U., 93-94
Reid, J. B., 252-253, 396-399
Reinecke, M., 272-273
Reis, B. F., 399-401
Reiss, D., 293, 304-308, 312-313, 408-409
Reitz, M., 293
Resnick, P. A., 258-259
Richards, J. A., 402-403
Richardson, D., 406-409
Richardson, F., 312-313
Richie, A. M., 71-72, 96-97
Richmond, M. E., 35-37, 302
Richter, L., 402-403
Ricoeur, P., 286-287, 337-338
Ridley, C. A., 91-92
Rimm, D. C., 257
Rinn, R. C., 261-262
Rio, A., 202-203, 403
Riskin, J., 157-158
Risley, T. R., 248-249
Rivas-Vazquez, A., 202-203, 403
Robbins, M. S., 394-395, 403, 413-417

Roberts, J., 293
Roberts, M. W., 258-259
Robertson, J., 110-111
Robin, A. L., 408-409
Robinson, D., 413
Robinson, P. H., 409-410
Rodgers, R., 116-117
Rodin, G., 408-409
Rodnick, E. H., 304-305
Rodstein, E., 293
Rogers, C. R., 24-26, 32-33, 208-213, 330-331, 360-361
Rogers, R., 293
Rojano, R., 298-299, 365-366, 418
Rolland, J., 293, 307-308, 312-313
Roosevelt, E., 22-24
Root, M., 293
Rosen, K. H., 411-412
Rosenfarb, I. S., 406-407
Rosicky, J., 202-203
Rosman, B. L., 54-55, 181-182, 189-190, 201-203, 289-290, 363-364, 382-383, 408-409
Roth, C., 399-400
Roth, S. A., 291-292, 336-337, 344-345
Rotunda, R. J., 402-406
Rowa, K., 408-409
Rowe, C. L., 394-419, 394-395, 403-404, 417
Rubenstein, D., 53-54
Rubin, L., 291-292
Ruesch, J., 37-38, 159-160
Ruevini, U., 71-72
Rush, J. A., 266-267
Russell, D., 307-308
Russell, G. F. M., 408-409
Ryan, C., 399-400
Ryan, K. D., 419
Ryan, S. M., 399-402
Rychtarik, R. G., 402-403
Ryckoff, I., 40-41, 61-62, 225-227, 233-234

Saba, G., 288-289
Sager, C. J., 226-227, 231, 233, 293
Saleem, R., 402-403
Salk, J. D., 408-409
Salusky, S., 401-402
Samoulis, J., 416
Sander, F. M., 225-227, 231, 244-245, 361-362
Sanders, G., 291-292
Sanders, M. R., 273-274, 394-397, 410-411
Santisteban, D. A., 202-203, 394-396, 403, 419
Sartre, J. P., 66-67
Satir, V. M., 31-32, 36-37, 43-48, 60-61, 65-66, 69-70, 72-76, 96-97, 157-158, 166-167, 177-178, 205-216, 222-223, 355-356, 371, 373, 378-379
Saunders, B. E., 36-37
Savege, J., 226-227. *Ver também* Scharff, J. S.
Sayers, S., 406-407
Scapillato, D., 401-402
Schackman, B. R., 403-404
Schafer, R., 286-287, 337-338
Scharff, D., 225-227, 233-234, 236-237, 244-245

Scharff, J. S., 225-227, 233-234, 244-245, 361-362
Schenker, M., 329-330
Scherer, D. G., 402-406
Schindler, D., 218-222
Schindler, W., 59-60
Schlesinger, S. E., 249-250, 265-269, 272-273
Schlosberg, S., 375-376
Schmaling, K. B., 401-406
Schmidt, S. E., 416
Schneck, C., 399-400, 406-407
Schoenwald, S. K., 397-398
Scholz, M., 409-410
Schooler, N. R., 407-408
Schrader, S. S., 40-43
Schumer, F., 54-55, 181-182
Schuster, F. P., 71-72, 96-97
Schwartz, R. C., 32-33, 95-96, 109-111, 205-207, 219-223, 293, 354-355, 367, 387
Schwartz, S. J., 403
Schwartzman, J., 293
Schwebwl, A. I. 267-269, 409-411
Schweid, E., 255-256
Schwitzgebel, R., 257
Scopetta, M., 202-203, 403
Segal, H., 228-229
Segal, L., 157-158, 178-179
Selekman, M., 293
Seligman, M., 293
Sells, S., 293
Selvini Palazzoli, M., 55-58, 157-159, 161-165, 173-179, 374-375, 379-380, 382-383
Semans, J. H., 269-270
Sengupta, A., 407-408
Serrano, A. C., 71-72, 96-97, 394-395
Sexson, S. B., 398-399
Sexton, T. L., 394-395, 397-398
Shadish, W. R., 394, 403-406, 409-410, 419-420
Shapiro, R. L., 225-226, 232-234, 244-245
Shaver, P. R., 111-112
Shaw, B. F., 266-267, 401-402
Shea, R. R., 404-405
Sheidow, A. J., 398-399
Sheinberg, M., 94-98, 288-289, 363-364
Shelef, K., 414, 415
Sheperis, C., 395-399
Sher, T., 401-402
Sherif, M., 31-32
Sherman, J. A., 257
Sherman, S. N., 35-36
Shields, C. G., 416
Shoham, V., 405-412, 419
Siegel, P. T., 408-409
Siegel, T. C., 397-398
Sigal, J. J., 176-177
Sigman, M., 399-400
Silber, T., 408-409
Silliman, B., 308-309
Silverman, W. K., 394-397, 401-402
Silverstein, O., 36-37, 120-122, 159-160, 284-285
Simon, D., 321-322

Simon, G. M., 122-123, 182-183, 189-190, 204
Simon, R., 210-211
Simoneau, T. L., 402-403
Simmons, R. L., 399-400
Simpson, L. E., 410-411
Sims, P., 395-399
Singer, A., 413
Singer, M. T., 40-41, 406-407
Siporin, M., 35-36
Siqueland, L., 399-401, 413-415
Sisson, R. W., 403-405
Skinner, B. F., 248-255
Skowron, E. A., 413-414, 419
Skynner, A. C. R., 38-39, 55-56, 226-227, 234-235
Slesnick, N., 398-399, 403
Slipp, S., 225-227, 244-245, 361-362
Slive, A., 418
Slotkin, J., 399-400
Sluzki, C. E., 97-98, 392
Smith, C., 293
Smith, J. E., 403-405
Smith, L. A., 397-398, 403
Smith, S., 288-289
Snyder, D. K., 261-264, 409-411, 419-420
Snyder, J. J., 395-396
Snyder, K. S., 304-305, 406-407
Sobel, R., 35-36, 50-51
Sonuga-Barke, E. J. S., 396-397
Spark, G., 53-54, 88-89
Speck, R. V. 53-54, 71-73, 97-98, 374-375
Speer, D. C., 105-106
Spence, D., 286-287, 337-338
Spence, S. H., 401-402
Spiegel, J. P., 40-42
Spinks, S. H., 256
Spitz, R., 229-230
Sprenkle, D., 293, 392
Sraufe, L. A., 111-112
Stahmann, R. F., 308-309
Stanton, D., 176-177
Stanton, M. D., 202-203, 293, 361-362, 394, 395-396, 403-406
Stanton, S., 411-412
Staples, R., 296-297
Stark, K. D., 398-401
Stein, M., 231
Steinberg, M., 304-305
Steiner, G., 293
Steiner, H., 394-395
Steinglass, P., 293, 403-404
Stephens, D., 408-409
Stern, D., 231
Stern, L., 303, 303n
Stern, M., 244-245
Stewart, S., 96-97, 361-362, 367
Stickle, T. R., 402-412, 419
Stierlin, H., 55-56, 226-227, 233-234
Stith, S. M., 411-412
Stiver, I., 300-301
Stone, A., 42-43

Stone, H., 42-43
Stoolmiller, M., 395-396
Storm, C., 329-331
Strachan, A. M., 406-407
Strodtbeck, F. L., 33-34
Stuart, R. B., 36-37, 249-257, 262-266, 273-274
Sturgeon, D., 307-308
Sullaway, M., 258-259
Sullivan, H. S., 36-37, 181-182, 208-209, 225-226, 229-230
Sulloway, F., 133-134
Surrey, J., 300-301
Symonds, D., 413
Szapocznik, J., 202-203, 395-396, 403-405
Szasz, T. S., 233-235
Szmukler, G. I., 408-409
Szurek, S. A., 34-35, 225-226

Taibbi, R., 97-98, 293, 361-362, 367
Tarrier, N., 406-408
Teasdale, J. D., 399-400
Teichman, Y., 266-269
Teichner, G. A., 403
Tejeda, M. J., 403-405, 414
Terry, D., 39-41, 61-62
Thibaut, J. W., 250-251, 378-379
Thomas, F., 321-322, 329-330, 403
Thompson, M., 396-397
Tice, S., 408-409
Tiller, S., 405-406
Timor-Tritsch, I., 271
Tims, F. M., 403-404
Titus. J. C., 418-419
Todd, M. 399-400
Todd, T. C., 176-177, 202-203, 293
Tolman, R., 90-92
Toman, W., 133-134
Tomm, K., 159-160, 174-175, 178-179
Tompson, M., 402-403
Tonigan, J. S., 403-405
Toohey, M. L., 40-41
Tranter, M., 94-95
Treadway, D., 293
Treloar, S. A., 408-409
Trepper, T. S., 93-98, 288-289, 293
True, F., 94-98
Tully, L. A., 396-397, 408-409
Tunnell, G., 293, 300-302, 312-313
Turner, C. W., 397-398, 403, 413, 415-417
Turner, K. A., 396-397
Turner, R. M., 417
Tuyn, L. K., 321-322

Ugazio, V., 110-111
Ulrich, D., N., 232-235
Umana, R. F., 234-235, 254-255
Umbarger, C., 181-182
Ungaro, R. A., 403-404
Urbaitis, M., 402-403, 408-409

van Engeland, H., 408-409
van Furth, E. F., 408-409
van Son, M. J. M., 408-409
van Strien, D. C., 408-409
Varela, F. J., 106-107
Vaughn, C. E., 304-305, 406-408
Vaughn, M. G., 403
Veenendaal, K., 329-331
Velligan, D. L., 406-407
Vincent, J. P., 252-253
Visher, E., 293
Visher, J., 293
Vizard, E., 94-95
Vogel, E. F., 61-62, 116, 232, 380-381
Vos, T., 407-408
Vryan, K. D., 395-396, 398-399
Vu, C. T. A., 411-412
Vuchinich, S., 395-396

Wachtel, E., 293
Wade, T. D., 408-409
Wagner, E. E., 403-404
Wagner, H. L., 403, 408-409
Waldron, H., 250-251, 255-256, 272, 397-398
Waldron, H. B., 398-399, 403
Walitzer, K. S., 405-406
Walker, G., 91n, 92-93, 288-289, 293, 351-352, 363-365
Walker, J. G., 411-412
Walker, L., 293
Wall, S., 111-112
Wallace, K. M., 261-264
Wallerstein, J., 293
Walsh, F. I., 36-37, 78-79, 97-98, 291-293, 297-298, 312-313
Walter, J., 319-323, 332-333
Walters, E., 111-112
Walters, M., 120-122, 181-182, 284-285
Walters, R., 249-250
Warburton, J., 397-398
Ward, D. M., 395-398
Warkentin, J., 52-53, 205-206, 209-210, 214-215
Washington, G., 133-134
Watanabe, S., 55-56
Waters, E., 111-112
Watson, J. B., 248
Watson, K., 293
Watson, N., 415, 417
Watts, S., 406-408
Watzlawick, P. A., 47-48, 56, 57, 69-70, 75-76, 97-98, 104-107, 157-169, 176-179, 312
Weakland, J. H., 37-39, 44-45, 56-59, 61-62, 68-73, 157-158, 160-163, 165-169, 176-179, 382
Webster-Stratton, C., 397-398
Weekes, G. R., 268-270, 272
Weeks, A., 396-397
Weiner-Davis, M., 319-322, 327-331
Weingarten, K., 336-337
Weiss, R. L., 249-256, 262-266, 273-274

Wells, K. C., 394-397, 401-402
Werner-Wilson, R. J., 416
Weston, D., 111-112
Wetchler, J. L., 392
Whaley, S. E., 399-400
Wheeler, J., 410-411
Whisman, M. A., 399-402
Whitaker, C. A., 32-33, 43-44, 52-61, 192-193, 205-218, 221-225, 382, 385-386
Whitbeck, L. B., 399-400
White, J., 296-297
White, M., 36-37, 80-81, 119-121, 159-160, 283, 312, 335-338, 340-342, 346-349, 360-361, 377-380, 382, 385-386, 390-391
White, W. L., 418-419
Whiteman, M., 402-403
Whiting, R., 293
Wiedemann, G., 406-407
Wiener, N., 19n, 101-102, 123-124
Wierson, M., 396-397, 397-398
Wildman, J., 413, 417-419
Willett, J. B., 413
Williams, L., 96-97, 293
Williams, R. A., 403
Williams, R. J., 403
Wills, R. M., 409-411
Wills, T. A., 250-251
Wilson, M. R., 409-410
Wilson, P., 409-410
Winer, L. R., 150-152
Winer, R., 226-227
Wing, J. K., 304-305
Winnicott, D. W., 230-233
Winters, J., 405-406
Wippman, J., 111-112
Wittgenstein, L., 320-322
Wolf, K., 229-230
Wolf, M. M., 248-249
Wolin, S.J., 293
Wolpe, J., 248-249, 268-269
Wright, L., 307-308
Wylie, M. S., 320-321, 329-330, 346-347
Wynne, L. C., 40-44, 50-51, 60-61, 61-62, 111-112, 225-227, 232-234, 379-380, 394-395, 406-407, 413, 418-420

Xie, H., 407-408

Yalom, I. D., 69-70, 221-222

Zax, M., 217-218
Ziedonis, D., 394-395
Zimmerman, J., 336-337, 343-345, 348-349
Zimmerman, T. S., 416
Zinner, J., 231-234, 244-245
Zucker, R. A., 396-397
Zwerling, I., 54-56

Índice

Abordagem a-histórica, 66-68
Abordagem contraparadoxal, 57-58
Abordagem de equipe, na terapia familar estratégica, 174-176
Abordagem de Haley-Madanes, à terapia familiar estratégica, 160-165
  avaliação na, 166-167
  avaliando a, 176-177
  condições para a mudança de comportamento na, 165-166
  descrita, 157-159
  desenvolvimento de transtornos de comportamento e, 163-164
  desenvolvimento familiar normal na, 161-163
  formulações teóricas na, 160-162
  objetivos da, 164-165
  resumo da, 177-179
  técnicas terapêuticas na, 169-173
Abordagem de luto operacional, 55-56
Abordagem do grupo de Milão, à terapia familiar estratégica
  avaliação na, 166-167
  avaliando a, 176-177
  condições para a mudança de comportamento na, 165-166
  descrita, 157-160
  desenvolvimento de transtornos de comportamento e, 163-164
  desenvolvimento familiar normal na, 161-162
  formulações teóricas na, 161-162
  objetivos da, 164-165
  resumo da, 178-179
  técnicas terapêuticas na, 172-176
Abordagem do MRI, à terapia familiar estratégica
  avaliação na, 165-167
  avaliando a, 176-178
  condições para a mudança de comportamento na, 165-166
  descrita, 157-159
  desenvolvimento de transtornos de comportamento e, 163-164

  desenvolvimento familiar normal na, 161-162
  formulações teóricas na, 160-161
  modelo integrativo, 355-360
  objetivos da, 164
  resumo da, 177-179
  técnicas terapêuticas na, 167-170
Abordagem multigeracional, 116-117, 132-134
Abordagem sistêmica colaborativa baseada na linguagem, 107-109
Abuso de álcool. *Veja* Uso e abuso de substâncias
Abuso de drogas. *Veja* Uso e abuso de substâncias
Abuso sexual
  abordagem integrativa ao, 362-363
  agências de controle legal e social e, 93-95
  como problema apresentado, 93-96
  encontros privados com a criança abusada, 94-96
  no processo de avaliação, 86-87, 93-95
Ação, *insight versus*, na análise comparativa, 384-386
Ackerman Institute (Nova York), 50-51, 159-160
Acomodação, na terapia familiar estrutural, 184-195
Aconselhamento de casal. *Veja* Terapia de casal
Adolescência
  abuso de substâncias na, 403-404, 414
  como estágio do ciclo de vida familiar, 118, 135-136
  depressão e ansiedade na, 399-402
  transtornos de comportamento na, 394-399, 416-417
Afro-americanos
  fatores culturais na terapia familiar e, 121-123
  prevenindo o uso e abuso de substâncias por, 202-203
  raça como uma questão na terapia familiar e, 289-291
  terapia familiar com, 296-300
Alianças terapêuticas
  contratransferência, 215-216, 239-240
  estágios da terapia familiar e, 77-84
  indução do terapeuta e, 195-196, 215-216, 387
  pesquisa no processo de terapia familiar sobre, 413-414
  transferência e, 24-25, 65-66, 232, 241-243, 378-379
Ambiente com expectativas médias, 230-231
American Association for Marriage and Family Therapy (AAMFT), código
  de ética, 89-90

American Association of Marriage Counselors, 42-43
American Orthopsychiatric Association, 34-35, 50-51
American Psychiatric Association (APA), 42-45, 56
American Psychological Association, código de ética, 88-89
Análise comparativa, 371-392
 avaliação na, 387-388
 condições para a mudança de comportamento na, 383-387
 desenvolvimento de transtornos de comportamento e, 379-383
 desenvolvimento familiar normal na, 378-380
 formulações teóricas na, 371-379
 intervenção decisiva na, 388-391
 objetivos da terapia e, 382-384
 técnicas terapêuticas na, 388-391
Análise funcional do comportamento, 248-249
Anorexia nervosa, 340-341. *Veja também* Transtornos de alimentação
Ansiedade, 398-403
 adolescente, 399-402
 fatores familiares de risco e de proteção na, 398-400
 infantil, 399-402
 tratamento familiar para, 399-403
 triângulos emocionais e, 130-132
Ansiedade de incorporação, na terapia familiar sistêmica de Bowen, 129-130
Ansiedade de separação, na terapia familiar sistêmica de Bowen, 129-130
Apego
 ansioso, 111-112, 129-130
 esquivo, 111-112
 resistente, 111-112
Apreciação
 da terapia familiar cognitivo-comportamental, 270-272
 da terapia familiar estratégica, 175-178
 da terapia familiar estrutural, 201-203
 da terapia familiar experiencial, 220-222
 da terapia familiar psicodinâmica, 243-245
 da terapia familiar sistêmica de Bowen, 149-152
 da terapia focada na solução, 329-1
 da terapia narrativa, 347-348
Areas-of-Changes Questionnaire, 262-264
Asilos, 29
Ásio-americanos
 fatores culturais na terapia familiar e, 121-122
 raça como uma questão na terapia familiar e, 289-291
Assistência em casa, 302-304
Atendimento de saúde familiar colaborativo, 307-308
Atlantic Psychiatric Clinic, 52-53, 205-206
Auto-estima, 378-379
Auto-expressão individual, na terapia familiar experiencial, 206-209
Auto-realização, 24-25, 208-209
Avaliação
 abuso de substâncias na, 86-87
 abuso sexual na, 86-87, 93-95
 compreendendo a rota de encaminhamento na, 84-85

 comunicação na, 85-87
 dimensões éticas da, 88-92
 entrevista familiar estruturada na, 165-167
 envolvimentos extraconjugais na, 86-87
 estágio do ciclo de vida na, 85-86
 estrutura familiar na, 85-86, 189-193
 fatores culturais na, 87-89
 gênero na, 86-88
 genogramas na, 78-79, 83-84
 identificação do contexto sistêmico na, 84-86
 na análise comparativa, 387-388
 na terapia comportamental de casal, 261-264
 na terapia familiar cognitivo-comportamental, 258-264
 na terapia familiar estratégica, 165-167
 na terapia familiar estrutural, 189-196
 na terapia familiar experiencial, 212-213
 na terapia familiar psicodinâmica, 235-238
 na terapia familiar sistêmica de Bowen, 140-143
 na terapia focada na solução, 323-325
 na terapia narrativa, 341-344
 no treinamento comportamental dos pais, 257-259
 nos primeiros modelos de terapia familiar, 83-84, 90-92
 problema apresentado na, 84-85, 192-193
 violência familiar na, 86-87

Base segura, 111-112
Bode expiatório, 45-46, 76-77, 232, 379-381
Boston Family Institute, 55-56
Brief Family Therapy Center (BFTC; Wisconsin), 319-321
Bulimia. *Veja* Transtornos de alimentação

Castigadores, na terapia familiar cognitivo-comportamental, 249-251
Causalidade
 circular, 27-28, 68-69, 113-115, 121-122
 linear, 27-28, 113-115
Center for Family Learning (New Rochelle, Nova York), 55-56, 129-130
Cercas de borracha, 40-41, 379-380
"Cerimônia da morte", na terapia de rede, 71-72
Cibernética, 76-77, 100-104
 circuitos de *feedback* na, 67-68, 100-104
 crítica feminista à terapia familiar e, 284-285
 evolução da, 101-102
 profecia que se auto-realiza na, 102-103
 regras familiares na, 102-103

Ciclo de vida familiar
 como um conceito de trabalho da terapia familiar, 116-119
 estágios do, 117-119, 135-137
 na terapia familiar sistêmica de Bowen, 130-131, 135-137
 no processo de avaliação, 85-86
Circuitos de *feedback*, 67-68, 100-104
 feedback negativo nos, 67-68, 75-76, 100-103, 160-162

feedback positivo nos, 67-68, 100-104, 160-164
Cisão, 228-230, 235-236
Cisma conjugal, 40-41, 58-59
Classe social. *Veja também* Pobreza
    como uma questão na terapia familiar, 290-292
Clinical Trials Network (NIDA), 394-395
Coalizões geracionais cruzadas
    na análise comparativa, 382-383
    na terapia familiar estrutural, 187-189
Coalizões, definidas, 46-47
Co-autoria de explicações alternativas, na abordagem de soluções narrativas, 358-360
Commonwealth Fund, 34-35
Community Reinforcement and Family Training (CRAFT) [Reforço da Comunidade e Treinamento da Família], 404-405
Competência cultural, 87-88
Complementaridade
    como um conceito de trabalho da terapia familiar, 113-114
    contrapapéis complementares, 68-69
    gênero e, 121-122
    na terapia familiar estrutural, 184-185
    relacionamentos complementares, 45-46
Comportamento animal, pesquisa sobre, 37-38
Comportamento de atuação, 131-132, 384-385
Comportamento espontâneo, na terapia familiar estrutural, 191-192
Comunicação pontuada, 66-68
Comunicações
    desenvolvimento de transtornos de comportamento e, 162-163
    na terapia comportamental de casal, 264-266, 360-361
    na terapia familiar cognitivo-comportamental, 250-251
    no processo de avaliação, 85-87
Conceito da "caixa-preta", 66-68, 104-105
Conceitos fundamentais, da terapia familiar, 100, 122-123
    causalidade circular, 27-28, 68-69, 113-115, 121-122
    cibernética, 76-77, 100-104, 284-285
    ciclo de vida familiar. *Veja* Ciclo de vida familiar
    complementaridade, 45-46, 66-69, 113-114, 121-122, 184-185
    conceitos de trabalho, 112-113, 122-123
    construcionismo social, 106-111, 286-288, 385-386
    contexto interpessoal, 112-113
    cultura. *Veja* Fatores culturais
    estrutura familiar. *Veja* Estrutura familiar
    gênero. *Veja* Gênero
    narrativas familiares, 109-110, 119-121
    processo/conteúdo. *Veja* Distinção processo/conteúdo
    resistência. *Veja* Resistência
    significado (função) dos sintomas, 116-117, 162-165, 380-382
    simetria, 45-46, 66-67
    teoria do apego. *Veja* Teoria do apego
    teoria dos sistemas. *Veja* Teoria dos sistemas
    triângulos. *Veja* Triangulação

Condicionamento
    clássico, 248-249
    operante, 248-250
Confrontação, 389
Conotações positivas. *Veja* Reenquadramento
Consideração positiva incondicional, 24-26
Construcionismo social, 106-111, 385-386
    construtivismo e, 106-110, 286-287
    da realidade, 108-111
    terapia narrativa e, 287-288
Construtivismo
    construcionismo social *versus*, 108-110, 286-287
    natureza do, 106-109
Consulta familiar, para a esquizofrenia, 406-407
Contexto
    da família nuclear, 374-376
    social/interpessoal, 26-27, 112-113
Contexto interpessoal, como um conceito de trabalho da terapia familiar, 112-113
Contexto social, da terapia familiar, 26-27, 112-113
Contrato de boa fé, 265-266, 360-361
Contrato de contingência
    na terapia comportamental de casal, 265-266
    na terapia familiar cognitivo-comportamental, 249-250
    no treinamento comportamental dos pais, 257, 261-262
Contrato *quid pro quo*, 265-266, 360-361, 378-379
Contratransferência, 215-216, 239-240
Controle
    aversivo, 252-253
    de reforço positivo, 250-251
Coreografia familiar, 212-213
Co-terapeutas, 71-72, 215-216
Creedmore State Hospital (Nova York), 70-72
Criminal Justice-Drug Abuse Treatment Studies (NIDA), 394-395
Crise de meia-idade, na terapia familiar sistêmica de Bowen, 135-137
Crítica feminista, à terapia familiar, 58-59, 120-122, 186-188, 284-286, 363-364, 377
Crítica pós-moderna, à terapia familiar, 58-59, 283-285, 382

Defesas, 44-45, 235-236
Delineações, 233-234
Depressão, 398-403
    adolescente, 399-402
    adulta, 401-403
    fatores familiares de risco e de proteção na, 398-400
    infantil, 399-402
    tratamento familiar para, 399-403
Desafiando pressupostos improdutivos, na terapia familiar estrutural, 200-202
Desconstrução, 283-285, 341-342, 346-347
Desempenho de papel, na terapia familiar experiencial, 217-218
Desenho da família, 217
Desenvolvimento familiar normal
    na análise comparativa, 378-380

na terapia familiar cognitivo-comportamental, 250-252
na terapia familiar estratégica, 161-163
na terapia familiar estrutural, 185-187
na terapia familiar experiencial, 208-209
na terapia familiar psicodinâmica, 230-232
na terapia familiar sistêmica de Bowen, 134-137
na terapia focada na solução, 321-322
na terapia narrativa, 338-340
nos primeiros modelos de terapia familiar, 67-69
Desequilibrar, na terapia familiar estrutural, 192-193, 199-201
Desligamento, 53-55, 116, 183-190, 198-200, 377-378
Dessensibilização, 248-249, 268-270
Dessensibilização *in vivo*, 248-249, 269-270
Dessensibilização sistemática
    na terapia familiar cognitivo-comportamental, 248-249
    no tratamento da disfunção sexual, 268-270
Destriangulação, 138-141, 146-147
Desvio de comunicação, 40-41
Determinismo, na terapia familiar experiencial, 206-207
Diferenciação do *self*, 47-50, 234-235
    definida, 130-131
    fusão *versus*, 129-133, 136-138, 141-142
    na análise comparativa, 378-384
    na terapia familiar sistêmica de Bowen, 129, 130-131, 135-137, 148-149
    nível funcional de, 136-137
Dinâmica
    de grupo, 32-34, 73-74
    de pequenos grupos, terapia familiar e, 29-34
    perseguidor-distanciador, 58-59, 146-147, 219-220
    subjacente, na análise comparativa, 381-382
Direitos, 235
Diretivas
    na análise comparativa, 389-390
    na terapia breve, 46-47
    na terapia familiar estratégica, 167-171
Discussão, na abordagem de soluções narrativas, 359-360
Disfunção sexual, tratamento da, 268-272
Distinção processo/conteúdo
    como um conceito de trabalho da terapia familiar, 115
    da interação, 115
    descrita, 31-32, 66-67
    na análise comparativa, 371-374
    na terapia familiar sistêmica de Bowen, 138, 146-147
    nos primeiros modelos de terapia familiar, 69-70, 73
Distorção cognitiva, 253-254
Divórcio, no ciclo de vida familiar, 136-137
Doença psicossomática, na terapia familiar estrutural, 201-203
Duplos vínculos
    complementares/simétricos, 45-46
    definidos, 38-40
    na terapia familiar estratégica, 163-164
    nos primeiros modelos de terapia familiar, 75-76

Eastern Pennsylvania Psychiatric Institute (EPPI), 53-54

Ecletismo, 351-353
Economia de vales, no treinamento comportamental dos pais, 257
Educação da família, na esquizofrenia, 406-408
Efeito de "coro grego", 175-176
Efeito modismo, 102-103
Ego
    central, 228-230
    excitante, 229-230
    rejeitador, 228-230
Ejaculação precoce, 269-272
Elogios, na terapia focada na solução, 328
Emaranhamento, 53-55, 110-111, 116, 184-190, 198-200, 377-378
Emoção expressa (EE), 406-407
Emory University, 52-53
Empatia
    na terapia familiar estrutural, 197-198
    na terapia familiar experiencial, 214-215
    na terapia familiar psicodinâmica, 231, 235-238
Empréstimo seletivo, 351-354
Encenações
    na análise comparativa, 389-390
    na terapia familiar estrutural, 181, 191-195
Encontros existenciais, na terapia familiar experiencial, 210-211
Engajamento na terapia, pesquisa na terapia familiar sobre, 395-396, 404-405
Engajamento no conflito, na terapia comportamental de casal, 264-265
Ensino, como técnica terapêutica, 389-390
Entrevista
    familiar estruturada, 165-167
    primeira, na terapia familiar, 78-81
Entrevistas com famílias de marionetes, 217
Envolvimentos extraconjugais, no processo de avaliação, 77
Eqüifinalidade, 75-76, 105-106
Equilíbrio social quase-estacionário, 30-31
Equipe de reflexão, 286-287
Esalen Institute, 205-206
Escolha conjugal, 233-234, 378-379
Escultura familiar, 55-56, 212-213, 216-217
Escuta, importância da, 81-82, 237-389
Espelhamento, 231
Espiritualidade, como uma questão na terapia familiar, 292-293, 297-298
Esquemas familiares, 267-268
Esquemas, na terapia familiar cognitivo-comportamental, 249-254, 266-269
Esquizofrenia
    comunicação e, 37-40, 44-45, 157
    etiologia da, 34-35
    fatores familiares de risco e de proteção na, 405-407
    hipótese trigeracional da, 151-153
    intervenções familiares na, 72-73, 406-409
    na terapia familiar sistêmica de Bowen, 129-130
    pesquisa na terapia familiar sobre, 36-37, 42, 405-409

terapia familiar psicoeducacional e, 304-308
Estágio
   centrado na criança, da terapia familiar, 70-71
   centrado na família, da terapia familiar, 70-71, 169-171
   centrado nos pais, da terapia familiar, 70-71
   da família com filhos pequenos, do ciclo de vida familiar, 135-136
   da família na vida mais tardia, no ciclo de vida familiar, 117-119, 136-137
   de lançar os filhos e seguir em frente, do ciclo de vida familiar, 118, 135-137
   de reunião de famílias pelo casamento, do ciclo de vida familiar, 118, 135-136
   de sair de casa, do ciclo de vida familiar, 118, 135-136, 176-177
Estágios da terapia familiar, 77-83-84
   contato telefônico inicial, 77-78
   estágio centrado na criança, 70-71
   estágio centrado na família, 70-71, 169-171
   estágio centrado nos pais, 70-71
   fase inicial do tratamento, 80-82
   fase intermediária do tratamento, 81-83
   primeira entrevista, 78-81
   término, 82-84
Estilos de parenteamento, 185-187
Estrutura familiar hierárquica, 161-162, 184-188
Estrutura familiar, 182-186. *Veja também* Terapia familiar estrutural
   como um conceito de trabalho da terapia familiar, 115-116
   definida, 85-86, 182-183
   formação da, 182-184
   fronteiras na. *Veja* Fronteiras
   hierárquica, 161-162, 184-188
   na terapia familiar estratégica, 161-162
   na terapia familiar sistêmica de Bowen, 138-139
   no processo de avaliação, 85-86, 189-193
   subsistemas na, 85-86, 115, 181-186, 189-191
Estrutura. *Veja* Estrutura familiar
Estudo de caso familiar, 35-37
Ética
   aspectos ambíguos da, 90
   bandeiras vermelhas de alerta na, 90-92
   no processo de avaliação, 88-92
Etnicidade, 121-122. *Veja também* Fatores culturais; *grupos étnicos específicos*
Evitação do conflito
   na terapia familiar estrutural, 187-188, 196-197, 201-203
   na terapia familiar psicodinâmica, 233-234
Evolução, da terapia familiar, 26-29, 61-62
   anos dourados da, 56-59
   dinâmica de pequenos grupos e, 29-34
   guerra não-declarada nas famílias e, 29-30
   influência do trabalho social sobre, 35-37
   movimento da orientação infantil e, 33-36, 49-51, 60-61

   pesquisa sobre a esquizofrenia e, 36-42, 405-409
   pioneiros da, 43-44, 56
   terapia de casal e, 42-44
Exceções, 109-110
Exercícios estruturados, 389
Experiência do aqui e agora
   na terapia familiar experiencial, 205
   nos primeiros modelos de terapia familiar, 74-75
Experimentos de relacionamento, na terapia familiar sistêmica boweniana, 143-145, 153-154
Externalização, 109-110, 338-339, 343-345, 385-386, 390-391
Extinção, na terapia familiar cognitivo-comportamental, 249-250

Falso *self*, 233
Família ampliada
   afro-americana, 298-299
   na terapia familiar sistêmica de Bowen, 139-140, 148-152
Família de origem, fusão na, 129-133, 136-138, 141-142, 377-378
Família nuclear
   na análise comparativa, 374-376
   na terapia familiar sistêmica de Bowen, 138-139
Famílias de *gays* e lésbicas
   direitos das, como uma questão na terapia familiar, 291-293
   terapia familiar com, 299-302
Famílias de pai ausente, 297-299
Famílias mistas, terapia familiar estrutural com, 188-190
Famílias monoparentais
   família de pai ausente, 297-299
   terapia familiar com, 293-297
Family Discussion Bureau, 42-43
Family Institute of Chicago, 55-56
Family Mental Health Clinic of Jewish Family Services, 50-51
Fase de mobilização, na terapia de rede, 71-72
Fatores culturais
   como um conceito de trabalho da terapia familiar, 121-123
   cultura, definida, 121-122
   multiculturalismo e, 288-290
   na análise comparativa, 375-378
   na terapia familiar estrutural, 191-192
   no processo de avaliação, 87-89
Feedback
   negativo, 67-68, 75-76, 100-103, 160-162
   positivo, 67-68, 100-104, 160-164
Figuras orientadoras
   na evolução da terapia familiar, 43-56
   na terapia familiar cognitivo-comportamental, 248-250
   na terapia familiar estratégica, 157-160
   na terapia familiar estrutural, 181-183
   na terapia familiar experiencial, 205-207
   na terapia familiar psicodinâmica, 225-227
   na terapia familiar sistêmica de Bowen, 129-131

na terapia focada na solução, 319-321
na terapia narrativa, 335-337
nos primeiros modelos de terapia familiar, 65-66
pioneiros da terapia familiar, 43-44, 56
Fixação, 233-234
Fobias, 225-226, 248-249
Foco nas sensações, no tratamento das disfunções sexuais, 269-270
Formulações teóricas
  na análise comparativa, 371-379
  na terapia familiar cognitivo-comportamental, 249-251
  na terapia familiar estratégica, 159-162
  na terapia familiar estrutural, 182-186
  na terapia familiar experiencial, 206-209
  na terapia familiar psicodinâmica, 226-231
  na terapia familiar sistêmica de Bowen, 130-135
  na terapia focada na solução, 320-322
  na terapia narrativa, 336-339
  nos primeiros modelos de terapia familiar, 65-68
Fronteiras, 85-86, 115. *Veja também* Desligamento; Emaranhamento
  erosão de, 283-284, 375-376
  massa indiferenciada de ego familiar e, 48-49, 58-59, 131-133
  na análise comparativa, 375-379, 389-390
  na terapia familiar estrutural, 181-191, 198-200
Função do sintoma, 116-117
Fusão
  na análise comparativa, 377-378
  na terapia familiar sistêmica de Bowen, 129-133, 136-138, 141-142

Gênero
  como um conceito de trabalho da terapia familiar, 120-122
  e crítica feminista à terapia familiar, 58-59, 120-122, 186-188, 284-286, 363-364, 377
  no processo de avaliação, 86-88
  no processo de terapia familiar, 415-416
Genogramas
  na terapia familiar sistêmica de Bowen, 140-143, 152-153
  natureza dos, 78-79, 83-84
Georgetown University, 129-131, 150-151
Gerenciamento de saúde
  primeiros modelos de terapia familiar e, 95-97
  tendências no, 310-311
  terapia focada na solução e, 287-288
Gráficos de incentivo, no treinamento comportamental dos pais, 260-261
Group for the Advancement of Psychiatry (GAP), 42
Grupo de Palo Alto, 37-40, 43-48, 56-58, 162-163, 374-376

Haitianos, fatores culturais na terapia familiar e, 121-122
Hermenêutica, 286-287
Herói, mito do, 22-24
Hipnoterapia, 70-71

Hipótese
  das regras, 44-46
  trigeracional da esquizofrenia, 151-153
Hipóteses, do terapeuta na primeira entrevista, 78-79
Hispano-americanos. *Veja* Latinos
História de deslocamento, na terapia familiar sistêmica de Bowen, 145-146, 153-154
Histórias passadas e presentes, na abordagem de soluções narrativas, 358-263
Histórias saturadas de problemas, 340-341
Homeostase
  definida, 37-39
  familiar, 44-46, 104-105, 159-161, 371, 373
  mudança *versus*, 371, 373
  na análise comparativa, 371, 373
  na teoria dos sistemas, 104-106
  rígida, 379-381
Homeostase familiar, 44-46, 371, 373
  na teoria dos sistemas, 104-105
  na terapia familiar estratégica, 159-161
Homofobia, 299-300
Honestidade, na terapia familiar psicodinâmica, 241-242
Humanismo estratégico, 172-173
Humor, pesquisa sobre o, 37-38

Idade adulta
  abuso de substâncias na, 403-406
  depressão e ansiedade na, 401-403
Idealização, na terapia familiar psicodinâmica, 231, 233
Identificação
  com a mãe, 230-231
  com o líder do grupo, 65-66
  projetiva, 232, 235-236, 240-242
Inconsciente, 234-235
Indução do terapeuta
  à cultura da família, 195-196, 387
  na terapia familiar experiencial, 215-216
Infância
  crianças pequenas no estágio de ciclo de vida familiar, 118
  depressão e ansiedade na, 399-402
  transtornos de comportamento na, 394-399, 416-417
Inibição recíproca, 248-249
Insight
  ação *versus*, na análise comparativa, 384-386
  terapia de casal orientada para o *insight* (TCOI), 410-411
Institute for Juvenile Research (Chicago), 34-35
Intensidade afetiva, na terapia familiar estrutural, 196-198
Intensidade, na terapia familiar estrutural, 196-198
Interações polarizadas, 109-111
Intercâmbio de comportamento, na terapia comportamental de casal, 262-265, 360-361
Interpretação
  na análise comparativa, 388-389
  na terapia familiar psicodinâmica, 237-238, 243-244
Intervalo, 93-94, 257, 258-262
Intervenção em situações de crise, 303

Intervenções paradoxais
  na terapia familiar estratégica, 157-158, 162-165, 168-169, 176-177
  paradoxo, definido, 162-163
Intervenções. *Veja* Técnicas terapêuticas
Introjeções, 230-231

Lacunas de superego, 34-35, 225-226
Latinos
  fatores culturais na terapia familiar e, 121-122
  prevenção do uso e abuso de substâncias nos, 202-203
  raça como uma questão na terapia familiar e, 289-291
Lealdades invisíveis, 234-235
Líderes
  expressivos, 67-68
  instrumentais, 67-68
Locke-Wallace Marital Adjustment Scale, 261-264

Macy Foundation, 37-40
Mãe esquizofrenizante, 34-35
Manejo de contingências, no treinamento comportamental dos pais, 257
Manutenção do problema, 45-46
Mapeamento estrutural, na terapia familiar estrutural, 194-196
Marital Satisfaction Inventory, 262-264
Massa indiferenciada de ego familiar, 48-49, 58-59, 131-133
Maternagem suficientemente boa, 230-231
Maudsley Hospital (Inglaterra), 408-409
Menninger Clinic, 47-51, 129-130
Mental Research Institute (MRI; Palo Alto, California), 57-58, 65-66, 157-159, 205-206, 336-337, 382. *Veja também* Abordagem do MRI, à terapia familiar estratégica
Metacomunicação, 37-38, 75-76, 102-104
Minuchin Center for the Family (Nova York), 54-55
Mistificação, 42, 208-209, 379-380
Mitos familiares, 208-209, 233-234
Modelagem, 249-250
Modelo
  de diátese-estresse, 382
  diádico, 373-375. *Veja também* Terapia de casal
  médico, na terapia familiar, 27-28, 113-115
  metaestrutural, 353-5
  monádico, 373-374. *Veja também* Psicoterapia
  SORKC de comportamento, 258
  triádico, 374-375
Modelos integrativos especialmente planejados, 351-366
  modelos abrangentes, teoricamente inclusivos, 353-54-355-356
  modelos planejados para problemas clínicos específicos, 362-365
  modelos que combinam duas abordagens distintas, 355-363
  terapia familiar da comunidade, 364-366, 418
Modelos integrativos, 351-366. *Veja também* Terapia familiar sistêmica de Bowen

ecletismo, 351-3
empréstimo seletivo, 351-354
modelos integrativos especialmente planejados, 351-366
terapia centrada no problema, 354-355-355-356
terapia de casal, 359-363
terapia familiar, 55-56
Modelos parentais, esquizofrenia e, 39-41
Modificando interações, na terapia familiar estrutural, 195-199
Moldagem, no treinamento comportamental dos pais, 257, 258-259
Moldando a competência, na terapia familiar estrutural, 197-199
Morfogênese, 105-106
Movimento de orientação infantil, 33-36, 49-51, 60-61
Mudança
  de primeira ordem, 54-55, 160-161
  de segunda ordem, 54-55, 160-161
Mudança. *Veja* Mudança de comportamento
Mudança de comportamento
  identificando mecanismos de, na terapia familiar, 411-413
  na análise comparativa, 383-387
  na terapia familiar cognitivo-comportamental, 254-257
  na terapia familiar estratégica, 165-166
  na terapia familiar estrutural, 190-192
  na terapia familiar experiencial, 210-212
  na terapia familiar psicodinâmica, 235-236
  na terapia familiar sistêmica de Bowen, 138-141
  na terapia focada na solução, 322-324
  na terapia narrativa, 341-342
  nos primeiros modelos de terapia familiar, 69-71
Multiculturalismo, 288-290

Narcisismo, 231, 233
Narrativas familiares
  como um conceito de trabalho da terapia familiar, 119-121
  terapia narrativa e, 109-110
National Association of Social Workers (NASW), código de ética, 88-89
National Institute of Mental Health (NIMH), 40-41, 47-49, 129-130, 225-226
Negros. *Veja* Afro-americanos; Haitianos
Neutralidade
  de gênero, 121-122
  na análise comparativa, 375-378
  na terapia familiar estratégica, 173-174
  na terapia familiar psicodinâmica, 237-238
Nível
  de funcionamento adaptativo, 130-131
  latente, de funcionamento do grupo, 65-66
  manifesto, do funcionamento do grupo, 65-66

Objetivos da terapia
  na análise comparativa, 382-384
  na terapia familiar cognitivo-comportamental, 253-255

na terapia familiar estratégica, 164-165
na terapia familiar estrutural, 189-191
na terapia familiar experiencial, 209-210
na terapia familiar psicodinâmica, 234-235
na terapia familiar sistêmica de Bowen, 138-139
na terapia focada na solução, 322-323
na terapia narrativa, 340-342
nos primeiros modelos de terapia familiar, 68-70
Objetos
do *self*, 230-231
internos, 228-229
transicionais, 230-231
Observação, como técnica terapêutica, 379-380
Ódio de si mesmo, 344-345
Ordem de nascimento, na terapia familiar sistêmica de Bowen, 133-135
Oregon Social Learning Center, 396-397
Oregon Treatment Foster Care (OTFC), 398-399
Orientação sexual, como uma questão na terapia familiar, 290-293, 299-302

Paciente identificado, 39-40, 68-69
na fase inicial da terapia familiar, 78
na terapia familiar psicodinâmica, 233-234
papel dos sintomas e, 380-382
Padrões de comportamento redundantes, 45-46
Papéis familiares
aprisionamento em, 47-48
esquizofrenia e, 39-41
Papel da terceira pessoa, 72-74, 139-141
Patriarcado, 121-122
Pequeno Albert (caso), 248
Pequeno Hans (caso), 60-61, 225-226
Perguntas circulares, 79-80, 174-175
Perguntas de exceção, na terapia focada na solução, 319, 324-326
Perguntas de influência relativa, 344-345
Personificação, 344-345
Pesquisa sobre processo na terapia familiar, 411-417. *Veja também* Pesquisa sobre terapia familiar
e problemas de comportamento na criança e no adolescente, 416-417
eventos cruciais para a mudança na, 414-415
formação da aliança terapêutica, 413-414
gênero na, 415-416
identificando mecanismos de mudança terapêutica na, 411-413
Pesquisa sobre terapia familiar, 394-419. *Veja também* Pesquisa sobre processo na terapia familiar
sobre depressão e ansiedade, 398-403
sobre esquizofrenia, 36-42, 405-409
sobre processo na terapia familiar, 411-417
sobre terapia de casal, 401-403, 409-412
sobre transtornos de alimentação, 408-410
sobre transtornos de comportamento na infância e na adolescência, 394-399, 416-417
sobre transtornos do abuso de substâncias, 402-406

Peter (caso), 248
Philadelphia Child Guidance Clinic, 54-57, 157-159, 181-182
Pluralismo. *Veja* Multiculturalismo
Pobreza
como uma questão da terapia familiar, 290-292
fatores culturais na terapia familiar e, 121-122
na terapia familiar estrutural, 201-202
terapia familiar da comunidade e, 364-366, 418
Poder
da terapia familiar, 26-28
na terapia familiar estratégica, 161-162
pobreza e, 365-366
Posição de nascimento, na terapia familiar sistêmica de Bowen, 133-135
Posição-Eu
na terapia familiar sistêmica de Bowen, 147-148, 153-154
triângulos emocionais e, 131-132
Postura humilde, na terapia familiar estratégica, 169-170
Premarital Personal and Relationship Inventory (PREPARE), 308-309
Prescrição invariante, na terapia familiar estratégica, 173-174
Prevention and Relationship Enhancement Program (PREP), 308-309
Primeiros modelos, de terapia familiar, 65, 96-97
ansiedade do sistema e, 76-77
avaliação nos, 83-84, 90-92
condições para a mudança de comportamento nos, 69-71
desenvolvimento de transtornos de comportamento e, 68-69
desenvolvimento familiar normal nos, 67-69
estágios da terapia familiar e, 77, 83-84
figuras orientadoras nos, 65-66
formulações teóricas nos, 65-68
gerenciamento de saúde e, 95-97
lições dos, 73-76
objetivos dos, 68-70
problemas específicos apresentados e, 90-96
técnicas terapêuticas nos, 70-74
Princípio
da utilização, 57
de Premack, 258-259
Privacidade, 88-89
Problemas apresentados
abuso sexual da criança, 93-96
avaliação de, 84-85, 192-193
nos primeiros modelos de terapia familiar, 90-96
violência conjugal, 90-94
Processo de grupo, 32-34
Processo de polarização
na terapia de casal, 360-361
terapia de rede e, 71-72
Processo emocional societal, na terapia familiar sistêmica de Bowen, 134-135
Profecia que se auto-realiza, 102-103, 253-254

Programa Engaging Moms, 404-405
Programas de enriquecimento do relacionamento, 307-311
Projeção, 44-45, 132-133
Protestantes anglo-saxônicos, fatores culturais na terapia familiar e, 121-122
Provações, na terapia familiar estratégica, 161-162, 171-173
Pseudo-hostilidade, 40-41
Pseudomutualidade, 40-41, 233-234, 379-380
Psicodrama, 32-33
Psicologia do ego, 225-226
Psicologia do *self*, 227-229
Psicologia freudiana das pulsões, 227-228
Psicoterapia, 23-26
  conceitos na, 23-26, 65-66
  construtivismo na, 106-107
  individual *versus* familiar, 25-26
  terapia boweniana com uma pessoa, 147-150
Puristas dos sistemas, 67-68

Questão do milagre, na terapia focada na soluçao, 325-327
Questões
  circulares, 79-80, 174-175
  de escala, 326-327
  de exceção, 319, 324-326
  de mistério, 358-359
  de processo, 79-80, 142-144, 174-175
  do milagre, 325-327
  formulação, 390-391
Questões de escala, na terapia focada na solução, 326-327
Questões de mistério, na abordagem das soluções narrativas, 358-359
Questões de processo, 79-80, 142-144, 174-175

Raça. *Veja também* Fatores culturais; Etnicidade; *grupos étnicos específicos*
  como uma questão na terapia familiar, 289-291
Reação
  de dependência (Bion), 30-32, 65-66
  de formação de pares (Bion), 30-32, 65-66
  de luta-fuga (Bion), 30-32, 65-66
Realidade, construcionismo social da, 108-110
Reatividade emocional, 48-49
Reciprocidade
  de papel, 40-41
  do reforço, 249-250
Reclassificação, na terapia familiar estratégica, 175-176
Redundância comportamental, 44-46
Reenquadramento, 73-74, 106-108
  na análise comparativa, 389-390
  na terapia familiar estratégica, 160-161, 172-174
  na terapia familiar estrutural, 191-192
Reentrada na família de origem, na terapia familiar sistêmica de Bowen, 149-150
Reforço
  intermitente, 252-253
  na terapia narrativa, 345-347
  recíproco, 252-253
Reforços sociais, 249-253
Reforços, na terapia familiar cognitivo-comportamental, 249-253
Regras familiares
  na cibernética, 102-103
  na terapia familiar estratégica, 159-160, 166-168
Regressão, 44-45, 233-234
Re-historiando, na terapia narrativa, 345-346
Relacionamento, estabelecimento do, na primeira entrevista, 78
Relacionamentos complementares, 66-67
Relacionamentos simétricos, 45-46, 66-67
Resiliência, 78-79
Resistência
  como um conceito de trabalho da terapia familiar, 117-120
  na análise comparativa, 385-387
  na terapia familiar psicodinâmica, 241-243
  nos primeiros modelos de terapia familiar, 65-66, 75-76
Resultados excepcionais, da terapia narrativa, 340-342
Retenção na terapia, pesquisa na terapia familiar sobre, 395-396
Reunir-se a, na terapia familiar estrutural, 190-195
Revelação pessoal, do terapeuta, 389
Rituais, na terapia familiar estratégica, 173-174
Rockefeller Foundation, 37-40, 157-158
Rompimento emocional
  evitando, 389-390
  na terapia familiar sistêmica de Bowen, 132-135, 148
Rota de encaminhamento, compreendendo a, 84-85

Salientando interações, na terapia familiar estrutural, 195-199
Self como catalisador de mudanças, 215-216
Self grandioso, 231
Separação-individuação, 229-231, 234-235, 377-378
Serviços de apoio à família, 303
Sigilo, 88-89
Silêncio, como técnica terapêutica, 81-82, 237-238, 389
Simbiose mãe-criança, na terapia familiar sistêmica de Bowen, 129-130
Simbiose, na terapia familiar sistêmica de Bowen, 129-130
Sintomas, função dos, como um conceito de trabalho da terapia familiar, 116-117, 162-165, 380-382
Sintonia, 231
Sistema de *feedback* circular, 51-52
Sistema familiar, 59-60, 76-77. *Veja também* Terapia familiar sistêmica de Bowen; Teoria dos sistemas
  compreendendo o, no processo de avaliação, 84-86
  nos primeiros modelos de terapia familiar, 76-77
Sistema trigeracional, 298-299
Sistemas abertos, 66-67, 75-76, 105-106, 374-376
Sistemas fechados, 66-67, 75-76
Sociedade Italiana de Terapia Familiar, 55-56

Sonhos, no tratamento de casal, 236-238
Spouse Observation Checklist, 262-264
Subgrupos de solução de problemas, na terapia de rede, 71-73
Subsistemas
 na terapia familiar estrutural, 181, 183-186, 189-191
 natureza dos, 85-86, 115
Superproteção materna, 34-35

Tarefa-fórmula da primeira sessão, 324-325
Tavistock Clinic (Londres), 35-36, 42-43, 225-226, 244-245
Técnica
 da cadeira vazia, 217-218
 da zombaria, 269-270
 de contenção, na terapia familiar estratégica, 169-170
 do aperto, 269-270, 272
 primária de terapia de grupo, 74-75
Técnicas de simulação, na terapia familiar estratégica, 170-172
Técnicas na terapia familiar. *Veja* Técnicas terapêuticas
Técnicas terapêuticas. *Veja também* Terapia familiar das comunicações
 abordagem de equipe, 174-176
 acomodação, 184-195
 adaptar o tratamento às populações e aos problemas, 292-302
 apreciação. *Veja* Apreciação
 com casais. *Veja* Terapia de casal
 com uma pessoa, 147-150
 condicionamento clássico, 248-249
 condicionamento operante, 248-250
 confrontação, 389
 conotações positivas, 73-74, 106-108, 160-161, 172-174, 389-390
 contrato de boa fé, 265-266, 360-361
 contrato de contingência, 249-250, 257, 261-266
 contrato *quid pro quo*, 265-266, 360-361, 378-379
 coreografia familiar, 212-213
 co-terapeutas, 71-72, 215-216
 criação de fronteiras, 198-200
 desafiar pressupostos improdutivos, 200-202
 desconstrução, 283-285, 341-342, 346-347
 desempenho de papéis, 217-218
 desenho da família, 217
 desequilibrar, 192-193, 199-201
 dessensibilização sistemática, 248-249, 268-270
 diretivas, 46-47, 167-171, 389-390
 economia de vales, 257
 empatia, 197-198, 214-215, 231, 235-238
 encenação, 181, 191-195, 389-390
 engajamento no conflito, 264-265
 ensino, 389-390
 entrevista familiar estruturada, 165-167
 esclarecer e modificar interações, 195-199
 escultura familiar, 55-56, 212-213, 216-217
 escutar, 81-82, 237-238, 389
 esquemas, 249-251, 253-254, 266-269
 estágio da terapia familiar e, 70-71
 experimentos de relacionamento, 143-145, 153-154
 externalização, 109-110, 338-339, 343-345, 385-386, 390-391
 foco nas sensações, 269-270
 genogramas, 78-79, 83-84, 140-143, 152-153
 gráficos de incentivo, 260-261
 história de deslocamento, 145-146, 153-154
 intercâmbio de comportamento, 262-265, 360-361
 intervalo ou tempo para pensar, 93-94, 257, 258-262
 intervenções paradoxais, 157-158, 162-165, 168-169, 176-177
 ler nas entrelinhas, 344-346
 mapeamento estrutural, 194-6
 modelagem, 249-250
 moldagem, 257, 258-259
 moldar a competência, 197-199
 na análise comparativa, 388-391
 na esquizofrenia, 72-73, 406-409
 na terapia comportamental de casal, 262-266, 270-271
 na terapia de casal com foco na emoção, 217-222, 410-412
 na terapia familiar cognitivo-comportamental, 265-269, 372, 400-402, 410-411
 na terapia familiar estratégica, 166-167, 175-176, 372
 na terapia familiar estrutural, 192-193, 201-202, 372
 na terapia familiar experiencial, 212-213, 220-221, 372
 na terapia familiar psicodinâmica, 237-238, 243-244, 372
 na terapia familiar sistêmica de Bowen, 142-150, 372
 na terapia focada na solução, 324-325, 329-330, 372
 na terapia narrativa, 343-347, 372
 nas disfunções sexuais, 268-272
 neutralidade, 121-122, 173-174, 237-238, 375-378
 no treinamento comportamental dos pais, 257-262, 270-271
 no uso e abuso de substâncias, 202-203, 403-406
 nos primeiros modelos de terapia familiar, 70-74
 Oregon Treatment Foster Care (OTFC), 398-399
 para depressão e ansiedade, 399-403
 para problemas de comportamento na infância e adolescência, 395-399
 para transtornos de alimentação, 202-203, 340-341, 408-410
 perguntas de influência relativa, 344-345
 perguntas, circulares, 79-80, 174-175
 perguntas, formulação de, 390-391
 posição-Eu, 131-132, 147-148, 153-154
 postura humilde, 169-170
 prescrição invariante, 173-174
 processo de intervenção terapêutica, 218-219
 programas de enriquecimento do relacionamento, 307-311
 provações, 161-162, 171-173
 questões de processo, 79-80, 142-144, 174-175
 questões de escala, 326-327
 questões de exceção, 319, 324-326

questões de mistério, 358-359
questões do milagre, 325-327
reenquadrar, 73-74, 106-108, 160-161, 191-192, 389-390
reforçar, 345-347
re-historiar, 345-346
reunir-se a, 190-195
revelação pessoal, 389
rituais, 173-174
silêncio, 81-82, 237-238, 389
tarefa-fórmula da primeira sessão, 324-325
técnica da contenção, 169-170
técnicas de simulação, 170-172
terapia centrada no problema, 354-356
terapia de múltiplo impacto, 55-56, 71-75
terapia de múltiplos grupos familiares, 70-75, 153-154, 409-410
terapia de rede, 47-48, 71-75
terapia familiar da comunidade, 364-366, 418
terapia familiar do apego (TFA), 399-401, 413-415
terapia familiar estratégica breve (TFEB), 403-404
terapia familiar funcional (TFF), 175-176, 255-256, 397-398, 417
terapia familiar médica, 304, 307-308
terapia familiar multidimensional (TFM), 362-363, 398-399, 403-404, 414-417
terapia familiar psicoeducacional, 304-308, 312-313
terapia familiar sistêmica interna, 219-222
terapia focada na família (TFF), 400-403
terapia multissistêmica (TMS), 362-363, 397-399
terapia racional-emotiva, 266-267
treinamento das habilidades de comunicação, 264-266
treinamento do manejo parental (TMP), 395-398
treinamento em solução de problemas, 265-266
treinamento, 153-154
triangulação. *Veja* Triangulação
Tema de casa, 81-82
Teoria da aprendizagem social, 248-250, 257
Teoria das comunicações. *Veja também* Terapia familiar estratégica
  origens da, 37-40, 157
  pesquisa sobre, 37-40, 157-158
Teoria das relações objetais, 42-43, 225-232
Teoria de campo (Lewin), 30-31, 65-67
Teoria do apego, 110-113
  na terapia familiar psicodinâmica, 229-231
  na terapia familiar sistêmica de Bowen, 135-137, 148
Teoria do construto pessoal (Kelley), 106-107
Teoria do intercâmbio social, 250-251, 378-379
Teoria do intercâmbio social, 250-251, 378-379
Teoria do papel
  descrita, 31-33
  esquizofrenia e, 39-42
  importância dos papéis familiares e, 73-74
Teoria dos sistemas, 103-106
  conceito da "caixa-preta" na, 66-68, 104-105
  famílias como sistemas, 371-373
  geral, 66-69, 76-77, 104-106, 161-163
  identificando o contexto sistêmico e, 84-86
  origens da, 103-105
  sistemas e, 371
  teoria do papel e, 40-42
Teoria estrutural, 56-57
Teoria geral dos sistemas, 66-69, 76-77, 104-106, 161-163
Terapeutas colaborativos, 286-287
Terapeutas familiares de segunda geração, 151-152
Terapia breve, 46-47
Terapia centrada no problema, 354-6
Terapia comportamental de casal (TCCasal), 261-266, 359-361
  avaliação na, 261-264
  avaliando a, 270-271
  para abuso de substâncias no adulto, 404-406
  pesquisa sobre a eficácia da, 409-411
  técnicas terapêuticas na, 262-266, 270-271
Terapia comportamental. *Veja* Terapia familiar cognitivo-comportamental
Terapia concomitante, 42-43, 225-226
Terapia conjunta, 42-43
Terapia contextual, 231-232
Terapia da Gestalt, 30-33, 217-218
Terapia de casal, 409-412
  cognitivo-comportamental (TCCC), 410-411
  com a terapia familiar sistêmica de Bowen, 138-139, 144-148
  com foco na emoção, 217-222, 410-412
  comportamental, 261-266, 359-361, 409-411
  disfunção sexual, tratamento da, 268-272
  evolução da, 42-44
  habilidades essenciais para funcionar como casal, 310-311
  integrativa, 359-363
  novas direções na pesquisa, 411-412
  objetivo da, 138-139
  para depressão e ansiedade, 401-403
  pesquisa na terapia familiar sobre, 401-403, 409-412
  programas de enriquecimento do relacionamento, 307-311
  psicodinâmica, 236-241
  sonhos na, 236-238
  terapia de casal orientada para o *insight* (TCOI), 410-411
  terapia integrativa de casal breve, 361-363
Terapia de múltiplo impacto, 55-56, 71-75
Terapia de múltiplos grupos familiares, 70-75
  na terapia familiar sistêmica de Bowen, 153-154
  para transtornos de alimentação, 409-410
Terapia de rede, 48-49, 71-75
Terapia de solução de problemas. *Veja* Terapia familiar estratégica
Terapia familiar artística, 217
Terapia familiar cognitivo-comportamental, 248, 272-273
  avaliação na, 258-264
  avaliando a, 270-272

condições para a mudança de comportamento na, 254-257
desenvolvimento de transtornos de comportamento e, 251-254
desenvolvimento familiar normal na, 250-252
figuras orientadoras na, 248-250
formulações teóricas na, 249-251
objetivos da, 253-255
para problemas emocionais na infância e na adolescência, 400-402
resumo da, 372
técnicas terapêuticas na, 257, 268-269, 372, 400-402, 410-411
Terapia familiar comportamental sistêmica, para transtornos de alimentação, 408-410
Terapia familiar da comunidade, 364-366, 418
Terapia familiar das comunicações. *Veja também* Terapia familiar estratégica
　ansiedade do sistema e, 76-77
　conceitos, 66-68
　desenvolvimento de transtornos de comportamento e, 68-69
　lições da, 74-76
　na análise comparativa, 389-390
　na terapia de casal, 42-44
　necessidade de estrutura e, 72-73
　nos primeiros modelos de terapia familiar, 65-66, 74-76
　papel da terceira pessoa, 72-74
　reenquadramento, 73-74, 106-108
Terapia familiar do apego (TFA), 399-401, 413-415
Terapia familiar estratégica breve (TFEB), 403-404
Terapia familiar estratégica, 157-179
　abordagem de Haley-Madanes à. *Veja* Abordagem de Haley-Madanes, à terapia familiar estratégica
　abordagem do MRI à. *Veja* Abordagem do MRI, à terapia familiar estratégica
　avaliação na, 165-167
　avaliando a, 175-178
　condições para a mudança de comportamento na, 165-166
　desenvolvimento de transtornos de comportamento e, 162-164
　desenvolvimento familiar normal na, 161-163
　figuras orientadoras na, 157-160
　formulações teóricas na, 159-162
　modo de, do grupo de Milão. *Veja* Abordagem do Grupo de Milão, à terapia familiar estratégica
　objetivos da, 164-165
　resumo da, 372
　técnicas terapêuticas na, 166-167, 175-176, 372, 411-412
Terapia familiar estrutural, 54-55, 181-204, 256
　avaliação na, 189-190, 192-196
　avaliando a, 201-203
　condições para a mudança de comportamento na, 190-192
　desenvolvimento de transtornos de comportamento e, 186-190
　desenvolvimento familiar normal na, 185-187
　figuras orientadoras na, 181-183
　formulações teóricas na, 182-186
　objetivos da,189-1
　para transtornos de comportamento, 202-203, 408-409
　resumo da, 372
　técnicas terapêuticas na, 192-193, 201-202, 372
Terapia familiar experiencial, 205, 222-223
　avaliação na, 212-213
　avaliando a, 220-222
　condições para a mudança de comportamento na, 210-212
　desenvolvimento de transtornos de comportamento e, 208-210
　desenvolvimento familiar normal na, 208-209
　figuras orientadoras na, 205-207
　formulações teóricas na, 206-209
　objetivos da terapia e, 209-210
　resumo da, 372
　técnicas terapêuticas na, 212-213, 220-221, 372
Terapia familiar focada na solução, 109-110, 319-332-333
　avaliação na, 323-325
　avaliando a, 329-331
　condições para a mudança de comportamento na, 322-324
　desenvolvimento de transtornos de comportamento e, 321-323
　desenvolvimento familiar normal na, 321-322
　figuras orientadoras na, 319-321
　formulações teóricas na, 320-322
　gerenciamento de saúde e, 287-288
　objetivos da, 322-323
　resumo da, 372
　técnicas terapêuticas na, 324-330, 372
Terapia familiar funcional (TFF), 175-176, 255-256, 397-398, 417
Terapia familiar médica, 304, 307-308
Terapia familiar multidimensional (TFMD), 362-363, 398-399, 403-404, 414-417
Terapia familiar psicodinâmica, 32-34, 225, 244-245
　avaliação na, 235-238
　avaliando a, 243-245
　condições para a mudança de comportamento na, 235-236
　desenvolvimento de transtornos de comportamento e, 232-235
　desenvolvimento familiar normal na, 230-232
　figuras orientadoras na, 225-227
　formulações teóricas na, 226-231
　objetivos da, 234-235
　resumo da, 372
　técnicas terapêuticas na, 237-238, 243-244, 372
Terapia familiar psicoeducacional, 304-308, 407-408
Terapia familiar sistêmica de Bowen, 129, 153-154
　avaliação na, 140-143

avaliando a, 149-152
condições para a mudança de comportamento na, 138-141
desenvolvimento de transtornos de comportamento e, 136-138
desenvolvimento familiar normal na, 134-137
figuras orientadoras na, 129-131
formulações teóricas na, 130-135
objetivos da, 138-139
resumo da, 372
técnicas terapêuticas na, 142-150, 372
Terapia familiar sistêmica interna, 219-222
Terapia familiar. *Veja também* Pesquisa sobre processo na terapia familiar; Pesquisa sobre terapia familiar
abordagem linear *versus* circular à, 27-28, 113-115
assistência em casa na, 302-304
cognitivo-comportamental. *Veja* Terapia familiar cognitivo comportamental
com famílias afro-americanas, 296-300
com famílias de *gays* e lésbicas, 299-302
com famílias monoparentais, 293-297
como santuário psicoterapêutico, 23-26
conceitos fundamentais da. *Veja* Conceitos fundamentais, da terapia familiar
contexto social e, 26-27, 112-113
crítica feminista à, 58-59, 120-122, 186-188, 284-286, 363-364, 377
crítica pós-moderna à, 58-59, 283-285, 382
estágios da, 77-84
estratégica. *Veja* Terapia familiar estratégica
estrutural. *Veja* Terapia familiar estrutural
evolução da. *Veja* Evolução, da terapia familiar
experiencial. *Veja* Terapia familiar experiencial
focada na solução. *Veja* Terapia familiar focada na solução
fundamentos da, 20-28
médica, 304, 307-308
mito do herói na, 22-24
modelo médico e, 27-28, 113-115
narrativa. *Veja* Terapia narrativa
poder da, 26-28
primeiros modelos de. *Veja* Primeiros modelos, de terapia familiar
psicodinâmica. *Veja* Terapia familiar psicodinâmica
psicoeducação, 304-308, 407-408
terapia de grupo *versus*, 29-34
terapia familiar sistêmica de Bowen. *Veja* terapia familiar sistêmica de Bowen
terapia individual *versus*, 25-26
Terapia focada na família (TFF), 400-403
Terapia integrativa de casal breve, 361-363
Terapia multissistêmica (TMS), 362-363, 397-399
Terapia narrativa, 109-110, 287-288, 335, 348-349
avaliação na, 341-344
avaliando a, 347-348
condições para a mudança de comportamento na, 341-342
desenvolvimento de transtornos de comportamento e, 339-341
desenvolvimento familiar normal na, 338-340
figuras orientadoras na, 335-337
formulações teóricas na, 336-339
modelo integrativo, 355-362
objetivos da, 340-342
resumo da, 372
técnicas terapêuticas na, 343-347, 372
Terapia racional-emotiva, 266-267
Término, da terapia familiar, 82-84
Tomando partido, na terapia familiar estrutural, 199-201
Trabalho social, influência do, sobre a terapia familiar, 35-37
Transferência, 24-25, 65-66, 232, 241-243, 378-379
Transtorno de conduta (TC). *Veja* Transtornos de comportamento
Transtorno de déficit de atenção e hiperatividade (TDAH). *Veja* Transtornos de comportamento
Transtorno desafiador de oposição (TDO). *Veja* Transtornos de comportamento
Transtornos da ereção, 269-270, 272
Transtornos da excitação, 268-270
Transtornos de alimentação
fatores familiares de risco e de proteção nos, 408-409
intervenções familiares nos, 202-203, 340-341, 408-410
Transtornos de comportamento, 394-399
e a terapia familiar cognitivo-comportamental, 251-254
e a terapia familiar estratégica, 162-164
e a terapia familiar estrutural, 186-190
e a terapia familiar experiencial, 208-210
e a terapia familiar psicodinâmica, 232-235
e a terapia familiar sistêmica de Bowen, 136-138
e a terapia focada na solução, 321-323
e a terapia narrativa, 339-341
e análise comparativa, 379-383
e os primeiros modelos de terapia familiar, 68-69
fatores familiares de risco e de proteção nos, 394-396
intervenções familiares nos, na infância e na adolescência, 395-398
investigação do processo na terapia familiar para, 416-417
na adolescência, 394-399, 416-417
na infância, 394-399, 416-417
pesquisa sobre a terapia familiar nos, 394-399
Transtornos de pensamento, 40-41
Transtornos do desejo, 268-270
Transtornos do orgasmo, 268-272
Tratamento. *Veja* Técnicas terapêuticas
Treinamento comportamental dos pais, 257-262
avaliação no, 257-259
avaliando a, 261-262, 270-271
técnicas terapêuticas na, 257-262, 270-271
Treinamento do manejo parental (TMP), para transtornos de comportamento na infância e na adolescência, 395-398

Treinamento em solução de problemas, 265-266
Treinamento, na terapia familiar sistêmica de Bowen, 153-154
Tríades para desviar conflitos, 382-383
Triangulação
　"triângulos perversos" e, 46-47
　como um conceito de trabalho da terapia familiar, 114-115
　destriangulação e, 138-141, 146-147
　na análise comparativa, 382-383, 389-390
　na terapia familiar estratégica, 163-164
　na terapia familiar sistêmica de Bowen, 130-132, 138-141, 145-150, 152-154
　triângulos, definidos, 48-50
Triângulos perversos, 46-47

University of Wisconsin, 52-54
Uso e abuso de substâncias, 402-406
　abordagem integrativa à, 362-363
　adolescente, 403-404, 414
　adulto, 403-406
　fatores familiares de risco e de proteção no, 402-403
　intervenções familiares no, 403-406
　na terapia familiar estrutural, 202-203
　no processo de avaliação, 86-87

Viés conjugal, 40-41, 58-59
Violência. *Veja* Violência familiar
　conjugal. *Veja* Violência familiar
　doméstica. *Veja* Violência familiar
　familiar, 287-289
　abordagem integrativa à, 363-365
　como o problema apresentado, 90-94
　no processo de avaliação, 86-87
Visão preferida, na abordagem de soluções narrativas, 356-358
Visitante amigo, assistente social como, 35-37

Washington School of Psychiatry, 226-227
William Alanson White Institute, 181-182
Wiltwyck School for Boys (Nova York), 54-55, 181-182, 201-202

Yale University, 39-41

Créditos

Página 25, National Library of Medicine; Página 31, © Michael Newman/PhotoEdit; Página 40, Foto cortesia de Lyman Wynne e utilizada com sua permissão; Página 45, Foto cortesia de Wendel Ray. Utilizada com a permissão do Jackson Estate e do Don D. Jackson Archive, MRI; Página 77, Laura Dwight/PhotoEdit; Página 79, © David Kelly Crow/PhotoEdit; Página 91, © Dick Makin/Getty Images; Página 117, Foto cortesia do Psychotherapy Networker. Utilizada com a permissão de Monica McGoldrick; Página 122, © Jose Luis Pelaez, Inc./Corbis; Página 130 (esquerda), Foto cortesia e © Andrea Maloney Schara e utilizada com sua permissão; Página 130 (direita), Foto cortesia do Psychotherapy Networker. Utilizada com a permissão de Phillip J. Guerin; Página 135, Foto cortesia de Betty Carter e utilizada com sua permissão; Página 145, © Stephen Simpsoon/Getty Images; Página 158, Foto cortesia de Erickson Fdtn., Inc. e reproduzida com sua permissão; Página 170, Foto cortesia de Erickson Fdtn., Inc. Utilizada com a permissão de Jay Haley; Página 171, Foto cortesia de Cloe Madanes e utilizada com sua permissão; Página 182, Foto cortesia do Psychotherapy Networker. Utilizada com a permissão de Salvador Minuchin; Página 191, © Frank Pedrick/The Image Works; Página 206, Foto cortesia do Psychotherapy Networker. Utilizada com a permissão de Muriel V. Whitaker; Página 213, Foto cortesia do Psychotherapy Networker. Utilizada com a permissão de Avanta, The Virginia Satir Network, 2104 SW 152nd Street, #2, Burien, WA 98166. Todos os direitos reservados; Página 216, © Greg Ceo/Getty Images; Página 218, Foto cortesia do Psychotherapy Networker. Utilizada com a permissão de Susan Johnson; Página 226, Foto cortesia do Psychotherapy Networker. Utilizada com a permissão de Jill e David Scharff; Página 229, © Myrleen Ferguson Cate/PhotoEdit; Página 252, © Bob Daemmrich/The Image Works; Página 256, © Amy C. Etra/PhotoEdit; Página 260, © Laurie Rubin/Getty Images; Página 285, Foto cortesia do Psychotherapy Networker. Utilizada com a permissão de Peggy Papp, Olga Silverstein, Marianne Walters e Betty Carter; Página 289 (em cima), Foto cortesia do Psychotherapy Networker. Utilizada com a permissão de Nancy Boyd-Franklin; Página 290. Foto cortesia do Psychotherapy Networker. Utilizada com a permissão de Ken Hardy; Página 291, © Michael Newman/PhotoEdit; Página 320. Foto cortesia de Steve de Shazer e utilizada com sua permissão; Página 320 (em cima), Foto cortesia de Insoo Kim Berg e utilizada com sua permissão; Página 336, Foto cortesia de Michael White e utilizada com sua permissão; página 340, © Robert Clay; Página 357 (esquerda), Foto cortesia do Psychotherapy Networker. Utilizada com a permissão de Joe Eron; Página 357 (direita), Foto cortesia do Psychotherapy Networker. Utilizada com a permissão de Tom Lund; Página 364 (em cima), Foto cortesia do Psychotherapy Networker. Utilizada com a permissão de Virginia Goldner; Página 364 (embaixo), © Esbin-Anderson/The Image Works; Página 377, © Richard Lord/The Image Works; Página 396, Foto cortesia de Jose Szaponcznik e utilizada com sua permissão.